Henry Nitschke **Die Spionageabwehr der DDR II**

Henry Nitschke, Jahrgang 1961, ist Diplomkriminalist. Der unter Pseudonym publizierende Experte für die Geschichte von Nachrichtendiensten berät heute unter anderem Firmen in Fragen der Sicherheit und des Geheimnisschutzes. Er ist Verfasser mehrerer Sachbücher und Artikel. In der edition berolina erschien 2018: *Die Spionageabwehr der DDR. Mittel und Methoden gegen Angriffe westlicher Geheimdienste.*

Henry Nitschke

DIE SPIONAGEABWEHR DER DDR II

Von der Armee bis in die zentralen Staatsorgane

edition berolina

ISBN 978-3-95841-104-3
1. Auflage
© 2019 by BEBUG mbH / edition berolina, Berlin
Umschlaggestaltung: BEBUG mbh, Berlin
Druck und Bindung: GGP Media GmbH, Pößneck

ꝺ edition berolina
Alexanderstraße 1
10178 Berlin
Tel. 01805/30 99 99
FAX 01805/35 35 42
(0,14 €/Min., Mobil max. 0,42 €/Min.)

www.buchredaktion.de

Inhalt

Einleitung

DER KALTE KRIEG – AUFWENDIG, MASSIV UND HEFTIG

Während sich der Band I zur Spionageabwehr der DDR im Schwerpunkt den grundsätzlichen Mitteln und Methoden der westlichen Geheimdienste bei ihren Spionageoperationen gegen die DDR, der Methodik der Abwehrarbeit der Staatssicherheit sowie der inneren Sicherheit des Ministeriums für Staatssicherheit (MfS) widmet, setzt der Band II mit verschiedenen Linien der Abwehrarbeit fort. Im Mittelpunkt stehen dabei die Militärspionageabwehr, die Abwehrarbeit an Dienstobjekten des MfS, die Spionageabwehr in der Volkswirtschaft und im Verkehrswesen, die Spionageabwehr in wichtigen politischen Bereichen und Staatsorganen sowie die Abwehrarbeit gegen legale Residenturen der Geheimdienste in diplomatischen Vertretungen auf dem Territorium der DDR. Gegen die beziehungsweise aus den genannten Bereichen verzeichnete das MfS intensive geheimdienstliche Aktivitäten westlicher Dienste.

James H. Critchfield, ehemaliger Leiter des Verbindungsstabs der Central Intelligence Agency (CIA) zur Organisation Gehlen (OG), schreibt in seinen Erinnerungen: »Beide Seiten führten den aufwendigsten, massivsten und heftigsten Krieg der Geheimdienste, der jemals auf deutschem Boden stattfand.«[1]

Dabei waren die Amerikaner von Beginn an führend

---

1 James H. Critchfield: *Auftrag Pullach. Die Organisation Gehlen 1948–1956*. Hamburg/Berlin/Bonn 2005, S. 185.

beteiligt. Dazu bemerkt der Politikwissenschaftler und Publizist Prof. Dr. Stefan Appelius: »Es geht den westlichen Diensten vor allem um militärische Informationen, da man den Ausbruch eines Krieges mit der Sowjetunion für wahrscheinlich hält.«[2] Weiter schreibt er zur Frühphase des Kalten Krieges: »Das Geschäft der Militärspionage wird vom amerikanischen Militärgeheimdienst CIC [Counter Intelligence Corps, Anm. d. Verf.] beherrscht, der mit seinem großen Agentennetz auch für die Durchführung von Sabotageakten im Osten verantwortlich ist.«[3]

Die Militärspionage war der bedeutendste Aufklärungsschwerpunkt der westlichen Geheimdienste auf dem Territorium der DDR. Dr. Armin Wagner und Dr. Matthias Uhl führen dazu aus: »Die Aufklärung der amerikanischen, britischen und französischen Dienste sowie der Organisation Gehlen und nachfolgend des Bundesnachrichtendienstes [BND, Anm. d. Verf.] in Ostdeutschland richtete sich seit ihren Anfängen gegen das militärische Potenzial der dort stationierten sowjetischen Streitkräfte.«[4] Wagner und Uhl merken weiter an: »Die Organisation Gehlen war prädestiniert für Militärspionage.«[5] Dies lag vor allem am militärischen Charakter und der militärischen Ausrichtung des Gehlen-Apparats.

Die OG/der BND schien hinsichtlich von Spionagehandlungen gegen die DDR besonders geeignet. Dazu schreibt Dr. Jan-Hendrik Hartwig: »Der Fokus der

---

2 Stefan Appelius: *Die Spionin. Olga Raue – CIA-Agentin im Kalten Krieg.* Reinbek bei Hamburg 2019, S. 118.

3 Ebd.

4 Armin Wagner, Matthias Uhl: *BND contra Sowjetarmee. Westdeutsche Militärspionage in der DDR.* Berlin 2007, S. 36.

5 Ebd., S. 47.

politischen Aufklärungsforderung an den BND lag im
›Osten‹, wobei der Schwerpunkt auf der Sowjetischen
Besatzungszone [SBZ, Anm. d. Verf.] Deutschlands bzw.
ab 1949 auf der DDR lag. Dies ist durch eine Vielzahl
von Gründen zu erklären, insbesondere dadurch, dass
die DDR einem antagonistischen politischen System
angehörte. Hinzu kamen die gemeinsame Grenze, Geschichte, Kultur und nicht zuletzt auch die gemeinsame
Sprache.«[6]

Aber auch der Verfassungsschutz als westdeutscher Inlandsgeheimdienst interessierte sich bereits frühzeitig
für Interna aus der DDR. Dazu schreiben die Professoren Constantin Goschler und Michael Wala: »Da die
Alliierten bewusst offen gelassen hatten, welche Gebiete
für den westdeutschen Inlandsgeheimdienst als Ausland gelten sollten, und damit eine Carte blanche für
Aktivitäten in der DDR gaben, listete Nollau (zu diesem
Zeitpunkt 1951 Hauptreferent in der Abteilung Auswertung, 1972–1975 BfV-Präsident) auch das Zentralkomi-
tee der SED, den Zentralrat der FDJ und ihre jeweiligen
Westabteilungen als Beobachtungsziele des Bundesamts
auf. Bereits hier wird deutlich, dass die Spionageabwehr
und die Infiltration der DDR im Kontext des Kalten
Krieges sowie der noch nicht befestigten Grenze zum
Ostblock große Ressourcen beanspruchen würde.«[7]

Dem MfS blieben die vorgetragenen Spionageangriffe
nicht verborgen. Diese intensiven und massiven Aus-
spähungsbemühungen gegen Organe, Institutionen und
Einrichtungen der DDR sowie die auf ihrem Territori-

---

6 Jan-Hendrik Hartwig: *Die Erkenntnisse des Bundesnachrichtendienstes über die Wirtschaft der Deutschen Demokratischen
   Republik*. München 2017, S. 21.

7 Constantin Goschler, Michael Wala: *»Keine neue Gestapo«. Das
   Bundesamt für Verfassungsschutz und die NS-Vergangenheit*.
   Reinbek bei Hamburg 2015, S. 92.

um stationierten Truppen der Sowjetarmee riefen eben-
solche Abwehraktivitäten hervor. Eine Hauptaufgabe
der Staatssicherheit bestand darin, die gegnerischen
Geheimdienste effektiv zu bekämpfen. Dies beinhaltete die Aufdeckung ihrer Pläne, Absichten, Mittel und
Methoden sowie die Paralysierung der Spione, was als
existentiell notwendig erachtet wurde. Die westlichen
Dienste, insbesondere die aus NATO-Staaten, wurden
durch das MfS als Feind betrachtet. Der langjährige
Leiter der Spionageabwehr im Ministerium für Staatssicherheit, Günther Kratsch, betont: »Jeder Dienst hat
sein Feindbild, wer das abstreitet, der lügt. Als ich 1952
meine Arbeit bei der Spionageabwehr begann, war Kal-
ter Krieg, der nicht zuletzt durch die Geheimdienste
geführt wurde. Folgerichtig mussten jene, die gegen die
DDR arbeiteten, meine Gegner sein. [...] Und Tatsache
war, dass ich mit meinen Mitarbeitern gegen Geheimdienste gearbeitet habe, die für ihre Regierungen die
DDR ausspähen sollten, die dafür großzügig Mittel bereitgestellt bekamen.«[8]
Auch auf der Ebene der Bezirksverwaltungen (BV) und
der ihnen nachgeordneten Kreisdienststellen genoss die
Abwehr gegnerischer Geheimdienste eine hohe Priorität. Der ehemalige Leiter der BV Erfurt, Josef Schwarz,
schreibt in seinen Erinnerungen: »Die Spionagebekämpfung ist gewissermaßen eine klassische Aufgabe
eines Abwehrorgans, und ich räumte ihr deshalb den
ersten Platz ein.«[9]
Die nachfolgenden Ausführungen geben detailliert dar-

---

8   »Der ehemalige Chef der Spionageabwehr im Kreuzverhör.
    Gibst du mir meinen Spion, geb ich dir deinen Spion«. In: *Neue
    Berliner Illustrierte* (NBI) 34/1990, S. 59.

9   Josef Schwarz: *Bis zum bitteren Ende. 35 Jahre im Dienste des
    Ministeriums für Staatssicherheit.* Schkeuditz 1995, S. 128.

über Auskunft, mit welchen Mitteln und Methoden die Staatssicherheit die Abwehrarbeit gegen die erkannten Schwerpunkte geheimdienstlicher Angriffe realisierte und welche Prozesse dabei abliefen. Der Fokus liegt hierbei auf der Tätigkeit in der DDR. Die Darstellung der Westarbeit, der sogenannten Äußeren Abwehr, soll Gegenstand einer weiteren Untersuchung sein.

Ich möchte allen Menschen herzlich danken, die zur Entstehung dieses Werkes beigetragen haben. Besonderer Dank gilt den zuarbeitenden Angehörigen der Behörde des Bundesbeauftragten für die Unterlagen des Staatssicherheitsdienstes der ehemaligen Deutschen Demokratischen Republik (BStU) für die großzügige Bereitstellung der Archivalien und den ehemaligen Angehörigen des MfS, die mit ihren Erinnerungen und Hinweisen wesentlichen Anteil an der erfolgreichen Realisierung dieses Projekts haben.

Henry Nitschke

1. Kapitel

ABWEHRBEREICH DIENSTOBJEKTE UND WOHNKOMPLEXE DES MfS

Allgemeines

Die Dienstobjekte und Wohnkonzentrationen des MfS waren Aufklärungshandlungen der westlichen Geheimdienste ausgesetzt. Als logische Konsequenz erfolgten in diesem Bereich entsprechende Abwehrmaßnahmen. In den Dienstobjekten der Staatssicherheit konzentrierten sich bedeutende Staatsgeheimnisse, und die dort tätigen Mitarbeiter waren für westliche Geheimdienste allemal hochinteressant.

Die Realisierung der Abwehrarbeit an Dienstobjekten und in Wohnkonzentrationen des MfS war Aufgabengebiet der Spionageabwehr des MfS, aber auch anderer operativer Diensteinheiten. Anfang der 1970er Jahre war die Hauptabteilung (HA) II/6 beispielsweise für die Absicherung folgender Dienstobjekte und Wohnkonzentrationen des MfS verantwortlich:

- zentrales Dienstobjekt Berlin-Lichtenberg, Normannenstraße/Ruschestraße, einschließlich des umliegenden Wohngebiets des MfS;
- ehemaliges Sperrgebiet Berlin-Karlshorst, dort befanden sich Dienststellen und Wohnobjekte des Komitees für Staatssicherheit (KfS) der UdSSR und des MfS;
- Dienstobjekte in Berlin-Hohenschönhausen, Freienwalder Straße und Orankestraße, einschließlich des gesamten Wohngebiets des MfS in diesem Bereich;

- Dienstobjekt in Berlin-Johannisthal, Segelflieger-damm;
- Wohnobjekte des MfS im Ortsteil Berlin-Johannisthal;
- Fahrbereitschaft der Staatssicherheit in Berlin-Lichtenberg, Siegfriedstraße;
- Wohngebiet des MfS in Berlin-Prenzlauer Berg, Ostseestraße;
- Wohngebiet des MfS in Berlin-Friedrichsfelde, Hans-Loch-Viertel.[10]

Zentrales Dienstobjekt des MfS in Berlin-Lichtenberg. Links das Dienstgebäude der HA II, in der Mitte der Sitz des Ministers für Staatssicherheit

Andere zentrale Diensteinheiten, wie die HA I und die HA VI in der Schnellerstraße oder die HA PS in der Liebermannstraße, die Verwaltung Groß-Berlin (später

---

10 Vgl.: Frank Mosig: Diplomarbeit zum Thema: »Zu einigen Problemen der Organisierung einer effektiven Abwehrarbeit zur Außensicherung von Dienst- und Wohnobjekten des Ministeriums für Staatssicherheit gegen Angriffe imperialistischer Geheimdienste«. 1971, BStU ZA MfS JHS MF GVS 160-46/71, Bl. 86.

BV Berlin) in der Prenzlauer Allee beziehungsweise im letzten Dienstobjekt Straße der Befreiung, sicherten ihre Objekte eigenverantwortlich gegen Spionageangriffe.[11]

Frank Mosig kritisierte in seiner Diplomarbeit 1971: »... dass gegenwärtig noch kein geschlossenes System der Absicherung zu verzeichnen ist, was jedoch gerade unter den besonderen Bedingungen der Hauptstadt ... erforderlich wäre.«[12] Die »besonderen Bedingungen« bezogen sich auf Besucher aus der Bundesrepublik, Westberlin und anderen nichtsozialistischen Staaten.

Aufgrund der zur Verfügung stehenden Kräfte und Mittel konnten nur die bedeutsamsten Objekte, wie das zentrale Dienstobjekt des MfS, das Sondergebiet in Berlin-Karlshorst sowie die Dienstobjekte in Berlin-Hohenschönhausen, schwerpunktmäßig gesichert werden. Zu Beginn der 1980er Jahre wurde innerhalb der HA II die Abteilung 21, eine speziell mit der Sicherung von Dienstobjekten des MfS befasste Diensteinheit, geschaffen, die folgende Aufgaben zu realisieren hatte:

- operative Außensicherung von Dienstobjekten des MfS in Berlin;
- operative Abwehrarbeit in den dem MfS nachgeordneten Betrieben und Institutionen, einschließlich der MfS-fremden Personen, die in MfS-Objekten tätig wurden;
- Sicherung von Wohnkonzentrationen der Staatssicherheit in Berlin.[13]

Konkret war die HA II/21 für die Sicherung folgender Objekte und Wohnkonzentrationen verantwortlich:

---

11 Vgl.: Ebd.

12 Vgl.: Ebd., Bl. 12 f.

13 Vgl.: Struktur- und Stellenplan der HA II vom 26. September 1988. BStU MfS HA II Nr. 28540, Bl. 49.

15

- zentrales Dienstobjekt des MfS Normannenstraße/ Ruschestraße, einschließlich der Anwohnerbereiche;
- MfS-Dienstobjekte und Wohnkonzentrationen in Berlin-Hohenschönhausen;
- Dienstobjekte der HA III, der Verwaltung Rückwärtige Dienste (VRD) und des Zentralen Medizinischen Dienstes (ZMD);
- Wohngebiet für leitende Angehörige des MfS in Berlin-Hohenschönhausen am Orankesee.

Weiter gehörte zum Aufgabenbereich der HA II/21 die Abwehrarbeit in den der Staatssicherheit nachgeordneten Betrieben, VEB Spezialhochbau Berlin (SHB) und VEB Raumkunst, sowie im Institut für Technische Untersuchungen (ITU).[14]

---

14 Das ITU war eine dem MfS nachgeordnete Einrichtung, gehörte zum Verantwortungs- und Anleitungsbereich des Operativ-Technischen Sektors (OTS) und hatte eine besondere Bedeutung im Rahmen der Landesverteidigung. Es wurde in seiner letzten Struktur durch die Vereinigung der beiden Institute ITU (Institut für Technische Untersuchungen) und IWTE (Institut für Wissenschaftlich-Technische Entwicklungen) am 1. Januar 1988 gebildet. Das frühere ITU (bis 31. Dezember 1987) entstand seinerzeit aus einer Reihe unabhängiger, selbständiger und territorial getrennter ziviler Forschungs- und Produktionseinrichtungen, die legendiert im Auftrag des OTS Vorhaben der Landesverteidigung realisierten. Das IWTE wurde 1973 gegründet. Es entstand aus der Zusammenlegung des Staatlichen Instituts für hydrodynamische Untersuchungen Berlin (SIH), der Außenstelle Köpenick des ITU, dem Betrieb Kunststofftechnik Tornow (KTT) sowie der Arbeitsgemeinschaft für Werbung und Ausstellungsbau Berlin (AG WA). Bis zur Registratur als Betrieb der speziellen Produktion des MfS, ab 1. Januar 1985, war das IWTE Berlin als Einrichtung des Ministeriums für Wissenschaft und Technik (MWT) legendiert. Das IWTE führte wissenschaftlich-technische Vorhaben für die Erweiterung der operativ-technischen Basis der HA III

Letztlich war die HA II/21 auch für die Abwehrarbeit unter im MfS eingesetzten Arbeitskräften aus Schwerpunktbetrieben, die als Nachauftragnehmer für Dienstleistungen fungierten, sowie für Sicherheitsüberprüfungen zu MfS-fremden Personen, die in Objekten der Staatssicherheit tätig waren, zuständig.[15]

Dienstobjekte des MfS boten den westlichen Geheimdiensten günstige Ansatzpunkte, um insbesondere:
- Angehörige des MfS zu erkennen, sie zu identifizieren und zu bearbeiten;
- die in der Familie lebenden Angehörigen der Mitarbeiter des MfS zu ermitteln, aufzuklären, abzuschöpfen und möglicherweise zu werben;

---

und anderer Organe der Landesverteidigung durch. Durch die lange Zeit getrennt voneinander arbeitenden Institute kam es zu einer Zersplitterung des Kräfte- und Mitteleinsatzes. Aufgrund der hohen Vertraulichkeit der zu realisierenden Aufgaben führte dies zu Doppel- und Parallelarbeiten in der Forschung und Produktion als auch im Rahmen der Außenbeziehungen zu gleichen Kooperationspartnern. Durch den Zusammenschluss beider Institute zu einer dem MfS nachgeordneten Einrichtung wurde dem objektiven Erfordernis entsprochen, die der Staatssicherheit zur Verfügung stehenden personellen, materiellen und finanziellen Potentiale besser zu nutzen sowie mit einer zweckmäßigeren Organisation den Nutzeffekt der wissenschaftlich-technischen Arbeit des MfS zu erhöhen. Vgl.: Günter Strauß, Andreas König: Diplomarbeit zum Thema: »Die sich aus der DA 1/87 zur komplexen Spionageabwehr ableitenden Aufgaben der politisch-operativen Abwehrarbeit zur Sicherung der Außenbeziehungen dem MfS nachgeordneter Einrichtungen zu Wissenschaftsinstitutionen und Betrieben der Volkswirtschaft auf den Gebieten Forschung, Entwicklung und Produktion am Beispiel des Institutes für Technische Untersuchungen«. BStU ZA MfS JHS Nr. 21407, Bl. 7 f.

15 Vgl.: Struktur- und Stellenplan der HA II vom 26. September 1988. BStU MfS HA II Nr. 28540, Bl. 49 f.

- Inoffizielle Mitarbeiter (IM), einschließlich Inoffizieller Mitarbeiter zur Sicherung der Konspiration und des Verbindungswesens (IMK), aufzuklären und gegebenenfalls direkt oder indirekt gegen das MfS zu nutzen (zum Beispiel Aufnahme von operativen Mitarbeitern am Dienstobjekt, begleiten zur Konspirativen Wohnung (KW), um IM festzustellen und zu identifizieren);
- die Regimeverhältnisse in/an den Dienstobjekten und andere geheimzuhaltende Informationen (beispielsweise technische Anlagen und Ausrüstungen, besonders abgesicherte Sperrzonen beziehungsweise Räumlichkeiten usw.) zu erkunden;
- Hinweise zu solchen Personen, Betrieben, Einrichtungen und Institutionen zu erhalten, die zeitweilig in MfS-Dienstobjekten tätig wurden.[16]

Schultz, Hesselbarth und Petzold analysierten für ihre Diplomarbeit verschiedene Untersuchungsvorgänge des MfS und kamen dabei zu folgenden, verallgemeinerten Erkenntnissen, die bei der Organisation der Abwehrarbeit an Objekten der Staatssicherheit zu berücksichtigen waren:
- Die westlichen Geheimdienste nutzten alle für sie günstigen Bedingungen, um Angriffe auf MfS-Dienstobjekte vorzunehmen. Dies waren Bedingungen, die sich aus der Lage der Objekte im Territorium ergaben, wie das Vorhandensein von Anwohnern, Anliegern, Haltestellen öffentlicher Verkehrsmittel im Dienststellenbereich und andere günstige Beobachtungs-

---

16 Vgl.: Kurt Schultz, Heinz Hesselbarth, Heinz Petzold: Diplomarbeit zum Thema: »Die Sicherung zentraler MfS-Dienstobjekte zur vorbeugenden Bekämpfung subversiver Angriffe, insbesondere Spionageangriffe imperialistischer Geheimdienste«. BStU ZA MfS JHS MF GVS 1-96/75, Bl. 7 f.

beziehungsweise Angriffsmöglichkeiten, als auch solche, die sich aus den vielfältigen Beziehungen der Dienststellen in den Bereichen der Wirtschaft, der Kultur usw. ergaben.

- Bei den Angriffen der Geheimdienste auf das MfS wurde deutlich, dass im Mittelpunkt des Interesses direkt oder indirekt die Mitarbeiter der Staatssicherheit standen.
- Die Dienste griffen in der Regel nicht ausschließlich MfS-Dienstobjekte an. Die Aktivitäten gegen Objekte der Staatssicherheit waren in Angriffe auf ökonomische, politische, militärische und gesellschaftliche Bereiche eingebettet.
- Von den 26 geworbenen Spionen (aus den Untersuchungsvorgängen, Anm. d. Verf.) wurden den Geheimdiensten 25 durch bestehende Verbindungen in die Bundesrepublik und nach Westberlin bekannt; 4 wurden durch Verwandte und 21 durch Bekannte (davon 18 bei ihren Reisen in die Bundesrepublik beziehungsweise nach Westberlin) den Geheimdiensten zugeführt.
- Die Dienste stellten bei ihren Angriffen auf Dienstobjekte des MfS die Sicherheit ihrer Agenturen stark in den Vordergrund und orientierten sie auf vorsichtiges, überprüfbares und den Umständen angepasstes Verhalten, was ein Erkennen durch das MfS erschwerte.[17]

---

17 Vgl.: Ebd., Bl. 8 f.

Sicherungs- und Abwehrmaßnahmen an Dienstobjekten und Wohnkonzentrationen des MfS

Die Zielstellung der Sicherung von Dienstobjekten und Wohnkonzentrationen bestand darin, zu verhindern, dass westliche Dienste durch Angriffe gegen diese Objekte die Erfüllung der dem MfS gestellten Aufgaben beeinträchtigen und damit die Sicherheit der DDR gefährden konnten. Grundaufgabe bei der Sicherung von Dienstobjekten war es deshalb, die Spionageangriffe des Gegners rechtzeitig zu erkennen und wirksam zu bekämpfen, um dadurch den optimalen Schutz der MfS-Dienstobjekte zu gewährleisten.[18]

Von dieser Grundaufgabe ausgehend und unter Berücksichtigung des konkreten Vorgehens der Geheimdienste gegen Objekte der Staatssicherheit waren folgende Teilaufgaben in den Mittelpunkt des Sicherungsprozesses zu stellen:

- die zielgerichtete operative Bearbeitung von Personen, die begründet einer gegen MfS-Objekte gerichteten Feindtätigkeit verdächtigt wurden, in Operativen Vorgängen (OV);
- die Organisation der konspirativen, auf Schwerpunkte bezogenen operativen Arbeit unter den Anwohnern und Anliegern, unter Personen der Objekt-Umwelt-Beziehungen und in den Konzentrationspunkten von MfS-Dienstobjekten zur Durchführung des Klärungsprozesses »Wer ist wer?«[19] mit dem Ziel der

---

18 Vgl.: Ebd., Bl. 14.

19 Die Klärung der Frage »Wer ist wer?« war eine ständige Ziel- und Aufgabenstellung sowie Ergebnis der Arbeit aller Linien

Herausarbeitung dahingehend interessanter Personen;

- die laufende Präzisierung und Durchsetzung eines optimalen Regimes der inneren Sicherheit und Ordnung in den Dienstobjekten durch die Einbeziehung aller mit dem Objekt verbundenen Diensteinheiten, der operativen Mitarbeiter und militärischen Sicherungskräfte;
- die Durchführung von zeitweiligen Observationsmaßnahmen an Dienstobjekten des MfS zur differenzierten Erfassung und Identifizierung von Personen und Kfz zu ausgewählten politischen und gesellschaftlichen Höhepunkten;
- die differenzierte Erfassung aller für die Sicherung der Dienstobjekte operativ relevanten Personen in Informationsspeichern des MfS und die analytische Aufbereitung der erarbeiteten Informationen mit dem Ziel, feindlich tätige Personen zu erkennen.[20]

Holger Strohmeyer stellt in seiner Diplomarbeit 1989 die zu diesem Zeitpunkt angewandten Abwehrmaßnahmen dar. Das Sicherungssystem zur Organisation und Durchführung der Abwehrarbeit an Dienstobjekten und Wohnkonzentrationen des MfS im Verantwortungsbereich der HA II/21 in Berlin umfasste:

---

und Diensteinheiten. Sie wurde in Abhängigkeit von der Lage stets neu gestellt. Die Klärung der Frage »Wer ist wer?« bedeutete aus der Sicht der Staatssicherheit, bezogen auf den konkreten Verantwortungsbereich, eine Antwort darauf zu geben, wer Feind ist, wer eine feindliche Haltung einnahm, wer aufgrund des Wirkens feindlicher Kräfte und anderer Einflüsse zum Feind werden konnte, wer den Feindeinflüssen unterlag und sich dadurch missbrauchen lassen würde, wer eine schwankende Position einnahm und auf wen sich der Staat jederzeit verlassen und zuverlässig stützen konnte.

20 Vgl.: Kurt Schultz, Heinz Hesselbarth, Heinz Petzold: »Die Sicherung zentraler MfS-Dienstobjekte«, Bl. 15 f.

- die Organisation und konsequente Durchsetzung eines territorial genau festgelegten zuzugsbeschränkten Bereichs;
- den Aufbau einer inoffiziellen Basis in diesem Bereich entsprechend erkannter Schwerpunktbereiche und Schwerpunkte;
- den Aufbau und die Betreuung eines Stützpunktsystems um das zentrale Dienstobjekt des MfS in Berlin-Lichtenberg;
- die Erfassung aller festgestellten Kfz aus dem Nichtsozialistischen Ausland (NSA) an allen Dienstobjekten und konzentrierten Wohngebieten des MfS entsprechend der Zuständigkeit der HA II/21 in einem zentralen Speicher;
- die periodische Durchführung und Auswertung spezifischer Fahndungsmaßnahmen in Koordinierung mit der Abteilung M (Postkontrolle MfS und BV) des MfS;
- die Analyse und Auswertung von Angriffen der drei westlichen MI (Militärinspektionen) im Verantwortungsbereich in enger Zusammenarbeit mit dem Büro der Leitung (BdL) und der HA VIII (Beobachtung/Ermittlung/Abwehrarbeit Militärverbindungsmissionen (MVM));
- die Aufklärung und Kontrolle bestehender operativ relevanter Rückverbindungen (von in den Westen ausgereisten Personen) in den Verantwortungsbereich;
- die Sicherheitsüberprüfungen zu MfS-fremden Personen im Rahmen der Objekt-/Umweltbeziehungen;
- die unverzügliche Aufklärung von Vorkommnissen in Wohnkonzentrationen des MfS.[21]

---

21 Vgl.: Holger Strohmeyer: Diplomarbeit zum Thema: »Politisch-operative Erfordernisse, Aufgaben und Maßnahmen zur Sicherung von Dienstobjekten und konzentrierter Wohngebiete als wichtiger Bestandteil der ständigen Gewährleistung der inneren Sicherheit des MfS«, BStU ZA MfS JHS Nr. 21424, Bl. 16 f.

Die Abwehrarbeit an Dienstobjekten der Staatssicherheit durch die HA II/21 wurde nach ähnlichen Prinzipien wie die Außensicherung militärischer Objekte in bewohnten Gebieten organisiert. Dementsprechend wurden fest umrissene Abwehrbereiche festgelegt. Der zu sichernde Bereich umfasste im Wesentlichen die Straßenzüge der Anwohner und Anlieger an den Dienstobjekten.

Die HA II/21 führte zu den Anwohnern/Anliegern ihrer Sicherungsbereiche Hausakten; die jeweiligen Personenkategorien waren in der Abteilung XII (Archiv, Registratur MfS und BV) des MfS entsprechend der Möglichkeiten aktiv erfasst. Zu den Institutionen/Einrichtungen im Sicherungsbereich wurden Objektakten geführt. Auf der Grundlage der Erfassungsverhältnisse in der Abteilung XII des MfS und der operativen Zuständigkeit für diesen begrenzten territorialen Bereich wurden Absprachen auf Leiterebene, hauptsächlich mit dem BdL und der Kreisdienststelle (KD) des MfS Berlin-Lichtenberg, realisiert, um einen, den jeweiligen Erscheinungen der Lage entsprechenden Informationsfluss zu gewährleisten.

Der Rat des Stadtbezirks Lichtenberg war für die HA II/21 ein Partner des politisch-operativen Zusammenwirkens. Dabei wurde gewährleistet, dass der Zuzug von Personen in den im Sicherungsbereich gelegenen Wohnraum erst nach Zustimmung des MfS erfolgte. Dadurch wurde präventiv verhindert, dass der Staatssicherheit bekannte, als politisch unzuverlässig geltende Personen sich im Abwehrbereich etablieren konnten. Das MfS sah damit die Möglichkeiten des Gegners, personelle Stützpunkte am zentralen Dienstobjekt Normannenstraße zu schaffen, als wesentlich erschwert an.[22]

---

22   Vgl.: Ebd., Bl. 18.

Die Festlegung konkreter Abwehrbereiche wirkte sich positiv auf die Klärung der jeweiligen Verantwortlichkeiten aus und war nach Ansicht des MfS Voraussetzung für eine qualitativ hochwertige Arbeit mit der inoffiziellen Basis. Ausgehend von der Tatsache, dass der Staatssicherheit keine unbegrenzten Kräfte und Mittel zur Verfügung standen, war es erforderlich, die operative Arbeit nach dem Schwerpunktprinzip zu organisieren.

Die operative Durchdringung von Konzentrationspunkten der Mitarbeiter des MfS und deren Angehörigen war ein wesentlicher Bereich der Abwehrarbeit in konzentrierten Wohngebieten der Staatssicherheit.

Ausgehend von der Tatsache, dass die konkrete Lage und Ausdehnung dieser Wohngebiete großen Kreisen der Bevölkerung und dementsprechend auch den westlichen Geheimdiensten bekannt waren, wurden mit der inoffiziellen Durchdringung der Gaststätten Voraussetzungen zur vorbeugenden Sicherung und zur Erarbeitung weiterer relevanter Informationen geschaffen. Die inoffizielle Verankerung in den Gaststätten im Umfeld der konzentrierten Wohngebiete des MfS war eine Grundlage zur Sicherung des aktuellen Informationsaufkommens aus diesem Bereich. Auf die Gewinnung inoffizieller Kräfte in Schlüsselpositionen, möglichst mit Einfluss auf Kaderangelegenheiten und Weisungsbefugnissen, legte das MfS besonderen Wert.

Im Bereich des zentralen Dienstobjekts Normannenstraße/Ruschestraße gab es eine für die Staatssicherheit bedeutsame Besonderheit. In den Hochhäusern der Frankfurter Allee gab es eine Wohnkonzentration von bevorrechteten Personen aus dem Nichtsozialistischen Ausland. Dieser Wohnkomplex in unmittelbarer Nähe der MfS-Zentrale wurde entsprechend gesichert. In den relevanten Hochhäusern an der Frankfurter Allee wohnten überwiegend DDR-Bürger. Allerdings bestanden umfangreiche Kontakte und Verbindungen zwischen den bevorrechteten Personen und Bürgern der DDR, welche in unterschiedlichen politisch, ökonomisch und militärisch brisanten Bereichen tätig waren. Der Charakter dieser Verbindungen war vom MfS aufzuklären.[23] Im Rahmen der operativen Abwehrarbeit am zentralen Dienstobjekt des MfS wurden die Erfahrungen anderer Abteilungen, die aus der Stützpunktarbeit resultierten, durch die HA II/21 genutzt. Es wurden im unmittelbaren Anwohner-/Anliegerbereich liegende konspirative Stützpunkte geschaffen und mit den notwendigen technischen Mitteln ausgestattet. Die Betreuung der Stützpunkte erfolgte durch eine Führungs-IM-Gruppe (FIM-Gruppe) unter Anleitung eines operativen Mitarbeiters. Nach mehrjähriger operativer Arbeit mit diesem Stützpunktsystem zeigte sich, dass diese Methode für die Abwehrarbeit an Dienstobjekten des MfS in Stadtlage ungeeignet war. Der Aufwand stand in keinem angemessenen Verhältnis zum Nutzen. Ursächlich dafür war die hohe Anzahl der Personenbewegungen. Die Einzelpersonen konnten oftmals nicht identifiziert werden, und dementsprechend war eine umfassende Klärung ihrer Aufenthaltsgründe am Dienstobjekt nicht möglich. Das erarbeitete Informationsaufkommen war quantitativ zu hoch und qualitativ zu gering. Eine effektive Auswertung und Verdichtung der über das Stützpunktsystem erarbeiteten Informationen war nicht möglich. Bewährt hingegen hatte sich allerdings das Stützpunktsystem zur Beobachtung konkret vorgegebener Personen sowie im Rahmen zentral angewiesener Aktionen und Maßnahmen.[24]

Ähnliche Erfahrungen machte das MfS auch bei der

---

23 Vgl.: Ebd., Bl. 19 f.
24 Vgl.: Ebd., Bl. 21.

Außensicherung von militärischen Objekten der Nationalen Volksarmee (NVA) und der Gruppe der Sowjetischen Streitkräfte in Deutschland (GSSD) in gleicher (Stadt-)Lage.

Zur weiteren Durchdringung des Verantwortungsbereichs der HA II/21 am zentralen Dienstobjekt der Staatssicherheit und in anderen Bereichen der Abteilung war die Erfassung von Kfz mit polizeilichen Kennzeichen aus dem Nichtsozialistischen Wirtschaftsgebiet (NSW) organisiert. Die Erfassung erfolgte anlehnend an die Erfahrungen der HA II/4 (Militärspionageabwehr) und hatte einerseits den Zweck, die Kfz zu erkennen und herauszufiltern, welche an verschiedenen Objekten des MfS und konzentrierten Wohngebieten in Erscheinung traten, um diese einer weiteren operativen Klärung zuzuführen, und andererseits die Zielstellung, die Verbindungen und Kontakte zwischen Nutzern der Kfz und den Anwohnern/Anliegern der Bereiche, für welche die HA II/21 zuständig war, festzustellen, zu identifizieren und zu analysieren.

Ausgehend von der Erkenntnis des MfS, dass Kontakte und Verbindungen von DDR-Bürgern in das Operationsgebiet durch westliche Nachrichtendienste genutzt wurden, stellte die Feststellung, Identifizierung und umfassende Aufklärung des Charakters dieser Verbindungen einen wesentlichen Schwerpunkt dar. Die HA II/21 leitete regelmäßig spezifische Fahndungsmaßnahmen unter der Bezeichnung »Signal« bei der Abteilung M des MfS ein. Im Rahmen der Aktion »Signal« wurden postalische Sendungen (NSW-Eingang) mit der Zielstellung, Öffnungsmerkmale und Spuren westlicher Geheimdienste festzustellen und nachzuweisen, untersucht. In der Abwehrarbeit an Dienstobjekten und konzentrierten Wohngebieten wurde versucht, eine gesteigerte Interessenlage der westlichen Geheimdienste

an diesen Bereichen nachzuweisen und hierbei gleichzeitig eine Identifizierung der relevanten Personen zu
erreichen. Die dabei gewonnenen Informationen wurden als eine Grundlage für den Aufbau eines effektiven
Abwehrsystems genutzt.

Im Untersuchungszeitraum 12. Dezember 1987 bis 31.
März 1988 wurden aus dem Anwohner-/Anliegerbereich
des zentralen Dienstobjekts Normannenstraße/Rusche-
straße sowie konzentrierter Wohngebiete insgesamt 401
postalische Sendungen untersucht. Dabei wurden an
191 Sendungen (47,6 Prozent) Öffnungsspuren festgestellt. Da im Vergleichsbereich (ohne militärische Objekte) bei einer Anzahl von insgesamt 836 untersuchten
Sendungen an 425 Sendungen (50,8 Prozent) ebenfalls
Öffnungsspuren erkannt worden waren, stellte das MfS
fest: »Eine gesteigerte Interessenlage imperialistischer
Geheimdienste am Abwehrbereich der HA II/21 konnte
im Rahmen der Aktion ›Signal‹ bisher nicht erkannt
werden. Es wurden jedoch wertvolle, perspektivreiche,
personenbezogene Informationen erarbeitet.«[25]

Bedeutsam aus der Sicht des MfS hinsichtlich der
Abwehrarbeit an Dienstobjekten und konzentrierten
Wohngebieten war auch die Aufklärung und Kontrolle
operativ relevanter Rückverbindungen. Die Rückverbindungen bezogen sich auf die Kontakte und Verbindungen ehemaliger DDR-Bürger in den Verantwortungsbereich der HA II/21. Die Staatssicherheit hatte erkannt,
dass sich aus diesen Kontakten und Verbindungen
häufig Personen und Personenkreise rekrutierten, welche ständig aus der DDR ausreisen wollten. Da sich
diese Personen nach Ansicht des MfS in Vorbereitung
und Realisierung ihrer Zielstellung teilweise von den
legalen Basen westlicher Dienste in der DDR beraten

---

25   Vgl.: Ebd., Bl. 24.

ließen, hatten diese die Möglichkeit der gezielten Abschöpfung. Die umfassende Aufklärung, Kontrolle und Analyse bestehender Rückverbindungen war somit ein wirksames Element der Abwehrarbeit an Dienstobjekten und konzentrierten Wohngebieten des MfS. Durch dieses Vorgehen wurde es aus Sicht des MfS ermöglicht, vorbeugende, schadensverhütende und -einschränkende Maßnahmen zu realisieren und entsprechende DDR-Bürger zu erkennen und operativ zu bearbeiten.[26] Eine weitere im Rahmen der operativen Abwehrarbeit in konzentrierten Wohngebieten der MfS-Mitarbeiter zu beachtende Personenkategorie war die der sogenannten Nichtberechtigten. Als Nichtberechtigte galten ehemalige Mitarbeiter der Staatssicherheit, die aus disziplinarischen oder anderen Gründen vorzeitig aus dem MfS entlassen worden waren, sowie deren Familienangehörige und von Mitarbeitern des MfS geschiedene Ehepartner, die in von der Staatssicherheit verwalteten Wohnungen beziehungsweise Dienstwohnungen des MfS, die durch die Kommunale Wohnungsverwaltung bewirtschaftet wurden, weiterhin wohnhaft waren. Die Probleme und Aufgaben, welche sich aus der Absicherung hinsichtlich dieser Personenkategorie ergaben, waren äußerst vielschichtig und mit dem vorhandenen Kräftepotential nur teilweise zu bewältigen.

Mit Stand vom 15. Januar 1989 wurden für den Bereich der konzentrierten Wohngebiete in Berlin-Lichtenberg im unmittelbaren Umfeld des zentralen Dienstobjekts der Staatssicherheit insgesamt 43 Familien beziehungsweise Einzelpersonen der Kategorie »Nichtberechtigte« festgestellt. Die nach Ansicht von Strohmeyer »relativ hohe Anzahl von Personen dieser Kategorie verdeutlicht bereits ausreichend ihren Stellenwert in der poli-

---

26 Vgl.: Ebd., Bl. 24 f.

tisch-operativen Abwehrarbeit, wenn man bedenkt, dass das operative Hauptproblem NSW-Kontakte sind«[27].

Als weiteres Problem erwies sich, dass die Nichtberechtigten teilweise über Kenntnisse der Arbeitsweise des MfS verfügten und ihre Verhaltensweisen derart gestalteten, dass eine Kontrolle ihrer Person durch die Staatssicherheit erschwert wurde. Dies zeigte sich unter anderem konkret an konspirativen neu aufgebauten Kontakten und Verbindungen zu Bürgern aus dem Westen.

Die Abwehrarbeit in konzentrierten Wohngebieten des MfS in Berlin wurde 1989 als »bisher noch unzureichend ausgeprägt«[28] eingeschätzt.

Der notwendige Informationsbedarf wurde hauptsächlich über Kontakte der operativen Mitarbeiter der HA II/21 zu anderen Mitarbeitern des MfS gedeckt. Des Weiteren wurde das Potential der berenteten ehemaligen MfS-Mitarbeiter entsprechend ihrer Möglichkeiten genutzt.

Für die HA II/21 waren unter anderem folgende Informationen aus konzentrierten Wohngebieten des MfS bedeutsam:

- Feststellung von Kfz mit polizeilichen Kennzeichen aus dem NSW;
- Kontakte von Kindern der MfS-Mitarbeiter zu Bürgern aus dem NSW;
- Kontakte von Angehörigen der MfS-Mitarbeiter zu bevorrechteten Personen;
- kriminelle Erscheinungen, die zur Verunsicherung der Bevölkerung führten;
- Zusammenrottungen politisch-negativ geprägter Gruppierungen von Jugendlichen.

---

27 Ebd., Bl. 26.

28 Ebd., Bl. 27.

Solche Informationen waren der HA II/21 zur Kenntnis zu geben. Die Ausgangsinformationen wurden geprüft, verdichtet und bei Relevanz schwerpunktmäßig bearbeitet.[29]

Die analytische Arbeit war Grundlage zur Bestimmung und Herausarbeitung der operativen Schwerpunkte im Sicherungsbereich. Die Analyse war neben anderen Leitungsprozessen, wie Planung, Entscheidung, Kontrolle und Koordinierung, Bestandteil des einheitlichen Leitungsprozesses und im Verständnis des MfS »eine wirkungsvolle Maßnahme der Feindbekämpfung«[30].

In der analytischen Arbeit mussten solche Erkenntnisse gewonnen werden, die die Grundlage für die Entscheidungsfindung, die Organisation, Planung und Koordinierung bildeten. Die analytische Arbeit war ein ständiger und durchgängiger Prozess, um mittels der verarbeiteten Informationen Entwicklungstendenzen der Arbeit der westlichen Nachrichtendienste, Angriffsrichtungen, den Stand und die Wirksamkeit der eigenen Abwehrarbeit und den Nutzeffekt des Einsatzes der Kräfte und Mittel sichtbar zu machen. Durch diesen Prozess konnten vorhandene begünstigende Bedingungen für die westlichen Dienste erkannt werden, die dann mit zielgerichteten Maßnahmen beseitigt beziehungsweise operativ gesichert wurden.[31] Die analytische Tätigkeit war demnach grundlegende Voraussetzung und Bestandteil der Sicherung von Dienstobjekten des MfS.

---

29 Vgl.: Ebd.

30 Peter Gnuschke: Diplomarbeit zum Thema: »Die Sicherung einer Kreisdienststelle – eine wichtige Teilaufgabe zur vorbeugenden Verhinderung und Bekämpfung gegen das MfS gerichteter Spionage und anderer subversiver Tätigkeit imperialistischer Geheimdienste«. BStU ZA MfS JHS Nr. 299/74, Bl. 9.

31 Vgl.: Ebd.

Die Analyse selbst war ein fortlaufender Prozess, der die Zusammenarbeit aller beteiligten und mitverantwortlichen Diensteinheiten erforderte, aber unter der Federführung der für die Sicherung verantwortlichen Diensteinheit realisiert werden musste. Durch das Zusammenfließen relevanter Informationen zu Personen, insbesondere aus deren Arbeits-, Wohn- und Freizeitbereich, über einen längeren Zeitraum hinweg sowie ihre ständige operative Wertung wurden Voraussetzungen geschaffen, die im Verborgenen und konspiriert arbeitenden Spione zu erkennen und durch geeignete Maßnahmen zu neutralisieren.

Bei der Analyse der territorialen Lage des Dienstobjekts waren zur Herausarbeitung der für westliche Dienste objektiv vorhandenen Angriffsmöglichkeiten folgende Fragestellungen zu beantworten:

- Welche Möglichkeiten waren für Spione vorhanden, durch Einsichtnahme in ein Dienstobjekt bedeutsame Informationen zu gewinnen?
- Wo boten sich gegnerischen Nachrichtendiensten Möglichkeiten, konspirative Abhörtechnik von außen einzusetzen beziehungsweise in ein Objekt eingeschleuste Technik zu kontrollieren, um interne Gespräche aufzuzeichnen?
- Wo fanden westliche Dienste günstige Ansatzpunkte zur Beobachtung von operativen Mitarbeitern, um sie beziehungsweise ihre dienstlichen und privaten Verbindungen aufzuklären?
- Welche Möglichkeiten hatten gegnerische Nachrichtendienste, um von außen durch Nutzung unterirdischer Zuführungen in das Objekt einzudringen?
- Welche Anlagen und Einrichtungen, die für die Arbeitsfähigkeit der Dienststellen relevant waren, lagen außerhalb des Objekts und waren deshalb besonders

diversionsgefährdet (Leitungen, Kabelschächte, Wasserversorgungseinrichtungen)?[32]

Die Beantwortung der Fragestellungen machte nach Ansicht des MfS sichtbar, dass die gegnerischen Geheimdienste vielfältige Angriffsmöglichkeiten gegen Dienstobjekte des MfS hatten. Diese Vielfalt aufzudecken, war eine wesentliche Voraussetzung für eine differenzierte operative Wertung der vorhandenen Möglichkeiten, um das Wichtigste herauszufiltern und schwerpunktbezogen zu sichern.

Dreh- und Angelpunkt bei der analytischen Durchdringung der Objektumgebung zur Herausarbeitung der neuralgischen Punkte sowie für die Bestimmung der operativen Schwerpunkte war die Fragestellung: Wo konnte der Gegner den größten Schaden anrichten, und wo hatte er gute Angriffsmöglichkeiten bei gleichzeitiger Gelegenheit zur weitgehenden Tarnung seiner Tätigkeit?[33]

Die Problematik wird an folgendem Beispiel deutlich: Die Anwohner oder Anlieger eines MfS-Dienstobjekts hielten sich legal, jederzeit überprüfbar, durch Wohnsitz, Anwesen oder Arbeitsstelle bedingt, regelmäßig über längere Zeiträume hinweg am Objekt auf und konnten die dadurch gegebenen Möglichkeiten, ohne aufzufallen, zur Informationsbeschaffung nutzen. Sie hatten ausgezeichnete Möglichkeiten zur Sammlung von Informationen durch:

- Einsichtnahme in das Dienstobjekt;
- Beobachtung der Zu- und Abfahrtswege;

---

32 Vgl.: Kurt Schultz, Heinz Hesselbarth, Heinz Petzold: »Die Sicherung zentraler MfS-Dienstobjekte«, Bl. 18 f.

33 Vgl.: Ebd., Bl. 19.

- Installation beziehungsweise Kontrolle eingeschleuster konspirativer Abhörtechnik.[34]

Charakteristisch für die Mehrheit der Dienstobjekte des MfS war der Umstand, dass an den Objekten eine verhältnismäßig hohe Zahl von Anwohnern vorhanden war. Durch eine fortlaufende analytische Durchdringung des Anwohnerbereichs wurden schrittweise Schwerpunkte herausgearbeitet bis hin zur operativen Bearbeitung von verdächtigen Personen in OV. Zur Herausarbeitung interessanter Personen waren die unter den Anwohnern vorhandenen IM und Gesellschaftlichen Mitarbeiter für Sicherheit (GMS) einzusetzen beziehungsweise die wesentlichen Informationsspeicher abzufragen.

Zur Differenzierung der Anwohner, um die operativ interessanten Personen zu bestimmen, hatte die Spionageabwehr des MfS im Wesentlichen die folgenden Fragestellungen zu beantworten:

- Welche Anwohner besitzen gute Möglichkeiten, durch Einsichtnahme und laufende Beobachtung, auch mittels Anwendung von Fototechnik, beziehungsweise durch den Einsatz von konspirativer Abhörtechnik für Geheimdienste bedeutsame Informationen zu erarbeiten?
- Welche Anwohner besitzen oder besaßen Kontakte, Verbindungen oder Beziehungen in das westliche Ausland, insbesondere in die Bundesrepublik oder nach Westberlin, die aus der Sicht der Spionageabwehr relevant waren (beispielsweise Journalisten und Diplomaten westlicher Staaten, ehemalige DDR-Bürger usw.)?
- Bei welchen von diesen Personen gab es Erscheinungen im Verhalten, die begründet die Version einer gegnerischen Tätigkeit zuließen?

---

34 Vgl.: Ebd., Bl. 19 f.

Die sich nunmehr abhebenden Personen waren aufzuklären; alle anderen Anwohner mit günstigen Spionagemöglichkeiten und Beziehungen in das westliche Ausland waren in der VSH-Kartei[35] der zuständigen Diensteinheit zu erfassen.

Von großer Bedeutung bei der Aufklärung interessanter Personen unter den Anwohnern war für die Spionageabwehr der Zutritt zur Wohnung. Hier ließen sich unter Umständen wichtige Anhaltspunkte für eine nachrichtendienstliche Tätigkeit erarbeiten, weil der entsprechende Anwohner mit hoher Wahrscheinlichkeit von seiner Wohnung aus geheimdienstlich tätig wurde. Das bedeutete, dass auf dieser Stufe des Klärungsprozesses IM zum Einsatz gelangen mussten, die Zutritt zur Wohnung besaßen oder sich diesen verschaffen konnten.

Im Prozess der Differenzierung der Anwohner zur Herausarbeitung operativer Schwerpunkte waren zunächst alle infrage kommenden Personen sowie die in Speichern erfassten Hinweise abzuheben und einzuschätzen. Von besonderem Interesse für die Spionageabwehr waren Informationen, die Westverbindungen und Westkontakte erkennen beziehungsweise vermuten ließen.

Dazu stand eine Vielzahl von Informationsspeichern zur Verfügung, die derartige Angaben enthalten konnten. Bei diesen Speichern handelte es sich um:

---

35 Vorverdichtungs-, Such- und Hinweiskartei. Die Vorverdichtungs-, Such- und Hinweiskartei diente in den operativen Diensteinheiten der Such- und Vergleichsarbeit zu Personen, der Sicherstellung der Informationsflüsse an andere Diensteinheiten sowie der Zusammenführung von Informationen zu Personen. Die VSH-Kartei enthielt zunächst alle Informationen zu Personen, die aufgrund ihrer eher geringen Bedeutsamkeit noch nicht in Kerblochkarteien aufgenommen wurden und zu denen vorerst keine aktive Erfassung in der Abt. XII erfolgte.

- Speicher der Abteilung XII (Archiv, Registratur MfS und BV);
- Speicher der KD (Kreisdienststellen des MfS);
- Speicher der HA VI (Passkontrolle/Sicherung Tourismus);
- Speicher der Abteilung M (Postkontrolle MfS und BV) und PZF (Postzollfahndung);
- Speicher der Linie VIII (Beobachtung und Ermittlung);
- Speicher der Zollverwaltung der DDR.[36]

Die Sicherung von Objekt–Umwelt–Beziehungen der MfS–Dienstobjekte

Die Objekt-Umwelt-Beziehungen von Dienstobjekten der Staatssicherheit waren wirtschaftliche, politische, kulturelle und andere Verbindungen, die zu Betrieben, Institutionen, Einrichtungen und Personen bestanden, um unter anderem die bestimmungsmäßige Funktion des Objekts zu gewährleisten. Auch bei den Objekt-Umwelt-Beziehungen hatte das MfS die operativen Schwerpunkte zu bestimmen und zu sichern.

Im Hinblick auf die Sicherung der Objekt-Umwelt-Beziehungen von MfS-Dienstobjekten ging die Spionageabwehr von den im Folgenden dargestellten Grundgedanken aus. Die Objekt-Umwelt-Beziehungen waren äußerst umfangreich und vielgestaltig. Das drückte sich unter anderem in folgenden Gegebenheiten aus:

Die Zahl der die Objekt-Umwelt-Beziehungen verkör-

---

36 Vgl.: Kurt Schultz, Heinz Hesselbarth, Heinz Petzold: »Die Sicherung zentraler MfS-Dienstobjekte«, Bl. 24–27.

pernden Betriebe, Einrichtungen und Institutionen war groß. Allein die Beziehungen des zentralen MfS-Dienstobjekts Normannenstraße/Ruschestraße waren immens. So betraten beispielsweise zur Versorgung der dortigen Verkaufsstelle der HO (Handelsorganisation) im Zeitraum 14. Dezember 1970 bis 1. Oktober 1972 insgesamt 1.195 Personen das Dienstobjekt.[37]

Auch eine umfangreiche Anzahl von Betrieben war im zentralen Dienstobjekt tätig. Schultz, Hesselbarth und Petzold listen in ihrer Diplomarbeit dahingehend für den Zeitraum 1. Oktober 1971 bis 31. Dezember 1972 insgesamt 45 Firmen auf, unter anderem VEB Bewag, VEB Wasserversorgung und Abwasserbehandlung, VEB Gasversorgung sowie verschiedene Betriebe aus dem Bereich der Medizintechnik.[38]

In einer Analyse der Spionageabwehr zu den 1.195 Personen, die zur Versorgung der HO-Verkaufsstelle das zentrale Dienstobjekt betraten oder befuhren, hoben sich 10 Personen dadurch ab, dass sie mehr als hundertmal im genannten Zeitraum im Objekt weilten und dadurch objektiv gute Möglichkeiten zur Realisierung von Spionageaufträgen besaßen. Diese 10 Personen wurden in verschiedenen Speichern des MfS überprüft. Dabei wurde festgestellt, dass 6 Personen nicht erfasst und 4 Personen aus relevanten Gründen, unter anderem wegen Staatsverleumdung und versuchten illegalen Verlassens der DDR, erfasst waren.[39]

Probleme bei der Sicherung der Objekt-Umwelt-Beziehungen ergaben sich auch daraus, dass in Berlin eine Vielzahl von Dienstobjekten der Staatssicherheit existierte. Im Unterschied zu den Bezirksstädten, wo nur

---

37 Vgl.: Ebd., Bl. 176.

38 Vgl.: Ebd., Bl. 172–175.

39 Vgl.: Ebd., Bl. 177.

die Dienstobjekte der Bezirksverwaltungen und Kreis- dienststellen gesichert werden mussten, waren in Berlin neben zentralen Objekten, wie die MfS-Dienstobjekte Normannenstraße/Ruschestraße, Berlin-Hohenschön- hausen und Berlin-Johannisthal, noch solche Objekte vorhanden, die durch Hauptabteilungen (I, III, VI, VIII, PS) sowie die BV Berlin mit den ihr unterstellten Kreis- dienststellen genutzt wurden. Alle diese Objekte unter- hielten Beziehungen zu ihrer Umwelt. Die Realisierung dieser Objekt-Umwelt-Beziehungen erfolgte weitge- hend voneinander losgelöst, in eigener Regie, was auch für die operative Absicherung der Objekt-Umwelt-Be- ziehungen galt. Dieser Bereich wurde Mitte der 1970er Jahre entweder überhaupt nicht oder nur ungenügend abgesichert. Das wenige, was sicherungsmäßig zu die- sem Zeitpunkt getan wurde, erfolgte ohne Kenntnis des anderen, ohne Koordinierung. Dabei traten Informa- tionsverluste auf, die zu »Pannen« führen konnten, und die Verdichtung interessanter Hinweise zu bestimmten Personen wurde behindert.

Dazu ein Beispiel: Im Zuge von Untersuchungen wurde mit dem für die Sicherung des Objekts einer Hauptab- teilung verantwortlichen Mitarbeiter ausführlich ge- sprochen. In Bezug auf die Sicherung von Objekt-Um- welt-Beziehungen wurden dabei folgende Probleme sichtbar:

- Handwerker von Betrieben, die im Objekt Bauarbei- ten durchführten und durch die Abteilung Bauwesen der Verwaltung Rückwärtige Dienste (VRD) geschickt wurden, sind nicht überprüft worden, da von der An- nahme ausgegangen worden war, dass die Rückwär- tigen Dienste dafür verantwortlich wären. Diese An- nahme war falsch, da jene Abteilung der VRD keine operativen Überprüfungen durchführte.
- Zulieferer, die zur Versorgung das Objekt betraten

beziehungsweise befuhren, wurden nur in ein Besucherbuch an der Objektwache eingetragen, ohne dass eine Überprüfung erfolgte.

- Im Objekt war eine Brigade von Fensterputzern tätig. Diese Personen wurden bei Aufnahme der Arbeit überprüft mit dem Feststellungsergebnis, dass die gleichen Personen auch im Dienstobjekt Normannenstraße/Ruschestraße tätig waren. Sie konnten die Tätigkeit aufnehmen. Zu einem späteren Zeitpunkt erhielt diese Brigade durch das Büro der Leitung aus operativen Gründen Hausverbot, ohne dass hierzu eine Mitteilung vom Büro der Leitung an den betreffenden Mitarbeiter der Hauptabteilung erging. Ein derartiger Informationsfluss war nicht festgelegt. Dadurch bedingt, arbeitete diese Brigade im Objekt der Hauptabteilung auch weiterhin, obwohl sie in einem anderen MfS-Dienstobjekt Hausverbot hatte.[40]

Die Personen aus dem zivilen Bereich, die diese Objekt-Umwelt-Beziehungen realisierten, hatten in der Regel gute Möglichkeiten, Spionageaufträge durchzuführen, ohne bei der Sammlung von Informationen verdächtig in Erscheinung treten zu müssen. Sie gelangten bei der Durchführung der ihnen übertragenen Aufgaben in den Besitz der für westliche Geheimdienste interessanten Informationen. Es liegt in der Natur der Sache, dass diese Dienste solche Möglichkeiten, so sie sich ergaben, auch nutzten.

Die operative Sicherung der Objekt-Umwelt-Beziehungen, im Konkreten die schwerpunktbezogene Aufklärung der sie realisierenden Personen, war nach Auffassung der Spionageabwehr unerlässlich.[41] Die Praxis der

---

40 Vgl.: Ebd., Bl. 30 f.

41 Vgl.: Ebd., Bl. 31.

Absicherung dieses Bereichs Mitte der 1970er Jahre kam den Bestrebungen westlicher Dienste zum Eindringen in das MfS objektiv entgegen. Es musste aus Sicht des MfS dringend eine Lösung gefunden werden, die dem hohen Sicherheitsbedürfnis Rechnung trug und realisierbar war.

Die Herausarbeitung interessanter Personen oder von Personen mit operativ bedeutsamen Anhaltspunkten, die dann aktiv erfasst und durch die erfassende Diensteinheit auch operativ bearbeitet wurden, war eine grundlegende Aufgabe, stellte aber noch keine optimale Lösung dar. Davon wäre nur ein Bruchteil der Personen berührt gewesen, die in Dienstobjekten der Staatssicherheit Tätigkeiten ausübten. Damit war ebenfalls noch nicht gesichert, dass Informationen über solche Personen, die zunächst operativ bedeutungslos waren, festgehalten wurden und an einer Stelle zusammenflossen, wo sie verdichtet werden konnten.

Die Staatssicherheit betrachtete es als unzweckmäßig, eine Person durch eine Diensteinheit in Berlin aktiv zu erfassen, weil sie beispielsweise an einem Aggregat im Dienstobjekt eine Reparatur durchführte, obwohl die Person in Dresden beschäftigt und beheimatet war. Die erfassende Diensteinheit wäre demnach im gegebenen Fall nicht auskunftsfähig gewesen.[42]

Die Erfassung jeder Person, die einmalig oder mehrmals MfS-Dienstobjekte betrat, in einem zentralen Speicher (beispielsweise bei der Abteilung XII), ohne dass operativ bedeutsame Anhaltspunkte vorlagen, war vom Aufwand her nicht zu realisieren, da der Speicher der Abteilung XII überbelastet worden wäre. Die Einrichtung eines zentralen Vorverdichtungsspeichers bei der Spionageabwehr wurde ebenfalls als unzweckmäßig

---

42 Vgl.: Ebd., Bl. 32.

erachtet, da dies einen großen Mitarbeiterstab erforderlich gemacht hätte, um den Aufwand zu bewältigen und den Informationsfluss nach unten zu sichern.

Eine KK-Erfassung[43] sämtlicher Personen, das heißt eine aktive Erfassung durch die objektsichernde Diensteinheit, wurde aus verschiedenen Gründen nicht befürwortet. Unter anderem hätte das dem Wesen nach der 2. Durchführungsbestimmung zum Befehl 299/65[44] des Ministers für Staatssicherheit widersprochen. Dort wird ausdrücklich bestimmt, dass die erfassende Diensteinheit die sich daraus ergebende politisch-operative Verantwortung für die erfassten Personen übernimmt.

Schultz, Hesselbarth und Petzold schlugen in ihrer

---

43 Kerblochkartei-Erfassung. In einer Kerblochkartei konnten sowohl IM als auch zu bearbeitende Personen erfasst sein. Eventuell anfallendes Material wurde nicht zentral registriert. Die KK-Erfassung galt allerdings in den Informationsspeichern der operativen Diensteinheiten als eine aktive Erfassung. Die Kerblochkartei bestand aus Kerblochkarten. Dies waren Handlochkarten mit zwei gestanzten Lochreihen am Kartenrand. Die Lochreihen waren in Felder und Paare gegliedert, deren Löcher zur Speicherung von Informationen zum Kartenrand hin flach (äußere Reihe) oder tief (innere Reihe) nach einem verbindlichen Schlüssel gekerbt wurden. Kerblochkarten bedurften keiner inneren Sortierung. Bei der Auswertung wurde eine Selektionsnadel in das Loch für das abgefragte Merkmal geschoben und der Kartenblock angehoben oder gekippt. Auf das Merkmal zutreffende Karten fielen dabei heraus. Mit Selektionsgabeln ließen sich mehrere Merkmale gleichzeitig abfragen. Selektionsgeräte für komplexe Abfragen an einem Kartenrand konnten bis zu 350 Kerblochkarten gleichzeitig aufnehmen.

44 Vgl.: Befehl 299/65 des Ministers für Staatssicherheit über die Organisierung eines einheitlichen Systems der politisch-operativen Auswertungs- und Informationstätigkeit im Ministerium für Staatssicherheit. Siehe: Roger Engelmann, Frank Joestel: *Grundsatzdokumente des Ministeriums für Staatssicherheit.* In: BStU: *Anatomie der Staatssicherheit. Geschichte – Struktur – Methoden* (MfS-Handbuch). Berlin 2004, S. 141–149.

Diplomarbeit die folgende Lösungsvariante vor: Die operativ bedeutsamen Personen (aus vorbeugender beziehungsweise aus der Sicht einer operativen Bearbeitung) waren aktiv zu erfassen, und der Informationsfluss aus dem Wohn- beziehungsweise Arbeitsbereich war durch die VSH-Kartei (auf der Karteikarte F 402) zu sichern. Wenn die betreffende Person zum Beispiel aus dem Schwerpunktbereich einer Diensteinheit der Linie XVIII (Sicherung der Volkswirtschaft) oder XX (Staatsapparat, Kirche, Kultur, Untergrund) kam und im Blickfeld dieser Diensteinheit stand, sollte die Person auch durch diese Diensteinheit erfasst und im Interesse einer qualifizierten Objektsicherung aufgeklärt werden. War das nicht der Fall, wurde die Person durch die für das MfS-Dienstobjekt verantwortliche Diensteinheit erfasst und mit Unterstützung der Diensteinheiten aufgeklärt, die dazu beitragen konnten. Alle übrigen objektfremden Personen sollten durch die das Objekt sichernde Diensteinheit in deren VSH-Kartei erfasst werden. Unabhängig davon wurde der für den Wohnsitz dieser Personen zuständigen Kreisdienststelle Mitteilung darüber gemacht, dass die in der VSH-Kartei erfasste Person in einem MfS-Objekt tätig wurde. Dies hatte in geeigneter Form und jeweils dann zu geschehen, wenn die entsprechende Person einen kürzeren oder auch länger währenden Einsatz in einem MfS-Objekt begann. Als vorteilhaft erwies sich dabei, dass der Wohnsitz der meisten Menschen in der DDR relativ stabil und unverändert blieb. Die KD erfasste diese Person in ihrer VSH-Kartei. Damit wurde gesichert, dass während des Einsatzes dieser Person in der KD auflaufende Informationen der objektsichernden Diensteinheit zufließen konnten. Das wesentliche Ergebnis dieser Maßnahme wurde darin gesehen, dass in der KD alle Informationen über das Betreten von MfS-Objekten durch Personen aus dem zivilen Bereich zusammenliefen, sich hier verdichteten und mit anderen im Territorium auflaufenden Informationen in Beziehung gesetzt werden konnten.[45]

Die straff organisierte und befehlsmäßig geregelte Überprüfung, aktive Erfassung und Kontrolle aller MfS-fremden Personen war zum Beispiel in der BV Magdeburg bereits seit Anfang der 1970er Jahre geregelt. Dort erließ der damalige Leiter der BV, Oberst Eggebrecht, am 14. Juli 1970 die Anweisung Nr. 5/70 »zur Gewährleistung der Sicherheit in den Objekten der Bezirksverwaltung beim Einsatz verwaltungsfremder Kräfte und deren ordnungsgemäße Absicherung während ihres Aufenthaltes in diesen«[46].

In dieser Anweisung wurde unter anderem festgelegt, dass alle Arbeiten in den Objekten der BV, zu deren Durchführung verwaltungsfremde Kräfte eingesetzt werden, mindestens 35 Tage vor Beginn der Durchführung an die Abteilung Verwaltung und Wirtschaft (Vorgängerbezeichnung der Abteilung Rückwärtige Dienste) mit folgenden Angaben zu melden sind:

- durchzuführende Arbeiten, konkrete Bezeichnung des Objekts, in dem die Arbeiten durchzuführen sind;
- genauer Zeitraum (Tag, Monat, Uhrzeit), in dem die Durchführung der Arbeiten vorgesehen ist;
- Angabe des Betriebs (genaue Anschrift), der mit der Durchführung der Arbeiten beauftragt wurde;
- Personalangaben der Arbeitskräfte (Name, Vorname, Geburtsdatum, Geburtsort, Beruf, Wohnanschrift, Ausweisnummer), die für den Einsatz in den Objekten vorgesehen sind, in dreifacher Ausfertigung.

---

45 Vgl.: Kurt Schultz, Heinz Hesselbarth, Heinz Petzold: »Die Sicherung zentraler MfS-Dienstobjekte«, Bl. 51 f.

46 Ebd., Bl. 182.

Die Abteilung Verwaltung und Wirtschaft hatte die Personalangaben über alle zum Einsatz in den Objekten der BV vorgesehenen verwaltungsfremden Kräfte, egal ob die durchzuführenden Arbeiten von der eigenen oder anderen Diensteinheiten organisiert wurden, der Abteilung II (Spionageabwehrabteilung der BV) zwecks Überprüfung und Bestätigung mindestens 30 Tage vor Beginn der Arbeiten zu übersenden.

Unter Federführung der Abteilung II hatte die Abteilung XVIII (Sicherung der Volkswirtschaft auf Bezirksebene) beziehungsweise die Diensteinheit, in deren Verantwortungsbereich der mit der Verrichtung der Arbeiten beauftragte Betrieb lag, kurzfristig Überprüfungs- und Aufklärungsmaßnahmen durchzuführen. Im Ergebnis dieser Maßnahmen entschied der Leiter der Abteilung II, ob die vorgeschlagenen Kräfte in den Objekten der BV zum Einsatz kommen konnten.

Das Ergebnis der Entscheidung war in den Personalunterlagen zu vermerken und die Person entsprechend des Befehls 299/65 zu erfassen. Danach war ein formloser Durchschlag der Kerblochkarte an die territorial verantwortliche Diensteinheit zu senden. Bei bestätigten Personen war der Abteilung Verwaltung und Wirtschaft eine Karteikarte mit dem Bestätigungsvermerk und bei Ablehnung ein Exemplar der Personalangaben mit dem Ablehnungsvermerk zu übergeben.

Die Abteilung Verwaltung und Wirtschaft hatte auf der Grundlage der Karteikarte die Kartei über verwaltungsfremde Kräfte zu führen und alle vorgesehenen Einsätze dieser Personen auf der Karteikarte nachzuweisen sowie den notwendigen Informationsfluss mit der Abteilung II zu gewährleisten.

Bei langfristigen Einsätzen verwaltungsfremder Kräfte in den Objekten der BV Magdeburg waren jährlich Überprüfungs- und Aufklärungsarbeiten durchzuführen. Die Abteilung Verwaltung und Wirtschaft hatte auf der Grundlage ihrer Übersicht der Abteilung II mitzuteilen, bei welcher Person Nachprüfungen entsprechend der abgelaufenen Frist erforderlich waren. Die Abteilung II hatte dann die dazu notwendigen Maßnahmen durchzuführen.

Die in den Objekten der BV Magdeburg zum Einsatz kommenden verwaltungsfremden Kräfte hatten:

- sich beim Betreten der Objekte der BV an der Wache zu melden, wo sie ihren Personalausweis abgaben, für die Zeit des Aufenthalts im Objekt eine Kontrollkarte empfingen und im Besucherraum warteten, bis sie ein Mitarbeiter des MfS an ihren Arbeitsplatz begleitete;
- sich von ihrem Einsatzort nur nach Rücksprache mit einem ihnen von der Abteilung Verwaltung und Wirtschaft benannten Angehörigen des MfS unter Angabe der Gründe beziehungsweise nach Beendigung der Arbeit in dessen Begleitung zu entfernen;
- beim Verlassen des Objekts die Kontrollkarte zurückzugeben und ihren Personalausweis zu empfangen;
- ihre Dienst- und Privatfahrzeuge für den Zeitraum des Aufenthalts in den Objekten der BV außerhalb abzustellen;
- mit Dienst- oder Privatfahrzeugen zwecks An- und Abtransport von Material nur nach Voranmeldung in der Wache unter Angabe der Gründe in die Objekte der BV zu fahren;
- erforderliche Telefongespräche nur von einem ihnen durch einen Mitarbeiter der Staatssicherheit angewiesenen Apparat zu führen;
- sich während ihrer Arbeitspausen in dem ihnen zugewiesenen Raum aufzuhalten und auch ihre Mahlzeiten dort einzunehmen.

Die Abteilung Verwaltung und Wirtschaft hatte die verwaltungsfremden Kräfte über die Schweigepflicht zu belehren und diese auf der angelegten Karteikarte unter Angabe des Datums zu vermerken.

Die eingesetzten verwaltungsfremden Kräfte waren während ihrer Arbeit in den Objekten zu kontrollieren. Für die Organisierung der Kontrolle war die Abteilung Verwaltung und Wirtschaft verantwortlich. Bei der Durchführung von Arbeiten in den Räumen der Diensteinheiten war mit diesen die Kontrolle zu koordinieren. Der für die Kontrolle eingesetzte Mitarbeiter der Abteilung Verwaltung und Wirtschaft beziehungsweise aus anderen Diensteinheiten benannte Mitarbeiter hatte zu gewährleisten, dass die verwaltungsfremden Kräfte vor Arbeitsbeginn von der Wache abgeholt und nach Arbeitsende zurückgeleitet wurden.

Über die Arbeiten verwaltungsfremder Kräfte an den Außenfronten der Objekte hatte die Wach- und Sicherungseinheit die Kontrolle auszuüben.[47]

Auf zentraler Ebene war später mit der Schaffung der HA II/21 die Problematik der Überprüfung von Personen, welche in den Dienstobjekten des Ministeriums zum Einsatz kamen, wirksam gelöst worden. Im Rahmen der operativen Abwehrarbeit an Dienstobjekten des MfS und somit auch am zentralen Dienstobjekt oblag der HA II/21 bezüglich der Gestaltung der Objekt-Umwelt-Beziehungen die Sicherheitsüberprüfung zu Personen, die in Objekten und Einrichtungen der Staatssicherheit zum Einsatz kommen sollten. Hierzu war innerhalb der HA II/21 eine spezielle Arbeitsgruppe gebildet worden, die auf der Grundlage einheitlicher Differenzierungsprinzipien eine den jeweiligen Erfordernissen entsprechende Sicherheitsüberprüfung gewährleistete.[48]

---

47 Vgl.: Ebd., Bl. 182–189.

48 Vgl.: Holger Strohmeyer: »Politisch-operative Erfordernisse,

Zur Sicherung der Objekt-Umwelt-Beziehungen wurden in der Abwehrarbeit auch IM eingesetzt. So wurde durch die Abteilung II/1 der BV Berlin der IMS (Inoffizieller Mitarbeiter zur Sicherung eines gesellschaftlichen Bereichs oder Objekts) »Frank Japke« geführt. »Frank Japke« war als Gebäudereiniger in der PGH Gebäudereinigung Prenzlauer Berg beschäftigt, seine Arbeit verrichtete er unter anderem in Dienstobjekten des MfS. Die konkreten Aufgabenstellungen und Anforderungen ergaben sich aus seiner beruflichen Tätigkeit, insbesondere durch seinen Einsatz in der BV Berlin beziehungsweise anderen Dienstobjekten des MfS. Sie umfassten die zielgerichtete beziehungsweise auftragsmäßige Erarbeitung von Informationen zur allgemeinen Lage, zu Vorkommnissen, Besonderheiten und Auffälligkeiten unter den Handwerkern, die in den Dienstobjekten des MfS tätig waren. Der IMS »Frank Japke« hatte die Möglichkeit, Gespräche anzuhören beziehungsweise daran teilzunehmen, die in Abwesenheit des MfS-Kontrollpostens geführt wurden.[49]

IM zur Sicherung der Dienstobjekte und Wohnkonzentrationen des MfS

Zur Sicherung der Dienstobjekte, einschließlich der Objekt-Umwelt Beziehungen, und Wohnkonzentrationen wurden seitens der Staatssicherheit IM und GMS eingesetzt.

Aufgaben und Maßnahmen zur Sicherung von Dienstobjekten und konzentrierter Wohngebiete«, Bl. 25.

49 Vgl.: IM-Vorgang »Frank Japke«. BStU ZA AIM 4917/91.

Mosig betont in seiner Diplomarbeit, »dass mit wenig operativen Mitarbeitern und einer Vielzahl von IM und GMS ein sicherer Schutz unserer Dienst- und Wohnobjekte gewährleistet werden muss«[50]. Diese Aussage aus dem Jahr 1971 ist vor dem Hintergrund zu sehen, dass die HA II/21 zu diesem Zeitpunkt noch nicht existierte. Nach Meinung Mosigs wäre es möglich, durch den Aufbau effektiverer Sicherungssysteme für die Objekte – MfS-Berlin-Lichtenberg, -Hohenschönhausen und -Karlshorst – einen größeren operativen Nutzen mit weniger Aufwand zu erreichen.[51]

Ausgehend von der Analyse des Schwerpunktbereichs, so Schultz, Hesselbarth und Petzold, wurden die IM zur Realisierung der Aufgabenstellung unter den Anwohnern, in den Objekt-Umwelt-Beziehungen und an den Konzentrierungspunkten eingesetzt.

Der IM/GMS-Einsatz bei der Sicherung von MfS-Dienstobjekten erfolgte in der Regel schwerpunktbezogen, auf Personen orientiert. Die Aufgabe der Erfassung von Personen und Kfz an den Objekten, welche sich überwiegend auf unbekannte Personen bezog, stand bei MfS-Dienstobjekten nicht im Vordergrund.[52] Dazu war beispielsweise am zentralen Dienstobjekt Normannenstraße/Ruschestraße die Personen- und Fahrzeugfrequenz zu hoch. Für die Beobachter-IM war es zum Beispiel auch nahezu unmöglich, bei der Erfassung der Personen MfS-Mitarbeiter auszuklammern. Das schloss gelegentliche Erfassungen von Personen durch militä-

---

50 Frank Mosig: »Zu einigen Problemen der Organisierung einer effektiveren Abwehrarbeit zur Außensicherung von Dienst- und Wohnobjekten«, Bl. 20.

51 Ebd.

52 Vgl.: Kurt Schultz, Heinz Hesselbarth, Heinz Petzold: »Die Sicherung zentraler MfS-Dienstobjekte«, Bl. 42.

rische Sicherungskräfte sowie die differenzierte Personen- und Kfz- Erfassung zu bestimmten Anlässen durch Beobachtungskräfte der HA VIII nicht aus.

Die Schaffung von IM aus dem Kreis der Anwohner, um an Dienstobjekten Beobachtungsaufgaben zu lösen, sowie der Einsatz von hauptamtlichen Beobachtern stellten Ausnahmen dar. Die Nutzung von Beobachter-IM aus dem Kreis der Anwohner hatte sich als unzweckmäßig erwiesen, weil in der Regel auf Nichtberufstätige, wie Rentner oder Hausfrauen, zurückgegriffen werden musste, die oftmals nicht die Voraussetzungen zur Lösung dieser Aufgaben erfüllen konnten.

Untersuchungen des MfS im Anwohnergebiet an einem Dienstobjekt hatten ergeben, dass 84 Prozent der erwachsenen Anwohner berufstätig waren und demzufolge in den Schwerpunktzeiten nicht eingesetzt werden konnten. Die anderen 10 Prozent der erwachsenen Anwohner waren Hausfrauen und 6 Prozent Rentner.[53]

An die im Anwohnerbereich, in den Objekt-Umwelt-Beziehungen und in den Konzentrationspunkten einzusetzenden IM waren grundsätzlich keine besonderen Anforderungen zu stellen. Allerdings waren solche Auswahlkriterien wie Kontaktfreudigkeit und Anpassungsfähigkeit, das heißt möglichst viele Kontaktmöglichkeiten unter den Anwohnern sowie ausreichende Zeitreserven zur Lösung der operativen Aufgabenstellungen, im Auswahlprozess zur Schaffung von IM zu berücksichtigen. Notwendig war es, IM/GMS in Schlüsselpositionen beziehungsweise in solchen Positionen zu haben, die einen flexiblen Einsatz unter den Anwohnern ermöglichten. Dabei waren unter anderem Personen aus folgenden Berufsgruppen und Bereichen geeignet:
• VP-Meldestellen,

---

53 Vgl.: Ebd., Bl. 43.

- Kommunale Wohnungsverwaltung,
- Schornsteinfeger,
- Versicherungsvertreter,
- Postzusteller,
- Hausverwalter.

Bei der Organisierung der Abwehrarbeit im Anwohnergebiet zu MfS-Objekten war besonders auf die Entwicklung von IM Wert zu legen. Die Arbeit unter den Anwohnern, insbesondere die Klärung der Frage »Wer ist wer?« unter dem Gesichtspunkt möglicher Spionage, erforderte IM, die persönliche Beziehungen herstellen konnten und auch Zugang in die Wohnung der betreffenden Person hatten. Dieser Klärungsprozess erforderte in der Regel die Durchführung einer Operativen Personenkontrolle (OPK).[54]

Entsprechend der IM-Richtlinien des MfS waren zur Sicherung der Dienstobjekte und Wohnkomplexe folgende IM-Kategorien einsetzbar:

- Inoffizielle Mitarbeiter, die mit der Sicherung gesellschaftlicher Bereiche oder Objekte beauftragt waren (IMS);
- Inoffizielle Mitarbeiter zur Sicherung der Konspiration und des Verbindungswesens (IMK);
- Inoffizielle Mitarbeiter, die unmittelbar an der Bearbeitung und Entlarvung im Verdacht der Feindtätigkeit stehender Personen mitwirkten (IMV, später IMB);
- Inoffizielle Mitarbeiter, die mit der Führung anderer IM oder GMS beauftragt waren;
- Inoffizielle Mitarbeiter im besonderen Einsatz (IME);
- Gesellschaftliche Mitarbeiter für Sicherheit (GMS).[55]

---

54 Vgl.: Ebd., Bl. 44.
55 Vgl.: Frank Mosig: »Zu einigen Problemen der Organisierung

IMS stellten nach Ansicht von Mosig die zur Absicherung von Dienstobjekten und Wohngebieten des MfS unbedingt erforderliche Kategorie Inoffizieller Mitarbeiter dar.[56]

Sie waren zur Absicherung von Dienstobjekten universell einsetzbar, was jedoch nicht ausschloss, dass IMS nur zur Absicherung eines Objekts oder nur zur Absicherung des Anwohnerbereichs eingesetzt wurden. Erfahrungen der Staatssicherheit zeigten jedoch, dass sich trotz unterschiedlicher Lage, Struktur und Vielgestaltigkeit der Objekte und Wohngebiete der Staatssicherheit in Berlin der komplexe Einsatz von IMS in beiden Richtungen bewährt hatte, da entsprechend des Informationsbedarfs und der gesamten Aufgabenstellung eine Trennung zwischen Objekt- und Anwohnerbereich kaum möglich war.

IMS erhielten zur Auftragserfüllung vom MfS sogenannte Komplexaufträge. Der Komplexauftrag für einen IMS, der mit Aufgaben in MfS-Sicherungsgebieten befasst war, hatte folgenden Inhalt:

»Um Spione imperialistischer Geheimdienste zu entlarven, werden Sie beauftragt, den nachstehenden Erscheinungen große Aufmerksamkeit und Beachtung zu schenken. So weit es erforderlich ist und gefordert wird, sind diese Erscheinungen aufzuklären und umgehend Mitteilung an das MfS zu machen.

1. <u>Interessante Personen und Verbindungen im Wohngebiet</u>
   - Personen mit negativer Grundhaltung
   - Kriminell gefährdete, kriminell anfällige und vorbestrafte Personen

---

einer effektiveren Abwehrarbeit zur Außensicherung von Dienst- und Wohnobjekten«, Bl. 27 f.

56 Vgl.: Ebd., Bl. 30.

- Abhören westlicher Rundfunk- und Fernsehstationen
- Personen mit negativer Vergangenheit (SS, SD, Gestapo, faschistische Polizei, militärischer Abwehrdienst, ehemals aktive NSDAP-Mitglieder usw.)
- Ehemalige Funker bzw. Personen mit bestimmten Funkkenntnissen
- Angst vor Sicherheitsorganen
- Gewissenlose käufliche Subjekte
- Ständige Spaziergänger im Wohngebiet und am Objekt
- Positive Personen mit negativen Verbindungen
- Personen, die mit Regeln und Begriffen der Konspiration vertraut sind
- Aufenthalt von unangemeldeten Personen
- Anzeichen für Republikfluchten
- Auffälliges Verhalten am Objekt (Hände in der Tasche, Nesteln an der Kleidung, Führen von Selbstgesprächen usw.)

2. <u>Westverbindungen und andere interessante Verbindungen</u>
   - Wer erhält Päckchen oder Pakete aus Westdeutschland, Westberlin und dem kapitalistischen Ausland (Absender, Inhalt, Herkunft usw.)
   - Besucher aus Westdeutschland, Westberlin und dem kapitalistischen Ausland
   - Empfang von Post- oder Briefsendungen von unbekannten Absendern
   - Ehemalige Grenzgänger (heutige Kontakte, eventuelle Konten, Rentenauszahlungen usw.)
   - Treffen mit Verwandten oder Bekannten aus Westdeutschland, Westberlin und dem kapitalistischen Ausland an den Transitstrecken
   - Rentnerreisen (besonderes Verhalten vor und nach der Reise)

- Auftreten und Verhalten von Personen aus Westdeutschland, Westberlin und dem kapitalistischen Ausland im Wohngebiet und am Objekt
3. Republikfluchten, Rückkehrer, Zuzüge
    - Verbindungen zu republikflüchtigen Personen (brieflich oder persönlich)
    - Wer wurde von republikflüchtigen Personen nach langer Zeit erstmalig angeschrieben
    - Verhalten von Personen mit Verbindung zu republikflüchtigen Personen im Wohngebiet oder am Objekt
    - Welche Rückkehrer und Zuzüge sind bekannt
    - Wohnungswechsel von Rückkehrern bzw. Zuzügen
    - Ideologische Grundhaltung von Rückkehrern und Zuzügen
    - Motive für die Übersiedlung in die DDR
    - Konzentrationen von Rückkehrern und Zuzügen und Verbindungen untereinander
    - Plötzliches Auftauchen von Rückkehrern, ohne dass die Rückkehr offiziell bekannt ist
4. Finanzielle Lage und interessante Gegenstände
    - Personen mit großen Ausgaben, die vermutlich ihre Einkünfte übersteigen
    - Besitz von Fotoausrüstungen (gebräuchliche Typen, Kleinbildfotografie, Teleobjektive, andere Zusatzgeräte, spezielles Filmmaterial, eigenes Fotolabor)
    - Besitz und Benutzung optischer Geräte
    - Größere und spezielle Antennen
    - Spezielle, nicht handelsübliche Radioapparate
    - Besitz von Edelmetallen oder anderen wertvollen Gegenständen
5. Kontakte zu Mitarbeitern des MfS und deren Angehörigen
    - Personen, die unter bestimmten Vorwänden ohne vorliegende Notwendigkeit enge Kontakte suchen

- Wer versucht, Gespräche von Mitarbeitern bzw. Angehörigen mitzuhören
- Regelmäßiger Besuch von Gaststätten, Kultur- und Sporteinrichtungen udgl. mit dem Ziel der Schaffung von Kontakten
- Personen, die Kontakte zu Mitarbeitern des MfS oder deren Angehörigen haben und von dritten Personen abgeschöpft werden

Über Ihre Feststellungen berichten Sie dem Mitarbeiter des MfS in mündlicher und schriftlicher Form. Feststellungen, die konkrete Verdachtsmomente für eine Feindhandlung ergeben, sind sofort dem MfS auf dem bekannten Verbindungsweg mitzuteilen.

gez. Bernd Müller«[57]

In der operativen Praxis bestand für das MfS das Problem des personellen Aufwands zur Erreichung eines hohen Nutzens bei der Außensicherung von Dienstobjekten und Wohngebieten. Um dieses Problem zu lösen, wurden FIM- und IME-Systeme geschaffen.

Die IM-Richtlinien, insbesondere 1/68 und 1/79, gaben der Staatssicherheit die Möglichkeit, bewährte IM, die Erfahrung in der operativen Arbeit hatten sowie entsprechende Eignung und Befähigung besaßen, zu beauftragen, ihnen übergebene IM und GMS zu führen. Die Hauptaufgabe dieser Führungs-IM bestand darin, dass sie unter Anleitung, Kontrolle und Verantwortung eines operativen Mitarbeiters die ihnen übergebenen IM und GMS so führten, dass die Sicherheit des jeweiligen Bereichs oder Objekts gewährleistet war.

FIM zur Absicherung von Dienst- und Wohnobjekten des MfS mussten in der operativen Zusammenarbeit mit dem MfS äußerst zuverlässig, ehrlich, wachsam und ver-

---

57   Ebd., Bl. 91–94.

schwiegen sein. Diese Forderung leitete sich daraus ab, dass dem FIM aus der Fülle von Informationen aus dem inoffiziellen System eine Summe von Angaben über das MfS bekannt wurde, die die Gefahr in sich birgte, dass bei der geringfügigsten Offenbarung großer Schaden angerichtet werden konnte.

Darüber hinaus waren an FIM, die mit der Führung von IM und GMS im Rahmen der Absicherung von MfS-Objekten und -Wohngebieten beauftragt wurden, weitere Anforderungen zu stellen. Dies waren insbesondere:

- die Gewährleistung der Sicherheit im Aufgabenbereich,
- initiativreiches und verantwortungsbewusstes Handeln,
- die Anleitung, Kontrolle sowie Erziehung und Qualifizierung der übergebenen IM und GMS,
- die ständige Verbindung zum operativen Mitarbeiter.
- Geeignete Personenkategorien, die als FIM zur Absicherung von Dienst- und Wohnobjekten tätig werden konnten, waren:
- ehemalige operative Mitarbeiter des MfS,
- ehemalige Mitarbeiter anderer Sicherheitsorgane,
- Personen aus dem IM-Bestand, die in langjähriger Zusammenarbeit bewiesen hatten, dass sie in der Lage waren, eine solche Funktion zu übernehmen.[58]

Die Hauptaufgabe eines IME-Beobachtersystems bestand in der zielgerichteten und planmäßigen Absicherung der MfS-Objekte und -Wohngebiete durch die Methoden der Beobachtung und Ermittlung mit dem Ziel der ständigen Klärung der Frage »Wer ist wer?«

Der relativ selbständig arbeitende IME hatte nach konkret erarbeiteten Festlegungen zwischen ihm und dem

---

58 Vgl.: Ebd., Bl. 39 – 42.

operativen Mitarbeiter die Aufgabe, durch einen kontinuierlichen Einsatz der vorhandenen IM einen sicheren Schutz der Dienstobjekte und Wohngebiete zu gewährleisten und damit zur Erfüllung der Gesamtaufgabenstellung der Staatssicherheit beizutragen. Die zahlenmäßige Zusammensetzung der Beobachtergruppe richtete sich vorwiegend nach:

- der Bedeutung und Lage der Objekte und Wohngebiete,
- dem vorhandenen IM-Bestand,
- dem Ziel der übertragenen Aufgabe.

Für die Absicherung waren Beobachtergruppen in der Stärke 1 zu 5 bis 1 zu 8 ausreichend. Mit diesem Bestand konnte allerdings keine »Rund-um-die-Uhr-Beobachtung« gewährleistet werden. Deshalb mussten zur Beobachtung solche Tage und Zeiten gewählt werden, die für westliche Dienste interessant waren oder sein konnten. Dabei handelte es sich um:

- Arbeitsbeginn- und -ende in den Dienststellen des MfS,
- Spannungszeiten,
- Tage oder Zeiten mit bestimmten Aktivitäten, beispielsweise Probealarm,
- Tagungen, Konferenzen oder gesellschaftliche Veranstaltungen.

Neben der zeitlichen Orientierung mussten die Beobachter auf bestimmte Schwerpunktbereiche konzentriert werden. Aus diesem Grund waren beide Beobachtungsarten (stationäre und dynamische Observation) möglich. In der Praxis allerdings erwies sich die bewegliche Observation als zweckmäßiger, da hierbei konkrete Fakten (Personalien, Anschrift o. Ä.) zu den betreffenden Personen erarbeitet werden konnten. Bei der stationären Beobachtung traten, wie auch bei der Sicherung von militärischen Objekten der GSSD und der NVA, Probleme hinsichtlich der nachfolgenden Identifizierung der verdächtigen Personen auf. Deshalb war es von Vorteil, die IME oder auch andere IM mit nachfolgend dargestellter Ausrüstung auszustatten:

- Kraftfahrzeuge,
- konspirative Fotoausrüstungen,
- Funksprechgeräte,
- Dokumente für Ermittlungen (Dienstbuch der K oder der Zollverwaltung)
- Ferngläser.

IME-Beobachtergruppen waren ein bis zwei konspirative Wohnungen zu übergeben, um dort persönliche Treffs zwischen dem operativen Mitarbeiter und IME beziehungsweise operativen Mitarbeiter/IME und Beobachter-IM unter Wahrung der Konspiration durchführen zu können.

IME-Beobachtergruppen konnten neben ihrer Hauptaufgabe auch zur Klärung anderer operativer Probleme herangezogen werden.[59]

Die Sicherung von Kreisdienststellen im Bezirk Neubrandenburg

Im Jahr 1974 untersuchte Oberleutnant Gnuschke von der KD Neubrandenburg die Thematik der Sicherung einer Kreisdienststelle gegen die Spionagetätigkeit westlicher Geheimdienste anhand der Kreisdienststellen Ueckermünde, Neustrelitz und Teterow. Gnuschke kam zu der Einschätzung: »Der Stand der Sicherung der

---

59 Vgl.: Ebd., Bl. 49–52.

drei Kreisdienststellen macht deutlich, dass nicht alle Möglichkeiten und Potenzen genutzt werden, dass der Gegner dadurch zur Durchführung seiner subversiven Tätigkeit zu viel Spielraum hat.«[60]

Die Kreisdienststellen selbst hatten die Aufgabe, den optimalen Schutz der Dienststelle vor Spionagehandlungen westlicher Geheimdienste zu gewährleisten. Es ging dabei insbesondere um das Erkennen und Verhindern jeglicher Feindtätigkeit gegen das MfS sowie um die Einheit von Vorbeugung nachrichtendienstlicher Angriffe und Bekämpfung des nachrichtendienstlichen Gegners.

Zur Lösung dieser Aufgabe hatten die KD folgende Punkte in den Mittelpunkt der Sicherung ihrer Dienstobjekte zu stellen:

- Schutz der von der Kreisdienststelle ausgehenden operativen Arbeit im Kreisgebiet,
- Schutz der in den Diensteinheiten vorhandenen Staats- und Dienstgeheimnisse,
- Klärung der Frage »Wer ist wer?« in der näheren Umgebung des Objekts und in den Objekt-Umwelt-Beziehungen,
- Erarbeitung von Ersthinweisen über operativ interessante Verhaltensweisen von Personen,
- Speicherung und Verdichtung von vorhandenen Informationen zu Personen und Sachverhalten, um daraus operative Materialien und Vorgänge zu entwickeln,
- Bearbeitung von Personen in OPK und OV.

---

60 Peter Gnuschke: Diplomarbeit zum Thema: »Die Sicherung einer Kreisdienststelle – eine wichtige Teilaufgabe zur vorbeugenden Verhinderung und Bekämpfung gegen das MfS gerichteter Spionage und anderer subversiver Tätigkeit imperialistischer Geheimdienste«. BStU ZA MfS JHS 299/74, Bl. 7.

Ausgehend von der Notwendigkeit zur Sicherung der Kreisdienststelle und den sich daraus ergebenden Aufgaben leitete sich die Konsequenz für jeden KD-Leiter ab, das Objekt der Kreisdienststelle und dessen Sicherung als Schwerpunktobjekt in die Schwerpunktarbeit der KD einzubetten.[61]

Auch für die Kreisdienststellen war die analytische Tätigkeit Ausgangspunkt für die Organisierung der Sicherung der Dienstobjekte. Der Umfang der analytischen Tätigkeit war abhängig von der zu lösenden Sicherungsaufgabe, musste jedoch in jeder Kreisdienststelle folgende Bereiche umfassen:

- Lage des Objekts,
- Anwohner und Anlieger am Objekt,
- Beziehungen der Kreisdienststelle zur Umwelt,
- Vorkommnisse in der Umgebung des Objekts,
- vorhandene inoffizielle und offizielle Sicherungskräfte.[62]

Insgesamt musste auch bei der Sicherung der Kreisdienststellen mit der analytischen Tätigkeit das Ziel verfolgt werden, die operativen Schwerpunkte personifiziert und sachbezogen zu erarbeiten. Die Durchdringung dieser Schwerpunkte war die Grundlage für den Einsatz der inoffiziellen Kräfte, Mittel und Methoden für eine schwerpunktbezogene operative Arbeit und hatte letztlich zur Erarbeitung von Ersthinweisen zu führen.

Die Standorte der Kreisdienststellen der BV Neubrandenburg waren – wie bei allen KD des MfS – durch Unterschiede gekennzeichnet.
Während Dienststellen in verkehrsarmen Straßen vorhanden waren, befanden sich andere an verkehrsreichen

---

61 Vgl.: Ebd., Bl. 7 f.
62 Vgl.: Ebd., Bl. 10.

Straßen, wo eine große Personen- und Fahrzeugbewegung zu verzeichnen war. Die Lage der KD Ueckermünde war zum Beispiel dadurch gekennzeichnet, dass sich das Objekt in einer Nebenstraße befand, die für den Durchgangsverkehr gesperrt war, und sich in der näheren Umgebung der KD keine Konzentrationspunkte befanden. Des Weiteren lag die gesamte Stadt in einem ständigen Sperrgebiet für die drei westlichen Militärverbindungsmissionen (MVM).

Völlig anders stellte sich die Lage der KD Neustrelitz dar. Sie befand sich im Zentrum der Stadt, wo eine hohe Personen- und Fahrzeugbewegung zu verzeichnen war. Außerdem gab es eine Reihe von Konzentrationspunkten wie das Volkspolizeikreisamt (VPKA) und die sowjetische Kommandantur.

Die Lage der KD Teterow war wieder anders. Sie war durch die direkt am Objekt vorbeiführende Transitstrecke und eine Bahnschranke gekennzeichnet.

Diese Unterschiede machen deutlich, dass spezifische Probleme für die Sicherungsarbeit vorhanden waren, die das MfS zu berücksichtigen hatte. Weiterhin waren für die Staatssicherheit Fragen zur Vorgeschichte des Objekts, der Siedlungsdichte, der gefährdeten Punkte, der Nachrichtenverbindungen und der Einsichtmöglichkeiten relevant.

Entscheidend war bei der analytischen Arbeit zur Lage des Objekts das Erkennen der objektiv vorhandenen Möglichkeiten westlicher Dienste für die Tätigkeit ihrer Agenturen, die Veränderungen unterliegen konnten. Ausgehend davon mussten derartige Probleme bereits dann Beachtung finden, wenn beispielsweise neue Kreisdienststellen gebaut wurden. Durch die richtige Auswahl des Standorts unter Beachtung der Entwicklung der jeweiligen Kreisstadt sowie der geplanten Bauvorhaben waren die günstigsten Bedingungen für die Sicherung des Objekts zu nutzen. Aufgrund des Einflusses des MfS konnte beispielsweise erfolgreich verhindert werden, dass durch Baumaßnahmen in unmittelbarer Nähe der Objekte Konzentrationspunkte entstanden. So war in Ueckermünde geplant, das Objekt des Wehrkreiskommandos unmittelbar neben der Kreisdienststelle des MfS neu zu bauen, wodurch nach Ansicht der Staatssicherheit komplizierte Sicherungsprobleme entstanden wären. Dieses Bauvorhaben wurde durch das Einwirken des Leiters der Kreisdienststelle verhindert.[63]

Ausgehend von den aus der Analyse zur Lage des Objekts erarbeiteten Erkenntnissen wurden Einsichtmöglichkeiten in das Objekt bekannt, die es in der weiteren analytischen Tätigkeit zu personifizieren galt. Dabei ging es prinzipiell um die Personen, die aufgrund ihrer Wohnlage, ihrer beruflichen oder gesellschaftlichen Tätigkeit objektiv in den Besitz von Informationen über die jeweilige Kreisdienststelle gelangen konnten. Relevant waren auch Personen, die in der Umgebung der Kreisdienststellen über Besitzverhältnisse (Grundstücke, Garagen, Gärten usw.) verfügten.

Diese Personen waren durch die entsprechende KD zu ermitteln und in die analytische Tätigkeit zur Sicherung der Kreisdienststelle einzubeziehen. Es wurde dabei vom Grundsatz ausgegangen, dass diese Personen, unabhängig von den Möglichkeiten der Informationssammlung, aufgeklärt, überprüft und in der VSH-Kartei der Kreisdienststelle vorbeugend erfasst wurden. In den Kreisdienststellen Ueckermünde, Teterow und Neustrelitz wurde dieser Schritt als Notwendigkeit und wesentlicher Punkt der vorbeugenden Sicherung angesehen. Das Feststellen der Anwohner und Anlieger war nach

---

63   Vgl.: Ebd., Bl. 11 f.

Auffassung der Staatssicherheit Grundlage für eine konzentrierte und schwerpunktbezogene Abwehr- und Sicherungsarbeit und ließ bereits Informationen über Personen erkennen, die in den Schwerpunkt der operativen Arbeit zu stellen waren.

Der nächste Schritt war die Überprüfung der Personen in den Speichern der Staatssicherheit und der Deutschen Volkspolizei (DVP), um bereits gespeicherte Informationen abzurufen. In den genannten Kreisdienststellen konnte dabei festgestellt werden, dass bereits über eine Reihe von Personen gespeicherte Informationen seitens des MfS und der DVP vorlagen.

Nach Ermittlung und Überprüfung der Anwohner/Anlieger wurde eine Differenzierung unter diesen Personen vorgenommen, da in den Kreisdienststellen oft eine starke Konzentration von Anwohnern und Anliegern vorherrschte. Bei dieser Differenzierung musste von den objektiven Möglichkeiten der Personen zur Gewinnung von Informationen über die Kreisdienststelle ausgegangen werden. Dabei wurde in Kategorien unterschieden: Die erste Kategorie umfasste solche Personen, die durch ihre Wohnlage oder Tätigkeit ohne Anwendung von Hilfsmitteln Informationen sammeln konnten. Die zweite Kategorie stellten Personen dar, die nur zeitweilig oder durch die Anwendung von Hilfsmitteln Informationen gewinnen konnten.

Neben den objektiven Möglichkeiten der Personen für eine nachrichtendienstliche Tätigkeit gegen das MfS waren operativ interessante Personenkategorien, die bereits über relevante Persönlichkeitsmerkmale verfügten, unter den Anwohnern/Anliegern herauszuarbeiten. Dabei war ebenfalls das Prinzip der Differenzierung der Personen nach den Persönlichkeitsmerkmalen notwendig, um eine schwerpunktorientierte Arbeit unter diesen Personenkategorien zu gewährleisten. In erster

Linie ging es dem MfS darum, solche Anwohner und Anlieger herauszuarbeiten:

- die möglicherweise in der Vergangenheit von westlichen Geheimdiensten kontaktiert oder angeworben worden waren (Rückkehrer, Zuzüge, Personen, einschließlich Rentner, mit Ausreisen in das NSW, Personen mit Einreisen aus dem NSW, Personen mit Treffs an den Transitstrecken, Personen mit Verbindungen zu Republikflüchtlingen);
- die als feindlich oder negativ bekannt waren (ehemalige Nazis, wegen Staatsverbrechen vorbestrafte Personen, mehrmals wegen allgemeiner Kriminalität vorbestrafte Personen).
- Neben den dargestellten Problemen zu den objektiven Möglichkeiten der Spionage und den Persönlichkeitsmerkmalen der Anwohner/Anlieger waren zur Sicherung der Kreisdienststellen auch Personen mit operativ interessanten Verhaltensweisen zu beachten.

Dabei galten folgende Verhaltensweisen als operativ interessant:

- auffallendes Interesse am Objekt der KD,
- Besitz von Hilfsmitteln zur Beobachtung des Objekts,
- persönliche Veränderungen im Verhalten der Personen,
- Widersprüche zwischen finanziellen Einnahmen und Ausgaben,
- Hobbys der Personen, die für eine nachrichtendienstliche Tätigkeit geeignet waren (Fotografie, Funken),
- Kontakte zu undurchsichtigen, negativen oder feindlich eingestellten Personen.

Nach der vollzogenen Differenzierung der Anwohner und Anlieger erfolgte die Aufklärung der relevanten Personen.[64]

---

64   Vgl.: Ebd., Bl. 13–16.

Die Tätigkeit der Kreisdienststellen im Kreisgebiet war durch umfangreiche Beziehungen zur Umwelt charakterisiert. Diese Beziehungen unterschiedlichsten Charakters boten nach Ansicht von Gnuschke »dem Gegner Möglichkeiten für eine Feindtätigkeit gegen die Organe des MfS«[65].

Die Kreisdienststellen hatten ihre Objekt-Umwelt-Beziehungen in die Gesamtaufgabenstellung zur Sicherung des Dienstobjekts einzubeziehen. Dazu waren, wie bei Dienstobjekten des Ministeriums und der Bezirksverwaltungen auch, die vorhandenen Beziehungen zur Umwelt zu ermitteln. Auf Kreisebene waren das in der Regel Betriebe, PGHs (Produktionsgenossenschaften des Handwerks), Einrichtungen und Organe (Rat des Kreises, Volkspolizeikreisamt). Diese Beziehungen waren zu personifizieren. Die dadurch bekannt werdenden Personen waren wie die Anwohner/Anlieger aufzuklären und zu überprüfen. Bei diesen Personen war ebenfalls das Prinzip der Differenzierung anzuwenden. Bei den Objekt-Umwelt-Beziehungen war zu unterscheiden zwischen Personen, die durch ihre Tätigkeit die Dienststellen betraten, und denen, die von den Mitarbeitern der Kreisdienststellen in ihren Betrieben, Einrichtungen und Organen aufgesucht wurden. Da Letztere die Dienststellen des MfS nicht betraten, ergaben sich daraus Konsequenzen für die Möglichkeiten einer eventuellen Feindtätigkeit. Daraus durfte allerdings nicht der Schluss gezogen werden, dass diese Beziehungen weniger beachtet wurden, denn oft waren diese Beziehungen der Ausgangspunkt für die Entwicklung solcher, die zum Aufsuchen der Dienststellen führten.

Die Kontakte der Kreisdienststellen, welche personifiziert wurden, waren im Anschluss durch den Einsatz

---

65 Ebd., Bl. 16.

inoffizieller und offizieller Kräfte zu durchdringen, um die Schwerpunkte aus diesen Personenkreisen zu erkennen und davon ausgehend den schwerpunktbezogenen Einsatz der IM organisieren zu können.

Relevant für die Sicherung der Kreisdienststellen waren auch die Vorkommnisse, welche sich in der Umgebung des Objekts ereigneten. So gab es in Ueckermünde eine anonyme staatsfeindliche Hetze gegen die KD, welche in einem Vorgang operativ bearbeitet wurde, sowie ein ungesetzliches Verlassen der DDR aus dem Personenkreis, welcher Einsicht in das Dienstobjekt hatte.

Die Vorkommnisse in der Umgebung der Kreisdienststellen waren in die analytische Tätigkeit, in die Durchdringung des Sicherungsgegenstands und die darauf aufbauende Sicherungskonzeption einzubeziehen. Dabei war so zu verfahren, dass nur die Vorkommnisse, in denen ein Zusammenhang zur Staatssicherheit nachgewiesen werden konnte, oder solche, in denen der Verdacht des Zusammenhangs mit einem Angriff gegenüber dem MfS bestand, beziehungsweise ungeklärte Vorkommnisse in die analytische Tätigkeit einbezogen wurden.[66]

Auch auf der Ebene der Kreisdienststellen wurden zur Sicherung der Dienstobjekte inoffizielle Kräfte herangezogen und als Hauptmittel der Abwehrarbeit betrachtet. Die IM hatten bei der Sicherung der Kreisdienststellen den Gegner aufzuspüren und zu bearbeiten.[67]

Die Untersuchungen in den Kreisdienststellen Ueckermünde, Neustrelitz und Teterow machten deutlich, »dass die Diensteinheiten gute Erfahrungen in der Sicherung

---

66   Vgl.: Ebd., Bl. 19.

67   Vgl.: Ebd., Bl. 21.

der militärischen Objekte des Kreises gesammelt haben, die ebenfalls bei der Sicherung der KD angewandt werden können«[68]. Die Ansicht Gnuschkes ist nachvollziehbar, da es entsprechende Parallelen zu militärischen Objekten gab und sich die Mittel und Methoden bei der Sicherung nicht wesentlich unterschieden.

Der KD-Leiter hatte eine Übersicht der vorhandenen Kräfte unter den Anwohnern, Anliegern, Umweltbeziehungen und Konzentrationspunkten der Dienststelle zu erarbeiten. Diese Aufgabe war durch den Leiter der KD zu realisieren, da er eine entsprechende Gesamtübersicht über das IM-Netz der KD besaß und dadurch die Konspiration gewahrt werden konnte. Dabei wurde sichtbar, welcher IM beziehungsweise GMS an welchem Punkt des Sicherungsgegenstands vorhanden war beziehungsweise wo Lücken bestanden. Zur Qualität dieser Kräfte waren folgende Fragen zu klären:

- Welche Haupteinsatzrichtung hatten die einzelnen IM/GMS, welche weiteren waren vorhanden und konnten zur Sicherung des Objekts der KD genutzt werden?
- Wie waren die Wirksamkeit und der Nutzen des Einsatzes der IM/GMS in der bisherigen Zusammenarbeit?
- Welche operativen Fähigkeiten, Kenntnisse und Fertigkeiten besaßen die IM/GMS?
- Wie war der Stand ihrer Qualifizierung, über welche speziellen Fähigkeiten, wie Beobachtungsgabe, Kontaktfreudigkeit, Beurteilungsfähigkeit, Einschätzungs-, Anpassungs- und Einfühlungsfähigkeit, verfügten sie?
- Wie war die Bereitschaft zur Zusammenarbeit ausgeprägt?
- Wie stand es um die Ehrlichkeit und Zuverlässigkeit der IM/GMS, wodurch war diese erwiesen?

---

68 Ebd., Bl. 20.

- Wie wurden durch die IM/GMS die Regeln der Konspiration und Geheimhaltung eingehalten, gab es Hinweise auf deren Verletzung?
- Wie war der Stand der Sicherheit im Verbindungswesen?[69]

Die für die IM/GMS zuständigen Führungsoffiziere wurden durch den KD-Leiter beauftragt, diese Fragen zu klären und die Ergebnisse vorzulegen. Die Realisierung dieser Aufgabe sicherte der KD einen Überblick über den Umfang und die Qualität der vorhandenen inoffiziellen Kräfte sowie über die objektive und subjektive Eignung für einen Einsatz bei der Lösung der Sicherungsaufgabe.

Diese analytische Arbeit bot auch dem Leiter der KD Voraussetzungen für zu treffende Entscheidungen bezüglich der Übergabe von IM/GMS an den für die Sicherung zuständigen Mitarbeiter der KD.

Da die IM und GMS zur Lösung der Sicherungsaufgaben die wichtigsten Kräfte darstellten, hatte sich dies in ihrem Einsatz widerzuspiegeln. Vor ihrem Einsatz musste die Entscheidung des KD-Leiters darüber erfolgen, welche IM beziehungsweise GMS der Dienststelle durch welchen Mitarbeiter einzusetzen waren. Der durch den Leiter der KD federführend verantwortlich eingesetzte Offizier musste durch diesen beauftragt werden, den Informationsbedarf zu ermitteln. Danach erfolgte die Festlegung des Informationsbedarfs durch den Kreisdienststellenleiter.

In den KD der BV Neubrandenburg waren für die Sicherung der Kreisdienststellen verantwortliche Mitarbeiter eingesetzt und entsprechend beauftragt.

Beim Einsatz der IM/GMS durfte seitens der Staats-

---

69 Vgl.: Ebd., Bl. 22.

sicherheit nicht zugelassen werden, dass diese den gesamten Informationsbedarf kennenlernten, da dies eine Verletzung der Regeln der Konspiration darstellte. Die Beauftragung der zur Sicherung eingesetzten IM/GMS musste bei jedem Treff mit dem Führungsoffizier konkret erfolgen, da sonst keine operativen Erstinformationen erarbeitet worden, sondern lediglich zufällige Hinweise bekannt geworden wären.

Die Aufträge waren für jeden IM/GMS, der in die Sicherung der Kreisdienststelle einbezogen wurde, personen- und sachbezogen zu gestalten. Dabei war eine entsprechende Verhaltenslinie zu geben. Bei der Beauftragung der IM/GMS wurde unterschieden zwischen Aufträgen zur Aufklärung von Personen mit operativen Merkmalen in der Persönlichkeit beziehungsweise operativ-interessanten Verhaltensweisen und solchen zum Erkennen verdächtiger Personen an den Schwerpunkten des Objekts. Diese Unterscheidung zog Konsequenzen für die Auftragserteilung, Instruierung, Qualifizierung und für die Verhaltenslinie dieser IM nach sich.[70]

Folgende wesentliche Einsatzrichtungen der IM/GMS wurden bei den geführten Untersuchungen in den Kreisdienststellen Ueckermünde, Neustrelitz und Teterow bekannt:

- Aufklärung und Kontrolle interessanter Anwohner und Anlieger sowie operativ interessanter Verhaltensweisen dieser Personen;
- Aufklärung und Kontrolle der in den Objekt-Umwelt-Beziehungen der Dienststelle bekannt gewordenen Personen;
- Aufklärung und Kontrolle der Personen in den Konzentrationspunkten;
- Aufklärung des Wirkens der politisch-ideologischen

---

70 Vgl.: Ebd., Bl. 25 f.

Diversion und der feindlichen Kontaktpolitik sowie deren Feststellung;

- Sicherung der am Objekt erkannten Einsichtmöglichkeiten;
- Identifizierung unbekannter Personen, die durch Aktivitäten am Objekt aufgefallen waren;
- Aufklärung von Vorkommnissen in der Umgebung der Dienststelle.[71]

Entsprechend der Einsatzrichtungen der IM/GMS, die für alle Kreisdienststellen allgemeingültigen Charakter trugen, waren personen- und sachbezogene Aufträge für die IM zu erarbeiten, um operative Informationen zu erhalten und die Sicherungsaufgabe zu lösen.

Eine wichtige Seite bei der Auftragserteilung an die inoffiziellen Kräfte war die richtige Instruierung und Festlegung, wie sie bei bestimmten Feststellungen zu reagieren hatten. Den IM/GMS musste beispielsweise gesagt werden, wie sie sich zu verhalten hatten, wenn verdächtige Personen als Fußgänger oder im Fahrzeug festgestellt wurden. Dabei musste ihnen aufgezeigt werden, dass die bloße Feststellung der Person und des Verhaltens ohne eine Identifizierung wenig aussagte. Die inoffiziellen Kräfte waren dahingehend zu instruieren, dass sie selbst Beobachtungen durchführten, um Informationen zur Identifizierung zu erhalten. Konnten die IM/GMS die Beobachtung nicht realisieren, hatten sie sofort die Kreisdienststelle zu verständigen, damit entsprechende Maßnahmen eingeleitet werden konnten.

Der Einsatz von FIM-Netzen zur Sicherung der Dienstobjekte erfolgte entsprechend der konkreten Situation beziehungsweise den Bedingungen der KD, da in der Praxis der Umfang der IM/GMS in den einzelnen

---

71 Vgl.: Ebd., Bl. 27.

Kreisdienststellen sehr unterschiedlich war und die Haupteinsatzrichtung einiger IM eine andere darstellte. Dadurch wurden diese IM oft durch FIM der verschiedensten Referate und Arbeitsgruppen gesteuert.

Die Suche, Auswahl und Gewinnung neuer IM zur Sicherung der Kreisdienststellen wurde auf folgende Personenkreise konzentriert:

• Anwohner/Anlieger, besonders Rentner,
• Gaststättenleiter, Kellner, Verkaufsstellenleiter, Wächter und Hausmeister an den Konzentrierungspunkten,
• Versicherungsinspektoren und -kassierer, Postzusteller sowie Schornsteinfeger in der Umgebung des Objekts.

Die genannten Personen/Berufsgruppen verfügten nach Ansicht des MfS objektiv über Möglichkeiten für die Lösung von Sicherungsaufgaben an den Kreisdienststellen. Beim Einsatz von inoffiziellen Kräften der DVP (Arbeitsgebiet I der Kriminalpolizei) zur Sicherung der Kreisdienststellen war durch die KD-Leiter zu prüfen, inwieweit diese von der KD zu übernehmen sind.[72]

Auch offizielle Kräfte, so zeigte es die Untersuchung zu den KD Ueckermünde, Neustrelitz und Teterow, waren in die Sicherung der Kreisdienststellen einbezogen.[73] Hierbei handelte es sich um operative und administrative Mitarbeiter des MfS, deren Ehepartner und Kinder, um Angehörige der DVP und deren freiwillige Helfer, um ehemalige Angehörige des MfS sowie um Funktionäre der Sozialistischen Einheitspartei Deutschlands (SED), des Staatsapparats und der Massenorganisationen.

Bei der Analyse zu diesen Kräften ging es analog zu

---

72 Vgl.: Ebd., Bl. 29.
73 Vgl.: Ebd., Bl. 23.

den IM zunächst um die Erarbeitung einer Übersicht über die Quantität dieser Kräfte sowie um Fragen ihrer Dislozierung am Objekt der KD, da bereits daraus eine Differenzierung für einen möglichen Einsatz zur Sicherung des Objekts abgeleitet werden konnte. Dabei wurden die objektiven Möglichkeiten dieser Personen, die sie aufgrund ihrer Wohnlage, ihrer beruflichen oder gesellschaftlichen Tätigkeit hatten, sichtbar. Danach war die subjektive Eignung dieser Personen zu prüfen. Bei den Angehörigen des MfS gab es hinsichtlich dieser Frage keine Probleme, da diese auf der Grundlage ihrer eingegangenen Verpflichtung zur aktiven Bekämpfung des Gegners und zur Lösung der Gesamtaufgaben des MfS verpflichtet waren. Der Schwerpunkt lag bei der Einbeziehung von Angehörigen der DVP, deren Helfern und anderen, nicht zum MfS gehörenden Personen. In den Mittelpunkt waren bei dieser Überprüfung die Fragen der Zuverlässigkeit, der Ehrlichkeit, der Bereitwilligkeit zur Unterstützung sowie der Verschwiegenheit zu stellen, da hiervon ihr Einsatz für die Staatssicherheit abhing. Gnuschke schätzte dahingehend ein: »Von den Kreisdienststellen wurden bereits in der Vergangenheit gute Ergebnisse im Einsatz der offiziellen Kräfte erzielt. Vorträge des Leiters der Bezirksverwaltung und der Kreisdienststellen mit den Ehepartnern der Mitarbeiter zu Problemen der Wachsamkeit und der Rolle der imperialistischen Geheimdienste führten dazu, dass Informationen über Personen und verdächtiges Verhalten von Bürgern erarbeitet werden konnten.«[74]

Bei den offiziellen Kräften zur Sicherung der KD wurde differenziert zwischen den eigenen Mitarbeitern, den Angehörigen anderer Schutz- und Sicherheitsorgane, den progressiven Kräften unter den Anwohnern und

---

74 Ebd., Bl. 23 f.

Anliegern sowie an den Konzentrationspunkten und in den Objekt-Umwelt-Beziehungen.

Die Grundlage für den Einsatz der operativen Mitarbeiter der Kreisdienststelle bildete der insgesamt zu realisierende Informationsbedarf. Jeder Mitarbeiter war so zu schulen, dass er die Probleme, die bei der Sicherung der KD eine wesentliche Rolle spielten, kannte und sich verantwortlich fühlte.

Besonders war die Ausrichtung der Wach- und Sicherungsgruppe zu organisieren, da gerade diese Mitarbeiter bei der Ausübung ihrer Tätigkeit, auch nach der regulären Dienstzeit, die Personen- und Fahrzeugbewegung am Objekt und andere Handlungen von Personen feststellen konnten.

Die ehemaligen Angehörigen der Staatssicherheit waren entsprechend ihrer Möglichkeiten in die Sicherung einzubeziehen. Dabei war der Kontakt durch die KD aufrechtzuerhalten und die inoffizielle Nutzung zu prüfen.

Neben der Nutzung von Ehepartnern der Mitarbeiter und der ehemaligen Angehörigen des MfS zum Erkennen von operativ interessanten Personen waren diese auch zur Aufklärung und Überwachung von Personen, zur Beobachtung und zur Sicherung vorhandener Einsichtmöglichkeiten einsetzbar.[75]

Zum Zusammenwirken mit der DVP merkte Gnuschke kritisch an: »Die Ausnutzung und Einbeziehung geeigneter Kräfte der Deutschen Volkspolizei brachte in der Vergangenheit nicht die erwarteten Ergebnisse.«[76]

Die Ursachen dafür lagen in erster Linie bei den Mitarbeitern der Kreisdienststellen, die für den Einsatz, die Instruierung sowie die Aufrechterhaltung der Verbindung verantwortlich waren. Der Einsatz, die Beauftragung

---

75 Vgl.: Ebd., Bl. 30 f.
76 Ebd., Bl. 31.

und Instruierung erfolgte durch die Mitarbeiter der KD, jedoch blieben die ständigen beziehungsweise periodischen Zusammenkünfte aus. Dadurch konnten die Kräfte der Volkspolizei nicht zielgerichtet genutzt werden.

Die Angehörigen der VP waren grundsätzlich ohne Einschaltung ihrer Vorgesetzten einzusetzen. Das enge kameradschaftliche Zusammenwirken zwischen den Leitern der Kreisdienststellen des MfS und den Leitern der Volkspolizeikreisämter (VPKÄ) sowie zwischen den Mitarbeitern der KD und den Angehörigen der VPKÄ war Voraussetzung für die Nutzung der Potenzen der VP zur Sicherung der Dienstobjekte der Staatssicherheit. Dabei ging es in erster Linie um die Erhöhung des vorbeugenden Effekts durch die Nutzung der Möglichkeiten der Schutzpolizei mit ihren Abschnittsbevollmächtigten (ABV) und Freiwilligen Helfern, der Verkehrspolizei, der Abteilung Pass- und Meldewesen sowie der Abteilung K, besonders des Arbeitsgebiets I (AG I). Durch eine verstärkte Streifen- und Kontrolltätigkeit in der näheren Umgebung der Kreisdienststellen sowie an den vorhandenen Konzentrationspunkten, durch Führung von Ermittlungen und Durchführung von Überprüfungsmaßnahmen bei Personen konnte die VP nach Ansicht des MfS einen entscheidenden Beitrag zur vorbeugenden Sicherung der Dienstobjekte leisten.[77]

Ein wesentlicher Punkt bei der Organisierung einer vorbeugenden Sicherung der Kreisdienststellen war die Gestaltung des Informationsflusses sowie die Speicherung, Verdichtung und Verarbeitung von Informationen.

Nachdem der Informationsfluss in Form von Aufträgen an die zur Sicherung der KD eingesetzten Kräfte erfolgte, wurden die Grundbedingungen des Informa-

---

77 Vgl.: Ebd., Bl. 31 f.

tionsrückflusses vom Leiter der KD exakt festgelegt. Hierbei wurde es als richtig angesehen, dass die durch die eingesetzten Kräfte erarbeiteten Informationen von dem Mitarbeiter entgegengenommen wurden, der diese auch steuerte. Der weitere Informationsfluss erfolgte dann an den für die Sicherung der KD federführend verantwortlichen Offizier, der diese Informationen für die Speicherung in der Auswertung und zur Vorlage an den Leiter der KD aufbereitete. Unberührt von dieser Verfahrensweise waren Sofortinformationen, die dem KD-Leiter zur Entscheidung für die weitere Verwertung und Einleitung operativer Maßnahmen vorgelegt werden mussten.

Zur Aufbereitung und Einschätzung der Informationen durch den federführend verantwortlichen Mitarbeiter musste dieser eng mit dem Auswerter der KD zusammenarbeiten und dem Leiter Vorschläge unterbreiten, ob eine Erfassung in der KK (Kerblochkartei) oder in der VSH-Kartei (Vorverdichtungs-, Such- und Hinweiskartei) erfolgen sollte.

Die Entscheidung über eine Erfassung in der KK und der VSH-Kartei traf der KD-Leiter. Das Führen der VSH-Kartei war befehlsmäßig angewiesen und hatte in der Auswertung der KD zu erfolgen. Durch die Kreisdienststellen wurden Wege gesucht, wie die Informationen der VSH-Kartei am effektivsten für die operative Arbeit genutzt werden konnten. Dabei wurde davon ausgegangen, dass einmal gespeicherte Informationen nur dann wieder sichtbar wurden, wenn neue Informationen zur betreffenden Person erarbeitet werden konnten und eine Überprüfung der Person in der VSH-Kartei erfolgte. Dadurch konnte der für die Sicherung zuständige Mitarbeiter, wenn er sich keine Übersicht über die gespeicherten Informationen verschafft hatte, nicht ständig mit diesen arbeiten.

Teilweise, zum Beispiel in der KD Ueckermünde, wurde so verfahren, dass der für die Sicherung der KD verantwortliche Mitarbeiter eine Arbeitskartei aufbaute, wo alle in der VSH-Kartei gespeicherten Informationen zu den Personen in der Umgebung des Objekts sowie den Objekt-Umwelt-Beziehungen eingingen. Diese Kartei hatte den Vorteil, dass der für die Sicherung der KD verantwortliche Offizier einen ständigen Überblick über die Situation und die sich entwickelnden Konzentrationen operativ interessanter Personen hatte. Dadurch war es möglich, die vorhandenen Kräfte zur Sicherung zielgerichtet einzusetzen. Durch den Informationsfluss vom Auswerter der KD zum für die Sicherung verantwortlichen Mitarbeiter, durch Mitteilungen über Veränderungen zur Person und die von anderen Diensteinheiten und Mitarbeitern übersandten Informationen konnte dieser seine Arbeitskartei ständig aktuell gestalten. Dabei musste beachtet werden, dass die Verdichtung der Informationen der VSH-Kartei in der Auswertung erfolgte und nicht durch den Offizier, der für die Sicherung der KD verantwortlich war. Weiterhin musste gesichert werden, dass in der Arbeitskartei des Mitarbeiters nur die Informationen der VSH-Kartei enthalten waren.

Bei der Verdichtung der Informationen in der VSH-Kartei musste der Auswerter seiner Verantwortung gerecht werden, um den Informationsfluss vom Speicher zum Leiter der KD zu realisieren. Er hatte zu signalisieren, wenn mehrere Informationen zu einer Person vorlagen, die in diesem Zusammenhang als operativ bedeutsam einzuschätzen waren, und dem Leiter der KD Vorschläge zur Erfassung in der KK sowie zur weiteren Bearbeitung zu unterbreiten. Der KD-Leiter traf dann letztlich eine Entscheidung.

Am Objekt als verdächtig aufallende Kfz waren, unabhängig von der Erfassung der Person in der VSH-Kartei, in der Kfz-Kartei zu registrieren, die von einem Mitarbeiter für Militärspionageabwehr geführt wurde. Dadurch konnte erreicht werden, dass alle Informationen über dieses Kfz, auch beim Erscheinen an militärischen Objekten, zusammenliefen.

Mit der Einführung der VSH-Kartei in den Kreisdienststellen boten sich der Staatssicherheit entsprechende Möglichkeiten der vorbeugenden Erfassung von Personen, die als unberechtigte Geheimnisträger anzusehen und für das MfS von Interesse waren. Hierunter fielen solche Personen, die aufgrund ihrer Wohnlage und ihrer beruflichen beziehungsweise gesellschaftlichen Tätigkeit in den Besitz von Informationen über die Staatssicherheit kamen.

Eine grundsätzliche Erfassung aus operativen Gründen in der VSH-Kartei der KD sollte nach Gnuschkes Ansicht zu folgenden Personen durchgeführt werden:

- Personen, die ständig oder zeitweilig direkte Einsichtmöglichkeiten in die Kreisdienststelle hatten;
- Personen, die in Konzentrationspunkten, wie Gaststätten, Hotels, Clubhäusern o. Ä., tätig waren;
- Personen, die aufgrund ihrer beruflichen Tätigkeit Beziehungen zur Kreisdienststelle unterhielten und dadurch in den Besitz von Informationen über die KD kamen, beispielsweise Postzusteller, Handwerker, Schornsteinfeger;
- Personen, die regelmäßig die Kreisdienststelle aufsuchten.

Diese in der VSH-Kartei erfassten Personen filterte der für die Sicherung der Kreisdienststelle verantwortliche Offizier heraus und nahm diese in seine Arbeitskartei auf.[78]

---

78 Vgl.: Ebd., Bl. 37 f.

Zur Lösung der Sicherungsaufgabe von Kreisdienststellen nahmen Fragen der Zusammenarbeit mit anderen Diensteinheiten des MfS sowie das Zusammenwirken mit anderen Organen und Einrichtungen einen besonderen Platz ein. Auch die Fachabteilungen der Bezirksverwaltungen, die in den Kreisen operativ arbeiteten, konnten zur Lösung bestimmter Aufgaben beitragen. Die Potenzen der HA I (Militärabwehr), die in vielen Kreisen präsent war, stellten ebenfalls nutzbare Ressourcen dar.

Bewährt hatte sich im Verantwortungsbereich der BV Neubrandenburg die Zusammenarbeit mit der Abteilung II, die für die Sicherung des Objekts der BV verantwortlich war. Die Abteilung II verfügte über umfangreiche Erfahrungen bei der Sicherung von Dienstobjekten des MfS beziehungsweise von militärischen Objekten, welche allgemeingültigen Charakter für die KD trugen. Sehr eng war die Zusammenarbeit zwischen der Kreisdienststelle, in deren Kreisgebiet sich die Bezirksverwaltung befand, und der Abteilung II zu gestalten.

Das neu errichtete und 1981 bezogene Dienstobjekt der MfS-Bezirksverwaltung Neubrandenburg in der Bezirksstadt Neubrandenburg, Leninstraße 120

Die Kreisdienststelle Neustrelitz hatte gute Erfahrungen in der Zusammenarbeit mit der Abteilung II der BV Neubrandenburg bei der Sicherung beider Dienstobjekte gemacht. Die BV Neubrandenburg befand sich bis 1981 in Neustrelitz, Töpferstraße 13, danach wurde der Neubaukomplex in Neubrandenburg, Leninstraße 120, bezogen.

Im Mittelpunkt der Zusammenarbeit standen Fragen wie die Aufklärung der Personen aus den Objekt-Umwelt-Beziehungen und aus den Konzentrationspunkten sowie Fragen des Einsatzes inoffizieller und offizieller Kräfte beider Diensteinheiten.

Genutzt wurden auch die Potenzen der Abteilungen M, PZF, VIII, 26 (Überwachung von Telefonen und Räumen MfS und BV) sowie der sowjetischen Militärabwehr. Gegenüber der KD Neustrelitz befand sich der Sitz der dortigen sowjetischen Kommandantur. Bei der Organisierung der Sicherung der Kommandantur mussten die Aufgaben zur Sicherung der KD mit gelöst werden.

Bestimmte Aufgaben erforderten ein Zusammenwirken mit anderen Organen und Einrichtungen. Bei der DVP gab es Potentiale, die von jeder Kreisdienststelle zu nutzen waren. Hier war durch ein kameradschaftliches Zusammenwirken zu erreichen, dass

- die Schutzpolizei durch konkrete Streifentätigkeit,
- das Sachgebiet Erlaubniswesen bei der Durchführung seiner Tätigkeit,
- die Verkehrspolizei durch geplante Kontrollen,
- die Abteilung PM durch den Einsatz ihrer Kräfte bei der Abschöpfung von Westbesuchern in der Umgebung der Kreisdienststellen und
- die Abteilung K bei der Aufklärung von Vorkommnissen in der Umgebung sowie den Umweltbeziehungen

zur Gewinnung von Informationen sowie zur Auf-
klärung/Überprüfung von Personen genutzt werden
konnten.

Möglichkeiten zur Realisierung der Sicherung von
Kreisdienststellen bestanden auch im Zusammenwirken mit der Abteilung Inneres bei den Räten der Kreise.
Durch deren Einfluss war zu verhindern, dass Rückkehrer und Zuzüge aus dem westlichen Ausland sowie
Haftentlassene in die nähere Umgebung der KD woh-
nungs- und arbeitsmäßig eingewiesen wurden.
Positive Ergebnisse wurden durch die Kreisdienststellen
auch im Zusammenwirken mit den Räten der Städte
erzielt. Abgeschlossene Vereinbarungen im Verantwortungsbereich der BV Neubrandenburg führten
dazu, dass bei jeder Wohnungszuweisung in die näher
gelegene Umgebung der Dienstobjekte vorher eine
Konsultation mit der KD erfolgte. Dadurch konnte auch
die Belegung von Wohnungen durch die Familien der
Mitarbeiter der KD an besonders gefährdeten Punkten, zum Beispiel vorhandene Einsichtmöglichkeiten,
erreicht werden. Durch die Einflussnahme seitens der
KD war zu sichern, dass Verkehrsschilder, wie »Halte-
und Parkverbot« oder »für den Durchgangsverkehr
gesperrt«, aufzustellen und Haltestellen der öffentlichen
Verkehrsmittel zu verlegen waren.[79]

Die Sicherung der Kreisdienststellen war ein Schwer-
punkt bei der Organisierung der operativen Arbeit
im Kreisgebiet. Die Sicherung der Dienstobjekte war
Bestandteil der Führungs- und Leitungstätigkeit der
KD-Leiter.
Durch Entscheidung des Leiters der KD war ein Mitar-

---

79   Vgl.: Ebd., Bl. 38–40.

beiter für die Sicherung des Dienstobjekts einzusetzen. Dieser Offizier sollte auf dem Gebiet der Spionageabwehr qualifiziert und erfahren sein. Bewährt hatte sich der Einsatz eines Mitarbeiters des Referats beziehungsweise der Arbeitsgruppe Spionageabwehr. Dieser hatte eine besondere Anleitung und Befähigung durch den KD-Leiter, den Referats- oder Arbeitsgruppenleiter sowie durch die Abteilung II der BV zu erhalten, da er die wesentlichsten Aufgaben der Sicherung zu organisieren hatte.[80]

Die Sicherung des konzentrierten Wohngebiets des MfS in Wefensleben

Die auf der Grundlage der Dienstanweisung 2/81 des Leiters der BV Magdeburg und durch den zuständigen Stellvertreter Operativ bestätigte Sicherungskonzeption »Wefensleben« bildete das Fundament für die Absicherung des konzentrierten Wohngebiets des MfS in Wefensleben. Die Organisierung und Durchführung der Abwehrarbeit in der Gemeinde Wefensleben, einschließlich des dort vorhandenen MfS-Wohngebiets, bildete infolge des hohen Anteils der dort wohnenden Mitarbeiter der Abteilung VI (Passkontrolle, Sicherung des Tourismus – Ebene BV) der BV Magdeburg, PKE (Passkontrolleinheit) Marienborn, den operativen Schwerpunkt innerhalb des gesamten Sicherungsbereichs der KD Wanzleben.

Die Bedeutung dieser Abwehraufgabe erwuchs aus den vorbeugend aufzuklärenden und abzuwehrenden geg-

---

80   Vgl.: Ebd., Bl. 42.

nerischen Handlungen und der Beseitigung der diese Angriffe begünstigenden Umstände.[81]

Die Bedeutsamkeit des MfS-Wohngebiets Wefensleben wurde durch folgende Faktoren bestimmt:

- In der Gemeinde Wefensleben waren circa 390 Familien von Angehörigen des MfS wohnhaft (Stand 1985). Diese Mitarbeiter der Staatssicherheit waren im Stab PKE der Abteilung VI der BV sowie in den PKE Marienborn/Autobahn und Marienborn/Eisenbahn tätig.
- Weiterhin waren in der Gemeinde Wefensleben circa 35 ehemalige Angehörige der BV Magdeburg wohnhaft, die in den vorgenannten Bereichen tätig waren.
- Kontaktmöglichkeiten zu Bürgern der Bundesrepublik sowie des übrigen NSW seitens der Bevölkerung des Ortes waren durch die leichte Erreichbarkeit der Transitstrecken der Eisenbahn und Autobahn gegeben und wurden wahrgenommen. So wurden 1985 insgesamt 38 Jugendliche der Gemeinde Wefensleben durch Kräfte der Verkehrspolizei-Transit an der Autobahn Marienborn–Berlin kontrolliert. Unter den Kontrollierten befanden sich 11 Kinder von in Wefensleben wohnenden Mitarbeitern des MfS.
- Seitens der ortsansässigen Bevölkerung bestanden postalische Kontakte und Verbindungen in den grenznahen Raum der Bundesrepublik. Es traten jährlich circa 300 Bürger des Ortes als Einreise-Antragsteller für in der Bundesrepublik lebende Verwandte auf. Circa 120 Einwohner Wefenslebens fuhren jährlich in Familienangelegenheiten besuchsweise in die Bundesrepublik.

---

81 Vgl.: Egbert Beer: Fachschulabschlussarbeit zum Thema: »Die Organisierung des IM-Einsatzes zur politisch-operativen Sicherung des konzentrierten Wohngebietes des MfS in Wefensleben im unmittelbaren Grenzhinterland«. BStU ZA MfS JHS VVS 0001-802/85, Bl. 6 f.

- Die Gemeinde Wefensleben liegt unmittelbar im damaligen Grenzhinterland (circa 6 Kilometer Luftlinie bis zur Grenze), wodurch ein hoher Anteil an Tages- und Touristeneinreisen zu verzeichnen war. Außerdem gab es in Wefensleben durchgehenden Ein- und Ausreiseverkehr.[82]

Zusammenfassend schätzte Oberleutnant Beer von der KD Wanzleben zur operativen Bedeutsamkeit der Sicherung des konzentrierten Wohngebiets Wefensleben ein, »dass zwar die Angriffsmöglichkeiten, auch gegen andere bewaffnete Kräfte, vielfältiger Art gegeben sind, bisher jedoch durch unsere Diensteinheit keine Hinweise zu gegnerischen Aktivitäten zur Organisierung und Durchführung von Spionagehandlungen, zur Schaffung von Stützpunkten sowie zum Eindringen in das MfS herausgearbeitet werden konnten, damit aber nicht auszuschließen sind«[83].

Aus der Bedeutsamkeit des konzentrierten Wohngebiets Wefensleben und der sich aus den konkreten Bedingungen ergebenden gegnerischen Möglichkeiten konnten nach Ansicht des MfS folgende Angriffsrichtungen möglich sein:
- Aufklärung der konkreten Lage im Bereich des Wohngebiets unter Einbeziehung der sich aus den territorialen Gegebenheiten entwickelnden Möglichkeiten;
- Nutzung der vorhandenen Kontakte und Verbindungen postalischer und persönlicher Art zur Lageeinschätzung sowie zur personifizierten Aufklärung der Angehörigen der bewaffneten Organe, insbesondere des MfS, ihrer Verwandten und Bekannten;
- Nutzung der vorhandenen Kontakte und Verbin-

---

82 Vgl.: Ebd., Bl. 7 f.
83 Ebd., Bl. 9.

dungen zur Schaffung gegnerischer Stützpunkte als Ausgangsbasen für gezielte Aufklärungshandlungen sowie direkte Einflussnahme zur Schaffung von Voraussetzungen für das Eindringen in das MfS;

- Nutzung der Auswirkungen der Kontakttätigkeit, insbesondere unter Jugendlichen, zur Entwicklung von Kontakten an der Transitstrecke der Autobahn;
- Einbeziehung in die Aktivitäten kirchlicher Kreise und sich daraus ergebender Einflussmöglichkeiten.[84]

Die Staatssicherheit ging davon aus, dass für das konzentrierte Wohngebiet Wefensleben vorrangig über die gegnerische Kontaktpolitik/Kontakttätigkeit mit Aktivitäten gegen das Wohngebiet beziehungsweise seine Einwohner zu rechnen war. Durch die zahlreich vorhandenen verwandtschaftlichen Verbindungen von Wefenslebener Bürgern sowie angrenzender Ortschaften im unmittelbaren Grenzhinterland ergaben sich begünstigende Bedingungen für Maßnahmen westlicher Nachrichtendienste, ohne dabei besonders offensiv vorgehen zu müssen. Unter dem Deckmantel der Abschöpfung der Verwandtschaft mussten diese kein hohes Risiko eingehen, erkannt zu werden. Die verwandtschaftlichen Beziehungen im Wohnort Wefensleben beziehungsweise in angrenzenden Ortschaften bildeten daher eine legale Basis für Spionageangriffe.

Nach Beer mussten in diesem Zusammenhang auch Aktivitäten im Rahmen der Kontaktpolitik/Kontakttätigkeit im grenzüberschreitenden Werksverkehr des Ziegelwerks Wefensleben berücksichtigt werden, wo im Rahmen der Abschöpfung ebenfalls Spionagemöglichkeiten vorhanden waren, ohne dabei direkt in das Blickfeld der Sicherheitsorgane zu gelangen.[85]

---

84 Vgl.: Ebd., Bl. 9 f.
85 Vgl.: Ebd., Bl. 11.

Das Grundziel der operativen Sicherungsaufgaben im konzentrierten Wohngebiet der Staatssicherheit in Wefensleben bestand in der allseitigen Sicherung der Angehörigen des MfS sowie in der Erarbeitung operativer bedeutsamer Informationen zu Sachverhalten, Personen und Erscheinungen zur Verhinderung, Aufdeckung und Bekämpfung aller Angriffe des Gegners. Entsprechend der Bedeutung des Bereichs ergaben sich für die KD Wanzleben unter anderem folgende Sicherungsaufgaben:

- Vorbeugend territoriale Sicherung der Angehörigen des MfS, insbesondere durch gezielte Aufklärung und Kontrolle der Verbindungen von Personen aus dem Umfeld der MfS-Angehörigen in die Bundesrepublik beziehungsweise das NSW sowie Aufklärung von zweifelhaften Personen und ihrer Interessen an einer Kontaktbestrebung beziehungsweise Kontaktaufnahme zu Angehörigen der Staatssicherheit;

- Aufklärung aller Vorkommnisse im Wohngebiet Wefensleben, die eine Beteiligung von Mitarbeitern des MfS und Zivilpersonen aus der Gemeinde Wefensleben beinhalteten, sowie Informationen der zuständigen Diensteinheit bei Bekanntwerden von Straftaten im Zusammenhang mit Angehörigen des MfS (im Rahmen der durchzuführenden Sicherungsaufgaben war generell davon auszugehen, dass die Sicherheit der Angehörigen des MfS in den Mittelpunkt der Aufgabenstellung und damit der operativen Arbeit im Wohngebiet Wefensleben zu stellen ist);

- Rechtzeitige Aufklärung und Verhinderung der Spionagetätigkeit;

- Ständige Analyse und Kontrolle der Verbindungen und Kontakte von Bürgern der Gemeinde Wefensleben in die Bundesrepublik, Westberlin und ins übrige NSW sowie der Ein- und Ausreisebewegungen;

- Operative Sicherung der Verwandten und Familienangehörigen der Mitarbeiter des MfS in den volkswirtschaftlichen Objekten der Gemeinde beziehungsweise
  in deren Umfeld;
- Verhinderung von Angriffen auf die Staatsgrenze unter Ausnutzung der Ortschaft sowie der Transitstrecken Autobahn/Eisenbahn als Anmarschweg zur
  Staatsgrenze;
- Erkennen und Verhindern von Straftaten der allgemeinen Kriminalität;

Im Ergebnis der Realisierung der Sicherungsmaßnahmen war zu gewährleisten, dass das Eindringen westlicher Nachrichtendienste in den Kaderbestand der
Staatssicherheit durch eine zielgerichtete abwehrmäßige
Sicherung der Angehörigen des MfS sowie der Tätig-
keitsbereiche der Ehepartner im Wohngebiet Wefensleben beziehungsweise im unmittelbaren Grenzhinterland verhindert wird.

Bei der Durchführung operativer Maßnahmen im
Wohngebiet Wefensleben beziehungsweise in den
Tätigkeitsbereichen der Familienangehörigen der
MfS-Mitarbeiter war Prämisse, dass sich diese Maßnah-
men nicht gegen die Angehörigen des MfS und deren
Angehörige richteten, sondern gegen operativ relevante
Bürger aus ihrem Umfeld, im Interesse der Sicherheit
der Angehörigen der bewaffneten Organe.[86]

Entsprechend der Sicherungskonzeption »Wefensleben« wurde 1985 die inoffizielle Durchdringung der
Schwerpunktbereiche im Wohngebiet weitgehend abgeschlossen. Die Dislozierung der IM/GMS entsprach
den Lagebedingungen im Wohngebiet. Vorrangig zu
durchdringende Bereiche in Wefensleben waren die

---

86 Vgl.: Ebd., Bl. 13 ff.

Konzentrationspunkte der Angehörigen der bewaffneten Organe, insbesondere der Angehörigen der Staatssicherheit. Dazu gehörten:

- Gaststätten,
- Dienstleistungseinrichtungen,
- Verkaufseinrichtungen,
- Einrichtungen des Verbands der Kleingärtner, Siedler und Kleintierzüchter (VKSK),
- Einrichtungen des Deutschen Turn- und Sportbunds (DTSB).

Obwohl in den vorgenannten Bereichen bereits eine entsprechende inoffizielle Absicherung erfolgte, entsprach dies in qualitativer Hinsicht 1985 noch nicht dem erforderlichen Stand.[87]

In Wefensleben waren hinsichtlich der inoffiziellen Arbeit der KD Wanzleben Besonderheiten zu berücksichtigen, die in erster Linie mit konkreten Verantwortlichkeiten anderer Diensteinheiten der BV Magdeburg im Zusammenhang standen. Für die KD Wanzleben war es daher bedeutsam, die IM/GMS so zu beauftragen und zu instruieren, dass sie mit dem Inhalt und der Zielstellung ihres Auftrags vertraut waren, auch unter Berücksichtigung eigener Vorstellungen zur Auftragsrealisierung, um Überschneidungen hinsichtlich der Verantwortlichkeiten der anderen Diensteinheiten zu vermeiden.

Alle zur Absicherung des MfS-Wohngebiets Wefensleben eingesetzten inoffiziellen Kräfte waren konkret und mit Nachdruck darauf hinzuweisen, keine Ermittlungen und Auskünfte über Angehörige des MfS, deren Familienangehörige sowie Angehörige der Zollverwaltung zu führen beziehungsweise abzuverlangen. Allerdings waren entsprechend den dienstlichen Weisungen

87 Vgl.: Ebd., Bl. 15 f.

und Befehlen ehemalige Angehörige des MfS im konzentrierten Wohngebiet Wefensleben durch IM/GMS schwerpunktmäßig in den Aufklärungs- und Kontrollprozess einzubeziehen.

Die Auftragserteilung und Instruierung der inoffiziellen Kräfte in Wefensleben hatte sich vorrangig auf

- das Umfeld des Mitarbeiterbestands der Abteilung VI Marienborn (Zivilbürger des Ortes) zur Aufklärung von Kontakten und Verbindungen in die Bundesrepublik, Westberlin und ins übrige NSW sowie zur Klärung des Charakters dieser,
- die Verschleierung möglicher NSW-Kontakte durch Bürger des Ortes,
- die Kontaktbestrebungen von Bürgern zu Angehörigen der Staatssicherheit beziehungsweise deren Familienangehörigen sowie zur Herausarbeitung der Motive dafür,
- die rechtzeitige Aufklärung und Verhinderung möglicher Angriffe westlicher Nachrichtendienste im Umfeld des Mitarbeiterbestands

zu konzentrieren.[88]

Die Durchsetzung der Konspiration und Geheimhaltung zur inoffiziellen Arbeit im Wohngebiet Wefensleben der Staatssicherheit sowie der IM-Arbeit insgesamt war ein Grunderfordernis der operativen Arbeit. Begründet durch die damalige Lage der Gemeinde in unmittelbarer Grenznähe zur Bundesrepublik und der vorhandenen umfangreichen verwandtschaftlichen Beziehungen von Bürgern der Gemeinde ergaben sich bezüglich der Konspiration und Geheimhaltung in der inoffiziellen Arbeit besondere Anforderungen.

Die Staatssicherheit ging davon aus, dass die in der Gemeinde ansässigen Zivilisten mit ihren Familien bereits

---

88   Vgl.: Ebd., Bl. 20 f.

langjährig im Ort wohnhaft waren und sich aufgrund dessen größtenteils persönlich kannten. Neuzuzüge von Bürgern wurden daher schnell bekannt und standen im Mittelpunkt des Interesses der Bevölkerung, weshalb eine inoffizielle Nutzung von Zuzügen aus konspirativer Sicht ungünstig war. So wurde bereits im Prozess der Suche und Auswahl von IM-Kandidaten auf alteingessene Bürger beziehungsweise deren Familienangehörige zurückgegriffen, da diese in personeller und sachbezogener Hinsicht über entsprechende Kenntnisse verfügten. Für die operative Absicherung des MfS-Wohngebiets Wefensleben wurden 1985 die 16 IM/GMS des Systems des Hauptamtlichen Führungs-IM (HFIM) »Kurt Hauser« sowie zwei IM/GMS des verantwortlichen operativen Mitarbeiters genutzt.[89] Darüber hinaus steuerte der HFIM »Kurt Hauser« weitere IM/GMS im Umfeld des Wohnorts.

Für die territorial geringe Größe des Wohngebiets Wefensleben sowie der Bevölkerungszahl (circa 3.500 Einwohner insgesamt, einschließlich der Angehörigen des MfS und des Zolls) ergab sich eine relativ hohe Konzentration von IM/GMS im Verantwortungsbereich. Das zog insbesondere bei der Organisation der Trefftätigkeit Probleme nach sich, vor allem hinsichtlich der Konspirierung der inoffiziellen Tätigkeit und der Arbeit mit konspirativen Wohnungen. Zu beachten war dabei die Lage der KW in unmittelbarer Nähe der Wohnungen der Mitarbeiter der Staatssicherheit. Zur Erhöhung der Konspiration in der inoffiziellen Arbeit erfolgte deshalb die Treffdurchführung ausschließlich durch den HFIM »Kurt Hauser«. Dabei wurde insbesondere die Auslastung der Konspirativen Wohnungen berücksichtigt. Eine Überbelastung der KW durch das Aufsuchen einer

---

89 Vgl.: Ebd., Bl. 22.

zu großen Anzahl von IM/GMS war auszuschließen, um eine Dekonspiration der inoffiziellen Kräfte untereinander zu vermeiden. Als zweckmäßig hatte es sich daher erwiesen, Treffs mit IM/GMS aus Wefensleben außerhalb des Ortes durchzuführen, wodurch Konspiration und Geheimhaltung weitgehend gewahrt wurden. Eine andere Möglichkeit zur Wahrung von Konspiration und Geheimhaltung bestand in der korrekten Auftragserteilung/Instruierung der inoffiziellen Kräfte. Es war dabei zu verhindern, dass mehrere IM gleiche Aufträge erhielten, beispielsweise die Aufklärung einer Verbindung in die Bundesrepublik durch eine operativ interessante Person.

Als Grunderfordernis der offensiven Tätigkeit des MfS gegen westliche Geheimdienste war die Durchsetzung der Konspiration und Geheimhaltung auf folgende Punkte auszurichten:

- ein Eindringen der Dienste in den IM-Bestand zu verhindern,
- die Erarbeitung bedeutsamer Informationen,
- die Gewährleistung und des Schutzes der Konspiration selbst.[90]

Ein wesentlicher und in Wefensleben zu beachtender Punkt der konspirativen Arbeit waren die vielfältigen offiziellen Kontakte von Mitarbeitern der Abteilung VI/PKE Marienborn zu IM in Schlüsselpositionen im Rahmen ihrer gesellschaftspolitischen Tätigkeit. Hier wurde den IM/GMS durch die Führungsoffiziere eindeutig aufgezeigt, dass die offiziellen Kontakte zu den Angehörigen der PKE für das Zusammenleben im Wohnort zwar notwendig waren und entsprechend der Möglichkeiten ausgebaut werden sollten, aber nichts

90 Vgl.: Ebd., Bl. 23.

mit einer inoffiziellen Zusammenarbeit zwischen IM und Führungsoffizier zu tun hatten. Die IM durften deshalb nicht die offizielle Zusammenarbeit mit den Angehörigen der Abteilung VI/PKE Marienborn im Wohnort mit der inoffiziellen Zusammenarbeit mit dem Führungsoffizier beziehungsweise dem HFIM gleichsetzen und sich demzufolge nicht über vertrauliche und zuständigkeitshalber verantwortliche Probleme der KD Wanzleben offenbaren.

Nach Ansicht von Beer war unter den spezifischen Bedingungen des Wohngebiets der Staatssicherheit in Wefensleben die Konspiration der IM-Arbeit nur durch den Einsatz eines HFIM zu gewährleisten.[91]

Das Grundanliegen der Arbeit mit dem HFIM »Kurt Hauser« bestand in der komplexen Absicherung von Territorien, Bereichen und Personenkreisen sowie der Erarbeitung abrechenbarer Ergebnisse bei der Suche nach dem Gegner und bei der vorbeugenden Verhinderung einer Feindtätigkeit.[92]

Unter Komplexität der Absicherung der vorgenannten Bereiche ist zu verstehen, dass der HFIM und die IM/GMS nicht nur zur Absicherung der Angehörigen des MfS und deren Familienangehörigen eingesetzt wurden, sondern auch konkrete Aufgaben bei der Aufklärung und Kontrolle des Umfelds der Mitarbeiter sowie Aufgaben im kommerziellen Bereich des Wohnorts zu realisieren hatten. Im Mittelpunkt stand dabei jedoch die vorbeugende Verhinderung möglicher Angriffe über dritte Personen gegen das Wohngebiet des MfS in Wefensleben.

Die Bedeutung des Einsatzes des HFIM »Kurt Hauser« bestand in der Intensivierung des Arbeitsprozesses der

---

91 Vgl.: Ebd., Bl. 24.
92 Vgl.: Ebd.

Absicherung des Ortes Wefensleben als fester Bestandteil der inoffiziellen Basis im Sicherungsbereich. Der Einsatz des HFIM »Kurt Hauser« gewährleistete eine weitere Spezialisierung in der operativen Arbeit und ermöglichte einen in der Zielsetzung tiefer ausgeprägten IM-Einsatz.

Eine weitere Bedeutung bestand in der an den Qualitätskriterien der IM-Arbeit orientierten Zusammenarbeit mit IM/GMS, insbesondere der Erarbeitung bedeutsamer Informationen sowie der Gewährleistung einer hohen Wirksamkeit und Geheimhaltung in der IM-Arbeit zum Schutz der Konspiration und der Sicherheit der inoffiziellen Kräfte.

Eine wesentliche Funktion des Einsatzes des HFIM wurde vom MfS in der eigenständigen Erarbeitung bedeutsamer Informationen sowie der Realisierung von Teilaufgaben bei der Suche, Auswahl, Werbung und Gewinnung von IM/GMS im Ergebnis der operativen Abwehrarbeit gesehen. Über das IM-Netz des HFIM »Kurt Hauser« wurde herausgearbeitet, inwieweit das Informationsaufkommen im Wohngebiet der Staatssicherheit in Wefensleben gewährleistet werden konnte und wo sich gegebenenfalls im Ergebnis des Erkennens von Lücken der Einsatz weiterer inoffizieller Kräfte notwendig machte.

Eine wesentliche Bedeutung bei der Arbeit mit HFIM wurde der Nutzung von operativen Legenden beigemessen. Es war zu sichern, dass bei der Arbeit mit HFIM solche Legenden zur Anwendung gelangten, die dem HFIM einen möglichst breiten Wirkungskreis erschlossen, in dem er sich uneingeschränkt bewegen konnte. Dies war umso mehr von Bedeutung, da der HFIM selbst auf der Grundlage einer Legende eingesetzt war. Für das Wohngebiet der Staatssicherheit in Wefensleben bedeutete dies, dass der HFIM »Kurt Hauser« im Rahmen seines Scheinarbeitsverhältnisses die Möglichkeit besaß, eine bestimmte Anzahl von IM/GMS während ihrer Arbeitszeit offiziell aufzusuchen und mit entsprechender Legendierung Ermittlungs- beziehungsweise Aufklärungshandlungen durchzuführen. So konnte durch den Einsatz des HFIM das Informationsaufkommen sowie die Aktualität der Informationen erhöht werden und verstärkt beziehungsweise zielgerichtet auf die Erarbeitung bedeutsamer Informationen Einfluss genommen werden.

Bei der Organisierung des IM-Einsatzes im Wohngebiet Wefensleben wurde von der konkreten Lage ausgegangen und die Ziel- beziehungsweise Aufgabenstellung des IM-Einsatzes auf die Erarbeitung bedeutsamer Informationen ausgerichtet. Generell wurde der Einsatz der inoffiziellen Kräfte auf das Erarbeiten bedeutsamer Informationen zum Anlegen operativer Materialien auf der Grundlage der Ziel- und Aufgabenstellung für die Sicherung des Wohngebiets der Staatssicherheit in Wefensleben organisiert. Dabei erfolgte eine Koordinierung mit weiteren für spezifische Abwehraufgaben verantwortlichen Diensteinheiten des MfS. Im Wohngebiet Wefensleben waren mehrere Diensteinheiten mit spezifischen Teilaufgaben beauftragt, in deren Folge sich konkrete Verantwortlichkeiten ergaben, die zu berücksichtigen waren. Bei den Diensteinheiten handelte es sich um:

- das Referat 3 (Zollabwehr) der Abteilung VI/BV Magdeburg,
- das Referat 4 (Aufklärung Grenzübergangsstelle West/Helmstedt) der Abteilung VI/BV Magdeburg,
- die HA I, Sicherungsbereich Grenztruppen,
- die Abteilung Kader und Schulung BV Magdeburg, Mitarbeiterbestand Abteilung VI/PKE.[93]

---

93 Vgl.: Ebd., Bl. 29 f.

Der IM-Einsatz der KD Wanzleben war deshalb konsequent entsprechend der Sicherungskonzeption »Wefensleben« durchzuführen, um Überschneidungen bei der operativen Absicherung beziehungsweise in der Abwehrarbeit zu vermeiden. Er erfolgte mit dem Ziel der Herausarbeitung personifizierter und sachbezogener Hinweise zu Angriffsmöglichkeiten und Handlungen gegen die Angehörigen des MfS beziehungsweise ihrer Familienangehörigen. Bei einer Erarbeitung derartiger bedeutsamer Informationen waren unverzüglich operative Maßnahmen einzuleiten, um eine weitere Bearbeitung in Form von OPK und OV zu führen. Dabei hatten vorher Konsultationen mit den jeweils verantwortlichen Diensteinheiten zu erfolgen, und die Maßnahmen waren zu koordinieren. Eine Bearbeitung von Mitarbeitern des MfS und deren Familienangehörigen durch die KD Wanzleben hatte nicht zu erfolgen.

Die KD Wanzleben hatte allerdings zu organisieren, dass IM, die bei der direkten Bearbeitung von OPK/OV Verwendung fanden, zeitweilig aus dem Bestand des IM-Netzes des HFIM »Kurt Hauser« herausgelöst und für den Bearbeitungszeitraum durch den verantwortlichen operativen Mitarbeiter der KD geführt wurden. Dies erachtete man als notwendig, da der operative Mitarbeiter direkte Einflussmöglichkeiten auf die Anleitung und Kontrolle der IM hatte, um die Bearbeitung der entsprechenden Personen effektiv und zielstrebig zu führen.

Der Einsatz der IM/GMS im Wohngebiet Wefensleben erfolgte nach dem Schwerpunktprinzip. Dadurch kamen IM/GMS in Wefensleben vorrangig dort zum Einsatz, wo eine hohe Konzentration von Angehörigen der bewaffneten Organe, insbesondere des MfS, zu verzeichnen war.[94]

---

94 Vgl.: Ebd.

Operative Materialien und Spione an den Objekten des MfS

Im Zentralen Operativen Vorgang (ZOV) »Lawine« wurde unter anderem eine in Berlin-Hohenschönhausen wohnhafte männliche Person, von Beruf selbständiger Friseur, bearbeitet, die für einen amerikanischen Geheimdienst tätig war. Im Februar/März 1957 war der Friseur durch einen Bekannten, welcher aus der DDR stammte und diese verlassen hatte, einem US-Geheimdienst zugeführt worden. Dazu wurde er durch eine Mittelsperson nach Westberlin bestellt.

Die Agentur erhielt Aufträge, die speziell gegen das MfS gerichtet waren. So wurde der Friseur beauftragt, Objekte des MfS in Berlin-Hohenschönhausen (Orankestraße/Freienwalder Straße), Berlin-Johannisthal (Groß-Berliner Damm) und die Wohnobjekte des MfS in Berlin-Prenzlauer Berg (Dunckerstraße/Ecke Ahlbecker Straße) zu fotografieren. Des Weiteren sollte der Spion das Objekt der 12. Verwaltung des Ministeriums für Nationale Verteidigung (MfNV) – damalige Bezeichnung für die Militäraufklärung – in Berlin-Grünau (Regattastraße 25/26) aufklären.

Andere Aufträge umfassten die Feststellung der Bewohner eines MfS-Wohnobjekts in Berlin-Grünau (Dahmestraße/Ecke Königsseestraße) sowie die Aufklärung/Dokumentation militärischer Bauvorhaben in den Städten Halle und Strausberg. Dazu sollte die Agentur militärische Anlagen in Neustrelitz, Berlin-Biesdorf und in der Gegend von Strausberg fotografieren. Vom Spion wurden die folgenden Aufträge realisiert:

- Die Agentur suchte circa zwanzigmal die Bushaltestelle in Berlin-Hohenschönhausen, Manetstraße, auf und fertigte dort circa 500 Fotos von Personen, einschließlich der Busfahrgäste, an. Alle Aufnahmen wurden von der gegenüberliegenden Straßenseite (Berliner Straße beziehungsweise Lindenweg) angefertigt.

- In der Freienwalder Straße wurden Wohnblöcke fotografiert. Von den 5 Wohnblöcken wurden circa 50 Aufnahmen gefertigt. Der Spion betrat auch die Höfe der Wohnhäuser und fotografierte die Hinterfront.
- Das Objekt Orankestraße wurde zweimal aufgesucht und fotografiert. Mitarbeiter des MfS sind nicht fotografiert worden, da die Aufnahmen sonntags erfolgten. Die Fotos sind aus Richtung Hohenschönhausener Weg gemacht worden. Diesen Auftrag führte der Friseur mit Hilfe seines Cousins aus, welcher Küchenabfälle aus dem Objekt abholte.
- Der Spion suchte insgesamt sechsmal das MfS-Objekt Groß-Berliner Damm auf. Dort sind in den Morgenstunden circa 200 Aufnahmen von Personen gefertigt worden.
- Am Objekt der 12. Verwaltung des MfNV fertigte die Agentur ebenfalls Fotos an. Dieses Objekt suchte der Spion fünfmal auf, wobei er rund 15 Minuten am Objekt weilte und insgesamt circa 50 Fotos machte. An diesem Objekt wurden auch Kennzeichen von Fahrzeugen notiert, die das Objekt befuhren oder verließen.
- Das Wohnobjekt des MfS in Berlin-Grünau, Dahmestraße/Ecke Königsseestraße, suchte der Spion mit seinem Sohn auf. Der Sohn notierte die Namen der Hausbewohner, während der Vater fotografierte.

Zur Durchführung der Spionagetätigkeit wurde die Agentur vom amerikanischen Geheimdienst an Fotoapparaten ausgebildet, die in Aktentaschen eingebaut waren. Die Schulung erfolgte im Sommer 1957 in einem Zeitraum von vier Wochen. Während dieser Zeit fuhr der Friseur zweimal wöchentlich nach Westberlin, wo er in der Handhabung der konspirativen Fotografie ausgebildet wurde. Zu Übungszwecken fotografierte er in den Straßen Westberlins Häuser und Passanten, bis er die Handhabung der Technik beherrschte.

Die Verbindung zum amerikanischen Geheimdienst erhielt der Spion durch persönliche Treffs im vierzehntägigen Abstand in Westberlin aufrecht.

Der Spion erhielt vom amerikanischen Geheimdienst konkrete Hinweise, zu welchen Zeitpunkten die Mitarbeiter des MfS fotografiert werden sollten. Des Weiteren wurde der Agent auf bestimmte Gaststätten orientiert und dahingehend instruiert, unter welchen Umständen er Bekanntschaften mit MfS-Mitarbeitern schließen konnte. Der amerikanische Geheimdienst gab unter anderem den Hinweis, einen Tag zu wählen, an dem in der Gaststätte am Orankesee ein Vergnügen stattfand. Bei der Ermittlung von Adressen bekam der Spion die Straßen und Hausnummern genannt und erhielt den Hinweis, dass er Namen vom »Stillen Portier« abschreiben und gleichzeitig an den Türschildern nach Übereinstimmung prüfen sollte.

Als Friseur hatte er zur Sammlung von Informationen günstige Bedingungen. Da sich sein Geschäft in unmittelbarer Nähe der MfS-Objekte in Berlin-Hohenschönhausen befand, verkehrten dort häufig Mitarbeiter der Staatssicherheit, deren Angehörige sowie Personen, die über Objekte und Mitarbeiter Auskunft geben konnten. Der Friseur knüpfte auf der Basis seiner beruflichen Tätigkeit beispielsweise einen Kontakt zu einem VP-Angehörigen vom VP-Revier Berlin-Hohenschönhausen, mit dem er Gespräche über das Dienstobjekt des Operativ-Technischen Sektors (OTS) in der Orankestraße führte. Günstig auf die Spionagetätigkeit wirkte sich der Umstand aus, dass er selbst als Geschäftsinhaber fungierte und keiner anderen Person gegenüber rechenschaftspflichtig hinsichtlich seiner Arbeitszeit war.

Der Spion wurde am 28. September 1959 gegen 18 Uhr von einem Mitarbeiter der 12. Verwaltung des MfNV festgenommen, als er am Dienstobjekt in der Regattastraße Kennzeichen von Kfz sammelte, die das Objekt befuhren. Er notierte die Kennzeichen auf einer *Berliner Zeitung* und trug eine Kamera, die in der Aktentasche deponiert war, bei sich.

Der Friseur wurde zu einer Haftstrafe von fünfzehn Jahren verurteilt, sein Sohn erhielt eine Freiheitsstrafe von sechs Jahren, und die Ehefrau, die an Treffs mit den Mitarbeitern des amerikanischen Geheimdienstes teilnahm, wurde zu fünf Jahren Haft verurteilt.[95]

Im OV »Spione« wurde eine weibliche Person durch die damalige HA II bearbeitet. Die Frau wurde 1954 am S-Bahnhof Berlin-Charlottenburg an einem Blumenladen unter der Legende »Kirche« durch die Organisation Gehlen angesprochen und geworben. Die Agentin erhielt von der OG beziehungsweise später vom BND unter anderem folgende Aufträge:

- Aufklärung und Berichterstattung zur Berliner Verwaltung des MfS (BV Berlin),
- Beobachtung des sowjetischen Militärflugplatzes Werneuchen,
- Bewerbung und Aufnahme einer Tätigkeit im Elektro-Apparate-Werk (EAW) Berlin-Treptow,
- Kurierdienste (vor dem 13. August 1961).
- Die Frau berichtete laufend über den Flugplatz Werneuchen, insbesondere über Anzahl und Typ der Flugzeuge, Stellungen der Luftabwehr sowie Flugzeiten. Über das Objekt der Berliner Verwaltung des MfS in

---

95 Zum ZOV »Lawine« der HA II vgl.: Frank Mosig: »Zu einigen Problemen der Organisierung einer effektiveren Abwehrarbeit zur Außensicherung von Dienst- und Wohnobjekten«, Bl. 60–67.

der Prenzlauer Allee in Berlin-Prenzlauer Berg berichtete sie über die Bewachung der Eingänge, die Kontrolltätigkeit der Posten und den Fahrzeugverkehr. Eine Einstellung im EAW Berlin-Treptow wurde abgelehnt.

Im Jahr 1960 wurde die Spionin in der Herstellung von unsichtbaren Schriften mit Hilfe einer Geheimtinte geschult. Weiterhin wurde sie im Umgang mit präpariertem Papier instruiert. Das Ausbildungsprogramm umfasste zudem das Anlegen von Toten Briefkästen (TBK) in Berlin-Grunewald.

Bei der Flugplatzbeobachtung sollte die Agentin immer eine überprüfbare Legende haben. Im Auftrag des Geheimdienstes sollte sie sich in Werneuchen eine Bekanntschaft aufbauen und diese regelmäßig besuchen. Die Feststellungen am Objekt der Berliner Verwaltung des MfS waren als belanglose Spaziergänge abgedeckt. Auch der Ehemann, der als Straßenfeger arbeitete, wurde zur Informationsgewinnung am Objekt der Berliner Verwaltung des MfS genutzt und konnte bestimmte Dinge in Erfahrung bringen.

Die Agentin war bis 1956 beim Deutschen Industrie- und Außenhandelsbetrieb (Maschinen-Export) in der Poststelle beschäftigt. Sie berichtete dem westdeutschen Geheimdienst von ihrer Arbeit und charakterisierte den Leiter der Poststelle. Weiter berichtete sie über die Kontrolle am Ein- und Ausgang. Ab 1956 war die Spionin Hausfrau.

Das Verbindungswesen wurde mit einer Briefverbindung über Deckadressen sowie durch TBK aufrechterhalten. Vor dem 13. August 1961 erfolgten persönliche Treffs in Westberlin. Weiterhin erfolgten nach der Grenzschließung zwei Treffs mit einem Kurier des BND. Nach Erkenntnissen des MfS führte eine Hamburger Dienststelle des BND die Hausfrau. Sie erhielt vom BND circa 15.000 Deutsche Mark der Deutschen

Notenbank (DM), über TBK nach dem 13. August 1961 allein 9.600 DM.

Die Spionagetätigkeit der Hausfrau wurde durch inoffizielle Hinweise bekannt, ihre Festnahme erfolgte am 29. Oktober 1963. Die Agentin wurde zu zwölf Jahren Haft verurteilt.[96]

Im Jahr 1987 wurde ein Invalidenrentner, der für den BND tätig war, festgenommen. Der Dienst interessierte sich für eine Beschreibung des Gebäudes der KD Hainichen, worüber der Spion bei einem persönlichen Treff in der Bundesrepublik Bericht erstattete. Aus Eigeninitiative, ohne Auftrag des BND, hatte sich der Invalidenrentner 1986 mit Familienangehörigen und Verwandten bei einem Spaziergang vor der KD Hainichen fotografieren lassen. Die von einem Verwandten entwickelten Negative und Abzüge übergab der Spion beim Treff im September 1986 Mitarbeitern des BND.[97]

Ebenfalls 1987 wurde ein Rentner durch die Spionageabwehr des MfS befragt. Der Rentner hatte ohne Auftragserteilung des BND unter Ausnutzung des Besuchs einer medizinischen Einrichtung in der Umgebung der KD Pasewalk gehandelt. Hierbei klärte er die KD Pasewalk visuell auf. Bei der Befragung des Rentners stellte sich heraus, dass der BND die Informationen zwar entgegengenommen, jedoch kein weiteres Interesse an der KD Pasewalk gezeigt hatte.[98]

---

96 Zum OV »Spione« der HA II vgl.: Frank Mosig: »Zu einigen Problemen der Organisierung einer effektiveren Abwehrarbeit zur Außensicherung von Dienst- und Wohnobjekten«, Bl. 68–71.

97 Vgl.: Holger Strohmeyer: »Politisch-operative Erfordernisse, Aufgaben und Maßnahmen zur Sicherung von Dienstobjekten und konzentrierter Wohngebiete«, Bl. 15.

98 Vgl.: Ebd.

Anders verhielt es sich bei der KD Stralsund. Inoffiziell wurde der Staatssicherheit bekannt, dass der BND Informationsbedarf zur neuen KD des MfS in Stralsund hatte. Der BND zeigte dabei Interesse für:

- die Lage des Gebäudes zur Straße,
- die Regimefragen am Eingangsbereich,
- die Anzahl der Etagen des Gebäudes,
- die Anzahl der Fenster pro Etage,
- die Form und Anzahl der Antennen,
- den Zeitpunkt des Bezugs.[99]

Des Weiteren gab es eine Reihe operativer Materialien, die im Zusammenhang mit der Sicherung von Dienstobjekten des MfS standen:

So wurde zum Beispiel der OV »Olaf« durch die HA II/21 bearbeitet. Dabei wurde auf der Grundlage von Arbeitsergebnissen der HA III (Funkabwehr/Funkaufklärung) ein Anwohner eines Dienstobjekts des MfS wegen des Betreibens einer illegalen CB-Funkstation aufgeklärt. Im Ergebnis konnte ein nachrichtendienstlicher Hintergrund ausgeschlossen werden, der Vorgang wurde archiviert.[100]

In der OPK »Relais« erfolgte 1986 durch die HA II/21 die operative Bearbeitung eines DDR-Bürgers aus dem erweiterten Anwohnerbereich eines MfS-Dienstobjekts. Der DDR-Bürger war in einer dem MfS nachgeordneten Einrichtung tätig und hatte Kontakte zu einer bevorrechteten Person der Botschaft Frankreichs in der DDR, welche konspiriert wurden.[101]

Im Jahr 1987 wurde ein Bürger Westberlins in der OPK »Ford« aufgeklärt. Der Westberliner geriet durch regel-

---

99   Vgl.: Ebd., Bl. 16.
100 Vgl.: Ebd., Bl. 55.
101 Vgl.: Ebd.

mäßige Einreisen in das Umfeld des zentralen Dienstobjekts des MfS in das Blickfeld der HA II/21. Durch den Einsatz von IM und durch die Realisierung technischer Maßnahmen konnte eine nachrichtendienstliche Interessenlage ausgeschlossen werden. Die OPK wurde archiviert.[102]

In der OPK »Gockel« wurde 1988 die Ehefrau eines MfS-Mitarbeiters in einem zentralen Wohngebiet des MfS durch die HA II/21 bearbeitet. Der Ehefrau des Mitarbeiters wurden Westkontakte nachgewiesen, die bestehenden Verdachtsmomente einer nachrichtendienstlichen Tätigkeit wurden entkräftet.[103]

Aufgrund eines Hinweises der Abteilung M des MfS wurde ein Anwohner des zentralen Dienstobjekts des MfS, welcher hauptamtlich in der Bezirksleitung der SED Berlin tätig war, im Operativen Ausgangsmaterial (OAM) »Künstler« durch die HA II/21 bearbeitet. Der SED-Kader unterhielt eine konspirative Briefverbindung in die Bundesrepublik.[104]

Eine Analyse über Angriffe westlicher Geheimdienste gegen das MfS und dessen Objekte

Schultz, Hesselbarth und Petzold stellen in ihrer Diplomarbeit eine Analyse zu 26 Untersuchungsvorgängen, die Angriffe gegen das MfS beinhalten, dar.
Von den 26 Spionen waren:

---

102 Vgl.: Ebd., Bl. 56.
103 Vgl.: Ebd.
104 Vgl.: Ebd.

- 16 für US-Geheimdienste und
- 10 für Geheimdienste der Bundesrepublik (BND 7, BfV 3) tätig.

Von den Agenturen wurden den Geheimdiensten zugeführt:

- 4 durch Verwandte aus der Bundesrepublik und Westberlin,
- 21 durch Bekannte aus der Bundesrepublik und Westberlin.

Zu diesen Personen bestand seitens der Spione bereits vor der Anwerbung brieflicher Kontakt. Nur ein Spion wurde bereits vor der Übersiedlung in die DDR angeworben. Bei den Zuführern handelte es sich in 17 Fällen um Personen, die die DDR verlassen hatten. Die Geheimdienste nutzten dabei die Rückverbindungen dieser Menschen zu DDR-Bürgern. Zwei Spione wurden durch Verwandte beziehungsweise Bekannte im geheimdienstlichen Auftrag auf dem Territorium der DDR angeworben.

Die 26 Spione führten ihre Tätigkeit gegen das MfS über folgende Zeiträume aus:

Zeitraum	Anzahl der Spione
bis 3 Jahre	11
4 bis 8 Jahre	10
9 bis 15 Jahre	4
16 bis 18 Jahre	1

Durchschnittlich konnten die Agenturen sechs Jahre gegen das MfS tätig sein, ehe sie enttarnt wurden. In diesem Zusammenhang ist zu erwähnen, durch welche Kräfte beziehungsweise Diensteinheiten des MfS die Ersthinweise erarbeitet wurden, die zur operativen Bearbeitung der Spione und letztlich zu ihrer Enttarnung führten: Die operativen Ersthinweise wurden in 6 Fällen durch IM, in 19 Fällen durch die Abteilung M und in einem Fall durch einen hauptamtlichen Mitarbeiter erarbeitet.

Die Analyse der Untersuchungsvorgänge ergibt, dass die Agenturen der westlichen Geheimdienste nicht nur auf das MfS, sondern darüber hinaus auch auf andere Bereiche angesetzt waren. Dabei wurden neben den Dienststellen der Staatssicherheit folgende Objekte herausgearbeitet:

- Objekte und Dienststellen der NVA und der VP,
- Objekte und Dienststellen der GSSD,
- Objekte und Einrichtungen aus ökonomischen Bereichen der DDR,
- Objekte und Einrichtungen aus politischen Bereichen der DDR.

Ob und inwieweit das MfS das Hauptangriffsobjekt darstellte, konnte bei den 26 Untersuchungsvorgängen nur in einem konkreten Fall herausgearbeitet werden. Aus der Analyse der Untersuchungsvorgänge ergab sich dahingehend folgendes Bild:

	Anzahl Spione	GD der USA	GD der BRD
Das MfS griffen an	26	16	10
davon:			
ausschließlich das MfS	1	1	0
MfS und militärische Objekte	7	7	0
MfS und politischer Bereich	4	1	3
MfS und ökonomischer Bereich	1	1	0
MfS und militärische Objekte sowie politischer Bereich	3	1	2
MfS und militärischer, ökonomischer und politischer Bereich	10	5	5

Aus dieser Übersicht lässt sich erkennen, dass die Nachrichtendienste der USA und der Bundesrepublik in der Regel komplex vorgingen und alle Möglichkeiten der eingesetzten Agenturen zur Informationsbeschaffung nutzten. Nur 3,8 Prozent der betreffenden Spione waren speziell auf das MfS angesetzt, während 96,2 Prozent der Spione daneben noch gegen Objekte und Einrichtungen aus dem Bereich der Landesverteidigung sowie dem politischen beziehungsweise ökonomischen Bereich tätig waren.

Dieser Umstand war für die Organisierung einer wirkungsvollen Spionageabwehr, insbesondere aus der Sicht der vorbeugenden Bekämpfung der Spionageangriffe, von wesentlicher Bedeutung für das MfS. Bei der Analyse der Untersuchungsvorgänge hatte sich gezeigt, dass die Angriffe auf andere Bereiche der Gesellschaft, auch der Schaffung von Stützpunkten in Betrieben, Institutionen und anderen Einrichtungen, in denen die Staatssicherheit bestimmte Positionen inne hatte beziehungsweise Mitarbeiter des MfS im Rahmen ihrer objektbetreuenden Maßnahmen Verbindungen unterhielten, dem Zweck dienten, operative Mitarbeiter und IM festzustellen, aufzuklären und zu bearbeiten.

Zu den Möglichkeiten, die westliche Nachrichtendienste zur Informationsbeschaffung nutzten, gehörten auch Objekte und Einrichtungen aus dem ökonomischen und politischen Bereich, zu denen das MfS kommerzielle Beziehungen unterhielt beziehungsweise in denen Mitarbeiter der Staatssicherheit außerdienstlich in Erscheinung traten. Dazu gehörten:

- Versorgungs-, Dienstleistungs- und Baubetriebe, insbesondere solche, die innerhalb der Dienststellen des MfS Arbeiten verrichteten;
- Betriebe und Institutionen, von denen die Staatssicherheit technische Ausrüstungen bezog;

- Krankenhäuser, Polikliniken und andere soziale Einrichtungen, in denen Mitarbeiter des MfS und/oder deren Angehörige behandelt beziehungsweise betreut wurden;
- Sportgemeinschaften, beispielsweise die Sportvereinigung (SV) Dynamo, sowie andere Organisationen, in denen MfS-Mitarbeiter und/oder ihre Angehörigen organisiert waren;
- Gaststätten, vor allem in der Nähe von Objekten und Wohngebieten der Staatssicherheit, in denen deren Mitarbeiter außerdienstlich verkehrten.

Auf derartige Konzentrationspunkte und Objekt-Umwelt-Beziehungen richteten die Geheimdienste ihre Aufmerksamkeit und versuchten, Agenturen in diese Bereiche einzuschleusen beziehungsweise daraus zu werben.

Von in den 26 Untersuchungsvorgängen bearbeiteten Agenturen nutzten 15 Spione gesellschaftliche Beziehungen beziehungsweise Bereiche, um Dienstobjekte des MfS visuell zu erkunden, innerhalb von Objekten Spionageinformationen zu sammeln beziehungsweise Angehörige der Staatssicherheit abzuschöpfen. Dabei ergab sich folgende Verteilung:

Spion	Anzahl
als Anlieger eines Dienstobjekts	1
als Anwohner von Dienstobjekten	5
als Bewohner der näheren Umgebung von Dienstobjekten	2
in Konzentrationspunkten tätig	3
in Objekt-Umwelt-Beziehungen tätig	4

Als Konzentrierungspunkte arbeitete die Spionageabwehr heraus:

- Friseursalon,
- Massageinstitut,
- Poststelle in der Umgebung eines MfS-Objekts.

In den Objekt-Umwelt-Beziehungen waren 4 der 26 Spione tätig als:

- Sicherheitsinspektor der HO,
- Dachdecker einer PGH,
- Elektriker eines Betriebs,
- Finanzinstrukteur der Gesellschaft für Deutsch-Sowjetische Freundschaft (DSF).

Durch ihre berufliche Tätigkeit konnten diese 4 Agenturen Dienstobjekte des MfS betreten.

Bei der Analyse der Auftragsstruktur der inhaftierten Spione konnte erarbeitet werden, dass besonders Aufträge gegen das MfS im Mittelpunkt standen. Es stellte sich dabei heraus, dass die Auftragserteilung der Geheimdienste an die eingesetzten Agenturen darauf ausgerichtet war, jeden Hinweis über die Staatssicherheit in Erfahrung zu bringen. Daher trug die Beauftragung der Spione komplexen Charakter. Die Analyse der Auftragsstruktur der 26 Agenturen ergab folgendes Bild:

- Außen- und Innenaufklärung von Dienstobjekten der Staatssicherheit,
- Aufklärung von Wohnanschriften der MfS-Mitarbeiter,
- Kontaktherstellung zu operativen Mitarbeitern,
- Sammlung von polizeilichen Kennzeichen der MfS-Fahrzeuge,
- Sammlung und Erkundung von Angaben zur Persönlichkeit operativer Mitarbeiter und Zivilbeschäftigter.

Im Mittelpunkt der Auftragserteilung standen MfS-Dienstobjekte. Von den 26 Spionen griffen Dienstobjekte an:

insgesamt	25
davon:	
ausschließlich von außen	19
ausschließlich von innen	2
von außen und von innen	4

In ganzer Breite nach der Auftragsstruktur waren nur 5 Agenturen aktiv. Neben der Objektaufklärung erhielten die Agenturen Aufträge zur Erkundung von:

- Angaben zur Person von operativen Mitarbeitern in 16 Fällen,
- Wohnanschriften operativer Mitarbeiter in 16 Fällen,
- MfS-Dienstfahrzeugen in 11 Fällen.

Zur Kontaktherstellung zu operativen Mitarbeitern wurden 8 Agenten beauftragt.

Abgesehen von der dominierenden Stellung der Dienstobjekte des MfS in den Aufträgen dieser Agenturen hielten sich die anderen Angriffsrichtungen annähernd die Waage.

Die zwei ausschließlich zur Innenerkundung der Objekte eingesetzten Spione waren als Zivilangestellte in Objekten des MfS tätig. Dass sie keine Aufträge zur Außenaufklärung von Dienstobjekten der Staatssicherheit erhalten hatten, war darauf zurückzuführen, dass sie einerseits umfangreiches Material an ihre Auftraggeber liefern konnten und andererseits nicht gefährdet werden sollten, da die Geheimdienste von entsprechenden Maßnahmen der Außensicherung von MfS-Objekten ausgingen.

Bei den 26 Untersuchungsvorgängen waren nicht aus allen Vorgängen Hinweise zur Instruierung der Agenturen durch ihre Auftraggeber für das Verhalten bei der Sammlung von Spionageinformationen zu entnehmen.

Nur in einzelnen Fällen, bei schriftlich erfolgter Beauftragung, waren Umfang und Inhalt der Instruktionen klar zu entnehmen. Der überwiegende Teil der Spione wurde lediglich mündlich instruiert. Hierüber lagen nur die eigenen Aussagen der Spione vor. Diese waren nach Ansicht der Spionageabwehr mit hoher Wahrscheinlichkeit nicht exakt und vermutlich lückenhaft. Trotzdem ließen sich aus den der Staatssicherheit vorliegenden schriftlich fixierten Instruktionen und aus den Aussagen der nur mündlich beauftragten Agenturen einige grundsätzliche Erkenntnisse ableiten.

Die Instruktionen, die die Spione erhielten, waren stets konkret, auf einen bestimmten Bezugspunkt ausgerichtet. Bezugspunkte waren im Wesentlichen:

- *Die Sicherheit der Spione.* Dieser Aspekt zog sich wie ein roter Faden durch sämtliche Instruktionen. Die Geheimdienste waren sichtlich bemüht, ihre Zusammenarbeit mit den Agenturen weitgehend zu konspirieren, um ihnen eine lange »Lebensdauer« zu ermöglichen.
- *Die Erfüllung der ihnen detailliert übertragenen Spionageaufträge.* Hierzu wurden entsprechend der Differenziertheit der Angriffsobjekte auch abgestufte Instruktionen erteilt.
- *Die Aufrechterhaltung der Verbindung von den Spionen zur Geheimdienstzentrale.*

Im Hinblick auf die Aufklärung von Dienstobjekten der Staatssicherheit gaben die Dienste ihren Agenturen folgende grundlegende Orientierungen:

1. Die Spione sollten sich für den kurzzeitigen Aufenthalt an MfS-Dienstobjekten stets eine überprüfbare Legende zurechtlegen. Dabei wurden sie auf solche Gesichtspunkte orientiert, die Grundlage für eine brauchbare Legende sein konnten:

- Gaststätten, Geschäfte, Arztpraxen in der Umgebung dieser Objekte;
- Bekannte oder Freunde, die in der Umgebung wohnten;
- War das Objekt eventuell auf dem Weg zur Arbeit zu passieren, ohne einen längeren Umweg machen zu müssen?

Auf jeden Fall sollten sich die Spione vor der Auftragserfüllung die Legende zurechtlegen, um gegebenenfalls Rede und Antwort stehen zu können.

2. Die Agenturen sollten sich unauffällig und natürlich bewegen:
   - So wurden sie angehalten, keine auffällige Kleidung oder Modeutensilien zu tragen, beispielsweise eine Sonnenbrille.
   - Sie sollten nicht versuchen, sich zu verstecken.
   - Sie durften nicht für längere Zeit oder in kürzeren Zeitabständen hintereinander am Objekt erscheinen.
   - Auf keinen Fall sollten sie am Objekt stehen bleiben oder zu lange an einem bestimmten Punkt stehen.
   - Wenn es ihr Beruf erlaubte, war es der Tarnung dienlich, in Arbeitskleidung und mit Arbeitsgerät am Objekt entlangzugehen.

3. In der unmittelbaren Umgebung der Dienstobjekte vorhandene Einrichtungen wie Haltestellen öffentlicher Verkehrsmittel, Telefonzellen, Briefkästen, Parkanlagen usw. sollten weitgehend zur Abdeckung des Aufenthalts am Objekt genutzt werden.

4. Der Spion sollte stets allein handeln und keine dritte Person mit Feststellungen oder Beobachtungen betrauen. Das schloss jedoch die Mitnahme der Ehefrau oder der Kinder bei Spaziergängen entlang der Dienstobjekte nicht aus.

Die Instruierung der Agenten für ihr Verhalten bei der Objektaufklärung trug in der Regel hinweisenden Charakter. Sie ließ ihnen einen gewissen Spielraum dafür, ihr Verhalten weitgehend den konkreten örtlichen Gegebenheiten anzupassen.

Die überwiegende Zahl der in den Untersuchungsvorgängen bearbeiteten Spione hielt sich an die vorgegebenen Verhaltensnormen und arbeitete geschickt bei der Sammlung von Spionageinformationen. Nur in Ausnahmefällen hielten sich die Agenturen nicht an die vorgegebene Verhaltenslinie, wichen erheblich davon ab beziehungsweise verstießen grob dagegen.

Die Instruierung der Spione für ihr Verhalten bei der Aufklärung von Dienstobjekten der Staatssicherheit entsprach völlig den Erfahrungen, die durch das MfS bei der Außensicherung militärischer Objekte gesammelt wurden.

Nach Ansicht der Spionageabwehr wäre es ein unverzeihlicher Fehler gewesen, im Prozess der Sicherung der MfS-Dienstobjekte die IM auf ein auffälliges Verhalten von Personen am Objekt zu orientieren. Grundsätzlich ging die Linie II davon aus, dass sich die Agenturen der Geheimdienste geschickt tarnten, um sich nicht von anderen Passanten abzuheben.

Die Analyse der 26 Untersuchungsvorgänge hinsichtlich der angewandten Verbindungsmittel und Verbindungswege bestätigte die bis dahin vorhandenen Erkenntnisse der Spionageabwehr. Die Ergebnisse der Untersuchungen zeigten, dass sich die Dienste bei den Aktivitäten gegen Objekte des MfS der gleichen Mittel und Methoden bedienten, wie es beispielsweise bei Spionageangriffen auf militärische Objekte praktiziert wurde.

Die Hauptmethode zur Übermittlung der Spionageinformationen war der Postweg unter Verwendung von

Deckadressen und fiktiven Absendern sowie die Anwendung von Geheimschreibmitteln.

18 Spione (69 Prozent) übersandten auf diesem Weg
ihre Spionageangaben an ihre Auftraggeber. Davon
benutzten 12 Spione außerdem Codeschlüssel zum
Chiffrieren ihrer Nachrichten. 8 Spione (31 Prozent)
waren nicht mit Deckadressen und Geheimschreibmitteln ausgerüstet. Sie überbrachten den Mitarbeitern der
westlichen Geheimdienste ihre gesammelten Spionageinformationen persönlich, wobei anzumerken ist, dass
dies nur unter den Bedingungen der offenen Grenze zu
Westberlin bis 1961 praktiziert werden konnte.

Von den mit Geheimschreibmitteln ausgerüsteten Agenturen waren 8 (45 Prozent) an den Rundspruchdienst der
Geheimdienste angeschlossen und konnten so Informationen empfangen. Nur ein Spion war mit einer Funk-
anlage ausgerüstet und konnte auf diesem Weg Spionageinformationen an die Geheimdienstzentrale senden.

In 6 Fällen (23 Prozent) bestand zu den Spionen in der
DDR eine Kurierverbindung. Auf diesem Weg wurden
durch die Zentralen der Dienste Materialien, Instruktionen und Geld an die Agenten in die DDR übersandt,
wobei in der Regel TBK benutzt wurden. In einem Fall
suchte der Kurier den Spion persönlich in seiner Wohnung auf. Bei 5 dieser Agenturen existierte die Kurierverbindung zusätzlich zu den aufgebauten Brieflinien.

Von den 26 Spionen waren 20 Männer und 6 Frauen.
Bei den Männern waren sämtliche Altersgruppen von
20 bis 70 Jahren vertreten. Während sich die Anzahl der
Spione im Alter von 20 bis 60 Jahren nahezu gleichmä-
ßig auf die einzelnen Altersgruppen verteilte, war eine
Konzentration auf die Altersgruppe »über 60 Jahre alt«
zu verzeichnen. Auf diese Altersgruppe fielen 40 Prozent der 26 enttarnten Agenturen.

Die weiblichen Spione konzentrierten sich auf die Altersgruppen von 31 bis 55 Jahren. Kein weiblicher Spion war jünger als 30 beziehungsweise älter als 55 Jahre. Innerhalb der Altersgruppen von 30 bis 55 Jahren waren die weiblichen Agenturen annähernd gleich verteilt.

Von den 26 Spionen waren 22 verheiratet, davon 18 Männer und 4 Frauen. Zwei männliche und zwei weibliche Agenturen waren alleinstehend (ledig, geschieden beziehungsweise verwitwet).

In 18 von 26 Fällen offenbarten sich die Spione gegenüber dritten Personen.

In 14 Fällen wurden die Ehepartner durch die Agenturen über die Spionagetätigkeit informiert. Davon wurden 12 Ehepartner direkt in die Spionagetätigkeit einbezogen.

In einem Fall wurden die Kinder und in 3 Fällen Bekannte über die Spionagetätigkeit in Kenntnis gesetzt. Außerdem offenbarten sich 6 Spione nicht nur gegenüber den Ehepartnern, sondern auch gegenüber den Eltern, Kindern oder Bekannten.

Nur 8 Spione arbeiteten für westliche Geheimdienste, ohne andere Personen in ihre Spionagetätigkeit einzubeziehen. Ob und in welchem Umfang die Offenbarung gegenüber dritten Personen beziehungsweise ihre Einbeziehung in die Spionagetätigkeit mit Wissen der Geheimdienste oder in ihrem Auftrag erfolgte, konnte durch das MfS nicht festgestellt werden.

Von den 26 Spionen beiderlei Geschlechts befanden sich zum Zeitpunkt ihrer Festnahme 14 Agenturen im Angestelltenverhältnis, davon arbeiteten:

- 7 in Betrieben,
- 5 in staatlichen Institutionen und
- 2 in politischen Organisationen.
- 4 Spione waren als Arbeiter tätig, davon:
- 1 in einem volkseigenen Betrieb und
- 3 in Produktionsgenossenschaften des Handwerks (PGH).

Die weiteren Arbeitsverhältnisse stellten sich wie folgt dar:

- 1 Spion kam aus der technischen Intelligenz,
- 3 Spione betrieben selbständig ein Gewerbe,
- 2 Spione waren als Zivilbeschäftigte der bewaffneten Organe der DDR beziehungsweise der GSSD tätig,
- 2 Spione waren Rentner.

Von den 26 Agenturen besaßen 22 den Abschluss der 8. Klasse, 1 Spion hatte einen Fachschulabschluss und 3 verfügten über einen Hochschulabschluss.

Mitglied der SED waren 4 Spione, 2 Agenturen waren Mitglied anderer Parteien der DDR. 16 Spione gehörten dem Freien Deutschen Gewerkschaftsbund (FDGB) und 4 der Gesellschaft für Deutsch-Sowjetische Freundschaft (DSF) an.

Unter den 26 Spionen befand sich eine aus der Bundesrepublik zugezogene Person. 6 Agenturen waren ehemalige Angehörige der Wehrmacht beziehungsweise der Waffen-SS. 1 Spion gehörte in der Zeit des Nationalsozialismus der NSDAP an, 3 weitere Agenturen waren kriminell vorbestraft.

Die ausgewählten und dargestellten Gesichtspunkte machen deutlich, dass sich kaum eine bestimmte Altersgruppe, Berufsgruppe beziehungsweise Personen mit bestimmten Merkmalen herauskristallisierten. Es handelte sich bei den Agenten gewissermaßen um Durchschnittsbürger. Verbindliche Erkenntnisse für die Suche nach Spionen ließen sich daher für die Spionageabwehr nicht ableiten. Wesentlich aus der Sicht der HA II war allerdings der Punkt, dass sich 68 Prozent der zum Untersuchungsgegenstand gemachten Agenturen gegenüber dritten Personen offenbart hatten.[105]

---

105 Vgl.: Kurt Schultz, Heinz Hesselbarth, Heinz Petzold: »Die Sicherung zentraler MfS-Dienstobjekte«, Bl. 58–72.

Aus dem Auftrag des BND an einen Spion zur Aufklärung von MfS-Objekten

»1. <u>Was sollen Sie für uns feststellen?</u>

Wie Sie sicher selbst wissen, unterhält der Staatssicherheitsdienst einen umfangreichen und weit verzweigten Apparat, dessen Aufgabe es ist, alle Bereiche des täglichen Lebens in Mitteldeutschland zu kontrollieren und zu überwachen. Jede Abweichung von der vorgeschriebenen ›Parteilinie‹ soll festgestellt werden, jede kleinste Regung des Widerstandes soll aufgespürt und sofort rücksichtslos unterdrückt werden. Mit der ›Faust im Nacken‹ sollen in der Zone die ›demokratischen Freiheiten‹ Ulbrichtscher Prägung ›geschützt‹ und durchgesetzt werden! Zu diesem Zweck wurde vor nunmehr fast 12 Jahren das ›Ministerium für Staatssicherheit‹ (MfS) geschaffen – ein mit allen Vollmachten ausgestattetes Terrorinstrument, das seinem großen sowjetischen Vorbild in keiner Weise nachsteht.

Dass außerdem noch zahlreiche MfS-Agenten in der Bundesrepublik und in anderen westlichen Ländern zur Ausspähung des wirtschaftlichen, militärischen, wissenschaftlichen und politischen Potentials eingesetzt werden, sei nur am Rande erwähnt.

Sie werden also verstehen, dass wir in der gegenwärtigen Situation mehr denn je an Informationen über alle Einrichtungen des Staatssicherheitsdienstes, seine Mitarbeiter, Arbeitsweise und seine Absichten interessiert sind, um das Ausmaß des Terrors im unfreien Teil Deutschlands zu erkennen, um unsere Landsleute in der Zone und auch uns vor dem Wirken dieses Apparates zu schützen.

Um seinen vielfältigen Überwachungs- und Spionageaufgaben gerecht zu werden, beschäftigt die ›Stasi‹ eine
große Zahl hauptamtlicher und nebenamtlicher Mitarbeiter. (Die Letztgenannte umfasst das Heer der Spitzel
und Zuträger, die in jedem Betrieb, in jeder Partei- und
Staatsdienststelle eingebaut sind.)
Dass sich in jeder Bezirks- und Kreisstadt eine Dienststelle des MfS mit mehr oder weniger Nebenstellen
befindet, dürfte Ihnen wohl bekannt sein, ebenso auch,
dass die ›Stasi‹ ihre Mitarbeiter nach Möglichkeit in
geschlossenen Wohnsiedlungen unterbringt, um sie vor
der Zivilbevölkerung abzuschirmen.

Was interessiert uns hiervon im Einzelnen?
Diese Frage ist an sich ganz einfach zu beantworten:
grundsätzlich alles, was in irgendeiner Form mit dem
MfS, seinen Mitarbeitern und seiner Tätigkeit im Zusammenhang steht. Jeder Hinweis Ihrerseits, mag er
Ihnen noch so dürftig und bedeutungslos erscheinen,
trägt dazu bei, das Bild über diese Institution zu vervollständigen und abzurunden. Es kommt im Wesentlichen
darauf an, dass Sie Augen und Ohren offen halten, alle
Ihre Wahrnehmungen genau registrieren und uns laufend melden.
Worauf sollen Sie aber besonders achten?
a) Sofern Sie uns über die in Ihrem Wohnbereich gelegene MfS-Dienststelle oder Wohnsiedlung noch
   nicht berichtet haben (oder in der Zwischenzeit eine
   neue Dienststelle errichtet wurde), stellen Sie bitte
   Folgendes fest:
   aa) Genaue Lage und Anschrift (Hausnummer,
       Telefonanschlüsse)
   bb) Beschaffenheit des Objektes (Anzahl der Stock-
       werke, Farbe des Anstrichs, evtl. frühere Ver-
       wendung)

cc) Sicherung der Dienststelle durch Menschen (Posten in Uniform, Zivil, Pförtner, Streifen), Technische Sicherung (Zäune, Drahthindernisse, Lichtanlagen)

dd) Kraftfahrzeugausrüstung (Polizeiliches Kennzeichen, Fabrikat, Lackierung)

ee) Zahl, Namen, Vornamen, Dienstgrade, Anschriften und Personenbeschreibung der in dieser Dienststelle tätigen Mitarbeiter, einschließlich Fahrer und Hilfspersonal

(Wie Sie Ihre Ermittlungen durchführen können, erfahren Sie an anderer Stelle dieser Anleitung.)

Bei der <u>Personenbeschreibung</u> berücksichtigen Sie bitte stets folgende Punkte:

Alter, Größe, Erscheinung, Figur, Haltung, Gebaren, Gewohnheiten, Gang, Kleidung

Anatomische Merkmale: Kopfform, Haar (Farbe, Frisur, wellig, glatt, voll, spärlich), Augen (Farbe, Stellung, Brauen, Blick), Nase, Ohren, Mund, Lippen, Gebiss, Kinn, Hals, Schultern (hängend, gerade), Arme, Hände, Füße, Schuhgröße

Besondere Kennzeichen: Narben, Warzen etc., Tätowierungen

Sonstige Merkmale: Schmuck, Uhren, Brieftasche, Geldbörse usw.

Sie werden wohl kaum alle Einzelheiten auf Anhieb feststellen können, merken Sie sich jedoch so viele wie möglich; schärfen Sie Ihre Beobachtungsgabe durch tägliches Training!

b) Da auch jeder größere volkseigene Betrieb, jede Dienststelle des Partei- und Staatsapparates von einer MfS-Verbindung- oder Nebenstelle ›betreut‹ wird, achten Sie bitte auch an Ihrem Arbeitsplatz auf die Tätigkeit dieser Stellen, die vielfach nach außen hin als MfS-Einrichtungen nicht in Erscheinung treten, sondern unauffällig als Sonderabteilungen in den Dienstbetrieb eingegliedert sind.

Melden Sie uns bitte gegebenenfalls, wo sich eine solche Stelle in Ihrem Betrieb befindet, wie sie untergebracht ist und wer dort tätig ist.

c) Bedenken Sie bitte ferner, dass auch jeder Abschnittsbevollmächtigte oder jeder Hausvertrauensmann letzten Endes ein ›Hilfsorgan‹ des MfS ist, und melden Sie uns daher diese Personen ebenfalls mit Namen, Anschrift und Personenbeschreibung.

Nachdem hauptamtliche MfS-Mitarbeiter ihre Zusammenkünfte mit Agenten und Spitzeln an neutralen Orten durchzuführen pflegen, wie z. B. in Cafés, Gaststätten oder Wohnungen, die ihnen von zuverlässigen SED-Genossen zur Verfügung gestellt werden, so achten Sie bitte besonders auf Wohnungen, die trotz Abwesenheit des Inhabers häufig von fremden Personen zu den verschiedensten Tageszeiten benutzt werden, und melden Sie uns die genaue Anschrift der Wohnung sowie Namen und Beruf ihres Inhabers.

d) Sollte sich unter Ihren Nachbarn ein hauptamtlicher MfS-Mitarbeiter befinden oder sollten Sie in einem Lokal, Sportverein oder bei einer Veranstaltung mit einem MfS-Mitarbeiter bekannt werden, so nutzen Sie jede Gelegenheit, mit ihm ein Gespräch anzuknüpfen, stellen Sie jedoch keine Fragen, die seinen Verdacht erwecken könnten, sondern geben Sie sich möglichst harmlos und versuchen Sie, sein Vertrauen zu gewinnen. Melden Sie uns alles, was Sie unauffällig über seine Person, seine Familienverhältnisse, seine MfS-Arbeit (wo beschäftigt), welche Funktion und welchen Dienstgrad, seine Lebensgewohnheiten, seinen Bekannten- und Verwandtenkreis sowie charakterliche Veranlagung, insbesondere über seine menschlichen Schwächen, wie z. B. Spielleidenschaft,

Alkoholmissbrauch, Frauen usw., feststellen können. (Beachten Sie bitte, dass hauptamtliche MfS-Mitarbeiter häufig unter anderen Namen auftreten. Melden Sie uns daher stets, ob es sich bei dem Namen des von Ihnen beschriebenen MfS-Mitarbeiters um seinen bürgerlichen oder um einen falschen Namen handelt.)

e) Melden Sie uns künftig alle aus politischen Gründen erfolgten Verhaftungen, von denen Sie durch Bekannte oder auch aus der Presse Kenntnis erhalten. (Geben Sie bitte Namen, Anschrift, Beruf, Verhaftungsgrund und Zeitpunkt an.)

f) Richten Sie Ihr besonderes Augenmerk auf Personen, die als Spitzel oder Zuträger für das MfS tätig sind oder in Verdacht stehen, mit dem MfS in irgendeiner Form zusammenzuarbeiten. Halten Sie Namen, Anschrift, Beruf, Arbeitsplatz, Verkehrskreis dieser Personen fest. Sollten Sie feststellen, dass ein Spitzel oder Agent in die Bundesrepublik reist, so melden Sie uns bitte unverzüglich alle Ihnen bekannt gewordenen Einzelheiten, insbesondere Reiseziel und -dauer. (Was uns auf militärischem Sektor interessiert, ist in einer gesonderten Anleitung zusammengefasst.)

2. <u>Wie sollen Sie Ihre Feststellungen treffen?</u>

Nachdem Sie nun unsere Wünsche im Einzelnen kennengelernt haben, finden Sie nachstehend wichtige Hinweise für die Beantwortung unserer Fragen. Zunächst einige wichtige Grundregeln, die Sie bei der Zusammenarbeit mit uns im Interesse Ihrer eigenen Sicherheit unbedingt beachten müssen:

a) Beschränken Sie sich nur auf das, was Sie selbst sehen und hören: Versuchen Sie nie, andere mit Feststellungen oder Beobachtungen zu beauftragen!

b) Stellen Sie keine Fragen, die Ihr Interesse an der Sache verraten können: Lassen Sie andere reden, achten Sie aber auf deren Gespräche!

c) Denken Sie immer daran, dass Sie, wo Sie auch hingehen, um Beobachtungen anzustellen, stets eine Begründung für Ihre dortige Anwesenheit haben müssen, die jeder Nachprüfung standhält. Überlegen Sie sich daher rechtzeitig vor jeder Beobachtung, wie Sie die Durchführung glaubhaft motivieren können, und verlassen Sie sich nicht darauf, dass Ihnen notfalls etwas Passendes an Ort und Stelle einfallen wird!

d) Verhalten Sie sich bei allen Beobachtungen unauffällig und natürlich. (Verwenden Sie keine Sonnenbrille, verstecken Sie sich nicht hinter Zeitungen oder Litfaßsäulen à la Sherlock Holmes – Sie fallen damit unweigerlich auf!)

Welche Möglichkeiten haben Sie, um unsere Fragen zu klären, und wie können Sie ohne Gefahr und Risiko vorgehen?
Es ist uns klar, dass Sie bestimmte Fragen nicht ohne weiteres klären können. Wir haben sie aber der Vollständigkeit halber aufgeführt, damit Sie einen Überblick über den Umfang unserer Wünsche erhalten und jede sich bietende Gelegenheit nutzen können. Auf jeden Fall sind Sie aber in der Lage, mindestens einige Fragen der Ihnen zur Klärung der in Ihrem Wohnbereich gelegenen MfS-Dienststelle gestellten Fragen zu beantworten, wenn Sie dieses Objekt anlässlich eines Spazierganges unter Beachtung der vorstehenden Grundregeln aufmerksam anschauen. Vielleicht finden Sie schon bei dieser Gelegenheit Anhaltspunkte für einen Vorwand, der es Ihnen ermöglicht, sich längere Zeit in der unmittelbaren Nähe des fraglichen Objektes, ohne Verdacht zu erwecken, aufzuhalten. Prüfen Sie eingehend, ob sich

in der Nähe Lokale, Geschäfte usw. befinden, die Sie in Ihre weiteren Überlegungen miteinbeziehen können.

Halten Sie sich aber nie länger in der Nähe des MfS-Objektes auf, als unbedingt erforderlich und mit Ihrem Vorwand (Spaziergang, Lokalbesuch usw.) vereinbar.

Überlegen Sie außerdem, ob Sie es einrichten können, auf dem täglichen Weg zu Ihrem Arbeitsplatz, auf dem Weg zu Verwandten, zu einem Arzt usw. an dem MfS-Objekt vorbeizugehen, ohne einen auffälligen Umweg machen zu müssen. In so einem Fall hätten Sie nämlich stets einen nachprüfbaren Vorwand zur Hand.

Wie bereits gesagt, interessiert uns grundsätzlich alles, was mit dem MfS im Zusammenhang steht. Halten Sie aufmerksam Umschau in Ihrer Nachbarschaft, an Ihrem Arbeitsplatz und in Ihrem Bekanntenkreis, und Sie werden früher oder später Dinge feststellen, die Ihnen bisher wahrscheinlich gar nicht aufgefallen sind. Wir wiederholen deshalb unsere Bitte: Halten Sie Augen und Ohren offen, und melden Sie uns, was Sie sehen und hören!

Achten Sie bitte auch auf Gerüchte: Melden Sie uns aber nicht nur den Inhalt der Gerüchte, sondern auch ihren Ursprung (wer hat es Ihnen erzählt) und wie hoch Ihrer Auffassung nach der Wahrscheinlichkeitswert einzuschätzen ist.

Und nun noch etwas: Lassen Sie sich bei allem, was Sie tun, Zeit; überstürzen Sie nichts, überlegen Sie gründlich, bevor Sie handeln, und denken Sie immer an Ihre Sicherheit!

3. <u>Wie müssen Sie uns Ihre Feststellungen mitteilen?</u>

Im Folgenden wollen wir nun erläutern, wie Sie das, was Sie festgestellt haben, d. h., was Sie gesehen und gehört haben, uns mitteilen. Wir behandeln hier nur die Abfassung Ihrer Meldungen, denn wie Sie diese verschlüsseln, unsichtbar niederschreiben und gegenüber der Postzensur tarnen müssen, haben wir an anderer Stelle ausführlich dargelegt.

Geben Sie in Ihrer Meldung genau das wieder, was Sie gesehen oder gehört haben, nicht mehr, aber auch nicht weniger, und beachten Sie bitte folgende Gesichtspunkte:

• Fassen Sie sich kurz!
• Drücken Sie sich klar und unmissverständlich aus!
• Fassen Sie Ihren Text trotz Telegrammstil so ab, dass wir genau verstehen, was Sie uns mitteilen wollen!
• Berichten Sie über jede Beobachtung vollständig!

Eine Meldung über die von Ihnen getroffene Beobachtung ist dann vollständig, wenn Sie jede der nachstehenden Fragen beantwortet haben:

<u>Wann wurde</u> (d. h. an welchem Tag, in welcher Zeit, von bis)?

<u>Wer</u> oder <u>was</u> (d. h. welche Personen oder was für Sachen, z. B. Kraftfahrzeuge, oder was für Handlungen oder Personen)?«[106]

Der Schutz der Dienstobjekte durch die HA II im November 1989

Am 9. November 1989 erließ der Stellvertreter des Leiters der HA II, Oberst Oertel, »Aufgabenstellungen zur verstärkten Gewährleistung einer hohen Sicherheit an den Dienst- und konspirativen Objekten sowie in den

---

106 Zitiert nach: Frank Mosig: »Zu einigen Problemen der Organisierung einer effektiveren Abwehrarbeit zur Außensicherung von Dienst- und Wohnobjekten«, Bl. 77– 85.

konzentrierten Wohngebieten im Verantwortungsbereich der Hauptabteilung II«[107].

Oberst Oertel bemerkte zutreffend, dass im Zusammenhang mit der aktuellen innenpolitischen Situation
die Forderungen nach Veränderungen der Tätigkeit
des MfS durch oppositionelle Kräfte zunehmen. Oertel
merkte weiter an, dass dabei in verstärktem Maße pro-
vokative Handlungen gegenüber Dienstobjekten sowie
in Einzelfällen gegen Mitarbeiter des MfS und deren
Familienangehörige zu verzeichnen sind.[108]

Zur verstärkten Gewährleistung einer hohen Sicherheit
- an den Dienstobjekten des MfS,
- in den konzentrierten Wohngebieten von Mitarbeitern des MfS,
- an den Dienstobjekten der HA II,
- an den konspirativen Objekten der HA II/8 sowie
- an den konspirativen Objekten der Abteilungen/Ar-
  beitsgruppen der HA II
waren unter anderem folgende generelle Aufgabenstellungen konsequent zu realisieren:
1. Zur ständigen operativen Aufklärung des Umfelds
   der Objekte und Wohngebiete, insbesondere von
   Plänen, Absichten und Maßnahmen gegnerischer
   und oppositioneller Kräfte sowie von Reaktionen
   der Anwohner und zur vorbeugenden Sicherung der
   Objekte/Wohngebiete, waren die vorhandenen inoffiziellen Kräfte und Mittel konsequent und schwerpunktmäßig einzusetzen beziehungsweise deren
   Basis entsprechend den realen Erfordernissen.
OV waren verstärkt und schwerpunktmäßig zu bearbeiten. Es hatte ständig ein Vergleich von in OV und OPK

---

107 BStU MfS ZA HA II Nr. 3128.
108 Vgl.: Ebd., Bl. 1.

bearbeiteten Personen, die an Objekten in Erscheinung traten, hinsichtlich der Feststellung von Verbindungen zu oppositionellen Kräften sowie der Feststellung von Teilnehmern, Provokateuren und Rädelsführern bei Demonstrationen zu erfolgen.

2. Zur vorbeugenden Verhinderung und zur Abwehr feindlicher Handlungen an Dienstobjekten des MfS hatte der Leiter der HA II/21

   - die Absicherung des Umfelds der Objekte durch den ständig und straff geführten Einsatz inoffizieller Kräfte,
   - die ständige Zusammenarbeit und den erforderlichen Informationsaustausch mit den für die Objekte verantwortlichen Leitern,
   - die Unterstützung der für den militärischen Schutz der Objekte verantwortlichen Wach- und Sicherungseinheiten

   zu organisieren.

3. Zur Sicherung der konzentrierten Wohngebiete war der beständige Kontakt zu den Wohnungswirtschaftlern der VRD für die ständige Informationsübermittlung zu gewährleisten. Es waren Maßnahmen zum Einsatz von Kräften der DVP, gesellschaftlicher Kräfte, insbesondere von Veteranen des MfS, für eine verstärkte Streifentätigkeit einzuleiten.

4. Das vorrangige Ziel aller Maßnahmen bestand in der wirksamen Abwehr von Versuchen des gewaltsamen Eindringens in die Dienst- und konspirativen Objekte. Dies hatte explizit ohne Anwendung der Schusswaffe zu erfolgen.

5. In den Dienstobjekten der HA II waren:

   - Objektkommandanten und Sprecher, die bei Erfordernissen an den Objekten öffentlich auftreten sollten, einzusetzen,
   - erforderliche Maßnahmen zur Verteidigung gegen

An- und Übergriffe einzuleiten beziehungsweise zu präzisieren, einschließlich der Bereitstellung von Reizmitteln und Megaphonen,

- funktechnische Mittel zur Aufrechterhaltung der Verbindung beim Ausfall drahtgebundener Nachrichtenmittel zu installieren.

Weiterhin hatten die Dienstobjekte der HA II durchgängig besetzt zu sein.

6. Bei Dienstobjekten der HA II, die einer besonderen Gefährdung ausgesetzt waren, sowie bei konspirativen Objekten hatten Dokumente, Unterlagen und Materialien mit dekonspirierendem Charakter, die Quellen, Mittel und Methoden gefährden konnten, ausgelagert zu werden. Die in den konspirativen Objekten vorhandenen Waffen waren grundsätzlich auszulagern. Es waren Maßnahmen zur konsequenten Gewährleistung des Brandschutzes einzuleiten und ein straffes inneres Regime, insbesondere beim Betreten oder Verlassen der Dienst- und konspirativen Objekte, zu organisieren.

7. Die Verwalter der konspirativen Objekte waren entsprechend der konkreten Lage einzuweisen. Für besondere Feststellungen und Vorkommnisse an Objekten waren Handlungsvarianten an die Objektverwalter vorzugeben. Weiterhin war ein Rapportsystem mit mehrmaligen täglichen Meldungen einzurichten.

8. Nichtbewohnte konspirative Objekte und Wohnungen der Abteilungen/Arbeitsgruppen der HA II waren generell mit konspirativen Sicherungszeichen zu versehen, deren Unversehrtheit beim Betreten unbedingt zu prüfen war. Wurde eine Beschädigung der konspirativen Zeichen festgestellt, war das Objekt nur bei entsprechender Absicherung zu betreten. Bei nichtbewohnten konspirativen Objekten war der

Einsatz von Sicherungskräften außerhalb der Dienst-
beziehungsweise Nutzungszeit zu prüfen.
9. Zur aktuellen und aussagekräftigen Lageeinschätzung an den Objekten im Verantwortungsbereich
   der HA II war zwischen
   • dem Leiter der HA II/21 sowie den Leitern der für
     die Dienstobjekte verantwortlichen Diensteinhei-
     ten und den Objektkommandanten von Außenob-
     jekten der HA II,
   • dem Leiter der HA II/8 und den für die konspirati-
     ven Objekte der HA II zuständigen Leitern
   ein ständiger Informationsaustausch zu gewährleisten. In der HA II/21 und der HA II/8 war ein Rapportsystem mit Lagefilm zu führen.
10. Vorkommnisse waren Oberst Oertel und besonders
    schwere Vorkommnisse dem Leiter der HA II unver-
    züglich zu melden.[109]

Für die operativen Maßnahmen am zentralen Dienstobjekt des MfS in der Normannenstraße/Ruschestraße/
Gotlindestraße war konkret das Referat 1 der HA II/21
verantwortlich. Dieses Referat hatte folgende Maßnahmen umzusetzen:
• Verstärkter IM-Einsatz in den Anwohnerbereichen
  zur Erarbeitung personenbezogener Informationen
  im Rahmen der »Wer ist wer?«-Aufklärung entsprechend den aktuellen Lagebedingungen.
• Verstärkter IM-Einsatz in den Konzentrationspunkten
  (Gaststätten) im Umfeld des Dienstkomplexes mit den
  Schwerpunkten *Ratsklause*, *Petite Fleur*, *Bürgerheim*
  und *Braumeister* sowie des Jugendclubs *Frankfurter
  Allee Süd* mit der Zielstellung des rechtzeitigen Erkennens von Gefahrenpunkten, insbesondere Konzentra-

---

109 Vgl.: Ebd., Bl. 1 ff.

tionen von Jugendlichen, sowie der Erarbeitung von Informationen zur Lage, Reaktion und Stimmung. Dabei kamen die IMS »Gerald« und »Konrad« sowie die IM-Vorläufe »Maschinist« und »Borstel« zum Einsatz.

- Regelmäßige Kontrollen in den Wohnhochhäusern Frankfurter Allee 150, 154, 172, 174 und Ruschestraße zu Ordnung, Sicherheit und dem rechtzeitigen Erkennen eventueller feindlicher Aktivitäten. Dabei kamen die IMS »Hansen«, »Walter«, »Carlo« und »Heinz Ferdinand« zum Einsatz.

- Verstärkter Einsatz der FIM-Gruppe »Walter Schönfeld« mit den IMS »Martin«, »Birkner« und »Franz« zur Kontrolltätigkeit im Umfeld des Zentralen Dienstobjekts mit der Zielstellung der Kontrolle des Personen- und Kfz-Verkehrs, der Erarbeitung von Informationen zu eventuellen feindlichen Handlungen sowie Vorkommnissen und deren vorbeugende Verhinderung.

- Abstimmung erforderlicher Unterstützungshandlungen durch Kräfte der HA II/21 bei der Durchführung notwendiger Sicherungsmaßnahmen durch das Büro der Leitung des MfS beziehungsweise des Wachregiments »Feliks Dzierzynski«, insbesondere zum Haus 22.

- Gewährleistung eines ständigen Kontakts und Informationsaustausches zur Lage sowie zu Maßnahmen zu Personen, die das MfS in operativ bedeutsamer Absicht anliefen oder anriefen, mit dem Büro der Leitung beziehungsweise der Auswertungs- und Kontrollgruppe (AKG).

- Zeitweilige Besetzung der Stützpunkte »Spiegel«, »Dotti«, »Lore« und »Rondell« bei besonderen Anlässen zum rechtzeitigen Erkennen von Aktivitäten gegen das Zentrale Dienstobjekt sowie Dokumentation operativ bedeutsamer Sachverhalte und Personen.[110]

---

110 Vgl.: Ebd., Bl. 4 f.

Für die operativen Maßnahmen am Dienstkomplex Berlin-Hohenschönhausen war das Referat 2 der HA II/21 verantwortlich. Das Referat hatte folgende Maßnahmen umzusetzen:

- Verstärkter IM-Einsatz in den Anwohner-/Anliegerbereichen zur Erarbeitung personenbezogener Informationen im Rahmen der »Wer ist wer?«-Aufklärung entsprechend den aktuellen Lagebedingungen.

- Verstärkter IM-Einsatz in den Konzentrationspunkten (Gaststätten) im Umfeld der Dienstobjekte zur Erarbeitung von Informationen zur Lage, Reaktion und Stimmung in der Bevölkerung. Schwerpunkte waren dabei die Gaststätten *Zum Linden-Walter*, *Effinger* und *Wirtshaus am Orankesee*. Es erfolgte dabei der Einsatz der IMS »Klaus Dieter« und »Thomas« sowie der Kontaktperson (KP) »Anne«.

- Verstärkte Sicherungs- und Kontrollmaßnahmen zu den im Sicherungsbereich befindlichen Jugendclubs *Dr. Victor Aronstein*, 1097 Berlin, Hauptstraße 43, 1093 Berlin, Am Rotkamp 6, 1092 Berlin, Genslerstraße 33, sowie der Clubgaststätte *Am Storchennest* durch den Einsatz der IMS »Bert« und »Schwiebus«.

- Durchführung verstärkter Kontrollmaßnahmen zu dem in der OPK »Zitrone« bearbeiteten Leiter des *Wirtshauses am Orankesee* durch die KP »Anne«, insbesondere mit der Zielstellung der Erarbeitung von Anhaltspunkten auf feindlich-negative Aktivitäten.

- Gewährleistung eines stabilen Kontakts und ständigen Informationsaustausches mit dem Objektkommandanten des Dienstobjekts Freienwalder Straße sowie den Objektverantwortlichen in den Teilobjekten.

- In Abstimmung mit der KD Hohenschönhausen war über den Leiter des VP-Reviers 287 zu veranlassen, dass das im Sicherungsbereich vorhandene Leiterwohngebiet des MfS in der Oberseestraße/Orankestraße verstärkt in die Streifentätigkeit einbezogen wird. Darüber hinaus erfolgte durch die Hauptamtlichen Inoffiziellen Mitarbeiter (HIM) »Fred Hübner« und »Paul« eine regelmäßige Streifentätigkeit im Leiterwohngebiet. Es wurde dort der Stützpunkt »Klinker« eingerichtet.[111]

---

111 Vgl.: Ebd., Bl. 6 f.

2. Kapitel

ABWEHRBEREICH MILITÄRISCHE OBJEKTE DER GSSD UND DER NVA

Allgemeines

Die Militärspionage war seit jeher eine wesentliche Richtung der Spionagetätigkeit und genoss eine hohe Priorität. Die militärische Spionage war im Verständnis des MfS »direkter Bestandteil der auf die Schaffung eines militärischen Übergewichts der USA gegenüber der UdSSR ausgerichteten Politik der aggressiven Kreise des Imperialismus«[112].

Im Mittelpunkt geheimdienstlicher militärischer Spionageinteressen standen insgesamt:

- das Militärpotential der Armeen der Staaten des Warschauer Vertrags in quantitativer und qualitativer Hinsicht sowie die aktuelle militärische Lage an der »Nahtstelle« der beiden Weltsysteme;
- das weitere militärisch nutzbare Potential der sozialistischen Staaten, in der DDR insbesondere die Kampfgruppen der Arbeiterklasse, die kasernierten Einheiten und andere Organe des Ministeriums des Innern (MdI) sowie die Organe der Zivilverteidigung;
- die militärische Situation zur Sicherung der Staatsgrenzen der sozialistischen Staaten, besonders zu

---

112 Lehrbuch: *Die imperialistischen Geheimdienste in der Gegenwart.* Teil I. Juristische Hochschule Potsdam, 1983, S. 86.

nichtsozialistischen Ländern – der DDR speziell zur BRD und zu Westberlin –, als wesentlicher Bestandteil der Landesverteidigung;

• der politisch-moralische und ideologische Zustand der Truppen des Warschauer Vertrags auf allen Ebenen der Führung der Truppen sowie in den nationalen zentralen Organen und Einheiten der Landesverteidigung;

• für Verteidigungszwecke notwendige und wichtige Probleme der wissenschaftlich-technischen und medizinischen Betreuung, Entwicklung und Produktion sowie untrennbar mit der Gewährleistung der Verteidigungsbereitschaft verbundene Fragen des Verkehrs-, Post- und Fernmeldewesens.

Aus diesen Spionageinteressen ergab sich, dass alle militärischen Objekte, insbesondere jedoch solche, in denen Informationen mit hohem Aussagewert zum Gesamtpotential, zu militärstrategischen und taktischen Plänen und Konzeptionen der Warschauer Vertragsstaaten und zu den nationalen Streitkräften sozialistischer Staaten konzentriert waren, die vorrangigen Angriffsziele westlicher Geheimdienste darstellten.

Neben dem Einsatz von Spionen auf den Territorien der sozialistischen Staaten – insbesondere zur Erkundung militärisch-strategischer Pläne und Konzeptionen, des politisch-moralischen und ideologischen Zustands, der Kampfmoral der militärischen Führungskräfte und der Truppe – wuchs auch der Anteil moderner wissenschaftlich-technischer Aufklärungsmittel am geheimdienstlichen Instrumentarium der Militärspionage. Umfassend wurden luft-, boden- und wassergestützte elektronische Aufklärungssysteme in die Erkundung des Potentials, der Standorte und der Bewegung der militärischen Mittel und Kräfte einbezogen, mit deren Hilfe ziemlich genaue Daten von Waffenarten und Verteidigungstechnik, von der Kapazität der sie produzierenden Betriebe, von den Standorten militärischer Objekte usw. erbracht werden konnten.[113]

Das MfS betrachtete die Militärspionage als eine Erscheinungsform der Spionage. Sie »richtet sich vor allem gegen das System der Landesverteidigung, die staatliche Sicherheit und das ökonomisch-militärische Potential der DDR sowie der sozialistischen Staatengemeinschaft. Ihr Ziel besteht darin, durch Sammlung, insbesondere auch durch Auswertung militärischer Geheimnisse und entsprechender offizieller Nachrichten, die imperialistische Rüstungspolitik zu forcieren, Aggressionsakte und Aggressionskriege vorzubereiten und durchzuführen. [...] Bei der Begehung der Militärspionage konzentriert sich der Feind insbesondere auf die Erkundung der Verteidigungsmaßnahmen der im Warschauer Vertrag zusammengeschlossenen Armeen und Verbände, auf deren Standorte und Kampfkraft, auf die Arbeit der Stäbe und Verteidigungspläne. Im Mittelpunkt der Militärspionage gegen die DDR steht die GSSD. Der Feind ist des Weiteren bestrebt, bedeutsame Informationen über die NVA, die Schutz- und Sicherheitsorgane, einschließlich der Kampfgruppen und Zivilverteidigung, Objekte der Volkswirtschaft mit spezieller für die Landesverteidigung vorgesehener Produktion sowie über die Infrastruktur in ihrer Bedeutung für militärische Aktionen zu erlangen.«[114]

---

113 Vgl.: Ebd., S. 86–89.

114 Zitiert nach: Siegfried Suckut (Hrsg.): *Das Wörterbuch der Staatssicherheit. Definitionen zur »politisch-operativen Arbeit«.* Berlin 1996, S. 247.

Grundsätzliches zur Militärspionageabwehr und zur Außensicherung militärischer Objekte

Militärische Spionage spielte in der Vorbereitung und Durchführung aggressiver Handlungen immer eine wesentliche Rolle. In der DDR und damit an der unmittelbaren Grenze zwischen Ost und West sowie den Bündnissen Warschauer Vertrag und NATO waren beachtliche militärische Kräfte disloziert. Das Territorium der DDR als unmittelbare Trennlinie zwischen den beiden Militärkoalitionen nahm eine militärstrategisch besonders bedeutsame Rolle ein. Auf dem Gebiet der DDR waren entscheidende Kräfte der 1. Staffel des Warschauer Vertrags und somit auch Stationierungsorte der Raketenkomplexe im Rahmen der Aktion »Antwort« disloziert. Diese Kräfte und Mittel standen stets im Fokus westlicher Geheimdienste. Die Militärspionage der Dienste gegen die Streitkräfte der DDR und die in der DDR stationierten Truppen der GSSD nahm einen herausragenden Platz ein, was seitens des MfS entsprechende Gegenmaßnahmen hervorrief. Die Staatssicherheit war sich darüber im Klaren, dass die Folgen der Militärspionage »in hohem Maße die Verteidigungsfähigkeit, die Kampfkraft und die Gefechtsbereitschaft der Streitkräfte beeinträchtigen und den Gesamtverlauf militärischer Operationen beeinflussen«[115] konnten. Der Schutz vor und die Abwehr von Spionageangriffen

---

115 MfS, Hochschule, Sektion Politisch-operative Spezialdisziplin, Lehrstuhl V: Studienmaterial zum Thema: »Politisch-operative Aufgaben und Maßnahmen zur wirksamen Außensicherung militärischer Schwerpunktbereiche gegen die Spionagetätigkeit imperialistischer Geheimdienste«. BStU-Bibliothek, St 635, S. 4.

gegen das militärische Potential auf dem Territorium der DDR, gegen die sozialistische Landesverteidigung, war nach Ansicht des MfS ein prinzipielles Erfordernis zur Gewährleistung der Sicherheit der DDR und darüber hinaus der Staaten des Warschauer Vertrags insgesamt.[116]

Für die gegen die DDR vorgetragenen Militärspionageangriffe wurden seitens der westlichen Geheimdienste alle verfügbaren Möglichkeiten und Potenzen genutzt. Hauptkräfte, -mittel und- methoden der Militärspionage gegen die DDR waren:

- die Quelle Mensch, das heißt die von westlichen Geheimdiensten geworbenen Agenturen;
- der Missbrauch von legalen Basen und Positionen (Diplomaten, einschließlich Militärattachés, Korrespondenten);
- die Militärverbindungsmissionen/Militärinspektionen der USA, Großbritanniens und Frankreichs;
- die von den westlichen Geheimdiensten geschaffenen elektronischen, funkelektronischen und fotooptischen Aufklärungssysteme, einschließlich Satelliten;
- die Nutzung des Befragungswesens und geschaffener Befragungssysteme beim Aufenthalt von DDR-Bürgern im NSW beziehungsweise von DDR-Bürgern nach begangener Fahnenflucht oder ungesetzlichem Grenzübertritt beziehungsweise nach legaler Übersiedlung;
- die gründliche Auswertung und Analyse von sogenannten offenen Quellen, wie zum Beispiel Fachliteratur, öffentliche Ausstellungen, Filme u. Ä., die sich mit militärischen und angrenzenden Problemen befassten.[117]

---

116 Vgl.: Ebd.

117 Vgl.: Klaus Pippig: Diplomarbeit zum Thema: »Zum System der

Bei der Spionage gegen die GSSD und die Streitkräfte der DDR setzten die Geheimdienste trotz aller sich stetig weiterentwickelnden technischen Möglichkeiten immer auch schwerpunktmäßig auf die Quelle Mensch. Für die Organisierung der Militärspionageabwehr war es von eminenter Bedeutung, dass die vordergründig zur Durchführung der Militärspionage geschaffenen Dienststellen des BND und der US-Geheimdienste die Agenturarbeit als die wichtigste Quelle der Informationsbeschaffung hinsichtlich des in der DDR dislozierten Militärpotentials betrachteten. Dementsprechend waren diese Dienststellen ständig bestrebt, ihre Agenturnetze qualitativ sowie quantitativ weiter auszubauen und ihre Spione unter allseitiger Nutzung ihrer Möglichkeiten intensiv zum Einsatz zu bringen.[118]

Die hohe Bedeutung der Quelle Mensch, also der Agentur, für die Militärspionage der Geheimdienste war durch folgende Faktoren gekennzeichnet:

- Nur mit Agenturen war es möglich, an geschützte Staatsgeheimnisse heranzukommen und in das Innere von militärisch-bedeutsamen Bereichen vorzudringen.
- Die Agentur konnte bei Eigenerkundung und Abschöpfung flexibel reagieren, Zusammenhänge herstellen und Schlussfolgerungen ziehen.
- Über die Agentur war es in der Regel erst möglich, von anderen Quellen beschaffte Informationen auf deren

Militärspionageabwehr als Bestandteil der komplexen Spionageabwehr des MfS und sich daraus ergebene Konsequenzen für die weitere Qualifizierung der Zusammenarbeit der Abteilung II der BV Schwerin mit anderen Diensteinheiten«. BStU ZA MfS JHS Nr. 20554, Bl. 14 f.

118 Vgl.: Referat des Leiters der Hauptabteilung II auf der Dienstkonferenz vom 8. April 1987. BStU ZA MfS HA II Nr. 4865, Bl. 167.

Wahrheitsgehalt zu überprüfen, ihre Bedeutsamkeit festzustellen und sie qualitativ zu ergänzen.

- Die Agentur war in der Lage, über Personen in militärisch bedeutsamen Bereichen Einschätzungen und Informationen zu geben, die den Geheimdiensten für Werbungszwecke geeignet erschienen.
- Im Spannungsfall blieben bestimmte Agenturen, die Staatsbürger der DDR waren, zur Informationsgewinnung erhalten, wenn andere Militärspionagemöglichkeiten, wie zum Beispiel über MVM, legale Positionen oder Reisespione, ausfielen.[119]

Die Militärspionageabwehr umfasste die Organisierung komplexer Spionageabwehrmaßnahmen in militärischen Schwerpunktbereichen, die straff organisiert und operativ beweglich gestaltet werden mussten, um

- die rechtzeitige und umfassende Aufdeckung, Bekämpfung und Vereitelung von Angriffen der westlichen Geheimdienste gegen das gesamte militärische Potential der DDR von außen und im Innern,
- die Erhöhung des vorbeugenden, schadensabwendenden Effekts durch die Aufklärung, Einschränkung beziehungsweise Beseitigung spionagebegünstigender Bedingungen und Umstände an den militärischen Objekten,
- die schnelle, zielstrebige und offensive Klärung von operativ bedeutsamen Informationen in Richtung Militärspionage

zu gewährleisten.

Die Linie II des MfS hatte den konkreten Auftrag, die Militärobjekte und Einheiten der GSSD sowie der NVA von außen zu sichern, was auch die Objekt-Umwelt-Be-

---

119 Vgl.: Klaus Pippig: »Zum System der Militärspionageabwehr als Bestandteil der komplexen Spionageabwehr des MfS«, Bl. 16.

ziehungen einschloss. Dies umfasste im Schwerpunkt die Sicherung von Einsichtstellen an Militärobjekten und die Feststellung relevanter Handlungen der Militärspione.

Die Außensicherung militärischer Objekte, Bereiche und Prozesse vor Spionageangriffen westlicher Geheimdienste sowie die Entlarvung der Militärspione war eine Aufgabe, die die Hauptabteilung II, die Abteilungen II der Bezirksverwaltungen und die Kreisdienststellen in enger Zusammenarbeit mit anderen Linien und Diensteinheiten des MfS unter Ausnutzung aller zur Verfügung stehenden Potenzen und Möglichkeiten zu realisieren hatten.

Die Militärspione hatten den Auftrag, unabhängig davon, ob sie Bürger der DDR oder eines anderen Staates waren, Spionageinformationen unmittelbar am militärischen Objekt zu sammeln. Die Objekt-Umwelt-Beziehungen beinhalteten Kontakte der zu sichernden Objekte zu Versorgungsbetrieben, Wäschereien, Bäckereien usw., aber auch den unmittelbaren Anwohnerbereich des militärischen Objekts.

Generell unterschied das MfS bei der Militärspionageabwehr zwischen der Innensicherung und der Außensicherung militärischer Objekte. Während die HA I des MfS (Militärabwehr, NVA-Bezeichnung: »Verwaltung 2000« oder auch »Bereich 2000«) für die Innensicherung und damit auch für die Angehörigen und Zivilbeschäftigten der NVA und der Grenztruppen der DDR (GT) verantwortlich war, hatte die Linie II des MfS die Außensicherung der militärischen Objekte zu gewährleisten. Für die Innensicherung von Objekten der GSSD war die Militärabwehr des KfS bei der GSSD, auch bezeichnet als »Verwaltung der Besonderen Abteilungen (VBA) des KfS der UdSSR für die GSSD« oder kurz »Befreundete Abwehrdienststelle«, zuständig.

Unter Außensicherung militärischer Objekte verstand das MfS den »aufeinander abgestimmten Einsatz operativer Kräfte, Mittel und Methoden zur vorbeugenden Verhinderung, zielgerichteten Aufdeckung und operativen Bearbeitung von außen gegen militärische Objekte vorgetragener agenturischer Spionageangriffe imperialistischer Geheimdienste«[120].

Bei der Innensicherung handelte es sich um einen »operativen Prozess, der aufeinander abgestimmte operative Maßnahmen, Mittel und Methoden zur Gewährleistung der inneren Sicherheit in militärischen Objekten beinhaltet. Die Innensicherung dient der vorbeugenden Verhinderung zu erwartender und der Aufdeckung und Bearbeitung bereits vorgetragener subversiver Angriffe, besonders Spionage, der imperialistischen Geheimdienste.«[121]

Zwischen Innen- und Außensicherung bestanden enge wechselseitige Zusammenhänge, woraus sich eine vertrauensvolle und abgestimmte Zusammenarbeit der Linie II mit der HA I und der sowjetischen Militärabwehr ergab.

---

120 Holger Nette: Diplomarbeit zum Thema: »Zur Durchsetzung des Prinzips der Einheit von Innen- und Außensicherung für die weitere Qualifizierung der komplexen Sicherung militärischer Objekte, Bereiche und Prozesse und daraus resultierende Anforderungen an die Planung und Leitung operativer Prozesse«. BStU ZA MfS JHS Nr. 20330, Bl. 8.

121 Ebd.

Dienststellen der westlichen Geheimdienste und deren Vorgehensweise bei der Militärspionage

Den Schwerpunkt bei der Militärspionage gegen die GSSD und die Streitkräfte der DDR bildeten die OG/ der BND sowie die US-amerikanischen Dienste CIA und INSCOM (Intelligence and Security Command). Mitte der 1950er Jahre soll Langley (Zentrale der CIA) über 1.500 Quellen in Ostdeutschland verfügt haben.[122] Aus US-Dokumenten, so Armin Wagner und Matthias Uhl in ihrem 2007 erschienenen Buch *BND contra Sowjetarmee*, »ist bekannt, dass Pullach Mitte der fünfziger Jahre hinter dem Eisernen Vorhang bis in die Sowjetunion hinein mehr als 4.000 Agenten besaß«[123]. Die beiden Historiker kamen bei ihrer Recherche zur militärischen Aufklärung des BND und dessen Vorläufer zu folgendem Ergebnis: »Mit Hilfe einer Vielzahl von V-Männern überwachten deshalb zunächst die Organisation Gehlen und nachfolgend der BND die Standorte der GSBT/GSSD ab 1951 flächendeckend. Dem Dienst gelang es dabei, erfolgreich von Rostock bis Suhl sowie zwischen Mühlhausen und Frankfurt/Oder zu operieren. Insgesamt sind in der Standortkartei des BND für die sowjetischen Landstreitkräfte in Deutschland 482 Militärstandorte verzeichnet, die einer ständigen Überwachung unterlagen.«[124]

---

122 Vgl.: Armin Wagner, Matthias Uhl: *BND contra Sowjetarmee. Westdeutsche Militärspionage in der DDR*. Berlin 2007, S. 38.

123 Ebd., S. 93.

124 Matthias Uhl, Armin Wagner: »Pullachs Aufklärung gegen sowjetisches Militär in der DDR. Umfang, Potential und Grenzen

Ein solches Heer von Agenten und eine solche Intensität bei der Realisierung der Spionage rief natürlich entsprechende Abwehrmaßnahmen auf den Plan, und viele Agenten konnten schrittweise enttarnt und paralysiert werden.[125]

Für die Beschaffung von Spionageinformationen aus der DDR mit militärischem Inhalt waren beim BND unter anderem die Dienststellen »Isarsalon« und »Ring« zuständig. Die Dienststelle »Isarsalon« befand sich in München, Karl-Theodor-Straße 50, und war als »Technische Untersuchungsstelle für Fertigungsverfahren« abgedeckt; »Ring« befand sich in Bremen, Grüner Weg 26, und war dort legendiert als »Bundesministerium für Verkehr, Abteilung Seeverkehr/Dokumentenstelle«.[126]

Beide Dienststellen gehörten zur Abteilung 1 (Beschaffung), Unterabteilung 12 (Sowjetblock), des BND. In dieser Gliederung bildete »Isarsalon« das Referat 12 C (DDR-Süd Streitkräfte), auch als DDR MIL SÜD bezeichnet, und »Ring« das Referat 12 D (DDR-Nord Streitkräfte), bezeichnet als DDR MIL NORD.

Bei der Organisierung ihrer Spionage gegen die DDR konzentrierte sich die Dienststelle »Ring« primär auf die Erlangung von Informationen über die militärpolitische Lage, die sich verändernden Strukturen in der NVA und der GSSD, deren Bewaffnung, Ausrüstung und quantitative Stärke. Entsprechend dieser Angriffsrichtung waren die geheimdienstlichen Aktivitäten vor allem darauf ausgerichtet, geeignete Agenturen zu schaffen, die als

---

der order-of-battle-intelligence von Organisation Gehlen und Bundesnachrichtendienst«. In: *Deutschland Archiv* 40/2007, S. 55.

125 Vgl.: Henry Nitschke: *Die Spionageabwehr der DDR. Mittel und Methoden gegen Angriffe westlicher Geheimdienste.* Berlin 2018, S. 617–625.

126 Vgl.: Ebd., S. 136 f.

sogenannte Innenquellen beziehungsweise als Indikatoren-Agenten geeignet waren.[127]

Die BND-Dienststelle »Isarsalon« konzentrierte sich vorrangig auf geheimdienstliche Aktionen gegen Mitarbeiter/Verwandte und Bekannte von Mitarbeitern beziehungsweise IM des MfS sowie gegen andere hochrangige Geheimnisträger aus politischen, ökonomischen und militärischen Bereichen der DDR. Bei der Realisierung von Anbahnungsoperationen ging die Dienststelle »Isarsalon« davon aus, dass der größte Teil der Zielpersonen weder über Reisemöglichkeiten noch über private Kontakte in das nichtsozialistische Ausland verfügte.[128]

Der BND und die amerikanischen Dienste waren bestrebt:

- Informationen über das Verteidigungssystem des Warschauer Vertrags in seiner Gesamtheit, den politisch-moralischen Zustand und die Schlagkraft der Armeen der Teilnehmerstaaten des Warschauer Vertrags sowie über militärische Entscheidungen der sozialistischen Militärkoalitionen zu gewinnen und zudem
- ständig und allseitig die militärische Lage in der DDR zu erkunden.

Dabei zeigten die westlichen Geheimdienste besonderes Interesse für:

---

127 Vgl.: Peter Krajewski, Volkmar Kick: Diplomarbeit zum Thema: »Spezielle Probleme der Fahndung im postalischen Verbindungssystem imperialistischer Geheimdienste unter Berücksichtigung der aktuellen politisch-operativen Lage. Das Erkennen und die Bearbeitung geheimdienstlich-verdächtiger Kartensendungen imperialistischer Geheimdienste (Fahndungskategorie ›Echo‹)«. BStU ZA MfS JHS Nr. 22040, Bl. 17.

128 Vgl.: Ebd., Bl. 26.

- die Kampfstärke des stationierten militärischen Potentials,
- die Dislozierung von militärischer Kampftechnik,
- Truppenbewegungen, Manöver, sogenannte Frühwarnzeichen etc.,
- die Forschung, Entwicklung und Produktion militärischer Güter,
- angrenzende militärisch bedeutende Bereiche (Transport- und Nachrichtenwesen, Forschung im Bereich Medizin und Chemie).[129]

Folgende konkreten militärischen Objekte, Bereiche und Handlungen der GSSD sowie der NVA standen aufgrund ihrer Bedeutung besonders im Visier westlicher Geheimdienste:

- zentrale militärische Führungsstäbe und militärterritoriale Stäbe der Armeen, einschließlich Garnisonsstädte, in denen im besonderen Maße militärische Führungsorgane, moderne Kampftechnik und logistische Einrichtungen konzentriert waren;
- Truppenübungsplätze und Militärbewegungen, vor allem gemeinsame Übungen der GSSD mit der NVA und anderen Bruderarmeen sowie Austausch von Truppen und Technik, Militärtransporte auf allen Verkehrswegen, insbesondere von und nach der UdSSR;
- Panzerobjekte (Panzerkasernen und Panzerübungsplätze);
- Raketenobjekte;
- Flugplätze.[130]

---

129 Vgl.: Andreas Streller: Diplomarbeit zum Thema: »Die weitere Qualifizierung der Militärspionageabwehr im Verantwortungsbereich der Kreisdienststelle Potsdam«. BStU ZA MfS JHS Nr. 20315, Bl. 7 f.

130 Vgl.: Jürgen Jaschke: Diplomarbeit zum Thema: »Aktuelle Erkenntnisse über die Arbeitsweise von Militärspionen und sich daraus für die Diensteinheit bei der Entwicklung von OPK in

Im Rahmen der Militärspionage intensivierten der BND und die amerikanischen Dienste ihre agenturische Arbeit im Lauf der Jahre kontinuierlich. Die HA II hatte 1989 drei Kategorien von Agenturen festgestellt:

- In erster Linie ging es den westlichen Geheimdiensten im militärischen Bereich um die Schaffung von Innenquellen, also Agenturen unter den Angehörigen der bewaffneten Organe beziehungsweise in militärisch bedeutsamen anderen Bereichen, einschließlich der DDR-Militärattachéapparate im Ausland.

- Eine zweite Kategorie waren die Agenturen zur weiteren Außenaufklärung des in der DDR stationierten militärischen Potentials bei den Zielobjekten vor Ort, also an bedeutsamen militärischen Objekten und Objektkomplexen sowie Knotenpunkten militärischer Bewegungen. Dies traf vor allem auf den BND zu, der über kein mit den USA vergleichbares technisches und auf dem Territorium der DDR wirkendes personelles Aufklärungspotential, wie MVM beziehungsweise MI, verfügte.

- Sogenannte Indikatoren-Agenten bildeten die dritte Kategorie. Dabei handelte es sich vorrangig um Bürger der Bundesrepublik und Westberlins, die im spezifischen Transit zwischen der BRD und Westberlin beziehungsweise im Einreiseverkehr in die DDR auf bestimmten Routen eingesetzt waren. Ihre Hauptaufgabe bestand in der Erkundung von Anzeichen für eine mögliche Spannungssituation, sogenannten Frühwarnzeichen. Sie sollten dabei jede Abweichung vom vorgegebenen, normalen Lagebild feststellen.[131]

Schwerpunktbereichen ergebende Aufgaben«. BStU JHS MF GVS 001-80/77, Bl. 8 f.

131 Vgl.: Rededisposition des Leiters der HA II für die Dienstkonferenz im Februar 1989 zum gegenwärtigen Stand der Durch-

Alle drei genannten Agentenkategorien vermittelten den westlichen Nachrichtendiensten in Verbindung mit den ihnen zur Verfügung stehenden anderen Informationsquellen zu militärischen Bereichen ein strategisches Lagebild, auf welchem konkrete Pläne zur Verwirklichung der westlichen Militärdoktrin aufgebaut werden konnten.

Die Dienste, insbesondere der BND und die US-amerikanischen, setzten bei der Außenerkundung militärischer Objekte, Bereiche und Handlungen in der DDR ein breites Spektrum an Kräften ein. Die Hauptkräfte bildeten dabei geworbene Spione, die als

- Bürger der DDR günstige Möglichkeiten zur Spionage besaßen,
- Bundes- und Westberliner Bürger unter Vorgabe verschiedener Gründe in die DDR einreisten beziehungsweise als Transitreisende die DDR durchfuhren,
- Ausländer, vor allem aus dem nichtsozialistischen Ausland, ständig oder über einen längeren Zeitraum in der DDR tätig waren.

Bei der Werbung von Militärspionen, sowohl unter Bundesbürgern als auch Westberlinern sowie unter Ausländern und DDR-Bürgern, nutzten die Geheimdienste Personen unterschiedlichen Alters. Dabei wurden dem MfS Werbungen von 17-jährigen Jugendlichen[132] bis hin

---

setzung der Dienstanweisung 1/87 des Genossen Minister und daraus resultierender Aufgabenstellungen und Orientierungen, S. 71 ff. Eingesehen in der Normannenstraße | Mediathek.

132 Siehe dazu: Ronny Heidenreich et al.: *Geheimdienstkrieg in Deutschland. Die Konfrontation von DDR-Staatssicherheit und Organisation Gehlen 1953.* Berlin 2016, S. 206: »Richtlinien, wie mit Jugendlichen umzugehen sei, sind aus der Organisation Gehlen nicht bekannt. Ein Blick auf die in der Gruppe vertretenen Jugendlichen zeigt allerdings, dass ihre Mitarbeit unterschiedlich gehandhabt wurde. So war ein V-Mann aus der Filiale von Hermann Polster bei seiner Registrierung im September 1953 gerade 17 Jahre alt, ohne dass dies den Widerspruch

zu über 60-jährigen Personen aus verschiedenen Berufsgruppen beiderlei Geschlechts bekannt.[133]

Eine gewisse Konzentration der Geheimdienste bei der Werbung von DDR-Bürgern ließ sich aufgrund der guten objektiven Bedingungen zur Anbahnung und Werbung feststellen bei:

- NSW-Reisekadern,
- Personen, die im grenzüberschreitenden Verkehr tätig waren (Kraftfahrer, Seeleute),
- Besuchsreisenden (Rentner, Invalidenrentner) und Reisenden in dringenden Familienangelegenheiten in die Bundesrepublik beziehungsweise nach Westberlin.

Die geheimdienstliche Auftragserteilung und Instruierung schloss

- die Vorgabe konkreter Angriffsobjekte (in der Regel einschließlich der nutzbaren Einsichtstellen),
- die Legendierung/Konspirierung aller Spionagehandlungen sowie Sicherheitsinstruktionen,
- die korrekt zu erarbeitenden Informationen

---

vorgesetzter Stellen hervorgerufen hätte. Ein Oberschüler einer anderen Filiale wurde in den übersandten Anmeldeunterlagen als volljährig ausgegeben. Dies erfolgte wahrscheinlich, um mögliche Vorbehalte von vornherein zu unterbinden, zumal der Betreffende mit der Überwachung eines strategisch wichtigen Flugplatzes bei Finsterwalde betraut werden sollte. Im Fall von drei Brüdern wurden hingegen nur die beiden Erwachsenen als V-Leute verpflichtet. Die aktive Mitarbeit des Jüngsten, über den auch die Anwerbung der beiden Älteren erfolgte und der zunächst erst 17 Jahre alt war, nach wenigen Wochen jedoch volljährig wurde, ist beim BND nicht aktenkundig.«

133 Vgl.: MfS, Juristische Hochschule Potsdam, Sektion Politisch-operative Spezialdisziplin, Lehrstuhl V: Studienmaterial zum Thema: »Politisch-operative Aufgaben und Maßnahmen zur Organisation einer wirksamen Außensicherung militärischer Objekte, Bereiche und Prozesse gegen die Spionagetätigkeit imperialistischer Geheimdienste«. BStU-Bibliothek, St 160, S. 14.

ein. Darüber hinaus wurden DDR-Bürger, insbesondere von einreisenden Verwandten und engen Bekannten aus der Bundesrepublik beziehungsweise Westberlin, die selbst Agenturen westlicher Geheimdienste waren, zu Spionagezwecken angeworben.

Als Hauptmethode der Informationsgewinnung wurden durch die geworbenen Spione die Eigenerkundung am militärischen Objekt und die geheimdienstliche Abschöpfung angewandt.

Bei der Eigenerkundung wurden die militärischen Objekte und ihnen zugeordnete Komplexe (Verladebahnhöfe für Militärtechnik, Konzentrierungsräume) vom Spion aufgesucht und durch visuelle Aufklärung die vom westlichen Geheimdienst geforderten Informationen erarbeitet. Die dabei zu erkundenden Objekte wiesen eine relative Konstanz auf. Die angegriffenen militärischen Objekte wurden dabei nicht auf den unmittelbaren Wohn- und Arbeitsbereich der in der DDR wohnhaften Spione beschränkt, und auch für Spione aus der Bundesrepublik und Westberlin konnten die aufzuklärenden militärischen Objekte bereits auf der Fahrtstrecke zum Gastgeber beziehungsweise Aufenthaltsort in der DDR liegen.

Große Aufmerksamkeit widmeten die westlichen Geheimdienste der gründlichen Legendierung aller mit der geheimdienstlichen Auftragserfüllung verbundenen Handlungen, insbesondere des Aufenthalts beziehungsweise der Bewegung am militärischen Objekt. Um ein Erkennen am militärischen Objekt zu erschweren, instruierten die Geheimdienste ihre Agenturen verstärkt dahingehend, dass diese öffentliche Verkehrsmittel benutzen sollten. Vorteilhaft erschien den westlichen Geheimdiensten auch die Nutzung von Mopeds (in der DDR konnten diese ohne Kennzeichen geführt werden), Fahrrädern oder bei Bundes- beziehungsweise

Westberliner Bürgern die Nutzung der Pkw ihrer DDR-Gastgeber. Auch die Mitnahme der Familie beziehungsweise der DDR-Gastgeber zu Aufklärungsfahrten oder Spaziergängen am militärischen Objekt diente der Verschleierung der eigentlichen Tätigkeit der Militärspione. Die zur Militärspionage angeworbenen Bürger der DDR hatten zur Konspirierung ihrer geheimdienstlichen Informationsbeschaffung die günstigeren Bedingungen. So konnten sie als Anwohner oder Anlieger die eigene Wohnung, die Lage des Betriebs beziehungsweise ihres Arbeitsplatzes, des Wochenendgrundstücks oder andere legendier- und überprüfbare Bedingungen nutzen. Außerhalb von Ortschaften liegende militärische Objekte wurden unter Nutzung öffentlicher Verkehrsmittel erkundet und schwer zugängliche Objekte unter anderem als Pilz- oder Beerensammler aufgeklärt. Hinsichtlich der Erkundung sowjetischer Militärobjekte wurden auch die dort befindlichen Magazine bei Einkaufstouren zur Sammlung von Informationen genutzt. Außerdem wurden auf Urlaubsreisen, Dienstreisen, Wochenendausflügen oder bei Verwandten- und Bekanntenbesuchen Spionageinformationen gesammelt.[134]

Ein Beispiel zur Spionage an militärischen Objekten, welches die Wechselbeziehung zwischen Bundesbürgern als geworbene Agenturen und den Spionen unmittelbar vor Ort in der DDR aufzeigt:
Im August 1988 wurde durch die Zusammenarbeit der HA II und der Abteilung II der BV Rostock ein Militärspion festgenommen. Im Zuge der Untersuchungen des MfS ergab sich folgender Sachverhalt:
Während seiner privaten Einreisen in die DDR sammelte ein vom BND geworbener Spion Informationen

---

134 Vgl.: Ebd., S. 14 f.

militärischen Charakters. Sein hauptsächliches Interesse galt dabei zwei Objekten der NVA im Bezirk Rostock sowie der Bau- und Verladetätigkeit im Rostocker Überseehafen, einschließlich des Militärgüterumschlags. Gegenüber seinem Bruder und seinem Neffen in der DDR bekundete der Spion aus der Bundesrepublik sein großes Interesse an militärischen Informationen. Im Mai 1983 führte der Spion seinen DDR-Bruder, der im Rahmen einer Privatreise bei ihm in der Bundesrepublik weilte, dem BND zu. Vom Spion war der BND-Mitarbeiter gegenüber seinem Bruder aus der DDR als »Bekannter« ausgegeben worden. Unter aktiver Einbeziehung des Spions, der bei seinem Bruder bestehende Vorbehalte gegen die Spionagetätigkeit zerstreute und aufgezeigte Gefahrenmomente bagatellisierte, wurde auch dieser zur Erkundung militärischer Informationen und zu deren Übermittlung an den Spion aus der Bundesrepublik bei dessen Besuchsaufenthalten in der DDR angeworben. Der BND nutzte dabei die Naivität und den Bildungsgrad (Abschluss der 6. Klasse an einer sogenannten Hilfsschule) des DDR-Bürgers aus.

Trotz seiner begrenzten geistigen Möglichkeiten unterstützte der DDR-Bürger seinen Bruder aus der Bundesrepublik bei dessen DDR-Aufenthalten in Bezug auf die Erarbeitung militärischer Informationen. So unternahmen beide Agenturen Spaziergänge und Fahrten in die Nähe der Rostocker NVA-Objekte sowie eine Hafenrundfahrt. Der DDR-Bürger informierte seinen Bruder über die Hafenanlagen sowie über die Lage der ehemaligen Bootswerft Gehlsdorf, die bestimmten Einheiten der Volksmarine als Reparaturstützpunkt diente.[135]

---

135 Vgl.: Rededisposition des Leiters der HA II für die Dienstkonferenz im Februar 1989, S. 72 f. Eingesehen in der Normannenstraße | Mediathek.

Ein anderer zur geheimdienstlichen Informationsbeschaffung genutzter Bereich waren die Beziehungen
der militärischen Objekte zur Umwelt. Insbesondere
die US-Geheimdienste und der BND unternahmen
verstärkte Anstrengungen, in diese mit dem Militärwe-
sen eng verbundenen Institutionen und Einrichtungen
einzudringen. Die in den Objekt-Umwelt-Beziehungen
tätigen Spione hatten oft ausgezeichnete Möglichkeiten
zur Spionage, weil sie Informationen, die für westliche
Dienste von Interesse waren, im Zuge ihrer beruflichen
Tätigkeit sammeln konnten. Dieser Umstand erschwerte ein Erkennen dieser Agenten mitunter erheblich.
Hinzu kam, dass die Objekt-Umwelt-Beziehungen nur
schwer unter Kontrolle zu halten waren, da sie in der
Regel einen großen Umfang hatten. Es gab viele Betriebe
unterschiedlicher Größenordnung, Institutionen, staatliche Stellen und Einrichtungen, die mehr oder weniger
intensive Beziehungen zu den militärischen Objekten
der GSSD und der NVA unterhielten. Was die Sicherung
dieser Beziehungen kompliziert gestaltete, war aber
nicht nur die Vielzahl solcher Betriebe und Einrichtungen, sondern vor allem der Umstand, dass verschiedene
Linien und Diensteinheiten der Staatssicherheit für ihre
Sicherung verantwortlich waren.

Als ein Schwerpunkt für die territorialen Diensteinheiten
des MfS hatten sich Betriebe erwiesen, die Bau-, Repara-
tur- und Dienstleistungen im oder für den militärischen
Bereich durchführten. Das betraf insbesondere Spezialbaubetriebe und Einrichtungen des Spezialhandels. Die
Spezialbaubetriebe hatten im Zusammenhang mit den
Gegenmaßnahmen der Warschauer Vertragsstaaten zur
Raketenstationierung in Westeuropa eine hohe Bedeutung.[136]

---

136 Vgl.: MfS, Juristische Hochschule Potsdam, Sektion Poli-

Ein Beispiel, bei dem INSCOM die Objekt-Umwelt-Beziehungen des Militärwesens nutzte, ist der OV »Antenne«. Der Vorgang »Antenne« wurde durch die Abteilung II der BV Dresden gemeinsam mit der HA II/5 und den Abteilungen M des MfS und der BV Dresden seit 1986 bearbeitet und 1987 mit der Festnahme der Spionin abgeschlossen.

Bei der aufgegriffenen Spionin handelte es sich um eine 62-jährige Frau, die beruflich bis zu ihrer Festnahme als Verkaufsdisponentin für Sonderbedarfsträger im VEB Kombinat Obst, Gemüse und Speisekartoffeln (OGS) tätig und Mitglied der SED war. INSCOM hatte sie aus dem Umfeld militärischer Einheiten in der DDR ausgewählt und eingesetzt.

Nach Untersuchungen des MfS waren ihre berufsbedingten Verbindungen zu Offizieren der GSSD sowie ihr Einblick in Regimefragen und Details der Versorgung dieser Einheiten der Schwerpunkt, auf den sich INSCOM konzentrierte.

Die Spionageaufträge waren auf die Abschöpfung der Versorgungsoffiziere und die gründliche Analyse des Bestellsystems der GSSD ausgerichtet, um daraus Schlüsse zu ziehen über:

- mögliche Spannungssituationen,
- Truppenverlagerungen,
- geplante Manöver,
- Mobilmachungen,
- Stärke der Einheiten und erkennbare Veränderungen.

---

tisch-operative Spezialdisziplin, Lehrstuhl V: Studienmaterial zum Thema: »Politisch-operative Aufgaben und Maßnahmen zur Organisation einer wirksamen Außensicherung militärischer Objekte, Bereiche und Prozesse gegen die Spionagetätigkeit imperialistischer Geheimdienste«. BStU-Bibliothek, St 160, S. 16.

Die Spionin konnte anhand von Chargen-Nummern und Postanschriften die eingehenden Bestellungen den betreffenden Einheiten und Einrichtungen konkret zuordnen. Darüber hinaus führte sie Beobachtungen an Objekten der GSSD und Maßnahmen zur Feststellung von Truppenbewegungen durch.

INSCOM erhielt durch das Befragungswesen und dem Aufgreifen von Rückverbindungen ehemaliger DDR-Bürger Verbindung zur Verkaufsdisponentin. Im konkreten Fall geschah dies durch ihren Sohn.

Der Leiter der HA II wertete den Vorgang »Antenne« auf einer Dienstkonferenz 1987 aus und machte auf verallgemeinerungswürdige Aspekte aufmerksam. Günther Kratsch betonte:

»Die Auswahl dieser DDR-Bürgerin zur Anwerbung als Spionin weist uns insbesondere auf die genaue Aufklärung von Rückverbindungen ehemaliger DDR-Bürger durch die Geheimdienste hin. Das heißt für uns, immer sehr gründlich zu bewerten, ob und, wenn ja, welche spezifischen Spionagemöglichkeiten bei einem Verdächtigen bestehen und das nicht nur im militärischen Bereich. Der Geheimdienst schätzt die spezifischen Möglichkeiten der Agentur zur Informationsbeschaffung genau ein und richtet seine Instruktionen darauf aus. Das zeigte sich in diesem Fall ganz deutlich, in dem die Spionin zum Beispiel durch Sonderbestellungen und Bemerkungen eines Versorgungsoffiziers von einem Besuch des Oberkommandierenden der Vereinten Streitkräfte des Warschauer Vertrages, Genossen Marschall Viktor Kulikow, bei einem Stab der GSSD erfuhr, der offiziell nicht bekannt war. Davon wusste selbst das Ministerium für Nationale Verteidigung der DDR nichts. Die Spionin aber konnte diese bedeutsame Information an den Geheimdienst absetzen.

Die Spionin nahm aufgrund ihrer beruflichen Tätigkeit

für den Feind eine Schlüsselposition ein. Uns macht der Vorgang in diesem Zusammenhang deutlich, dass wir unter einer Schlüsselposition nicht immer eine hohe Position, verbunden mit einem hohen Gehalt, sehen dürfen.«[137]

Die Staatssicherheit wurde auf die Spionin durch Fahndungsmaßnahmen zum Verbindungssystem westlicher Geheimdienste aufmerksam. Am 18. Juli 1986 wurde durch die Abteilung M der BV Dresden eine Briefsendung mit geheimdienstlichen Merkmalen der Kategorie »Energie« festgestellt. Die Fahndungsaktion »Energie« war auf die amerikanischen Geheimdienste ausgerichtet.[138]

Eingeleitete Fahndungsmaßnahmen des MfS führten zur Feststellung einer zweiten nachrichtendienstlichen postalischen Verbindungslinie, die dieser Person zugeordnet werden konnte. Die nun folgenden Fahndungsmaßnahmen waren auf die Identifizierung der Agentur sowie die Beweisführung ausgerichtet.[139] Aufgrund des festgestellten Wissens der Agentur zu GSSD-Interna wurden unter anderem die Zulieferer der Sowjetarmee in die Fahndung einbezogen. Dies führte zunächst zu

---

137 Vgl.: Referat des Leiters der Hauptabteilung II auf der Dienstkonferenz am 25. November 1987 zu wesentlichen Aufgabenstellungen und Orientierungen für die Diensteinheiten der Linie II zur konsequenten Durchsetzung der durch Genossen Minister auf der Kreisparteiaktivtagung am 1. Oktober 1987 gemäß den veränderten Lagebedingungen gestellten grundsätzlichen politisch-operativen Aufgaben. BStU ZA MfS HA II Nr. 3702, Bl. 139.

138 Vgl.: Henry Nitschke: *Die Spionageabwehr der DDR*, S. 563 f.

139 Vgl.: Armin Wagner: »Hildegard Zickmann (1925–2010). Die Dresdner ›Delikatessen-Spionin‹ und der amerikanische Geheimdienst«. In: Helmut Müller-Enbergs, Armin Wagner (Hrsg.): *Spione und Nachrichtenhändler. Geheimdienst-Karrieren in Deutschland 1939–1989*. Berlin 2016, S. 306.

keinem erfolgreichen Ergebnis. Im Rahmen der Schrift-
fahndung wurden circa 500.000 Pkw-Bestellkarten (diese wurden in der Regel handschriftlich ausgefüllt) der
Stadt Dresden und der Nachbarkreise auf Schriftähn-
lichkeit untersucht. Da die Agentur keinen Pkw bestellt
hatte, konnte sie auf diesem Weg nicht identifiziert
werden. In den VPKÄ im Verantwortungsbereich der
Bezirksbehörde der Deutschen Volkspolizei (BDVP)
Dresden wurden bis Februar 1987 über 1,2 Millionen
Stammdaten überprüft. Neben der Überwachung des
gesamten Dresdner Postverkehrs ins Ausland und
der Videoüberwachung der Briefkästen am Dresdner
Hauptbahnhof wurde für den 11. August 1986 eine Son-
derkastenleerung im Stadtgebiet von Dresden sowie die
Befahndung der gesamten Tagespost nach den Schrift-
merkmalen des OV »Antenne« angeordnet. Die vier
Briefkästen am Dresdner Hauptbahnhof wurden über
mehrere Wochen rund um die Uhr alle zwei Stunden
von der Abteilung M geleert und kontrolliert. Zwischen
Mitte Dezember 1986 und Februar 1987 wurden täglich
70.000 Postsendungen befahndet. Davon wiesen etwa
400 Sendungen täglich geheimdienstliche Verdachtsmomente auf und mussten näher betrachtet werden. Bis
Ende Februar 1987 wurden durch die Spionageabwehr
insgesamt 1.806.275 Schriftträger überprüft.[140]
Durch die Speicherung westlicher Adressen von Briefen
aus der DDR gelang es dem MfS, mehrfach genutzte
Deckadressen westlicher Geheimdienste festzustellen.
So konnten der unbekannten Agentur zwei weitere
Briefe, versandt im Juli 1985 und April 1986, zugeordnet werden. Der Brief vom Juli 1985 trug als Absender
»Hildegard Krause«. Einen Eintrag »Hildegard Krau-
se« gab es im Telefonbuch nicht, während die anderen

---

140 Vgl.: Ebd., S. 310 f.

Absenderadressen im Telefonbuch verzeichnet waren. Allerdings entsprachen die Angaben zu »Hildegard Krause« der Realität, ein Indiz des Kontakts der gesuchten Agentur mit »Hildegard Krause«. Aber auch diese Spur führte nicht zur Identifizierung der Spionin. Diese verriet sich letztlich selbst, indem sie einen handgeschriebenen Brief mit korrektem Absender an ihren Sohn nach Hamburg schickte, den die Postfahnder der M feststellten.

Daraufhin wurde die Verdächtige observiert, es erfolgten die konspirative Durchsuchung des Arbeitsplatzes sowie der Wohnung, einschließlich der Installation von operativer Technik. Die Ermittlungen zum Sohn der Verdächtigen in Hamburg durch IM hatten ergeben, dass dieser zwar von Arbeitslosenunterstützung lebte, aber über erhebliche finanzielle Mittel verfügte, die es ihm ermöglichten, seiner Mutter bei Aufenthalten in der BRD Hotelunterkünfte und exklusive Restaurantbesuche zu finanzieren.[141]

Am 27. Oktober 1987 wurde die Spionin Hildegard Zickmann festgenommen.[142] Im August 1988 erfolgte die Verurteilung zu zehn Jahren Haft. In der Untersuchungshaftanstalt Berlin-Hohenschönhausen wurde sie nach eigenen Angaben gut behandelt, es fiel ihr jedoch schwer, das Urteil mental zu verarbeiten. Ende 1989 wurde sie aus der Haft entlassen, und 1990 wandte sie sich an ihre Deckadresse, die noch immer existierte. Daraufhin fanden mehrere Treffen mit den Amerikanern in Berlin statt, und die Spionin erhielt ihr noch offenes Honorar. Insgesamt hatte Hildegard Zickmann vom amerikanischen Geheimdienst über 33.000 DM erhalten. Etwas über 7.000 DM hatte man ihr ausgezahlt,

---

141 Vgl.: Ebd., S. 311 f.
142 Vgl.: Ebd., S. 318.

wovon 4.300 DM in ihrer Wohnung aufgefunden werden konnten. Der Rest war auf einem Konto im Westen gutgeschrieben worden.[143]

Letztlich soll geklärt werden, was es mit »Hildegard Krause« auf sich hatte. Dazu schreibt Armin Wagner: »Als aufschlussreich für das nachrichtendienstliche Handwerk erwies sich besonders der Hintergrund des Absenders ›Hildegard Krause‹ in dem Brief vom Juli 1985. Die Nutzung dieses Absenders war für Hildegard Zickmann nicht ohne Risiko – weniger wegen desselben Vornamens, sondern weil sie ihn aus ihrem entfernten Bekanntenkreis ausgeliehen hatte. Im Zuge der vorangegangenen Ermittlungen waren alle Träger des Namens Hildegard Krause aus Dresden und Umgebung vom MfS überprüft worden. Dabei stießen die Fahnder auch tatsächlich auf die Person, deren Identität die ›Delikatessen-Spionin‹ zur Tarnung gebrauchte. Diese echte Hildegard Krause wohnte im umzäunten Schul- und Internatskomplex der Schwerhörigenschule Dresden. Weil sich an ihrer Tür kein Namensschild befand, Hildegard Krause aufgrund ihres hohen Alters kaum noch Kontakte außerhalb des Wohngebietes besaß und ihr Name nicht im Telefonbuch verzeichnet war, hatte die Dresdner Spionageabwehr zutreffend geschlossen, dass es zwischen der Spionin und ihr irgendwelche Bezugspunkte geben musste. Doch konnte sie den Zusammenhang zwischen der Nutzung des Decknamens, den Kenntnissen der Gesuchten über GSSD-Interna und Hildegard Zickmanns Stellung als Disponentin in der Großmarkthalle Weißeritz erst nach ihrer Verhaftung rekonstruieren. Nun stellte sich nämlich heraus, dass die Schwester der Hildegard Krause bis zu ihrer Verrentung im Sommer 1985 18 Jahre lang in derselben Markthalle

---

143 Vgl.: Ebd., S. 321 f.

ebenfalls für die Belieferung der sowjetischen Garnison Dresden mit Obst und Gemüse verantwortlich gewesen war. Sie hatte sich mit Zickmann ein Büro geteilt. Hildegard Krause ließ sich von ihrer Schwester – die einen anderen Nachnamen trug – des Öfteren Gemüse aus dem Bestand des Personalverkaufs beschaffen. Zu diesem Zweck besuchte Hildegard Krause ihre Schwester auf der Arbeitsstelle bzw. trat mit ihr telefonisch in Verbindung. Deshalb waren Name und Wohnort von Hildegard Krause auch Hildegard Zickmann bekannt.«[144]

Auch der BND konnte eine Quelle anwerben, die im Bereich der Versorgung der GSSD tätig war. Dieser Agent konnte durch Maßnahmen der HA III enttarnt werden. Ein Offizier der HA II erinnert sich: »So wurde im Mai 1983 die Observation einer Zielperson durch den BND im Raum Hamburg dokumentiert. In dem Zeitraum fand in Hamburg die Offene Deutsche Tennismeisterschaft statt. Aus dem gesamten Handlungsablauf heraus wurde durch die Spionageabwehr des MfS geschlussfolgert, dass es sich um einen DDR-Bürger handelt, der eine Reise in dringenden Familienangelegenheiten nach Hamburg durchführte. Die Identifizierung der Zielperson war für die Spionageabwehr des MfS nicht möglich. Für den gleichen Zeitraum des Folgejahres wurde festgelegt, alle DDR-Bürger zu dokumentieren, die in den Raum Hamburg eine Reise in dringenden Familienangelegenheiten durchführten. Es wurden insgesamt 43 DDR-Bürger in dieser Reisekategorie dokumentiert. Im gleichen Zeitraum fand wieder eine BND-Aktion mit ähnlichem Charakter in Hamburg statt, die durch die HA III dokumentiert wurde. Die zusammengeführten Angaben zu dieser Aktion reichten nicht zur Identifizie-

---

144 Ebd., S. 318 f.

rung der Zielperson des BND aus. Im Folgejahr wurden dann keine BND-Aktivitäten durch die HA III festgestellt, die dieser Zielperson zugeordnet werden konnten. Aufgrund weiterer Tätigkeit der Spionageabwehr der DDR konnte drei Jahre später eine der 43 Personen als Spion des BND enttarnt und festgenommen werden. Es handelte sich um einen regional verantwortlichen Mitarbeiter der Handelsorganisation (HO). In der Befragung bestätigte er, im Jahr 1987 vom BND angeworben worden zu sein. Der Informationsbedarf des BND galt der Versorgung der sowjetischen Armee im Territorium, für die er unter anderem verantwortlich war.«[145]

Die Agenturen westlicher Geheimdienste nutzten zur Sammlung von Spionageinformationen aber auch solche gesellschaftlichen Einrichtungen, wo sich Angehörige der bewaffneten Organe beziehungsweise deren Familienangehörige konzentrierten. Solche Konzentrationspunkte waren beispielsweise Gaststätten, Geschäfte, Arztpraxen, Postämter usw. Diese Einrichtungen befanden sich meist in der Nähe militärischer Objekte oder relativ geschlossener Wohnkonzentrationen von Angehörigen der bewaffneten Organe. Hier boten sich den Agenturen der westlichen Geheimdienste gute Möglichkeiten zur Sammlung von Informationen in Form der Eigenerkundung, aber auch zur Kontaktanbahnung sowie zur Herstellung fester Verbindungen zu potentiellen Abschöpfquellen und ihrer Nutzung. Die Spionageabwehr ging davon aus, dass als Besuchsreisende getarnte Spione ihre Gastgeber (Verwandte und Bekannte) umfassend abschöpften, wobei das Informationsinteresse der Geheimdienste weit über die

---

145 Mitteilung eines ehemaligen Mitarbeiters der HA II (Archiv des Verfassers).

unmittelbaren Angriffsobjekte hinausging. Grundsätzlich waren für die Dienste Informationen zu Personen interessant, die für eine Einbeziehung in die Spionagetätigkeit geeignet erschienen und dafür bestimmte Ansatzpunkte boten.[146]

Die HA II bearbeitete Dienststellen der westlichen Geheimdienste in Zentralen Operativen Vorgängen (ZOV) und Operativen Vorgängen (OV). In Bezug auf die Militärspionage waren das zum Beispiel gegen den BND die ZOV »Reise«, »Zugvogel«, »Offensive« (konkrete Bearbeitung HA II/4) sowie der OV »Starkasten« (konkrete Bearbeitung durch die HA II/2). Es ging in den ZOV um Militärspionage des BND gegen die GSSD und die bewaffneten Organe der DDR unter Ausnutzung von Bürgern Westberlins und Bundesbürgern im Einreiseverkehr (ZOV »Reise«) sowie im spezifischen Transit (ZOV »Starkasten« und ZOV »Zugvogel«). Gegen den amerikanischen MI (Military Intelligence) führte die HA II die ZOV »Tanne« und »Radar«.[147]

Die HA II/4 hatte die Federführung im Rahmen der Militärspionageabwehr wahrzunehmen, außerdem oblag ihr die Koordinierung hinsichtlich der Vorgangsbearbeitung und der Organisierung der Außensicherung militärischer Objekte. Die HA II/4 hatte gegenüber den Abteilungen II der BV kein Weisungsrecht, sondern die Verantwortlichkeit durch Koordinierung umzusetzen. Die Koordinierungsfunktion aus zentraler Sicht gegen-

---

146 Vgl.: MfS, Juristische Hochschule Potsdam, Sektion Politisch-operative Spezialdisziplin, Lehrstuhl V: Studienmaterial zum Thema: »Politisch-operative Aufgaben und Maßnahmen zur Organisation einer wirksamen Außensicherung militärischer Objekte, Bereiche und Prozesse gegen die Spionagetätigkeit imperialistischer Geheimdienste«. BStU-Bibliothek, St 160, S. 17.

147 Vgl.: BStU ZA MfS HA II Nr. 18538, Bl. 20.

über den Abteilungen II der BV war wichtig, denn die Spionageabwehrabteilungen der Bezirke bearbeiteten Teilvorgänge (TV) der ZOV der HA II. Die Bearbeitung der TV von ZOV erfolgte entweder direkt durch die HA II/4 oder unter deren unmittelbarer Anleitung/Kontrolle durch Abteilungen II der BV beziehungsweise KD, so dass die zentrale Führung des ZOV und eine Einflussnahme auf die operativen Prozesse jederzeit gewährleistet war. Die einzelnen Referate der HA II/4 waren für die Zusammenarbeit mit konkret zugewiesenen Abteilungen II der BV verantwortlich.

Die HA II/4 hatte territorial oder personell keinen begrenzten Sicherungsbereich, der operativ zu durchdringen gewesen wäre. Deshalb bildete die Arbeit mit OPK keinen Schwerpunkt bei der HA II/4. In der Militärspionageabwehr wurden mittels OPK hauptsächlich operativ bedeutsame Hinweise aus der Außensicherung der militärischen Objekte und der Durchdringung der Umweltbeziehungen bearbeitet. Diese Aufgaben wurden fast ausschließlich durch die KD und die Abteilung II der BV vorgenommen. Schwerpunkt der HA II/4 war die Bearbeitung der ZOV beziehungsweise deren TV und OV.

Eine wichtige Rolle spielten bei der Militärspionageabwehr auch die KD. Sie waren sozusagen »vor Ort«, denn die Mehrzahl der militärischen Objekte befand sich in den Kreisen. Die KD bearbeiteten eine erhebliche Anzahl von OPK und OV in Richtung Militärspionage. Dabei gab es ebenfalls eine Zusammenarbeit/Koordinierung, vorwiegend mit der Abteilung II der entsprechenden BV, in Einzelfällen aber auch direkt mit der HA II/4. So erfolgte beispielsweise die Bearbeitung des OV »Dekor« durch die HA II/4 in Zusammenarbeit mit der KD Neuruppin. Auf der Grundlage von Erkenntnissen über Geheimdienstinteressen wurden durch die KD Neuruppin gezielte Sicherungsmaßnahmen, einschließlich der Werbung von IM, im Umfeld eines Militärobjekts durchgeführt, die zum Erkennen eines Verdächtigen geführt hatten.[148]

Im Jahr 1985 wurde der bereits erwähnte ZOV »Offensive« von der HA II/4 zur »offensiven Bekämpfung der vom Bundesnachrichtendienst der BRD ausgehenden forcierten Militärspionage« angelegt.[149] Im gleichen Jahr bestand der ZOV »Offensive« aus 11 TV, die zum Teil in Zusammenarbeit mit den Abteilungen II der BV bearbeitet worden sind.

Die HA II/4 bearbeitete in Zusammenarbeit mit der Abteilung II der BV Halle zum Beispiel den TV »Hopfen« des ZOV »Offensive«. Der TV »Hopfen« wurde durch die Festnahme des Ehepaars Adolf und Johanna B. am 17. Juni 1985 erfolgreich abgeschlossen. Es erfolgte die Einleitung eines Ermittlungsverfahrens nach § 98 Strafgesetzbuch (StGB) der DDR. Adolf und Johanna B. arbeiteten nach eigenen Aussagen seit 1975 »mit einem Mitarbeiter eines Nachrichtendienstes der Bundesrepublik mit Sitz in München zusammen« und betrieben bei ihren Einreisen in die DDR Militärspionage im Raum Naumburg.[150] Sie wurden durch das Militärobergericht Berlin im Februar 1986 zu zehn beziehungsweise elf Jahren Freiheitsentzug verurteilt und später in die Bundesrepublik ausgetauscht.

1988 waren im ZOV »Offensive« unter anderem folgende TV und OV registriert:

• »Schotter«, »Schweller«, »Schaufler«, »Hagen« (BV Schwerin);

---

148 Vgl.: Jahresbilanz 1985 der HA II/4. BStU ZA MfS HA II Nr. 24317, Bl. 57.

149 Vgl.: Einschätzung der Planerfüllung der HA II/4 im II. Quartal 1985. BStU ZA MfS HA II Nr. 24317, Bl. 8.

150 Vgl.: Ebd.

- »Duo« (BV Neubrandenburg);
- »Magnet II«, »Mauke« (BV Magdeburg);
- »Union« (KD Gardelegen);
- »Pokal«, »Profil« (BV Potsdam);
- »Chronist« (BV Cottbus);
- »Hydrat« (BV Halle);
- »Kristall« (BV Karl-Marx-Stadt);
- »Synchron« (BV Suhl).[151]

Neben dem TV »Synchron« des ZOV »Offensive« bearbeitete die Abteilung II der BV Suhl mehrere TV von anderen ZOV der HA II. Der Abteilung II der BV Suhl gelang es beispielsweise, die TV »Krähe« und »Tasche« des
ZOV »Zugvogel« gegen den BND erfolgreich abzuschlie-
ßen. Im TV »Krähe« wurden ein Spion des BND und
seine voll in die Spionagetätigkeit einbezogene Ehefrau
bearbeitet. »Krähe« und seine Ehefrau hatten bei ihren
Einreisen in die DDR folgende Aufträge zu realisieren:

- Eigenerkundung an militärischen Objekten,
- Schaffung von Unterquellen,
- Aufklärung des Straßennetzes des Bezirks Suhl.

Die konkreten Aufträge zur Militärspionage bezogen
sich auf militärische Objekte der GSSD, der NVA und
der Grenztruppen der DDR in den Kreisen Meiningen,
Suhl und Hildburghausen, wobei Panzer- und funktechnische Objekte im Mittelpunkt standen. Die Aufträge
des BND an »Krähe« beinhalteten die Erkundung der
Größe und des baulichen Zustands der Objekte, die Einschätzung der Belegungsstärke, die Feststellung der Personenbewegungen in den Objekten und um die Objekte
sowie die Aufklärung der in den Objekten stationierten
Militärtechnik. Bei der Instruierung zur Auftragsrealisierung durch den BND wurden dem Spion »Krähe«

---

151 Vgl.: HA II/4, Zuarbeit zur Planorientierung 1989, spezieller
Teil. BStU ZA MfS HA II Nr. 24317, Bl. 89–102.

Besonderheiten der militärischen Objekte, wie günstige Umlauf- und Einsichtmöglichkeiten, mitgeteilt sowie entsprechendes Bild- und Kartenmaterial vorgelegt. Die Aufklärung des Straßennetzes erfolgte auf sechs vorgegebenen Fahrtrouten, wobei sich der BND für den Gesamtzustand, den Straßenbelag, die Fahrbahnbreite, die Brückenbaukonstruktion und die dazugehörige Tragfähigkeit interessierte.[152]

Aber auch gegen amerikanische Geheimdienste arbeiteten die HA II/4 und die Abteilungen II der BV erfolgreich zusammen. Am 6. Mai 1985 wurde der TV »Signal« des ZOV »Radar« in Zusammenarbeit zwischen der HA II/4 und der Abteilung II der BV Halle durch die Festnahme des Westberliner Ehepaars Fred und Walli A. erfolgreich abgeschlossen. Fred A. war von 1963 bis 1985 mit einer kurzen Unterbrechung 1971/72 für eine Westberliner Dienststelle des US-Geheimdienstes MI tätig. Er nutzte seine beruflich bedingten Fahrten als Zugschaffner/-führer im Transitverkehr Schiene zwischen der Bundesrepublik und Westberlin sowie seine besuchsweisen DDR-Aufenthalte bei Verwandten in Nebra, Bezirk Halle, zu umfassender militärischer, ökonomischer und politischer Spionage gegen die DDR. Seine Ehefrau Walli A. hatte Kenntnis über den gesamten Umfang der Spionagetätigkeit für den amerikanischen Geheimdienst MI und unterstützte bei einigen Einreisen in die DDR ihren Ehemann bei der Sammlung militärischer Informationen. Die Spionageabwehr war auf A. aufmerksam geworden, weil er sich an militärischen Objekten auffällig verhalten hatte.[153]

---

152 Vgl.: Gerald Geier: Diplomarbeit zum Thema: »Zur weiteren Qualifizierung der Militärspionageabwehr im Bezirk Suhl«. BStU ZA MfS JHS Nr. 21318, Bl. 9 f.

153 Vgl.: Einschätzung der Planerfüllung der HA II/4 im II. Quartal

Die Komplexität der Militärspionage der westlichen Geheimdienste verdeutlicht die Analyse der Angriffe gegen die 1. Gardepanzerarmee (GPA) der GSSD.

Die 1. GPA war im Südraum der DDR in den Bezirken Dresden, Leipzig, Karl-Marx-Stadt (einzelne Truppenteile in den Bezirken Cottbus und Halle) disloziert. Sie umfasste die 9. und 11. Panzerdivision (PD) in Riesa und Dresden, die 20. Motorisierte Schützendivision (MSD) Grimma, zwei Raketenbrigaden in Dessau und Wurzen, eine Artilleriebrigade in Zeithain sowie weitere Truppenteile und Einheiten.

Aus der militärisch-geografischen Lage sowie der modernen Bewaffnung und Ausrüstung leitete das MfS spezielle Aufklärungsinteressen des militärischen Geheimdienstes der USA sowie des BND ab. Dabei standen militärische Aktivitäten, Veränderungen der Struktur, Bewaffnung und Ausrüstung der Truppen sowie an den Militärobjekten selbst, die aktuelle Dislozierung sowie die Stufen der Einsatzbereitschaft (Spannungsmerkmale) der Einheiten im Mittelpunkt der Aufmerksamkeit der Dienste, deren Aufklärungstätigkeit durch geworbene Agenturen und die Militärverbindungsmissionen realisiert wurde.

Im Einzelnen konnte die HA II/4 folgende Erkenntnisse zu gegnerischen Interessen hinsichtlich der 1. GPA gewinnen:

Im Jahr 1987 wurden durch Truppenteile der 1. GPA vier größere Übungen auf den Truppenübungsplätzen (TÜP) Lieberose, Jüterbog-Heidehof und Königsbrück durchgeführt. Im Vorfeld dieser Übungen, die mit konzentrierten Truppenbewegungen verbunden waren, während ihrer Durchführung selbst sowie bei der Rückführung der Truppen wurden durch die MVM

1985. BStU ZA MfS HA II Nr. 24317, Bl. 8.

Marschstrecken auf der Straße und der Schiene, Verladebahnhöfe und Bahnknoten im Raum Lübben–Luckau–
Herzberg–Bad Liebenwerda kontrolliert. Durch diesen
Raum verliefen die Verbindungen zwischen den Dis-
lozierungsorten der 1. GPA und den TÜP Lieberose
und Heidehof sowie zwischen diesen TÜP. Das Gebiet
unterlag einer periodischen Kontrolle und wurde bei
Feststellung militärischer Aktivitäten durch die MVM
ständig befahren.

Bei den Übungen wurden folgende Feststellungen von
MVM-Fahrzeugen im genannten Raum getroffen:

- Truppenübung Ende Januar/1. Dekade Februar 1987:
  französische MVM 12-mal, britische MVM 10-mal,
  US-MVM 5-mal;
- Truppenübung 7. bis 11. April 1987: französische
  MVM 5-mal, US-MVM 2-mal;
- Truppenübung 13. bis 20. Juli 1987: französische
  MVM 7-mal im Vorfeld der Übung, US-MVM 4-mal;
- Truppenübung 18. bis 30. August 1987: britische
  MVM 10-mal.

An den durch die 1. GPA ständig genutzten Übungsplätzen Königsbrück, Kreis Kamenz (13 mal), und
Pomßen-Otterwisch, Kreis Grimma (28-mal), sowie
an dem an den TÜP Zeithain angrenzenden Wasserübungsplatz Kreinitz/Mühlberg (11-mal) wurden
MVM-Aufklärungsbesatzungen im Jahr 1987 festgestellt, wobei diese in vielen Fällen militärische Aktivitäten beobachten und dokumentieren konnten.

Zu den einzelnen Militärobjekten der 1. GPA lagen der
HA II/4 Angaben zu Aufträgen und Angriffen von IMB
(Inoffizieller Mitarbeiter der Abwehr mit Feindverbindung beziehungsweise zur unmittelbaren Bearbeitung
im Verdacht der Feindtätigkeit stehender Personen) und
Spionen ab 1980 beziehungsweise zu MVM-Aufent-
halten in deren Bereich im Jahr 1987 vor. Die bekannt

gewordenen Aktivitäten von Spionen und Militäraufklärern an bedeutenden Objekten der 1. GPA stellten sich wie folgt dar:

1. Objekt Dresden, Kurt-Fischer-Allee (Armeestab und andere Einheiten): ständiges MVM-Sperrgebiet; keine Feststellungen von MVM 1987; Aufträge des MI OV »Antenne«, Hildegard Zickmann, 1985–1987.

2. Objekt Dresden, Hellergelände (Hubschrauberobjekt und andere Einheiten): seit 1986 ständiges MVM-Sperrgebiet; 1987 wurden MVM-Fahrzeuge 10-mal im Umfeld des Objekts festgestellt; Aufträge des BND an den IMB »Jürgen« 1985 und des MI an Hildegard Zickmann, OV »Antenne«, 1985–1987.

3. Objekt Dresden-Übigau (Pontonregiment): kein ständiges MVM-Sperrgebiet; MVM 1987 5-mal festgestellt; Aufträge des MI OV »Antenne«, Hildegard Zickmann, 1985–1987.

4. Objekt Dresden, Tannenstraße (Nachrichtenobjekt): ständiges MVM-Sperrgebiet; keine MVM-Aktivitäten bekannt; Aufträge des MI OV »Antenne«, Hildegard Zickmann, 1985–1987.

5. Objekt Oschatz: ständiges MVM-Sperrgebiet; 1987 wurden MVM-Fahrzeuge 4-mal im Umfeld des Objekts festgestellt; keine Aufträge an Agenturen bekannt.

6. Objekt Striesa, Kreis Oschatz: ständiges MVM-Sperrgebiet; keine MVM-Aktivitäten bekannt; Auftrag des MI im November 1987 an den IMB »Kurt Koch«; Feststellung, ob auf SS-23 umgerüstet.

7. Objekt Dessau-Kochstedt (Raketenbrigade): ständiges MVM-Sperrgebiet; keine MVM-Aktivitäten bekannt; Auftrag des MI im November 1987 an den IMB »Kurt Koch«; Feststellung, ob auf SS-23 umgerüstet.

8. Objekt Altenhain, Kreis Grimma (Zentrales Muni-

tionslager): ständiges MVM-Sperrgebiet; keine Aktivitäten von MVM und Spionen bekannt; dem Gegner lagen Informationen vor, wonach Kernwaffen im Objekt gelagert wurden.

Zur 20. MSD Grimma lagen der HA II/4 folgende Erkenntnisse vor:

1. Objekt Grimma, Leipziger Straße (Stab der Division, mot. Schützenregiment): ständiges MVM-Sperrgebiet; keine MVM-Aktivitäten bekannt; Beauftragungen des BND in den TV »März« und »Sänger« 1981–1983, IMB »Stock« 1984 sowie des MI OV »Anker« 1980–1982.

2. Übungsgelände Pomßen-Otterwisch, Kreis Grimma: seit 1986 nicht mehr im ständigen MVM-Sperrgebiet; 1987 wurden MVM-Fahrzeuge 28-mal festgestellt; Beauftragung des MI OV »Anker« 1980–1982.

3. Objekt Wurzen, Eilenburger Straße (Raketenbrigade, mot. Schützenregiment): ständiges MVM-Sperrgebiet; keine MVM-Aktivitäten bekannt; Beauftragung des MI OV »Achat« 1983–1984.

4. Objektkomplex Plauen, mit Übungsarealen (Panzerregiment, mot. Schützenregiment): ständiges MVM-Sperrgebiet; keine MVM-Aktivitäten bekannt; Beauftragungen des BND TV »Elster« 1981–1984 sowie des MI OV »Anker« 1980–1982.

5. Objekt Glauchau, Virchowstraße (Panzerregiment): ständiges MVM-Sperrgebiet; keine MVM-Aktivitäten bekannt; Beauftragungen des BND OV »Amboß« 1979–1984, IMB »Jürgen« 1983–1985 sowie des MI OV »Anker« 1982–1985.

6. Objekt Leisnig, Kreis Döbeln (Fla-Raketenregiment), mit Übungsgelände Meinitz-Minkwitz: seit 1986 nicht mehr im ständigen MVM-Sperrgebiet; 1987 MVM 9-mal festgestellt; keine Beauftragungen für Spione und IMB bekannt.

7. Objekt Oberlungwitz, Kreis Hohenstein-Ernstthal (Panzerreparaturwerk): keine MVM-Aktivitäten bekannt; Beauftragung durch BND OV »Amboß« 1984.

Zur 9. PD Riesa lagen der HA II/4 folgende Erkenntnisse vor:

1. Objekt Riesa, Heinrich-Heine-Straße (Divisionsstab), und Objekt Riesa, Rudolf-Breitscheid-Straße (Panzerregiment): beide Objekte befanden sich im ständigen MVM-Sperrgebiet; keine MVM-Aktivitäten und Beauftragungen von Spionen bekannt.

2. Objektkomplex TÜP Zeithain, Kreis Riesa (zwei Panzerregimenter, Fla-Raketenregiment): ständiges MVM-Sperrgebiet; keine MVM-Aktivitäten und Beauftragungen von Spionen bekannt.

3. Objekt Borna, Straße der Roten Armee (Artillerieregiment, Raketenabteilung): ständiges MVM-Sperrgebiet; keine MVM-Aktivitäten bekannt; Auftrag des MI an IMB »Kurt Koch«; Feststellung, ob Raketenabteilung auf SS-23 umgerüstet, 1987.

4. Objekt Meißen, Hafenstraße (Panzerreparaturwerk): ständiges MVM-Sperrgebiet; keine MVM-Aktivitäten und Beauftragung von Spionen bekannt.

Zur 11. PD lagen der HA II/4 folgende Erkenntnisse vor:

1. Objekt Dresden-Klotzsche (Divisionsstab): ständiges MVM-Sperrgebiet; keine MVM-Aktivitäten bekannt; Aufträge des MI OV »Antenne«, Hildegard Zickmann, 1985–1987.

2. Objekt Dresden-Nickern (mot. Schützenregiment): nicht im ständigen MVM-Sperrgebiet; 1987 wurden MVM-Fahrzeuge 5-mal festgestellt; Aufträge des MI OV »Antenne«, Hildegard Zickmann, 1985–1987.

3. Objekt Dresden-Wilder Mann (Panzer- und Pioniereinheit): nicht im ständigen MVM-Sperrgebiet; keine MVM-Aktivitäten bekannt; Aufträge des MI OV »Antenne«, Hildegard Zickmann, 1985–1987.

4. Objekt Meißen-Bohnitzsch (Panzerregiment, Fla-Raketenregiment): ständiges MVM-Sperrgebiet; keine MVM-Aktivitäten und Beauftragungen von Spionen bekannt.

5. Objektkomplex Königsbrück mit TÜP (zwei Panzerregimenter und andere Einheiten, Raketenbrigade dem Oberkommando der GSSD unterstellt): ständiges MVM-Sperrgebiet; auf Marschstrecken und Panzerstraßen im Umfeld beziehungsweise auf dem TÜP 1987 MVM-Fahrzeuge 13-mal festgestellt; Beauftragungen von Spionen nicht bekannt.

6. Objekt Karl-Marx-Stadt, Leninstraße (Artilleriebrigade, Geschosswerfer-Brigade dem Oberkommando der GSSD unterstellt): ständiges MVM-Sperrgebiet; keine MVM-Aktivitäten bekannt; Beauftragung des BND OV »Berber« 1985–1987 sowie des MI OV »Anker« 1980–1982.

Die Militäraufklärer der drei westlichen MVM, meist der Sektion Heer, kontrollierten die Objekte und Aktivitäten der 1. GPA in der Regel entsprechend dem abgestimmten Zeitabschnitt im Turnus Süd. Bei Turnusabweichungen, die in Erscheinung traten, konnten keine spezifischen Aufklärungsinteressen erkannt werden. Dass es bei den Objekten der 20. MSD Grimma mehr Erkenntnisse zu gegnerischen Aufklärungsaktivitäten gab, ist teilweise auf deren dezentralisierte Lage, auch außerhalb ständiger MVM-Sperrgebiete, zurückzuführen.

Im Gegensatz dazu boten die Übungsplätze Königsbrück und Zeithain mit den darauf untergebrachten Einheiten der Panzerdivisionen Dresden und Riesa den Militäraufklärern und Spionen weniger Angriffsmöglichkeiten.

Festgestellte Sperrgebietsverletzungen sowie Rekonstruktionen von Fahrstrecken der MVM belegten, dass die Militäraufklärer, sobald sie sich außerhalb der Kontrolle durch die Linie VIII befanden, in mehreren Fällen direkt an Militärobjekte herangefahren oder in das Territorium von Sperrgebieten eingedrungen sind, um dort Spionagehandlungen vorzunehmen. Die HA II/4 ging von einer hohen Dunkelziffer derartiger Aktivitäten aus, da die Kontrollhandlungen von MVM-Besatzungen häufig wahrgenommen wurden.

Trotzdem lag der Schwerpunkt der Spionagetätigkeit der MVM gegen Objekte mit schwierigen Aufklärungsmöglichkeiten mehr auf dem Gebiet der Kontrolle militärischer Aktivitäten an Marschstrecken auf Straße und Schiene zwischen den Objekten und Übungsplätzen, an Verladebahnhöfen, Bahnknoten sowie an Konzentrierungsräumen der Truppenteile, die sich außerhalb beziehungsweise an der Peripherie ständiger MVM-Sperrgebiete befanden. Dabei wurden die sich aus der umfangreichen Reduzierung der ständigen Sperrgebiete (Aufteilung geschlossener Sperrgebiete in mehrere kleine, Zurückverlegung der Sperrgebietsgrenzen in die Nähe der Objektgrenzen) im Juni 1986 ergebenden Möglichkeiten durch die MVM maximal genutzt. Erst die Einbeziehung der Angriffe auf die handelnden Truppenteile außerhalb der Stationierungsobjekte ließ den Gesamtumfang gegnerischen Interesses deutlich werden. Die Analysen der HA II/4 ergaben, dass der Dislozierungsraum der 1. Gardepanzerarmee (Dresden), analog dem der 8. Gardearmee (Weimar-Nohra), als Schwerpunkt amerikanischer Aufklärungsinteressen auf dem Territorium der DDR angesehen werden musste.[154]

Insgesamt konnten durch IM des MfS mit Verbindungen zu Geheimdiensten und mit deren von dort aus

---

154 Vgl.: HA II/4, Analyse der Angriffe imperialistischer Geheimdienste gegen die 1. Gardepanzerarmee der GSSD vom 24. Juni 1988. BStU ZA MfS HA II Nr. 22589, Bl. 10–14.

erfolgten Instruierungen von der Linie II umfangreiche Aufklärungsinteressen zu GSSD-Objekten erarbeitet werden. Diese stellten sich 1986/87 wie folgt dar[155]:

IM des MfS	Kontakt zu(m)	Objekt(e)	dortige Technik
»Wegner«	BND	Flugplatz Eberswalde-Finow, militärische Objekte im Bezirk Frankfurt/Oder	
»Heppner«	BND	Zeitz mit Übungsplatz Lonzig	Panzer T 80
»Stock«	BND	Leipzig-Connewitz, Leipzig-Grünau, Leipzig-Heiterer Blick	Nachrichten, Artillerie, Fla-Raketen
»Martens«	BND	Waren/Müritz	Raketen
»Hans Otto«	BND	Schwerin	94. Garde-MSD
»Fahrer«	BND	Halberstadt, Halle-Dölau (Heidekaserne)	Panzer, 27. Garde-MSD
»Horst Haupt«	INSCOM	Flugplatz Neuruppin, Flugplatz Oranienburg, Munitionslager Wuhlow	
»Kurt Koch«	INSCOM	Meiningen (Stadtkaserne, Barbara-Kaserne), Dessau-Kochstedt, Borna, Oschatz	mot. Schützen, Panzer, Raketen

Der in der Tabelle aufgeführte IMB »Horst Haupt« war ein erfahrener IM der Abteilung II der BV Frankfurt/ Oder. Er hatte bereits seit mindestens 1979 den Auftrag, Pläne, Absichten, Mittel und Methoden des US-Geheimdienstes gegen die DDR und andere sozialistische Staaten festzustellen.[156] Dazu war der IMB im Rahmen

---

155 Vgl.: Information Angriffe auf GSSD-Objekte 1986/87 (Geheimdienst-Aufträge). BStU ZA MfS HA II Nr. 22589, Bl. 1.

156 Vgl.: HA II/3, Planorientierung 1980 für die Abteilungen II der Bezirksverwaltungen vom 6. Oktober 1979. BStU ZA MfS HA II Nr. 30319, Bl. 80.

eines operativen Spiels gegen den amerikanischen militärischen Geheimdienst eingesetzt.[157] Im Jahr 1984 hatte der IMB »Horst Haupt« die Fortführung, den Ausbau und die Festigung der bestehenden Verbindung zu realisieren. Dabei verfolgte die Spionageabwehr folgende Zielstellungen:

• weiteres Eindringen in die Konspiration des Gegners;
• Aufdeckung seiner Angriffsrichtungen, Pläne und Absichten;
• Feststellung der angewandten nachrichtendienstlichen Mittel und Methoden sowie des Verbindungssystems;
• Erarbeitung von Hinweisen zur Identifizierung der Geheimdienstmitarbeiter sowie unbekannter Agenturen des US-Geheimdienstes.[158]

Im Jahr 1987 konnte die Spionageabwehr folgende Vorgänge gegen Agenturen westlicher Geheimdienste, die Spionageaufträge gegen die GSSD und die NVA realisierten, erfolgreich abschließen[159]:

OV	Bürger/in	Festnahme am	Geheimdienst
»Nadel«	der DDR	27.01.1987	BND
»Puppe«	Westberlins (1985 aus der DDR übergesiedelt)	13.04.1987	BND

---

157 Vgl.: HA II/3, Planorientierung 1982 für die Abteilungen II der Bezirksverwaltungen vom 29. September 1981. BStU ZA MfS HA II Nr. 30319, Bl. 63.

158 Vgl.: HA II/3, Planorientierung 1984 für die Abteilungen II der Bezirksverwaltungen vom 15. September 1983. BStU ZA MfS HA II Nr. 30319, Bl. 47.

159 Vgl.: Information 1987 liquidierte Agenturen imperialistischer Geheimdienste, die gegen die GSSD und NVA gerichtete Spionageaufträge realisierten. BStU ZA MfS HA II Nr. 22589, Bl. 2.

»Fotograf«	der DDR	19.05.1987	BND
»Berber« (Ehepaar)	der DDR	15.07.1987	BND
»Antenne«	der DDR	27.10.1987	INSCOM

Die Bestimmung von Schwerpunktobjekten bei der Außensicherung militärischer Objekte und Bereiche

Nicht alle Objekte der GSSD und der NVA beziehungsweise der GT wurden gleich intensiv und mit gleichem Kräfteaufwand durch die Spionageabwehr gesichert. Günther Kratsch äußerte 1990 in einem Interview mit der *Neuen Berliner Illustrierten* (NBI): »Auch eine Staatssicherheit konnte es sich nicht leisten, alle militärischen Objekte zu observieren. Deshalb wurde ausgewählt.«[160] Da die Spionageabwehr nicht über entsprechende Potenzen verfügte, um alle militärischen Objekte zu sichern, mussten Schwerpunkte gebildet werden. Im Mittelpunkt der Abwehr von Spionageangriffen standen solche militärischen Objekte und Bereiche, die ein hohes Sicherheitsbedürfnis aufwiesen und verstärkt das Interesse westlicher Geheimdienste hervorriefen. Bei der Herausarbeitung der militärischen Objekte und Bereiche, die schwerpunktmäßig von außen zu sichern waren, hatte die Spionageabwehr vor allem solche Fragen zu beantworten:

---

160 »Der ehemalige Chef der Spionageabwehr im Kreuzverhör. Einen Verräter kann ich nur verachten«. In: *Neue Berliner Illustrierte* (NBI) 35/1990, S. 59.

- Welche Bedeutung hatten die jeweiligen militärischen Objekte und Bereiche für das sozialistische Verteidigungsbündnis und die Landesverteidigung der DDR?
- Welche geheimzuhaltenden Informationen konnten aus den jeweiligen militärischen Objekten und Bereichen mittels agenturischer Angriffe von außen gewonnen werden, und welche Rückschlüsse ließen derartige Informationen auf andere Bereiche zu?
- Wie war der Grad der Gefährdung der jeweiligen militärischen Objekte und Bereiche konkret einzuschätzen? (Gehörten sie zu den Hauptangriffsrichtungen der Militärspionage westlicher Geheimdienste, waren günstige Bedingungen für Außenangriffe durch geworbene Agenturen vorhanden?)
- Welche Möglichkeiten der Differenzierung getroffener Feststellungen waren vorhanden beziehungsweise konnten geschaffen werden?
- Welche operativen Kräfte und Mittel standen zur Verfügung?

Die effektive Gestaltung der Militärspionageabwehr erforderte also eine Konzentration auf Territorien mit hoher militärischer Dichte, Relevanz und gegnerischem Interesse.

Ein wichtiger Partner für die Linie II bei der Festlegung von Schwerpunktobjekten war die Hauptverwaltung Aufklärung (HV A) des MfS. Durch die HV A erhielt die HA II verlässliche Informationen darüber, wann beim BND Feststellungen zu welchen Militärobjekten in der DDR eingegangen waren und vor allem zu welchem Zeitpunkt die Feststellungen getroffen wurden.[161] Diese Informationen versetzten die Spionageabwehr in die

---

161 Vgl.: Günther Kratsch: *Erinnerungen*. Unveröffentlichtes Manuskript (Archiv des Verfassers).

Lage, vom BND aufgeklärte Objekte zu erkennen und entsprechende Abwehrmaßnahmen einzuleiten.

Erwähnt werden muss in diesem Zusammenhang auch die IMB-Arbeit der Linie II. Durch diese IM mit Feindverbindung war es der Spionageabwehr möglich, die konkreten Interessen der Geheimdienste für bestimmte militärische Objekte zu erkennen.

In Auswertung erkannter Angriffe westlicher Geheimdienste und in konkreter Abstimmung mit der sowjetischen Militärabwehr wurde die Außensicherung durch die Linie II auf folgende Objekte und Bereiche orientiert:

- Zentrale militärische Führungsstäbe und militärisch territoriale Stäbe der Armeen (Militärbezirke);
- Truppenübungsplätze und Militärbewegungen, vor allem gemeinsame Übungen der GSSD mit der NVA und anderen Bruderarmeen sowie Austausch von Truppen und Technik, Militärtransporte auf allen Verkehrswegen, insbesondere von und nach der UdSSR;
- Objekte und Übungsplätze der Panzertruppen, insbesondere solcher Truppenteile und Verbände, die mit modernen Panzern (T 80 GSSD beziehungsweise T 72 NVA) ausgerüstet waren;
- Raketenobjekte, besonders operativ-taktische Raketenkomplexe größerer Reichweite und Fla-Raketen mit stationärer oder mobiler Technik, einschließlich elektronischer Feuerleitsysteme, insbesondere in Fällen der Neustationierung beziehungsweise Modernisierung;
- Flugplätze der NVA und der Sowjetarmee, vorrangig solche mit moderner Technik wie MiG 23, 25, 27 und 29, Kampfhubschrauber Mi 24, Fernlenkfluggeräte, Senkrecht-Kurzstartflugzeuge und Abfangjäger der 3. und 4. Generation sowie Jagdbomber;
- Flugplätze der Sowjetarmee, die im Rahmen des Truppenaustausches der GSSD genutzt wurden (zum Beispiel Sperenberg).

Bei der Bestimmung der operativen Schwerpunktbereiche war immer der Zusammenhang mit bestimmten Handlungen herzustellen, die im besonderen Spionageinteresse der Geheimdienste standen. So konnten im Zusammenhang mit der Einführung neuer Kampftechnik auch Artillerieobjekte beziehungsweise Depots zeitweilig in den Vordergrund der zu sichernden Objekte gelangen.[162]

Ein Schwerpunktbereich bei der Einführung neuer Kampftechnik war Mitte der 1980er Jahre die Umrüstung der 5. Raketenbrigade der NVA auf das Raketensystem »Oka« und der damit verbundenen Einlagerung des Raketensystems »Totschka«.[163]

Weiterhin begann 1984 bei der Volksmarine die Umrüstung der 6. Flottille auf neue Raketenschiffe des sowjetischen Projekts 1241 RÄ. Dazu erfolgte gemäß § 97 StGB der DDR 1984 das Anlegen des OV »Baltic«, in welchem der Verdacht eines Spionageangriffs auf die Schnellbootkräfte der Volksmarine sowie des Stützpunkts Bug der 6. Flottille bearbeitet wurde.[164]

---

162 Vgl.: MfS, Juristische Hochschule Potsdam, Sektion Politisch-operative Spezialdisziplin, Lehrstuhl V: Studienmaterial zum Thema: »Politisch-operative Aufgaben und Maßnahmen zur Organisation einer wirksamen Außensicherung militärischer Objekte, Bereiche und Prozesse gegen die Spionagetätigkeit imperialistischer Geheimdienste«. BStU-Bibliothek, St 160, S. 24 f.

163 Vgl.: Karl-Heinz Schlimok, Klaus Riebenstahl: Diplomarbeit zum Thema: »Konzeptionelle Vorstellungen zur weiteren Erhöhung der Wirksamkeit der politisch-operativen Abwehrarbeit gegenüber feindlichen Angriffen im Zusammenhang mit der Einführung neuer Kampftechnik in die NVA, insbesondere unter Beachtung der Angriffe durch imperialistische Geheimdienste«. BStU ZA MfS JHS Nr. 20461, Bl. 10.

164 Vgl.: Uwe Peters: Diplomarbeit zum Thema: »Die gezielte Bearbeitung von operativen Hinweisen in Richtung Spionage aus dem Kreis der Geheimnisträger der NVA/Volksmarine, 6. Flot-

Letztlich lässt sich zusammenfassen, dass ausgehend von den Spionageinteressen beziehungsweise der Auftragsstruktur die westlichen Geheimdienste dort die größten Aktivitäten entfalteten, wo es um die Erkundung neuer Technik der einzelnen Waffengattungen sowie um die Feststellung jeglicher Veränderungen in allen militärischen Bereichen ging. Die Angriffe erwartete die Spionageabwehr des MfS im verstärkten Maße dort, wo sich der modernste Kampfkern der GSSD und der NVA befand beziehungsweise wo sich durch Bautätigkeit, Militärbewegungen oder andere Vorbereitungen entsprechende Veränderungen andeuteten.[165]

Sicherungssysteme und IM zur Spionageabwehr an militärischen Objekten

Der Minister für Staatssicherheit äußerte auf dem Führungsseminar 1971: »Zunehmende Bedeutung erlangt die komplette Außensicherung der militärischen Objekte. Um die Spionagemöglichkeiten des Gegners ständig und systematisch weiter einzuschränken und Militärspione schneller erkennen zu können, ist es erforderlich, dass stabile weiträumige politisch-operative Sicherungssysteme an den wichtigsten militärischen

---

tille unter besonderer Berücksichtigung der Wohn-, Freizeit- und Interessenbereiche«. BStU ZA MfS JHS Nr. 20938, Bl. 6 u. 8.

165 Vgl.: MfS, Juristische Hochschule Potsdam, Sektion Politisch-operative Spezialdisziplin, Lehrstuhl V: Studienmaterial zum Thema: »Politisch-operative Aufgaben und Maßnahmen zur Organisation einer wirksamen Außensicherung militärischer Objekte, Bereiche und Prozesse gegen die Spionagetätigkeit imperialistischer Geheimdienste«. BStU-Bibliothek, St 160, S. 25.

Objekten aufgebaut werden bzw. weiterentwickelt werden.«[166] Ein Sicherungssystem zur Außenabsicherung militärischer Objekte war nach Ansicht der Staatssicherheit: »Die Gesamtheit der Kräfte, Mittel und Methoden des MfS und der sowjetischen Militärabwehr, die unter Federführung der Linie II und unter Einbeziehung der Möglichkeiten der Deutschen Volkspolizei und anderer gesellschaftlicher Einrichtungen arbeitsteilig und kooperativ politisch-operative Maßnahmen und andere Prozesse verrichten, um die vorbeugende Bekämpfung der subversiven Tätigkeit der imperialistischen Geheimdienste optimal zu gewährleisten.«[167]

Diese Sicherungssysteme waren keine in sich geschlossenen Systeme des MfS. Den Spionageabwehrabteilungen der Bezirke war es vorbehalten, entsprechend der Lage der Objekte, ihrer Bedeutung, der zur Verfügung stehenden Kräfte und Möglichkeiten sowie der wahrgenommenen Aktivitäten der westlichen Geheimdienste nach eigenem Ermessen zu handeln.[168]

Oftmals existierten auf der Linie II zur Außensicherung von militärischen Schwerpunktobjekten FIM-Systeme beziehungsweise hauptamtliche IME-Beobachtergruppen.

---

166 Zitiert nach: Heinz Grawunder, Jürgen Plaul: Diplomarbeit zum Thema: »Das Zusammenwirken der Linie II der Bezirksverwaltung Halle mit der HA I/MB III/11. MSD bei der Außensicherung der militärischen Objekte gegen Spionageangriffe der imperialistischen Geheimdienste«. BStU ZA MF GVS 160-63/72, Bl. 13.

167 Zitiert nach: Gerhard Buchholz: Diplomarbeit zum Thema: »Das zweckmäßige Vorgehen und die beweisführende Bearbeitung spionageverdächtiger Personen bei der Außenabsicherung militärischer Objekte«. BStU ZA MfS JHS MF VVS 160-110/69, Bl. 7.

168 Vgl.: Günther Kratsch: *Erinnerungen*. Unveröffentlichtes Manuskript (Archiv des Verfassers).

Das Sicherungssystem am militärischen Schwerpunktobjekt »Polygon« zum Ende der 1960er Jahre

Ein komplexes Sicherungssystem[169] bestand am militärischen Schwerpunktbereich »Polygon«. »Polygon« war ein 25.000 Hektar großes Gebiet in der Colbitz-Letzlinger Heide, das von der GSSD als Schieß- und Manövergelände genutzt wurde und im Rahmen der Verteidigungskonzeption als Aufmarschbasis und Bereitstellungsraum für eine Armeegruppe der sowjetischen Streitkräfte vorgesehen war.

Die Besonderheiten dieses Gebiets, vor allem unter dem Aspekt der Absicherung gegen Angriffe westlicher Geheimdienste, bestanden unter anderem darin, dass:

- das Gebiet des »Polygon« das Territorium von fünf angrenzenden Kreisen berührte,
- sich in den angrenzenden Kreisen eine Anzahl bedeutsamer militärischer Objekte befand, die durch ständige Nutzung des Gebiets und Zugehörigkeit zu einem einheitlichen Armeekommando unmittelbare Beziehungen zum »Polygon« und dessen Rolle im Rahmen der Verteidigungskonzeption hatten, beziehungsweise sich mehrere Bahnhöfe für die Ent- und Beladung herangeführter Truppen in diesem Gebiet befanden,
- durch Konzentrierungsräume und Marschstraßen in den angrenzenden Kreisgebieten ständig im unterschiedlichen Umfang Truppenbewegungen stattfanden (zu bestimmten Zeiten waren bis zu fünf Divisionen in diesem Gebiet konzentriert),

---

169 Synonym: Sicherheitssystem.

- obwohl weitgehend militärisches Sperrgebiet für die westlichen MVM, es immer wieder Versuche des Eindringens in dieses Gebiet und Kontaktaufnahmen zu Bürgern der DDR gab,
- ständige und direkte Aufklärung von Flugzeugen aus möglich war, weil der Luftkorridor Bundesrepublik–Westberlin in einer Breite von 32 Kilometer die Nord-Süd-Ausdehnung des »Polygon« erfasste,
- durch die Weiträumigkeit dieses Gebiets günstige Möglichkeiten bestanden, an feldmäßig ausgelegten oder montierten Fernsprechkabeln und Energieleitungen Diversionshandlungen zu begehen,
- entlang der Begrenzung des »Polygon« mehrere Ortschaften lagen, die für Durchfahrten von Truppen genutzt wurden beziehungsweise von denen aus Einsichtmöglichkeiten in das Gebiet des »Polygon« bestanden,
- durch die Dichte der militärischen Objekte und Bewegungen fast die gesamten Kreisgebiete als militärische Objekte bezeichnet werden mussten und keine zusammenhängende Kontrolle möglich war,
- durch die geringe Entfernung zur Staatsgrenze West der Sicherungsbereich »Polygon« zum grenznahen Raum gerechnet werden musste,
- die Weiträumigkeit des Sicherungsbereichs eine Absperrung für die Bevölkerung nicht zuließ und sich Personen als Ausflügler beziehungsweise Pilz- und Beerensammler ungehindert in der Nähe von Truppenkonzentrationen und Truppenbewegungen aufhalten oder bewegen konnten.[170]

---

170 Vgl.: Horst Kämmerer: Diplomarbeit zum Thema: »Die Aufgaben der Abteilung II der Bezirksverwaltung Magdeburg bei der Anleitung der Diensteinheiten bei der Gestaltung und Erhöhung der Wirksamkeit von politisch-operativen Systemen zur Sicherung des militärischen Schwerpunktes ›Polygon‹ gegen die

Die Abteilung II der BV Magdeburg hatte hinsichtlich des Sicherungssystems am militärischen Schwerpunkt »Polygon« die Federführung wahrzunehmen und die operative Arbeit mit fünf Kreisdienststellen (Tangerhütte, Stendal, Gardelegen, Wolmirstedt, Haldensleben) und den anderen Fachabteilungen der BV sowie der sowjetischen Militärabwehr zu koordinieren.

Im April 1969 wurde innerhalb der Abteilung II der BV Magdeburg das Hauptsachgebiet (HSG) »Polygon« geschaffen. Das HSG »Polygon« hatte folgende umfangreiche Aufgaben zu realisieren:

- Schutz des Bereichs vor Angriffen westlicher Geheimdienste,
- Verhinderung der Einschleusung gegnerischer Kräfte in dieses Gebiet,
- Aufspürung und Enttarnung von Spionen in diesem Gebiet,
- aktive und zielstrebige Bearbeitung bereits vorhandener und verdächtig in Erscheinung getretener Personen,
- Durchführung von vorbeugenden Maßnahmen zur Einengung der Spionagemöglichkeiten in und am Sicherungsbereich »Polygon«,
- enge Koordinierung der Sicherungsaufgaben mit den angrenzenden KD,
- Koordinierung der Arbeit an OAM, OPK und OV sowie aktive Unterstützung der KD in diesen Fragen,
- Erfassung aller in der unmittelbaren Umgebung des Gebiets aufgefallenen relevanten Personen,
- Organisierung der Absicherung der stattfindenden Manöver und Durchführung operativer Kombinationen sowie anderer Maßnahmen an operativen Mate-

Spionage der imperialistischen Geheimdienste«. BStU ZA MfS JHS MF GVS 160-232/69, Bl. 6 ff.

rialien unter Ausnutzung solcher Manöver in Koordination und Zusammenarbeit mit den KD,

- ständiger Kontakt zu Dienststellen, Organisationen und Institutionen der angrenzenden Kreise, welche funktionsbedingt in und am »Polygon« tätig waren (Feuerwehr, VP, LPG, Jagdbehörden),
- ständiger Kontakt zu den sowjetischen Kommandanturen in Planken und Haldensleben,
- enge Zusammenarbeit und Koordinierung der Aufgaben mit der sowjetischen Militärabwehr, insbesondere mit der Operativgruppe in Hillersleben und dem Mitarbeiter der sowjetischen Militärabwehr in Planken,
- Einsatz des IM-Systems und der GMS sowie seine ständige Erweiterung entsprechend der Richtlinie (RL) 1/68 beziehungsweise 1/79 und dem Perspektivplan der HA II durch Werbung von Forstangestellten, Waldarbeitern und anderen Personen, welche aufgrund ihrer Wohnlage, ihrer beruflichen oder privaten Tätigkeit beziehungsweise Freizeitbeschäftigung die notwendigen Voraussetzungen zur Sicherung dieses Gebiets sowie der operativen Kontrolle und Bearbeitung von Personen hatten, und Werbung von Menschen in den an das »Polygon« angrenzenden Ortschaften zur gezielten operativen Aufklärung und Bearbeitung von Personen,
- Schaffung und Funktionsfähigkeit von Schlüsselpositionen zur notwendigen Erweiterung und zum Einsatz inoffizieller Kräfte im zentralen Manöver- und Übungsgebiet sowie der damit verbundenen Abdeckung dieser Kräfte,
- Werbung und Ausbildung von Führungs-IM.

Ein so großes Territorium wie das »Polygon« selbst und die angrenzenden Bereiche machte eine konkrete Abgrenzung der Verantwortlichkeiten notwendig. Das HSG »Polygon« selbst war für die Absicherung des zentralen Manöver- und Übungsgeländes im Rahmen der festgelegten Begrenzung, einschließlich der dort vorhandenen Objekte

- Kommandantur Planken,
- Wohnsiedlung der Sowjetarmee in Planken,
- Kasernenobjekt Lindenwald (Planken),

verantwortlich. Zur operativen Basis des HSG »Polygon« gehörten siebzehn unmittelbar an das Territorium angrenzende Orte im Bereich der genannten fünf Kreisdienststellen. Das waren im:

- Kreis Haldensleben: Hütten, Neuenhofe, Born, Hillersleben;
- Kreis Gardelegen: Letzlingen, Jävenitz, Kloster Neuendorf, Zienau, Barriere;
- Kreis Stendal: Staats, Uchtspringe;
- Kreis Tangerhütte: Burgstall, Cröchern, Dolle, Lüderitz;
- Kreis Wolmirstedt: Colbitz, Lindenhorst.

Viele Einwohner dieser Ortschaften waren in unmittelbarer Nähe des »Polygon« tätig, überwiegend in der Land- und Forstwirtschaft. Durch den Umfang der Manöver gab es zahlreiche Kontakte von Einwohnern zu Armeeangehörigen. Weiter gehörten zum Verantwortungsbereich des HSG alle Personenkreise, welche funktionsbedingt oder aus anderen Gründen mit dem zentralen Manöver- und Übungsgebiet in Berührung kamen.

Die Verantwortlichkeit des HSG »Polygon« bezog sich ausschließlich auf die Absicherung des zentralen Manöver- und Übungsgebiets sowie der sich daraus ergebenden operativen Tätigkeit in den angrenzenden Orten auf dem Gebiet der Linie II. In den anderen Fragen oblag die Verantwortlichkeit für die genannten Orte den zuständigen Kreisdienststellen.[171]

---

171 Vgl.: Ebd., Bl. 62–65.

Es herrschte bei den Mitarbeitern des HSG »Polygon«
Klarheit darüber, dass es nicht möglich war, das zentrale
Manöver- und Übungsgebiet lückenlos abzusichern, wie
das bei militärischen Einzelobjekten denkbar gewesen
wäre. Für das Gebiet des »Polygon« mussten deshalb
im Rahmen des Sicherungssystems folgende Komplexe
beachtet werden:

- weitmögliche Sicherung des begrenzten Gebiets des
  »Polygon« durch Beschränkung und operative Personenkontrolle des zum Betreten berechtigten Personenkreises;
- Absicherung der Anwohner in den Orten entlang der
  Begrenzung des »Polygon« und Erfassung fremder
  Personen, die periodisch in Erscheinung traten;
- Auswahl von Schwerpunktobjekten in den Kreisgebieten, restlose Erfassung jeder Personenbewegung
  über längere Zeiträume, Analysierung mehrfach in
  Erscheinung getretener Personen, gezielte Vergleichsarbeit bei Wiederholung des Einsatzes an diesem und
  an anderen Objekten in angrenzenden Kreisen;
- gesonderte Absicherungsmaßnahmen bei bedeutsamen Truppentransporten und Verladungen von spezieller Technik;
- zielstrebige operative Bearbeitung der vorhandenen
  und sich aus der Verdichtung ergebenden operativen
  Materialien in OV und Vorlaufakten;
- Erforschung der Pläne und Absichten der westlichen
  Geheimdienste gegen den militärischen Schwerpunkt
  »Polygon« durch die Arbeit mit IMF, später IMB.

Im Rahmen der genannten Komplexe mussten zur
Deckung des Informationsbedarfs und zur Durchsetzung der operativen Handlungen alle verantwortlichen
Diensteinheiten des MfS in das Sicherungssystem »Polygon« einbezogen werden. Zusammenfassend kann
die Funktion des Sicherheitssystems »Polygon« als die

vorbeugende Bekämpfung von Spionen westlicher Geheimdienste, ihre Aufspürung und Entlarvung bestimmt werden. Dazu mussten jedoch die dahingehend notwendigen Wirkungsweisen durchgesetzt werden, die in der

- Einbeziehung aller zuständigen Diensteinheiten des MfS in das Sicherheitssystem sowie Koordinierung dieser Kräfte und Mittel,
- Aufdeckung und Beseitigung begünstigender Bedingungen und Ursachen und damit der Einschränkung der Spionagemöglichkeiten im Gebiet des »Polygon« sowie der angrenzenden Kreisgebiete,
- Aufspürung und Identifizierung von Agenturen durch gezielte Maßnahmen an militärischen Einzelobjekten,
- zielstrebigen operativen Bearbeitung und Paralysierung von erkannten Spionen,
- Auswertung der im Prozess der Absicherung und Paralysierung von Spionen ergebenden Erfahrungen und Erkenntnisse,
- Durchsetzung eines einheitlichen Systems der Erfassung der operativen Informationen in der Auswertungs- und Informationsgruppe (AIG), später Auswertungs- und Kontrollgruppe (AKG) der BV und in den Objektkarteien der KD und des HSG »Polygon«

bestanden.[172] Die Bekämpfung der Spionagetätigkeit an militärischen Objekten stellte eine Komplexaufgabe dar und erforderte das Zusammenwirken verschiedener Diensteinheiten. Im Sicherungssystem »Polygon« waren dies folgende Struktureinheiten der BV Magdeburg:

- Abteilung II, einschließlich des HSG »Polygon«;
- Kreisdienststelle Tangerhütte, Stendal, Gardelegen, Wolmirstedt und Haldensleben;
- Abteilung VI/Referat Reisen und Touristik (RT);

---

172 Vgl.: Ebd., Bl. 11 ff.

- Abteilung VII;
- Abteilung VIII;
- Abteilung XVIII;
- Abteilung XIX;
- Abteilung XX;
- Abteilung M;
- Arbeitsgruppe Postzollfahndung (AG PZF).

Außerhalb der BV gab es ein enges Zusammenwirken mit der sowjetischen Militärabwehr.

Bereits in der Dienstanweisung (DA) 3/63 des Ministers für Staatssicherheit wurde die Verantwortung für die Außensicherung der militärischen Objekte gegen die Spionage westlicher Geheimdienste, die Absicherung militärischer Schwerpunkte im Bezirksmaßstab sowie die Anleitung der Mitarbeiter der Linie II in den KD, der Abteilung II der BV übertragen. Gleichzeitig wurde in der DA 3/63 auch festgelegt, dass die KD für die Objekte in ihrem Territorium eigenverantwortlich waren.

Horst Kämmerer definiert in seiner Diplomarbeit die Federführung der Abteilung II der BV Magdeburg hinsichtlich des »Polygon« wie folgt: »Die Federführung im politisch-operativen Sicherheitssystem ›Polygon‹ ist eine spezielle Form für das koordinierte Zusammenwirken von selbständigen Diensteinheiten der verschiedenen Leitungsebenen zur Realisierung der Funktion und der damit verbundenen operativen Arbeitsprozesse unter der Führung der Abteilung II als sachkundiges und befehlsmäßig dafür vorgesehenes Führungsorgan.«[173]

Aus dieser Definition geht hervor, dass die Abteilung II als befehlsmäßig vorgesehenes Führungsorgan kein Weisungsrecht besaß, sondern ihre federführende Rolle durch die Koordinierung der komplexen Aufgaben mit anderen selbständigen Diensteinheiten der Staats-

173 Vgl.: Ebd., Bl. 15.

184

sicherheit umsetzte. Damit war auch klar abgegrenzt, dass es innerhalb der Leitungspyramide des MfS und dem Prinzip der militärischen Einzelleitung keine Verschiebung zwischen den vertikalen und horizontalen Leitungsebenen gab. Hier grenzte sich auch die Rolle und Stellung der Abteilung II der BV Magdeburg im Sicherungssystem »Polygon« und damit zu den beteiligten Diensteinheiten des MfS ab. Grundsatzfragen konnten daraus folgend nur durch die dazu ermächtigte Leitungsebene (Leiter der BV beziehungsweise zuständiger Stellvertreter Operativ) entschieden werden. Die DA 3/63 grenzte auch den Verantwortungsbereich der Abteilung II ab. Dabei ging es um die Abgrenzung der Außensicherung der militärischen Objekte der GSSD und die damit verbundenen operativen Arbeitsprozesse. Diese Arbeitsprozesse waren nicht zu eng zu fassen, weil die Abteilung II auch gleichzeitig federführendes Organ für die Aufklärung und Bearbeitung der westlichen Geheimdienste war.

Die spezifischen Erfahrungen und Kenntnisse der Linie II hatten in die operative Arbeit des Sicherungssystems »Polygon« einzufließen und sich in der Funktion, Struktur und im Informationsbedarf widerzuspiegeln.

Die Beibehaltung und Wahrung der Selbständigkeit der in das Sicherungssystem »Polygon« integrierten Diensteinheiten des MfS sicherte die eigenverantwortliche Lösung von übertragenen Teilaufgaben. Durch die Koordinierungsfestlegungen und deren Bestätigung durch den Leiter der BV erhielten diese Weisungscharakter.

Auf die Aufgaben des HSG »Polygon«, das Teil eines Referats der Abteilung II der BV Magdeburg war, ist bereits eingegangen worden. Die Kreisdienststellen, deren Territorium an das »Polygon« grenzte, waren für alle Erscheinungen und Formen der Spionagetätigkeit westlicher Geheimdienste hinsichtlich des Sicherungssystems auf ihrem Territorium voll verantwortlich. Davon ausgenommen war nur das direkte, begrenzte Gebiet des »Polygon«, wo die Verantwortlichkeit beim HSG der Abteilung II lag.

Aufgaben und Verantwortung der KD bezogen sich im Rahmen des Sicherungssystems »Polygon« auf die Konzentrierung der Absicherungsmaßnahmen von festgelegten Schwerpunktobjekten, Erfassung und Analysierung verdächtiger Personen, operative Bearbeitung spionageverdächtiger Personen, systematische Arbeit unter den Anwohnern der Orte am »Polygon« und der Schaffung von Voraussetzungen für die Äußere Abwehr.

Die Abteilung VII der BV Magdeburg war für die Erarbeitung von Informationen über Rückkehrer und Zuziehende, die in den Bereich des Sicherungssystems eingewiesen wurden, verantwortlich.

In den Verantwortungsbereich der Abteilung VIII der BV Magdeburg fielen Ermittlungen und Beobachtungen von relevanten Personen und der Komplex MVM. Weiter wirkte die Abteilung VIII mit der Linie II bei der Absicherung militärischer Objekte, insbesondere bei Beobachtungseinsätzen, zusammen.

Einen Beitrag hinsichtlich der Absicherung von Beziehungen, die sich durch Bautätigkeit im Bereich des »Polygon« ergaben, hatte die Abteilung XVIII der BV Magdeburg zu leisten.

Die Abteilung XIX der BV Magdeburg hatte über bestehende Militärtransporte (Be- und Entladungen) im Bereich des »Polygon« sowie über Sperrungen der Schifffahrtswege bei militärischen Übungen zu informieren. Sie hatte ihre Absicherungsmaßnahmen speziell auf bedeutsame Verladebahnhöfe zu konzentrieren und mit den KD zu koordinieren.

Informationen über Rückverbindungen von Personen in den Bereich des »Polygon«, die die DDR ungesetzlich verließen, hatte die Abteilung XX der BV Magdeburg zu erarbeiten. Weiterhin oblag der Abteilung XX zu diesem Zeitpunkt die Absicherung der Fernsprechverbindungen der sowjetischen Streitkräfte und die Sicherung der Fernsprechanschlüsse des »Polygon« in den Postämtern Colbitz und Haldensleben. 1986 ging die Verantwortung zur Sicherung des Post- und Fernmeldewesens insgesamt auf die Linie XIX über.

Die Abteilung M und die AG PZF der BV Magdeburg hatten Informationen über Briefsendungen mit nicht existierenden Absendern und Erkenntnisse über Verbindungen von Personen aus dem Bereich des »Polygon« nach Westberlin, der Bundesrepublik oder anderer nichtsozialistischer Staaten zu erarbeiten. Bedeutsam war auch die Erarbeitung von Informationen über Personen, die Paketsendungen mit verdächtigem Inhalt erhielten.

Dem Referat RT der Abteilung VI der BV Magdeburg oblag die Erarbeitung von Informationen über Personen im Bereich des »Polygon«, die sich mit Bürgern nichtsozialistischer Staaten trafen. Weiter waren Erkenntnisse über Personen im Bereich des »Polygon«, die im grenzüberschreitenden Verkehr bekannt wurden, von Interesse. Das Referat RT hatte auch Auskünfte an die Diensteinheiten bei Anfrage über Einreisen aus der Bundesrepublik und Westberlin sowie über den Rentnerreiseverkehr zu erteilen.[174]

Eine entscheidende Rolle im Sicherungssystem »Polygon«, aber auch bei allen anderen Sicherungssystemen an militärischen Objekten spielten die IM. Die Festlegung des Kräftebedarfs war eine wesentliche Frage für das Funktionieren des operativen Sicherungssystems. Entsprechend der Funktion, die das Sicherungssystem

---

174 Vgl.: Ebd., Bl. 16–22.

am zentralen Manöver- und Übungsgebiet zu erfüllen hatte, mussten das HSG »Polygon«, die Fachabteilungen der BV und die KD über genügend IM aller Arten und GMS verfügen. Beispielsweise verfügte die Linie II der KD Tangerhütte 1969 über 56 IM/GMS zur Sicherung; bei der Linie II der KD Gardelegen waren es 36 IM/GMS.[175]

Gemäß einer Analyse der Abteilung IX der BV Magdeburg wurden im Zeitraum von 1961 bis 1968 neun Spione mit »Polygon«-Bezug inhaftiert. Diese verteilten sich wie folgt auf die Dienste/Organisationen:

• BND: 6,
• französischer GD: 1,
• britischer GD: 1,
• SPD-Ostbüro: 1.[176]

Allen oben genannten Spionen wurden Aufträge zur Aufklärung der Bewegungen und Konzentrierungen von Truppen und Technik im und am Gebiet des »Polygon« erteilt, die bis zur Beschaffung von speziellen Munitionsarten gingen. Weiter wurden Aufträge zur detaillierten Beschreibung der festgestellten Technik gegeben. Die Spione klärten eine Reihe von Objekten in den umliegenden Kreisen beziehungsweise den Randgebieten des »Polygon« auf. Dabei handelte es sich in erster Linie um Panzer- und Raketenobjekte sowie wichtige Verladebahnhöfe. Das MfS stellte hierbei auch fest, dass die Spione weit über ihren Wohnort hinaus an militärischen Objekten im Bereich des »Polygon« beziehungsweise in den angrenzenden Kreisgebieten eingesetzt wurden.

---

175 Vgl.: Ebd., Anlage I/3.
176 Vgl.: Ebd., Bl. 51.

Abschließend zum Sicherungssystem »Polygon« noch einige Bemerkungen zu den Objekt-Umwelt-Beziehungen, welche sehr umfangreich waren. In den Kreisen handelte es sich vor allem um Versorgungs- und Dienstleistungen, Verbindungen zu staatlichen sowie gesellschaftlichen Organisationen, Freundschaftsverträge mit Schulen, Betrieben und Landwirtschaftlichen Produktionsgenossenschaften. Die Beziehungen in den Kreisen wurden von den zuständigen Kreisdienststellen und der sowjetischen Militärabwehr eigenverantwortlich unter Kontrolle gehalten.

Bezogen auf das begrenzte Gebiet des »Polygon« ergaben sich konkrete Objekt-Umwelt-Beziehungen zu folgenden Betrieben und Institutionen:

- Staatlicher Forstwirtschaftsbetrieb Gardelegen,
- VEB Wasserwerk Colbitz,
- Kraftwerk Gardelegen,
- Deutsche Post in Haldensleben und Colbitz,
- Baubetriebe.

Hinsichtlich dieser Objekt-Umwelt-Beziehungen ergaben sich für die Staatssicherheit wichtige und zu beachtende Punkte.

Durch zentrale staatliche Regelung waren alle von der GSSD genutzten Gebiete in der DDR den staatlichen Forstwirtschaftsbetrieben zur Nutzung unterstellt. Aus operativen Gründen erfolgte auf Initiative der Abteilung II der BV Magdeburg die Zusammenfassung des »Polygon«-Gebiets in eine Oberförsterei. Dadurch wurden Grundlagen für eine komplexe Absicherung geschaffen. Der Bereich der Oberförsterei wurde operativ gesichert.

Der VEB Wasserwerk Colbitz hatte im Bereich des »Polygon« in unmittelbarer Nähe von Schießbahnen und Konzentrierungsräumen umfangreiche Anlagen. Die Angehörigen dieses Betriebs waren bei der Ausübung ihrer Tätigkeit in der Lage, im »Polygon« Truppen, Technik sowie Übungen und Manöverhandlungen zu verfolgen. Es handelte sich dabei um circa 80 Beschäftigte, die in den angrenzenden Gemeinden wohnten und operativ zu sichern waren.

Ein wichtiges Objekt war auch das Kraftwerk Gardelegen. Durch das Kraftwerk Gardelegen erfolgte die Energieversorgung des »Polygon«, und es bestand die Möglichkeit, die gesamte Energiezufuhr zum »Polygon« zu sperren oder in anderer Form den Dienstbetrieb zu stören beziehungsweise teilweise zu unterbrechen. Bei erforderlichen Reparaturen wurden Monteure des Betriebs in das Gebiet des »Polygon« geholt, unabhängig davon, ob Übungen stattfanden oder nicht.

Die Objekte der Deutschen Post in Haldensleben und Colbitz waren aufgrund von Abhörmöglichkeiten aus Sicht der Spionageabwehr relevant. Während erhöhter Manövertätigkeit im »Polygon«, oft bei Anwesenheit hoher Kommandeure der Armeen der Warschauer Vertragsstaaten, wurden zusätzlich Postmietleitungen für den Fernsprechverkehr benutzt. Die Anschlussstellen befanden sich in den genannten Postämtern.

Innerhalb des »Polygon« wurde ständig eine bestimmte Baukapazität von Betrieben aus dem Bezirk Magdeburg gebunden. Dabei ging es vorrangig um Straßenbau sowie die Errichtung von Kasernenneubauten. Die Absicherung der Baubetriebe erfolgte durch die Abteilung XVIII der BV Magdeburg. Auch hier verfügten die beteiligten Bauarbeiter über günstige Spionagemöglichkeiten.[177]

177 Vgl.: Ebd., Bl. 48–51.

Das Magdeburger FIM-System »Paul Großmann«

Die Abteilung II der BV Magdeburg verfügte zur Außensicherung des GSSD-Objekts Stab 3. Stoßarmee über ein Führungs-IM-System, das vom Führungs-IM »Paul Großmann« gesteuert wurde. Der Armeestab 3. Stoßarmee befand sich in der Magdeburger Beimssiedlung. Der HFIM »Paul Großmann« unterhielt ein Scheinarbeitsverhältnis[178] bei der KETsch. Die KETsch war verantwortlich für die Unterhaltung und den Betrieb von Liegenschaften der GSSD. Aus Gründen der Konspiration durfte »Paul Großmann« allerdings keine militärischen Objekte der Sowjetarmee in Magdeburg betreten. Im Mai 1973 steuerte der FIM »Paul Großmann« ein Netz von 32 inoffiziellen Kräften unterschiedlicher Kategorien.[179] Im November 1978 umfasste das Netz von »Paul Großmann« nach Umstrukturierungen noch

---

178 Ein Scheinarbeitsverhältnis war ein nicht existierendes, konspirativ abgedecktes und überprüfbares Arbeitsverhältnis hauptamtlicher IM, das der Legendierung ihrer konspirativen Tätigkeit gegenüber der Öffentlichkeit und dem Gegner diente. Die Legendierung musste so erfolgen, dass selbst bei Überprüfungen durch gegnerische Geheimdienste die Sicherheit und Konspiration des HIM voll gewährleistet war. Die Schaffung, Überprüfung und Stabilisierung von Scheinarbeitsverhältnissen war eine komplizierte Aufgabe, bei deren Realisierung in der Praxis eine Reihe von Problemen auftraten. Sie lagen vor allem im Finden geeigneter Betriebe, Einrichtungen oder Organisationen sowie Personen, die das Scheinarbeitsverhältnis dauerhaft abdecken konnten, im Geheimhalten der tatsächlichen Tätigkeit des HIM gegenüber Freunden, Nachbarn und anderen Außenstehenden, im Schutz des Scheinarbeitsverhältnisses vor Überprüfungshandlungen und anderen Gefährdungssituationen.

179 Vgl.: IM-Vorgang »Paul Großmann«. BStU ASt Magdeburg AIM 1056/83, Teil I, Bd. 1, Bl. 125.

19 IM/GMS.[180] Unter den IM waren auch immer IMK/ KW, die der HFIM für die Treffs mit seinen inoffiziellen Kräften nutzte.

Das FIM-System hatte den Auftrag, die Außensicherung des Objekts »Armeestab Magdeburg« zu gewährleisten. Dies umfasste unter anderem die Feststellung verdächtiger Personen mit entsprechenden Verhaltensweisen, die Registrierung von Pkw aus dem NSW sowie die Durchdringung des Anwohnerbereichs. Die Durchdringung des Anwohnerbereichs konzentrierte sich auf Personen mit Verbindungen beziehungsweise Reisemöglichkeiten in die Bundesrepublik und nach Westberlin, der Aufklärung von Rückkehrern (aus der Bundesrepublik/Westberlin) und Zuziehenden sowie auf Personen am Objekt mit direkten Einsichtmöglichkeiten.

In einer Beurteilung des Führungsoffiziers Hauptmann Michel über den HFIM »Paul Großmann« wird eingeschätzt:

»Die dem FIM (h) übergebenen IM/GMS sind mit der gleichen Einsatzrichtung [Außensicherung ›Armeestab Magdeburg‹, Anm. d. Verf.] tätig. Prinzipiell werden mit dem Netz Personenbewegungen am Objekt unter Kontrolle gehalten. Darin einbezogen ist auch der gesamte Einreiseverkehr zu Anwohnern dieses Objektes und des konzentrierten Wohngebietes. Im Zusammenhang mit der personenbezogenen Arbeit der IM/GMS erfolgte in der zurückliegenden Zeit durch einige IM die Kontrolle von Personen, die unter OPK gestellt wurden. Gleichermaßen wurden durch das FIM (h)-Netz einige operativ bedeutsame Informationen erarbeitet, die Ausgangsmaterial für OPK waren.

Prinzipiell werden sämtliche Einreisen zu Anwohnern registriert und in der AG-Auswertung einer analy-

---

180 Vgl.: Ebd., Bl. 163.

tischen Bewertung unterzogen. Operative Ausgangsmaterialien für OV konnten jedoch bisher nicht erarbeitet
werden. Es kann eingeschätzt werden, dass der FIM (h)
zu den übergebenen IM/GMS eine ständige stabile Verbindung unterhält. Im Kontrollzeitraum 1979 führte der
operative Mitarbeiter mit dem FIM 33 Treffs durch. Der
FIM selbst führte im gleichen Zeitraum mit den übergebenen IM/GMS 248 Treffs durch. Das entspricht einem
monatlichen Treffdurchschnitt von 20,6. Der FIM (h)
›Paul Großmann‹ arbeitet nach einem konkreten Treff-
plan und bereitet die Treffergebnisse in Form eines Mo-
natsberichtes selbständig auf.«[181]
Im Jahr 1980 umfasste das von »Paul Großmann« zu
steuernde Netz 10 IMS, 15 GMS und 4 IMK/KW.[182]
Insgesamt wurden 1980 erarbeitet und durchgeführt:
- 187 Treffs mit 1.004 Informationen und
- 187 Aussprachen mit 681 Informationen.
So wurden also insgesamt 1.685 Informationen erarbeitet. Darunter waren 194 Nachfolgeinformationen über
bereits bekannte Personen und 63 neue Personenein-
schätzungen.[183]
Am 20. Mai 1977 hatte »Paul Großmann« unter Einbeziehung der ihm unterstellten inoffiziellen Kräfte
»Andreas«, »Margarete Fleischer«, »Julius Oswald«,
»Bruno Jeschke« und »Peter« einen besonderen Auftrag
im Rahmen der Sicherung des »Armeestabs Magdeburg« zu realisieren.
Die IM/GMS hatten alle am Stab der 3. Stoßarmee in
Erscheinung tretenden motorisierten Zweiradfahrzeuge
mit polizeilichen Kennzeichen (Kräder beziehungs-

---

181 Ebd., Bl. 206 f.

182 Vgl.: Ebd., Bl. 206.

183 Vgl.: IM-Vorgang »Paul Großmann«. BStU ASt Magdeburg
AIM 1056/83, Teil II, Bd. 4, Bl. 3.

weise Motorroller) und alle Fahrzeuge, die mit einem weißen »L« auf blauem Grund neben dem polizeilichen Kennzeichen gekennzeichnet waren (Fahrschulfahrzeuge) sowie alle Kraftfahrzeuge des DRK-Kranken-transports festzustellen. Die im Zusammenhang mit der Realisierung der Aufgabenstellung erarbeiteten Informationen waren entsprechend dem Informationsbedarf der Kfz-Karten zu dokumentieren. Des Weiteren waren entsprechend der Möglichkeiten identifizierende Merkmale zu den Kfz-Insassen sowie deren Verhaltensweisen zu erarbeiten und auf der Kfz-Karte aufzuführen.

Die Aufgabenstellung an »Paul Großmann« und die ihm unterstellten IM/GMS dienten der Realisierung eines Forschungsvorhabens, auf dessen Grundlage differenzierte Aufklärungsmöglichkeiten zu den Fahrzeugnutzern erarbeitet werden sollten.[184]

Am 5. Januar 1978 berichtete der HFIM »Paul Großmann« zur Auftragserfüllung. Im Zeitraum von Mai bis Dezember 1977 wurden die vorgegebenen Fahrzeuge registriert und erfasst. Konkret beinhaltete dies:

• 68 Fahrschul-Pkw,
• 8 Fahrschul-Lkw,
• 16 Sanitätskraftwagen,
• 33 Kräder.

Insgesamt wurden 125 Fahrzeuge erfasst, einige Fahrschulfahrzeuge vom KIK und von der GST fielen mehrmals am Objekt an.

Die meisten Fahrzeuge wurden in der Zeit von 8 bis 10 Uhr und von 14 bis 16 Uhr registriert. Das war für das System insofern problematisch, da die meisten IM zu dieser Zeit berufsbedingt am Sicherungsobjekt nicht anwesend sein konnten. Lediglich »Andreas«, ein

---

184 Vgl.: IM-Vorgang »Paul Großmann«. BStU ASt Magdeburg AIM 1056/83, Teil II, Bd. 3, Bl. 18.

Volkspolizist, besaß zur umfassenden Realisierung des Auftrags entsprechende Möglichkeiten.[185]

Am 2. Juni 1977 erhielt der HFIM »Paul Großmann« durch seinen Führungsoffizier einen weiteren Auftrag. Im Rahmen der Sicherung des Objekts »Armeestab Magdeburg« hatte der Hauptamtliche Führungs-IM durch den zielgerichteten Einsatz seiner IM sowie durch differenzierte Abschöpfung der IM Folgendes zu realisieren:

- Feststellung und Dokumentierung der im Anliegerbereich des militärischen Objekts in Erscheinung tretenden akkreditierten Angehörigen diplomatischer Vertretungen nichtsozialistischer Staaten in der DDR sowie akkreditierter Journalisten und Korrespondenten aus diesen Staaten;
- Feststellung und Dokumentierung zu Verhaltensweisen von konkret zugewiesenen Personen bei ihrem Erscheinen am genannten militärischen Objekt sowie bisher nicht bekannte Personen mit relevanten Verhaltensweisen während ihres Erscheinens am Objekt;
- Organisation des Verbindungssystems zu den inoffiziellen Kräften, so dass eine unverzügliche Informationsweiterleitung zum Führungsoffizier der Abteilung II gewährleistet war.

Die genannte Aufgabenstellung hatte der HFIM »Paul Großmann« mit seinem System bis zum 10. Juni 1977 vorrangig zu realisieren.[186]

Am 25. April 1980 teilte der Leiter der Abteilung II der BV Magdeburg, Oberstleutnant Hippler, einem Mitarbeiter der Abteilung XI/BV Magdeburg mit, dass in der Zeit vom 21. bis 25. März 1980 durch inoffizielle Kräfte des Referats 4 der Abteilung II ein Wochenendgrundstück in Magdeburg kontrolliert worden war. Vor dem

---

185 Vgl.: Ebd., Bl. 65.
186 Vgl.: Ebd., Bl. 24.

Wochenendgrundstück wurde ein Pkw »Moskwitsch«, Farbe Grün, festgestellt. Bei dem Halter handelte es sich um eine Person, welche im Bezirk Schwerin wohnhaft war. Der Bürger aus dem Bezirk Schwerin sowie die Familie mit dem Wochenendgrundstück in Magdeburg traten im Kontrollzeitraum nicht mit operativ-relevanten Verhaltensweisen am angrenzenden militärischen Objekt in Erscheinung. Das im Vorfeld vom Mitarbeiter der Abteilung XI an die Abteilung II übermittelte Kennzeichen aus Hamburg wurde im Kontrollzeitraum nicht festgestellt.[187]

Am 30. April 1983 beendete die Magdeburger Spionageabwehr die Zusammenarbeit mit dem HFIM »Paul Großmann« aufgrund gesundheitlicher Beeinträchtigungen. Der HFIM wurde invalidisiert und entpflichtet. »Paul Großmann« wurde darüber belehrt, dass er nach der Entpflichtung strenges Stillschweigen über im Zusammenhang mit dem MfS bekannt gewordene Verknüpfungen, Sachverhalte und Personen zu wahren hat. Die Geheimhaltungs- und Schweigepflicht war unwiderruflich und konnte nur mit Zustimmung der Staatssicherheit gebrochen werden. Weiterhin hatte der HFIM nach seiner Entpflichtung persönlichen und postalischen Kontakt in das Nichtsozialistische Ausland zu vermeiden. Nach Beendigung der Zusammenarbeit mit dem MfS hatte »Paul Großmann« im Interesse der Wahrung der Konspiration auch keine Verbindungen und Kontakte zu vormals von ihm geführten IM zu unterhalten. Ebenfalls hatte er aus diesem Grund den Bereich Beimssiedlung in seiner territorialen Ausdehnung zu meiden.[188]

---

187 Vgl.: Ebd., Bl. 211.

188 Vgl.: IM-Vorgang »Paul Großmann«. BStU ASt Magdeburg AIM 1056/83, Teil I, Bd. 1, Bl. 69.

HIM–Systeme und IM der Militärspionageabwehr im Bezirk Halle

Im Bezirk Halle befanden sich eine Vielzahl von militärischen Objekten, die gegen Spionageangriffe gesichert werden mussten. Erwähnt sei hier die 11. MSD der NVA mit Standorten in Halle, Weißenfels und Wolfen. In Halle selbst befanden sich zum Beispiel der Stab der 11. MSD (Nordstraße), das Motorisierte Schützenregiment (MSR) 17 (Paracelsusstraße) sowie verschiedene Truppenteile in der Merseburger Straße.[189]

Aber auch Einheiten der Sowjetarmee waren in Halle beziehungsweise im Bezirk stationiert. Am Stadtrand von Halle befanden sich zwei Objekte der GSSD. Die Objekte Halle-Heide und Halle-Wörmlitz wurden von der Abteilung II der BV Halle beziehungsweise von der KD Halle gesichert.

Ein Objekt lag unmittelbar an einem von der Hallenser Bevölkerung im Sommer wie im Winter stark besuchten Ausflugsort. Dort war ständig ein reger Personenverkehr zu verzeichnen, was sich erschwerend auf die Feststellung verdächtiger Personen auswirkte.

An beide Objekte grenzten unmittelbar Wohnhäuser, so dass direkte Einsichtmöglichkeiten für die dort wohnenden Personen bestanden.[190]

---

189 Vgl.: Gerold Möller: *11. Motorisierte Schützendivision Halle.* Selbstverlag, Halle 2005, S. 102.

190 Vgl.: Golleng: Diplomarbeit zum Thema: »Analysieren Sie den Stand der Ermittlung und Bearbeitung von Spionen der imperialistischen Geheimdienste durch die inoffizielle Innensicherung an den militärischen Objekten der Stadt Halle. Welche Aufgaben ergeben sich für eine wirksame Arbeit mit dem Netz der inoffiziellen Mitarbeiter zur Feststellung

Zur Feststellung verdächtiger Personen an den Objekten erfolgte der Einsatz von IM-Beobachtergruppen der Abteilung II der BV Halle sowie der an den Objekten vorhandenen IM. Diese IM setzten sich aus Anwohnern der Objekte sowie berufsbedingt dort anwesenden Personen (Förster, Hundeführer der VP) zusammen. Diese hatten Möglichkeiten, Verdächtige ausfindig zu machen und gegebenenfalls unter Nutzung bestimmter Legenden die Personalien dieser Personen festzustellen.[191]

Von 1964 bis 1987 war der HFIM »Jawa« für die Abteilung II der BV Halle tätig. »Jawa« war als HIM und Gruppenleiter der Absicherungsgruppe (10 IM) der Abteilung II zur Außensicherung militärischer Objekte der Sowjetarmee im Bezirksmaßstab eingesetzt.[192]

Seine Tätigkeit versah »Jawa« unter dem Scheinarbeitsverhältnis »BDVP Halle, Abteilung K«, hierzu war er mit entsprechenden Dokumenten (unter anderem Dienstbuch der K) ausgerüstet. Die festgelegte Legendierung wurde durch einen IM in Schlüsselposition der Abteilung VII der BV Halle abgesichert. Neben der Schwerpunktaufgabe »Beobachtungseinsätze im Rahmen der Absicherung militärischer Objekte« wurde »Jawa« auch mit der Führung von Erstermittlungen in den Speichern der Deutschen Volkspolizei beauftragt.[193]

»Jawa« war mit seiner Beobachtergruppe unter anderem 1974 in Naumburg bei den Aktionen »Star« und »Amsel«, die sich gegen Militärspione richteten, im Einsatz.[194]

---

und Bearbeitung von spionageverdächtigen Personen an den Objekten?« BStU ZA Z. Tgb.-Nr. Pos D 28, MfS JHS MF 76, Bl. 2 f.

191 Vgl.: Ebd., Bl. 3.

192 Vgl.: IM-Vorgang »Jawa«. BStU ASt Halle AIM 1614/87, Teil I, Bd. 1, Bl. 151.

193 Vgl.: Ebd., Bl. 280 f.

194 Vgl.: Ebd., Bl. 174.

Auch am erfolgreichen Abschluss des OV »Tulpe« der Abteilung II der BV Halle war »Jawa« im Jahr 1979 beteiligt. Im Ergebnis des OV »Tulpe« wurden zwei Spione paralysiert.[195] Weiterhin war »Jawa« bei der Bearbeitung an den Vorgängen »Elbe« und »Achat« eingesetzt.

Aufgrund von Invalidisierung wurde die Zusammenarbeit mit dem HFIM »Jawa« zum 1. April 1987 eingestellt. »Jawa« hatte mit dem Ausscheiden aus dem MfS eine Schweigeverpflichtung abzugeben, notwendige Maßnahmen zur Kontrolle über die Einhaltung der Schweigepflicht wurden zwischen der Abteilung II der BV Halle und der KD Merseburg organisiert.[196]

Die Abteilung II der BV Halle verfügte über eine Reihe weiterer hauptamtlicher IME, die als Stützpunktbeobachter beziehungsweise Identifizierungsbeobachter zur Abwehr gegnerischer Aufklärungshandlungen an militärischen Schwerpunktobjekten im Bezirk Halle tätig waren. Der Einsatz erfolgte unter anderem in den HIM-Beobachtergruppen »Jawa« und »Granit«.

Solche HIME waren zum Beispiel:

- »Dieter Fuchs«[197],
- »Ines Weber«[198],
- »Rudi Wolf«[199],
- »Rolf Glas«[200].

---

195 Vgl.: Ebd., Bl. 213.

196 Vgl.: Ebd., Bl. 326.

197 Vgl.: IM-Vorgang »Dieter Fuchs«. BStU ASt Halle AIM Halle 8738/89.

198 Vgl.: IM-Vorgang »Ines Weber«. BStU ASt Halle AIM Halle 6271/88.

199 Vgl.: IM-Vorgang »Rudi Wolf«. BStU ASt Halle AIM Halle 10997/87.

200 Vgl.: IM-Vorgang »Rolf Glas«. BStU ASt Halle AIM Halle

Diese HIME hatten ein Scheinarbeitsverhältnis bei der Abteilung K der BDVP Halle, welches durch einen IM der Abteilung VII in Schlüsselposition beim Dezernat I der Kriminalpolizei abgesichert wurde und mit der Abteilung VII der BV Halle abgestimmt war.

Die genannten HIME verfügten über ein Dienstbuch der K, die K-Dienstgrade reichten vom K-Meister bei »Ines Weber« über Unterleutnant der K bei »Rudi Wolf« bis zum Leutnant der K bei »Dieter Fuchs«. Des Weiteren hatten beispielsweise die HIME »Dieter Fuchs« und »Rudi Wolf« auch operative Dokumente, die sie als Mitarbeiter der Deutschen Reichsbahn legendierten.[201] Der HIME »Ines Weber« hatte ein zusätzliches operatives Dokument als Mitarbeiterin der Zivilverteidigung.[202]

Ihren Dienst versahen die HIME entweder am jeweiligen Einsatzort oder in den Konspirativen Objekten »Zentrum«, »Mauer« und »Karbid.«

Einen Einblick in die Tätigkeit der HIME liefert ein Auszug aus dem Tätigkeitsnachweis des HIM »Dieter Fuchs« von Januar 1985 bis Juni 1986. Dort heißt es:

»Der HIM ›Dieter Fuchs‹ nahm in diesem Zeitraum an mehreren Absicherungseinsätzen zu OV und OPK im Rahmen der Abt. II sowie mehreren KD und der HA II teil. Er handelte dabei im Rahmen der HIM-Gruppe ›Granit‹ sowie zusammen mit MA der genannten Diensteinheiten.

Im Rahmen dieser Maßnahmen wurden durch den HIM zahlreiche Fotodokumentationen und Beobachtungsbe-

11481/89.

201 Vgl.: IM-Vorgang »Dieter Fuchs«. BStU ASt Halle AIM 8738/89, Teil I, Bd. 1, Bl.192. Und: IM-Vorgang »Rudi Wolf«. BStU ASt Halle AIM 10997/87, Teil I, Bd. 1, Bl. 176.

202 Vgl.: IM-Vorgang »Ines Weber«. BStU ASt Halle AIM 6271/88, Teil 1, Bd. 1, Bl. 87.

richte gefertigt. Er wurde weiterhin zur Identifizierung von Personen im Rahmen von Komplexeinsätzen eingesetzt. Hierbei hatte der HIM Umgang mit Fototechnik, Funktechnik sowie Codemitteln.«[203]

Im Einzelnen war der HIM »Dieter Fuchs« eingesetzt im Rahmen der Beobachtung von folgenden OV und OPK sowie Komplexeinsätzen:

- OPK »Habicht«, Wittenberg, Januar 1985;
- Material »Kneipe«, Sangerhausen;
- »Komplex I/85«, Zeitz-Breitenbach, März bis Mai 1985;
- OV »Hopfen«, Naumburg;
- OPK »Meteor«, Naumburg, Juli 1985;
- OPK »Visier«, Berlin/Halle, Oktober 1985;
- OPK »Falke«;
- OPK »Dackel«, Halle;
- ZOV »Radar«, TV »Besucher«;
- OPK »Sportplatz«, Zeitz;
- »Komplex II/85«, Zeitz-Breitenbach, September bis Oktober 1985;
- Manöver »Granit 86«, Weißenfels;
- »Komplex I/86«, Zeitz-Breitenbach, April bis Mai 1986;
- OV »Halde«, Zeitz-Zettweil, April bis Mai 1986;
- »Diplom«, Landsberg-Halle, Juni 1986.[204]

Ein ähnliches Pensum hatte der HIM »Rolf Glas« zu realisieren. »Rolf Glas« war von Dezember 1984 bis Mai 1986 bei folgenden Sicherungs- und Beobachtungseinsätzen tätig:

- Beobachtungseinsatz zum OV »Ramses«, Merseburg, 19. Dezember 1984;
- Beobachtungseinsatz zur OPK »Klotz«, Magdeburg/ Oschersleben, 18. Januar 1985;

---

203 IM-Vorgang »Dieter Fuchs«. BStU ASt Halle AIM 8738/89, Teil I, Bd. 1, Bl. 235.

204 Vgl.: Ebd., Bl. 235 f.

- Beobachtungseinsatz zum Sonderoperativvorgang (SOV) »Eifel«, Halle, 23. Januar bis 25. Juli 1985 (mit Unterbrechungen);
- Beobachtungseinsatz zum OV »Saale II«, Naumburg, 25. Januar bis März 1985 (mit Unterbrechungen);
- Sicherungseinsatz zum 35. Jahrestag des MfS, Halle, BV-Gelände, Eissporthalle, 4. bis 9. Februar 1985;
- Beobachtungseinsatz zum operativen Material »Fliege«, Wittenberg, 6. bis 9. März 1985;
- Beobachtungs- und Sicherungseinsatz zum OV »Container«, Torgau, 26. März bis 15. Juni 1985 (mit Unterbrechungen);
- Beobachtungs- und Identifizierungseinsatz zum operativen Material »Reisender«, Sangerhausen/Berga, 25. April 1985;
- Beobachtungseinsatz zum OV »Radar II«, Weißenfels/Naumburg, 4. Mai 1985;
- Beobachtungseinsatz zum OV »Hopfen«, Naumburg, 4. April bis 17. Juni 1985 (mit Unterbrechungen);
- Beobachtungseinsatz zum operativen Material »Meteor«, Naumburg, 29. Juli 1985;
- Komplexer Sicherungseinsatz II/85 im Sicherungsbereich der GSSD-Objekte, Naumburg, 16. September bis 28. November 1985;
- Beobachtungseinsatz zur OPK »Taunus«, Halle/Gera/Halle, 25. Oktober 1985;
- Beobachtungseinsatz zur OPK »Visier«, Berlin/Halle/Merseburg, 5. Oktober 1985;
- Beobachtungseinsatz zum OV »Bock«, Merseburg, 17. Januar 1986;
- Beobachtungseinsatz zum operativen Material »Katalog«, Halle, 4. bis 6. März 1986;
- Sicherungseinsatz zur Aktion »Granit 86«, Allstedt/Merseburg/GSSD-Flugplätze, 4. bis 7. April 1986;
- Komplexer Sicherungseinsatz I/86 im Sicherungs-

bereich der GSSD-Objekte, Naumburg, 23. April bis 28. Mai 1986.[205]

Am 7. November 1973 wurde der IM-Kandidat »Hügel« durch Hauptmann Schwabe von der Abteilung II der BV Halle als IMS verpflichtet. Die Einsatzrichtung von »Hügel« bestand in der Sicherung des Nachrichtenübermittlungspunkts »Kajemotschka 44270«. Dieser sowjetische Nachrichtenübermittlungspunkt befand sich auf der Viktorshöhe bei Friedrichsbrunn im Kreis Quedlinburg. Die Aufgabe von »Hügel« bestand in der Erarbeitung von Ersthinweisen zu Personen, die Interesse für dieses Nachrichtenobjekt zeigten. Dazu besaß er als Angehöriger eines Ferienheims auf der Viktorshöhe und Anwohner im Bereich des Objekts gute Voraussetzungen. Konkret sollte durch den IMS »Hügel« folgender Informationsbedarf gedeckt werden:

- Hinweise zu DDR-Bürgern, welche sich für das GSSD-Objekt interessierten und versuchten, Kontakt zu sowjetischen Armeeangehörigen herzustellen;
- Hinweise zu Fahrzeugen und deren Kennzeichen, bei denen erkannt werden konnte, dass sich die Insassen für den Nachrichtenübermittlungspunkt interessierten;
- Registrierung sämtlicher ausländischer Kennzeichen von Fahrzeugen, welche den Feldweg von Friedrichsbrunn zur Viktorshöhe befuhren.

Treffs zwischen »Hügel« und seinem Führungsoffizier fanden in der KW »Felsen« statt.[206]

---

205 Vgl.: IM-Vorgang »Rolf Glas«. BStU ASt Halle AIM 11481/89, Teil II, Bd. 1, Bl. 18 f.

206 Vgl.: IM-Vorgang »Hügel«. BStU ASt Halle AIM 4020/86, Teil I, Bd. 1, Bl. 58, 73 ff.

Ebenfalls für die Abteilung II der BV Halle war der IMS »Rudolf« tätig. Er war selbständiger Handwerker und erledigte auch Dienstleistungen für Angehörige der GSSD und deren Familienangehörige. Aufgrund verwandtschaftlicher Beziehungen in die Bundesrepublik und seiner Tätigkeit an einem GSSD-Objekt Halle-Heide zählte er zu den Zielpersonen westlicher Geheimdienste. Von einer schriftlichen Verpflichtungserklärung sah das MfS ab, und es erfolgte im Dezember 1982 die Verpflichtung per Handschlag.[207] Die Zusammenarbeit mit »Rudolf« und seinem Führungsoffizier Major Lanatowitz gestaltete sich von Beginn an schwierig. »Rudolf« lehnte Treffs in Konspirativen Wohnungen sowie eine schriftliche Berichterstattung ab. Er erklärte sich allerdings bereit, mündlich über bestimmte Vorkommnisse zur Außensicherung des GSSD-Objekts zu berichten. Die erarbeiteten Informationen trugen allgemeinen Charakter und führten nicht zur Entwicklung von operativen Ausgangsmaterialien. Die eingeleiteten Überprüfungen seiner Informationen bestätigten sich allerdings und entsprachen der Wahrheit.[208] Der IM-Vorgang »Rudolf« wurde im November 1989 archiviert.

Zur Militärspionageabwehr der BV Suhl in den 1980er Jahren

Die Abteilung II der BV Suhl analysierte 1988, dass folgende militärischen Objekte in ihrem Zuständigkeitsbereich vorrangig gesichert werden mussten:

---

207 Vgl.: IM-Vorgang »Rudolf«. BStU ASt Halle AIM 2780/89, Teil I, Bd. 1, Bl. 18.

208 Vgl.: Ebd., Bl. 142.

- die Objekte der GSSD Barbara-Kaserne und der Stadt-kaserne in Meiningen, einschließlich der Übungsge-lände Dolmar und Dreißigacker, sowie die Verlade-bahnhöfe Meiningen und Walldorf;
- das NVA-Objekt des MSR 23 in Bad Salzungen, ein-schließlich des angrenzenden Übungsgeländes und der Verladebahnhöfe Immelborn, Bad Salzungen und Dorndorf;
- die funktechnischen Objekte der GSSD und der NVA im Bezirk Suhl, insbesondere die Objekte »Schnee-kopf«, »Schwarzer Kopf«, »Geba«, »Pleß«, »Gleich-berg« und »Steinheid«;
- die Offiziershochschule der Grenztruppen »Rosa Lu-xemburg« in Suhl.[209]

Seit Ende der 1970er Jahre wurde die Militärspionage-abwehr im Verantwortungsbereich der Abteilung II der BV Suhl wie folgt organisiert:

- die Außensicherung militärischer Objekte, Einrich-tungen und Marschstraßen mittels eines starren Stütz-punktsystems und des Einsatzes von hauptamtlichen Beobachtergruppen;
- operative Durchdringung der Anwohner-/Anlieger-bereiche, Konzentrationspunkte und Objekt-Um-welt-Beziehungen;
- Durchführung von Sicherungsaktionen;
- analytische Arbeit auf Grundlage der Kfz-Kartei.

Dabei wurde in der Abwehrarbeit vorrangig auf folgen-de Personenkategorien orientiert:

- erkannte und verdächtige Militärspione aus dem Einreiseverkehr in die DDR, insbesondere aus der Bundesrepublik und Westberlin;

---

209 Vgl.: Gerald Geier: »Zur weiteren Qualifizierung der Militärspi-onageabwehr im Bezirk Suhl«, Bl. 8 f.

- Personen aus der DDR, die als Stützpunkte beziehungsweise Agenturen westlicher Geheimdienste verdächtig waren und entsprechend ihrer objektiven und subjektiven Merkmale zu den Zielgruppen dieser Dienste zählten (einschließlich NSW-Reisekader und Kraftfahrer im grenzüberschreitenden Verkehr);
- Anwohner/Anlieger der zu sichernden militärischen Objekte mit direkten Einsichtmöglichkeiten, aktiven Westverbindungen, bedeutsamen Personenmerkmalen beziehungsweise relevanten Verhaltensweisen;
- Personen aus dem Bereich der Objekt-Umwelt-Beziehungen mit operativen Merkmalen;
- Personen, die an militärischen Objekten in operativ bedeutsamer Weise aufgefallen waren oder festgestellt wurden;
- operativ bedeutsame Kontaktpartner von Angehörigen bewaffneter Organe.[210]

Die Militärspionageabwehr im Bezirk Suhl umfasste:
- ein operativ bewegliches System der Außensicherung militärischer Objekte;
- eine komplexe Durchdringung der Anwohner-/Anliegerbereiche, der Objekt-Umwelt-Beziehungen sowie der Konzentrationspunkte unter Beachtung weiterer spionagegefährdeter Objekte, Einrichtungen und Prozesse im Territorium;
- eine komplexe Durchdringung der Zielgruppen westlicher Geheimdienste im Schwerpunktbereich;
- eine operative Einordnung anderer, die Landesverteidigung tangierender Bereiche und Prozesse.

Diese waren bei der Organisierung der Abwehrarbeit stets in ihrem wechselseitigen Zusammenhang und ihrer Einheit hinsichtlich der Innensicherung, für die die

---

210 Vgl.: Ebd., Bl. 13 f.

HA I sowie die sowjetische Militärabwehr verantwortlich zeichneten, zu sehen.[211]

Für den <u>Schwerpunktbereich Meiningen</u> ergaben sich bezüglich der Außensicherung militärischer Objekte, Einrichtungen und Anlagen folgende Aufgabenstellungen:

1. Organisierung direkter Sicherungsmaßnahmen durch Beobachter/Beobachtergruppen, mobiler Sicherungstechnik und Beobachtungs-/Identifizierungsstützpunkten an ausgewählten Objekten in Verbindung mit den Zusammenhängen zwischen Objekt, Marschstraße, Verladebahnhof, Übungsgelände, politischen und ökonomischen Schwerpunkten mit dem Ziel,

   - im Rahmen der Vorgangsarbeit Indizien und Beweise für Militärspionage zu dokumentieren,
   - operative Ausgangsmaterialien für OPK und OV zu entwickeln, wobei hohe Anforderungen an die Person hinsichtlich einer Differenzierung der Verhaltensweisen und ihrer Einordnung in erkannte/vermutete geheimdienstliche Informationsinteressen gestellt wurden,
   - mittels vorbeugender operativer Sicherung dem schadensabwendenden Effekt Rechnung zu tragen, indem Einsichtstellen eingeschränkt oder im Interesse der Geheimhaltung beseitigt wurden.

   Die Objektsicherung war eingeordnet in den gesamten Sicherungsgegenstand, der die vielfältigen Beziehungen zum Territorium und zu den Personen mit Kenntnissen über das beziehungsweise zum Objekt umfasste. Grundsätzlich wurde 1988 keine ständige und passive Außensicherung mehr durchgeführt, um

---

211 Vgl.: Ebd., Bl. 37.

spionageverdächtige Personen festzustellen, weil sich dies als uneffektiv erwiesen hatte. Sicherungsmaßnahmen wurden zu diesem Zeitpunkt ausschließlich zeitweilig aktions- und personenbezogen realisiert. Damit wurden im Rahmen der OPK- und OV-Arbeit, bei der Verdichtung operativer Materialien sowie beim Aufenthalt einreisender Bundesbürger mit bedeutsamen Merkmalen keine passiven Erwartungshandlungen vorgenommen, sondern aktive vorgangs- und personenbezogene Kontrollmaßnahmen in ausgewählten Zeiträumen realisiert. Die operative Kontrolle/Beobachtung spionageverdächtiger Personen begann am Wohnobjekt/Reiseziel und umfasste den gesamten Bewegungsablauf sowie die Gesamtheit der Verbindungen und Kontakte im Schwerpunktbereich, nicht nur an den militärischen Objekten.

2. Schaffung konspirativ tätiger operativer Mitarbeitergruppen/Beobachter (nach Auflösung der HIME-Gruppen/Beobachter[212]) zur Erhöhung der Wirksamkeit der Spionageabwehr an den militärischen Objekten des Verantwortungsbereichs. Dabei standen folgende Aufgaben im Mittelpunkt:

   • Lösung spezifischer Beobachtungs- und Kontrollmaßnahmen im Rahmen der OPK und OV-Arbeit, wobei diese Maßnahmen vom Wohnhaus bis zum militärischen Objekt zu realisieren und auf die Beweisführung einer möglichen Spionagetätigkeit auszurichten waren;

---

212 Hier gab es in den einzelnen Bezirksverwaltungen erhebliche Unterschiede. Ab Mitte der 1980er Jahre wurden HIM-Planstellen in Stellen für BU/BO umgewandelt. Drei Abteilungen II von BV wandelten HIM-Planstellen in Stellen für UMA um. Nur fünf Abteilungen II von BV planten noch mehr als zwei HIM-Stellen; zwei Abteilungen II von BV beseitigten HIM-Planstellen gänzlich.

- Gewährleistung des legendierten Einsatzes zur Beobachtung/Identifizierung spionageverdächtiger Personen und Handlungen;
- Durchführung von Beobachtungen zu operativen Höhepunkten, wie Aktionszeiträumen, Maßnahmen erhöhter militärischer Bewegungen, Technikzuführung, Truppenaustausch an ausgewählten militärischen Objekten;
- Realisierung legendierter konspirativer Ermittlungs- und Überprüfungshandlungen zu Personen und Sachverhalten im Rahmen der Militärspionageabwehr, einschließlich der Schaffung erforderlicher Beobachtungsstützpunkte.

Durch die direkte Führung der Mitarbeiter/Beobachter im Referat 4 der Abteilung II der BV Suhl und Qualifizierungsmaßnahmen wurde gewährleistet, dass die Qualität ihres Einsatzes insgesamt gegenüber den bis dahin tätigen HIME-Gruppen verbessert werden konnte.

Zur Gewährleistung der Konspiration in der operativen Arbeit wurden die eingesetzten operativen Mitarbeiter/Beobachter mit Arbeitsdokumenten ausgestattet, die möglichst keine Rückschlüsse auf das MfS zuließen (Ausweise der Zollverwaltung der DDR, der Abteilung K der BDVP oder des Rates des Bezirks).

3. Gewährleistung eines mobilen und operativ beweglichen Einsatzes der bis dahin an den Stützpunkten fest installierten Video-, Foto- und Nachrichtentechnik durch die Einsatzkräfte an den Ausgangspunkten möglicher Spionagehandlungen. Zielstellung dabei war die Feststellung und Dokumentierung des Bewegungsablaufs der verdächtigen beziehungsweise operativ kontrollierten Person vom Wohnhaus zum militärischen Objekt und zu anderen spionagegefährdeten Objekten im gesamten Schwerpunktbe-

reich. Voraussetzung dafür war der bewegliche und konspirative Beobachtereinsatz aus einem komplexen Stützpunktsystem am Wohnhaus, am Weg zum militärischen Objekt und an anderen bedeutsamen Stellen und Punkten sowie an den Einsichtstellen des militärischen Objekts.

4. Rekonstruktion des technischen Sicherungssystems an den militärischen Objekten als Reaktion auf veränderte Regimebedingungen am Objekt, wie Einschränkung oder Beseitigung von Einsichtstellen und sich aus aktuellen Erkenntnissen über westliche Geheimdienste ergebende Erfordernisse der Abwehrarbeit.

Das bedeutete, nur noch ausschließlich dort stützpunktmäßig und mit technischen Mitteln zu sichern, wo der von außen angreifende Spion auch aktiv werden musste, wenn er durch Eigenerkundung Informationen sammelte, und wo eine exakte Differenzierung und Dokumentierung von spionagerelevanten Handlungen sowie die Identifizierung von spionageverdächtigen Personen möglich war. Einsichtstellen, die diesen Erfordernissen nicht gerecht wurden, waren zu beseitigen.

Im Jahr 1988 wurde durch die Abteilung II der BV Suhl in enger Zusammenarbeit mit der HA II/4, der KD Meiningen und dem OTS Berlin nach Abstimmung mit der sowjetischen Militärabwehr in der Barbara-Kaserne der GSSD in Meiningen die operative und technische Sicherung den veränderten Einsichtstellen, die von vier auf eine reduziert wurden, angepasst, womit neben der Einsparung von Kräften und Mitteln ein Qualitätszuwachs bei der Erarbeitung von objektiven Informationen im Rahmen der Außensicherung erreicht wurde. Die operative Technik wurde mobil installiert, damit sie auch außerhalb der am Objekt vorhandenen Stützpunkte zum Einsatz gelangen konnte.[213]

Insgesamt ging die Abteilung II der BV Suhl bei der Außensicherung militärischer Objekte seit 1987 neue Wege und gestaltete die Militärspionageabwehr vor allem im Bereich der stützpunktmäßigen Sicherung flexibler und schwerpunktorientierter. Das betraf vor allem die Abschaffung der ständigen und passiven Außensicherung militärischer Objekte, die sich als uneffektiv erwiesen hatte.

Der hohe Mittel- und Kräfteansatz – die HIME-Gruppen kamen fast das ganze Jahr an den Objekten zum Einsatz und hatten in den mit den Video-, Foto- und Nachrichtentechnik ausgerüsteten Stützpunkten gute Einsatzbedingungen – stand insgesamt nicht mit den Ergebnissen im Einklang. Das Aufwand-Nutzen-Verhältnis entwickelte sich durch zu viele Feststellungen ohne Differenzierungsmöglichkeiten, die kaum nutzbare Bilderkennungskartei, zu wenig Wiederholungsfeststellungen und das umfassende Speichern von Kfz-Feststellungen ohne deren weitere Personifizierung und Verdichtung nicht positiv. Die Identifizierungsrate lag nicht einmal bei 5 Prozent. Durch die Qualifizierung der HIME und mit der Schaffung von Stützpunkten, direkt für die Identifizierung, konnte die Quote auf circa 10 Prozent gesteigert werden, was ebenfalls noch unbefriedigend war.[214]

Die Komplexität der Spionageabwehr erforderte, sich nicht wie bisher in der Abwehrarbeit ausschließlich auf eine vorwiegend passive inoffizielle Durchdringung der unmittelbaren Anwohner-/Anliegerbereiche, Kon-

---

213 Vgl.: Gerald Geier: »Zur weiteren Qualifizierung der Militärspionageabwehr im Bezirk Suhl«, Bl. 37–41.

214 Vgl.: Ebd., Bl. 15.

zentrationspunkte und Objekt-Umwelt-Beziehungen zu beschränken. Aufgrund der veränderten Vorgehensweisen der westlichen Geheimdienste BND und INSCOM war das gesamte Territorium des jeweiligen Schwerpunktbereichs mit allen spionagegefährdeten Objekten, Bereichen und Prozessen einzubeziehen. Solche spionagegefährdeten Objekte, Bereiche und Prozesse im Schwerpunktbereich Meiningen waren über den bisherigen Sicherungsgegenstand hinaus neben den politischen Führungszentren auf Kreisebene:

- im Bereich der Barbara-Kaserne: der VEB Robotron-Zentronik Zella Mehlis, Betriebsteil Meiningen, der VEB Energiekombinat Suhl, Sitz Meiningen, und der Staatliche Forstwirtschaftsbetrieb Meiningen;
- im Bereich der Stadtkaserne der GSSD: der VEB Werra Möbel Meiningen, das Reichsbahnausbesserungswerk und der Bahnhof Meiningen;
- im Bereich des Verladebahnhofs der GSSD Walldorf: der VEB Meliorationsbetrieb Suhl, Sitz Walldorf, und das Plattenwerk Walldorf des VEB Wohnungsbaukombinat Suhl;
- im Bereich der GSSD-Übungsgelände Dolmar und Dreißigacker: die LPG »Fritz Sattler« in Rohr, die LPG Herpf, die Jagdgesellschaft Dolmar sowie die Ortschaften Dreißigacker, Herpf, Utendorf, Metzels, Rohr, Kühndorf, Schwarza, Christes mit Konzentrationspunkten, wie etwa Gaststätten, in denen GSSD-Angehörige verkehrten;
- die Zufahrtsstraßen von den GSSD-Objekten zum Verladebahnhof sowie zu den Übungsgeländen und die Marschstraße von Meiningen auf der F 280 Richtung Ohrdruf mit ihren neuralgischen Punkten sowie weitere von der GSSD regelmäßig genutzte Straßen, Wege und Plätze, wie der Panzerwaschplatz an der Werra;
- alle bauausführenden Dienstleistungsbetriebe des

Territoriums, die Arbeiten in den Objekten der GSSD durchführten;

- gesellschaftliche Organisationen und Einrichtungen im Raum Meiningen, die Patenschaftsbeziehungen mit den GSSD-Objekten unterhielten, und eine Vielzahl von Personen, die Privatverbindungen zu Angehörigen der GSSD besaßen, insbesondere in den konzentrierten Wohngebieten der GSSD;
- Prozesse und Handlungen, die die Ordnung und Sicherheit an den Militärobjekten beeinträchtigten, zum Beispiel Verletzung der Sperrgebietsverordnung, aber auch Schmuggel, Spekulation, Diebstahls- und andere kriminelle Handlungen von Angehörigen der GSSD.

Zu beachten waren darüber hinaus weitere militärische Objekte im Schwerpunktbereich, wie

- die 13. VP-Bereitschaft »Magnus Poser« in Meiningen,
- der Stab des Grenzregiments (GR) 9 in Meiningen,
- der Flugplatz »Rohrer Berg« der Hubschrauberstaffel (HS) 16 der GT,

mit den entsprechenden Anwohner-/Anliegerbereichen und Objekt-Umwelt-Beziehungen.

Für die Organisierung der Abwehrarbeit ergaben sich daraus folgende Aufgaben:

1. Zur besseren Durchdringung der im Schwerpunktbereich vorhandenen militärischen Objekte, Bereiche und Prozesse war es erforderlich, das gesamte inoffizielle Potential der KD Meiningen und aller Diensteinheiten verstärkt einzubeziehen und zielgerichtet zu erweitern, um:
   - die personellen Schwerpunkte der komplexen Spionageabwehr zu erkennen,
   - die OPK- und Vorgangsarbeit zu intensivieren,
   - operative Ausgangsmaterialien zu erarbeiten,
   - schnell auf aktuelle Angriffe der Geheimdienste im Territorium reagieren zu können,

- die Klärung operativ bedeutsamer Anhaltspunkte zielstrebig voranzutreiben,
- einen ständigen Erkenntniszuwachs über territoriale Veränderungen zu erhalten,
- die Frage »Wer ist wer?« zu klären.

2. Zur Gewährleistung dieses Erfordernisses musste das eigene IM-System auf der Linie II qualitativ und quantitativ erweitert werden, was nicht nur mit Werbungen am militärischen Objekt und in den herkömmlichen Anwohner-/Anliegerbereichen, sondern auch in anderen spionagegefährdeten Bereichen zu realisieren war. Die Aufgabenstellung reichte bis zur Werbung spezifischer IM, wie beispielsweise Reisekader in ökonomischen Schwerpunktbereichen.

3. Die operative Durchdringung erforderte eine noch stärkere enge und kameradschaftliche Zusammenarbeit der Abteilung II der BV Suhl mit der zuständigen KD, der HA I, anderer Fachabteilungen der BV und der sowjetischen Militärabwehr sowie ein effektives operatives Zusammenwirken mit den Kräften der VP und anderen gesellschaftlichen Kräften entsprechend der jeweiligen Situation am zu sichernden militärischen Objekt beziehungsweise im gesamten Verantwortungsbereich. Damit sollte erreicht werden, dass sich durch eine komplexe operative Durchdringung der genannten Objekte, Bereiche und Prozesse umfassender und variabler als bisher auf die sich insgesamt komplexeren Spionageangriffe eingestellt werden konnte und vorbeugend, aber mehr offensiv gehandelt wurde.[215]

Die Notwendigkeit eines solchen Vorgehens ließ sich nach Ansicht von Gerald Geier am Beispiel des TV

---

215 Vgl.: Ebd., Bl. 41-45.

»Lichter« der Abteilung II der BV Erfurt und eines 1988 laufenden TV der Abteilung II der BV Suhl des ZOV »Offensive« nachweisen. Der BND wählte seine Spione nicht nach rein militärischen, ökonomischen oder politischen Gesichtspunkten aus, sondern war bestrebt, die Aufklärung der »inneren Lage der DDR« allseitig und umfassend vorzunehmen. Das bedeutete, dass die Auftragserteilung an den Spion beziehungsweise die vollständige Ausschöpfung seiner Kenntnisse durch den Geheimdienst nicht nur auf militärische Bereiche ausgerichtet wurde, wenn objektiv bessere Bedingungen für die Informationsbeschaffung aus ökonomischen oder anderen Bereichen vorhanden waren. Das Beispiel des TV »Lichter« der Abteilung II der BV Erfurt zeigte, dass Aufträge zur Militärspionage ganz zurückgestellt werden konnten, wenn die Agentur bessere objektive Möglichkeiten in anderen Bereichen hatte.[216]

Der ehemalige Leiter der BV Erfurt schreibt zum TV »Lichter«: »So konnten wir einen westdeutschen Bürger festnehmen, der im Auftrag des BND Kontakte zu Mitarbeitern von Betrieben der Mikroelektronik geknüpft hatte.«[217]

Es handelte sich hier um den Servicetechniker Rudolf B., der bei seinen Einreisen in die DDR Eigenaufklärung betrieb und als Werber beziehungsweise Instrukteur von DDR-Spionen im Bereich der Mikroelektronik fungierte. Bei den DDR-Agenturen handelte es sich um Jürgen und Ilona W. sowie Rainer und Merve H.

Und auch in einem Vorgang der Abteilung II der BV Suhl lagen Erkenntnisse vor, wonach der BND im Schwerpunktbereich Meiningen neben der Militärspio-

---

216 Vgl.: Ebd., Bl. 45.

217 Josef Schwarz: *Bis zum bitteren Ende: 35 Jahre im Dienste des Ministeriums für Staatssicherheit.* Schkeuditz 1995, S. 128.

nage konkret für Betriebe und Einrichtungen der Deutschen Reichsbahn sowie der Mikroelektronik Interesse zeigte und den Verdächtigen zu politischen Problemen im Territorium befragte.

Daraus war abzuleiten, dass bei im Rahmen der Militärspionageabwehr kontrollierten beziehungsweise operativ bearbeiteten Personen stets Bezüge zu ökonomischen und politischen Bereichen herzustellen und in der Kontrolle beziehungsweise Bearbeitung zu berücksichtigen waren.

Als Schlussfolgerung daraus wurde die Militärspionageabwehr im Verantwortungsbereich der Abteilung II der BV Suhl offensiver organisiert und war nicht mehr einseitig auf die Sicherung der militärischen Objekte beschränkt.[218]

Zur Militärspionageabwehr am Beispiel der KD Potsdam und Havelberg in den 1980er Jahren

Die Kreisdienststellen des MfS hatten im Rahmen der Militärspionageabwehr eine hohe Verantwortung, befanden sich doch die meisten militärischen Objekte in ihrem Verantwortungsbereich.

Grundsätzliche Aufgaben für die Organisierung der Militärspionageabwehr einer KD waren die:

- konzentrierte Suche nach dem Gegner in den Zielgruppen der westlichen Geheimdienste unter Beachtung aller Potenzen der KD, vor allem dem qualifizierten Einsatz aller inoffiziellen Kräfte der KD,

---

218 Vgl.: Gerald Geier: »Zur weiteren Qualifizierung der Militärspionageabwehr im Bezirk Suhl«, Bl. 45 f.

- Schaffung von IMB zur Erlangung wertvoller Informationen aus dem Operationsgebiet, bei besonderer Beachtung der objektiven Möglichkeiten, die der Personenkreis der Reise- und Auslandskader bot,
- Bestimmung des Schwerpunktbereichs bei der Außensicherung militärischer Objekte und Schaffung eines komplexen Systems der Außensicherung zur vorbeugenden Abwehr von Spionage- und anderen Angriffen sowie der Feststellung und Identifizierung spionageverdächtiger Personen,
- Gestaltung einer effektiven, zielgerichteten Zusammenarbeit mit der zuständigen Abteilung II der BV, anderen operativen Diensteinheiten des MfS und den Operativgruppen der Militärabwehr der Verwaltung der Sonderabteilungen des KfS.[219]

Diese grundsätzlichen Aufgaben waren Bestandteil der operativen Arbeit aller KD. Im Folgenden werden die spezifischen Aufgaben im Verantwortungsbereich der KD Potsdam erläutert.

Zur Verhinderung der Absichten westlicher Geheimdienste, ein Spionagenetz auf dem Territorium der DDR auf- und auszubauen, musste die Suche nach dem Gegner zielgerichtet unter allen Zielgruppen der Geheimdienste auch im Verantwortungsbereich der KD Potsdam organisiert werden. Erste Voraussetzung dazu war die Bestimmung der Personenkreise, die im Verantwortungsbereich den Zielgruppen zuzurechnen waren. Dieser Personenkreis war im Kreisgebiet sehr umfangreich. Bedingt war dies durch:

- eine große Anzahl militärischer Objekte im Kreis und

---

219 Vgl.: Andreas Streller: »Die weitere Qualifizierung der Militärspionageabwehr im Verantwortungsbereich der Kreisdienststelle Potsdam«, Bl. 14 f.

der damit verbundenen Zahl der Anwohner/Anlieger, Zivilbeschäftigten und Zutrittsberechtigten;

- den Umfang des Polittourismus, der einreisenden Journalisten und Korrespondenten sowie ihrer DDR-Kontaktpartner;
- den Kreis der Reise-, Auslands- und Verhandlungskader, vor allem aus dem ökonomischen Bereich;
- die Personen, welche aus persönlichen Gründen in das NSA reisten beziehungsweise dorthin Kontakte unterhielten.

Der umfangreiche Stamm von Personen im Verantwortungsbereich der KD Potsdam, welche den Zielgruppen der Geheimdienste zugeordnet werden konnten, erforderte die konsequente Durchsetzung einer Differenzierung unter diesen Menschen, um Hinweise auf Spionageverdächtige zu erhalten.

In den verschiedenen operativen Grundprozessen wurde unter den genannten Personenkreisen zur Klärung der Schlüsselfrage »Wer ist wer?« gearbeitet. Dazu wurden im Ergebnis operativ interessante Personen aus der Sicht der Militärspionageabwehr herausgearbeitet. Der Differenzierungsprozess konzentrierte sich dabei auf folgende drei Personengruppen, die zu den Zielgruppen der westlichen Geheimdienste gehörten:

1. *Zivilbeschäftigte und Zutrittsberechtigte.* Im Rahmen der Außensicherung militärischer Objekte gehörten die Zivilbeschäftigten und die Zutrittsberechtigten von militärischen Objekten aus Sicht der Staatssicherheit zu den am meisten gefährdeten Personen. Bei der Außensicherung militärischer Objekte wurde 1985 eine Neubestimmung des Schwerpunktbereichs im Kreis Potsdam vorgenommen. Zum neu bestimmten Schwerpunktbereich gehörte die Personengruppe der DDR-Zivilbeschäftigten im Zentralen Lazarett der GSSD Beelitz-Heilstätten, Kreis

Potsdam-Land. In diesem Lazarett trafen Offiziere der GSSD aus verschiedenen Waffengattungen zusammen. Die DDR-Zivilbeschäftigten waren in der überwiegenden Zahl bereits langjährig im Lazarett tätig, das heißt, sie verfügten über ausgezeichnete Regimekenntnisse und verstanden die russische Sprache. Von den 38 DDR-Zivilbeschäftigten hatten 30 Verbindungen in das westliche Ausland beziehungsweise führten Reisen dorthin durch. Diese Faktoren unterstreichen die durchaus günstigen Voraussetzungen, die die westlichen Geheimdienste zur Erlangung geheimzuhaltender Informationen aus diesem Bereich hatten.

Im Rahmen der Klärung der Frage »Wer ist wer?« unter dem genannten Personenkreis wurde 1985 zu jeder Person eine Handakte angelegt sowie sechs operative Ausgangsmaterialien und eine OPK geschaffen. Von den Ausgangsmaterialien wurden 1986 zwei weitere zur OPK qualifiziert. Bei den in OPK bearbeiteten Personen existierten legale Reisemöglichkeiten in das NSA, außerdem lagen bedeutsame Anhaltspunkte einer geheimdienstlichen Tätigkeit vor.

2. *Angehörige der bewaffneten Organe.* Die westlichen Geheimdienste versuchten stets, unter den Angehörigen der bewaffneten Organe Quellen zu schaffen. Im Verantwortungsbereich der KD Potsdam (wie auch in allen anderen KD) mussten deshalb die Angehörigen des VPKA, des Wehrkreiskommandos (WKK) und die leitenden Angehörigen der Kampfgruppen gesichert werden. Besonders die Angehörigen des WKK waren aus der Sicht der Militärspionageabwehr bedeutsam. Sie besaßen umfangreiche Kenntnisse über die territoriale Kräfteplanung und Kräftezuführung für die NVA und die GT der DDR. Außerdem oblagen dem WKK Maßnahmen im Rah-

men der Planung, Organisation und Vorbereitung der Mobilmachung. In abgeschwächter Form galt dies auch für die Angehörigen des VPKA Potsdam und den leitenden Angehörigen der Kampfgruppen. Erkenntnisse des MfS zeigten, dass es auch in diesen Personenkreisen zum Teil umfangreiche konspirative Kontakte in das westliche Ausland gab. Dazu wurden in der KD Potsdam 1985 vier OPK und ein OV bearbeitet.

3. *NSW-Reisekader.* Ein weiterer und relevanter Personenkreis waren die Reise-, Auslands- und Verhandlungskader im Verantwortungsbereich der KD Potsdam. Die Geheimdienste hatten gute Möglichkeiten während des Aufenthalts von DDR-Bürgern im westlichen Ausland beziehungsweise während des Kontakts von DDR-Bürgern mit Bürgern aus nichtsozialistischen Staaten im Rahmen kommerzieller Beziehungen, diese aufzuklären, geeignet erscheinende DDR-Bürger auszuwählen und Anwerbeversuche zu unternehmen. Umfangreiche Erfahrungen des MfS besagten, dass diese Möglichkeiten von den westlichen Geheimdiensten umfangreich genutzt wurden. Im Jahr 1985 gab es im Verantwortungsbereich der KD Potsdam aus diesem Personenkreis keinen erkannten Militärspion. Weiterhin gab es keinen Reise-, Auslands- oder Verhandlungskader, der eine Kontaktierung durch einen westlichen Geheimdienst gemeldet hatte.[220]

Günther Kratsch schätzte ein, dass insgesamt circa 90 Prozent der Werbeversuche von Reise-, Auslands- und Verhandlungskadern durch diese der Staatssicherheit gemeldet wurden.[221]

---

220 Vgl.: Ebd., Bl. 15–19.

221 Gespräch mit Günther Kratsch am 19. November 2002.

Erfahrungen der Staatssicherheit besagten, dass solche Möglichkeiten von den Diensten umfangreich genutzt wurden. Dass man im Bereich der KD Potsdam zum genannten Zeitpunkt keinen Militärspion aus dem Kreis der Reise-, Auslands- und Verhandlungskader erkannt hatte und auch keiner einen Anwerbungsversuch meldete, fasste man als Widerspruch auf.

Trotzdem konnten die Mitarbeiter auf der Linie Spionageabwehr der KD Potsdam insgesamt auch Erfolge in diesem Bereich erzielen. Ausdruck dafür waren eine Reihe von operativen Ausgangsmaterialien, fünf OPK und der OV »Former«.[222]

Als ein charakteristisches Merkmal bei der Organisierung der Militärspionageabwehr im Verantwortungsbereich der KD Potsdam wurde der fortgesetzte Einsatz von Reisespionen, welche in der Regel Bundesbürger oder Bürger Westberlins waren, festgestellt. Die KD Potsdam bearbeitete dahingehend Mitte der 1980er Jahre die OPK »Mercedes« und den OV »Verband«.[223]

Des Weiteren reisten in den Verantwortungsbereich der KD Potsdam eine Vielzahl von Diplomaten sowie Korrespondenten und Journalisten aus dem NSA ein. Diese potentiellen legalen Basen der westlichen Geheimdienste wurden nach Ansicht des MfS »zur Organisierung der vielfältigsten subversiven Angriffe gegen die DDR, auch zur Organisierung der Militärspionage genutzt«[224]. Diese Kräfte besaßen Potenzen sowohl bei der Suche, Aufklärung und Gewinnung von DDR-Bürgern für eine

---

222 Vgl.: Andreas Streller: »Die weitere Qualifizierung der Militärspionageabwehr im Verantwortungsbereich der Kreisdienststelle Potsdam«, Bl. 19.

223 Vgl.: Ebd., Bl. 20.

224 Ebd.

Tätigkeit im Rahmen der Militärspionage als auch bei der Zusammenarbeit mit bereits geworbenen Agenturen (Übergabe und Übernahme von Informationen, Übergabe von Spionagehilfsmitteln).

Die Aufgabe der KD Potsdam bestand darin, von der vorhandenen Feststellung und Aufklärung der DDR-Kontaktpartner ausgehend, Voraussetzungen für die Aufklärung des Inhalts und Charakters der Verbindungen zu schaffen. Beachtenswert war dabei, dass der Verantwortungsbereich der KD die mit Abstand höchste Anzahl von DDR-Kontaktpartnern im gesamten Bezirk Potsdam hatte. Von insgesamt 43 DDR-Kontaktpartnern wurden 29 von den Mitarbeitern der KD Potsdam bearbeitet.

Bei der Bearbeitung von DDR-Kontaktpartnern der Journalisten, Korrespondenten und bevorrechteten Personen durch die KD Potsdam stand die »Wer ist wer?«-Aufklärung sowie die Bewertung der vorhandenen Aufklärungsmaterialien im Mittelpunkt, um die Personen herauszuarbeiten, bei denen Indizien für eine geheimdienstliche Tätigkeit vorhanden waren. Diese Differenzierung war Voraussetzung für eine weitere zielgerichtete operative Bearbeitung. Im Vordergrund stand dabei der Einsatz vorhandener oder die Gewinnung neuer IM, die eine personenbezogene Arbeit zu den einreisenden Personen leisten konnten.

Des Weiteren wurden technische Maßnahmen sowie Beobachtungsmaßnahmen durchgeführt, die eine operative Kontrolle und Bearbeitung der einreisenden Personen gewährleisteten. Das bedeutete, dass die Offiziere des MfS nicht erst bei der Einreise bestimmter Personen aktiv wurden, sondern es mussten ständig vorbereitende Maßnahmen realisiert werden. Erst dadurch war eine effektive und zielgerichtete operative Arbeit während des Aufenthalts relevanter Personen auf dem Territorium der DDR, insbesondere im Kreis Potsdam, möglich.

Der Personenkreis der DDR-Kontaktpartner von westlichen Diplomaten, Journalisten und Korrespondenten bot der Staatssicherheit auch Möglichkeiten einer Blickfeldarbeit in Richtung Geheimdienste.

Zu den Zielgruppen westlicher Geheimdienste zählten auch länger in der DDR tätige Ausländer, besonders aus dem deutschsprachigen Raum. Im Verantwortungsbereich der KD Potsdam waren beispielsweise in mehreren Betrieben österreichische Staatsbürger tätig. Diese boten sowohl objektiv als auch subjektiv günstige Voraussetzungen für eine geheimdienstliche Tätigkeit. Die Vorzüge für eine nachrichtendienstliche Nutzung dieses Personenkreises waren:

• keine Verständigungsschwierigkeiten (dadurch auch optimale Abschöpfungsmöglichkeiten zur Informationsgewinnung),

• eine Vielzahl beruflicher und privater Kontakte zu DDR-Bürgern,

• große Bewegungsmöglichkeiten auf dem Territorium der DDR, da sie in der Regel motorisiert waren und über ständige Ausreisemöglichkeiten verfügten.

Der unmittelbaren Nachbarschaft des Verantwortungsbereichs der KD Potsdam zu Westberlin und den ständigen Ausreisemöglichkeiten dieses Personenkreises maß man eine hohe Bedeutung bei. Es konnten bei Bedarf kurzfristige Aufträge und Instruktionen vom Geheimdienst an den Spion übermittelt werden, und der Agent war in der Lage, aktuelle Informationen, welche im Bereich der Militärspionage einen entscheidenden Stellenwert besaßen, zu übermitteln.

Auch Bürger aus dem sozialistischen Ausland, zum Beispiel im Verantwortungsbereich der KD tätige Ungarn, boten günstige Ansatzpunkte für eine geheimdienstliche Nutzung. Sie hatten ebenfalls Reisemöglichkeiten in die Bundesrepublik und nach Westberlin. Nach Ansicht des

MfS wurden sie durch die Bevölkerung der DDR häufig als Freunde angesehen, vor denen man keine Geheimnisse haben brauchte. Das gleiche Problem existierte in den Beziehungen zwischen einreisenden DKP- und SEW-Mitgliedern sowie ihren DDR-Kontaktpartnern. Das MfS ging davon aus, dass die kommunistischen Arbeiterparteien im NSA Ziel von Unterwanderungsversuchen westlicher Geheimdienste waren.

Die Kreisdienststelle Potsdam musste diesen Personenkreisen verstärkte Aufmerksamkeit schenken, um mit differenzierten operativen Maßnahmen die Personen herauszuarbeiten, welche geheimdienstlich genutzt werden konnten.

Im Rahmen der operativen Arbeit der KD Potsdam, sowohl zu den Zutrittsberechtigten militärischer Objekte als auch zu den Reise- und Auslandskadern sowie den DDR-Kontaktpartnern von einreisenden Ausländern, spielte nicht nur die Suche nach dem Gegner eine Rolle. Die dahingehend erarbeiteten Aufklärungsergebnisse waren auch für eine zielgerichtete Blickfeldarbeit zur Schaffung von IMB zu nutzen.[225]

Einen wesentlichen Beitrag auf dem Gebiet der Militärspionageabwehr hatte die KD Potsdam hinsichtlich der Außensicherung militärischer Objekte zu leisten. Im Verantwortungsbereich der KD befand sich eine große Anzahl militärisch-bedeutsamer Objekte der GSSD und der NVA. Ausgehend von der Erkenntnis, dass Militärspione mehrere militärische Objekte aufklären, sowie in Durchsetzung des Schwerpunktprinzips wurden auf der Grundlage der Erkenntnisse über die Arbeitsweise der westlichen Geheimdienste bei geheimdienstlichen Angriffen auf militärische Objekte von außen Kriterien zur

---

225 Vgl.: Ebd., Bl. 20–23.

Herausarbeitung der vorrangig zu sichernden Objekte, Bereiche und Anlagen abgeleitet.

Im Ergebnis dieses Prozesses wurde hinsichtlich der Außensicherung militärischer Objekte der Standort des Panzerregiments 1 »Friedrich Wolf« der 1. MSD in Beelitz als vorrangig zu sicherndes Schwerpunktobjekt festgelegt. Weiterhin befand sich im gleichen Objekt das Aufklärungsbataillon 1 »Dr. Richard Sorge« der 1. MSD. Neben der militärisch-strategischen Bedeutsamkeit des Objekts im Rahmen der 1. Staffel des Warschauer Vertrags und dem daraus resultierenden Interesse westlicher Geheimdienste zeichnete sich dieses Objekt besonders durch seine Sicherbarkeit im Rahmen von Sicherungseinsätzen aus.

Die Aufgaben der KD Potsdam bei der komplexen Außensicherung dieses Schwerpunktbereichs waren vielschichtig und umfassten:

1. *Die Organisierung von Sicherungseinsätzen am Schwerpunktbereich.* Ein im Herbst 1985 durchgeführter Sicherungseinsatz zeigte, dass die Filtrierung des in unmittelbarer Nähe des Objekts ankommenden Zugreiseverkehrs nicht ausreichte, um zu operativ verwertbaren Hinweisen auf spionageverdächtige Personen zu gelangen. Die für 1986 angestrebten Sicherungseinsätze sollten die Absicherung der Einsichtstellen auf das Objekt und die Technik sowie der Panzermarschstraße beinhalten. Weiterhin legte man fest, dass die Sicherungseinsätze in die Zeiträume von militärischen Bewegungen verlagert werden. Die für das Jahr 1986 geplante Zuführung bedeutender militärischer Kräfte bot dafür einen günstigen Zeitraum, da das Interesse der Geheimdienste an militärischen Bewegungen zweifelsfrei festgestellt worden war.

   Bewährt hatte sich der Einsatz von Identifizierungsgruppen. Die Tätigkeit und die Stationierung dieser Identifizierungsgruppen erfolgte entsprechend der örtlich gegebenen Bedingungen. In Beelitz machte sich eine Stationierung unmittelbar am Objekt notwendig, da das Gelände relativ unübersichtlich war und die Übernahme einer festgestellten Person beziehungsweise eines festgestellten Kfz unverzüglich erfolgen musste.

Eine weitere Methode war das Einspeichern von Personen (Personenbeschreibung, Bildmaterial, Kfz-Kennzeichen) in die Fahndungsunterlagen der Beobachtungskräfte, die bereits wegen des Verdachts einer geheimdienstlichen Tätigkeit bearbeitet wurden beziehungsweise zu denen operative Anhaltspunkte dahingehend vorlagen. Dabei waren die Grundregeln der Konspiration und Geheimhaltung zu beachten.

Im Rahmen dieser Sicherungseinsätze auf der Linie Spionageabwehr der KD Potsdam gab es eine enge Zusammenarbeit mit den Abteilungen II, VIII und XIX der BV Potsdam.

2. *Die Schaffung beziehungsweise Vervollkommnung eines wirksamen IM-Netzes.* Bei der Suche, Auswahl und Gewinnung geeigneter IM musste von der Aufgabe der Sicherung des Schwerpunktbereichs außerhalb von Sicherungseinsätzen und der konkreten personengebundenen Bearbeitung erkannter personeller Schwerpunkte in Anwohner-/Anliegerbereichen und den Konzentrationspunkten ausgegangen werden.

3. *Die weitere Klärung der Frage »Wer ist wer?« im Anwohner-/Anliegerbereich und den Konzentrationspunkten,* wie Gaststätten und Einkaufszentren sowie konzentrierten Wohngebieten der Militärangehörigen. Diese Aufgabe war nur mittels einer effektiven

Zusammenarbeit mit der HA I zu lösen. Die entsprechenden Verantwortungsbereiche, daraus resultierende Aufgaben- und Zielstellungen wurden in einer gemeinsam erarbeiteten Konzeption festgelegt.

Das abgestimmte Wirken der Mitarbeiter der KD Potsdam mit der HA I spielte auch bei der Realisierung aller anderen Aufgaben eine entscheidende Rolle.

4. *Die Schaffung von Voraussetzungen für eine vergleichende analytische Arbeit bei Aktivitäten von Personen und Kfz an verschiedenen militärischen Objekten.* In enger Zusammenarbeit mit den sowjetischen Offizieren der Operativgruppen Nedlitz, Krampnitz und Werder der Verwaltung der Sonderabteilungen des KfS wurden ebenfalls Maßnahmen der Außensicherung an den GSSD-Objekten dieser Standorte durchgeführt. Ziel war die Feststellung von Personen und Kfz, die an mehreren militärischen Objekten der GSSD aktiv geworden waren.

Ein wichtiger Schritt war die Erarbeitung einer Kfz-Kartei (West) zu den Objekten Nedlitz, Krampnitz und Werder. Die Zusammenarbeit mit der sowjetischen Militärabwehr brachte operative Erfolge. Von der sowjetischen Militärabwehr erarbeitete und in der KD Potsdam ausgewertete Materialien erbrachten den Nachweis des Erscheinens an militärischen Objekten von mehreren, in OV wegen des Verdachts der Militärspionage bearbeiteten Personen.[226]

Die Kreisdienststellen waren in ihrem Territorium auch für die Abwehrarbeit gegen die drei westlichen MVM verantwortlich. Auf der Ebene der BV oblag diese Ver-

---

226 Vgl.: Ebd., Bl. 24–27.

antwortung der jeweiligen Abteilung VIII, im Ministerium der in Potsdam stationierten HA VIII/5.

Die KD Potsdam registrierte seit 1983 eine in qualitativ hoher Form vorgetragene Aufklärungs- und Spionagetätigkeit der drei westlichen MVM, die eine stetig weitere Qualifizierung der Abwehrarbeit erforderte. Zielstellung der KD war, in zunehmendem Maße die Zeiträume abzubauen, in denen sich Angehörige der drei westlichen MVM unkontrolliert im Stadt- und Kreisgebiet von Potsdam bewegen konnten, um damit Voraussetzungen für offensive Maßnahmen in Zusammenarbeit mit der GSSD und der NVA zu schaffen.

Die besondere operative Bedeutung für die KD Potsdam resultierte daraus, dass die drei westlichen MVM ihre Stützpunkte auf dem Territorium der DDR im Verantwortungsbereich der KD hatten. Die MVM der USA befand sich in Neu Fahrland, die MVM Großbritanniens und Frankreichs in Potsdam.

Damit war die umfassende Feststellung der Aktivitäten der westlichen MVM im Kreisgebiet von Potsdam eine unabdingbare Voraussetzung für die weitere Kontrolle auf dem Territorium der DDR, besonders in den angrenzenden Kreisgebieten und für die Einleitung offensiver Maßnahmen.

Unter der Federführung der HA VIII/5 wurde die operative MVM-Abwehrarbeit im engen Zusammenwirken zwischen der Abteilung VIII der BV Potsdam und der KD Potsdam organisiert.

Die KD Potsdam verfügte über ein System von MVM-Meldepunkten, welches in der zweiten Hälfte der 1980er Jahre ausgebaut wurde. Ein wesentlicher Schritt für die Qualifizierung der operativen Arbeit war die Zentralisierung der MVM-Meldetätigkeit beim operativen Leitzentrum der Abteilung VIII der BV Potsdam. Damit wurde die Voraussetzung geschaffen, dass das

Diese Kennzeichen führen die Angehörigen der drei westlichen Militärverbindungsmissionen (MVM), die beim Oberkommandierenden der Gruppe der zeitweilig in der DDR stationierten sowjetischen Streitkräfte akkreditiert sind. Ihnen ist es gestattet, sich auf dem Territorium der DDR, mit Ausnahme der für sie gesperrten Gebiete, frei zu bewegen, wobei sie den Rechtsvorschriften der DDR und der völkerrechtlich vereinbarten Ordnung unterliegen.

Zur Gewährleistung der den Angehörigen der drei westlichen MVM zugesicherten Rechte und der Einhaltung der übernommenen Pflichten melden Sie bitte alle diesbezüglichen Feststellungen, unter Berücksichtigung der umseitig genannten Punkte an Ihre oder an die nächstliegende VP-Dienststelle.

1. Datum, Ort und Uhrzeit der Feststellung.

2. Nationalität und Kennzeichen-Nr. des Fahrzeuges.

3. Fahrtrichtung – aus Richtung in Richtung – bei Autobahn km-Stein.

4. Anzahl der Insassen – in Uniform, in Zivil – Geschlecht.

5. Besondere Wahrnehmungen, wie Parken – Arbeiten mit Fernglas, Fotoapparat und Kartenmaterial – Verletzung der StVO – DDR-Bürger am Fahrzeug – Übernachten im Freien u. a.

6. Auch unvollständige Feststellungen melden.

7. Name, Dienstgrad und Dienststelle des Meldenden.

MVM-Meldekarte

Vormeldesystem und damit der aktuelle Lageüberblick über alle Handlungen der drei westlichen MVM ständig gewährleistet werden konnte.

Nach dem Ausbau der MVM-Meldepunkte konnten an allen bedeutenden, von MVM-Fahrzeugen benutzten Fernverkehrsstraßen die An- und Abfahrten der drei westlichen MVM beobachtet werden.[227]

---

227 Vgl.: Ebd., Bl. 27 f.

Im Kreis Havelberg befand sich ebenfalls eine Reihe militärisch und operativ-bedeutsamer Objekte, Anlagen und Bereiche der NVA und der GSSD.

Stattfindende Manöver- und Übungshandlungen wurden von Einheiten und Truppenteilen durchgeführt, die mit moderner militärischer Technik ausgerüstet waren. Insgesamt wurden bei Manöver- und Übungshandlungen Aufgaben gelöst, die im Rahmen der Verteidigungskonzeption der Staaten des Warschauer Vertrags eine hohe Bedeutsamkeit besaßen.

Dabei war die Gewährleistung der Geheimhaltung der zu sichernden Marschstraßen, Konzentrierungs- und Sammlungsräume, der Ver- und Entladung militärischer Transporte sowie die Gewährleistung der allseitigen Sicherheit der militärischen Objekte, Übersetzstellen, Fähreinrichtungen und Verladebahnhöfe eine wichtige und vorrangige operative Aufgabenstellung.

Der Staatssicherheit lagen gesicherte Erkenntnisse über massive Aktivitäten der westlichen MVM zur Erkundung von jeglichen militärischen Bewegungen, Um-, Aus- und Neubauten in militärischen Objekten, Ort und Zeitpunkt von Übersetzhandlungen sowie von Alarmzeiten und Feuerstellungen vor.[228]

Für die KD Havelberg ergaben sich entsprechend der Bedeutung der militärischen Objekte und der Lageeinschätzung folgende operative Schwerpunktbereiche der Außensicherung:

- Pionier-Objekt der NVA Havelberg mit dem Pontonregiment 5 des MB V, der Pionierinstandsetzungs- und Bergekompanie 5 sowie der Taucherlehreinheit

---

228 Vgl.: Holger Nette: »Zur Durchsetzung des Prinzips der Einheit von Innen- und Außensicherung für die weitere Qualifizierung der komplexen Sicherung militärischer Objekte, Bereiche und Prozesse und daraus resultierende Anforderungen an die Planung und Leitung operativer Prozesse«, Bl. 12.

40. Aufgrund der zentralen Lage des Objekts boten sich trotz einer 2,50 Meter hohen Begrenzungsmauer aus Betonfertigteilen gute Einsichtmöglichkeiten in das Objekt. Somit waren Möglichkeiten der Eigenerkundung zu Fuß, mittels Kfz sowie aus öffentlichen Verkehrsmitteln jederzeit vorhanden.

- Wasserübungsplatz Nitzow. Der WÜP Nitzow lag in der Nähe der Ortschaft Nitzow. Der WÜP und das angrenzende Fahrgelände im Forst Friedrichswalde waren als örtliche Sperrgebiete ausgeschildert. Durch das Übungsgelände führten die Landstraße Havelberg–Bad Wilsnack und die Straße nach Glöwen. Der WÜP war durch einen Zaun begrenzt und wurde durch Angehörige des NVA-Objekts Havelberg bewacht. Aufgrund seiner Lage im Hochwald waren die Einsichtmöglichkeiten begrenzt. Aufklärungsmöglichkeiten bestanden für Personen, die sich dem Gelände zu Fuß näherten.

- Konzentrierungs- und Sammelraum der NVA im Raum Müggebusch-Wöplitz-Kümmernitz-Vehlgast. Der Konzentrierungs- und Sammelraum gehörte zum Staatlichen Forstwirtschaftsbetrieb Havelberg und war als örtliches Sperrgebiet ausgeschildert. Der Konzentrierungs- und Sammelraum wurde zeitweilig für Alarmübungen genutzt, durch ihn führte die Landstraße Havelberg–Kyritz.

- Übersetzstellen über die Wasserläufe Elbe und Havel. Übersetzstellen wurden an der Elbe zwischen dem Kilometer 399 (Hohengöhren) und dem Kilometer 419 (Sandau) bis Kilometer 435 sowie an der Havel ab Kilometer 143 (Jederitz) bis Einmündung in die Elbe zeitweilig für pioniertechnische Zwecke genutzt. Die Übersetzstelle Jederitz-Havelberg lag an den flachen Ufern der Havel und konnte von den sich im Stadtgelände von Havelberg befindlichen Erhebungen gut eingesehen werden. Im Fährbereich Sandau konzentrierten sich Übersetzhandlungen, die vom Elbdeich sowie von den angrenzenden Wohnsiedlungen gut einsehbar waren. Ebenfalls gute Einsichtmöglichkeiten befanden sich an der Übersetzstelle Hohengöhren.

- Verladebahnhöfe Sandau, Schönhausen und Schönhauser Damm. Der Verladebahnhof Sandau lag am Ortsausgang der Stadt. Durch den Verlauf der Fernverkehrsstraße 107 waren Aufklärungsmöglichkeiten zu Fuß, mit Pkw und öffentlichen Verkehrsmitteln gegeben. Der Verladebahnhof wurde zeitweilig durch verschiedene Truppenteile der NVA und der GSSD genutzt. Die Verladebahnhöfe Schönhausen und Schönhauser Damm wurden im großen Umfang durch die NVA und die GSSD für militärische Be- und Entladungen genutzt. Bei größeren Manöverhandlungen diente das Gelände des Bahnhofs Schönhausen der NVA als Führungspunkt für höhere Stäbe. Bedingt durch die Lage der Bahnhöfe in der Nähe von Wohnsiedlungen und öffentlichen Straßen waren Aufklärungsmöglichkeiten jeglicher Art gegeben.

- NVA-Objekt Klietz. Dieses NVA-Objekt befand sich in der Ortschaft Klietz. Hier waren eine Geschosswerferabteilung sowie eine Panzerjägereinheit der 1. MSD stationiert. Die einzelnen Objekte lagen am Ufer des Klietzer Sees. Dieser bildete die natürliche Grenze an der westlichen Objektstraße. Innerhalb der Ortschaft erfolgte die Begrenzung durch Betonfertigteile beziehungsweise einen Zaun, so dass nur begrenzte Einsichtmöglichkeiten bestanden. Die anliegenden Wohnhäuser wurden fast ausschließlich durch NVA-Angehörige bewohnt. Objekteinsicht bestand für Angler und Wanderer vom Klietzer See aus.[229]

229 Vgl.: Ebd., Bl. 12–16.

Im Rahmen der operativen Durchdringung der militärischen Schwerpunktbereiche wurde bis 1985 durch die verantwortlichen Mitarbeiter der KD Havelberg folgende inoffizielle Basis zur Gewährleistung der Außensicherung der militärischen Objekte, Bereiche und Prozesse geschaffen:

Sicherungsbereich SÜD

Der Sicherungsbereich SÜD umfasste folgende Objekte und Bereiche:

- NVA-Objekt Klietz,
- Truppenübungsplatz Klietz,
- Verladebahnhöfe Schönhausen und Schönhauser Damm,
- Elbübersetzstelle Hohengöhren.

Zum Sicherungsbereich SÜD gehörten zwei FIM-Systeme. Das FIM-System »Rose« hatte die Stärke 1 zu 6 (1 Führungs-IM, der 6 IM führte); das FIM-System »Alfred Braun« hatte die Stärke 1 zu 4. Weiterhin waren 5 IMS und 2 IMK/KW vorhanden.

Sicherungsbereich NORD

Der Sicherungsbereich NORD umfasste folgende Objekte und Bereiche:

- NVA-Pionierobjekt Havelberg,
- Wasserübungsplatz Nitzow,
- Verladebahnhof Sandau,
- Konzentrierungs- und Sammelraum Müggebusch-Vehlgast,
- Havelübersetzstelle Jederitz,
- Elbübersetzstelle Sandau.

Zum Sicherungsbereich NORD gehörten das FIM-System »Klaus Klein« in Stärke 1 zu 2 sowie 5 IMS, 1 IMK/KW, 1 IMK/KO und 2 GMS.[230]

---

230 Vgl.: Ebd., Bl. 16 f. u. 60 f.

Der Einsatz der inoffiziellen Kräfte erfolgte vorrangig zur Lösung operativer Aufgabenstellungen zur Gewährleistung der Außensicherung der jeweiligen militärischen Objekte, Bereiche und Prozesse.

Die Dislozierung der IM erfolgte vorrangig zur Erarbeitung von Informationen über Spionageangriffe westlicher Geheimdienste gegen die militärischen Objekte sowie zur Aufdeckung und Beseitigung beziehungsweise Einschränkung von Bedingungen und Umständen, die die Spionage an den militärischen Objekten begünstigten.

Weiterhin wurden die IM zur Erarbeitung von Informationen aus ihrem Arbeits- und Freizeitbereich eingesetzt, um die Forderungen der Richtlinie 1/79 des Ministers für Staatssicherheit zum allseitigen und umfassenden Einsatz der IM im Interesse der Realisierung der Gesamtaufgabenstellung des MfS umzusetzen. Die zur Verfügung stehenden inoffiziellen Kräfte waren in den verschiedenen staatlichen und gesellschaftlichen Bereichen verankert. Sie besaßen aufgrund ihrer konkreten beruflichen Tätigkeit, ihrer Wohnlage beziehungsweise aufgrund vorhandener Verbindungen und Kontakte gute Kenntnisse über die Objekt-Umwelt-Beziehungen und deren Gestaltung, über operativ interessante und bedeutsame Personen aus Konzentrationspunkten und Anwohner-/Anliegerbereichen.

Durch die im Prozess der Außensicherung der militärischen Objekte, Bereiche und Prozesse eingesetzten IM/GMS wurde eine Vielzahl von Informationen zu Personen und Sachverhalten erarbeitet, die im konkreten Zusammenhang mit den militärischen Schwerpunktbereichen standen. Aus diesen Informationen wurden OAM und OPK entwickelt beziehungsweise realisiert, deren Zielstellung in der Klärung operativ bedeutsamer Anhaltspunkte im Zusammenhang mit militärischen Handlungen bestand.

Aufgrund der Struktur der Arbeitsgruppen in der KD Havelberg standen den für die Außensicherung militärischer Objekte, Bereiche und Prozesse verantwortlichen Offizieren weitere inoffizielle Kräfte zur Verfügung. Dabei handelte es sich um vier IMS der Wasserschutzpolizei, die im Rahmen der Sicherung der Transitstrecke Havel auf der Linie XIX tätig waren sowie um ein FIM-System der Linie XVIII in Stärke 1 zu 1 und ein FIM-System der Linie XX, ebenfalls in Stärke 1 zu 1. Letztlich wurden noch ein GMS der Linie XIX und zwei GMS der Linie XX genutzt.[231]

Diese inoffiziellen Kräfte der Arbeitsgruppen der KD wurden allerdings nicht vorrangig zur Außensicherung der militärischen Objekte, Bereiche und Prozesse eingesetzt, sondern deren Einsatz erfolgte aufgrund vorhandener objektiver Möglichkeiten sowie subjektiver Voraussetzungen zur Durchsetzung der Forderung nach einer möglichst umfassenden und allseitigen Einsetzbarkeit der IM/GMS. Es war zu verzeichnen, dass durch diese inoffiziellen Kräfte ebenfalls eine Vielzahl bedeutsamer Informationen zu den militärischen Schwerpunktbereichen erarbeitet werden konnte.

Es erfolgte auch eine Zusammenarbeit zwischen der KD Havelberg und der für das Pionierobjekt Havelberg sowie das NVA-Objekt und den Truppenübungsplatz Klietz verantwortlichen Mitarbeiter der HA I.

Die HA I verfügte über zwei FIM-Systeme, jeweils in Stärke 1 zu 4. Diese FIM-Systeme waren in den NVA-Objekten Havelberg und in Klietz disloziert und wurden im Rahmen der Innensicherung der militärischen Objekte sowie der Sicherung der Wohn- und Freizeitbereiche der Militärangehörigen eingesetzt. Die FIM-Systeme der HA I konnten Informationen über

---

231 Vgl.: Ebd., Bl. 19 u. 60 f.

Handlungen und Verhaltensweisen der in den Objekten zeitweilig tätigen Personen aus verschiedenen Reparatur-, Dienstleistungs- und Versorgungseinrichtungen erarbeiten. Verwertbare Ergebnisse wurden auch bei der Sicherung der NVA-Wohnbereiche erzielt.[232]

Durch die KD Havelberg wurden 1985 folgende operative Materialien bearbeitet:

- die OPK »Pauker« und »Kassierer«;
- die OAM »Fahrer«, »Kohle«, »Beobachter«, »Autobahn« und »Angler«.

Es war bis 1985 nicht gelungen, daraus Materialien zu entwickeln, die den Kriterien der Eröffnung von OV entsprachen.

Die in der OPK »Kassierer« bearbeitete Person trat seit Jahren bei militärischen Bewegungen mit Interesse für Militärtechnik im Wohngebiet sowie an der Elbübersetzstelle Hohengöhren in Erscheinung. Die Person war Invalidenrentner und unternahm jährlich Reisen in die Bundesrepublik und nach Westberlin. Von dort aus erfolgten fortwährend Einreisen zu »Kassierer«.

Im Rahmen der Durchführung der OPK wurde eine Reihe operativer Maßnahmen realisiert, einschließlich Werbung eines IM im Jahr 1984 zur operativen Kontrolle des »Kassierer«. Diese Maßnahmen waren bis 1985 nicht geeignet, die vorrangig in der Bearbeitung entsprechend der Zielstellung zu lösenden Probleme zu klären. Dabei handelte es sich um Fragen wie:

- Welche konkreten Verhaltensweisen zeigte die Person bei militärischen Bewegungen?
- Waren diese Handlungen und Verhaltensweisen im Sinne der §§ 97 bis 100 StGB von operativer Relevanz?
- Welche Motive könnten den Handlungen und Verhaltensweisen zugrunde liegen?

---

232 Vgl.: Ebd., Bl. 20.

- Welche Verbindungen in die Bundesrepublik oder nach Westberlin konnten möglicherweise als Verbindungssystem infrage kommen?

Erarbeitete Informationen zu Handlungen und Verhaltensweisen von »Kassierer« wurden anfangs teilweise als operativ-relevant eingestuft und später als normales Verhalten gewertet. Im Prozess der Anleitung, Hilfe und Unterstützung wurden seitens der Abteilung II der BV Magdeburg als Fachabteilung folgende Maßnahmen zur Entwicklung einer offensiven Bearbeitung der OPK vorgeschlagen:

- exakte Aufarbeitung und Analysierung aller bisher erarbeiteten Informationen und deren objektive Wertung unter Beachtung vermittelter linienspezifischer Erkenntnisse;
- Erarbeitung eines Sachstandsberichts;
- Erarbeitung einer Reiseanalyse, ebenfalls unter Beachtung linienspezifischer Erkenntnisse;
- Festlegung geeigneter operativer Maßnahmen auf der Grundlage des Sachstandsberichts und der Reiseanalyse zur Erreichung der Zielstellung der OPK.

Die OPK-Person »Pauker« unterhielt 1985 bereits seit mehreren Jahren persönliche und postalische Verbindung nach Großbritannien. »Pauker« wohnte in einem militärischen Schwerpunktbereich. Zielstellung der OPK war die Prüfung, ob über die Verbindung nach Großbritannien Informationen im nachrichtendienstlichen Sinne abflossen.

Die erarbeiteten Informationen ließen den begründeten Schluss zu, dass Verdachtsmomente hinsichtlich der Durchführung einer staatsfeindlichen Tätigkeit gemäß §§ 97 bis 100 StGB nicht vorlagen, sondern eine rein freundschaftliche Verbindung bestand. Aus diesem Grunde wurde die Einstellung der OPK vorgeschlagen.

Im OAM »Fahrer« trat die Person »Fahrer« in der

Vergangenheit wiederholt bei Manövern und anderen militärischen Aktivitäten der GSSD im Kreisgebiet von Havelberg in Erscheinung. Seine Handlungen und Verhaltensweisen ließen den begründeten Schluss zu, dass er für militärische Bewegungen und Militärtechnik Interesse zeigte. Er wurde wiederholt bei Spaziergängen, teils allein, teils gemeinsam mit seiner Ehefrau, festgestellt, als modernste sowjetische Militärtechnik erprobt wurde. Nach Angaben seiner Ehefrau suchte »Fahrer« angeblich nach zurückgelassenen Gegenständen wie Konserven, Metallschrott u. Ä. Seine häufigen Aufenthalte in den Waldgebieten bei jeder Wetterlage begründete »Fahrer« mit seiner Vorliebe für die Natur und Wildbeobachtungen. Zu diesem Zweck bemühte er sich ernsthaft um die Mitgliedschaft in einer Jagdgesellschaft sowie in den Kampfgruppen. Die Mitgliedschaft in der Kampfgruppe sah »Fahrer« als Voraussetzung für die Aufnahme in die Jagdgesellschaft an.

Im Jahr 1985 konnte nicht eingeschätzt werden, ob sein Interesse für die Natur beziehungsweise seine Handlungen und Verhaltensweisen begründet oder ob möglicherweise eine Abdeckung für Spionagetätigkeiten zu verzeichnen war. »Fahrer« unterhielt verwandtschaftliche postalische Verbindungen in die Bundesrepublik und nach Westberlin. Im Jahr 1984 erfolgten von dort Einreisen mit Kfz. Im Verlauf der Bearbeitung des OAM wurde auch geprüft, ob »Fahrer« mittelbar über seinen Schwiegervater eine Verbindung zu einem ehemaligen Spion unterhielt.

Das MfS schätzte ein, dass in der operativen Bearbeitung eine zielgerichtete Aufklärung des »Fahrer«, seiner Ehefrau und anderer Verwandter unter linienspezifischen Gesichtspunkten zur Klärung der Zielstellung des OAM unerlässlich sei.

Die im OAM »Autobahn« erfasste Person wurde 1982

durch Hinweise der Abteilung VIII der BV Magdeburg hinsichtlich wiederholter Aktivitäten auf einem Autobahnparkplatz in der Nähe eines Objekts der GSSD bekannt. Im Bearbeitungszeitraum bis Ende 1985 konnten weder zur Persönlichkeit noch zu Handlungen und Verhaltensweisen von »Autobahn« im Arbeits- beziehungsweise Freizeitbereich sowie zu Aktivitäten in der Nähe des militärischen Objekts relevante Informationen im Sinne einer möglichen Spionagetätigkeit erarbeitet werden.

Im OAM »Kohle« war ein Ehepaar erfasst, das aufgrund seiner Wohnlage im Bereich des Bahnhofs Sandau objektiv gute Voraussetzungen zur Sammlung von Spionageinformationen bei Be- und Entladungen von sowjetischen Militärtransporten hatte. Ausgangspunkt zum Anlegen des OAM war eine festgestellte Verbindung von »Kohle« nach Westberlin. Der Westberliner Bürger reiste 1982 häufig nach Sandau zu »Kohle« ein. Im Rahmen der Bearbeitung des OAM konnten keine Feststellungen getroffen werden, die den Verdacht einer staatsfeindlichen Tätigkeit nach den §§ 97 bis 100 StGB begründeten. Allerdings wurde durch das MfS eine außereheliche Liebesverbindung der Ehefrau von »Kohle« zum Westberliner Bürger herausgearbeitet. Aus diesem Grund wurde die Bearbeitung des OAM eingestellt.

Die im OAM »Beobachter« bearbeitete Person wurde im Februar 1985 im Bereich der Übersetzstelle Havelberg zum Zeitpunkt von militärischen Handlungen festgestellt. Die Person beobachtete über längere Zeit mit einem Fernglas die Manöverhandlungen, suchte anschließend ihre Wohnung auf und begab sich in die Stadt. Später fuhr »Beobachter« mit seinem Pkw in unbekannte Richtung davon.

Im April 1985 wurde »Beobachter« inmitten einer NVA-Kolonne festgestellt. Erste Aufklärungs- und

Überprüfungshandlungen ergaben, dass die Person vom Wohngrundstück aus gute Einsichtmöglichkeiten zur Übersetzstelle an der Havel hatte. Weitere Informationen zum Interesse an militärischen Bewegungen beziehungsweise Übungshandlungen konnten bis Ende 1985 nicht erarbeitet werden. Verbindungen in das NSW waren nicht bekannt. »Beobachter« war aktives Mitglied der Kirche und Kirchenvorstandsmitglied in Havelberg. Durch die Abteilung II der BV Magdeburg wurde der KD Havelberg im Prozess der Anleitung und Unterstützung empfohlen, eine zielgerichtete Aufklärung der Persönlichkeit von »Beobachter« und des Umfangs sowie des Charakters operativ-relevanter Verbindungen durchzuführen.

Im OAM »Angler« wurde ein Invalidenrentner bearbeitet, der aufgrund seiner Wohnlage objektiv gute Voraussetzungen zur Sammlung von Informationen über militärische Bewegungen und Manöver der GSSD und der NVA hatte.

»Angler« beobachtete intensiv militärische Bewegungen und Handlungen der Einheiten und Truppenteile der GSSD und der NVA im Raum Sandau. Weiterhin beobachtete »Angler« Übersetzhandlungen über die Elbe und weilte in Lagern der GSSD-Truppen. Dazu unterhielt er Verbindungen und Kontakte zu sowjetischen Soldaten und Offizieren.

Somit war »Angler« über Ort, Zeitpunkt und eingesetzte Technik bei militärischen Handlungen und Bewegungen stets informiert. Im Bearbeitungszeitraum wurde »Angler« mehrfach mit operativ-relevanten Verhaltensweisen am Bahnhof Sandau bei der Verladung von Technik sowie in Feldlagern festgestellt.

Die dem MfS vorliegenden Informationen zu Verwandten von »Angler« sowie dokumentierte persönliche Verbindungen in das NSW begründeten unter Berücksichtigung der Arbeitsweise der westlichen Geheimdienste sowie der objektiv vorhandenen Voraussetzungen zu Spionagehandlungen eine weitere zielstrebige und offensive Bearbeitung der Person.[233]

Komplex- und Sicherungseinsätze sowie Maßnahmen und Aktionen zur Militärspionageabwehr

Die für die Militärspionageabwehr ferderführend verantwortliche HA II führte in Zusammenarbeit mit den Abteilungen II der BV, den Kreisdienststellen, der HA I sowie den Linien VIII, XIX und der sowjetischen Militärabwehr zahlreiche Komplex- und Sicherungseinsätze durch.

Unter einem Komplexeinsatz verstand die Staatssicherheit »die zeitlich begrenzte weitgehendst lückenlose Absicherung eines oder mehrerer Schwerpunktobjekte, die unter Einbeziehung von anderen Linien und Diensteinheiten unter Leitung der Abteilung II erfolgt. Das Ziel besteht in der Erarbeitung von entsprechenden Informationen, der Informationsverdichtung, der Schaffung neuer operativer Materialien sowie der Beweisführung bei der Bearbeitung von Personen.«[234]

Die Spionageabwehr betrachtete es als zweckmäßig, die Kraft bei Komplexeinsätzen auf Schwerpunktobjekte zu

---

233 Vgl.: Ebd., Bl. 24–27.

234 Gerhard Buchholz: Diplomarbeit zum Thema: »Das zweckmäßige Vorgehen und die beweisführende Bearbeitung spionageverdächtiger Personen bei der Außenabsicherung militärischer Objekte«. BStU ZA MfS JHS MF 110/69, Bl. 26.

konzentrieren, da hier der Gegner am besten erkannt werden konnte. Es wurde als unzweckmäßig angesehen, solche Objekte auszuwählen, die an Haupt- oder Fernverkehrsstraßen lagen. Der Grund bestand darin, dass eine möglichst lückenlose Erfassung des Personen- und Fahrzeugverkehrs sowie relevanter Verhaltensweisen dort nicht gewährleistet war.

Solche Einsätze, zum Teil mit erheblichem Mittel- und Kräfteeinsatz, erfolgten im Zusammenhang mit relevanten militärischen Maßnahmen, wie etwa Übungen, Truppenbewegungen, Baumaßnahmen oder die Einführung neuer Technik. Die Spionageabwehr ging richtigerweise davon aus, dass die westlichen Geheimdienste bei solchen militärischen Maßnahmen verstärkte Aktivitäten entwickelten und ihre Agenturen mit entsprechenden Aufklärungsmaßnahmen beauftragten. Verschiedentlich wurde versucht, durch eine Reihe zusätzlicher Maßnahmen, wie Beurlaubung von Zivilbeschäftigten der Streitkräfte, Aufstellung von Regulierungsposten oder außerplanmäßigem Fahrzeugverkehr beziehungsweise Flugbetrieb bei Objekten der Luftstreitkräfte, eine für die operative Arbeit günstige Situation zu schaffen, um dadurch Spione zum Tätigwerden zu veranlassen.

Gelegentlich wurden auch sogenannte Scheinobjekte errichtet. Die Erfahrungen des MfS besagten allerdings, dass mit Scheinobjekten nur in seltenen Fällen die operative Zielstellung erreicht werden konnte. Der Nutzen bei Scheinobjekten war gegenüber dem Zeit- und Kräfteaufwand äußerst gering. Der nachrichtendienstliche Gegner hatte meistens schnell Kenntnis von der Existenz der Scheinobjekte, und es gab Fälle, in denen Agenturen, die in der Nähe solcher Scheinobjekte wohnhaft waren, zeitweilig ihre Tätigkeit einstellen mussten und somit längere Zeit unerkannt blieben.

Scheinobjekte sollten aufgrund der Erfahrungswerte daher nur bei dringender Notwendigkeit und nach gründlicher Vorbereitung sowie nach Rücksprache mit der HA II errichtet werden.[235]

Die Zeitdauer der Durchführung von Komplexeinsätzen war von verschiedenen Faktoren abhängig, sie sollte allerdings nicht weniger als sechs Wochen betragen, da andernfalls, entsprechend der Arbeitsweise von Militärspionen, nur unzureichend auswertbare Informationen erarbeitet werden konnten.

Bei der Durchführung von Komplexeinsätzen waren strenge Maßstäbe an die Konspiration anzulegen. Das betraf besonders die Auswahl und Besetzung von gedeckten Beobachtungsposten. Ebenso musste der Aufenthalt der Beobachtungskräfte in und am militärischen Objekt gut legendiert sein. Der Einsatz der operativen Technik musste in jedem Fall konspirativ erfolgen, um keine Mittel und Methoden der Objektsicherung preiszugeben.

Eine erfolgreiche Verdichtung von Informationen war möglich, wenn nach einem Jahr am gleichen Objekt nochmals ein Komplexeinsatz durchgeführt wurde. Beim Wiederholungseinsatz kam es darauf an, sich auf das durch das gesamte Sicherungssystem erarbeitete Material zu konzentrieren. Hauptaufgaben eines Wiederholungseinsatzes konnten beispielsweise sein:

- die Erhöhung der Identifizierungsquote,
- die Weiterbeobachtung verdächtig aufgefallener Personen,
- die Dokumentierung wiederholt verdächtig aufgefallener Personen.

Ebenso war auch der neu relevant in Erscheinung ge-

---

235 Vgl.: Ebd., Bl. 27.

tretene Personen- und Fahrzeugverkehr zu erfassen. Eine Möglichkeit der Informationsverdichtung durch Komplexeinsätze bestand darin, einen zweiten Einsatz an einem militärischen Objekt durchzuführen, welches sich in der Nähe des zuerst gesicherten befand. Hierdurch war die Möglichkeit des direkten Vergleichs der Informationen gegeben.

Die Informierung der HA II durch die Abteilungen II der BV über geplante Komplexeinsätze war notwendig, um zentrale Koordinierungen und Abstimmungen vorzunehmen. Das war unter anderem notwendig, da die Komplexeinsätze über die Bezirksgrenzen hinweg zu organisieren waren. Dadurch war es beispielsweise möglich, über mehrere Bezirke zur gleichen Zeit bestimmte Flugplätze konzentriert abzusichern.[236]

Die technischen Möglichkeiten der Linie III wurden durch die Linie II bei Komplexeinsätzen ebenfalls genutzt. Mitte der 1970er Jahre besaß die Spionageabwehr des MfS gesicherte Erkenntnisse zur Transitspionage des BND. Die Westberliner BND-Dienststelle »Tempel« hatte ab Ende der 1960er Jahre eine größere Anzahl von in Westberlin tätigen Studenten über Zeitungsannoncen zur Spionagetätigkeit auf den Transitstrecken zwischen Westberlin und der Bundesrepublik angeworben. Der HA II waren durch analytische Auswertungsergebnisse die Einsatzpläne, Zeiträume, aufzuklärende Transitstrecken sowie der personelle Einsatz bekannt. Grund dafür war, dass über viele Jahre ohne Veränderungen mit einem stabilen Agentenstamm vom BND Spionagehandlungen realisiert worden waren. Die HA II stand jedoch vor folgendem Problem: Wie sollte die Spionagetätigkeit dieser Agenturen gerichtsverwertbar nachgewiesen werden?

---

236 Vgl.: Ebd., Bl. 28 f.

Diese Frage erhob sich vor allem unter dem Gesichtspunkt, dass die DDR bei der Unterzeichnung des Transitvertrags zugesichert hatte, Straftaten gegen das Transitabkommen nur auf »frischer Tat« zu verfolgen. Unter diesem Gesichtspunkt wurde der Versuch unternommen, unter Nutzung der personellen und technischen Möglichkeiten der Linie III Spionagehandlungen auf den Transitstrecken bei der Vorbeifahrt an militärischen Objekten festzustellen und zu dokumentieren.

Gemeinsam wurde durch die Abteilung III und die HA II im Raum Ludwigslust die mehrwöchige Errichtung eines Truppenlagers geplant und durchgeführt. Die Aktion wurde unter der Deckbezeichnung »Band« realisiert. Die Abteilung III führte in sichtbarer Nähe der Transitstrecke Berlin–Hamburg im Kreis Ludwigslust eine militärische Ausbildung durch. Eine Reihe aufgebauter militärtechnischer Einrichtungen (Antennen, Spezialfahrzeuge) sollte das Interesse der Spione erhöhen. Der vorbeifahrende Transitverkehr wurde im Zeitraum des Einsatzes mittels Foto und Videotechnik dokumentiert. Besondere Aufmerksamkeit wurde dem Verhalten bekannter Agenturen gewidmet.

Aufklärungshandlungen einer MVM-Besatzung

Das Ergebnis war ernüchternd. Trotz mehrwöchiger Aufrechterhaltung des Truppenlagers wurden keine besonderen Verhaltensweisen der Agenturen festgestellt, die vom üblichen Verhalten anderer Reisender abwichen. Dokumentiert wurden dafür mehrere Vorbeifahrten und Beobachtungshalte von Fahrzeugen der USA-MVM. Diese akkreditierten Militärspione beobachteten mit Ferngläsern und Nachtsichtgeräten die Bewegungen im Lager.

Ein Jahr darauf wurde auf der gleichen Transitstrecke der Westberliner Student Wolfgang R. aufgrund des Verdachts der Spionagetätigkeit für den BND festgenommen. Bei der Befragung zeigte er sich geständig. Es stellte sich dabei folgende Situation heraus: Die vom BND geworbenen Studenten hatten den Auftrag, die Spionageaufträge unter Nutzung der Bahnverbindung zwischen Westberlin und der Bundesrepublik, also der konkreten Verbindungen

• Westberlin–Zarrentin–Hamburg,
• Westberlin–Marienborn–Hannover,
• Westberlin–Gerstungen–Fulda,
• Westberlin–Probstzella–Nürnberg

zu realisieren. Aufgrund der über viele Jahre durchgeführten Fahrten erkannten die Spione die fehlenden Möglichkeiten der Kontrolle ihrer Auftraggeber. Daraus resultierte, dass ein großer Teil dieser Fahrten entgegen der Instruktion mit dem Pkw für Heimfahrten und Ausflüge genutzt wurde. Die gewünschten Feststellungen wurden dann schlicht erfunden. Unter diesen Umständen ist es nachvollziehbar, dass die Spionageabwehr des MfS vergeblich auf verdächtige Handlungen der Agenturen wartete.

Im Sommer 1977 wurde mit Unterstützung der Abteilung III und der sowjetischen Militärabwehr ein neuer gemeinsamer Versuch der Dokumentierung von Spionagehandlungen an einem Militärobjekt der GSSD in Frankfurt/Oder durchgeführt. Der HA II war bekannt geworden, dass die Bundesbürgerin Hedwig L. aus Hamburg eine Reise nach Frankfurt/Oder zur Aufklärung eines sowjetischen Militärobjekts nutzen würde. Am Objekt wurde Dokumentationstechnik installiert, um das Verhalten der Bundesbürgerin bei einem möglichen Aufenthalt am Objekt dokumentieren und bewerten zu können. Obwohl Hedwig L. in einiger Entfernung von der Kaserne zu Besuch war, unternahm sie einen Tag vor der Rückreise eine Fahrt mit öffentlichen Verkehrsmitteln zu dem Militärobjekt. Unter Nutzung von vorhandenen Trampelpfaden und Gartenwegen lief sie um das gesamte Objekt, blieb mehrfach stehen und beobachtete die Bewegungen in der Kaserne. Mit der vorhandenen Technik konnte das Verhalten der Bundesbürgerin lückenlos festgehalten werden. Die Frau wurde festgenommen. Sie war sofort geständig und offenbarte eine langjährige Tätigkeit für den BND. Es stellte sich heraus, dass die Spionin gezielt dieses Militärobjekt aufsucht und auf ungewöhnlichem Weg umrundet hatte. Aus dem Verhalten konnte ein schlüssiges Aufklärungsverhalten abgeleitet werden. Es zeigte sich, dass für die Spionageabwehr die vorhandenen personellen und technischen Möglichkeiten gut geeignet waren, um Spionagehandlungen zu dokumentieren und nachzuweisen.[237]

Hedwig L., die seit 1968 für den BND tätig gewesen war, klärte während ihrer zehn Reisen in die DDR insgesamt 26 Objekte und Einrichtungen der NVA und der GSSD auf. Des Weiteren hatte sie 15 DDR- sowie 3 Bundes-

---

237 Mitteilung eines ehemaligen Mitarbeiters der HA II (Archiv des Verfassers).

bürger als potentielle Spione für den BND getippt. Sie wurde zu zehn Jahren Freiheitsentzug verurteilt.[238]

Ab 1977 wurde in den Südbezirken Gera, Erfurt und Suhl mit der Durchführung von Aktionen, die über einen längeren Zeitraum gingen, begonnen. Von 1977 bis 1982 wurde die Aktion »Flugbrücke«, 1982 bis 1984 die Aktion »Sprung« und von 1984 bis 1986 die Aktion »Komplex« durchgeführt. Diese Sicherungseinsätze zum Truppenaustausch der GSSD, der jährlich im Frühjahr und im Herbst stattfand, erstreckten sich über einen Zeitraum von sechs bis acht Wochen. Die Koordinierung dieser Maßnahmen erfolgte zwischen den Abteilungen II der Bezirksverwaltungen Gera, Erfurt und Suhl unter Leitung der HA II/4.

Weitere langfristige Sicherungseinsätze wurden unter Beachtung des möglichen Missbrauchs des VTA-Reiseverkehrs (Visum für einen Tagesaufenthalt) durch die Geheimdienste zur Militärspionage durchgeführt.

Ziel dieser Einsätze war insgesamt die Dokumentierung von Personen- und Fahrzeugaktivitäten beziehungsweise Mehrfachfeststellungen an ausgewählten militärischen Objekten, Einrichtungen und Anlagen sowie in Territorien verstärkter militärischer Handlungen. In diese Aufgabenstellung wurde die Kontrolle des Fahrzeugverkehrs über ausgewählte Fahrtstrecken und Grenzübergangsstellen einbezogen. Damit sollte der Nachweis des Einsatzes von Reisespionen westlicher Geheimdienste vom Territorium der Bundesrepublik und Westberlin aus sowie von Spionagehandlungen durch DDR-Agenturen erbracht werden.

Im Ergebnis der Sicherungseinsätze wurden neben

---

238 Vgl.: Armin Wagner, Matthias Uhl: *BND contra Sowjetarmee*, S. 155.

Beweisführungsaufgaben und Kontrollhandlungen zu OPK- und OV-Personen operative Ausgangsmaterialien erarbeitet oder verdichtet, in deren Ergebnis über die Einleitung von OPK zu entscheiden war.

Der Schwerpunkt dieser Sicherungseinsätze bestand im engen und koordinierten Zusammenwirken der drei beteiligten Bezirksverwaltungen (Gera, Erfurt, Suhl), um dadurch das überbezirkliche Wirken von Agenturen westlicher Geheimdienste festzustellen, zu dokumentieren und aus den erreichten Ergebnissen den Nachweis über erhöhte Aktivitäten westlicher Geheimdienste zu den bereits genannten militärischen Höhepunkten zu erbringen, die Angriffe vorbeugend zu verhindern und gezielt zu bearbeiten. Dazu war neben der Abstimmung aller operativer Maßnahmen mit der HA II/4 und den Abteilungen II aller beteiligter BV gleichzeitig eine Koordinierung mit den beteiligten Abteilungen VI, VIII, XIX, M und den KD erforderlich.[239]

In den Bezirken Potsdam und Neubrandenburg wurde vom 8. April bis zum 19. Mai 1985 ein Einsatz unter der Bezeichnung »Nordlicht 85« zum Sicherungskomplex »Antwort« durchgeführt. Hinter der MfS-Bezeichnung »Antwort« verbargen sich in der DDR stationierte sowjetische Raketenkomplexe, die aufgrund ihrer Brisanz und dem Interesse der westlichen Geheimdienste einen Sicherungsschwerpunkt darstellten.

An der Aktion »Nordlicht 85« waren verschiedene Diensteinheiten des MfS beteiligt, so die HA II/4, die HA VIII/5, die HA III/14, aus dem Bereich der Bezirksverwaltungen Potsdam und Neubrandenburg die Abteilungen II, M, VI, VIII sowie die Kreisdienststellen.

---

239 Vgl.: Gerald Geier: »Zur weiteren Qualifizierung der Militärspionageabwehr im Bezirk Suhl«, Bl. 22 f.

Bei der Aktion »Nordlicht 85« wurden 10 bedeutsame Militärobjekte im Komplex gesichert und 40 perspektivvolle operative Ausgangsmaterialien in Richtung Militärspionage entwickelt.

Unter Federführung der HA II/4 wurden 1985 auch die Sicherungsaktionen »Nordwind«, »Südlicht« und »Grotte« durchgeführt. In diese Aktionen war die Sicherung des Truppenaustausches der GSSD voll einbezogen.[240]

Aufgrund eines militärisch bedeutsamen Transports am 30. März 1985, welcher über den Grenzbahnhof Frankfurt/Oder verlief, wurde durch die HA II/4 gemeinsam mit den Hauptabteilungen XIX, III, VIII/5 und den Abteilungen II und XIX der BV Frankfurt/Oder die Aktion »Signal« durchgeführt. Im Rahmen der Aktion sollte geprüft werden:

• ob bei militärisch bedeutsamen Transporten Informationen durch den Rangierfunk der Deutschen Reichsbahn abflossen,

• wie weit der Rangierfunk zu hören ist,

• ob Bewegungsabläufe und Handlungen der MVM als Reaktionen einen möglichen Informationsfluss zugeordnet werden konnten.

Im Ergebnis der Aktion »Signal« schätzte die Staatssicherheit ein, dass der Rangierfunk der Deutschen Reichsbahn mit hoher Disziplin geführt wurde und nach vorliegenden Informationen das Informationsaufkommen sehr gering war. Reaktionen der MVM konnten seitens des MfS nicht festgestellt werden.[241]

Neben den genannten organisierte die HA II/4 im

---

240 Vgl.: Einschätzung der Planerfüllung der HA II/4 im II. Quartal 1985. BStU ZA MfS HA II Nr. 24317, Bl. 9 f.

241 Vgl.: Ebd., Bl. 10.

Jahr 1985 noch weitere Sicherungseinsätze, die in Zusammenarbeit mit anderen Diensteinheiten des MfS durchgeführt wurden. Dabei handelte es sich neben der bereits erwähnten Aktion »Nordlicht« unter anderem um die Aktionen:

- »Ballistik« (zwei Einsätze von jeweils drei Wochen im Bezirk Magdeburg zur Sicherung der »Antwort«-Objekte im Verbund mit weiteren militärischen Objekten),
- »Börde« (ein vierwöchiger Einsatz an Militärobjekten im Bereich Magdeburg im Rahmen der Aktion »Perspektive«),
- »Komplex« (ein vierwöchiger Einsatz an ausgewählten militärischen Objekten in den Bezirken Halle, Erfurt, Gera, Suhl und Karl-Marx-Stadt),
- »Luch« (ein vierwöchiger Einsatz an Militärobjekten im Bereich Neuruppin).

In die Zeiträume der Einsätze »Nordlicht«, »Ballistik«, »Komplex« und »Luch« war jeweils der Truppenaustausch der GSSD (Aktion »Sprung«) einbezogen. Diese Einsätze dienten der Gewinnung von Ausgangsmaterialien sowie der Verdichtung vorhandener Materialien und der Beweiserarbeitung in OV.

Gemeinsame Maßnahmen führte die HA II/4 auch mit der HA III und dem OTS durch.

In den 1980er Jahren wurden in Zusammenarbeit zwischen der HAII/4, der HA III/14 und dem OTS spezifische Messungen zum Erkennen möglicher, den Charakter der Objekte offenbarender Abstrahlungen an den »Antwort«-Objekten durchgeführt.

Im Rahmen des Sicherungskomplexes »Antwort II« führte die HA II/4 gemeinsam mit der HA III unter Einbeziehung weiterer Kräfte bis zur Auflösung des MfS umfangreiche Maßnahmen zur Abwehr von Angriffen der US-Geheimdienste mittels automatischer

Aufklärungssysteme durch. Diese Maßnahmen wurden an bedeutsamen militärischen Objekten, Trassen und Kabelnachrichtenverbindungen durchgeführt.[242]

In enger Zusammenarbeit zwischen der HA II/4 und der AGM/B erfolgte in den 1980er Jahren die Außensicherung des Bunkerkomplexes »Filigran«. Hinter der MfS-internen Bezeichnung »Filigran« verbarg sich der Zentrale Führungskomplex (»Komplex 5000«) des Nationalen Verteidigungsrats der DDR.
Die Maßnahmen konzentrierten sich auf die OV- und IM-Arbeit zur operativen Durchdringung des Umfelds der »Filigran«-Objekte sowie der Klärung der Frage »Wer ist wer?« im Anliegerbereich. Trotz intensiver Bearbeitungsmaßnahmen konnten bis 1985 keine Hinweise auf eine agenturische Aufklärung der Objekte erarbeitet werden. Verstärkt hatte sich seit 1985 jedoch die Luftaufklärung der Objekte bei gleichzeitigem Rückgang der MVM-Angriffe. Weiterhin wurde 1985 das Interesse von Mitarbeitern der Ständigen Vertretung der Bundesrepublik am Objektkomplex »Filigran« festgestellt.[243]
IM-Berichte zeigten, dass unter der Bevölkerung des Kreises Bernau die »Filigran«-Objekte im Zusammenhang mit sich dort befindlichen Bunkern und im Bezug zum MfS diskutiert wurden.[244]

---

242 Vgl.: Einschätzung der Planerfüllung der HA II/4 im II. Quartal 1985. BStU ZA MfS HA II Nr. 24317, Bl. 32. Jahresbilanz der HA II/4 von 1986. BStU ZA MfS HA II Nr. 24317, Bl. 58. Jahresbilanz der HA II/4 von 1987. BStU ZA MfS HA II Nr. 24317, Bl. 76. Jahresbilanz der HA II/4 von 1988. BStU ZA MfS HA II Nr. 24317, Bl. 112.

243 Vgl.: Einschätzung der Planerfüllung der HA II/4 im II. Quartal 1985. BStU ZA MfS HA II Nr. 24317, Bl. 32.

244 Vgl.: Paul Bergner: *Befehl »Filigran«. Die Bunker der DDR-Führung für den Ernstfall.* Berlin 2000, S. 137.

Ab 1988 wurde die Verantwortung für die Außensicherung des Komplexes »Filigran« der AGM/B an die HA II/4 übergeben.[245] In seinem Referat vom 26. Februar 1988 auf der Dienstbesprechung zur Mobilmachungsarbeit im MfS legte der Minister für Staatssicherheit fest: »Zur Erhöhung der Qualität und Wirksamkeit der politisch-operativen Abwehrarbeit zum Komplex ›Filigran‹, zu den zentralen Ausweichführungsstellen des MfS sowie den Ausweichführungsstellen der Bezirksverwaltungen – ausgehend von den Erfordernissen der Entwicklung der politisch-operativen Lage und in Durchsetzung meiner Dienstanweisung Nr. 1/87 – ist künftig die Verantwortung für die politisch-operative Abwehrarbeit an diesen Objekten durch die Hauptabteilung II und in den Bezirksverwaltungen durch die Abteilungen II wahrzunehmen.

Das betrifft sowohl die bisher durch die AG politisch-operative Aufgaben der AGM/B sowie die AGL der Bezirksverwaltungen realisierte eigenständige politisch-operative Abwehrarbeit als auch die Federführung für die politisch-operative Abwehrarbeit zum Komplex ›Filigran‹ und zu den Ausweichführungsstellen bzw. Schutzbauwerken des MfS und der Bezirksverwaltungen.

Durch die AGM/B ist also künftig keine eigenständige politisch-operative Abwehrarbeit mehr zu leisten.«[246]
Was die Gründe der Übergabe der Verantwortlichkeit von der AGM/B an die HA II betrifft, so bemerkte Erich Mielke: »Die Erscheinungen der Selbstisolierung und

245 Vgl.: Jahresbilanz der HA II/4 von 1988. BStU ZA MfS HA II Nr. 24317, Bl. 112.

246 Referat des Gen. Minister auf der Dienstbesprechung zur Mobilmachungsarbeit im MfS vom 26. Februar 1988. BStU ZA MfS ZAIG Nr. 4877, Bl. 118 f.

Verselbständigung der Arbeit der AGM/B wirkten sich auf diesem Gebiet besonders negativ aus.«[247]

Die HA II/4 übernahm eine entsprechende Anzahl operativer Mitarbeiter und inoffizieller Kräfte der AGM/B.[248]

Für die Sicherung des Komplexes »Filigran« war nach Übergabe der Kräfte das Referat 6 der HA II/4 verantwortlich.[249]

Die Erarbeitung von Ersthinweisen und Bearbeitung von Militärspionen im Verantwortungsbereich der BV Rostock

Der Enttarnung jeder Agentur eines westlichen Geheimdienstes durch die Spionageabwehr des MfS ging ein entsprechender Ersthinweis voraus. Diese Ersthinweise wurden auf unterschiedliche Art und Weise erarbeitet beziehungsweise gelangten dem MfS zur Kenntnis. Das waren unter anderem:

- die Außensicherung der militärischen Schwerpunktobjekte durch die Analyse des festgestellten Personen- und Fahrzeugverkehrs;
- die Durchdringung von Personenkreisen aus den Zielgruppen der westlichen Geheimdienste;

247 Ebd., Bl. 119.

248 Vgl.: Jahresbilanz der HA II/4 von 1988. BStU ZA MfS HA II Nr. 24317, Bl. 112.

249 Vgl.: Struktur- und Stellenplan der HA II vom 26. September 1988. BStU MfS HA II Nr. 28540, Bl. 24.

- die Fahndung zur Aufdeckung des postalischen Verbindungssystems der Geheimdienste;
- Hinweise von zweckdienlich positionierten Quellen im Operationsgebiet.

Die Erarbeitung von Ersthinweisen und ihre Verdichtung zu operativen Ausgangsmaterialien hatte planmäßig und unter strikter Beachtung des Schwerpunktprinzips sowie der Konspiration zu erfolgen.

Für die operative Außensicherung der militärischen Objekte trugen die territorial zuständigen Kreisdienststellen unmittelbare Verantwortung. Die Abteilungen II der BV waren in der Wahrnehmung ihrer Pflicht für die Führung der Spionageabwehr in den Bezirken dafür verantwortlich, die Anleitung und Unterstützung der Kreisdienststellen bei der Organisierung und Durchführung der entsprechenden operativen Prozesse zu realisieren.

Die operative Außensicherung der militärischen Objekte beinhaltete einen Komplex von Maßnahmen, der sich in folgende Prozesse gliederte:

- die Registrierung und Analyse des Personen- und Kfz-Verkehrs an bedeutsamen Einsichtstellen von militärischen Objekten mit dem Ziel der Feststellung von Personen mit spionageverdächtigen Verhaltensweisen;
- die Durchdringung der Objekt-/Umweltbeziehungen;
- die Durchdringung des Anwohner-/Anliegerbereichs;
- die Durchdringung der Konzentrationspunkte von Militärpersonal in der Umgebung militärischer Objekte.[250]

---

250 Vgl.: Hans-Joachim Oestreich, Gerd Puchta: Diplomarbeit zum Thema: »Aktuelle Probleme und Erfahrungen zur zielstrebigen Suche nach dem Feind und zur Erarbeitung von Beweisen im Prozess der Bearbeitung von Spionageverbrechen in OV unter Berücksichtigung der Probleme der Militärspionageabwehr der

Den Ausgangspunkt für die Realisierung des Arbeitsprozesses »Registrierung und Analyse des Personen- und Kfz-Verkehrs an bedeutsamen Einsichtstellen« bildete die durch gesicherte Erkenntnisse gestützte Überlegung der Spionageabwehr, dass sich der Einsatz von Militärspionen vor Ort, also unmittelbar an den militärischen Objekten für die Geheimdienste als unverzichtbar erwiesen hatte. Bei der Paralysierung der durch die Linie II enttarnten Militärspione des MI und des BND wurde festgestellt, dass die Auftragsstruktur dieser Dienste die Militärspione dazu zwang, die aufzuklärenden Militärobjekte anzulaufen und zu beobachten.

Einen weiteren Ausgangspunkt stellte die Überlegung dar, dass ein Militärspion gezwungen war, bei der geheimdienstlichen Aufklärung von Militärobjekten ganz bestimmte, durch die jeweils am Objekt herrschenden Bedingungen und die Interessenlage des Geheimdienstes beeinflusste Verhaltensweisen zu zeigen, die ihn von anderen Personen, die keine nachrichtendienstlichen Interessen verfolgten, unterschieden und die es prinzipiell ermöglichten, eine Differenzierung unter der Vielzahl der Personen zu treffen, die sich an den militärischen Objekten bewegten. Diese Tatsache ergab sich daraus, dass es sich bei den als Militärspione geworbenen Personen in der Regel um keine Militärexperten handelte. Um die für die Militärspionage bedeutsamen Informationen zu erhalten, gaben die Geheimdienste dem Spion in mündlichen und schriftlichen Instruktionen, zum Beispiel anhand von Waffentafeln, bestimmte Details an Waffensystemen oder militärischen Anlagen vor, die der Militärspion bei der Erfüllung seines Auftrags feststellen musste. Dieser Umstand zwang ihn dazu, spezifische und feststellbare Verhaltensweisen, beispielsweise das

---

Linie II«. BStU ZA MfS JHS Nr. 20219, Bl. 12 f.

Aufsuchen von Standorten, von denen aus diese Details einsehbar waren, zu zeigen.

Diese prinzipielle Überlegung forderte die Beachtung einer Vielzahl von Faktoren. So haben die westlichen Geheimdienste, bedingt durch die Erfolge des MfS bei der Enttarnung von Militärspionen sowie der Befragung aus der Haft entlassener und in die Bundesrepublik zurückgekehrter Agenturen, ihre Methoden ständig präzisiert und vervollkommnet. Die relative Kenntnis über die Abwehrmaßnahmen der Staatssicherheit an militärischen Objekten hatte zu einer besseren Beauftragung/Instruierung der Militärspione hinsichtlich der Tarnung ihrer Spionagetätigkeit geführt.

Weiterhin war eine Vielzahl von militärischen Objekten, teilweise durch ihren Einsatzzweck technologisch bedingt, so gelegen, dass die wesentlichen nachrichtendienstlich interessanten Details bereits aus größerer Entfernung und von verschiedenen Seiten und Standorten aus einsehbar waren.

Diese Faktoren führten zu folgenden Konsequenzen, die sowohl durch die Abteilungen II der BV als auch durch die Kreisdienststellen beachtet werden mussten:

1. Bei der Festlegung der Objekte, an denen komplexe Sicherungseinsätze realisiert werden sollten, durfte nicht nur die militärstrategische Bedeutung als Kriterium für die Auswahl derer herangezogen werden, sondern es war zu beachten, inwieweit die objektiv vorhandene Lage des Objekts, wie das Vorhandensein und die Gestaltung von Einsichtstellen, die Differenzierung der am Objekt festgestellten Personen nach operativen Gesichtspunkten ermöglichte. Dieser Faktor musste bei der Schwerpunktbestimmung stets berücksichtigt werden. Dabei war immer zu prüfen, welche Möglichkeiten im Zusammenwirken mit der sowjetischen Militärabwehr, den örtlichen

staatlichen Organen beziehungsweise mit der HA I bestanden, Veränderungen aus vorbeugender Sicht beziehungsweise operativen Gesichtspunkten (zum Beispiel Sichtblenden, Bepflanzungen, Einengung von Einsichtstellen) vorzunehmen.

2. Die Geheimdienste beauftragten ihre Agenturen, Militärobjekte zum Teil in einem Bewegungsradius des Spions von bis zu 100 Kilometern aufzuklären. Dadurch wurden geringere Möglichkeiten, Unterscheidungen an einzelnen Objekten zu treffen, durch die Möglichkeit des Vergleichs der festgestellten Personen an mehreren Objekten, die im Komplex gesichert wurden, ausgeglichen. Dabei erfolgte die Registrierung aller identifizierten Personen und Kfz, die an den Einsichtstellen festgestellt wurden, auch wenn keine operativ bedeutsamen Verhaltensweisen registriert wurden. Diese Form der Sicherung stellte hohe Anforderungen

- an die zentrale Führung durch die HA II beziehungsweise die Führung der Prozesse der Spionageabwehr durch die jeweilige Abteilung II der BV,
- an die Erreichung einer hohen Identifizierungsquote, da die Identifizierung einer Person, die an einem anderen Objekt nicht identifiziert werden konnte, unter Umständen nicht den angestrebten Erfolg erbrachte,
- an die Speicherführung. Es war wichtig, während der Durchführung der Komplexeinsätze alle festgestellten Personen und Kfz auf Bezirksebene zu speichern, um das Aufsuchen mehrerer Objekte durch die Vergleichs- und Verdichtungsarbeit herauszuarbeiten. Feststellungsergebnisse zu Personen und Kfz aus anderen Bezirken wurden, falls diese in den Komplex einbezogen waren, der Abteilung II der entsprechenden BV übergeben.

Konnte herausgearbeitet werden, dass eine Person mehrere Objekte aufgesucht hatte, erfolgte eine Erfassung in der ZPDB[251]. Die notwendige Speicherung zur Vergleichs- und Verdichtungsarbeit auf Bezirksebene erforderte aufgrund der Vielzahl der zu erfassenden Personen und Kfz die Schaffung entsprechender Dateien bei den Abteilungen II der BV.

3. Aus der Auftragsstruktur der westlichen Geheimdienste leitete sich für den Spion das Erfordernis ab, militärische Objekte periodisch anzulaufen. In der Regel wurde eine mindestens monatliche bis sechswöchige Berichterstattung von den Agenturen durch die Dienste gefordert, wodurch der Spion das beziehungsweise die militärischen Objekte zumindest einmal in diesem Zeitraum anlaufen musste. Daraus leitete die Spionageabwehr das Erfordernis ab, komplexe Beobachtungseinsätze durchzuführen, die es gestatteten, operativ interessante Personen anhand ihres periodischen Aufenthalts an militärischen Objekten zu erkennen. Durch die Abteilungen II der BV wurde in Wahrnehmung der Verantwortung für die Spionageabwehrarbeit im Bezirk dieser Prozess organisiert. Die Aufgaben der Abteilungen II der BV bestanden dabei in der

---

251 Bei der ZPDB des MfS handelte es sich um einen zentralen personen-, sach- und objektbezogenen Datenspeicher mit Informationen, die nach Personenkategorien, Sachverhalten sowie Hinweis- und Merkmalskategorien in einem Rahmenkatalog präzise definiert waren und bis zur Einführung der ZPDB zum großen Teil nicht oder nur mit manuellen Verfahren dezentral erfasst wurden. Im November 1989 waren in der ZPDB bereits Daten von über 1,32 Millionen Menschen gespeichert. Vgl.: Philipp Springer: »Das Gedächtnis der Staatssicherheit«. In: Karsten Jedlitschka, Philipp Springer (Hrsg): *Das Gedächtnis der Staatssicherheit. Die Kartei- und Archivabteilung des MfS*. Göttingen 2015, S. 127.

- konzeptionellen Vorbereitung der Komplexeinsätze,
- Auswahl der zu sichernden Militärobjekte auf der Grundlage der Erkenntnisse der Angriffsrichtungen der Geheimdienste,
- Organisierung des Kräfteeinsatzes, einschließlich der Qualifizierung der eingesetzten operativen Kräfte,
- Festlegung des Informationsbedarfs,
- Organisierung der Zusammenarbeit mit den beteiligten Diensteinheiten, wie Kreisdienststellen und den Abteilungen VIII, M, VI, 26 sowie der HA I beziehungsweise der sowjetischen Militärabwehr,
- stabsmäßigen Führung des Komplexeinsatzes,
- Gewährleistung einer qualifizierten Auswertung der gewonnenen Ergebnisse,
- materiell-technischen Sicherstellung, zum Beispiel durch operative Technik und Errichtung, Ausbau sowie Legendierung von Beobachtungsstützpunkten.

Der eigenständige Beitrag der Abteilungen II der BV im Prozess der Außensicherung militärischer Objekte bestand vorrangig im langfristigen Einsatz der HIM-Beobachtergruppen an bedeutenden Schwerpunktobjekten unter Nutzung entsprechender Technik in Zusammenarbeit mit den Abteilungen E, um im Ergebnis der Komplexeinsätze eine Vielzahl von qualitativ hochwertigen, operativ bedeutsamen Informationen zu erarbeiten.

Die Erarbeitung von Ersthinweisen aus den Feststellungen von Personen und Kfz an den militärischen Objekten erforderte die Zusammenführung eines bestimmten Minimums von Informationen über die festgestellte Person. Vorausgesetzt wurde dabei eine sichere Identifizierung der Person beziehungsweise des Fahrzeugnutzers. Dieses Minimum an Informationen setzte sich in der Regel aus:

- Personalien,
- Wohnanschrift,
- Beruf,
- Arbeitsstelle,
- Ergebnissen der Überprüfungen in den Speichern des MfS und der VP

zusammen. Bei Vorliegen dieser Angaben setzte deren analytische Verarbeitung im Zusammenhang mit den Informationen über die Feststellung, die am Objekt und in dessen Umgebung herrschenden Orts- und Regime-verhältnisse sowie zeitliche Relationen und den bekann-ten und gesicherten Informationen über die Arbeits-weise der westlichen Geheimdienste ein. Hierbei war es wichtig, auch unbedeutend erscheinende Angaben zu erfassen und zu verarbeiten, da solche »unbedeutenden Angaben« zur Differenzierung beziehungsweise Klärung der in Komplexeinsätzen erarbeiteten Informationen beitragen konnten. Es ging dabei konkret darum, alle vorliegenden Informationen zu einer Person mitein-ander in Beziehung zu setzen und mit den Erkenntnis-sen über das Vorgehen der Dienste zu vergleichen. Dazu waren vorrangig folgende Fragen zu beantworten:

1. Gehört die Person zu den Zielgruppen der westli-chen Geheimdienste (Bewegungsmöglichkeiten in der DDR, Reisemöglichkeiten in das NSW)?

2. Welche Gründe konnten für das Aufsuchen, Passie-ren der/des militärischen Objekte/s bestanden ha-ben? Waren Gründe erkennbar, die die entsprechen-de Person objektiv dazu zwangen, relevant am Objekt in Erscheinung zu treten und damit eine logische Erklärung für das Verhalten zu geben, ohne dass eine Spionagehandlung vorlag? Lagen solche objektiven Gründe vor, die die festgestellte Person veranlassten, ständig das militärische Objekt zu passieren (zum Beispiel Weg zur Arbeit) oder bestimmte Verhaltens-

weisen zu zeigen (beispielsweise verkehrsbedingte Geschwindigkeitsverringerung), war in der Regel keine operative Bedeutsamkeit im Sinne eines Ersthinweises gegeben. Allerdings war in Abhängigkeit von der konkreten Lage zu prüfen, ob der Personenkreis, dem sich durch objektive Gegebenheiten gute Spionage- und Abdeckungsmöglichkeiten boten, für die Durchführung weiterer Überprüfungen in geeigneter Form gespeichert werden soll.

Dazu ein praktisches Beispiel aus dem Verantwortungsbereich der BV Rostock: Die Person N. wurde im Rahmen eines langfristigen Sicherungseinsatzes von drei Monaten an einem militärischen Objekt mit einer zweimaligen Vorbeifahrt am gleichen Tag festgestellt. An der Einsichtstelle zur Panzerübungsstrecke wurde bei der ersten Vorbeifahrt eine Blickwendung in Richtung des Objekts dokumentiert. Zu diesem Zeitpunkt fuhren auf der Übungsstrecke Panzer, an der Einsichtstelle befand sich ein Regulierungsposten. Bei der zweiten Vorbeifahrt in entgegengesetzter Richtung nach acht Stunden wurde keine Blickwendung festgestellt. Auf dem Übungsgelände befand sich zu diesem Zeitpunkt keine Militärtechnik und kein Militärpersonal. Die Erstüberprüfung ergab, dass die Schwester des N. am relevanten Tag Geburtstag hatte. Um vom Wohnort des N. zur Wohnung der Schwester zu gelangen, war es erforderlich, das militärische Objekt zu passieren. N. und sein Kfz lagen in den Speichern des MfS nicht ein. N. war nicht Angehöriger einer Zielgruppe der westlichen Geheimdienste. Die Information zu N. wurde nicht als operativer Ersthinweis in Richtung Spionage eingeschätzt, aber in die Kfz-Kartei der Abteilung II eingespeichert.[252]

---

252 Vgl.: Hans-Joachim Oestreich, Gerd Puchta: »Aktuelle Proble-

3. Hatte die Person bessere beziehungsweise »gefahrlosere« Möglichkeiten, das aufgesuchte Objekt aufzuklären? Diese Fragestellung hatte das Ziel, zu verhindern, dass Feststellungen von Personen an militärischen Objekten durch eine Überbewertung zu falschen Einschätzungen führten. Auch hier ein Beispiel aus der Praxis der BV Rostock: Einer KD der BV Rostock wurde durch Maßnahmen der operativen Außensicherung zu einem NVA-Objekt bekannt, dass ein Schäfer während des Hütens seiner Herde ständig mit einem Fernglas, das zu seiner Ausrüstung gehörte, in Richtung des militärischen Objekts schaute. Erstüberprüfungen ergaben, dass dieser Schäfer in Abstimmung mit dem Kommandeur der NVA regelmäßig seine Herde sogar im Objekt weiden ließ. Weitere Überprüfungen ließen erkennen, dass sich die Beobachtungen des Schäfers auf Liebespaare bezogen, die sich in der Umgebung des militärischen Objekts aufhielten. Es war somit geklärt, dass die festgestellten Verhaltensweisen keine operative Relevanz besaßen. Der Person musste allerdings im Rahmen der operativen Durchdringung der Objekt-Umwelt-Beziehungen Beachtung geschenkt werden.[253]

In der Regel waren die Antworten auf die Fragen 1 bis 3 bereits aus dem herausgearbeiteten Informationsminimum zu erkennen, so dass eine Differenzierung erfolgen konnte.

---

me und Erfahrungen zur zielstrebigen Suche nach dem Feind und zur Erarbeitung von Beweisen im Prozess der Bearbeitung von Spionageverbrechen in OV unter Berücksichtigung der Probleme der Militärspionageabwehr der Linie II«, Bl. 20 f.

253 Vgl.: Ebd.

Lagen zu den Personen in den Speichern des MfS bereits Informationen vor, wurde die Einschätzung vereinfacht. Die im Ergebnis dieser Analyse als bedeutsam eingeschätzten Informationen stellten operative Ersthinweise dar, die weiter zu verdichten waren. Im Rahmen des Verdichtungsprozesses waren die Fragen 1 bis 3, soweit sie nicht eindeutig beantwortet werden konnten, ständig neu zu stellen.

Dieser Verdichtungsprozess wurde durch die entsprechende Abteilung II der BV weitergeführt beziehungsweise wurden die operativen Ersthinweise der territorial zuständigen KD zur Bearbeitung übergeben, wobei die Anleitung und Unterstützung durch die Abteilung II der BV erfolgte.[254]

Ein weiterer Weg, zu perspektivvollen operativen Ausgangsmaterialien zu gelangen, war die Durchdringung von Personenkreisen, die zu den Zielgruppen für die Anwerbung von Militärspionen der Geheimdienste zählten. Hierunter fielen DDR-Bürger, die

- beruflich bedingt die Möglichkeit hatten, kontinuierlich die DDR zu bereisen und militärische Objekte/ Bewegungen ständig aufzuklären, zum Beispiel Berufskraftfahrer, die innerhalb der DDR tätig beziehungsweise im grenzüberschreitenden Verkehr eingesetzt waren,
- aus anderen Gründen als Militärspione überörtlich eingesetzt werden konnten, zum Beispiel Spezialisten zur Wartung von Geräten und Anlagen, die periodisch Zutritt zu militärischen Objekten hatten,
- als Anwohner von militärischen Objekten der GSSD beziehungsweise der NVA Einblick in diese hatten,
- als Zivilbeschäftigte in den genannten militärischen Objekten tätig waren,

---

254 Vgl.: Ebd., Bl. 22.

- als NSW-Reisekader oder NSW-Auslandskader eingesetzt wurden.

Des Weiteren zählten Bundesbürger und ehemalige
DDR-Bürger mit nachrichtendienstlichen Möglichkeiten sowie Bundesbürger mit kommerziellen Verbindungen in die DDR und solche, die aus touristischen
Gründen mehrfach in die DDR einreisten, zu den Zielgruppen der Geheimdienste.

Innerhalb dieser Zielgruppen unter den DDR-Bürgern
konzentrierten sich die Geheimdienste vor allem auf
solche Personen, die über ständige beruflich bedingte
oder private Reisemöglichkeiten beziehungsweise stabile persönliche Beziehungen in die Bundesrepublik
verfügten.

Aus diesen verallgemeinerten Erkenntnissen traf die
Spionageabwehr konkrete Ableitungen auf einzelne
Personengruppen, um in diesen zielstrebig und systematisch auf der Grundlage eines Filtrierungsprozesses
nach Spionen zu suchen.[255]

Ausgehend von den Erkenntnissen der Bearbeitung der
TV »Alk« und »Assel«[256] der Abteilung II/BV Rostock
(beide TV gehörten zum ZOV »Tanne« der HA II/5)
sowie abgeschlossener OV der HA II zu Militärspionen
des amerikanischen MI und des BND konnte gesichert
davon ausgegangen werden, dass eine Personenkatego-

---

255 Vgl.: Ebd., Bl. 22 ff.

256 Durch die Abt. II der BV Rostock enttarnte Militärspione des
amerikanischen militärischen Nachrichtendienstes MI. Zum
Vorgang »Alk« vgl.: Hannes Sieberer, Herbert Kierstein: *Verheizt und vergessen. Ein US-Agent und die DDR-Spionageabwehr.* Berlin 2005. Der Vorgang »Assel« richtete sich u. a. gegen
den Bundesbürger Bernd A. In beiden Vorgängen fungierten
NSW-Personen als Werber/Instrukteur/Kurier für in der DDR
tätige Militärspione.

rie unter der Zielgruppe »Personen mit ständigen Reisemöglichkeiten innerhalb der DDR, die aufgrund ihrer beruflichen Tätigkeit regelmäßig militärische Objekte an- beziehungsweise daran vorbeifuhren« die Berufskraftfahrer waren. Ausgehend von dieser Tatsache bestand die Möglichkeit, auf der Grundlage der bei allen abgeschlossenen OV stets wiederkehrenden Analogien, die auf bestimmte gleiche Arbeitsweisen westlicher Geheimdienste bei dieser Personenkategorie zurückzuführen waren, Fahndungskategorien aufzustellen. Zur Personenkategorie Berufskraftfahrer waren unter anderem folgende Fahndungskriterien zutreffend, die sich aus den Merkmalskomplexen Werbepraxis, Auftragserteilung/Instruierung sowie der damit verbundenen Informationsbeschaffung und der Aufrechterhaltung des Verbindungswesens ergaben:

1. Personen männlichen Geschlechts im Alter von 25 bis 50 Jahren.

2. Zivilpersonen, die als Kraftfahrer/Beifahrer tätig waren und in relativ regelmäßigen Abständen (mindestens innerhalb von sechs bis sieben Wochen einmal berufsbedingt) an militärischen Objekten vorbei- beziehungsweise diese direkt anfuhren.

3. Die Personen selbst, ihre im Haushalt lebenden Familienangehörigen oder die Verwandten ersten Grades haben Einreisen aus dem westlichen Ausland erhalten beziehungsweise die Zielperson (Kraftfahrer/Beifahrer) hatte sich aus privaten Gründen im NSA aufgehalten.

4. Die NSA-Personen, die zum Kraftfahrer/Beifahrer beziehungsweise zu seinen Verwandten ersten Grades reisten, nutzten mindestens einmal die Möglichkeit, im VTA (Visum für einen Tagesaufenthalt) beziehungsweise Transit in die DDR einzureisen.

5. In den Einreisezeiten der NSA-Personen war ein

bestimmter Rhythmus erkennbar (Häufung der Einreisen in einem bestimmten Zeitraum, in dem auch
die VTA-Einreisen erfolgten).

6. Die Personen unterhielten zu den eingereisten
NSA-Personen durch die Ehefrau, Freundin oder
Verlobte private postalische Verbindung.

7. Die DDR-Personen waren im Besitz eines Rundfunk-
empfängers (westliche Produktion) mit Kurzwellenbereich.

8. Die DDR-Personen verfügten über westliche Artikel,
die sie im Intershop beziehungsweise bei Besuchen
oder mittels Paketsendungen erhalten hatten.

Eine Voraussetzung für die Differenzierung der Personenkategorie DDR-Kraftfahrer/Beifahrer (außer grenzüberschreitender Verkehr) nach den genannten Fahndungskriterien war die Erfassung aller Personen dieser
Kategorie nach folgenden zwei Gesichtspunkten:

• Kraftfahrer, die im Rahmen der Objekt-Umwelt-Beziehungen regelmäßig in bestimmten Zeitabständen
militärische Objekte anfuhren. Hierzu gehörten unter
anderem Kraftfahrzeuge der Versorgungsbetriebe
(Bäckereien, Fleischereien, Brauereien, Molkereien).
Dabei war zu berücksichtigen, dass die militärischen
Objekte außerhalb des Kreisgebiets des Fahrzeughal-
ters liegen konnten.

• Kraftfahrer, die im Rahmen fester Tourenpläne über
einen längeren Zeitraum in regelmäßigen Abständen
an militärischen Objekten vorbeifuhren.

Um diese Personenkategorie zu erfassen, war eine enge
Zusammenarbeit der linien- beziehungsweise territorial zuständigen Diensteinheiten erforderlich. Folgende
Wege erwiesen sich als nützlich, um diese Personenkategorie zu erfassen:

1. Im Rahmen der systematischen Durchdringung der
Objekt-Umwelt-Beziehungen waren

- über die HA I alle Postenbücher, in denen die das Objekt befahrenden Kfz erfasst wurden, zu beschaffen und auszuwerten. Die Auswertung erfolgte statistisch nach dem Gesichtspunkt, welches Kfz aus dem Bereich der Objekt-Umwelt-Beziehungen zu welchen Zeiten das Objekt befahren hatte.
- über die HA I alle Verträge mit Versorgungseinrichtungen, Institutionen usw. zu beschaffen und mit dem Ziel zu sichten, herauszuarbeiten, welche Betriebe, Institutionen und andere die Möglichkeit hatten, regelmäßig oder auf Anforderung das Objekt zu befahren.

Im Vergleich zwischen den Postenbüchern und den Verträgen mit den Versorgungseinrichtungen waren durch die objektmäßig zuständigen Diensteinheiten in enger Zusammenarbeit mit dem für die Sicherung der Kfz-Halter verantwortlichen Diensteinheiten die Kraftfahrer zu personifizieren. Für die Koordinierung dieser Prozesse trug die Abteilung II eine wesentliche Mitverantwortung.

2. Die zentrale Erfassung der Kraftfahrer, die im Rahmen fester Tourenpläne regelmäßig an militärischen Objekten vorbeifuhren, wurde zweckmäßigerweise durch die Abteilung II/BV Rostock realisiert, da sich diese Touren in der Regel über mehrere Kreise beziehungsweise die Bezirksgrenze hinaus erstreckten. Für die Abteilung II bestand daher die Aufgabe, in enger Zusammenarbeit mit allen Diensteinheiten die für die Sicherung von Betrieben, die über einen Fuhrpark verfügten, folgende Daten herauszuarbeiten:
   - Welches Kfz fuhr nach einem regelmäßigen, feststehenden Tourenplan?
   - Wie gestalteten sich die Fahrstrecke und der zeitliche Ablauf, einschließlich Datum?

- Wie lauteten die Personalien des Stammfahrers und des Beifahrers?

Um die Fahrer herauszuarbeiten, die regelmäßig an militärischen Objekten vorbeifuhren, war es erforderlich, die Tourenpläne in Verbindung mit den vorhandenen Arbeitsergebnissen der Abteilung II nach folgenden Gesichtspunkten zu analysieren:

- Kam der Kraftfahrer während seiner Touren an militärischen Objekten vorbei?
- Welche Einsichtstellen wurden dabei passiert?
- War das Privatfahrzeug bereits an militärischen Objekten aufgefallen beziehungsweise wurde es dahingehend festgestellt? (Hintergrund war dabei, dass auch Privatfahrzeuge im Freizeitbereich für die geheimdienstliche Eigenerkundung genutzt wurden.)

Es ging bei diesen Maßnahmen im Prozess der Eingrenzung darum, festzustellen, welche Möglichkeiten die Kraftfahrer hatten, die militärischen Objekte entsprechend der bekannten Auftragsstruktur der Geheimdienste aufzuklären.

Nach der Personifizierung dieser Personenkategorie musste die weitere Einengung des herausgearbeiteten Personenkreises durch die Erarbeitung von Informationen entsprechend der genannten Fahndungskriterien 3 bis 8 erfolgen. Diese Informationen waren durch die jeweils zuständigen Diensteinheiten zu erarbeiten, in deren Verantwortungsbereich der Kraftfahrer tätig war. Die Führung und Koordinierung zur systematischen Erarbeitung sowie die zentrale Speicherung und Analyse der Arbeitsergebnisse musste durch die Abteilung II erfolgen. Durch sie war dann im Ergebnis der analytischen Verarbeitung dieser Informationen der jeweilige Grad der Spionagegefährdung der einzelnen Personen im Filtrierungsprozess zu bestimmen und in

OAM weiter durch die Abteilung II beziehungsweise in Koordinierung mit der jeweiligen Diensteinheit zu bearbeiten.[257]

Eine Besonderheit im Bezirk Rostock bestand darin, dass Seeleute der bundesdeutschen Küstenschifffahrt, die DDR-Seehäfen anliefen, über Spionagemöglichkeiten, insbesondere militärischer Art, verfügten.
Eine weitere Möglichkeit zur Erarbeitung von OAM bestand in der systematischen und konsequenten Fahndung der Abteilungen II und M nach geheimdienstlich verdächtigen Briefen und Grobpostsendungen mit dem Ziel der Aufdeckung des postalischen Verbindungssystems der westlichen Geheimdienste. Hier hatte die Abteilung II der BV Rostock eine entsprechende Verantwortung, insbesondere bei der Anleitung und Kontrolle der Abteilung M. Neben der Fahndung nach geheimdienstlich verdächtigen Postsendungen durch die Abteilung M bestand die Möglichkeit der Erarbeitung von OAM durch die Abteilung II in

- der systematischen Kontrolle der Rückverbindungen von ehemaligen DDR-Bürgern. Von besonderer Bedeutung waren dabei Rückverbindungen zu Personen, die zu den Zielgruppen westlicher Geheimdienste gehörten.
- der Schriftenfahndung von zurückgekehrten Auslandskadern und zurückgezogenen Reisekadern, die berufliche beziehungsweise private Beziehungen zu Personen aus dem Bereich der Landesverteidigung unterhielten.

---

257 Vgl.: Hans-Joachim Oestreich, Gerd Puchta: »Aktuelle Probleme und Erfahrungen zur zielstrebigen Suche nach dem Feind und zur Erarbeitung von Beweisen im Prozess der Bearbeitung von Spionageverbrechen in OV unter Berücksichtigung der Probleme der Militärspionageabwehr der Linie II«, Bl. 24–29.

Diese Aufgaben waren in enger Zusammenarbeit mit den für die jeweiligen Personen Verantwortung tragenden Diensteinheiten zu realisieren.

Aus den genannten Prozessen zur Erarbeitung von OAM ist ersichtlich, dass die Realisierung des Komplexes nicht voneinander losgelöst betrachtet werden konnte, da die einzelnen Maßnahmen ineinander übergingen und sich ergänzten. Einen Knotenpunkt für die Verknüpfung dieser Prozesse stellte die Erfassung, Speicherung und richtige Gestaltung der Informationsflüsse zwischen den Diensteinheiten und der Abteilung II/HA II dar.

Oestreich und Puchta stellten bei ihren Untersuchungen 1984 für den Bereich der BV Rostock folgenden Mangel fest:

Die hinsichtlich der Zielgruppen der westlichen Geheimdienste interessierenden Personenkategorien, beispielsweise Anwohner/Anlieger an militärischen Objekten oder Personen aus den Objekt-Umwelt-Beziehungen, waren zwar in den einzelnen KD in unterschiedlichem Umfang in der VSH-Kartei gespeichert, jedoch von dort als Personenkategorie nicht abrufbar. Diese Tatsache traf auf die Personen dieser Personenkategorie zu, zu denen keine relevanten Verhaltensweisen durch die Diensteinheit erarbeitet wurden, die diese Menschen als Anwohner/Anlieger oder Personen mit Objekt-Umwelt-Beziehungen in der VSH erfasst hatte und sie somit entsprechend der dienstlichen Regularien nicht in der ZPDB erfassen konnte. Daraus ergaben sich folgende Forderungen:

- Der Arbeitsgruppenleiter der Linie II der KD, der für die Sicherung der militärischen Objekte zuständig war, sollte in Abstimmung mit dem KD-Leiter und dem Referat Auswertung und Information darauf dringen, dass alle Personen, die zu den Zielgruppen westlicher Geheimdienste gehörten, wie Anwohner/

Anlieger beziehungsweise Personen mit Objekt-Umwelt-Beziehungen, auf einem VSH-Index erfasst wurden.

- Personen aus den Objekt-Umwelt-Beziehungen, die
  im Verantwortungsbereich einer anderen Diensteinheit wohnhaft beziehungsweise tätig waren, mussten
  in der jeweiligen Diensteinheit durch den Mitarbeiter,
  der für das Objekt zuständig war, überprüft und mit
  der Hinweiskarte F 402[258] in der VSH der anderen
  Diensteinheit kenntlich gemacht werden. Es war nicht
  selten, dass beispielsweise ein Kraftfahrer in einem
  Betrieb des einen Kreises tätig war und im Rahmen
  seiner beruflichen Tätigkeit regelmäßig militärische
  Objekte in einem anderen Kreis anfuhr, während er in
  einem weiteren Kreis wohnhaft war.
- Wurden bei den Überprüfungen sowie im Rahmen
  von operativen Maßnahmen der Diensteinheit weitere Informationen zur Person erarbeitet, waren
  diese ständig zu bewerten und beim Vorliegen von
  Erfassungskriterien entsprechend der DA Nr. 1/80[259]
  in der ZPDB so zu erfassen, dass die Information
  für die Abteilung II beziehungsweise die HA II re-
  cherchierbar war. So konnten beispielsweise durch
  die Abteilung M Hinweise auf NSW-Verbindungen,
  durch IM oder technische Maßnahmen Hinweise auf
  Treffs im sozialistischen Ausland beziehungsweise an
  Transitstrecken, der Besitz von westlichen Rundfunk-
  geräten, Valutamitteln usw. erarbeitet worden sein,
  die im Zusammenhang mit dem Hinweis, dass die

---

258 Karteikarte der Vorverdichtungs-, Such- und Hinweiskartei,
Hinweiskarte.

259 Dienstanweisung 1/80 über die Grundsätze der Aufbereitung,
Erfassung und Speicherung operativ bedeutsamer Informationen durch die operativen Diensteinheiten des MfS.

Person Anwohner/Anlieger an einem militärischen Objekt oder in den Objekt-Umwelt-Beziehungen militärischer Objekte verankert war, einen bedeutsamen Ersthinweis darstellen, der weiter zu bearbeiten war.

- Bei einem bestimmten Grad der Verdichtung entsprechend der Qualität der Informationen musste die Linie II auf der Grundlage der verbindlichen Festlegungen Kenntnis erhalten.[260]

Die Begriffsbestimmung operativer Ersthinweis in Richtung Spionage besagte, dass es sich hierbei um »operativ bedeutsame Informationen zu Personen oder Sachverhalten handelt, die für sich oder in Verbindung mit anderen erstmalig auf

- eine geheimdienstliche Informationsbeschaffung,
- eine geheimdienstliche Kontaktierung,
- eine geheimdienstliche Verbindungshaltung zum Zwecke der Spionage sowie auf
- andere, mit einer Spionagetätigkeit in Verbindung zu bringende Handlung, Verhaltensweise und Umstände

hinweisen.«[261] Bereits aus der Begriffsbestimmung ist ersichtlich, dass die operative Bedeutsamkeit der vorliegenden Informationen wesentlich durch die Übereinstimmung des Informationsgehalts mit den Erkenntnissen der Staatssicherheit zu den Angriffsrichtungen und Arbeitsweisen der westlichen Geheimdienste bei ihren

---

260 Vgl.: Hans-Joachim Oestreich, Gerd Puchta: »Aktuelle Probleme und Erfahrungen zur zielstrebigen Suche nach dem Feind und zur Erarbeitung von Beweisen im Prozess der Bearbeitung von Spionageverbrechen in OV unter Berücksichtigung der Probleme der Militärspionageabwehr der Linie II«, Bl. 33–36.

261 MfS, Juristische Hochschule Potsdam, Sektion Politisch-operative Spezialdisziplin, Lehrstuhl V: Studienmaterial zu ausgewählten Problemen der Erarbeitung von operativen Ersthinweisen in Richtung Spionage. Potsdam 1984. BStU-Bibliothek, St 636, Bl. 6.

durch Agenturen vorgetragenen Spionageaktivitäten mitbestimmt wurde.

Aus dieser Tatsache ergab sich für das MfS die Aufgabe, dass alle operativen Ersthinweise, wenn sie in Richtung Spionage beurteilt und bewertet werden sollten, mit gesicherten Erkenntnissen zu den Angriffsrichtungen und Arbeitsweisen der westlichen Geheimdienste zu vergleichen waren.

Dabei war zu beachten, dass die zuerst vorliegende Einzelinformation (Ausgangsinformation) noch nicht umfassend diesen Vergleich gestattete, da der Informationsgehalt sehr oft nicht ausreichte und in diesem Stadium von einem Ersthinweis in Richtung Spionage noch nicht gesprochen werden konnte.

Zu beachten war weiterhin die generelle Notwendigkeit der Überprüfung der operativen Ersthinweise. Bei der Überprüfung ging es primär bei gleichzeitiger Kontrolle des Wahrheitsgehalts um die Erfassung und Vervollständigung des Informationsgehalts.

Sie war somit eine wesentliche Voraussetzung für die Feststellung der weiteren Bearbeitungswürdigkeit.

Die durch Oestreich und Puchta im Bereich der BV Rostock geführten Untersuchungen in ausgewählten KD zeigten auf, dass der Überprüfung operativer Ersthinweise zu wenig Aufmerksamkeit geschenkt worden war und dass einmal getroffene Feststellungen, beispielsweise durch IM, ungeprüft als »real« und »objektiv« hingenommen wurden.

Dadurch wurden Ersthinweise falsch bewertet, Kräfte und Mittel der entsprechenden KD gebunden, die bei exakter Überprüfung der Ausgangsinformation im Zusammenhang mit den Erkenntnissen der HA II/ Abteilung II der BV über die Angriffsrichtungen und Arbeitsweisen der Geheimdienste effektiver eingesetzt hätten werden können.

Ebenso hohe Anforderungen an die Überprüfung operativer Ausgangsinformationen waren in dem Fall zu stellen, wenn dem Ausgangsmaterial keine bedeutsamen Einzelinformationen, beispielsweise in Form der Feststellung an einem militärischen Objekt, oder andere bedeutsame Handlungen zugrunde lagen, sondern sich das Ausgangsmaterial auf die qualifizierte Zusammenführung von Einzelinformationen mit für sich genommen nur geringer oder keiner Bedeutsamkeit im Ergebnis eines Analyseprozesses beziehungsweise der operativen Durchdringung relevanter Personenkreise stützte.

In diesem, in der Praxis relativ häufigen Fall waren diese Einzelinformationen, soweit möglich, einem analogen Prüfungsprozess zu unterziehen. Darüber hinaus waren aber die logischen Schritte der Verknüpfung der Einzelinformationen einer gründlichen Wertung zu unterziehen, um zu sichern, dass tatsächlich ein Qualitätssprung im dialektischen Sinn stattgefunden hat (bedeutsame Ausgangsinformation als Summe für sich nicht bedeutsamer Einzelinformationen).

Um die weitere Verdichtung der Ausgangsmaterialien zielgerichtet und schwerpunktmäßig vornehmen zu können, erfolgte ihre Beurteilung und Bewertung unter folgenden zwei Zielstellungen:

1. Die Differenzierung der vorhandenen Ausgangsmaterialien, um sie entsprechend dem Schwerpunktprinzip richtig einzuordnen sowie die Rang- und Reihenfolge ihrer weiteren Verdichtung/Bearbeitung festlegen beziehungsweise von der weiteren Verdichtung ausschließen zu können.

2. Das Sichtbarmachen von Informationslücken, zu deren Schließung geeignete Maßnahmen durchgeführt werden mussten.

Folgende Punkte, zwischen denen dialektische Zusammenhänge bestanden und bei denen infolge subjektiver Eigenschaften, sowohl seitens des Geheimdienstmitarbeiters als auch des Spions selbst, Abweichungen auftraten, waren zu realisieren:

• Vergleich des erarbeiteten bedeutsamen Ausgangsmaterials mit den gesicherten Erkenntnissen über die Angriffsrichtungen der westlichen Geheimdienste. Hierbei war herauszuarbeiten, wogegen sich die vermutliche oder mögliche Spionagetätigkeit der relevanten Person richten konnte. Wenn dies aus dem vorliegenden Sachverhalt nicht eindeutig hervorging, sollten Schlussfolgerungen aus den zeitlichen und örtlichen Relationen gezogen werden. Daraufhin war ein Vergleich mit den Angriffsrichtungen der Geheimdienste, insbesondere ihrer aktuellen Interessenlage, vorzunehmen. Hierbei empfahl es sich, die Abteilung II zu konsultieren, da dort in Ergänzung und Konkretisierung verallgemeinerter Erkenntnisse oft Informationen über spezielle Angriffsrichtungen im Bezirk vorlagen.

• Analyse der relevanten Verhaltensweisen der interessierenden Person hinsichtlich der Übereinstimmung mit vorliegenden Erkenntnissen zur Auftragserteilung und Instruierung von Spionen. Hierbei war besonders einzuschätzen, ob festgestellte relevante Handlungen mit den Instruktionen der Dienste übereinstimmten. Dabei war zu beachten, dass Instruktionsverstöße, auch im Sicherheitsverhalten der Agenturen, möglich waren. Ausgeschlossen werden konnten allerdings mit hoher Wahrscheinlichkeit sich ständig wiederholende Verstöße im Bereich des Verbindungswesens, da diese den Geheimdiensten bekannt wurden, sowie grobe Verstöße gegen die Sicherheitsinstruktionen, zum Beispiel offenes Fotografieren am militärischen Objekt.

- Einschätzung der objektiven Möglichkeiten und subjektiven Voraussetzungen der relevanten Personen
zum Sammeln geheimzuhaltender Informationen.
Dazu waren alle zur Person bekannten Informationen zu werten, wobei neben den sich aus beruflicher
Tätigkeit, Wohnlage usw. ergebenden Möglichkeiten
auch der gesellschaftlichen Tätigkeit, der Freizeitgestaltung, den Besitzverhältnissen (Grundstück, Pkw)
Beachtung geschenkt werden musste. Zu den subjektiven Voraussetzungen gehörten beispielsweise solche
Eigenschaften wie vorhandenes Sehvermögen und
Merkfähigkeit.
- Einschätzung der realen Möglichkeiten, wie die relevante Person in das Blickfeld des Geheimdienstes
gelangt sein konnte. Es waren insbesondere Ein- und
Ausreisen aus dem NSW, Verbindungspartner, Post-
verbindungen und Rückverbindungen ehemaliger
DDR-Bürger einer sachlichen Analyse zu unterziehen.
- Analyse des Vorhandenseins objektiver und subjektiver Persönlichkeitsmerkmale, die eine Anwerbung
durch einen Geheimdienst begünstigten beziehungsweise ermöglichten. Besondere Beachtung war hierbei
Angriffsrichtungen, die die Person für eine Anwerbung bot, zu widmen. Dazu gehörten der Grad der
materiellen Interessiertheit, ideologische Bindung,
negative politische Einstellung zu Teilbereichen der
Gesellschaft, besondere Interessen/Hobbys, moralische Schwächen usw.
- Herausarbeitung von Hinweisen auf das Vorhandensein eines nachrichtendienstlichen Verbindungssystems. Ausgehend von den Erkenntnissen über die geheimdienstliche Verbindungshaltung war besonders
auf solche Hinweise Wert zu legen, wie:
  - Durchführung regelmäßiger Fahrten außerhalb des
  Wohnbereichs,

- Besitz von Rundfunkempfängern westlicher Produktion mit KW-Bereich und Kopfhörern,
- Hinweise auf nachrichtendienstliche Hilfsmittel,
- sich zeitlich regelmäßig wiederholende/wiederkehrende Erscheinungen des Zurückziehens/Absonderns,
- postalische Verbindungen in das NSW bei fehlenden oder eingeschränkten legalen Reisemöglichkeiten,
- Treffs mit Kontaktpartnern aus dem NSW.

Im Stadium der Erarbeitung und Verdichtung operativer Ausgangsmaterialien musste grundsätzlich davon ausgegangen werden, dass beispielsweise für bedeutsame Verhaltensweisen eine Reihe anderer denkbarer Erklärungen vorlagen als die Begehung von Spionage. Im Rahmen der oftmals unumgänglichen Indizienbeweisführung machte sich deren Ausschluss erforderlich und dies zum frühestmöglichen Zeitpunkt. Es bestand also das Erfordernis, diese weiteren möglichen Erklärungen, die im Sinne der Spionagetätigkeit entlastende Faktoren darstellten, zu finden und zu belegen.

Entlastende Faktoren konnten sich aus vielfältigen Umständen ergeben und waren von Fall zu Fall exakt zu prüfen. Solche entlastenden Faktoren konnten sein:

- eindeutig fehlende Merkmale beziehungsweise Handlungen, die zur Spionagetätigkeit gehörten;
- fehlende Voraussetzungen subjektiver und objektiver Art für die Durchführung der Spionage;
- fortgesetzte Durchführung von Handlungen der relevanten Person, die der Arbeitsweise der Geheimdienste widersprachen.[262]

---

262 Vgl.: Hans-Joachim Oestreich, Gerd Puchta: »Aktuelle Probleme und Erfahrungen zur zielstrebigen Suche nach dem Feind und zur Erarbeitung von Beweisen im Prozess der Bearbeitung von Spionageverbrechen in OV unter Berücksichtigung der

Der Prozess der Entwicklung von operativen Ausgangsmaterialien zu OV, der sich in der Regel in der
Durchführung der OPK realisierte, besaß einen hohen
Stellenwert innerhalb der operativen Grundprozesse.
Es bestand ein enger Zusammenhang sowohl mit der
ersten Phase der Verdichtung des operativen Ausgangsmaterials (häufig war eine Trennung nicht möglich) als
auch mit der Bearbeitung des Vorgangs. Die besondere Qualität des Prozesses der Durchführung von OPK
wurde insbesondere dadurch charakterisiert, dass

- aus einer Phase überwiegend analytischer, vor allem
  Speicher- und Ermittlungsarbeit in die Phase aktiver
  operativer Tätigkeit übergegangen wurde, die besonders durch den offensiven Einsatz von IM/GMS, teilweise deren Gewinnung und andere offensive Maßnahmen gekennzeichnet war,
- die bei der OV-Bearbeitung vorhandene relativ große
  Wahrscheinlichkeit (Verdacht), wirklich einem Spion
  gegenüberzustehen, noch nicht gegeben war.

Daraus ergaben sich Anforderungen in leitungsmäßiger
und operativer Hinsicht. Solche Anforderungen waren:

- die kontinuierliche Vermittlung eines korrekten Bildes über die westlichen Geheimdienste, insbesondere
  unter Beachtung der in der Abteilung II vorliegenden
  neuesten Erkenntnisse zur Arbeitsweise der Dienste;
- die Konzentration von operativen Kräften und Mitteln auf bestimmte Schwerpunktmaterialien sowie
  ihre straffe Leitung und Kontrolle;
- Hilfe und Unterstützung der Mitarbeiter bei der Ver-
  sionsbildung, Auswahl der effektivsten Maßnahmen
  und der Wertung des erzielten Informationsaufkommens.

Probleme der Militärspionageabwehr der Linie II«, Bl. 37–45.

Oestreich und Puchta stießen in ihrer Untersuchung im Verantwortungsbereich der BV Rostock auf folgende häufig wiederkehrende Mängel:

1. Die operative und strafrechtliche Einschätzung erfolgte unter ungenügender Beachtung der Arbeitsweise westlicher Geheimdienste. Vorhandene Informationen wurden nicht in den Analyse- und Versionsbildungsprozess einbezogen beziehungsweise ungenügend überprüft und verdichtet (zum Beispiel Unterlassung der Speicherabfrage bei der HA VI).

2. Der Durchführung der OPK wurden keine Versionen zugrunde gelegt, sondern Behauptungen aufgestellt, die den Anforderungen an eine Version nicht genügten.

3. Entlastende Faktoren beziehungsweise operative Hinweise auf andere feindliche Handlungen (als geheimdienstliche Tätigkeit) wurden nicht berücksichtigt.

4. Kontrollziele wurden zu allgemein festgelegt (beispielsweise »Herausarbeiten von Verdachtshinweisen auf eine nachrichtendienstliche Tätigkeit«).

5. Maßnahmepläne waren nicht auf eine zielgerichtete Klärung der bedeutsamen Anhaltspunkte ausgerichtet, sondern beinhalteten Standardmaßnahmen und waren teilweise austauschbar.

6. Trotz der Herausarbeitung entlastender Faktoren oder Hinweise im Prozess der OPK-Durchführung, die andere Versionen zuließen und die Spionageversion ausschlossen, wurde die ursprüngliche Bearbeitungsrichtung beibehalten.

7. Bei der Gewinnung neuer und relevanter Faktoren wurden diese nur in ungenügendem Maße operativ und strafrechtlich eingeschätzt und in die Spionageversion eingeordnet. Dabei wurde das ursprüngliche Konzept der Durchführung der OPK vernachlässigt.

und es erfolgte ausschließlich eine Konzentration auf die neu erarbeiteten Faktoren.

Aufbauend auf die Arbeitsschritte zur Einschätzung operativer Ausgangsmaterialien erfolgte die weitere Klärung des Ersthinweises bei einem ausreichenden Grad der Überprüfung und Verdichtung der Information im Prozess der Durchführung von OPK mit dem Ziel der Herausarbeitung des Verdachts der Spionage. Bei dieser Zielsetzung durfte nicht unbeachtet bleiben, dass, bedingt durch die Art und Weise der Erarbeitung des Ersthinweises, zwar eine gewisse Wahrscheinlichkeit gegeben war, dass ihm eine Spionagetätigkeit zugrunde lag, aber auch andere Straftaten beziehungsweise strafrechtlich nicht relevante Verhaltensweisen vorliegen konnten. Um eine schnelle und zielgerichtete Klärung zu gewährleisten, war, besonders im Prozess der Durchführung von OPK, die Arbeit auf der Grundlage von Versionen erforderlich.

Die Analyse der durch die Abteilung II/BV Rostock erfolgreich abgeschlossenen OV und die in ausgewählten KD durchgeführten Untersuchungen zeigte die große Bedeutung der Arbeit mit Versionen für die effektive und zielgerichtete Gestaltung der operativen Arbeit im Prozess der Durchführung von OPK und der Bearbeitung von OV auf.

Die Version als besondere Form der Anwendung der wissenschaftlichen Hypothese wurde auf den Tatbestand der §§ 97, 98 StGB ausgerichtet (Spionageversion), unter Beachtung anderer Straftatbestände des Kapitel 1, Besonderer Teil des StGB und Tatbestände der allgemeinen Kriminalität. Dabei wurden zur Aufstellung der Version alle die Informationen herangezogen, die zu den einzelnen Gesichtspunkten bekannt geworden waren, auf die sich die Einschätzung des OAM stützte.

Im Prozess der Durchführung der OPK handelte es sich dabei um überprüfte und in der Regel verdichtete Informationen, die den bedeutenden Anhaltspunkten zugrunde lagen. Diese überprüften und Verdichteten Informationen bildeten das Gerüst für die Aufstellung der Spionageversion, in welcher durch Wahrscheinlichkeitsschlussfolgerungen auf der Grundlage des Wissens der Staatssicherheit über die Arbeitsweise der westlichen Geheimdienste und der im StGB festgelegten Tatbestandsmerkmale der Spionage die einzelnen bedeutsamen Anhaltspunkte untereinander so in Verbindung gebracht wurden, dass eine vollständige und tatbestandsmäßige Darstellung über die vermutete Straftat (Spionage) gegeben werden konnte. In den Versionen wurden Aussagen getroffen über

- die vermutliche Werbung, das heißt, es wurde geschlussfolgert, wann, wo, unter welchen Umständen, auf welcher Grundlage und durch wen eine Anwerbung für einen Geheimdienst erfolgt sein konnte. Die Auswertung der OV »Alk« und »Assel« der Abteilung II/BV Rostock hatte ergeben, dass die Agenten des US-Geheimdienstes MI die zur Anwerbung vorgesehenen DDR-Bürger bei Einreisen in die DDR aufgeklärt haben (unter Angabe anderer Personen, beispielsweise Verwandter, als Reiseziel). Die Anwerbung erfolgte unter Nutzung von kurzfristigen Einreisemöglichkeiten (VTA Berlin, Transit Drittländer), um sich schnelle Rückzugsmöglichkeiten zu sichern. Weitere Einreisen, ebenfalls unter Angabe anderer Reiseziele, dienten der Instruierung sowie dem Anschluss an den einseitigen Funk. Mit dem Übergang zum unpersönlichen Verbindungssystem ließ die Reisetätigkeit nach. Daraus ergab sich die Notwendigkeit, bei der Aufstellung der Spionageversion unter anderem Einreiseintensität, Einreiserhythmus und

Einreisearten von NSW-Bürgern, die zur relevanten Person Verbindung unterhielten, zu analysieren. Unter den Bedingungen des Bezirks Rostock waren dabei die Reisemöglichkeiten im VTA in die Kreise Grevesmühlen und Wismar sowie Möglichkeiten der Einreise als Schiffstourist nach Warnemünde, die Transitstrecken über Warnemünde und Saßnitz sowie die Möglichkeiten der Einreise als Passagier auf NSW-Schiffen zu beachten.

- die Erfüllung der Begehungsweise des Sammelns von im Interesse der DDR geheimzuhaltender Informationen, das heißt Schlussfolgerungen dazu, wie die Personen die Spionageaufträge des Geheimdienstes erfüllten. Zum Beispiel ließen sich bei Kraftfahrern, die regelmäßige Touren fuhren, Hinweise auf vermutliche Spionageobjekte ableiten.

- die Ausgestaltung und Aufrechterhaltung eines nachrichtendienstlichen Verbindungssystems. Hier sollten insbesondere Informationen über den Besitz eines NSW-Rundfunkempfängers, von Kopfhörern, über regelmäßige Fahrten außerhalb des Kreises oder Bezirks herangezogen werden. Im Bezirk Rostock ergaben sich zum Beispiel günstige Möglichkeiten, den Bezirk in südliche Richtung schnell zu verlassen (aufgrund der Ost-West-Ausdehnung an der Küste). Aber auch Reisen in das sozialistische Ausland waren hinsichtlich möglicher Treffs mit westlichen Verbindungspartnern zu analysieren. Unter Umständen ergaben sich Hinweise auf gleichzeitigen Aufenthalt durch entsprechende Überprüfungen bei Bruderorganen.

Nach dem Aufstellen der Versionen wurde im Rahmen eines Soll-Ist-Vergleichs herausgearbeitet, welche Informationen benötigt wurden, um die gezogenen Wahrscheinlichkeitsschlussfolgerungen beweiskräftig zu belegen. Das operative und strafrechtliche »Soll« wurde von der jeweiligen Version gebildet, während sich das »Ist« aus den vorhandenen überprüften und verdichteten Informationen ergab. Im Ergebnis dieses Vergleichs wurden die Kontrollziele bestimmt und der Informationsbedarf herausgearbeitet, der zu ihrer Realisierung erforderlich war. Aus den Kontrollzielen und dem Informationsbedarf waren die zweckmäßigen operativen Maßnahmen abzuleiten.

In den Mittelpunkt des zu erarbeitenden Maßnahmenplans wurden die sich aus der Spionageversion abgeleiteten Maßnahmen gestellt, während differenziert entsprechend der operativen und strafrechtlichen Bedeutsamkeit auch die sich aus den anderen Versionen ergebenden Maßnahmen unbedingt Berücksichtigung finden mussten.

Die RL Nr. 1/81 (»über die operative Personenkontrolle«) forderte, dass solche operativen Maßnahmen festzulegen waren, die das zügige Erreichen der Kontrollziele sicherten, wobei der IM-Einsatz im Mittelpunkt zu stehen hatte. Angewandt auf die Erarbeitung des Spionageverdachts ließen sich folgende Ableitungen treffen, die für die Festlegung und Realisierung der Maßnahmen von Bedeutung waren:

1. Die Arbeitsweise der westlichen Geheimdienste bei der Organisierung der Militärspionage musste sich relativ stabilen Regeln fügen, die bei aller Flexibilität und Verfeinerung der Mittel und Methoden nicht überschritten werden konnten. (Es mussten beispielsweise regelmäßig Informationen zu den militärischen Objekten gewonnen und diese kurzfristig vom Spion an den Geheimdienst übergeben werden, weiterhin musste der Dienst der Agentur Instruktionen und Aufträge zukommen lassen.)

Zur Erarbeitung des Spionageverdachts kam es

darauf an, solche überprüften Informationen zu gewinnen und zu dokumentieren, die eindeutig die Schlussfolgerung begründeten, dass die relevante Person nachrichtendienstlich tätig war. Die grundlegende gedanklich zu realisierende Aufgabe bei der Festlegung der Kontrollziele und der operativen Maßnahmen bestand darin, auf die Erreichung solcher Ergebnisse zu zielen, die unter Anwendung der Kenntnisse über die Arbeitsweise der westlichen Geheimdienste diese Schlussfolgerungen am ehesten und weitgehendsten gestatteten.

Eine genaue Betrachtung der Arbeitsweise der Dienste ergab, dass das nachrichtendienstliche Verbindungssystem dafür die besten Ansatzpunkte bot, da hier das Regelwerk des Geheimdienstes am dichtesten war, das heißt, dem Spion die meisten Vorschriften gemacht wurden. (Während der Agentur beim Sammeln der Informationen relativ viel Eigeninitiative und Entscheidungsspielraum zugebilligt wurde.)

Die Festlegungen des Verbindungssystems schrieben dem Spion unter anderem vor:

- Benutzung bestimmter Deckadressen,
- Abstände der Informationsübermittlung,
- Benutzung von Geheimschreibmitteln,
- Empfang des einseitigen Funks zu bestimmten Zeiten, Nutzung bestimmter Hilfsmittel dazu,
- Wahrnehmung von Treffs.

Nicht ohne Grund wurde darum das Verbindungssystem als das schwächste Glied im System der Spionage bezeichnet. Dazu ein Beispiel aus dem Bezirk Rostock: Zur Person F., die einer Zielgruppe westlicher Geheimdienste angehörte, lagen bedeutsame Anhaltspunkte zur Eigenerkundung eines militärischen Objekts vor. Im Rahmen der Durchführung einer OPK wurden wiederholte Beobachtungsmaßnahmen mit ständig erhöhtem Aufwand zu F. durchgeführt, die die ursprünglichen Informationen zwar bestätigten, aber keinen weiteren Erkenntniszuwachs erbrachten. Erst als Maßnahmen eingeleitet wurden, die Aufschluss über das Vorhandensein eines nachrichtendienstlichen Verbindungssystems gaben, und als im Ergebnis intensiver analytischer Arbeit Aussagen über eine mögliche geheimdienstliche Anwerbung getroffen werden konnten, war eine Weiterentwicklung der OPK möglich.

Daraus ergab sich die Forderung, dass solche Maßnahmen einzuleiten waren, die auf die Erarbeitung von Informationen zielten, die für die Begründung des Verdachts der Spionage wesentlich waren. Besondere Bedeutung besaßen Maßnahmen zur Erarbeitung von Informationen über das nachrichtendienstliche Verbindungssystem.

2. Die westlichen Geheimdienste stützten sich auf einen umfangreichen personellen und technischen Apparat, um ihre Konspiration zu sichern. Verwundbare Stellen im System der Spionage wurden aufmerksam überwacht. Die Spione waren hinsichtlich ihres Sicherungsverhaltens instruiert und geschult. Operative »Ein-Mann-Arbeit« und die Durchführung von Maßnahmen, die Ergebnisse erzielten, die jedermann leicht zugänglich waren, konnten demzufolge nicht zum Erfolg führen. Daher wurde gefordert, dass Maßnahmen unter konzentriertem Einsatz operativer Kräfte und Mittel einzuleiten waren, die geeignet sind, die Konspiration der Geheimdienste aufzubrechen. Dabei war der eigenen Konspiration, besonders beim Einsatz der IM, von Beginn des Wirksamwerdens an, besondere Bedeutung beizumessen.

Die RL Nr. 1/81 besagte ausdrücklich, dass zur zielgerichteten Durchführung der OPK alle dem MfS zur Verfügung stehenden operativen Mittel und Methoden angewandt werden konnten. Gelegentlich vorhandene Zurückhaltung beim Einsatz technischer Mittel im Prozess der OPK-Durchführung, Argumente, dass diese der Bearbeitung von OV vorbehalten seien, waren bei der Bekämpfung der Spionage fehl am Platze, wenn die dazu in der RL Nr. 1/81 getroffenen Festlegungen erfüllt waren.

Dazu ein Beispiel: Im Rahmen operativer Maßnahmen zur Außensicherung eines militärischen Schwerpunktobjekts der GSSD wurde ein Bundesbürger mit relevanten Verhaltensweisen an Einsichtstellen festgestellt. Speicherüberprüfungen, Ermittlungen und Beobachtungsmaßnahmen ergaben bedeutsame Anhaltspunkte auf eine mögliche Spionagetätigkeit, so dass zu dem Bundesbürger eine OPK eingeleitet wurde. Durch die Gewinnung und den Einsatz von IM, kombiniert mit der Durchführung von Maßnahmen der Abteilung 26, einer konspirativen Hausdurchsuchung, Beobachtungsmaßnahmen sowie der Führung eines operativen Gesprächs konnten die bedeutsamen Anhaltspunkte geklärt werden.

3. Die Kompliziertheit der Herausarbeitung des Spionageverdachts erforderte einen relativ hohen Aufwand an Kräften und Mitteln, so dass auch unter dem Gesichtspunkt, dass die Klärung der bedeutsamen Anhaltspunkte das Nichtvorliegen einer strafrechtlichen Relevanz ergeben konnte, immer die Frage nach dem Verhältnis von Aufwand und Nutzen gestellt werden musste. Zur Beantwortung dieser Frage war davon auszugehen, dass das richtige Effektivitätsverhältnis in der Phase der Festlegung der Maßnahmen entscheidend bestimmt wurde. Die Beachtung der beiden vorgenannten Forderungen

sicherte in hohem Maße die Effektivität der operativen Arbeit, da durch die Auswahl zielgerichteter
Maßnahmen eine Eingrenzung vollzogen wurde und
durch diese Maßnahmen ein relativ großer Erkennt-
nisgewinn gewährleistet war.

Aus den Darlegungen ist erkennbar, dass es nicht möglich
war, ein »Rezept« für Maßnahmepläne zur Durchführung von OPK zur Begründung des Spionageverdachts
aufzustellen. Dennoch sollen beispielhaft Maßnahmen
aufgezeigt werden, die auf die drei Komplexe, auf die die
Spionageversion aufgebaut war, ausgerichtet waren:
Operative Maßnahmen zur Herausarbeitung von Informationen und Beweisen über

1. die erfolgte Anwerbung, den Zeitpunkt, Werber, die
   Umstände, den Ort:
   - ständige Analyse der festgestellten Verbindungen
     der kontrollierten Person in das NSW postalischer
     und persönlicher Art unter Nutzung der Speicher
     der Abteilung M und der HA VI,
   - IM-Einsatz zur Herausarbeitung möglicher Motive
     (ideologische Einstellungen, materielle Interes-
     siertheit),
2. die nachrichtendienstliche Verbindungshaltung:
   - konspirative Hausdurchsuchung zu geheimdienst-
     lichen Hilfsmitteln,
   - operative Beobachtung im Anschluss an einen
     natürlichen oder konstruierten Anlass für eine
     zügige Verbindungsaufnahme zum Geheimdienst
     (Feststellung des Einwurfs einer Postsendung und
     deren Sicherstellung durch eine Sonderkastenlee-
     rung der Abteilung M),
   - Einsatz technischer Mittel zur Feststellung des
     Hörens des einseitigen Funks oder des Anfertigens
     von Geheimschriftbriefen,

- operative Beobachtung im sozialistischen Ausland zur Feststellung von Treffs mit den vermutlichen Kurieren/Instrukteuren,
- Einsatz von IM bei Reisen in das NSW zur Feststellung von Treffs,

3. die nachrichtendienstliche Informationsbeschaffung:
- Einsatz von IM zur Feststellung und Dokumentierung des Verhaltens in Bezug auf militärische Objekte, Anlagen und Transporte,
- Einsatz von IM zur Feststellung von Abschöpfungshandlungen,
- Realisierung von Erwartungsbeobachtungen an militärischen Objekten,
- Einsatz von technischen Maßnahmen zur Dokumentation von Abschöpfungshandlungen.

Die beispielhafte Aufzählung der Maßnahmen ist unvollständig, zeigt aber auf, dass eine Kombination der Maßnahmen notwendig war, andererseits aber auch durch einzelne Maßnahmen mehrere Zielsetzungen erreicht werden konnten.

Zur Person des Verdächtigen waren dabei ständig Informationen zu gewinnen, die zu Fragen der Schuld Auskunft gaben (Motive, Kenntnis des Charakters der Informationen und des Empfängerkreises). Die Informationen zu den aufgezeigten drei Komplexen ergänzten sich miteinander (zum Beispiel ließ der Besitz nachrichtendienstlicher Hilfsmittel auf die erfolgte Anwerbung schließen). Waren zu den genannten Komplexen, einschließlich zu den Fragen der Schuld, überprüfte Informationen und Beweise erarbeitet worden, war einzuschätzen, ob die Einleitung eines OV erfolgen konnte.[263]

Die Beweisführung in der OV-Bearbeitung stellte einen

---

263 Vgl.: Ebd., Bl. 45–58.

spezifischen Erkenntnisprozess dar, der die Gewinnung bedeutsamer Erkenntnisse, den Nachweis ihrer
objektiven Wahrheit (Beweis) sowie die exakte Dokumentierung des Vorgehens der operativen Kräfte und
der Ereignisse beinhaltete. Die RL Nr. 1/76 schrieb als
eine generelle Zielstellung der Bearbeitung von OV vor:
»Durch eine offensive und tatbestandsbezogene Bearbeitung die erforderlichen Beweise für den Nachweis
des dringenden Verdachts eines oder mehrerer Staatsverbrechen bzw. einer Straftat der allgemeinen Kriminalität zu erbringen.«[264]
Bei der Erarbeitung strafprozessual verwertbarer Beweise musste davon ausgegangen werden, dass die westlichen Geheimdienste ständig bestrebt waren, durch
einen hohen Grad an Geheimhaltung, weitgehende
Konspirierung, andauernde Vervollkommnung ihres
Vorgehens sowie Nutzung der neuesten Erkenntnisse
aus Wissenschaft und Technik dem Aufspüren und
Enttarnen ihrer eigenen Kräfte, Mittel und Methoden
durch die DDR-Spionageabwehr entgegenzuwirken.
Die vom MfS gesammelten Erkenntnisse besagten, dass
die Dienste teilweise ihre Agenturen auf die Festnahme
durch die Sicherheitsorgane der DDR sowie ihre Befra-
gung/Vernehmung eingestellt hatten. Hieraus konnte
sich die sofortige Geständnisbereitschaft als auch ihre
strikte Ablehnung ergeben.
Die Staatssicherheit betrachtete es als unzulässig, im
Prozess der OV-Bearbeitung nur eine große Summe von
relevanten Hinweisen zu sammeln, begründete Versionen aufzustellen, ohne andere, entlastende Versionen
sicher auszuschließen und der zuständigen Untersu-

---

264 MfS, Der Minister: Richtlinie Nr. 1/76 zur Entwicklung und Be-
    arbeitung Operativer Vorgänge (OV). BStU ASt Potsdam, BVfS
    Potsdam, AKG, Nr. 2044, Bl. 31.

hungsabteilung die Erarbeitung der strafprozessual
erwertbaren Beweise etwa in Form von Geständnissen
u überlassen. In der operativen Vorgangsbearbeitung
egen Spione westlicher Dienste hatten sich seitens des
MfS folgende Beweisführungsmöglichkeiten bewährt:
Die Indizienbeweisführung. »Der indirekte Beweis (Indiz) informiert über eine Tatsache, die nicht zum Gegenstand der Beweisführung gehört, aber von der aus
auf eine zum Gegenstand der Beweisführung gehörende
Tatsache geschlossen werden kann.«[265] Das bedeutet,
die Informationen aus indirekten Beweismitteln konn-
en im Zusammenhang mit Informationen aus anderen
Beweismitteln zur Gewinnung von Beweistatsachen
beitragen. »Der indirekte Beweis kann belastend oder
entlastend sein. Er kann gleichzeitig ein ursprünglicher
oder abgeleiteter Beweis sein.«[266]
Der Indizienbeweis war erbracht, wenn sich im Ergebnis
der Bildung einer Indizienbeweiskette der zwingende
Schluss ergeben hatte, dass jede andere begründete Erklärung mit Sicherheit ausgeschlossen werden konnte.
Es bestand also die Notwendigkeit, die indirekten Beweise zu einer logischen Kette von Schlussfolgerungen
zusammenzuschließen, deren jegliche Kettenglieder
unangreifbar waren und die in ihrer Gesamtheit eine
einzige Version begründeten und andere widerspre-
chende Versionen ausschlossen.
Eine wesentliche Rolle spielte die Erarbeitung von Indizien sowie die Indizienbeweisführung bei der Bearbeitung von OV gegen Spione, die im NSW wohnhaft waren
und zur Realisierung ihrer Spionageaufträge in die DDR
einreisten, da durch die Verlagerung des Verbindungs-

---

265 Lehrbuch: *Strafverfahrensrecht*. Berlin (DDR) 1977, Kap. 5,
     S. 185 ff.

266 Ebd.

systems der Spione in das Operationsgebiet die bei klassischen Spionen potentiell vorhandenen Möglichkeiten zur Erlangung von Sachbeweisen/Beweisgegenständen (Geheimschreibmittel, technische Mittel des einseitigen Funkverkehrs, schriftliche Instruktionen) nicht bestanden beziehungsweise nur in sehr begrenztem Umfang vorhanden waren.

Um möglichen Enttarnungen ihrer Spione weitestgehend vorzubeugen, bestanden seitens der westlichen Geheimdienste genaue Instruktionen für die Agenten, die konspiratives Verhalten detailliert vorschrieben. So bestand beispielsweise das strikte Verbot seitens des BND für Reisespione, Aufzeichnungen oder Fotografien zu den erkundeten Feststellungen anzufertigen. Bekannt gewordene Verstöße gegen diese Instruktionen führten in mehreren Fällen zur sofortigen Abschaltung der Agentur.

Die Beweisführung bei der Bearbeitung von OV gegen Reisespione ließ sich grundsätzlich nur über den Weg des Nachweises des instruktionsgemäßen Verhaltens der Verdächtigen realisieren. Daraus ergab sich das objektive Erfordernis, durch ein komplexes System von operativen Kontrollmaßnahmen zum Verdächtigen bei dessen Aufenthalt auf dem Territorium der DDR Informationen zu gewinnen, die belegten, dass der Verdächtige typische, nur von Spionen entsprechend ihrer geheimdienstlichen Instruktion, gezeigte Verhaltensweisen, zum Beispiel beim

- Anlaufen bestimmter, nachrichtendienstlich interessanter Einsichtstellen zu militärischen Objekten,
- Eigenerkunden entscheidender relevanter Details von Militärtechnik,
- geheimdienstlichen Abschöpfen in der DDR

an den Tag legte und dabei über spezifische, nur bei Spionen vorhandene Kenntnisse (Täterwissen) verfügte.

Es war erforderlich, mögliche andere, nicht tatbestands-
relevante Begründungen für die festgelegten Verhaltensweisen und Handlungen des Verdächtigen auszuschließen, um den gesicherten Schluss zuzulassen, dass
die festgestellten und dokumentierten Handlungen der
Durchführung der Spionage dienten. Es galt der Grundsatz, dass die Summe aller Wahrscheinlichkeiten noch
keine Gewissheit (den Beweis) erbringt.

Die Analyse der Vorgänge »Alk« und »Assel«, in denen
Bürger der DDR wegen staatsfeindlicher Tätigkeit gemäß § 98 StGB bearbeitet wurden, ergab, dass die Indizienbeweisführung bei der Stützung der aufgestellten
begründeten Versionen zur Identifizierung des Zuführ-
rers/Werbers/Kuriers zum Spion sowie zur Beweisführung seiner Spionagetätigkeit große Bedeutung besaß.
So stützten solche Indizien wie eine von der Mutter des
Zuführers/Werbers/Kuriers gefertigte Wegeskizze, die
bei der konspirativen Wohnungsdurchsuchung aufgefunden wurde, bei der HA VI gespeicherte Reiseunterla-
gen, Hinweise aus der Postkontrolle sowie die Tatsache,
dass der Zuführer/Werber/Kurier eine Fahrtstrecke
von 3000 km zurücklegte, um einige Stunden mit dem
DDR-Spion in der ČSSR zusammenzutreffen, die zum
vermutlichen Zuführer/Werber/Kurier aufgestellte Version.

Zentrale Erkenntnisse und die Analyse des TV »Alk«
besagten, dass der Geheimdienst bestrebt war, die Treffs
zur Ausbildung und Instruierung seiner Agentur vom
Territorium der DDR auf das Gebiet anderer sozialistischer Staaten zu verlegen. Bei der Bearbeitung des Spions
(DDR-Bürger) war die Erarbeitung von strafprozessual
verwertbaren Beweisen zum Zuführer/Werber/Kurier/
Instrukteur deshalb außerordentlich kompliziert. Das
dringende Erfordernis der beweiskräftigen Identifizierung des Zuführers, Werbers, Kuriers ergab sich aus der

Notwendigkeit, den höchstmöglichen politischen und operativen Nutzen, die Überwerbung beziehungsweise Festnahme des Ausländers anzustreben.

Die direkte Beweisführung. Die direkte Beweisführung widerspiegelte und begründete die Existenz solcher Fakten, in denen sich im konkreten Fall Merkmale des gesetzlichen Straftatbestandes verkörperten. In ihr wurden Beweismittel, das heißt Informationen, die über ein oder mehrere Elemente des Gegenstandes der Beweisführung ohne Zwischenschlüsse Auskunft gaben, erarbeitet. Derartige Informationen wurden auch als Beweistatsachen bezeichnet. Die Informationsquellen über die bereits der Vergangenheit angehörenden Ereignisabläufe eines aufzuklärenden Sachverhaltes, die den Hauptweg der Beweismittelsicherung darstellten, konnten materieller oder ideeller Art sein.

Die Analyse der Vorgänge »Alk«, »Assel« und »Wiese«[267] der Abteilung II/BV Rostock sowie die Erkenntnisse der HA II zeigten auf, dass sich unter anderem der Einsatz folgender Kräfte, Mittel und Methoden zur Erarbeitung von strafprozessual verwertbaren Beweisen in TV von ZOV beziehungsweise OV auf der Linie II bewährt hatte:

1. Einsatz von IM
   - bei der Vorbereitung und Durchführung operativer Aktionen und Einsätze
     – zur Realisierung komplexer operativer Maßnahmen,

---

267 Der TV »Wiese« des ZOV »Reise« richtete sich gegen die Bundesbürger Hans-Günter und Inge A. Das Ehepaar betrieb seit 1970 bei Einreisen in die DDR Militärspionage für den BND im Kreis Wismar. Im Jahr 1982 erfolgte die Festnahme der Spione. Hans-Günter A. wurde gemäß § 98 StGB zu einer Freiheitsstrafe von fünfzehn Jahren verurteilt, Inge A. wurde gemäß § 98 StGB zu einer Freiheitsstrafe von elf Jahren verurteilt. Das Ehepaar wurde 1983 bzw. 1984 in die BRD entlassen.

- zur Feststellung der Pläne und Absichten der relevanten Personen sowie der Verdächtigen,
- zur operativen Kontrolle Verdächtiger mit dem Ziel
  - der Feststellung relevanter Verhaltensweisen,
  - der Wertung der festgestellten Verhaltensweisen,
  - der Zerschlagung von Legenden,
- zu operativen Kombinationen.

2. Der Einsatz der technischen Maßnahmen A (Telefonüberwachung), B (akustische Überwachung in geschlossenen und begrenzt freien Räumen) und D (optische und elektronische Beobachtung und Dokumentation vorwiegend in Räumen) der Abteilung 26.
3. Die Nutzung der konspirativen Durchsuchung.
4. Die Nutzung der konspirativen Beobachtung.
5. Die differenzierte Nutzung der Fahndungsmaßnahmen der Linie VI.
6. Die Fahndungsmaßnahmen der Linie M.

Die Staatssicherheit ging generell davon aus, dass der Einsatz von IM in OV und TV von ZOV, die aufgrund des Verdachts der Spionage gemäß §§ 97, 98 StGB angelegt wurden, eine unumgängliche Voraussetzung für die Erarbeitung von strafprozessual verwertbaren Beweisen darstellte, aber notwendigerweise mit weiteren Maßnahmen kombiniert werden musste. Der Einsatz der IM führte nicht zu »dem Beweis«, etwa in Gestalt der Offenbarung des Verdächtigen gegenüber IM, sondern zu Teilergebnissen, die – bei richtiger Auswertung und Einordnung in die Indizienkette – erheblichen Beweischarakter erhalten konnten beziehungsweise erst die Voraussetzung schufen, um strafprozessual verwertbare direkte Beweise erarbeiten zu können. Es kam darauf an, geeignete IM aus dem vorhandenen IM-Bestand der eigenen beziehungsweise anderer Diensteinheiten auszuwählen beziehungsweise Neuwerbungen zu realisieren und in die Vorgangsbearbeitung zu einem frühestmöglichen Zeitpunkt zu integrieren. Dabei waren die hohen Anforderungen an die Konspiration und Geheimhaltung zu beachten. Beim Einsatz von IM, besonders von neu geworbenen IM, hatte es sich bewährt, diesen nicht sofort vordergründig die Interessen des MfS am Verdächtigen (sprich: den Spionageverdacht) zu offenbaren, sondern die IM schrittweise und legendiert an den Bearbeitungsperson heranzuführen.

Ausgehend von den Erkenntnissen der Arbeitsweise der westlichen Geheimdienste und des Gegenstands der Beweisführung hatten sich folgende Möglichkeiten zur Erarbeitung von strafprozessual verwertbaren Beweisen ergeben:

1. Der Einsatz von IM

    Durch den Einsatz eines IM, der objektiv in der Lage war, den Verdächtigen zu den Zielen seiner vermutlichen Spionagetätigkeit unter Kontrolle zu halten, konnten solche Informationen erarbeitet werden wie:

    • Entspricht das Verhalten des Verdächtigen am Objekt und danach den Erkenntnissen über die Instruktionen der Geheimdienste für den Spion?

    Im Rahmen der Beweisführung wurde der Einsatz von IM zur Realisierung von Kontrollaufgaben zum Verdächtigen als unerlässlich betrachtet. Auch der umfassende Einsatz von Beobachtungskräften und technischen Mitteln ermöglichte nicht eine solche »hautnahe« Kontrolle des Verdächtigen, wie sie IM realisieren konnten. Durch den Einsatz eines IM bei der Bearbeitung des OV »Wiese« wurde folgendes Ergebnis erzielt:

    Bei einer Fahrt mit dem Pkw, in dem sich der Verdächtige und der IM befanden, kam es zu einer Begegnung mit einer Kolonne mit Militärtechnik.

Der Verdächtige richtete in diesem Zusammenhang Fragen nach der Nationalität des Transportes (GSSD) und seiner Herkunft an den IM. Beim späteren Aufsuchen einer Gaststätte durch den Verdächtigen und den IM wurden durch den Verdächtigen an den IM Fragen hinsichtlich der Dienstgradabzeichen beziehungsweise Effekten von in der Gaststätte befindlichen Soldaten gestellt. Diese Interessenlage entsprach, wie durch Erkenntnisse (zum Beispiel schriftliche Instruktionen für Spione oder Aussagen enttarnter Reisespione) nachgewiesen, genau der Auftragsstruktur der Geheimdienste für Militärspione. Deshalb stellten solche Informationen wesentliche Beiträge zur Indizienbeweisführung dar.

Durch den IM wurden relevante Verhaltensweisen des Verdächtigen festgestellt, die durch den Einsatz anderer Mittel und Kräfte nur unter großem Aufwand oder überhaupt nicht dokumentiert werden konnten. Die traf beispielsweise auf Verhaltensweisen der Verdächtigen bei Fahrten in Pkw zu, wenn technische Parameter oder die Umstände die Durchführung technischer Maßnahmen im Pkw nicht zuließen.

Bei weiteren Vorbeifahrten an einer bedeutsamen Einsichtstelle in ein GSSD-Objekt wurden wiederholt eindeutige Blickwendungen des Verdächtigen in Richtung Einsichtstelle festgestellt und durch Film- beziehungsweise Fotoaufnahmen dokumentiert. Es bestand allerdings aufgrund der Lage der Einsichtstelle die Möglichkeit, als Begründung für die gezeigten Blickwendungen andere Versionen als die Einsichtnahme in das militärische Objekt aufzustellen (Verkehrslage, Fahrzeuge, Personen in der Umgebung). Durch den Einsatz eines IM, der an einer Pkw-Fahrt teilnahm, wurde erarbeitet, dass der Verdächtige bei seinen Blickwendungen Äußerungen hinsichtlich bestimmter Äußerlichkeiten an zu dem Militärobjekt gehörenden Anlagen (goldene Sterne am Tor als Verzierungen) tätigte, die belegten, dass das Interesse des Verdächtigen nicht auf andere, zur Umgebung der Einsichtstelle gehörenden Einzelheiten gerichtet war. Es bestand also die Möglichkeit, eventuell durch zeugenschaftliche Vernehmung der weiteren Pkw-Insassen (und des IM – dabei war unbedingt eine Abstimmung mit dem Untersuchungsorgan notwendig, um die Konspiration zu wahren) den Nachweis zu führen, dass die Blickwendungen des Verdächtigen mit der Einsichtstelle im Zusammenhang standen.

- Welches militärische Objekt wurde durch den Verdächtigen wann, wo, womit aufgesucht beziehungsweise welche Strecken befuhr der Verdächtige regelmäßig mit wem, wie war sein Verhalten danach? Durch derartige Informationen war es möglich, im Rahmen der analytischen Tätigkeit zu solchen Aussagen zu kommen wie zum Beispiel: Welches militärische Objekt konnte durch den Verdächtigen aufgeklärt werden?

Besonders in den frühen Bearbeitungsetappen, in denen die Bewegungsabläufe des Verdächtigen in der Regel nicht bekannt waren, machte sich die Gewinnung von solchen Informationen dringend erforderlich. Das Problem bestand für die Spionageabwehr darin, dass die Verdächtigen oft lange Strecken mit vielen möglichen Fahrtrouten zurücklegen konnten und nicht alle beziehungsweise die konkreten Objekte nicht bekannt waren.

Eine Analyse der möglicherweise angegriffenen militärischen Objekte ohne nähere Kenntnis der geplanten Bewegungsabläufe wie Fahrtrouten, Ausflüge, Besuche als Grundlage für die Errichtung eines Erwartungsstützpunktsystems[268] ergab meist eine große Vielfalt von möglicherweise angegriffenen Objekten und führte damit zu einer Zersplitterung der dort eingesetzten Kräfte beziehungsweise zu einem unvertretbar hohen Kräfteaufwand. Dieses »Problem der Eventualitäten« war zur Gewährleistung eines zielgerichteten, effektiven Kräfteeinsatzes in geringen Grenzen zu halten, was in der Regel nur durch den Einsatz von IM zu erreichen war, die zielgerichtet entsprechende Informationen erarbeiteten.

Beim TV »Wiese« lagen bei mehreren Einreisen des Verdächtigen durch den Einsatz der Abteilung M bereits Hinweise über allgemeine Richtungen geplanter Ausflüge vor, die aber noch keine wesentliche Einengung der durch Erwartungsbeobachtung zu sichernden militärischen Objekte zuließen. Durch den Einsatz eines zur Bearbeitung des Vorgangs geschaffenen IM gelang es der Spionageabwehr wiederholt, konkrete Informationen über geplante Ausflüge zu gewinnen, die es ermöglichten, an neuralgischen Punkten Beobachtergruppen einzusetzen, die aufgrund

268 Aufgrund der geheimdienstlichen Schulung der Spione, besonders zur Absicherung gegen Maßnahmen der Beobachtung des MfS, machte sich für die Staatssicherheit die Beobachtung der Verdächtigen und die Dokumentierung ihrer Verhaltensweisen mittels Video-, Film- oder Fototechnik aus legendierten, gedeckten Beobachtungsstützpunkten an Einsichtsstellen zu militärischen Objekten sowie die Kontrolle der Bewegungsabläufe aus Stützpunkten an Verkehrsknotenpunkten und Anlaufstellen notwendig. Die mobile Beobachtung musste im Interesse der Konspiration auf das unbedingt notwendige Mindestmaß beschränkt bleiben oder ganz wegfallen.

der Konzentration der Kräfte in der Lage waren, die relevanten Verhaltensweisen des Verdächtigen unter Wahrung der Konspiration in guter Qualität zu dokumentieren. Als vorteilhaft erwies sich in diesem Zusammenhang der Umstand, dass der IM teilweise als »Reiseführer« genutzt wurde und dadurch je nach Lage und in Abhängigkeit der Bedeutung für die Beweisführung Einfluss auf die Wahl der benutzten Straßen und Wege nehmen konnte oder die Wahl dem Verdächtigen überließ.

- Aussagen über eventuell vorhandene Motive, denen keine Spionagetätigkeit zugrunde lag. Der IM-Einsatz gestattete es, bestimmte, schwer deutbare Verhaltensweisen des Verdächtigen auf ihre Gründe hin zu untersuchen (auch in entlastender Hinsicht). So wurde zum Beispiel durch Kontrollmaßnahmen zum TV »Wiese« festgestellt, dass der Verdächtige bei einem Familienausflug ein bestimmtes Gehöft anfuhr, dass von allen Pkw-Insassen aus dem Auto heraus beobachtet wurde. Die Lage des Gehöftes gestattete es aus konspirativen Gründen nicht, durch Beobachtungskräfte die konkreten Verhaltensweisen des verdächtigen festzustellen. Als relevant wurde gewertet, dass sich in größerer Entfernung hinter dem Gehöft ein militärisches Objekt befand, dessen Anlagen allerdings nicht eindeutig erkennbar waren, wie eine Rekonstruktion ergeben hatte. Eine Version lautete, dass der Verdächtige sich von diesem Standort aus einen Gesamtüberblick zum Objekt verschaffen wollte beziehungsweise Annäherungsmöglichkeiten oder günstige Einsichtmöglichkeiten aufklärte. Durch den eingesetzten IM wurde jedoch eindeutig herausgearbeitet, dass die Initiative zum Aufsuchen des Objekts spontan von einer im Pkw befindlichen Verwandten aus der DDR ausging, die in diesem Gehöft bei einem früheren Besitzer nach der erfolgten Umsiedlung aus Polen einige Jahre ihrer Jugend verbracht hatte, was durch Ermittlungen bestätigt werden konnte. Weiter konnte durch den IM erarbeitet werden, dass der Verdächtige mit großer Wahrscheinlichkeit das hinter dem Gehöft liegende Militärobjekt gar nicht bemerkt hatte. Aufgrund der Information des IM konnte das Beobachtungsergebnis richtig bewertet werden und aufwendige Maßnahmen zur Feststellung und Dokumentation eventueller Wiederholungshandlungen wurden vermieden.

- Besonderheiten, die es im beruflichen und persönlichen Verhalten des Verdächtigen gab. Hierbei war immer vom Gesamtverhalten des Verdächtigen auszugehen. Solche Besonderheiten konnten sein:
  - Der Verdächtige begab sich immer zu bestimmten Zeiten in seine Wohnung beziehungsweise andere Gebäude (beispielsweise Gartenhaus, Garage, Keller o. Ä.). Zu bestimmten Zeiten ließ er keine anderen Personen in seine Wohnung.
  - Der Verdächtige war bestrebt, zu bestimmten Zeiten eine Freistellung von der Arbeit zu erhalten, oder wollte Dienstreisen in andere Bezirke durchführen, obwohl kein realer Grund vorlag, gerade diesen Zeitpunkt zu wählen.
  - Der Verdächtige reagierte nervös zu bestimmten Zeiten oder nahm mehr als üblich Alkohol zu sich. Möglicherweise gab es Spannungen in der Familie und am Arbeitsplatz, deren Grund nicht ersichtlich war.
  - Der Verdächtige verfügte plötzlich über Forumschecks beziehungsweise tätigte Einkäufe im Intershop.
  - Der Verdächtigte erhielt ein NSW-Rundfunk-

gerät geschenkt beziehungsweise kaufte es sich selbst.

Durch derartige Informationen konnten Rückschlüsse gezogen werden auf:

- das Hören von einseitigen Funksendungen, die für den Spion entsprechend seinem Funkfrequenzplan bestimmt waren,
- Zeitabläufe, die Aufschluss über die Anfertigung von Geheimschriftbriefen gaben,
- vermutliche Absichten des Spions, Geheimschriftbriefe einzuwerfen beziehungsweise sich mit Instrukteuren oder Kurieren zu treffen,
- besondere psychische Belastungen, denen der Spion unterworfen war, wenn er beispielsweise einen Geheimschriftbrief bei sich trug, zum Treff mit dem Instrukteur oder Kurier fuhr usw.,
- Bezahlung des Verdächtigen durch den Geheimdienst,
- die Ausrüstung des Spions mit nachrichtendienstlichen Hilfsmitteln, zum Beispiel für den Empfang des einseitigen Funks,
- mögliche Orte, wo der Verdächtige seine nachrichtendienstlichen Hilfsmittel versteckt haben konnte.

Im TV »Alk« konnte durch einen IM herausgearbeitet werden, dass der Spion bestrebt war, monatlich geplante Fahrten in den Raum Berlin so zu organisieren, dass sie auf ihm günstig erscheinende Termine fielen. Auf diese Information aufgebaute operative Kombinationen unter Einbeziehung des IM, der Abteilungen VIII, M und 26 sowie der HA II erbrachten den inoffiziellen Nachweis, dass er diese Fahrten zum Einwurf von Geheimschriftbriefen nutzte. Gleichzeitig war es möglich, die dabei vom Spion angewandten Methoden festzustellen und zu dokumentieren. Durch den Einsatz des gleichen IM war es in Verbindung mit der Maßnahme B (akustische Überwachung von Räumen) der Abteilung 26 möglich, Widersprüche im Verhalten des Spions im Betrieb sowie im Freizeitbereich herauszuarbeiten. Die Information des IM über plötzlich beantragte Freistellungen im Betrieb erbrachte im Zusammenhang mit der durchgeführten Einreiseanalyse des vermutlichen Werbers/Kuriers/Instrukteurs Indizien über den vermutlichen Werbungszeitraum und Werbungsort des Spions »Alk«.

• Widersprüche zwischen den Begründungen des Verdächtigen, zum Beispiel zum Aufsuchen bestimmter Gegenden, in denen sich militärische Objekte befanden, oder zum vorzeitigen Verlassen des Betriebs, gesellschaftlicher Veranstaltungen, Skatrunden usw., zum sonstigen Verhalten des Verdächtigen, seinen Charaktereigenschaften, Einstellungen und anderes mehr.

Der Einsatz von IM erfolgte in einem solchen Fall mit der Zielstellung, durch den Verdächtigen genutzte Legenden für seine Spionagehandlungen festzustellen und geeignete Informationen zu erarbeiten, die zur Zerschlagung der Legenden dienen konnten. Dabei konnte es sich beispielsweise um Informationen handeln, die beinhalteten, dass der Verdächtige nachweisbar vor Antritt einer Fahrt zu Erkundungszwecken an einem militärischen Objekt vorbei informiert war, dass der als Begründung für die Fahrt angegebene Zweck nicht erfüllt werden konnte, zum Beispiel:

– die Verwandten, die aufgesucht werden sollten, waren nicht anwesend,

– das Naturdenkmal, die Burgruine usw. entsprachen gar nicht seinen angeblichen Interessen.

Ähnliche Informationen waren auch bei Abschöpfungshandlungen von Bedeutung, bei denen durch den IM die dem Spion als Legende dienende Gesprächsgrundlage (zum Beispiel Hobby, technisches oder politisches Interesse) genau eingegrenzt wurde, um Voraussetzungen für den Nachweis zu schaffen, dass die Fragestellungen des Verdächtigen über den Rahmen der Legende hinausgingen und der Auftrags- und Interessenlage eines Geheimdienstes entsprachen.

Die Anforderungen zum Erreichen dieser Zielstellung waren kompliziert und stellten hohe Anforderungen sowohl an den Führungsoffizier hinsichtlich einer qualifizierten Schulung, Auftragserteilung und Instruierung des IM als auch an die subjektiven Voraussetzungen des IM, besonders an solche Eigenschaften wie logisches Denkvermögen, ausgeprägte Beobachtungsgabe und analytische Fähigkeiten. Die Schwierigkeit der Erarbeitung solcher Informationen ergab sich daraus, dass mitunter einige der eingesetzten IM legendiert zum Verdächtigen beauftragt wurden, das heißt, dass sie in ihrer subjektiven Einstellung nicht davon ausgingen, einen wahrscheinlichen oder tatsächlichen Spion unter Kontrolle zu halten und deshalb zu solchen gedanklichen Leistungen nicht angeregt wurden. Hinzu kamen die großen Schwierigkeiten, die damit verbunden waren, eine entsprechend detaillierte Beauftragung des IM legendiert vorzunehmen.

Es ergab sich also die Schlussfolgerung, dass die Zielstellung der Feststellung und Zerschlagung der Legenden, die durch den Verdächtigen genutzt wurden, differenziert und unter Beachtung der subjektiven Faktoren des IM (Zuverlässigkeit/

Ehrlichkeit, operative Kenntnisse, vermitteltes Feindbild, Intelligenzgrad) anzustreben war, wobei die qualifizierte Auftragserteilung/Instruierung des IM große Bedeutung hatte. Beim verantwortlichen Referatsleiter und dem Führungsoffizier beziehungsweise vorgangsführenden Mitarbeiter musste sich eine objektive Betrachtungsweise der Handlungen des Verdächtigen herausbilden. Neben der Fragestellung: »Welche nachrichtendienstlichen Hintergründe konnten für dieses bestimmte Verhalten des Verdächtigen bestimmend sein?« mussten solche Fragen stehen wie:

- Welche anderen Gründe konnten (real) dafür vorliegen beziehungsweise konnten vom Verdächtigen (als Legende) vorgebracht werden (in einer Vernehmung)?
- Wie ließen sie sich widerlegen?
- Was sprach dagegen, dass hier Verdachtshandlungen vorlagen?

Diese Denkweise musste auch auf den IM übertragen werden. Ein hineinlegen verdächtiger Umstände in einen Sachverhalt aus der Motivation heraus, operative Ergebnisse zu erarbeiten, musste sowohl durch den Führungsoffizier als auch durch den IM vermieden werden.

- Widersprüche in der Einstellung des Verdächtigen beispielsweise zur Landesverteidigung oder zur sozialistischen Gesellschaftsordnung und anderes mehr, die er im engeren Freundes- und Bekanntenkreis geäußert hatte, zu Aussagen und Verhaltensweisen, die er in der Öffentlichkeit zeigte (Betrieb, Gewerkschaft usw.).

Die Aufklärung der Persönlichkeit des Verdächtigen hatte für Fragen der Beweisführung zur subjektiven Seite große Bedeutung, da aus gesicherten Informationen über politische Einstellungen, Haltungen, Regimekenntnisse usw. des Verdächtigen beispielsweise zuverlässige Schlussfolgerungen auf vorsätzliches Handeln, die Kenntnis des Charakters der Spionageinformationen und des durch die Spionagetätigkeit entstandenen Nachteils für die Interessen der DDR möglich waren. Weiterhin war aus der Kenntnis der Persönlichkeit des Verdächtigen wichtige Ableitungen für bestimmte operative Maßnahmen und die Bewertung von speziellen Verhaltensweisen möglich. Neben der bereits angeführten Zielstellung, Legenden zu widerlegen (Hobbys, Interessen usw.), ergab sich das Erfordernis, die Persönlichkeit des Verdächtigen aufzuklären. Dies geschah aus der Notwendigkeit heraus, den Verdächtigen durch zwingende Maßnahmen zu eindeutigen Reaktionen zu veranlassen, die der Schaffung von Beweisen dienten. Solche Maßnahmen, die den Einsatz von IM einschlossen, mussten auf die Persönlichkeit des Verdächtigen ausgerichtet sein.

Von Bedeutung war die Kenntnis der Persönlichkeit des Verdächtigen im TV »Wiese« als dieser, der als politisch desinteressiert eingeschätzt wurde, ausgehend von einer Auswertung des aktuell-politischen Teils eines DDR-Tageszeitung eine Diskussion zu einer Reihe von Fragen entfachte, die der BND seinen Reiseagenturen für die Erarbeitung von Stimmungsberichten vorgab (Versorgungslage, ökonomische Probleme, Informationspolitik, zentrale und regionale staatliche Maßnahmen). Hieraus konnte auf Abschöpfungshandlungen im Sinne der Auftragslage des BND geschlossen werden.

Ein weiteres Einsatzgebiet der IM bestand in der Schaffung solcher Voraussetzungen, die es dem MfS ermöglichten, mit Hilfe von technischen

Maßnahmen beziehungsweise durch Maßnahmen der Linie VIII (konspirative Beobachtung/Durch- suchung) inoffizielle Beweise zu erarbeiten. Bei der Vorbereitung und Durchführung der Maßnahmen kam den IM eine besondere Bedeutung zu.

Bei der Bearbeitung des TV »Wiese« wurden durch den Einsatz eines geeigneten IM die Voraus- setzungen geschaffen, um kurzfristig bei bestehen- der Notwendigkeit die Maßnahme B der Abteilung 26 (akustische Überwachung in geschlossenen und begrenzt freien Räumen) bei der DDR-Ver- bindung des Verdächtigen realisieren zu können. Dieser kurzfristigen Möglichkeit kam besondere Bedeutung zu, da der Verdächtige grundsätzlich im VTA-Verkehr in die DDR einreiste und somit ein schnelles Reagieren mit einem Komplex opera- tiver Maßnahmen geboten war. Zu diesem Zweck wurde ein IM geschaffen, der auf der Grundlage eines legendierten Auftrages eine ständige Kon- trolle über den Verbindungspartner des Verdächti- gen ausübte und diesen bei Bedarf binden konnte. Die Ergebnisse des Einsatzes der Maßnahme 26 B spielten in der Beweisführung im TV »Wiese« eine entscheidende Rolle.

Bei der Bearbeitung des TV »Alk« machte sich kurzfristig die zusätzliche Durchführung einer Maßnahme 26 B bei einer weiteren Verbindung des Verdächtigen erforderlich, um die operative Kon- trolle über den Verdächtigen und seine Ehefrau ausüben zu können, die sich in der Wohnung die- ser Verbindung aufhielten, so dass die Möglichkeit bestand, Einzelheiten über den Spionageauftrag sowie die damit verbundenen Pläne und Absich- ten des Instrukteurs zu erfahren. Durch Auswahl eines geeigneten IM aus dem Bestand einer KD auf der Grundlage eines Anforderungsbildes und dessen legedierten Einsatz gelang es, kurzfristig eine detaillierte Hausaufklärung durchzuführen und damit wesentliche Voraussetzungen für die unverzügliche Realisierung der technischen Maßnahme zu schaffen.

Aus den angeführten Beispielen ist zu erkennen, dass die Erarbeitung von Beweisen im Vorgang bei Spionen westlicher Geheimdienste ohne den Einsatz von IM nicht möglich war. Der Einsatz von IM hatte sich aus Sicht des MfS insbesondere auf folgenden Gebieten bewährt:

- Erarbeitung von bedeutsamen Informationen über festgestellte Spionagehandlungen des Verdächtigen beziehungsweise Handlungen, die mit der Durchführung der Spionage im Zusammenhang standen;
- Herausarbeitung oder aktive Herbeiführung von günstigen Möglichkeiten zur Realisierung weiterer Maßnahmen, besonderes technischer Maßnahmen zur Beweisführung, sowie von Möglichkeiten der Offizialisierung von inoffiziellen Beweisen;
- Erarbeitung von Informationen, die zur Beweisführung zur subjektiven Seite der Straftat beitrugen.

Die Erarbeitung von Beweisen konnte, wie auch aus den Beispielen ersichtlich ist, nur gewährleistet werden, wenn der Einsatz von IM in Kombination mit den anderen der Staatssicherheit zur Verfügung stehenden Mitteln und Methoden erfolgte, wobei technische Maßnahmen einen besonderen Stellenwert einnahmen.

2. Der Einsatz der Abteilung 26, Maßnahme B

Ein wichtiges Erfordernis bestand darin, die Maßnahme B dort zum Einsatz zu bringen, wo Gespräche mit bedeutsamen Inhalt zu erwarten waren/geführt wurden beziehungsweise Hinweise auf den Empfang des einseitigen Funks gewonnen werden konnten. Konnte eine sichere Eingrenzung dahingehend nicht vorgenommen werden, war es unumgänglich, alle Räume der zu kontrollierenden Wohnung, aber auch Freiflächen (Balkon, Terrasse) unter Kontrolle zu bringen.

Beispielsweise wurde bei der Bearbeitung des TV »Alk« ein beweiserhebliches, nur aus wenigen Sätzen bestehendes Gespräch zwischen dem Spion und seinem Instrukteur im Badezimmer des Spions dokumentiert und damit ein inoffizieller Beweis als Voraussetzung für den erfolgreichen Abschluss des Vorgangs erarbeitet.

Die Direktkontrolle der Maßnahme 26 B musste zu bestimmten Phasen der Vorgangsbearbeitung aktuell und durch den vorgangsführenden Offizier selbst erfolgen. Die Spionageabwehr ging davon aus, dass der vorgangsführende Mitarbeiter die Situation im Vorgang am besten kannte und deshalb am ehesten und zweckmäßigsten auf entsprechende Feststellungen reagieren sowie die durch die Maßnahme 26 B erarbeiteten Informationen richtig einordnen konnte.

So konnte im Rahmen der Bearbeitung des TV »Wiese« bei Einreisen des Verdächtigen in die DDR durch aktuelle Auswertung der Maßnahme 26 B erreicht werden, dass die operativen Kräfte der Beobachtung entsprechend den geäußerten Absichten des Verdächtigen an den entscheidenden Stellen konzentriert werden konnten und im Zusammenwirken mit der sowjetischen Militärabwehr entsprechende Maßnahmen an den GSSD-Objekten zur Verbesserung der Beweislage eingeleitet wurden.

Die Auswertung der Maßnahme 26 B musste über längere Zeiträume aufrechterhalten werden. Dadurch ergab sich die Möglichkeit, durch entsprechende analytische Arbeit, über den reinen akustischen Gehalt hinausgehende Informationen von hoher Bedeutsamkeit zu erarbeiten.

Bei der Bearbeitung des TV »Alk« war es möglich, durch eine Analyse der auftretenden Geräusche (Schrittzahlen, Türgeräusche) in Verbindung mit den im Rahmen der konspirativen Durchsuchung gefertigten Fotos der Wohnung des Verdächtigen konkrete Rückschlüsse auf das Versteck der nachrichtendienstlichen Hilfsmittel zu ziehen, die deren Auffindung bei einer weiteren konspirativen Durchsuchung ermöglichte.

Bei der Auswertung der Maßnahme 26 B durch die Abteilung 26 war durch die jeweilige Diensteinheit der Spionageabwehr ein konkreter, auf den Sachverhalt bezogener Informationsbedarf zu übergeben und ein ständiger Kontakt mit der Abteilung 26 zu halten, um auf Veränderungen in Abhängigkeit von der operativen Situation zweckmäßig reagieren zu können. Dabei war darauf Einfluss zu nehmen, dass der verantwortliche Mitarbeiter der Abteilung 26 in die Vorgangsbearbeitung einbezogen wurde.

Die Auswertung bedeutsamer Passagen war in Dialogform zu halten, da beispielsweise bei Abschöpfungshandlungen die Initiativen für die Gesprächsführung und detaillierte Gesprächsinhalte von beweiserheblicher Bedeutung waren, um zum Beispiel Initiativen über das Aufsuchen militärischer Objekte, dafür benutzte Legenden usw. herauszuarbeiten.

3. Maßnahmen der konspirativen Durchsuchung

Die konspirative Durchsuchung hatte bei der Bearbeitung von Spionagevorgängen zum Ziel, neben der Gewinnung von Informationen zum Verdächtigen (zum Beispiel Hobbys, Verbindungen, Vermögenslage, Hinweise auf kriminelle Delikte) vorrangig nachrichtendienstliche Hilfsmittel und andere ge-

genständliche Beweismittel für die geheimdienstliche Tätigkeit aufzufinden und zu dokumentieren.

Um die Effektivität und die Konspiration zu sichern, war sie durch andere operative Maßnahmen, Mittel und Methoden (zum Beispiel IM-Einsatz zur Wohnungsaufklärung, Maßnahme 26 B) zielgerichtet vorzubereiten.

Die konspirative Durchsuchung sollte im Beisein eines Mitarbeiters, der in die Bearbeitung des Vorgangs einbezogen war, erfolgen, um die Zusammenhänge und Bedeutung von aufgefundenen Gegenständen, Dokumenten u. Ä. an Ort und Stelle einschätzen und weitere operative Handlungen festlegen zu können und dadurch aufwendige Wiederholungen zu vermeiden.

Die konspirative Durchsuchung war auf die Räumlichkeiten auszurichten, in denen der Verdächtige vermutlich seine nachrichtendienstlichen Hilfsmittel aufbewahrte, das heißt auf Räume, die ihm jederzeit zugänglich waren und in denen die Hilfsmittel durch ihn unter Kontrolle gehalten werden konnten (Nahversteck). Räumlichkeiten, die der Verdächtige nur selten aufsuchte beziehungsweise nur unter größerem Aufwand erreichte, waren nicht prioritär.

Bei der Realisierung der Maßnahme 26 B sowie der Durchführung der konspirativen Durchsuchung ging die Staatssicherheit unbedingt von dem Grundsatz aus, so wenig wie möglich Aktivitäten zu bearbeiteten Person und Menschen in ihrer unmittelbaren Umgebung auszulösen, um die Konspiration in der Vorgangsbearbeitung zu gewährleisten. Eine notwendige Einflussnahme auf das Verhalten des Verdächtigen war möglichst unmittelbar und gut legendiert vorzunehmen.

Bei der Realisierung einer Maßnahme 26 B wurde

beispielsweise die Ehefrau des Verdächtigen dadurch an ihren Arbeitsplatz gebunden, dass deren Kollegin, mit der sie sich die Arbeitsaufgaben teilte, über eine Schlüsselposition des MfS für den Zeitraum der Realisierung abgezogen wurde und damit für sie die Möglichkeit ausgeschlossen war, sich vom Arbeitsplatz zu entfernen und die Maßnahme der Staatssicherheit zu gefährden. Damit wurden zur Ehefrau selbst keine unmittelbaren Aktivitäten durchgeführt und der gleiche Effekt erreicht.

Absicherungsmaßnahmen hinsichtlich aller Personen, die für den Zeitraum der Durchführung der Maßnahmen unter Kontrolle zu halten waren, mussten gut durchdacht und ebenfalls konspirativ gehalten sein. Die gelegentlich geübte Praxis, die zur Kontrolle eingesetzten Kräfte vor der Haustür im Pkw zu stationieren, kam diesem Erfordernis nicht nach.

4. <u>Die Durchführung der operativen Beobachtung</u>

Die operative Beobachtung wurde ebenfalls in Kombination mit anderen Maßnahmen, Mitteln und Methoden eingesetzt. Ihr Einsatz erfolgte mit der Zielstellung der Feststellung und beweiskräftigen Dokumentation von folgenden Punkten:

- Aufklärungshandlungen in Beziehung zu militärischen Objekten, Transporten und Handlungen;
- Handlungen im Zusammenhang mit der nachrichtendienstlichen Verbindungshaltung (Briefeinwürfe, Kurztreff o. Ä.);
- Kontrolle der Verdächtigen zur Absicherung von Einsätzen (zum Beispiel Maßnahme 26 B).

Die Vernehmungen des amerikanischen Spions »Alk« bestätigten, dass sich diese Agentur ständig gegen Beobachtungen durch das MfS absicherte und alle Personen und Fahrzeuge in seiner Umgebung unter diesem Gesichtspunkt betrachtete. Des-

312

halb strebte die Staatssicherheit an, Beobachtungen weitestgehend von gedeckten Stützpunkten aus zu führen und nur in unumgänglichen Fällen kurzzeitig sowie unter häufigem Wechsel der eingesetzten Kräfte zur mobilen Beobachtung überzugehen.

Der Funkverkehr zwischen den eingesetzten Beobachtungskräften war im Interesse der Konspiration auf ein Minimum zu reduzieren. Bewährt hatten sich Telefonverbindungen zwischen Beobachtungsstützpunkten. Mögliche Verletzungen der Konspiration bei der Beobachtung waren unbedingt sichtbar zu machen und zu dokumentieren, um entsprechende Maßnahmen einleiten zu können (Feststellung und Einschätzung der Reaktion des Verdächtigen, Verhinderung einer eventuellen Ausschleusung).

5. <u>Fahndungsmaßnahmen der Abteilung VI</u>

Bei der Einleitung von Fahndungsmaßnahmen bei der Abteilung VI wurde davon ausgegangen, dass die Realisierung der Fahndungsmaßnahmen in der Regel Einfluss auf den Kontrollablauf an den Grenzübergangsstellen hatten.

Der Werber/Instrukteur des Spions »Assel« sagte in seiner Vernehmung aus, dass ihm bei der Reise im spezifischen Transit Abweichungen vom gewohnten Kontrollablauf (längere Wartezeiten) aufgefallen waren. Nach Meldung dieser Feststellungen war er vom US-Geheimdienst gewarnt worden, die Transitstrecke durch die DDR weiter zu benutzen. Nachträgliche Überprüfungen der Spionageabwehr hatten ergeben, dass die Verzögerungen im zeitlichen Zusammenhang mit der Einleitung der Transitfahndung standen. Daraus leitete die Spionageabwehr ab, operative Fahndungsmaßnahmen bei der Linie VI nur bei begründeter Notwendigkeit und nur im unbedingt notwendigen Umfang einzuleiten.

6. Fahndungsmaßnahmen bei der Abteilung M

Die offenen Briefverbindungen der Verdächtigen sowie ihre Verbindungen vom und in das NSW waren eine Quelle wichtiger Informationen, die unbedingt genutzt werden musste. Hierbei ging es um die Erarbeitung von Informationen

- zur beruflichen und persönlichen Situation,
- zu geplanten Einreisen, Besuchen usw.,
- zu Vorhaben und Plänen der interessierenden Personen und Verdächtigen.

Bei der Einleitung gezielter Fahndungsmaßnahmen waren jedoch aus Gründen der Effektivität und der Konspiration detaillierte Festlegungen zu treffen, wie die einzelnen Sendungen durch die Abteilung M zu behandeln waren. Ausgehende Sendungen an Personen, die vermutlich oder mit Sicherheit für einen westlichen Geheimdienst tätig waren (Reisespione, Werber, Instrukteure, Kuriere), waren grundsätzlich nicht öffnen zu lassen, da der Geheimdienst auch diese Privatsendungen auf Bearbeitungsspuren durch das MfS kontrollierte. Die Spione »Wiese«, »Alk« und »Assel« sagten aus, dass sie die gesammelten Umschläge ihrer Privatkorrespondenz in bestimmten Abständen dem Geheimdienst übergaben, wo dann eine Untersuchung auf Öffnungsspuren erfolgte. Dabei wurde das Anliegen durch den Verbindungsführer zum Teil offenbart beziehungsweise mit philatelistischen Interessen begründet. Fahndungen nach geheimdienstlichen Sendungen (Geheimschriftbriefe, Signalkarten) erforderten spezifische Maßnahmen und waren grundsätzlich mit der Linie II abzustimmen.[269]

---

269 Vgl.: Hans-Joachim Oestreich, Gerd Puchta: »Aktuelle Probleme und Erfahrungen zur zielstrebigen Suche nach dem Feind

Im Prozess der Vorgangsbearbeitung traten in einzelnen Phasen, beispielsweise beim Erreichen bestimmter Bearbeitungsetappen sowie bei Abschlussmaßnahmen, sogenannte operative Höhepunkte auf, die besondere Formen der Leitung der Tätigkeit erforderten, da oft eine große Anzahl von Kräften unterschiedlicher Diensteinheiten sowie verschiedene Mittel und Methoden zum Einsatz kamen. An diesen, sich subjektiv aus dem jeweiligen Bearbeitungsstand ergebenden Höhepunkten, machte sich die stabsmäßige Führung der Vorgangsbearbeitung vorrangig erforderlich. Es musste ein Führungsorgan (Stab) eingerichtet werden, welches mit allen eingesetzten Kräften in enger Zusammenarbeit stand. Im Stab wurden die eingehenden Informationen ausgewertet und sich daraus ergebende Vorschläge für die Einleitung operativer Maßnahmen ausgearbeitet, die dem Leiter zur Entscheidung vorgelegt wurden. Die Festlegungen des Leiters wurden den beteiligten Kräften unverzüglich übermittelt.

Die Vorbereitung solcher operativer Höhepunkte, die in Form von Aktionen abliefen, bedurfte einer detaillierten Planung, die sich insbesondere konzentrierte auf:

- die präzise Formulierung der Aufgabenstellung der eingesetzten Kräfte,
- die Herausarbeitung von Varianten des operativen Handelns,
- die Schaffung gut funktionierender Nachrichtenverbindungen unter Einhaltung der Konspiration und die Festlegung der Informationsflüsse,

---

und zur Erarbeitung von Beweisen im Prozess der Bearbeitung von Spionageverbrechen in OV unter Berücksichtigung der Probleme der Militärspionageabwehr der Linie II«, Bl. 58–83.

- den Einsatz der Kräfte entsprechend ihrer Qualifikation,
- die materiell-technische Sicherstellung hinsichtlich
  - Foto- und Funktechnik,
  - Kfz-Technik,
  - Verschleierungsmittel,
  - Unterkunft und Verpflegung.

Die in der Abteilung II/BV Rostock gesammelten Erfahrungen sagen aus, dass die exakte Vorbereitung und stabsmäßige Führung dazu beigetragen haben, dass insbesondere im Rahmen von Abschlussmaßnahmen noch wesentliche strafprozessual verwertbare Beweise beziehungsweise wichtige Indizien für die Verletzung von Straftatbeständen der §§ 97, 98 StGB durch den Verdächtigen sowie über Mittäterschaften weiterer Personen erarbeitet werden konnten.[270]

Hannes Sieberer (TV »Alk« ZOV »Tanne«) schreibt zu seiner Festnahme: »Die ganze Operation … lief unter dem Namen ›Aster‹. Daran waren insgesamt 41 Mitarbeiter des MfS beteiligt. [...] Bereits am 12. Mai 1982 war ein entsprechender Maßnahmeplan beschlossen worden, am 21. Oktober, am Tag vor meiner Einreise in die DDR, hatte man einen weiteren in Kraft gesetzt. Die von Oberst Otto geführte Aktion der Hauptabteilung II des MfS (Spionageabwehr) war präzise geplant, nichts hatte man dem Zufall überlassen.«[271]

Weitere relevante Vorgänge der Rostocker Spionageabwehr in den 1980er Jahren waren die TV »Spiegel« und »Nähstube des ZOV ›Reise‹« der HA II/4.

---

270 Vgl.: Ebd., Bl. 83 ff.

271 Hannes Sieberer, Herbert Kierstein: *Verheizt und vergessen*, S. 41.

Der TV »Spiegel« richtete sich gegen den Bundesbürger Winfried R., der für den BND Militärspionage im Raum Wismar betrieben hatte. R. wurde im September 1984 festgenommen und zu sechs Jahren Freiheitsentzug verurteilt.

Im TV »Nähstube« wurden die Bundesbürger Erwin und Irene H. operativ bearbeitet. Das MfS ging von einer aktiven Militärspionage für den BND im Raum Ribnitz-Damgarten aus. Am 11. Oktober 1984 wurde das Ehepaar von der Staatssicherheit festgenommen und am 6. Mai 1985 wieder in die BRD entlassen. Die Indizien gegen Erwin und Irene H. reichten für eine Verurteilung nicht aus.

Zusammenarbeit der Spionageabwehr mit der sowjetischen Militärabwehr, der HA I und der Linie XIX

Der Minister für Staatssicherheit legte in der Dienstanweisung 3/63 fest:
»Für die Außensicherung der Objekte der sowjetischen Streitkräfte in der Deutschen Demokratischen Republik gegen Spione der imperialistischen Geheimdienste und gegen Personen, die sich in verdächtiger Art und Weise an den Objekten aufhalten bzw. sich für solche interessieren sowie für die Absicherung der deutschen Zuliefer- und Versorgungsbetriebe, wie Bäckereien, Wäschereien usw. ist die Linie II des MfS in Verbindung mit der sowjetischen Militärabwehr verantwortlich.
Alle operativen Hinweise, operativen Vorlaufmaterialien und operativen Vorgänge, die auf anderen Linien anfallen bzw. vorliegen und feindliche Tätigkeit gegen

die Objekte und Anlagen der Sowjetarmee zum Inhalt haben, sind dem jeweils zuständigen Leiter der Linie II zu melden. In Absprachen zwischen den Leitern der betreffenden Diensteinheiten ist entsprechend dem jeweils vorliegenden Falle über die Übergabe des Materials oder die koordinierte Bearbeitung zu entscheiden.

Für die Absicherung in den Kreisen ist der zuständige Leiter der Kreisdienststelle verantwortlich.

Die Mitarbeiter der Linie II in den Kreisdienststellen haben die Abwehrarbeit unmittelbar zu organisieren und durchzuführen und mit Hilfe der Leiter der Kreisdienststellen alle Möglichkeiten der Kreisdienststellen zu nutzen.

Sie führen die Arbeit auf der Grundlage der Quartalspläne durch, die sie mit den zuständigen Mitarbeitern der sowjetischen Militärabwehr abzustimmen haben und danach von den Leitern der Abeilungen II der Bezirksverwaltungen/Verwaltungen zu bestätigen sind.

Alle Informationen und Hinweise, die sie von den Mitarbeitern der sowjetischen Militärabwehr erhalten, haben sie sorgfältig und zielstrebig zu prüfen und zu bearbeiten.

Für die Anleitung und Kontrolle der Mitarbeiter der Linie II in den Kreisdienststellen und für die Absicherung bestimmter Schwerpunktobjekte im Bezirksmaßstab sind die Leiter der Abteilungen II der Bezirksverwaltungen/Verwaltungen verantwortlich.

Alle wichtigen Maßnahmen haben sie mit den zuständigen verantwortlichen Leitern der sowjetischen Militärabwehr in Verbindung mit den sowjetischen Verbindungsoffizieren bei den Bezirksverwaltungen/Verwaltungen zu beraten und festzulegen.

Die Leiter der Abteilungen II der Bezirksverwaltungen/Verwaltungen sind verpflichtet, alle Hinweise auf Spione, die ausschließlich gegen sowjetische Objekte tätig sind, den zuständigen Leitern der sowjetischen Militärabwehr über die sowjetischen Verbindungsoffiziere bei den Bezirksverwaltungen/Verwaltungen zur Kenntnis zu geben und anschließend Maßnahmen festzulegen, wie die gemeinsame Bearbeitung zu erfolgen hat.

Handelt es sich dabei um unbekannte Spione, sind nicht die erarbeiteten Originaldokumente, wie z. B. Briefe mit G-Schrift, zu übergeben, sondern entsprechende Informationen bzw. Auszüge zu fertigen.

Soweit es sich nicht um Angehörige der sowjetischen Streitkräfte handelt oder um DDR- Bürger, die unmittelbar im sowjetischen Objekt tätig sind, sind die Leiter der Abteilungen II der Bezirksverwaltungen/Verwaltungen für die Bearbeitung des Materials verantwortlich.

Die sowjetischen Verbindungsoffiziere bei den Bezirksverwaltungen/Verwaltungen oder die Leiter der sowjetischen Militärabwehr haben – ohne Kenntnis der Leiter der Abteilungen II – andere operative Abteilungen oder Kreisdienststellen des MfS von diesem Material nicht zu informieren bzw. Aufträge zu erteilen.

Von den Hinweisen und erarbeiteten Materialien gegen Spione, die Militär-, Wirtschafts- oder politische Spionage gegen Objekte, Institutionen und Einrichtungen der DDR durchführen und außerdem gegen sowjetische Objekte tätig sind, hat der Leiter der Hauptabteilung II den verantwortlichen Leiter der sowjetischen Militärabwehr über den Verbindungsoffizier der Hauptabteilung II zu informieren.

Dabei ist entsprechend der Notwendigkeit und Möglichkeit festzulegen, wie die weitere Bearbeitung zu erfolgen hat. Die zuständigen Leiter der sowjetischen Militärabwehr oder die Verbindungsoffiziere bei den Bezirksverwaltungen/Verwaltungen übergeben ihrerseits alle wichtigen Informationen und Hinweise nicht direkt an die Leiter der Kreisdienststellen, sondern den

Leitern der Abteilungen II, die entscheiden, wer das Material bearbeitet und wer davon Kenntnis erhält.«[272]

Aufschlussreiche Angaben machte Erich Mielke in der DA 3/63 auch über die Probleme der inoffiziellen Arbeit mit GM, die über Feindverbindungen verfügen, die Organisierung von operativen Spielen sowie die Überwerbung und Festnahme von Spionen im Zusammenhang mit sowjetischen Militärobjekten. Hierzu heißt es:

»Beim Leiter der Hauptabteilung II ist zur Prüfung der Zweckmäßigkeit des Einsatzes und der Perspektive eine Übersicht über alle GM der Linie II zu führen, die mit imperialistischen Geheimdiensten in Verbindung stehen und Spionageaufträge gegen sowjetische Objekte und Einrichtungen durchzuführen haben.

Anhand dieser Übersicht, die unter Wahrung der Konspiration zu fertigen ist, hat der Leiter der Hauptabteilung II mit dem verantwortlichen Leiter der sowjetischen Militärabwehr und dem sowjetischen Verbindungsoffizier der Hauptabteilung II Beratungen zu führen, wobei im Interesse beider Organe die Möglichkeiten und Zweckmäßigkeiten des weiteren Einsatzes der GM gemeinsam eingeschätzt und entsprechende Festlegungen getroffen werden.

Diese Aufgabe ist deshalb besonders notwendig, damit der Leiter der sowjetischen Militärabwehr einen konkreten Überblick erhält, mit welchen Ergebnissen die Mitarbeiter und Dienststellen der imperialistischen Geheimdienste mittels unserer GM bearbeitet werden, da ein solcher zentraler Überblick bei den einzelnen Bezirksverwaltungen/Verwaltungen nicht besteht.

Im Ergebnis der getroffenen Festlegungen haben die Leiter der Abteilungen II der BV/V nach den Weisungen

---

272 Dienstanweisung 3/63. BStU ZA MfS BdL/Dok. Nr. 001822, Bl. 1 ff.

des Leiters der Hauptabteilung II mit den zuständigen Leitern der sowjetischen Militärabwehr, unter Teilnahme des sowjetischen Verbindungsoffiziers der Bezirksverwaltungen/Verwaltungen für die einzelnen GM Pläne nach folgenden Gesichtspunkten auszuarbeiten:

- welche Informationen können unsere GM, entsprechend ihren erhaltenen Aufträgen, an die Geheimdienste liefern;
- für welche gezielten und systematischen Desinformationen können welche GM in welcher Form eingesetzt werden;
- welche Hilfe und Unterstützung muss unseren GM bei der Lösung von speziellen Aufgaben gewährt werden.

Liegt von Seiten der sowjetischen Militärabwehr das Interesse vor, geeignete inoffizielle Mitarbeiter über die vorhandenen GM an die Geheimdienste anzuschleusen, zu tippen oder in das Blickfeld der Geheimdienste zu rücken, so sind gemeinsam entsprechende Vorschläge auszuarbeiten.

Diese Vorschläge sind vom Leiter der Hauptabteilung II, vom sowjetischen Verbindungsoffizier der HA II und vom Leiter der sowjetischen Militärabwehr zu bestätigen.

Geplante Festnahmen und Überwerbungen von Spionen durch die Linie II des MfS, die ausschließlich gegen Objekte und Anlagen der sowjetischen Streitkräfte oder Angehörige der sowjetischen Streitkräfte tätig sind, sind rechtzeitig vor ihrer Durchführung dem Leiter der sowjetischen Militärabwehr über den sowjetischen Verbindungsoffizier der HA II zur Kenntnis zu geben und vom Leiter der Hauptabteilung II zu bestätigen.

Bei vorliegender Notwendigkeit sind vorher entsprechende Absprachen zwischen beiden Organen zu führen.

Anhand der Übersicht beim Leiter der Hauptabteilung II ist sorgfältig und individuell zu prüfen, welche GM – die ausschließlich in Richtung sowjetische Objekte und

Anlagen tätig und bereits in die Durchführung operativer Spiele eingesetzt sind – der sowjetischen Militärabwehr für die weitere Zusammenarbeit übergeben werden können.

In gleicher Weise ist zu prüfen, welche bei der Linie II geplanten Überwerbungen von der sowjetischen Militärabwehr selbst durchgeführt werden können bzw. welche GM unmittelbar nach erfolgter Überwerbung von der sowjetischen Militärabwehr übernommen werden können.

Die zu erarbeitenden Vorschläge sind vom Leiter der Hauptabteilung II, vom Leiter der sowjetischen Militärabwehr und vom sowjetischen Verbindungsoffizier der HA II zu beraten und vom Minister des Ministeriums für Staatssicherheit zu bestätigen.

Alle durch die inoffizielle Arbeit bekannt gewordenen Mittel und Methoden, die die imperialistischen Geheimdienste in Durchführung der feindlichen Tätigkeit gegen Objekte, Anlagen und Angehörige der sowjetischen Streitkräfte planen oder in Anwendung bringen, sind zu analysieren und zu verallgemeinern.

Über diese verallgemeinerten Erkenntnisse sind zwischen dem Leiter der Hauptabteilung II und dem Leiter der sowjetischen Militärabwehr bzw. zwischen den Leitern der Abteilungen II der Bezirksverwaltungen/Verwaltungen und den zuständigen Leitern der Dienststellen der sowjetischen Militärabwehr entsprechend der Notwendigkeit gegenseitige Informationen auszutauschen.«[273]

Zwischen der sowjetischen Militärabwehr und den Diensteinheiten des MfS existierten bis auf die Ebene Kreisdienststelle Koordinierungsvereinbarungen, die

---

273 Ebd., Bl. 4 ff.

die Zusammenarbeit exakt regelten. Beispielhaft sei hier die Koordinierungsvereinbarung der KD Havelberg mit der sowjetischen Militärabwehr vom 7. August 1981 zur Absicherung von Übersetzstellen über die Elbe und Havel im Kreis Havelberg erwähnt.[274]

Günther Kratsch schreibt in seinen Erinnerungen zur Zusammenarbeit mit der sowjetischen Militärabwehr:

»Vom Minister für Staatssicherheit war ich angewiesen, bei der Abwehr der Militärspionage gegen Objekte der Sowjetarmee mit der Militärabwehr des KGB eng zusammenzuarbeiten und gegebenenfalls notwendige Abwehraktionen zu koordinieren.

Die Weisung zog eine Reihe von Gesprächen auf allen Leitungsebenen der beiden Spionageabwehren nach sich. Im Prinzip wurden solche Koordinierungsgespräche laufend geführt, da die Militärspionage im Verlauf der 40 Jahre DDR keine Unterbrechung erfuhr.

Viele Leiter der bezirklichen Spionageabwehrabteilungen waren nicht immer und in jedem Fall für eine Koordinierung. Sie sahen darin nicht selten eine Bevormundung oder gar Dekonspirierung ihrer Maßnahmen gegen Militärspione. Die sowjetischen Tschekisten waren nicht selten mehr Militärs als Abwehrspezialisten. Vor allem aber bei bestimmten konkreten Fällen musste ich auf Informationspflicht bzw. Koordinierung bestimmter Maßnahmen gegenüber bzw. mit der sowjetischen Militärabwehr drängen. Warum?

Der BND hatte aufgrund seiner Weisung an bestimmte Militärspione die Militärbasen am Begrenzungszaun zu umgehen und dabei Informationen zu sammeln, eine

---

274 Vgl.: Holger Nette: »Zur Durchsetzung des Prinzips der Einheit von Innen- und Außensicherung für die weitere Qualifizierung der komplexen Sicherung militärischer Objekte, Bereiche und Prozesse und daraus resultierende Anforderungen an die Planung und Leitung operativer Prozesse«, Bl. 31.

gefährliche Lage an den betreffenden Militärobjekten heraufbeschworen. Bekanntlich wurden Objekte der Sowjetarmee, vor allem die am Rande einer Ortslage oder irgendwo im freien Gelände lagen, durch besetzte Wachtürme oder bewegliche Militärstreifen abgesichert. Verdeckte Sicherung war nicht auszuschließen. Sicherlich gibt es auch in der Sowjetarmee eine Waffengebrauchsvorschrift. Aber wer kann schon garantieren, dass derartige Vorschriften von einem neu einberufenen Rekruten, um solche handelte es sich meistens bei Bewachungskräften, vorbildlich eingehalten werden? Ich hatte ein solches Vertrauen nicht. Einfach deshalb nicht, weil es zu tragischen Zwischenfällen an solchen Militärobjekten wiederholt gekommen ist. Es gab Zwischenfälle mit Todesfolge. DDR-Bürger hatten sich, aus welchen Gründen auch immer, zu eng an die Objektbegrenzung herangewagt und bezahlten dafür teuer. Einige wurden auch als »Spione« von den patrouillierenden Wachposten festgenommen und dem MfS zur weiteren Prüfung übergeben. Die Sowjets hofften natürlich sehr, einen Spion eingefangen zu haben.

Das Wissen der sowjetischen Militärabwehr, insbesondere auch durch ihre stark arbeitende Aufklärung, um die Spionageangriffe aller Aufklärungsdienste der NATO-Staaten gegen ihre Militärbasen, waren Grundlage für eigene Abwehrmaßnahmen des KGB. Uns gegenüber offenbarten sie diese Maßnahmen natürlich nicht. Sicher ist aber, dass die militärischen Sicherungskräfte, also die Wachposten und Streifen, in dieses System einbezogen waren und immer wieder entsprechend ›scharf‹ gemacht wurden. Eben darin lag die Brisanz und Gefährlichkeit sowohl für die Observanten der Spionageabwehr der DDR, die für beweisführende Maßnahmen auch an die Objekte herangeführt werden mussten, als auch für die Spione des BND, die entsprechend ihrem

Auftrag die Militärobjekte tangierten. Eben deshalb habe ich auf Informierung und Koordinierung gedrängt, um gefährliche Zwischenfälle an Objekten auszuschließen. Eine Garantie konnte keiner übernehmen.

Es ist eine Tatsache, dass die Spionageabwehr der DDR den BND-Spionen an den Militärobjekten der Sowjetarmee während ihres Wirkens Schutz gewährte, indem wir die vorübergehende Ausschaltung der militärischen Sicherungskräfte beim KGB veranlassten. Das KGB war aber nicht so ohne weiteres bereit, unsere Wünsche zu erfüllen. Das konnten sie auch deshalb nicht, weil die Abwehrleute in den militärischen Verbänden und Einheiten auch den Kommandeuren unterstanden. Und die Militärs waren allergisch gegenüber Spionage. Jeder sah es als seine persönliche Ehre an, dass über seine Einheit keine Informationen an gegnerische Geheimdienste gelangen konnten. Deshalb hatten sie kaum Verständnis für unsere Wünsche, das Wachpersonal zeitweilig zur Inaktivität anzuweisen.«[275]

Zu einschlägigen Feiertagen der UdSSR überbrachte eine Delegation des MfS vom Minister unterzeichnete Glückwünsche an die Führung der sowjetischen Militärabwehr in Potsdam. In den 1980er Jahren war Generalleutnant Kratsch mehrfach Leiter der MfS-Delegation und erinnert sich an ein Zusammentreffen mit dem Oberkommandierenden der GSSD:

»Bei einem dieser Besuche kam es zu einem Zusammentreffen zwischen dem Oberkommandierenden der GSSD, Armeegeneral Saizew, dem Stellvertreter des Obersten Militärstaatsanwaltes der GSSD und dem damaligen Leiter der Militärabwehr dieses Militärverbandes. Inhalt des Gespräches waren die massiven Spionage-

---

275 Günther Kratsch: *Erinnerungen*. Unveröffentlichtes Manuskript (Archiv des Verfassers).

angriffe des BND und anderer westlicher Geheimdienste gegen die Militärbasen der Sowjetarmee. Saizew war über die Lage außerordentlich gut informiert. Diese Informationen über die verbündeten NATO-Geheimdienste und ihre militärischen Aufklärungsaktivitäten konnte er nach meiner Einschätzung nicht nur von der sowjetischen Militärabwehr bezogen haben. Mit Sicherheit wurde er noch von weiteren Diensten zur Lage informiert.

Saizew brachte seine Besorgnis zum Ausdruck und verlangte noch mehr Abwehrqualität, um die Spione nicht zur Entfaltung kommen zu lassen. Nach seinen Bemerkungen wurden zu dieser Zeit viele Einheiten und Verbände der Sowjetarmee mit neuen Waffen, bzw. neuer, moderner Militärtechnik ausgerüstet. Diese neue Militärtechnik sollte keinesfalls gegnerischen Geheimdiensten offenbart werden. Ich verlangte von Saizew, dass uns an den abzusichernden Militärbasen mehr Möglichkeiten der sicheren Bewegung eingeräumt werden und die Militärkommandeure gegenüber unseren Wünschen und Empfehlungen diesbezüglich aufgeschlossener werden. Im Prinzip ging es um das inaktive Verhalten der Wachposten nach von uns vorgegebenen Zeiten.

Saizew zeigte begrenztes Verständnis! Er sah sich aber außerstande, die ›Wachordnung‹ zu ändern, sondern musste aufgrund der Lage anweisen, dass die Wachen noch nachhaltiger in ihre Pflichten eingewiesen werden. ›Die Leute, die ihre Spione an die Kasernen, Flugplätze oder andere Militärbasen der Sowjetarmee schicken, tragen dafür die volle Verantwortung‹, so Saizew.

Zur Klärung von sachbezogenen Grundsatzfragen könnte ich mich jederzeit über den Leiter der sowjetischen Militärabwehr an ihn wenden. Soweit das Gespräch. Der Militärstaatsanwalt hatte keine Bemerkungen zur erörterten Lage.

Eine gewisse Skepsis hinsichtlich unserer Wünsche

blieb schon aufgrund der Erfahrungen, die wir in der Zusammenarbeit gemacht hatten, bestehen. Was man »oben« mit den Sowjets bespricht oder vereinbart, muss auf den verschiedenen Leitungsebenen noch lange nicht eingehalten werden.

Obwohl einige Vereinbarungen ganz gut klappten, kam dann die unerwartete Überraschung: Wir hatten uns auf einem Militärflugplatz »einquartiert« und erwarteten einen BND-Spion. Die Observanten plagte offensichtlich die Langeweile und sie fotografierten mit der Dienstkamera die neueste Militärtechnik für Rumreichungen im privaten Kreis. Das hatten die Sowjets beobachtet! Kurz danach traf ein Oberst der Leitung – stellv. Chef der sowjetischen Militärabwehr – bei mir nach Anmeldung ein und warf allen Ernstes meinen Mitarbeitern Spionage gegen sowjetische Militärbasen vor. Er verlangte den Rückzug aus dem Objekt. Es kam zu einer nicht gerade freundlichen Auseinandersetzung. Wir zogen uns zurück. Dieser Vorfall zeigt deutlich, wie empfindlich und entschlossen die Sowjets auf alle Anzeichen von Spionage reagierten. Die Spionageabwehr der DDR der Spionage zu beschuldigen war, gelinde gesagt, dubios. [...]

Nach Beratung mit meinem Stellvertreter kamen wir zu der Meinung, Mielke über die uns zuteil gewordenen politischen Beleidigungen der übelsten Sorte nicht zu informieren. Er hätte mit Sicherheit den Leiter der KGB Dienststelle Karlshorst sofort zu sich bestellt und ihm sehr deutlich seine Meinung gesagt. Ein solches Gespräch hätte die praktische Zusammenarbeit nicht gefördert, sondern eher behindert. Es wäre vom Standpunkt der Sicherheit nicht nur zu unserem Nachteil, sondern auch mit einer höheren gesundheitlichen Gefährdung der BND-Spione verbunden gewesen. Es klingt sicherlich fatal, wenn man sagen muss, das MfS und der BND saßen gemeinsam in dem gefährdeten Boot. [...]

Dann kam es in den achtziger Jahren zu dem von uns nicht gewünschten dramatischen Zwischenfall an einem sowjetischen Militärobjekt im damaligen Bezirk Schwerin. Ein Major der Militärverbindungsmission der US-Armee hatte sich in aufklärerischer Absicht zu nahe an die Objektbegrenzung herangewagt [er war in eine Panzerhalle eingedrungen und hatte Panzer fotografiert, Anm. d. Verf.]. Nach einem gezielten Schuss durch den Wachposten war das Leben dieses mutigen Aufklärers leider nicht mehr zu retten. Es besteht kein Zweifel, es war ein Schuss auf den Mitarbeiter eines gegnerischen Aufklärungsdienstes – auf einen Spion. Für den Wachposten gab es keine andere Motivation für sein Handeln. Von sowjetischer Seite wurde dies auch so bekundet. Ein Wahnsinn, aber zugleich auch einzukalkulierende Realität, wenn man die Intimsphäre der Geheimdienste kennt.«[276]

Der Zusammenarbeit mit der sowjetischen Militärabwehr maß der Minister für Staatssicherheit eine hohe Bedeutung bei. In der zentralen Planvorgabe für die Jahresplanung 1985 betonte er: »... die Führung und Leitung aller operativen Prozesse im Zusammenhang mit der komplexen Sicherung wichtiger militärischer Objekte, Einrichtungen und Bereiche ... ist bei weiterer Verstärkung der Zusammenarbeit der verantwortlichen Diensteinheiten mit der Hauptabteilung II und anderen Diensteinheiten der Linie II sowie des engen Zusammenwirkens mit der sowjetischen Militärabwehr weiter zu qualifizieren.«[277]

---

276 Ebd.

277 Zitiert nach: Holger Nette: »Zur Durchsetzung des Prinzips der Einheit von Innen- und Außensicherung für die weitere Qualifizierung der komplexen Sicherung militärischer Objekte, Bereiche und Prozesse und daraus resultierende Anforderungen an die Planung und Leitung operativer Prozesse«, Bl. 6.

Wie für eine effektive Militärspionageabwehr an GSSD-Objekten die Zusammenarbeit mit der sowjetischen Militärabwehr bedeutsam war, musste in Bezug auf die Objekte, Wohnkomplexe, Konzentrationspunkte und militärischen Handlungen der NVA und der GT eine enge Zusammenarbeit mit der HA I erfolgen. Die Linie II hatte insgesamt, also auch gegenüber der HA I die Federführung in der Spionageabwehr zu gewährleisten.

Im Interesse der Erhöhung der Wirksamkeit der Abwehr der gegnerischen Militärspionage wurde zwischen der HA II und der HA I eine Koordinierungsvereinbarung abgeschlossen. Diese Vereinbarung legte die »Abstimmung von Maßnahmen und gegenseitige Unterstützung bei der operativen Bearbeitung beziehungsweise Durchführung bedeutsamer operativer Vorgänge und OPK in Bezug auf Spionage- und Verratshandlungen, wenn sich die erkannten oder vermuteten Feindangriffe gegen Personen, Objekte und Einrichtungen der NVA und der Grenztruppen der DDR richten«, fest.[278]

In der Koordinierungsvereinbarung ist vom Leiter der HA I festgelegt worden:

»Bei allen Vorgängen, die Angriffe gegen die äußere Sicherheit militärischer Objekte beinhalten, ist die HA II operativ zuständig und die Zusammenarbeit mit ihr zu sichern.

Bei Vorgängen und Angriffen gegen die innere Sicherheit der NVA und der Grenztruppen ist unsere Hauptabteilung operativ zuständig und die HA II gewährleistet die Zusammenarbeit mit uns.«[279]

---

278 Referat des Leiters der HA I zur Lageentwicklung im 1. Halbjahr 1984, den erreichten Ergebnissen der politisch-operativen Arbeit und sich daraus ergebene Aufgabenstellungen, Bl. 26. Eingesehen in der Normannenstraße | Mediathek.

279 Ebd.

Zusammenarbeit und gegenseitige Unterstützung bezogen sich insbesondere auf

- die Einschätzung ausgewählter OV und OPK durch die HA II sowie die Beratung zweckmäßiger und effektiver operativer Aufgaben und Maßnahmen zu deren weiterer Bearbeitung beziehungsweise Durchführung,
- den Einsatz von geeigneten Kräften und Mitteln beider Hauptabteilungen zur Bearbeitung ausgewählter OV sowie gegenseitige Unterstützung bei der Durchführung von operativen Kombinationen, Legenden und anderen Maßnahmen.[280]

Mit dieser Koordinierungsvereinbarung, so Generalmajor Dietze, »sind weitere Voraussetzungen für eine vertrauensvolle Zusammenarbeit geschaffen, die beide Hauptabteilungen weiter voranbringen wird«[281].

Die Außensicherung militärischer Objekte, Bereiche und Prozesse war als Bestandteil der Militärspionageabwehr eng mit der Innensicherung verbunden. Zwischen Innen- und Außensicherung bestanden wechselseitige Zusammenhänge.[282]

Die westlichen Geheimdienste waren bestrebt, über Angriffe von außen in den Personalbestand der Streitkräfte und in die militärischen Objekte, insbesondere die Stäbe und Kommandozentralen der bewaffneten Organ, einzudringen. Die Dienste versuchten dazu Militärangehörige, deren Familienagehörige sowie Zivilbeschäf-

---

280 Vgl.: Ebd., Bl. 26 f.

281 Ebd., Bl. 27.

282 Vgl.: Holger Nette: »Zur Durchsetzung des Prinzips der Einheit von Innen- und Außensicherung für die weitere Qualifizierung der komplexen Sicherung militärischer Objekte, Bereiche und Prozesse und daraus resultierende Anforderungen an die Planung und Leitung operativer Prozesse«, Bl. 8 f.

Der Leiter der HA I des MfS, Manfred Dietze

tigte und Betretungsberechtigte militärischer Objekte zur Erlangung geheimzuhaltender Informationen zu nutzen.

Die Notwendigkeit der Einheit von Innen- und Außensicherung militärischer Objekte ergab sich weiterhin daraus, dass die Angehörigen der NVA und der GT im Territorium lebten und somit eine territoriale Verantwortlichkeit der jeweiligen Kreisdienststelle neben der objektmäßigen Verantwortlichkeit der HA I gegeben war. Der Minister für Staatssicherheit forderte nachdrücklich, die Innen- und Außensicherung militärischer Objekte als Einheit zu betrachten und forderte: »Wir müssen erreichen, dass die Abwehrarbeit in militärischen Objekten, die Außensicherung dieser militärischen Objekte sowie die politisch-operative Sicherung der Militärtransporte und militärischen Übungen weitgehend als Einheit betrachtet und eine komplexe Sicherung organisiert werden muss.«[283]

Aus den von Erich Mielke genannten drei Komponenten Innensicherung, Außensicherung und Militärtransporte ergab sich eine enge wechselseitige Zusammenarbeit zwischen der HA I sowie den Linien II und XIX.

Auf der zentralen Dienstkonferenz »Zur weiteren Qualifizierung und Vervollkommnung der politisch-operativen Arbeit und ihrer Führung und Leitung in den KD/OD« am 5. und 6. Juli 1979 forderte der Minister für Staatssicherheit den Komplex der Innen- und Außensicherung militärischer Objekte als ein permanent bestehendes »engmaschiges Abwehrnetz zur Feststellung und Identifizierung spionageverdächtiger Personen sowie zur vorbeugenden Abwehr von Spionageangriffen des Feindes weiter auszubauen und zu qualifizieren«[284].

Im Rahmen der Militärspionageabwehr war für die Linie II dabei vor allem die Herausarbeitung, Bestimmung und ständige Präzisierung operativer Schwerpunktbereiche und Schwerpunkte auf der Grundlage einer aktuellen Lageeinschätzung relevant, um die Organisierung und Durchführung der Abwehrarbeit an und in militärischen Objekten in enger Zusammenarbeit mit den KD und den Diensteinheiten der HA I sowie die Anleitung und Unterstützung dieser Diensteinheiten bei der Entwicklung und Bearbeitung perspektivvoller operativer Materialien in Richtung Militärspionage realisieren zu können.

Entsprechend des Schwerpunktprinzips in der operativen Arbeit waren die Sicherungsmaßnahmen vorrangig auf solche militärischen Objekte zu konzentrieren, die eine hohe sicherheitspolitische und militärische

---

283 Ebd., Bl. 9.
284 Ebd., Bl. 10.

Bedeutung hatten und an denen, resultierend aus den Erkenntnissen über die Zielstellungen und Arbeitsweise der westlichen Geheimdienste, die agenturischen Angriffe zu erwarten waren.

Die vorbeugende Spionageabwehr zu organisieren und zu qualifizieren bedeutete, den Anforderungen der Außensicherung militärischer Objekte gerecht zu werden und ständig die Einheit von Innen- und Außensicherung bei der Sicherung operativer Schwerpunktbereiche zu gewährleisten. Ausgangspunkt für die Gewährleistung von Innen- und Außensicherung war die Festlegung, dass für die Außensicherung militärischer Objekte innerhalb der jeweiligen Territorien die Kreisdienststellen in Verbindung mit den Abteilungen II der Bezirksverwaltungen die federführende Verantwortung trugen.[285] Daraus ergab sich die Konsequenz, dass Aufgaben der Außensicherung militärischer Objekte aus dem Verantwortungsbereich der HA I nicht ohne exakte Koordinierung mit den zuständigen KD beziehungsweise Abteilungen II der BV gelöst werden konnten.[286]

---

285 Vgl.: Rolf-Dieter Görges: Diplomarbeit zum Thema: »Untersuchung zur operativen Durchdringung des Freizeitbereiches der AGT/ZB mit dem Ziel der Qualifizierung der Spionageabwehr am Standort Stab GK Nord Stendal, unter Berücksichtigung der Konzentration in Wohnkomplexen der GT und sich daraus ergebende Anforderungen für die Notwendigkeit des Einsatzes eines operativen Mitarbeiters«. BStU ZA MfS JHS Nr. 20550, Bl. 20.

286 Vgl.: Major Peter Kessel: Diplomarbeit zum Thema: »Die Zusammenarbeit zwischen den Abwehrdiensteinheiten der Hauptabteilung I und den zuständigen Kreisdienststellen im jeweiligen Territorium zur Gewährleistung der politisch-operativen Absicherung von NVA-Wohnbereichen. Die Organisierung der politisch-operativen Absicherung von NVA-Wohnkomplexen als Fortsetzung der Maßnahmen des Komplexes der Innensicherung durch die Abwehrdiensteinheiten der Hauptabteilung I«. BStU ZA MfS JHS MF VVS 001-270/80, Bl. 13.

Die HA I ging davon aus, dass die in den Verantwortungsbereichen der territorialen Diensteinheiten liegenden Wohn- und Freizeitobjekte der NVA-/GT-Angehörigen nur in enger Zusammenarbeit wirkungsvoll operativ gesichert werden konnten. Dazu war eine koordinierte und abgestimmte Vorgehensweise notwendig, die auch einen entsprechenden Informationsaustausch einschloss.

Auch zwischen den dienstlichen Ebenen unterhalb der Hauptabteilungen, also den Abteilungen II der Bezirksverwaltungen sowie einer Vielzahl von Kreisdienststellen wurden Koordinierungsvereinbarungen mit den Diensteinheiten der HA I abgeschlossen, die die konkrete Zusammenarbeit regelten.

Der Leiter der Abteilung II/BV Magdeburg, Paul Hippler

Am 11. Juli 1986 schlossen der Leiter der Abteilung II der BV Magdeburg, Oberstleutnant Hippler, und der Stellvertreter des Leiters der Abteilung Abwehr der HA I/Grenzkommando Nord, Oberstleutnant Meitzner, die »Koordinierungsvereinbarung zwischen der Abteilung II der BVfS Magdeburg und der Abteilung Abwehr der Hauptabteilung I, Grenzkommando Nord«[287] ab.

---

287 Horst Neumann: Diplomarbeit zum Thema: »Konzeptionelle Vorstellungen zur Organisierung der komplexen Abwehrarbeit zur vorbeugenden Verhinderung, Aufklärung und Bekämpfung von Spionageangriffen und anderen subversiven Aktivitäten imperialistischer Geheimdienste im Verantwortungsbereich der Bezirksverwaltung Magdeburg«. BStU ZA MfS JHS Nr. 20563, Bl. 72.

Bestätigt wurde diese Vereinbarung vom zuständigen Stellvertreter Operativ des Leiters der BV Magdeburg, Oberst Hille, und vom Leiter der Abteilung Abwehr der HA I im Grenzkommando Nord, Oberst Oelschläger.

Die operative Arbeit beider Abwehrdiensteinheiten hatte die vorbeugende Verhinderung, Aufklärung und Bekämpfung von Spionageaktivitäten und anderen Angriffen westlicher Geheimdienste sowie anderen feindlichen Stellen mit geheimdienstlichen Hintergrund gegen Objekte, Bereiche, Personenkreise und Prozesse der Grenztruppen der DDR im Bezirk Magdeburg zum Gegenstand.

Die zu koordinierende Tätigkeit beider Diensteinheiten bezog sich auf die Absicherung folgender Strukturelemente der Grenztruppen:

- Stab des Grenzkommandos Nord, Stendal,
- Grenzausbildungsregiment 7, Halberstadt,
- Grenzregiment 20, Halberstadt,
- Grenzregiment 23, Kalbe,
- Grenzregiment 24, Salzwedel,
- Grenzausbildungsregiment 5, Glöwen, einschließlich Ausbildungsgelände im Kreis Havelberg.

Die Zusammenarbeit beider Abwehrdiensteinheiten wurde insbesondere auf die Gewährleistung der untrennbaren Einheit von Innen- und Außensicherung der militärischen Objekte, Bereiche und Prozesse sowie damit im Zusammenhang stehenden Personen zu konzentriert.

Die Sicherung dieser Einheit war immanenter Bestandteil der operativen Arbeit im Verantwortungsbereich der Abteilung II/BV Magdeburg als federführende Diensteinheit für die komplexe Spionageabwehr im Bezirk und setzte die Mitwirkung der zuständigen Abwehrdiensteinheiten der HA I, der territorial zuständigen KD sowie der zuständigen Fachabteilungen der BV

Magdeburg voraus. In diesem Zusammenhang bezog sich die Zusammenarbeit der Abteilung II mit der HA I zur Gewährleistung der Einheit von Innen- und Außensicherung auf die:

- Herausarbeitung, Bestimmung und Präzisierung der vorrangig zu sichernden Schwerpunktbereiche sowie der zu bearbeitenden operativen Schwerpunkte, deren Sicherung beziehungsweise Bearbeitung ein koordiniertes Vorgehen beider Diensteinheiten sowie die Einbeziehung weiterer Diensteinheiten der BV Magdeburg erforderte;
- gegenseitige Unterstützung bei der Erarbeitung und Realisierung von längerfristigen Konzeptionen zur Sicherung der bestimmten Schwerpunktbereiche;
- Ausschöpfung aller Potenzen der objektmäßig zuständigen Abwehrdiensteinheiten der HA I im Rahmen der Zusammenarbeit mit den für die Außensicherung verantwortlichen Kreisdienststellen.

Ein weiterer Punkt in der Koordinierungsvereinbarung bezog sich auf die Abstimmung von Maßnahmen sowie gegenseitige Unterstützung bei der Bearbeitung von OV beziehungsweise Durchführung bedeutsamer OPK im Bezug auf Spionage und Landesverratshandlungen sowie bei Angriffen gegen Objekte, Bereiche, Prozesse und Personen der Grenztruppen der DDR im Bezirk Magdeburg, bei denen ein geheimdienstlicher Hintergrund erkannt oder vermutet wurde.

Bei allen OV, die Angriffe gegen die äußere Sicherheit der militärischen Objekte und Einrichtungen beinhalteten und durch die HA I/GKN bearbeitet wurden, war durch die HA I/GKN die Zusammenarbeit mit der Abteilung II der BV Magdeburg zu gewährleisten.

Bei allen OV, die Angriffe gegen die innere Sicherheit beinhalteten und durch die Abteilung II der BV Magdeburg bearbeitet wurden, war durch die Abteilung II die vorgangsbezogene Zusammenarbeit mit der HA I/GKN zu gewährleisten.

Die Aufnahme der vorgangsbezogenen Zusammenarbeit erfolgte auf der Grundlage der Entscheidungen der Leiter der Hauptabteilungen I und II. Abstimmungen von operativen Maßnahmen sowie gegenseitige Unterstützung im Rahmen der Durchführung von OPK und perspektivvollen operativen Ausgangsmaterialien waren auf dem direkten Wege zwischen dem Leiter der Abteilung II der BV Magdeburg und dem Stellvertreter des Leiters der Abteilung Abwehr der HA I/GKN möglich und zweckmäßig.

Gegenstand und Inhalt der Zusammenarbeit waren auch Abstimmungen zu Blickfeldmaßnahmen entsprechend der Erfordernisse beider Abwehrdiensteinheiten zur Schaffung von perspektivvollen IM mit Feindverbindungen auf der Grundlage der geltenden dienstlichen Bestimmungen und Weisungen.

Beide Abwehrdiensteinheiten hatten auch gemeinsame Maßnahmen zur Aufklärung und Abwehr von Aktivitäten der westlichen MVM gegen Objekte der im Bezirk Magdeburg dislozierten Dienststellen der Grenztruppen zu koordinieren und festzulegen. Das geschah in enger Zusammenarbeit mit der Abteilung VIII der BV Magdeburg und den zuständigen KD.

Weiterhin hatten beide Abwehrdiensteinheiten mit der Abteilung XI hinsichtlich der Herausarbeitung und Bestimmung der schwerpunktmäßig zu sichernden Bereiche, Prozesse und Personen des Chiffrierwesens in den Grenztruppen DDR im Bezirk Magdeburg zusammenzuarbeiten.

Mit der Abteilung XVIII der BV Magdeburg hatten beide Abwehrdiensteinheiten zur Sicherung der Forschung, Entwicklung und Produktion verteidigungswichtiger Güter sowie bedeutsamer militärischer Baumaßnahmen im beziehungsweise für den Verantwortungsbereich der HA I/GKN die Zusammenarbeit zu koordinieren.

Das betraf ebenfalls die Zusammenarbeit mit der Abteilung XIX und den territorial zuständigen Kreisdienststellen zur Sicherung des den Verantwortungsbereich der HA I/Grenzkommando Nord berührende Militärverkehrs auf dem Schienenweg sowie zur operativen Sicherung der gegenwärtigen, für den Verteidigungszustand vorbereiteten beziehungsweise perspektivisch zu schaffenden Nachrichtenverbindungen im Verantwortungsbereich der HA I/Grenzkommando Nord.

Bei erkannten oder vermuteten Doppelagenten im IM-Netz der Abwehrdiensteinheiten der HA I/GKN waren nach erfolgter Entscheidung über die gegenstandsbezogene Zusammenarbeit durch die Leiter der Hauptabteilungen I und II ebenfalls Maßnahmen der Bearbeitung operativer Materialien abzustimmen und zu koordinieren.

In weiteren Punkten der Koordinierungsvereinbarung waren die Grundsätze der Zusammenarbeit geregelt. Grundsätzliche Fragen der Zusammenarbeit beider Diensteinheiten wurden zwischen dem Leiter der Abteilung II der BV Magdeburg und dem Stellvertreter des Leiters der Abteilung Abwehr HA I/GKN sowie dem dortigen Offizier für Spionageabwehr beraten.

Der Leiter der Abteilung II/BV Magdeburg war entsprechend der wahrzunehmenden Federführung für die komplexe Spionageabwehr hinsichtlich der sich aus der Vereinbarung ergebenden Koordinierungsaufgaben zwischen der HA I/GKN und den Abwehrdiensteinheiten der BV Magdeburg verantwortlich.

Der Stellvertreter des Leiters der Abteilung Abwehr HA I/GKN sowie der dortige Offizier für Spionageabwehr organisierten die kontinuierliche Zusammenarbeit der Unterabteilungen Abwehr der HA I/GKN. Dies waren konkret:

- HA I/GKN/Referat Stab mit der KD Stendal,
- HA I/GKN/UA GR 20 und GAR 7 mit der KD Halberstadt,
- HA I/GKN/UA GR 23 mit der KD Kalbe,
- HA I/GKN/UA GR 24 mit der KD Salzwedel,
- HA I/GKN/UA GAR 5 mit der KD Havelberg.

Die direkten Arbeitsbeziehungen im Prozess der täglichen operativen Arbeit wurden aber auch durch enge Arbeitskontakte wechselseitigen Charakters zwischen den Leitern der Abwehr der genannten Unterabteilungen und dem Referatsleiter des Referates Militärspionageabwehr (II/4) der Abteilung II/BV Magdeburg gewährleistet.

Durch die Einflussnahme des Leiters der Abteilung II der BV Magdeburg auf die Leiter der Kreisdienststellen Stendal, Halberstadt, Kalbe, Havelberg und Salzwedel beziehungsweise des Stellvertreters des Leiters der Abteilung Abwehr HA I/GKN auf die Leiter der Unterabteilungen Abwehr wurde gesichert, dass für beide Verantwortungsbereiche tangierende Schwerpunktbereiche herausgearbeitet und bestimmt wurden, deren Sicherung vor Spionageangriffen auf der Grundlage langfristiger Sicherungskonzeptionen erfolgte und die Zusammenarbeit zwischen den Unterabteilungen Abwehr der HA I/GKN in den Grenzregimentern/Grenzausbildungsregimentern sowie den territorial zuständigen Kreisdienststellen auf die Gewährleistung der Einheit von Innen- und Außensicherung ausgerichtet war.[288]

Die Koordinierungsvereinbarung zwischen der Abteilung II der BV Magdeburg und der Abteilung Abwehr HA I/GKN regelte auch Fragen des Informationsbedarfs. Der gegenseitige Informationsaustausch erfolgte auf der Grundlage der DA 1/80 des Ministers für Staats-

---

288 Vgl.: Ebd., Bl. 72–76.

sicherheit »über Grundsätze der Aufbereitung, Erfassung und Speicherung operativ bedeutsamer Informationen durch die operativen Diensteinheiten des MfS«[289]. Der Informationsaustausch zwischen beiden Abwehrdiensteinheiten hatte sich insbesondere auf folgende Punkte zu beziehen:

- Angriffsrichtungen und Spionageaktivitäten westlicher Geheimdienste gegen den Verantwortungsbereich der HA I/GKN;
- Zielgruppen der Geheimdienste zur Schaffung von Agenturen im Verantwortungsbereich der HA I/GKN;
- Vermittlung aktueller Erkenntnisse über die Arbeitsweise, grundsätzliche aktuelle Mittel und Methoden der Geheimdienste gegen die Streitkräfte der DDR;
- Sicherheitserfordernisse auf dem Gebiet der Landesverteidigung im Verantwortungsbereich der Partner der Koordinierungsvereinbarung zur aktuellen Bewertung der Lage und der darauf basierenden Bestimmung der koordiniert zu sichernden operativen Schwerpunkte beziehungsweise Schwerpunktbereiche.

Die Abteilung Abwehr der HA I/GKN hatte darüber hinaus über

- geplante Übungen, Transporte, Verlegungen usw., deren Schutz vor Spionageangriffen eine koordinierte Absicherung erforderte,
- Umgruppierung und Umstrukturierung von Einheiten der im Bezirk Magdeburg dislozierten Grenztruppen,
- Neuausrüstungen, Bewaffnung und Material beziehungsweise Neuzuführung von Technik,
- militärische Baumaßnahmen im Verantwortungsbereich der HA I/GKN vor Baubeginn,

---

289 Zur DA 1/80 siehe: BStU: *Anatomie der Staatssicherheit. Geschichte – Struktur – Methoden* (MfS-Handbuch), S. 328–343.

- bedeutsame Vorkommnisse im Zusammenhang mit Angehörigen der westlichen MVM gegen Objekte, Bewegungen und Angehörige der im Bezirk Magdeburg stationierten Grenztruppen

zu berichten.

Die Abteilung II der BV Magdeburg hatte darüber hinaus:

- über Erkenntnisse aus der Gesamtlageeinschätzung der Spionageabwehr im Verantwortungsbereich der BV Magdeburg zu Angriffen gegen das militärische Potential des Bezirks,
- über Erfahrungen aus der Bekämpfung der Spionageangriffe zur weiteren Qualifizierung der auf dem Gebiet der Spionageabwehr tätigen Mitarbeiter der HA I/ Abwehr GKN

zu informieren.[290]

Als Beispiel für separate Koordinierungsvereinbarungen auf der Ebene von Kreisdienststellen seien an dieser Stelle zwei solcher Übereinkünfte erwähnt.

Zwischen der KD Rügen und der HA I/Abteilung Volksmarine/UA 6. Flottille wurde am 1. Mai 1983 eine Koordinierungsvereinbarung geschlossen. Zwischen der KD Havelberg und der HA I/MB V/UA Stab/POR-5 erfolgte dies am 29. März 1985.[291]

---

290 Vgl.: Horst Neumann: »Konzeptionelle Vorstellungen zur Organisierung der komplexen Abwehrarbeit zur vorbeugenden Verhinderung, Aufklärung und Bekämpfung von Spionageangriffen und anderen subversiven Aktivitäten imperialistischer Geheimdienste im Verantwortungsbereich der Bezirksverwaltung Magdeburg«, Bl. 76 f.

291 Vgl.: Uwe Peters: »Die gezielte Bearbeitung von operativen Hinweisen in Richtung Spionage aus dem Kreis der Geheimnisträger der NVA/Volksmarine, 6. Flottille unter besonderer Berücksichtigung der Wohn-, Freizeit- und Interessenbereiche«, Bl. 7.

Am konkreten Beispiel wird im Folgenden die Zusammenarbeit zwischen der Abteilung II der BV Schwerin, der HA I/Abteilung MB V und der KD Schwerin zur operativen Sicherung des militärischen Schwerpunktbereichs 5. Raketenbrigade in der Phase der Umrüstung mit moderner Kampftechnik beschrieben.

Die komplexen Sicherungsmaßnahmen wurden auf der Grundlage getroffener Vereinbarungen zwischen der Abteilung II der BV Schwerin, der HA I/Abteilung MB V und der KD Schwerin in der Phase der Umrüstung der 5. Raketenbrigade für eine Dauer von vier Wochen durchgeführt. An der Durchführung der Maßnahmen waren nachstehend aufgeführte Diensteinheiten beteiligt:

- KD Schwerin,
- BV Schwerin, Abteilungen II, III, VIII, XVIII, 26, M, N, RD,
- HA I/Abteilung MB V/UA Stab,
- HA VIII/5,
- HA III.

Die Zielstellung bei der Sicherung des Objekts zum Zeitpunkt der Umrüstung mit moderner Raketentechnik bestand in einer qualifizierten und effektiven Außen- und Innensicherung zur Vorbeugung gegen jegliche Angriffe westlicher Geheimdienste, der Feststellung spionageverdächtiger Handlungen sowie in der operativen Bearbeitung und Paralysierung von Militärspionen. Die Schwerpunkte der Zielstellung waren ausgerichtet auf

- das rechtzeitige Erkennen und Verhindern der Pläne, Maßnahmen und Absichten des Gegners,
- die Feststellung und beweiskräftige Dokumentierung

Und: Holger Nette: »Zur Durchsetzung des Prinzips der Einheit von Innen- und Außensicherung für die weitere Qualifizierung der komplexen Sicherung militärischer Objekte, Bereiche und Prozesse und daraus resultierende Anforderungen an die Planung und Leitung operativer Prozesse«, Bl. 30.

aktiver Spionagehandlungen zu Personen, die in OV, OPK und operativen Materialien aktiv bearbeitet wurden,

- die Feststellung und Dokumentierung neuer spionageverdächtig aufgefallener Personen,
- die qualifizierte und effektive Abwehr der Aktivitäten der drei westlichen MVM,
- die Durchführung von spezifischen Maßnahmen in Richtung Verbindungssystem westlicher Geheimdienste,
- die Gewährleistung von Sicherheit und Ordnung sowie der Einhaltung des Geheimnisschutzes,
- die verstärkte Sicherung der Objekt-/Umweltbeziehungen, der Bautätigkeit sowie der Wohn- und Freizeitbereiche,
- die vorbeugende Sicherung zur Verhinderung von eventuellen Störfaktoren.

Zur stabsmäßigen Leitung wurde unter Federführung der Abteilung II/BV Schwerin ein Einsatzstab gebildet. Zum Kompetenzbereich des Einsatzstabs gehörten:

- die stabsmäßige Führung und Koordinierung der Kräfte und Mittel während des Einsatzes sowie die effektive Verwendung der verschiedenen operativen Mittel und Methoden,
- die Gewährleistung der ständigen Beherrschung der Lage und die Herausarbeitung der täglichen Schwerpunktaufgaben,
- das Treffen von Entscheidungen zur zielstrebigen Bearbeitung spionageverdächtiger Personen und Sachverhalte,
- die ständige Gewährleistung der Arbeitsfähigkeit der eingesetzten Kräfte und Mittel im Rahmen des komplexen Sicherungssystems zur koordinierten Außen- und Innensicherung des Objekts,
- die Entscheidung über Auswertungs- und Informa-

tionsbeziehungen der beteiligten Diensteinheiten im Rahmen des komplexen Sicherungssystems der koordinierten Außen- und Innensicherung des Objekts,

• die ständige Durchsetzung der Informationsbeziehungen zu allen Diensteinheiten auf der Grundlage der eingehenden Informationen und entsprechend der Verantwortungsbereiche.

Im Rahmen der Umrüstungsmaßnahmen in der 5. Raketenbrigade waren zwei Beobachtungsstützpunkte zu schaffen und zu besetzen. Diese Beobachtungsstützpunkte hatten die Aufgabe:

• der Dokumentierung aller Personenbewegungen mit Kfz, Moped, Fahrrad und durch Fußgänger,

• der Feststellung von operativ bedeutsamen Verhaltensweisen,

• des Einsatzes eines ortskundigen IM der KD Schwerin zur sofortigen Identifizierung,

• der Übergabe von nicht identifizierten Personen an die Identifizierungsgruppe der Abteilung VIII.

Die Beobachtungsstützpunkte hatten die konkrete Aufgabe, alle Kfz aus der DDR und dem NSW als Grundlage für die Vergleichsarbeit in den nachfolgenden Richtungen zu registrieren:

• Sind Kfz aus der DDR und dem NSW bereits bei vorangegangenen Sicherungseinsätzen aufgefallen?

• Wurden Kfz an anderen Sicherungspunkten festgestellt?

Für diese Maßnahmen waren die HA I, die KD Schwerin und die Abteilung VIII der BV Schwerin zuständig. Weiterhin waren Maßnahmen zur umfassenden Kontrolle der Personen, die in OV, OPK und operativen Materialien bearbeitet wurden durch die KD Schwerin und die HA I durchzuführen. Ein weiterer Punkt während des Sicherungseinsatzes zur Umrüstung der 5. Raketenbrigade war die operative Kontrolle von Einreisenden aus dem NSW in den Anwohnerbereich und die Schaffung von Voraussetzungen zur Vergleichs- und Identifizierungsarbeit. Dazu erstellte die KD Schwerin eine Übersicht über die Einreisenden aus dem NSW in den Anwohnerbereich. Die im Anwohnerbereich wohnhaften und tätigen IM hatten unter Verantwortung der KD Schwerin, der Abteilung II der BV Schwerin und der HA I die operative Kontrolle jeder aus dem NSW einreisenden Person zu gewährleisten.

Alle Feststellungen zu NSW-Bürgern und deren Kfz waren in Verantwortung der KD Schwerin gesondert auszuwerten. Ebenfalls in Verantwortung der KD Schwerin sollte die Erfassung aller Einwohner ab dem 14. Lebensjahr im Anwohnerbereich sowie die Fertigung von Passbildern aus Personalausweisanträgen erfolgen.

Weiterhin waren die verfügbaren IM am/im Objekt der 5. Raketenbrigade und in der NVA-Siedlung zielgerichtet für folgende Feststellungen einzusetzen:

- Welche Personen halten sich berechtigt beziehungsweise unberechtigt am Feststellungsort auf?
- Welche Personen zeigen durch Eigenerkundung oder Abschöpfung Interesse für die Umrüstung?
- Welche Personen hielten sich als Besucher bei Familien der NVA-Angehörigen auf?

Hierbei hatten die IM die Besuchsgründe zu erkunden und Verhaltensweisen festzustellen. Die Konzentrationspunkte in der NVA-Siedlung waren ebenfalls in die Sicherungsmaßnahmen einbezogen. In den vorhandenen Gaststätten erfolgte der Einsatz von IM/GMS in Verantwortung der KD Schwerin und der HA I mit dem Ziel, alle Zivilpersonen zu identifizieren, deren Verhaltensweisen sowie Kontakte zu NVA-Angehörigen festzustellen und eventuell andere Informationsabflüsse zu registrieren. Außerdem sollten ortsfremde Personen und Abschöpfungshandlungen festgestellt werden.

Zielgerichtet waren die IM der KD Schwerin und der HA I auch im Freizeitbereich der NVA-Angehörigen mit den Schwerpunkten Jagdgesellschaft und Anglerverband zur Feststellung von Abschöpfungshandlungen sowie anderen bedeutsamen Handlungen einzusetzen.

In Zusammenarbeit zwischen den Abteilungen II und XIX der BV Schwerin erfolgte die Sicherung Verladebahnhöfe.

Ab Mai 1985 wurden bei der Abteilung M zusätzliche spezifische Fahndungsmaßnahmen im nationalen Postverkehr eingeleitet, die den Eingang aus dem Bereich Ostberlin in den Anwohnerbereich der 5. Raketenbrigade umfassten.

Über die HA II/4 wurde entsprechend der spezifischen Aufgabenstellung ein Informationsbedarf an die Linie III des MfS vorgegeben. Im Einsatzzeitraum wurden die grenzüberschreitenden Telefonverbindungen unter Kontrolle gestellt. Weiter wurden im Einsatzzeitraum Maßnahmen A (Telefonüberwachung) und B (akustische Überwachung in Räumen) der Abteilung 26 zu OPK und operativen Materialien realisiert.

Die HA I/Abteilung MB V hatte mit der HA VIII/5 einen gegenseitigen Informationsaustausch über alle Aktivitäten der drei westlichen MVM für den Einsatzzeitraum durchzuführen.

In Verantwortung der HA I, der Abteilung II der BV Schwerin und der KD Schwerin waren alle operativen Möglichkeiten zur weiteren Kontrolle der Objekt-/Umweltbeziehungen sowie der Patenschaftsbeziehungen der 5. Raketenbrigade zu nutzen.

Der Abteilung XVIII der BV Schwerin oblag in Zusammenarbeit mit der HA I und der KD Schwerin die Sicherung des Baupersonals im NVA-Objekt und in der NVA-Wohnsiedlung. Dazu war das Baupersonal sicherheitsmäßig zu überprüfen und unter operativer

Kontrolle zu halten, um geheimdienstliche Aktivitäten zu erkennen und zu verhindern.

In Vorbereitung des Einsatzes waren in Verantwortung der KD Schwerin und der HA I die Ergebnisse vorangegangener Sicherungsmaßnahmen zu Kfz aus dem NSW und der DDR mit Bezug zum Bereich der 5. Raketenbrigade auf Karteikarten übersichtlich zu gestalten.

Die Abteilung N der BV Schwerin hatte die nachrichtentechnische Sicherstellung des Einsatzes zu gewährleisten. Vor Beginn des Einsatzes war zu prüfen, welche Mittel und Möglichkeiten genutzt werden konnten, um drahtgebundene Verbindungen von den Beobachtungspunkten zur Identifizierungsgruppe der Abteilung VIII sowie von den Beobachtungspunkten zum Arbeitsstab zu installieren.

In Zusammenarbeit mit der Abteilung RD, den Selbständigen Referaten E und BCD sowie dem Büro der Leitung/Bildstelle der BV Schwerin waren Maßnahmen der materiellen Sicherstellung des Einsatzes zu realisieren, die sich auf die materielle Unterstützung zum Ausbau der gedeckten Sicherungsstützpunkte sowie die Bereitstellung technischer Ausrüstung, optischer Geräte und Filmmaterial bezogen.[292]

Die Unterstützung der HA I durch die HA II erfolgte auch dahingehend, dass die HA II in Zusammenarbeit mit der HA I/Abteilung Äußere Abwehr spezielle Schulungen für Leiter und Spezialisten der Spionageabwehr, zum Beispiel Offiziere für Sonderaufgaben in bestimmten Abteilungen der HA I, durchführte. So gab es innerhalb der HA I neben der Abteilung Äußere Abwehr als

---

292 Vgl.: Karl-Heinz Schlimok, Klaus Riebenstahl: »Konzeptionelle Vorstellungen zur weiteren Erhöhung der Wirksamkeit der politisch-operativen Abwehrarbeit gegenüber feindlichen Angriffen im Zusammenhang mit der Einführung neuer Kampftechnik in die NVA«, Bl. 72 – 83.

Funktionalorgan der zentralisierten Führung der Spionageabwehr in der HA I, auch Referate Spionageabwehr in den Abteilungen Luftstreitkräfte/Luftverteidigung, Volksmarine, MB IIII und MB V.

Weiterhin informierten die HA II und die Abteilungen II der BV die Diensteinheiten der HA I in ihrem Verantwortungsbereich über aktuelle und neue Erkenntnisse hinsichtlich der Arbeitsweise der westlichen Geheimdienste beziehungsweise zur Militärspionage.

Vom 28. bis 30. März 1989 weilte eine Delegation der HA I unter Leitung von Generalleutnant Dietze anlässlich der Beratung der Leiter der Militärabwehr sozialistischer Staaten in Moskau.

Aus der Beratung wurden entsprechende Schlussfolgerungen gezogen und Maßnahmen abgeleitet, die sich hauptsächlich aus den Vorträgen des 1. Stellvertreters des Vorsitzenden des KfS der UdSSR, des Leiters der III. Hauptverwaltung (Militärabwehr) des KfS sowie aus dem Abschlussdokument der Beratung ergaben.

Da die Strukturen und Aufgabenstellungen der III. Hauptverwaltung des KfS der UdSSR gegenüber der Hauptabteilung I des MfS differierten, fiel ein Teil der Schlussfolgerungen und Maßnahmen in den Verantwortungsbereich der Hauptabteilung II. Für die HA I ergaben sich unter anderem folgende Schlussfolgerungen/Maßnahmen:

• Ausgehend von den erkannten und vermuteten Plänen, Zielen, angewandten Mitteln und Methoden, insbesondere der NATO-Geheimdienste war es erforderlich, die Probleme und Prozesse in den Streitkräften, die Technik und Bewaffnung beziehungsweise ihre Bestandteile, die vor Spionage zu schützen waren, in enger Zusammenarbeit mit der III. Hauptverwaltung des KfS konkret und aktuell zu bestimmen, um damit die Voraussetzungen für eine schwerpunktorientierte Spionageabwehr ständig zu sichern.

- Einen zentralen Platz bei der Sicherung von Staatsgeheimnissen vor Spionageangriffen nahmen die operative Planung und die Entwicklungsplanung in den Stäben des Vereinten Kommandos und der nationalen Streitkräfte ein. Das erforderte die konsequente Realisierung der in der Konzeption des Leiters der HA I zur Sicherung der operativen Planung und der Entwicklungsplanung in der NVA festgelegten Maßnahmen. Die Vorbereitung eines gemeinsamen Dokumentes zur Koordinierung der Maßnahmen der Hauptabteilung I des MfS und der III. Hauptverwaltung des KfS sollte bis zur nächsten Tagung (die durch die Ereignisse in der DDR beziehungsweise in der UdSSR nicht mehr stattfand) abgeschlossen werden.

- Im Interesse der Qualifizierung und Effektivierung der Spionageabwehr sowie der operativen Analyse möglicher Spionageaktivitäten, war der gegenseitige Informationsaustausch mit der III. Hauptverwaltung des KfS zu Verlusten von geheimzuhaltenden Dokumenten und dem Abfluss geheimer Informationen zu entwickeln, die Angaben über das Vereinte Kommando sowie die operative Planung und die Entwicklungsplanung enthielten.

- Der Informations- und Erfahrungsaustausch zu den Aktivitäten und gewonnenen Erkenntnissen bei der Sicherung der Militärbeobachter und Militärinspektoren aus dem NSW war fortzusetzen und weiter zu qualifizieren.

- Die Organisation der operativen Arbeit in Spannungszeiten und im Falle einer Aggression verlangte unter den Bedingungen der Militärdoktrin der Staaten des Warschauer Vertrages neue Vorstellungen des konzeptionellen Vorgehens und der Vorbereitungen in Friedenszeiten. Entsprechende Konsultationen und Abstimmungen mit der HA I /AGL in Zusammenarbeit mit der AGM machten sich erforderlich. Im Zusammenhang damit waren die Erkenntnisse aus Kampfhandlungen der sowjetischen Truppen in Afghanistan zur Organisierung der operativen Arbeit, der Gefangenenfiltrierung und der Arbeit der Fahndungseinheiten durch die HA I/AGL gründlich auszuwerten.

Wie bereits angeführt, machte sich für die Realisierung weiterer Schlussfolgerungen und Maßnahmen die Einbeziehung weiterer Diensteinheiten des MfS, insbesondere der HA II, erforderlich.

Zur Erhöhung der Effektivität der Abwehrarbeit gegen die NATO- und andere westliche Geheimdienste, deren Bearbeitung insbesondere durch die HA II sowie die HV A erfolgte, wurden folgende Punkte angeregt:

- gemeinsame, gut koordinierte Maßnahmen zur Bearbeitung gegnerischer Zentren auf den potentiellen Kriegsschauplätzen, einschließlich der Abstimmung zu den Zielobjekten;
- Qualifizierung der operativen Arbeit zur Außensicherung militärischer Objekte/Bewegungen der Sowjetarmee unter Berücksichtigung der komplexen Objekt-Umwelt-Beziehungen sowie der Sicherheitserfordernisse gegen Aufklärungshandlungen des Gegners unter Nutzung/Missbrauch legaler Positionen/Möglichkeiten.

Besondere Bedeutung wurde der Abwehrarbeit zur ausländischen technischen Aufklärung beigemessen, deren Möglichkeiten enorm zugenommen hatten. Es wurde angestrebt, die Anstrengungen zu vereinen und den Erfahrungsaustausch zu systematisieren.

Zur Gewährleistung der Übersicht und der Erfassung von an den Gegner übergebenen beziehungsweise zu übergebenen Informationen war durch Spezialisten die Möglichkeit der Nutzung eines gemeinsamen Datenspeichers zu prüfen.[293]

Ausdruck der Zusammenarbeit und der Qualifizierung der Spionageabwehr innerhalb der HA I, war die Versetzung des damaligen Oberst Manfred Dietel, der bis dahin als Stellvertreter des Leiters der HA II fungierte und im Februar 1981 zur HA I versetzt wurde. Manfred Dietel war vor seiner Versetzung über zwanzig Jahre in leitenden Funktionen innerhalb der HA II tätig gewesen. Im Jahre 1983 erfolgte Dietels Ernennung zum Generalmajor, ab 1987 war er 1. Stellvertreter des Leiters der HA I.[294]

Der Leiter der HA II, Generalleutnant Kratsch, äußerte sich 1987 zur Zusammenarbeit mit der HA I wie folgt: »Ich möchte in diesem Zusammenhang betonen, dass sich die Zusammenarbeit zwischen der Hauptabteilung II und der Hauptabteilung I zur richtigen Abstimmung innerer und äußerer Abwehrprozesse sehr gut entwickelt hat. Das ist nicht zuletzt auf das Wirken des Genossen Generalmajor Dietel zurückzuführen, der als ehemaliger langjähriger Angehöriger der Hauptabteilung II ein hohes Verständnis für die Belange der Militärspionageabwehr hat und in unsere Zusammenarbeit einbringt.«[295]

Eine Versetzung mit ähnlichem Hintergrund erfolg-

---

293 Vgl.: HA I, Leiter: Schlussfolgerungen und Maßnahmen, die sich aus der Beratung der Leiter der Militärabwehr sozialistischer Staaten in Moskau (28. bis 30. März 1989) ergeben. BStU ZA MfS ZAIG Nr. 23508, Bl. 1–4.

294 Vgl.: Kaderkarteikarte Manfred Dietel.

295 Vgl.: Referat des Leiters der Hauptabteilung II auf der Dienstkonferenz vom 8. April 1987. BStU ZA MfS HA II Nr. 4865, Bl. 164.

te 1982. Der Leiter der HA II/1, Oberst Edgar Braun, wurde als Leiter zur HA XIX versetzt. Braun, ebenfalls über zwanzig Jahre in der HA II tätig, war ein erfahrener Leiter und sollte der Zusammenarbeit zwischen der HA II und der HA XIX neue Impulse verleihen, was letztlich durch die Realisierung gemeinsamer und erfolgreicher Maßnahmen wie den Aktionen »Perspektive« (Kraftfahrer) und »Verbund« (Binnenschiffer) gelang.

Aufgrund bestimmter Besonderheiten bot der Militärverkehr den westlichen Geheimdiensten Möglichkeiten zur Erkundung geheimzuhaltender militärischer Informationen. Dabei war von Folgendem auszugehen:

- Jeder Militärtransport, insbesondere die konzentrierte Transportbewegung trug für die Streitkräfte Übungscharakter. Daraus konnten die Geheimdienste die Transporttechnologien, die Bereitschaft und Fähigkeit der Kommandeure und Stäbe zur Führung sowie die Beweglichkeit der Verbände, Truppenteile und Einheiten erkennen.

- Über den Transport von Militärangehörigen, von Militär- und Versorgungsgütern ließen sich Rückschlüsse auf die Dislokation der Einheiten und Waffengattungen sowie auf ihre militärische Ausbildung und Ausrüstung ziehen.

- Maßnahmen zur konzentrierten Bereitstellung von Triebfahrzeugen, Platten- und geschlossenen Wagen in großer Anzahl waren Anzeichen für bevorstehende militärische Aktivitäten.

- Militärtechnik auf Militärtransporten war im Gegensatz zu Militärtechnik, die in abgeschlossenen Kasernen oder Stellungen untergebracht war, für jedermann sichtbar.[296]

---

296 Vgl.: Lehrmaterial der Juristischen Hochschule des MfS zum Thema: »Die politisch-operative Sicherung des Verkehrswesens

Ausgehend von den Erkenntnissen des MfS zur Spionagetätigkeit der westlichen Geheimdienste gegen den Militärverkehr war die Abwehrarbeit auf spionagegefährdete Streckenabschnitte zu konzentrieren. Dies waren:

- Be- und Entladeschwerpunkte des Militärverkehrs, insbesondere unter dem Aspekt Kennziffertransporte, die Aktion »Sprung« sowie konzentrierte Transportbewegungen;
- Knotenbahnhöfe der Hauptmagistralen des Militärverkehrs, insbesondere diejenigen mit Betriebshalt durch wagentechnische Untersuchungen oder Lokwechsel;
- Streckenabschnitte, die durch ihre Lage eine hohe Frequenz von Militärtransporten, insbesondere bei konzentrierten Transportbewegungen, aufwiesen.

Diese neuralgischen Streckenabschnitte waren durch entsprechende analytische Arbeit zu ermitteln. Dazu war seitens der Linie XIX eine enge Zusammenarbeit mit den zuständigen Diensteinheiten der Linie II und der HA I sowie der sowjetischen Militärabwehr notwendig.

Für die zuverlässige Sicherung der Militärtransporte ergaben sich zwei Möglichkeiten:

Die erste Möglichkeit bestand darin, durch eine schwerpunktmäßige operative Sicherung der Verlade- und Transportprozesse spionageverdächtige Personen zu erkennen. Dahingehend gab es eine enge Zusammenarbeit der Linie XIX mit der Linie II, der HA I, den KD und der sowjetischen Militärabwehr.

Die zweite Möglichkeit bestand darin, bedeutsame Personen unter den Eisenbahnern herauszuarbeiten und diese operativ zu sichern.

Die Organisierung der komplexen Abwehrarbeit im Militärverkehr des Verkehrszweiges Deutsche Reichsbahn wurde in der 2. Durchführungsbestimmung der RL

---

der DDR«. Potsdam 1985, BStU-Bibliothek, St 739, S. 59 f.

Nr. 1/65 durch den damaligen Stellvertreter des Ministers, Generalmajor Schröder, geregelt. In dieser heißt es:
»Die politisch-operative Sicherung des Militärverkehrs
im Verkehrszweig Deutsche Reichsbahn gegen Spionage
ist eine spezifische Teilaufgabe bei der Sicherung militärischer Objekte, Anlagen und Bewegungen und setzt
das koordinierte Zusammenwirken der einzelnen operativen und operativ-technischen Linien und Diensteinheiten des MfS bei der Bekämpfung der Spionagetätigkeit der imperialistischen Geheimdienste voraus.«[297]
Für die Organisierung der Abwehr im Militärverkehr
der Deutschen Reichsbahn war die HA XIX verantwortlich. Die Abwehr im Militärverkehr war mit den
Methoden der

- ständigen offensiven Abwehrarbeit und
- der zeitweilig stabsmäßigen offensiven Abwehrarbeit

zu organisieren.

Die ständige offensive Abwehrarbeit im Militärverkehr
war entsprechend der RL Nr. 1/65 zu organisieren. Von
besonderer Bedeutung waren hierbei:

- die Beschäftigten in den Dienststellen der Deutschen
  Reichsbahn, die unmittelbar an der Abwicklung des
  Militärverkehrs beteiligt waren;
- wichtige Be- und Entladebahnhöfe;
- Anschlüsse zu militärischen Objekten;
- Magistralen des Militärverkehrs.

Die zeitweilige stabsmäßige Führung der offensiven Arbeit im Militärverkehr zur operativen Sicherung wurde
angewiesen bei:

- konzentrierten militärischen Transportbewegungen
  und

---

297 2. Durchführungsbestimmung der Richtlinie 1/65: »Die Or-
     ganisierung der komplexen politisch-operativen Abwehrarbeit
     im Militärverkehr des Verkehrszweiges Deutsche Reichsbahn«,
     S. 1. Eingesehen in der Normannenstraße | Mediathek.

- strategisch wichtigen Transporten für die Landesverteidigung.

Die stabsmäßige Führung war durch

- den Leiter der HA XIX bei konzentrierten militärischen Transportbewegungen in mehreren Bezirken und zur Klärung wichtiger OV beziehungsweise
- die Leiter der BV bei konzentrierten militärischen Transportbewegungen im Bereich des eigenen Bezirks sowie zur Klärung von OV

anzuweisen.

Zur Gewährleistung der stabsmäßigen Führung waren

- die operativen Mitarbeiter und
- die IM der Linie XIX und anderer Diensteinheiten des MfS sowie der Dezernate I der Kriminalpolizei

an den operativen Schwerpunkten einzusetzen.

Weiterhin waren Maßnahmen über das operative Zusammenwirken der Diensteinheiten des MfS mit den einzelnen Dienstzweigen der Transportpolizei und den Dienststellen der Deutschen Reichsbahn festzulegen.

Die Angriffe der westlichen Geheimdienste konzentrierten ich im Wesentlichen auf folgende Beschäftigungskategorien der Deutschen Reichsbahn, unter denen die offensive Abwehrarbeit schwerpunktmäßig zu organisieren war:

- Beschäftigte des Büros des Ministers für Verkehrswesen, der Büros der Präsidenten der Reichsbahndirektionen und Amtsvorstände;
- Dolmetscher bei den Transportabteilungen der Sowjetarmee in den Reichsbahndirektionen;
- Beschäftigte des Dispatcherapparats der Deutschen Reichsbahn, die an der Vorbereitung und Durchführung des Militärverkehrs beteiligt waren;
- Beschäftigte in den Hauptverwaltungen des Ministeriums für Verkehrswesen und den Verwaltungen der Reichsbahndirektionen;

- Verantwortliche für Militärtransporte;
- Beschäftigte in Fernschreibstellen:
- Beschäftigte in den Dienststellen der Deutschen Reichsbahn, die durch ihre Tätigkeit ständig an der Abwicklung des Militärverkehrs unmittelbar beteiligt waren (Dienstvorsteher, Lok- und Zugbegleitpersonal, Wagenmeister, Rangierer, Fahrdienstleiter, Schrankenwärter);
- Personen, die an Strecken des Militärverkehrs auf Dienstposten tätig waren beziehungsweise zu diesen Zugang hatten, von denen betriebsgefährdende Eingriffe gegen den Militärverkehr vorgenommen werden konnten;
- Personen, die durch die Lage ihrer Wohnung oder ihres Arbeitsplatzes Möglichkeiten der ständigen Beobachtung von Verladeschwerpunkten sowie Magistralen des Militärverkehrs hatten.

Der Leiter der HA XIX war verantwortlich für die:
- Orientierung, Anleitung und Kontrolle der Abteilungen XIX/BV mit dem Ziel einer ständigen und stabsmäßigen Bearbeitung verdächtiger Personen, die durch staatsfeindliche Handlungen den Militärverkehr nachrichtendienstlich aufklärten, störten, erschwerten oder zu verhindern suchten;
- ständige Vervollkommnung der vorbeugenden Abwehr in allen Schwerpunktbereichen des Militärverkehrs;
- Organisierung der komplexen Abwehr in den Kommandozentralen des Militärverkehrs im Ministerium für Verkehrswesen und Festlegung der operativen Sicherung wichtiger militärischer Transportaufgaben nach den Grundsätzen der stabsmäßigen Arbeit;
- Führung von ZOV zur konzentrierten Bekämpfung staatsfeindlicher Handlungen mit hoher Gesellschaftsgefährlichkeit gegen den Militärverkehr, einschließlich Gewährleistung eines wirkungsvollen

Systems der Anleitung und Kontrolle wichtiger OV in den Abteilungen XIX der BV;

- Erfassung der erkannten Feindtätigkeit und Angriffs-richtungen des Gegners im Teilauswertungsvorgang »Spionage« auf Grundlage des Auswertungskatalogs der HA II;
- Informierung der HA II über die Vorbereitung kon-zentrierter Transportbewegungen im Verkehrszweig Deutsche Reichsbahn;
- stabsmäßige Leitung der Abwehr im Militärverkehr (er legte alle Fragen des Zusammenwirkens und des Einsatzes der Kräfte und Mittel der Transportpolizei mit dem Leiter der HA Transportpolizei fest);
- Organisierung des Zusammenwirkens zur Sicherung einer komplexen Abwehrarbeit im Militärverkehr mit den Hauptabteilungen I, II, VII, VIII, XVIII, XX und der Abteilung 26;
- Kontrolle der IM-Verbindungen in den Abteilungen XIX/BV, Gewährleistung eines wirkungsvollen Sys-tems der Anleitung und Erhöhung der Qualität sowie des Ausbaus und der Schaffung weiterer IM-Verbin-dungen;
- Zustimmung zur Übergabe von Informationen aus den Unterlagen der Deutschen Reichsbahn durch IM mit Feindverbindung an westliche Geheimdienste;
- Übermittlung aller Hinweise über gegnerische Angrif-fe gegen sowjetische Militärtransporte an den zustän-digen Leiter der sowjetischen Militärabwehr über den entsprechenden Verbindungsoffizier und Festlegung von Maßnahmen für eine gemeinsame Bearbeitung.

Die Leiter der Abteilungen XIX in den BV waren unter anderem verantwortlich für die

- Organisierung der schwerpunktmäßigen Abwehrar-beit im Militärverkehr auf der Grundlage der Analyse der Lage im Zuständigkeitsbereich;

- Durchsetzung des Systems der Sicherung des Militärverkehrs, welches die Organisierung der operativen Maßnahmen bei der ständigen Abwehr und unter den Bedingungen der stabsmäßigen Führung beinhalten musste;
- Organisierung des zweckmäßigen Einsatzes der operativen Kräfte und des Zusammenwirkens mit den Abteilungen II, VII, VIII, XVIII, XX der BV und den Kreisdienststellen bei der Sicherung der Be- und Entladeschwerpunkte sowie Magistralen des Militärverkehrs;
- Auswertung der Ergebnisse der komplexen Abwehr aller beteiligten Diensteinheiten auf der Grundlage der Karteien der AKG der BV sowie die Einleitung der operativen Bearbeitung verdächtiger Personen;
- Informierung der Abteilung II der BV über die Vorbereitung konzentrierter Transportbewegungen im Bereich des Reichsbahndirektionsbezirks;
- Durchsetzung des ständigen Informationsaustausches mit dem Verbindungsoffizier der sowjetischen Militärabwehr über Verdachtsmomente, die während der Durchführung von militärischen Transportbewegungen der GSSD erarbeitet werden konnten (vom Ergebnis dieses Informationsaustausches war gleichzeitig der Leiter der Abteilung II zu informieren);
- Festlegung der Grundlinie der Instruierung der IM und Entwicklung perspektivvoller IM-Verbindungen zur rechtzeitigen Aufklärung der Pläne, Absichten und Methoden des Gegners gegen den Militärverkehr;
- Organisierung des Zusammenwirkens mit der Transportpolizei zur Sicherung der komplexen operativen Abwehr im Militärverkehr.

Durch die Leiter der Abteilungen XIX in den BV war die vorbeugende Abwehr in den Schwerpunkten des Militärverkehrs mit dem Netz der IM, den offiziellen

Verbindungen zur Transportpolizei und zu den Leitern der Verwaltungen und Dienststellen der Deutschen Reichsbahn mit dem Ziel zu organisieren:

- feindlich tätige Personen zu erkennen und deren Bearbeitung zu organisieren beziehungsweise sie aus bestimmten Schwerpunkten zu entfernen;
- einen hohen Zuverlässigkeitsgrad unter den Beschäftigten der Kommandostellen der Deutschen Reichsbahn zu gewährleisten;
- begünstigende Faktoren für die Durchführung von Feindtätigkeit gegen den Militärverkehr aufzudecken und zu beseitigen;
- diversionsgefährdete Stellen auf Knotenbahnhöfen und Magistralen zu sichern.

Die Organisierung der vorbeugenden Abwehrarbeit hatte sich auf die bereits genannten Beschäftigungskategorien und die erarbeiteten Materialien im Prozess der Planung, Vorbereitung, Durchführung und Abrechnung militärischer Transporte bei der ständigen und zeitweiligen stabsmäßigen offensiven Abwehr zu konzentrieren. Alle festgestellten Verdachtsmomente und begünstigenden Bedingungen waren zu erfassen und sofort zu überprüfen.

Entsprechend der operativen Zielstellung waren geeignete IM zur Ermittlung und Aufklärung von Verdachtsmomenten und begünstigenden Bedingungen einzusetzen. Der Einsatz dieser IM hatte sich unter anderem zu konzentrieren auf die:

- Feststellung von Personen und Fahrzeugen an Verladeschwerpunkten und Magistralen des Militärverkehrs während militärischer Bewegungen;
- Identifizierung festgestellter Angehöriger der Deutschen Reichsbahn sowie auch eisenbahnfremder Personen;
- Feststellung von Personen, die als Abschöpfer bei Ei-

senbahnern, die am Militärverkehr beteiligt waren, in Erscheinung traten;

- Feststellung und operative Kontrolle von Eisenbahnern, die in Schwerpunkten des Militärverkehrs tätig waren und zu republikflüchtigen Personen Verbindung unterhielten;
- operative Kontrolle von noch berufstätigen Rentnern aus Objekten des Militärverkehrs, die Reisemöglichkeiten in die Bundesrepublik und nach Westberlin in Anspruch nahmen;
- Ermittlung von Personen, die Besuch aus der Bundesrepublik, Westberlin und anderen nichtsozialistischen Staaten erhielten oder die sich in Ostberlin oder an Transitstrecken mit Bundesbürgern, Westberlinern beziehungsweise Ausländern trafen;
- Feststellung von Personen mit verdächtigen Verbindungen;
- Feststellung von Personen, welche durch die Lage ihrer Wohnung oder ihres Arbeitsplatzes ständig Einsichtmöglichkeiten auf Schwerpunkte des Militärverkehrs hatten.

Alle Hinweise über eisenbahnfremde Personen, die bei den Sicherungsmaßnahmen verdächtig auffielen, waren bei der jeweils zuständigen Abteilung II der BV beziehungsweise der Kreisdienststelle mit den dort bereits vorhandenen Unterlagen zu vergleichen, um operative Schwerpunkte zu erkennen und eine zielgerichtete Bearbeitung der Verdächtigen zu sichern.

Beim Aufbau der Sicherungssysteme zur Ermittlung und Aufklärung verdächtiger Personen hatten sich die Leiter der Abteilungen XIX der BV mit den Leitern der jeweils zuständigen Abteilungen II der BV beziehungsweise der KD zu konsultieren, damit die Sicherung des Militärverkehrs richtig in das bereits im Rahmen der gesamten Militärspionageabwehr bestehende Sicherungssystem eingefügt und ein dekonspirierendes Nebeneinanderarbeiten verhindert wurde.

Die entsprechenden Festlegungen zwischen den Leitern der Abteilungen II und XIX beziehungsweise der KD bedurften der Zustimmung der zuständigen Stellvertreter Operativ der BV-Leiter.

Die operative Bearbeitung verdächtiger Personen hatte mit der Zielstellung

- der Klärung der Verdachtsmomente und Schaffung von Beweisen,
- der Aufdeckung und Beseitigung der Ursachen, die eine staatsfeindliche Tätigkeit begünstigten, sowie der Einengung der Möglichkeiten, an Spionageinformationen zu kommen,

zu erfolgen. Im Ergebnis der umfassenden Aufklärung der verdächtigen Personen waren operative Legenden und Kombinationen zum Einführen von bewährten und zuverlässigen IM unter Einbeziehung des Arbeits-, Wohn- und Freizeitbereichs zur Beweisführung der staatsfeindlichen Tätigkeit zu entwickeln.

Die Organisierung von Scheintransporten, der Aufbau von Scheinobjekten sowie die Erarbeitung von Scheinunterlagen und Sonderaufträgen bezüglich der vorgetäuschten Organisation von Militärbewegungen hatte mit dem Ziel zu erfolgen, die begründet verdächtigen Personen zu entsprechenden Handlungen zu veranlassen.

Hierbei war das Zusammenwirken mit den IM und die Arbeit mit technischen Mitteln zu gewährleisten. Diese Maßnahmen waren vor ihrer Durchführung mit dem jeweils zuständigen Leiter der Linie II abzusprechen.

Alle Diensteinheiten der Staatssicherheit hatten Angriffsrichtungen der Geheimdienste gegen den Militärverkehr im Verkehrszweig Deutsche Reichsbahn sowie festgestellte Mittel und Methoden der HA XIX mitzuteilen.

Die Bearbeitung operativer Hinweise durch die Diensteinheiten des MfS über Feindtätigkeit gegen den Militärverkehr war im Ministerium mit der HA XIX und in
den Bezirksverwaltungen mit den Abteilungen XIX zu
koordinieren, um eine schnelle Klärung der Verdachtsmomente beziehungsweise Bearbeitung der verdächtigen Personen unter Ausnutzung aller Möglichkeiten zu
erreichen.

Durch die Leiter aller operativen Diensteinheiten waren
sämtliche Hinweise auf eine staatsfeindliche Tätigkeit
gegen den Militärverkehr durch Angehörige der Deutschen Reichsbahn zur Bearbeitung an die Linie XIX zu
übergeben.

Die Leiter der Hauptabteilungen II und XIX hatten
den Stand sowie die Wirksamkeit der Zusammenarbeit
halbjährlich einzuschätzen und Maßnahmen für die
Weiterentwicklung der komplexen Spionageabwehr
festzulegen.

Die HA II hatte

- ihre speziellen Kräfte und Mittel sowie die Abteilungen M, PZF und F im Rahmen der komplexen
  Abwehr, insbesondere bei konzentrierten Transportbewegungen, einzusetzen,
- die Reaktionen und Maßnahmen der Geheimdienste
  in der Peiode der Vorbereitung, Durchführung und
  nach Beendigung konzentrierter Transportbewegungen des Militärverkehrs sowie strategisch bedeutungsvoller Transporte festzustellen und unverzüglich mit
  der HA XIX auszuwerten.

Die HA I hatte

- zu gewährleisten, dass bei Be- und Entladungen sowie
  der Durchführung von Militärtransporten ein enges
  Zusammenwirken und Koordinieren der Aufgaben
  mit den Abteilungen XIX der BV erfolgte,
- durchzusetzen, dass besonders im Stadium der Vorbe-

reitung militärischer Transporte die Geheimhaltungs-
vorschriften eingehalten wurden.

Weiterhin hatten die zuständigen Diensteinheiten des
MfS bei militärischen Transportbewegungen die Tätigkeit der westlichen MVM gegen den Militärverkehr der
Deutschen Reichsbahn zu analysieren und die Ergebnisse der Linie XIX mitzuteilen.

Die HA VIII hatte auf Anforderung der HA XIX im
Rahmen der komplexen Abwehr im Militärverkehr Be-
obachter- und Ermittlergruppen an Schwerpunkten des
Militärverkehrs einzusetzen. Die KD hatten

- entsprechend dem Leitungsdokument der jeweiligen
  BV die Außensicherung der Schwerpunkte im Militärverkehr zu organisieren, dabei waren alle geeigneten
  inoffiziellen und offiziellen Möglichkeiten zu nutzen,

- in Abstimmung mit den Abteilungen XIX der BV die
  bei der Durchführung von militärischen Transportbewegungen verdächtig in Erscheinung tretenden
  Personen zu ermitteln und zu identifizieren.

Weiterhin hatten die HA XIX und die Abteilungen XIX
der BV zu gewährleisten, dass die Kräfte der Transportpolizei, insbesondere die Zivilbeobachtergruppen, die
Abschnittsbevollmächtigten mit ihren freiwilligen Helfern und die Dezernate I der Kriminalpolizei zielgerichtet und mit konkreter Aufgabenstellung in das Abwehr-
system zur Sicherung des Militärverkehrs einbezogen
wurden. Die Leiter der Abteilungen XIX/BV hatten zu
sichern, dass die

- Zivilbeobachtergruppen der Transportpolizei zur
  Feststellung, Beobachtung und Identifizierung verdächtiger Personen eingesetzt wurden,

- Zivilbeobachtergruppen der Transportpolizei zur
  systematischen Aufklärung und Analysierung von
  Be- und Entladeschwerpunkten sowie wichtigen Magistralen des Militärverkehrs genutzt wurden,

- inoffizielle Kräfte des Dezernats I der K sowie die ABV der Transportpolizei mit ihren Helfern entsprechend ihrer Möglichkeiten gleichfalls zur Lösung dieser Aufgaben eingesetzt wurden,
- Ergebnisse der Arbeit der Transportpolizei ausgewertet wurden.[298]

Bei der Sicherung des Militärverkehrs der Deutschen Reichsbahn spielte auch die IMB-Arbeit eine bedeutsame Rolle. Dazu folgendes Beispiel:
Ein IM der BV Berlin, der Verbindung zum BND unterhielt, war »Fritz«. Der IM »Fritz«, ein Einwohner Westberlins, wurde 1964 durch die Abteilung XIX der BV Berlin zur Absicherung des Personals der Fahrmeisterei Ostgüterbahnhof geworben. Das Zugpersonal war ständig im Transitverkehr nach Bebra, Helmstedt und Hamburg beziehungsweise Buckau eingesetzt.
Im Februar 1965 wurde »Fritz« vom BND kontaktiert. Entsprechend seiner Instruktion durch das MfS reagierte »Fritz« und ging im Auftrag der Staatssicherheit eine »Zusammenarbeit« mit dem BND ein. In der Bearbeitung der BND-Mitarbeiter erwies sich »Fritz« als zuverlässig, dadurch konnten umfangreiche Informationen über Mitarbeiter des BND sowie über ihre Ziele, Mittel und Methoden erarbeitet werden. Der IM »Fritz« wurde durch den BND gezielt zur Militärspionage eingesetzt, indem er über Militärtransporte aller Art und an den Bahnstrecken gelegene militärische Objekte berichten sollte.
Im Ergebnis der operativen Arbeit wurde ein OV entwickelt, der Ende 1968 durch die Festnahme einer Agentur

---

298 Vgl.: 2. Durchführungsbestimmung der Richtlinie 1/65: »Die Organisierung der komplexen politisch-operativen Abwehrarbeit im Militärverkehr des Verkehrszweiges Deutsche Reichsbahn«, S. 2 – 20. Eingesehen in der Normannenstraße | Mediathek.

des BND aus der Fahrmeisterei Ostgüterbahnhof abgeschlossen wurde. Die festgenommene BND-Agentur
wurde im Treffbericht vom 13. Juli 1968 mit »Friedrich
Krüger« bezeichnet.

Nach der Festnahme des Spions empfahl der BND dem
IM »Fritz«, seine Arbeit bei der Deutschen Reichsbahn
sofort zu beenden und zu seiner eigenen Sicherheit von
Westberlin in die Bundesrepublik überzusiedeln. Unter
einer Legende lehnte »Fritz« das Ansinnen des BND
ab, woraufhin dieser die Zusammenarbeit mit »Fritz«
nach Zahlung einer Abfindungssumme einstellte. Der
IM musste für den BND eine Erklärung unterschreiben,
wonach er auf eigene Verantwortung seine Arbeit bei der
Deutschen Reichsbahn fortsetzte. Der BND hatte keine
Kenntnis von der Tätigkeit des IM »Fritz« für das MfS.[299]

Die Bearbeitung und
Enttarnung von Militärspionen
im OV »Amboß«

Die Ausgangslage[300]

Am 27. Dezember 1984 wurde durch die Abteilung II
der BV Karl-Marx-Stadt der OV »Amboß« durch die
Einleitung von Ermittlungsverfahren wegen Spionage
für den BND mittels vorläufiger Festnahme auf frischer
Tat gemäß § 125 (1 und 2) StPO abgeschlossen.

---

299 Vgl.: IM-Vorgang »Fritz«. BStU ZA AIM 1357/86.

300 Die Darstellung des OV »Amboß« orientiert sich an der
Diplomarbeit von: Gerald Wächtler: »Zur politisch-operativen
Bearbeitung spionageverdächtiger Personen (Lehrvorgang
›Amboß‹)«. BStU ZA MfS JHS Nr. 20399. Sowie: an Hinweisen
eines ehemaligen Mitarbeiters der HA IX/1.

Bei den festgenommenen Personen handelte es sich um die Gebrüder Ma. Günter Ma., ein Bundesbürger mit Wohnsitz in Backnang, Baden-Württemberg, trug beim BND den Decknamen »Krämer«, sein Bruder, Rudolf Ma., DDR-Bürger, wohnhaft in Glauchau, Bezirk Karl-Marx-Stadt, trug den BND-Decknamen »Olberg«.

Im Ergebnis abgestimmter Fahndungs- und Überprüfungsmaßnahmen der Abteilungen II und M der BV Karl-Marx-Stadt im grenzüberschreitenden Postverkehr und auf der Grundlage von Fahndungsorientierungen der HA II konnten am 6. April 1984 und am 30. April 1984 zwei nachrichtendienstlich verdächtige Postsendungen festgestellt werden.

Absenderüberprüfungen ergaben, dass Straße und Hausnummer existierten, jedoch keine Person mit dem angegebenen Namen dort wohnhaft war. Im Ergebnis technischer Untersuchungen der Abteilung 34 des OTS wurde der Nachweis erbracht, dass auf der Rückseite der Briefe Geheimschrift aufgetragen war. Durch die Abteilung 32 des OTS wurde eine Schriftenvergleichsexpertise beider Briefe durchgeführt, in deren Ergebnis festgestellt wurde, dass beide Briefe vom selben Schrifturheber gefertigt worden waren.

In der Folgezeit wurden drei weitere nachrichtendienstlich relevante Briefe dieser Agentur dokumentiert.

Alle Sendungen wurden über die HA II/5 der Abteilung 34 des OTS zur technischen Bearbeitung übergeben. Aus den aufgebrachten Geheimschrifttexten wurde in allen Fällen sichtbar, dass der Spion über Verladungen von sowjetischer Militärtechnik auf dem Güterbahnhof und Umrüstungen des GSSD-Objekts Glauchau vom Kampfpanzer T-62 auf den T-80 sowie über weitere Militärtransporte der GSSD berichtete.

Mit der Zielstellung der Identifizierung des Spions erfolgten ab dem 7. Mai 1984 umfangreiche Fahndungsmaßnahmen in den Speichern der BV Karl-Marx-Stadt, den Kreisdienststellen Glauchau, Zwickau, Hohenstein-Ernstthal und Werdau sowie in den Speichern der VPKÄ der genannten Kreise. Dabei waren Kräfte der Abteilungen II und M der BV Karl-Marx-Stadt sowie der HA II und der Abteilung M des MfS im Einsatz.

Gleichzeitig wurden Beobachtungsmaßnahmen am Verladebahnhof, am Objekt der GSSD sowie um die gesamte Stadt Glauchau durch die Abteilung VIII der BV Karl-Marx-Stadt realisiert.

Am 11. Juli 1984 wurde als Schrifturheber der nachrichtendienstlichen Brieflinien die Person Ma., Rudolf, wohnhaft in Glauchau, identifiziert.

Bei einer nochmaligen Prüfung in der KD Glauchau am 25. August 1984 wurde festgestellt, dass Material über eine Aktivität von Rudolf Ma. am GSSD-Objekt Glauchau am 28. Dezember 1979 mit einer weiteren männlichen Person existierte. Im Ergebnis wurde ermittelt, dass sich zum Zeitpunkt des Erscheinens am GSSD-Objekt der Bruder von Rudolf Ma., der Bundesbürger Günter Ma., wohnhaft in Backnang, zu Besuch in Glauchau aufgehalten hatte.

Am 28. Dezember 1979 wurde während einer komplexen operativen Maßnahme am GSSD-Objekt Glauchau folgende Feststellung getroffen:

»Im Rahmen der Stützpunktbeobachtung wurden um 14:30 Uhr zwei männliche Personen an der Einsichtstelle zum sowjetischen Militärobjekt – Friedhofsbegrenzungsmauer – festgestellt. Von dieser Einsichtstelle aus ist der Überblick auf einen Teil des Militärobjektes sowie des Übungsgeländes möglich. Während des ca. 1-minütigen Aufenthaltes beider Personen an der Einsichtstelle gab eine Person, indem sie mit der Hand in verschiedene Richtungen wies, Erläuterungen.

Durch die eingesetzte Beobachtergruppe der Abteilung

VIII wurde festgestellt, dass sich beide Personen nach Verlassen der Einsichtstelle zum abgeparkten Pkw ›Wartburg 311‹, polizeiliches Kennzeichen XT... begaben und gemeinsam in die Stadt Glauchau fuhren.

Über diese operative Feststellung des Anfalls beider männlicher Personen liegt eine Fotodokumentation vor, die jedoch aufgrund objektiver Umstände eine geminderte Qualität aufweist, so dass eine zweifelsfreie Identifizierung der männlichen Personen durch Fotovergleich nicht sofort möglich war.

Überprüfungen ergaben, dass es sich bei dem Besitzer des Pkw ›Wartburg 311‹ um den Ma., Rudolf, wohnhaft in Glauchau, Arbeitsstelle Wohnungsbaukombinat Glauchau, handelt. Ma. ist für die KD Glauchau aufgrund umfangreicher Verbindungen in die BRD, jährlicher Einreisen aus der BRD sowie mehrere Ausreisen in dringenden Familienangelegenheiten in die BRD sowie aufgrund der Tatsache, dass er 1959 aus der BRD in die DDR zurückkehrte, KK-erfasst.«

Am 12. Januar 1980 berichtete ein IM der KD Glauchau: »Am 30.12.1979 gegen 10:30 konnte ich von meinem Wohnhaus folgende Feststellung treffen:

Zwei männliche Personen kamen vom Bahnhofskomplex Glauchau aus zu Fuß in Richtung Verladerampe für Militärtransporte. Von Bedeutung erschien dabei für mich, dass es sich um den mir seit langem bekannten DDR-Bürger Ma., Rudolf, wh.: Glauchau, handelte, der mir aufgrund dessen bekannt ist, da er in meiner unmittelbaren Nachbarschaft wohnhaft ist. Zuvor hatte ich den Ma. noch nie in der Nähe der Verladerampe festgestellt. [...]

Mir ist bekannt, dass Ma. über umfangreiche Verbindungen in die BRD verfügt und auch in der Vergangenheit des Öfteren Einreisen aus der BRD von Verwandten oder Bekannten erhielt, die immer mit Pkw bei ihm zu Besuch waren. Ich bin mir sicher, dass es sich bei der

Person, die sich bei meiner Feststellung in Begleitung des Ma. befand, um einen Bruder aus der BRD handelt, der sich zu Weihnachten und zum Jahreswechsel 1979/80 bei dem Ma. aufhielt und allein da war.

Ich habe beide Personen bereits an vorangegangenen Tagen sowohl mit dem West-Pkw als auch mit dem Auto des Ma. gemeinsam wegfahren sehen.

Die Feststellung beider Personen an der Verladerampe traf ich von meiner Wohnung aus und bemerkte auch, dass beide Personen nach ihrem etwa 15-minütigen Aufenthalt in unmittelbarer Nähe der Verladerampe über das Bahnhofsgelände zurückliefen und anschließend das Wohnhaus des Ma. wieder betraten. [...]

Besonderes Interesse des Ma. und seines Begleiters an der Verladerampe konnte ich nicht feststellen. Zum Zeitpunkt ihres Aufenthaltes gab es an der Verladerampe keine sichtbaren militärischen Bewegungen bzw. Transporte.«

Im Mai 1979 sowie in zwei weiteren Fällen wurde der Bundesbürger Günter Ma. in seiner Wohnung in Backnang von einer männlichen Person aufgesucht, die sich als Mitarbeiter eines Meinungsforschungsinstituts der Bundesrepublik vorstellte. Im September 1979 kam Günter Ma. einer Aufforderung zu einem Treffen in einer Gaststätte seines Heimatorts nach, wo sich diese Person als Angehöriger des BND offenbarte und Ma. aufforderte, gegen Bezahlung Informationen aus der DDR zu beschaffen. Aufgrund der angebotenen Bezahlung erklärte Bundesbürger Ma. seine Bereitschaft zur Beschaffung entsprechender Informationen.

Im Dezember 1979, in Vorbereitung eines DDR-Aufenthalts, erfuhr Günter Ma., dass der BND an militärischen Informationen aus der DDR interessiert sei.

Im Zeitraum von September bis Dezember 1979 wurden seitens des BND mit Ma. mindestens drei weitere Treffs in Lokalen der Stadt durchgeführt. Der Spion erhielt den Decknamen »Krämer«, benannte mindestens fünf in der DDR wohnhafte Verwandte und gab Einschätzungen über deren eventuelle nachrichtendienstliche Eignung ab. In Vorbereitung seiner als Verwandtschaftsbesuch getarnten Einreise nach Glauchau wurde »Krämer« wie folgt instruiert:

- Prüfung der Bereitschaft seines Bruders Rudolf Ma. aus Glauchau hinsichtlich der Beschaffung von Informationen für den BND,
- Treffen von Feststellungen zum beziehungsweise am GSSD-Objekt Glauchau und zu den Verladerampen der GSSD in Glauchau,
- Beschaffung weiterer konkret bezeichneter Informationen, vorwiegend militärischen Charakters.

Nachdem die Gebrüder Ma. am GSSD-Objekt Glauchau am 28. Dezember 1979 an der Einsichtstelle Friedhofsbegrenzungsmauer fotografisch dokumentiert werden konnten, teilte der Bundesbürger seinem Bruder am gleichen Abend mit, dass er gegen Bezahlung militärische Informationen für »Leute« in der Bundesrepublik sammeln würde. Er sprach seinen Bruder konkret an, ob auch er bereit sei, für diese »Leute« in der BRD gegen Bezahlung in gleicher Weise tätig zu sein. Der DDR-Bürger Rudolf Ma. gab seinem Bruder daraufhin keine definitive Antwort.

Nach seiner Rückkehr in die Bundesrepublik erstattete »Krämer« dem BND über alle getroffenen Feststellungen Bericht und schätzte das Verhalten seines Bruders hinsichtlich einer Anwerbung als erfolgversprechend ein.

Am 28. März 1980 eröffnete die KD Glauchau die OPK »Amboß« gegen den DDR-Bürger Rudolf Ma., wohnhaft in Glauchau, und den Bundesbürger Günter Ma., wohnhaft in Backnang.

Die Eröffnung der OPK wurde damit begründet, dass Rudolf Ma. anhand der beim Aufenthalt am GSSD-Objekt Glauchau am 28. Dezember 1979 gefertigten Fotodokumentation durch einen IM der KD Glauchau am 10. Januar 1980 als eine der Personen identifiziert wurde.

Außerdem ergaben Überprüfungen bei der sowjetischen Militärabwehr, dass sich zum Zeitpunkt der Feststellung von Rudolf Ma. und der zweiten männlichen Person an der Einsichtstelle am 28. Dezember 1979 circa zehn sowjetische Panzer neuesten Typs auf dem Übungsgelände befanden, die objektiv von beiden zu sehen waren. Die festgestellten Verhaltensweisen der einen Person (mögliche Erläuterungen am Militärobjekt) ließen Rückschlüsse hinsichtlich Aufklärungshandlungen zum Militärobjekt zu.

Beide Personen wurden außerdem am 30. Dezember 1979 im Rahmen einer Stützpunktbeobachtung an der Verladerampe am Bahnhof Glauchau gemeinsam festgestellt und fotografisch dokumentiert.

Erwähnt wurde im Eröffnungsbericht zur OPK auch, dass Rudolf Ma. über umfangreiche verwandtschaftliche Beziehungen in die Bundesrepublik verfügte und sich selbst 1960/61, 1974 und 1978 besuchsweise in der Bundesrepublik aufhielt.

Auch der aus der Bundesrepublik nach Glauchau eingereiste Bruder wurde durch einen IM auf einem Foto, gefertigt beim Aufenthalt an der Verladerampe, zweifelsfrei identifiziert.

Die Zielstellung der Bearbeitung der OPK bestand vordergründig in der weiteren Verdichtung der operativ-bedeutsamen Anhaltspunkte zur Herausarbeitung begründeter Verdachtshinweise unter nachrichtendienstlichen Gesichtspunkten, als Voraussetzung zur Anlage eines OV.

Am 28. März 1980 fertigte die KD Glauchau einen Maßnahmeplan zur OPK »Amboß«. Zur Realisierung der Zielstellung der OPK wurden nachfolgende Maßnahmen vorgeschlagen, bei denen ein enges Zusammenwirken mit der Abteilung II der BV Karl-Marx-Stadt zu gewährleisten war:

- Einsatz vorhandener beziehungsweise zu schaffender geeigneter zuverlässiger IM zur umfassenden Aufklärung des Persönlichkeitsbilds von Rudolf Ma. und damit im Zusammenhang stehender weiterer bedeutsamer Anhaltspunkte und Verhaltensweisen, die Rückschlüsse auf nachrichtendienstliche Ansatzpunkte zuließen, im Arbeits-, Wohn- und Freizeitbereich. Umfassende Aufklärung der Familienverhältnisse, des Wohn- und Freizeitbereichs zur Vorbereitung der operativ-technischen Maßnahme B (akustische Überwachung von Räumen) in der Wohnung des Rudolf Ma.
- Anhand der durch die Abteilung VIII zu fertigenden Bilder in der Bewegung des Verdächtigen Rudolf Ma. und seines Kfz war dieser in gezielten Beobachtungsmaßnahmen im Rahmen der Nutzung der vorhandenen Stützpunkte am GSSD-Objekt Glauchau und anderen ausgewählten militärischen Schwerpunktobjekten des Bezirks Karl-Marx-Stadt einzubeziehen, um bei dessen erneuten Aktivitäten diesen beweismäßig zu dokumentieren. Das Kfz-Kennzeichen von Rudolf Ma. und das seines Bruders aus der Bundesrepublik waren in die Kfz-Kartei der Abteilung II, der HA II/4 sowie den KD mit militärischen Schwerpunktobjekten des Bezirks einzuspeichern.
- Mit dem Ziel der Feststellung des Charakters der Verbindung Rudolf Ma. zu seinem Bruder Günter Ma. sowie der Herausarbeitung eines möglichen nachrichtendienstlichen Verbindungssystems war zu Rudolf Ma. aktuelles Handschriftenmaterial zu beschaffen

und über die Abteilung M eine gezielte Schriftenfahndung und Auftragsfahndung einzuleiten. Gleichfalls
war das Handschriftenmaterial des Rudolf Ma. in der
HA II/AKG zu überprüfen und einzuspeichern. Analog war zu Günter Ma. eine Postkontrolle zur Dokumentierung von Anhaltspunkten eines nachrichtendienstlichen Verbindungssystems in der Abteilung M
einzuleiten.

- Bei erneuten Einreisen von Günter Ma. nach Glauchau
  beziehungsweise in den Bezirk Karl-Marx-Stadt waren durch die Abteilung VIII gezielte Stützpunktbeobachtungen im Zusammenwirken mit der Abteilung
  II am GSSD-Objekt Glauchau und anderen militärischen Schwerpunktobjekten des Bezirks mit dem Ziel
  der beweismäßigen Dokumentierung bei erneuten
  Aktivitäten durchzuführen.
- Mit dem Ziel der Herausarbeitung weiterer relevanter
  Verbindungen und Kontakte waren zu Günter Ma. in
  den Speichern der Abteilung M, der HA II und der HA
  VI aktuelle Überprüfungen durchzuführen und darauf
  aufbauend eine konkrete Analyse seiner Verbindungen in die DDR und der Reisetätigkeit vorzunehmen.
- Zur Koordinierung und zum Zusammenwirken in der
  Bearbeitung der OPK waren regelmäßig Absprachen
  mit der Abteilung II und der sowjetischen Militärabwehr durchzuführen und unter deren Anleitung die
  weiteren Maßnahmen abzustimmen. Zur Einleitung
  der vorgesehenen Maßnahmen waren weitere Vor-
  absprachen mit den Abteilungen VIII, 26 und M zu
  realisieren.

Die im Plan vom 28. März 1980 fixierten operativen
Maßnahmen wurden im Zusammenwirken der Abteilung II der BV Karl-Marx-Stadt, der KD Glauchau und
der sowjetischen Militärabwehr umgesetzt.
Trotz des Einsatzes von zwei zuverlässigen IM, Beobach-

tungsmaßnahmen im Rahmen von Stützpunktbeobachtungen, speziell bei militärischen Bewegungen, Übungen, Truppentransporten am GSSD-Objekt Glauchau
und an anderen militärischen Schwerpunktobjekten des
Bezirks Karl-Marx-Stadt, konnten keinerlei Hinweise
auf eine nachrichtendienstliche Tätigkeit von Rudolf
Ma. erarbeitet werden. Der Verdächtige zeigte nachweisbar kein Interesse an militärischen Informationen,
wurde an keinem militärischen Objekt festgestellt und
dokumentiert. Selbst bei für den BND außerordentlich
bedeutsamen und wertvollen Situationen hinsichtlich
der Informationsgewinnung über militärische Aktivitäten, zum Beispiel während der Aktion »Sprung«, dem
Austausch in der DDR stationierter Truppen der GSSD,
verhielt sich Rudolf Ma. völlig passiv.
Durch die eingesetzten IM konnten trotz eines guten
persönlichen Verhältnisses zum Verdächtigen sowohl
im Arbeits- als auch im Freizeitbereich keinerlei Anhaltspunkte für eine mögliche nachrichtendienstliche
Tätigkeit von Rudolf Ma. erarbeitet werden.
Auch die Tatsache, dass Ma. trotz mehrmaliger Pflege
des Grabes der Mutter auf dem an das GSSD-Objekt angrenzenden Friedhof nicht wieder an der Einsichtstelle
Friedhofsbegrenzungsmauer festgestellt wurde, wies
darauf hin, dass er kein Interesse an der Erlangung militärischer Informationen in Form von Eigenerkundung
zeigte. Selbst an der Verladerampe wurde Rudolf Ma.
bei Verladungen von Militärtechnik nicht festgestellt.
Die über einen Zeitraum von sechs Wochen (Septem-
ber/Oktober 1980) in der Wohnung des Verdächtigen
realisierte operativ-technische Maßnahme B der Abteilung 26 erbrachte gleichfalls keinen Hinweis auf eine
mögliche geheimdienstliche Tätigkeit.
Die eingeleitete Auftragsfahndung in der Abteilung M
wies im Ergebnis aus, dass der Briefverkehr zwischen

Rudolf Ma. und seinen in der Bundesrepublik lebenden Verwandten ausschließlich privaten Charakter trug.

Da außer den bis dahin erarbeiteten entlastenden Momenten hinsichtlich einer möglichen nachrichtendienstlichen Tätigkeit bis zum Mai 1982 keine Einreise von Günter Ma. oder anderer in der Bundesrepublik lebender Verwandter zu Rudolf Ma. erfolgte, wurde die Entscheidung getroffen, die Bearbeitung im Rahmen der OPK einzustellen und beide unter OPK stehende Personen für die Abteilung II der BV Karl-Marx-Stadt KK (in der Kerblochkartei) zu erfassen. Mit dieser aktiven Erfassung wurde gewährleistet, dass alle neuen Hinweise zu Rudolf Ma. und zu seinem Bruder Günter Ma. der Abteilung II zugänglich waren.

Die Handschriften beider Personen wurden entsprechend dem Maßnahmeplan zur OPK »Amboß« vom 23. März 1980 in der HA II/AKG sowie in der Abteilung II/5 der BV Karl-Marx-Stadt eingespeichert. Die Auftragsfahndung in der Abteilung M der BV Karl-Marx-Stadt wurde aufrechterhalten und entsprechend der dienstlichen Bestimmungen regelmäßig verlängert.

Was war geschehen, und was veranlasste die Agenturen des BND zur Inaktivität?

Im Juni 1980 reiste Günter Ma. mit seiner Lebensgefährtin zu deren Verwandten in den Bezirk Suhl ein. Bei der Einreise in die DDR erfolgte eine intensive Zollkontrolle durch die zuständigen Organe der DDR ohne einen Fahndungsauftrag des MfS. Nach seiner Rückkehr in die Bundesrepublik informierte »Krämer« über diese Kontrolle den zuständigen BND-Verbindungsführer. Aus Sicherheitsgründen wurde daraufhin vom BND die Zusammenarbeit mit Günter Ma. konserviert.

Bis zum August 1983 gab es im Rahmen des privaten

Postverkehrs keinerlei operativ interessante beziehungsweise bedeutsame Hinweise unter nachrichtendienstlichen Aspekten. Am 2. August 1983 gab Günter Ma. in
Backnang einen Brief an seinen Bruder in der DDR
auf, in dem er sein Erscheinen zur Silberhochzeit des
Bruders in Glauchau ankündigte. Günter Ma. kündigt
an, allein zu kommen und vielleicht bis zum 10. Januar
1984 in Glauchau zu bleiben.

Durch den Leiter der Abteilung II der BV Karl-Marx-
Stadt wurde auf der Grundlage der Information, dass
Günter Ma. plante, im Dezember 1983 zu seinem Bru-
der nach Glauchau einzureisen, am 20. August 1983 die
Entscheidung getroffen, die OPK gegen beide Personen
wieder aufzunehmen. Durch den Leiter der Abteilung II
wurde festgelegt, umgehend komplexe Maßnahmen in
Vorbereitung der zu erwartenden Einreise von Günter
Ma. einzuleiten.

Was war inzwischen seitens des BND in der Bundesrepublik unternommen worden?

Im August 1983 erfolgte durch den gleichen BND-Verbindungsführer die neuerliche Kontaktaufnahme
zu Günter Ma. mit dem Hinweis, dass der Grund für
den Abbruch der Verbindung nicht mehr gegeben sei.
Ma. erklärte sich für eine weitere Zusammenarbeit sofort bereit und erhielt die gleiche Telefonnummer des
BND-Anrufbeantworters, über die er bis zum Abbruch
der Verbindung bereits verfügt hatte. Der Deckname
»Krämer« wurde ebenfalls weitergeführt.

Günter Ma. erhielt den Auftrag, bei seiner nächsten
DDR-Reise anlässlich der Silberhochzeit seines Bru-
ders im Dezember 1983/Januar 1984 das GSSD-Objekt
Glauchau weiter aufzuklären und seinen Bruder für den
BND anzuwerben.

Welche Maßnahmen leitete das MfS ein?

Am 21. August 1983 fertigte die Abteilung II der BV Karl-Marx-Stadt einen Maßnahmeplan zur weiteren Bearbeitung der OPK »Amboß«. Durch den von der Abteilung M der BV Karl-Marx-Stadt festgestellten Brief wurden entsprechende Maßnahmen vorbereitet.

Zur umfassenden Kontrolle beider Personen während des Aufenthalts von Günter Ma. in Glauchau wurden komplexe operative Maßnahmen mit hohen Anforderungen an die Wahrung der Konspiration realisiert. Diese Maßnahmen waren auf die Feststellung und Dokumentierung der Bewegungsabläufe beider Personen hinsichtlich der Erarbeitung von Hinweisen auf eine mögliche nachrichtendienstliche Tätigkeit auszurichten. An Maßnahmen waren geplant:

- Zu allen Verwandten und Bekannten sowie Verbindungen von Günter Ma. waren aktuelle Überprüfungen in den Speichern der HA II/5, der HA VI und der Abteilung M des MfS durchzuführen.
- Zur operativen Kontrolle von Rudolf Ma. im Arbeitsbereich kam weiterhin der IM »Hirsch« der Abteilung II zum Einsatz. Es wurden Voraussetzungen geschaffen, den Bewegungsablauf von Rudolf Ma. im Arbeitsbereich unter Kontrolle zu halten.
- Das Wohnhaus von Rudolf Ma. war aktuell mit der Zielstellung der Schaffung von Voraussetzungen für den Einbau der operativ-technischen Maßnahme B der Abteilung 26 aufzuklären.
- Zur Dokumentation möglicher nachrichtendienstlicher Handlungen sowie der Bewegungsabläufe der beiden Personen, insbesondere an der Verladerampe für Militärtechnik am Bahnhof Glauchau, waren Stützpunkte zu schaffen beziehungsweise beizubehalten.

- An den GSSD-Objekten Glauchau, Oberlungwitz, Plauen und Karl-Marx-Stadt waren Kontroll- und Dokumentationsmaßnahmen durchzuführen.
- Die in der Abteilung M eingeleiteten Fahndungsmaßnahmen waren beizubehalten.
- Der Bundesbürger Günter Ma. war bei der HA VI nicht in Einreisefahndung zu stellen, um aus Gründen der Konspiration Kontrollmaßnahmen am Grenzübergang bei seiner Einreise zu vermeiden. Die Mitteilung der erfolgten Einreise beziehungsweise des Aufenthalts in Glauchau sollte durch eine zuverlässige Quelle der KD Glauchau im dortigen VPKA gegeben werden.
- Alle Maßnahmen an den Objekten der GSSD waren im kameradschaftlichen Zusammenwirken mit der sowjetischen Militärabwehr zu organisieren.

Die Einreise des Günter Ma. nach Glauchau erfolgte am 25. Dezember 1983, ohne Lebensgefährtin mit dem Pkw. Am 27. Dezember 1983 fand in der Wohnung von Rudolf Ma. zu einem Zeitpunkt, da alle anderen Familienangehörigen bereits schliefen, ein relevantes Gespräch zwischen den Brüdern statt, dass durch die Maßnahme der Abteilung 26 aufgezeichnet wurde. Dieses Gespräch hatte einen nachrichtendienstlichen Charakter.

Bei weiteren Gesprächen unter vier Augen wurde deutlich, dass sich Günter Ma. unter anderem für die Uranerzhalde in Crossen, für das Lohnsystem der DDR sowie für die Versorgungslage in der DDR interessierte. Des Weiteren bat er seinen Bruder um die Beschaffung von drei Stadtplänen Glauchaus.

Während des Aufenthalts von Günter Ma. in Glauchau vom 25. Dezember 1983 bis 10. Januar 1984 wurden beide Personen im Rahmen von Stützpunktbeobachtungen zweimal an der Verladerampe für Militärtechnik

in Glauchau, einmal an der Einsichtstelle Friedhofsbegrenzungsmauer zum GSSD-Objekt und einmal vor-
beifahrend am GSSD-Objekt Plauen festgestellt und
dokumentiert.

Beim DDR-Aufenthalt der BND-Agentur »Krämer« anlässlich der Silberhochzeit des Bruders warb er diesen
auftragsgemäß an. Das Motiv von Rudolf Ma. für eine
Zusammenarbeit mit dem BND waren seine materiellen
Interessen.

Durch beide wurden während des Aufenthalts im Januar
1984 Spionagehandlungen durchgeführt, und es wurde
vereinbart, dass Rudolf Ma. bei einer Reise in dringenden Familienangelegenheiten im März 1984, anlässlich
der Silberhochzeit eines weiteren in der Bundesrepublik
lebenden Bruders, mit dem BND-Mitarbeiter persönlich zusammentrifft.

Rudolf Ma. reiste vom 27. März bis 3. April 1984 anlässlich der erwähnten Silberhochzeit in die Bundesrepublik nach Herne. Als sich Rudolf Ma. zu Besuch in der
Bundesrepublik aufhielt, brachte ihn sein Bruder auftragsgemäß mit dem BND-Angehörigen in Verbindung.
In einem zweistündigen Gespräch erfolgte durch den
BND-Mitarbeiter die Auftragserteilung, Instruierung
und Ausrüstung mit nachrichtendienstlichen Hilfsmitteln. Im Beisein seines Bruders wurde Rudolf Ma. zu
folgenden Informationskomplexen beauftragt:

- Sammlung von Informationen über militärische Ob-
jekte der GSSD und der NVA im Raum Glauchau,
- Sammlung von Informationen zu militärischen Trans-
porten und Objekten jeder Art,
- Wiederaufbereitung einer Uranerzhalde der SDAG
Wismut.

Gleichzeitig erfolgte die Schulung zur Erkennung
verschiedener Panzertypen sowie zur Feststellung militärischer Dienstgrade und die Unterweisung zur An-

fertigung von Spionagebriefen unter Anwendung des Geheimschrift-Gegenkontaktverfahrens.

Außerdem erhielt Rudolf Ma. zur Aufrechterhaltung der Verbindung nachrichtendienstliche Hilfsmittel in Form eines präparierten Bleistifts und eines Schreibblocks sowie zwei Deckadressen.

Rudolf Ma. erhielt bei dieser Zusammenkunft den BND-Decknamen »Olberg« und als »Einstand« eine Summe von 1.000 DM. Dazu wurden dem DDR-Bürger und nunmehrigen Spion »Olberg« eine monatliche Besoldung von 200 DM sowie Prämien für brauchbare Informationen zugesichert. Das Geld sollte auf ein Konto in der Bundesrepublik eingezahlt werden. Bei diesem Zusammentreffen wurde zwischen den drei Personen vereinbart, bestimmte geheimdienstliche Informationen in der Privatkorrespondenz zwischen den beiden Brüdern zu übermitteln, wobei die Vornamen der Töchter beider Spione Signalcharakter tragen sollten.

Im Ergebnis abgestimmter Fahndungs- und Überprüfungsmaßnahmen der Abteilungen II und M der BV Karl-Marx-Stadt zur Feststellung nachrichtendienstlich-postalischer Sendungen im grenzüberschreitenden Postverkehr wurde mit Poststempel vom 6. April 1984 eine verdächtige Sendung mit nachrichtendienstlichen Merkmalen festgestellt und dokumentiert. Die Absenderüberprüfung ergab, dass Straße und Hausnummer existierten, jedoch keine Person mit dem angegebenen Namen dort wohnhaft war. Aufgrund des geheimdienstlichen Verdachtshinweises wurde eine gezielte Fahndung nach dem angeführten Empfänger eingeleitet. Durch die Abteilung II der BV Karl-Marx-Stadt wurde als Schrifturheber der nachrichtendienstlich verdächtigen Postsendung Rudolf Ma. identifiziert und die Feststellung getroffen, dass es sich beim Empfänger um eine Deckadresse des BND handeln konnte.

In Abstimmung mit der HA II/5 wurde am 26. April 1984 auf der Grundlage des durch den Leiter der HA II bestätigten Eröffnungsberichts die operative Bearbeitung des Rudolf Ma. und seiner Ehefrau im OV »Amboß« aufgenommen.

Vom Beginn der operativen Bearbeitung des OV an wurde eine enge Zusammenarbeit zwischen den Abteilungen II, VIII, 26, M der BV Karl-Marx-Stadt, der KD Glauchau sowie der sowjetischen Militärabwehr unter Federführung der HA II/5 organisiert und realisiert.

Mit Schreibdatum 30. April 1984, Poststempel vom 30. April 1984, Aufgabeort Hohenstein-Ernstthal, wurde eine weitere Briefsendung mit der gleichen Handschrift festgestellt. Dabei wurde der Absender: Roland Wegener, 9270 Hohenstein-Ernstthal, ... Straße 32 genutzt. Die Absenderüberprüfung ergab wiederum die Feststellung, dass die Straße und Hausnummer existierten, jedoch eine Person mit diesem Namen dort nicht wohnhaft war.

Diese Sendung wurde im geschlossenen Zustand über die HA II/5 der Abteilung 34 des OTS zur technischen Untersuchung übergeben. Im Ergebnis der Untersuchung der Abteilung 34 des OTS wurde der Nachweis erbracht, dass auf dem Brief Geheimschrift aufgetragen wurde. Aus den sichtbar gemachten Geheimschriftfragmenten wurde abgeleitet, dass der Spion militärische Informationen übermittelt hat.

Durch die Abteilung 32 des OTS wurde eine Schriftenvergleichsexpertise der Briefe vom 6. April 1984 und 30. April 1984 durchgeführt und nachgewiesen, dass beide Briefe vom gleichen Schreiber gefertigt worden waren. Durch die eingeleiteten Maßnahmen der Deckadressenfahndung sowie der eingeleiteten Schriftenfahndung wurden in der Folgezeit drei weitere nachrichtendienstliche Briefe des Spions Rudolf Ma. dokumentiert, so dass insgesamt fünf nachrichtendienstlich-relevante Sendungen vorlagen. Die drei weiteren festgestellten Sendungen wurden unter Verwendung weiterer Deckabsender und Deckadressen gleichfalls nicht am Wohnort der Agentur Ma., Rudolf, eingeworfen. Alle Sendungen wurden über die HA II/5 der Abteilung 34 des OTS zur technischen Bearbeitung übergeben.

Aus den Geheimschrifttexten wurde sichtbar, dass der Schreiber unter anderem über Verladungen sowjetischer Panzer auf dem Güterbahnhof Glauchau am 23. Mai 1984 sowie über Militärtransporte sowjetischer Technik am 14. und 17. Juni 1984 berichtete.

Mit der Sichtbarmachung des Geheimschrifttextes in den Briefen vom 31. Mai 1984 und 19. Juni 1984, die eindeutig Militärspionage erkennen ließen, wurde der Nachweis erbracht, dass es sich bei Rudolf Ma. um eine angeworbene Agentur handelte.

Zum Werbungszeitpunkt ließ sich die Version aufstellen, dass die Anwerbung vermutlich während des BRD-Aufenthalts des Rudolf Ma. anlässlich der Silberhochzeit des Bruders in Herne vom 27. März bis 3. April 1984 erfolgt war.

Demzufolge war der Brief vom 6. April 1984 der erste Spionagebrief. Dazu ist zu bemerken, dass nach Angaben der sowjetischen Militärabwehr am 4. April 1984 im Zeitraum von 20.15 Uhr bis 23 Uhr erstmals Panzer des Typs T-80 des GSSD-Objekts Glauchau das Übungsgelände befuhren. Aus der Einschätzung der Wohnlage des Rudolf Ma. in unmittelbarer Nähe der Verladerampe für Militärtechnik ließ sich die Konkretheit der Berichterstattung im Spionagebrief vom 31. Mai 1984 erklären. In dieser Spionagemitteilung berichtete die Agentur über die Verladung von zwanzig sowjetischen Panzern des Typs T-62, die Abfahrtszeit und die Fahrtrichtung des Transports.

Bei den durchgeführten Stützpunktbeobachtungen an allen Zufahrtsstraßen nach Glauchau wurde Rudolf Ma. mit seinem Pkw am 7., 9. und 10. Juli 1984 in den Abendstunden festgestellt, womit nachgewiesen werden konnte, dass er des Öfteren mit seinem Pkw nach außerhalb Glauchaus fuhr und dabei Feststellungen zu militärischen Bewegungen treffen konnte.

In Kenntnis des Bewegungsablaufs der Agentur Rudolf Ma. außerhalb von Glauchau ließen sich auch die Spionageinformationen vom 18. Juni 1984 erklären. Darin berichtete er über 20 sowjetische Militärfahrzeuge am 14. Juni 1984 auf der Strecke von Waldenburg nach Glauchau und über 50 sowjetische Lkw am 17. Juni 1984 auf der Strecke von Leipzig nach Borna.

Ausgehend vom Bearbeitungsstand wurde am 12. Juli 1984 durch die Abteilung II der BV Karl-Marx-Stadt ein Maßnahmeplan in Abstimmung mit der HA II/5 erarbeitet. Darin wurde festgelegt, dass die Zielstellung der nächsten Etappe der Bearbeitung

- in der Beweisführung der Mittäterschaft der Ehefrau des Rudolf Ma. und
- der Erarbeitung von Hinweisen zur Identifizierung des Instrukteurs beziehungsweise Kuriers

als Voraussetzung für den effektiven Abschluss des OV bestand. Durch die realisierten operativen Maßnahmen konnte der Nachweis erbracht werden, dass sich die Verbindung des Rudolf Ma. zu seinem Bruder Günter Ma. im Verhältnis gegenüber den Verbindungen zu anderen Verwandten in der Bundesrepublik abhob. Nur zwischen den beiden Brüdern bestand intensiver, ständiger zweiseitiger Kontakt.

Mit Schreibdatum 17. Oktober 1984 teilte Günter Ma. seinem Bruder Rudolf mit, dass er in der Zeit vom 27. bis zum 30. Dezember 1984 allein zu ihm nach Glauchau einreisen will.

Mit Poststempel vom 5. November 1984 wurde ein Brief des Günter Ma. festgestellt, der sich von Außenanlage her nicht von den vorherigen Briefen unterschied, jedoch eine andere Innenanlage aufwies. Aufgrund der im Brief enthaltenen Formulierung

Von deinem Freund einen schönen Gruß und Du könntest ruhig mal schreiben, was Du brauchst, so könnte ich es dann gleich mitbringen

sowie aufgrund der Tatsache, dass letztmalig am 19. Juni 1984 ein Spionagebrief festgestellt wurde und der Analyse der Verbindung zwischen Rudolf Ma. und seinem Bruder wurde die Einschätzung getroffen, dass es sich bei dem Günter Ma. um den Instrukteur/Kurier des BND handelte.

Die Geheimschriftbriefe von Rudolf Ma. wiesen eine schlechte Qualität auf. Der BND-Verbindungsführer forderte »Krämer« auf, seinem Bruder »Olberg« in der Privatpost mitzuteilen, dass er bei der Anfertigung des Geheimschrifttextes sorgfältiger vorgehen solle. Da sich die Qualität der Geheimschrift nicht verbesserte, forderte Günter Ma. seinen Bruder im Auftrag des BND auf, den Versand geheimschriftlicher Briefe bis zum persönlichen Zusammentreffen einzustellen. »Krämer« wurde daraufhin vom BND auf einen Kuriereinsatz vorbereitet, erhielt zwei neue Deckadressen und wurde in ein für »Olberg« bestimmtes verändertes Geheimschreibverfahren eingewiesen.

Die Falle schnappt zu

Am 27. Dezember 1984 reiste Günter Ma. in die DDR nach Glauchau zu seinem Bruder ein. Die Einreise erfolgte mit einem Pkw »Mercedes«. Am gleichen Tag fand zwischen beiden Spionen auf dem Wochenendgrundstück von »Olberg« ein Gespräch nachrichtendienstlichen Charakters von circa 90 Minuten statt. Bei diesem Gespräch wurde Rudolf Ma. von seinem Bruder aus der Bundesrepublik instruiert und in die Handhabung des geänderten Geheimschreibverfahrens eingewiesen. Außerdem erhielt »Olberg« von »Krämer« für seine Spionagetätigkeit finanzielle Zuwendungen.

In dieser Situation wurden beide Agenturen des BND auf frischer Tat festgenommen.

Seit der Wiederaufnahme der Verbindung im August 1983 bis zur Festnahme fanden zwischen dem BND-Verbindungsführer und der Agentur Günter Ma. mindestens 14 Treffs in Gaststätten statt. Entsprechend der Ankündigung des BND-Mitarbeiters war »Krämer« zu Pfingsten 1985 für einen weiteren, noch nicht näher erläuterten Kuriereinsatz zur Belegung eines TBK im Gebiet der DDR vorgesehen worden.

Entsprechend der Situation wurde der OV »Amboß« am 27. Dezember 1984 durch die Festnahme der Gebrüder Ma. auf frischer Tat unmittelbar nach dem Gespräch im Bungalow abgeschlossen. Bereits vor der Einreise des Günter Ma. in die DDR am 27. Dezember 1984 wurde eine Konzeption erarbeitet, die durch den Minister für Staatssicherheit bestätigt wurde. Darin war festgelegt worden, dass die Festnahme nur dann zu erfolgen hatte, wenn Beweise der geheimdienstlichen Tätigkeit zum Bundesbürger Günter Ma. erarbeitet werden konnten. Dies lag darin begründet, dass bis zu dem Gespräch zwischen beiden Spionen am 27. Dezember 1984 im Bungalow des Rudolf Ma. trotz vorliegender Verdachtshinweise noch nicht eindeutig die Aussage getroffen werden konnte, dass es sich bei dem Kurier/Instrukteur um Günter Ma. handelte.

Die Entscheidung zur Festnahme beider BND-Agenturen wurde während des nachrichtendienstlich-relevanten Gesprächs im Bungalow getroffen. Dem ging eine

Abstimmung zwischen dem Leiter der HA II und dem Leiter der BV Karl-Marx-Stadt voraus.

Im Verlauf der operativen Bearbeitung bis hin zur konspirativen Festnahme beider Spione des BND waren insgesamt circa 120 Mitarbeiter des MfS im Einsatz. Hierbei handelte es sich um Kräfte der Abteilungen II, M, 26, VIII, III und IX der BV Karl-Marx-Stadt sowie um Mitarbeiter der KD Glauchau, der HA II/5, der Abteilung M des MfS und der HA IX.

Durch ein abgestimmtes und koordiniertes Zusammenwirken der Kräfte waren solche Maßnahmen wie

- Realisierung der technischen Maßnahme B der Abteilung 26 in allen Räumen der Wohnung, in der Bodenkammer, der Garage und im Bungalow des Rudolf Ma.,
- zweimalige konspirative Durchsuchung der Wohnung, einschließlich der Bodenkammer und des Kellers,
- Durchführung aller der Abteilung M möglichen Fahndungsmaßnahmen, einschließlich Inlandsfahndung

möglich. Bewährt hatten sich nach Ansicht des MfS auch die regelmäßig durchgeführten Absprachen mit der sowjetischen Militärabwehr im Rahmen der operativen Vorgangsbearbeitung.

Der Abschluss des OV »Amboß« wurde stabsmäßig organisiert. Dazu wurde ein Einsatzstab gebildet, der zur Koordinierung aller Maßnahmen am 27. Dezember 1984 in der KD Glauchau seine Tätigkeit aufnahm. Leiter des Einsatzstabs war ein Stellvertreter des Leiters der HA II. Weiter gehörten dem Einsatzstab der Leiter der HA II/5, der Leiter der Abteilung II der BV Karl-Marx-Stadt, der Stellvertreter des Leiters der HA IX/1 und die Referatsleiter II/4 und II/5 der BV Karl-Marx-Stadt an. Weiterhin hielten sich in der KD Glauchau Verantwortliche für Beobachtungen und Festnahme/Durchsuchung der Abteilung VIII der BV Karl-Marx-Stadt auf.

Dazu kamen ein Verantwortlicher der Abteilung 26 mit drei Auswertern und operative Mitarbeiter der Abteilung II der BV Karl-Marx-Stadt.

Die Festnahme der Agentur Günter Ma. erfolgte entsprechend der operativen Situation in konspirativer Form. Er wurde per Pkw in ein Objekt der BV Karl-Marx-Stadt gebracht, sein Pkw »Mercedes« wurde nach Wechsel des polizeilichen Kennzeichens in das Dienstobjekt der BV überführt.

Rudolf Ma. und seine Ehefrau wurden ebenfalls festgenommen. Beide wurden getrennt in ein Objekt der BV Karl-Marx-Stadt verbracht. Der Pkw des Rudolf Ma. wurde der Abteilung IX der BV Karl-Marx-Stadt übergeben.

Nach der Festnahme der Spione erfolgte die offizielle Durchsuchung aller Wohnräume, der Bodenkammer, der Garage, des Kellers und des Wochenendgrundstücks durch Kräfte der Abteilung VIII und eines Spezialisten der Spionageabwehr unter Hinzuziehung eines Militärstaatsanwalts. Das beschlagnahmte Material wurde der HA IX übergeben.

Das Ermittlungsverfahren

Am 2. Januar 1985 wurden der 1. Sekretär der SED-Bezirksleitung Karl-Marx-Stadt und der 1. Sekretär der SED-Kreisleitung Glauchau über die Einleitung eines Ermittlungsverfahrens mit Haft gemäß § 98 StGB gegen die Personen Ma. informiert. Später wurde der gleiche Personenkreis durch die BV Karl-Marx-Stadt über die Ergebnisse der Untersuchungen zum Ermittlungsverfahren mit Haft in Kenntnis gesetzt.

Rudolf Ma. wurde nachgewiesen, dass er keine Anzeige über die Ausführung eines Verbrechens gegen die DDR erstattet hatte, da er bereits im Dezember 1979 glaubhafte Kenntnis davon erhielt, dass sein Bruder Günter als Agent eines westlichen Geheimdienstes bei Besuchsaufenthalten in Glauchau militärische Informationen zum Nachteil der Interessen der DDR sammelte.

Im Juli 1984 erhielt Rudolf Ma. von seinem Bruder Günter einen als Beweismittel vorliegenden Brief, in dem er in abgedeckter Form unter Verwendung des Kennworts »Tanja« aufgefordert wurde, vorläufig keine weiteren geheimschriftlichen Briefe zu übersenden bis eine persönliche Rücksprache erfolgt war. Als Grund für diese Aufforderung war zu sehen, dass die Qualität der Geheimschriftbriefe nicht den Anforderungen des BND entsprach. Aus diesem Grund reiste Günter Ma. am 27. Dezember 1984 nach Glauchau ein, und noch am gleichen Tag fand im Bungalow das Gespräch mit nachrichtendienstlichem Inhalt statt, woraufhin die Festnahme der Agenturen erfolgte.

Als Beweismittel der nachrichtendienstlichen Tätigkeit des Rudolf Ma. lagen vor beziehungsweise konnten erarbeitet werden:

- eigene Aussagen des Rudolf Ma.,
- Aussagen des in einem abgetrennten Ermittlungsverfahren bearbeiteten Bruders Günter Ma.,
- Zeugenaussagen der Ehefrau von Rudolf Ma. und eines weiteren in Glauchau wohnhaften Bruders,
- Beweisgegenstände und Aufzeichnungen (unter anderem Geheimschreibstift, Schreibblock, Zettel mit Anschriften von zwei Deckadressen, zwei Briefe mit relevantem Inhalt),
- Gutachten der Technischen Untersuchungsstelle des MfS zu den nachrichtendienstlichen Hilfsmitteln,
- Auskunft des MfS über die Reisetätigkeit des Bundesbürgers Günter Ma.,
- Auskunft des MfS über die Reisetätigkeit des DDR-Bürgers Rudolf Ma.,

- Fotodokumentation über die Durchsuchung der Wohnräume sowie des Verstecks der nachrichtendienstlichen Hilfsmittel.

Als Beweismittel zur nachrichtendienstlichen Tätigkeit von Günter Ma. lagen vor beziehungsweise konnten erarbeitet werden:

- eigene Aussagen von Günter Ma.,
- Aussagen des in einem abgetrennten Ermittlungsverfahren bearbeiteten Bruders Rudolf Ma.,
- Auskünfte des MfS über eigene durchgeführte Reisen und durchgeführte Reisen des Bruders,
- Beweisgegenstände und Aufzeichnungen (unter anderem Kalender 1984 mit geheimschriftlichen Eintragungen, Pkw Mercedes 230 E, Fotoapparat »Agfamatic 3000«, 300 DM in Scheinen zu je 20 DM),
- im Verfahren gegen den Bruder Rudolf Ma. oben genannte Beweisgegenstände.

Die als inoffizielle Beweismittel vorhandenen IM-Berichte, Beobachtungsergebnisse, Auswertungen technischer Maßnahmen usw. entsprachen nicht den gemäß § 24 (1) StPO zulässigen Beweismitteln im Ermittlungsverfahren. Daraus resultierte die Notwendigkeit, die inoffiziellen Beweismittel durch geeignete Maßnahmen zu offizialisieren, damit sie als zulässige und verwertbare Beweismittel genutzt werden konnten.

Bei der Beweisführung war zu gewährleisten, dass den Verdächtigen und anderen am Ermittlungs- beziehungsweise Gerichtsverfahren beteiligten Personen die Arbeitsmethoden und Maßnahmen der Sicherung der Beweise durch das MfS nicht offenbart werden.

Bei den Vernehmungen im Ermittlungsverfahren gab der Günter Ma. an, dass er unter Druck zur Zusammenarbeit mit dem BND angeworben wurde. Die Grundlage dafür bildete ein nicht offiziell bekannt gewordener, unter Alkoholeinfluss verschuldeter Verkehrsunfall und ein in diesem Zusammenhang durchgeführter Versicherungsbetrug. Gleichzeitig nutzte der BND die außerordentlich hohe materielle Interessiertheit des Günter Ma. für die Zusammenarbeit.

Weiterhin wurden folgende Angriffsrichtungen im Ermittlungsverfahren herausgearbeitet:

- GSSD-Objekt Glauchau,
- Radarobjekte im Raum Glauchau,
- Verladerampen auf den Güterbahnhöfen in Glauchau und Mosel,
- Panzerreparaturwerkstatt der GSSD in Oberlungwitz,
- Kasernenobjekte der NVA und der GSSD in Zwickau,
- Militärobjekte im Wald zwischen Mosel und Schindmaß,
- Luftabwehreinheiten im Raum Glauchau (nicht näher definiert),
- Militärtransporte auf Straße und Schiene,
- Kreisdienststelle für Staatssicherheit Glauchau,
- Betriebskampfgruppen.

Zu den militärischen Objekten und Bewegungen hatten die BND-Agenturen nachfolgend aufgeführte Feststellungen zu treffen:

- Belegung der Kasernenobjekte (Waffengattung, Stärke, Technik),
- Einsichtmöglichkeiten in Militärobjekte,
- Art und Anzahl der Verladerampen (Eignung zur Verladung schwerer Technik, Anzahl und Verlauf der Gleise, Unterbau des Gleiskörpers, Zustand der Straßen zum Verladebahnhof),
- militärische Bewegungen (wann und wo festgestellt, in welche Richtung fahrend, welche Technik/Waffengattung),
- Einberufung von Reservisten,
- Einführung und Stationierung neuer Kampftechnik.

Besonderes Interesse zeigte der BND an der Feststellung

der Einführung und Stationierung des neuen Panzertyps T-80, wobei Ort, Zeitpunkt und Nummerierung der Panzer aufgeklärt sowie die genaue Charakterisierung der äußeren Unterscheidungsmerkmale zu anderen Panzertypen (Laufrollen, Nachtsichtgerät, Rohrverdickungen) vorgenommen werden sollten.

Neben der Hauptangriffsrichtung Militärspionage wurden durch die Spione auch Aufträge zur Erkundung ökonomischer und politischer Details realisiert, die zusammengefasst Folgendes zum Inhalt hatten:

- Uranhalde in Crossen bei Zwickau (werden Uranrückstände gewonnen, Abtransport in welche Richtung, Absicherung der Transporte),
- Nutzung privater Lkw durch staatliche Auflagen,
- Lohnsystem der DDR,
- Arbeitslose in der DDR,
- Versorgungslage in der DDR (unter anderem mit Baumaterialien, Medikamenten, Lebensmitteln),
- Stimmung in der Bevölkerung,
- Beschaffung von Kartenmaterial (Stadtpläne usw.).

Dazu erhielt Rudolf Ma. vom BND den Auftrag, in die Bundesrepublik adressierte Briefe von der DDR aus zum Versand zu bringen. Er sollte über einen Verwandten in der DDR, der bei der Post tätig war, in Erfahrung bringen, wo die Briefe und Päckchen in der DDR zusammenlaufen und kontrolliert werden.

Bei seinem Aufenthalt im Januar 1984 in Glauchau fotografierte Günter Ma. auftragsgemäß seine Brüder und übergab diese Fotos dem BND zur Auswertung. Ebenfalls im Januar 1984 bot Rudolf Ma. seinem Bruder Günter aus eigener Initiative als sogenannte »erste Arbeit« für den BND circa zehn Blatt Anweisungen der Zivilverteidigung der DDR (»Die Auswahl und das Anlegen von Schutzräumen in Wohnhäusern«) zur Fotodokumentation an. Diese Anweisung hatte sich Rudolf Ma. von seinem in Glauchau lebenden Bruder im Dezember 1983 geliehen. Die Agenten-Brüder fertigten von diesen Unterlagen der Zivilverteidigung sowie vom Wehrdienstausweis eines Stiefbruders arbeitsteilig, mittels Sofortbildkamera, Fotos an, die dem BND übergeben wurden.

Zwischen dem BND-Verbindungsführer und Günter Ma. wurde die Zusammenarbeit über persönliche Treffs realisiert. Der letzte Treff fand am 10. Dezember 1984 statt. Die Zusammenkünfte wurden grundsätzlich telefonisch durch den BND-Mitarbeiter vereinbart, wobei dieser Günter Ma. zu Hause, auf dessen Arbeit oder in seinem Dienstfahrzeug anrief. Seit Ende 1984 wurden die telefonisch durchgegebenen Treffdaten codiert. Zum eigentlichen Treffdatum wurden dann zwei Tage hinzugezählt. Treffobjekte waren Gaststätten, Hotels sowie die Wohnung von Günter Ma. Zur Verbindungsaufnahme zum BND-Angehörigen (bei Abmeldungen beziehungsweise Rückmeldungen in die/aus der DDR) stand eine Telefonnummer unter der Vorwahl 07121 in Reutlingen (automatischer Anrufbeantworter) zur Verfügung.

Der DDR-Bürger Rudolf Ma. wurde wie erwähnt am 30. März 1984 durch seinen Bruder dem BND zugeführt. Die Werbung, Instruierung und Auftragserteilung fand in der Wohnung des Günter Ma. in Backnang statt. Bereits während des Werbegesprächs übermittelte Rudolf Ma. dem BND-Mitarbeiter Informationen zu Militärobjekten, Ausrüstungen der Objekte, Bewegungen von Militärkolonnen, Transport von Uranerzen und zu den Betriebskampfgruppen.

Durch den BND-Verbindungsführer wurde Rudolf Ma. in der Anfertigung von Spionagebriefen unter Anwendung des Kontaktverfahrens unterwiesen und fertigte im Beisein des Geheimdienstlers einen Geheimschriftbrief zur Probe an. Anhand von Waffenerkennungstafeln wurde der DDR-Bürger vom BND-Mitarbeiter in der Bestimmung von Militärtechnik, insbesondere Panzerfahrzeugen, unterwiesen. Der Treff der Brüder Ma. mit dem Abgesandten des BND dauerte circa zwei Stunden.

Zur nachrichtendienstlichen Verbindungshaltung übergab der BND-Mitarbeiter folgende nachrichtendienstliche Hilfsmittel:

- einen präparierten Bleistift mit grünem Holzschaft,
- einen Schreibblock bundesdeutscher Produktion (angeblich Spezialpapier),
- einen Zettel mit zwei Deckadressen im Postbezirk 7 der Bundesrepublik.

Rudolf Ma. wurde angewiesen, Bleistift und Schreibblock in getrennten Behältnissen in die DDR einzuführen und sich die Deckadressen einzuprägen. Zur Anfertigung des Geheimschrift- und Tarntextes der Spionagebriefe erhielt »Olberg« folgende Instruktion:

- ein Blatt A4 aus dem vom BND übergebenen Schreibblock westlicher Produktion verwenden,
- das Blatt auf A6-Format falten, so dass vier gleiche Felder nach dem Auseinanderfalten entstehen,
- den präparierten Bleistift vor Anfertigung der Geheimschrift anspitzen,
- das Blatt auf eine harte Unterlage legen und die Spionageinformationen mit dem speziell präparierten Bleistift in die beiden oberen Felder und das linke untere Feld auftragen, das rechte untere Feld bleibt unbeschriftet,
- ein weiteres Blatt einseitig mit einem Tarntext beschriften,
- auf die Vorderseite des Blattes mit der Spionageinformation die unbeschriebene Rückseite des Blattes mit dem Tarntext deckungsgleich (DIN A4) auflegen,
- die aufeinanderliegenden Blätter mit einer harten

Platte und einigen Büchern beschweren und circa 10 bis 15 Minuten liegen lassen,

- danach sind die Blätter zu trennen und das Blatt mit der sichtbaren Spionageinformation zu vernichten.
- Anfertigen eines Tarntextes und des Briefumschlags:
- ein Blatt A4 einseitig mit einem belanglosen Text beschriften,
- Anrede im Briefkopf muss mit dem Namen der Empfängeranschrift übereinstimmen,
- Unterschriftsformel muss mit dem gewählten Absendernamen übereinstimmen,
- nicht existente Familiennamen im Absender verwenden,
- existente Straße und Hausnummer aus dem Aufgabeort wählen,
- Aufgabeort des Briefes soll niemals Wohnort sein,
- Deckadressen im Wechsel verwenden.

Reaktionen des BND über die Qualität der eingegangenen Spionagebriefe wurden über die Privatkorrespondenz zwischen Günter und Rudolf Ma. übermittelt. Dazu wurde vereinbart, dass alle Textpassagen, die sich auf die Schularbeiten der Kinder des jeweiligen Schreibers bezogen, verdeckte nachrichtendienstliche Informationen enthielten.

Das Militärobergericht Berlin verurteilte am 16. August 1985 den Bundesbürger Günter Ma. wegen langjähriger umfangreicher Militärspionage gegen die DDR gemäß §§ 98 und 108 StGB zu dreizehn Jahren Freiheitsentzug. Am 26. August 1985 wurde der DDR-Bürger Rudolf Ma. gleichfalls vom Militärobergericht Berlin gemäß §§ 98 und 108 sowie § 225 (1) Ziffer 2 StGB in Verbindung mit § 98 StGB zu acht Jahren Freiheitsentzug verurteilt.

3. Kapitel

ABWEHRBEREICH DIPLOMATISCHE VERTRETUNGEN

Allgemeines

Die diplomatische Tätigkeit wird als Bestandteil der Gesamtheit aller Aktivitäten zur Lösung außenpolitischer Fragen über offizielle Beziehungen zu anderen Staaten charakterisiert. Die diplomatische Tätigkeit beinhaltet die Aufgaben der Staatsoberhäupter, der Regierungen, der Organe für auswärtige Beziehungen und der diplomatischen Vertretungen, um auf der Grundlage von Kontakten und Verbindungen mit Hilfe von Verhandlungen, Schriftwechsel und anderen friedlichen Mitteln die Ziele und Aufgaben der Außenpolitik im Interesse der herrschenden Klasse zu verwirklichen sowie den Schutz und die Interessen des jeweiligen Staates im Ausland zu gewährleisten.

Zu den hauptsächlichen Formen der diplomatischen Tätigkeit in einem anderen Staat gehören:

- die ständige Vertretung der Staaten durch diplomatische Missionen, die Ausübung von diplomatischen und konsularischen Funktionen im Aufenthaltsstaat, in enger Verbindung mit dem dortigen Außenministerium und anderen Organen;
- Diplomatische Konferenzen, Kongresse und Beratungen sowie periodische zwei- und mehrseitige Konsultationen aller Ebenen;
- die Erläuterung der außenpolitischen Haltung des je-

weiligen Staates zu bestimmten Fragen in den Massenmedien sowie durch diplomatische Korrespondenz;
- die Vorbereitung, Verhandlung, der Abschluss sowie
die Kündigung zwei- und mehrseitiger Verträge;
- die Vorbereitung gegenseitiger Staatsbesuche führender Repräsentanten.

Mit Hilfe der Diplomatie wird auf die Entwicklung der
Beziehungen zu anderen Staaten aktiv eingewirkt, wird
die Erweiterung und Vertiefung dieser Beziehungen unterstützt und somit ihre Perspektive beeinflusst.

Im Artikel 3 Ziffer 1 der Wiener Konvention über diplomatische Beziehungen (WDK) vom 18. April 1961 sind
diese Funktionen wie folgt umrissen:

Die Missionen haben

- den Entsendestaat im Empfangsstaat zu vertreten,
- die Interessen des Entsendestaats und seiner Staatsbürger im Empfangsstaat innerhalb der vom Völker-
recht gesetzten Grenzen zu schützen,
- mit der Regierung des Empfangsstaats zu verhandeln,
- sich mit allen gesetzlich zulässigen Mitteln über die
Lage und die Entwicklung im Empfangsstaat zu informieren und darüber an die Regierung des Entsendestaats zu berichten,
- freundschaftliche Beziehungen zwischen dem Entsendestaat und dem Empfangsstaat zu fördern und die
gegenseitigen Beziehungen auf dem Gebiet der Wirtschaft, der Kultur sowie der Wissenschaft zwischen
beiden Staaten zu entwickeln.[301]

---

301 Vgl.: Hans-Jürgen Mirus: Abschlussarbeit im postgradualen
Studium: »Zur Differenzierung operativ erarbeiteter Kontak-
te/Verbindungen von Bürgern der DDR zu bevorrechteten
Personen nichtsozialistischer und anderer politisch-operativ
interessierenden Staaten, deren politisch-operative Kontrolle,
Aufklärung und Bearbeitung«. BStU ZA MfS JHS Nr. 20920,
Bl. 7 ff.

Gerade zu den letzten beiden Aspekten gab es bis 1989 in der Auslegung des allgemeinen demokratischen Völkerrechts unterschiedliche Auffassungen und Standpunkte und damit innerstaatliche Festlegungen in den einzelnen Staaten, die oftmals Gegenstand von Auseinandersetzungen, Forderungen und Gegenforderungen darstellten, da westliche Staaten nach Auffassung des MfS hier ihre Freiräume einer ungehinderten und auf Missbrauch ausgerichteten Kontaktpolitik sahen. Diese Auseinandersetzungen waren für die Staatssicherheit »harter politischer Klassenkampf«[302]. Ursächlich für diese Betrachtung war, dass durch westliche Botschaften immer wieder versucht worden war, die in der DDR festgelegten Grenzen zu überschreiten. Grundsätzlich hatte dabei stets die Politik der SED und des Staates das Primat und bestimmte die Zielstellungen und Maßnahmen in der Arbeit des MfS.

Aus der Wiener Konvention über diplomatische Beziehungen vom 18. April 1961 sowie des Wiener Übereinkommens über konsularische Beziehungen vom 24. April 1963 leitete sich für alle Mitglieder des Personals der Missionen sowie deren Angestellten und Angehörigen die Verpflichtung ab, die Gesetze der DDR zu achten und sich nicht in innere Angelegenheiten einzumischen. Als Eimischung in die inneren Angelegenheiten betrachtete die Staatssicherheit entsprechend dem allgemeinen Völkerrechtsgrundsatz:

- jeden Eingriff in Angelegenheiten, die ausschließlich der Kompetenz der DDR unterlagen, sei es innen- oder außenpolitischer Art;
- die Missachtung oder Verächtlichmachung der Gesellschafts- und politischen Ordnung sowie der Verfassung der DDR;

---

302 Ebd., Bl. 9.

- feindliche Tätigkeit im Sinne von Spionage im Speziellen und Subversion in umfassender Art gegen die
DDR.[303]

Die umfassende völkerrechtliche Anerkennung der
DDR zu Beginn der 1970er Jahre führte zur Einrichtung
diplomatischer Vertretungen der Staaten in der DDR,
mit denen die DDR völkerrechtliche Verbindungen aufnahm. Im Jahr 1971 unterhielten 24 Staaten, darunter
10 nichtsozialistische Staaten, diplomatische Vertretungen in der DDR. Drei Jahre später, 1974, waren es bereits
97 Staaten, darunter 14 NATO-Staaten sowie 68 andere
nichtsozialistische Staaten.

1986 hatte die DDR mit 132 Staaten diplomatische Verbindungen aufgenommen. Zu diesem Zeitpunkt waren
in der DDR diplomatische Vertreter aus 107 dieser Staaten akkreditiert. Darunter befanden sich 33 Staaten, die
sich durch ihre diplomatischen Vertretungen in anderen
Staaten in der DDR vertreten ließen (Zweitakkreditie-
rungen).

Die akkreditierten diplomatischen Vertreter repräsentierten:

- 15 sozialistische Staaten,
- 6 Nationalstaaten mit sozialistischer Orientierung,
- 15 NATO-Staaten,
- 71 andere nichtsozialistische Staaten.

Hinzu kamen drei Vertretungen aus nationalen Befrei-
ungsbewegungen. Damit befanden sich per 1. Juni 1986
insgesamt 6.953 Mitarbeiter diplomatischer Vertretungen und deren Familienangehörige in der DDR. Auch
die Anzahl ihrer Fahrzeuge war nicht unbeträchtlich.
Der Bestand an Diplomaten- und Botschaftsfahrzeugen
belief sich auf circa 3.000 Kfz.[304]

---

303 Vgl.: Ebd., Bl. 9 f.

304 Vgl.: Referat des Leiters der Hauptabteilung II auf der Dienst-

Die Staatssicherheit hatte hinsichtlich diplomatischer Vertretungen und bevorrechteter Personen folgende drei wesentliche Kernaufgaben zu realisieren:

1. Im Rahmen der alle Organe des Staates betreffenden Aufgaben galt speziell für die Tätigkeit des MfS, die Rechte der Vertretungen und bevorrechteter Personen zu gewähren, einschließlich deren wirksamen Schutz vor terroristischen Gewaltakten, Erpressungen, Entführungen und allen anderen rechtswidrigen Beeinträchtigungen sowie die Aufdeckung und Bekämpfung feindlicher Pläne, Absichten und Maßnahmen des Missbrauchs der Rechte der Vertretungen und bevorrechteten Personen aus nichtsozialistischen und anderen operativ interessierenden Staaten für subversive Handlungen.

2. Das MfS hatte Versuche des Gegners, insbesondere für die Forcierung der Spionage und anderer Delikte, rechtzeitig aufzuklären und zu bekämpfen.

3. Das MfS hatte darüber hinaus die Aufgabe, vorhandene begünstigende Bedingungen für subversive und kriminelle Handlungen aufzudecken und darauf hinzuwirken, dass die dafür zuständigen Organe für deren Beseitigung sorgten.[305]

Im Detail hatte die HA II folgende Verantwortungsbe-

---

konferenz am 27. Juni 1986 zum Thema: »Qualifizierung der Aufklärungs- und Abwehrarbeit der Diensteinheiten der Linie II gegen die legalen Basen des Feindes in der DDR, vor allem gegen die in den diplomatischen Vertretungen der NATO-Staaten etablierten Geheimdienstmitarbeiter, in Auswertung und zur Durchsetzung der Beschlüsse des XI. Parteitages unserer Partei und der Aufgabenstellungen des Genossen Minister auf der zentralen Parteiaktivtagung im MfS sowie in der Zentralen Planvorgabe für die Jahre 1986–1990«. BStU ZA MfS HA II Nr. 3700, Bl. 19 ff.

305 Vgl.: O. A.: *Geschichte des Ministeriums für Staatssicherheit*, Bd. 2. Hochschule des MfS, Potsdam 1979, S. 809.

reiche zum Schutz und zur Sicherung diplomatischer Vertretungen wahrzunehmen:

1. Militärisch-operativer Wach- und Sicherungsdienst zum zuverlässigen Schutz der Botschaft der UdSSR sowie des Hauses der sowjetischen Wissenschaft und Kultur.

2. Operative Sicherung/Kontrolle und Gewährleistung des Schutzes aller diplomatischen Vertretungen/Objekte sowie ausgewählter Kulturzentren und Dienstleistungsbereiche sowie wichtiger diplomatischer Veranstaltungen, schwerpunktmäßig

   - der Ständigen Vertretung der Bundesrepublik Deutschland,
   - der Botschaft der USA sowie anderer NATO-Hauptländer,
   - lagebedingter zeitweiliger Schwerpunktobjekte,
   - insbesondere durch
   - den Einsatz eigener Sicherungs-, Überwachungs- und Identifizierungskräfte,
   - die Nutzung spezifischer Stützpunkte und technischer Mittel,
   - die Zusammenarbeit mit anderen Diensteinheiten des MfS,
   - das operative Zusammenwirken mit dem Wachkommando Missionsschutz (WKM) des Präsidiums der Volkspolizei (PdVP) Berlin sowie weiteren im Bereich diplomatischer Beziehungen zuständigen Staatsorganen und Struktureinheiten.

3. Führung operativer Grundprozesse im Umfeld-/Anliegerbereich diplomatischer Vertretungen, in Wohn- und Freizeitkonzentrationen sowie innerhalb der Objekt-Umwelt-Beziehungen und im Personalbestand des WKM.[306]

---

306 Vgl.: HA II: Arbeitskonzeption des Bereiches Schutz und Siche-

Innerhalb der HA II wurde 1977 die Abteilung 18 gebildet. Dies erfolgte mit dem Ziel, die Vertretungen anderer Staaten und deren bevorrechtete Personen insbesondere vor Angriffen von Terroristen und anderen Gewalttätern zu schützen. Sie war die zentrale Diensteinheit der HA II, welche aus spezifisch ausgebildeten und vielseitig einsetzbaren operativen Kräften bestand. Der HA II/18 wurden vorrangig folgende Aufgabenstellungen übertragen:

1. Auf der Grundlage von Schutzersuchen anderer Staaten beziehungsweise entsprechender Erfordernisse der Lage

   - präventive Sicherung von Botschaften, Residenzen und Wohnungen sowie Kraftfahrzeugen, auf Ersuchen auch in den entsprechenden Räumlichkeiten,
   - spezifische Sicherung und operative Kontrolle von diplomatischen Veranstaltungen, Ausstellungen und Exkursionen,
   - Begleitung bevorrechteter Personen (Personenschutz) auf entsprechende Ersuchen hin.

2. Einsatz bei operativen Vorkommnissen an und in Vertretungen anderer Staaten beziehungsweise im Zusammenhang mit bevorrechteten Personen mit dem Ziel

   - der Sicherung des Ereignisorts,
   - von unmittelbaren Maßnahmen der Bekämpfung der Täter, bis zum Eintreffen Zentraler Spezifischer Kräfte des MfS (AGM/S),
   - der Schadensverhütung,
   - der Beweismittelsicherung.

3. Vorbeugende operative Sicherung ausländischer Persönlichkeiten/Delegationen bei Aufenthalten in

---

rung diplomatischer Vertretungen vom 12. Juli 1989. BStU ZA MfS HA II, ohne Signatur.

Objekten des Ministeriums für Auswärtige Angelegenheiten (MfAA).

4. Präventive Verhinderung sowie wirksame Unterbindung und Dokumentierung öffentlichkeitswirksamer Demonstrativhandlungen, insbesondere im Umfeld diplomatischer Vertretungen anderer Staaten.

5. Durchführung spezifischer Beobachtungs- und Kontrollmaßnahmen unter Einsatz gedeckter technischer Mittel sowie mit hohen physischen und psychischen Anforderungen an die Einsatzkräfte.

Die HA II/18 hatte 1988 eine Sollstärke von 1 zu 39. Der Einsatz der spezifischen Kräfte der HA II/18 erfolgte grundsätzlich auf Weisung des Leiters der HA II beziehungsweise seines zuständigen Stellvertreters. Die Einsätze waren komplex zu führen mit dem Ziel der

- konsequenten Gewährleistung der Sicherheit der entsprechenden Schutzobjekte,
- Durchführung operativer Kontrollmaßnahmen, insbesondere zur Aufdeckung von Handlungen bedeutsamer Personen im Sicherungsbereich,

unter strikter Beachtung völkerrechtlicher und innerstaatlicher Prinzipien. Es erfolgte eine enge Koordinierung mit den operativen Maßnahmen der verantwortlichen Abteilungen, vorrangig Länderabteilungen der HA II, zur Erreichung eines hohen Nutzens des Einsatzes. Zur Gewährleistung einer schnellen Verfügbarkeit wurde die HA II/18 im Schwerpunktbereich diplomatischer Vertretungen in Berlin-Mitte stationiert. Die Einsatzkräfte erhielten eine verstärkte spezifische Ausbildung, die sich an ihren Aufgaben orientierte. Sie war vorrangig ausgerichtet auf eine

- intensive sportliche Ausbildung mit den Schwerpunkten Zweikampfausbildung, Kraft- und Ausdauertraining zum Erreichen eines hohen physischen und psychischen Leistungsvermögens sowie Risikobereitschaft;

- umfassende Schießausbildung zur Beherrschung der Einsatzwaffen unter den verschiedensten Lagebedingungen, verbunden mit einer spezifischen Geländeausbildung zur Herausbildung von Kämpfern mit überdurchschnittlichen Fähigkeiten und Fertigkeiten;
- operativ-taktische Ausbildung mit dem Schwerpunkt des operativen Handelns, unter Beachtung völkerrechtlicher Grundsätze und Prinzipien (Wiener Diplomatenkonvention), im Zusammenhang mit bevorrechteten Personen;
- Ausbildung zu den operativen Grundprozessen zur Qualifizierung des Einschätzungsvermögens bei entsprechenden Situationen sowie der selbständigen Durchführung unmittelbarer Maßnahmen, unter anderem als Grundlage für den späteren Einsatz anderer Diensteinheiten der HA II.

Entsprechend der Aufgabenstellung und den überwiegenden Einsatzarten im Stadtgebiet wurde die Bewaffnung und Ausrüstung ausgewählt. Die Bewaffnung unterteilte sich in

a) persönliche Waffe des Mitarbeiters, Pistole und MPi 61;

b) Einsatzwaffen der Diensteinheit, die nach Erfordernis an die Kräfte ausgegeben wurden
   - Scharfschützengewehre,
   - MPi Kalaschnikow mit Schalldämpfer,
   - MPi Kalaschnikow mit Nachtsichtgerät,
   - Schrotgewehr zum Verschuss von Spezialmunition sowie von Schrot- und Kugelmunition.

Zum gedeckten Transport der Waffen wurden in eigener Zuständigkeit Container in verschiedenen Varianten hergestellt. Als Nachrichtenmittel fanden UKW-Funksprechgeräte der NVA Verwendung.[307]

---

307 Vgl.: Ausarbeitung zur Untersuchung über die zentralen spe-

Die HA II/18 hatte eine durchgängige, ständige Verfü-
gungsbereitschaft der Einsatzkräfte sicherzustellen. Der
Dienst erfolgte auf der Grundlage des Schichtsystems,
bei gleichzeitiger Sicherung einer kontinuierlichen
und systematischen Ausbildung, welche die ständige
Abrufbereitschaft einer Einsatzgruppe garantierte. Zur
Gewährleistung der ständigen Verfügbarkeit wurden
die Einsatzgruppen vorwiegend für zeitlich begrenzte
operative Maßnahmen eingesetzt.[308]

Legale Basen westlicher Geheimdienste in der DDR

Mit der umfassenden Anerkennung der DDR und der
Einrichtung einer großen Anzahl diplomatischer Vertretungen begann ein völlig neues Kapitel der Arbeit der
Spionageabwehr des MfS. Die veränderte Lage stellte
die Linie II vor wesentlich neue Aufgaben und Anforderungen, zu deren Lösung bis dahin keinerlei eigene
Erfahrungen vorhanden waren.

Um den neuen Auftrag realisieren zu können, sammelte
die HA II bei der II. Hauptverwaltung des KfS der UdSSR
erste Erkenntnisse hinsichtlich der Aufklärungs- und
Abwehrarbeit gegen die legalen Basen des nachrichtendienstlichen Gegners. Dabei vermittelten die sowjetischen Abwehrspezialisten grundlegende Erkenntnisse
zur Stellung, Rolle und Funktion der legalen Basen der

---

zifischen Kräfte (Abt. 18) der Hauptabteilung II vom 25. Mai
1988. BStU ZA MfS HA II Nr. 27649, Bl. 23–26.

308 Vgl.: HA II/18: Vorschlag zur weiteren Entwicklung der Abteilung 18, ohne Datum (handschriftlicher Vermerk »am 13.9.85
an Gen. Oertel geschickt«). BStU ZA MfS HA II Nr. 27649, Bl. 1.

Geheimdienste in den Sozialistischen Staaten.[309] Die von legalen Basen und Positionen aus geführten nachrichtendienstlichen Aktivitäten konnten sich gegen das Akkreditierungs- beziehungsweise Gastland, aber auch gegen Drittstaaten richten.

Das MfS betrachtete legale Basen und Positionen als offizielle Einrichtungen und Personen eines Landes, »die sich auf der Grundlage abgeschlossener bilateraler Verträge und Vereinbarungen zur Realisierung politischer, kommerzieller und gesellschaftlicher Aufgaben auf dem Territorium eines anderen Staates befinden oder aufhalten und denen ihrem Status entsprechende differenzierte Rechte, Arbeits- und Bewegungsmöglichkeiten gewährt werden«.[310]

Möller und Stuchly definierten den Begriff legale Basen wie folgt: »Wenn Geheimdienstmitarbeiter in Vertretungen ihrer Staaten im Ausland tätig sind und von hier aus Aktivitäten für ihre Geheimdienste unternehmen, wird das als Geheimdienstarbeit von legalen Basen aus bezeichnet, womit die Vertretungen selbst nicht automatisch zu Außenstellen deklariert werden können.«[311] Legale Basen und Positionen konnten beispielsweise in diplomatischen Vertretungen, Journalistenbüros, Handelsvertretungen, Kulturzentren, Flugbüros vorhanden sein. Die Nutzung legaler Basen und Positionen durch die westlichen Geheimdienste wurde dadurch charakterisiert, dass

---

309 Vgl.: Referat des Leiters der Hauptabteilung II auf der Dienstkonferenz am 27. Juni 1986, Bl. 17 f.

310 Lehrbuch: *Die imperialistischen Geheimdienste in der Gegenwart*. Teil II. Juristische Hochschule Potsdam, 1988, S. 260.

311 Günter Möller, Wolfgang Stuchly: »Zur Spionageabwehr (HA II im MfS/Abt. II der BV)«. In: Reinhard Grimmer, Werner Irmler, Willi Opitz, Wolfgang Schwanitz (Hrsg.): *Die Sicherheit. Zur Abwehrarbeit des MfS*, Bd. 1. Berlin 2003, S. 536.

- die Schaffung von Tätigkeitsmöglichkeiten direkt in den Zielländern beziehungsweise in deren unmittelbarer Nähe erfolgte,
- in der Regel besonders regimetreue, speziell ausgebildete und auf eine Tätigkeit im Ausland vorbereitete geheimdienstliche Kräfte zum Einsatz gelangten,
- der Einsatz hauptamtlicher Kräfte und zum Teil ganzer Struktureinheiten der Geheimdienste direkt an den Angriffsschwerpunkten möglich war,
- vorhandene legale Möglichkeiten zur sicheren Gestaltung des nachrichtendienstlichen Verbindungswesens genutzt wurden.

Die Aktivitäten zur geheimdienstlichen Nutzung solcher Möglichkeiten wurden seit Anfang der 1970er Jahre durch die Dienste stark forciert. Im Stellvertreterbereich des Direktors für Operationen in der CIA wurde eigens für diese Aufgabenstellung ein »Stab für inoffizielle Abdeckungen« gebildet. Dieser Stab unterhielt Kontakte zu den Einrichtungen in den USA, die auf der Grundlage vertraglicher Beziehungen mit der CIA für Geheimdienstmitarbeiter Arbeitsplätze in ihren Auslandsobjekten zur Verfügung stellten.

Mit der Nutzung solcher Möglichkeiten wollten die Geheimdienste nach Erkenntnissen des MfS besonders nachhaltig die Effektivität ihrer Tätigkeit sichern. Einerseits beabsichtigten sie, die geheimdienstlichen Verbindungen zu Spitzenquellen im Staats- und Parteiapparat und zu nachrichtendienstlich relevanten Gruppierungen sowie die Steuerung geheimdienstlicher Aktionen und Sonderoperationen bei Notwendigkeit über diese legalen Basen und Positionen zu realisieren. Damit wurden direkte Beziehungen der Agenturen zu diplomatischen Vertretungen, Korrespondenten und militärischen Einrichtungen vermieden, um einen höheren Grad der Tarnung der Agenten und ihrer Verbindungswege zu erreichen. Die westlichen Dienste stellten in Rechnung, dass vom Prinzip her die Existenz geheimdienstlicher Residenturen in den diplomatischen Vertretungen ihrer Staaten bekannt ist und diese von der Abwehr des Gastlands einer starken Bewachung unterlagen. Andererseits wurde durch die Geheimdienste damit gerechnet, dass bei einem möglichen Abbruch der diplomatischen Beziehungen und dem damit verbundenen Abzug ihrer Residentur auch in Spannungszeiten ein Teil der legalen Basen und Positionen in dem betreffenden Staat erhalten blieben.[312]

Die Staatssicherheit ging davon aus, dass die Nutzung der diplomatischen Vertretungen und ihres Personals eine bedeutende Rolle für die westlichen Geheimdienste spielte. Objektiv boten die diplomatischen Vertretungen westlicher Staaten durch den bedeutenden Status, die Struktur- und Organisationsformen, ihr Kommunikationssystem (Funk- beziehungsweise Kurierverbindung) gute Voraussetzungen für die Tätigkeit der Geheimdienste. Die Nutzung dieser legalen Basen erfolgte durch den unmittelbaren Einsatz sowohl von einzelnen als auch von gleichzeitig mehreren Geheimdienstmitarbeitern in den diplomatischen Vertretungen und die direkte beziehungsweise indirekte Einbeziehung ihres Personals zur Lösung nachrichtendienstlicher Aufgaben.[313]

So hatte die CIA in den 1980er Jahren in über 100 Ländern Residenturen. In der CIA-Residentur in Bonn waren nach Erkenntnissen des MfS über 70 Geheimdienstmitarbeiter tätig. In einigen besonders interessanten Ländern, beispielsweise im lateinamerikanischen Raum,

---

312 Vgl.: Lehrbuch: *Die imperialistischen Geheimdienste in der Gegenwart*. Teil II, S. 261 ff.

313 Vgl.: Ebd., S. 264 f.

war das Botschaftspersonal zur Hälfte von CIA-Mitarbeitern durchsetzt. Im Jahr 1974 waren nach Angaben des MfS von den 5.435 Angehörigen des Auswärtigen Dienstes, die im Ausland tätig waren, in Wirklichkeit ein Viertel Mitarbeiter der CIA.[314]

Zur Realisierung der geheimdienstlichen Nutzung bestanden zwischen den Chefetagen der Geheimdienste, insbesondere denen der Aufklärungsdienste, und den entsprechenden Organen und Einrichtungen ihres Staates vertragliche Regelungen und Vereinbarungen. In der Bundesrepublik wurde 1973 eine »Vereinbarung über die Zusammenarbeit zwischen dem Auswärtigen Amt (AA) und dem Bundesnachrichtendienst (BND)« geschlossen, in der die gegenseitige Unterstützung und Zusammenarbeit, vorwiegend bezogen auf den Informationsaustausch, die Gewährleistung der Sicherheit des AA und der Einsatz von Geheimdienstmitarbeitern in Auslandsvertretungen geregelt wurde. Ähnliche Vereinbarungen bestanden zwischen dem britischen Auslandsnachrichtendienst SIS und dem britischen Außenministerium sowie zwischen dem Direktor der CIA und dem Außenministerium der USA. Eine Vielzahl traditioneller, funktioneller und personeller Verflechtungen zwischen den Aufklärungsdiensten und den außenpolitischen Staatsmechanismen begünstigte die Nutzung dieser Einrichtungen für geheimdienstliche Zwecke.

In zunehmendem Maße wurden Residenturen von Aufklärungsdiensten in den Auslandsvertretungen (Botschaften, Konsulate) westlicher Staaten installiert, deren materielle und personelle Ausstattung sowie deren Struktur sich nach den durch die westlichen Geheimdienste zu realisierenden konkreten Aufgaben, den objektiven Möglichkeiten ihrer Realisierung, den

---

314 Vgl.: Ebd., S. 265.

Bedingungen für die Tarnung der Geheimdienstmitarbeiter, den Umfang der zu steuernden geheimdienstlichen Kräfte sowie den Beziehungen zwischen dem Gastland und dem Entsendestaat richteten. Mit Wissen und Unterstützung des Außenministeriums des Entsendestaats wurden Geheimdienstmitarbeiter zum Einsatz gebracht, die unter diplomatischer Abdeckung in dem jeweiligen Gastland nachrichtendienstliche Aufgaben durchführten. In erster Linie erfüllten die Geheimdienstmitarbeiter einer Residentur ihre nachrichtendienstliche Aufgabenstellung. Nur aufgrund besonderer Vereinbarungen oder bei vorübergehenden Vertretungen beziehungsweise Einzelaufträgen durften sie mit diplomatisch-konsularischen Aufgaben betraut werden. Die Residenturen unterstanden direkt der Zentrale ihres Geheimdienstes. In besonderen Fällen hatten die Leiter der Residenturen eine direkte Verbindung zum Leiter ihres Geheimdienstes oder dessen Stellvertreter. Für jede Residentur wurden in der Zentrale des Geheimdienstes Pläne beziehungsweise Einsatzdirektiven erarbeitet, deren politische Zielstellung häufig auf höchster Ebene mit dem Außenministerium abgestimmt worden war. Zwischen der Residentur und der Zentrale erfolgten regelmäßige Konsultationen. Alle nachrichtendienstlichen Aktionen und Sonderoperationen bedurften der Zustimmung der jeweiligen Zentrale. Zu den Aufgaben der Residenturen in den Botschaften gehörten:
- die Realisierung einer komplexen Spionagetätigkeit, insbesondere durch Eigenerkundung und Abschöpfung sowie Werbung und Steuerung von Agenturen, die Analyse offiziell zugänglicher Informationen (»offene Quellen«) sowie die Instalierung und Betreibung funktechnischer und funkelektronischer Spionagemittel vom Botschaftsgebäude sowie anderen Einrichtungen der diplomatischen Vertretung aus;

- die Werbung und Steuerung von weiteren Agenten und anderen geheimdienstlichen Kräften im Zielland;
- die gezielte Einflussnahme auf nachrichtendienstlich relevante Kräfte;
- die unmittelbare Vorbereitung und Steuerung geheimdienstlicher Aktionen und Sonderoperationen;
- gemeinsame Maßnahmen mit »Partnerdiensten«.
- In den Staaten, in denen die Kräfte einer Residentur mit schlagkräftigen Abwehrorganen konfrontiert wurden, erfolgte die Durchführung von Scheinaktionen. Solche Scheinaktionen konnten beispielsweise längere, nicht erklärbare Bewegungsabläufe mit speziellem Absicherungsverhalten, Fahrten mehrerer Residenturangehöriger zugleich beziehungsweise kurz hintereinander oder das Aufsuchen relevanter Gebiete sein. Damit wurde beabsichtigt, die Reaktionen der Spionageabwehr zu testen und von tatsächlichen Absichten und Aktivitäten abzulenken.

Die Strukturen von Residenturen westlicher Geheimdienste ähnelten sich. In einigen Botschaften war zum Beispiel die CIA-Residentur unter einer Tarnbezeichnung als selbständige Abteilung tätig. Dies betraf vornehmlich Botschaften in solchen Staaten, mit denen der Entsendestaat gemeinsame Interessen verband.

Die Residentur wurde vom Residenten geleitet. Der Resident, oft in gehobener diplomatischer Stellung, stand in enger Verbindung zum Botschafter und hatte ihm gegenüber gleichzeitig eine Art Beraterfunktion. Er leitete die Angehörigen der Residentur an und trug die Verantwortung für die gesamte Tätigkeit der Residentur. Von der Persönlichkeit des Residenten hing häufig die Stellung der Residentur im Gefüge der Botschaft ab. Bei Beziehungen zu Partnerdiensten galt der Resident als höchster Repräsentant seines Geheimdienstes.

Der größte Teil der Residenturangehörigen war in der

Regel in der politischen Abteilung der Botschaft eingesetzt, da diese mit ihrem breiten und nicht eindeutig
abzugrenzenden Spektrum der Aufgabenstellung die
besten Tarnungsmöglichkeiten sowie die größten Hand-
lungs- und Bewegungsfreiheiten bot. Entsprechend der
konkreten nachrichtendienstlichen Aufgabenstellung
erfolgte der Einsatz von Kräften der Residentur auch in
anderen Bereichen der Botschaft, wie beispielsweise in
der Abteilung Presse und Kultur sowie im Konsularbe-
reich, wo gute Möglichkeiten zur Kontaktarbeit und zur
Personenaufklärung bestanden, oder auch in der Wirtschaftsabteilung mit ihren günstigen Voraussetzungen
zur ökonomischen Spionage.

Ein weiterer durch die westlichen Dienste genutzter Bereich in diplomatischen Vertretungen ihrer Staaten war
der Militärattachéapparat. Die Militärattachés waren
zumeist als Angehörige ihrer Botschaft beim Verteidi-
gungsministerium des Gastlands akkreditiert. Bei mehreren akkreditierten Attachés der einzelnen Teilstreit-
kräfte wurde ein Attaché als Militärattaché eingesetzt,
der damit der höchste akkreditierte Repräsentant der
Armee seines Landes war und die Gesamtverantwortung
trug. Die Attachés der Land-, Luft- und Seestreitkräfte
wurden vom MfS als entscheidende Kräfte des in den
Auslandsvertretungen westlicher Staaten existierenden
geheimdienstlichen Auslandsapparats betrachtet. Ihre
nachrichtendienstlichen Aktivitäten wurden durch den
Militärattaché koordiniert.

Das Personal in den Residenturen bestand in der
Mehrzahl aus erfahrenen und gut ausgebildeten Geheimdienstlern. Sie beherrschten zumeist die jeweilige
Landessprache und besaßen Kenntnisse zur geografischen, historischen, politischen und ökonomischen
Entwicklung sowie der konkreten Situation im jeweiligen Gastland.

Die vorrangige Erfüllung der nachrichtendienstlichen Aufgaben erforderte von allen zur Residentur gehörenden Mitarbeitern eine Reihe von Handlungsabläufen beziehungsweise Verhaltensweisen, die sie in einen Widerspruch zu ihrer Abdeckung als Diplomat bringen konnten, wie zum Beispiel ihrer diplomatischen Abdeckung nicht entsprechende beziehungsweise fehlende Fachkenntnisse oder fehlende offizielle Gesprächspartner, das Inanspruchnehmen besonderer Privilegien gegenüber gleichrangigen oder höhergestellten Diplomaten, der ständige Umgang mit erkannten Geheimdienstmitarbeitern und ein gemäß ihrer diplomatischen Abdeckung nicht erforderliches geheimdienstliches Absicherungsverhalten. Trotz vielfältiger Maßnahmen zur Konspirierung der geheimdienstlichen Aktivitäten durch ein den Diplomaten entsprechendes Auftreten und Verhalten sowie diplomatischer Tätigkeiten ließen sich Widersprüche gegenüber der Spionageabwehr des Gastlands nicht völlig ausschalten.

Zur Realisierung der nachrichtendienstlichen Aufgaben nutzten die als Diplomaten abgedeckten Angehörigen der Residentur zum einen die Möglichkeiten der eigenen Auslandsvertretung, zum anderen aber auch die umfangreichen Möglichkeiten des gesamten diplomatischen Korps im Akkreditierungsland. Dazu zählten insbesondere offizielle diplomatische und botschaftsinterne Veranstaltungen, die gemeinsame Freizeitgestaltung, die Möglichkeiten des diplomatischen Gesellschaftsclubs und die fast in allen Ländern im diplomatischen Bereich existierenden internationalen Frauenclubs. Dabei war bedeutsam, dass in den Leitungsgremien dieser Clubs oftmals die als Diplomaten getarnten Geheimdienstler oder deren Ehefrauen tätig waren. Die nachrichtendienstlichen Maßnahmen der Residenturmitarbeiter, unter Nutzung dieser Veranstaltungen, Organisationen und in der Freizeit, bezogen sich sowohl auf teilnehmende Personen aus dem Gastland als auch auf Angehörige der eigenen beziehungsweise fremder Botschaften. Sie wurden insbesondere genutzt, um ansprechbare Personen zu suchen, auszuwählen, aufzuklären und zu beeinflussen, Treffs mit oppositionellen oder anderen dem politischen Untergrund zuzuordnenden Kräften durchzuführen und Informationen zu erarbeiten. Diese geheimdienstlichen Aufgaben, insbesondere die Informationsgewinnung, wurden von den Angehörigen der Residentur, durch die direkte und bewusste Einbeziehung einzelner Diplomaten und durch Diplomaten, die ohne ihr Wissen nachrichtendienstlich genutzt wurden, realisiert. Das erfolgte dadurch, dass die Geheimdienste sowohl über ihre Außenministerien als auch über ihre Residenturen den Leitern der ökonomischen, militärischen und politischen Bereiche in der Botschaft spezielle Informationsinteressen zuwiesen, die über diesen Leitungsmechanismus, insbesondere an die Diplomaten herangetragen wurden, die nichts mit den »unsauberen Machenschaften« der Geheimdienste zu tun haben wollten.

In einer Instruktion des britischen SIS hinsichtlich der gegenseitigen Beziehungen mit dem Außenministerium und anderen Regierungsverwaltungen wurde unter anderem darauf verwiesen, dass in der Führung des Außenministeriums Übereinstimmung besteht, dass die Mitarbeiter des Außenministeriums für geheime Operationen des SIS genutzt werden konnten.

Diplomatische Vertretungen wurden auch genutzt, um die sogenannten offenen Quellen allumfassend zu erschließen und dem Geheimdienst zugänglich zu machen. Diese offenen Informationsbereiche wurden systematisch durch die diplomatischen Vertretungen und weitere im Ausland tätige Einrichtungen erschlossen, ihr Informationsgehalt analysiert und eingeschätzt. Bei Bedarf wurden Zeitungen, Zeitschriften und weitere Druckerzeugnisse abonniert und den Geheimdienstzentralen zugeleitet. In der Zentrale des Dienstes wurden die erhaltenen Materialien weiter ausgewertet, mit anderen Informationen verglichen, aufbereitet und gespeichert. Die Auswertung offener Quellen erfolgte im Wesentlichen in drei Richtungen:

1. Informationen zu wichtigen politischen, wirtschaftlichen und militärischen Bereichen je nach Ländern, Ländergruppen, Entwicklungstendenzen usw.;

2. Informationen zu konkreten Gebieten der Wirtschaft, Wissenschaft und Technik;

3. Informationen und Angaben zu Einzelpersonen.

Die Bibliothek der CIA in Langley erhielt in den 1980er Jahren monatlich etwa 200.000 Druckerzeugnisse aus dem Ausland. Die Botschaft der USA in Moskau bezog regelmäßig etwa 900 sowjetische Zeitungen und Zeitschriften (davon 83 Prozent zu Problemen der Wirtschaft, Wissenschaft und Technik). Außerdem abonnierten die USA in Moskau über 130 Zeitungen und Zeitschriften anderer Länder. Die US-Mission in Westberlin bestellte für 1988 insgesamt 184 verschiedene Zeitungen und Zeitschriften in insgesamt 456 Exemplaren aus der DDR.

Die systematische und detaillierte Auswertung aller offiziell zugänglichen Informationen ermöglichte unter anderem den gezielten und effektiven Einsatz von Spionen in den Zielländern zur Erarbeitung von Informationen mit internem Charakter.

Westberlin besaß in Bezug auf die Arbeitsweise der Residenturen westlicher Geheimdienste, die in diplomatischen Vertretungen ihrer Staaten in der DDR tätig waren, eine besondere Bedeutung. In Westberlin führten die Geheimdienstmitarbeiter dieser Residenturen interne Zusammenkünfte sowie andere Koordinierungsabsprachen, beispielsweise mit den dort tätigen Angehörigen ihres Geheimdienstes durch und realisierten ihre Post- und Kurierverbindungen.

Die starke CIA-Residentur in der US-Mission in Westberlin war viele Jahre Ausführungsorgan geheimdienstlicher Aktivitäten in der DDR. Mit der Errichtung der Residentur der CIA in der Botschaft der USA in der DDR wurde eine Reihe von geheimdienstlichen Aufgaben von dieser Residentur übernommen. Alle Aktionen wurden jedoch mit der US-Mission in Westberlin abgestimmt und festgelegt.[315]

In diesem Zusammenhang muss das Feriendorf für Diplomaten in Loddin auf der Insel Usedom Erwähnung finden. Das MfS verfügte über Erkenntnisse, dass Angehörige der CIA-Residentur in der DDR dort angelegte TBK bestückten. Insbesondere betraf das die Residenturkräfte Wiliam Emory Fields (MfS-Deckname »Neptun«), William J. Jamieson (MfS-Deckname »Graf«), David P. Rolph (MfS-Deckname »Rudi«), Michael Johnson (MfS-Deckname »Paul«) und Stephen B. Slick (MfS-Deckname »Hans«). Das MfS konnte den Empfänger der in den TBK abgelegten Materialien allerdings bis zum Ende der DDR nicht ermitteln.[316]

Auch das Ferienobjekt Menz im Bezirk Potsdam gehörte nach Erkenntnissen der HA II/3 zu den im Freizeitbereich durch US-Diplomaten und CIA-Mitarbeiter

---

315 Vgl.: Ebd., S. 265–275.

316 Vgl.: Klaus Eichner, Andreas Dobbert: *Headquarters Germany. Die US-Geheimdienste in Deutschland*. Berlin 2001, S. 114 f.

häufig frequentierten Objekten.[317] Die Abteilungen II der Bezirksverwaltungen Rostock und Potsdam hatten die Freizeitobjekte Loddin und Menz verstärkt in die operative Kontrolle, Überwachung und Bearbeitung von US-Diplomaten sowie ihrer Gäste während dortiger Aufenthalte einzubeziehen.[318]

Im Ergebnis überwiegend aufwendiger operativer Bearbeitungsprozesse und der Erarbeitung beweiskräftiger Dokumentationen wurden im Zeitraum von 1974 bis 1986, wegen Spionage beziehungsweise anderer gegen die DDR gerichteter Tätigkeit

• 33 bevorrechtete Personen,

• darunter 8 Diplomaten, einschließlich eines Geheimdienstmitarbeiters,

auf Empfehlung beziehungsweise Protest des MfAA genüber dem Außenministerium des jeweiligen Entsendestaats beziehungsweise dem Botschafter abberufen. Weiterhin wurden zwei Angehörige des verwaltungstechnischen Personals zu Personae non gratae erklärt und ausgewiesen sowie ein Angehöriger des dienstlichen Hauspersonals inhaftiert.[319]

---

317 Vgl.: HA II/3: Planorientierung 1982 für die Abteilungen II der Bezirksverwaltungen vom 29. September 1981. BStU ZA MfS HA II Nr. 30319, Bl. 66.

318 Vgl.: HA II/3: Planorientierung 1983 für die Abteilungen II der Bezirksverwaltungen vom 27. September 1982. BStU ZA MfS HA II Nr. 30319, Bl. 58.

319 Vgl.: Referat des Leiters der Hauptabteilung II auf der Dienstkonferenz am 27. Juni 1986, Bl. 24.

Angriffsrichtungen und Zielgruppen der legalen Basen der Geheimdienste in der DDR

Generell kam das MfS zu der Erkenntnis, dass die Angriffe der legalen Basen westlicher Geheimdienste gegen die staatliche Sicherheit der DDR die gesamte Breite der erkannten Angriffe umfasste und bei der Organisierung und Durchführung der Aufklärungs- und Abwehrarbeit zu bevorrechteten Personen, so spezifisch deren Angriffe auch waren, von der Komplexität des gegnerischen Vorgehens ausgegangen werden musste, in dem alle diese Angriffe eingebettet waren.

Aus der Gesamtheit der gegnerischen Handlungen konnte die Spionageabwehr folgende Hauptrichtungen herausarbeiten, die stets in ihrer Wechselwirkung und gegenseitigen Bedingtheit zu betrachten waren:

- Organisierung und Durchführung einer breiten Informationsbeschaffung aus allen gesellschaftlichen Bereichen zur detaillierten und spezifischen Einschätzung der Lage in der DDR;
- Angriffe im Rahmen der politisch-ideologischen Diversion, insbesondere zur Inspirierung und Organisierung eines politischen Untergrunds;
- Inspirierung und Unterstützung von DDR-Bürgern zum Verlassen der DDR;
- Sammlung von Informationen und anderweitiges Tätigwerden der legalen Basen gegen andere Staaten, insbesondere sozialistische Staaten und Nationalstaaten mit sozialistischer Orientierung unter Nutzung des gesamten Gebiets der DDR.[320]

---

320 Vgl.: Ebd., Bl. 32.

Zum Gesamtproblem der Informationsbeschaffung betonte der Leiter der HA II, »dass nicht alle von den legalen Basen diesbezüglich ausgehenden Aktivitäten subversiven Charakter tragen«[321].

Es galt aber, so Günther Kratsch, einerseits zu berücksichtigen, dass die Informationsbeschaffung ein international übliches Element in der diplomatischen Tätigkeit ist, auch wenn die Spionageabwehr einkalkulieren musste, dass diese Informationen den Geheimdiensten zuflossen. Andererseits, so der Leiter der HA II, »wird seitens der legalen Basen die Informationsbeschaffung natürlich auch mit subversiver Zielstellung praktiziert«[322]. Dies musste in der Aufklärungs- und Abwehrarbeit zu bevorrechteten Personen durch die operative Arbeit der Linie II berücksichtigt und nachgewiesen werden.

Im Zusammenhang mit den erkannten Mitteln und Methoden der legalen Basen bei der Informationsbeschaffung wurden durch die Spionageabwehr Zielgruppen festgestellt, die mit denen der westlichen Geheimdienste bei der Organisierung der Spionage gegen die DDR nicht generell gleichzusetzen waren. Bei den Zielgruppen unter DDR-Bürgern handelte es sich unter anderem um:

- Funktionäre und Mitarbeiter des Staatsapparats, vor allem Geheimnisträger, aber auch andere Informationsträger aus staatlichen und gesellschaftlichen Einrichtungen;
- Angehörige der Massenmedien der DDR;
- Funktionäre aus Blockparteien bis zur Bezirks- und Kreisebene;
- leitende, aber auch mittlere leitende Kader und profilierte Wissenschaftler aus Industrie und Landwirt-

---

321 Ebd., Bl. 33.
322 Ebd.

schaft auf zentraler, Bezirks- und Kreisebene, vor allem aus Wachstums- und effektivitätsbestimmenden Bereichen sowie von Universitäten und Hochschulen;

- kirchliche Amtsträger unterschiedlicher Ebenen, insbesondere solche, die eine negative Position zu sozialistischen Staats- und Gesellschaftsordnung einnahmen;

- DDR-Bürger, die im Sinne politischer Untergrundtätigkeit und einer staatlich unabhängigen Friedensbewegung wirksam wurden.[323]

Die von den legalen Basen ausgehenden Aktivitäten zur Informationsbeschaffung richteten sich fast ausnahmslos gegen alle gesellschaftlichen Bereiche der DDR.

Die Entwicklungstendenzen verdeutlichten der Spionageabwehr des MfS in den 1980er Jahren ein gesteigertes Interesse legaler Basen des Gegners an qualitativ hochwertigen Informationen, die besonders über die strategischen Konzeptionen der Friedens-, Abrüstungs- und Sicherheitspolitik der SED sowie über die Stabilität der Lage in der DDR Aufschluss geben sollten.

Insbesondere in Phasen des Heranreifens strategischer Entscheidungen der gesellschaftlichen Entwicklung in der DDR und der Herausbildung bedeutender internationaler Tendenzen, an denen die DDR einen Anteil hatte, waren die Aktivitäten legaler Basen des Gegners zur Beschaffung hochwertiger Informationen aus politischen Bereichen nach Erkenntnissen des MfS als besonders intensiv einzuschätzen. Dies wurde unter anderem im Vorfeld und während des XI. Parteitages der SED deutlich, als sich zeigte, wie die westlichen Nachrichtendienste durch ihre geheimdienstlichen Ausgangsbasen im Operationsgebiet und durch das Tätigwerden der

---

323 Vgl.: Ebd., Bl. 33 f.

legalen Basen, insbesondere der Residenturen in den Botschaften der NATO-Statten in der DDR, eine breite Aufklärungsfront zu den Verhältnissen in der DDR entfaltete.[324]

Aber auch zur Informationsbeschaffung aus ökonomischen Bereichen entwickelten die legalen Basen umfangreiche Aktivitäten, die sich unter anderem in Kontakten zu wirtschaftsleitenden Personen der DDR darstellten. Die breit gefächerten Aktivitäten der legalen Basen gegen ökonomische Bereiche der DDR waren innerhalb des MfS unter drei wesentlichen Aspekten zu betrachten und zu werten:

- Erstens legten die Diplomaten, insbesondere der NATO-Staaten, ihren Schwerpunkt auf strategische Entwicklungsprozesse in der DDR-Volkswirtschaft. Dazu gehörten vorrangig solche, die Bedeutung für das Verteidigungspotential sowie für den RGW und die Gestaltung der gesamten Außenwirtschafts- und Außenhandelsbeziehungen hatten.

- Zweitens zielte der Gegner grundsätzlich darauf ab, die Ökonomie, in erster Linie den Handel, als »politische Waffe« beziehungsweise als Druckmittel zu benutzen, das heißt Drosselung oder Stopp des Exports von Waren in die DDR, wenn es in ihrem Interesse lag.

- Drittens leisteten die legalen Basen ihren Anteil, um den DDR-Markt für den Absatz von Erzeugnissen, also zur Erzielung von Maximalprofit, zu erschließen.[325]

Die Informationsinteressen der legalen Basen umfassten alle Bereiche der DDR-Volkswirtschaft. Im Vordergrund des Interesses standen nach Einschätzung des MfS alle Informationen, über die Entwicklung und Anwendung

---

324 Vgl.: Ebd., Bl. 35.
325 Vgl.: Ebd., Bl. 45 f.

der Mikroelektronik sowie der Computertechnik in der DDR. Die hohe Brisanz lag in der Tatsache begründet, dass sich daraus Anhaltspunkte für den Stand der Anwendung der Mikroelektronik in der Militärtechnik ableiten ließen.

In großer Breite wurde durch die legalen Basen auch die Erkundung der Versorgungslage in der DDR betrieben. Dabei lag der Schwerpunkt auf der Preisentwicklung sowie in der Verfügbarkeit von Konsumgütern, Dienstleistungen sowie von Angeboten zu Urlaub und Freizeit. Weiterhin wurden die Warenstreuung und die Struktur der Handelseinrichtungen studiert.

Auf dem Gebiet der Energiewirtschaft und der Grundstoffindustrie waren die Aktivitäten der legalen Basen insbesondere auf die Beschaffung von Informationen über die Entwicklung und Anwendung der Braunkohleveredelung in der DDR ausgerichtet. Damit verbunden waren auch Fragen nach dem Bedarf an Erdöl, der Höhe des gelagerten Erdöls in der DDR als strategische Reserve sowie der Entwicklung von Erdöllieferungen aus der UdSSR und evtl. aus anderen Erdöl exportierenden Ländern.

Probleme der Außenwirtschaft und des Außenhandels rückten immer dann besonders in den Mittelpunkt des Interesses legaler Basen, wenn:

- Verhandlungen, Abkommensabschlüsse und Einreisen von offiziellen Vertretern und Spezialisten der Entsendestaaten bevorstanden beziehungsweise sich im Stadium der Realisierung befanden,
- Leipziger Messen beziehungsweise thematische Veranstaltungen anstanden,
- die DDR bedeutende außenwirtschaftliche Erfolge zu verzeichnen hatte,
- ein Interesse am gemeinsamen Auftreten auf Drittmärkten bestand.

Insbesondere bei den diplomatischen Vertretungen Frankreichs, Großbritanniens und der Ständigen Vertretung der Bundesrepublik Deutschland verzeichnete die Staatssicherheit Tendenzen der kontinuierlichen Erarbeitung von Angaben zum Stand der wirtschaftlichen Beziehungen ihrer Länder zur DDR im Auftrag zentraler staatlicher Organe, wie den Außenministerien, Außenhandelsministerien beziehungsweise staatlich integrierten Wirtschaftsinstitutionen.

Darüber hinaus wurden Analysen zu den Handelsbeziehungen der DDR mit anderen Staaten des NSW, insbesondere der Bundesrepublik und den sozialistischen Ländern, vor allem der Sowjetunion erarbeitet. So interessierten sich unter anderem bevorrechtete Personen der Botschaft der USA und der Handelsvertretung der Botschaft Großbritanniens in der DDR für die Kreditpolitik der Bundesrepublik gegenüber der DDR und die Verwendung gewährter Kredite durch die DDR.[326]

Die legalen Basen westlicher Nachrichtendienste in der DDR waren auch in die Informationsbeschaffung aus militärischen Bereichen eingebunden. Die Spionageabwehr des MfS verfügte über Erkenntnisse, dass die Geheimdienste nicht nur eine hohe Zahl von Agenturen, sondern auch ihre Residenturen und Einzelaufklärer in den legalen Basen in der DDR unmittelbar vor Ort zum Einsatz brachten. Diese verfügten über objektiv günstige und vielfältige Möglichkeiten der militärischen Informationsbeschaffung durch Abschöpfung und Eigenerkundung. Dazu kam, dass sie neben ihrer umfangreichen Kontaktmöglichkeiten und ihrer hohen Mobilität in der DDR über ein schnelles und zuverlässiges Kommunikations- und Verbindungssystem in das Operationsgebiet, speziell nach Westberlin verfügten.

---

326 Vgl.: Ebd., Bl. 46 ff.

Nach Erfahrungen der HA II erfolgte die Informationsbeschaffung durch die legalen Basen sowohl über offizielle und inoffizielle Abschöpfungsquellen als auch über Eigenerkundungshandlungen an militärischen Objekten, wobei zwischen den Angehörigen, vor allem der NATO-(Haupt-)Staaten, ein intensiver Informationsaustausch zu ihren militärischen Feststellungen erfolgte. Die der HA II vorliegenden Informationen zu militärischen Aufklärungshandlungen legaler Basen wiesen Mitte der 1980er Jahre ein rückläufiges Informationsaufkommen aus. Da in Anbetracht der anhaltend starken gegnerischen Aktivitäten auf allen Gebieten nicht von einem Rückgang militärischer Aufklärungshandlungen durch legale Basen ausgegangen werden konnte, waren die Ursachen für den äußerst geringen Erkenntnisstand nach Ansicht des Leiters der HA II, neben einer vermutlich stärkeren Konspirierung ihrer Aktivitäten, in vorhandenen Abwehrlücken zu suchen.

Die seit 1980 von der HA II analysierten Aktivitäten legaler Basen auf militärischem Gebiet machten deutlich, dass die umfangreichsten Aufklärungshandlungen von den Botschaften der USA, Großbritanniens und Frankreichs sowie der Ständigen Vertretung der Bundesrepublik Deutschland ausgingen. Daneben wurden der HA II vereinzelt Aktivitäten bekannt, die ihren Ursprung in den Botschaften Nigerias und Norwegens hatten.[327]

Die Informationsbeschaffung auf militärischem Gebiet durch Mitarbeiter legaler Basen basierte vor allem auf folgenden Methoden:

1. *Abschöpfung von DDR-Kontaktpartnern* sowohl zu strategischen militärischen Entscheidungen und Entwicklungen als auch zu konkreten militärischen Objekten und Handlungen (zum Beispiel Truppen-

---

327 Vgl.: Ebd., Bl. 52 ff.

übungen). Zielpersonen waren vor allem solche DDR-Bürger, die aufgrund ihrer beruflichen Tätigkeit einen umfangreichen und fundierten Einblick in gesellschaftliche Entwicklungsrichtungen hatten, sowie Personen, die Anlieger militärischer Objekte in Sperrgebieten waren beziehungsweise bedeutsame Kontakte zu GSSD-Angehörigen unterhielten. Die erstgenannte Personenkategorie wurde im Rahmen diplomatischer Empfänge oder aus anderen Anlässen stattfindenden diplomatischen Veranstaltungen und während privater Zusammenkünfte zielgerichtet befragt. Diese DDR-Bürger konnten militär-strategische Fragen in politische Gesamtzusammenhänge einordnen und stellten somit eine ergiebige und bevorzugte Informationsquelle dar, die zum Teil ohne militärische Detailkenntnisse mit ihrem Wissen auch generelle Aussagen zur militärischen Gesamtlage treffen konnten. Andererseits wurden zahlreiche Kontaktpartner aus verschiedenen Bereichen des gesellschaftlichen Lebens gleichzeitig zu konkreten Militärobjekten und anderen Kenntnissen militärischer Art abgeschöpft. Bei der Auswahl und Nutzung von Zielpersonen bediente sich beispielsweise ein französischer Diplomat vor allem in der DDR längerfristig aufhältiger Ausländer französischer Nationalität.

2. *Eigenerkundungshandlungen militärischer Objekte.* Dabei standen Objekte der GSSD und der NVA gleichermaßen im Blickfeld. Das besondere Interesse der bevorrechteten Personen galt dabei:
   - der Raketentechnik aller Art, insbesondere neuer operativ-taktischer Raketen;
   - Kampfhubschraubern, Flugzeugen und Flugleitsystemen;
   - schwerer Kampftechnik, vor allem Panzereinheiten.

Bemerkenswert war nach Auffassung der Spionageabwehr, dass dies den erkannten Schwerpunkten der Auftragsstruktur der Agenturen des BND und des US-Geheimdienstes MI entsprach.

Folgende Vorgehensweisen bei Eigenerkundungsmaßnahmen waren charakteristisch:

- unbegründet langsames Vorbeifahren an Militärobjekten;
- Aufenthalt in Einflugschneisen von Militärflugplätzen;
- Film- und Fotoaufnahmen über militärische Objekte, Technik und Waffen;
- Nutzung von Kfz ihrer DDR-Kontaktpartner, deren Wochenendgrundstücke beziehungsweise Wohnungen, wenn sie in der Nähe militärischer Objekte lagen.[328]

Die Abwehrarbeit der HA II gegen die Geheimdienstresidentur in der Botschaft der USA in der DDR

Arbeitsweise und Aktivitäten der Amerikaner

Die Botschaft der USA in der DDR wurde am 9. Dezember 1974 eröffnet und bezog am 1. Dezember 1977 das Gebäude in der Neustädtischen Kirchstraße 4/5 in Berlin-Mitte. Dieses Gebäude verfügte über mehr als 100 Räume und bot alle Möglichkeiten, die volle geplante Anzahl der Mitarbeiter von 50 bis 60 US-Diplomaten einzusetzen. Die HA II analysierte, dass von der Botschaft der USA in der DDR große Aktivitäten ausgin-

---

328 Vgl.: Ebd., Bl. 55 f.

gen, »die auf eine umfangreiche Feindtätigkeit schließen lassen«[329]. Ein langjähriger Angehöriger der HA II erinnert sich an diese Zeit: »Unsere Aufmerksamkeit in den Jahren 1972-74 konzentrierte sich auf die Diplomaten der US-Mission Westberlin. Sie nutzten die Freizügigkeit, die ihnen der Berlin-Status bot für Vorarbeiten zur Eröffnung der US-Botschaft in Berlin. Sie verhandelten mit Vertretern der Staatsorgane der DDR und bahnten weitere offizielle Kontakte an. Sie nutzen die Leipziger Messen, um sich über die Ökonomie der DDR zu informieren und auch dort Kontakte zu pflegen. Spuren zu geworbenen Agenten in der DDR fanden wir dabei natürlich nicht. Wir lernten aber, uns darauf einzustellen, wie unter Nutzung legaler Positionen Informationen gesammelt wurden.«[330]

Die personelle Stärke der Botschaft der USA in der DDR vom Januar 1978 ergibt folgendes Bild:

- 7 Angehörige des Marine-Wachkommandos,
- 1 Mitarbeiter dienstliches Hauspersonal,
- 17 Mitarbeiter diplomatisches Personal,
- 7 Mitarbeiter technisches- beziehungsweise Verwaltungspersonal,
- 28 Familienangehörige von US-Diplomaten.[331]

---

329 Harry Sattler: Diplomarbeit zum Thema: »Die Organisation der politisch-operativen Arbeit zur Anschleusung von IM an Mitarbeiter der Geheimdienst-Residentur in der Botschaft der USA in der Deutschen Demokratischen Republik«. BStU ZA MfS JHS MF GVS 001-78/77, Bl. 9.

330 Vgl.: G. F.: *So war das – 36 Jahre im operativen Dienst des MfS.* Unveröffentlichtes Manuskript, 1996, S. 33 (Archiv des Verfassers).

331 Vgl.: Harry Sattler: »Die Organisation der politisch-operativen Arbeit zur Anschleusung von IM an Mitarbeiter der Geheimdienst-Residentur in der Botschaft der USA in der Deutschen Demokratischen Republik«, Bl. 9.

Die CIA-Residentur in der US-Botschaft wurde in der Zeit ihrer Existenz kontinuierlich personell verstärkt. Praktisch war 1986 jeder dritte Diplomat der Botschaft durch die HA II als CIA-Mitarbeiter erkannt beziehungsweise der CIA-Zugehörigkeit verdächtigt worden.[332]
Leiter der CIA-Residentur in der DDR waren:
- 1974 bis 1978 Boyd W. Bishop,
- 1978 bis 1982 George E. Raynor,
- 1982 bis 1984 Jerome John Seigel,
- 1984 bis 1986 Karyl M. Seljak,
- 1986 bis 1988 Carl John Bishop,
- 1988 bis 1990 David Patrick Rolph.[333]

Das MfS erkannte folgende zwei Hauptrichtungen der Tätigkeit der CIA-Residentur in der Ostberliner US-Botschaft:

1. Erlangung von Informationen über die Entwicklung der DDR auf politischem, ökonomischem, wissenschaftlichem, kulturellem und militärischem Gebiet;
2. Wirksamwerden auf dem Gebiet der Politisch-Ideologischen Diversion.

Beim Wirken auf dem Gebiet der Politisch-Ideologischen Diversion zeichneten sich nach Erkenntnissen des MfS ebenfalls zwei Hauptrichtungen ab:

1. die direkte Organisierung des politischen Untergrunds auf dem Boden der DDR;
2. die gezielte politisch-ideologische Beeinflussung durch Verbreitung von entsprechenden Materialien sowie Nutzung der Potenzen der in der Botschaft der USA eingerichteten Bibliothek auf breiter Basis.

Zur Realisierung dieser Hauptrichtungen entwickelten

---

332 Vgl.: Referat des Leiters der Hauptabteilung II auf der Dienstkonferenz am 27. Juni 1986, Bl. 102.

333 Vgl.: Klaus Eichner, Andreas Dobbert: *Headquarters Germany*, S. 101.

die Angehörigen der amerikanischen Geheimdienstresidentur eine umfangreiche Kontaktpolitik/Kontakttätigkeit. Die Kräfte der Residentur nahmen dahingehend eine zentrale Stellung ein. Es zeigte sich der Staatssicherheit schon zu Mitte der 1970er Jahre, dass eine nachrichtendienstliche Tätigkeit in ihrer klassischen Form, im Rahmen der diplomatischen Tätigkeit bevorrechteter Personen, insbesondere anhand der Kontakttätigkeit, sehr schwer zu erkennen war. Das MfS berücksichtigte dabei, dass nicht jede Kontakttätigkeit in Zusammenhang mit einer geheimdienstlichen Tätigkeit gebracht werden konnte. Die gegnerische Kontaktpolitik wurde für das MfS auch in der offiziellen diplomatischen Tätigkeit bevorrechteter Personen sichtbar und wurde hinsichtlich

- Intensität,
- des Charakters und der Persönlichkeit der Kontaktperson,
- der Zielstellung und beabsichtigten Wirkung

differenziert auf nachrichtendienstliche Aktivitäten eingeschätzt. Aus der Sicht des MfS schuf die gegnerische Kontakttätigkeit, vorgetragen durch Personen der US-Botschaft in Ostberlin, Voraussetzungen für eine Spionagetätigkeit. Die Staatssicherheit berücksichtigte Mitte der 1970er Jahre die Erkenntnisse über das Wirken der CIA, ausgehend von den Botschaften der USA in Entwicklungsländern, und kam zu der Einschätzung,

- dass die feste Eingliederung von direkten Geheimdienstresidenturen in allen diplomatischen Auslandsvertretungen der USA und die weitgehende personelle Durchsetzung des diplomatischen Personals mit CIA-Kräften feste Arbeitsprinzipien des US-Geheimdienstes darstellten,
- dass die gesamte offizielle Kontaktbasis der US-Botschaft in Ostberlin zur Suche, Aufklärung und Wer-

bung von DDR-Bürgern zur Spionagetätigkeit sowie zur Organisierung eines politischen Untergrunds in der DDR genutzt wurde.

Aus Sicht der HA II war bemerkenswert, dass die Kontakttätigkeit der Ostberliner US-Botschaft anschaulich den Hinweis einer befreundeten Dienststelle untermauerte, wonach diese eine der wenigen Auslandsvertretungen der USA in der Welt war, deren Mitarbeitern es nicht verboten sondern im Gegenteil sogar empfohlen worden war, breite Kontakte unter der Bevölkerung herzustellen.

Die bis Ende der 1970er Jahre gewonnen Erfahrungen zur Tätigkeit bevorrechteter Personen der US-Botschaft in der DDR mussten mit Erfahrungen anderer sozialistischer Sicherheitsorgane, insbesondere des KfS der UdSSR, bewertet werden. Besondere Bedeutung waren dabei für das MfS die Handlungen der US-Geheimdienstresidentur, ihre Verflechtung mit diplomatischen Aktivitäten der Botschaft sowie das Zusammenwirken mit der US-Mission in Westberlin.

In der Tätigkeit der US-Geheimdienste unter diplomatischer Abdeckung spielte die US-Mission in Westberlin eine wichtige Rolle. Innerhalb dieser Vertretung des außenpolitischen Dienstes der USA existierte ebenfalls eine Residentur der CIA, die geheimdienstliche Aufgaben gegen die DDR durchführte. Bis 1977 konnte die HA II sechs US-Diplomaten als Verbindungsführer von Agenturen der CIA in der DDR identifizieren. Im gleichen Jahr waren in der US-Mission nach Angaben der HA II

- ein identifizierter CIA-Mitarbeiter sowie
- neunzehn aufgrund analytischer Arbeit im dringenden Verdacht der Zugehörigkeit zur CIA stehende US-Diplomaten

tätig.

Bezeichnend waren bereits zu dieser Zeit die wichtigen operativen Informationen über die die HA II verfügte, wonach von dieser CIA-Residentur aus viele Gespräche und Verhandlungen mit Vertretern der DDR zur Herstellung diplomatischer Beziehungen zwischen der DDR und den USA geführt worden waren. Dies zeigt die enge Verflechtung von Aktivitäten der CIA mit offiziellen diplomatischen Tätigkeiten auf und macht gleichzeitig den Platz und Stellenwert des US-Geheimdienstes im Rahmen der Vorbereitung und Durchführung von Verhandlungen bis auf Regierungsebene deutlich, die sich nach der Aufnahme diplomatischer Beziehungen auch auf andere Gebiete, wie Konsular oder Kultur, erstreckten.

Der Leiter der Westberliner CIA-Residentur war als politischer Berater beim Chef der US-Mission abgedeckt, ihre Mitarbeiter waren als Diplomaten in der Ostabteilung, später überwiegend in der politischen Abteilung und der Wirtschaftsabteilung eingegliedert. Sie führten in Ostberlin nachrichtendienstliche Aktivitäten durch. Unter Nutzung der Möglichkeiten des kontrollbefreiten Reiseverkehrs nach Ostberlin wurden sie hier im Rahmen des Verbindungssystems zu ihren Agenturen aktiv tätig. Solche Operationen wurden nach Einrichtung 1974 mit der Leitung der Botschaft der USA in der DDR abgestimmt. Im Rahmen dieser Abstimmung und der Zusammenarbeit konnte durch die HA II die Möglichkeit einer Übernahme bestimmter Aktionen in der Hauptstadt der DDR durch die Ostberliner CIA-Residentur von der CIA-Residentur der US-Mission in Westberlin nicht ausgeschlossen werden. Dies betraf in zunehmenden Maße die Nutzung von Diplomaten anderer Staaten, die in der DDR akkreditiert waren, zum Zweck geheimdienstlicher Tätigkeit.

Ein Beispiel belegt diese Möglichkeit, indem der Geschäftsträger eines asiatischen Staates von einem der

CIA-Residentur der US-Mission in Westberlin angehörenden Diplomaten planmäßig zur Sammlung von Spionageinformationen genutzt wurde. Dieser wiederum beschaffte sich die Informationen durch Abschöpfung von Studenten seines Landes in der DDR und machte auch einen in der DDR ausgebildeten Aspiranten mit einem CIA-Mitarbeiter der US-Mission bekannt. Nach Beendigung der Aspirantur wurde der Mann veranlasst, in einem westlichen Land zu verbleiben, was er auch tat. Der besagte CIA-Angehörige hatte auch engen Kontakt zu einem weiteren Diplomaten eines asiatischen Staates, der in der DDR akkreditiert war und dem Landesgeheimdienst des Entsendestaats angehörte. Von diesem erhielt der CIA-Mann ebenfalls entsprechende Informationen. Dies zeigte der HA II unmissverständlich die Rolle und Bedeutung von einem dem Landesgeheimdienst angehörenden Diplomaten, verkörpert durch eine in der DDR akkreditierte Person, für die die CIA großes Interesse zeigte.

Weitere Beispiele der engen Zusammenarbeit der US-Mission in Westberlin mit der Botschaft der USA in der DDR gab es in der Weise, dass Mitarbeiter der US-Mission später selbst in der US-Botschaft tätig waren, bei denen der begründete Verdacht der Zugehörigkeit zur CIA-Residentur bestand. Bis März 1976 war beispielsweise ein CIA-Angehöriger in der Botschaft der USA in der DDR tätig, der die ersten Gespräche zur Herstellung diplomatischer Beziehungen zwischen der DDR und den USA von der US-Mission in Westberlin aus führte. Nach Herstellung diplomatischer Beziehungen wurde er als erster Diplomat in der Botschaft der USA in der DDR akkreditiert.

In einem anderen Fall wurde ein CIA-Angehöriger, welcher bei einer Dienststelle des Geheimdienstes in der Bundesrepublik tätig war, in der DDR als Diplomat akkreditiert. Dieser amerikanische Geheimdienstler führte von 1969 bis 1973 nachweislich Treffs mit Agenten in der Bundesrepublik durch.

Weitere namentlich bekannte Angehörige der US-Mission in Westberlin führten in Ostberlin Treffs mit Agenturen durch.

Die Koordinierung von Maßnahmen und Aufgabenstellungen zwischen der Westberliner US-Mission und der Botschaft der USA in der DDR wurde der HA II im Rahmen der Leipziger Messen deutlich. Die Spionageabwehr verzeichnete, dass nach Aufnahme der diplomatischen Beziehungen DDR-USA die Aktivitäten der US-Mission in Westberlin zu den Leipziger Messen eine rückgängige Tendenz zugunsten der Ostberliner US-Botschaft aufwies. Als Beachtenswert wurde verzeichnet, dass der Leiter der Abteilung Presse, Kultur und Information in der Botschaft der USA in der DDR während der Leipziger Frühjahrsmesse 1976 nach Westberlin reiste, um dort in der US-Mission über den Verlauf der Messe zu berichten.

Als weiteres Beispiel der Koordinierung betrachtete die Staatssicherheit, dass ein CIA-Angehöriger der Westberliner US-Mission offizielle Kontakte zu wissenschaftlichen Einrichtungen, wie dem Institut für Internationale Politik und Wirtschaft, dem Institut für Internationale Beziehungen der DDR sowie zu DDR-Außenhandelsorganen unterhielt, die nach Eröffnung der Botschaft der USA in der DDR auf die Mitarbeiter dieser Vertretung übergingen.

Aus den vorgenannten Aspekten sah es die HA II als Besonderheit an, dass sie es bei der Bekämpfung des US-Geheimdienstes unter der gegeben Lage mit zwei Ausgangspunkten der nachrichtendienstlichen Tätigkeit zu tun hatte. Einmal mit der CIA-Residentur in der Ostberliner Botschaft und zum anderen mit der

CIA-Residentur der US-Mission in Westberlin, die einzeln abgestimmt und zusammen auf dem Territorium der DDR tätig werden konnten und dies auch so realisierten.

Das bedeutete für die HA II, neben der operativen Bearbeitung der US-Geheimdienstresidentur in Ostberlin, eine verstärkte Arbeit in das Operationsgebiet durchzuführen. Das Ziel bestand dabei in der Aufklärung geplanter Aktivitäten der Westberliner CIA-Residentur auf dem Territorium der DDR.

Die Aktivitäten der CIA-Residentur, deren Handlungen sich sehr vielfältig darstellten wirkten einzeln und im Komplex. Sie wurden entsprechend der Aufgabenstellung und den Möglichkeiten differenziert vorgetragen. Die dabei angewandten Mittel und Methoden verdeutlichten der HA II den geheimdienstlichen Charakter dieser Aktivitäten, von denen folgende von der Spionageabwehr als charakteristisch und bedeutsam eingestuft wurden:

- Kontakttätigkeit zu Personen und Institutionen in und außerhalb der DDR;
- Reisetätigkeit auf DDR-Territorium und dabei Sammlung von Informationen;
- Identifizierung von IM des MfS, einschließlich vermutlicher IM oder hauptamtlicher Mitarbeiter;
- Kontrolle und Überwachung von Ausländern in der DDR;
- Organisierung der Abwehrarbeit in der Vertretung der USA in der DDR;
- Verbreitung von Informationsmaterial durch die US-Mission in Westberlin auf postalischem Weg an DDR-Bürger.[334]

---

334 Vgl.: Harry Sattler: »Die Organisation der politisch-operativen Arbeit zur Anschleusung von IM an Mitarbeiter der Geheim-

Die HA II schätzte ein, »dass die Dienststelle der CIA in der US-Mission Berlin-West im Verbindungssystem auch zentrale Aufgaben zwischen Geheimdienststellen der BRD und Spionen der DDR wahrnimmt«[335]. Bemerkenswert war dabei, dass das Personal in der Westberliner US-Mission, insbesondere der politischen Abteilung, nicht verringert worden war. Seit dem Amtsantritt von Präsident Carter 1977 erhöhte sich die Zahl sogar geringfügig. Hier wurde der HA II besonders die Präsenz dieser Dienststelle in operativer Hinsicht deutlich sowie die sich daraus ergebenden Konsequenzen im Hinblick auf das enge Zusammenwirken mit der Residentur in der Ostberliner US-Botschaft.

Die Aktivitäten der CIA-Residentur sah die Spionageabwehr im engen Zusammenhang mit der Tätigkeit der United States Informations Agency (USIA), die mit ihren Mitarbeitern die Abteilung Presse, Kultur und Information der Botschaft der USA in der DDR besetzte und so in die Arbeit der Botschaft eingegliedert war. Wesentlicher Bestandteil der USIA-Tätigkeit in den diplomatischen Vertretungen der USA war die Informationsarbeit über die USA sowie die Kontakttätigkeit/Kontaktpolitik. Die Aktivitäten der USIA in der DDR, vorgetragen über die US-Botschaft, machten der Staatssicherheit deutlich, dass der Versuch unternommen wurde, die genannten Bestrebungen vollinhaltlich durchzusetzen. Besondere Aktivitäten entwickelten die Angehörigen der USIA in der Ostberliner Botschaft hinsichtlich der Nutzung der Schlussakte der KSZE für die Durchsetzung ihrer Ziele. Als weitere Tätigkeit der USIA in der DDR wurde durch die Staatssicherheit die Verbreitung von Informations-

---

dienst-Residentur in der Botschaft der USA in der Deutschen Demokratischen Republik«, Bl. 9–16.

335 Ebd., Bl. 16.

materialien erkannt. Die Form der Verbreitung erfolgte sowohl postalisch sowie durch persönliche Übergabe in und außerhalb der Botschaft. Schwerpunktmäßig beschränkte sich die Verbreitung derartiger Materialien auf Einzelpersonen. Die HA II konnte erarbeiten, dass

- seitens der CIA-Residentur ein Personenkreis abgesteckt und bestimmt wurde, der mit Informationsmaterialien der USIA versorgt wurde,
- die DDR für USIA-Aktivitäten von besonderer Bedeutung war.

Aus Sicht der Spionageabwehr war bemerkenswert, dass Aktivitäten der Westberliner US-Mission in Form der Verbreitung von Informationsmaterialien der USIA in die DDR schon vor der Existenz der Botschaft in der Hauptstadt der DDR realisiert worden waren und auch seit deren Handlungsfähigkeit weitergeführt wurden.[336] Manfred Kleinpeter schreibt zur USIA: »Deren Hauptaufgaben waren in der Beschaffung von Informationen und der weltweiten Propagandaarbeit zu sehen, um die außenpolitischen Aktivitäten des US-Imperialismus zu unterstützen.«[337]

Eine wesentliche und wirksamere Aktivität der Kräfte der CIA-Residentur, die der Abteilung Presse, Kultur und Information angehörten, bestand in der Vorbereitung und Verwirklichung von Vorhaben durch US-Wissenschaftler, Aspiranten und Studenten auf dem Gebiet der DDR.

Im Ergebnis der operativen Kontrolle der Diplomaten der US-Botschaft in Ostberlin in ihrer personellen Stärke von 33 Personen zu Beginn des Jahres 1978 wurde ein

---

336 Vgl.: Ebd., Bl. 16 ff.

337 Manfred Kleinpeter: Deckname »Leutnant Wagner«. Ingenieur, Aufklärer, Diplomat, Unternehmer. Privatdruck, Berlin o. J., S. 106 f.

Diplomat zweifelsfrei als CIA-Angehöriger identifiziert. Insgesamt schätzte die HA II ein, dass sechs weitere Diplomaten der CIA angehörten, welche in folgenden Abteilungen tätig waren:

• Presse, Kultur und Information,
• Politik,
• Konsular,
• Wirtschaft.

Daneben übten drei weitere Diplomaten in der Botschaft Tätigkeiten auf dem Gebiet der Abwehr aus, die ebenfalls als Geheimdienstangehörige eingeordnet wurden. Hierbei handelte es sich um den

• Sicherheitsoffizier,
• Mitarbeiter für Verbindungswesen,
• Mitarbeiter für Chiffrierarbeiten.

Im Unterschied zu den US-Botschaften in anderen sozialistischen Staaten gab es in der DDR keinen Militärattaché und somit kein spezielles Aufklärungsorgan der amerikanischen Militärgeheimdienste.[338]

Zur inneren Struktur und Arbeitsordnung der CIA-Residentur in Ostberlin schätze die HA II 1978 ein: »Struktur und Arbeitsteilung muss im engen Zusammenhang mit der CIA-Dienststelle in der US-Mission Berlin West gesehen werden. Mitarbeiter der CIA-Dienststelle können beliebig im Rahmen des kontrollbefreiten Verkehrs in die Hauptstadt der DDR einreisen. Diese Möglichkeiten werden zur Durchführung von nachrichtendienstlichen Aktivitäten genutzt. Wenn durch gezielte inoffizielle Arbeit Beweise erbracht wurden, dass Mitarbeiter der CIA-Dienststelle in der US-Mission mit Agenten in der DDR in Verbindung traten, konnten bisher noch

---

338 Vgl.: Harry Sattler: »Die Organisation der politisch-operativen Arbeit zur Anschleusung von IM an Mitarbeiter der Geheimdienst-Residentur in der Botschaft der USA in der Deutschen Demokratischen Republik«, Bl. 22.

keine Beweise derartiger Handlungen durch Mitarbeiter des US-Geheimdienst-Residentur in der Botschaft der DDR erbracht werden.«[339]

Ein enges Zusammenwirken stellte die Spionageabwehr zwischen Angehörigen der Ostberliner CIA-Residentur fest, welche in der

- politischen Abteilung,
- Abteilung Presse, Kultur und Information,
- Konsularabteilung

tätig waren. Eine intensive Zusammenarbeit stellte die HA II auch zwischen führenden Mitarbeitern der politischen Abteilung und der Wirtschaftsabteilung fest, welche ebenfalls der CIA-Residentur angehörten. Außer bekannten US-Diplomaten, welche Angehörige der Geheimdienstresidentur waren oder der CIA-Zugehörigkeit verdächtigt wurden, widmete die Spionageabwehr amerikanischen Diplomaten, zu denen noch keine konkreten Fakten für eine Geheimdienstzugehörigkeit vorlagen, entsprechende Beachtung. Dies betraf enge Vertraute (Gehilfen) von Leitern der politischen Abteilung, der Konsularabteilung sowie der Abteilung Presse, Kultur und Information. Ihre Arbeitsergebnisse sowie ihre Kontaktmöglichkeiten wurden von der CIA-Residentur in Ostberlin genutzt. Die Angehörigen der US-Geheimdienstresidentur in der Botschaft der USA in der DDR waren neben anderen amerikanischen Diplomaten in den jeweiligen Abteilungen tätig. Das Erkennen der Geheimdienstler stellte einen permanenten und gezielten Vorgang dar, da

- durch das ständige Tätigwerden beim Ausbau der Residentur am ehesten erkannt werden konnte, wer Geheimdienstler ist,
- ständig nach circa zwei bis drei Jahren andere US-Di-

---

339 Ebd., Bl. 23.

plomaten in der Botschaft der USA in der DDR eingesetzt wurden.[340]

Für das Erkennen der CIA-Mitarbeiter gab es kein Schema und auch keine festgelegten Normen. Das Erkennen
erstreckte sich von der Analysierung, des praktischen
Auftretens und Wirkens bis zur erwiesenen Zugehörigkeit zum amerikanischen Geheimdienst.

Im Foreign Service of the United States von W. Wendell
Blanche heißt es sinngemäß: »In der täglichen Arbeit
sind die CIA-Mitarbeiter Mitarbeiter des Botschafts-
planes. In den letzten Jahren ist positiv zu bemerken,
dass durch Auswahl repräsentativer, kulturell gebildeter
Mitarbeiter ihre Glaubwürdigkeit bei der Abdeckung
ihrer Arbeit erhöht wurde. Allerdings gibt es Probleme
mit der Abdeckung. In einer kleinen Vertretung muss
der einzige CIA-Mitarbeiter oft einen großen Teil seiner
Zeit mit offizieller Tätigkeit als Handelsmitarbeiter oder
Konsularbeamter verbringen. Dadurch ist er gut abgedeckt. In großen Vertretungen hingegen bezieht die CIA
gesonderte Gebäudeflügel oder Etagen. Die einheimi-
schen Angestellten können sie tagtäglich erkennen.«[341]

Die genannten Faktoren bestätigten Erkenntnisse sozialistischer Sicherheitsorgane und wurden nach Erkenntnissen der Staatssicherheit auch in der Ostberliner
US-Botschaft praktiziert. Für die analytische Tätigkeit
der HA II waren von Wichtigkeit:

• Ein genaues Studium der Personalien sowie des bisherigen Einsatzes in den offiziellen Dokumenten, wie
  dem biografischen Register des State Departments.

340 Vgl.: Ebd., Bl. 23 f.

341 Foreign Service of the United States von W. Wendell Blanche.
     Zitiert nach: Harry Sattler: »Die Organisation der politisch-ope-
     rativen Arbeit zur Anschleusung von IM an Mitarbeiter der
     Geheimdienst-Residentur in der Botschaft der USA in der
     Deutschen Demokratischen Republik«, Bl. 24.

Lückenhafte Angaben in diesen Verzeichnissen deuteten oft auf eine Geheimdiensttätigkeit.

- Eine weitere Erkenntnis besagte, dass bei Abreise eines Geheimdienstmitarbeiters sein Tätigkeitsfeld von einem Nachfolger eingenommen wurde.
- Das MfS erkannte, dass bei amerikanischen Geheimdienstlern eine Neigung vorhanden war, unter sich zu bleiben und die Arbeit zu koordinieren, abzustimmen und gegenseitig Kontakte zu vermitteln.
- In der Regel waren es sogenannte Ostexperten, oftmals im Ausland geboren, waren sie in den meisten Fällen bereits in der Sowjetunion oder anderen sozialistischen Staaten im Einsatz. Kennzeichnend waren auch gute Sprachkenntnisse und Kenntnisse über die Regimeverhältnisse in der DDR.
- Erkennbar für die Spionageabwehr war auch, dass sie in ihrem Auftreten nicht so streng an Regularien gebunden waren wie die übrigen Diplomaten.
- Die Angehörigen der CIA-Residentur waren verpflichtet, dem US-Botschafter im gewissen Maße Rechenschaft über ihre Tätigkeit abzulegen. Hier gab es gelegentlich harte Differenzen, da die CIA-Angehörigen lieber ihrem Dienst als dem Botschafter berichteten.

Unter Beachtung der Arbeitsweise der CIA-Residentur in der Botschaft der USA in der DDR waren hinsichtlich des Erkennens von Geheimdienstlern durch die Spionageabwehr folgende Anhaltspunkte zu beachten:

1. Hauptmethode des Erkennens von Angehörigen der Geheimdienstresidentur stellte die Arbeit mit IM dar. Durch Nutzung der Möglichkeiten einer breiten Kontaktarbeit und Eigenerkundung im Rahmen der offiziellen Tätigkeit sowie der Arbeit mit Agenturen innerhalb der DDR im Rahmen der konspirativen Tätigkeit der Mitarbeiter der CIA-Residentur sowie deren enges Zusammenwirken mit der Geheim-

dienstresidentur der US-Mission in Westberlin ergab sich, dass der Einsatz von IM unter vielfältigen
operativen Legenden sowie unter Durchführung von
Testhandlungen erfolgen konnte.

2. Hinsichtlich der Gesamtverantwortung des MfS
zum Schutz der DDR stellte die enge Zusammenarbeit mit anderen Diensteinheiten, insbesondere der
HV A, der Hauptabteilungen XVIII und XX sowie
der Abteilungen 26, M, PZF und der Bezirksverwaltungen, eine weitere wesentliche Komponente zum
Erkennen von Kräften der CIA-Residentur dar.

3. Die gesamten Aktivitäten der erkannten und verdächtigen Mitarbeiter der US-Geheimdienstresidentur waren ständig zu analysieren. Es ging dabei insbesondere um das Erkennen von Kontaktpartnern
innerhalb der DDR, welche geheimdienstlich tätig
waren, sowie um die Schaffung von Beweisen zur
strafrechtlichen Verantwortlichkeit.

4. Erfahrungswerte der HA II besagten, dass die Kräfte
der CIA-Residentur Zielpersonen insbesondere unter Wissenschaftlern, Kulturschaffenden, Studenten
und kirchlichen Kreisen sowie unter oppositionellen
Kräften in der DDR suchten.

Die Organisierung der Agenturarbeit der CIA-Residentur erfolgte nach Erkenntnissen des MfS in zwei Richtungen:

1. <u>Suche und Auswahl von Kontaktpersonen</u>. Die
Analysierung des differenzierten Vorgehens durch
die US-Geheimdienstresidentur in den jeweiligen
Bereichen der Botschaft der USA in der DDR seitens
des MfS ergab, dass ihre Kontakttätigkeit in die gegnerische Kontaktpolitik gegenüber DDR-Bürgern
und wichtigen Institutionen der DDR aus dem politischen, ökonomischen, staatlichen, gesellschaft-

lichen, wissenschaftlich-technischen und kulturellen Bereich sowie gegen in der DDR lebende Ausländer einzuordnen war. Nach Ansicht der Staatssicherheit entsprach ihre Kontaktpolitik nicht den Kontakten in üblicher diplomatischer Hinsicht, sondern erfolgte mit einer feindlichen Zielstellung und wurde deshalb als gegnerische Kontaktpolitik betrachtet. Die Kontakttätigkeit/Kontaktpolitik der CIA-Residentur in der DDR war nach Einschätzung der HA II

- unmittelbarer Bestandteil ihrer geheimdienstlichen Tätigkeit,
- Ausgangspunkt einer nachrichtendienstlichen Tätigkeit,
- Mittelpunkt der Aktivitäten bei allen erkannten und geheimdienstlich verdächtigen amerikanischen »Diplomaten«.

Die Kontaktbestrebungen richteten sich insbesondere auf:

- interessante Bürger der DDR in wichtigen Institutionen aus dem politischen, ökonomischen, staatlichen, gesellschaftlichen, wissenschaftlich-technischen und kulturellen Bereich, die einen guten Überblick über sogenannte Querschnittsprobleme hatten;
- in der DDR und Westberlin lebende ausländische Staatsbürger;
- bevorrechtete Personen anderer Staaten, die vom MfS der Zugehörigkeit ihres jeweiligen Landesgeheimdienstes verdächtigt wurden beziehungsweise die für einen Landesgeheimdienst oder einen anderen westlichen Nachrichtendienst arbeiteten;
- andere Vertretungen, zum Beispiel Industrie- und Bankvertretungen des eigenen Landes in der DDR.

Weiterhin wurden von Diplomaten der Botschaft der USA in der DDR, die als Geheimdienstmitarbeiter erkannt oder verdächtig waren, Verbindungen zu Mitarbeitern anderer diplomatischer Vertretungen bekannt. Diese Verbindungen trugen möglicherweise nachrichtendienstlichen Charakter. Zum Teil waren an diesen Kontakten erkannte CIA-Kräfte aus der Westberliner US-Mission beteiligt. Der HA II wurden Verbindungen zu namentlich bekannten Diplomaten der

- Botschaft der Islamischen Republik Pakistan,
- Botschaft Australiens,
- Botschaft der Schweizerischen Eidgenossenschaft,
- Botschaft der Arabischen Republik Ägypten,
- Botschaft der Italienischen Republik

bekannt. Durch einen pakistanischen Diplomaten sowie eine australische Diplomatin wurden nach MfS-Erkenntnissen DDR-Bürger an Mitarbeiter der CIA-Residentur der US-Botschaft in der DDR vermittelt.

Diese Kontaktaktivitäten waren im Hinblick auf

- Staatsbürger,
- Institutionen,
- Personengruppen

sehr unterschiedlich. Bevorzugte Personenkreise stellten dar:

- Funktionäre von Parteien und des zentralen Staatsapparats der DDR auf allen Ebenen,
- leitende Wissenschaftler, insbesondere in exportbestimmenden Betrieben der DDR,
- Wissenschaftler und Universitätsprofessoren,
- Studenten,
- kirchliche Kreise,
- Künstler und Kulturschaffende,
- Journalisten,
- in der DDR wohnhafte beziehungsweise zeitweilig tätige einflussreiche Bürger anderer Staaten.

Einen besonderen Schwerpunkt sah die Staatssicherheit bei Personen mit schwankender beziehungsweise negativer Einstellung zur DDR. Die Kontaktanbahnungen erfolgten unter Umgehung des offiziellen Weges über das MfAA als auch unter Nutzung des MfAA.

Den Angehörigen der CIA-Residentur in Ostberlin standen aus Sicht der HA II vielfältige Möglichkeiten der Suche und Auswahl von Agenturen zur Verfügung. Der Umfang der Kontaktarbeit wird durch folgende Zahlen veranschaulicht:

- Gesamtbesucherzahl von Eröffnung der Botschaft im Dezember 1974 bis April 1978: 5.300;
- tägliche Besucherzahl: circa 18;
- Zahl der Kontaktpartner (Bürger der DDR), zu denen seitens der US-Diplomaten beständige Arbeitskontakte aufrechterhalten wurden: 200;
- Zahl der Kontakte und Kontaktaufnahmen von DDR-Bürgern aus Motiven einer feindlichen oder politisch negativen Haltung zur DDR: 125 (Stand April 1978).

Durch die Kräfte der CIA-Residentur in Ostberlin wurden zielstrebige Kontakte zu Wissenschaftlern und Kulturschaffenden aufgenommen. Besonderes Interesse stellte die Staatssicherheit hinsichtlich Kulturschaffender fest, die für ihre politisch negative Haltung bekannt waren. Solche Kontakte wurden nach MfS-Erkenntnissen wie folgt gepflegt:

- In Wohnungen der Mitarbeiter der CIA-Residentur oder ihrer Kontaktpartner wurden sogenannte individuelle Gespräche geführt.
- Kleinere Personengruppen wurden in Wohnungen von US-Geheimdienstlern zu Partys eingeladen. In den meisten Fällen waren bei solchen Partys keine offiziellen Vertreter staatlicher Organe vertreten.

- Einladungen zu größeren Empfängen, auf denen Vertreter aller Bereiche des gesellschaftlichen Lebens zugegen waren.

Ausgehend vom Wirken der CIA-Dienststelle in der Westberliner US-Mission schätzte die Spionageabwehr ein, dass die Ostberliner CIA-Residentur, allein oder im Zusammenwirken und mit Abstimmung, das Schwergewicht auf eine Geheimdiensttätigkeit unter Nutzung legaler Möglichkeiten legte.[342]

2. <u>Führung von Agenturen</u>. Im Ergebnis der Bearbeitung der Botschaft der USA in der DDR wurde durch die HA II eine Gruppe von Diplomaten erkannt, die im Verdacht standen, Angehörige der US-Geheimdienste zu sein und eine umfangreiche Kontakttätigkeit unter DDR-Bürgern durchführten. Ihr besonderes Interesse galt nach Erkenntnissen des MfS der Suche nach politisch negativen Kräften. Es handelte sich dabei um vier leitende Angehörige und einen Mitarbeiter der Botschaft. Ein weiterer US-Diplomat, der von der Spionageabwehr eindeutig der CIA zugeordnet werden konnte, beschäftigte sich mit der Aufklärung und Kontaktierung von Bürgern der DDR zum Zwecke ihrer Nutzung durch den Geheimdienst.

Die beiden Richtungen

- Schaffung eines politischen Untergrunds in der DDR,
- Aufklärung von DDR-Bürgern zur direkten Nutzung durch den US-Geheimdienst

wurden durch die operative Bearbeitung der CIA-Residentur in der Ostberliner US-Botschaft durch die HA II erkannt. Bei beiden Richtungen führten die Geheimdienstmitarbeiter nach Erkenntnissen der

---

342 Vgl.: Ebd., Bl. 25 – 32.

Staatssicherheit eine umfangreiche Kontaktarbeit mit dem Ziel

- der Abschöpfung von Informationen,
- der Suche und Aufklärung von Kandidaten für eine Anwerbung,
- der Suche politisch negativer Kräfte und der Organisierung eines politischen Untergrunds

durch. Als bemerkenswert wurde betrachtet, dass sich die entsprechenden Amerikaner nicht als Geheimdienstler offenbarten. Weiterhin stellte die Spionageabwehr Abstufungen im Verhalten fest, die ein arbeitsteiliges Vorgehen in beiden der genannten Richtungen offenbarten. Dafür sprachen folgende Besonderheiten:

Der zweifelfrei als CIA-Angehöriger identifizierte US-Diplomat trat bei der Wahrnehmung offizieller Kontakte wenig in Erscheinung. Er unterhielt Verbindungen zu einigen DDR-Bürgern auf privater Ebene und konspirierte in einigen Fällen stärker als andere US-Diplomaten. Er arbeitete gezielt an der Erlangung spezieller Informationen auf politischem, ökonomischem sowie militärischem Gebiet und klärte Bürger der DDR hinsichtlich ihrer Bereitschaft zur Sammlung von Spionageinformationen auf. Er beschäftigte sich weiter damit, IM des MfS zu erkennen.

Dem gegenüber arbeiteten die zahlenmäßig genannten Kräfte der Ostberliner CIA-Residentur stärker mit offiziellen Kontaktpartnern. Sie nutzten offizielle Einladungen und Empfänge. Dabei entwickelten wiederum zwei US-Geheimdienstler in starkem Maße Initiativen bei der Suche eines politischen Untergrunds in der DDR.

Zur Sammlung von Spionageinformationen hatte die HA II folgende Aktivitäten erkannt:

- nachrichtendienstliche Abschöpfung,
- Aufklärungsfahrten,
- Nutzung der Potenzen der USIA,
- Nutzung des IREX-Programms. (Beim International Research Exchange Program handelte es sich um ein Programm der USA für den internationalen Wissenschaftleraustausch.)

Hinsichtlich der nachrichtendienstlichen Abschöpfung standen im Mittelpunkt:

- Bemühungen zur Aufklärung der Arbeitsmethoden des MfS, insbesondere gegenüber der Botschaft der USA in der DDR. Dies erfolgte durch gezielte Gespräche und Testmaßnahmen sowie Aufforderungen zur Mitteilung von Kontaktaufnahmen der Staatssicherheit.
- Erteilung konkreter Aufträge zur Abschöpfung von Informationen über dritte Personen. Dies erfolgte, indem Kontaktpartner aufgefordert wurden, gezielte Informationen von ihnen nahestehenden Personen sowie für die CIA-Residentur wichtigen Zielpersonen abzuschöpfen.
- Geheimdienstliche Abschöpfung von interessanten Anläufern der Botschaft der USA in der DDR.
- Suche von Wochenendgrundstücken, welche durch Kräfte der CIA-Residentur genutzt werden konnten.

Hierbei war der Umstand zu beachten, dass Kontaktpartner abgeschöpft wurden, wo beispielsweise in militärstrategisch wichtigen Gegenden der DDR Wochenendgrundstücke zu mieten oder zu erwerben waren.

Reisen von Angehörigen der CIA-Residentur erfolgten als Privatreisen, abgedeckt als Besichtigung von Sehenswürdigkeiten, Erholung und Urlaub sowie als Dienstreisen. Derartige Unternehmungen dienten auch dem Kennenlernen der Regimeverhältnisse in der DDR, Gesprächen mit leitenden Kadern örtlicher Organe, Hochschulen und Akademien sowie dem Ausbau vorhandener Kontakte. Geheimdienstlich verdächtige Mitarbeiter nutzten Wochenendfahrten zur Erkundung militärischer Objekte und Einrichtungen sowie zur Erkundung von Grenzsicherungsanlagen. Berichte über Aufklärungsergebnisse in den Bezirken der DDR wurden des Öfteren im Auftrag des US-Außenministeriums gefertigt. Bei Reisen in die DDR-Bezirke nutzten die nachrichtendienstlich verdächtigen Mitarbeiter sich bietende Möglichkeiten zur Aufnahme von Zufallskontakten, welche je nach Qualität später ausgebaut wurden. Die Sammlung von Informationen erfolgte durch

- offizielle Gespräche,
- eigene Feststellungen,
- der Arbeit mit Informationen.

Dies wurde seitens der HA II im engen Zusammenhang mit der Kontakt- und Reisetätigkeit der geheimdienstlich verdächtigen Mitarbeiter gesehen. Bei offiziellen Gesprächen, über das MfAA koordiniert, ging es in erster Linie um Informationen aus gesellschaftlichen Bereichen der DDR. Das Interesse galt besonders solchen Fragen, die im Hinblick auf die Sicherheit des Staates geheim zu halten waren. Bemerkenswert war, dass nachrichtendienstlich verdächtige US-Diplomaten, allein oder in Begleitung von Politikern der USA, solche Gespräche führten. So wurde der HA II im Mai 1975 bekannt, dass der bekannte Angehörige der CIA-Residentur mit einem Mitglied des Politischen Planungsstabs des State Departments der USA Gespräche mit leitenden Kadern an einer Universität der DDR führte. Bei diesem Gespräch interessierten besonders Fragen der

- Hochschulreform der DDR,
- Entwicklung der Universitäten,
- nationale und internationale Bedeutung der Universitäten.

Dabei wurden, je nach Zielstellung, konspirative Tonaufnahmen gefertigt. Dem MfS waren weitere Gespräche von CIA-Angehörigen mit

- Professoren von Hochschulen/Universitäten,
- Kräften der Bezirksleitungen der SED,
- Kräften der Räte einzelner Bezirke,
- Kräften der FDJ und Blockparteien

bekannt. Eine weitere Methode der Sammlung von Informationen gegenüber informellen Kontakten war die Realisierung der geheimdienstlichen Abschöpfung. Dabei bildeten die berufliche und gesellschaftliche Tätigkeit der Kontaktpartner eine wesentliche Voraussetzung. Die HA II verzeichnete, dass die nachrichtendienstlich verdächtigen Mitarbeiter untereinander, entsprechend ihrer nach außen hin offiziellen diplomatischen Tätigkeit, in ihren Abteilungen arbeitsteilig und kooperierend vorgingen. Die Spionageabwehr erkannte zum Beispiel, dass sich ein Mitarbeiter der Ostberliner CIA-Residentur für das DDR-Gesundheitswesen interessierte und dahingehend Personen aufklärte.

Ein anderer Angehöriger der Residentur zeigte Interesse:

- an der Vermittlung des Marxismus-Leninismus in der DDR (Hochschulen, Universitäten, Parteilehrjahr),
- am Austausch von und Fragen der Auswanderung auf der Grundlage der Schlussakte der Konferenz für Sicherheit und Zusammenarbeit in Europa,
- an der Situation unter Studenten an Universitäten (dabei wurden Namen vorgegeben),

- an Meinungen hinsichtlich bestimmter Fragen bei Parteitagen (Pflichten der Parteimitglieder, Charakterisierung der Gesellschaft).

Ein weiterer Mitarbeiter zeigte Interesse an:
- der Beratung der kommunistischen Arbeiterparteien Europas,
- Themen, die in der DDR zum 200. Jahrestag der USA bearbeitet wurden,
- Personen, welche in Richtung USA tätig waren, einschließlich Aufklärung dieser,
- Vorlesungen an Universitäten.

Entsprechend vorliegender Erkenntnisse des MfS wurden unter Umgehung des MfAA folgende Methoden genutzt:
- Empfänge anderer ausländischer Vertretungen in der DDR,
- Empfänge der Botschaft der USA in der DDR,
- persönliche Vorsprachen von Bürgern der DDR in der Vertretung sowie der postalischen und telefonischen Kontaktaufnahme zur Botschaft durch DDR-Bürger,
- Kontakte von Vermittlern zu Zielpersonen,
- andere ausländische Vertretungen als Empfehlungspartner zu Kontakten dieser Vertretungen.[343]

In welcher Größenordnung sich die Kontakttätigkeit bewegte, zeigt die Analyse der HA II zu zwei US-Geheimdienstlern der Ostberliner Residentur (MfS-Decknamen »Omega« und »Mustang«), die 1987 ihre Tätigkeit in der DDR beendet hatten.

Insgesamt stellte die HA II 189 Bürger der DDR als stabile Kontaktpartner dieser beiden Geheimdienstmitarbeiter fest, wobei sich folgende Zielgruppen abhoben:

---

343 Vgl.: Ebd., Bl. 32–38.

- 27 Prozent der stabilen Kontakte waren Angehörige staatlicher Institutionen, gesellschaftlicher Organisationen, wissenschaftlicher Einrichtungen, von Universitäten und Hochschulen, Presseorganen und Verlagen, zu denen die Geheimdienstangehörigen in Wahrnehmung ihrer offiziellen diplomatischen Funktion Kontakt hatten.
- 29 Prozent der stabilen Kontaktpartner waren Kunst- und Kulturschaffende. Bemerkenswert war dabei die Konzentration auf solche Personen, die durch ihre Tätigkeit eine gewisse Breitenwirkung erreichten, wie Literatur-, Theater-, Film- und Fernsehschaffende, und damit zu Multiplikatoren gegnerischer Auffassungen werden konnten.
- 22 Prozent der stabilen Kontaktpartner waren Funktionsträger unterschiedlicher Ebenen von Kirchen und Religionsgemeinschaften in der DDR. Dabei dominierte die evangelische Kirche. Kontakte bestanden aber auch zu Vertretern der katholischen Kirche sowie zu Angehörigen solcher Glaubensrichtungen in der DDR, deren Mutterkirchen in den USA ansässig waren.
- Die restlichen 22 Prozent der stabilen Kontaktpartner der beiden US-Geheimdienstler waren unterschiedlichen anderen gesellschaftlichen Bereichen zuzuordnen, wobei der einzelne Kontakt nicht unwichtig für die CIA-Residentur war.

Als bemerkenswert für die Staatssicherheit kristallisierte sich heraus, dass 14 Prozent der stabilen Kontaktpartner dieser Residenturmitarbeiter, vor allem aus Kirchen- und Religionsgemeinschaften sowie unter Kunst- und Kulturschaffenden, eine sichtbare offene ablehnende Haltung zur gesellschaftlichen Entwicklung in der DDR einnahmen beziehungsweise als Exponent einer politischen Opposition in der DDR in Erscheinung traten.

Summa summarum 97 Prozent der vom MfS erkannten Kontaktpartner der beiden US-Geheimdienstangehörigen waren älter als 30 Jahre und verfügten über
Erfahrungen bei der Einschätzung von politischen und
anderen Vorgängen in der DDR. Die Kontakte konzentrierten sich also auf solche Bürger der DDR, die gesell-
schaftlich etabliert waren, sowohl im positiven als auch
im negativen Sinne, und die über entsprechende Kenntnisse, gesellschaftliche Verbindungen und Einfluss verfügten, um für die Amerikaner interessant zu sein. Auf
sie konzentrierten sich die Bemühungen zur Schaffung
und Nutzung von Abschöpf- und Einflusskontakten.

Insgesamt 45 Prozent der Kontaktpartner dieser abgedeckt tätigen US-Geheimdienstangehörigen waren
gleichzeitig Kontaktpartner zum Teil mehrerer diplomatischer Vertretungen und Korrespondentenbüros
westlicher Staaten in der DDR. Dabei dominierten die
Ständige Vertretung der BRD, die Botschaften Großbritanniens und Frankreichs sowie die Korrespondentenbüros von ARD, ZDF, *Stern* und *Der Spiegel*.[344]

Der Leiter der HA II, Günther Kratsch, hat auch diesen
Teil der Geheimdienstarbeit in seinen Erinnerungen
festgehalten. Er schreibt:

»Viele Oppositionelle und Andersdenkende der ehemaligen DDR suchten vor allem im Verlauf der achtziger
Jahre verstärkt Verbindung zu diplomatischen Vertretungen und Journalisten ausländischer Medien in
der DDR. Die Bundesrepublik Deutschland, die USA,
England und Frankreich waren bevorzugte Länder, mit
denen sie ins Gespräch kommen wollten und auch gekommen sind.

Andererseits waren die politischen Interessen dieser

---

344 Vgl.: Referat des Leiters der Hauptabteilung II auf der Dienst-
      konferenz am 25. November 1987, Bl. 79 f.

Länder intensiv darauf ausgerichtet, diese oppositionellen Bürger als ständige Kontakt- und Auskunftspartner
zu gewinnen. Diese Länder gingen richtigerweise davon
aus, dass sich hier ihnen ein ständig größer werden-
des Informationspotential aus der DDR erschloss, auf
welches sie aus Gründen der Einschätzung und Analysierung der inneren Lage der DDR nicht verzichten
konnten. Die Oppositionellen in der DDR waren daran
interessiert, durch diese Kontakte politische Unterstützung zu bekommen, ihre öffentliche Präsenz zu erhöhen und sich geschützte Verbindungswege nach der
BRD und anderen westlichen Ländern zu sichern. Ein
ausgewählter Kreis der Opposition erhielt fortan Einladungen zu offiziellen Veranstaltungen der Botschaften
und Medien.

Wie zu erwarten war, wurden einige dieser begehrten
Kontaktpartner auf eine individuelle Betreuung durch
Mitarbeiter der Geheimdienstresidenturen an den Bot-
schaften der USA und Englands vorbereitet. [...]

Der generelle Auftrag der politischen Führung der USA,
in Abstufung für die Zentralen der US-Aufklärungs-
dienste, die in der BRD und der damaligen DDR präsent
waren, lautete:

• Die politische Entwicklung, insbesondere die Entwicklung der inneren Lage der DDR, genau zu verfolgen.

• Welche Bedeutung muss den oppositionellen Grup-
pen in der DDR beigemessen werden? Ist von der
DDR-Führung beabsichtigt, sie in einen politischen
Dialog einzubeziehen?

• Wer sind die führenden Köpfe der Bewegung, und
welchen politischen Zielen dienen sie? Welche Oppo-
sitionskraft ist von den Einzelnen zu erwarten?

• Wie ist die Zusammenarbeit Staat und Kirche zu bewerten? Welche Kirchenführer sind für oder gegen
eine Zusammenarbeit?

- Wie unterstützt die Kirche die oppositionellen Gruppen in der DDR bzw. einzelne Personen der Opposition?
- Wer wird Honeckers Nachfolger? Von den amerikanischen Diensten wurden Namen von DDR-Politikern
  vorgegeben, deren Chancen von den Agenten bewertet
  werden sollten. Modrow war in jedem Katalog dabei.
- Fragen wurden auch zur Zusammenarbeit DDR und
  BRD gestellt.

Das sind nur einige ausgewählte Punkte aus der damaligen Auftragsstruktur der amerikanischen Aufklärungsdienste. Als Fragestellung wurden alle Agenten
der amerikanischen Dienste damit konfrontiert und
mussten entsprechend berichten. Auch die Partner oder
Agenten, je nachdem wie es von den Einzelnen gesehen
wird, der Geheimdienstmitarbeiter an der amerikanischen Botschaft in der DDR.«[345]

Die Qualität der Residenturarbeit hatte sich nach
Einschätzung der HA II im Lauf der Jahre wesentlich
verbessert. In der Residentur bestand eine gewisse Trennung zwischen

- Mitarbeitern, die in der Agenturarbeit sowie Aufklärung von Werbe- und Perspektivkandidaten wirksam
  wurden, und
- Mitarbeitern, die aktiv im Rahmen der Kontakt-
  politik/Kontakttätigkeit und der Abschöpfung im
  Rahmen der komplexen Informationsgewinnung der
  Mitarbeiter der Botschaft der USA wirksam wurden.

Charakteristisch dabei war, dass sich die in der Agenturarbeit eingesetzten CIA-Mitarbeiter von der Kontaktarbeit zu DDR-Bürgern fernhielten.

---

345 Günther Kratsch: *Erinnerungen.* Unveröffentlichtes Manuskript
(Archiv des Verfassers).

Ein Teil der Mitarbeiter der CIA-Residentur führte nachrichtendienstliche Werbungen und Treffs auf dem Territorium der DDR durch. Sie waren auch unmittelbar im geheimdienstlichen Verbindungssystem tätig und führten gezielte Eigenaufklärung auf dem Territorium der DDR durch.

Nach Erkenntnissen der DDR-Spionageabwehr wurden in zunehmendem Maße weibliche – auch unverheiratete – CIA-Mitarbeiter eingesetzt, die ihre nachrichtendienstlichen Aufgaben sehr qualifiziert realisierten. Die Tendenz des Einsatzes weiblicher Kräfte zeichnete sich nach Einschätzung der HA II auch in der Tätigkeit der CIA und des BND innerhalb des Operationsgebiets – also in der Bundesrepublik und Westberlin – ab. Die Damen traten zunehmend als Treffpartner in der Agenturarbeit in Erscheinung. Operativ relevant war auch, dass die Ehefrauen der Mitarbeiter der CIA-Residentur bestimmte nachrichtendienstliche Teilaufgaben auf dem Territorium der DDR durchführten.[346]

Beispielhaft für den Einsatz weiblicher CIA-Mitarbeiter sei Karyl M. Seljak, MfS-Deckname »Engel«, genannt, die die CIA-Residentur in der DDR, wie bereits erwähnt, von 1984 bis 1986 leitete. Als »geheimdienstliches Ehepaar« arbeiteten Michael Johnson und seine Gattin von 1986 bis 1989 in der DDR. Trotz ihrer Cleverness konnten dem Ehepaar Johnson mehrere nachrichtendienstliche Operationen in der DDR durch das MfS nachgewiesen werden.[347]

In Übereinstimmung mit anderen sozialistischen Staatssicherheitsorganen schätzte die HA II ein, dass

---

346 Vgl.: Referat des Leiters der Hauptabteilung II auf der Dienstkonferenz am 27. Juni 1986, Bl. 102 f.

347 Vgl.: Klaus Eichner, Andreas Dobbert: Headquarters Germany, S. 115–121.

es sich bei den Mitarbeitern der CIA-Residenturen um hochqualifizierte und gut auf den Einsatz vorbereitete Geheimdienstangehörige handelte, die der Lage waren, mit vielfältigen Tricks, Ablenkungsmanövern und gezielten Absicherungen ihre nachrichtendienstlichen Aktivitäten unter den Augen der Abwehrorgane zu entfalteten. Die CIA-Residenturkräfte in der DDR verfügten in der Regel über Einsatzerfahrungen aus anderen sozialistischen Staaten oder häufig aus der Bundesrepublik, Westberlin und Österreich.

Die Spionageabwehr des MfS ging davon aus, dass sich trotz der hohen Qualifikation der CIA-Residenturkräfte Schwachstellen auftaten, die durch kluge und ausdauernde operative Arbeit erkannt und genutzt werden mussten.[348]

Hervorzuheben ist das abgestimmte und arbeitsteilige Vorgehen der in Ostberliner CIA-Residentur mit der in der US-Mission in Westberlin etablierten Residentur der CIA. Diese Zusammenarbeit hatte sich im Lauf der Jahre qualitativ weiter verbessert. Westberlin war ein geeignetes Territorium, dass durch die CIA-Residentur in der DDR zur Organisierung und Durchführung von Aktivitäten gegen in der DDR akkreditierte Diplomaten und andere Ausländer aus den verschiedensten Regionen der Welt, vor allem für Werbeoperationen, genutzt wurde.

Die operative Lageentwicklung zeigte dem MfS, dass Westberlin für westliche Geheimdienste generell einen hohen Stellenwert besaß. Das Zusammenspiel zwischen den auf dem Territorium der DDR tätigen Residenturen und Einzelaufklärern sowie den Dienststellen im Operationsgebiet (vor allem in der Bundesrepublik

---

348 Vgl.: Referat des Leiters der Hauptabteilung II auf der Dienstkonferenz am 27. Juni 1986, Bl. 102 ff.

Deutschland und Westberlin) wurde nicht nur bei der CIA deutlich. In Westberlin, das von Diplomaten und anderen Ausländern bevorzugt wurde, boten sich allen westlichen Geheimdiensten gute Möglichkeiten

- zur Annäherung an bestimmte Personenkreise,
- zur Schaffung von Kompromaten,
- zu Überprüfungsmaßnahmen,
- zur nachrichtendienstlichen Zusammenarbeit.

Westberlin war nach Erkenntnissen der HA II Operationsbasis und Ausgangspunkt von Aktivitäten gegen die DDR.[349]

Die in der Ostberliner US-Botschaft etablierte CIA-Residentur steuerte DDR-Agenturen, die für die CIA Spitzenquellen darstellten beziehungsweise für die die CIA eine besondere Perspektive sah. Es handelte sich in der Regel um Agenten, die im nichtsozialistischen Ausland geworben wurden und die längerfristig keine Reisemöglichkeiten in das NSW hatten. Aus diesem Kreis betraf das wiederum nur ausgewählte Fälle. Der Aufwand musste sich für die CIA lohnen und das vor allem unter Abwägung der sich mit dieser Steuerung auf dem Territorium der DDR verbundenen Risiken und Gefahren, besonders der für die Quellen. Nach Erkenntnissen der HA II ließ die CIA DDR-Agenturen, die aus einem Auslandseinsatz zurückgekehrt waren, mitunter über Jahre hinweg ruhen und überwachte sie mit in der DDR zur Verfügung stehenden Mitteln und Methoden.

Die CIA führte Werbeoperationen auf DDR-Territorium unter Einschaltung ihrer Ostberliner Residentur vor allem durch wenn:

- der Kandidat einen besonderen Stellenwert für die CIA hatte,

---

349 Vgl.: Ebd., Bl. 104.

- keinerlei Aussichten auf eine Reise des Werbungskandidaten in nichtsozialistische Staaten bestanden,
- die Aufklärungsergebnisse auf einen Erfolg der Operation hindeuteten, beispielsweise entsprechende Kompromate vorhanden waren.

Im Jahr 1979 wurde der HA II ein Versuch des damaligen 2. Sekretärs und Konsuls der Botschaft der USA in der DDR, Pavitt, bekannt und vereitelt, der die Anwerbung eines leitenden Offiziers beim Stab der GSSD zum Ziel hatte.[350]

In einem anderen Fall gelang der CIA die Anwerbung eines sowjetischen Offiziers. Die HA II erhielt von der II. Hauptverwaltung des KfS Kenntnis darüber, dass 1984 der Offizier der Sowjetarmee Iwanow als Spion enttarnt werden konnte. Iwanow war zunächst im Militärattachéapparat der Sowjetarmee in einem sozialistischen Land tätig und wurde dort von der CIA gründlich aufgeklärt. Neigung zum Alkohol, zweifelhafte Verbindungen zu Ausländern und Schwatzhaftigkeit waren die Gründe für seine Rückversetzung in die UdSSR. Dies waren allerdings auch die späteren Ansatzpunkte für die CIA. Iwanow änderte sich nicht und fühlte sich zu Unrecht behandelt. Die von der Moskauer CIA-Residentur auf ihn angesetzten Geheimdienstler stellten bald fest, dass er auch finanziell korrumpiert werden konnte. Kontaktierung, Werbung und unverzügliche Beauftragung zur Informationsbeschaffung erfolgten in Moskau und wurden dort relativ kurzfristig realisiert.[351] Der HA II lagen auch dahingehend Erkenntnisse vor, wonach zu wichtigen Zielpersonen in der DDR langjährig persönliche Kontakte und Verbindungen durch US-Diplomaten gehalten wurden und eine sogenannte

---

350 Vgl.: Ebd., Bl. 105 f.
351 Vgl.: Ebd., Bl. 106 f.

Dossier-Arbeit zur Person vorgenommen wurde. Offene oder indirekte Andeutungen auf eine geheimdienstliche Nutzung gab es auf dem Gebiet bis 1986 nicht.

Beim ersten Aufenthalt einiger dieser DDR-Bürger im NSW erfolgte auf der Grundlage der vorliegenden Personenaufklärungsergebnisse jedoch sofort durch Mitarbeiter von Dienststellen der CIA aus dem Operationsgebiet die Anwerbung als Agentur. Nach der Werbung wurde aus taktischen Gründen jeglicher vermeidbarer Kontakt zur US-Botschaft in der DDR und auch in anderen sozialistischen Staaten untersagt. Eine Steuerung durch die CIA-Residentur in der DDR wurde in solchen Fällen nicht in Erwägung gezogen. Es wurde akzeptiert, dass aufgrund begrenzter Reisemöglichkeiten, zum Teil nur einmal im Jahr oder in noch größeren Abständen, persönliche Treffen im nichtsozialistischen Ausland möglich waren. Es erfolgte eine vollständige Ausrüstung und Ausbildung zur Aufrechterhaltung der Verbindung, sowohl auf unpersönlichem Weg kurz nach der Anwerbung, als auch über Jahre hinweg. Als eine in der Aufklärungs- und Abwehrarbeit ebenfalls zu beachtende Methode, wurde durch die Spionageabwehr erkannt, dass Residenturmitarbeiter erst kurz vor Beendigung ihres DDR-Einsatzes ausgewählte Kontaktpartner an andere CIA-Mitarbeiter zur Anwerbung übergaben.[352]

Hinsichtlich der Agentursteuerung auf dem Territorium der DDR erkannte die HA II aus der operativen Arbeit folgende markante Methoden der CIA:

- Gesprächstreff,
- kurze Übergabetreffs,
- Nutzung von TBK zur Übermittlung von Spionageinformationen an die CIA-Residentur in der DDR.

Der Gesprächstreff kam vor allem bei Agenturen zur

---

352 Vgl.: Ebd., Bl. 107 f.

Anwendung, die aus objektiven Gründen keine schriftlichen Spionageinformationen lieferten. Die Informationen wurden durch die Agentur mündlich gegeben und vom CIA-Mitarbeiter durch Tontechnik aufgezeichnet. Die Gesprächstreffs wurden in den Abendstunden entweder durch einen CIA-Angehörigen unter Einbeziehung der Ehefrau, die als Fahrer des Diplomaten-Pkw fungierte, oder durch einen CIA-Mitarbeiter ohne Begleitperson durchgeführt.

Der Geheimdienstler wurde im beziehungsweise am Treffbereich abgesetzt oder begab sich selbst dorthin und führte nach einem Sichttreff mit der Agentur das Gespräch während eines anscheinend belanglosen Spazierganges durch. Neue Instruktionen an die Agentur wurden zum Teil schriftlich aber auch mündlich erteilt. Bei Einsatz von zwei CIA-Angehörigen erfolgte nach dem Treff die Aufnahme des agentursteuernden Mitarbeiters in den CD-Pkw an einem vorher festgelegten Ort zu einer fest vereinbarten Zeit.

Kurze Übergabetreffs beziehungsweise Momenttreffs dienten lediglich dem Austausch geheimdienstlicher Materialien zwischen CIA-Mitarbeiter und Agentur. Die Treffzeiten waren auf die Minute genau festgelegt. Ausgewählt wurden vorrangig die Abendstunden bei Dämmerung oder Dunkelheit. Die Trefforte befanden sich in der Nähe von Parks oder Grünanlagen innerhalb Ostberlins oder in Randgebieten mit Siedlungscharakter. Zur Absicherung und Konspirierung der Gesprächsund kurzen Übergabetreffs wandte die CIA vielfältige, aufeinander abgestimmte Maßnahmen der Tarnung und Täuschung an. Markante Aspekte der CIA waren dabei:

- Die eigentliche Geheimdienstoperation begann, unabhängig davon, ob sie von einem oder zwei CIA-Mitarbeitern realisiert wurde, in der Regel zwei bis drei Stunden vor dem konkreten Trefftermin.

- Ausgangspunkt konnte sowohl die Wohnung des CIA-Mitarbeiters, die Botschaft der USA in der DDR oder das Territorium Westberlins sein.
- Bereits Tage davor als auch zum Trefftermin selbst wurden unterschiedliche Aktivitäten zur Täuschung der Staatssicherheit unternommen. Das betraf unter anderem telefonische Vereinbarungen von Zusammenkünften mit bedeutungslosen Bekannten des CIA-Mitarbeiters für den Zeitraum der tatsächlichen Durchführung der Aktion oder die Vortäuschung der Anwesenheit in der eigenen Wohnung mittels Verlassen des Wohnhauses durch andere Ausgänge beziehungsweise das Anlassen von Licht und technischen Geräten (Radios, Fernseher).
- Vom jeweiligen Ausgangspunkt aus unternahmen die CIA-Mitarbeiter grundsätzlich längere Absicherungsfahrten mit dem Diplomatenfahrzeug. Die Routen unterlagen von Treff zu Treff bestimmten Veränderungen. Die Spionageabwehr ging davon aus, dass in den benutzten Pkw konspirative Technik mitgeführt wurde, die der Feststellung des Funkverkehrs im Rahmen möglicher Observationshandlungen des MfS dienen sollte.
- Nicht jede Absicherungsfahrt endete in Treffortnähe. Es war auch Methode, insbesondere wenn CIA-Mitarbeiter allein die Operation durchführten, den Pkw im Stadtgebiet abzustellen und unter Nutzung verschiedener öffentlicher Verkehrsmittel den Treffort aufzusuchen.
- Die Kleidung der CIA-Mitarbeiter war der jeweiligen Situation angepasst, es wurde meist unauffällige Freizeitbekleidung getragen. Maskenbildnerische Veränderungen der CIA-Mitarbeiter stellten zwar nicht die Regel dar, wurden aber in bestimmten Fällen angewandt.

- Bestimmte Tage als erkennbare Schwerpunkte für Geheimdienstoperationen konnten durch die HA II nicht herausgearbeitet werden. Allerdings rechnete die CIA nach Erkenntnissen des MfS damit, sich an Wochenenden besser den Überwachungsmaßnahmen des MfS entziehen zu können.

Aus Gründen der Konspiration war die Ostberliner CIA-Residentur bemüht, nur im erforderlichen Umfang persönliche Treffs mit Agenturen durchzuführen. Die regelmäßige Informationsübergabe durch Agenten sollte weitestgehend durch TBK realisiert werden. Die CIA-Residentur in der DDR wählte planmäßig Ablageorte aus, die langjährig aufgeklärt waren. Offensichtlich ließ man einen längeren Zeitraum bis zur Nutzung der Ablageorte verstreichen, um alle Eventualitäten einer Kontrolle durch das MfS auszuschalten.

Die Ablageorte befanden sich zumeist an einem Waldrand. Spionageinformationen wurden von den Agenturen unter anderem mit Folie geschützt und in selbst ausgewählten Containern bei Dunkelheit abgelegt. Als Container dienten dabei Gegenstände wie geöffnete Blechbüchsen, alte Handschuhe oder Schmutzlappen, die bei anderen Personen kein besonderes Interesse weckten und an denen diese in der Regel achtlos vorbeigingen.

Kurz nach der Ablage des Containers erfolgte die Anbringung eines Sichtzeichens durch die Agentur als Signal über die TBK-Belegung in Form einer Markierung mit Fettstift oder Lippenstift an vereinbarter Stelle, vor allem in zentral gelegenen Stadtbezirken.

Nach der meist am nächsten Morgen durchgeführten Sichtzeichenkontrolle und TBK-Leerung durch Mitarbeiter der CIA-Residentur oder deren Ehefrauen wurde dem Spion umgehend die erfolgreiche Beendigung oder auch der eventuelle Misserfolg der Aktion signalisiert. Dies geschah ebenfalls durch Setzen eines Sichtzeichens, bei- spielsweise in Form eines abgeparkten Diplomaten-Pkw an einer vorher vereinbarten Stelle, die die Agentur mit- tels öffentlicher Verkehrsmittel passieren konnte. Die Parkrichtung des Diplomaten-Pkw wies auf die erfolgte Leerung oder auf das Nichtauffinden des TBK hin.

Bei derartigen Geheimdienstoperationen konnte die Spionageabwehr des MfS den Einsatz von mehreren Angehörigen der CIA-Residentur bei der Lösung von Teilaufgaben, wie der Sichtzeichenkontrolle, der Lee- rung des TBK oder der Sichtzeichensetzung feststellen.

Das methodische Vorgehen der CIA war jedoch an kein starres Schema gebunden. Die HA II als auch andere sozialistische Staatssicherheitsorgane erkannten, dass CIA-Angehörige für Aktionen zur TBK-Leerung unter anderem ihre ganze Familie, einschließlich der Kinder, zur besseren Tarnung und für bestimmte Absicherun- gen mit einbezogen.[353]

Vom leitenden Mitarbeiter der Botschaft der USA in der DDR, Greenwald, bearbeitet im OV »Cäsar«, gingen auch umfangreiche Bestrebungen aus, ökonomische Bereiche aufzuklären. Im offensiven Vorgehen dieser Person erkannte die HA II folgende Zielstellung:

• Verschaffung eines generellen Überblicks in die Wirt- schaftspolitik und Wirtschaftskraft der DDR,
• Erkundung spezifischer Probleme der DDR auf dem Gebiet des wissenschaftlich-technischen Fortschritts,
• Überprüfung der Wirksamkeit von Embargobestim- mungen und anderen Handelsbeschränkungen der USA,
• Aufklärung von Konkurrenten der USA aus anderen westlichen Staaten im Handel mit der DDR.

---

353 Vgl.: Ebd., Bl. 109–113.

Das methodische Vorgehen war dadurch charakterisiert, dass er offizielle Anlässe zur Kontaktherstellung zu Vertretern von Kombinaten, Außenhandelsbetrieben und anderen Einrichtungen, zum Beispiel bei Betriebsbesichtigungen oder zur Leipziger Messe nutzte. Mittels Dankschreiben, Einladungen zu Empfängen oder privaten Essen versuchte er, diese Erstkontakte außerhalb der offiziellen Ebene weiterzuführen. Bei der Abschöpfung solcher Kontakte war Greenwald nach Erkenntnissen der HA II bestrebt, angebliche positive Gründe für seine Informationsinteressen, wie Suche nach Möglichkeiten für den Ausbau des bilateralen Handels oder vorgeblicher Abbau von Embargobestimmungen der USA vorzubringen. Trotz seines vorhandenen Wissens über die Volkswirtschaft der DDR täuscht er auch Unkenntnis vor, um Gesprächspartner zur Preisgabe von Informationen zu veranlassen. So bemühte er sich unter dem Vorwand, prüfen zu wollen, ob Lichtleiterkabel von der Embargoliste gestrichen werden könnten, um einen Besuch im Kombinat Kabelwerk Oberspree, dem Hersteller dieses für die DDR wichtigen Produktes. Während eines im September 1987 genehmigten Besuchs dieses Betriebs gelangte er durch seine Gesprächsführung in den Besitz der ihn interessierenden Informationen.[354]

Im Zusammenhang mit der Botschaft der USA in der DDR standen auch sogenannte Informationsreisen durch CIA-Angehörige. 1986/87 erkannte die HA II die Einreise von mehreren Mitarbeitern aus den CIA-Residenturen in der Bundesrepublik und anderen westlichen Staaten in die DDR. Konkret handelte es sich dabei um Geheimdienstangehörige,

---

354 Vgl.: Referat des Leiters der Hauptabteilung II auf der Dienstkonferenz am 25. November 1987, Bl. 82 f.

- die ehemals abgedeckt in der Botschaft der USA in der DDR, in der BRD beziehungsweise in der Westberliner US-Mission tätig waren,
- die innerhalb der Geheimdienstzentralen führende Funktionen im analytischen Bereich ausübten,
- die im geheimdienstlichen Auftrag auf dem Gebiet der sogenannten Ostforschung tätig waren.

Solche Aufenthalte wurden als Informationsreisen, Besuche der US-Botschaft in Ostberlin sowie mit touristischen Interessen legendiert. Die Betreuung dieser Geheimdienstler erfolgte in der Regel durch Angehörige der CIA-Residentur der US-Botschaft in der DDR. Dabei konnte die Spionageabwehr in Erfahrung bringen, dass die Residentur sowohl für vorbereitende organisatorische Fragen verantwortlich war und mit diesen Geheimdienstangehörigen abgestimmt handelte. Gemeinsam wurden Kontaktpartner aufgesucht und in Gesprächen zielgerichtet abgeschöpft, wobei der eingereiste Geheimdienstler als Gesprächsführer auftrat. Dadurch wurden einerseits die Kontaktpartner psychologisch und moralisch aufgerüstet und andererseits Wege geebnet für die weitere Kontakt- sowie Einfluss- und Abschöpftätigkeit der CIA-Residenturmitarbeiter. Die Erkenntnisse der HA II belegten folgende Zielstellungen:

- Erarbeitung aktueller, differenzierter und tiefgründiger Informationen zur konkreten Lageeinschätzung über die DDR;
- Führung von Hintergrundgesprächen mit ausgewählten, für den Geheimdienst bedeutsamen Kontaktpartnern aus Politik und Wirtschaft der DDR;
- Lancierung von Auffassungen der US-Administration;
- Instruierung und langfristige Ausrichtung der an der Botschaft der USA in der DDR etablierten Geheimdienstresidentur auf zu erwartende politische Höhepunkte.

Für die Mehrzahl der einreisenden amerikanischen Geheimdienstler war typisch, dass sie sowohl Kontakte zu Mitarbeitern staatlicher und gesellschaftlicher Institutionen, wie des Ministeriums für Auswärtige Angelegenheiten, des Instituts für Politik und Wirtschaft, des Instituts für Internationale Beziehungen, als auch zu oppositionellen Kräften in der gesamten DDR aufnahmen. Als besonders effektiv erwies sich für die US-Geheimdienste dabei offensichtlich die Kontaktaufnahme zu solchen Bürgern der DDR, die zum stabilen Verbindungskreis von in der DDR abgedeckt tätigen Geheimdienstmitarbeitern zählten. Dies galt auch für ehemalige Kontakte von Geheimdienstlern, die schon nicht mehr in der DDR tätig waren. Oftmals zeichnete sich nach Erkenntnissen der Staatssicherheit gerade bei diesen Personen eine kurzfristige und uneingeschränkte Auskunftsbereitschaft ab. Folgende Beispiele sind repräsentativ für die Vorgehensweise der US-Geheimdienste auf diesem Gebiet:

Im Herbst 1987 reiste ein Analytiker der CIA-Zentrale für mehrere Tage in die DDR ein. Dieser war zuvor Mitte der 1980er Jahre als Mitarbeiter der CIA in der Politischen Abteilung der Ostberliner US-Botschaft abgedeckt tätig. Während seines damaligen Einsatzes befasste er sich speziell mit der nachrichtendienstlich-analytischen Aufbereitung der Innen- und Außenpolitik der DDR. Im Rahmen dieser Tätigkeit unterhielt er sowohl umfangreiche Kontakte zu Angehörigen staatlicher und gesellschaftlicher Institutionen der DDR als auch zu oppositionellen Personen aus Kultur- und Kirchenkreisen. Während seines DDR-Aufenthaltes im Herbst 1987 suchte der CIA-Mann in Ostberlin beziehungsweise in den Bezirken der DDR seine ehemaligen Kontaktpartner auf. Aus dem Charakter der Kontaktaufnahmen sowie den der HA II bekannt gewordenen

Informationsinteressen des Geheimdienstlers wurde im MfS geschlussfolgert, dass er sich offensichtlich im Auftrag der CIA-Zentrale mit der Zielstellung in der DDR aufhielt,

- Spionageinformationen politischen und ökonomischen Charakters zu beschaffen,
- eine eigene Beurteilung der inneren Lage der DDR vornehmen zu können,
- oppositionelle Kräfte in der DDR zu inspirieren und moralisch zu stimulieren.

Ebenfalls im Herbst 1987 hielt sich ein Sonderberater des Direktors des Geheimdienstes des US-Außenministeriums in Ostberlin auf, wo er nacheinander von der Botschaft der USA in der DDR initiierte Gespräche mit Vertretern des Ministeriums für Auswärtige Angelegenheiten, des Instituts für Politik und Wirtschaft sowie des Instituts für Internationale Beziehungen führte. Im Anschluss an diese Gespräche hielt sich der Geheimdienstmitarbeiter in der ständigen Vertretung der BRD in der DDR auf, wo er nach inoffiziellen Hinwiesen der HA II mit deren Leiter, Dr. Bräutigam, zusammentreffen wollte. Von Bedeutung für das MfS war die erstmals getroffene Feststellung, dass ein Angehöriger des Geheimdienstes des US-Außenministeriums gegenüber DDR-Institutionen offiziell als Vertreter des INR auftrat. Allen Gesprächspartnern war bekannt, dass es sich bei dem Besucher um einen Sonderberater beziehungsweise leitenden Mitarbeiter des INR handelte, ohne aber Kenntnis darüber zu haben, dass es sich bei dieser Einrichtung um einen Geheimdienst handelte. Die Zielstellung der US-seitig als informeller Meinungsaustausch bezeichneten Gespräche bestand vorrangig in der Erkundung und Einschätzung der Politik in der UdSSR durch die DDR, insbesondere hinsichtlich möglicher Widerstände der DDR zur Übernahme des politischen

Demokratisierungs- und Umstrukturierungsprozesses in der Sowjetunion. Im US-Außenministerium analysierte man intensiv, ob in der DDR eine Entwicklung nach sowjetischem Muster, vor allem auf politischem Gebiet, zu erwarten sei. Zur Person und zum Auftreten des Geheimdienstmitarbeiters wurde eingeschätzt, dass er zweifelsfrei ein Sachkenner auf den Gebieten der Europapolitik, aber auch sonstiger außenpolitischer Fragen bis hin zur Sicherheitsproblematik sei. Er hatte sich als außerordentlich gewandter und intelligenter Gesprächsführer erwiesen. Er wusste nicht nur, was er in einem Gespräch erreichen wollte, er verstand es auch, eine Unterhaltung so zu steuern, dass sein Informationsinteresse zum Gesprächsgegenstand wurde.[355]

Ein gänzlich anderes als das bisher dargestellte Vorgehen zeigte sich der HA II bei der Einreise eines Analytikers aus dem Führungsstab des Geheimdienstes des US-Verteidigungsministeriums. Dieser Geheimdienstler reiste von Warschau aus kommend mit dem Zug in die DDR ein. Innerhalb von vier Tagen realisierte er in Ostberlin und Dresden unter touristischer Abdeckung verschiedene Aktivitäten, die beim MfS den sicheren Schluss zuließen, dass er gut vorbereitet intensive Eigenaufklärung sowie ein umfassendes Regimestudium in der DDR betrieb. Er nutzte ausschließlich öffentliche Verkehrsmittel und stellte keinen Kontakt zur US-Botschaft in der DDR her. Abschöpfaktivitäten stellte die Spionageabwehr ebenfalls nicht fest. Bemerkenswert an diesem Aufenthalt war:

- Der Geheimdienstmitarbeiter, der in Berlin im kirchlichen Hotel *Hospiz* übernachtete, war dort als Pfarrer avisiert worden.
- Er sandte von der Hauptstadt der DDR aus zwei An-

---

355 Vgl.: Ebd., Bl. 72–76.

sichtskarten mit allgemeinen Grüßen aus Berlin (eine
an seine Frau, die andere an die Geheimdienstzentrale
der US-Luftwaffe in Washington).[356]

Reaktionen des MfS zu den CIA-Aktivitäten

Nach dem die Arbeitsweise der Ostberliner CIA-Residentur erläutert worden ist, gilt es jetzt aufzuzeigen, wie
die Spionageabwehr darauf reagierte. Ein langjähriger
Angehöriger der Spionageabwehr erinnert sich: »Vor
allem ging unser Sinnen und Trachten dahin, gute IM
als Gesprächspartner der Amerikaner zu platzieren, um
dadurch Informationen zu erlangen. Das war nicht so
schwer, wie die Einschleusung eines IM in das Agentennetz des Geheimdienstes, aber ganz einfach war es
auch nicht. Auf jeden Fall waren neue Überlegungen
nötig und die Werbung neuer IM. Aber es gelang.
Die Verhandlungen mit den USA hatten einen hohen
Stellenwert in der Außenpolitik der DDR. War doch
die Anerkennung der DDR durch die Führungsmacht
der westlichen Welt eine Prestigefrage. Entsprechend
gefragt war deshalb jede Information über die Pläne
und Absichten der Amerikaner. Manch kleine private
Bemerkung konnte dabei aufschlussreicher sein, als der
Poker bei offiziellen Gesprächen. Diese Art Tuchfüh-
lung mit der Gegenseite half uns dabei, rechtzeitig die
richtige Einstellung zum künftigen Bearbeitungsobjekt
US-Botschaft zu finden und die Abwehrarbeit realistisch zu organisieren.«[357]
Das Kernstück für eine erfolgreiche Aufklärung und Be-

---

356 Vgl.: Ebd., Bl. 78.

357 Vgl.: G. F.: *So war das – 36 Jahre im operativen Dienst des MfS.*
Unveröffentlichtes Manuskript, 1996, S. 33 (Archiv des Verfassers).

kämpfung der von der Botschaft der USA in der DDR ausgehenden Geheimdienstaktivitäten war also die Arbeit mit qualifizierten IM. Die breit angelegte Kontaktarbeit der Botschaft bot dafür günstige Möglichkeiten und Ansatzpunkte. Zur Aufklärung der Pläne, Absichten, Mittel und Methoden der CIA-Residentur in der Botschaft der USA in der DDR zur Werbung von Agenturen, wurde eine gezielte Blickfeldarbeit mit IM als unabdingbar erachtet. Ausgehend von den Erkenntnissen zur Arbeit mit IM gegen die CIA-Residentur schlussfolgerte man in der HA II, dass die IM, welche in Richtung der Botschaft der USA in der DDR zum Einsatz kamen, über eine exakte politische Grundhaltung verfügen mussten. Die IM mussten sich intensiv mit der gegnerischen Ideologie auseinandersetzen und so auftreten, dass sie vertrauliche Beziehungen zu den US-Geheimdienstlern aufbauen konnten.

Aus den Erfahrungen der Spionageabwehr über die Arbeitsweise der Residentur mussten IM, welche zur Anschleusung vorgesehen waren, über wesentliche differenzierte, objektive und subjektive Voraussetzungen verfügen. Diese Differenzierung ergab sich aus der Zielstellung der Anschleusung. IM, welche mit der Zielstellung des Aufbaus eines operativen Spiels[358] zur

---

358 Ein operatives Spiel war die zweckmäßige und zielstrebige Organisation und Durchführung einer konkreten operativen Aufgabe über einen längeren Zeitraum zur Bekämpfung der Feindtätigkeit westlicher Geheimdienste. Der offensive Charakter und die konkrete Zielstellung wurden durch die Ausnutzung der gegebenen natürlichen Bedingungen und der bewussten Schaffung von zweckmäßigen Umständen erreicht. Der Geheimdienst wurde durch die »ehrliche« Arbeit seiner Quelle mit dem MfS bewusst getäuscht und unter Ausnutzung seines Vertrauensverhältnisses zu seiner »Quelle« zu solchen gewünschten Maßnahmen veranlasst, die der konkreten Zielstellung der operativen Aufgaben dienten. Zielstellungen des MfS konnten

Aufdeckung der Spionage der Ostberliner CIA-Residentur vorgesehen waren, sollten über folgende wesentliche
Voraussetzungen verfügen:

Objektive Voraussetzungen

Ein wesentliches objektives Kriterium war die konkrete
Tätigkeit des IM. Er sollte möglichst in einem zentralen
Organ tätig sein, wo er über einen guten Überblick zu
entsprechenden Querschnittsproblemen hatte. Dadurch
verfügte der IM über bestimmte Informationen zur
politischen, kulturellen, ideologischen, ökonomischen,
wissenschaftlich-technischen und militärischen Entwicklung der DDR, die für die Amerikaner von Interesse waren. Große Aufmerksamkeit zeigten sie gegenüber
Personen, welche durch ihre Tätigkeit unabhängig und
beweglich waren.

Schuf die Tätigkeit des IM nur ungenügendes Interesse
bei der CIA-Residentur, so wurde durch die Staatssicherheit als weiteres Kriterium zu beachtet, ob der IM über
Kontakte zu Personen in zentralen Organen der DDR
verfügte, von denen er entsprechende Informationen erhalten konnte. Bei Informationen hinsichtlich des Aufbaus eines operativen Spiels handelte es sich um solche
relevanten Auskünfte, die für die CIA-Residentur von
Bedeutung waren und die sie nur auf dem Weg einer gezielten geheimdienstlichen Beschaffung erhalten konnte.
Ein weiteres Kriterium stellte das Vorhandensein von
Möglichkeiten dar, dass der IM von Kräften der Residentur angesprochen werden konnte.

Subjektive Voraussetzungen

Eine wesentliche subjektive Voraussetzung war die
Fähigkeit des IM zur Vortäuschung einer labilen politischen Einstellung. Diesen Faktor betrachtete das MfS

---

das Eindringen in den Geheimdienst sowie das Aufdecken einer
staatsfeindlichen Tätigkeit sein.

als ein entscheidendes Moment dafür, ob und wie ein Kontakt zu Angehörigen der CIA-Residentur dauerhaft und effektiv gestaltet werden konnte. Diese Frage fand in der Praxis der HA II große Bedeutung. Aus diesem Grund musste mit dem IM gemeinsam eine Basis erarbeitet und festgelegt werden, nach der dann gearbeitet wurde. Folgende Verhaltenslinien waren effektiv und hatten sich in der Praxis bewährt:

- Da der IM in der DDR wohnte, eine bestimmte Position in Staat und Gesellschaft einnahm sowie in entsprechenden sozialen und finanziellen Verhältnissen lebte, konnte er gegenüber den CIA-Angehörigen keine feindliche jedoch eine labile Haltung zur DDR bekunden oder vortäuschen.

- Entsprechend seiner Stellung und Position deutete er bei Gesprächen an, dass er unzufrieden wäre, weil er keine oder nur wenige Westreisen machen könne. Die Bürokratie und die überbetonten Einschränkungen würden ihn in seiner persönlichen Entwicklung hemmen. Aus diesem Grund ist er bestrebt, persönliche Kontakte – ohne Wissen seiner Vorgesetzten – zu pflegen. Hauptfakt war dabei, dass er den persönlichen Faktor seines Weitekommens wirkungsvoll und überzeugend ausspielte. Die Frage der persönlichen Freiheit im Sozialismus zog er in Zweifel. Dabei macht er über die Stabilität und die Stärke des Sozialismus keinen Hehl.

Daraus ergab sich, dass der IM

- im Gegensatz zu seiner Haltung, zur Lösung der Blickfeldaufgabe an seiner Arbeitsstelle, im Wohngebiet oder anderswo keine Funktionen haben durfte, wo er verpflichtet war, agitatorisch oder parteilich in Erscheinung zu treten. Dies hätte im Falle von Überprüfungen Zweifel aufkommen lassen und Gefahrenmomente in der weiteren Blickfeldarbeit ausgelöst.

- so er entsprechende Funktionen bekleidete, dies mitteilen und offen darüber sprechen musste.
- erst dann eine aktive Blickfeldarbeit zur Herstellung
eines Kontakts entwickeln durfte, wenn er sich voll
mit der festgelegten politischen Linie zur Lösung einer langfristigen Aufgabe identifiziert und sie allumfassend verstanden hatte sowie bereit war, sie anzuwenden und durchzusetzen. War dies nicht der Fall,
musste der Führungsoffizier mit dem IM in dieser
Richtung weiter individuell auf die Realisierung der
Blickfeldarbeit hinarbeiten.

Die Staatssicherheit erkannte, dass bei den IM

- ideologisch-moralische Widersprüche auftraten.
Vielfach wurden Einstellungen, Anschauungen und
Auffassungen vertreten, in denen der IM zwar die
Notwendigkeit der Lösung der Aufgabe erkannte,
jedoch aus seiner bisherigen politischen Entwicklung
und persönlichen Erfahrung heraus sich mit dem
Geheimdienst lieber agitatorisch als mit Mitteln der
Konspiration auseinandersetzte. Dies war nach Erkenntnisse der HA II vielfach bei Ausländern der Fall.
- geistig-intellektuelle Widerstände häufig aus Mangel
an Kenntnissen und Fähigkeiten hinsichtlich der Erreichung des Zieles auftraten. Häufig führten diese IM
an, dass der Gegner bestimmt nicht daran interessiert
sei, mit ihnen Kontakt zu halten, weil er ihre politische Haltung genau kannte.
- soziale Widersprüche hervortreten konnten. Dies
betraft meistenteils Personen aus kleinbürgerlichen
Schichten sowie aus Intelligenz- und Künstlerkreisen.
Oft traten solche Meinungen auf, dass sie Personen
aus ihren Kreisen ungern tippten, jedoch an ausländischen Personen ohne Vorbehalte arbeiten würden.

Eine wichtige Seite sah das MfS darin, dass an der
Überwindung von Widerständen bei der Realisierung

der Blickfeldarbeit als Willensleistung beharrlich und überzeugend gearbeitet werden musste. Je besser der IM bei der konkreten Aufgabenstellung auf mögliche oder sicher auftretende Widerstände und Hindernisse im künftigen Handeln vorbereitet wurde, desto weniger wurde er bei der Realisierung der Aufgabe überrascht und umso überlegter konnte er bei Einsatz aller Willensenergie handeln.

Für die Einschätzung der Willenseigenschaften und für das Ableiten von Erziehungsmaßnahmen war es aus Sicht des MfS notwendig, dass nach Abschluss von Teilmaßnahmen im Rahmen der Blickfeldarbeit zur Herstellung einer Feindverbindung der Verlauf gründlich analysiert wurde sowie die Bedingungen und Ergebnisse der Handlungen. Es war weiter zu analysieren, ob Schwierigkeiten auftraten beziehungsweise welche Widerstände überwunden werden mussten. Der Führungsoffizier musste sich davon leiten lassen, dass die inhaltliche Festlegung der politischen Linie für das Auftreten des IM zur erfolgreichen Durchführung der Blickfeldarbeit vom IM ein der inneren Haltung widersprechendes von ihm verlangte, was oftmals eine beträchtliche Willensanstrengung erforderte. Die Psychologie lehrt, dass ein Mensch in der Regel gemäß seinen inneren Auffassungen und Einstellungen handelt. Sein äußeres erkennbares Verhalten entspricht zumeist seinen inneren Haltungen. Das MfS ging davon aus, dass die Fähigkeit, Handlungen im Rahmen der Blickfeldarbeit auszuführen, die nicht mit dem inneren Standpunkt übereinstimmten beziehungsweise für das Erreichen des Zieles notwendig waren, bei den IM nicht von Beginn an vorlagen. Eine solche Fähigkeit musste erlernt und geübt werden. Ein Feld des Lernens und des Übens war die praktische Tätigkeit des IM, da sich dort Einstellungen und Überzeugungen bildeten und veränderten.

Daraus ergaben sich für die Spionageabwehr folgende zu beachtende Konsequenzen:

- Bevor eine operative Linie festgelegt und eingeübt wurde, musste geprüft und analysiert werden, welcher inhaltliche Grad für diese zu realisierende Blickfeldarbeit verlangt wurde.
- Es musste weiter analysiert werden, über welche Voraussetzungen der IM verfügte, damit Überforderungen seiner Persönlichkeit und negative Folgen bei der Realisierung der Aufgbe vermieden werden konnten.
- Da über die Blickfeldarbeit ein dauerhafter Kontakt zur Ostberliner CIA-Residentur hergestellt und erreicht werden sollte, machte sich eine ständige Prüfung der Stabilität der Persönlichkeit des IM erforderlich, insbesondere inwieweit seine Einstellungen und Überzeugungen als Verhaltenseigenschaften gefestigt waren. Dies wurde als ständiger Prozess betrachtet und wurde als wichtig angesehen, weil die IM neben dem anzustrebenden Kontakt auch oftmals die Möglichkeit hatten, in das westliche Ausland zu reisen und sich dort über einen längeren Zeitraum aufhielten. Andererseits fand Beachtung, dass jeder IM über die Möglichkeit verfügte – wenn er erst einmal gelernt hatte sich entsprechend politisch anzupassen – auch dem Führungsoffizier eine entsprechende Rolle vorzuspielen.

Die IM mussten so befähigt sein, dass sie auf zu erwartende gegnerische Absichten richtig reagierten und sie als solche erkannten. Dies betraf Aufträge verschiedener Art, Aufforderungen und Überprüfungen. Hinsichtlich der Eignung gab die Staatssicherheit vor, dass die in der genannten Richtung einzusetzenden IM ausgeglichen, gesund, reaktionsschnell, ausdauernd und bereit sein mussten, eine Feindverbindung herzustellen.

IM, welche zur Aufdeckung der Aktivitäten der Geheimdienstresidentur der Botschaft der USA in der DDR zur Schaffung eines politischen Untergrunds eingesetzt werden sollten, mussten über folgende objektive und subjektive Voraussetzungen verfügen:

Objektive Voraussetzungen

Es stand dabei nicht die Frage der Übermittlung von Informationen im Vordergrund, sondern die IM mussten Verbindungen zu dahingehend relevanten Personenkreisen haben oder die Möglichkeit besitzen, Verbindung zu solchen Gruppierungen oder Einzelpersonen herzustellen. Es mussten Personen oder Personenkreise sein, welche für die Ostberliner CIA-Residentur von Interesse und massenwirksam waren.

Subjektive Voraussetzungen

Diese IM sollten in der Lage sein, in derartigen Personenkreisen (Kunst, Kultur, Kirche, studentische Jugend) einen bestimmten Einfluss zu haben oder diesen perspektivisch zu bekommen. Die IM mussten befähigt und in der Lage sein, sich ein entsprechendes Verhalten, welches Kreisen des politischen Untergrunds zu eigen war, für die Lösung ihrer Aufgaben anzueignen. Dabei musste stets beachtet werden, dass jedes Interesse eines Angehörigen der Ostberliner CIA-Residentur an einer Person des politischen Untergrunds erst dem MfS bekannt werden musste. Es war daraufhin dann sorgfältig zu prüfen, ob, wann und wie der IM ein Bekanntmachen einer solchen Person mit Mitarbeitern der Geheimdienstresidentur der US-Botschaft in der DDR organisieren konnte.

Der IM musste zur Lösung der langfristigen Aufgabe entsprechend der Zielstellung der Anschleusung (Blickfeldarbeit zum Aufbau eines operativen Spiels beziehungsweise Aufdeckung der Pläne im Hinblick auf die Schaffung eines politischen Untergrunds) ganz konkrete Erkennungsmerkmale über das Auftreten geheimdienstlich verdächtiger US-Diplomaten vermittelt bekommen. Daraus waren exakte Schlussfolgerungen zu ziehen nach solchen auf den IM bezogenen Komponenten, wie zum Beispiel:

- Hatte der IM echte Voraussetzungen oder Bezüge, den Kontakt zur Ostberliner US-Botschaft herzustellen?
- Welche wirklichen Möglichkeiten ergaben sich, einen perspektivvollen Kontakt herzustellen?

Dem IM war zu vermitteln, wie ihm Mitarbeiter der CIA-Residentur entgegentreten konnten, was in der Folgezeit von ihm erwartet wurde und wie er in Erscheinung treten musste. Bei der Instruierung und Schulung mussten seine erarbeiteten Informationen über das Wirken von Geheimdiensten eingebunden werden. Dadurch wurden beim IM wesentliche innere Voraussetzungen sowie eine Willenskraft geschaffen, die ihn in die Lage versetzen sollten, ein hohes Maß an Bereitschaft und Energie im praktischen Handeln zur Herstellung eines Feindkontakts zu entwickeln sowie einen hohen Grad an Wachsamkeit und Einhaltung der Konspiration zu gewährleisten. Die Auswertung von bestimmten und für die Lösung der Aufgabe dienlichen Presseerzeugnissen und Literatur sowie die Auswertung entsprechender Vorgänge sollte ständiger Bestandteil der Vermittlung eines differenzierten und aufgabenbezogenen Feindbildes sein.

Hinsichtlich der Erfahrungswerte der HA II zur Tätigkeit der Ostberliner CIA-Residentur musste den entsprechenden IM vermittelt werden, dass die Spionagetätigkeit durch als Diplomaten abgedeckte CIA-Angehörige nur schwer erkannt werden konnte.[359]

---

359 Vgl.: Harry Sattler: »Die Organisation der politisch-operativen Arbeit zur Anschleusung von IM an Mitarbeiter der Geheim-

Im Hinblick auf die Zielstellung des Aufbaus eines operativen Spieles musste die HA II vom Grundsatz ausgehen,
dass bei der Anschleusung eines IM an die Ostberliner
CIA-Residentur ein konspirativer Weg gegangen werden
musste. Die Verbindung eines IM zur Geheimdienstresidentur in der Botschaft der USA in der DDR musste
bereits zu Beginn des Kontakts konspiriert werden. Treffen in der Öffentlichkeit mit CIA-Angehörigen führten
kaum zu einer nachrichtendienstlichen Verbindung. In
einem Fall äußerte sich ein zweifelsfrei als CIA-Mitarbeiter identifizierter Diplomat gegenüber einem IM,
dass er einen Fehler gemacht habe, indem er ihn in der
Öffentlichkeit getroffen hatte und dieser somit bei der
Staatssicherheit bekannt sein musste. Zur Herstellung
eines solchen konspirativen Kontakts konnten folgende
Wege und Methoden eingeschlagen werden:

1. Es war dem MfS bekannt, dass in der DDR akkreditierte Journalisten gute Verbindungen zu diplomatischen Vertretungen in der DDR unterhielten.
   Auf diesem Weg, mittels gezielter Legende, konnten entsprechende Kontakte zu Angehörigen der
   CIA-Residentur in Ostberlin hergestellt werden. Ein
   abgeschlossener OV der Spionageabwehr machte
   deutlich, dass in der DDR akkreditierte Journalisten
   DDR-Bürger im Auftrag des US-Geheimdienstes
   aufklärten und anwarben.

2. Eine aus Sicht der HA II ausgesprochen gute Möglichkeit zur Entwicklung einer zielgerichteten und
   effektiven Blickfeldarbeit bot die Anschleusung von
   ausgewählten IM an US-Wissenschaftler, welche in
   die DDR einreisten. Bei solchen Möglichkeiten ergaben sich zwei Linien:

---

dienst-Residentur in der Botschaft der USA in der Deutschen
Demokratischen Republik«, Bl. 41–50.

- die zielgerichtete Anschleusung von IM an US-Wissenschaftler, welche im Rahmen des IREX-Programms in die DDR einreisten und sich dort längere Zeit aufhielten;
- das Heranschleusen von IM an einreisende Wissenschaftler, welche privat und durch Vermittlung beziehungsweise Einladungen von Betrieben/Institutionen der DDR in diese einreisten.

Nach Erfahrungen des MfS nutzten die Wissenschaftler, welche sich im Rahmen des IREX-Programmes längere Zeit in der DDR aufgehalten hatten, die Möglichkeiten des Aufbaus von Kontakten zur Vertretung der USA in der DDR. Dabei wurden sie nach Erkenntnissen der HA II bei der Realisierung ihrer Vorhaben in der DDR zumeist durch die CIA-Residentur aktiv unterstützt. Durch deren Tätigkeit an Institutionen, Hoch- und Fachschuleinrichtungen sowie in Archiven bestanden hier für die Spionageabwehr gute Voraussetzungen, ausgewählte IM an diese Wissenschaftler heranzuschleusen. Diese US-Wissenschaftler erhielten zur Durchführung ihrer Studien fast ausnahmslos Betreuer aus der DDR zur Seite gestellt. Hier boten sich dem MfS reale Möglichkeiten von gezielten IM-Anschleusungen. Durch den engen Kontakt dieser amerikanischen IREX-Wissenschaftler mit Diplomaten der Vertretung der USA in der DDR wurden in der Regel die IM über diese Wissenschaftler mit geheimdienstlich verdächtigen US-Diplomaten bekanntgemacht. Diese Frage war für die Staatssicherheit deshalb von Wichtigkeit, da die CIA in ihrer Praxis in vielen Fällen US-Wissenschaftler und andere Spezialisten, welche in sozialistische Staaten reisten und sich dort längere Zeit aufhielten, für geheimdienstliche Aktivitäten nutzte. Die Anschleusung von IM durch die Spionageabwehr an Wissenschaftler aus den USA, welche privat oder durch Vermittlung in die DDR einreisten, konnte dort erfolgen, wo diese tätig waren und andererseits auch im Freizeitbereich.

1. Eine weitere Möglichkeit des Aufbaus einer gezielten Blickfeldarbeit im Hinblick auf die Anschleusung von IM an die Ostberliner CIA-Residentur bestand aus Sicht der HA II im Tippen, Charakterisieren, Avisieren und Vermitteln eines geeigneten Kontaktpartners (IM) durch einen IM, welcher den Kontaktpartner (IM) sehr gut kannte. Dies setzte voraus, dass der IM, welcher den Kontaktpartner tippte, selbst einen perspektivvollen Kontakt zu geheimdienstlich tätigen oder verdächtigen US-Diplomaten hatte. Das Tippen, Charakterisieren usw. durfte dabei nicht auf direktem Weg erfolgen, auch dann nicht, wenn der IM gute vertrauliche Beziehungen zum geheimdienstlich tätigen US-Diplomaten hergestellt hatte. Ein Tippen durfte nur dann erfolgen, wenn der entsprechende US-Diplomat den Kontaktwunsch selbst aus dem geführten Sachgespräch heraus geäußert hatte. Eine qualifizierte Vorbereitung des IM, welcher von der CIA-Residentur getippt werden sollte, musste durch die Spionageabwehr so erfolgen, dass eine Dekonspiration des IM ausgeschlossen war, der bereits Verbindung zur US-Botschaft in der DDR hatte.

2. Der Aufbau von Kontakten durch ausgewählte IM mit US-Bürgern auf den verschiedenen Gebieten war aus Sicht der Staatssicherheit dann erfolgversprechend, wenn sich beispielsweise Möglichkeiten einer späteren Reise in die USA boten. Der briefliche Kontakt bot hier eine Voraussetzung, um daraus auch eine Einladung für einen amerikanischen Wissenschaftler zu erwirken.

3. Verbreitet war, dass Mitarbeiter der Ostberliner CIA-Residentur verschiedene Gebiete in der DDR aufsuchten und dabei in Hotels übernachteten. Die

HA II betrachtete auch die sich daraus ergebenden Möglichkeiten der Heranschleusung von IM, welche überörtlich eingesetzt werden konnten. Obwohl hier insbesondere die Frage eines Zufallskontakts im Raum stand, wurde die Anschleusung auf hohem konspirativen Niveau als möglich erachtet. Die Erfahrungen des MfS auf diesem Gebiet machten deutlich, dass derartig geschlossene Kontakte stets das Interesse am weiteren zielgerichteten Ausbau durch die CIA-Residentur hervorriefen.

4. Ein weiterer Weg der Aktivierung der Blickfeldarbeit bestand in der Heranschleusung von geeigneten IM an Künstler und Kulturschaffende der DDR, welche Kontakt zur US-Botschaft unterhielten.

5. Die Vorbereitung und Durchführung von verschiedenen Vorhaben der DDR in den USA, wie die Durchführung von Technischen Tagen, Ausstellungen usw., boten effektive Möglichkeiten, im peripheren Bereich Kontakte zu geheimdienstlich tätigen oder im Verdacht stehenden US-Diplomaten herzustellen.

6. Die Kontaktaufnahme des MfS zu in die DDR einreisenden Journalisten und Moderatoren, zum Beispiel vom Sender »Stimme Amerika« oder RIAS boten über diese Personen Möglichkeiten zur Verbindungsaufnahme mit der Botschaft der USA in der DDR.

Es bestanden seitens der HA II noch weitere Möglichkeiten und Wege, IM in das Blickfeld von Angehörigen der Geheimdienstresidentur der Botschaft der USA in der DDR zu bringen. Hierbei wurde vom Grundsatz ausgegangen, zu prüfen, mit welcher Zielstellung und angestrebten Ergebnissen die Blickfeldarbeit entwickelt werden konnte.

Die IM waren hier von vornherein exakt darauf vorzubereiten, dass sie den weiteren angestrebten Kontaktaufbau in einer konspirativen Art und Weise gestalten mussten. Obwohl solche Kontakte nach Erfahrungen der HA II zu keinem operativen Spiel führten, waren sie dennoch wertvoll, weil sie Mittel, Methoden, Absichten und Pläne der CIA-Residentur in der DDR erkennen ließen. Die IM hielten in der Regel privaten Kontakt zu den CIA-Mitarbeitern. Eine direkte Offenbarung, dass die Kontaktpartner Angehörige des US-Geheimdienstes waren, erfolgte in der Regel nicht, obwohl sie vielfach über die CIA redeten. Die IM wurden bei solchen Kontakten nicht selten beauftragt, entsprechende Informationen zu beschaffen oder als eine Art »Berater« bei Einschätzungen über verschiedene Bereiche des staatlichen und gesellschaftlichen Lebens in der DDR zu fungieren. Das Aufsuchen der US-Botschaft in der DDR mittels gezielter Legende und des folgenden Aufbaus einer gezielten Blickfeldarbeit durch geschulte und instruierte IM war aus Sicht der HA II möglich und vertretbar, weil die Botschaft durch viele DDR-Bürger und Ausländer aufgesucht worden war. Um einen IM in die Ostberliner US-Botschaft schicken zu können, standen folgende Fragen im Mittelpunkt:

- Hat der IM wirkliche Bezüge oder Gründe, die Botschaft der USA aufzusuchen?
- Reichten die Gründe aus, um den Kontakt dauerhaft und die Blickfeldarbeit zielgerichtet entwickeln zu können?
- War der Zeitpunkt richtig gewählt?

Durch Aufklärungsmaßnahmen war der HA II bekannt, dass sich in der Regel ein Interesse am IM entwickelte, wenn er die Abteilung Presse, Kultur und Information oder die Bibliothek beziehungsweise die Konsularabteilung aufsuchte. Hierbei konnten durch die Spionageabwehr folgende Wege und Methoden eingeschlagen werden:

- Für Angehörige der CIA-Residentur in Ostberlin interessante IM sprachen in der Abteilung Presse, Kultur und Information zwecks wissenschaftlicher Arbeit an kulturellen Problemen vor. Sie bekundeten dabei ihr persönliches Interesse, was sich im weitesten Sinne mit den Interessen der amerikanischen Vertretung in allgemeinen Einklang bringen ließ. Hier musste die Methode des vorgetäuschten beiderseitigen Nutzens im Interesse eines dauerhaften Kontakts ausgespielt werden. Dabei war bereits vorab einzuschätzen, welche Konsequenzen sich aus diesem Kontakt sowohl in operativer als auch persönlicher Hinsicht für den IM ergeben konnten.
- Die Bekundung des Interesses der Kontaktaufnahme mit einer Universität in den USA, der eventuellen Aufnahme eines postgradualen Studiums oder der Teilnahme an einem Sommerkurs für Sprachen und amerikanische Landeskundewissenschaften. Die Methode der Vortäuschung der Aneignung eines soliden Wissens über die USA erwies sich dabei als anwendbar.
- Die Vorsprache von DDR-Wissenschaftlern (IM), die im Rahmen des langfristig abgeschlossenen IREX-Programms dazu vorgesehen waren, einige Monate in den USA zu arbeiten, erwies sich als perspektivreich, da ihnen durch die US-Botschaft in der DDR Kontakte in die USA avisiert und vermittelt wurden. Der Besuch der Ostberliner US-Botschaft konnte auch nach der Rückkehr in die DDR durchgeführt werden. Hierbei erfolgte nachweisbar eine Koordinierung von einzelnen Mitarbeitern der CIA-Residentur, da DDR-Wissenschaftler aus den unterschiedlichsten Bereichen und Gebieten in die USA reisten. Eine Koordinierung bestand auch zwischen der CIA-Residentur und als Wissenschaftler getarnte Geheimdienstmitarbeiter. Nach Rückkehr aus den USA erhielt die

Residentur eine detaillierte Einschätzung über den Aufenthalt von DDR-Wissenschaftlern in den USA mit Empfehlungen und Vorschlägen zur weiteren Arbeit mit diesen Personen.

Eine exakte Instruierung der IM in der Ostberliner US-Botschaft wurde als unerlässlich betrachtet, da durch sie oft das Interesse von US-Diplomaten an DDR-Bürgern bekannt oder nochmals bestätigt wurde.

• Das Aufsuchen der Konsularabteilung durch IM mit dem Anliegen
  – einer Eheschließung mit US- oder DDR-Bürgern und dem damit verbundenen Erhalt der Ehefähigkeitsurkunden sowie anderer Führungszeugnisse,
  – der Klärung von Erbschafts- und Familienangelegenheiten,
  – einer Übersiedlungsabsicht,
  – des Erwerbs der USA-Staatsbürgerschaft bei Eheschließung und aus anderen operativ vertretbaren Gründen.

  Ausgehend von den der Spionageabwehr vorliegenden Erkenntnissen beim Aufsuchen der US-Botschaft in der DDR durch IM mussten folgende Faktoren unbedingt Beachtung finden:

• Vor dem Aufsuchen der Botschaft musste der IM exakt instruiert und bei Treffs festgelegt werden,
  – was konnte und musste er über sich und sein Tätigkeitsfeld sowie bestehende Verbindungen sagen,
  – mit welchen Mitteln und Methoden würde er konfrontiert werden,
  – welche US-Diplomaten und Geheimdienstler konnten auftreten,
  – was konnte auf ihn konkret zukommen,
  – was soll er konkret realisieren (Zielstellung),
  – Festlegung einzelner Etappen für weitere Besuche,
  – keine Aufklärung der Botschaft vornehmen,

- Absicherung seiner Person auf dem Weg zu Treffs mit dem Führungsoffizier,
- welche konkrete Absicherung seiner Person bestand im Fall des Bekanntwerdens seines Besuches in der Botschaft,
- bestanden reale Möglichkeiten, dass er überhaupt vertrauliche Beziehungen zur Zielperson gestalten konnte,
- auf welchem Gebiet ergaben sich solide Grundlagen für die Gestaltung dauerhafter Beziehungen. Dieser Frage musste besondere Bedeutung beigemessen werden, da sie die Grundlage für das Interesse am IM darstellte und die Glaubwürdigkeit seines Anliegens dokumentieren musste.

• Bei in der DDR ständig wohnhaften Ausländern bestand häufig nach den Gesetzen ihres Landes die Notwendigkeit zur Erhaltung ihrer Staatsbürgerschaft sich eine bestimmte Zeit in ihrem Heimatland aufzuhalten und einer Arbeit nachzugehen. Es bestand hier nicht nur die Möglichkeit sondern auch die Notwendigkeit, aufgrund dieser Angelegenheit Kontakt mit ihrer in der DDR akkreditierten Vertretung aufzunehmen. Neben der Klärung aller Voraussetzungen und Formalitäten wurden sie durch die in der DDR akkreditierten Stellen ihres Landes avisiert. In der Regel wurde bereits vor ihrer Ausreise in das Heimatland zu ihnen durch die Botschaft der Kontakt herzlich und eng gestaltet. Dabei wurde in den meisten Fällen erkennbar, welcher Diplomat Angehöriger des Landesgeheimdienstes war. Im Heimatland selbst wurden die Zielpersonen auf Anraten der in der DDR akkreditierten Botschaft durch Mitarbeiter des Landesgeheimdienstes aufgesucht und zur Zusammenarbeit animiert. Auch hier konnte eine Zusammenarbeit mit dem US-Geheimdienst erfolgen. IM aus diesen Kreisen zu werben, zu qualifizieren und zu instruieren, war hinsichtlich einer Heranschleusung über diesen Weg an geheimdienstlich verdächtige und erkannte Diplomaten der Botschaft der USA in der DDR sehr erfolgversprechend.

- Alljährlich nahmen in der DDR eine beträchtliche Zahl von Ausländern ein Studium oder eine Aspirantur auf. Dies dauerte in der Regel mehrere Jahre. Die Vermittlung, in der DDR ein Studium oder eine Aspirantur aufzunehmen, erfolgte sowohl auf staatlicher Basis zwischen dem jeweiligen Land und der DDR, als auch auf Vereinbarung über zuständige staatliche Stellen der DDR mit repräsentativen und einflussreichen Persönlichkeiten aus dem staatlichen und gesellschaftlichen Bereich des jeweiligen Landes, dass Studenten und Aspiranten in die DDR entsandte. Während der Zeitdauer ihres Studiums sowie der Arbeit an der Aspirantur bestanden ausreichende und günstige Möglichkeiten, sie seitens des MfS nach erfolgter Aufklärung und Überprüfung zu kontaktieren und nach einer Einsatz- und Entwicklungskonzeption auf eine gezielte Blickfeldarbeit vorzubereiten. Nach Erfahrungen der Staatssicherheit bestanden reale Möglichkeiten, dass sie nach Beendigung des Studiums beziehungsweise der erfolgreich abgeschlossenen Aspirantur, eine Tätigkeit als Diplomat, beispielsweise in Botschaften arabischer, asiatischer oder lateinamerikanischer Staaten, aufnahmen. Durch die Aufnahme einer solchen Tätigkeit war ihr Einsatz als IM im Bereich der in der DDR akkreditierten Vertretungen möglich und sie konnten unverfänglich, entsprechend ihres diplomatischen Status, gezielte Kontakte, zum Beispiel zu geheimdienstlich verdächtigen und erkannten Diplomaten der US-Botschaft in der DDR herstellen. Da bereits in der Zeit ihrer Ausbildung in der DDR gute Beziehungen zu den Botschaften ihrer Heimatländer bestanden, erfolgte bereits in dieser Phase die erste Etappe einer gezielten Blickfeldarbeit mit der Festlegung einer konkreten Aufgabenstellung mit dem Ziel der Arbeitsaufnahme als Diplomat in der Botschaft ihres Heimatlands.

- Da viele Bürger der DDR die Bibliothek in der Ostberliner US-Botschaft aufsuchten, war es völlig unverfänglich, IM in diese Einrichtung zu schicken, um sich Bücher beziehungsweise entsprechendes Material auszuleihen. In der Bibliothek wurden Besucher nach Erkenntnissen der HA II studiert und eingeschätzt. Besondere Aufmerksamkeit wurde solchen Besuchern gewidmet, die eine
  - interessante Tätigkeit ausübten,
  - Verbindungen zu relevanten Personenkreisen hatten,
  - negative oder schwankende Einstellung zur Entwicklung der DDR zeigten,
  - Gruppe von Personen leiteten, beispielsweise einen Lyrik- oder Sprachzirkel, und die Interesse an einem Kontakt zur US-Botschaft zeigten.

Von einer qualitativ hochwertigen Vorbereitung der IM zur Heranschleusung hing maßgeblich ab, ob eine Verbindung zu Angehörigen der Ostberliner CIA-Residentur überhaupt zustande kam und von Dauer war. Die Vorbereitung des jeweiligen IM zur Anschleusung erstreckte sich deshalb auf zwei Grundprobleme:

1. Die exakte Erarbeitung der Motive seines Handelns und der politischen Linie im Detail. Im Hinblick auf die Motive mussten folgende Fragen und Punkte genauestens geklärt werden:
   - Warum suchte der IM die Verbindung zur Botschaft?

- Warum würde er Informationen übergeben?
- Welche finanziellen Interessen verfolgte er (Einrichtung eines Westkontos)?
- Hatte er perspektivisch die Absicht in das westliche Ausland überzusiedeln?
- Ausgehend von seiner beruflichen Entwicklung konnte er ungenügendes berufliches Fortkommen durchblicken lassen.
- Fragen von persönlichen Ärgernissen, Gängelei usw. konnten als nachvollziehbares Motiv ebenfalls angeführt werden.

In Festlegung der politischen Linie mussten folgende Kernfragen geklärt werden:

- Bekundung des Interesses an der Lebensweise in der westlichen Welt,
- Befürwortung von Teilen des demokratischen Sozialismus und des Eurokommunismus,
- Einschränkung seiner Freiheit, insbesondere von Reisen in das westliche Ausland.

Um Glaubwürdig zu sein, sollte der Grundtenor durchklingen, dass er die soziale Sicherheit in der DDR schätzte. Es sollte darauf verwiesen werden, dass es in der DDR keine Arbeitslosen gibt, jedoch diese Fragen allein nicht aufwiegen.

2. Welche Informationen konnten und durften der CIA-Residentur übergeben werden und welche Personen konnte der IM den Geheimdienstlern nennen? Personen, die den Angehörigen der Residentur bei entsprechender Aufforderung genannt wurden, mussten dahingehend aufgeklärt sein und alle Voraussetzungen für den positiven Ausgang einer Kontaktaufnahme durch die Staatssicherheit besitzen. Entsprechende Informationen für die Übergabe mussten vor einer Heranschleusung aufbereitet werden. Wichtig war dabei auch, dass mit dem IM

festgelegt wurde, über welche Themen er im Fall von Fragen durch CIA-Mitarbeiter ständig berichten konnte. Eine bestimmte Abgrenzung musste auch hier im Vorfeld erfolgen. Dies war aus Sicht des MfS besonders bei IM wichtig, die über viele Gebiete ständig wertvolle Informationen liefern konnten. Der IM musste auch noch hinsichtlich folgender Aspekte bei der Vorbereitung der Heranschleusung instruiert werden:

- Er musste genau vermittelt bekommen, dass er auch in der DDR mit einer ständigen Überprüfung seitens der CIA-Angehörigen rechnen musste. Dies konnte durch Beobachtungen, Provokationen bei Gesprächen oder Überraschungsmomenten erfolgen. In diesem Zusammenhang musste er vermittelt bekommen, dass der US-Geheimdienst ständig bestrebt war, Kräfte der Staatssicherheit zu identifizieren.
- Weiterhin musste er dahingehend instruiert werden, wie er bei bestimmten Angeboten, zum Beispiel:
  - Reisen in das westliche Ausland,
  - Vermittlung von Kontakten zu einreisenden US-Bürgern,
  - Bekanntmachen mit weiteren amerikanischen Diplomaten,
  - Einladungen zu Empfängen,
  - Wochenendfahrten in andere Gebiete der DDR reagieren musste.
- Dazu musste er vermittelt bekommen, dass er stets den Kontakt, welchen er bekam, anfangs so gestalten musste, dass er diesen zu jeder Zeit konspirativ und möglichst auf Initiative des CIA-Angehörigen auf- und ausbauen konnte. In dieser Richtung sah das MfS die Ausdauer und Initiative des IM gefordert.

- Hinsichtlich des Einschätzungsvermögens war der IM auf folgende Punkte vorzubereiten:
- Warum könnte der CIA-Mitarbeiter relevante auswertbare Angaben, Andeutungen, Äußerungen über eigene Absichten gegenüber seiner Person gemacht haben?
- Wie musste er sich darauf einstellen, reagieren, antworten und die Vertrauensbasis entwickeln?

Grundsätzlich betrachtete die Spionageabwehr die Arbeit nach diesem Konzept gegen die Ostberliner CIA-Residentur sowie die Residentur der CIA in der Westberliner US-Mission bezogen auf die Blickfeldarbeit mit IM zur Herstellung von Feindverbindungen als erfolgversprechend.[360]

Eine andere Möglichkeit für die HA II bestand im Einsatz von Hilfskräften (geworbenen IM) in der US-Botschaft. Als die Botschaft eröffnete, forderte sie deutsches Personal über das Dienstleistungsamt für Ausländische Vertretungen an. Das DAV war eine Einrichtung des MfAA, welches die Vermittlung von Dienstgebäuden, Wohnungen, Arbeitskräften und anderen Leistungen für diplomatische Vertretungen regelte. Ein ehemaliger Angehöriger der Spionageabwehr beschreibt das Procedere wie folgt:

»Die Arbeitskräfte für die Botschaften wurden vom DAV eingestellt, hatten mit diesem ein festes Arbeitsverhältnis und wurden von ihm mit Mark der DDR bezahlt. Auf Anforderungen wurden sie an die Botschaften vermittelt, die dafür an das DAV in freien Währungen bezahlten. Diesem Regime unterwarfen sich alle Botschaften, auch die der USA. Dadurch blieb die Beschäftigung der DDR-Bürger bei ausländischen

---

360 Vgl.: Ebd., Bl. 52–66.

Vertretungen unter staatlicher Kontrolle und das MfS hatte Möglichkeiten der Einflussnahme. Wir konnten inoffizielle Mitarbeiter zum Einsatz bringen. Das klingt sehr einfach, erforderte aber Geschick und eine sorgfältige Geheimhaltung, denn die ausländischen Diplomaten waren ja nicht dumm und sie hatten das Recht der Auswahl und auch der sofortigen Rückgabe an das DAV, ohne Gründe nennen zu müssen. Die Einstellung eines IM beim DAV musste also mit einer Bewerbung ganz normal verlaufen, so dass es auch dort möglichst keine Kenntnisse gab, wer für das MfS tätig war. Aber wir waren ja darauf eingestellt und so gelang es, von Anfang an gute IM in der US-Botschaft unterzubringen. Die meisten von ihnen leisteten eine hervorragende Arbeit.«[361]

In einem Fall brachte die HA II einen OibE in der US-Botschaft zum Einsatz. Wie es dazu kam, beschreibt ein ehemaliger Offizier wie folgt:

»Wir hatten uns Gedanken gemacht, wie wir es wohl fertigbringen könnten, mit Abhörtechnik an interne Informationen aus der Botschaft zu kommen. Aber uns und unseren IM im Objekt fehlte dazu das technische Wissen, und grau ist alle Theorie. Also entstand der Plan: Ein operativer Techniker des MfS muss in die Botschaft. Nichts ist unmöglich. Der Techniker wurde gefunden Er wurde mit einem anderen Lebenslauf und allen dazu notwendigen Papieren ausgestattet, bewarb sich beim DAV und wurde dort eingestellt. Als die Amerikaner für die Botschaft einen Hauselektriker anforderten, wurde er vorgestellt und genommen. Er konnte sich nun das Objekt in aller Ruhe von innen besehen, soweit es nicht für Deutsche gesperrt war.

---

361 Vgl.: G. F.: *So war das – 36 Jahre im operativen Dienst des MfS.* Unveröffentlichtes Manuskript, 1996, S. 34 (Archiv des Verfassers).

Die richtige Idee kam allerdings nicht. Vielleicht war unsere Abteilung ›Operative Technik‹ in der HA II damit einfach überfordert. Die Sache stand nicht unter dem richtigen Stern. Für unseren Mitarbeiter in der Botschaft wurde die Arbeit dort allmählich belastend: mal eine Glühbirne wechseln, eine Steckdose reparieren, Transportarbeiten und alle möglichen Handlagerdienste, ohne dass er etwas erfuhr, was wir nicht durch die IM unter dem Büropersonal besser bekamen. So wurde die Aktion abgebrochen, damit unser Mann nicht schließlich noch auf dumme Gedanken kommt. Wir zogen uns zurück.«[362]

Das Wirken der HA II/3

Die konkrete Verantwortung zur Bearbeitung der US-Botschaft in der DDR, einschließlich deren Geheimdienstresidentur, lag bei der HA II/3.

So oblag dem Referat 1 der HA II/3 unter anderem die Bearbeitung der Geheimdienstresidentur der Botschaft der USA. Das Referat 2 der HA II/3 hatte konkrete Aufgaben zur Dokumentierung und Bekämpfung der Kontakttätigkeit der US-Geheimdienste und der Botschaft der USA in der DDR. Des Weiteren hatte das Referat 4 der HA II/3 den Schutz und die Sicherheit der Botschaft der USA in der DDR im engen Zusammenwirken mit dem Wachkommando Missionsschutz der Deutschen Volkspolizei zu gewährleisten sowie den Besucherverkehr zur Botschaft zu kontrollieren.[363]

Die HA II/3 hatte die zielstrebige operative Bearbeitung aller in der DDR akkreditierten US-Diplomaten zu ge-

---

362 Ebd., S. 36.

363 Vgl.: Struktur- und Stellenplan der HA II vom 26. September 1988. BStU MfS HA II Nr. 28540, Bl. 21 f.

währleisten, die unter Nutzung legaler Kontaktmöglichkeiten eine feindliche Kontaktpolitik, den Aufbau und die Organisierung eines politischen Untergrunds sowie die Beschaffung von Spionageinformationen betrieben. Dieser Personenkreis, besonders der Leiter und die Mitarbeiter der Abteilung Presse/Kultur sowie der Konsularabteilung, war vorgangsmäßig zu bearbeiten mit dem Ziel

- der Aufdeckung, Dokumentierung und Beweisführung gegen die DDR gerichteter Handlungen,
- Einschränkung der Wirksamkeit derartiger Aktivitäten,
- Identifizierung, Aufklärung und Kontrolle aller DDR-Kontaktpartner sowie aktive vorgangsmäßige Bearbeitung von feindlich-negativen Personen.

Dazu war es notwendig, dass methodische Vorgehen, die angewandten Mittel und Methoden sowie Pläne und Absichten zum Erkennen der Angriffsrichtungen sowie der Zielgruppen zur Festlegung wirksamer operativer Maßnahmen zu analysieren. Des Weiteren waren geeignete IM aus den Bereichen des gesellschaftlichen Lebens, die als Angriffsrichtungen des Gegners bekannt geworden waren, zu suchen und auszuwählen.

Zur wirkungsvollen Bekämpfung der von der Botschaft der USA in der DDR ausgehenden subversiven Aktivitäten hatte die HA II/3 ein ständiges, abgestimmtes und koordiniertes Zusammenwirken mit allen Diensteinheiten des MfS, insbesondere der HV A, den Hauptabteilungen XVIII und XX sowie den Bezirksverwaltungen zu gewährleisten. Weiterhin war ein den operativen Erfordernissen entsprechender Informationsfluss zwischen der HA II/3 und den genannten Diensteinheiten zu gewährleisten.

Eine weitere, durch die HA II/3 zu realisierende Aufgabe, war die systematische Kontrolle und Überwachung der von der Botschaft der USA in der DDR ausgehenden beziehungsweise organisierten Öffentlichkeitsarbeit auf dem Territorium der DDR. Schwerpunkte dabei bildeten:

- die Bibliothek im Botschaftsgebäude,
- die Übergabe und der Versand von Informationsmaterial,
- die Durchführung von Filmveranstaltungen und Empfängen im Botschaftsgebäude als auch in der Residenz des Botschafters beziehungsweise in den Wohnungen der US-Diplomaten,
- Ausstellungen, Messen und andere kulturelle Veranstaltungen unter US-Beteiligung.[364]

Dazu war die Wirksamkeit der Öffentlichkeitsarbeit der Ostberliner US-Botschaft auf die Bevölkerung der DDR mit dem Ziel des rechtzeitigen Erkennens von Mitteln und Methoden, die gegen die Wiener Konvention sowie Festlegungen und Abkommen zwischen den Regierungen der USA und der DDR verstießen, zu analysieren und das MfAA bei Vorkommnissen zu informieren.

Damit im Zusammenhang waren erkannte DDR-Bürger, die durch ihre Verbindung mit der Botschaft der USA zu Trägern der westlichen Ideologie und feindlich tätig wurden, operativ zu bearbeiten.

Die Öffentlichkeitsarbeit der Botschaft der USA in der DDR war operativ zu nutzen, um geeignete IM in das Blickfeld der Botschaft zu bringen und zielgerichtet an amerikanische Diplomaten anzuschleusen. Dies war mir folgender Zielstellung verbunden:

- Aufklärung der Pläne und Absichten, Mittel und Methoden der US-Diplomaten,

---

364 Vgl.: HA II/3: Konzeption zur politisch-operativen Arbeit der HA II/3 für den Zeitraum von 1981–1985. BStU ZA MfS HA II Nr. 30319, Bl. 21 f.

- Identifizierung weiterer Kontaktpartner der Botschaft der USA in der DDR,
- Desinformierung von US-Diplomaten.

Die HA II/3 hatte auch die Tätigkeit der Konsularabteilung der Botschaft der USA in der DDR zu kontrollieren und zu überwachen. Dabei ging es dem MfS insbesondere um die Kontrolle der Aktivitäten zur Unterstützung und Schaffung von Fällen der rechtswidrigen Antragstellung von DDR-Bürgern auf Übersiedlung in die USA sowie um die Schaffung von Beweisen der Einmischung in die inneren Angelegenheiten der DDR durch die Mitarbeiter der Konsularabteilung der Ostberliner US-Botschaft.

Weitere Schwerpunkte der Tätigkeit der HA II/3 im Zusammenhang mit der Botschaft der USA in der DDR waren die Überwachung der Aktivitäten bevorrechteter Personen der USA in und an der Botschaft, die Kontrolle des Besucherverkehrs, die Identifizierung der Besucher, deren Aufklärung und Bearbeitung sowie die Gewährleistung des Schutzes und der Sicherheit im Sicherungsbereich der Botschaft. Diese Aufgaben dienten folgender Zielstellung:

- Erarbeitung von Hinweisen zur Klärung der Frage »Wer ist wer?«, speziell zum Erkennen von Mitarbeitern der Geheimdienstresidentur in der Botschaft,
- rechtzeitiges Erkennen sowie Bekämpfung und Verhinderung von Plänen und Absichten der USA zur Nutzung der Botschaft als gegnerisches ideologisches Zentrum auf dem Territorium der DDR,
- Gewährleistung einer höchstmöglichen Identifizierungsquote der Besucher und Kontakte der Botschaft,
- Aufdeckung und Verhinderung jeglicher Angriffe gegen die Botschaft, deren bevorrechtete Personen sowie die Gewährleistung von Ordnung und Sicherheit im Sicherungsbereich.

Die Gewährleistung einer lückenlosen Überwachung des Besucher- und Personenverkehrs in das Botschaftsgebäude diente dem Ziel der Dokumentierung aller Personen, welche das Botschaftsgebäude betraten oder verließen sowie der Identifizierung aller Botschaftsbesucher und Anläufer. Ein weiterer Scherpunkt war dabei die Kontrolle der Bewegungsabläufe der US-Diplomaten an der Botschaft, wobei jene Diplomaten den Schwerpunkt bildeten, die in OV wegen nachgewiesener CIA-Zugehörigkeit beziehungsweise Verdachts der CIA-Zugehörigkeit bearbeitet wurden.[365]

Bei der Sicherung der Botschaft der USA in der DDR und der Überwachung/Dokumentierung des Besucher- und Personenverkehrs gab es ein enges Zusammenwirken mit den für die Außensicherung eingesetzten beziehungsweise verantwortlichen Volkspolizisten des Wachkommandos Missionsschutz. Dazu war im Postenhaus des WKM vor der Botschaft der USA in der DDR spezielle konspirative Fototechnik zur Fertigung von Dokumentationen von Botschaftsbesuchern und Anläufern installiert.

In der Konzeption zur politisch-operativen Arbeit der HA II/3 für den Zeitraum von 1981 bis 1985 war die Übernahme der Aufgabenstellung des Wachkommandos der Volkspolizei durch die HA II/20 des MfS vorgesehen.[366] Die HA II/20 realisierte unter anderem auch die operative Sicherung der Botschaft der UdSSR in der DDR. Allerdings kam es bis zum Ende des MfS nicht zur Übernahme der Verantwortlichkeit für die Außensicherung der Botschaft der USA in der DDR durch die HA II/20.

Im Zusammenhang mit der Verhinderung von An-

365 Vgl.: Ebd., Bl. 22 ff.

366 Vgl.: Ebd., Bl. 25.

griffen gegen die Botschaft der USA in der DDR ist auch der Einsatz von Zentralen Spezifischen Kräften der Terrorabwehr des MfS zu erwähnen. Neiber und Plomann schreiben dazu: »Die zusätzliche Sicherung diplomatischer Vertretungen, Handelsmissionen, Büros der Massenmedien sowie der sich in der DDR zeitweilig aufhaltender Ausländer und bevorrechteten Personen durch die militärisch-operativen Kräfte der Terrorabwehr verlangten über längere Zeiträume einen sehr hohen personellen und materiellen Einsatz. Nach dem Anschlag auf die Diskothek ›La Belle‹ in Westberlin ersuchte der Botschafter der USA die DDR-Behörden um besonderen Schutz.«[367]

So hatte die AGM/S konkret 1987 den Auftrag, die Botschaft der USA in der DDR zu schützen. Dazu standen vor der US-Botschaft in Ostberlin zwei voll aufgerüstete Einsatz-Kfz mit Besatzungen der AGM/S. Ein ehemaliger Angehöriger der AGM/S beschreibt den Auftrag: »Unsere Aufgabe war nun der Schutz der amerikanischen Botschaft, der Wohnungen ihrer Angestellten und der Residenz des Botschafters«[368]

Zur Sicherung der Botschaft der US-Botschaft in Ostberlin sowie zur Realisierung von Kontroll- und Dokumentationsmöglichkeiten verfügte die HA II/3 über entsprechende Stützpunkte in der Nähe der Botschaft. So war im Stützpunkt »Handel« leistungsfähige Fototechnik vorhanden und im Stützpunkt »Sportverlag« war Aufnahme- und Wiedergabetechnik installiert.

In der Planung der HA II/3 für den Zeitraum von 1981

---

367 Gerhard Neiber, Gerhard Plomann: »Abwehr von Terror und anderen Gewaltakten«. In: Reinhard Grimmer, Werner Irmler, Willi Opitz, Wolfgang Schwanitz (Hrsg.): *Die Sicherheit. Zur Abwehrarbeit des MfS*, Bd. 2. Berlin 2003, S. 311.

368 O. A.: *Schild '84 – Eine ostdeutsche Biografie*. Röblingen am See 2007, S. 60.

bis 1985 war auch die Schaffung eines Stützpunktes im Objekt Mittelstr. 25 mit dem Ziel der Prüfung von Möglichkeiten des Einsatzes spezifisch-operativer technischer Mittel gegen die Botschaft der USA in der DDR vorgesehen.[369]

Die HA II/3 arbeitete zur Realisierung operativer und technischer Maßnahmen mit anderen Diensteinheiten des MfS zusammen. Mit der für die Passkontrolle zuständigen Linie VI erfolgte eine enge Zusammenarbeit bei der Ein- und Ausreise von Diplomaten an den Grenzübergangsstellen zu Westberlin.

Hier hatte die HA II/3 in Zusammenarbeit mit der HA VI zu prüfen, inwieweit von den Pkw der in der DDR akkreditierten US-Diplomaten und der Mitarbeiter der US-Mission in Westberlin, zu denen Verdachtshinweise vorlagen, dass sie Aufgaben im Verbindungssystem des US-Geheimdienstes wahrnahmen, bei Grenzpassagen konspirativ Reifenabdrücke gefertigt werden könnten.[370]

Mit der HA III und der Abteilung 26 des MfS erfolgte die Zusammenarbeit mit dem Ziel:

• des Einbaus von Aufnahmetechnik in den Wohnungen von in der DDR akkreditierten US-Diplomaten,
• der technischen Kontrolle und Überwachung in Pkw von US-Diplomaten,
• der Nutzung technischer Möglichkeiten zur Kontrolle der Bewegungsabläufe von US-Diplomaten mit Pkw.

Des Weiteren erfolgten durch die HA III vom Stützpunkt »Metropol« aus Einsätze zur Aufklärung von in der Botschaft der USA in der DDR zur Anwendung gelangter spezifisch-technischer Mittel.[371]

---

369 Vgl.: HA II/3: Konzeption zur politisch-operativen Arbeit der HA II/3 für den Zeitraum von 1981–1985, Bl. 25 f.

370 Vgl.: Ebd., Bl. 26.

371 Vgl.: Ebd.

In Zusammenarbeit mit der KD Berlin-Mitte war im Stadtzentrum der Hauptstadt der DDR eine qualitativ höhere inoffizielle Verankerung in jenen Hotels und Gaststätten durchzusetzen, in denen US-Diplomaten häufiger verkehrten beziehungsweise sich Besucher der Botschaft der USA vor oder nach deren Aufsuchen aufhielten.[372]

Die HA II und die Abteilungen II der BV hatten über IM eine Reihe von Feindverbindungen zu US-Diplomaten und Geheimdienstlern aufgebaut.

Über mehrere Jahre verfügte der IM »Kurt Bauer« der Abteilung II der BV Neubrandenburg über Kontakte zu Diplomaten der US-Botschaft in der DDR. Bereits 1979/80 hatte er im Auftrag des MfS seine Verbindung zu einem US-Diplomaten zur Feststellung von dessen Plänen, Absichten und Aktivitäten vertieft.[373]

Später sollte »Kurt Bauer« einen stabilen Kontakt zum Landwirtschaftsattaché der USA in der DDR herstellen und dessen Persönlichkeitsbild, seine Informationsinteressen und geplanten Aktivitäten in der DDR aufklären.[374] Der IM »Kurt Bauer« realisierte den gestellten Auftrag, allerdings beendete dieser Landwirtschaftsattaché 1980 seinen Einsatz in der DDR. Daher war vorgesehen, den IM an dessen Nachfolger anzuschleusen und ihn unter Nutzung von Einsätzen im nichtsozialistischen Ausland in das Blickfeld des US-Geheimdienstes zu bringen. Die HA II/3 hatte Informationen darüber, dass der Nachfol-

372 Vgl.: Ebd., Bl. 27.

373 Vgl.: HA II/3: Planorientierung 1980 für die Abteilungen II der Bezirksverwaltungen vom 6. Oktober 1979. BStU ZA MfS HA II Nr. 30319, Bl. 79.

374 Vgl.: HA II/3: Planorientierung 1981 für die Abteilungen II der Bezirksverwaltungen vom 9. Oktober 1980. BStU ZA MfS HA II Nr. 30319, Bl. 70.

ge-Landwirtschaftsattaché der USA in der DDR über gute private Beziehungen zu anderen in der DDR akkreditierten US-Diplomaten und CIA-Mitarbeitern verfügte.[375] Der IM »Kurt Bauer« erhielt über den Landwirtschaftsbereich der US-Botschaft in der DDR Kontakt zur CIA-Residentur und wurde durch zwei erkannte Geheimdienstmitarbeiter intensiv befragt. »Kurt Bauer« sollte im Auftrag des MfS seine NSW-Reisetätigkeit und seine Mitarbeit in internationalen Organisationen zur weiteren Blickfeldarbeit gegen den amerikanischen Geheimdienst nutzen.[376]

Auch der IMB »Rose« der Abteilung II der BV Frankfurt/Oder hatte 1983 Kontakt zum Landwirtschaftsattaché der Botschaft der USA in der DDR. Dieser Kontakt sollte weiter ausgebaut werden mit dem Ziel, die Informationsinteressen des Landwirtschaftsattachés herauszuarbeiten.[377] Zwei Jahre später bearbeiteten bereits zwei IMB der Abteilung II der BV Frankfurt/Oder den US-Landwirtschaftsattaché. Durch den weiteren abgestimmten und koordinierten Einsatz beider IMB hatte die Aufklärung von Plänen, Absichten, Angriffsrichtungen, Vorgehensweisen sowie angewandter Mittel und Methoden des US-Landwirtschaftsministeriums und seines Vertreters in der DDR zu erfolgen.[378]

---

375 Vgl.: HA II/3: Planorientierung 1982 für die Abteilungen II der Bezirksverwaltungen vom 29. September 1981. BStU ZA MfS HA II Nr. 30319, Bl. 65 f.

376 Vgl.: Ebd., Bl. 40.

377 Vgl.: HA II/3: Planorientierung 1984 für die Abteilungen II der Bezirksverwaltungen vom 15. September 1983. BStU ZA MfS HA II Nr. 30319, Bl. 47 f.

378 Vgl.: HA II/3: Planorientierung für die Organisierung und Durchführung der politisch-operativen Arbeit der Linie II/3 im Jahre 1986 vom 15. Oktober 1985. BStU ZA MfS HA II Nr. 30319, Bl. 35.

Im Visier von Abwehrmaßnahmen der Staatssicherheit stand auch die Mitarbeiterin »Forelle« der Abteilung Presse/Kultur der Ostberliner US-Botschaft.

Der IM »Ivo« der Abteilung II der BV Halle sollte das Vertrauensverhältnis zu »Forelle« weiter auszubauen und festigen. Weiterhin hatte »Ivo« ihr Persönlichkeitsbild aufzuklären sowie ihre gegen die DDR gerichteten Aktivitäten und die dabei angewandten Mittel und Methoden aufzudecken.[379]

Auch der IMB »Jörg« der Abteilung XVIII der BV Cottbus unterhielt Verbindungen zu »Forelle«. Diesen Kontakt sollte »Jörg« weiter fortführen und ausbauen. Ziel war, in die Konspiration des Gegners weiter einzudringen sowie die Informationsinteressen und Vorgehensweisen bei der nachrichtendienstlichen Abschöpfung aufzuklären. Weiterhin hatte der IMB »Jörg« Absichten und Aktivitäten von »Forelle« sowie dabei angewandte Mittel und Methoden aufzuklären.[380]

Über mehrere Jahre wurde auch der Mitarbeiter der politischen Abteilung der Botschaft der USA in der DDR »Mustang« operativ bearbeitet.

»Mustang« unterhielt Kontakte zu mehreren in OV bearbeiteten Personen, so unter anderem

- zu einem Amtsträger der evangelischen Kirche, der von der BV Halle im OV »Johannes« bearbeitet wurde,
- zu einem DDR-Bürger, der von der BV Rostock wegen staatsfeindlicher Tätigkeit im OV »Renegat« operativ bearbeitet worden ist,
- zu einem im ZOV »Kreis« von der BV Gera wegen staatsfeindlicher Tätigkeit bearbeiteten Pfarrers,

---

379 Vgl.: HA II/3: Planorientierung 1984 für die Abteilungen II der Bezirksverwaltungen vom 15. September 1983. BStU ZA MfS HA II Nr. 30319, Bl. 48.

380 Vgl.: Ebd., Bl. 49.

- zu einer im OV »Konsens« von der BV Erfurt bearbeiteten staatsfeindlichen Gruppierung,
- zu im OV »Blauvogel« von der BV Berlin bearbeiteten Personen einer staatsfeindlichen Gruppierung,
- zu einer im OV »Diplomat« von der BV Magdeburg bearbeiteten Person aus den Kreisen der staatlich unabhängigen Friedensbewegung.

In der operativen Bearbeitung von »Mustang« sollte dessen Tätigkeit, die nach Ansicht des MfS im Gegensatz zu den Festlegungen der Wiener-Diplomatenkonvention stand, beweiskräftig dokumentiert werden. Insbesondere ging es dabei um die beweiskräftige Dokumentierung der von »Mustang« ausgehenden Aktivitäten zur Inspirierung einer staatsfeindlichen Tätigkeit durch die in den genannten OV bearbeiteten Personen.

Zur operativen Bearbeitung des US-Diplomaten unterhielt unter anderem der IMS »Schwarz« der BV Frankfurt/Oder Kontakt zu »Mustang«. Der IMS »Schwarz« hatte den Auftrag, Informationen über Pläne, Absichten, Vorgehensweisen, Mittel und Methoden der von »Mustang vorgetragenen feindlichen Kontaktpolitik/Kontakttätigkeit zu erarbeiten.[381]

Ein kurzer Exkurs zu Maßnahmen der amerikanischen Geheimdienste in anderen sozialistischen Staaten, von denen die HA II im Rahmen der Zusammenarbeit informiert worden war, da die Grundaussagen auch für das MfS bedeutsam waren.

Im April 1987 schloss die polnische Spionageabwehr einen Vorgang erfolgreich ab. Der als 2. Sekretär der Politischen Abteilung an der Botschaft der USA in Polen

---

381 Vgl.: HA II/3: Planorientierung für die Organisierung und Durchführung der politisch-operativen Arbeit der Linie II/3 im Jahre 1986. BStU ZA MfS HA II Nr. 30319, Bl. 35–41.

abgedeckt tätige US-Geheimdienstler Albert Mueller wurde bei der Durchführung geheimdienstlicher Aktivitäten in Warschau auf frischer Tat gestellt und bis zur Identifizierung durch leitende Mitarbeiter der US-Botschaft vorläufig festgenommen. Am Tag nach dieser Aktion, noch vor dem offiziellen Protest der polnischen Seite, verließ Mueller bereits Polen. Was war geschehen? Ein während des NSW-Auslandseinsatzes durch einen US-Geheimdienst geworbener Spion, welcher nach Rückkehr in die VR Polen 1985 für zwei Jahre keine Westreisen unternahm, wurde bei einer Dienstreise in London vom US-Geheimdienst erneut kontaktiert. Das Ziel bestand in der Vorbereitung der weiteren Zusammenarbeit vom Territorium Polens aus. zu diesem Zweck wurde ein Kurztreff für die Übergabe geheimdienstlicher Instruktionen und Hilfsmittel mit konkretem Tag, Uhrzeit (21.50 Uhr) und Ort in Warschau vereinbart. Des Weiteren erhielt der Spion einen Computer mit Diskette, auf welcher er Spionageinformationen codiert speichern sollte, um diese dann beim vereinbarten Treff zu übergeben. Mit weiteren elektronischen Geräten sollte künftig noch die Komplettierung der nachrichtendienstlichen Ausrüstung erfolgen. Es handelte sich hierbei um eine neue Generation technischer Ausstattung, die der US-Geheimdienst zur Anwendung brachte.

Im Vorfeld des bekannt gewordenen Treffs wurden durch die polnische Spionageabwehr verstärkte Kontrollen zu möglichen, für die Treffdurchführung infrage kommenden Mitarbeitern der an der Warschauer Botschaft etablierten Geheimdienstresidentur realisiert. Durch diese Kontrollmaßnahmen konnten folgende bedeutsame Feststellungen getroffen werden:

1. Zwei Wochen vor der Aktion reisten drei erkannte Angehörige der Geheimdienstresidentur von Warschau nach Westberlin. Zwei Mitarbeiter der Westberliner

Geheimdienstresidentur sowie ein Geheimdienstler einer technischen Dienststelle in Frankfurt/Main reisten zwei Tage vor der Aktion in Warschau ein.

2. Nach einer Sichtzeichensetzung durch den Spion (Kreidekreis an einem vorher festgelegten Ort) wurde festgestellt, dass dieser Ort durch mehrere erkannte Angehörige der US-Geheimdienstresidentur in Warschau, darunter auch Mueller, angelaufen worden war.

Zur Absicherung und Verschleierung der geheimen Operation sowie zur Bindung von Beobachtungskräften des polnischen Sicherheitsorgans wurden von den Mitarbeitern der Residentur unter Einbeziehung der eingereisten Geheimdienstler sowie unter Nutzung von Diplomaten der Botschaft ein Komplex unterschiedlicher Handlungen realisiert. Diese stellten sich wie folgt dar:

- Erkennbar waren verstärkte Bewegungsabläufe der Angehörigen der Residentur, sowohl einzeln als auch gemeinsam mit den eingereisten Geheimdienstmitarbeitern unter aktiver Selbstkontrolle, beginnend in den Vormittagsstunden. Insbesondere wurden abgedeckt tätige Geheimdienstangehörige aus dem Militärattachébereich und der Politischen Abteilung eingesetzt.

- Eine Mitarbeiterin der Warschauer Residentur, diplomatisch abgedeckt in der Verwaltungsabteilung der Botschaft, fuhr in Begleitung des aus Frankfurt/Main eingereisten Geheimdienstlers der technischen Dienststelle mit einem Pkw in den Morgenstunden von Warschau nach Lublin, wo der Spion wohnte, um diesem auf seinem Weg nach Warschau zu begegnen und mögliche Beobachtungshandlungen der polnischen Spionageabwehr gegen ihn zu erkennen.

- Der Geheimdienstler Mueller suchte am Tag der Aktion nicht die Botschaft auf. Er unternahm mit Ehefrau und Kind bis gegen 14.30 Uhr eine Spazierfahrt durch die Stadt und führte dann ohne Pkw unter Nutzung von Bus und Straßenbahn Absicherungshandlungen bis zur Treffzeit um 21.50 Uhr durch. Das waren insgesamt über sieben Stunden.

- Am Treffort sprach Mueller, der den Spion nicht persönlich kannte, diesen mittels Losung auf Polnisch an und übergab nach entsprechender Antwort eine Umhängetasche mit Spionageanweisungen und geheimdienstlichen Hilfsmitteln. In diesem Moment erfolgte die Festnahme durch das polnische Sicherheitsorgan.

Im Wesentlichen deckten sich die Erkenntnisse der polnischen Spionageabwehr mit den Erkenntnissen der HA II und anderer sozialistischer Sicherheitsorgane. Durch die polnische Abwehr konnte erarbeitet werden, dass die Auswahl des für diese Aktion zur Anwendung gekommenen Treffortes bereits 1979, also acht Jahre vor der Nutzung, erfolgte. Ihre auf diesem Gebiet insgesamt gewonnenen Erkenntnisse belegten, dass Trefforte sowie Ablageorte für TBK vom Geheimdienst langfristig ausgewählt, aufgeklärt und erfasst wurden. Dies war praktische eine Arbeit auf Vorrat, ohne bereits eine Zuordnung für diese oder jene Agentur festzulegen. Auch Geheimdienstmitarbeiter, von denen die Auswahl und Aufklärung realisiert wurde, waren demnach kaum die späteren Nutzer.[382]

Ebenfalls im April 1987 erhielt das MfS vom KfS der UdSSR die Information über die Enttarnung eines auto-

---

382 Vgl.: Referat des Leiters der Hauptabteilung II auf der Dienstkonferenz am 25. November 1987, Bl. 130–133.

matischen elektronischen Aufklärungssystems in der Sowjetunion. Absender war der Vorsitzende des Komitees für Staatssicherheit der UdSSR, Wiktor Michailowitsch Tschebrikow, persönlich.

Im Ergebnis zielgerichteter Abwehrmaßnahmen zur CIA-Residentur in der Botschaft der USA in Moskau wurde 1986/87 Spionagetechnik, die an einem unterirdischen Telefonabel installiert war, entdeckt und unschädlich gemacht. Die Anlage, bestehend aus einem elektronischen Teil, einem induktiven Geber für die Abnahme der Informationen und einer UKW-Antenne, war dazu bestimmt, Telefongespräche zwischen einem bedeutsamen Objekt der Verteidigungsindustrie und zentralen Stellen des Staates abzuhören und auf Tonband zu speichern.

Der induktive Geber für die Informationsabnahme – ein zerlegbarer 27 Zentimeter langer Metallzylinder – wurde mechanisch auf das Fernsprechkabel aufgesetzt und war durch einen Draht mit dem elektronischen Teil verbunden. Die Speisung der Elektronik des Gebers erfolgte aus dem elektronischen Teil über einen vieradrigen abgeschirmten Draht. Die Information wurde vom Kabel induktiv abgenommen und im elektronischen Teil, welches gemeinsam mit einem Tonbandgerät, einem Sendeempfänger und dem Stromversorgungsteil in einem verschlossenem Metallkasten (Abmessungen 41 x 28 x 30 Zentimeter) untergebracht war, gespeichert. Der Kasten war circa vier Meter von der Abnahmestelle am Kabel entfernt in einer Bodentiefe von 40 Zentimeter im Erdreich vergraben. Mit dem elektronischen Teil verbunden war eine 46 Zentimeter lange Antenne, über welche vom CIA-Mitarbeiter aus einer Entfernung von ein bis drei Kilometern im UKW-Bereich (144, 540 MHz) ein Dialog über den einwandfreien Betriebszustand des Gerätes geführt werden konnte.

Die Sendezeit dazu lag bei unter einer Sekunde. Das Breitbandspezialtonbandgerät mit einer Speicherkapazität von 115 Stunden Dauerbetrieb wurde über Befehle gesteuert, die vom automatischen Steuerungssystem kamen. Elektronischer Teil und Tonbandgerät wurden nach dem Aufbrauchen der Bandkapazität ausgetauscht. Über die Auswahl des Zielobjekts lagen dem KfS keine Erkenntnisse vor. Hinweisende Informationen konnten aus den Bereichen Satellitenaufklärung, visuelle agenturische Aufklärung bei der Verlegung des Kabel sowie Befragung ehemaliger Staatsbürger der UdSSR durch westliche Geheimdienste gewonnen worden sein. In Vorbereitung der Aktion führten Geheimdienstmitarbeiter, ausgerüstet mit Spezialtechnik, vermutlich eine technische Aufklärung des betreffenden Kabels durch und schätzten die Möglichkeiten ein, von diesem Informationen abzunehmen. Die Wahl der eingesetzten Spionagemittel resultierte aus der Feststellung, dass sich das Kabel als ungesichert gegen Angriffe erwiesen hatte. Das weitere Vorgehen bestand vermutlich in der:

- Aufklärung der Kabelstrecke,
- Wahl der konkreten Verstärkereinrichtung (Verstärkerschacht), an welcher die Technik installiert werden sollte (unter dem Gesichtspunkt konspirativer Arbeitsmöglichkeiten),
- Untersuchung des konkreten Kabelverlaufs außerhalb des Kabelschachtes.

Im Kabelschacht wurde der Geber für die Informationsabnahme am Kabel angebracht und ein Rohr, in welchem das Kabel verlief, zwei Meter tief hineingeschoben. Durch einen im Rohr angebrachten Durchbruch wurde die Kabelverbindung des Gebers an die Erdoberfläche geführt, wo sie in einer Erdtiefe von 20 Zentimeter zum Elektronikteil geführt und verkabelt wurde (vier bis fünf Meter vom Kabelschacht entfernt).

Das KfS schätzte die Gesamtarbeitszeit mit vier bis fünf Stunden ein, eventuell mit Unterbrechungen, es musste mit dem Einsatz eines Selbstzerstörungssystems gerechnet werden. Nach Informationen des KfS sollte dieses technische Spionagesystem auch in anderen sozialistischen Staaten zur Anwendung kommen. Man verwies darauf, dass dieses System der induktiven Kabelangriffe bereits auch an einem Tiefseekabel im Ochotskischen Meer eingesetzt wurde und demzufolge auch für Kabelangriffe unter Wasser geeignet war.

Entsprechend (damaliger) neuester Erkenntnisse zu technischen Spionagemitteln der Amerikaner musste vorausgesetzt werden, dass die Technik, vor allem was die Informationsübermittlung betrifft, auf den neuesten Stand der Hochtechnologie war und die äußeren Maße auf eine strake Miniaturisierung abzielte. Das Gerät war äußerlich mit dem Symbol für Hochspannung zum Schutz vor unbefugtem Zugriff getarnt.

Nach Auffassung der II. Hauptverwaltung des KfS der UdSSR wurden alle Elemente der Operation von Mitarbeitern der Botschaftsresidentur der CIA mit Diplomatenpass durchgeführt. In diesem Zusammenhang konnte allerdings nicht ausgeschlossen werden, dass die Amerikaner zu Beginn der Operation Agenturen genutzt hatten.

Die sowjetische Spionageabwehr wollte auf fachlicher Basis die Meinung des MfS über den möglichen Typ der Suchtechnik sowie die zu nutzende Methodik bei der Auswahl der Gebiete einer entsprechenden Suche erfahren. Weiterhin interessierte die II. Hauptverwaltung, ob im Prozess der abwehrmäßigen Kontrolle verdächtige Handlungen von CIA-Kräften in der Nähe von Kabelnachrichtenverbindungen festgestellt worden waren. Von Interesse für die sowjetische Spionageabwehr waren auch Informationen des MfS über andere Arten von

Geräten der technischen Spionage, die möglicherweise in letzter Zeit auf dem Territorium der DDR festgestellt wurden.[383] Es gibt derzeit keine verfügbaren Erkenntnisse darüber, dass die US-Dienste in den 1980er Jahren in der hier beschriebenen Art und Weise auch auf dem Territorium der DDR tätig waren. Allerdings sei in diesem Zusammenhang an den amerikanisch-britischen Spionagetunnel von Berlin-Altglienicke (»Operation Gold«), der 1956 entdeckt wurde[384] sowie an die Verwendung von Sonden an militärischen Objekten[385] erinnert.

Wie ist letztlich die Abwehrarbeit der HA II bezogen auf die US-Botschaft zu bewerten? Ein ehemaliger Angehöriger der Spionageabwehr zieht folgendes Fazit: »Die DDR-Bürger in der US-Botschaft erhielten natürlich keinerlei Zugang zu vertraulichen Informationen. Ab 3. Etage waren ihnen alle Räume verschlossen. Übrig blieb aber viel: Die Bibliothekare der öffentlichen Bibliothek, die einen möglichst breiten Kreis von DDR-Bürgern zu einem Besuch der Botschaft bewegen sollte, die Empfangskräfte der Konsularabteilung, etliche Dolmetscherinnen, Mitarbeiter in der Wirtschaftsabteilung und in der Verwaltung, Kraftfahrer, einschließlich des Fahrers des Botschafters, Haushaltskräfte in der Residenz des Botschafters und den Wohnungen der Botschaftsräte, Reinigungskräfte in den Botschaften aller Diplomaten – eine breite Palette.
Eine andere Gruppe von IM hatten wir in der Peripherie der US-Diplomaten eingesetzt. Ihre Aufgabe war es ja,

---

383 Mitteilung eines ehemaligen Mitarbeiters der HA II (Archiv des Verfassers).

384 Siehe dazu: Knut Holm: Der Tunnel der Spione. Berlin 2006.

385 Vgl.: Henry Nitschke: Die Spionageabwehr der DDR, S. 608 – 611.

Kontakte zu DDR-Bürgern zu pflegen. Dazu gab es viele Anlässe. Von den großen Empfängen bis zu Essen im kleinen Kreis und ganz individuellen Einladungen. Es gab auch US-Diplomaten, die sich in eine DDR-Bürgerin verliebten und ganz private Kontakte hatten. Das Kunststück bestand nun darin, dass unsere IM unter den Auserwählten sind. Aber das war unser Job und es war nicht so schwer, wie durch Blickfeldarbeit eine nachrichtendienstliche Verbindung aufzubauen. Und wir hatten kluge und seriöse Leute unter den IM, denen es Spaß machte und die auf diesem Terrain Erfolg hatten. Was dabei herauskam, war aufschlussreich als politische Information und zur Person der einzelnen Diplomaten, manchmal auch in unerwarteter Richtung. Wir stellten fest, dass die wenigsten der Amerikaner dem Klischee der hasserfüllten Antikommunisten oder Vietnam-Mörder entsprachen. Natürlich gab es Hardliner des Kalten Krieges. Aber es gab auch Diplomaten, vor allem unter den jüngeren, die mit Erstaunen die DDR entdeckten und ihrerseits ihre bisherigen Vorstellungen vom Sozialismus überdachten.

So gelang es zum Beispiel das Tagebuch eines Mitarbeiters der politischen Abteilung zu kopieren, in dem er zwei Jahre lang seine Eindrücke festgehalten hatte. Überrascht hatte er festgestellt, dass der Sozialismus auch positive Seiten hatte. Er verglich Gesundheitswesen, Bildungswesen und soziale Leistungen der DDR mit den USA. Die DDR schnitt dabei nicht schlecht ab. Es suchte natürlich auch die innere Opposition in der DDR, fand eine Menge Unzufriedener, kritische Individualisten, aber keinen organisierten politischen Untergrund (1974–78). Er studierte die Kirche der DDR, besuchte viele Gottesdienste, schrieb auf, worüber die Pastoren predigten, wie viele Leute da waren, ob jung oder alt, um herauszufinden, ob die Kirche eine politi-

sche Kraft gegen das Regime in der DDR werden könnte. So beobachteten die Diplomaten die DDR und wir
die Diplomaten.«[386]

Die Tätigkeit des britischen Geheimdienstes unter diplomatischer Abdeckung in der DDR und die Abwehrmaßnahmen des MfS

In der Botschaft Großbritanniens in der DDR bestand
eine Residentur des britischen Geheimdienstes Secret
Intelligence Service (SIS).[387]
Der Leiter der HA II ging davon aus, »dass die bekannten Traditionen des britischen Geheimdienstes, die für
eine sehr qualifizierte, gut konspirierte, auf lange Sicht
angelegte geheimdienstliche Tätigkeit sprechen, auch
im Wirken unter diplomatischer Tarnung innerhalb der
DDR ihren Niederschlag finden«[388].
Großbritannien verfügte nach Erkenntnissen der
DDR-Spionageabwehr über kein einheitliches und in
sich geschlossenes Geheimdienstsystem. Offiziell wurde stets versucht, durch strengste Geheimhaltung und
Verschleierungstaktiken die Struktur, Arbeitsweise und
die leitenden Mitarbeiter der britischen Geheimdienste
der Öffentlichkeit vorzuenthalten. Die unbedingte Ge-

---

386 G. F.: *So war das – 36 Jahre im operativen Dienst des MfS*. Unveröffentlichtes Manuskript, 1996, S. 35 (Archiv des Verfassers).

387 Vgl.: Referat des Leiters der Hauptabteilung II auf der Dienstkonferenz am 27. Juni 1986, Bl. 117.

388 Ebd.

währleistung einer umfassenden Konspirierung ihrer Tätigkeit stellte ein bestimmendes Wesensmerkmal der einzelnen britischen Geheimdienstzweige dar. Bei den britischen Geheimdienstzweigen handelte es sich um:

- den Aufklärungsdienst SIS (Spionageorgan),
- das Amt für Innere Sicherheit und Abwehr (MI 5/ Hauptabwehrorgan),
- die Regierungsbehörde für Fernmeldewesen (GCHQ/ funkelektronische Spionage).

Obwohl das GCHQ den weitaus größten Zweig des britischen Geheimdienstsystems verkörperte, hatte der 1909 gegründete SIS nach Erkenntnissen der Staatssicherheit den entscheidenden Beitrag zur Verwirklichung strategischer Zielstellungen im Kampf gegen die sozialistischen Staaten zu leisten. Dabei verfügte der SIS vor allem durch den zielgerichteten Einsatz von Agenturen in anderen Ländern über objektive Voraussetzungen zur Realisierung spezieller Spionageoperationen.

In stets zunehmenden Maße war der SIS um eine noch größere Konspirierung seiner Spionageaktivitäten sowie der direkten und indirekten Einflussnahme auf die innere Entwicklung in von ihm geheimdienstlich angegriffenen Staaten bemüht. Dabei wurde den unter diplomatischer Abdeckung in den britischen Auslandsvertretungen tätigen Geheimdienstmitarbeitern eine zentrale Bedeutung beigemessen. Sie kamen hier sowohl innerhalb von Residenturen sowie auch als Einzelaufklärer zum Einsatz. In Durchführung ihrer nachrichtendienstlichen Tätigkeit standen nach Erkenntnissen der Staatssicherheit unter anderem folgende Hauptaufgaben im Vordergrund:

- Realisierung des geheimdienstlichen Informationsaufkommens durch
  - Analyse und Verdichtung aller offiziell zugänglichen Materialien,

511

- Abschöpfung im Rahmen einer umfassenden und intensiven Kontakttätigkeit,
- Eigenerkundung interessierender Objekte,
- Planung, Vorbereitung und Durchführung geheimdienstlicher Operationen im Gastland beziehungsweise von diesem als Basis ausgehend gegen andere Staaten, wie beispielsweise Werbungen, Sichttreffs, Realisierung von Scheinaktionen und anderes mehr,
- Aufklärung von Zielpersonen mit dem Ziel der Vorbereitung geplanter Werbungen,
- Nutzung von Kontaktpartnern als Einflusspersonen auf der Grundlage der politisch-ideologischen Diversion ohne vorherige Realisierung eines Werbungsprozesses,
- Schaffung von Voraussetzungen für eine politische Untergrundtätigkeit im Rahmen einer umfassenden und intensiven Kontakttätigkeit.

Zur Absicherung der Realisierung der genannten umfangreichen nachrichtendienstlichen Aufgabenstellungen bestanden zwischen dem SIS und dem britischen Außenministerium weitgehende Vereinbarungen, welche außenpolitische Komplikationen verhinderten und eine möglichst perfekte Tarnung der SIS-Mitarbeiter im diplomatischen Dienst gewährleisten sollten. Im Einzelnen wurden dabei folgende Komplexe geregelt:

- Sanktionierung von Operationen des SIS mit hoher außenpolitischer Bedeutsamkeit durch die Führung des Außenministeriums sowie der jeweiligen diplomatischen Auslandsvertretung Großbritanniens,
- Nutzung von nicht im Dienst des SIS stehenden Angehörigen des Außenministeriums im Innen- und Außendienst durch den Geheimdienst, wobei das Einverständnis der Leitung des Außenministeriums, der entsprechenden Abteilung sowie des Leiters der diplomatischen Vertretung vorliegen musste,

512

- Durchführung geheimdienstlicher Maßnahmen gegen Mitarbeiter anderer diplomatischer Vertretungen,
- Werbung von Bürgern der Commonwealth-Staaten,
- Ausgabe falscher Pässe,
- Nutzung des diplomatischen Kurierweges für den Transport geheimdienstlicher Materialien,
- Aktivitäten gegen hochrangige Repräsentanten anderer Staaten.

Ferner ist erwähnenswert, dass es dem SIS in bestimmten Fällen gestattet war, Angehörige des Außenministeriums ohne vorliegendes Einverständnis ihrer dienstlichen Vorgesetzten zur Erfüllung von Aufgaben hinzuzuziehen, bei denen von vornherein eine Beeinträchtigung der britischen Außenpolitik ausgeschlossen werden konnte.

Aus den erläuterten Zielen und Aufgaben der britischen Politik sowie der Geheimdienste, der Angriffsrichtungen und angewandten Methoden, ergibt sich folgerichtig die Frage, nach dem konkreten Erscheinungsbild der gegen die DDR vorgetragenen Angriffe. Dabei war es von grundsätzlicher Bedeutung, dass der geheimdienstliche Gegner der DDR generell aufgrund ihrer strategischen Lage an der Nahtstelle zwischen Warschauer Vertrag und NATO eine besondere Bedeutung beigemessen hat. So waren in der Bundesrepublik größere britische Truppenkontingente disloziert, die im militärischen Ernstfall nach MfS-Erkenntnissen einen bereits in Friedenszeiten mit Spionagemitteln weitgehend aufgeklärten, etwa zwischen Schierke und Helmstedt liegenden Handlungsstreifen entlang der Grenze der DDR absicherten und entsprechend der NATO-Doktrin in östliche Stoßrichtung überschreiten sollten. Berücksichtigt wurde von der Staatssicherheit auch die Existenz Westberlins als maßgeblicher Stützpunkt der Geheimdienste für die Organisierung von Spionageangriffen gegen die DDR und andere sozialistische Staaten.

Am 8. Februar 1973 vereinbarten die Regierungen der DDR und Großbritanniens die Herstellung diplomatischer Beziehungen auf Botschafterebene. Mit der Aufnahme der Tätigkeit der britischen Botschaft in Ostberlin am 15. März 1973 erhielt der SIS erstmals die Möglichkeit, durch den Einsatz von Mitarbeitern in der diplomatischen Auslandsvertretung Großbritanniens langfristig, kontinuierlich und mit einem vertretbaren Risiko auf DDR-Territorium tätig zu werden.

Die britischen Geheimdienstler führten nach Erkenntnissen der HA II zunächst eine Erkundung der Regimeverhältnisse in der DDR durch und übernahmen einen Teil von analytischen Aufgaben, welche bis dahin von der britischen Militärregierung in Westberlin wahrgenommen wurden. Ausgehend von einer Analyse der HA II konnten folgende Verallgemeinerungen zu unter diplomatischer Abdeckung tätigen britischen Geheimdienstlern in der DDR getätigt werden, welche ihre Aktivitäten und Verhaltensweisen sowie angewandte Mittel und Methoden charakterisierten:

1. Realisierung von eindeutig geheimdienstlichen Aktivitäten, wie

   - Werbungen von Bürgern anderer sozialistischer Staaten,
   - direkte Unterstützung von Verratsabsichten und -handlungen (beispielsweise im Fall des bei der sowjetischen Militärabwehr des KfS in der DDR tätigen Offiziers Mygakow),
   - Aufklärung und Schaffung von Werbungsvoraussetzungen zu Personen, die als Diplomaten anderer Staaten in der DDR akkreditiert waren,
   - Unterstützung von Aktionen des britischen Geheimdienstes gegen andere sozialistische Staaten,
   - Durchführung von Vermittlungshandlungen bei der Herstellung von Verbindungen zwischen Bür-

gern und Dienststellen von Geheimdiensten im Operationsgebiet,

- Eigenerkundung militärischer und anderer interessierender Objekte.

2. Anwendung folgender Hauptmethoden zur Realisierung des geheimdienstlichen Informationsaufkommens:

- zielgerichtete Abschöpfung von Informationen im Rahmen der Kontakttätigkeit,
- Analyse und Verdichtung der aus offenen Quellen, insbesondere aus Massenmedien gewonnenen Informationen.

3. Nutzung des geheimdienstlichen Informationsaufkommens zur politisch-ideologischen Diversion gegenüber Bürgern der DDR sowie anderen interessierenden Personen mit dem Ziel der Schaffung und Forcierung oppositioneller Kräfte.

4. Arbeitsteiliges Vorgehen bei der Organisierung einer umfassenden und intensiven Kontakttätigkeit gegenüber DDR-Bürgern, in der DDR akkreditiertem diplomatischen Personal anderer Staaten sowie sich kurz- oder längerfristig in der DDR aufhaltenden ausländischen Bürgern.

5. Aufrechterhaltung direkter und persönlicher Kontakte zu erkannten Geheimdienstmitarbeitern in anderen Vertretungen von NATO-Staaten, zu hauptamtlichen britischen Geheimdienstmitarbeitern sowie in der Britischen Militärregierung in Westberlin ebenfalls unter diplomatischer Abdeckung tätigen Angehörigen des SIS.

6. Realisierung spezifischer Maßnahmen zur Konspirierung und Verschleierung geheimdienstlicher Aktivitäten im Arbeits-, Wohn- und Freizeitbereich.

Die Erkenntnisse der Staatssicherheit zur Rolle, Stellung, Persönlichkeit sowie zum Inhalt und zum Erscheinungsbild der von diesem Personenkreis organisierten Handlungen, stimmten weitgehend mit den Informationen anderer Sicherheitsorgane sozialistischer Staaten überein. Dies betraf vor allem bestimmte Indikatoren zum Erkennen von Geheimdienstmitarbeitern in diplomatischen Auslandsvertretungen Großbritanniens.

Hinsichtlich des Wirkens der in der DDR unter diplomatischer Abdeckung tätigen Mitarbeiter des britischen Geheimdienstes stellte die HA II seit 1983 eine Intensivierung der von ihnen ausgehenden Aktivitäten fest. Dabei nutzen sie die gesamte Breite der ihnen zur Verfügung stehenden offiziellen und inoffiziellen Möglichkeiten und entfalteten ihre Aktivitäten auf einer qualitativ höheren Stufe. Dazu erfolgte nach MfS-Erkenntnissen zunehmend ein allseitiger Einsatz der Geheimdienstmitarbeiter, das heißt, dass sie eindeutig geheimdienstliche Aufgaben durchführten und umfangreiche Fragen der Kontakttätigkeit, der Abschöpfung, der Eigenerkundung, der politischen Einflussnahme sowie der Inspirierung und Organisierung des politischen Untergrunds in einer Person zu realisieren hatten. Mitte der 1980er Jahre gestaltete sich die Vorgehensweise des SIS wie folgt:

- Nutzung aller sich bietenden Möglichkeiten zur Sicherung des geheimdienstlichen Informationsaufkommens;
- Analyse, Verdichtung und Aufbereitung der erarbeiteten Informationen für die Durchführung nachrichtendienstlicher Operationen;
- zielgerichtete politische Beeinflussung der gesellschaftlichen Verhältnisse, einzelner Bereiche und ausgewählter Personen entsprechend den strategischen Zielstellungen zur Destabilisierung der inneren Bedingungen, zur Schaffung einer Opposition in der DDR sowie weiterer zukunftsträchtiger Einflussmöglichkeiten.

Dabei stellte die DDR-Spionageabwehr eine zunehmende Komplexität fest. Einerseits nahm die Tätigkeit der einzelnen in der britischen Botschaft tätigen Geheimdienstler an Intensität und Umfang zu und andererseits hatte sich ihre Abstimmung und Koordinierung mit eigenen Kräften im Operationsgebiet weiter qualifiziert. Das bedeutete für die Organisierung der Abwehrarbeit durch die HA II insgesamt, die Tätigkeit der in der britischen Botschaft tätigen Geheimdienstmitarbeiter stärker in die gesamte Breite der von britischen Geheimdiensten gegen die DDR und andere sozialistische Staaten realisierten Aktivitäten einzuordnen. Dabei wurden folgende Probleme in ihrer Wechselwirkung berücksichtigt:

- die Gestaltung der Residentur- und Agenturarbeit des SIS gegen die sozialistischen Staaten;
- die Tätigkeit britischer Geheimdienstzentralen und -stellen in Großbritannien, westeuropäischen Hauptstädten, in der Bundesrepublik Deutschland und Westberlin sowie ihr Zusammenwirken mit der britischen Botschaft in der DDR;
- weitere Möglichkeiten des Gegners für die geheimdienstliche Informationsgewinnung, wie durch die MVM/MI sowie durch funkelektronische und andere technische Spionagemittel;
- das mit anderen westlichen Geheimdiensten abgestimmte Vorgehen einschließlich eines weitgehenden geheimdienstlichen Informationsaustausches mit den Diensten der USA, Kanadas, Australiens und Neuseelands;
- die Rolle und Aufgaben des britischen Geheimdienstes bei der Realisierung der politisch-ideologischen Diversion, der Kontakt- und Abschöpfungstätigkeit, der Inspirierung und Organisierung eines politischen Untergrunds sowie bei der Registrierung und Ein-

schätzung der dabei erzielten Wirkungen und Reaktionen;

- die Funktion der Stellvertreter-Problematik zur Verschleierung des eigenen Wirksamwerdens.

Die HA II schätzte hierzu ein, dass die Geheimdienstmitarbeiter in der britischen Botschaft unter Nutzung ihrer diplomatischen Abdeckung und des Territoriums der DDR bedeutsame Aufgaben im Rahmen der Tätigkeit des SIS gegen die DDR und andere Staaten realisierten. Von zentraler Bedeutung war dabei die Klärung der Frage, inwieweit Agenturen, insbesondere unter Bürgern des Empfangsstaates, direkt durch die legal abgedeckten Geheimdienstmitarbeiter und -residenturen in den diplomatischen Vertretungen gesteuert wurden. Dazu gelang es beispielsweise der polnischen Spionageabwehr, gesicherte Erkenntnisse hinsichtlich der Anwendung klassischer geheimdienstlicher Methoden durch Angehörige der Geheimdienstresidentur in der britischen Botschaft in Warschau zu erarbeiten. Dabei wurde die Anwerbung polnischer Bürger zur Spionage, die Durchführung persönlicher Treffs in Polen sowie das Vorhandensein geheimdienstlicher Verbindungen zu den Agenturen erkannt.

Hinweisen des KfS der UdSSR an die HA II zufolge nahmen die Mitarbeiter der Geheimdienstresidentur in der britischen Botschaft in Moskau vor allem Aufgaben im Rahmen des geheimdienstlichen Verbindungssystems zu Agenten des SIS in der Sowjetunion wahr. In der DDR wie auch in einigen anderen sozialistischen Ländern konnten dagegen keine operativen Erkenntnisse über eine direkte Zusammenarbeit zwischen diplomatisch abgedeckten britischen Geheimdienstmitarbeitern und Agenturen in diesen Ländern gewonnen werden. So stellte die HA II zum Beispiel fest, dass die Verbindung des SIS zu Spionen unter Bürgern der DDR, welche im nichtsozialistischen Ausland geworben und getroffen wurden, nach Wegfall ihrer Reisemöglichkeiten nicht über die in der Botschaft in der DDR tätigen Geheimdienstmitarbeiter aufrechterhalten wurde. Dahingehend wurde durch den SIS auf die Möglichkeit einer erneuten Aktivierung der Zusammenarbeit mit künftigen Auslandseinsätzen der Agenten orientiert.

Ferner berücksichtigte die HA II operative Hinweise, die besagten, dass sich die für Maßnahmen in einem bestimmten Land zuständigen Auslandsbasen des SIS in anderen westlichen Hauptstädten befanden, welche dem SIS ein gesichertes Hinterland boten. Die zunehmende Komplexität der Aktivitäten des britischen Geheimdienstes erforderte von der Spionageabwehr des MfS zu Mitte der 1980er Jahre eine neue Qualität bei der Organisierung der Abwehrarbeit. Dabei zeichneten sich folgende Grundrichtungen und Hauptaufgaben ab:

- Notwendigkeit der Zusammenführung von Erkenntnissen und Potenzen der Diensteinheiten des MfS, welche effektiv einen Beitrag zur Abwehrarbeit auf der britischen Linie leisten konnten, wie beispielsweise einige Diensteinheiten der HA II, die HV A, die Hauptabteilungen III, VIII und XVIII, unter Berücksichtigung der Federführung der HA II;

- Gewährleistung einer einheitlichen, kontinuierlichen und qualifizierten Lageeinschätzung zu den von britischen Geheimdiensten gegen die DDR beziehungsweise vom Territorium der DDR aus gegen andere Staaten gerichtete Angriffe;

- Verstärkung des offensiven Charakters der Abwehrarbeit vor allem in Bezug auf die erkannten Geheimdienstmitarbeiter in der britischen Botschaft in der DDR mit dem Ziel der Einschränkung und Zurückdrängung der von ihnen ausgehenden Angriffe sowie zur Desinformation und »Beschäftigung« des SIS;

- stärkere Beachtung der zunehmenden Verflechtung der einzelnen Elemente der gegnerischen Tätigkeit, wie sie beispielsweise in der wachsenden komplexen Anwendung von Mitteln und Methoden der Spionage, der politisch-ideologischen Diversion, der politischen Untergrundtätigkeit sowie in der Kontakt- und Abschöpfungstätigkeit durch Geheimdienstler der britischen Botschaft in der DDR zum Ausdruck kamen.

Die im Befehl 16/74 des Ministers für Staatssicherheit festgelegten Hauptaufgaben für die HA II und anderer Diensteinheiten beim Schutz bevorrechteter Personen und zur Verhinderung des Missbrauchs ihrer diplomatischen Privilegien und Immunitäten, hatten sich nach Einschätzung des MfS in der Praxis bewährt. Es wurde allerdings im Hinblick auf die notwendige Qualifizierung der Abwehrarbeit festgestellt, dass bei der Gewährleistung eines komplexen und offensiven Abwehrverhaltens noch offene Probleme vorhanden waren, die die praktische Umsetzung beziehungsweise Beachtung der genannten Grundrichtungen und Hauptaufgaben behinderten und einer Klärung auf zentraler Ebene bedurften. Dabei handelte es sich unter anderem um folgende Fragen:

- Die zentrale Zusammenführung der im MfS in verschiedenen Diensteinheiten erarbeiteten Erkenntnisse über die gegen verschiedene gesellschaftliche Bereiche geführten Angriffe des britischen Geheimdienstes mit dem Ziel ihrer operativen Analyse und Verdichtung sowie der Ableitung grundsätzlicher Schlussfolgerungen, bereitete Schwierigkeiten. Dies spiegelte sich in einer geringen und wenig abgestimmten Arbeitsteilung wider. Die Berücksichtigung zentraler, zum Beispiel in der HA II vorhandener Erkenntnisse, Erfahrungen und Schlussfolgerungen für die Gestaltung einer offensiven, effektiven und komplexen Abwehrarbeit in anderen Diensteinheiten, blieb oft dem Entscheidungswillen der jeweils zuständigen Leiter überlassen und fiel dem relativ stark ausgeprägten Linienegoismus zum Opfer.

- Zur effektiven Sicherung seines geheimdienstlichen Informationsaufkommens und zur Suche von geeigneten Einflusspersonen, standen im stark zunehmenden Maße Partei- und Staatsfunktionäre verschiedener Ebenen im Mittelpunkt der Kontakt- und Abschöpfungstätigkeit der in der britischen Botschaft in der DDR tätigen Geheimdienstler. Daraus ergab sich für das MfS zwingend die Notwendigkeit, einen Missbrauch dieses Personenkreises unbedingt und in jedem konkreten Einzelfall zu verhindern, um letztlich ein Abfließen wertvoller Informationen zu verhindern. In der Praxis sah es jedoch oft so aus, dass der operative Handlungsspielraum hinsichtlich der Realisierung effektiver Maßnahmen aus unterschiedlichen Gründen ab der mittleren Ebene dieses Personenkreises aufwärts sehr gering war. Dadurch wurde es dem SIS objektiv möglich, sich einen weitgehend unkontrollierbaren Kontaktkreis unter Bürgern der DDR zu schaffen, der personell gründlich aufgeklärt und gezielt abgeschöpft werden konnte. Gleichzeitig bestand dabei die Möglichkeit, dass in Einzelfällen objektiv die Spionagetätigkeit und der Geheimnisverrat eine Rolle spielen konnten und sich dem SIS darüber hinaus zahlreiche Chancen zur gezielten Desinformation boten.
- Der Abschöpfung als konkreter nachrichtendienstlicher Methode wurde in der Praxis nicht die notwendige Bedeutung beigemessen. In der Regel wurde sie als etwas wenig konkret Fassbares und Minderwertiges gegenüber der Informationsbeschaffung mittels geworbener Agenturen betrachtet. Dies führte oft

dazu, dass Maßnahmen nicht qualifiziert genug auf den geheimdienstlichen Charakter der Abschöpfung ausgerichtet waren und nicht vorbeugend ein Abfließen wertvoller Informationen verhindert wurde. Hinzu kam erschwerend die Tatsache, dass aufgrund unzureichender Erfahrungen und Kenntnisse immer wieder Probleme im Prozess der Beweisführung in OV auftraten, in denen Fragen der Abschöpfung im Mittelpunkt des gegnerischen Vorgehens standen.

Insgesamt schätzte die HA II 1985 ein, dass im Ergebnis der seit 1973 realisierten operativen Bearbeitung britischer Geheimdienstmitarbeiter mit diplomatischer Abdeckung zahlreiche Erfahrungen vorhanden waren und Voraussetzungen für eine weitgehende Kontrolle der von ihnen durchgeführten Aktivitäten gegeben waren. Perspektivisch kam es der Spionageabwehr darauf an, diese Aktivitäten hinsichtlich ihres tatsächlichen Charakters besser zu analysieren (Scheinaktionen oder tatsächliche nachrichtendienstliche Handlungen) und selbst mehr eigene operative Gegenwirkung zu erzielen. Das bedeutete eine Abwendung von der bis dahin vorherrschenden passiven Kontrolle und Registrierung zugunsten der Durchführung aktiver operativer Maßnahmen mit dem generellen Ziel der Einschränkung und Zurückdrängung der britischen Geheimdiensttätigkeit. Diese Maßnahmen mussten sich einerseits unmittelbar gegen die bearbeiteten Geheimdienstler selbst richten und andererseits sollte es mit ihrer Hilfe gelingen, die Entstehung von Informationskanälen zu verhindern, bestehende zu unterbinden sowie die Briten gezielt zu desinformieren und mit Nebensächlichkeiten zu beschäftigen.[389]

---

389 Vgl.: Heinz-Joachim Wendt: Diplomarbeit zum Thema: »Erfordernisse und Wege der Aufdeckung und Bearbeitung von unter

Für die Abwehrarbeit gegen die britischen Geheimdienste war die HA II/9, Referat 1, verantwortlich. Die Aufgabe dieses Referates war mit der »Bearbeitung der von britischen Geheimdiensten sowie der von der britischen Botschaft in der DDR ausgehenden subversiven und anderen feindlichen Handlungen gegen die DDR«[390] klar umrissen.

Die Aufdeckung und Bearbeitung von in der britischen Botschaft in der DDR tätigen Geheimdienstmitarbeiter umfasste eine Reihe zeitlich begrenzter operativer Maßnahmenkomplexe, welche sowohl chronologisch nacheinander als auch parallel nebeneinander abliefen. Die Aufdeckung beziehungsweise Enttarnung der britischen Geheimdienstler erforderte zunächst eine personenbezogene Klärung der Frage »Wer ist wer?« im gesamten Botschaftsbereich. Die dabei erarbeiteten bedeutsamen Anhaltspunkte für die mögliche Existenz eines Geheimdienstmitarbeiters wurden dann in der Regel während einer OPK weiter mit dem Ziel der Erarbeitung des Verdachts der geheimdienstlichen Tätigkeit und der Schaffung von Voraussetzungen für das Anlegen eines OV verdichtet.

Es konnte jedoch auch der Fall eintreten, dass ein Geheimdienstangehöriger bereits im Stadium der »Wer ist wer?«-Aufklärung als solcher enttarnt wurde und es ohne Zeitverzug zum Anlegen eines OV kam.

Aufgrund der Vielschichtigkeit der insgesamt zu realisierenden Aufgaben sowie der objektiven Begrenztheit der einsetzbaren operativen Kräfte und Mittel, kam der konsequenten Durchsetzung des Schwerpunktprinzips

---

diplomatischer Abdeckung tätigen Geheimdienstmitarbeitern in legalen Basen Großbritanniens«. BStU ZA MfS JHS Nr. 20279, Bl. 9–21.

390 Henry Nitschke: Die Spionageabwehr der DDR, S. 62.

in der Planung und Organisierung der operativen Arbeit eine große Bedeutung zu.[391] Wenn man bedenkt, dass im Referat 1 der HA II/9 im Jahr 1988 ein Referatsleiter, sein Stellvertreter und sechs IM-führende Mitarbeiter[392] sowie die von ihnen geführten IM es mit dem altehrwürdigen britischen Geheimdienst aufnahmen, erklärt sich die Begrenztheit der Ressourcen und die notendige Konzentration auf Schwerpunkte.

Im Ergebnis der seit 1973 gemachten Erfahrungen bei der Bearbeitung der britischen Botschaft in der DDR, stellte die HA II fest, dass sich das äußere Erscheinungsbild der von »echten« Diplomaten sowie den von Geheimdienstmitarbeitern entwickelten Aktivitäten in starkem Maße ähnelten. Eine Ursache dafür waren die Bemühungen der Geheimdienstmitarbeiter, ihre nachrichtendienstlichen Tätigkeiten den für Diplomaten üblichen Verhaltensweisen weitgehend anzupassen. Ferner musste durch die Spionageabwehr berücksichtigt werden, dass auch jeder »echte« Diplomat objektiv zur Realisierung des nachrichtendienstlichen Informationsaufkommens beizutragen hatte und darum ebenfalls bestimmte Methoden zur Anwendung brachte. Es ergab sich für die Staatssicherheit deshalb die Notwendigkeit, das äußere Erscheinungsbild der von den Diplomaten entwickelten Aktivitäten unter Nutzung der vorhandenen Erkenntnisse zu analysieren. Auf der Grundlage dieser Erkenntnisse konnten in weitgehender Übereinstimmung mit den Erfahrungen anderer sozialistischer Sicherheitsorgane bestimmte, für britische Ge-

---

391 Vgl.: Heinz-Joachim Wendt: »Erfordernisse und Wege der Aufdeckung und Bearbeitung von unter diplomatischer Abdeckung tätigen Geheimdienstmitarbeitern in legalen Basen Großbritanniens«, Bl. 22.

392 Vgl.: Struktur- und Stellenplan der HA II vom 26. September 1988. BStU MfS HA II Nr. 28540, Bl. 90.

heimdienstler mit diplomatischer Abdeckung typische Indikatoren erarbeitet werden, die bei der operativen Durchdringung des Schwerpunktbereichs für die Herausarbeitung der personellen Schwerpunkte, also der Geheimdienstmitarbeiter, zu beachten waren.[393] Die in diplomatischen Auslandsvertretungen Großbritanniens eingesetzten SIS-Mitarbeiter verfügten im Wesentlichen über folgende gemeinsamen Merkmale, auf deren Grundlage ihre Unterscheidung von »echten« Diplomaten des britischen Außenministeriums möglich war:

- Sie gehörten in der Regel der politischen Abteilung der Vertretung an.
- Sie waren zumeist Hochschulkader, insbesondere Absolventen der Universitäten Cambridge und Oxford und bekleideten trotz kaum vorhandener diplomatischer Laufbahn den Rang eines Ersten, Zweiten oder Dritten Sekretärs.
- Sie verfügten über gute bis sehr gute Kenntnisse der Landessprache und beherrschten diese weitgehend in Wort und Schrift.
- Neu in der Vertretung zum Einsatz kommende Angehörige des SIS nahmen die gleichen Dienststellungen wie ihre Vorgänger ein und hielten sich im Gegensatz zu »echten« Diplomaten in der Austauschphase für einen bestimmten Zeitraum gemeinsam im Gastland auf.
- Sie genossen Sonderrechte hinsichtlich der variablen Gestaltung der Arbeitszeit und ihrer Bewegungsfreiheit außerhalb der Vertretung während der regulären Dienstzeit.
- Ihre »offiziellen« Aufgabenbereiche waren im Gegensatz zu »echten« Diplomaten nicht eindeutig definierbar.

---

393 Vgl.: Heinz-Joachim Wendt: »Erfordernisse und Wege der Aufdeckung und Bearbeitung von unter diplomatischer Abdeckung tätigen Geheimdienstmitarbeitern in legalen Basen Großbritanniens«, Bl. 23.

- Sie repräsentierten in der Regel jenen Mitarbeiterkreis der Vertretung, dem die Aufnahme und Unterhaltung persönlicher Kontakte zu Landesbürgern gestattet war.

- SIS-Angehörige nahmen im Wesentlichen an allen diplomatischen Veranstaltungen der eigenen sowie anderer Vertretungen teil, zu denen entsprechende Einladungen vorlagen.

- Sie unterhielten intensive Kontakte zu bevorrechteten Personen anderer diplomatischer Vertretungen, die einerseits selbst als Geheimdienstmitarbeiter erkannt worden waren beziehungsweise bei denen andererseits die Möglichkeit ihrer nachrichtendienstlichen Nutzung gegeben war.

- Sie verfügten über intensive Verbindungen ins Operationsgebiet und unterhielten relativ offen Kontakte zu dort ansässigen britischen Geheimdienststellen und deren Mitarbeitern.

- Die SIS-Angehörigen traten bei komplizierten und meist unvorhersehbaren Vorkommnissen und Handlungen im Bereich der Vertretung als handelnde Personen in Erscheinung, beispielsweise im Zusammenhang mit Botschaftsbesetzungen oder beim Aufsuchen der Vertretung durch operativ interessante Personen.

- Ihre Arbeitsräume befanden sich ausnahmslos im speziell gesicherten Bereich der Botschaft, der von Landesbürgern und anderen unbefugten Personen nicht betreten werden konnte und mit umfangreichen technischen Mitteln überwacht wurde.[394]

Die genannten Indikatoren waren direkte Voraussetzung für den effektiven Einsatz der Kräfte und Mittel im Rahmen einer umfassenden »Wer ist wer?«-Aufklärung zum gesamten Botschaftspersonal. Die kontinuierliche

---

394 Vgl.: Ebd., Bl. 56 f.

»Wer ist wer?«-Aufklärung umfasste einen Komplex von Maßnahmen, mit denen folgende Hauptaufgaben zu realisieren waren:

1. Erarbeitung bedeutsamer Anhaltspunkte zu bevorrechteten Personen, bei denen aufgrund von überprüften und verdichteten operativen Hinweisen mit der Möglichkeit eines geheimdienstlichen Missbrauchs ihrer diplomatischen Privilegien und Immunitäten gerechnet werden musste.

2. Erarbeitung bedeutsamer Anhaltspunkte zu Mitarbeitern der diplomatischen Vertretung, die bestimmte Ansatzpunkte für die Einleitung offensiver Maßnahmen, zum Beispiel für die Realisierung eines Gewinnungsprozesses, aufwiesen.

3. Gewährleistung eines Gesamtüberblicks zu allen Botschaftsangehörigen durch die Erarbeitung von Informationen zu Persönlichkeitsmerkmalen, Verhaltensweisen im Arbeits- und Freizeitbereich, zum arbeitsteiligen Zusammenwirken sowie zu Verbindungen in der DDR und in das Operationsgebiet.

Auf der Grundlage der Erkenntnisse der HA II waren in Durchsetzung des Schwerpunktprinzips folgende Bereiche und Personenkategorien innerhalb der britischen Botschaft von besonderem Interesse für das MfS:

a) <u>Kanzlei der Botschaft</u>
Zur Kanzlei der Botschaft gehörte die Politische Abteilung, in der die überwiegende Mehrheit der erkannten und vermuteten Geheimdienstmitarbeiter, meist im Range eines I. oder III. Sekretärs, tätig war.

b) <u>Vertreter des British Council</u>
Der beim MfAA der DDR als I. Sekretär akkreditierte Mitarbeiter des British Council vertrat eine staatliche britische Einrichtung, welche für die Organisierung eines umfassenden Informations-, Kultur- und

Wissenschaftsaustausches zwischen Großbritannien und anderen Staaten zuständig war. Ihre im Ausland eingesetzten Kräfte stachen durch eine intensiv betriebene Kontakttätigkeit hervor. Aus dem Charakter des British Council und seinen vorhandenen Möglichkeiten ergaben sich objektive Voraussetzungen für eine nachrichtendienstliche Nutzung dieser Organisation, welche durch operative Erkenntnisse der Staatssicherheit, insbesondere der HV A, teilweise bestätigt werden konnten.

c) <u>Örtliche Angestellte (local staff)</u>

Bei dieser Personengruppe handelte es sich um Kräfte des Verwaltungs- und technischen Personals, welche zumeist in Westberlin wohnhaft und über viele Jahre in der Botschaft tätig waren, wie Sekretärinnen, Kraftfahrer und Hausmeister. Bei ihnen bestand potentiell die Möglichkeit ihrer Nutzung durch Geheimdienstmitarbeiter aufgrund der guten Regime- und Ortskenntnisse sowie ihres langfristigen Einsatzes in der Botschaft. Auf der anderen Seite waren sie durch den langfristigen Einsatz im Zusammenhang mit weiteren operativen Gesichtspunkten Kandidaten für die Einleitung und Realisierung von Gewinnungsmaßnahmen durch die Staatssicherheit.

Ferner war bei der Enttarnung von Geheimdienstlern das stark praktizierte Prinzip zu beachten, dass die Abdeckung der Geheimdienstmitarbeiter in der Regel an bestimmte diplomatische Ränge und Funktionen gebunden war. Dies erleichterte die Enttarnung, wobei durch die »Wer ist wer?«-Aufklärung sowie die OPK gesichert werden musste, dass mögliche taktische Veränderungen im britischen Vorgehen bei der Abdeckung der Geheimdienstmitarbeiter registriert und daraus notwendige Schlussfolgerungen gezogen wurden. Derartige Veränderungen im Abdeckungsmechanismus konnten sich im Wesentlichen aus folgenden zwei Gründen ergeben:

- der Austausch von Funktionen in der Botschaft zwischen »echten« Diplomaten und Geheimdienstlern erfolgte zielgerichtet auf SIS-Initiative zur Störung der Abwehrarbeit der Staatssicherheit,
- funktionelle Veränderungen ergaben sich im Ergebnis der vom britischen Außenministerium getroffenen Entscheidungen, zum Beispiel im Zusammenhang mit der Einsparung von Planstellen.

Das im Rahmen der »Wer ist wer?«-Aufklärung zu realisierende Informationsaufkommen wurde in erster Linie durch den Einsatz geeigneter IM gesichert, welche einen regelmäßigen, möglichst täglichen Umgang mit dem bearbeiteten Personenkreis pflegten. Zum effektiven Einsatz solcher IM gehörte ein konkreter, stets zu aktualisierender Informationsbedarf, der sich aus folgenden wesentlichen Bestandteilen zusammensetzte:

- umfassende Informationen zum Persönlichkeitsbild;
- Informationen aus dem Arbeitsbereich, beispielsweise zu den dienstlichen Aufgaben, Zutrittsmöglichkeiten in der Botschaft, Zusammenarbeit mit anderen Botschaftsangehörigen, Differenzen und Auseinandersetzungen unter dem Personal;
- Informationen aus dem Wohn- und Freizeitbereich wie
  - familiäre Verhältnisse,
  - Freizeitgestaltung,
  - Bekannte und Freunde,
  - Bewegungsabläufe;
- Informationen zur Kontakttätigkeit gegenüber Bürgern der DDR und Ausländern;
- Informationen zu Verbindungen in das Operationsgebiet, insbesondere nach Westberlin.

Neben der IM-Arbeit sollten möglichst die Potenzen anderer Diensteinheiten zur Gewinnung von Informationen genutzt werden. Dies betraf insbesondere Maßnahmen der HA III (Funkabwehr/Funkaufklärung), der Abteilung 26 (Überwachung von Telefonen und Räumen) sowie der HA VIII (Beobachtung/Ermittlung). Aus dem relativ großen Umfang des Informationsaufkommens ergab sich für die Spionageabwehr die Notwendigkeit einer qualifizierten Analyse- und Vergleichsarbeit, die die Aufgabe hatte, die erarbeiteten Informationen zu überprüfen, zu verdichten und Voraussetzungen für weitergehende Maßnahmen zu schaffen. Dabei waren prinzipiell zwei Möglichkeiten gegeben:

1. In einzelnen Fällen war es bereits im Ergebnis der »Wer ist wer?«-Aufklärung möglich, die Existenz eines Geheimdienstmitarbeiters mit hoher Wahrscheinlichkeit konkret nachzuweisen und den Verdacht der nachrichtendienstlichen Tätigkeit als Voraussetzung für das Anlegen eines OV herauszuarbeiten.

2. In der Regel wurde im Ergebnis der Überprüfung und Verdichtung der erarbeiteten Informationen und auf der Grundlage der dabei gewonnenen bedeutsamen Anhaltspunkte eine OPK mit folgenden grundsätzlichen Zielstellungen eingeleitet:
   - Erarbeitung des Verdachts der geheimdienstlichen Tätigkeit als Voraussetzung für das Anlegen eines OV, das heißt die Schaffung von Ausgangsmaterialien für OV im Rahmen der OPK;
   - Erarbeitung von Voraussetzungen für die Einleitung und Realisierung von operativen Gewinnungsprozessen;
   - Durchführung von Kontrollmaßnahmen zu denjenigen Botschaftsangehörigen, die nicht im Mittelpunkt der schwerpunktorientierten Abwehrarbeit

standen, aber interessante Merkmale aufwiesen und den Geheimdienstmitarbeitern potentiell Möglichkeiten ihrer direkten oder indirekten Nutzung boten, wie beispielsweise Sekretärinnen, Archiv- und Registraturkräfte, Kraftfahrer oder Sicherheitskräfte.

Der OPK kam somit eine große Bedeutung zu, denn sie stellte die wichtigste Quelle zur kontinuierlichen Entwicklung von Ausgangsmaterialien für OV zu erkannten und vermuteten SIS-Angehörigen dar.

Wenn im Rahmen der Schaffung von Ausgangsmaterialien in der Botschaft wirkende Geheimdienstler erkannt oder der Verdacht ihrer nachrichtendienstlichen Tätigkeit erarbeitet werden konnte, kam es in der OV-Bearbeitung neben der Weiterführung von Kontrollmaßnahmen auf die Einschränkung des Handlungsspielraumes der Geheimdienstmitarbeiter an. Das bedeutete, ihre Aktivitäten zurückzudrängen und den SIS mit dem Ziel zu beschäftigen, ihn von der Durchführung seiner eigentlichen nachrichtendienstlichen Aufgabenstellungen abzuhalten beziehungsweise abzulenken. Dabei musste Beachtung finden, dass die Abwehrmaßnahmen nicht zu einer Beeinträchtigung der außenpolitischen Strategie der DDR führen durften. Gleichzeitig sollten allerdings die völkerrechtlichen und innerstaatlich rechtlichen Möglichkeiten umfassend ausgeschöpft werden. Und letztlich galt es für die HA II, die Aktivitäten der britischen Abwehr MI 5 gegen DDR-Diplomaten in Großbritannien im eigenen Abwehrverhalten zu berücksichtigen. Bei der Organisierung der Abwehrarbeit gegenüber SIS-Angehörigen mit diplomatischer Abdeckung hatte die MfS-Spionageabwehr ferner folgende generelle Besonderheiten zu beachten:

• die diplomatischen Privilegien und Immunitäten entsprechend des geltenden Völkerrechts,

- die Nichtanwendbarkeit strafrechtlicher und strafprozessualer Maßnahmen trotz des Vorhandenseins von Beweisen für die Begehung von Straftaten gemäß der geltenden innerstaatlichen Gesetzgebung,
- die begrenzte Einsatzdauer im Empfangsstaat (in der DDR circa zwei bis drei Jahre),
- die Notwendigkeit der Gewährleistung des Schutzes bevorrechteter Personen entsprechend des Völkerrechts und auf der Grundlage des Befehls 17/74 des Ministers für Staatssicherheit,
- die Nutzung des Territoriums Westberlins verbunden mit ständigen Reisemöglichkeiten in das Operationsgebiet,
- die ständigen Kommunikationsmöglichkeiten mit Geheimdienstzentralen im Operationsgebiet,
- das enge Zusammenwirken mit anderen legalen Basen und Positionen westlicher Geheimdienste in der DDR, wie beispielsweise Residenturen in andern diplomatischen Vertretungen von NATO-Staaten, Industrievertretungen sowie akkreditierten Korrespondenten,
- die uneingeschränkte Bewegungsfreiheit auf DDR-Territorium.

Bei der Organisierung der Bearbeitungsprozesse zu in der britischen Botschaft tätigen SIS-Mitarbeitern sollte aus der Sicht der HA II noch stärker das objektive Erfordernis eines komplexen Abwehrverhaltens durch alle verantwortlichen Linien und Diensteinheiten in der Praxis durchgesetzt werden. Zum einen ergab sich dieses Erfordernis neben den objektiven Faktoren aus dem zunehmend komplexeren Vorgehen des britischen Dienstes, einschließlich seiner in der Botschaft tätigen Geheimdienstmitarbeiter. Zum anderen sah die HA II den offensiven Charakter der Abwehrarbeit nur durch den komplexen Einsatz der operativen Kräfte, Mittel und Methoden gewährleistet. Ferner wurde auch aufgrund des zeitlich begrenzten, etwa zwei bis drei Jahre andauernden Einsatzes der Kräfte des SIS in der DDR, ihre komplexe Bearbeitung in OV als notwendig erachtet. Bezüglich ihrer Einsatzdauer unterschieden sie sich kaum von »echten« Diplomaten. In diesem relativ kurzen Zeitraum waren sowohl operative Prozesse der Aufdeckung von Geheimdienstmitarbeitern im Rahmen der »Wer ist wer?«-Aufklärung und der OPK als auch ihre konzentrierte Bearbeitung in OV zu realisieren. Dies stellte an den verantwortlichen Referatsleiter hohe Anforderungen an die Führungs- und Leitungstätigkeit hinsichtlich der Planung und Organisierung der operativen Grundprozesse.

Bei der komplexen Bearbeitung von unter diplomatischer Abdeckung tätigen SIS-Mitarbeitern verfuhr die Spionageabwehr nach zwei Grundrichtungen:

1. Die komplexe Bearbeitung musste alle Möglichkeiten zur Erarbeitung von bedeutsamen Informationen über die entsprechenden Geheimdienstler und ihre Aktivitäten ausschöpfen sowie die Feststellung konkreter nachrichtendienstlicher Angriffe als Voraussetzung für geeignete Gegenmaßnahmen ermöglichen. Dabei waren folgende Schwerpunkte für die Informationserarbeitung zu beachten:

   • Art und Weise des Zusammenwirkens von SIS-Mitarbeitern in der Residentur oder ihres Einsatzes als Einzelaufklärer;

   • Zusammenwirken von Mitarbeitern des SIS mit anderen Kräften der Botschaft, welche möglicherweise ebenfalls im Auftrag des Geheimdienstes technische beziehungsweise unterstützende Tätigkeiten verrichteten (Sekretärinnen, Registraturkräfte usw.);

   • Nutzung von »echten« Diplomaten durch die SIS-Angehörigen mit dem Ziel der Deckung des geheimdienstlichen Informationsbedarfs und der Unterstützung bei nachrichtendienstlichen Aktionen, beispielsweise im Zusammenhang mit der Realisierung von Scheinaktivitäten;

- Bewegungs- und Handlungsabläufe mit dem Ziel des Erkennens relevanter Verhaltensweisen, der Eingrenzung möglicher geheimdienstlicher Aktivitäten und deren Unterscheidung von Schein- und Alibiaktionen zu Verschleierungszwecken;
- Persönlichkeitsbild und engerer Umgangskreis;
- Stellung, persönlicher Einfluss sowie Befugnisse in der Botschaft im Vergleich mit anderen Botschaftsangehörigen;
- Kontakte zu Bürgern der DDR in geheimdienstlich besonders interessierenden gesellschaftlichen Bereichen und zu anderen interessanten Personen, wie zum Beispiel in der DDR akkreditierte Diplomaten anderer Staaten;
- Verbindungen und Aktivitäten im Operationsgebiet, vor allem in Westberlin;
- angewandte Methoden der nachrichtendienstlichen Informationsgewinnung sowie der Inspirierung politischer Untergrundtätigkeit.

2. Die komplexe Bearbeitung britischer Geheimdienstmitarbeiter umfasste die Einordnung ihrer konkreten Aktivitäten in die insgesamt vom SIS gegen die DDR vorgetragenen Angriffe. Dabei ging es der HA II generell darum, die Stellung der in der britischen Botschaft tätigen Geheimdienstler beziehungsweise der Residentur im System der Tätigkeit des britischen Geheimdienstes herauszuarbeiten. Von der realen Beurteilung dieser Stellung hing maßgeblich die zentrale Gestaltung der Abwehrarbeit ab. Deshalb ergab sich aus der Tatsache des Fehlens einer einheitlichen Führung und Koordinierung der Abwehr-

arbeit Mitte der 1980er Jahre auf der britischen Linie die Notwendigkeit für alle involvierten Diensteinheiten, ihre Rolle und die Möglichkeiten ihres konkret zu leistenden Beitrages bei der Bekämpfung des britischen Geheimdienstes zu bestimmen. Daraus wurde die Frage abgeleitet, welche grundsätzlichen Problemstellungen sich für die korrekte Beurteilung der Gesamtsituation sowie der Rolle der britischen Botschaft tätigen Kräfte des SIS ergaben. Dies waren:

- strategische und taktische Orientierungen des britischen Dienstes für die Aktivitäten gegen die DDR und andere sozialistische Staaten hinsichtlich ihrer Zielstellungen sowie der angewandten Kräfte, Mittel und Methoden;
- operative Erkenntnisse über Struktur, Arbeitsweise und Dislozierung von Dienststellen und Angehörigen des SIS;
- die vom britischen Geheimdienst in ihrer Gesamtheit gegen und über die DDR organisierte nachrichtendienstliche Tätigkeit wie zum Beispiel die Militärspionage durch die britische MVM/MI, die Residentur- und Agenturarbeit, die funkelektronische Spionage sowie die Nutzung des geheimdienstlichen Verbindungssystems;
- das Zusammenwirken mit andern gegnerischen Kräften, zum Beispiel
  - umfassender Austausch geheimdienstlicher Informationen zwischen britischen und anderen westlichen Diensten, insbesondere mit den Geheimdiensten der USA, Australiens und Kanadas,
  - Zusammenarbeit der in der britischen Botschaft tätigen Nachrichtendienstler mit Geheimdienstresidenturen und -mitarbeitern in anderen diplomatischen Vertretungen von NATO-Staaten in der DDR,

– Zusammenarbeit der in der britischen Botschaft tätigen Kräfte des SIS mit britischen Geheimdienststellen im Operationsgebiet, insbesondere in Westberlin.

Die Beachtung der unter 2. genannten Problemstellungen bereitete der HA II in der Praxis aus verschiedenen objektiven und subjektiven Gründen Schwierigkeiten, da zu Mitte der 1980er Jahre zentrale Festlegungen noch fehlten und ein ausgeprägtes linienspezifisches Denken zu verzeichnen war. Mit der DA Nr. 1/87 »komplexe Spionageabwehr« sollte dahingehend Abhilfe geschaffen werden. Hinzu kam, dass der britische Geheimdienst seit den 1960er Jahren in der Abwehrarbeit keinen wesentlichen Schwerpunkt mehr darstellte und daher organisatorischer Nachholbedarf bei der Planung und Organisierung einer effektiven und komplexen Spionageabwehr auf der britischen Linie bestand.[395]

Innerhalb der HA II machte man sich Mitte der 1980er Jahre Gedanken, in welcher Form die Abwehrarbeit gegen den britischen SIS verbessert werden konnte. In der bis dahin erfolgten OV-Bearbeitung zu erkannten beziehungsweise vermuteten Geheimdienstmitarbeitern der britischen Botschaft, wurde der Gegner nur in geringem Maße in seinem Handlungsspielraum eingeschränkt und wirksam zurückgedrängt. Innerhalb der Staatssicherheit betrachtete man es allerdings als notwendig, nicht bei der bloßen Einschätzung von Qualität und Quantität der erarbeiteten Informationen über den SIS sowie der Feststellung seiner verstärkten Aktivitäten stehenzubleiben. Es machte sich aus Sicht der HA II deshalb erforderlich, richtige Schlussfolgerungen für die Einschränkung und Zurückdrängung der Geheim-

---

395 Vgl.: Ebd., Bl. 24–35.

diensttätigkeit zu ziehen und in der Praxis in die Tat umzusetzen, um damit einen wirksamen und effektiven Beitrag bei der Gestaltung einer vorbeugenden und offensiven Abwehrarbeit auf der britischen Linie zu leisten. Damit zeichneten sich folgende Hauptrichtungen ab, die es durch die Erschließung von Reserven im Einsatz der operativen Kräfte, Mittel und Methoden, insbesondere der IM sowie durch die Entwicklung und praktische Umsetzung neuer Ideen durchzusetzen galt:

- Unterbindung beziehungsweise Zerschlagung von Verbindungen der SIS-Angehörigen, welche in starkem Maße der Deckung ihres geheimdienstlichen Informationsaufkommens sowie der von ihnen ausgehenden Einflussnahme und Desinformation dienten. Bei solchen Verbindungen konnte es sich um DDR-Bürger, um ständig oder zeitweilig in der DDR aufhältige Ausländer sowie in der DDR akkreditiertes diplomatisches Personal sozialistischer Staaten und aus Entwicklungsländern handeln.

- Abschluss von Ermittlungsverfahren zu DDR-Bürgern, welche enge persönliche Kontakte zu den britischen Geheimdienstmitarbeitern pflegten. Diese SIS-Angehörigen unterhielten im Rahmen einer umfassenden Kontakttätigkeit umfangreiche Verbindungen zu Bürgern der DDR aus allen gesellschaftlichen Bereichen, wie zum Beispiel Parteien, Massenorganisationen, staatlichen und wirtschaftsleitenden Einrichtungen, Objekten der Wissenschaft, Kunst und Kultur sowie Massenmedien und Kirche aber auch zu feindlich eingestellten Personen. Dabei bestand aus Sicht der Staatssicherheit potentiell die Möglichkeit, dass die in diesen Bereichen tätigen Bürger der DDR objektiv und subjektiv Tatbestandsmerkmale des Strafrechts verletzten, indem sie vom britischen Geheimdienst gezielt als Informationsquellen, Einflusspersonen sowie zur Inspirierung und Organisierung eines politischen Untergrunds in der DDR genutzt wurden. Durch die operative Bearbeitung ausgewählter DDR-Bürger sowie die Einleitung und Durchführung von Ermittlungsverfahren war es dem MfS prinzipiell möglich, den Charakter der Tätigkeit des britischen Dienstes in der DDR offiziell nachzuweisen. Damit konnte offensiv Einfluss auf die Wirksamkeit der gegnerischen Tätigkeit genommen werden, da der Abschluss derartiger Ermittlungsverfahren stets ein »Versagen« der beteiligten Geheimdienstler darstellte und teilweise persönliche Konsequenzen für sie nach sich ziehen konnte, beispielsweise ihre vorzeitige Abberufung oder nachteilige Karriereauswirkungen.

- Realisierung von Maßnahmen der Verunsicherung, der »Beschäftigung« und Desinformation der SIS-Mitarbeiter. Dieser Maßnahmenkomplex sollte mit dem Ziel realisiert werden, den gegnerischen Handlungsspielraum weiter einzuschränken und den Geheimdienst von der Durchführung nachrichtendienstlicher Aktivitäten abzulenken oder gar abzuhalten.

Der Einsatz der IM stellte dabei für die HA II das wichtigste Mittel dar. Sie wurden als Hauptwaffe bei der Bekämpfung der legalen Basen des Gegners betrachtet. Das bedeutete für die Planung und Organisierung der operativen Grundprozesse, die Perspektive sowie den langfristigen Einsatz dieser IM innerhalb der OV-Bearbeitung zu berücksichtigen. Diese IM sollten möglichst in der Bearbeitung von mehreren OV eingesetzt werden können, da die bearbeiteten Geheimdienstmitarbeiter nach zwei bis drei Jahren wieder die DDR verließen und dabei einen Teil ihrer Kontakte an ihren Nachfolger oder andere bevorrechtete Personen übergaben. Das erforderte aus der Sicht der Spionageabwehr den universellen Einsatz von IM, der in starkem Maße zur

Aufklärung der Persönlichkeit und der gegnerischen Aktivitäten beitragen musste. Dabei kam vor allem dem Freizeitbereich der SIS-Angehörigen große Bedeutung zu, da hier ein großer Teil ihrer Handlungen durchgeführt wurden.

Aufgrund vorliegender Erfahrungen schätzte man in der HA II ein, dass dem Einsatz von IM unter DDR-Bürgern Grenzen gesetzt waren, da ihnen von den britischen Geheimdienstlern von vornherein ein ausgeprägtes Misstrauen entgegengebracht wurde, welches in der Regel ausschließlich dadurch abgebaut werden konnte, indem sich die IM bewusst abschöpfen ließen. Damit trugen sie und auch die Staatssicherheit objektiv zur Vervollständigung des nachrichtendienstlichen Informationsbedarfs des SIS bei. Das Ergebnis des Einsatzes von DDR-IM bestand oft lediglich in der Registrierung von Äußerungen und Aktivitäten des bearbeiteten Geheimdienstmitarbeiters.

Der Einsatz von DDR-IM hatte zwar zu einer wesentlichen Vervollständigung der konkreten Kenntnisse der HA II zu den in der britischen Botschaft seit 1973 tätigen SIS-Mitarbeitern geführt aber es wurde dadurch auch das Abfließen umfangreicher Informationen an die Briten in Kauf genommen.

Zur Durchsetzung einer offensiven Abwehrarbeit betrachtete es das MfS als erforderlich, in der IM-Arbeit stärker jene Personenkategorien zu berücksichtigen, denen seitens der britischen Geheimdienstler von vornherein ein wesentlich geringeres Misstrauen entgegengebracht wurde und die objektiv und subjektiv über bessere Voraussetzungen zur Herstellung kontinuierlicher und tiefgründiger Vertrauensverhältnisse verfügten. Diese IM mussten das Vertrauen des SIS genießen und einen derartigen Einfluss auf den jeweiligen Mitarbeiter ausüben, dass sie bestimmte Aufgaben zur »Beschäftigung« und Desinformation durchführen konnten. Diese IM mussten weiterhin einen relativ breiten Handlungsspielraum besitzen, der nicht durch persönliche, berufliche und politische Zwänge und Rücksichten eingeengt wurde. Solche IM konnten sein:

- ständig oder zeitweilig in der DDR wohnhafte Ausländer,
- im Operationsgebiet, insbesondere in Westberlin lebende Ausländer, die in die DDR einreisten,
- in der DDR akkreditiertes diplomatisches Personal anderer Staaten,
- von Geheimdienstmitarbeitern selbst gesuchte Kontakte im Wohn- und Freizeitbereich.

Bei Gewinnungsmaßnahmen zu diesen Personenkategorien war durch die Staatssicherheit stets die politische Tragweite des Handelns zu beachten und solche Formen der Gewinnung zur Anwendung zu bringen, welche wirksam die eigentlichen operativen Zielstellungen verschleierten und gegebenenfalls das MfS als eigentlichen Urheber in den Hintergrund treten ließen. Bei der Suche und Auswahl geeigneter Kandidaten unter den genannten Personenkategorien war ihrer Staatsbürgerschaft und Nationalität, politischen Zusammenhängen und gegnerischen Informations- und Einflussinteressen Rechnung zu tragen. Ferner waren die Fähigkeiten dieser Kandidaten zur Herstellung enger persönlicher Beziehungen auf Vertrauensbasis im Arbeits- und Freizeitbereich zu berücksichtigen. Mit einem größeren Einsatz von Ausländer-IM wurde aus Sicht des MfS gleichzeitig jenen operativen Hinweisen Rechnung getragen, die besagten, dass die unter diplomatischer Abdeckung tätigen SIS-Mitarbeiter nicht nur gegen das jeweilige Gastland nachrichtendienstlich tätig waren, sondern dieses vor allem als Basis für Aktivitäten gegen andere Staaten nutzen.

Die Ergebnisse der operativen Bearbeitung hatten der HA II offenbart, dass die in der britischen Botschaft tätigen SIS-Angehörigen enge persönliche Kontakte zu britischen Geheimdienststellen und -mitarbeitern, vor allem in Westberlin unterhielten. Dies bezog sich sowohl auf die Abstimmung und Koordinierung von nachrichtendienstlichen Aktivitäten als auch auf die Pflege in die private Sphäre hineinreichender Beziehungen.

Deshalb ergaben sich unter Berücksichtigung der realen operativen Möglichkeiten sowie des Territoriums Westberlins vorrangig nachfolgend aufgeführte grundsätzliche Aufgabenstellungen:

• Zusammenführung aller operativen Informationen zu britischen Geheimdienststellen und -mitarbeitern in Westberlin sowie zu dort tätigen Kontaktpersonen der in der britischen Botschaft in der DDR tätigen SIS-Angehörigen;

• Analyse der Reisetätigkeit der Geheimdienstmitarbeiter nach Westberlin und Vergleich mit Aufenthalten bevorrechteter Personen anderer Staaten auf dem Westberliner Territorium zur Feststellung möglicher operativer Zusammenhänge;

• Durchführung von gezielten Fahndungs- und Beobachtungsmaßnahmen zu einreisenden hauptamtlichen Geheimdienstmitarbeitern in Westberlin unter Berücksichtigung der Besonderheiten im Regime des grenzüberschreitenden Besatzerverkehrs;

• Schaffung von Voraussetzungen für die operative Kontrolle ausgewählter territorialer Schwerpunkte in Westberlin, wie Dienststellen des britischen Geheimdienstes, Wohnungen von Geheimdienstlern, Anlaufstellen der in der britischen Botschaft in der DDR tätigen SIS-Kräfte.[396]

---

396 Vgl.: Ebd., Bl. 35–41.

Im Mittelpunkt der Bearbeitung von OV zu in der britischen Botschaft in der DDR tätigen Mitarbeitern des Geheimdienstes standen ihre nachrichtendienstlichen Aktivitäten sowie ihre Kontakte und Verbindungen mit dem Ziel einer exakten, umfassenden und zweifelsfreien Beweisführung. Dabei war durch die Spionageabwehr zu beachten, dass die in der RL 1/76 festgelegten Abschlussarten[397] in nur sehr begrenztem Maße auf die mit diplomatischem Status versehenen Geheimdienstmitarbeiter angewandt werden konnten. Die Praxis stellte sich so dar, dass die Bestätigung entsprechender Abschlussarten, wie An- und Überwerbung sowie Ausweisung, an Entscheidungen auf höherer politischer Ebene gebunden waren und nur in Ausnahmefällen erfolgte.[398] Die konkrete Lage im Prozess der Aufdeckung und Bearbeitung unter diplomatischer Abdeckung tätiger britischer Geheimdienstmitarbeiter in der DDR war sowohl aktuellen als auch langfristig wirkenden Veränderungen unterzogen. Folgende Faktoren hatten besonderen Einfluss auf die Lage im Verantwortungsbereich:

- Festlegungen und Weisungen des Außenministeriums Großbritanniens sowie des SIS an die Diplomaten und Geheimdienstler in der britischen Botschaft;
- Aktivitäten der in OV bearbeiteten SIS-Mitarbeiter sowie anderer bevorrechteter Personen (Kontakttätigkeit, Reisen in die Bezirke der DDR, Verbindungsaufnahmen zu Personen im Operationsgebiet);
- Aktivitäten von Bürgern der DDR, Ausländern und bevorrechteten Personen anderer Staaten gegenüber

---

397 Vgl. dazu: Henry Nitschke: *Die Spionageabwehr der DDR*, S. 471.

398 Vgl.: Heinz-Joachim Wendt: »Erfordernisse und Wege der Aufdeckung und Bearbeitung von unter diplomatischer Abdeckung tätigen Geheimdienstmitarbeitern in legalen Basen Großbritanniens«, Bl. 41.

der britischen Botschaft, einschließlich der dort agierenden Geheimdienstler;

- Veränderungen in den Regimeverhältnissen der Botschaft sowie in der personellen Besetzung einzelner Funktionen;
- Handlungen, Vorkommnisse und Erscheinungen außerhalb der Botschaft, welche aufgrund vorhandener Erfahrungen der HA II in den Prozess der Aufdeckung und Bearbeitung von SIS-Mitarbeitern eingeordnet werden mussten (Arbeit der SIS-Zentrale mit Agenturen in der DDR, Erkenntnisse zum geheimdienstlichen Verbindungssystem, Aktivitäten der britischen MVM/MI, operativ interessante Handlungen von in der DDR aufhältigen britischen Staatsbürgern, von britischen Geheimdienststellen und Nachrichtendienstmitarbeitern im Operationsgebiet ausgehende Aktivitäten);
- konkrete Bedingungen für den Einsatz der Mitarbeiter der Spionageabwehr, vor allem im Rahmen der OPK- und OV-Bearbeitung;
- Stand der Wirksamkeit der operativen Grundprozesse, vor allem die Qualität und Effektivität in der OPK-, OV- und IM-Arbeit;
- Qualität in der Führungs- und Leitungstätigkeit;
- Stand der Zusammenarbeit mit anderen Diensteinheiten hinsichtlich der zielgerichteten und effektiven Nutzung ihrer Möglichkeiten.

Um die sich aufgrund des Wirkens obengenannter Faktoren ergebenden Lageveränderungen rechtzeitig erkennen zu können, war es für die HA II notwendig, die operativen Grundprozesse auszurichten auf:

- die qualifizierte Erarbeitung bedeutsamer Informationen entsprechend der Schwerpunkte,
- die Analyse und Verdichtung der bedeutsamen Informationen,

• die kritische Analyse des erreichten Standes beim effektiven Einsatz der Kräfte, Mittel und Methoden.

Als Form der Lageeinschätzung hatte sich in der HA II besonders die tägliche Analyse des aktuellen Erscheinungsbildes der von den SIS-Angehörigen entwickelten Aktivitäten sowie ihnen zuzuordnender operativer Problemstellungen bewährt. Dabei hatte es sich aus Sicht der Spionageabwehr als zweckmäßig erwiesen, die eingesetzten Mitarbeiter unter Berücksichtigung ihrer konkreten Aufgabenstellungen und Verantwortungsbereiche in diese Form der Lageeinschätzung einzubeziehen. Dafür boten sich tägliche Rapporte an, in denen eine kurze aktuelle Einschätzung der Lage vorgenommen wurde und notwendige, zum Teil kurzfristig zu realisierende Maßnahmen festgelegt wurden. Unter den Bedingungen einer offensiveren und komplexeren Bearbeitung der von der britischen Botschaft in der DDR ausgehenden Aktivitäten, ergaben sich wesentlich höhere Anforderungen an die Qualität der vom Referatsleiter durchzuführenden Lageeinschätzung. Hierbei war es aus Sicht der Spionageabwehr unter anderem erforderlich, neue Problemstellungen analytisch gründlich zu durchdringen und objektiv einzuschätzen, um damit die Voraussetzungen für reale Schlussfolgerungen und Maßnahmen zu schaffen. Die Effektivität und Wirksamkeit des Referates zur Abwehrarbeit gegen die britische Botschaft in der DDR sollte daran gemessen werden, wie es durch den Einsatz der verfügbaren Kräfte, Mittel und Methoden gelang, die Lage im Verantwortungsbereich entsprechend den objektiven Sicherheitserfordernissen zu verändern und den SIS weiter entscheidend in seinem Handlungsspielraum einzuschränken.

Die schwerpunktorientierte Arbeit durchzog dabei alle operativen Prozesse im Rahmen der Aufdeckung und Bearbeitung von in der britischen Botschaft tätigen

Geheimdienstmitarbeitern. Die Maßnahmen zur Auf-deckung von Kräften des SIS im Rahmen der »Wer ist wer?«-Aufklärung und der operativen Kontrolle von Personen dienten unmittelbar der Herausarbeitung und Bestimmung der Schwerpunkte. Somit trugen sie direkt zur Gewährleistung einer entsprechenden Effektivität in den sich anschließenden Bearbeitungsprozessen bei. Gleichzeitig wurde garantiert, dass die Hauptket-tenglieder erkannt wurden, auf deren Grundlage in der OV-Bearbeitung entscheidende Fortschritte in der Tätigkeit der HA II gegen den nachrichtendienstlichen Gegner erzielt werden konnten. Dies gewann unter dem Aspekt der offensiven und komplexen Abwehrarbeit entsprechend an Bedeutung. Die Herausarbeitung und Bestimmung der Schwerpunkte erfolgte mit dem Ziel des Erkennens von Kräften des britischen Geheimdiens-tes vor allem im Rahmen der »Wer ist wer?«-Aufklärung sowie der operativen Kontrolle von Personen, wobei sich in beiden Prozessen bereits Aspekte einer schwerpunk-torientierten Arbeit auf der Grundlage vorhandener Erkenntnisse widerspiegelten. In der OV-Bearbeitung erkannter SIS-Angehöriger war es vor allem bei der Zurückdrängung und Einschränkung ihrer Tätigkeit wichtig, ebenfalls die Hauptkettenglieder für das Erzie-len der größten Wirkung festzustellen und zielgerich-tet zu nutzen. Die sich oft dafür bietenden vielfältigen Ansatzpunkte waren unter Berücksichtigung folgender Aspekte auszuwählen, wobei gleichzeitig Probleme der Herausarbeitung ihrer richtigen Rang- und Reihenfolge im operativen Vorgehen zu beachten waren:

- die Bedeutsamkeit der zu realisierenden Aufgaben sowie der real zu erwartende Nutzen,
- das Vorhandensein günstiger Bedingungen,
- die Berücksichtigung des zeitlich begrenzten Charak-ters der zu lösenden Aufgaben.

Eine aus Sicht der Staatssicherheit wichtige Rolle spielte die Durchsetzung des Schwerpunktprinzips im Prozess der Erarbeitung und Durchführung des Jahresarbeitsplans. Dabei waren auf der Grundlage der Beschlüsse von Partei und Regierung, der Befehle und Weisungen im MfS sowie der eigenen qualifizierten Einschätzung der Lage die Schwerpunkte der Abwehrarbeit festzulegen. In der Führungs- und Leitungstätigkeit sollte gleichzeitig intensiver mit langfristig gültigen Sicherungs- und Abwehrkonzeptionen gearbeitet werden, um das Schwerpunktprinzip noch effektiver in der Planung und Organisation der operativen Grundprozesse durchsetzen zu können. Bei der Durchsetzung des Schwerpunktprinzips in der Organisation der Arbeit hatte sich die zeitweilige Konzentration eigener Kräfte und Mittel auf bestimmte OPK und OV sowie die Realisierung komplizierter Aufgabenstellungen aus Sicht der HA II bewährt. Dies bezog sich sowohl auf dem befristeten Einsatz eines Offiziers zur Realisierung bestimmter Aufgaben als auch auf die zeitlich begrenzte Zusammenführung mehrerer Mitarbeiter, beispielsweise für die kollektive Bearbeitung eines OV mit hoher sicherheitspolitischer Bedeutung. Damit war es unter Berücksichtigung der relativ kurzen Einsatzdauer der bearbeiteten SIS-Angehörigen in der DDR möglich, eine entsprechende Qualität und Effektivität in den operativen Bearbeitungsprozessen zu erzielen.

Von den Offizieren der Spionageabwehr wurde im Allgemeinen die Tatsache anerkannt, dass die analytische Arbeit einen unverzichtbarer Bestandteil in der Abwehrarbeit darstellte. In der praktischen Umsetzung dieser Erkenntnis traten allerdings regelmäßig Schwierigkeiten auf. Einige Offiziere hatten Probleme, nach dem Grundsatz zu handeln, dass der operative Mitarbeiter selbst der erste Auswerter seiner erarbeiteten Informationen war. Deshalb bestand eine wichtige Aufgabe des Referatsleiters darin, Auffassungen entgegenzuwirken, in denen die operativen Mitarbeiter ausschließlich als »Beschaffer« von Informationen fungieren würden und alles Weitere Aufgabe der speziellen Auswertungsorgane sei.

Das Ziel der analytischen Tätigkeit der operativen Mitarbeiter musste es sein, auf der Grundlage der erarbeiteten, überprüften und verdichteten Informationen Erkenntnisse für die Realisierung weiterer Aufgaben zu gewinnen und sich daraus ergebende Entscheidungen zu begründen. Ferner waren die Informationen für eine tiefergehende Auswertung aufzubereiten. Der verantwortliche Referatsleiter in der HA II/9 hatte darum unter Berücksichtigung der konkreten Lagebedingungen bei der Aufdeckung und Bearbeitung legal abgedeckter britischer Geheimdienstmitarbeiter unmittelbaren Einfluss auf die Realisierung folgender analytischer Hauptaufgaben durch seine unterstellten Offiziere zu nehmen:

- Einschätzung der Bedeutsamkeit erarbeiteter Informationen sowie Bestimmung zweckmäßiger Maßnahmen durch Nutzung weiterer operativer Möglichkeiten,

- Einschätzung des Standes der Bearbeitung von OPK und OV hinsichtlich der vorhandenen Erkenntnisse über den realen Gegner sowie der Wirksamkeit der eingesetzten Kräfte und Mittel,

- Analyse und Verdichtung aller im Rahmen der »Wer ist wer?«-Aufklärung erarbeiteten Informationen mit dem Ziel des Erkennens von Geheimdienstmitarbeitern,

- Analyse aller außerhalb der eigentlichen Schwerpunkte gewonnenen Informationen hinsichtlich der Notwendigkeit einer möglichen Zuordnung sowie der operativen Beachtung,

• Analyse überprüfter und verdichteter Hinweise mit dem Ziel der Erarbeitung von komplexen Informationen für die Lageeinschätzung im Verantwortungsbereich.

Aufgrund der Spezifik des Arbeitsgegenstandes waren bei der Einschätzung der Bedeutsamkeit von Informationen und bei der Vorbereitung von Entscheidungen stets die Zusammenhänge zu beachten. Im Rahmen der Lageeinschätzung und in Durchsetzung des Schwerpunktprinzips hatte der verantwortliche Referatsleiter selbst umfangreiche analytische Aufgaben durchzuführen. Darüber hinaus hatte er die Richtigkeit der von seinen Offizieren getroffenen Einschätzungen zur Bedeutsamkeit von Informationen zu prüfen sowie notwendige Informationsflüsse für ihre differenzierte Einschätzung zu gewährleisten.[399]

Die vielfältigen Erfahrungen und Ergebnisse der HA II/9 bei der Bekämpfung der Geheimdienste Großbritanniens sollten, so sah es der Jahresarbeitsplan der HA II/9 für 1989 vor, als Grundlage eines noch stabileren Informationsaufkommens und einer noch stärkeren Offensive, Wirksamkeit und Komplexität der operativen Arbeit und Maßnahmen genutzt werden. Unter Berücksichtigung der erfolgten personellen Verstärkung des Referates 1 der HA II/9 (auf 1989 neun Angehörige)[400] war es erforderlich:

• die gegenwärtige Hauptmethode der in der Botschaft abgedeckt tätigen SIS-Mitarbeiter (Arbeit mit nicht geworbenen Quellen/Abschöpf- und Einflusskontakte) durch wertvolle Informationsinhalte, die Auf-

399 Vgl.: Ebd., Bl. 43–50.

400 Vgl.: Telefon- und Zimmernachweis der HA II/9 vom 6. Februar 1989. BStU ZA MfS HA II Nr. 28454, Bl. 17.

schluss über Angriffsrichtungen, Zielgruppen und Informationsinteresse gaben, noch überzeugender nachzuweisen, und für zentrale Lageeinschätzungen/ Schlussfolgerungen zur Verfügung zu stellen;

- dementsprechend qualifizierte und perspektivvolle Quellen im Umfeld der britischen Geheimdienst-Mitarbeiter zu etablieren beziehungsweise zu entwickeln;
- die Anfänge der wirksamen Bearbeitung negativer oder indifferenter DDR-Kontaktpartner beziehungsweise Prozesse der Störung/Zerschlagung derartiger Beziehungen wirksamer zu verbreitern;
- einzelne OPK/OV gegen SIS-Mitarbeiter zielgerichteter auf eine mögliche Gewinnbarkeit oder auf eine Diskreditierung, das heißt auf aktivere Ziele über den Nachweis der Geheimdienst-Zugehörigkeit hinaus, zu orientieren;
- aus den Anfangserkenntnissen zu eigenständigen, arbeitsteiligen oder gemeinsamen Operationen der Westberliner SIS-Residentur zunehmend stabilere beziehungsweise kontinuierlicher Ergebnisse zu entwickeln.[401]

Die HA II/9 plante für das Jahr 1989 umfangreiche Maßnahmen gegen die Geheimdienste Großbritanniens. So war durch die HA II/9 in Zusammenarbeit mit der HV A vorgesehen, den IMS »Melanie Marx« unter Ausnutzung eines dienstlichen Aufenthaltes in Paris zur Reaktivierung der Verbindung zum SIS-Mitarbeiter »Faden« zu nutzen und ein Anwerbungsverhältnis zu erreichen.[402]
Über den IMS »Michael« wollte die HA II/9 in Verbin-

---

401 Vgl.: HA II/9: Jahresarbeitsplan 1989 vom 9. November 1988. BStU ZA MfS HA II Nr. 20862, Bl. 55.

402 Vgl.: Ebd., Bl. 57.

dung mit der Staatssicherheit der Ungarischen Volksrepublik eine Blickfeldoperation gegen den SIS durchführen. Dazu sollte »Michael« über eine in Ungarn
tätige britische Gastlektorin, zu der der IMS durch einen früheren DDR-Aufenthalt Beziehungen unterhielt,
entsprechende Blickfeldwirkungen (NSW-Reisekader)
erreichen.[403]

Unter der Projektbezeichnung »Insel« sollte durch die
HA II/9 gemäß einer Vereinbarung mit der polnischen
Spionageabwehr die Suche, Auswahl und Entwicklung
sowie der Einsatz eines IM für eine Anschleusungsope-
ration gegen die SIS-Residentur in Warschau erfolgen.[404]
Im OV »Hahn« bearbeitete das Referat 1 der HA II/9
einen erkannten SIS-Mitarbeiter. Der weitreichende
Erkenntnisstand zur OV-Person »Hahn« sollte genutzt
werden, um bei abgestimmter Nutzung der Quellen
»Peter Sturz«, »Harry«, »Gerlinde« und »Hans Grade«
eine Gewinnung des SIS-Mitarbeiters für das MfS zu
versuchen.[405]

Ein anderes Ziel hatte die Bearbeitung des OV »Biber«.
»Biber«, ein Botschaftsrat und erkannter SIS-Mitarbeiter wurde in einer OPK bearbeitet, die zum OV
entwickelt werden sollte. Hauptziele der Maßnahmen
gegen »Biber« waren die Dokumentierung der Informationsinteressen des SIS in der Arbeit mit wertvollen
aber nicht geworbenen Quellen sowie die Anschleusung
beziehungsweise Kontrolle, Störung und Paralysierung
derartiger Quellen. Zur Bearbeitung von »Biber« waren
die IM »Binder« und »Alexander« eingesetzt.[406]

Im OV »Major« wurde durch die HA II/9 ein britischer

---

403 Vgl.: Ebd.

404 Vgl.: Ebd.

405 Vgl.: Ebd., Bl. 58.

406 Vgl.: Ebd.

Diplomat bearbeitet. Das Material gegen »Major« wurde 1989 im Einklang mit dem Maßnahmenkomplex »Diamant« zur britischen Residenz zum OV entwickelt. Das Ziel der Bearbeitung des OV bestand darin, dem ehemaligen Militäraufklärer »Major« aktuelle Unterstützungshandlungen beziehungsweise Zugehörigkeit zum SIS nachzuweisen und seine Kontaktaktivitäten gegenüber hochrangigen Informationsträgern zu dokumentieren.[407]

Der OV »Tower« richtete sich gegen einen DDR-Journalisten, der als Abschöpfkontakt von SIS-Angehörigen genutzt wurde. Die Bearbeitung wurde auf den Nachweis von Verratshandlungen ausgerichtet.[408]

In der OPK »Platin« wurde ein als zeitweiliger Leiter der politischen Abteilung der britischen Botschaft vorgesehener Diplomat von der HA II/9 operativ bearbeitet. »Platin« hatte nach Erkenntnissen der Spionageabwehr mehrere Kontaktpartner der SIS-Mitarbeiter »Faden« und »Stange« übernommen. In der OPK sollte die Zugehörigkeit »Platins« zum SIS geprüft werden.[409]

Letztlich stellt sich die Frage, wie ehemalige Mitarbeiter des MfS die Tätigkeit des SIS bewerten. Der ehemalige HV A-Oberst Klaus Eichner schätzt ein, die Tätigkeit des SIS sei hervorragend gewesen. »Seine Arbeit war von hoher Qualität, beschränkt auf wenige Einzelagenten und immer ›gentlemanlike‹.«[410]

Zu Günther Kratsch äußert der britische Historiker Timothy Garton Ash: »Er erhielt seine Ausbildung in

---

407 Vgl.: Ebd.

408 Vgl.: Ebd.

409 Vgl.: Ebd., Bl. 58 f.

410 Timothy Garton Ash: Die Akte »Romeo«. Frankfurt am Main 1999, S. 146.

Potsdam, wo man ihm etwas über den großartigen britischen Geheimdienst beibrachte, seine lange Tradition seinen Charakter als Bestandteil der Entwicklung des Imperialismus, den Lenin als höchstes Stadium des Kapitalismus bezeichnet hatte.«[411]

Das Objekt 499 und die HA II

Am 2. Mai 1974 öffnete die Ständige Vertretung (StäV) der Bundesrepublik Deutschland in der DDR. Die Tarnbezeichnung des MfS für die StäV, welche sich in der Ostberliner Hannoverschen Straße 30 befand, lautete Objekt 499.

Für die operative Sicherung der StäV waren verschiedene Referate der HA II/12 verantwortlich.

Das Referat 1 der HA II/12 war für die operative Bearbeitung und Kontrolle personeller Schwerpunkte von drei Abteilungen der Vertretung verantwortlich. Dazu oblag dem Referat 1 die Schaffung und Betreuung operativer Stützpunkte zur Realisierung spezifischer operativer Maßnahmen an der StäV-Wohnkonzentration »Boulevard«.

Dem Referat 2 der HA II/12 oblag die operative Sicherung und Kontrolle der Vertretung im Zusammenwirken mit dem Wachkommando Missionsschutz des PdVP Berlin. Außerdem war das Referat 2 für die inoffizielle Absicherung des Kaderbestandes der zuständigen Wache des WKM und des Anwohnerbereichs der StäV sowie für die Schaffung, Betreuung und Arbeit mit operativen Stützpunkten zur Kontrolle beziehungsweise Dokumentation von Aktivitäten der Mitarbeiter der Vertretung verantwortlich.

---

411 Ebd., S. 154.

Das Referat 3 der HA II/12 war zuständig für die operative Bearbeitung und Kontrolle personeller Schwerpunkte von zwei Abteilungen der StäV. Weiterhin oblag dem Referat 3 die Schaffung und Betreuung operativer Stützpunkte zur Realisierung spezifischer operativer Maßnahmen an der Residenz und der StäV-Wohnkonzentration »Nordring«.

Aufgaben der Analytik, Kontaktbearbeitung, Speicherarbeit und Realisierung von Informationsbeziehungen hatte das Referat 4 der HA II/12 zu erfüllen.[412]

Die HA II verfügte über konkrete Erkenntnisse dahingehend, dass der BND – wie die anderen führenden NATO-Geheimdienste – den Einsatz von Residenturen und Einzelaufklärern unter der Abdeckung diplomatischer Vertretungen weltweit praktizierte. Dazu gab es unter anderem konkrete Festlegungen zwischen dem BND und dem Auswärtigen Amt. Im Rahmen der Forcierung seiner Aktivitäten war der BND bestrebt, eine umfangreiche Residenturarbeit auch von den Botschaften der Bundesrepublik in den sozialistischen Staaten zu entfalten.

Allerdings gelang es der Spionageabwehr des MfS nicht, durch operative Maßnahmen und IMB-Einsatz, die Existenz einer Geheimdienstresidentur in der StäV nachzuweisen.[413]

Folgt man der Sichtweise von Müller und Mueller, gab es diese auch nicht. Sie schreiben 2002: »Noch heute betont Günter Gaus, von 1974 bis 1981 Leiter der Bonner Ständigen Vertretung in Ostberlin, mit Stolz, er habe

---

412 Vgl.: Struktur- und Stellenplan der HA II vom 26. September 1988. BStU ZA MfS HA II Nr. 28540, Bl. 33 f.

413 Vgl.: Referat des Leiters der Hauptabteilung II auf der Dienstkonferenz am 27. Juni 1986, Bl. 114.

dafür gesorgt, dass die Vertretung eine BND-freie Zone geblieben sei.« Weiter heißt es:

»Als nach der Unterzeichnung des Grundlagenvertrages im Dezember 1972 über die Regularien zum Austausch diplomatischer Vertretungen verhandelt wurde, herrschte Einvernehmen zwischen Kanzleramt und BND, dass der Bonner Auslandsnachrichtendienst mit in Ostberlin einziehen sollte. Pullach hatte genaue Vorstellungen über den Einbau von drei Mitarbeitern (MA) in die Ständige Vertretung, die den Staatssekretären Grabert und Gaus unterbreitet wurden [...]. Gaus wurden sogar die Personalakten der infrage kommenden Mitarbeiter unterbreitet. Als Dieter Blötz [BND-Vizepräsident, Anm. d. Verf.] am 28. August 1973 mit Gaus weitere Einzelheiten besprechen will, bittet dieser ihn überraschend um ein Vier-Augen-Gespräch, über dessen Inhalt die Leitung des Dienstes später unterrichtet werden sollte. Gaus hatte nichts geringeres auf dem Herzen als die Bitte, die vorgesehenen Maßnahmen bis Mitte 1974 zu verschieben. Nachdem die letzte Verhandlungsrunde zwischen Bahr und DDR-Unterhändler Michael Kohl sich als schwierig erwiesen habe, wollte er kein Risiko durch den Einsatz von BND-Leuten in der Ständigen Vertretung eingehen. Gaus setzte sich durch.

Da die deutsch-deutschen Verhandlungen sich gerade bei den ins Auge gefassten Folgeverträgen zum Grundlagenvertrag in den Bereichen Post- und Fernmeldewesen, Verkehr, Wirtschaft, Wissenschaft, Technik etc. als schwieriges Terrain erwiesen, blieb der BND in der Ständigen Vertretung, die im Mai 1974 ihre Tätigkeit aufnahm, außen vor. Auch in der Ära Helmut Kohl waren die Verhandlungsrunden mit der DDR zur Senkung des Reisealters für DDR-Bürger, zur Anerkennung der DDR-Staatsbürgerschaft, zur Auflösung der Erfassungsstelle Salzgitter, zur Einrichtung einer deutsch-deutschen Bank in der Schweiz in der Schweiz oder beim 1983 von Strauß eingefädelten Milliardenkredit stets so sensibel, dass die westliche Seite sie nicht durch enttarnte BND-Leute zusätzlich belasten wollte.«[414]

Das MfS ging grundsätzlich davon aus, dass im Zusammenhang mit einigen politischen Besonderheiten bei der Gestaltung der Beziehungen der Bundesrepublik zur DDR politische Entscheidungen der Bundesregierung hinsichtlich der Art und Weise der Wirksamwerdens der bundesdeutschen Geheimdienste direkt von der StäV aus gegen die DDR einzukalkulieren waren. Darüber hinaus machten nach Ansicht der Staatssicherheit die vielfältigen Verbindungen zwischen der Bundesrepublik und der DDR sowie die besondere Rolle Westberlins allerdings einen direkten Residentureinsatz »aus Sicht der BRD offensichtlich nicht zwingend erforderlich«[415].

Durch die operative Abwehrarbeit der Linie II konnte herausgearbeitet werden, dass die Ständige Vertretung der Bundesrepublik ihre legalen Möglichkeiten zur Informationsgewinnung über die DDR, vor allem im Rahmen intensiver Kontakttätigkeit, voll ausgenutzt hat.

Die dabei gewonnen Erkenntnisse waren den Geheimdiensten der Bundesrepublik, vor allem dem BND, in vollem Umfang zugänglich, einschließlich der Ergebnisse umfangreicher Personenaufklärungen zu DDR-Bürgern. Als besonders relevant wurde durch das MfS eingeschätzt, dass bei erhöhten militärischen Aktivitäten auf dem Gebiet der DDR die Mitarbeiter der StäV in

---

414 Peter F. Müller, Michael Mueller: *Gegen Freund und Feind. Der BND: Geheime Politik und schmutzige Geschäfte.* Reinbek 2002, S. 427 f.

415 Referat des Leiters der Hauptabteilung II auf der Dienstkonferenz am 27. Juni 1986, Bl. 114.

verschiedene Territorien ausschwärmten und umfangreiche Eigenerkundungen durchführten.

Die DDR-Spionageabwehr erkannte, dass der Informationsbedarf einzelner Mitarbeiter der StäV eine Identität mit den Informationsinteressen des BND aufwies. Dies betraf:

- den Fragenkomplex der Wirtschaftsabteilung der StäV zur Erkundung der Versorgungslage in den Bezirken der DDR,
- Einsatzfahrten von Mitarbeitern der Wirtschaftsabteilung der StäV in mehrere Bezirke der DDR, um bei Kontaktpartnern den Fragenkomplex abzuarbeiten.

Solche Fragenkomplexe mit analogem Inhalt wurden auch von BND-Angehörigen mit mehreren Agenturen abgearbeitet.

Auch die Verhaltensweisen einzelner Mitarbeiter der StäV ließen nach Einschätzung des MfS deutliche Parallelen zu geheimdienstlichen Methoden erkennen. Solche Verhaltensweisen stellten dar:

- Telefongespräche aus der Wohnung mit Terminvereinbarungen, um die Staatssicherheit in die Irre zu führen, echte Terminvereinbarungen wurden von der Telefonzelle aus abgestimmt;
- Vortäuschung von Theaterbesuchen, während der Vorstellung Verlassen des Theaters, um eine Zusammenkunft mit einem Kontaktpartner durchzuführen, am Ende der Vorstellung wieder anwesend.[416]

Durch den Einsatz von IM, insbesondere zu ausgewählten Mitarbeiter der StäV, waren diese aufzuklären und bei Bedarf operativ zu bearbeiten. Entsprechende Maßnahmen waren konkret und planmäßig durch die HA II/12 zu konzipieren, festzulegen und zu führen. Dabei wurden auch die Abteilungen II der BV einbezogen.

---

416 Vgl.: Ebd., Bl. 115 f.

Aber auch andere Diensteinheiten des MfS waren in entsprechende Maßnahmen involviert. So informierte der Leiter der HV A, Generaloberst Markus Wolf den Leiter der HA II, Generalmajor Günther Kratsch, am 17. Mai 1983 darüber, dass durch eine nicht überprüfte Quelle Zugriff zum Generalschlüssel und zum Hauptgruppenschlüssel der StäV besteht. Diese Schlüssel konnten zur Anfertigung von Duplikaten für circa eine Woche zur Verfügung gestellt werden.[417]

Zur Bearbeitung der Ständigen Vertretung und ihres Personalbestandes arbeitete die Spionageabwehr des MfS mit IM zusammen. Für IM und IM-Kandidaten, die auf der Linie StäV tätig werden sollten, gab es Anforderungsbilder und Qualitätskriterien. Diese IM mussten überprüft, zuverlässig, unbedingt ehrlich, kontaktfreudig, geistig beweglich, anpassungsfähig und in persönlichen Umgangsformen akzeptierbar und gleichwertige Partner für die bevorrechteten Personen sein.

Beruflich oder persönlich sollten die IM über Möglichkeiten verfügen beziehungsweise Interessen haben, die für die bevorrechteten Personen hinsichtlich einer Abschöpfung oder feindlichen Ausrichtung gegen die DDR, gegenwärtig oder in der Perspektive von Interesse waren. Dabei wurde es als günstig angesehen, wenn die IM selbst über politische, ökonomische, kulturelle oder andere Hintergrundinformationen verfügten beziehungsweise dahingehend Zugang hatten.

Die IM durften nicht in allen Fragen zu geradlinig und politisch zu positiv verfestigt auftreten, sie sollten bei den bevorrechteten Personen der Ständigen Vertretung den Eindruck einer bestimmten Zugänglichkeit auf einige Seiten ihrer Persönlichkeit zulassen, beispielsweise

---

417 Siehe dazu auf: www.bstu.de/mfs/staendige_vertretung/bln_ westarbeit_erl.htm. Zugegriffen am 28. Mai 2002.

ein bestimmtes Streben nach materiellem Besitz, Konsumgütern, Antiquitäten oder Karrierestreben.

IM beziehungsweise IM-Kandidaten, die im politischen Untergrund der DDR etabliert waren, hatten günstige Voraussetzungen, um erfolgreich an Mitarbeiter der StäV herangeschleust zu werden. Darüber hinaus waren nach Ansicht des MfS besonders geeignet:

- leitende Wirtschaftler aus zentralen Institutionen, Kombinaten und Außenhandelsbetrieben,
- leitende Mitarbeiter wissenschaftlicher Einrichtungen (Akademie der Wissenschaften, Universitäten, Hochschulen, ZK-Institutionen),
- bestimmte Rechtsanwälte,
- mittlere und leitende Kirchenvertreter,
- Kunst- und Kulturschaffende (Autoren, Regisseure, freischaffende Maler/Grafiker, Schriftsteller, Literaturwissenschaftler, Komponisten, leitende Journalisten und Chefredakteure).[418]

IM und IM-Kandidaten aus Kreisen entwicklungsfähiger Kader der Kunst, Kultur und Wissenschaft waren ebenso geeignet wie Kader der sogenannten zweiten und dritten Reihe aller Bereiche (Bezirks- und Kreiseebene), im Ausland studierende Kader, Angehörige von Blockparteien, Reisewissenschaftler (vor allem in das nichtsozialistische Ausland Reisende), Personen aus Auslandsvertretungen der DDR oder Kontaktpartner beziehungsweise Verwandte von Spitzenfunktionären der DDR.

In der DDR oder im Operationsgebiet wohnhafte Verwandte von StäV-Mitarbeitern waren geeignete Kan-

---

418 Vgl.: Hans-Jürgen Mirus: »Zur Differenzierung operativ erarbeiteter Kontakte/Verbindungen von Bürgern der DDR zu bevorrechteten Personen nichtsozialistischer und anderer politisch-operativ interessierenden Staaten, deren politisch-operative Kontrolle, Aufklärung und Bearbeitung«, Bl. 39 f.

didaten für eine inoffizielle Zusammenarbeit mit dem MfS, da die Kontakte in der Regel ständig gepflegt wurden. Zu beachten war nach Ansicht der Staatssicherheit jedoch, dass die Verwandten weitgehend aus den relevanten Aktivitäten herausgehalten wurden.

Stammgäste in Gaststätten, in denen bevorrechtete Personen häufig verkehrten, ständige Besucher von Messen und anderen internationalen Veranstaltungen, waren ebenfalls als IM beziehungsweise IM-Kandidaten geeignet. Für Personen, die über Antiquitäten, Produkte der Malerei, der Grafik usw. verfügten oder Zugang zu diesen ermöglichen konnten, traf dies ebenso zu.

Aber auch Inhaber attraktiver, privater oder auf Kommissionsbasis arbeitender Gaststätten standen im Blickpunkt bevorrechteter Personen, vor allem für die Ausgestaltung privater Feiern in ihren Gaststätten oder den Wohnungen der Mitarbeiter der Ständigen Vertretung, wobei sich hier bei langjährigem Dienstleistungseinsatz auch private Kontakte entwickelten konnten.

Aus der Sicht der Spionageabwehr hatten sich jene Kontaktpartner und Verbindungspersonen zu diplomatischen Vertretungen als günstige Ansprechpartner im Abwehrbereich erwiesen, bei denen die Kontakte relativ neu oder höchstens stabil, aber noch nicht verfestigt waren. Hier waren die IM-Kandidaten noch beeinflussbar und in der Regel steuerbar.

Ansonsten waren fast alle DDR-Bürger, ausgenommen Arbeiter und Bauern, wenn sie über bestimmte Verhaltenseigenschaften und Merkmale verfügten, als IM im Abwehrbereich Ständige Vertretung geeignet. Es gelang aber bei weitem nicht allen inoffiziellen Kräften, solche stabilen Kontakte zu schaffen, die notwendig waren, um die Aktivitäten der bevorrechteten Personen aufzuklären. Auf der anderen Seite verfügte die Linie II über Erfahrungen, die besagten, dass DDR-Bürger ins Vertrauen der bevorrechteten Personen gezogen wurden, die eigentlich nicht dem Anforderungsprofil entsprachen. Anderen wiederum, bei denen zahlreiche Merkmale zutrafen, gelang es nicht, tiefer in die Konspiration des Gegners einzudringen.

Wenn IM-Kandidaten aus dem Kreis leitender Wirtschaftsfunktionäre und wissenschaftlicher Einrichtungen gewonnen wurden, vertrat die Staatssicherheit den Grundsatz, dass mehr Informationen aus der eingegangenen Verbindung zu diplomatischen Vertretungen herausgeholt werden mussten, als seitens des MfS geliefert werden. War dies nicht zu gewährleisten, sollte darauf verzichtet werden, solche IM beziehungsweise IM-Kandidaten zur Blickfeldarbeit den bevorrechteten Personen anzubieten.[419]

Aufklärung, Kontrolle und Bearbeitung der westlichen Militärattachés durch das MfS

Die in der DDR akkreditierten Militärattachés waren offizielle Vertreter ihrer Streitkräfte im Gastland, die als Diplomaten mit allen diplomatischen Rechten und Immunitäten bei der Botschaft ihres Landes tätig waren. Die Militärattachés waren beim Minister für Nationale Verteidigung der DDR akkreditiert. Sie waren in der Regel Angehörige eines Aufklärungsorgans oder Geheimdienstes ihres Heimatlandes.

Als hoch qualifizierte Militärspezialisten bestand ihre Hauptaufgabe in der optimalen Ausschöpfung aller offiziellen und inoffiziellen Möglichkeiten zur Beschaffung

---

419 Vgl.: Ebd., Bl. 41 f.

von militärisch-bedeutsamen Informationen, sowohl über das Gastland als auch über Drittländer.

Obwohl die Abschöpfung von Personen, die visuelle Feststellung und die Auswertung von Veröffentlichungen die Hauptmethoden darstellten, schufen sich die Militärattachés auch Agenturen, deren Residenten sie selbst oder ihre Mitarbeiter waren.[420]

Das MfS ging davon aus, dass es sich bei den Militärattachés, ihren Gehilfen und technischen Kräften um nachrichtendienstlich ausgebildete Kräfte handelte, die Mitarbeiter militärischer Aufklärungsorgane oder anderer Geheimdienste waren. Dahingehend lagen der Staatssicherheit eine Vielzahl von Hinweisen vor. Diese Feststellung ließ sich nach Erkenntnissen des MfS vor allem durch drei Hauptargumente belegen:

1. Einige westliche Militärattachés teilten ganz offen mit, dass sie Mitarbeiter der Aufklärung sind. Beispielsweise teilte am 1. Oktober 1974 der Landstreitkräfteattaché der USA in der Arabischen Republik Ägypten bei seinem Antrittsbesuch beim Militärattaché der DDR, auf dessen Frage nach seiner Laufbahn, ganz offiziell mit, dass er seit 20 Jahren Mitarbeiter der Aufklärung sei. Dieser US-Offizier setzte die Tatsache, dass der Militärattaché Mitarbeiter der Aufklärung ist, als bekannt voraus.

---

420 Vgl.: Eberhard Starke: Diplomarbeit zum Thema: »Politisch-operative Probleme der Absicherung der in der Deutschen Demokratischen Republik akkreditierten Militärattachés nichtsozialistischer Staaten bei ihrem Verkehr und beim Zusammenwirken mit den verschiedenen Dienststellen und Personen der Nationalen Volksarmee zum gegenwärtigen Zeitpunkt, unter Verwendung von Erfahrungs- und Vergleichswerten der Tätigkeit der Militärattachés der Deutschen Demokratischen Republik im nichtsozialistischen Ausland«. BStU ZA JHS MF GVS 001-89/76, Bl. 7 f.

2. Eine Reihe von Militärattachés waren vor ihrem Einsatz als Auslandskader oder nach ihrer Rückkehr offizielle Mitarbeiter der Aufklärungsabteilung ihres Generalstabes. Zum Beispiel war der Mitte der 1970er Jahre in der DDR tätige Militärattaché Finnlands vor seinem Einsatz in der DDR als verantwortlicher Offizier in der finnischen militärischen Aufklärung tätig.

3. Bei den meisten Militärattachés ließen sich von ihren Aktivitäten derartige Schlussfolgerungen ableiten. So war der Militärattaché Frankreichs in der Volksrepublik Bulgarien bereits 1967 bis 1968 zum Sprachstudium in Bulgarien. Dort knüpfte er eine ganze Reihe von Kontakten zu Studenten und Hochschullehrern. Später, als akkreditierter Militärattaché, aktivierte er diese Kontakte und beim bulgarischen Abwehrorgan gab es Hinweise auf seine aktive Aufklärungstätigkeit.[421]

Aus diesen Aufzählungen und dem Wirken des militärdiplomatischen Personals nichtsozialistischer Staaten und anderer operativ - interessierender Staaten leitete das MfS ein hohes Schutzbedürfnis für die DDR im Allgemeinen und im Besonderen für die NVA sowie die GSSD ab.

Im Befehl Nr. 16/74 des Ministers für Staatssicherheit wurde die Hauptverantwortlichkeit der HA II für die Absicherung der in der DDR akkreditierten diplomatischen Personen, einschließlich der Militärattachés, festgelegt und auch der HA I konkrete Aufgaben zugewiesen.

Auf der Grundlage des Befehls Nr. 16/74 erfolgte die Erarbeitung einer Vereinbarung zwischen der HA I und der HA II über die Arbeitsabgrenzungen, Zusammenarbeit und Koordinierung bei der operativen Absicherung

---

421 Vgl.: Ebd., Bl. 8 f.

und Bearbeitung der Militärattachés aus nichtsozialistischen Staaten.

Durch die genannte Vereinbarung ergaben sich für die HA I und die HA II konkrete Verantwortlichkeiten. Die HA I war verantwortlich für die Absicherung des Verkehrs der Verwaltung Internationale Verbindungen (VIV) des MfNV und anderen Dienststellen des MfNV mit den Militärattachés nichtsozialistischer Staaten und der Sicherung der NVA vor Spionageangriffen dieses Personenkreises.

Die spezifische Aufgabenstellung der HA I umfasste die Überwachung der Militärattachés und Erfassung ihrer Aktivitäten, vor allem bei:

- ihren Verbindungen mit der VIV sowie anderen Dienststellen der NVA,
- Besichtigungen von Truppenteilen, der Teilnahme an Manövern und Übungen der NVA,
- Teilnahme an Empfängen, Festveranstaltungen und dergleichen.

Die HA II war verantwortlich für die Sicherung und operative Bearbeitung der Militärattachés, ihrer Gehilfen und Mitarbeiter sowie für die operative Kontrolle und Aufklärung ihrer Aktivitäten und Handlungen. Die spezifischen Aufgaben der HA II umfassten auch die Organisierung des Schutzes der Militärattachés, Gehilfen und Mitarbeiter sowie deren Familienangehörigen gegen rechtswidrige Beeinträchtigungen. Weiterhin hatte die HA II die zielstrebige Aufklärung, Überwachung und aktive Bearbeitung der Militärattachés, insbesondere bei

- Reisen in die Bezirke der DDR,
- Kontakten mit bevorrechteten Personen anderer Staaten, insbesondere der Militärattachés,

zu gewährleisten. Die Aufgabe der Staatssicherheit bestand also einerseits in der Organisierung des Schutzes der Militärattachés und ihrer Gehilfen vor Angriffen und rechtswidrigen Beeinträchtigungen. Andererseits in der umfassenden Überwachung und Kontrolle ihrer Aktivitäten sowie in der aktiven und zielgerichteten operativen Bearbeitung aller Hinweise auf gegen die DDR gerichtete Handlungen.

Die Hauptabteilungen I und II hatten einen ständigen und sofortigen Informationsaustausch auf der Grundlage der Verantwortlichkeit sowie der spezifischen Aufgabenstellungen zu gewährleisten. Koordinierungsmaßnahmen zwischen beiden Hauptabteilungen waren insbesondere zu folgenden Problemen vorzunehmen:

- Einleitung der operativen Bearbeitung von Militärattachés beziehungsweise von deren Kontakten in der NVA,
- Einleitung von Beschränkungsmaßnahmen gegen Militärattachés beziehungsweise Erklärung zur persona non grata oder Ausweisung aus der DDR,
- bei bedeutsamen Anfragen, Wünschen oder Forderungen sowie Protesten beziehungsweise bei Beschwerden der Militärattachés.

Periodisch beziehungsweise bei vorliegender Notwendigkeit waren gemeinsame Beratungen zwischen den zuständigen Leitern der HA I und der HA II durchzuführen. Diese Beratungen sollten Koordinierungs- und Abstimmungsproblemen sowie dem Erfahrungsaustausch dienen.[422]

Über die Aktivitäten der Militärattachés und der anderen Angehörigen der Militärattachéapparate in der DDR lagen, so schätzte der Leiter der HA II 1986 kritisch ein, »nur geringe Erkenntnisse zu militärischen Aufklärungshandlungen vor«.[423]

---

422 Vgl.: Ebd., Bl. 104 ff.

423 Referat des Leiters der Hauptabteilung II auf der Dienstkonferenz am 27. Juni 1986, Bl. 57.

Diese Einschätzung traf auch auf die Aktivitäten der in die DDR ein- beziehungsweise durchreisenden Militärattachés von NATO-Staaten zu, die in anderen sozialistischen Staaten akkreditiert waren.

Weiterhin merkte Generalleutnant Kratsch an, dass bisher keine schwerpunktmäßige Kontrolle und Bearbeitung dieser Militärattachés erfolgte und diese »Randpersonen« im Verantwortungsbereich bevorrechtete Personen darstellten.

Insgesamt musste der Leiter der HA II feststellen, dass »uns die militärischen Aufklärungsdienste bei ihren Aktivitäten auf unserem Territorium noch einige Rätsel aufgeben«.[424]

So konnte die Staatssicherheit nicht außer Acht lassen, dass bei bestimmten nachrichtendienstlichen Aktivitäten zur Sammlung hochwertiger militärischer Informationen an strategisch bedeutsamen Militärobjekten Angehörige legaler Basen des Gegners in der DDR sowie auch Agenturen westlicher Geheimdienste kombiniert – also im engen Zusammenspiel – zum Einsatz kamen.

Der Leiter der HA II zog hinsichtlich der Militärspionageaktivitäten durch Angehörige legaler Basen folgende Schlussfolgerungen zur Erhöhung der Effektivität der Abwehrarbeit der Spionageabwehr:

1. Die Kontrolle und operative Bearbeitung von akkreditierten bevorrechteten Personen, die im Verdacht der militärischen Informationsbeschaffung standen, war durch die verantwortlichen Fachabteilungen der HA II zu verstärken sowie konsequent und sachbezogen mit der HA II/4 abzustimmen beziehungsweise zu koordinieren. Die Überprüfung der Reise- und Kontaktaktivitäten dieser Personen war noch tiefgründiger und exakter hinsichtlich möglicher

424 Ebd.

militärischer Spionageaktivitäten vorzunehmen, was ebenfalls eine enge Zusammenarbeit mit der HA II/4 erforderlich machte.

2. Die zu lösenden operativen Aufgaben sowie das arbeitsteilige Vorgehen in Bezug auf die Militärattachés, einschließlich der Bestimmung des gegenseitigen Informationsbedarfs und der Gestaltung der Informationsbeziehungen zwischen der HA I und der HA II zur Gewährleistung einer kontinuierlichen Lageeinschätzung auf diesem Gebiet, war mit der HA I abzustimmen und notwendige Festlegungen zu treffen. In Vorbereitung dieser Abstimmungen mit der HA I hatten alle zuständigen Leiter der HA II, auch unter Einbeziehung der Abteilungen II der BV, grundsätzliche Überlegungen zur weiteren Verstärkung der Abwehrarbeit anzustellen. Bei der Organisierung der Abwehrarbeit auf diesem speziellen Gebiet galt es, genau zu klären, welche Aufgaben und Instruktionen die Militäraufklärer hatten. Es konnte nicht ausgeschlossen werden, dass die Aktivitäten der Militärattachés auf dem Territorium der DDR aufgrund der politischen und lagebedingten Besonderheiten anders angelegt beziehungsweise organisiert waren, als sie die HA II durch andere Sicherheitsorgane sozialistischer Staaten kannte.

3. Es kam vor allem darauf an, in enger und gegenseitig unterstützender Zusammenarbeit mit den Abteilungen VIII der BV die Nutzung der für die Überwachung und Kontrolle der MVM geschaffenen Stützpunktsysteme in die Aufgabenstellung der Linie II einfließen zu lassen. Besonders in spionagegefährdeten Territorien und bei militärischen Aktivitäten waren die gewonnenen Erkenntnisse über die Reisetätigkeit bevorrechteter Personen und der MVM systematisch und komplex zu analysieren.

4. Probleme der Aufklärungs- und Abwehrarbeit gegen legale Basen sollten nicht nur unter dem Gesichtspunkt der zum Verantwortungsbereich der Linie II gehörenden bevorrechteten Personen gesehen werden. Vielmehr sollte man sich stärker darüber bewusst werden, dass in der DDR weitere legale Basen des Gegners vorhanden waren. Es existierten eine Reihe von Industrie- und Handelsbüros, die in Ostberlin ansässig waren und vielfälige Verbindungen und Kontakte in das Territorium der DDR hatten. Im Rahmen der Aufklärungs- und Abwehrarbeit sollte stärker als bisher beachtet werden, dass sich damit für den Gegner weitere Möglichkeiten, insbesondere auch für ein arbeitsteiliges Vorgehen im Rahmen der Spionagetätigkeit, ergaben.[425]

Die Spionageabwehr und der Sprengstoffanschlag auf die Westberliner Diskothek *La Belle*

Die Journalisten Manfred Schell und Werner Kalinka schreiben: »Das SED-Regime war ein Zentrum des libyschen Staatsterrorismus. Auf Geheiß von Honecker und Mielke konnten libysche Terroristen von Ost-Berlin aus Sprengstoffanschläge und Morde im Westen vorbereiten und durchführen.«[426]
Zwei andere Journalisten, Jens Anker und Frank Mangelsdorf, kommen aufgrund ihrer Recherchen zu dem

---

425 Vgl.: Ebd., S. 58 ff.

426 Manfred Schell, Werner Kalinka: *Stasi und kein Ende. Die Personen und Fakten.* Frankfurt a. M./Berlin 1991, S. 231.

Ergebnis: »Die Staatssicherheit kannte die Hintergründe des La-Belle-Attentates. Sie hatte bereits zuvor einiges Wissen über den Anschlag. Im Grunde genug, dass er bei rechtzeitiger Information hätte vermieden werden können.«[427] Dieses Fazit soll sich auf Aussagen von Rainer Wiegand, ehemaliger Leiter der AGA der HA II gegenüber dem BND stützen, die dieser nach seinem Seitenwechsel Anfang 1990 gemacht haben soll.[428] Wiegand war nach seinem Übertritt auch für das BfV aktiv, dort wurde er unter dem Decknamen »Stromdreieck« geführt.

Zunächst einige allgemeine Erläuterungen zum konkreten Sicherungsbereich der HA II/15:
Die Sicherung und operative Kontrolle des libyschen Volksbüros in der DDR oblag der HA II/15. Insgesamt war die HA II/15 für insgesamt 43 Botschaften (nichtsozialistische außereuropäische Staaten, außer USA) verantwortlich. Der Arbeitsgegenstand war schwer plan- und kalkulierbar und stets differenziert nach Geschichte, jeweiliger internationaler, regionaler und nationaler Lage zu bewerten. Relevant waren dabei die möglichen Stellvertreterfunktion jener Diplomaten und diplomatischer Missionen im Auftrag westlicher Geheimdienste, ferner die Kontrolle der unmittelbaren Landesgeheimdienste in den diplomatischen Missionen, insbesondere im Hinblick auf die Sicherheitsbedürfnisse der DDR oder anderweitiger Aktivitäten, die die Sicherheit der DDR oder anderer Länder berührten sowie die Kontrolle der Diplomaten und anderer Kräfte der diplomatischen Missionen im Hinblick auf krimi-

---

427 Jens Anker, Frank Mangelsdorf: *La Belle. Anatomie eines Terroranschlags*. Berlin 2002, S. 95.

428 Vgl.: Ebd., S. 93 f.

nelle und sonstige Handlungen zum Nachteil der DDR. Dabei wirkte die HA II/15 eng mit anderen Diensteinheiten der Spionageabwehr (AGA, HA II/3, II/9, II/11, II/14) und des MfS (HV A, HA III, VI, XXII, BV Berlin) sowie der DVP (K, WKM) zusammen.

Bei aller Differenzierung der in der DDR etablierten diplomatischen Vertretungen arabischer Staaten und des dort tätigen Personals, musste aus Sicht der Aufgabenstellung des MfS stets davon ausgegangen werden, dass auch diese diplomatischen Vertretungen legale Basen und Positionen der jeweiligen Landesgeheimdienste in der DDR waren und Aktivitäten entfalteten, die teilweise die außen- und sicherheitspolitischen Interessen der DDR berührten. Erkenntnissen der HA II zufolge waren in allen diplomatischen Vertretungen arabischer Staaten in der DDR Mitarbeiter der jeweiligen Landesgeheimdienste tätig. Sie nahmen die unterschiedlichsten Funktionen innerhalb der diplomatischen Vertretung ein und hatten unterschiedliche Aufgaben neben ihren offiziellen Tätigkeiten zu erfüllen. In diplomatischen Vertretungen arabischer Staaten, wie Irak, Syrien und Libyen waren Residenturen der Landesgeheimdienste verankert, die relativ selbständig wirksam wurden. Der jeweilige Resident war offiziell durch eine diplomatische Funktion innerhalb der diplomatischen Vertretung abgedeckt und besaß vorwiegend den Status eines Diplomaten. Er war in seiner geheimdienstlichen Tätigkeit dem jeweiligen Botschafter nicht direkt unterstellt.

Die Mitarbeiter der Residentur des Landesgeheimdienstes waren ebenfalls durch einen diplomatischen Rang und der damit verbundenen Funktion offiziell abgedeckt. Die Residentur besaß spezielle Verbindungslinien zur Zentrale des Landesgeheimdienstes. Der Resident, die Mitarbeiter der Residentur und auch einzelne Landesgeheimdienstmitarbeiter waren dem

Personalbestand der diplomatischen Vertretung zumeist als solche bekannt. Bei den Mitarbeitern der Residentur handelte es sich in der Regel um Spezialisten der Abwehr des Landesgeheimdienstes, die aber auch, in Abhängigkeit von der Struktur des jeweiligen Dienstes Aufklärungsmaßnahmen realisierten. Erkenntnisse der HA II belegten, dass für die Durchführung besonderer geheimdienstlicher Operationen zu in der DDR oder Westberlin aufhältigen politischen Gegnern unter ihren Landsleuten beziehungsweise Staatsbürgern anderer arabischer Staaten weitere Kräfte des Landesgeheimdienstes hinzugezogen wurden, die sich abgedeckt als Gäste der diplomatischen Vertretung in der DDR aufhielten.

Eine Zusammenarbeit zwischen den Residenturen oder einzelnen Mitarbeitern unterschiedlicher arabischer Landesgeheimdienste auf dem Territorium der DDR erfolgte nicht. Die Tätigkeit der abgedeckt in den diplomatischen Vertretungen eingesetzten Mitarbeiter und Residenturen der betreffenden Landesgeheimdienste war vorrangig auf die Arbeit unter ihren in der DDR und Westberlin aufhältigen Landsleuten ausgerichtet.[429]

Das Libysche Volksbüro (LVB) unterhielt neben dem Gebäude in Berlin-Karlshorst, Hermann-Duncker-Str. sowie der Residenz und den Mitarbeiterwohnungen in Berlin-Pankow auch ein sogenanntes Militärbüro im

---

429 Vgl.: Detlef Mischke: Diplomarbeit zum Thema: »Probleme der Zusammenarbeit, der Auftragserteilung/Instruierung, der Bestimmung der Einsatzrichtung von IM aus dem Kreis bevorrechteter Personen arabischer Staaten bei Berücksichtigung des zeitlichen Aufenthaltes, der nationalen Besonderheiten und persönlichen Interessen sowie der möglichen Kontakte und der Zusammenarbeit mit dem jeweiligen Landesgeheimdienst«. BStU ZA MfS JHS Nr. 21412, Bl. 9 f.

fünften Stock eines Mehrzweckgebäudes Berlin-Mitte, Schadowstraße, nicht weit von der amerikanischen Botschaft entfernt. Das Militärbüro wurde von Militärkadern mit Diplomatenstatus unterhalten, die sich um die libyschen Ausbildungskader in der DDR kümmerten und die dazu erforderlichen Kontakte zu DDR-Stellen unterhielten. Die Mitarbeiter im LVB hielten sich mit politischen und protokollarischen Aktivitäten weitgehend zurück und die HA II/15 ging davon aus, einen erheblichen Teil von ihnen als abgedeckte Angehörige der Geheimdienste Libyens identifiziert zu haben. Die HA II/15 bearbeitete die libysche Geheimdienstresidentur und deren Agentennetz im OV »Lux«.

Die Situation im LVB im Vorfeld des Anschlags auf die Diskothek *La Belle* stellte sich für die Spionageabwehr wir folgt dar:

Die erkannten Geheimdienstmitarbeiter im Volksbüro, darunter vor allem der als Resident vermutete Konsularchef Keshlaf (MfS-Deckname »Khalif«), entwickelten eine recht intensive Kontaktarbeit, vorrangig zu Palästinensern in Ost- vor allem aber auch in Westberlin. Zu einem der wichtigsten Kontaktpartner entwickelte sich der in Westberlin wohnhafte Yasser Chraidi, der 1984 an der Tötung eines angeblichen libyschen Verräters in Westberlin beteiligt gewesen sein soll. Chraidi verschwand aus Westberlin, ein Fahndungsersuchen der Westberliner Staatsanwaltschaft an den Generalstaatsanwalt der DDR konnte zum damaligen Zeitpunkt objektiv nicht beantwortet werden, zumal auch keine Rechtshilfebeziehungen bestanden. Kurze Zeit später reiste ein libyscher Bürger namens Yousef M. Salam mit normalem Reisepass von Tripolis kommend in die DDR ein. Das LVB, konkret der Konsularchef (der vom MfS identifizierte Resident Keshlaf), beantragte beim MfAA der DDR für ihn die Registrierung als nichtdiplomatischer Angehöriger des LVB und bat um die Übergabe entsprechender Protokolldokumente für einen dienstlichen Mitarbeiter. Grundsätzlich wurde dabei getrennt zwischen Diplomaten (Kennkarte rot und Kfz-Kennzeichen CD) sowie Dienst- und Hauspersonal (Kennkarte grün und Kfz-Kennzeichen CY). Eine solche Trennung war allerdings in der DDR weitgehend überflüssig, da im Prinzip jeder Angehörige der Botschaft, vom Botschafter bis zum Hausmeister, wie eine bevorrechtete Person mit allen nach der Wiener Konvention gewährten Privilegien und Immunitäten behandelt wurde, einschließlich der kontrollbefreiten Grenzpassage von und nach Westberlin mit CD- oder CY-Kfz.

Durch IM in der arabisch-palästinensischen Szene wurde der Staatssicherheit bekannt, dass der neue Mitarbeiter im LVB der bekannte Westberliner Palästinenser Chraidi war. Die vermutete Mittäterschaft bei dem erwähnten Mord in Westberlin sowie eine von ihm verkündete leitende Mitgliedschaft in der militanten, abgespalteten Palästinensergruppierung PFLP-GC unter Leitung von Ahmed Jibril mit Sitz in Libyen, die für eine Reihe von terroristischen Anschlägen verantwortlich gemacht worden war sowie seinen nunmehrige Tätigkeit im LVB weckte das operative Interesse des MfS für Chraidi, alias Salam. Von der HA II/15 erhielt er den MfS-internen Decknamen »Nuri«.[430]

Die bedeutsamen Informationen zu »Nuri«, seinen Kontakten, Bewegungen und Aktivitäten kamen von einem IM der Abteilung II der BV Berlin. Bei ihm handelte es sich um den Westberliner IMB »Alba«, (Ali Chanaa). Gesteuert wurde »Alba« von Major Dieter Borchardt (»Dieter Meinka«).

---

430 Mitteilung eines ehemaligen Angehörigen der HA II/15 (Archiv des Verfassers).

Ali Chanaa war verheiratet mit Verena Chanaa, geb. Hampel. Sie sollte 1978/79 vom Kommissariat I der VPI Berlin-Mitte als IKM geworben werden, was sie jedoch ablehnte. Hinsichtlich des Eheschließungsantrages mit Ali Chanaa wurde die KD Berlin-Mitte auf sie aufmerksam. Aufgrund dieses operativ bedeutsamen Kontakts wurde die Abteilung II der BV Berlin eingeschaltet. Zunächst ist sie daraufhin vom HIM »Weimar« angesprochen worden. Ali Chanaa hatte zu diesem Zeitpunkt Einreiseverbot in die DDR. Ende 1979 legte der MfS-Offizier Günter Frank (»Günter Grundig«) den IM-Vorlauf »Verena« an. In der Folgezeit gab es mehrere Zusammentreffen zwischen Günter Frank und Verena Hampel. Im Oktober 1981 gab es ein Vorgespräch hinsichtlich der Werbung von Ali Chanaa, wobei sie ihre Unterstützung für das MfS zusicherte. Bei einem Treff zwischen Günter Frank und Verena Hampel im November 1981 erklärte sie sich bereit, nach der Übersiedlung nach Westberlin inoffiziell mit dem MfS zusammenzuarbeiten. Im Auftrag der Staatssicherheit siedelt sie dann nach Westberlin über und heiratete Ali Chanaa. Am 7. Juni 1982 wurde sie in der KW »Anni« zur inoffiziellen Zusammenarbeit geworben. Dazu wurde reiste sie nach Ostberlin ein und wurde von Günter Frank in der Nähe des Hotels *Metropol* aufgenommen und in die KW »Anni« nach Berlin-Karlshorst gebracht. Hier verpflichtete sie sich auf mündlicher Basis mit der Staatssicherheit inoffiziell zusammenzuarbeiten. Sie wählte sich den Decknamen »Petra Müller« (es ging ihr um einen Decknamen, der schnell gesagt und schnell vergessen werden konnte), wurde im konspirativen Verhalten instruiert und erhielt für außerplanmäßige Treffen eine Telefonnummer, über die sie mit ihrem Führungsoffizier Kontakt aufnehmen konnte, wenn sie außerplanmäßig nach Ostberlin einreisen wollte. Für das MfS war sie aufgrund ihrer äußeren Attraktivität (»die schöne Verena«) und ihrer Kontakte ein IM mit Perspektive. Folgende Aufträge sollte sie für die Staatssicherheit in Westberlin realisieren:

- Aufklärung des Hausmeisters vom LfV-Objekt »Abtei« mit dem Ziel der persönlichen Kontaktaufnahme,
- Bewerbung bei der britischen Militärmission in der Heerstraße für den Bereich Besucherverkehr (Bewerbung wurde abgelehnt),
- Beobachtung des BND-Mitarbeiters »Kaiser«,
- Ermittlungen zum OV »Abtei«, hier konkret zum verstorbenen Ehemann der Person »Nonne«.

Für das MfS interessant waren auch ihre Kontakte zu einem Computerspezialisten, der als Zivilangestellter bei der US-Army tätig war. Und ganz sicher war es auch operativ bedeutsam, dass ihre Schwester ein Verhältnis zum Sohn eines Mitarbeiters der Ständigen Vertretung unterhielt.

»Petra Müller« wurde von der Abteilung II der BV Berlin auf Ehrlichkeit überprüft. Dazu erfolgte unter anderem ein Mitschnitt eines Gesprächs zwischen ihr und einer KW-Inhaberin, der entsprechend ausgewertet wurde. Außerdem erhielt sie einen Probeauftrag. Dazu sollte sie eine präparierte und besprochene Magnetbandkassette von der Gepäckabfertigung des Bahnhofs Zoo abholen, die dort von der Staatssicherheit hinterlegt worden war. Anschließend deponierte sie die Kassette in einem Schließfach und übergab ihrem Führungsoffizier den Schlüssel. Der wiederum ließ die Kassette abholen und dahingehend überprüfen, ob sie angehört worden war. Die Überprüfung fiel positiv aus.[431]

Ihr Führungsoffizier wird sie über viele Jahre steuern, auch als er später im Referat II/2 tätig war. Major Frank

---

431 Zum IMS »Petra Müller« vgl.: XV/6997/81, AIM 0835/89.

lief zu Beginn des Jahres 1990 zum BND über und wurde dort unter dem Decknamen »Trompete« geführt.

»Alba« und »Nuri« kannten sich bereits seit 1978 als Mitglieder einer größeren Gruppe von Palästinensern in beiden Teilen Berlins. Die Kontakte untereinander und zu zahlreichen Ausländern in Ost- und Westberlin wurden fortgesetzt und vom Rückkehrer »Nuri« forciert. Die HA II/15 trat an die Abteilung II der BV Berlin heran und ersuchte darum, den IMB »Alba« verstärkt zur Aufklärung von »Nuri«, seines Kontaktumfeldes, seiner Bewegungen und Vorhaben einzusetzen. Gleichzeitig wurden aber auch andere IM und operative Mittel zur Aufklärung von »Nuri« aktiviert. Besonders intensive Kontakte unterhielt er zum LVB-Residenten Keshlaf, von dem er offenbar Weisungen und Aufträge erhielt.

Eine erste Analyse des recht umfangreichen Kontaktkreises von »Nuri« sowie der libyschen Geheimdienstmitarbeiter hatte ergeben, dass sich darunter zahlreiche IM anderer Diensteinheiten des MfS beziehungsweise von diesen operativ bearbeitete Personen befanden. Bei diesen Diensteinheiten handelte es sich vor allem um die AGA der HA II, die Abteilung XXII, die HV A sowie die BV Berlin. Nicht selten waren darunter IM, die neben der Staatssicherheit auch für einen oder mehrere andere Geheimdienste beziehungsweise Sicherheitsbehörden (Verfassungsschutz, Polizei, US-Geheimdienste, BND, Dienste arabischer Staaten, palästinensische Organisationen, MOSSAD) tätig waren.

Die Informationen zu »Nuri«, zur libyschen Geheimdienstresidentur, zu deren Agenturen und überhaupt zur libysch-palästinensischen Szene in beiden Teilen Berlins wurden umfangreicher, dafür aber auch einseitiger, widersprüchlicher, unvollständiger und sie waren teilweise auch falsch. Dies hatte verschiedene Ursachen, zum Teil auch subjektive bei den IM und den jeweiligen

Führungsoffizieren aber auch in der gezielten Desinformation des MfS.

Die IM um »Nuri«, vor allem der IMB »Alba«, berichteten über ein »lautes Nachdenken« von »Nuri« über mögliche Aktivitäten gegen amerikanische und andere Einrichtungen in Westberlin. Die Palette potentieller Angriffsziele war breit gefächert und wurden im MfS als unrealistisch und illusionär eingeschätzt. Im Gespräch waren Anschläge auf den Flughafen Tempelhof, die US-Mission in Westberlin oder die US-Botschaft in der Hauptstadt der DDR. Aber auch von Tankstellen, US-Bussen und Freizeittreffs von US-Soldaten in Westberlin war die Rede.

Ein ehemaliger Offizier des MfS erinnert sich: »Die – nicht selten unter Alkoholeinfluss – gemachten Äußerungen waren zum Teil so ungeheuerlich, dass wir eine maßlose Selbstüberschätzung ›Nuris‹ oder tatsächlich eine politische Provokation einkalkulierten. Das alles geschah vor dem Hintergrund eskalierender USA-Militärprovokationen vor den libyschen Mittelmeerküste aber auch zunehmender Aktivitäten der Israelis im Nahen Osten gegen die Palästinenser. Ob ›Nuri‹ seine gedanklichen Anschlagsvorbereitungen – soweit sie realistisch waren – von seinem libyschen Geheimdienstführer Keshlaf im Auftrag der libyschen Geheimdienstzentrale oder über diesen aus dem PFLP-GC Hauptquartier erhielt, blieb uns damals verborgen.«[432] Die HA II/15 hatte weder diesen Verbindungsweg unter Kontrolle, noch hatte sie die Möglichkeit, solche Mitteilungen zu dechiffrieren. Allerdings konnten westliche Stellen den Telex-Verkehr zwischen dem LVB in Ostberlin und Tripolis und umgekehrt dechiffrieren. Ob der am 2. Mai

---

432 Mitteilung eines langjährigen Angehörigen der HA II/15 (Archiv des Verfassers).

1986, also knapp vier Wochen nach dem Anschlag auf die Diskothek *La Belle*, auf einem Parkplatz vor der Ost-berliner Gaststätte *Zenner* in seinem Auto erschossen aufgefundene ehemalige Mitarbeiter des LVB, Moham-med Ashur, der in Westberlin wohnte, die Quelle für die Entschlüsselungsmöglichkeit war, konnte nicht geklärt werden. Dass er allerdings Agent eines US-Geheim-dienstes war und darum ermordet worden war, dürfte feststehen.[433]

Aufschlussreiche Angaben zur Thematik macht der BND-Kenner Erich Schmidt-Eenboom. Er schreibt: »Diese Ausrüstungshilfe des BND, insbesondere bei der Bereitstellung angeblich modernster Chiffrier- und Dechiffriertechnik, weist die branchenübliche Doppel-bödigkeit auf. So ist der Auslandsnachrichtendienst der Bundesrepublik in der Lage, die chiffrierten Verbindun-gen von mehr als einem Dutzend belieferter Länder zu entschlüsseln, zu denen unter anderen Italien, Japan, Pakistan, Israel und Libyen gehören. Er gewinnt daraus sogenannte ›Gelbstrich‹-Informationen, die auch inner-halb des BND als besonders sensibel behandelt werden. Auch auf diesem Gebiet erbringt der BND regelmäßig Dienstleistungen für seine Partnerdienste. Nach Infor-mationen des Tageszeitung DIE WELT hat der US-Ge-heimdienst sein Rohmaterial aus dem verschlüsselten Fernmeldeverkehr zwischen dem libyschen Volksbüro in Ostberlin und Tripolis – welches zur Aufdeckung der Anschläge auf die Flughäfen Rom und Wien 1985 und auf die von US-Soldaten besuchte Diskothek ›La Belle‹ in Westberlin am 5. April 1986 dienen sollte – dem BND zum Code-Knacken überlassen. Die Spezialisten des BND entschlüsselten den libyschen Code und sollen so den USA bestätigt haben, dass das libysche Volksbüro

---

433 Vgl.: Ebd.

den Anschlag auf die Diskothek am Vortage angekündigt hatte.«[434]

Zu Beginn des Jahres 1986 konnte die HA II/15 weiterhin Informationen erarbeiten, wonach Kontaktpartner und Mitarbeiter des LVB, vor allem in ihren Freizeitbereichen und Konzentrationspunkten in Ostberlin, über Aktionen und Aktivitäten gegen amerikanische und britische Einrichtungen in Westberlin beziehungsweise der Bundesrepublik sprachen. Zu dieser Zeit fand sich regelmäßig ein bestimmter Kreis von Palästinensern mit ständigem Wohnsitz in der DDR aber auch von in Westberlin lebenden Palästinensern zusammen. Sie nutzten dafür gastronomische Einrichtungen in der Hauptstadt der DDR wie das Palasthotel, das *Lindencorso*, das Hotel *Stadt Berlin*, das Hotel *Berolina* oder die *Sina-Bar*. Hier wurde in Anwesenheit weiblicher Kontaktpartner und bei alkoholischen Getränken über persönliche, berufliche und politische Vorgänge gesprochen. Unter dem sich mehr und mehr zuspitzenden Verhältnis zwischen den USA und Libyen wurden dabei Vorstellungen entwickelt, wie man Amerika Schläge versetzten könnte. Im Rahmen der operativen Kontrolle des LVB in der DDR wurde die HA II/15 auf derartige Diskussionen aufmerksam. Diese Diskussionen betrafen allerdings zunächst erst einmal grundsätzliche politische Fragen des Verhältnisses zwischen den USA und Libyen. Informationen zu Gesprächen und Vorstellungen dieses Kreises von Kontaktpartnern und Mitarbeitern des LVB, die sich in den genannten Kommunikationsschwerpunkten versammelten, kamen von verschiedenen Diensteinheiten

---

434 Erich Schmidt-Eenboom: *Schnüffler ohne Nase. Der BND – die unheimliche Macht im Staate.* Düsseldorf/Wien/New York/Moskau 1993, S. 272 f. Schmidt-Eenboom bezieht sich auf den Artikel: »Pullach knackt den Code der Libyer«. In: *Die Welt*, 17. April 1986.

der HA II, der damaligen Abteilung XXII sowie der Abteilung II der BV Berlin, die in diesen Kreisen inoffiziell verankert waren. So führte zum Beispiel die AGA der HA II den IM »Mario«. Er informierte unter anderem zur inneren Struktur und zur Frage »Wer ist wer?« im LVB. So berichtete »Mario« über seine geheimdienstliche Verpflichtungserklärung mit dem LVB. Es handelte sich dabei um ein Ritual, Schwur auf den Koran und die Aussage, dass feste Gehälter bezahlt werden. Die Informationen von »Mario« hatten teilweise sensationellen Charakter. Die HA II/15 konnte die Informationen von »Mario«, auch was Bewegungsabläufe von operativ relevanten Personen betraf, im Prinzip nicht bestätigen. Überprüfungen durch andere IM und Kontaktpersonen zeigten oftmals ein anderes Bild auf. »Mario« galt in der HA II/15 als intelligenter, durchaus analytisch denkender Mensch, der allerdings die Rolle seiner Persönlichkeit sowie seiner Möglichkeiten weit überzogen hatte. Auch ging man davon aus, dass »Mario« nicht nur für das MfS tätig war sondern auch für andere Dienste arbeitete. Innerhalb der AGA hatten seine Informationen allerdings einen hohen Stellenwert. Im Laufe der Zeit begannen allerdings der Leiter der HA II, Günther Kratsch, und seinem Stellvertreter, Kurt Schenk, an seiner Berichterstattung zu zweifeln. Unbestritten waren allerdings seine Kontakte zum Residenten Keshlaf sowie zu Musbah Abulgasem Eter.

Nach dem 25. März 1986 (dem Tag der vermeintlichen Auftragserteilung für den Anschlag per Telex an das LVB) setzten Aktivitäten ein, die auf eine konkrete Vorbereitung eines Anschlages auf eine US-Einrichtung hindeuteten, so zum Beispiel:

- Diplomatische Aktivitäten des US-Außenministeriums gegenüber dem DDR-Botschafter in den USA, der US-Mission in Westberlin gegenüber dem sowjetischen

Oberkommando in der DDR, des US-Botschafters in der DDR gegenüber dem MfAA der DDR. Übereinstimmend wurde erklärt, es lägen unwiderlegbare Beweise vor, nach denen Anschläge gegen US-Einrichtungen in Berlin geplant seien, deren Initiatoren im LVB in Ostberlin säßen. Der Bitte um Vorlage der unwiderlegbaren Beweise durch die USA wurde nicht entsprochen, auch nach dem Anschlag nicht.

- Obwohl durch das MfS bereits vorher, im Zusammenhang mit den erwähnten mehr oder weniger ernst genommenen Informationen verschiedener Quellen, umfangreiche Sicherungsmaßnahmen eingeleitet worden waren, wurden diese nunmehr erheblich erweitert. Es erfolgten beispielsweise verstärkte Sicherungsmaßnahmen an der Botschaft der USA in der DDR sowie am LVB, die Absicherung aus Westberlin einreisender Busse und Fahrzeuge mit Amerikanern während ihres Aufenthaltes in Ostberlin, die Kontrolle der Bewegungen Libyscher CD- beziehungsweise CY-Kfz im Stadtgebiet der Hauptstadt der DDR sowie die Registrierung von deren Ein- und Ausreisen von und nach Westberlin und der verstärkte Einsatz vorhandener IM zur Informationsbeschaffung. Der Leiter der HA II hatte den Leiter der HA II/15 angewiesen, alle diese Informationen aufmerksam zu analysieren, vor allem in Hinblick auf mögliche Aktivitäten der palästinensischen Kreise und Hintermänner im LVB auf diplomatische Missionen und Einrichtungen in der DDR. Neben den USA, Großbritannien und anderer westlicher Industriestaaten betraf dies auch arabische Botschaften, die in einem gespannten Verhältnis zu Libyen standen und dadurch potentielle Angriffsziele darstellen konnten. Die Analyse der Informationen ergab Verdachtshinweise, dass terroristische Aktivitäten in Westberlin geplant sein konnten. Es waren zu diesem Zeitpunkt allerdings keine konkreten Ziele bekannt geworden. Ausgeschlossen werden konnte allerdings, dass Einrichtungen und Personen der DDR Angriffsziele solcher Aktionen waren. Durch den Leiter der HA II wurden die genannten verstärkten Sicherungsmaßnahmen angewiesen.

- Hinzu kam die Einreise von libyschen Staatsangehörigen als Gäste des LVB. Solche Gäste waren für alle Botschaften, so auch für das LVB, nichts ungewöhnliches. Sie wurden der HA II mit etwas Zeitverzug von der Konsularabteilung des MfAA gemeldet. Einer dieser Gäste, der etwa Mitte März 1986 in die DDR einreiste – völlig ohne Status, angeblich um sich um eine journalistische Tätigkeit in der DDR zu bemühen – war Musbah Abulgsem Eter. Er erregte schnell das operative Interesse der HA II/15, vor allem dadurch, weil er umgehend mit dem libyschen Geheimdienstresidenten Keshlaf und dessen Agenten »Nuri« Kontakt aufgenommen hatte und mit diesen gemeinsam Handlungen realisierte, die sich in die beschriebenen Aktivitäten von »Nuri« einreihten. Die HA II/15, die Eter den internen Decknamen »Derwisch« gab, konnte ihn schnell als Geheimdienstmitarbeiter identifizieren. Er wurde vorgangsmäßig operativ bearbeitet und 1988 aus der DDR ausgewiesen. Ein weiterer »Gast« des LVB, der der HA II/15 ebenfalls gemeldet worden war, traf kurze Zeit später in der DDR ein. Er war nur wenige Tage vor Ort und hielt sich offenbar die ganze Zeit im LVB auf. Er trat im Sicherheitsregime der DDR-Spionageabwehr überhaupt nicht in Erscheinung. Bei ihm soll es sich um den Konstrukteur der Bombe gehandelt haben.

»Nuri« und »Derwisch« waren nun ständig zusammen und fuhren häufig, manchmal mehrmals am Tag nach

Westberlin. Die Ehefrau von »Nuri«, war, wie er selbst, mehrere Jahre in Westberlin wohnhaft gewesen, unterhielt neben der Dienstwohnung des LVB auch ihren alten Westberliner Wohnsitz und fuhr fast täglich dorthin. Sie hatte in Westberlin auch Verwandte, darunter mehrere Brüder, die von »Nuri« zu seiner PFLP-GC-Gruppe gezählt wurden. Die Frau von »Nuri« genoss den Status einer dienstlichen Mitarbeiterin im LVB, fuhr ein entsprechendes CY-Fahrzeug und wurde bei der Grenzpassage wie eine Diplomatin behandelt. Sie passierte also unkontrolliert die Grenze in den Westteil Berlins.

In den letzten Märztagen des Jahres 1986 informierte der IMB »Alba«, dass die Ehefrau von »Nuri«, von der HA II/15 inzwischen als »Nuri II« erfasst, in ihrem CY-Pkw Waffen und Sprengstoff zur Einlagerung zu ihren Westberliner Verwandten gebracht, wegen der verschärften Sicherheitslage dort aber am folgenden Tag wieder in das LVB nach Ostberlin zurück transportiert haben soll. Die Staatssicherheit konnte diese Information von »Alba« nie eindeutig bestätigen. Die eingeleiteten vorbeugenden, komplexen Sicherungsmaßnahmen wurden fortgesetzt und teilweise forciert. Zusätzlich wurde vom Leiter der HA II veranlasst, dass über Arbeitskontakte zur Protokollabteilung im MfAA dem Leiter des LVB signalisiert wurde, dass aus Sicht der DDR eine Gefahrensituation für das LVB und für die Beziehungen Libyen-DDR bestand. Die von einem verantwortlichen Mitarbeiter der Protokollabteilung vorgetragene mündliche Erklärung hatte in etwa den folgenden Inhalt: Den zuständigen Organen der DDR liegen Informationen aus Kreisen der westlichen Besatzungsmächte in Westberlin vor, wonach von Mitarbeitern des Volksbüros oder deren Kontaktpartner angeblich terroristische Handlungen in Berlin (West), vornehmlich gegen USA-Einrichtungen geplant würden. Das MfAA der DDR betrachtet solche Unterstellungen als politische Provokation, um die freundschaftlichen Beziehungen zwischen Libyen und der DDR zu untergraben.

Damit sollte der libyschen Seite vorsorglich signalisiert werden: Die DDR weiß etwas, die Westseite auch, wenn ihr tatsächlich etwas plant, lasst es sein!

Neben der grundsätzlichen Ablehnung des Terrors von Seiten der DDR kamen Belastungen der DDR zu Libyen sowie zu den USA äußerst ungelegen. Libyen war für die DDR ein Devisenfaktor und der Staatsratsvorsitzende wartete ungeduldig auf eine Einladung in das »Weiße Haus« nach Washington. Damit war der Stellenwert der Verhinderung von Vorkommnissen jeder Art in diesem Zusammenhang festgelegt.

Nach der Information über angebliche Waffentranspor-te durch »Nuri II« erhielt der Leiter der HA II/18 (Ter-rorabwehr innerhalb der Spionageabwehr) vom Leiter der HA II den Auftrag, nach Vermittlung durch die Protokollabteilung des MfAA, persönlich Kontakt zum Sicherheitsverantwortlichen des LVB aufzunehmen. Er informierte über die hohen Sicherheitsvorkehrungen in der Hauptstadt der DDR, darunter auch gegenüber dem LVB sowie seiner Mitarbeiter und warnte nochmals vor Gefahren und Risiken bei Fahrten nach Westberlin.

Daraufhin wurde überraschend für das MfS die Reise-tätigkeit des LVB nach Westberlin fast eingestellt und es gab auch keine aktuellen inoffiziellen Informationen über weitere Vorbereitungen durch die »Nuri-Gruppe«, zu der ja der Libyer »Derwisch« als Regieführer hinzu-gekommen war. Sicher haben dazu auch die verschärf-ten Kontrollmaßnahmen der Westberliner Polizei sowie der Besatzungsbehörden beigetragen. Dies könnte als Indiz dafür gewertet werden, dass beide Seiten in etwa über den gleichen Informationsstand verfügten.

Unter den zahlreichen Kontaktpartnern von »Nuri«

und anderer libyscher Geheimdienstmitarbeiter befanden sich eine Reihe von Personen, die nachweislich Kontakte zu Geheimdiensten und Sicherheitsbehörden in Westberlin unterhielten. Darunter befanden sich IMB des MfS. So unterhielten beispielsweise zwei IMB – unabhängig voneinander – im Auftrag der Spionageabwehr des MfS Verbindung zu einer Dienststelle des US-Geheimdienstes in Westberlin. Die HA II führte diese Dienststelle unter der Bezeichnung »DOM«, der verantwortliche Leiter war unter dem Decknamen »Sebastian« registriert.

Informationen von Quellen des KfS in Berlin-Karlshorst und eines Angehörigen der PLO-Sicherheit in der DDR (MfS-Deckname Abu Mahmoud) zu dem die HA II/15 offizielle Kontakte unterhielt, bestätigten die Kenntnis von Westberliner- und US-Dienststellen über Vorbereitungsmaßnahmen zu Terrorhandlungen, zumindest waren dort auch die potentiellen Täter und Tätergruppen bekannt.[435]

Ein Offizier der HA II/15 schreibt dazu: »Was wir sicher alle nicht wussten, war der genaue Zeitpunkt und das konkrete Angriffsziel eines derartigen Anschlages. Alles in allem gingen wir als MfS davon aus, dass einschlägige Dienststellen in Westberlin über Vorbereitungshandlungen informiert waren, in welchem Umfang, kann ich nicht beurteilen. Wir glaubten aber, dass die einschlägigen Dienststellen ebenfalls Vorbereitungshandlungen zur Abwehr derartiger Anschläge realisierten. Insofern glaubten wir einer gewissen Informationspflicht gerecht geworden zu sein. Wesentlich später wurden mir die Protokolle über Gespräche von Diplomaten der USA mit den verantwortlichen Mitarbeitern des MfAA der

---

435 Mitteilung eines langjährigen Angehörigen der HA II/15 (Archiv des Verfassers).

DDR bekannt. Daraus wurde deutlich, und das haben die Amerikaner auch unumwunden erklärt, dass sie Beweise hätten für die Beteiligung des Volksbüros und palästinensischer Kontaktpartner an der Planung und Durchführung des Anschlages auf die Diskothek ›La Belle‹. Auf die konkrete Frage, doch die Beweise zur Verfügung zu stellen, weil derartige Beweise der DDR offensichtlich nicht definitiv vorlagen, verwiesen die Amerikaner, dass es geheimdienstliche Quellen wären und es in diesem Metier üblich sei, im Interesse des Quellenschutzes diese Beweise nicht auf den Tisch legen zu können. Wir mussten davon ausgehen, dass diese geheimdienstlichen Quellen unter anderem auch aus dem Kreis der Kontaktpartner des MfS zu suchen waren. Bis zum heutigen Tage ist mir definitiv nicht bekannt geworden, welche Quellen die Amerikaner zu dieser Zeit meinten. Es gab aber damit eine Bestätigung, dass die Amerikaner über die Situation in diesem Kontaktkreis Bescheid wussten.«[436]

Warum reagierten die damaligen deutschen und alliierten Sicherheitsbehörden in Westberlin nicht, wurden die dort vorhandenen Informationen unterschätzt oder als Desinformation bewertet? Waren die Sicherheitsbehörden und Geheimdienste nicht in der Lage, den relevanten Personenkreis lückenlos über längere Zeit unter Kontrolle zu halten? Oder wurde möglicherweise ein solcher Anschlag in der Hoffnung, er würde in seiner Wirkung begrenzt bleiben, billigend in Kauf genommen?

Dafür sprach zumindest die Drohung Reagans vom Februar 1986, also zwei Monate vor La Belle, aber mitten in der Krise an der »Großen Syrte« – im Falle von libyschen Anschlägen auf US-Einrichtungen, die libyschen

---

436 Ebd.

Städte Tripolis und Benghasi zu bombardieren – wie es ja wenige Tage nach *La Belle* auch geschehen ist.

Dennoch kam der Anschlag selbst wohl für alle Seiten überraschend. Er erfolgte in der Nacht zum 5. April 1986 auf die Diskothek *La Belle* im Westberliner Stadtteil Friedenau. Die Diskothek galt als Anlaufpunkt amerikanischer Soldaten. Der Anschlag forderte drei Tote und über 200 Verletzte.

Der IMB »Alba« hatte etwa zeitgleich zum Anschlag beim ODH der BV Berlin angerufen und wollte seinen Führungsoffizier sprechen. Da dies in der Nacht nicht direkt möglich war, teilte »Alba« dem Diensthabenden mit, der Führungsoffizier solle dahingehend verständigt werden, dass in der Diskothek *La Belle* eine Bombe explodiert sei.[437]

Ein Offizier der HA II/15 erinnert sich an die Situation wie folgt: »Ich erfuhr von dem Anschlag durch einen nächtlichen Anruf am 5. April 1986, nach meiner Erinnerung gegen 3.00 Uhr, durch den Führungsoffizier von ›Alba‹ der BV Berlin. [...] Wir informierten daraufhin umgehend unsere jeweiligen Vorgesetzten. Es wurden sofortige Lagebesprechungen in der BV Berlin beziehungsweise danach frühmorgens beim Leiter der HA II im MfS festgelegt. Der Anschlag selbst bekam sofort eine große politische Brisanz, zumal auch wir davon ausgehen mussten, dass Mitarbeiter des libyschen Volksbüros daran direkt oder indirekt beteiligt sein könnten. Der Telefonanruf von ›Alba‹ war das erste Signal vom Anschlag, bis zur Zusammenkunft in der BV Berlin, so ca. 4.00 Uhr, kamen weitere Informationen dazu.«[438]

Sofort realisierte Überprüfungen hatten ergeben, dass

---

437 Mitteilung eines Angehörigen der HA II/15 (Archiv des Verfassers).

438 Ebd.

- der Anruf von »Alba« zu einem Zeitpunkt erfolgt war, wo es objektiv unmöglich war, den Anschlag noch zu verhindern.
- sich alle potentiellen Täter, zumindest die möglichen Initiatoren, zum Zeitpunkt des Anschlages in Ostberlin aufhielten.

Die Besprechung beim Leiter der HA II, an der verantwortliche Leiter der zuständigen Diensteinheiten der HA II und der Abteilung XXII sowie der Führungsoffizier von »Alba« teilnahmen, versuchte, eine erste konkrete Einschätzung der Lage zu erarbeiten. Dabei zeigte sich, dass eine größere Anzahl von Informationen dezentral erfasst worden waren und lagerten, sich widersprachen, zusätzliche Überprüfungen erforderlich machten und alle aktuellen offiziellen Meldungen sowie inoffizielle Informationen sorgsam verglichen und überprüft werden mussten.

Durch den Leiter der HA II, Günther Kratsch, wurde angewiesen:

1. Durch die AKG der HA II ist sofort eine Ministerinformation unter Einbeziehung der Erkenntnisse aller Beteiligten zu erarbeiten, die zur Information der Parteiführung geeignet ist.

2. Bei der HA II/15 ist eine Lagegruppe zu bilden, die rund um die Uhr alle Bewegungen der relevanten Personen innerhalb Ostberlins und im grenzüberschreitenden Verkehr erfasst und auch sonst alle Informationen im Zusammenhang mit dem Anschlag zentral entgegen nimmt. Alle Kräfte und Mittel, die zur Aufklärung von Handlungen und Tätern im Zusammenhang mit dem Anschlag zum Einsatz kommen, werden im Rahmen der stabsmäßig geführten Aktion »Box« abgestimmt eingesetzt und deren Erkenntnisse zentral ausgewertet.

3. Durch die HA II/15 werden alle Geheimdienstmitar-

beiter im LVB sowie deren erkannte und vermutete Agenturen vorgangsmäßig bearbeitet (der OV »Lux« existierte im Prinzip bereits vor dem Anschlag, erfuhr aber danach eine deutliche höhere Bedeutung). Der Leiter der HA II/15 wurde in Übereinstimmung mit dem Leiter der BV Berlin angewiesen, künftig an Treffs mit dem IMB »Alba« teilzunehmen, um sich aus seiner fachlichen Sicht ein persönliches Bild von ihm und seinen Aussagen zu machen.

Der Leiter der HA II/15 nahm circa Mitte April 1986 in einer KW am Treff mit »Alba« und seinem Führungsoffizier teil. »Alba« verschwieg dabei seine Tatbeteiligung gegenüber dem MfS. Seine der Staatssicherheit mitgeteilten Erkenntnisse schöpfte er angeblich aus den Gesprächen und gemeinsamen Erlebnissen mit »Nuri«, den Libyern und vielen Kontaktpartnern von »Nuri« ab. Er war deutlich belehrt worden, sich an keinerlei terroristischen Aktivitäten zu beteiligen. Das MfS verzichtete – so die Instruktion – auf alle noch so bedeutsamen Informationen, wenn damit eine aktive Tatbeteiligung verbunden ist. Die Berichterstattung von »Alba« nach dem Anschlag deutete auf die Einhaltung der Instruktion hin. Die Staatssicherheit wusste nun, dass »Nuri« und »Derwisch«, möglicherweise auch die Geheimdienstmitarbeiter im LVB die Hintermänner des Anschlags waren, die eigentlichen Täter vor Ort blieben unerkannt. Dies sollte künftig ein Einsatzfeld von »Alba« darstellen.

»Albas« Informationen wurden auch weiterhin als bedeutsam eingeschätzt, auch wenn es aus seinem Umfeld Signale gab, dass er dekonspiriert war. Das MfS ging davon aus, dass auch westlichen Geheimdiensten/Sicherheitsbehörden seine Verbindung zur Staatssicherheit bekannt war und er möglicherweise überworben wurde. Dies kalkulierte das MfS ein, existierte dann zwar eine im

Prinzip nicht gewollte Informationsstrecke zum Gegner, was bei der Auftragsstruktur von »Alba« politisch allerdings zweckmäßig sein konnte. Die Spionageabwehr hat dahingehend eine Reihe von Überprüfungsmaßnahmen durchgeführt, ohne dass sich konkrete Hinweise auf eine Doppelagententätigkeit ergeben haben.

Die Ehefrau von »Alba«, der IMS »Petra Müller«, agierte nach dem Anschlag äußerst vorsichtig. Sie hatte einen zuvor festgelegten Treff verschoben und alle Aktivitäten für das MfS eingestellt. Letztlich wurde die Zusammenarbeit mit ihr aufgrund finanzieller und persönlicher Probleme sowie der sich daraus ergebenden fehlenden operativen Perspektive eingestellt, der letzte Treff mit ihr fand am 14. Januar 1988 statt.

Nach der Wende nahmen die Sicherheitsbehörden die Ermittlungen in Sachen *La Belle* unter neuen Voraussetzungen (Akten, Zeugen usw.) auf. Es erfolgte dazu noch 1990 die Übergabe zahlreicher Akten an bundesdeutsche Sicherheitsbehörden. Die Ermittlungen zogen sich über einen langen Zeitraum hin und am 13. November 2001 wurde das Urteil gesprochen.

Verena Chanaa (IMS »Petra Müller«) wurde wegen dreifachen Mordes und versuchten Mordes zu 14 Jahren Haft verurteilt. Sie hatte die Bombe gelegt, allerdings in dem Glauben, dass es sich lediglich um eine Rauchbombe handelte. Als Motiv gab sie an, damit die Zuneigung von Ali Chanaa, mit dem sie seit 1984 in Scheidung lebte, zurückgewinnen zu wollen. Ali Chanaa (IMB »Alba«), Musbah Abulgasem Eter und Yasser Chraidi (alias Salam/»Nuri«) wurden wegen Beihilfe zu Haftstrafen zwischen 12 und 14 Jahren verurteilt. Die Schwester von Verena Chanaa wurde freigesprochen.

Das Gericht stellte fest, dass die Angeklagten im Auftrag des libyschen Geheimdienstes handelten. Eine Duldung des MfS konnte nicht festgestellt werden, Kenntnisse

bei staatlichen Stellen in Westberlin oder der Bundesrepublik, die den Anschlag hätten verhindern können,
wurden ebenfalls nicht erkannt.

Was wussten die handelnden Offiziere des MfS von den
Tätigkeiten der involvierten IM?

Ein Offizier der HA II/15 führt zu »Alba« aus: »Meine
ersten persönlichen Eindrücke von ›Alba‹ war positiv,
er war aufgeschlossen, sachlich und ›in seiner Berichterstattung konkret und soweit für uns überprüfbar auch
ehrlich. Ich war zum Beispiel noch bei meinen Vernehmungen beim Berliner Staatsschutz 1990 und 1999 vor
dem Berliner Landgericht davon überzeugt, dass ›Alba‹
nicht direkt am Anschlag beteiligt war. Ich merkte aber
auch sehr schnell, dass ›Albas‹ Zusammenarbeit mit
dem MfS weniger politisch als vielmehr persönlich motiviert war.«[439]

Ein ehemaliger Mitarbeiter der Abteilung II der BV Berlin äußerte sich zu »Petra Müller« wie folgt: »Angaben
über ›La Belle‹ machte sie erst, als der Sprengstoffan-
schlag passiert ist. Sie sagte dass, was allgemein bekannt
war und was aus den öffentlichen Medien zur Kenntnis
gelangte. Gespräche, die irgendwelche Rückschlüsse auf
detaillierte Kenntnisse ihrerseits schließen lassen könnten, sind nicht geführt worden.«[440]

Und auch der Leiter der HA II, Günther Kratsch, äußerte sich nach dem Ende des MfS zu *La Belle*. Er sagte:
»Was den Anschlag auf ›La Belle‹ betrifft, kann ich guten
Gewissens erklären, dass entgegen anderen Veröffentlichungen meiner ehemaligen Diensteinheit nicht ein
einziger Beweis vorgelegen hat, dass ein solches Attentat

439 Ebd.

440 Mitteilung eines ehemaligen Mitarbeiters der Abt. II der BV
Berlin (Archiv des Verfassers).

erfolgen würde.«[441] Auf die Frage, ob es einen Verdacht gab, antwortete Kratsch: »Das ist eine ganz andere Frage. Aber in diesem Geschäft geht es um Beweise! Wenn ich in einem so sensiblen Bereich der internationalen Beziehungen wie dem diplomatischen einen Verdacht äußere, der sich nicht bewahrheitet, bin ich blamiert. Ohne Beweis stehe ich am Ende in der Ecke. Nur mit Beweisen kann ich etwas unternehmen.«[442]

Auf den Vorhalt, dass die USA behaupten würden, dass es Beweise gegeben habe, antwortete Kratsch: »In der Tat behaupten sie [die USA, Anm. d. Verf.], beweisen zu können, dass vom Territorium der DDR aus – sie meinten das libysche Volksbüro, also die Botschaft dieses Landes – Anschläge gegen amerikanische Objekte in Westberlin geplant wurden. Wir haben die Beweise über diplomatische Kanäle angefordert, aber keine erhalten. Keinen einzigen.«[443]

441 »Der ehemalige Chef der Spionageabwehr im Kreuzverhör. ›La Belle‹ – wo sind die Beweise«. In: Neue Berliner Illustrierte (NBI) 32/1990, S. 10.

442 Ebd.

443 Ebd.

4. Kapitel

ABWEHRBEREICH AUSLÄNDISCHE KORRESPONDENTEN UND JOURNALISTEN

Allgemeines

Der in der DDR akkreditierte Korrespondent Peter Pragal schreibt in seinem Buch: »Um uns, die angeblichen ›Speerspitzen des Imperialismus‹, in Schach zu halten, machte die SED ihren Repressionsapparat mobil. Im Befehl 21/74, einer ›geheimen Verschlusssache‹, wies Stasi-Minister Erich Mielke seine Mitarbeiter an, die West-Korrespondenten mit allen Mitteln zu überwachen, zu ›bearbeiten‹ sowie deren ›feindliche Aktivitäten‹ aufzudecken und zu verhindern.«[444]

Warum unterlag diese Berufsgruppe Maßnahmen der DDR-Spionageabwehr? Spione und Journalisten haben eines gemeinsam: Sie sammeln zur Erfüllung der ihnen übertragenen Aufgaben Informationen. Und sie bedienen sich dazu bestimmter Informanten.

BND-Präsident Gerhard Wessel verkündete im Jahr 1974: »Ich halte es für eine legitime und ehrenvolle Mitarbeit auch von Journalisten, wenn sie dem BND Erkenntnisse vermitteln.«[445]

---

444 Peter Pragal: *Der geduldete Klassenfeind. Als West-Korrespondent in der DDR.* Berlin 2008, S. 120 f.

445 Erich Schmidt-Eenboom: *Undercover. Der BND und die deutschen Journalisten.* Köln 1998, S. 14.

Der Publizist Manfred Bissinger hat 1987 die Zusammenarbeit von BND und Medien in zwei Formen klassifiziert. Bei Schmidt-Eenboom heißt es dazu:
»Erste Form: Der Dienst hatte einzelne Redakteure, vor allem Korrespondenten in den osteuropäischen Staaten, unter Vertrag und zahlte monatlich nach Ergiebigkeit des Standorts (Moskau wurde besser bezahlt als Warschau) zwischen 1000 und 8000 Mark monatlich. Die Journalisten hatten Agentennummern und Agentenführer. Letztere gehörten meist zu Tarnfirmen, die der BND für solche Zwecke unterhielt. [...]
Die zweite Form der Zusammenarbeit mit Pullach war die der gelegentlichen Mitarbeit. Der Dienst stand mit Redakteuren in loser Verbindung und vergab Aufträge – selten direkt, meist über die schon erwähnten Tarnfirmen. Die zum Beispiel luden die Redakteure zu Auslandsreisen ein, von denen dann eben nicht nur für das eigene Blatt, sondern auch für den BND berichtet wurde.«[446]
Bereits im Jahr 1970 waren die Pressesonderverbindungen vom BND nach dem Grad ihrer Intensität und Qualität in drei Kategorien eingeteilt worden:
I voll tragfähige, regelmäßige oder häufige Kontakte,
II Formalkontakte, unregelmäßige Kontakte nach Bedarf,
III Zufallskontakte, Planung usw.[447]
Zu Qualität und Quantität der Pressesonderverbindungen des BND schreibt Schmidt-Eenboom: »Tatsächlich waren es 230 registrierte Pressesonderverbindungen, darunter viele Journalisten von Rang und Namen, und etliche, die zur allerersten Garnitur der bundesrepublikanischen Publizistik zählen.«[448]

---

446 Ebd., S. 15.
447 Vgl.: Ebd., S. 16.
448 Ebd.

Die finnischen Publizisten Lindfors und Rislakki schreiben in ihrem Buch *Die CIA*, dass rund 50 Zeitungen, Zeitschriften, Nachrichtenagenturen und Rundfunkstationen von der CIA kontrolliert werden. Mehr als 100 US-amerikanische und circa 800 ausländische Journalisten seinen bezahlte Agenturen der CIA.[449]

Der ehemalige US-Präsident Jimmy Carter bestätigte offiziell, dass mehrere amerikanische Auslandskorrespondenten für die CIA tätig waren und auch künftig so verfahren werden soll.[450]

Um die Nutzung von Korrespondenten und Journalisten durch westliche Geheimdienste wusste man auch bei der Staatssicherheit. Deshalb widmete sich in der Zentrale dieser Thematik eine eigene Abteilung. Die Bearbeitung von ausländischen Korrespondenten und Journalisten lag im Verantwortungsbereich der HA II/13. Diese Abteilung hatte folgende Aufgaben:

- Aufklärung, Kontrolle, Bearbeitung und vorbeugende Verhinderung geheimdienstlicher sowie anderer Angriffe von ausländischen Korrespondenten/Journalisten und deren Kontaktpartner sowie solcher Angriffe gegen die Sicherungsobjekte Internationales Pressezentrum (IPZ) und der Auslandspresseagentur (APA) »Panorama«;
- vorgangs- und personenbezogene Arbeit in das Operationsgebiet zum inoffiziellen Eindringen in die zentralen Medien und deren Einrichtungen;
- stabsmäßige Vorbereitung und Durchführung von Aktionen und Einsätzen im zentralen und territorialen Maßstab bei pressepolitischen Höhepunkten.[451]

---

449 Vgl.: Jorma Lindfors, Jukka Rislakki: *Die CIA*. Helsinki 1978, S. 97.

450 Vgl.: *Neues Deutschland*, 15. April 1980.

451 Vgl.: Struktur- und Stellenplan der HA II vom 26. September

Die Spionageabwehr ging von einer engen »Verflechtung der Geheimdienstsysteme der imperialistischen Staaten mit den Massenmedien ihres Macht- und Einflussbereiches« aus.[452] Damit verband sie ein arbeitsteiliges Vorgehen wie auch die Nutzung der medienspezifischen Potenzen durch die Geheimdienste, konzentriert auf folgende Schwerpunkte:

- die Beschaffung geheimdienstlich bedeutsamer Informationen durch direkte und indirekte Einbeziehung der Korrespondenten,
- die Verbreitung geheimdienstlich beigebrachter Informationen als Bestandteil der allgemeinen Auslandspropaganda und Manipulation beziehungsweise spezifischer geheimdienstlicher Operationen,
- die Nutzung journalistischer Mittel und Methoden als nachrichtendienstliches »Dach« geworbener und ausschließlich geheimdienstlich gesteuerter Agenten.[453]

Der Mechanismus zur Einflussnahme der Geheimdienste auf die Planung und unmittelbare Lenkung der Korrespondententätigkeit westlicher Massenmedien in den sozialistischen Staaten war nach Ansicht des MfS »sehr vielschichtig und von komplexer Natur, der zum Teil offiziell, jedoch überwiegend äußerst konspirativ gehandhabt wird«.[454]

Folgende Methoden zur Einflussnahme auf die Tätigkeit von Korrespondenten und Journalisten durch die west-

1988. BStU ZA MfS HA II Nr. 28540, Bl. 35.

452 Dr. Ulrich Wollermann, Siegfried Neubert, Wolfgang Stuchly, Diethardt Gellert, Werner Kalfürst: Forschungsergebnisse zum Thema: »Grundfragen der politisch-operativen Abwehrarbeit zu ausländischen Korrespondenten und Journalisten«. BStU ZA MfS JHS Nr. 21949, Bl.108.

453 Vgl.: Ebd.

454 Vgl.: Ebd.

lichen Geheimdienste erkannte die Staatssicherheit:

- Werbung von Journalisten/Korrespondenten als Agenturen der Dienste,
- Besetzung von Schlüsselpositionen in den westlichen Massenmedien durch hauptamtliche Geheimdienstmitarbeiter und Agenturen,
- gezielte offizielle und interne Informationsvermittlung an Journalisten und Korrespondenten.

Durch die Werbung und geheimdienstliche Steuerung von Journalisten wurden deren berufsbedingten spezifischen Möglichkeiten in den sozialistischen Staaten durch die Geheimdienste intensiv genutzt. Der Einfluss der Geheimdienste war sowohl auf den Gegenstand der journalistischen Tätigkeit (Informationsbeschaffung und Verbreitung), als auch auf die Nutzung der relativ guten Tarnung für Journalisten und Korrespondenten bei der Durchführung geheimdienstlicher Operationen im Akkreditierungsland gerichtet.

Für die Durchführung von Abwehr- und Aufklärungsmaßnahmen durch die westlichen Geheimdienste in Abstimmung beziehungsweise unter Nutzung medienspezifischer Möglichkeiten und Potenzen nahmen die Korrespondenten und Journalisten nach Ansicht des MfS eine Schlüsselfunktion ein. Aus Kenntnis der geheimdienstlichen Einflussnahme auf den Einsatz und die Tätigkeit von Korrespondenten ging das MfS davon aus, dass perspektivvolle Kontakte und Werbungen noch vor der Akkreditierung in einem sozialistischen Land hergestellt oder vollzogen wurden. Unter diesem Gesichtspunkt waren vor allem Korrespondenten aus der Bundesrepublik Deutschland und Westberlin, aber auch aus anderen deutschsprachigen Staaten, die vor ihrer Akkreditierung in der DDR in anderen führenden westlichen Staaten tätig waren, von besonderer Bedeutung für die Spionageabwehr.

Die Besetzung von Schlüsselpositionen in den Massenmedien durch geheimdienstlich angebundene Mitarbeiter, sicherte den Diensten bei gleichzeitiger Einflussnahme auf alle Bereiche der Tätigkeit der entsprechenden
Medien, auch auf personalpolitische und inhaltliche Aspekte der journalistischen Tätigkeit Einfluss auszuüben.
Über diese Methode wurde vor allem die »blinde« Nutzung und systematische Abschöpfung der Korrespondenten abgesichert und für geworbene Agenturen unter
den Korrespondenten die Konspiration erhöht. Dieses
Verfahren der geheimdienstlichen Einflussnahme auf
die Tätigkeit der Journalisten und Korrespondenten
konzentrierte sich zwangsläufig auf die Erschließung
des journalistischen Recherchematerials einschließlich
der Endprodukte sowie auf die Lancierung von Informationen. Darüber hinaus waren solche geheimdienstlichen Positionen in den Massenmedien nach Ansicht
des MfS auch in der Lage, auf den langfristigen Aufbau
für die geheimdienstliche Tätigkeit besonders geeigneter Journalisten und den Zeitpunkt ihres Einsatzes Einfluss zu nehmen.
Die gezielte offizielle und interne Informationsvermittlung an Journalisten und Korrespondenten war eine
Methode zur geheimdienstlichen Einflussnahme auf die
Korrespondententätigkeit. Diese Methode wurde nach
Erkenntnissen der Staatssicherheit von den westlichen
Geheimdiensten mit großer Intensität betrieben, die dabei genutzten Formen waren unterschiedlich, sie wurden wahlweise entsprechend der konkreten Bedingungen und auch durch die spezifischen Möglichkeiten der
verschiedenen Geheimdienste beeinflusst.Von der CIA
wurden regelmäßig auf Außenpolitik und militärische
Fragen spezialisierte Journalisten nach Langley eingeladen. Dort erhielten sie Informationen in mündlicher
oder schriftlicher Form. Aber auch andere Formen des

Informationsaustausches, wie lose persönliche Kontakte als Clubmitglieder sowie auf Empfängen oder Partys,
wurden realisiert.[455] Zusammengefasst ging die Spionageabwehr des MfS davon aus, dass durch die intensive
Nutzung der genannten Methoden zur Einflussnahme
auf die Tätigkeit von Journalisten und Korrespondenten durch die Geheimdienste »mehr oder weniger jeder bürgerliche Korrespondent in den sozialistischen
Staaten direkt oder indirekt mit den Interessen und
geheimdienstlichen Aufgaben des Geheimdienstsystems seines Landes konfrontiert werden kann«.[456]
Die Staatssicherheit ging weiter davon aus, dass im
Ergebnis der geheimdienstlichen Einflussnahme der
Einsatz dieser Personen durch die Geheimdienste differenziert und im gewissen Umfang arbeitsteilig erfolgte.
Ausschlaggebend dafür war nach Erkenntnissen des
MfS der für die verschiedenen Kategorien der Korrespondenten und Journalisten vorhandene Spielraum in
den sozialistischen Staaten sowie das mit der geheimdienstlichen Nutzung einzugehende Sicherheitsrisiko
für diese legalen Positionen der westlichen Dienste
ohne Immunitäten sowie innen- und außenpolitische
Wirkungen bei der Enttarnung nachrichtendienstlich
gesteuerter Journalisten und Korrespondenten.[457]
Per 1. Juni 1986 waren in der DDR 159 ausländische
Publikationsorgane mit 150 ständig akkreditierten Korrespondenten vertreten. Darunter befanden sich unter
anderem:
- 20 ständige Korrespondenten mit 20 Technikern aus
  der Bundesrepublik Deutschland und Westberlin sowie 44 Familienangehörige,

---

455 Vgl.: Ebd., Bl. 110–113.

456 Ebd., Bl. 114.

457 Vgl.: Ebd., Bl. 114.

- 49 ständige Korrespondenten mit 2 Technikern aus anderen nichtsozialistischen Staaten sowie 18 Familienangehörige.
- Im Jahr 1985 reisten 5.035 Journalisten als Reisekorrespondenten in die DDR ein, darunter:
- 1.912 aus der Bundesrepublik und Westberlin,
- 2.053 aus anderen nichtsozialistischen Staaten.[458]

Spionage gegen die DDR durch ausländische Journalisten und Korrespondenten

Operative Erkenntnis der Staatssicherheit besagten, dass durch Korrespondenten und Journalisten vorgetragene Spionageangriffe im Wesentlichen gegen alle gesellschaftlichen Bereiche der DDR gerichtet waren. OV der Linie II zeigten auf, dass ausländische Korrespondenten, aber auch in die DDR einreisende Journalisten durch westliche Geheimdienste sowie andere Organisationen, Einrichtungen und Kräfte zur Informationsbeschaffung, zur gezielten Personenaufklärung, zu Kontaktaufnahmen und Werbungen sowie zur Aufrechterhaltung geheimdienstlicher Verbindungen genutzt wurden.

Die geheimdienstliche Informationsbeschaffung erkannter Spione unter Korrespondenten und Journalisten konzentrierte sich unter Nutzung berufsbedingter Möglichkeiten und Bedingungen in der DDR vorrangig auf folgende Bereiche:

- Einschätzung zur Situation in der Partei- und Staatsführung der DDR sowie der Länder der sozialistischen

---

458 Vgl.: Referat des Leiters der Hauptabteilung II auf der Dienstkonferenz am 27. Juni 1986, Bl. 20.

Staatengemeinschaft und Herausarbeitung der Positionen führender Repräsentanten zu strategischen und taktischen Fragen, ihrer Beziehungen untereinander sowie zur Informationspolitik der Partei- und Staatsführung;

- Informationen zur Orientierung und Wirkung der Kultur- und Kirchenpolitik der SED;
- konkrete Informationen zur politisch-ideologischen Situation unter Kunst- und Kulturschaffenden sowie der studentischen Jugend;
- Konzeptionen und Einschätzungen der Partei- und Staatsführung zur Wirtschaftspolitik, besonders zur Rohstofflage sowie zur Versorgungssituation und deren Auswirkungen auf die Bevölkerung der DDR;
- Fragen der gesellschaftlichen Entwicklung in der DDR, die zugleich in der Systemauseinandersetzung eine besondere Rolle spielten (Bildungspolitik, Kriminalitätsentwicklung, preispolitische Maßnahmen);
- Charakterisierung von DDR-Bürgern, darunter Mitarbeiter des Partei- und Staatsapparates einschließlich der Sicherheitsorgane, der wirtschaftsleitenden Organe und der DDR-Medien sowie Herausarbeitung vermeintlich kompromittierender Hinweise zu diesem Personenkreis;
- Aufklärung militärischer Objekte und Bewegungen sowie Erlangung entsprechender Informationen zu dieser Thematik;
- Aufdeckung vermeintlicher Widersprüche zwischen den Beschlüssen der SED, den Reden beziehungsweise Verhaltensweisen der Funktionäre und dem Denken der sogenannten einfachen Menschen.[459]

---

459 Vgl.: Dr. Ulrich Wollermann, Siegfried Neubert, Wolfgang Stuchly, Diethardt Gellert, Werner Kalfürst: »Grundfragen der politisch-operativen Abwehrarbeit zu ausländischen Korrespondenten und Journalisten«, Bl. 120 f.

Die Staatssicherheit ging davon aus, dass die Realisierung des erkannten Informationsbedarfs lediglich einen Teil der geheimdienstlichen Informationsbeschaffung durch Korrespondenten und Journalisten ausmachte. Eine Vielzahl von Aktivitäten der Korrespondenten und Journalisten wiesen auf die Informationsbeschaffung in der gesamten Breite nachrichtendienstlicher Informationsinteressen hin. Im Zusammenhang mit erkannter oder vermuteter Spionagetätigkeit durch Korrespondenten und Journalisten erkannte das MfS Zielgruppen, die im Prinzip identisch waren mit den generellen Zielgruppen westlicher Geheimdienste zur Informationsgewinnung. Das waren vor allem:

- Geheimnisträger aus allen Bereichen,
- Funktionäre aus politischen, staatlichen und gesellschaftlichen Bereichen, insbesondere auch aus den Blockparteien und von Universitäten, Hochschulen sowie Amtsträger der Kirchen,
- Angehörige der bewaffneten Organe.

Aus dem Erscheinungsbild geheimdienstlicher Aktivitäten konnte die Spionageabwehr keine Schlussfolgerungen auf generell bevorzugte beziehungsweise ausschließlich genutzte DDR-Kontakte oder Kategorien von Korrespondenten beziehungsweise Journalisten zur Spionagetätigkeit ziehen. Das Erscheinungsbild ließ jedoch Schlussfolgerungen zu, die im Differenzierungsprozess bei der Suche nach Agenturen unter den Korrespondenten und Journalisten Berücksichtigung fanden. Derartige Schlussfolgerungen für den Differenzierungsprozess konnten sein:

- Akkreditierte ständige Korrespondenten, die als Spione enttarnt wurden, traten in der Regel publizistisch selbst wenig in Erscheinung beziehungsweise waren für Publikationsorgane mit relativ geringer politischer Bedeutung und Auflagenhöhe tätig. Das war in den betreffenden Fällen Bestandteil der Konzeption der Geheimdienste, da die Akkreditierung ausschließlich als Abdeckung für die Spionagetätigkeit genutzt wurde und die Agenturen von vornherein nicht in das Blickfeld des MfS gebracht werden sollten.

- Bei geworbenen Agenten unter Korrespondenten wurde deutlich, dass diese im Unterschied zu anderen ausländischen Korrespondenten relativ wenig DDR-Kontakte unterhielten, die wenigen aber dafür in operativ bedeutsamen Positionen tätig waren und um so intensiver abgeschöpft wurden.

- Der Spionage überführte Reisekorrespondenten sowie aus privaten, touristischen und anderen Gründen eingereiste Journalisten waren nicht selten freie Journalisten. Dieser Status wurde zur Abdeckung geheimdienstlicher Aktivitäten genutzt, weil er größere Aktionsräume zuließ, die Kontrollmöglichkeiten erschwerte und bei einer Enttarnung kein Publikationsorgan direkt kompromittiert wurde.

- Aus operativ-bedeutsamen Anhaltspunkten war zu erkennen, dass vor allem Journalisten, die zu den Rechtskräften in der Bundesrepublik und Westberlin zählten, zu den bevorzugten Kandidaten der Geheimdienste gehörten.

- Reisekorrespondenten, die Spezialisten auf bestimmten Gebieten, wie Politik, Wirtschaft, Kultur, Sport usw. waren, wurden vorrangig entsprechend ihrer Spezialisierung zur Spionage eingesetzt.

Aus den genannten Merkmalen und der Gesamtheit der Erkenntnisse schlussfolgerte die Staatssicherheit, dass die Übereinstimmung der Informationsinteressen von Korrespondenten und Journalisten mit den erkannten generellen Auftragsstrukturen westlicher Geheimdienste an Spione erste Hinweise auf eine Spionagetätigkeit sein konnten.

Über die bereits genannten Merkmale hinaus ließen solche Hinweise und Anhaltspunkte wie:

- die berufliche, politische und militärische Entwicklung der betreffenden Journalisten/Korrespondenten,
- die Anwesenheit beziehungsweise Einreise von Korrespondenten und Journalisten, denen in der Vergangenheit bereits eine Spionagetätigkeit nachgewiesen werden konnte,
- das besondere Interesse an militärisch und volkswirtschaftlich bedeutsamen Objekten und Anlagen,
- die zielgerichtete Herstellung von Kontakten zu DDR-Bürgern, die Geheimnisträger waren beziehungsweise über Informationen verfügten, die für die Geheimdienste von Interesse waren,
- die Konspirierung der Tätigkeit und der DDR-Kontakte

auf mögliche Spione unter ausländischen Korrespondenten und Journalisten in der DDR schließen.

Die genannten Merkmale mussten durch die Spionageabwehr stets im Zusammenhang mit den erkannten Angriffsrichtungen sowie den Erkenntnissen zur Arbeitsweise der westlichen Geheimdienste bei der Organisierung von Spionagetätigkeit gegen die DDR und andere sozialistische Staaten analysiert und bewertet werden.[460]

Wie Journalisten auf dem Gebiet der Spionage gegen die DDR konkret agierten, macht folgender Vorgang deutlich: Durch die Spionageabwehr des MfS wurde der OV »Redakteur« bearbeitet. »Redakteur«, mit bürgerlichem Namen Rene B., Jahrgang 1904, war für die *Kölnische Rundschau* und, wie Ermittlungen des MfS ergaben, auch bereits für den *Völkischen Beobachter*, das publizistische Parteiorgan der NSDAP, tätig.

---

460 Vgl.: Ebd., Bl. 123 f.

Rene B. war seit 1969 durch die Abteilung II der BV Berlin operativ bearbeitet worden. Anlass dazu gab das Treffen »junger Sozialisten« in Ostberlin, an dem B. teilnahm. Dabei beging er einen entscheidenden Fehler, er stellte seinen Pkw »Audi« unverschlossen ab, auf dem Rücksitz lagen mehrere mit Schreibmaschine beschriebene Seiten. Die Spionageabwehr prüfte das Material, es handelte sich um Teile aus dem Redaktionsmemorandum des BND.[461]

Später wurde B. im Zuge der völkerrechtlichen Anerkennung der DDR als Korrespondent in der DDR akkreditiert. Mit seiner Akkreditierung bekam »Redakteur« die erforderlichen Papiere für eine ständig kontrollbefreite Grenzpassage und mietete sich eine Wohnung in Ostberlin sowie ein Postfach im IPZ.

Nach Erledigung der Formalitäten zog sich »Redakteur« wieder in die Bundesrepublik zurück, die gemietete Wohnung im Zentrum Berlins wurde nicht bezogen. Er arbeitete auch nicht wie andere Korrespondenten, beantragte keine journalistischen Vorhaben und kam selten zu Pressekonferenzen.

Die Spionageabwehr stellte fest, dass B. alle vier bis sechs Wochen in die DDR einreiste. Er leerte seine Briefkästen im IPZ und in der Wohnung. Wenn es sich ergab, führte er vor allem im IPZ Gespräche, um seine Anwesenheit in Ostberlin zu veranschaulichen. Anschließend begab er sich bei jeder dieser Einreisen in das Gebäude des Hauptvorstandes der CDU, wo er sich mehrere Stunden aufhielt. Danach erfolgte die unverzügliche kontrollbefreite Ausreise nach Westberlin.

Die über einen längeren Zeitraum geführten Ermittlungen offenbarten der HA II einen Treffpartner in

---

461 Vgl.: Helmut Wagner: *Schöne Grüße aus Pullach. Operationen des BND gegen die DDR.* Berlin 2001, S.98.

der CDU. Es handelte sich dabei um den ehemaligen hauptamtlichen Sekretär des Parteivorstandes der CDU Kurt H. (Deckname »Sekretär«). Nach seiner Berentung arbeitete dieser weiter für den Parteivorstand. Zu diesem Zweck standen ihm ein Arbeitszimmer und alle Partei- und Staatsdokumente, die in der CDU geschaffen beziehungsweise der CDU übergeben wurden, zur Verfügung.

Für die Zusammenkünfte mit »Redakteur« wählte »Sekretär« die wichtigsten Dokumente aus und sprach sie fast immer auf das von B. mitgebrachte Minitonband. Das Tonband war der HA II als BND-Informationsträger aus anderen Spionagevorgängen bekannt. Über einen längeren Zeitraum überprüfte die Staatssicherheit, ob die übergebenen, teilweise GVS deklarierten Informationen, in der Zeitung des Verdächtigen journalistisch verarbeitet wurden. Das war nicht der Fall.

Im Laufe der operativen Bearbeitung von »Redakteur« erhielt die HA II einen Hinweis der HV A, in dem bestätigt wurde, was man bei der HA II längst vermutete. Die Auswertung der Informationen von »Redakteur« erfolgte in Pullach. Die HV A übergab der HA II in Abständen Hinweise über beim BND ankommende Informationen, die hauptsächlich die Kirchenpolitik der DDR, aber auch andere Themenbereiche, betrafen. Die Spionageabwehr bekam durch die Aufklärung auch benannt, wann die Informationen beim BND ankamen. Inhalt und Daten stammten mit den Feststellungen im OV »Redakteur« überein.[462]

Die Hinweisinformationen aus dem BND wurden vom Leiter der HV A der Bedeutung wegen auch dem Minister für Staatssicherheit übergeben. Günther Kratsch

---

462 Vgl.: Günther Kratsch: *Erinnerungen*. Unveröffentlichtes Manuskript (Archiv des Verfassers).

führt dazu aus: »Das war für Mielke Vorwand genug, mich anzustacheln, den Spion, der nach seiner Meinung im politischen Bereich der DDR-Führung vorhanden sein musste, so schnell wie möglich zu identifizieren. Um von Mielke erfahrungsgemäß nicht laufend unter Druck gesetzt zu werden, hatte ich ihn über die Entwicklung dieses wichtigen Vorganges bisher nicht informiert. Jetzt konnte ich aber unsere Erkenntnisse nicht länger verheimlichen. Ob dieser bedeutungsvollen Neuigkeiten für ihn, vergaß er die zweifellos berechtigte Kritik für die meinerseits unterlassene Meldepflicht einer wichtigen Ausspähungsaktion des BND im politischen Bereich der DDR. Er ordnete sofort an, für die nächste Dienstbesprechung mit Honecker eine entsprechende Vorlage auszuarbeiten um, wie er sagte, eine Entscheidung herbeizuführen.«[463]

Erich Honecker traf eine Entscheidung und bestätigte die Festnahme des Spionageduos »Redakteur«/»Sekretär«. Die Spionageabwehr musste nun abwarten, bis »Redakteur« wieder nach Ostberlin einreiste. Der BND schickte »Redakteur« erneut in die DDR. Am 28. Januar 1982 wurde Rene B. festgenommen.[464]

Die Festnahme erfolgte am späten Nachmittag, kurz vor der Ausreise nach Westberlin, die neu erhaltenen Informationen, auf dem Tonträger gespeichert, führte »Redakteur« mit sich. Nach der Festnahme wurde »Redakteur« zu einer ersten Befragung in ein vorbereitetes konspiratives Objekt verbracht.[465]

Auf die Frage, für welchen Geheimdienst er arbeite, sagte B.:

---

463 Ebd.

464 Vgl.: Helmut Wagner: *Schöne Grüße aus Pullach*, S.97.

465 Vgl.: Günther Kratsch: *Erinnerungen*. Unveröffentlichtes Manuskript (Archiv des Verfassers).

»Als ich 1936 mich beim deutschen Botschafter in Span-
ien als neuer Korrespondent vorstellte, fragt er mich
Folgendes:
Sagen Sie, Herr B., mir bitte, ob sie für einen Geheimdienst arbeiten. Ich sagte ihm: Herr Botschafter, wenn
ich Ihnen sage, ich arbeite für keinen Geheimdienst,
werden Sie es mir nicht glauben. Aber sage ich Ihnen,
ich arbeite für einen Geheimdienst, wird es für Sie nicht
nützlich sein und für uns beide eher schädlich. Also lassen wir das Thema.
Und das, meine Herren, möchte ich auch Ihnen auf ihre
berechtigte Frage antworten.«[466]
Gegen 21 Uhr kam ein Anruf vom Minister für Staatssicherheit mit der Weisung, »Redakteur« sofort ausreisen zu lassen.
Günther Kratsch kommentierte diese Weisung folgendermaßen: »Eine erneute Beratung zwischen Honecker
und Mielke nach der vorläufigen Festnahme führte zu
dieser Entscheidung. Honecker befürchtete durch die
Festnahme eines westlichen Journalisten wegen Spionage Belastungen für seine Außenpolitik, insbesondere
Belastungen des Deutsch-deutschen Verhältnisses. So
Mielke mir gegenüber am Tag danach.«[467]
Gegen »Sekretär«, gleichfalls im fortgeschrittenen
Rentenalter, wurde ein Ermittlungsverfahren mit Haft
wegen Spionage eingeleitet. Er verbrachte die Tage bis
zur Einleitung des Ermittlungsverfahrens gleichfalls
in einem konspirativen Objekt des MfS und nicht in
der Untersuchungshaftanstalt. »Sekretär« gab im wesentlichen alle Vorwürfe zu. Er stand unmittelbar vor
seinem 70. Geburtstag und sollte den Vaterländischen
Verdienstorden in Gold verliehen bekommen. Auf hö-

---

466 Ebd.
467 Ebd.

here Weisung wurde das Ermittlungsverfahren gegen
»Sekretär« eingestellt und er konnte seinen Geburtstag
aus taktischen Gründen zwar nicht üppig aber dennoch
feiern. Dieser typisch politischen Entscheidung war eine
Beratung von Erich Honecker, Erich Mielke und dem
damaligen Vorsitzenden der DDR-CDU, Gerald Göt-
ting, vorausgegangen.[468]

Das Untersuchungsorgan des MfS, konkret die HA IX/1,
welche Ermittlungsverfahren bei Spionageverdacht
bearbeitete, wertete den beschriebenen Vorgang in der
Jahresanalyse 1982 aus. Dort heißt es: »1982 wurde auch
durch die Untersuchungsarbeit des MfS in spezifischer
Weise die Forcierung der politischen Spionage und der
Bestrebungen der imperialistischen Geheimdienste offensichtlich, in Führungsorgane des Staates, von Partei-
en und gesellschaftlichen Organen einzudringen. Dies-
bezügliche Erkenntnisse beziehen sich vor allem auf einen langjährigen BND-Spion (B.), der als akkreditierter
Journalist einer BRD-Zeitung in der DDR tätig wurde.
Die Untersuchungsergebnisse beweisen die Entwicklungstendenzen der Spionageangriffe des BND in Richtung einer zielgerichteten geheimdienstlichen Nutzung
von Journalisten zur Sammlung von Informationen
durch systematische Abschöpfung von DDR-Bürgern
in politischen Funktionen, wobei die dazu notwendigen
Kontakte durch raffinierte Täuschung aufgebaut worden
sind.«[469]

Weiter heißt es in einer zusammenfassender Informa-

---

468 Vgl.: Ebd.

469 Teil der Jahresanalyse der HA IX/1 von 1982. In: Studie zu den
     untersuchungsseitigen Erkenntnissen/Problemen der Bekämpf-
     ung imperialistischer Geheimdienste für den Untersuchungs-
     zeitraum (1970–1986) auf der Grundlage der Erkenntnisse der
     HA IX/1 und dazu heranzuziehender Grundsatzdokumente.
     BStU MfS ZA HA II/6 Nr. 1056, Bl. 108.

tion zum EV gegen B. und H.: »Der Kontaktpartner H., der vom BND-Spion abgeschöpft wurde, war weder geworbener Spion, noch handelte er in Kenntnis des geheimdienstlichen Hintergrunds oder mit der Zielstellung der Schädigung der DDR. Es gelang dem Spion B., als willkommener, langjährig bekannter Diskussionspartner im Dialog zwischen beiden deutschen Staaten zu erscheinen und keinerlei Verdacht auf einen geheimdienstlichen Hintergrund aufkommen zu lassen.«[470]

Aber auch die HA III war an der Enttarnung von geheimdienstlich gesteuerten Journalisten beteiligt. Ein ehemaliger Offizier der HA II erinnert sich:
»Aufgrund der Erkenntnisse über den laschen Umgang des BND im Kontakt mit seinen Quellen wurden zu, von der Spionageabwehr erkannten BND-Agenten, Zielfahndungsmaßnahmen durch die HA III eingeleitet. Das Ziel war dabei, Planungen, Informationsaufkommen und Vorgehensweise des BND zu erkennen, sowie strafprozessual verwertbare Beweise für die Spionagetätigkeit zu erarbeiten. Dabei wurde durch die Spionageabwehr berücksichtigt, dass die vorhandenen Erkenntnisse der Tätigkeit für den BND durch zuverlässige Informationen gesichert waren und es darauf ankam, im Rahmen des unbedingten Quellenschutzes für den BND plausible Gründe der Enttarnung zu erarbeiten. Grundsatz war dabei, der Quellenschutz hatte Vorrang vor der Festnahme des Agenten.
Als Beispiel soll ein in Westberlin wohnhafter westlicher Pressevertreter beim Bund der Evangelischen Kirchen in der DDR benannt werden. Durch eine zuverlässige Quelle des MfS innerhalb des BND war bekannt geworden, dass dieser Journalist für den BND tätig war. Sein

---

470 Ebd., Bl. 109.

Aufgabengebiet war die Beschaffung aller zugänglichen Informationen innerhalb der evangelischen Kirche der DDR in Form der Beschaffung von Schriften, Teilnahme an Veranstaltungen und Gesprächsabschöpfung.

Durch die HA III wurden die Informationswege des Journalisten von seinem Wohnsitz in Westberlin in die BRD unter Kontrolle gestellt. Im Ergebnis wurden wichtige Informationen zu den Handlungen der Person und zu seinen Verbindungen, Kontaktpartnern in der BRD erarbeitet. Mit dieser Vorgehensweise konnten Handlungen paralysiert werden und das Gefahrenpotential mit dem Grundsatz ›ein enttarnter Feind ist kein Feind mehr‹ reduziert werden. Im Interesse des Quellenschutzes und zur Vermeidung von politischen Konfliktsituationen im Verhältnis Staat – Kirche wurde von einer Festnahme des BND-Agenten abgesehen.«[471]

Abwehrarbeit im Zusammenhang mit der Tätigkeit ausländischer Journalisten und Korrespondenten

Für die Spionageabwehr des MfS ergaben sich aus der Abwehrarbeit zum Komplex Korrespondenten/Journalisten folgende grundlegende Ziel- und Aufgabenstellungen:

1. Aufklärung, Bearbeitung und Entlarvung von Auftraggebern, Inspiratoren, Hintermännern und Organisatoren subversiver Pläne, Absichten und Maßnahmen, die unter Einsatz ausländischer Kor-

---

471 Mitteilung eines ehemaligen Mitarbeiters der HA II (Archiv des Verfassers).

respondenten und Journalisten vorbereitet beziehungsweise realisiert werden sollten. Diese Aufgabe erforderte vor allem:

- die Identifizierung, Aufklärung, Kontrolle und Bearbeitung von Dienststellen und Mitarbeitern westlicher Geheimdienste, die Aktivitäten ausländischer Publikationsorgane sowie deren Korrespondenten und Journalisten gegen die DDR inspirierten und steuerten;
- die Aufklärung, Kontrolle und Bearbeitung ausländischer Publikationsorgane und ihrer Mitarbeiter, die geheimdienstlich lancierte Informationen aus der DDR publizierten beziehungsweise für gegnerische Führungskräfte, westliche Geheimdienste oder andere Stellen und Kräfte Spionageinformationen sammelten und aufbereiteten;
- die Aufklärung, Kontrolle und Bearbeitung diplomatischer Vertretungen sowie von bevorrechteten Personen anderer Staaten in der DDR, die zur Planung und Realisierung gegen die DDR gerichteter Handlungen eng mit ausländischen Korrespondenten und Journalisten zusammenarbeiteten;
- die Durchführung offensiver Maßnahmen zur Zersetzung und Verunsicherung des Gegners zur Unterbindung seiner Informationskanäle aus der DDR sowie zu einer öffentlich wirksamen Konterpropaganda.

2. Verhinderung, Aufdeckung, und Bekämpfung subversiver Aktivitäten ausländischer Korrespondenten und Journalisten in der DDR. Diese Aufgabe erforderte vor allem:

- die zielgerichtete Suche sowie die Entlarvung des Gegners unter ausländischen Korrespondenten und Journalisten;
- die Erarbeitung beweiskräftiger Dokumentationen

über Pläne, Absichten und Handlungen dieses Personenkreises sowie der dabei angewandten Mittel und Methoden;

- die Vorbereitung und konsequente Durchsetzung von politischen Führungsentscheidungen über feindlich tätige ausländische Korrespondenten und Journalisten;
- die Aufdeckung und Einflussnahme auf die Beseitigung begünstigender Umstände und Bedingungen für negative Handlungen ausländischer Korrespondenten und Journalisten.

3. Aufklärung und Kontrolle akkreditierter ständiger Korrespondenten, ihrer technischen Mitarbeiter, Familienangehörigen sowie Büros und Wohnungen. Diese Aufgabe erforderte vor allem:

- die zielgerichtete Klärung der Frage »Wer ist wer?« zu diesem bedeutsamen Personenkreis;
- die operative Kontrolle bei der Realisierung journalistischer Vorhaben;
- die Mitwirkung an Entscheidungsfindungen über den Antrag auf Zulassung ausländischer Publikationsorgane durch das MfAA sowie über die Durchführung journalistischer Vorhaben durch ihre Korrespondenten;
- die Vorbereitung von politischen Führungsentscheidungen zur Tätigkeit ausländischer Publikationsorgane und ihrer Mitarbeiter.

4. Verhinderung, Aufklärung und Bekämpfung feindlich-negativer Aktivitäten von Bürgern der DDR und von in der DDR aufhältigen Ausländern, die von ausländischen Korrespondenten und Journalisten dazu inspiriert wurden beziehungsweise dabei unterstützt worden sind. Diese Aufgabe erforderte vor allem:

- die Identifizierung unbekannter Personen, die Kontakt zu ausländischen Korrespondenten und

Journalisten aufgenommen hatten beziehungsweise dorthin eine Verbindung unterhielten;

- die Aufklärung festgestellter Kontaktpartner und Verbindungspersonen zur Klärung der Frage »Wer ist wer?«;
- die Bearbeitung von Kontaktpartnern und Verbindungspersonen zum Nachweis feindlicher Handlungen dieser Personen sowie der dabei inspirierenden und unterstützenden Funktion ausländischer Journalisten und Korrespondenten;
- die Einschränkung und Unterbindung von Kontakten durch Bürger der DDR zu ausländischen Journalisten und Korrespondenten.

5. Mitwirkung bei der Durchsetzung pressepolitischer Erfordernisse der SED und der Regierung. Diese Aufgabe erforderte vor allem:

- die Unterstützung der politischen Arbeit der Massenmedien der DDR zur weiteren Ausprägung des Bildes der Bürger der DDR über die Rolle und Funktion westlicher Publikationsorgane und ihrer Mitarbeiter;
- die Unterstützung von auslandsinformatorischen Interessen der SED durch operative Einflussnahme auf die Berichterstattung ausländischer Journalisten und Korrespondenten über die DDR;
- die Desinformierung ausländischer Journalisten und Korrespondenten zur Verunsicherung des Gegners.

6. Einflussnahme auf die Durchsetzung der Rechtsordnung der DDR und auf die Beseitigung begünstigender Bedingungen für deren Verletzung im Zusammenhang mit dem Aufenthalt und der Tätigkeit ausländischer Korrespondenten und Journalisten in der DDR. Diese Aufgabe erforderte vor allem:

- die allseitige Durchsetzung der Verordnung über

die Tätigkeit von Publikationsorganen anderer Staaten und deren Korrespondenten in der DDR sowie ihrer Durchführungsbestimmung vom 11. April 1979 zu sichern;

- die Verhinderung und Bekämpfung des Missbrauchs der gewährten Arbeitsmöglichkeiten durch ausländische Korrespondenten und Journalisten.

7. Sicherung der Hauptabteilung Presse des MfAA, des IPZ sowie des Auslandspressedienstes »Panorama« der DDR. Diese Aufgabe erforderte vor allem:

- die Verhinderung, Aufdeckung und Bekämpfung von Aktivitäten westlicher Geheimdienste sowie anderer negativer Handlungen gegen die genannten Einrichtungen, deren Tätigkeit und Mitarbeiter;
- die Klärung der Frage »Wer ist wer?« zu Mitarbeitern dieser Einrichtungen zum Erkennen von personellen Unsicherheitsfaktoren und Stützpunkten des Gegners;
- die Einflussnahme auf die Durchsetzung der innerdienstlichen Regelungen zur Arbeit mit ausländischen Korrespondenten und Journalisten.

8. Gewährleistung des Schutzes in der DDR akkreditierter Korrespondenten und deren Mitarbeiter sowie der Büros akkreditierter Publikationsorgane vor Angriffen feindlicher Stellen und Kräfte. Diese Aufgabe erforderte vor allem:

- die Aufdeckung und Bekämpfung von Aktivitäten westlicher Geheimdienste gegen ausländische Korrespondenten und deren Mitarbeiter;
- die Sicherung dieser Personen und Einrichtungen vor terroristischen und anderen Gewalttaten sowie rechtswidriger Beeinträchtigung.[472]

---

472 Vgl.: Dr. Ulrich Wollermann, Siegfried Neubert, Wolfgang

Das Grundsatzdokument »zur politisch-operativen Sicherung der in der Deutschen Demokratischen Republik akkreditierten Publikationsorgane anderer Staaten, deren ständigen Korrespondenten sowie von Reisekorrespondenten aus anderen Staaten« war der Befehl Nr. 17/74 des Ministers für Staatssicherheit vom 12. August 1974. In diesem Grundsatzdokument befahl Minister Erich Mielke der HA II unter anderem nachfolgend aufgeführte Verantwortlichkeiten:

- Schutz der ständigen Korrespondenten und der Reisekorrespondenten anderer Staaten, deren Arbeits- und Wohnräume in der DDR vor terroristischen und anderen Gewaltakten,
- operative Bearbeitung aller unter Missbrauch der gewährten Arbeitsmöglichkeiten organisierten subversiven Handlungen, insbesondere geheimdienstlicher Tätigkeit und Bildung illegaler Korrespondentennetze,
- Aufdeckung und Bekämpfung staatsfeindlicher beziehungsweise anderer krimineller Handlungen durch Bürger der DDR oder Bürger anderer Staaten sowie von Staatenlosen unter Nutzung von beziehungsweise in Verbindung mit den legalen Möglichkeiten von Korrespondenten anderer Staaten,
- Sicherung des IPZ und des APA »Panorama«,
- operative Nutzung des Zollamtes Berlin I (Diplomaten-Zollamt),
- zentralisierte Erfassung und analytische Aufbereitung der durch alle operativen Linien und Diensteinheiten über Publikationsorgane anderer Staaten sowie Korrespondenten gewonnenen Informationen, die der ständigen Qualifizierung der operativen Arbeit sowie der

Stuchly, Diethardt Gellert, Werner Kalfürst: »Grundfragen der politisch-operativen Abwehrarbeit zu ausländischen Korrespondenten und Journalisten«, Bl. 174–178.

Unterstützung von Maßnahmen und Entscheidungen zur weiteren Gestaltung der Innen- und Außenpolitik der DDR dienten, in enger Zusammenarbeit mit der ZAIG.[473]

Daraus ergaben sich für die HA II folgende Aufgaben:

- Überprüfung und Aufklärung der Publikationsorgane anderer Staaten, deren ständigen Korrespondenten und Reisekorrespondenten vor beziehungsweise mit Aufnahme ihrer Tätigkeit in der DDR (die HA II hatte Einfluss auf die Akkreditierung von Publikationsorganen und Korrespondenten anderer Staaten sowie auf die Erteilung von Arbeitsgenehmigungen für Reisekorrespondenten zu nehmen),
- operative Kontrolle der Korrespondenten im Arbeits-Wohn- und Freizeitbereich (Erkennung von Kontaktanbahnungen zu operativ-interessanten DDR-Bürgern, Verbindungen zu anderen Korrespondenten, insbesondere zu solchen, über die relevante Informationen vorlagen),
- Bearbeitung operativer Materialien und Vorgänge über feindliche Tätigkeit und Straftaten der allgemeinen Kriminalität der Korrespondenten (Schwerpunkte waren geheimdienstliche Aktivitäten, feindliche Kontakte und Verbindungen, gegnerische Stützpunkte, staatsfeindlicher Menschenhandel, Verbreitung nicht lizenzierter Schriften, ungesetzliche Einfuhr beziehungsweise Besitz von Waffen und Munition, Rauschgiftschmuggel),
- zielstrebige Nutzung bestehender Möglichkeiten zur Gewinnung von IM unter Korrespondenten,
- Überprüfung, Bestätigung und bei Notwendigkeit Bearbeitung der bei akkreditierten Korrespondenten

---

473 Vgl.: Hubertus Knabe: *West-Arbeit des MfS. Das Zusammenspiel von »Aufklärung« und »Abwehr«*. Berlin 1999, S. 364.

zur Einstellung gelangten DDR-Bürger (umfassende Sicherheitsüberprüfung der einzustellenden Kräfte, Gewinnung von IM unter diesen Personen, Aufdeckung und Bearbeitung von feindlichen oder kriminellen Handlungen),

- Aufklärung und Bearbeitung von DDR-Bürgern, die zu Korrespondenten bedeutsame Kontakte unterhielten (Art der Kontaktherstellung, Intensität und Zielstellung der Kontakte, Aktivitäten zur Kontaktverdichtung, Nutzung solcher Kontakte zur Werbung von IM),
- Einleitung operativer Maßnahmen zur Sicherung, operativen Kontrolle und Bearbeitung von Reisekorrespondenten, insbesondere der aus dem nichtsozialistischen Ausland (Einflussnahme auf die Auswahl und Tätigkeit der Betreuer für diese Korrespondenten, Werbung qualifizierter IM unter den Betreuern),
- Feststellung und Aufklärung von Bürgern anderer Staaten und von diesen beauftragte Personen, die in der DDR unberechtigt journalistisch tätig wurden (Einsatz von IM sowie Einflussnahme auf die Organe des MdI und anderer staatlicher Einrichtungen zur Unterbindung derartiger Handlungen),
- operative Kontrolle des Verbindungs- und Nachrichtenwesens der Korrespondenten (Schutz der den Korrespondenten gewährten Nachrichtenmittel und- Einrichtungen, Aufklärung und Verhinderung des Missbrauchs des Verbindungs- und Nachrichtenwesens durch Korrespondenten, insbesondere für feindliche Handlungen),
- Personen-, vorgangs- und stützpunktbezogene Arbeit im und nach dem Operationsgebiet (Aufklärung und Dokumentierung der Verbindungen von Korrespondenten zu westlichen Geheimdiensten, feindlichen Organisationen, Gruppen und Einzelpersonen, speziell zu den Vertretungen anderer Staaten in Westberlin),

- Gewährleistung einer umfassenden und intensiven Arbeit mit allen IM-Kategorien, GMS sowie OibE zur Erzielung hoher operativer Ergebnisse bei der Realisierung der im Befehl Nr. 17/74 gestellten Aufgaben,
- Erfassung und analytische Aufbereitung von Informationen, insbesondere zur Herausarbeitung von Schwerpunkten der Feindtätigkeit und der Deliktspezifik sowie zu Motiven, Zielstellungen und begünstigenden Umständen.[474]

Zur Realisierung der vom Minister für Staatssicherheit gestellten Aufgaben hatte die HA II eng mit anderen Diensteinheiten zusammenzuarbeiten. Ebenso beinhaltete der Befehl Nr. 17/74 konkrete Aufgabenstellungen für andere operative Linien und Diensteinheiten.

So hatte sich beispielsweise die HV A an der Aufklärung der Pläne, Absichten, Maßnahmen sowie Mittel und Methoden des Gegners mitzuwirken, Korrespondenten anderer Staaten zu Handlungen gegen die DDR und andere sozialistische Staaten zu nutzen.

Die HA VI hatte die Grenzpassagen von Korrespondenten anderer Staaten, deren Familienangehörigen und Personal zu erfassen und zu dokumentieren. Der HA VIII oblag die Einleitung und Durchführung zielgerichteter Aufgaben der Beobachtung, Ermittlung und anderer operativer Maßnahmen auf der Grundlage bestätigter Auftragsersuchen.[475]

Die Leiter der BV hatten in ihrem Verantwortungsbereich die Durchsetzung der im Befehl Nr. 17/74 festgelegten Aufgabenstellungen zu gewährleisten. Vorrangig hatten sie in Zusammenarbeit mit allen operativen Linien und im Zusammenwirken mit den anderen Schutz- und Sicherheitsorganen zu gewährleisten, dass

---

474 Vgl.: Ebd., S. 365–368.
475 Vgl.: Ebd., S. 368 f.

Provokationen und andere zu den gewährten Rechten im Widerspruch stehende Handlungen der Korrespondenten, besonders bei gesellschaftlichen Höhepunkten und Massenveranstaltungen, verhindert wurden. Dazu oblag den Abteilungen II der BV eine besondere Verantwortung.[476]

IM-Arbeit der HA II/13

Entsprechend der spezifischen Mittel und Methoden, mit denen das MfS die übertragenen Aufgaben realisierte, erfolgte auch auf dem Gebiet der Abwehrarbeit gegen Journalisten und Korrespondenten der Einsatz von IM. Die Einschätzung der AKG der HA II zu ausgewählten Problemen der Arbeit mit IM in der HA II/13 vom November 1982 bestätigte der HA II/13, »dass durch den in den letzten Jahren geschaffenen IM-Bestand wertvolle Arbeitsergebnisse bei der vorbeugenden Verhinderung, Aufdeckung und Bekämpfung subversiver Handlungen ausländischer Korrespondenten und Journalisten erreicht wurden«[477].

Allerdings wurde gleichzeitig darauf verwiesen, »dass die operativen Potenzen des IM-Bestandes noch nicht voll ausgeschöpft und noch nicht alle IM entsprechend ihrer Einsatzmöglichkeiten im notwendigen Maße an der Deckung des Informationsbedarfs beteiligt sind«[478]. Unter dem letztgenannten Gesichtspunkt kam der weite-

---

476 Vgl.: Ebd., S. 371.

477 Vgl.: Dr. Ulrich Wollermann, Siegfried Neubert, Wolfgang Stuchly, Diethardt Gellert, Werner Kalfürst: »Grundfragen der politisch-operativen Abwehrarbeit zu ausländischen Korrespondenten und Journalisten«, Bl. 194.

478 Vgl.: Ebd.

ren Erhöhung der Effektivität der Zusammenarbeit mit dem vorhandenen IM-Bestand seitens der HA II/13 ein entsprechender Stellenwert zu. Das verlangte vor allem:

- die planmäßigere und umfassendere Herausarbeitung der operativen Möglichkeiten und Voraussetzungen der IM zur Lösung der vielfältigen Aufgaben zur Aufklärung, Kontrolle und Bearbeitung ausländischer Journalisten und Korrespondenten sowie deren differenzierte Nutzung durch eine konkrete personen- und sachverhaltsbezogene Auftragserteilung und Instruierung der IM,
- die zielgerichtete Entwicklung von IM für die Arbeit im und nach dem Operationsgebiet, insbesondere zur Aufklärung, Kontrolle und Bearbeitung interessierender ausländischer Korrespondenten und Journalisten in der Bundesrepublik und Westberlin,
- den noch offensiveren Einsatz von IM bei der Durchführung operativer Spiele und Kombinationen zur Erarbeitung der erforderlichen Informationen und Beweise zu subversiven Handlungen von Personen aus diesem Personenkreis sowie zur vorbeugenden Verhinderung derartiger Handlungen.[479]

Die Ergebnisse bei der vorbeugenden Verhinderung, Aufdeckung und Bekämpfung subversiver Handlungen ausländischer Journalisten und Korrespondenten wurden nach Ansicht der Spionageabwehr des MfS maßgeblich durch IM bestimmt, die über Möglichkeiten und Voraussetzungen zur Nachweisführung der Leitung, Steuerung und Koordinierung der gegen die staatliche Sicherheit der DDR gerichteten Handlungen ausländischer Korrespondenten und Journalisten durch gegnerische Stellen und Kräfte im Operationsgebiet

---

479 Vgl.: Ebd., Bl. 195.

sowie zur operativen Bearbeitung von im Verdacht der Feindtätigkeit stehenden Personen aus diesem Personenkreis in OV verfügten.

Im Jahr 1983 waren diese IM von der Qualität und der Quantität nach Ansicht des MfS im IM-Bestand noch nicht ausreichend vorhanden. Die dafür notwendige Ergänzung und Erweiterung des IM-Bestands musste deshalb vor allem ausgerichtet sein auf:

- die Gewinnung von Bürgern der DDR aus dem engsten Freundes- und Bekanntenkreis bedeutsamer ausländischer Korrespondenten und Journalisten als IM und die Entwicklung von IM, die nutzbare Kontakte und Verbindungen zu diesen Personen herstellen konnten,

- die Gewinnung von IM und Schaffung von Abschöpfquellen unter den in der DDR ständig oder zeitweilig tätigen ausländischen Korrespondenten und Journalisten, insbesondere aus der Bundesrepublik und Westberlin,

- die Schaffung stabiler operativer Positionen in ausgewählten Institutionen und Einrichtungen des Lenkungsmechanismus für die Tätigkeit von Korrespondenten und Journalisten ausländischer Publikationsorgane in der DDR, durch die Werbung von Personen aus und die Einschleusung von IM in diese Objekte sowie den Aufbau von Verbindungen zu Kontaktpersonen in und an diesen Objekten, die ständig abgeschöpft beziehungsweise zur Durchführung operativer Maßnahmen genutzt werden konnten.[480]

Zur Gewährleistung der Durchsetzung des Prinzips der Federführung bei operativen Prozessen im Abwehrkomplex ausländische Journalisten und Korrespondenten, insbesondere:

---

480 Vgl.: Ebd., Bl. 195 f.

- zur Vermeidung jeglicher Belastungen politischer Interessen der DDR,
- zur optimalen zeitlichen und räumlichen Realisierung operativer Maßnahmen,
- zur Vermeidung von Überschneidungen und Dekonspirationen,

sollte die Kontaktaufnahme, die Gewinnung und der Einsatz von IM durch die operativen Diensteinheiten der Abwehr gegenüber ausländischen Korrespondenten und Journalisten unter Wahrung der Konspiration mit der HA II/13 beziehungsweise der HV A abgestimmt werden.[481]

Zur Verhinderung, Aufdeckung und Bekämpfung subversiver Handlungen ausländischer Journalisten/Korrespondenten war es notwendig, über einen »unter allen Lagebedingungen funktionierenden und schlagkräftigen IM-Bestand«[482] zu verfügen.

Dieser IM-Bestand sollte nach Ansicht der Spionageabwehr aus folgenden wesentlichen Einsatzrichtungen bestehen:

1. IM, die über Möglichkeiten und Voraussetzungen zur Arbeit im und nach dem Operationsgebiet verfügten, insbesondere zum Eindringen in die Institutionen und Einrichtungen, aus denen Erkenntnisse über Pläne, Absichten und Maßnahmen von in ihrem Auftrage gegen die DDR tätigen ausländischen Korrespondenten und Journalisten gewonnen werden konnten. Durch diese IM war das MfS in der Lage, Tatsachen aufzudecken und zu beweisen, die vom Gegner konspiriert wurden und nur schwer zu erlangen waren, aber für die wirkungsvolle Durchsetzung der auslandsinformatorischen Interessen der Partei- und

---

481 Vgl.: Ebd., Bl. 196 f.
482 Ebd., Bl. 198.

Staatsführung der DDR sowie für gezielte Offensivmaßnahmen gegen westliche Publikationsorgane benötigt wurden.

Dabei waren insbesondere solche Tatsachen aufzudecken und zu beweisen, die die geheimdienstliche Steuerung und personelle Durchdringung westlicher Publikationsorgane sowie ihrer Korrespondenten/Journalisten deutlich machten oder das Zusammenspiel von ausländischen Korrespondenten/Journalisten mit weiteren Feindzentralen und den Zentralredaktionen im Operationsgebiet offen legten.

Weiterhin wurden diese IM zur Erarbeitung bedeutsamer Informationen und Beweise zu den in Verdacht der Feindtätigkeit stehenden ausländischen Korrespondenten/Journalisten in der DDR mit dem Ziel der Nachweisführung des dringenden Verdachts von Straftaten, insbesondere von Staatsverbrechen, eingesetzt.[483]

Zu den Personenkreisen, aus denen solche IM gewonnen werden konnten, gehörten vor allem:

- akkreditierte ständige Korrespondenten und Reisekorrespondenten, einschließlich technischer Mitarbeiter westlicher Publikationsorgane, insbesondere aus der Bundesrepublik und Westberlin,
- Personen aus Ausbildungseinrichtungen für Journalisten in der Bundesrepublik und Westberlin,
- aus touristischen, privaten oder anderen Gründen wiederholt in die DDR einreisende Journalisten und Mitarbeiter bürgerlicher Publikationsorgane, insbesondere aus der Bundesrepublik und Westberlin,
- Korrespondenten und Journalisten aus national befreiten Staaten,

---

483 Vgl.: Ebd., Bl. 199 f.

- Personen mit operativen Einsatzmöglichkeiten im Operationsgebiet.[484]

2. IM aus den Zielgruppen der ausländischen Korrespondenten und Journalisten mit Voraussetzungen und Möglichkeiten zur unmittelbaren Aufklärung, Kontrolle und Bearbeitung von Angehörigen aus diesen Personenkreisen.

Das MfS erkannte bei der Arbeit dieser IM erfolgversprechende Bearbeitungsmöglichkeiten, da ausländische Korrespondenten und Journalisten ständig bemüht waren, Kontaktpartner in der DDR zu suchen, mit deren Hilfe und Unterstützung sie ihre Tätigkeit realisieren konnten.

Dabei hatten sich bestimmte Personenkreise als Zielgruppen ausländischer Korrespondenten/Journalisten herauskristallisiert. Die Spionageabwehr war an der Gewinnung von IM interessiert, die durch ihre Persönlichkeit, durch ihre berufliche und gesellschaftliche Stellung, durch den Besitz oder den Zugang zu Informationen, durch ihre Kontakte und Verbindungen für ausländische Korrespondenten und Journalisten als Kontaktpartner und Verbindungspersonen von Interesse waren und damit über Voraussetzungen verfügten, in diese Personenkreise einzudringen.

IM aus den Zielgruppen ausländischer Korrespondenten und Journalisten waren unter Beachtung der jeweils unterschiedlichen Möglichkeiten und Voraussetzungen vorrangig in folgende Richtungen einzusetzen:

- zur Aufklärung von ausländischen Korrespondenten/Journalisten und ihrer unmittelbaren Umgebung im Arbeits-, Wohn- und Freizeitbereich,

---

484 Vgl.: Ebd., Bl. 199–204.

- zur Feststellung sowie Aufklärung bedeutsamer Kontakte und Verbindungen ausländischer Korrespondenten/Journalisten in der DDR,
- zur Erarbeitung von Informationen beziehungsweise zur Lösung von Aufgaben im Zusammenhang mit der Realisierung operativer Maßnahmen, unter anderem Aufklärung und skizzenmäßige Darstellung der Lage und Beschaffenheit der Wohnung beziehungsweise der Arbeitsräume.

Bei diesen IM handelte es sich oftmals um Geheimnisträger beziehungsweise Personen, die entsprechend ihrer gesellschaftlichen Stellung beziehungsweise beruflichen Tätigkeit über bedeutsame Informationen aus Politik, Wirtschaft und Kultur verfügten beziehungsweise Zugang zu solchen hatten. Daraus resultierte auch wesentlich das besondere Interesse der ausländischen Journalisten/Korrespondenten an diesen Personen.

Dieses Interesse zu nutzen, war in der Regel jedoch damit verbunden, dass IM zur Herstellung und Aufrechterhaltung nutzbarer Kontakte und Verbindungen zu ausländischen Korrespondenten/Journalisten diesen auch entsprechende Informationen übergaben beziehungsweise zugänglich machen mussten. Bei der Entscheidung, was die IM an Informationen an ausländische Korrespondenten/Journalisten übergeben durften, ging das MfS von folgender Grundposition aus: Der notwendige sicherheitspolitische Nutzen musste höher sein als die aus der Übergabe von Informationen möglicherweise resultierenden negativen Folgen und es mussten Hinweise dafür vorliegen, dass das angestrebte Ziel auch tatsächlich erreicht werden konnte. Um die negativen Folgen auf ein Minimum zu reduzieren, sollten bei Notwendigkeit außerdem darauf ausgerichtete spezifisch-operative Maßnahmen durchgeführt werden. Ausgeschlossen von der Übergabe waren Informationen, die für die staatliche Sicherheit wichtig waren und die auch im Interesse der Lösung operativer Aufgaben nicht zugänglich gemacht werden durften.

Die Entscheidung über die »Preisgabe« relevanter Informationen durch IM war grundsätzlich vom Leiter der Diensteinheit zu treffen. In den Fällen, wo zur Erreichung besonders bedeutsamer, auf anderen Wegen nicht zu erlangender Arbeitsergebnisse die Notwendigkeit bestand, ausländischen Korrespondenten/Journalisten Informationen zu übergeben, die für die staatliche Sicherheit der DDR einen hohen Stellenwert hatten – in der Regel handelte es sich dabei um einmalige Handlungen –, war die Bestätigung durch den Leiter der HA II erforderlich.[485]

3. IM mit Voraussetzungen und Möglichkeiten der Lösung unterschiedlicher peripherer operativer Aufgaben zur Aufklärung, Kontrolle und Bearbeitung ausländischer Korrespondenten/Journalisten.

   Zur Lösung der sich aus dem Aufenthalt dieses Personenkreises in der DDR ergebenden vielfältigen Aufgaben, insbesondere zur Vorbeugung und Schadensverhütung, zur Erarbeitung von Informationen für die ständige Einschätzung der Lage wurden IM in Leitungsfunktionen in Einrichtungen der DDR beschäftigt, die offizielle Kontakte zu ausländischen Korrespondenten/Journalisten unterhielten. Einem Teil dieser IM war es in Abhängigkeit von ihrer beruflichen Position, ihrer Persönlichkeit und bei Gewährleistung der Abdeckung von persönlichen Beziehungen zu diesem Personenkreis möglich, diese offiziellen Kontakte auf die private Ebene auszudehnen.

   Diese IM waren vor allem in den folgenden Richtungen einsetzbar:

---

485 Vgl.: Ebd., Bl. 205–210.

- zur offensiven Durchsetzung der vorbeugenden und schadensverhütenden Arbeit, unter anderem durch die Einflussnahme auf die Genehmigung oder Ablehnung von journalistischen Vorhaben aus sicherheitspolitischen Gründen oder die Einflussnahme auf die Auswahl von Besucherobjekten für journalistische Vorhaben,
- zur eigenständigen Erarbeitung von Teileinschätzungen, Analysen und Übersichten zur Lage unter ausländischen Korrespondenten/Journalisten, zu einzelnen Personen und zu relevanten Erscheinungen wie beispielsweise der Verletzung von Rechtsordnungen der DDR und dabei angewandter Mittel und Methoden.

IM, die als Hausmeister, Reinigungskräfte, Handwerker oder als Angestellte gastronomischer und Freizeiteinrichtungen beziehungsweise als Mitarbeiter kultureller Einrichtungen zu diesem Personenkreis berufsbedingte Kontakte unterhielten oder in mehr oder weniger periodischen Abständen halten konnten, waren unter anderem einsetzbar:

- zur Aufklärung und Kontrolle ausländischer Korrespondenten/Journalisten, insbesondere ihrer Familienverhältnisse und verhaltensbestimmenden Interessen, Neigungen, Gewohnheiten sowie ihres unmittelbaren Umgangskreises,
- zur Erarbeitung von notwendigen Informationen für die Durchführung technischer und anderer operativer Maßnahmen, wie der Aufklärung und skizzenmäßigen Darstellung der Wohnungen und Büroräume ausländischer Korrespondenten/Journalisten oder Feststellungen zur An- und Abwesenheit dieses Personenkreises.[486]

---

486 Vgl.: Ebd., Bl. 210–213.

Vorgänge

Die HA II/13 bearbeitete eine Reihe von Vorgängen gegen Journalisten und Korrespondenten, die unter Spionageverdacht standen.

Im OV »Starnberg« wurde 1978 der ständig in der DDR akkreditierte Korrespondent P. von der *Süddeutschen Zeitung* wegen des Verdachts der Verbindung zum BND und seiner aktiven Kontakttätigkeit zu politisch-negativen Kräften in der DDR bearbeitet. Das Ziel der Bearbeitung bestand im Nachweis der Verbindung von P. zum BND.[487]

Später wechselt P. zum *Stern* und wurde als »Starnberg« im OV »Kumpan« mit dem Fotografen »Brasil« bearbeitet. Nach Erkenntnissen des Sicherheitsorgans der ČSSR soll »Starnberg« durch Einflussnahme des Koordinators für die Geheimdienste im Bundeskanzleramt der Bundesrepublik als Korrespondent in der DDR und in anderen sozialistischen Staaten eingesetzt worden sein. Erkenntnisse des KfS der UdSSR belegten nach Angaben der HA II/13, dass »Starnberg« für eine US-Militärdienststelle in Westberlin Fotos von Gleisanlagen beschaffte.

Die Informationsinteressen und Aktivitäten von »Starnberg« deckten sich nach Erkenntnissen der Staatssicherheit wiederholt mit Auftragsstrukturen von Agenturen der CIA und des BND. »Starnberg« unternahm nach Erkenntnissen der HA II/13 intensive Versuche zur Erlangung hochwertiger interner Informationen aus politischen und ökonomischen Bereichen der DDR, ČSSR, VR Ungarn, VR Bulgarien und der SR Rumänien.

Die Aktivitäten von »Starnberg« im Jahr 1988 erhärte-

---

487 Vgl.: Jahresarbeitsplan 1978 der HA II/13. BStU ZA MfS HA II/13 Nr. 448, Bl. 344.

ten beim MfS den Verdacht, dass er als Gesprächsauf-
klärer arbeitet. Zugenommen hatten seine Aktivitäten
zu negativen Kräften, insbesondere zur Feststellung
der Wirksamkeit politischer Untergrundtätigkeit in der
DDR und anderen sozialistischen Ländern.[488]
1989 bestand das Ziel der Bearbeitung in der Erarbeitung offizieller und inoffizieller Beweise für eine
nachrichtendienstliche Tätigkeit für einen westlichen
Geheimdienst und in der vorbeugenden Verhinderung
des Abfließens interner Informationen. Dazu waren folgende Maßnahmen vorgesehen:

- weiterer Einsatz der IM der HA II/13 »Roge«, »Franz«,
  »Frieder«, »Maria«, »Georg Zorn«, »Wolfgang Ähre«,
  »Heinrich« und IM der HA II/12, HVA X und HV A/
  AGK sowie der HA XX/4 und der Abteilung XX der
  BV Dresden und Berlin;
- Einsatz der IM »Roge«, »Franz« und »Frieder« im
  Operationsgebiet (Westberlin) zur rechtzeitigen Auf-
  klärung von Plänen, Absichten, Maßnahmen und der
  vorbeugenden Verhinderung feindlicher Angriffe von
  »Starnberg« sowie zur Aufklärung des Wohnbereichs
  und von Kontakten und Anlaufstellen des »Starnberg«;
- Koordinierung von Maßnahmen zur Beweisführung
  mit der HA II/AGK und der HV A IX sowie Qualifizierung der technischen Maßnahmen;
- Erarbeitung von Kontaktanalysen zum DDR-Verbin-
  dungskreis von »Starnberg« sowie zum Wohnbereich
  von »Starnberg« und »Brasil«;
- Werbung eines IM mit Einsatzmöglichkeiten im Operationsgebiet Westberlin.[489]

Im OV »Nadel« sind die Korrespondenten »Nadel I«,

---

488 Vgl.: Jahresarbeitsplan 1989 der HA II/13. BStU ZA MfS HA II
Nr. 20862, Bl. 140.

489 Vgl.: Ebd., Bl. 141.

S., »Nadel II«, M. und »Kamm«, M., operativ bearbeitet worden.

Nach der Schließung des *Spiegel*-Büros in der DDR und der Realisierung des OV »Tal« der HA II konzentrierte sich die Bearbeitung des OV »Nadel« auf die Kontrolle der wichtigsten DDR-Kontakte der Korrespondenten »Nadel I« und »Nadel II« sowie »Kamm«, um konspirative Aktivitäten, besonders den Einsatz von Stellvertretern, zu erkennen.

Dabei waren vor allem Erkenntnisse aus der Bearbeitung des OV »Starnberg«, des OV »Sprecher« (OV-Person war der WDR-Hörfunkkorrespondent N.) und des operativen Materials »Karo« der HA II/13, der OV der Linie XX, der Untersuchungsarbeit gegen »Tal« und aktueller Erkenntnisse der Linie III auszuwerten.

Ziel der Bearbeitung war die Dokumentation nachrichtendienstlicher und anderer Aktivitäten von Mitarbeitern und Korrespondenten des Nachrichtenmagazins *Der Spiegel.*[490]

Später wurde der in der Abteilung XII des MfS nicht registrierte OV »Nadel« zum OV »Tarantel« mit der Registriernummer XV 1178/86.

Bearbeitet wurden die Mitarbeiter des DDR-Büros des bedeutenden bundesdeutschen Nachrichtenmagazins:

- OV »Tarantel« – »Kamm« (Korrespondent) und »Bürste« (Sekretärin K.),
- OPK »Wurm« – freischaffender Fotograf.

Der HA II/13 lagen Verdachtshinweise auf eine Verbindung zum BND vor.

Bei »Kamm« waren Angriffsrichtungen und Informationsinteressen wiederholt identisch mit den jeweiligen Auftragsstrukturen des BND zur Erkundung politischer

---

490 Vgl.: Jahresarbeitsplan 1978 der HA II/13. BStU ZA MfS HA
     II/13 Nr. 448, Bl. 342.

und ökonomischer Führungsbereiche der DDR. Darüber hinaus unterhielt »Kamm« enge Kontakte zu Mitarbeitern eines Nachrichtenmagazins, zu denen Hinweise auf eine geheimdienstliche Verbindung vorlagen.

»Kamm« forcierte 1988 seine Abschöpfungstätigkeit (Gesprächsaufklärung). Er bot sich nach Erkenntnissen der HA II zur Lancierung von Informationen gegenüber Kontaktpartnern der HV A X an, bei denen er eine Verbindung zum MfS vermutete. Die Zielstellung bei der Bearbeitung bestand in der:

- Erarbeitung weiterer inoffizieller und Schaffung offizieller Beweise für nachrichtendienstliche Verbindungen von »Kamm«, »Bürste« und »Wurm« beziehungsweise des Nachrichtenmagazins und seiner Mitarbeiter,
- vorbeugende Verhinderung des Abfließens von Informationen geheimzuhaltenden Charakters, Prüfung der Möglichkeiten, »Kamm« zur Informationslancierung zu nutzen,
- Ausschaltung von Überraschungen durch »Kamm« und seiner Hintermänner im politischen, journalistischen und operativen Bereich,
- Feststellung, Aufklärung und Bestimmung der operativen Relevanz sowie Prüfung operativer Nutzbarkeit von Kontakten in der DDR und im Operationsgebiet.

Dazu waren folgende Maßnahmen vorgesehen:

- gezielter und koordinierter Einsatz der IM der HA II/13 mit den IM der HV A X, der BV Berlin/Abteilung II und anderer Diensteinheiten (»Rainer Stark«, »Erich«, »Franziska«, »Andrea Meißner«, »Karla«, »Joachim«, »August Naumann«, »Dirk Bär« und »Edith«);
- Weiterführung der IM »Franziska« und »Erich« zum Ausbau und der Festigung des Vertrauensverhältnisses zu »Kamm« und »Bürste«;
- fortführende Aufklärung des Wohngebiets von

»Kamm«, »Bürste« und »Wurm« mit dem Ziel der Schaffung operativer Kontrollmöglichkeiten;

- Zusammenarbeit mit der HA II/AGK und der HA IX zur Beweisführung im OV »Tarantel«;
- Nutzung der technischen Maßnahmen zur Erarbeitung von Beweisen und bedeutsamen Informationen;
- Koordinierung mit der HA XX/4, HA XX/5 (»Blauvogel«), HA XX/9, BV Berlin/Abteilung XX zur rechtzeitigen Aufdeckung und Verhinderung subversiver Aktivitäten, der Erarbeitung von Plänen, Absichten und angewandter Mittel und Methoden sowie deren beweismäßige Sicherung;
- Koordinierung der Bearbeitung der OV »Franke« (HA II/13, Referat 2) und OV »Alm« (HA II/13, Referat 1), die mit »Kamm« zusammenarbeiten und von diesem gesteuert wurden;
- Beschaffung der Schlüssel vom Wohnbüro des »Kamm« durch gezielte Maßnahmen unter Nutzung des IM »August Naumann« als Voraussetzung für weitere, spezifische Maßnahmen;
- Suche, Auswahl und Gewinnung eines NSW-Reisekaders aus dem Zielbereich von »Kamm« zur Weiterführung der Aufklärung und Kontrolle von »Kamm« in Westberlin und Hamburg;
- Vorbereitung von operativen Beobachtungen von »Kamm«, »Bürste« und »Wurm« nach bedeutsamen Treffen in der DDR und in Westberlin, Feststellung von Treffpartnern in Zusammenarbeit mit dem Referat 3 der HA II/13.[491]

Des Weiteren bearbeitete die HA II/13 den OV »Eber«. Aufgrund zuverlässiger Informationen aus dem Operationsgebiet erfolgte die Fahndung nach unbekann-

---

491 Vgl.: Jahresarbeitsplan 1989 der HA II/13. BStU ZA MfS HA II Nr. 20862, Bl. 134 ff.

ten Agenturen des BND in den Fahndungsvorgängen »Mirza« und »Filler« der HA II/6. Der ständig in der DDR akkreditierte bundesdeutsche Korrespondent »Eber« wurde aufgrund selektiver Maßnahmen in den Kreis der Verdächtigen eingeordnet. Das Ziel der operativen Bearbeitung von »Eber« bestand in der Klärung der Verdachtshinweise auf eine nachrichtendienstliche Tätigkeit für den BND. Mit dem Ziel der Feststellung seiner Kontakte und seiner Informationsinteressen erfolgte der Einsatz zur Kontrolle und weiteren Aufklärung von »Eber« durch:

• IM »Andrea Meißner«,
• IM/OibE (Referat 4 im IPZ),
• IM der HA II/6 aus dem Kontaktbereich von »Eber«,
• Nutzung technischer Maßnahmen,
• gezielte Observation in der DDR,
• Aufklärung des Wohnbereichs in Westberlin.

Außerdem war die Weiterführung einer IM-Verbindung der Abteilung II/BV Frankfurt/O zur Kontrolle von »Eber« und die Koordinierung mit der HA II/6 zu den Fahndungsvorgängen »Mirza« und »Filler« geplant.[492]

In der OPK »Fessel« wurde ein in Westberlin tätiger Journalist bearbeitet, der durch den BND unter dem Decknamen »Rotfessel« geführt wurde. Gegen ihn wurden mehrfach nicht aufeinander abgestimmte Operationen des MfS geführt, die »Fessel« offenbar erkannt hatte beziehungsweise von Kontaktpartnern dazu informiert wurde. »Fessel« nutzte seine Aufenthalte in der DDR zur Gesprächsaufklärung und Abschöpfung. Das Ziel der Bearbeitung in der OPK bestand in der Klärung erneut vorliegender Verdachtshinweise für eine geheimdienstliche Anbindung. Dazu waren folgende Maßnahmen vorgesehen:

---

492 Vgl.: Ebd., Bl. 136 f.

- Aktualisierung der Auskünfte zu den Rückverbindungen von »Fessel«, speziell in den Bezirk Rostock, Koordinierung mit der Abteilung II/BV Rostock, insbesondere bei Aufenthalten im Bezirk;
- Weiterführung des Kontakts zu einem Werbekandidaten aus dem DDR-Kontaktkreis von »Fessel«, um die operative Nutzbarkeit eindeutig zu bestimmen.[493]

Die Bearbeitung des OV »Drachen« richtete sich gegen einen in der DDR akkreditierten Korrespondenten einer bundesdeutschen Zeitung.

Während seiner Tätigkeit in der DDR wurde Drachen – gesicherten Erkenntnissen des MfS zufolge – vom BfV angeworben und später zurückgezogen. Die Aktivitäten von »Drachen« im Jahr 1988 erhärteten den Verdacht, dass er vom BfV zu Blickfeldoperationen gegen die HV A eingesetzt wurde. Das Ziel der Bearbeitung bestand in der Erarbeitung weiterer offizieller Beweise für die Agententätigkeit von »Drachen« und in der Irreführung beziehungsweise Verunsicherung des BfV durch spezifische Maßnahmen des MfS gegen »Drachen«. Dazu waren folgende Maßnahmen vorgesehen:

- Bei Einreisen von »Drachen« in die DDR Einsatz eines IM der HV A X sowie des IM »Rainer Stark« und spezifischer konspirativer Maßnahmen zur Dokumentierung der Aktivitäten von »Drachen« beziehungsweise zur Abschöpfung seiner Informationsinteressen.
- Entsprechend der Lage sollte »Drachen« beim Aufenthalt in der DDR vom MfS angesprochen und mittels dieser Verbindungsaufnahme das BfV verunsichert werden.[494]

Konkretes militärisches Interesse hatten *Stern*-Korrespondent B. und der Fotograf Sch. Sie versuchten einen

---

493 Vgl.: Ebd., Bl. 137.
494 Vgl.: Ebd., Bl. 137 f.

DDR-Kontaktpartner zu veranlassen, bei einer Urlaubs-
reise an die Ostsee, ein Foto vom Übungsplatz Prora,
möglichst mit schwerer Kampftechnik, zu fertigen. Dieses Ansinnen wurde vom DDR-Kontaktpartner wegen
des zu hohen Risikos abgelehnt. Der *Stern*- Korrespondent B. wurde später aus der DDR ausgewiesen.[495]

Neben den bundesdeutschen Diensten wurden auch
andere westliche Nachrichtendienste und deren Verbindungen zu Korrespondenten/Journalisten durch die HA
II/13 bearbeitet.
So erfolgte die Bearbeitung die Bearbeitung eines amerikanischen Korrespondenten im OV »Alm« wegen des
Verdachts der Verbindung zu einem westlichen Geheimdienst.
Das Ziel bestand in der Nachweisführung gegen die
DDR gerichteter strafrechtlich relevanter Handlungen
gem. §§ 97/98 StGB in Verbindung mit dem Nachweis
der Inspirierung feindlich-negativ tätiger DDR-Bürger
im Sinne politischer Untergrundtätigkeit und der Organisierung des Zusammenwirkens äußerer und innerer
feindlich-negativer Kräfte sowie in der vorbeugenden
Verhinderung und der Zurückdrängung der Aktivitäten
von »Alm« in Zusammenarbeit mit anderen Diensteinheiten des MfS. Dazu waren die nachfolgend dargestellten Maßnahmen geplant:

• weiterer Einsatz der IM »Müller«, »Wilma« und »Mo-
  nika« der HA II/13 sowie IM der HA II/3 und der
  Abteilung II/BV Berlin;
• Schaffung eines IM aus dem Kreis der DDR-Kontaktpartner von »Alm«;

---

495 Vgl.: HA II: Information Aktivitäten legaler Basen des Feindes
    bei der militärischen Informationsbeschaffung. BStU ZA MfS
    HA II Nr. 22589, Bl. 9.

- Koordinierung von Bearbeitungsmaßnahmen zu »Alm« mit der HA XX und der BV Berlin/Abteilung XX zur Zurückdrängung seiner Aktivitäten in Verbindung mit Exponenten politischer Untergrundtätigkeit in der DDR.[496]

Durch das Referat 3 der HA II/13 erfolgte die operative Bearbeitung des Feindobjekts »Amt«. Bei »Amt« handelte es sich um eine Treffwohnung der CIA in Westberlin. Das Ziel bestand in der Erarbeitung von Hinweisen zu den in der Treffwohnung »Amt« verkehrenden Agenturen der CIA und in der weiteren Aufklärung des Wohnungsinhabers »Lehrer«. Zur weiteren Bearbeitung des Feindobjekts »Amt« waren für 1989 folgende Maßnahmen vorgesehen:

- koordinierte Bearbeitung des Objekts mit der HA II/AGK;
- Klärung von Hinweisen zum personellen Umfeld des Objekts mit dem Ziel, operative Bearbeitungsmöglichkeiten (Technik beziehungsweise Beobachtung) zu schaffen sowie Klärung der Perspektive des Vorlauf-IM »Schaufel« und des IM-Kandidaten »Bau«;
- weitere Aufklärung des Wohnungsinhabers »Lehrer« und zeitweiliger IM-Einsatz (Beobachtung) am Objekt durch die IM »Sommer« und »Löwe«.[497]

Im OV »Martin« wurde der in der DDR akkreditierte Reuters – Korrespondent W. – wegen des Verdachts nachrichtendienstlicher Aktivitäten im engen Zusammenhang mit der OPK »Inge« (Sekretärin des Reuters-Korrespondenten) und anderer englischer Korrespondenten bearbeitet.[498]

---

496 Vgl.: Jahresarbeitsplan 1989 der HA II/13. BStU ZA MfS HA II Nr. 20862, Bl. 139 ff.

497 Vgl.: Ebd., Bl. 138 f.

498 Vgl.: Jahresarbeitsplan 1978 der HA II/13. BStU ZA MfS HA

Im OV »Lord« wurde der BBC-Korrespondent V., in Westberlin, wegen seiner Kontakte zu politisch-negativen DDR-Bürgern, illegaler journalistischer Tätigkeit und vermutlicher nachrichtendienstlicher Tätigkeit bearbeitet.[499]

Die OPK »Nebel« richtete sich gegen den Korrespondenten einer britischen Nachrichtenagentur in der DDR, der enge Verbindungen zu erkannten Mitarbeitern des britischer und des amerikanischen Geheimdienstes in Westberlin und in den Botschaften Großbritanniens und der USA in der DDR unterhielt.[500]

In Bearbeitung bei der HA II/13 befand sich auch die OPK »Gallus«. »Gallus« war Korrespondent einer französischen Nachrichtenagentur in der DDR. Er unterhielt zu Mitarbeitern des französischen Geheimdienstes und der französischen Militäradministration in Westberlin sowie zu französischen Diplomaten in der DDR, die im Verdacht einer nachrichtendienstlichen Tätigkeit standen, persönlichen Kontakte.[501]

In der OPK »Emir« wurde ein akkreditierter indischer Korrespondent, der vermutlich als »Stellvertreter« geheimdienstlich tätig war, mit dem Ziel des Nachweises der nachrichtendienstlichen Tätigkeit und der Kompromittierung gegenüber seinem Auftraggeber bearbeitet.[502]

Ein Schweizer Korrespondent, der durch eigene Finan-

II/13 Nr. 448, Bl. 346.

499 Vgl.: Ebd., Bl. 347.

500 Vgl.: Jahresarbeitsplan 1989 der HA II/13. BStU ZA MfS HA II Nr. 20862, Bl. 142.

501 Vgl.: Ebd., Bl. 143.

502 Vgl.: Jahresarbeitsplan 1978 der HA II/13. BStU ZA MfS HA II/13 Nr. 448, Bl. 349.

zierung in die DDR gekommen war, wurde in der OPK »Mühle« bearbeitet. »Mühle« verfügte über umfangreiche persönliche Kontakte zu bedeutsamen DDR-Bürgern beziehungsweise ehemaligen DDR-Bürgern. Die Zielstellung der Bearbeitung bestand in der Erarbeitung von Informationen hinsichtlich von Kontakten zu westlichen Geheimdiensten beziehungsweise feindlichen Organisationen und Einrichtungen. Weiterhin sollte der Charakter der Verbindungen zu Exponenten politischer Untergrundtätigkeit in der DDR aufgeklärt werden.[503]

Sicherung des Internationalen Pressezentrums und der Auslandspresseagentur »Panorama«

Dem Referat 4 der HA II/13 oblag die Sicherung des IPZ und der APA »Panorama«. Dazu hatte die HA II/13 auch IM und OibE in diesen Objekten positioniert. Die HA II/13 verfügte 1977 über 14 OibE[504], 1988 waren es 24 OibE[505]. Diese Offiziere im besonderen Einsatz besetzten Schlüsselpositionen in den durch die HA II/13 zu sichernden Objekten.

Das IPZ in Ostberliner Mohrenstraße 36/37 wurde mit den Bereichen Gast- und Reisejournalisten sowie Organisation und Information direkt im Auftrag des MfAA,

---

503 Vgl.: Jahresarbeitsplan 1989 der HA II/13. BStU ZA MfS HA II Nr. 20862, Bl. 114.

504 Vgl.: Jahresarbeitsplan 1978 der HA II/13. BStU MfS HA II/13 Nr. 448, Bl. 337.

505 Hanna Labrenz-Weiß: *Hauptabteilung II: Spionageabwehr.* In: BStU: *Anatomie der Staatssicherheit. Geschichte – Struktur – Methoden* (MfS-Handbuch III/7). Berlin 1998, S. 27.

Abteilung Journalistische Beziehungen tätig. Das IPZ nahm mit seinen Einrichtungen auslandsinformatorische und sicherheitspolitische Interessen der DDR wahr. Die Arbeit des IPZ war darauf ausgerichtet, in Durchsetzung der auslandsinformatorischen Interessen der DDR den internationalen Anforderungen und Gepflogenheiten entsprechende Arbeitsmöglichkeiten zu bieten. So wurden durch das IPZ Fachredakteure und Dolmetscher für die Durchführung journalistischer Vorhaben gestellt und zahlreiche spezielle Informationsveranstaltungen für ausländische Korrespondenten und Journalisten durchgeführt. Darüber hinaus oblag es dem IPZ zur Tätigkeit der Korrespondenten selbst, einen umfangreiche analytische Arbeit durchzuführen, Einzelinformationen zu erstellen und dazu die entsprechenden Speicher zu führen.[506]

Die APA »Panorama«, ein Organ der Auslandspropaganda der SED, genoss eine Sonderstellung, da es sich um ein Parteiobjekt handelte.

In den Sicherungsobjekten IPZ und APA hatte die HA II/13 die innere Sicherheit zu gewährleisten. Dies bezog sich insbesondere auf die Abwehr von Versuchen des gegnerischen Eindringens, von Angriffen auf den Geheimnisschutz sowie der Abwehr von Terror- und Gewaltakten. Das operative Potential im IPZ (OibE und IM) war zielgerichtet zu nutzen für:

- die Durchführung operativer Kombinationen,
- offensive Maßnahmen, insbesondere zur Herstellung von Abschöpfkontakten,

---

506 Vgl.: Dr. Ulrich Wollermann, Siegfried Neubert, Wolfgang Stuchly, Diethardt Gellert, Werner Kalfürst: »Grundfragen der politisch-operativen Abwehrarbeit zu ausländischen Korrespondenten und Journalisten«, Bl. 167 f.

- den Beweisführungsprozess in operativen Materialien.[507]

Zur Erarbeitung bedeutsamer Informationen zu Plänen, Absichten, Maßnahmen und Aktivitäten, zur Aufklärung von Personen sowie zur zielgerichteten Kontakttätigkeit wurden im Konzentrationspunkt von Journalisten und Diplomaten, dem Gaststättenbereich des IPZ, 1989 folgende Maßnahmen realisiert:

- Ausbau und Qualifizierung bereits vorhandener und Realisierung weiterer Maßnahmen – B – für den stationären und zeitweiligen Einsatz (akustische Überwachung von Räumen);
- Gewährleistung eines stabilen Kontrollsystems (Einsatz von OibE und IM) auf der Grundlage vorgegebener personeller Schwerpunkte;
- Abgestimmter Einsatz von IM aus dem Gaststättenbereich zur Erarbeitung bedeutsamer Informationen.[508]

Weiterhin hatte die HA II/13 die Sicherung und Kontrolle von Büros, insbesondere von Medien aus NATO-Staaten, sowie der Korrespondenten und deren Kontaktpartnern zu realisieren. Dies umfasste die:

- weitere Durchsetzung der Konzeption zur Erweiterung und Qualifizierung der technischen Maßnahmen und deren Kontrolle sowie die Koordinierung mit den Referaten 1 und 2 der HA II/13 und der Abteilung 26;
- Erarbeitung bedeutsamer Informationen zu Personen und Personenbewegungen, vor allem durch die Gewährleistung eines stabilen Kontroll- und Auswertungssystems auf der Grundlage eines konkreten Informationsbedarfs.

Unter der Deckbezeichnung »Schakale« waren bedeut-

---

507 Vgl.: Jahresarbeitsplan 1989 der HA II/13. BStU ZA MfS HA II Nr. 20862, Bl. 131 f.

508 Vgl.: Ebd., Bl. 149.

same Informationen zu im IPZ verkehrenden Diplomaten, die als Geheimdienstmitarbeiter erkannt worden
waren beziehungsweise im Verdacht der Geheimdiensttätigkeit standen, zu erarbeiten. Derartige Maßnahmen
hatte die HA II/13 mit den Abteilungen 3, 9 und 12 der
HA II zu koordinieren.

Unter der Bezeichnungen »Gast I« und »Gast II« hatte
die HA II/13 die vorbeugende Verhinderung des Eindringens des Gegners in das MfS und die Sicherung
bedeutsamer Informationsträger vor Missbrauch durch
generische Kräfte zu organisieren.

Weiterhin hatte die HA II/13 den ständigen Klärungsprozess »Wer ist wer?« im IPZ zur Entwicklung operativer Ausgangsmaterialien zu realisieren.

Zum Schutz und zur Sicherung des IPZ vor terroristischen und anderen Gewalthandlungen sollten durch
die HA II/13 im Jahr 1989 folgende Maßnahmen realisiert werden:

- Vervollkommnung und Qualifizierung technischer
  Maßnahmen zur Objektsicherung und der Kontrolle
  von Personenbewegungen;
- Einsatz bestätigter OibE zur operativen Auswertung
  und Dokumentierung bedeutsamer Sachverhalte.[509]

Im IPZ und in der APA »Panorama« arbeitete allerdings
nicht nur die HA II/13 operativ, vielmehr nutzte auch
die HV A X, welche für »Aktive Maßnahmen«[510] zuständig war, diese Einrichtungen als »legales Dach«, um die
Kontaktaufnahmen zu Westjournalisten und anderen

---

509 Vgl.: Ebd., Bl. 149 f.

510 Aktive Maßnahmen waren Aktivitäten zur Lancierung von
Informationen und zur Desinformation des Gegners. Teilweise
handelte es sich auch um Maßnahmen zur Beeinflussung von
politischen Entscheidungsprozessen.

»Multiplikatoren« zu erleichtern sowie aufgenommene Verbindungen zu stabilen und intensiv nutzbaren Lancierungskanälen auszubauen.[511]

Zwischen der HA II/13 und der HV A X gab es eine entsprechende Zusammenarbeit aber auch Interessenkonflikte.

So schlug der Leiter der HA II/13, Oberst Schaffer, im Oktober 1985 eine gemeinsame Maßnahme mit der HV A X vor. Dabei ging es um ein Archivmaterial von 1959, aus dem eine damalige Aktivität des britischen Secret Service gegen einen DDR-Bürger hervorging.[512]

Im Juni 1979 übte Major Ternies, HA II/13, Kritik wegen dekonspirierender Maßnahmen der HV A X im und am IPZ. Ternies kritisierte, dass die mit der Eröffnung des IPZ von der Partei- und Staatsführung erhobene Forderung, dass das Haus in keine Nähe operativer Aktionen des MfS zu bringen sei, beziehungsweise ausländischen Journalisten gegenüber solche deutlich werden zu lassen, vonseiten der HV A X nicht eingehalten wurde.

Nach wie vor, so der Major, arbeiten langjährige IM der HV A X unter Nutzung ihrer offiziellen Funktion direkt in der operativen Kontaktarbeit mit ausländischen Journalisten. Ternies war vertraulich mitgeteilt worden, dass auch Kontakte mit solchen Personen weiter gehalten und intensiviert werden, die keinerlei offizielle Arbeitsbeziehungen mit dem IPZ unterhielten, was in persönlicher, brieflicher, fernschriftlicher oder telefonischer Form geschah.

So pflegte zum Beispiel ein IM im IPZ weiter seine langjährige Verbindung mit einem Redakteur des RIAS,

---

511 Vgl.: Klaus Marxen, Gerhard Werle (Hrsg.): *Strafjustiz und DDR-Unrecht. Band 4: Spionage. Teilband 1.* Berlin 2004, S. 484.

512 Vgl.: Vorschlag für gemeinsame Maßnahmen mit der HV A X. BStU ZA MfS HA II/13 Nr. 459, Bl. 172.

dem seitens des verantwortlichen Referatsleiters der HV A X eine Agententätigkeit für einen amerikanischen Geheimdienst »durchaus zugetraut« wurde.[513]

Außerdem wurden im Herbst 1978 drei für die HV A X interessante SPD-Landtagsabgeordnete durch diese in Abstimmung mit Prof. Herbert Häber vom ZK der SED und Wolfgang Meyer, Hauptabteilungsleiter Presse im MfAA, in die Betreuung des IPZ gegeben, ohne dass diese jemals etwas mit dem IPZ zu tun hatten.

Weiterhin musste das IPZ bei der Visa-Erteilung seinen Namen hergeben, um Anfang des Jahres 1979 einer schwedischen Quelle der HV A X den Aufenthalt in der DDR als »Informationsreise und Gast des IPZ« zu legendieren, ohne dass es je zu Arbeitsbeziehungen mit dem IPZ gekommen war.

Ternies kritisierte weiter, dass es bis zum Februar 1979 noch keinen einzigen »Gast des IPZ« gegeben hatte, da dies bis dahin noch nicht zu den Arbeitsprinzipien des Hauses gehörte.

Die genannte schwedische Quelle, die während des Aufenthalts in der DDR außer Kontrolle der HV A X geriet und die Ternies als offensichtlicher Unsicherheitsfaktor einschätzte, reiste am 9. Mai 1978 erneut aus Schweden in die DDR ein, wobei wieder das IPZ als Abdeckung diente.[514]

Letztlich kritisierte der Major, dass die HV A X am 17. Mai 1979 im IPZ ein Pressegespräch der Zeitschrift *Horizont* mit ausländischen Journalisten durchführte, dass »auf Wunsch der asylsuchenden ehem. Sekretärin Goliath des CDU-Bundestagsabgeordneten Marx aus

---

513 Vgl.: Dekonspirierende Aktionen der HV A X in und mit dem Sicherungsobjekt der HA II/13, »Internationales Pressezentrum«. BStU ZA MfS HA II/13 Nr. 459, Bl. 72.

514 Vgl.: Ebd., Bl. 73.

der BRD« zustande kam.[515] Für Kenner der Materie, so Ternies, sei der Hintergrund eindeutig: »Zur Verstärkung der ungenügenden Resonanz in den westlichen Zielländern, speziell in der BRD, verschickt das IPZ seit dem 13.06. ca. 2.000 Postsendungen an BRD-Bundestagsabgeordnete und Publikationsorgane mit dem Absender der Frau Goliath, erreichbar für die Lieferung weiterer Informationsmaterials über das IPZ.«[516] Abschließend warnte Ternies: »Die Tendenz der immer stärkeren, aber nicht entsprechend abgedeckten Einbeziehung des IPZ in aktive operative Prozesse der HV A ist unübersehbar und birgt in ihrer Praktizierung wesentliche Unsicherheitsmomente.«[517] Umgekehrt kritisierten nach dem Ende der DDR ehemalige Mitarbeiter der HV A X die Tätigkeit der HA II im IPZ. Dazu Bohnsack und Bremer: »Das Internationale Pressezentrum (IPZ) in der Ostberliner Mohrenstraße entstand im Ergebnis der zunehmenden internationalen Anerkennung der DDR. Es sollte Mittler sein und Kommunikationszentrale für die Weltpresse. IM und OibE der HV A waren dort in großer Zahl platziert. Dieses ›Dach‹ indessen litt früh unter einem Schaden, der in Lichtenberg seinen Ursprung hatte: Der schwergewichtige Generalleutnant Günther Kratsch, Chef der Hauptabteilung II des MfS, wie Minister Mielke von einem nahezu pathologischen Misstrauen beseelt, verschob die Proportionen gründlich: Er erklärte, das IPZ sei Zentrum der ›Feindtätigkeit gegen die DDR‹, und befahl das ›Objekt‹ total abzusichern. Dies hatte zur Folge, dass westliche Journalisten das ihnen zugewiesene Domizil so oft wie möglich mieden und selbst

---

515 Ebd.
516 Ebd.
517 Ebd., Bl. 74.

im Restaurant des Gebäudes Lauscher des allmächtigen Genossen Kratsch vermuteten.«[518]

Bei den aufgezeigten Beispielen werden die Interessenkonflikte und die unterschiedlichen Aufgabenstellungen zwischen der HA II/13 auf der Abwehrseite und der HV A X aufseiten der Aufklärung deutlich.

---

518 Günter Bohnsack, Herbert Brehmer: *Auftrag: Irreführung. Wie die Stasi Politik im Westen machte.* Hamburg 1992, S. 193 f.

5. Kapitel

ABWEHRBEREICH AUSLÄNDER IN DER DDR

Allgemeines und Arbeitsgruppe Ausländer (AGA) der HA II

Die DDR entwickelte sich im Ergebnis der internationalen Anerkennung auch für nichtsozialistische Staaten zu einem vielbesuchten Reiseland, einem Gastgeber für internationale Foren und Begegnungen sowie zu einem anerkannten Außenhandelspartner. Dazu kamen kulturelle und sportliche Anziehungspunkte. Auch als Stätte der Berufsausbildung, des Studiums und der Weiterbildung spielte die DDR für ausländische Staatsbürger eine entsprechende Rolle. Das weckte das Interesse der Geheimdienste für vielfältige Maßnahmen zur Gewinnung von Informationen. Die Staatssicherheit erkannte, dass westliche Geheimdienste versuchten, den zunehmenden Aufenthalt von Ausländern auf dem Territorium der DDR zur Organisierung einer gegen die DDR und andere sozialistische Staaten gerichteten Tätigkeit zu nutzen. Umfang und Bedeutung des Aufenthalts von Ausländern in der DDR boten den westlichen Geheimdiensten dafür günstige Möglichkeiten. Zentrale Erkenntnisse der Staatssicherheit belegten, dass der Gegner in seinem geheimdienstlichen Vorgehen dabei

- ständig oder längerfristig in der DDR lebende sowie einreisende Ausländer nutzte,

- den direkten Einsatz von Ausländern in der DDR oder ihrer Verbindungen zum Schaden dritter Länder organisierte,
- die entsprechenden Landesgeheimdienste zur Überwachung und Abschirmung eigener Landsleute mit dem Ziel des Einsatzes gegen Staaten, Gruppierungen und Personen der Heimatregion sowie sozialistische Staaten beeinflusste.[519]

Innerhalb der HA II sowie in den Abteilungen II der BV existierten Struktureinheiten zur Sicherung von in der DDR aufhältigen Ausländern. Die Arbeitsgruppe Ausländer (AGA), seit 1980 Bestandteil der HA II, war verantwortlich für:
- die Gewährleistung der zentralen Übersicht über die Lage im Zusammenhang mit dem Aufenthalt von Ausländern in der DDR;
- die Vorbereitung zentraler Entscheidungen;
- die Durchsetzung spezifischer zentraler Maßnahmen zu Ausländern, die über den Verantwortungsbereich einzelner federführender Hauptabteilungen hinausgingen;
- die Abstimmung der operativen Arbeit, insbesondere mit den Hauptabteilungen, die für die Federführung der Sicherung bestimmter Ausländerkategorien beziehungsweise von Ausländern in bestimmten gesellschaftlichen Bereichen verantwortlich waren;
- die Orientierung der operativen Diensteinheiten über Schwerpunkte mit komplexem Charakter, über Erkenntnisse und Erfahrungen der operativen Arbeit

---

519 Vgl.: Wolfgang Blunk: Diplomarbeit zum Thema: »Zur weiteren Qualifizierung der politisch-operativen Abwehrarbeit zur Sicherung von Ausländern im Verantwortungsbereich der Abteilung II Bezirksverwaltung Potsdam«. BStU ZA MfS JHS Nr. 21224, Bl. 4 f.

sowie über Besonderheiten und Erfahrungen des Ausländerrechts.

In Erfüllung der Hauptaufgaben hatte die AGA zu wirken und zu sorgen für:

- als Arbeitsorgan des Ministers für Staatssicherheit
  und seiner Stellvertreter für bedeutsame Fragen zu
  Ausländern von gesamtgesellschaftlichem Interesse,
  die über den Verantwortungsbereich einzelner Diensteinheiten hinausgingen und innen- sowie außenpolitischen Charakter trugen;
- die Gewährleistung der Übersicht und Auskunftsfähigkeit über zentrale bedeutsame Probleme im
  Zusammenhang mit dem ständigen oder zeitweiligen
  Aufenthalt von Ausländern in der DDR in enger Zusammenarbeit mit den zuständigen Diensteinheiten
  vor allem über
  - den Gesamtumfang der sich ständig und längerfris-
    tig in der DDR aufhaltenden Ausländer,
  - Ausländergruppen und Ausländer von zentraler
    politischer und operativer Bedeutung sowie damit
    zusammenhängende Sachverhalte beziehungsweise
    innen- und außenpolitisch zu beachtende Situatio-
    nen,
  - Probleme und Zusammenhänge, die über den
    Verantwortungsbereich einzelner federführender
    Hauptabteilungen hinausgingen,
  - politisch und operativ zu beachtende, mit dem Auf-
    enthalt von Ausländern in der DDR zusammenhän-
    gende innerstaatliche und völkerrechtliche Aspekte
    der Rechtsstellung von Ausländern;
- die Mitwirkung bei der Vorbereitung zentraler Entscheidungen zu Problemen im Zusammenhang mit
  dem Aufenthalt von Ausländern in der DDR sowie
  zur Weiterentwicklung und Vervollkommnung des
  Ausländerrechts in der DDR;

- die Gewährleistung der zentralen Koordinierung der operativen Arbeit im Zusammenhang mit dem Aufenthalt von Ausländern in der DDR, insbesondere der Zusammenarbeit zwischen den federführenden Hauptabteilungen auf der Grundlage der dienstlichen Bestimmungen und anderer zentraler Entscheidungen;
- die Orientierung der zuständigen Diensteinheiten auf zentral erkannte operative Schwerpunkte, insbesondere auf bedeutsame Zusammenhänge zwischen den Verantwortungsbereichen der Diensteinheiten sowie Informierung der zuständigen Diensteinheiten über wesentliche Erscheinungen, Erkenntnisse und Entwicklungstendenzen im Zusammenhang mit dem Aufenthalt von Ausländern in der DDR;
- die Sicherung der Anleitung und Unterstützung operativer Diensteinheiten bei der Lösung von Schwerpunktaufgaben im Zusammenhang mit Ausländern;
- die Gewährleistung der in Vorbereitung und Durchführung von Aktionen zur Absicherung politisch bedeutsamer nationaler oder internationaler Veranstaltungen beziehungsweise Besuchen ausländischer Repräsentanten in der DDR erforderlichen Lageeinschätzungen, vor allem über die in diesem Zusammenhang bedeutsamen Ausländergruppen, deren grenzüberschreitender Reiseverkehr sowie zu aktionsbezogenen Vorkommnissen und Erarbeitung entsprechender Leiterinformationen;
- die Organisierung des Zusammenwirkens mit zentralen staatlichen und gesellschaftlichen Organen in Abstimmung mit den zuständigen operativen Hauptabteilungen zur Durchsetzung der Interessen des MfS sowie zur weiteren Vervollkommnung der innerstaatlichen Regelungen im Zusammenhang mit dem Aufenthalt von Ausländern in der DDR. Einflussnahme und Mitwirkung in zentralen staatlichen

Organen sowie in internministeriellen Gremien und zentralen Kommissionen;

- die Verfolgung der Lageentwicklung in interessierenden geografischen Räumen und Herkunftsländern, aus denen sich Ausländer in der DDR aufhielten, zum Erkennen von Faktoren, die für die operative Bearbeitung, den Schutz und die operative Nutzung von Ausländen bedeutsam sein konnten;
- die Gewährleistung von Konsultationsmöglichkeiten für die operativen Diensteinheiten in ausländerspezifischen Angelegenheiten;
- die Durchführung spezifischer Aufgaben im Zusammenhang mit dem Aufenthalt von Ausländern in der DDR (gegebenenfalls gemäß Weisung des Ministers für Staatssicherheit oder seiner Stellvertreter).

Die Zusammenarbeit hatte sich auf die gegenseitige konstruktive Hilfe und Unterstützung bei der Lösung von Schwerpunktaufgaben im Zusammenhang mit dem Aufenthalt von Ausländern in der DDR sowie auf die Auswertung gewonnener Informationen und Erfahrungen bei der operativen Bearbeitung von Ausländern zu konzentrieren. In der Zusammenarbeit mit den im und nach dem Operationsgebiet arbeitenden Diensteinheiten, insbesondere der HV A, waren zielgerichtete Informationen und Erkenntnisse über Pläne, Absichten und Maßnahmen westlicher Geheimdienste zur Nutzung des Aufenthalts von Ausländern in der DDR zu gewinnen und die effektive Nutzung geeigneter Ausländer in der DDR für die Arbeit im und nach dem Operationsgebiet zu unterstützen.[520]

---

520 Vgl.: Auskunftsmappe AG Ausländer vom 27. Februar 1979. BStU ZA MfS HA II Nr. 28250, Bl. 4–7.

Ausländer besaßen in der DDR entsprechende Mög-
lichkeiten der Integration und konnten sich über die
Gesellschaft vor Ort informieren. Dadurch erhielt der
Ausländer in der DDR als »Quelle Mensch« für westliche
Geheimdienste eine entsprechende Bedeutung. Davon
ausgehend forderte die DA Nr. 1/87 des Ministers für
Staatssicherheit (»komplexe Spionageabwehr«) die ope-
rative Sicherung von Ausländern in der DDR in höherer
Qualität durchzuführen. Diese Aufgabenstellung resul-
tierte aus folgenden Einschätzungen und Erfordernissen:

1. Die Anzahl von in der DDR aufhältigen Ausländern
   wuchs ständig und ihr Einfluss auf die innere Stabilität der DDR nahm zu.

2. Die Integration von Ausländern in das System westlicher Geheimdienste zur Schaffung von Agenturen
   sowie die Entwicklung von Einfluss- und Abschöpfkontakten nahmen zu.

3. Die Möglichkeiten des Einsatzes von DDR-IM zur
   operativen Sicherung von Ausländern waren begrenzt.

4. Die Einschätzung der ausländerbezogenen Lage zur
   Organisierung einer komplexen Spionageabwehr
   und deren analytische Durchdringung mussten
   durch eine höhere Qualität gekennzeichnet sein.

5. Die aus der analytischen Tätigkeit gezogenen
   Schlussfolgerungen mussten konkretere und reali-
   sierbare Maßnahmen zur Erweiterung und Qualifizierung der spezifischen Mittel und Methoden zur
   Beherrschung und Beeinflussung der ausländerbezogenen Lage enthalten.

6. Eine effektive Ausschöpfung des vorhandenen inoffiziellen bedeutsamen Potentials unter Ausländern
   für die Abwehraufgaben im Verantwortungsbereich,
   auch bei komplizierten Abwehrmaßnahmen zu
   DDR-Bürgern, sowie für die Arbeit im und nach

dem Operationsgebiet musste gewährleistet sein.

7. Alle operativen Maßnahmen unter Ausländern mussten durch eine außerordentliche politische Umsicht geplant und realisiert werden.[521]

Zur Durchsetzung einer höheren Qualität in der Abwehrarbeit unter Ausländern wurde durch die HA II 1987 auf folgende zentrale Aufgabenstellungen für alle Diensteinheiten der Linie II entsprechend der konkreten Lage im Verantwortungsbereich orientiert:

1. ständige Berücksichtigung der gewachsenen politischen Dimensionen der Einschätzung und Beherrschung der ausländerbezogenen Lage;

2. Einordnung der ausländerbezogenen Prozesse auf der Grundlage des Befehls Nr. 3/81 des Ministers für Staatssicherheit (»zur weiteren Qualifizierung der politisch-operativen Sicherung der sich ständig oder zeitweilig in der DDR aufhaltenden Ausländer«) in die Gesamtaufgabenstellung der Diensteinheiten der Linie II in Durchsetzung der DA Nr. 1/87 des Ministers für Staatssicherheit (»komplexe Spionageabwehr«);

3. verstärkte operative Nutzung von Ausländern für die personen- und vorgangsbezogene Arbeit im und nach dem Operationsgebiet;

4. vorbeugende Verhinderung, Aufdeckung und Bekämpfung der zunehmenden Angriffe westlicher Geheimdienste auf ausländische Einrichtungen und Personen in der DDR, besonders aus arabischen Staaten (Libyen, Iran, Irak und Syrien);

5. vorbeugende Verhinderung, Aufdeckung und Bekämpfung der Aktivitäten von Mitarbeitern und

---

521 Vgl.: Arbeitsmaterial der HA II/AGA vom Juli 1987: »Zur politisch-operativen Abwehrarbeit unter Ausländern«. BStU, ohne Signatur, Bl. 1–39.

Agenturen der Geheimdienste reaktionärer Entwicklungsländer beziehungsweise von Staaten in politischen Spannungsgebieten sowie anderen Ausländern und im Operationsgebiet tätigen Ausländerorganisationen, die den Missbrauch des Territoriums der DDR als Operations- und Ausgangsbasis für Spionage sowie politisch motivierte gewaltsame Auseinandersetzungen einschlossen;

6. operative Kontrolle von sich ständig in der DDR aufhältigen Ausländern aus NATO-Staaten, Österreich und anderen entwickelten Industriestaaten, einschließlich jugoslawischer Arbeitskräfte auf Großbaustellen in der DDR;

7. operative Sicherung in der DDR aufhältiger Bürger der UdSSR vor Angriffen westlicher Geheimdienste;

8. Schaffung von Perspektivkadern.[522]

Als einen Schwerpunkt der operativen Arbeit entsprechend den Lageerfordernissen stellte die Planorientierung der HA II für 1988 die Aufgabe der verstärkten operativen Nutzung von Ausländern im Rahmen der personen- und vorgangsbezogenen Arbeit im und nach dem Operationsgebiet. Dies betraf insbesondere:

• die vorgangsmäßige Aufklärung und Bearbeitung von aus dem Operationsgebiet in die DDR einreisenden Ausländern zur Schaffung von Grundlagen für Festnahmen und Überwerbungen gegnerischer Agenturen;

• die konzentrierte Entwicklung von Werbevorgängen zu Ausländern im Operationsgebiet in bedeutsamen beruflichen und gesellschaftlichen Positionen mit Zu-

---

522 Vgl.: Rene Hagedorn: Diplomarbeit zum Thema: »Auswahl, Aufklärung und Kontaktierung von Werbekandidaten unter den im Verantwortungsbereich aufhältigen Ausländern im Rahmen der komplexen Spionageabwehr der Linie II«. BStU ZA MfS JHS Nr. 21256, Bl. 9.

gangsmöglichkeiten zu wertvollen Informationen aus Politik, Wirtschaft und Technik sowie militärischen Einrichtungen;

- die stärkere Gewinnung ständig in der DDR aufhältiger Ausländer beziehungsweise an Bildungseinrichtungen der DDR studierender Ausländer mit Reisetätigkeit oder bedeutsamen Verbindungen in das Operationsgebiet für Werbeprozesse zu ihren Kontaktpartnern beziehungsweise zur Entwicklung perspektivvoller Verbindungen im Westen;
- die verstärkte Nutzung zunehmender Eheschließungen von Ausländern mit Bürgern der DDR und deren Übersiedlung für Blickfeldmaßnahmen;
- die wirksame Erschließung der Potenzen bereits vorhandener IM unter Ausländern für Einsätze im und nach dem Operationsgebiet.

Generell kam es der Spionageabwehr darauf an, dass sie ihren Blick und alle Maßnahmen darauf ausrichtete, dass die ausländerbezogene Arbeit noch konsequenter auf die Hauptaufgaben zur Bekämpfung des Gegners und seiner Geheimdienste orientiert wird.

In Umsetzung der Verantwortung der Diensteinheiten der Linie II für die ausländerbezogene Arbeit anderer Diensteinheiten war insbesondere die Anleitung und Unterstützung gegenüber den KD/OD zu qualifizieren. Das betraf vor allem:

- die Gewährleistung der zentralen Auskunftsfähigkeit und Übersicht auf der Grundlage einer exakten Lageverfolgung und -einschätzung;
- die Anleitung, Kontrolle und Forcierung der IM-Arbeit, insbesondere zur Erweiterung des IM-Bestands unter bedeutsamen Ausländern sowie deren wirksame Nutzung für die Gesamtaufgabenstellung der KD/OD;
- die Einflussnahme auf die weitere Qualifizierung der Bearbeitungs- und Kontrollprozesse in OV und OPK,

vorrangig zu spionageverdächtigen, im jeweiligen Verantwortungsbereich aufhältigen Ausländern.[523]

Die AGA der HA II selbst konzentrierte ihre Hauptziele und Aufgaben für 1989 auf:
- die strikte Einordnung der ausländerbezogenen operativen Arbeit in die mit der DA Nr. 1/87 des Ministers für Staatssicherheit (»komplexe Spionageabwehr«) gestellten Hauptaufgaben zur Bekämpfung des Gegners. Die Ziele und Aufgaben auf diesem Gebiet sollten konsequent auf wirksame Beiträge zur Gesamtaufgabenstellung der Spionageabwehr konzentriert werden.
- die verstärkte operative Nutzung von Ausländern für die personen- und vorgangsbezogene Arbeit im und nach dem Operationsgebiet. Das im Operationsgebiet vorhandene Potential bedeutsamer Ausländer war intensiv zur Schaffung von inoffiziellen Positionen sowie für offensive Maßnahmen zu erschließen.
- die weitere Qualifizierung der übertragenen zentralen Verantwortung für die Organisierung der ausländerbezogenen Abwehrarbeit.

Schwerpunktmäßig konzentrierte die AGA der HA II die operative Arbeit auf:
- die Bekämpfung von Angriffen westlicher Geheimdienste mittels Ausländern aus dem Operationsgebiet und deren Verbindungen in die DDR,
- die Bekämpfung von Geheimdiensten, feindlichen Zentren und Emigrantenorganisationen, die Angriffe auf und mittels in der DDR aufhältiger Personen aus sozialistischen und Entwicklungsländern realisierten,
- die Aufklärung und Bekämpfung von gegnerischen Angriffen zur Untergrabung der inneren Sicherheit

---

523 Vgl.: Referat des Leiters der Hauptabteilung II auf der Dienstkonferenz am 25. November 1987, Bl. 160 ff.

in der DDR unter Einbeziehung von Ausländern aus dem Operationsgebiet,
- die verstärkte Nutzung geeigneter Ausländer zur Bekämpfung des Gegners, insbesondere auch für die feindbezogene Arbeit im Operationsgebiet.[524]

Die AGA der HA II stellte sich für 1989 folgende Hauptziele und Hauptaufgaben:

1. Konzentration auf die Entwicklung, Bearbeitung und Realisierung von OV zu Agenturen westlicher Geheimdienste unter Ausländern in der DDR und dem Operationsgebiet als Beitrag zur Spionageabwehr, insbesondere mit den Abschlussarten Inhaftierung und Überwerbung. Schwerpunkte dabei waren die OV »Narbe«, »Phönix«, »Sultan«, »Zeder«, »Scheitan« und »Nashorn«.[525]

Der OV »Phönix« wurde von der AGA der HA II entwickelt und 1988 an die Abteilung II der BV Cottbus übergeben. Bei »Phönix« handelte es sich um eine mutmaßliche Agentur der CIA. Die Zielstellung bestand in seiner Überwerbung oder Inhaftierung.

Beim OV »Sultan« handelte es sich um einen Vorgang zu einem türkischen Ehepaar, welches im Verdacht stand mit dem Berliner LfV gegen das sowjetische KfS tätig zu sein. Die Zielstellung bestand in der Festnahme des Paares bei der nächsten Einreise.

Im OV »Zeder« bearbeiteten die AGA der HA II und die Abteilung II der BV Potsdam eine mutmaßliche Agentur eines US-Geheimdienstes. Die Zielstellung

---

524 Vgl.: Jahresarbeitsplan der AG Ausländer zu den Schwerpunkten 1989 in der politisch-operativen Arbeit und ihrer Leitung. BStU ZA MfS HA II Nr. 26605, Bl. 134.

525 Zu den OV »Narbe« und »Scheitan« vgl.: Henry Nitschke: *Die Spionageabwehr der DDR*, S. 478 f.

bestand im Abschluss des OV mit Überwerbung der mutmaßlichen Ausländeragentur eines amerikanischen Geheimdienstes und deren Einsatz zur Aufklärung von Angriffen, Zielpersonen sowie Mitteln und Methoden dieses Dienstes.

Der OV »Nashorn« richtete sich gegen eine unbekannte Agentur des Geheimdienstes der Republik Südafrika, die in der DDR im Umfeld von politischen Einrichtungen Informationen sammelte. Die zu realisierenden Maßnahmen sollten zu seiner Identifizierung führen. Danach war der Abschluss des OV durch Inhaftierung angedacht.[526]

2. Erhöhung des operativen Nutzens beim Einsatz vorhandener IM mit Feindverbindungen durch Qualifizierung der Zusammenarbeit, des Einsatzes und der Erziehung sowie der Befähigung der IMB. Schwerpunkte dabei waren die IMB »Assad«, »Carsten Berg« sowie der IMB-Kandidat »Messias« und der IMS »Robert«.

Beim IMB »Assad« handelte es sich um eine Agentur des LfV Berlin. Mit ihr sollten laufende konzentrierte Maßnahmen zur Erhöhung des operativen Nutzens bei der Gewinnung von Informationen zur Dienststelle, Mitarbeitern und erkannten Agenten des LfV sowie der Aufklärung von Angriffsrichtungen und Mitteln/Methoden weitergeführt werden.

Der IMB »Carsten Berg« unterhielt Kontakte zum libyschen Geheimdienst. Im Jahr 1989 sollte der IMB bei erneuter Einreise seines Agentenführers aus Libyen in die Bundesrepublik überprüft und kontrolliert werden, um Beweise und gesicherte Erkenntnisse zu

---

526 Vgl.: Jahresarbeitsplan der AG Ausländer zu den Schwerpunkten 1989 in der politisch-operativen Arbeit und ihrer Leitung. BStU ZA MfS HA II Nr. 26605, Bl. 138 f.

Angriffsrichtungen im Einsatz des IMB und seiner Gruppe durch den libyschen Geheimdienst zu gewinnen.

Beim IMB-Kandidaten »Messias« handelte es sich um einen Agenten des Geheimdienstes der Republik Südafrika. Sein Einsatz sollte sich 1989 auf die Aufklärung der Informationsinteressen des südafrikanischen Geheimdienstes zur DDR beziehungsweise der sich dort aufhaltenden Ausländer sowie auf die Aufklärung möglicher Verbindungen der Geheimdienstmitarbeiter zu bundesdeutschen Geheimdiensten konzentrieren.

Der IMS »Robert« verfügte über Kontakte zu Emigrantenorganisationen und feindlichen Gruppierungen im Operationsgebiet. Unter Nutzung der Interessen antisozialistischer Kräfte und Verbindungen, Reisen und Informationsbeschaffung des IM aus Kasachstan sollten die operativen Maßnahmen auf die Aufdeckung möglicher Zusammenhänge zu westlichen Geheimdiensten konzentriert werden.[527]

3. Grundsätzliche Erhöhung des Niveaus der Blickfeldarbeit mit dem Ziel der Schaffung neuer Feinverbindungen, insbesondere zu westlichen Geheimdiensten. Schwerpunkt dabei waren 12 laufende beziehungsweise konzipierte Blickfeldmaßnahmen mit IM sowie operative Kombinationen zu Geheimdiensten. Beispielsweise sollten hierbei offensive Übersiedlungskombinationen realisiert werden. Mit offensiven, auf die Geheimdienstinteressen in den Sichtungsstellen der westdeutschen Aufnahmelager zielenden Übersiedlungen (Ausländer/DDR-Partner), sollten 1988 aufgenommene Maßnahmen weitergeführt und abgeschlossen werden. Das Referat 1

---

527 Vgl.: Ebd., Bl. 135 f.

der AGA konzentrierte sich dabei auf Ausländer auf Großbaustellen mit bedeutenden Rückverbindungen zur NVA und zum MdI. Das Referat 2 der AGA konzentrierte sich auf Übersiedlungen von Bürgern der UdSSR mit für westliche Geheimdienste interessanten Rückverbindungen in die Sowjetunion.[528]

4. Qualifizierung der Kontaktarbeit zur Schaffung neuer inoffizieller Verbindungen in der Schwerpunkten der Feindbekämpfung und insbesondere der Arbeit im Operationsgebiet. Für 1989 sollte ein deutlicher Qualitäts- und Leistungszuwachs durch Konzentration der Führungs- und Leitungstätigkeit gesichert werden.

5. Erhöhung der operativen Wirksamkeit im Einsatz der IM, insbesondere zur Erhöhung des Aufkommens politisch und operativ bedeutsamer Informationen für die Leitung der HA II und darüber hinaus.

6. Intensivierung der Anleitung und Zusammenarbeit mit den Abteilungen II der BV. Konzentration auf Schwerpunkte der OV- und IM-Arbeit.[529]

Schwerpunkte des IM-Einsatzes der AGA der HA II für 1989 waren:

1. Im Operationsgebiet zur OV-Bearbeitung und Erarbeitung von Ausgangshinweisen zu Feindagenturen
   - IMB »Mario« (Iraker) zum OV »Narbe« (Agentur des LfV Berlin),
   - IMS »Bodler« (Jugoslawe) zur Erarbeitung von Informationen zu Feindagenturen und Exilkroaten,
   - IMS »Achmet« in Westberliner Araberkonzentrationen zur Erarbeitung von Ausgangshinweisen zu gegnerischen Agenturen,

---

528 Vgl.: Ebd., Bl. 135 u. 137.
529 Vgl.: Ebd., Bl. 135.

- IME »Havanna«/»Volvo« (Westberliner/Österrei-cher) zur Bearbeitung von OV als Ermittler- und Beobachter-Paar,
- IMS »Bastian« zum Einsatz in afrikanischen/arabi-schen Studentenkonzentrationen in Westberlin in Zusammenarbeit mit der Abteilung II/BV Dresden.

2. Im Operationsgebiet zu Inspiratoren/Organisatoren der politischen Untergrundtätigkeit und Erarbeitung wissenschaftlich-technischer Informationen
   - IMS »Inge« (BRD) zu ehemaligen DDR-Kultur-schaffenden in Westberlin und im Raum Frankfurt/Main sowie deren Rückverbindungen in die DDR,
   - IMS »Manuela« (BRD) zu westdeutschen Journa-listen und Korrespondenten in der DDR sowie im Operationsgebiet,
   - IMS »Carlos« (Kolumbien/BRD) zum Eindringen in wissenschaftlich-technische Zentren (Satteliten-technik) und Erarbeitung von Spitzeninformatio-nen.

3. In den Botschaften und dem botschaftsbezogenen Umfeld zur Erarbeitung von Informationen zu geg-nerischen Interessen sowie bedeutsamen Hinter-grundinformationen
   - IMB »Rita« zur portugiesischen Botschaft,
   - IMB »Faros« zur jugoslawischen Botschaft,
   - IMS »Frank Sommer« zur libyschen Botschaft,
   - IMS »Matti« und »Natascha« Kontakte zur briti-schen Botschaft sowie zur Ständigen Vertretung der BRD,
   - IMS »Margit« Intimkontakt zu einem Botschafter,
   - IMS »Klaus Ebs« Kontakte zur US-Botschaft und zur Botschaft Frankreichs,
   - IMS »Wesir« Kontakte zu arabischen Botschaften.[530]

---

530 Vgl.: Ebd., Bl. 140.

Ein langjähriger Angehöriger der HA II erinnert sich hinsichtlich der Nutzung von in die DDR einreisenden Ausländern durch den amerikanischen Geheimdienst wie folgt:

»Wir hatten einen IMF [Vorgängerbezeichnung des IMB, Anm. d. Verf.], der lange Jahre für uns im Netz der CIA als Doppelagent tätig war. Eines Tages wurde beschlossen, ihn zurückzuziehen, da sich das Verhältnis von Aufwand und Nutzen sich zu unserem Ungunsten entwickelte. Der IMF war in eine berufliche Position gelangt, in der er diffizile Informationen hätte geben müssen. Das operative Spiel sollte aber mit einem besonderen Effekt beendet werden. Kurz und gut: Wir wollten zum Abschluss einen Kurier fangen. Unser IMF berichtete also über interessante Dokumente, die er für die Amerikaner besorgt hat und die in Form verschlüsselter Geheimschriftbriefe absolut nicht zu übermitteln waren. Das lockte. Nach einigem Hin und Her kam per Funkspruch der Auftrag. Das Material sollte in Ostberlin in einem abgeparkten Westberliner PKW abgelegt werden. Zeit und Ort wurden genau angegeben und Kennzeichen sowie Beschreibung eines Westberliner PKW. Das Fahrzeug wird leer und verschlossen sein. Eine Scheibe wird spaltbreit geöffnet sein. Dort ist der Umschlag mit den Dokumenten einzuwerfen. Gesagt – getan. Der Fahrer wurde bei der Ausreise festgenommen, das Material gefunden. Auf frischer Tat gestellt, gestand er, als geworbener Agent des amerikanischen Geheimdienstes tätig zu sein. Es handelte sich um einen in Westberlin lebenden syrischen Staatsbürger, der legal nach Ostberlin einreisen konnte. Ans Licht kamen aber nur kleinere Dinge. Er knüpfte Kontakte zu Ostberliner Frauen, um für den Geheimdienst nach Quellen zu suchen, die nachrichtendienstlich nutzbar sind. [...]
Lassen Sie mich jetzt einfach weitererzählen, was wir

damals noch konkret gemacht haben. Stichwort: Arbeit des amerikanischen Geheimdienstes mit Ausländern. Zum Grenz- und Reiseregime, das im Lauf der Jahre nach 1961 feste Formen angenommen hatte, gehörte die ungeminderte Reisemöglichkeit für Ausländer. In der DDR wohnhafte Ausländer konnten – mit Visum, aber jederzeit – in den Westen reisen. In Westberlin wohnende Ausländer konnten völlig problemlos für 24 Stunden nach Ostberlin einreisen. Davon machten viele Gebrauch. Bot doch der Umtauschkurs seine Vorteile. Nicht wenige Ostberliner Mädchen und Frauen waren nicht abgeneigt, einen Ausländerfreund in Westberlin zu haben. Das war natürlich ein Feld für die Geheimdienstarbeit. Der schon erwähnte syrische Kurier war ein Beispiel. Einen weiteren CIA-Agenten konnten wir in Gestalt eines irakischen Journalisten enttarnen. Der Vorgang machte uns viel Arbeit, waren es doch rund 200 Frauen aus Ostberlin, die im Zuge des Ermittlungsverfahrens bekannt wurden. Sie alle hatten im Verlauf einiger Jahre die Bekanntschaft mit diesem Herrn gemacht. Und der hatte von der CIA den Auftrag, wenn er seinen persönlichen Neigungen in Ostberlin nachgeht, nur mal mit zu schauen, ob jemand aus einer interessanten Dienststelle mit dabei ist. Dann wurden Informationen ›abgeschöpft‹. Das heißt, das Opfer wurde ausgefragt, erfuhr aber nie, dass die CIA alles übermittelt bekam, was ausgeplaudert wurde. Und es gab nicht wenige Sekretärinnen und Sachbearbeiterinnen mit einem einsamen Herzen. Eine von ihnen wurde weiter hereingezogen. Eine Sekretärin aus der Staatlichen Plankommission hatte Zugang zu wichtigen Dokumenten. Um ihren Inhalt zu erfahren, reichte die Abschöpfmethode nicht aus. Nach Westberlin konnte sie persönlich nicht reisen. Deshalb wurde sie durch besagten Ausländer in Ostberlin zur Spionage angeworben. Sie schrieb sogar eine Bereitschaftserklärung zur Zusammenarbeit mit dem amerikanischen Geheimdienst und lieferte dann gegen gutes Geld heiße Informationen. In ihrem Fall gab es keine Alternative zur Festnahme und gerichtlichen Verurteilung.«[531]

Die Abwehrarbeit zur Sicherung von Ausländern im Bezirk Potsdam

Im Verantwortungsbereich der BV Potsdam waren zum 1. Januar 1988 insgesamt 6.347 Ausländer und Staatenlose aufhältig. Davon besaßen 2.681 (42 Prozent) eine ständige Aufenthaltserlaubnis (AE) und 3.666 (58 Prozent) eine zeitweilige Aufenthaltsgenehmigung (AG). Von diesen 6.347 Personen waren 4.901 (77 Prozent) aus sozialistischen und 1.315 (21 Prozent) aus nichtsozialistischen Staaten sowie 129 (2 Prozent) Staatenlose und zwei Palästinenser. Aus NATO-Staaten sowie Österreich und der Schweiz hielten sich 1988 insgesamt 285 Personen im Bezirk Potsdam ständig auf. Bei den 2.681 Personen mit einer ständigen Aufenthaltserlaubnis, handelte es sich um Ausländer, die im Rahmen von

- Regierungsabkommen über zeitweilige Beschäftigung beziehungsweise Berufsausbildung (Arbeitskräfte- und Berufsausbildungsabkommen),
- Außenhandelsverträgen über Bau-, Montage- und andere Leistungen (Anlagen-Ex-und-Import),
- zwischenstaatlichen Verträgen beziehungsweise Vereinbarungen

---

531 G. F.: *So war das – 36 Jahre im operativen Dienst des MfS*. Unveröffentlichtes Manuskript, 1996, S. 20 f. u. 23 (Archiv des Verfassers).

überwiegend für mehrere Jahre im Bezirk Potsdam aufhältig waren. Nach den Staatsbürgern der VR Polen (1.740) und der SR Vietnam (1.068 Personen), bildeten die 654 Bürger der UdSSR (davon 16 staatenlose ehemalige UdSSR-Bürger) mit einem Anteil von 10,3 Prozent die drittgrößte Ausländergruppe im Bezirk.

Schwerpunkte des Aufenthalts von Ausländern waren die Kreise Potsdam, Brandenburg, Rathenow, Oranienburg und Zossen.[532]

Die Tätigkeit der Abteilung II der BV Potsdam war auf die Erzielung konkreter Arbeitsergebnisse zur vorbeugenden Verhinderung, Bekämpfung und Aufdeckung von Aktivitäten westlicher Geheimdienste und anderer gegnerischer Zentren, unter Einbeziehung von Ausländern in ihre gegen die DDR sowie befreundete sozialistische Staaten gerichteten Aktivitäten, ausgerichtet.

Zur Organisierung einer qualifizierten Abwehrarbeit unter Ausländern wurden in der Abteilung II die Maßnahmen der Führungs- und Leitungstätigkeit im Wesentlichen ausgerichtet auf:

• die Qualifizierung der operativen Grundprozesse, um Spionage durch Ausländer rechtzeitig zu erkennen, sie unter operativer Kontrolle zu halten, in ihre Konspiration einzudringen sowie eine Ausweitung ihrer Aktivitäten zu verhindern, aber auch durch beweismäßige Dokumentierung der Verletzung von DDR-Rechtsnormen Voraussetzungen zu schaffen, um sie unschädlich zu machen,

• die Realisierung von Maßnahmen im Rahmen der Fachschulung, um die operativen Kräfte durch Befä-

---

532 Vgl.: Wolfgang Blunk: »Zur weiteren Qualifizierung der politisch-operativen Abwehrarbeit zur Sicherung von Ausländern im Verantwortungsbereich der Abteilung II Bezirksverwaltung Potsdam«, Bl. 7 f.

higung und Erziehung mit den Praktiken des Missbrauchs von Ausländern durch Geheimdienste und andere gegnerische Zentren vertraut zu machen,

- die Sicherung der sich ständig oder zeitweilig im Verantwortungsbereich aufhaltenden Ausländer zu einem Anliegen aller operativen Diensteinheiten werden zu lassen und ein einheitliches Handeln aller Diensteinheiten, bei Berücksichtigung der besonderen Verantwortung der Kreisdienststellen, zu gewährleisten,
- die Stärkung des Referats II/5 durch kadermäßige Veränderungen und der damit verbundenen Verbesserung der Voraussetzungen für die qualifizierte Um- und Durchsetzung der Zielstellung der Abwehrarbeit unter Ausländern.

Innerhalb der Abteilung II/BV Potsdam wurden wiederholt Schulungs- und Qualifizierungsmaßnahmen zur Erläuterung und Durchsetzung der Aufgabenstellungen des Befehls Nr. 3/81 des Ministers für Staatssicherheit (»zur weiteren Qualifizierung der politisch-operativen Sicherung der sich ständig oder zeitweilig in der DDR aufhaltenden Ausländer«) unter den Bedingungen der Lage im Verantwortungsbereich der BV durchgeführt. Bewährt hatte sich auch die Schulung neuer Mitarbeiter in der Abteilung II durch erfahrene Kader, wie dem Abteilungsleiter, seine Stellvertreter oder die Referatsleiter. Unter Beachtung der Konspiration erläuterten diese ihre spezifischen Aufgabenstellungen und berichteten über aktuelle Erkenntnisse und Entwicklungstendenzen bei der Spionageabwehr, so dass für die operativen Mitarbeiter die Möglichkeit bestand, Schlussfolgerungen für ihre Tätigkeit abzuleiten und Erscheinungsformen im Verantwortungsbereich im Zusammenhang mit dem Aufenthalt von Ausländern aus abwehrmäßiger Sicht besser bewerten zu können.

In der BV Potsdam wurde 1988 eingeschätzt, dass die

Abwehrarbeit unter Ausländern weiter qualifiziert wor-
den war. Die Zusammenarbeit innerhalb der Abteilung
II hatte Verbesserungen erfahren und die Anleitung und
Unterstützung, besonders der KD, die über einen hohen
Ausländeranteil verfügten, wurde planmäßiger gestal-
tet. Das fand seinen Ausdruck in der

- gegenseitigen Hilfe und Unterstützung bei der Klärung der Frage »Wer ist wer?« unter Ausländern,
- Zusammenarbeit bei der Klärung operativer Materialien und des Einsatzes von IM,
- Durchführung und Koordinierung von Sicherungsmaßnahmen zu gesellschaftspolitischen Höhepunkten.

Es hatte sich in Potsdam bewährt, Erfahrungen und
Ergebnisse des Referats II/3 bei der Sicherung von
Vertretungen anderer Staaten und internationaler zwi-
schenstaatlicher Organisationen und bevorrechteter
Personen sowie von in der DDR akkreditierter Korrespondenten ausländischer Publikationsorgane im Zusammenhang mit dem Aufenthalt von Ausländern im
Verantwortungsbereich zu nutzen. Positiv wurde auch
der abgestimmte Einsatz vorhandener Ausländer-IM
des Referats II/3 bei der Klärung der Frage »Wer ist
wer?« unter Ausländern bewertet.
Durch die Bildung des Referats II/5 im Jahr 1981 wurde
in der Abteilung II/BV Potsdam eine wesentliche Grundlage zur Realisierung der im Befehl Nr. 3/81 des Ministers für Staatssicherheit übertragenen Federführung und
Bearbeitung von Ausländern im Verantwortungsbereich
geschaffen. Das Referat II/5 in Stärke 1 zu 4 (ein Referatsleiter, vier operative Mitarbeiter) realisierte neben
der eigenen operativen Arbeit unter Ausländern folgende
Aufgaben und Maßnahmen der Federführung, indem

- die zentrale Übersicht und Auskunftsfähigkeit über
  die im Territorium des Bezirks ständig oder zeitweilig
  aufhältigen Ausländer gewährleistet wurde,

- die kontinuierliche, aktuelle und objektive Einschätzung der Lage unter Ausländern im Verantwortungsbereich vorgenommen wurde und die sich daraus für die Diensteinheiten ergebenden Aufgabenstellungen und Orientierungen an diese übermittelt wurden,
- die Orientierung der zuständigen Diensteinheiten auf zentral erkannte Schwerpunkte, insbesondere bedeutsame Probleme und Zusammenhänge, die sich aus wechselseitigen Beziehungen der Ausländer in den Verantwortungsbereichen mehrerer Diensteinheiten ergaben, erfolgte sowie über wesentliche Erscheinungen, Erkenntnisse und Entwicklungstendenzen im Zusammenhang mit dem Aufenthalt von Ausländern im Bezirk Potsdam informiert wurde,
- die Anleitung und wirksame Unterstützung der anderen Diensteinheiten, besonders bei der OV-Bearbeitung und der Durchführung ausgewählter OPK im Zusammenhang mit Ausländern, erfolgte,
- Einfluss auf Kontrollmaßnahmen zu interessierenden ausländischen Personen durch die zuständigen Diensteinheiten bei Einsätzen und Aktionen, insbesondere bei Staatsbesuchen, ausgeübt wurde.

Hinsichtlich der Orientierungen auf zentral erkannte Schwerpunkte, der Anleitung und Unterstützung der Diensteinheiten bei ausgewählten operativen Materialien sowie der Einflussnahme im Zusammenhang mit Aktionen und Einsätzen zu politischen Höhepunkten, wurden Maßnahmen der Federführung zweckmäßig und erfolgreich realisiert. Von grundlegender Bedeutung waren dabei:
- die zentralen Orientierungen der HA II (AGA) sowie des Leiters der BV Potsdam im Rahmen von Dienstkonferenzen sowie der Planvorgabe für die Jahresplanung jedes Jahres,
- die durchgeführten jährlichen Schulungsmaßnahmen

der Abteilung II mit den Verantwortlichen der Linie II in den KD,

- die ständigen Konsultationen und Absprachen zu operativen Materialien auf den verschiedenen Leitungsebenen mit der Abteilung II.

In der Abteilung II wurde die Übersicht zu im Verantwortungsbereich aufhältigen Ausländern durch Überprüfungen in der Personendatenbank des MdI jährlich im I. Quartal durchgeführt. Aufgrund ständiger Schwankungen und Veränderungen der Anzahl der sich ständig oder zeitweilig im Bezirk aufhaltenden Ausländer, traten im Verlauf eines Jahres Informationsverluste auf. Dies wirkte sich insbesondere dann nachteilig aus, wenn es die Situation erforderlich machte, kurzfristig einen exakten Überblick zu erstellen. Es kam aufgrund dieser Situation in der BV Potsdam wiederholt vor, dass durch die Abteilung II nicht rechtzeitig auf die veränderte Lage im Verantwortungsbereich, besonders beim Aufenthalt ausländischer Arbeitskräfte aus NATO-Staaten und dem anderen NSA, reagiert werden konnte.

Die Einschätzung der Lage wurde jährlich auf der Basis der im Verantwortungsbereich der Abteilung II erarbeiteten bedeutsamen Informationen sowie dem über die AKG der BV Potsdam der Abteilung II zugeleiteten Informationsaufkommen der anderen Diensteinheiten erarbeitet. Das erforderte die genaue Einhaltung der Festlegungen der DA Nr. 1/80 des Ministers für Staatssicherheit (»über Grundsätze der Aufbereitung, Erfassung und Speicherung operativ-bedeutsamer Informationen durch die operativen Diensteinheiten des MfS«) sowie der gleichlautenden Dienstanweisung des Leiters der BV Potsdam (mit entsprechender Präzision auf den Bezirk). Die Ergebnisse der durchgeführten Lageeinschätzungen machten deutlich, dass der Informationsfluss im Wesentlichen eingehalten wurde, es aber wiederholt zu Informationsverlusten für die Abteilung II gekommen war. Dies bezog sich auf einzelne bedeutsame Sachverhalte, wie

- Ergebnisse aus der Vorkommnisuntersuchung im Zusammenhang mit kriminellen Handlungen, Schmuggel und Spekulation durch Ausländer (bandenmäßig organisiert),
- Hinweise über bedeutsame Kontakte und Verbindungen sowie die Reisetätigkeit der Ausländer in das NSA,
- Informationen über Aufenthaltskonzentrationen ausländischer Personen im Verantwortungsbereich sowie relevante Informationen zum Freizeitbereich.

Dabei zeigte sich für die Abteilung II, dass die genannten Sachverhalte von den Mitarbeitern und Referatsleitern der entsprechenden Diensteinheiten zwar als bedeutsam erkannt, jedoch die Festlegungen zum Informationsfluss nicht konsequent umgesetzt worden waren.

In der Abteilung II/BV Potsdam wurde die Sicherung, Kontrolle und Bearbeitung von im Verantwortungsbereich ständig oder zeitweilig aufhältigen Ausländern nach dem Schwerpunktprinzip organisiert. Personen mit bedeutsamen Merkmalen aus NATO-Staaten sowie Österreich, der Schweiz und der UdSSR mit ständigem Aufenthalt im Bezirk sowie Ausländer aus NATO-Staaten, die sich zeitweilig beziehungsweise längerfristig aus kommerziellen oder anderen Gründen im Bezirk Potsdam aufhielten, wurden als operativer Schwerpunktbereich bestimmt. Diese Festlegung erfolgte auf der Basis der Orientierungen der HA II sowie der Lageentwicklung im Verantwortungsbereich. Eine wesentliche Zielstellung bei der Durchdringung des Schwerpunktbereichs bestand in der Realisierung der Klärungsprozesses zur Frage »Wer ist wer?«, um weitere Maßnahmen differenziert zu diesem Personenkreis festlegen zu können, zur Schaffung von OAM, OPK und OV sowie der perspektivischen Gewinnung von IM. Durch die Potsdamer Spionageabwehr wurden Überprüfungs- und Aufklärungsmaßnahmen zu allen 285 Personen aus NATO-Staaten, Österreich und der Schweiz mit ständigem Aufenthalt im Verantwortungsbereich realisiert. Konkret waren dies 111 Schweizer, 66 Österreicher, 27 Griechen, 22 Italiener, 20 Niederländer, 13 Briten, elf Franzosen, sieben Belgier, vier US-Amerikaner und vier Spanier. Des Weiteren handelte es sich um Personen, die Asylrechte in Anspruch genommen hatten. Aufgrund bestimmter Merkmale, die diese Personen von DDR-Bürgern unterschied, wie

- gegebene Reisemöglichkeiten in das NSA,
- Kontakte und Verbindungen zu den legalen Basen des Gegners,
- ideelle und praktische Verbindungen zum jeweiligen Heimatland,
- Verbindungen zu Personen, Organisationen und Einrichtungen im Operationsgebiet,

gehörten sie zur Zielgruppe westlicher Geheimdienste. Aus dieser Erkenntnis leitete sich ab, dass die genannten Ausländergruppen für die verschiedenen Diensteinheiten der Aufklärungs- und Abwehrorgane der Staatssicherheit bedeutsam waren. Überprüfungen in der Abteilung XII machten deutlich, dass operative Diensteinheiten über die BV Potsdam hinaus, dieses Potential nutzten. Festgestellt wurde auch, dass oftmals solche Personen nicht erfasst waren, die aufgrund fehlender subjektiver Voraussetzungen und objektiver Möglichkeiten für die operative Arbeit der Staatssicherheit nicht geeignet erschienen. Dies traf im Wesentlichen auf die Ausländer zu, die keine Reisen in das Ausland durchführten, nicht über bedeutsame Kontakte und Verbindungen zu anderen Ausländern beziehungsweise

Personen, Organisationen und Einrichtungen im Operationsgebiet verfügten und auch keine Beziehungen zu den Botschaften ihrer Heimatländer in der DDR unterhielten.

Die analytische und vergleichende Arbeit der Potsdamer Spionageabwehr machte deutlich, dass der genannte Ausländerkreis in der Arbeit der Staatssicherheit langjährig Beachtung gefunden hatte. Der Abteilung II/ BV Potsdam vorliegende Überprüfungs- und Auswertungsergebnisse von in der Abteilung XII archivierter Materialien hatten gezeigt, dass die operative Nutzung ganzer Generationen dort ständig aufhältiger Ausländerfamilien erfolgte. Dabei wurde festgestellt, dass vorwiegend eine positive Nutzung der Ausländer durch Diensteinheiten des MfS angestrebt beziehungsweise realisiert worden war.

Die Ergebnisse der Überprüfungsmaßnahmen und des »Wer ist wer?«-Prozesses zu den 285 Ausländern aus NTO-Staaten, der Schweiz und Österreich, mit ständigem Aufenthalt im Bezirk Potsdam machten deutlich, dass von dieser Personenkategorie lediglich 25 Personen für weitere Überprüfungsmaßnahmen geeignet waren.

Im Bezirk Potsdam waren mit Stand vom 1. Januar 1988 keine Konzentrationen von Ausländern aus NATO-Staaten und anderen NSA-Staaten in Betrieben und Einrichtungen vorhanden. Aufgrund von Bau- und Montageleistungen befanden sich im Kreis Zossen zehn Franzosen, die beim VEB Wärmeanlagenbau Berlin tätig waren, der im Kreis Zossen einen Standort hatte. Einen weiteren Schwerpunkt in der Abwehrarbeit der Abteilung II bildeten die im Verantwortungsbereich lebenden Bürger der UdSSR mit Aufenthaltserlaubnis.

Zentrale Erkenntnisse des MfS verdeutlichten, dass westliche Geheimdienste, insbesondere die Dienste der USA, im Rahmen ihrer Spionagetätigkeit alle sich bietenden Möglichkeiten nutzten, um in die UdSSR einzudringen. In ihrem Vorgehen konzentrierten sie sich dabei auf UdSSR-Bürger, die in das Operationsgebiet übergesiedelt waren. Die vorhandenen Rückverbindungen in die UdSSR beziehungsweise in die DDR waren somit von Bedeutung für die Staatssicherheit.

Analytische Untersuchungen der Abteilung II zu im Bezirk Potsdam aufhältigen UdSSR-Bürgern machten deutlich, dass im Zeitraum 1977 bis 1987 nachweislich 164 solcher Personen in das NSA übergesiedelt waren, die auf der Grundlage von Familienzusammenführungen aus der UdSSR in den Bezirk Potsdam kamen. Zu den im Verantwortungsbereich lebenden UdSSR-Bürgern verzeichnete die Abteilung II umfangreiche NSA-Aus- und Einreisen. Dabei entfiel über die Hälfte davon auf die Gruppe der in den Bezirk übergesiedelten Familien deutscher beziehungsweise jüdischer Abstammung. Bei den im Bezirk Potsdam aufhältigen 654 Bürgern der UdSSR (einschließlich Staatenloser) waren 70 bei der Staatssicherheit mit NSA- Ein- und Ausreisen gespeichert. Von den 128 ehemaligen Bürgern der UdSSR im Bezirk, die die DDR-Staatsbürgerschaft erlangten, hatten 46 Personen Speichervermerke zu NSA- Ein- und Ausreisen. Dieser intensive Reiseverkehr war Folge umfangreicher verwandtschaftlicher Beziehungen zu direkt in die Bundesrepublik oder nach Westberlin aus der UdSSR übersiedelter Personen.

Die Potsdamer Spionageabwehr betrachtete es als erforderlich, die Sicherung der in ihrem Verantwortungsbereich wohnhaften UdSSR-Bürger vor den Aktivitäten westlicher Geheimdienste und Emigrantenorganisationen aus dem Operationsgebiet als bedeutende Aufgabe weiter zu qualifizieren.

Im Prozess der Bearbeitung von OPK und OV zu bedeutsamen Ausländern, war ein generelles Problem da-

hingehend zu verzeichnen, dass die bearbeiteten Personen oftmals nicht zum Kreis der sich ständig im Bezirk
Potsdam aufhaltenden Ausländer gehörten. Die in OPK
und OV erfassten ausländischen Personen waren auch
im Operationsgebiet wohnhaft. Es erfolgte die operative
Bearbeitung zu Personen folgender Staatsangehörigkei-
ten:

- USA (OV),
- Palästina (OV),
- Österreich (ZOV),
- Irak (OPK),
- Polen (OPK).

Die analytische Durchdringung der OPK/OV hatte
ergeben, dass bei allen Materialien Verdachtsgründe
beziehungsweise bedeutsame Anhaltspunkte hinsichtlich einer möglichen Tätigkeit der erfassten Ausländer
für westliche Dienste, insbesondere die der BRD und
der USA vorlagen. Im Verlauf der Bearbeitungs- beziehungsweise Kontrollprozesse konnten durch die Spionageabwehr solche bedeutsamen Erkenntnisse erarbeitet werden, wonach

- ein US-Geheimdienst Werbungsversuche gegenüber
  einem in Westberlin lebenden Ausländer irakischer
  Nationalität unternommen hatte,
- ein aus Westberlin einreisender US-Amerikaner in
  seiner Verhaltensweise solche bedeutsamen Verdachtsgründe erkennen ließ, dass eine Geheimdiensttätigkeit als Reisespion nicht ausgeschlossen werden
  konnte,
- ein nach Westberlin übergesiedelter Palästinenser
  vermutlich für einen dort ansässigen Geheimdienst
  tätig war,
- ein in Westberlin lebender Pole durch seine Reisetätigkeit und Verhaltensweisen der Kuriertätigkeit für
  einen westlichen Geheimdienst verdächtigt wurde,

- ein für die Westberliner Polizei tätiger und in die DDR einreisender Dolmetscher (Palästinenser) sich intensiv für seine in der DDR, unter anderem im Bezirk Potsdam, lebenden Landsleute interessierte.

Es lagen der Potsdamer Spionageabwehr darüber hinaus gesicherte Erkenntnisse über einen Österreicher vor, der als Counterman des BfV tätig war und nach dem Übertritt des Verfassungsschützers Hansjoachim Tiedge 1985 in die DDR abgeschaltet wurde.

Die in der Abteilung II/BV Potsdam durch die OV- und OPK-Arbeit gewonnenen Erkenntnisse reihten sich in die zentral von der HA II getroffene Einschätzung ein, wonach Ausländer zu einer wesentlichen Zielgruppe westlicher Geheimdienste gehörten.[533]

Zur Verwirklichung der Ziel- und Aufgabenstellung standen der Abteilung II/BV Potsdam im Jahr 1988 insgesamt 23 IM für die Abwehrarbeit unter sich ständig oder zeitweilig im Bezirk aufhaltenden Ausländern zur Verfügung. Von diesen besaßen fünf IM die DDR-Staatsbürgerschaft, 18 IM waren Ausländer. Insgesamt 26 Prozent der inoffiziellen Kräfte wurden durch das Referat II/3 geführt und kamen auf der Grundlage der festgelegten Einsatzrichtung zur Aufklärung ausländischer Diplomaten und ihrer Kontaktpartner zum Einsatz. Durch die Abteilung II wurden wesentliche Voraussetzungen geschaffen, um inoffiziell in den Kreisen des Verantwortungsbereichs mit hohem Ausländeraufenthalt tätig werden zu können.

Der Vergleich mit den getroffenen Festlegungen und Planorientierungen des Leiters der Abteilung II und der HA II bedeutete für die Potsdamer Spionageabwehr, dass die Gewinnung von IM unter den bedeutsamen

---

533 Vgl.: Ebd., Bl. 9–21.

Ausländergruppen, wie
- Personen aus NATO-Staaten,
- Personen aus Österreich und der Schweiz,
- Personen aus jungen Nationalstaaten mit sozialistischer Orientierung,
- im Bezirk wohnhafte UdSSR-Bürger,
- Staatenlose (ehemalige Bürger der UdSSR),

weiter voranzutreiben war.

Unzufrieden war man innerhalb der Abteilung II/BV Potsdam mit dem teilweisen geringen Wirkungsgrad der IM-Basis. Untersuchungen machten deutlich, dass im Analysezeitraum 1. Januar bis 31. Dezember 1987 von den im Schwerpunktbereich Ausländer eingesetzten IM insgesamt 630 Informationen erarbeitet worden waren. Die Aufschlüsselung des Informationsaufkommens ergab:

- 38 Prozent Stimmung und Reaktion in der Bevölkerung,
- 13 Prozent Informationen, die anderen operativen Diensteinheiten übergeben wurden,
- 14 Prozent Berichte zur Aufklärung von IM sowie Überprüfungsmaßnahmen,
- 23 Prozent Informationen zum Klärungsprozess »Wer ist wer?« unter Ausländern im Verantwortungsbereich,
- 12 Prozent Informationen zu operativen Materialien, OPK und OV.

Nach differenzierter Bewertung der Informationen aus dem »Wer ist wer?«-Prozess sowie der OPK- und OV-Arbeit wurden vom Referat A/I insgesamt 75 Prozent der Informationen als erfassungswürdig für den Sichtlochkartenspeicher eingeschätzt. Auch diese Arbeitsergebnisse wurden in der Abteilung II kritisch betrachtet, was auf Mängel und Schwächen in der IM-Arbeit zurückgeführt wurde. Die Ursachen wurden im Wesentlichen darin gesehen, dass

- den IM die objektiven und subjektiven Voraussetzungen und Möglichkeiten fehlten, um an den operativen Materialien eingesetzt werden zu können, da die in OV bearbeiteten und OPK kontrollierten Personen im Operationsgebiet Westberlin wohnhaft waren und sich eine Einführung der IM äußerst kompliziert gestaltete,
- die Auftragserteilung und Instruierung der vorhandenen IM noch personen- und sachbezogener erfolgen musste, um die zielgerichtete Erarbeitung bedeutsamer Informationen zu Ausländern in den Schwerpunktbereichen zu qualifizieren,
- die real vorhandenen Möglichkeiten der IM unter Ausländern nicht ausreichten, um bedeutsame Informationen zur Aufspürung gegnerischer Aktivitäten, insbesondere der Geheimdienste, zu erarbeiten. Einem Teil der IM fehlten die echten Verbindungen und Kontakte zu interessierenden Ausländern (Gruppen und Einzelpersonen),
- die Anzahl der IM, die lediglich zu peripheren Problemen im Zusammenhang des Ausländeraufenthalts im Verantwortungsbereich berichteten, zu groß war und die weitere Qualifizierung zur personen- und sachverhaltsbezogenen Berichterstattung kontinuierlich erfolgen musste,
- die von den IM gewonnenen Informationen nicht ständig auf ihre operative und rechtliche Bedeutsamkeit eingeschätzt, überprüft und durch eine qualifizierte, analytische, insbesondere Vergleichsarbeit, weiter verdichtet wurden,
- die Arbeit mit den Einsatz- und Entwicklungskonzeptionen, die aufgrund ihrer ständigen Präzisierung aktuell und von guter Qualität waren, durch die operativen Mitarbeiter oft zu formal angewandt worden waren.

Hinsichtlich des Einsatzes von Ausländer-IM zur Aufklärung ausländischer Diplomaten und deren Kontaktpartner lagen im Referat II/3 Arbeitsergebnisse von hoher Qualität vor. Diesem Referat war es gelungen, drei IMB zu schaffen, die zielgerichtete Kontakte zu Personen unterhielten, die in OV bearbeitet und OPK kontrolliert wurden. Der konkrete materialbezogene Einsatz der Ausländer-IM des Referats II/3, entsprechend ihrer Einsatzrichtung, führte zu einer Reihe bedeutsamer Erkenntnisse, die für die Qualifizierung der IM des Referats II/5 von Bedeutung waren.[534]

Ausgehend von den Sicherheitserfordernissen hinsichtlich der geheimdienstlichen Nutzung von Ausländern durch westliche Dienste und andere gegnerische Zentren sah es die Spionageabwehr der BV Potsdam als erforderlich an, die im Bezirk ständig oder zeitweilig aufhältigen ausländischen Personen, insbesondere die aus NATO-Staaten und dem anderen NSA, zielgerichtet aufzuklären, zu kontrollieren und gegebenenfalls operativ zu bearbeiten. Entscheidend für eine erfolgreiche Abwehrarbeit im Zusammenhang mit Ausländern war ein konsequenter Differenzierungsprozess und das Herausarbeiten von Schwerpunkten möglicher geheimdienstlicher Aktivitäten. Dabei wurde als Kriterium nicht vordergründig die Quantität beziehungsweise das Vorkommnisgeschehen herangezogen, sondern die erkannten beziehungsweise erwarteten geheimdienstlichen Aktivitäten sowie die sich bietenden begünstigenden Möglichkeiten für das Eindringen der Dienste. Eine wesentliche Grundlage für die Bestimmung des Schwerpunktbereichs – Ausländer – im Bezirk Potsdam bildeten zentrale Orientierungen der HA II.

---

534 Vgl.: Ebd., Bl. 23–26.

Wie bereits erwähnt, war die Basis von im Verantwortungsbereich ständig aufhältigen Ausländern aus NATO-Staaten, entsprechend des festgelegten Schwerpunktbereichs, relativ weit operativ durchdrungen. Die Kräfte der Spionageabwehr wurden verstärkt auf die bestehenden Sicherheitserfordernisse

- bei der Sicherung und Kontrolle der sich in den Betrieben und Einrichtungen des Bezirks eingesetzten ausländischen Arbeiter,
- zu in den Bezirk regelmäßig einreisenden Ausländern mit festen Zielpersonen,
- zu im Verantwortungsbereich aufhältigen ausländischen Studenten und Lehrlingen

ausgerichtet. Es machte sich aus Sicht der Spionageabwehr erforderlich, die genannten Personenkreise verstärkt dem Klärungsprozess der Frage »Wer ist wer?« zu unterziehen. Die Kräfte wurden dabei zielgerichtet auf die Erarbeitung von Informationen zu Ausländern ausgerichtet, wie

- Intensität und Charakter von Kontakten und Verbindungen zu Bürgern, Parteien und Organisationen ihrer Heimatländer im Operationsgebiet, vorrangig Bundesrepublik Deutschland und Westberlin,
- Aufrechterhaltung von bedeutsamen Verbindungen, zum Beispiel zu Militärangehörigen, Geheimnisträgern sowie Mittel und Methoden der Aufrechterhaltung des Kontakts (offiziell, privat, konspirativ),
- Möglichkeiten der Erlangung geheimzuhaltender Informationen bei den Ausländern, Herausarbeitung und Dokumentierung begünstigender Umstände und Bedingungen,
- Hinweise bezüglich der Teilnahme an bandenmäßig begangenen Straftaten, insbesondere im Zusammenhang mit Devisen, Rauschgift und wertvollen Gütern,
- Persönlichkeitsbild des Ausländers, insbesondere sei-

ner Verhaltensweisen und Eigenschaften sowie Verbindungen zu negativen oder leicht beeinflussbaren DDR-Bürgern,

- Möglichkeiten und Persönlichkeitsmerkmale des Ausländers, die für eine Gewinnung zur inoffiziellen Zusammenarbeit objektiv und subjektiv geeignet waren.

Entsprechend dem Schwerpunktprinzip waren die an folgenden Aus- und Weiterbildungseinrichtungen des Bezirks tätigen Ausländer verstärkt zu kontrollieren:

- Akademie für Staats- und Rechtswissenschaft,
- Pädagogische Hochschule »Karl Liebknecht«,
- Hochschule für Film und Fernsehen,
- Institut für die Leitung und Organisation des Volksbildungswesens,
- Institut zur Weiterbildung ausländischer Deutschlehrer.

Dabei wurde eine kontinuierliche Zusammenarbeit zwischen der Abteilung II und den objektmäßig zuständigen Diensteinheiten als erforderlich betrachtet.

Ergebnisse der operativen Arbeit und die analytische Tätigkeit des Referats II/5 zur Durchdringung der im Bezirk Potsdam aufhältigen Bürger der UdSSR dokumentierten, dass in der Abwehrarbeit unter den UdSSR-Bürgern der Schwerpunkt auf die Gruppe der Personen aus der UdSSR gelegt werden musste, die deutscher oder jüdischer Abstammung waren, einschließlich der aus ihr hervorgegangenen DDR-Bürger. Zusammengefasst stellte die Potsdamer Spionageabwehr fest, dass diese Gruppe über die günstigsten objektiven und subjektiven Voraussetzungen für staatsfeindliche Aktivitäten unter den Bürgern der UdSSR im Bezirk Potsdam verfügte. Dies sah das MfS insbesondere begründet durch:

- die Existenz und das Vorgehen antikommunistischer und antisowjetischer Organisationen und Stellen im Operationsgebiet,

- die günstigen Zugriffsmöglichkeiten zu den sich dort ständig oder besuchsweise aus der DDR aufhaltenden UdSSR-Bürgern,
- die enge Verknüpfung dieser Personen mit klerikalen Kreisen in der Bundesrepublik und der DDR, die als Träger/Inspirator der politisch-ideologischen-Diversion fungierten und wesentliche Einflüsse gegnerischer Stellen in der Kirchen- und Jugendarbeit in der DDR vermittelten.

Unter dem Aspekt der erheblichen Intensivierung der komplexen Spionage und der politisch-ideologischen Diversion gegen die DDR betrachtete es die Abteilung II der BV Potsdam als erforderlich, in Zusammenarbeit mit den zuständigen KD

- Hinweise und konkrete Anhaltspunkte über Interessen westlicher Geheimdienste und anderer gegnerischer Zentren an im Verantwortungsbereich wohnhaften Bürgern der UdSSR sowie
- die Verflechtungen und die Beeinflussung/Inspiration durch gegnerische Stellen und deren Auswirkungen

beweiskräftig herauszuarbeiten.

Die Schwerpunktgruppe verfügte über eine Reihe von Voraussetzungen, die sie zur Zielgruppe westlicher Dienste und anderer gegnerischer Stellen werden ließ. Sie bildete aus Sicht der Staatssicherheit als Bevölkerungsgruppe mit spezifischen Merkmalen im Bezirk Potsdam und darüber hinaus, im Operationsgebiet und in der Sowjetunion eine personelle Basis zur langfristigen Durchsetzung sozialismusfeindlicher Positionen. Ihre Dislozierung in verschiedenen Kreisen des Bezirks Potsdam und ihre Struktur ermöglichten einen konzentrierten Einsatz in bestimmten Bereichen.

Zum wirksamen Schutz der im Bezirk Potsdam wohnhaften Bürger der UdSSR vor gegnerischen Aktivitäten waren durch die operative Arbeit des Referats II/5

- die Kenntnisse über die Schwerpunktgruppe sowie über Personen mit interessierenden Kontakten und Verbindungen aus den anderen Gruppen zu vertiefen,
- Personen mit bedeutsamen Verbindungen und Merkmalen herauszuarbeiten,
- operative Maßnahmen entsprechend den Sicherheitserfordernissen festzulegen, um gegnerische Kräfte mit antisozialistischen Konzeptionen, Plänen und Absichten rechtzeitig zu erkennen sowie ein Umschlagen ihrer Haltungen in entsprechende Handlungen vorbeugend verhindern zu können.

Diese Zielstellungen waren unter Nutzung der sich im Bezirk aufhaltenden Bürger der UdSSR sowie der an sie angrenzenden Personengruppen zu realisieren.[535]

Die Abteilung II/BV Potsdam betrachtete es als notwendig, zur Realisierung einer komplexen Spionageabwehr die Wirksamkeit der Arbeit mit IM zu erhöhen. Dies sollte durch einen exakten und sachbezogenen IM-Einsatz zur weiteren Durchdringung der Ausländer in den Schwerpunktbereichen, der qualifizierten OPK- und OV-Arbeit sowie der zielgerichteten Entwicklung von Ausgangsmaterialien erfolgen. Dabei war die Arbeit mit den vorhandenen Einsatz- und Entwicklungskonzeptionen weiter zu qualifizieren. Als notwendig wurde es auch betrachtet, auf Veränderungen im Verbindungkreis der IM schneller und flexibler zu reagieren, um rechtzeitig entsprechende Maßnahmen zum Ausbau von Kontakten und Beziehungen der IM zu Ausländern durchführen zu können.

In der Zusammenarbeit mit IM wurde der Treff für die zielgerichtete Befähigung und Instruierung der inoffiziellen Kräfte genutzt. Im Rahmen der Auftragserteilung

---

535 Vgl.: Ebd., Bl. 30–35.

und Instruierung waren die IM so zu qualifizieren, dass sie weitgehend befähigt wurden, die Mittel und Methoden westlicher Geheimdienste und anderer gegnerischer Zentren im Zusammenhang mit dem Ausländeraufenthalt zu erkennen. Entscheidend für die Gestaltung einer wirksamen ergebnisorientierten Zusammenarbeit war die Vermittlung von Kenntnissen über bedeutsame Kontakte/Verbindungen von bestimmten Personen sowie deren Feststellung. Den IM mussten dabei Kenntnisse dahingehend vermittelt werden, dass bedeutsame Kontakte nicht immer nach außen hin erkennbar waren, besonders dann nicht, wenn bereits geheimdienstliche Interessen bei der Kontaktherstellung vorhanden waren. In diesem Zusammenhang waren die IM zu befähigen, dahingehende Anhaltspunkte zu erkennen, indem sie schwerpunktmäßig zur Beachtung folgender Fragestellungen instruiert wurden:

- Welche Personen aus dem Verantwortungsbereich unterhielten regelmäßige Kontakte und Verbindungen zu im Bezirk Potsdam aufhältigen beziehungsweise in die DDR einreisenden Ausländern? (Neben der Aufklärung des Gastgebers hinsichtlich seiner Bedeutung für die Geheimdienste war der Charakter der Verbindung verstärkt zu beachten und aufzuklären.)
- Wo waren besondere Konzentrations- und Treffpunkte von Ausländern im Freizeitbereich vorhanden? Wer unterhielt Kontakte dorthin?
- Worin waren die Motive für den Aufenthalt des Ausländers im Verantwortungsbereich zu sehen?
- Welche Verbindungen zu Organisationen, Parteien und Kräften des jeweiligen Heimatlands waren bekannt?
- Gab es Widersprüche im Verhalten der entsprechenden Person im Arbeits-, Wohn- und Freizeitbereich?
- Waren Verhaltensänderungen nach Aufenthalten im

Operationsgebiet beziehungsweise nach Kontakten zu einreisenden Personen aus dem NSA zu verzeichnen?

- Gab es Hinweise, dass Kontakte und Verbindungen verschwiegen oder legendiert wurden?
- Welche Handlungen und Verhaltensweisen von Ausländern über den Rahmen ihrer eigentlichen Tätigkeits- und Interessengebiete hinaus wurden bekannt?

Durch die Führungsoffiziere war der Einsatz der IM auf der Grundlage konkreter Aufträge zu organisieren. Die Aufträge und Verhaltensrichtlinien an die IM mussten klar ausweisen, welche

- Umstände und Zusammenhänge eines Sachverhalts zu untersuchen und aufzuklären waren,
- Handlungen einer Person festgestellt werden sollten,
- Äußerungen einer Person interessierten,
- Verbindungen und Kontakte einer Person zu erarbeiten waren,
- Angaben über die politisch-ideologische Einstellung und Haltung der jeweiligen Person benötigt wurden.

Einen ständigen Prozess im Rahmen der weiteren Qualifizierung der Zusammenarbeit mit den vorhandenen IM bildeten insbesondere solche Aspekte, wie

- eine exakte Vorbereitung auf den Treff,
- die Befähigung zur umfassenden und lückenlosen Berichterstattung,
- die ständige Überprüfung der Ehrlichkeit und Zuverlässigkeit sowie die Umsetzung der in den Überprüfungsplänen festgelegten Maßnahmen,
- Probleme der Gewährleistung der Konspiration, insbesondere zur Treffdurchführung in konspirativen Wohnungen,
- Fragen des Verbindungswesens sowie der Bindung des IM an die Staatssicherheit.

Ein ständiges Erfordernis sah die Spionageabwehr darin, die IM entsprechend der Lagebedingungen zu erziehen und ihnen das unabdingbare fachliche Wissen zu vermitteln. Dazu gehörte insbesondere die Vermittlung eines aufgabenbezogenen und realen Feindbildes. Dabei waren den IM in differenzierter Form beispielhaft gewonnene Erfahrungen des MfS in Bezug auf die Aktivitäten westlicher Geheimdienste bei ihrem Vorgehen im Zusammenhang mit dem Aufenthalt von Ausländern in der DDR zu erläutern.

Als ein entscheidendes Problem der Qualifizierung der IM-Arbeit betrachtete das MfS die konsequente Umsetzung der Einsatzrichtungen der IM. Es sollte erreicht werden, dass die IM über den Rahmen ihres unmittelbaren Wirkungskreises hinaus, zu im Verantwortungsbereich lebenden ausländischen Personen und Personenkreisen Kontakte anbahnten und zielgerichtet ausbauten. Bedeutsam war das Erreichen der Bereitschaft verschiedener IM aktiver in ihrem Freizeitbereich im Interesse der Staatssicherheit wirksam zu werden, um die Zielstellungen des MfS umzusetzen. Dabei war der einzelne IM als Partner anzusehen, seine Meinungen und Vorschläge entgegenzunehmen und wo zutreffend, in die Auftragserteilung/Instruierung einzubeziehen. Die Herstellung und der Ausbau eines persönlichen Vertrauensverhältnisses des IM zum Führungsoffizier war hierbei entscheidend. Dem IM sollte deutlich bewusst gemacht werden, dass die Staatssicherheit ihn für die Realisierung wichtiger Aufgaben benötigte. Dazu war es erforderlich, dass die Suche und Aufklärung feindlich tätiger Personen- und Personenkreise zielgerichtet erfolgte. In diesem Zusammenhang musste dem IM die Bedeutung seiner Einsatzrichtung, insbesondere hinsichtlich der Zweckmäßigkeit, erläutert werden. Der IM musste erkennen, dass er im Prinzip am zweckmäßigsten dann eingesetzt war, wenn er konkret zu Sachverhalten und Personen berichten konnte, die durch relevante Handlungen und Verhaltensweisen für die Spionageabwehr bedeutsam waren.

Für die Abteilung II der BV Potsdam machte es sich erforderlich, die Reisetätigkeit der IM zur Erarbeitung von Informationen zu nutzen. Aufgrund des hohen Anteils von Ausländern im vorhandenen IM-Netz zur Bearbeitung von ausländischen Personen (17 von 23 IM) war eine regelmäßige Reisetätigkeit in das Ausland zu verzeichnen. Neben den Reisen in die Heimatländer suchten sie auch regelmäßig Westberlin auf. Die Praxis zeigte der Staatssicherheit, dass die IM sich oftmals kurzfristig zu solchen Reisen entschlossen hatten und erst anschließend den Führungsoffizier informierten. Es kam dadurch zu Informationsverlusten, da die zielgerichtete Instruierung nicht erfolgen konnte. Daher betrachtete man es als notwendig, mit Komplexaufträgen zu arbeiten, die den Einsatz der IM für mehrere Reisen sicherstellten.

Neben der weiteren Qualifizierung der vorhandenen IM-Basis war in der Abteilung II/BV Potsdam die qualitative Erweiterung des IM-Bestands vorzunehmen. Dabei wollte man sich auf solche Personen konzentrieren, die subjektiv und objektiv in der Lage waren, einen wirksamen Beitrag zur Aufklärung, Kontrolle und Bearbeitung von Ausländern zu leisten. Folgende Voraussetzungen sollten beim IM-Kandidaten gegeben sein:

Objektive Voraussetzungen

- Der Kandidat sollte möglichst selbst Ausländer sein und im Verantwortungsbereich wohnen beziehungsweise Handlungsmöglichkeiten besitzen.
- Der Kandidat musste Kontakte und Verbindungen zu ausländischen Personen im Verantwortungsbereich unterhalten beziehungsweise in der Lage sein, interessierende Kontakte herzustellen.
- Der Kandidat musste die deutsche Sprache beherr-

schen, um die Zusammenarbeit mit dem Führungsoffizier zu ermöglichen (soweit keine spezielle Sprachkenntnisse beim MfS-Mitarbeiter vorhanden waren).

- Für die Realisierung der Aufgabenstellung war ein
körperlich gesunder Kandidat erforderlich, der phy-
sisch und psychisch voll belastbar sein musste.

- Der Kandidat musste unter solchen objektiven Bedingungen leben, die es ihm zeitlich und örtlich ermöglichten, Aufträge für die Staatssicherheit zu realisieren.

Subjektive Voraussetzungen

- Der Kandidat sollte über ein reales Einschätzungs-
und Beurteilungsvermögen verfügen und in der Lage
sein, Äußerungen und Handlungen des relevanten
Personenkreises auf ihren beabsichtigten Zweck und
die Zielstellung feststellen und bewerten zu können.

- Der Kandidat musste in der Lage sein, Verbindungen
und Kontakte zum relevanten Personenkreis herzustellen. Dahingehenden Kontakten sollte er aufgeschlossen gegenüberstehen. Des Weiteren musste er
über Fähigkeiten zur Kontaktherstellung verfügen.

- Die Lebensweise sowie die Umgangsformen des Kandidaten sollte im Wesentlichen den Gepflogenheiten
und Erwartungen des relevanten Personenkreises
ausländischer Bürger entsprechen, das heißt, er musste für diesen Kreis »interessant« wirken. Kenntnisse
des Kandidaten zu landesspezifischen Problemen und
Merkmalen waren bei der direkten Aufklärung, Kontrolle und Bearbeitung zu beachten.

- Eine positive Einstellung bezüglich der Notwendigkeit
der Tätigkeit des MfS war für den Einsatz des zukünftigen IM eine erforderliche Voraussetzung.

- Die Aufgabenstellung verlangte die Auswahl eines
zuverlässigen und verschwiegenen Kandidaten, von
dem die Einhaltung aller die Konspiration betreffenden Vereinbarungen vorausgesetzt wurde. Er musste

bereit sein, einen Teil seiner Freizeit für die Auftragsrealisierung zur Verfügung zu stellen.

Weiterhin waren in den Bezirk Potsdam einreisende Ausländer, die in Westberlin wohnten und über
zahlreiche Kontakte/Verbindungen zu Personen des
Verantwortungsbereichs verfügten, stärker in die Über-
prüfungs- und Aufklärungsmaßnahmen einzubeziehen.
Kritisch wurde bei der Potsdamer Spionageabwehr
eingeschätzt, dass über diesen Personenkreis lediglich
lückenhafte Erkenntnisse vorlagen.
Die vorhandene IM-Basis der Abteilung II/BV Potsdam
unter Ausländern wies einen hohen Anteil von IM aus,
die in der Volkswirtschaft beschäftigt waren. Die Anzahl
von IM aus dem Kreis der Hoch- und Fachschulkader
sowie der Studenten wurde als zu gering angesehen. Bei
der Erweiterung der IM-Basis waren deshalb verstärkt
Aktivitäten hinsichtlich folgender Einrichtungen zu unternehmen:

• Akademie für Staats- und Rechtswissenschaft,
• Pädagogische Hochschule »Karl Liebknecht«,
• Hochschule für Film und Fernsehen,
• Institut für die Leitung und Organisation des Volks-
  bildungswesens,
• Institut zur Weiterbildung ausländischer Deutschleh-
  rer.

Neben der Werbung von Ausländern für die Realisierung der erforderlichen Aufgabenstellungen zur Gewährleistung der staatlichen Sicherheit der DDR war
die Nutzung von DDR-IM zu forcieren, wenn diese
in der Lage waren, zur operativen Durchdringung der
im Verantwortungsbereich der BV Potsdam lebenden
ausländischen Personen beizutragen beziehungsweise
vorbeugend und schadensabwehrend tätig zu werden.
Dabei wurde auf Personen orientiert, die in beruflichen

oder gesellschaftlichen Bereichen, wie Verantwortliche in Ausländerunterkünften oder Gaststättenpersonal, das MfS unterstützen konnten. Zu beachten waren darüber hinaus Personen, die regelmäßig Kontakte oder Verbindungen aus unterschiedlichsten Motiven zu Ausländern suchten und unterhielten.

Entsprechend ihrer federführenden Verantwortung im Bezirk Potsdam hatte die Abteilung II die Gewährleistung des einheitlichen und komplexen Vorgehens der operativen Diensteinheiten bei der Abwehrarbeit unter Ausländern bei zielgerichteter, effektiver und abgestimmter Nutzung aller geeigneten Potenzen, Kräfte, Mittel, Methoden und Möglichkeiten im Verantwortungsbereich durchzusetzen. Daraus ergaben sich für die Abteilung II zur zielgerichteten Gestaltung der operativen Aufgaben folgende leitungsmäßigen Konsequenzen:

1. Im Prozess der Planabsprachen/Planbestimmungen waren die Möglichkeiten der Planung der operativen Arbeit entsprechend der RL Nr. 1/80 zur einheitlichen Orientierung der Diensteinheiten der BV auf Ziel- und Aufgabenstellungen der Abwehrarbeit unter Ausländern umfassend zu nutzen und konkrete Maßnahmen in verbindlicher Form festzulegen.

2. Neben den Planungsabsprachen war die Führungs- und Leitungstätigkeit der Referatsleiter dahingehend zu qualifizieren, dass die Kontakte zu den verantwortlichen Mitarbeitern der Diensteinheiten, die verstärkt mit Ausländerfragen konfrontiert waren, vertieft wurden. Es machte sich hierbei erforderlich, konkrete Ansprechpartner zu benennen, um die konzeptionelle Arbeit weiter zu verbessern und flexibler zu gestalten. Die Zusammenarbeit wurde besonders organisiert mit

- den KD entsprechend den in den Kreisen festgelegten Schwerpunktaufgaben und Maßnahmen bei der Bearbeitung operativer Materialien, OPK und OV sowie der Hilfe und Unterstützung beim Einsatz von IM mit bedeutsamen Verbindungen, um die Erarbeitung wertvoller Informationen hinsichtlich der Ausländerproblematik zu gewährleisten,
- der Abteilung VI um zu sichern, dass alle bedeutsamen Vorkommnisse in diesem Verantwortungsbereich, an denen Ausländer, die sich in der DDR aufhielten oder Gäste touristischer Einrichtungen waren, unter Beachtung der möglichen Zusammenhänge und Folgen qualifiziert und spezifisch aufgeklärt und bearbeitet werden konnten,
- den Abteilungen VII und XIX sowie den Kreisdienststellen hinsichtlich des Zusammenwirkens mit der VP, dem Strafvollzug und anderen Organen des MdI,
- der Abteilung IX um zu gewährleisten, dass die Abteilung II über alle bedeutsamen Straftaten, die von Ausländern oder gegen diese begangen worden waren, eine entsprechende Information erhielt und operative Interessen gegenüber den Untersuchungsorganen des MdI und der Zollverwaltung bei der Untersuchung von Straftaten von Ausländern oder gegen diese wahrnehmen konnte,
- den Abteilungen XVIII und XX zur Sicherung ausländischer Firmen, Arbeitskräfte und Studierender sowie dienstlicher Einreisen innerhalb des Verantwortungsbereichs. Dabei sollte erreicht werden, dass die Kontakte und Verbindungen zu diesen Diensteinheiten insbesondere durch das Referat II/5 gehalten werden. Darüber hinaus waren die Möglichkeiten der Koordinierungsoffiziere

der Abteilung II hinsichtlich der Realisierung der Aufgabenstellungen einzubeziehen. Es machte sich erforderlich, die Informationsbeziehungen auf der Grundlage des Informationsbedarfes weiter auszurichten und auf operative Ergebnisse verstärkt mit Rückflussinformationen zu reagieren, um dadurch flexibler bezüglich des aktuellen Informationsbedarfes und weiterer Orientierungen der operativen Diensteinheiten zu sein.

3. Durch die Abteilung II war verstärkt Einfluss auf die Informationsbeziehungen zu nehmen. Auf der Grundlage der DA 1/80 des Ministers für Staatssicherheit war von allen operativen Diensteinheiten, insbesondere der Abteilung XVIII, die Sicherung und Kontrolle ausländischer Arbeitskräfte dahingehend zu gewährleisten, dass alle bedeutsamen ausländerbezogenen Informationen der Abteilung II zugeleitet werden. Neben einem schnellen und unkomplizierten Reagieren des Referatsleiters gegenüber den verantwortlichen/zuständigen Mitarbeitern, waren für diese notwendigen Orientierungen die zentralen Schulungs- und Qualifizierungsmaßnahmen der Abteilung II im Rahmen der BV Potsdam sowie Stützpunktberatungen zu nutzen.

4. Eine weitere leitungsmäßige Konsequenz bestand in der Forcierung des Prozesses der Erstaufklärung zur Einschätzung bedeutsamer Sachverhalte im Zusammenhang des Ausländeraufenthalts im Bezirk Potsdam. Im Besonderen ging es dabei um die Schaffung perspektivvoller Ausgangsmaterialien für OPK und OV sowie die qualitative Erweiterung des IM-Netzes in der Abteilung II. Dabei hatte die Konzentration von Kräften, Mitteln und Methoden der Staatssicherheit sowie die Ausrichtung der Maßnahmen stärker auf Schwerpunktbereiche zu erfolgen.

5. Die enge abgestimmte Zusammenarbeit mit der AGA der HA II war auf der Grundlage vorhandener operativer Materialien und des zielgerichteten IM-Einsatzes weiter zu qualifizieren. Die Um- und Durchsetzung der durch die HA II gegebenen Planorientierungen und Planvorgaben, die in der Jahresarbeitsplanung der Abteilung II/BV Potsdam ihren konzentrierten Niederschlag fanden, war dabei ein wesentliches Kriterium für die weitere Qualifizierung der operativen Abwehrarbeit unter Ausländern.[536]

Auswahl, Aufklärung und Kontaktierung von Werbekandidaten unter Ausländern am Beispiel der BV Karl-Marx-Stadt

Wie bereits in der Darstellung der Abwehrarbeit unter Ausländern im Bezirk Potsdam verdeutlicht wurde, stellten die Ausländer-IM ein wichtiges Potential des MfS in er Abwehrarbeit unter Ausländern dar. Dies galt für alle operativen Diensteinheiten, die auf diesem Gebiet tätig waren.

Die ausländerbezogene Abwehrarbeit war konsequent auf den Einsatz von Ausländer-IM auszurichten, denn auch unter Ausländern erforderte die Bearbeitung von spionageverdächtigen Personen den zielgerichteten IM-Einsatz. Darum bildete die Erweiterung des IM-Netzes durch neu geworbene Ausländer-IM neben der Intensivierung der Arbeit mit den bereits vorhan-

---

536 Vgl.: Ebd., Bl. 36 – 48.

denen Ausländer-IM, aus Sicht der Spionageabwehr die entscheidende Grundlage, um die Abwehrarbeit unter Ausländern weiter zu qualifizieren. Diese Anforderung stellte hohe Ansprüche an die Auswahl, Suche und Kontaktierung von IM-Kandidaten unter Beachtung und Beherrschung der Spezifik des Ausländers im Gewinnungsprozess. Die Erarbeitung der geforderten charakteristischen Merkmale eines Ausländers im Anforderungsbild sowie die Bestimmung geeigneter Werbekandidaten unter Ausländern war an die politischen, rechtlichen, religiösen, ethnischen und moralischen Auffassungen und Beziehungen des entsprechenden Ausländers gebunden, die durch seine Staatsbürgerschaft oder Nationalität bestimmt wurden.

Daraus ergab sich die Notwendigkeit, dass der zuständige Mitarbeiter und sein Referatsleiter die Besonderheiten kannten, um sich darüber klar zu sein, über welche geeigneten operativen Mittel und Methoden die dazu notwendigen Informationen erarbeitet werden konnten. Erfahrungen der Staatssicherheit besagten, dass es unter dem Personenkreis der Ausländer nur über einen qualifizierten Ausländer-IM-Bestand möglich war, eine organisierte und planmäßige Abwehrarbeit durchzusetzen. Diese Feststellung stand im Zusammenhang mit dem Sicherheits- und Abwehrverhalten von in der DDR aufhältigen Ausländern gegenüber DDR-Bürgern. Die Nutzung weiterer Alternativen zur abwehrmäßigen Durchdringung ausländischer Personenkreise, wie beispielsweise der Einsatz von DDR-IM und GMS oder Ermittlungs- und Fahndungsmaßnahmen bis zum Einsatz operativer Technik war möglich, sollte aber nur unter Einbeziehung von Ausländer-IM zur Anwendung kommen. Daraus ergab sich die Notwendigkeit, über eine genaue Einschätzung der ausländerbezogenen Lage eine planmäßige und qualifizierte Ausländer-Werbung vorzubereiten. Denn nur über die konkrete Lageeinschätzung im entsprechenden Verantwortungsbereich war es möglich, klare Anforderungsbilder für IM-Kandidaten unter Ausländern festzulegen und eine qualifizierten Gewinnungsprozess zu organisieren. Dabei waren Sachkenntnis über bestehende rechtliche Bestimmungen und Gesetze zu Ausländern sowie der entsprechenden Richtlinien des MfS notwendig, um eine klare Differenzierung und Einordnung vornehmen zu können.

Auf der Grundlage der in der Lageeinschätzung erkannten Schwerpunkte und Schwerpunktbereiche wurde erkennbar, wo Neuwerbungen von Ausländer-IM aus Sicht der Spionageabwehr erforderlich waren. Davon ausgehend wurde 1987 in der Abteilung II der BV Karl-Marx-Stadt eine Analyse zur Wirksamkeit der Abwehrarbeit unter den im Bezirk aufhältigen Ausländern erarbeitet. Die Zielstellung bestand darin, Klarheit zu schaffen, wie die Abwehrarbeit unter Ausländern entsprechend der DA 1/87 des Ministers für Staatssicherheit zu organisieren war. Dabei konzentrierte man sich auf folgende Analyseprobleme:

1. Einschätzung der Qualität der Bearbeitung von OPK und OV zu Ausländern;

2. Einschätzung der Wirksamkeit von Ausländer-IM zur Durchdringung erkannter operativer Schwerpunkte;

3. Herausarbeitung der Konzentrationspunkte von Ausländern mit Aufenthaltsgenehmigung und Aufenthaltserlaubnis im Zusammenhang mit der politischen Lage im jeweiligen Heimatland sowie aktuellen Tendenzen der Gestaltung von Beziehungen der DDR zu diesen Staaten; Herausarbeitung der Funktionäre und Verantwortlichen dieser Personenkreise, die den Kontakt zur Heimatbotschaft in der DDR sowie zu verantwortlichen DDR-Stellen unterhielten;

694

4. Herausarbeitung aller Ausländer mit Aufenthalts-
   erlaubnis entsprechend des Schwerpunktprinzips
   nach folgenden Kriterien:
   - Aufenthaltsgrund, Sprachkenntnisse,
   - berufliche Entwicklung und Aufgaben sowie
     Funktionen,
   - Reisetätigkeit und Reiserhythmus in das NSA,
   - Kontakte und Verbindungen zu spionagegefähr-
     deten Bereichen, Objekten und Personen,
   - Verbindungen zur Heimatbotschaft in der DDR
     sowie in das Heimatland,
   - Unterhaltung von Rückverbindungen zu ehema-
     ligen DDR-Bürgern, die in das NSA übergesiedelt
     waren,
   - Feststellung regelmäßiger Einreisen aus dem NSA,
   - Herausarbeitung von Kontakten und Verbindun-
     gen zu Personen, die Zielgruppen westlicher Ge-
     heimdienste in der DDR darstellten,
   - früherer Aufenthalt in anderen Staaten, einschließ-
     lich der Vermittlung von Arbeitsstellen durch an-
     dere Länder,
   - Kontakte und Verbindungen zu Ausländern an-
     derer Nationalität sowie Ausländern, die sich zeit-
     weilig aus kommerziellen oder anderen Gründen
     in der DDR aufhielten.
5. Bei Ausländern mit Aufenthaltsgenehmigung sowie
   bei Ausländern, die sich aus kommerziellen oder
   anderen Gründen in der DDR aufhielten, war ebenfalls differenziert und schwerpunktmäßig eine Einschätzung nach den im Punkt 4 genannten Kriterien
   vorzunehmen.

Anhand dieser Analyse wird sichtbar, dass es dem MfS
nicht allein darum ging, eine zahlenmäßige Übersicht
zu Ausländern im jeweiligen Verantwortungsbereich zu

erarbeiten, sondern eine Einschätzung nach erkannten und zu erwartenden methodischen Handlungsweisen westlicher Geheimdienste gegenüber Ausländern vorzunehmen sowie begünstigende Bedingungen für deren Eindringen herauszuarbeiten. Als wesentliche Schlussfolgerungen konnten im Ergebnis der Karl-Marx-Städter Analyse in Erfahrung gebracht werden:

1. Nur ein wirksames Netz von Ausländer-IM gewährleistete die notwendige Erarbeitung des Informationsaufkommens zur Lageeinschätzung unter Ausländern.

2. Neuwerbungen von Ausländer-IM waren dort erforderlich, wo zu erkannten oder sich entwickelnden operativen Schwerpunkten unter Ausländern keine Erkenntnisse zur Tätigkeit westlicher Geheimdienste vorlagen.

Zusammenfassend stellte die Abteilung II/BV Karl-Marx-Stadt 1988 fest, dass die ausländerbezogene Abwehrarbeit als fester Bestandteil in die Gesamtaufgabenstellung zur Spionagebekämpfung einzuordnen ist. Die Ausländer hatten demnach als Zielgruppe der Dienste an Bedeutung gewonnen und die Staatssicherheit ging davon aus, dass die westlichen Geheimdienste eine weitere Forcierung der Angriffe unter Ausländern in der DDR anstrebten. Daraus ergab sich für das MfS die Notwendigkeit, durch eine ständig exakte Einschätzung der Lage im jeweiligen Verantwortungsbereich die Qualität und Quantität der zu werbenden sowie der vorhandenen Ausländer-IM zu erhöhen, um damit Aktivitäten der Dienste unter Ausländern rechtzeitig zu erkennen und zu verhindern.[537]

---

537 Vgl.: Rene Hagedorn: »Auswahl, Aufklärung und Kontaktierung von Werbekandidaten unter den im Verantwortungs-

Die RL Nr. 1/79 forderte, dass die Auswahl der IM-Kandidaten auf der Grundlage von konkreten Anforderungsbildern zu erfolgen hatte.[538] Diese Forderung traf damit auch auf die Gewinnung von Ausländer-IM zu und verpflichtete die operativen Mitarbeiter, die allgemeingültigen Kriterien der RL Nr. 1/79 für die Erarbeitung eines Anforderungsbildes auch bei zu gewinnenden Ausländer-IM anzuwenden. Damit waren sie als operativer Schwerpunkt bestimmter Bereiche, Objekte und Personen im Jahresarbeitsplan des verantwortlichen Referatsleiters auszuweisen und die dazu notwendigen Neuwerbungen durch den Leiter der Abteilung II bestätigen zu lassen. Somit wurde eine zielstrebige und konzentrierte Arbeit geleistet. Dabei sollte nach folgenden Schwerpunkten vorgegangen werden:

1. Neuwerbungen zur zielgerichteten Bearbeitung von operativen Materialien, OPK und OV einschließlich des Einsatzes im Operationsgebiet;

2. Neuwerbungen zur Klärung der Frage »Wer ist wer?« unter bedeutsamen Ausländern und Ausländerkonzentrationen;

3. Neuwerbungen zur Lageverfolgung und -beeinflussung auf der Grundlage des Schwerpunktprinzips, einschließlich aktueller politischer Entwicklungstendenzen.

Dazu waren Kenntnisse zu folgenden operativen Einsatzbedingungen unabdingbar:

• Bearbeitungsrichtung, Bearbeitungszeit/-ort und mögliche Bearbeitungsdauer,

bereich aufhältigen Ausländern im Rahmen der komplexen Spionageabwehr der Linie II«, Bl. 10–13.

538 Vgl.: MfS: Richtlinie (RL) Nr. 1/79 für die Arbeit mit Inoffiziellen Mitarbeitern (IM) und Gesellschaftlichen Mitarbeitern für Sicherheit (GMS). BStU ZA DSt 102658, S. 39.

- erforderliche Sprachkenntnisse,
- zu beachtende ethnische Besonderheiten, einschließlich Religion,
- Kontakt- und Verbindungskreis beziehungsweise geplante Kontaktaufnahmen,
- erforderliche Verbindungen im Ausland,
- Spezialkenntnisse.

Im MfS sollte die Erarbeitung von Anforderungsbildern nach den genannten Aspekten erfolgen. Dazu mussten folgende Objekt- und Subjektanforderungen bei Ausländern zusätzlich bekannt sein:

Objektive Seite

- Staatsbürgerschaft sowie das damit verbundene äußere Erscheinungsbild (Hautfarbe, Haarwuchs, Gesichtsform, Alter),
- Aufenthaltsdauer,
- sozialer Status, in den der jeweilige Ausländer hineingeboren oder erhoben wurde.

Subjektive Seite

- Sprachkenntnisse,
- ethnische Zugehörigkeit – Religionsausübung sowie damit verbundene Gewohnheiten,
- Grad und Umfang der Beziehungen zu anderen ethnischen Gemeinschaften,
- politische Bindungen und Zugehörigkeit zu ausländischen Parteien oder Organisationen,
- Traditionsdenken und -verhalten,
- familiäre und politische Bindung an das Heimatland oder andere Regionen,
- Anpassungsverhalten entsprechend der Zielstellung des Einsatzes,
- moralische Besonderheiten, beispielsweise Umgangsformen, Rechtsauffassungen usw.

Unter Beachtung der möglichen Rahmenbedingungen der objektiven und subjektiven Seite wurden Voraussetzungen für eine zielgerichtete und aufgabenbezogene Auswahl getroffen.

Nachdem die Erarbeitung des Anforderungsbilds zur geplanten Ausländer-IM-Werbung erfolgte, waren durch die operativen Mitarbeiter Maßnahmen für eine zielstrebige und sachbezogene Auswahl zu treffen.
Bei der Auswahl von Ausländer-IM-Kandidaten ging die Staatssicherheit davon aus, dass dahingehend nur relativ wenige Personenhinweise in den Diensteinheiten gespeichert waren, da erst 1981 mit dem Befehl Nr. 3/81 des Ministers für Staatssicherheit begonnen worden war, grundlegende Aufgaben zur Abwehrarbeit unter Ausländern festzulegen und zu organisieren. Weiterhin stand oftmals lediglich eine sehr begrenzte Anzahl in der DDR aufhältiger Ausländer zur Verfügung, die im Rahmen der Auswahl geeignet erschienen. Deshalb betrachtete es das MfS als notwendig, zur Gewährleistung einer hohen Qualität der Auswahl, alle Möglichkeiten der Suche auszuschöpfen, um in deren Ergebnis eine gesicherte Basis für eine effektive Auswahl zu haben. Möglichkeiten dazu stellten dar:

1. Personenhinweise aus der Bearbeitung von OPK und OV. Voraussetzung dazu war, dass über die AKG der BV sowie über das Referat A/I der jeweiligen Fachabteilung alle operativ interessanten Personenhinweise zu Ausländern dem zuständigen Referat der Abteilung II zugänglich gemacht wurden und dort eine sachgemäße Speicherung erfolgte.

2. Personenhinweise aus dem IM-Netz. Dazu musste ebenfalls eine exakte Speicherung im zuständigen Referat zu allen Personenhinweisen realisiert werden. Diese Einspeicherung erfolgte personifiziert nach der entsprechenden Staatsbürgerschaft. Im Rahmen der Suche bildete die erforderliche bezie-

hungsweise mögliche Staatsbürgerschaft den entscheidenden Ausgangspunkt für weitere Entscheidungen und Maßnahmen. Da in der VSH-Kartei der Auswertung nur eine alphabetisch personifizierte Einspeicherung vorgenommen wurde, war die Führung einer Personenhinweiskartei zu Ausländern, nach Staatsbürgerschaft geordnet, im zuständigen Referat zweckmäßig.

3. <u>Speicherüberprüfungen im Speicher des MfS, insbesondere durch die ZPDB- Überprüfung</u>. Die Voraussetzung dazu bestand darin, dass die Grunddaten des zu überprüfenden Ausländers bekannt waren. Über die ZPDB-Überprüfung waren alle operativ interessanten Personenhinweise zu überprüften Personen abzufragen, die durch andere Diensteinheiten des MfS eingespeichert worden waren, ohne dass ein aktives Erfassungsverhältnis vorliegen musste.

4. <u>Durchführung von PDB-Recherchen sowie Sichtung der Ausländerakte im zuständigen VPKA</u>. Über diese Möglichkeiten waren Informationen zu den konkreten Grunddaten zu erhalten sowie über den Aufenthaltsgrund, die Aufenthaltsdauer, zur Reisetätigkeit und zu interessanten Merkmalen (zum Beispiel Straftaten, konkrete berufliche Tätigkeit sowie Einschätzungen der VP hinsichtlich realisierter Kontrollmaßnahmen zum Ausländer). Voraussetzung für eine personifizierte PDB-Recherche war, dass zur Person des Ausländers Name, Vorname und Staatsbürgerschaft bekannt waren. Über die PDB-Recherche konnten auch die jeweils aufhältigen Staatsbürger eines ausländischen Staates, personifiziert nach der Bezirks- oder Kreisübersicht, abgefordert werden. Für eine Überprüfung im VPKA war die erforderliche Staatsbürgerschaft ausreichend, da dort eine alphabetische Registrierung nach Staatsbürgerschaft erfolgte.

5. Hinweise über Sprachmittlereinsätze durch Ausländer bei der VP, Intertext sowie gesellschaftlichen Organisationen. Über die zuständigen Diensteinheiten
war es bei Angabe der entsprechenden Staatsbürgerschaft oder der interessierenden Personenkategorie
möglich, über erfolgte oder geplante Ausländerein-
sätze Angaben zu erhalten, einschließlich Hinweise
zur Person des Ausländers durch IM-Einschätzun-
gen oder Einschätzungen der Partner des Zusammenwirkens.

Bei der Entscheidung zur Auswahl richtete sich die
Staatssicherheit danach, bei welchen Personenhinweisen erkennbar war, dass die erarbeiteten Anforderungen
der objektiven und subjektiven Seite im Wesentlichen
erfüllt sein könnten.
Entsprechend der geplanten Einsatzrichtung mussten
bei der Entscheidung zur Auswahl zusätzlich folgende
Punkte Berücksichtigung finden:
- Aktuelle politische Orientierungen und Maßnahmen
  der SED, die im Zusammenhang mit der Gestaltung
  internationaler Beziehungen standen. Dabei ging das
  MfS von der Überlegung aus, in welchem Verhältnis
  operativer Nutzen und politischer Schaden bei einer
  eventuellen Dekonspiration oder Offenbarung gegenüber ausländischen Stellen durch die betreffende
  Person standen.
- Aufenthaltsdauer und -grund. Eine bestimmte notwendige Aufenthaltsdauer oder Aufenthaltsregel-
  mäßigkeit war Voraussetzung für eine genaue Aufklärung und spätere Werbung. Untersuchungen der
  Staatssicherheit hatten gezeigt, dass der Ausländer
  ein bis zwei Jahre in der DDR aufhältig sein musste,
  um eine sachbezogene mündliche Verständigung
  zu gewährleisteten. Der Gewinnungsprozess nahm

rund ein Jahr in Anspruch. Ausländer, denen in der DDR politisches Asyl gewährt worden war oder die in diplomatischen Funktionen tätig waren und anschließend in der DDR blieben, sollten für eine inoffizielle Zusammenarbeit nicht genutzt werden. Der Aufenthaltsgrund Familienzusammenführung durch Eheschließung mit DDR-Bürgern bot vielseitige Voraussetzungen für eine perspektivische Zusammenarbeit.

- Politische Differenzen oder übereinstimmende politische Auffassungen trotz unterschiedlicher Bindung zwischen Ausländern konnten zur Motivbildung für eine perspektivische Zusammenarbeit in der Kontaktphase genutzt werden.
- Hinweise auf Kompromate, wie Schmuggel, Rauschgift, Prostitution. Diese Dinge waren im StGB der DDR als Straftatbestände erfasst und konnten die Ausweisung zur Folge haben.
- Festgestellte unüberwindliche Sprachprobleme zwischen dem Mitarbeiter des MfS und dem IM-Kandidaten sowie zwischen dem IM-Kandidaten und Personen, zu denen der Einsatz geplant war.
- Hinweise auf Terror- und Gewaltanwendung.

Folgende Besonderheiten fanden bei der endgültigen Entscheidung zur Auswahl unter Berücksichtigung der vorgenannten Punkte durch die Staatssicherheit Beachtung:

- Durch den operativen Mitarbeiter musste im Stadium der Auswahl, soweit möglich, erkannt werden, ob eine perspektivische Zusammenarbeit durch politische, ethnische, religiöse oder familiäre Bindungen erschwert oder stark belastet werden konnte.
- Feststellung, ob Verständigungsprobleme zwischen dem künftigen IM und dem Führungsoffizier sowie der Kontroll-/Bearbeitungsperson bestehen könnten.
- Hinweise auf Kontakte und Verbindungen zu west-

702

lichen Geheimdiensten oder dem jeweiligen Landesgeheimdienst, die durch den langjährigen Aufenthalt
in anderen Staaten durchaus gegeben sein konnten.

• Hinweise auf eine geplante Übersiedlung in das Heimatland oder andere Staaten, einschließlich der Prüfung hinsichtlich Ermittlungsverfahren durch andere
Schutz- und Sicherheitsorgane, beispielsweise VP oder
Zoll, die eine Ausweisung zur Folge haben konnten.

Ausgehend von den generellen Forderungen zur Auswahl stand der MfS-Offizier vor der Aufgabe, das
Persönlichkeitsbild des IM-Kandidaten unter ausländerspezifischen Gesichtspunkten zu analysieren und
dieses bei der Auswahl zu berücksichtigen. Dabei waren besonders hohe Maßstäbe zur Gewährleistung der
Sicherheit des IM-Netzes anzulegen. Daraus resultierte, dass sich der operative Mitarbeiter rechtzeitig eine
Reihe zusätzlicher und zuverlässiger Informationsquellen schaffen musste, die er ständig nutzen konnte, um
darüber aussagefähig zu sein. In Abstimmung mit der
zuständigen KD konnten dies IM/GMS im VPKA –
Arbeitsgruppe Ausländerkontrolle – oder beim Rat des
Kreises, Abteilung Innere Angelegenheiten sein. Diese
Quellen konnten aufgrund ihrer beruflichen Tätigkeit
jederzeit legendiert mit dem IM-Kandidaten offizielle
Gespräche führen und waren damit in der Lage, aktuelle
und wertvolle Informationen über das Persönlichkeitsbild des IM-Kandidaten zu erarbeiten.[539]

Die Ziele der Aufklärung waren nach der RL Nr. 1/79
so festzulegen, dass es möglich war, im Verlauf sowie im
Ergebnis der Aufklärung festzustellen, ob der Kandidat

---

[539] Vgl.: Rene Hagedorn: »Auswahl, Aufklärung und Kontaktierung von Werbekandidaten unter den im Verantwortungsbereich aufhältigen Ausländern im Rahmen der komplexen
Spionageabwehr der Linie II«, Bl. 14–21.

die im Anforderungsbild ausgewiesenen Merkmale besaß oder sich durch Einflussnahme des operativen Mitarbeiters aneignen konnte.[540]

Davon ausgehend waren im Plan der Aufklärung entsprechend dem Anforderungsbild Maßnahmen festzulegen, wie gesicherte Erkenntnisse zur Einschätzung der Eignung, Zuverlässigkeit sowie der zu erwartenden Bereitschaft erarbeitet werden konnten und welche konkreten Maßnahmen zur Abstimmung mit der AGA der HA II erforderlich waren. Eine rechtzeitige Zusammenarbeit mit der AGA der HA II war für die zuständigen Referate der Abteilungen II der BV notwendig, um zentrale Erfahrungen und Erkenntnisse bereits in der Phase der Aufklärung mit zu berücksichtigen. Dadurch gelang es der Staatssicherheit besser, die Aufklärungsergebnisse nach ihrer Bedeutung einzuordnen.

Daraus ergab sich, von Informationen auszugehen, die bereits zur Verfügung standen und festzulegen, über welche Informationsquellen weitere Aufklärungsergebnisse erarbeitet werden mussten.

Zu Ausländern, die erst seit kurzem in der DDR aufhältig waren, oder periodisch aus dem Operationsgebiet in die DDR einreisten, waren nur wenig gespeicherte Informationen und geeignete Informationsquellen vorhanden. Um auszuschließen, dass die Gespräche in der Kontaktphase die einzige Möglichkeit darstellten den Kandidaten aufzuklären, waren deshalb geeignete Informationsquellen unter den IM und GMS zu schaffen, die gleichzeitig eine Überprüfung der Aufklärungsergebnisse ermöglichten. Dabei war der Einsatz technischer Möglichkeiten in die Überlegungen einzubeziehen. Weiterhin war es notwendig, dass sich der operative Mitarbeiter bei der Erarbeitung der Zielstellung der

---

540 Vgl.: RL Nr. 1/79, S. 40.

Aufklärung bewusst war, zu welchen Problemen und Fragen er sich sachkundig informieren musste, um eine selbständige sowie qualifizierte Bewertung und Einordnung aller Aufklärungsergebnisse vornehmen zu können. Dies betraf:

- Kenntnisse über den politischen und sozialökonomischen Entwicklungsstand des Heimatlandes des jeweiligen Kandidaten sowie das Verhältnis zu Nachbarstaaten, einschließlich Staaten, die mit der künftigen Einsatzrichtung zusammenhingen und Erkenntnisse zur Tätigkeit der entsprechenden Landesgeheimdienste, beispielsweise die Zusammenarbeit des israelischen Geheimdienstes mit dem BND bei einem IM-Kandidaten aus dem Libanon;
- ethnische und staatsbürgerliche Zusammenhänge sowie Besonderheiten;
- politische und ökonomische Beziehungen zwischen der DDR und dem jeweiligen Staat des Ausländers sowie der damit verbundenen Vertragsabschlüsse, einschließlich Konsular- und Rechtsverträge.[541]

Die RL Nr. 1/79 orientierte darauf, »dass die benötigten Informationen vor allem durch den zielgerichteten Einsatz von IM zu erarbeiten sind. Darüber hinaus sind eigene Überprüfungshandlungen des operativen Mitarbeiters und die gründliche Auswertung von Dokumenten und Speicherinformationen über den Kandidaten erforderlich.«[542]

---

541 Vgl.: Rene Hagedorn: »Auswahl, Aufklärung und Kontaktierung von Werbekandidaten unter den im Verantwortungsbereich aufhältigen Ausländern im Rahmen der komplexen Spionageabwehr der Linie II«, Bl. 22 f.

542 MfS, Hochschule, Sektion Politisch-operative Spezialdiszjiplin, Lehrstuhl I: Lehrmaterial für die zentrale politisch-operative Fachschulung. Thema: »Die Aufklärung und Überprüfung des IM-Kandidaten«. BStU-Bibliothek, St 745, S. 36.

Die Feststellung, dass der IM die entscheidende Quelle zur Aufklärung des IM-Kandidaten darstellte, war insbesondere bei der Aufklärung von Ausländer-IM-Kandidaten von großer Bedeutung. Auch Ausländer suchten sich aus ihrem unmittelbaren Kontakt- und Verbindungskreis Personen, mit denen sie enge Kommunikations- und Kooperationsbeziehungen aufnahmen. Bei der Auswahl dieses Personenkreises berücksichtigten die Ausländer die Festlegungen und Verbindlichkeiten zuständiger Stellen aus dem jeweiligen Heimatland sowie Pflichten und Rechte, die mit der entsprechenden Staatsbürgerschaft oder Nationalität verbunden waren. Dies betraf beispielsweise Kontaktverbote zu Ausländern mit anderer Staatsbürgerschaft oder zu Ausländern, die anderen politischen Organisationen angehörten. Weiterhin bestimmte ihre Position zu den gesellschaftlichen Verhältnissen in der DDR und die daraus resultierende Kontaktbereitschaft zu Bürgern der DDR sowie eigene Vorstellungen zum Schutz der persönlichen Sicherheit den Kreis der unmittelbaren Vertrauenspersonen. Oftmals wurden durch die Ausländer intensive Kontakte zu DDR-Bürgern im Arbeitsbereich unterhalten, die sich jedoch fast ausschließlich auf das konkrete Aufgabengebiet bezogen. Problematisch wirkte sich für das MfS dabei aus, dass eine sofortige Einschränkung im Informationsaustausch eintrat, wenn Problemkreise der Intimsphäre des IM-Kandidaten angesprochen wurden. Deshalb berücksichtigte die Staatssicherheit, dass der Einsatz eines DDR-IM zwar möglich war, ihm aber aus den genannten Gründen bei der Erarbeitung von Aufklärungsergebnissen objektive Grenzen gesetzt waren.

Die Erfahrungen der Abteilung II der BV Karl-Marx-Stadt belegen, dass es außerordentlich kompliziert war, durch DDR-IM vertrauliche Beziehungen zu einem

Ausländer aufbauen zu lassen. Die dort erarbeiteten Aufklärungsergebnisse blieben oft an der Oberfläche und enthielten nicht die erforderlichen Qualitätsmerkmale.

Daraus schlussfolgernd wurde bei der Karl-Marx-Städter Spionageabwehr die Frage gestellt, unter welchen konkreten Voraussetzungen und Bedingungen eine zielgerichtete Beweisführung zu relevanten Personen unter Ausländern in OV möglich war. Unter Berücksichtigung gemachter Erfahrungen wurde festgelegt, dass die Aufklärung durch einen IM zu erfolgen hatte, der selbst Ausländer war und über die erforderlichen Voraussetzungen verfügte, mittels einer Legende oder Kombination durch den aufzuklärenden Kandidaten angenommen zu werden. Voraussetzungen dazu waren beispielsweise:

- die einheitliche Sprache zwischen dem IM-Kandidaten und dem heranzuschleusenden IM,
- keine kontroversen Auffassungen in politischen sowie religiösen Denk- und Verhaltensweisen,
- eine kritische und wachsame Einstellung zu DDR-Kontakten.

Daraus ergab sich die Aufgabe, in der Abteilung II oder in anderen Diensteinheiten der BV, die in ihrem Verantwortungsbereich mit Ausländer-IM arbeiteten, Überprüfungen nach geeigneten IM zu realisieren sowie die notwendigen Abstimmungen für den Einsatz festzulegen.

Die Karl-Marx-Städter Spionageabwehr schätzte ein, dass auf der Grundlage des Befehls Nr. 3/81 des Ministers für Staatssicherheit die Voraussetzungen geschaffen worden waren, in den jeweiligen Gliederungseinheiten der Linie II sowie in Schwerpunktbereichen der BV eine differenzierte und aufgabenbezogene Basis von Ausländer-IM entstehen zu lassen.

Bei Ausländern mit ständigem Wohnsitz in der DDR war das im Aufnahmeverfahren erarbeitete Aktenmaterial im zuständigen VPKA einzusehen. Dieses Material enthielt umfangreiche Aussagen und Feststellungen zur Person des Ausländers. Dabei fand durch die Staatssicherheit Beachtung, dass die vorhandenen Protokolle und Einschätzungen im Wesentlichen auf der Grundlage von Aussagen des Ausländers entstanden waren und kaum Überprüfungen dazu möglich waren. Daraus ergab sich für das MfS, dass die gewonnenen Erkenntnisse aus diesem Aktenmaterial mit aktuellen Aufklärungsergebnissen ständig zu vergleichen waren, um Übereinstimmungen und Widersprüche erkennen zu können.

Eine weitere Informationsquelle stellten die Speicherüberprüfungen innerhalb des MfS dar. Wesentlich dabei war, in der Aufklärungsphase exakt zu analysieren, in welchen Speichern der Staatssicherheit Informationen zum Arbeits-, Wohn- und Freizeitbereich einschließlich zu Aufenthalten außerhalb der DDR zum Ausländer-IM-Kandidaten gespeichert sein konnten, um eine umfassende Ausschöpfung der Speichervielfalt zu gewährleisten. Neben den grundsätzlichen Speicherüberprüfungen wie VSH, HA VI, Abteilung XII und Abteilung M bestanden weitere spezifische Möglichkeiten, wie

- Systemspeicher ZAIG 5/SOUD (bedeutsame Informationen, die im Zusammenhang mit Aufenthalten von Ausländern aus NSW-Staaten in sozialistischen Ländern durch deren Sicherheitsorgane eingespeichert wurden),
- ZPDB (bedeutsame Informationen zu Ausländern, die durch andere Diensteinheiten des MfS eingespeichert wurden),
- HA II/AGA und HA II/AKG (bedeutsame Informationen im Zusammenhang der Durchsetzung der DA Nr.1/87 des Ministers für Staatssicherheit),

- HA VII (bedeutsame Informationen zu Ausländern, zu denen ein Aufnahmeverfahren zum ständigen Wohnsitz in der DDR durchgeführt wurde).

Die Überprüfungen in den Hauptabteilungen sollten auch in den entsprechenden Fachabteilungen der Bezirksverwaltungen durchgeführt werden. Neben den Speichern des MfS existierten eine Reihe weiterer Speicher und Auskunftsstellen anderer Organe, die als Informationsquellen zur Aufklärung erfasst und auszuwerten waren. Dazu gehörten:

- die PDB des MdI, um insbesondere Doppelerfassungen durch eine unterschiedliche Schreibweise zu vermeiden;
- das Speicher- und Kontrollsystem des zuständigen VPKA mit der Abteilung Pass- und Meldewesen, der Arbeitsgruppe Ausländerkontrolle, den operativen Kräften (ABV, K), einschließlich der dazugehörigen Speicher;
- Auskunftsmöglichkeiten in den jeweiligen Kaderabteilungen oder bei den Beauftragten für Ausländerangelegenheiten;
- Partner des Zusammenwirkens im Arbeits-, Wohn- und Freizeitbereich des IM-Kandidaten, zum Beispiel Parteikader, Abgeordnete oder Vorsitzende der Hausgemeinschaftsleitungen.

Nachfolgende Gesichtspunkte, die sich im Hinblick auf ihre inhaltliche Bewältigung bei Ausländern als Besonderheit herauskristallisierten, stellten dar:

1. Alle offiziellen Unterlagen und Dokumente zum Kandidaten mussten eine kritischen Bewertung durch den operativen Mitarbeiter unterzogen werden, da diese Dokumente oft aus Unkenntnis heraus unvollständig oder teilweise falsch durch den Ausländer ausgefüllt wurden. Weiterhin waren die

Einschätzungen und Beurteilungen zum Ausländer oftmals abhängig von der Haltung und Einstellung der zuständigen Personen zum Ausländer (beispielsweise in Form einer unbegründeten Ausländerfeindlichkeit). Ebenfalls konnten durch Verständigungsprobleme Entstellungen auftreten.

2. Zur Gewährleistung der Sicherheit des Ausländer-IM-Netzes war zu beachten, dass der Ausländer, der sich über einen längeren Zeitraum in der DDR aufhielt oder wiederholt kürzere Einreisen in die DDR plante, für westliche Geheimdienste beziehungsweise den jeweiligen Landesgeheimdienst günstige Voraussetzungen bot, um als Spion tätig zu werden. Deshalb betrachtete es die Staatssicherheit bei der Aufklärung von Ausländer-IM als erforderlich, stets zu berücksichtigen, dass ein Werbungsversuch seitens eines Geheimdienstes vorliegen konnte. Begünstigende Bedingungen waren dabei eine permanente Abhängigkeit von den Auslandsbehörden sowie der eigenen Botschaft in der DDR und politisch komplizierte Bedingungen im Heimatland, die durch die Dienste für Werbungen genutzt wurden. Daraus ergab sich für das MfS die Aufgabe, die Aufklärung so zu führen, dass ein rechtzeitiges Erkennen eines Geheimdienstkontakts gesichert werden konnte. Dazu brauchte der operative Mitarbeiter Kenntnisse über die Erarbeitung von Hinweisen, die auf einen Kontakt zum Geheimdienst schließen ließen.

3. Herausarbeitung von Motiven, die die Entscheidung zur Zusammenarbeit mit der Staatssicherheit wesentlich beeinflussen konnten. Erkenntnisse der HA II/AGA sowie Erfahrungen der Abteilung II/BV Karl-Marx-Stadt zeigten auf, dass die Tätigkeit des MfS unter Ausländern nicht unbekannt war. Der Grund dafür bestand darin, dass Ausländer auf eine mög-

liche Kontaktierung mit der Staatssicherheit durch Publikationen in westlichen Medien sowie durch den Einfluss gegnerischer Stellen und Personen im Ausland eingestellt wurden. Deshalb war es für den operativen Mitarbeiter in der Phase der Aufklärung von wesentlicher Bedeutung, mögliche Motive und Entscheidungsgrundlagen für die Bereitschaft oder Nichtbereitschaft einer zukünftigen Zusammenarbeit zu erkennen. Nur dadurch war es möglich, einen zielgerichteten Einfluss auf falsche und verzerrte Vorstellungen über die Arbeit der Staatssicherheit sowie überhöhte Erwartungshaltungen einer angedachten Zusammenarbeit zu nehmen. Bewährt hatte sich dabei aus der Sicht des MfS, wenn der Mitarbeiter auf der Grundlage der Aufklärungsergebnisse auf folgende möglicherweise zu erwartende Probleme vorbereitet war:

- Der Kandidat sieht in der Zusammenarbeit mit dem MfS eine Verratshandlung an seinem Staat oder seinem Volk.
- Die Zusammenarbeit mit den Sicherheitsorganen konnte für Ausländer aus bestimmten Staaten und Organisationen, beispielsweise aus extremen Palästinenserorganisationen, den Tod bedeuten (Aussagen von Ausländer-IM bestätigten, dass Mitglieder solcher Organisationen darüber belehrt wurden).
- Der Kandidat überträgt Mittel und Methoden des eigenen Landesgeheimdienstes oder anderer Geheimdienste (Gewalt, Erpressung) auf die Tätigkeit der Staatssicherheit und hatte deshalb starke und verfestigte Angstgefühle aufgebaut.
- Der Kandidat sieht in der Zusammenarbeit mit dem MfS Möglichkeiten, eigene oder Interessen anderer Organisationen, Einrichtungen und Staaten durchzusetzen.

4. Zur Ausschöpfung aller vorhandenen Aufklärungsmöglichkeiten und deren sinnvolle Verbindung zur
   gleichzeitigen Überprüfung vorhandener Aufklärungsergebnisse war es zweckmäßig, den Ausländer-IM-Kandidaten im Rahmen von Kombinationen
   durch den Einsatz von IM und technischen Möglichkeiten aufzuklären. Bei besonders perspektivvollen
   Ausländer-IM-Kandidaten betrachtete die Spionageabwehr die Aufklärung im Rahmen einer OPK als
   zweckmäßig.

Zusammenfassend kann resümiert werden, dass die
Aufklärung bei Ausländer-IM-Kandidaten insbesondere davon gekennzeichnet war, seine Persönlichkeitseigenschaften als Ausländer aufzuklären und ununterbro-
chen auf Eignung zum erarbeiteten Anforderungsbild
zu prüfen. Die Qualität der Aufklärungsergebnisse wurde maßgeblich durch den Einsatz von Ausländer-IM
bestimmt. Bei allen Maßnahmen zur Aufklärung waren
hohe Maßstäbe an die Gewährleistung der Konspiration
sowie zur Sicherheit des inoffiziellen Netzes zu legen.[543]

Mit der Kontaktierung war entsprechend der RL Nr. 1/79
festgelegt, dass der operative Mitarbeiter unmittelbar zur
Einhaltung der Konspiration in direkte Beziehung mit
dem IM-Kandidaten trat, um die Bereitschaft zur Zusammenarbeit mit der Staatssicherheit zu entwickeln.[544]
Von dieser Zielstellung ausgehend hatte der Offizier des
MfS bei der Kontaktierung von Ausländer-IM-Kandi-

---

543 Vgl.: Rene Hagedorn: »Auswahl, Aufklärung und Kontaktie-
    rung von Werbekandidaten unter den im Verantwortungs-
    bereich aufhältigen Ausländern im Rahmen der komplexen
    Spionageabwehr der Linie II«, Bl. 23–30.

544 Vgl.: RL Nr. 1/79, S. 42.

daten die politische und moralische Empfindlichkeit bei den in der DDR tätigen ausländischen Ebenen zu berücksichtigen. Deshalb musste unbedingt vor Aufnahme des Kontakts geklärt und gesichert sein, wie insbesondere bei politisch brisanten Ausländerkontaktierungen, Reaktionen und Verhaltensweisen im Ergebnis des ersten Kontakts und bei Notwendigkeit auch nachfolgender Kontakte festgestellt und im Sinne der Zielstellung der Kontaktierung beeinflusst werden konnten. Davon ausgehend sollten geeignete IM sowie technische Maßnahmen und bei Notwendigkeit gut vorbereitete Kombinationen zum Einsatz kommen. Als bewährte Methoden betrachtete die Staatssicherheit hierbei:

- eine legendierte Verbindungsaufnahme nach der Kontaktierung durch einen zuverlässigen IM zum IM-Kandidaten, der dessen Vertrauen innehatte;
- Einsatz der Linie VIII zu Beobachtungsmaßnahmen nach dem Kontaktierungsgespräch;
- Einleitung von Maßnahmen durch die Abteilungen M und 26 in Verbindung mit Maßnahmen der HA II zur Herausarbeitung von Hinweisen einer zielgerichteten Verbindungsaufnahme zur Heimatbotschaft in der DDR beziehungsweise zu Personen und Stellen im Ausland.

Auf der Grundlage der politischen Bedeutsamkeit von Ausländer-Kontaktierungen war ein Kontaktierungsvorschlag zu erarbeiten, der für alle IM-Kategorien durch den Leiter der BV oder dessen zuständigen Stellvertreter Operativ zu bestätigen war. Dieser Kontaktierungsvorschlag hatte folgenden inhaltlichen Gesichtspunkten Rechnung zu tragen:

- Personalien,
- Persönlichkeitseinschätzung mit interessanten Persönlichkeitsmerkmalen,
- Ziel der Kontaktierung,

- wie die Kontaktierung erfolgte (Legende),
- wann, wo und durch wen die Kontaktierung erfolgte.

Daraus sollte auch ersichtlich werden, auf welche möglichen spezifischen Emotionen und Reaktionen der entsprechende Mitarbeiter gegenüber dem Kandidaten vorbereitet sein musste, um eine durchdachte politische und operative Vorgehensweise im Gespräch gewährleisten zu können. Auf der Grundlage von Erfahrungen der Abteilung II/BV Karl-Marx-Stadt dazu zwei Beispiele:

- Ein Angehöriger der PLO (syrischer Staatsbürger) gab Kontakte mit dem MfS als meldepflichtig an und wollte den Botschafter der PLO in Ostberlin davon in Kenntnis setzen.
- Ein vietnamesischer Staatsbürger hatte die Absicht, bei der Fortführung des Kontakts aus der DDR auszureisen und das MfAA der DDR über den Grund dieser Ausreise informieren zu lassen.

Da der entsprechende Mitarbeiter des MfS auf solche Erscheinungen eingestellt war, konnten rechtzeitig ernsthafte Probleme verhindert werden.

Auf solche oder ähnlich gelagerte Reaktionen mussten die zuständigen Mitarbeiter vorbereitet sein, um die richtige Einflussnahme und Entscheidung zu treffen. Ein weiterer Kontakt, der zur Klärung solcher Fragen notwendig war, kam oft nur unter erheblichem Aufwand zustande. Daraus resultierte auch, dass der Mitarbeiter des MfS stets über geeignete Rückzugslegenden verfügen musste.

Weiterhin war in der Vorbereitung der Kontaktierung darüber zu entscheiden, unter welchen Bedingungen und Umständen eine schriftliche Schweigeverpflichtung abverlangt wurde. Die Anfertigung einer Schweigeverpflichtung konnte nach Erfahrungen der Staatssicherheit den positiven Verlauf einer Kontaktierung torpedieren, wenn der Kandidat dies beispielsweise als

Methode westlicher Geheimdienste auffasste. In der Tätigkeit der Karl-Marx-Städter Spionageabwehr wurde zum Beispiel bei einem jordanischen und einem ägyptischen Staatsbürger auf eine schriftliche Schweigeverpflichtung verzichtet, da sich bei beiden eine Abneigung gegen eine schriftliche Erklärung abzeichnete. Wäre diese Verhaltensweise unerkannt geblieben, hätte dies zum Kontaktabbruch führen können. Weiterhin wurde auf eine schriftliche Schweigeverpflichtung verzichtet, wenn durch die Kandidaten die deutsche Sprache lediglich mangelhaft beherrscht wurde.

In der Vorbereitung der Kontaktierung musste durch das MfS weiterhin beachtet werden, dass der Kandidat den Mitarbeiter als Angehörigen der Staatssicherheit durch Personenbeschreibungen von anderen Ausländern her kannte. Dadurch konnte die beste Legende unglaubwürdig werden. In der DDR lebende Ausländer mit gleicher Staatsbürgerschaft oder politischen Auffassungen und Interessen besaßen untereinander ein ausgeprägtes und abgestimmtes Kommunikations- und Abwehrverhalten gegenüber Kontakten von Sicherheitsorganen. So wurde beispielsweise ein Ausländer-IM-Kandidat durch einen Ausländer gleicher Nationalität, mit dem der inoffizielle Kontakt abgebrochen worden war, vor Kontaktierungen der Staatssicherheit gewarnt, einschließlich einer exakten Personenbeschreibung des Offiziers, der die Kontaktierung durchführte.

Bei einem Ausländer-IM-Kandidaten sollte zweckmäßigerweise vor jeder Kontaktierung unter Wahrung der Konspiration durch den Mitarbeiter eine persönliche Inaugenscheinnahme erfolgen. Die Kenntnis des äußeren Erscheinungsbildes gab dem Offizier Sicherheit und konnte die Auswahl des Kontaktortes beeinflussen. Einige Ausländer trugen sehr auffällige Kleidung und konnten sich damit bei nicht geeigneten Kontaktorten sofort dekonspirieren. Weiterhin konnten Ausländer ihr Aussehen gegenüber vorhandenen Fotografien stark verändert haben. Gleichzeitig konnte der MfS-Mitarbeiter damit noch nicht bekannte äußerliche Besonderheiten sowie aktuelle Verhaltensweisen feststellen. Genannt seien hier zum Beispiel Kontaktpartner im Freizeitbereich, Gewohnheiten nach der Arbeitszeit, Arbeitswege sowie die körperliche Verfassung.

Bei der Erarbeitung von Kontaktlegenden ging die Staatssicherheit davon aus, dass Ausländer alle Kontrollmaßnahmen bewaffneter Organe der DDR (MdI, Zoll, PKE), die im Zusammenhang mit ihrem Aufenthalt in der DDR standen, als Kontrollen des MfS betrachteten. Die Ausländer unterschieden selten die einzelnen Kontrollmaßnahmen nach ihrem wirklichen Charakter, sondern nahmen eine Gleichschaltung analog der Ausländerpolizei in westlichen Staaten vor. Deshalb ging die Staatssicherheit bei der Erarbeitung der Kontaktlegende von dieser Denkweise der Ausländer aus. Das bedeutete, dass sich der verantwortliche Offizier gegenüber dem Kandidaten sofort als Mitarbeiter des MfS zu erkennen gab. Kontaktlegenden als Angehöriger der Kriminalpolizei oder als Mitarbeiter für Innere Angelegenheiten (Ausländerwesen) waren möglich, erwiesen sich jedoch als äußerst nachteilig für eine später zu offenbarende Zusammenarbeit. Der Kandidat bekam Zweifel an der Echtheit der Kontaktaufnahme, befürchtete weitere Täuschungen und beendete darum gegebenenfalls den Kontakt. Legendierte Kontaktaufnahmen hatten sich nur bewährt, wenn die weitere Zusammenarbeit unter Legende gestaltet werden sollte, beispielsweise wenn aus politischen Gründen die Kontaktaufnahme als MfS unerkannt bleiben sollte.

Weiterhin ergab sich die Möglichkeit, dass durch Kombinationen und Legenden Voraussetzungen geschaffen werden konnten, dass durch den Kandidaten selbst der Kontakt zur Staatssicherheit oder zur Volkspolizei aufgenommen wurde. Diese Art der Kontaktierung erforderte eine gründliche Vorbereitung und Abstimmung mit anderen Diensteinheiten. Die Konspiration sowie Kenntnis der zu erwartenden Reaktionen mussten gewährleistet sein, um negative Erscheinungen weitgehend auszuschließen.

Zwischen den drei Formen der Kontaktaufnahme – der legendierten, der kombinierten beziehungsweise der direkten Kontaktaufnahme – war entsprechend der Spezifik der Kontaktaufnahme zu entscheiden. Die besten Erfahrungen machte die Abteilung II/BV Karl-Marx-Stadt mit der direkten Kontaktaufnahme, da der Kandidat so erkannte, dass er das Vertrauen der Staatssicherheit besaß und zum Zeitpunkt der Kontaktaufnahme keine Zweifel an seiner Zuverlässigkeit bestanden.

Bei der Erarbeitung der Gesprächslegende war zu beachten, diese so auszuwählen, dass für den Kandidaten erkennbar war, dass ausschließlich er zur Klärung des dargelegten Sachverhaltes geeignet war. Dadurch liefen Vorschläge des Kandidaten, das Problem durch andere Personen klären zu lassen, ins Leere. Weiterhin hatte sich bewährt, die Gesprächslegenden so aufzubauen, dass eine Schutzfunktion des MfS gegenüber in der DDR lebenden Ausländern deutlich wurde. Das konnten zum Beispiel sein:

- anonyme Drohungen und geplante Angriffe gegen Ausländer,
- Angriffe gegen die Beziehungen zwischen der DDR und dem jeweiligen Staat des Ausländers,
- Vorkommnisse aus dem VP-Rapport, die im Zusammenhang mit Ausländern standen,
- Argumente zur Schaffung einer gemeinsamen Basis zur Erhaltung des Friedens und der Sicherheit.

Innerhalb der Karl-Marx-Städter Spionageabwehr wurde eingeschätzt, dass die Gesprächslegende zur Kontaktierung bei Ausländer-IM langanhaltende Wirkung besitzen musste, da deren Echtheit/Bedeutsamkeit auch in der weiteren Zusammenarbeit geprüft wurde. Der Charakter der Gesprächslegende war für den Ausländer-IM-Kandidaten dahingehend entscheidend, wie er zu einer künftigen Zusammenarbeit stehen würde. Gelang es der Staatssicherheit, über die Gesprächslegende beim Ausländer-IM-Kandidaten patriotische Gefühle zu erzeugen, waren die wesentlichen Voraussetzungen für eine spätere Zusammenarbeit geschaffen.

Die zeitlichen und örtlichen Bedingungen für die Kontaktaufnahme gestaltete das MfS entsprechend den Aufklärungsergebnissen. Dabei gab es keine grundlegenden Unterschiede gegenüber Kontaktierungen von DDR-IM, jedoch einige, die den erfolgreichen Verlauf einer Kontaktierung beeinflussen konnten.

Bei der Auswahl und Festlegung der zeitlichen und örtlichen Bedingungen ging die Staatssicherheit davon aus, dass der Ausländer aufgrund seiner Sprach- und Ortskenntnisse in der Lage war, zur festgelegten Zeit den vereinbarten Treffort aufzusuchen. Dabei fand Beachtung, dass der Zeitpunkt so gewählt wurde, dass er für den Kandidaten problemlos wahrnehmbar war, ohne dass belastende Rückfragen durch seinen Vorgesetzten, den Ehepartner oder durch andere Kontakt- und Verbindungspersonen erfolgten. In der Praxis hatte sich bei Ausländern zur Gewährleistung der Konspiration und Sicherheit bewährt, eine geeignete Aussprache-KW zu schaffen, in der ausschließlich die Kontaktierung von Ausländern durchgeführt wurde. Diese Aussprache-KW gab dem Ausländer-IM-Kandidaten ein persönliches Gefühl der Sicherheit und verlieh dem Gespräch einen vertraulichen Charakter, da er keine Gegenstände wie

Stahlschränke oder Telefone vorfand. Weitere Möglichkeiten, die sich ebenfalls bewährt hatten, waren Kontaktierungen auf dem jeweiligen VPKA beziehungsweise sichere Zimmer in Objekten oder Einrichtungen von gesellschaftlichen Organisationen, aber auch die Wohnung des Kandidaten. Bei der Nutzung dieser Möglichkeiten musste die Gewährleistung der Konspiration gesichert sein.

Während des Kontaktgespräches waren Störungen unbedingt auszuschließen, um eine Verunsicherung des IM-Kandidaten zu vermeiden. Deshalb waren Kontaktierungen in Gaststätten oder Bars äußerst unzweckmäßig. Auch wurde durch Ausländer-IM mehrfach geäußert, dass sie an Kontakten oder Treffs in Gaststätten nicht teilnehmen würden, da sie sich dort unsicher fühlten. Diese Unsicherheit wurde damit begründet, dass solche Gespräche in Gaststätten durch andere Ausländer oder Verbindungspersonen beobachtet werden könnten und der Offizier des MfS keine Garantie geben konnte, dass er unter diesem Personenkreis nicht als Angehöriger der Sicherheitsorgane bekannt war.

Günstige Zeitpunkte einer Kontaktierung waren aus Sicht des MfS:

- nach Rückkehr von Aufenthalten im Ausland,
- nach Vorkommnissen mit Ausländern, die in Abstimmung mit der zuständigen KD nicht durch die VP bearbeitet wurden,
- während der Laufzeit von Anträgen des Kandidaten (Wohnungswechsel, Eheschließung, Berufswechsel).

Bei der Erarbeitung eines Zugangs hatte es sich aus Sicht der Staatssicherheit bewährt, den Ausländer-IM-Kandidaten im Einführungsgespräch über seinen bisherigen Aufenthalt in der DDR zu befragen. Dabei zeigte sich der Kandidat insbesondere dann sehr aufgeschlossen, wenn er über seine konkreten Aufenthaltsbedingungen sowie über Qualität seiner Berufsausbildung/des Studiums oder der entsprechenden Förderung befragt wurde. Weiterhin neigten Ausländer-IM-Kandidaten zu positiven Reaktionen, wenn sie zu Problemen befragt wurden, die zum Zeitpunkt der Kontaktierung durch andere staatliche Organe bearbeitet wurden. Dabei war für die Staatssicherheit wichtig, dass der operative Mitarbeiter die Klärung des Problems nicht zur Aufgabe des MfS werden ließ. Weiterhin sollte sich der Offizier der Art und Weise seiner Wortwahl bewusst sein, so dass er vom Kandidaten auch wirklich verstanden wurde. Typische Termini, ausgeprägte Dialekte oder der interne Sprachgebrauch der Staatssicherheit waren zu unterlassen. Vorteilhaft war es nach den Erfahrungen der Karl-Marx-Städter Spionageabwehr, mit dem Kandidaten sehr direkt, ohne Um- und Beschreibungen die Gesprächslegende abzuarbeiten, damit der Kandidat seine Gleichwertigkeit als Ausländer spürte und damit eine objektive Bewertung seiner Intelligenz feststellte. Erforderliche zusätzliche Erläuterungen bei bestimmten Problemen waren dabei nicht ausgeschlossen. Bei den realisierten Kontakten zeigten sich die Kandidaten beeindruckt, wenn sie beispielsweise mit Fotodokumenten oder anderen geeigneten Arbeitsmitteln des MfS entsprechend der Gesprächslegende in Berührung kamen, da sie damit eine vertrauensvolle Integrierung in die Arbeit der Staatssicherheit erkannten und der Ernsthaftigkeit der Gesprächslegende größere Bedeutung zukommen ließen.

Ergebnisse aus der Praxis des MfS besagten, dass für den Ausländer im Gespräch sichtbar werden musste, dass seiner Person gegenüber Achtung, Höflichkeit sowie Tolerierung von Traditionen und Gewohnheiten zum Ausdruck gebracht wurden. Der Grad der Beachtung dieser Umgangsweisen war nach Ansicht der Staatssicherheit für den Ausländer wesentlich, um gegenüber Geheimdiensten nichtsozialistischer Staaten unterscheiden zu können. Dazu gehörte, dass unbedingt Streitgespräche und sensible Gesprächsthemen im Kontaktierungsgespräch zu vermeiden waren. Während des Gespräches waren durch den Offizier so nur viele Aufzeichnungen anzufertigen wie unbedingt notwendig, da der Kandidat durch intensives mitschreiben verunsichert und abgelenkt werden konnte. Ausländer werteten in diesem Stadium des Gewinnungsprozesses Aufzeichnungen als Protokolle, die als Nachweis in den Polizeiakten anderer Sicherheitsorganen zugänglich gemacht werden konnten. Positiv hatte sich nach Erkenntnissen der Staatssicherheit ausgewirkt, wenn bei der Gestaltung der Kontaktierung aufgeklärte Ess- und Trinkgewohnheiten, einschließlich die Einstellung des Kandidaten zum Rauchen, Beachtung fanden.

Neben den allgemeinen Grundsätzen zur analytischen Auswertung des ersten Kontaktgesprächs mussten bei einem Ausländer-IM-Kandidaten noch folgende weitere Gesichtspunkte analysiert werden:

- In welcher Qualität erfolgte die Verständigung, hatte der Kandidat die Gesprächsinhalte verstanden oder erfolgte aus Höflichkeit eine äußere Zustimmung zum Verständnis über den dargelegten Sachverhalt?

- Wurde der Offizier des MfS durch den Kandidaten als Mitarbeiter eines Sicherheitsorgans angenommen?

- Welche Motive waren für ein erneutes Zusammentreffen bestimmend?

- Gab es Hinweise auf Verhaltensweisen, die auf eine mögliche Zusammenarbeit mit einem anderen Geheimdienst schließen ließen?

- Konnten Hinweise herausgearbeitet werden, die noch nicht bekannte Unterschiede in politischen oder ideologischen Auffassungen offenbarten und die eine Zusammenarbeit erschwerten?

- Gab es Hinweise, die für eine perspektivische Zusammenarbeit nutzbar waren?
- Weiterhin musste bei der Analyse des Kontaktgesprächs Beachtung finden, welche subjektiven Eindrücke der MfS-Mitarbeiter beim Ausländer-IM-Kandidaten hinterlassen hat. Unabhängig davon, ob der Offizier durch den Kandidaten angenommen wurde, konnten beispielsweise durch sein nervöses oder unsicheres Auftreten Zweifel an der Glaubwürdigkeit des Gespräches beim Ausländer-IM-Kandidaten entstehen.

Aus den genannten Gesichtspunkten ergab sich, dass der operative Mitarbeiter darauf eingestellt sein musste, dass die Kontaktphase länger und komplizierter als bei Kontaktierungen von DDR-IM verlaufen konnte. Deshalb musste ein Offizier der Staatssicherheit, der mit Ausländern zusammenarbeitete in der Lage sein, ausdauernd und beharrlich zu arbeiten. Erfolglose Kontaktierungen durften im Selbstverständnis des MfS nicht zur Resignation führen, sondern erforderten eine exakte Analyse, wo dem jeweiligen Mitarbeiter in der Phase der Auswahl, Aufklärung oder Kontaktierung Fehler unterlaufen waren.[545]

---

545 Vgl.: Rene Hagedorn: »Auswahl, Aufklärung und Kontaktierung von Werbekandidaten unter den im Verantwortungsbereich aufhältigen Ausländern im Rahmen der komplexen Spionageabwehr der Linie II«, Bl. 30–40.

Die amerikanischen Dienste und die Nutzung von in die DDR einreisenden Ausländern zur Abschöpfung von DDR-Bürgern

Die Ziele der US-Geheimdienste durch die Nutzung der nachrichtendienstlichen Abschöpfung bestanden vor allem in der Gewinnung hochwertiger Informationen aus den Bereichen

- der Politik,
- der Wirtschaft,
- der Wissenschaft und Technik,
- zu militärtechnischen und militärpolitischen Problemen,
- des gesellschaftlichen Lebens.

Um dieser Zielstellung gerecht zu werden, versuchte die CIA gezielte und langfristige Kontakte zu ausgewählten einflussreichen Personen und Institutionen in der DDR herzustellen. Die Spionageabwehr des MfS konnte erarbeiten, dass die CIA, um diese Zielstellung zu erreichen und effektiv zu gestalten, bereits beim Aufbau ihrer Stützpunkte in der DDR Verbindungen zu einflussreichen DDR-Bürgern im westlichen Ausland und auch dort tätigen DDR-Institutionen aufgenommen hatte, um den Boden für ein direktes Eindringen vorzubereiten. So wurden beispielsweise Kontakte zu UNO-Mitarbeitern der DDR in den USA mit der Zielstellung aufgenommen, sich positiv in deren Blickfeld zu setzen, um sich bei späteren langfristigen Einsätzen in der DDR auf diesen Personenkreis berufen zu können und damit über eine entsprechende Ausgangsbasis zu verfügen.

Zur Erreichung der Zielstellung, umfassende Informationen über die DDR zu erhalten, stellte sich die CIA Mitte der 1970er Jahre auf die veränderte politische

Situation ein. In zunehmendem Maße nutzten die amerikanischen Geheimdienste, insbesondere die CIA, die geheimdienstliche Abschöpfung für ihre Tätigkeit, um
- ein breites Spektrum an Informationen zu erhalten,
- einen breiteren Personenkreis einzubeziehen, der teilweise auch blind genutzt wurde,
- die Risiken weitestgehend auszuschalten (Erschwerung der Aufklärungs- und Abwehrarbeit des MfS).[546]

Die US-Geheimdienste nutzten nach Erkenntnissen des MfS alle ihnen zur Verfügung stehenden Möglichkeiten, Verbindungen und Beziehungen staatlicher, gesellschaftlicher und privater Art, um in den Besitz von Spionageinformationen über die DDR zu gelangen.

Nach Aufnahme der diplomatischen Beziehungen zwischen den USA und der DDR, insbesondere aber nach der Eröffnung der Botschaft der USA in der DDR, stellte die Staatssicherheit eine Forcierung von Aktivitäten hinsichtlich der Realisierung von Vorhaben amerikanischer Wissenschaftler, Aspiranten und Studenten in der DDR fest. Neben der Erfüllung der Vereinbarung zwischen dem Ministerium für Hoch- und Fachschulwesen der DDR (MHF) und dem International Research and Exchanges Board (IREX) der USA zum Austausch von Wissenschaftlern zwischen beiden Staaten im IREX-Programm, waren insbesondere dahingehende Aktivitäten erkennbar, in der DDR Studien zu betreiben, die zwar einer staatlichen oder institutionellen Genehmigung

---

546 Vgl.: Manfred Mälitz, Reiner Oertel: Diplomarbeit zum Thema: »Die Ausnutzung in die DDR einreisender Ausländer zur Spionagetätigkeit in Form der nachrichtendienstlichen Abschöpfung von DDR-Bürgern durch die US-Geheimdienste, insbesondere durch die CIA. Die sich aus dieser Problematik ergebenden Anforderungen einer qualifizierten operativen Abwehrarbeit unter Einbeziehung aller politisch-operativen Möglichkeiten«. BStU ZA MfS JHS MF GVS 001-69/77, Bl. 6 f.

bedurften, aber nicht auf staatlicher Ebene verhandelt worden waren. Entsprechend der vereinbarten Festlegungen zwischen dem MHF und IREX konnten insgesamt 20 Personen 20 Monate, aufgeschlüsselt auf fünf Wissenschaftler für einen viermonatigen Aufenthalt, die DDR aufsuchen.

Die Zahlen erscheinen nicht sonderlich hoch. Man ging jedoch bei der Einschätzung der Problematik seinerzeit davon aus, dass dieser staatliche Austausch von Wissenschaftlern eine neue Form darstellte, durch die Wissenschaftler, die offiziell über das Programm in die DDR kamen, über große Möglichkeiten verfügten, eine Vielzahl von Kontakten zu Wissenschaftlern sowie Mitarbeitern von Parteien und Institutionen der DDR herzustellen, die danach von den betreffenden Wissenschaftlern inoffiziell genutzt werden konnten. Schnell zeichnete sich für das MfS dabei ab, dass über den genannten Personenkreis Kontakte in der DDR geschaffen wurden, die dann von anderen Amerikanern inoffiziell und außerhalb staatlicher Abkommen genutzt wurden.

Im Zusammenhang mit der Aufklärung von Wissenschaftlern aus der DDR war ein von IREX erarbeiteter Fragebogen für Kader aus der DDR, welche im Rahmen des Wissenschaftsaustausches in die USA reisten, von Bedeutung. Die Beantwortung der Fragestellungen ermöglichte es nicht nur IREX, sondern auch der CIA, einen umfassenden Überblick über DDR-Wissenschaftler, über ihren Tätigkeitsbereich und ihre Kontakte zu erhalten. Dabei wurde seitens des MfS berücksichtigt, dass die CIA in wissenschaftlichen Gremien der USA entsprechend verankert war.

Bei der Bewertung des IREX-Programms im Hinblick auf die operative Relevanz wurde seitens der Staatssicherheit neben vielfältigen Möglichkeiten der US-Bürger in der DDR der Aufenthalt von DDR-Wissenschaftlern in den USA unter ähnlichen Aspekten gesehen. Die Kader aus der DDR unterlagen nach Erkenntnissen der Staatssicherheit einer Vielzahl von offiziellen, inoffiziellen und privaten Kontaktbestrebungen. Während ihres USA-Aufenthalts kamen sie im Rahmen ihrer wissenschaftlichen Tätigkeit sowie in privater Sphäre mit einer Vielzahl von Wissenschaftlern, Publizisten und Angehörigen von Institutionen in engeren Kontakt. Wie die Erkenntnisse des MfS deutlich machten, wurden nach Rückkehr in die DDR vielfältige Kontakte aufrechterhalten, die dann praktisch genutzt wurden. Über solche Bürger der DDR wurden Einreisen zu Studienzwecken organisiert und neue Kontakte zu einflussreichen Menschen in der DDR (Wissenschaftler, Künstler, Kulturschaffende, politische und gesellschaftliche Persönlichkeiten) geschaffen sowie persönliche Beziehungen geknüpft. Das MfS ging davon aus, dass sich unter diesen Personen CIA-Kontakte befanden und maß dem eine hohe Bedeutung bei. Die Staatssicherheit betrachtete es als notwendig, diese Personenkreise operativ zu durchdringen und aufzuklären. Zielstellung der Bearbeitung war es, konkret aufzuklären, welche Wissenschaftler von der CIA direkt oder indirekt genutzt wurden.

Der staatliche Austausch von Wissenschaftlern wurde durch das MfS nicht ausschließlich unter dem Aspekt erweiterter Möglichkeiten der Feindtätigkeit betrachtet. Vielmehr ergaben sich auch für die Staatssicherheit günstige Voraussetzungen zur Schaffung interessierender Kontakte und Verbindungen bei zweckmäßigem und wirkungsvollem Einsatz inoffizieller Kräfte. Es konnten aber auch eine Vielzahl neuer Erkenntnisse hinsichtlich der Angriffsrichtungen der CIA sowie ihrer Mittel und Methoden gewonnen werden. Dies war Voraussetzung für eine wirkungsvolle vorbeugende Arbeit zur Einschränkung der amerikanischen Möglichkeiten.

US-Wissenschaftler, die im Rahmen des IREX-Programms in die DDR einreisten, hatten während ihres Aufenthalts Verbindung zur Botschaft der USA, konkret zum Leiter der Abteilung Öffentlichkeitsarbeit. Seitens des MfS bestand der begründete Verdacht, dass innerhalb dieser Abteilung Geheimdienstmitarbeiter tätig waren. Die Staatssicherheit sah es ebenfalls als erwiesen an, dass einige US-Wissenschaftler aufgrund entsprechender Aktivitäten noch andere Interessen verfolgten, als ausschließlich ihre wissenschaftlichen Arbeiten beziehungsweise ihre offizielle Tätigkeit zur Abdeckung nutzten. Es handelte sich dabei unter anderem um ausgeprägte Bestrebungen, Kontakte zu verschiedensten Personen herzustellen, Untersuchungen zu gesellschaftlichen Problemen zu führen sowie zu testen, welche Zugeständnisse ihnen im Rahmen der staatlichen Vereinbarung gemacht wurden und wo die Grenzen ihrer Bewegungs- und Handlungsfreiheit lagen.

Das MfS verfügte über Hinweise, dass es Verbindungen gab zwischen den Personenkategorien, die hier genannt wurden, und US-Wissenschaftlern, die im Rahmen außerstaatlicher Abkommen DDR-Kontakte unterhielten und im Verdacht standen, Verbindung zur CIA zu haben. Es handelte sich dabei beispielsweise um Personen, die Mitglieder der Gesellschaft zum »Studium der DDR« waren. Diese Gesellschaft war nach Erkenntnissen der Staatssicherheit mit hoher Wahrscheinlichkeit von der CIA durchsetzt. Neben der Nutzung staatlicher Abkommen zum Zweck der Spionage nutzte die CIA Verbindungen zu Universitäten und Hochschulen in den USA, um ihre geheimdienstliche Tätigkeit unter Nutzung von Wissenschaftlern und Studenten in der DDR durchzuführen. Diese Personen beantragten ihre Einreisen in die DDR nach Erkenntnissen des MfS mit folgenden Begründungen beziehungsweise Legenden:

- Durchführung von Studienreisen zum Kennenlernen der DDR;
- Erlangung von Studienmöglichkeiten an wissenschaftlichen Einrichtungen der DDR unter Umgehung staatlicher Vereinbarungen;
- Anbahnung von Kontakten zu Wissenschaftlern und wissenschaftlichen Einrichtungen der DDR zur Gewinnung von Erkenntnissen in Form eines Erfahrungsaustausches auf den jeweiligen wissenschaftlichen Gebieten;
- Erstellung von Dissertationen an Universitäten und Hochschulen der DDR mit Themenstellungen, die zahlreiche Kontakte unterschiedlicher Art erforderlich machten;
- das Aufsuchen von Archiven, Bibliotheken und wissenschaftlichen Einrichtungen der DDR zur Durchführung von Forschungsarbeiten (Zielstellung dabei war die Einsichtnahme in interne Materialien);
- Freistellung von US-Wissenschaftlern durch amerikanische Universitäten für bezahlte Studienaufenthalte in der DDR (jeweils ein Jahr);
- Einladungen an DDR-Wissenschaftler zu Veranstaltungen (Symposien, Seminaren, Konferenzen) in den USA und Drittstaaten;
- offizielle Einladungen von Wissenschaftlern der DDR für eine zeitweilige Lehrtätigkeit an US-Universitäten.

Aus entsprechenden Aufklärungsergebnissen wurde für die Staatssicherheit ersichtlich, dass einige Universitäten in den USA im Rahmen der Durchsetzung der Zielstellungen der Geheimdienste, insbesondere zur Spionage, eine spezifische Rolle erfüllten. So waren in der Normannenstraße besondere Aktivitäten der CIA an der Columbia-Universität und der City-Universität in New York bekannt.

Der Geheimdienst warb nach MfS-Erkenntnissen an

den Universitäten Studenten auf der Grundlage der materiellen Interessiertheit an und schickte diese nach entsprechender Vorbereitung im Rahmen des Studentenaustausches in westeuropäische Staaten, wobei die Bundesrepublik Deutschland und Westberlin bevorzugt wurden. Von dort aus reisten die Studenten in die DDR und andere sozialistische Länder mit konkreten Aufträgen ein. Im Rahmen von Forschungsthemen sollten sie sich bei Institutionen, wissenschaftlichen Einrichtungen sowie für die CIA interessanten Personen eine entsprechende Basis schaffen, die Voraussetzungen für eine geheimdienstliche Abschöpfung bot.

Der Geheimdienst schuf sich auch aus dem Lehrkörper entsprechende Verbindungen, die vor allem in folgenden Einsatzrichtungen genutzt wurden:

- Herstellung von Kontakten zu Wissenschaftlern bei Tagungen;
- Herstellung von Kontakten zu Wissenschaftlern bei Einreisen in die DDR und deren Ausbau und Festigung durch Einladungen in die USA;
- zielgerichtete Abschöpfung von DDR-Wissenschaftlern und umfassende Aufklärung dieser Personen für mögliche Werbungen durch die CIA;
- Nutzung vorhandener Karteien über DDR-Wissenschaftler, die zu deren spezifischen Fachkenntnissen, Verbindungen in das westliche Ausland und weiteren Charakteristiken Auskunft gaben;
- tippen und aufklären geeigneter Studenten für die CIA und deren Abdeckung bei späterem Einsatz im Rahmen des Studentenaustausches.

Die CIA nutzte in umfassender Weise die Ergebnisse der sogenannten Ostforschung dieser Universitäten für die Organisierung ihrer Spionagetätigkeit.

Die »Gesellschaft zum Studium in der DDR« in den USA (*American Society The Study German Democratic*

Republic) wurde in den Jahren 1965/66 ohne direkte Einflussnahme der DDR gegründet. Es sollten Anregungen für diese Gründung vom Friedensrat der DDR vorgelegen haben, ohne dass von dieser Seite spezielle Aktivitäten entwickelt worden waren. Gegründet wurde die genannte Gesellschaft unter Mitwirkung einiger Mitglieder der Kommunistischen Partei in den USA, vorwiegend Intellektuellen, die im amerikanischen Hochschulwesen tätig waren sowie von Journalisten und Vertretern kirchlicher Kreise. Das Ziel der Gründung dieser Gesellschaft bestand nach Erkenntnissen des MfS darin, Kenntnisse über die DDR zu erlangen und zu vermitteln, insbesondere durch allgemeine Vorträge über die DDR, über ihren sozialen und ökonomischen Entwicklungsstand sowie zu den verschiedensten Aspekten des gesellschaftlichen Lebens. Neben den allgemeinen Vorträgen über die DDR wurden für die Lehrtätigkeit an verschiedenen Universitäten Materialien, Filme usw. zusammengestellt und zur Nutzung übergeben. Es wurden dazu Gastdozenten, die Mitglied der Gesellschaft waren vermittelt, wobei es sich ausschließlich um Amerikaner handelte. Verbindungen in die DDR zur Erlangung von Materialien und Informationen über diese wurden über die Liga der Völkerfreundschaft der DDR, über private Kontakte zu Wissenschaftlern und über Bildungsinstitutionen aufgebaut, wobei sich bei der weiteren Entwicklung der »Gesellschaft zum Studium der DDR« die Liga als direkter Partner zur Unterstützung herausgebildet hatte und die gewünschten Kontakte vermittelte sowie Studienaufenthalte in der DDR organisierte.

Die personelle Zusammensetzung der Gesellschaft bestand aus Wissenschaftlern verschiedener Universitäten und unterschiedlicher Fachrichtungen, wobei die Historiker das Primat hatten, aus Journalisten und kirchlich engagierten Personen. Der langjährige Präsident der Gesellschaft Christoph W. Schmauch war Pfarrer und besaß einflussreiche Verbindungen zu kirchlichen Kreisen, vor allem in New York, aber auch in anderen US-Bundesstaaten. Die Mitgliederzahlen der Gesellschaft waren schwankend und für die Staatssicherheit nicht konkret feststellbar. Nach widersprüchlichen Angaben sollten in der Leitung der Gesellschaft über 200 Mitglieder erfasst gewesen sein, wobei zu durchgeführten Tagungen erheblich weniger Personen erschienen waren.

Die Finanzierung der Arbeit erfolgte aus den in den USA veröffentlichten Materialien über die DDR, aus Spenden sowie durch die finanzielle und materielle Unterstützung durch die Liga für Völkerfreundschaft der DDR.

Der anfänglich progressive Charakter der »Gesellschaft zum Studium der DDR«, vorwiegend hineingetragen durch die dort vertretenen Mitglieder der Kommunistischen Partei der USA, die auch in den Gründerjahren der Gesellschaft in deren Leitung vertreten waren, wandelte sich nach Erkenntnissen der Staatssicherheit grundlegend. Der Einfluss der KP-Mitglieder wurde wesentlich zurückgedrängt und die Wissenschaftler, die ausschließlich aus bürgerlichen und kirchlichen Kreisen kamen, gewannen die Oberhand und setzten ihre Vorstellungen zur weiteren Arbeit der Gesellschaft durch. Besonderen Einfluss bekamen die Mitglieder, die an der Columbia-Universität im Brzezinski-Institut tätig waren und als wissenschaftliche Experten in der Ostforschung der USA galten. Es gewannen aber auch solche Ostexperten Einfluss, die Offiziere der US-Army waren und als solche in maßgeblichen Funktionen in Westberlin eingesetzt wurden und sich dadurch schon zuvor mit der Erarbeitung und Auswertung von Informationen über die DDR befasst hatten.

Das MfS schlussfolgerte zur Einschätzung der Entwicklungstendenz der »Gesellschaft zum Studium der DDR«, dass die CIA ihre Interessen in der Erarbeitung von aussagekräftigen Informationen sowie in der Festlegung der Richtung der Tätigkeit der Gesellschaft weitgehend durchgesetzt hatte. So spielte der vom MfS der CIA zugeordnete Dr. Robert Gerald Livingston innerhalb der Gesellschaft eine besonders aktive Rolle. Livingston, der selbst im Rahmen der Kontakttätigkeit vielfältige Initiativen und Aktivitäten zu Politikern, Wissenschaftlern und Künstlern der DDR unterhielt und auch Kontakte realisierte, in deren Verlauf das MfS relevante Folgeerscheinungen verzeichnete, verfügte über einflussreiche Verbindungen zu führenden Mitgliedern der Gesellschaft. Die Staatssicherheit schlussfolgerte, dass Livingston über diese Personenkreise und weitere Mitglieder der Gesellschaft Interessen der CIA im Rahmen der Kontakttätigkeit der Gesellschaft durchsetzte.

Livingston war mehrere Jahre als Leiter der politischen Abteilung der US-Mission in Westberlin tätig. In dieser Funktion hatte er sich nach Auffassung der MfS-Spionageabwehr zu einem Fachmann in Angelegenheiten der DDR entwickelt. Seit Januar 1968 war Livingston nach Erkenntnissen der Staatssicherheit in der US-Botschaft in Bonn tätig, der er als 1. Sekretär der Abteilung für politische Angelegenheiten bis Mitte 1969 angehört hatte. Dann wurde er in die Europa-Abteilung des State Department versetzt. Während der Tätigkeit in der Bundesrepublik war er nach Erkenntnissen der Staatssicherheit gleichzeitig Vorgesetzter mehrerer CIA-Mitarbeiter, die mit ihren Agenturen gegen die DDR arbeiteten und im Juli/August 1968 Aktivitäten in der ČSSR entwickelten. Livingston selbst hielt sich 1971 in der DDR auf. Das MfS schätzte ein, dass er unter dem Vorwand eine Studiengruppe zu leiten, selbst Kontakte zu leitenden

Mitarbeitern des MfAA, zu verantwortlichen Persönlichkeiten von gesellschaftlichen Einrichtungen und zu Kulturschaffenden suchte, wobei sein Interesse schwerpunktmäßig auf Schriftsteller orientiert war.

Auch mit anderen, zum Teil namhaften Wissenschaftlern der USA auf dem Gebiet der Ostforschung, die im Verdacht standen, eine nachrichtendienstlichen Verbindung der CIA zu sein, wurde die »Gesellschaft zum Studium der DDR« in ihrer Entwicklung systematisch und zielstrebig durchsetzt. Mit dieser Maßnahme schuf sich der amerikanische Geheimdienst nach Einschätzung des MfS nicht zu unterschätzende Möglichkeiten bei der Realisierung seiner Ziele, unter anderem mit Methoden der nachrichtendienstlichen Abschöpfung. Die Möglichkeiten, die sich die CIA über die Gesellschaft aufgebaut hatte, bestanden nach Erkenntnissen der HA II vor allem in folgenden Hauptrichtungen:

1. Nutzung der Verbindungen der Gesellschaft zu Organisationen, Institutionen und abschöpfungsträchtigen Einzelpersonen in der DDR sowie zu politischen Persönlichkeiten der DDR, die für den Auf- und Ausbau neuer und ergiebiger Quellen erforderlich waren.

2. Nutzung von Studienergebnissen und gewonnenen Erkenntnissen über die DDR, die durch andere Mitglieder der Gesellschaft während ihrer Aufenthalte in der DDR gesammelt und erarbeitet worden waren und im Rahmen von Kolloquien, Einzelgesprächen usw. ihre Auswertung erfuhren.

3. Nutzung des DDR-freundlichen Namens der Gesellschaft und einiger ihrer progressiven Mitglieder zur Herstellung von vertraulichen Verbindungen innerhalb der DDR mit dem Ziel, diese entsprechend geheimdienstlich abzuschöpfen.

4. Nutzung der Gesellschaft zur Tarnung der nachrich-

tendienstlichen Verbindungen und Kontakte sowie Verschleierung der Mittel und Methoden bei der Durchsetzung der geheimdienstlichen Abschöpfung und Kontakttätigkeit.

Die Spionageabwehr der DDR kam zu der Einschätzung, dass die CIA neben ihren geheimdienstlichen Interessen die Zielstellung verfolgte, die bei der Gründung der »Gesellschaft zum Studium der DDR« vorhandene progressive Aufgabenstellung durch eine Umprofilierung innerhalb der Gesellschaft diese in ihrem Sinn zu gestalten.

Der Einfluss von erkannten CIA-Mitarbeitern beziehungsweise Agenturen oder dahingehend verdächtigen Personen auf die Aktivitäten und Entwicklung der Gesellschaft drückte sich auch darin aus, dass diese bestrebt waren, die wichtigsten Funktionen beziehungsweise Positionen innerhalb der Leitung der Gesellschaft einzunehmen und dadurch direkt ihre beziehungsweise die Interessen des Geheimdienstes wahrzunehmen. Dadurch bestand auch ein genereller Überblick über alle Aktivitäten der einzelnen Mitglieder der Gesellschaft und diese konnten entsprechend ausgebaut werden.

Der Staatssicherheit wurde bekannt, dass unmittelbar nach DDR-Aufenthalten von Mitgliedern der Gesellschaft, diese von Leitungsmitgliedern, die im Verdacht standen eine geheimdienstlichen Verbindung zur CIA zu sein, aufgesucht und umfassend befragt wurden. Die Fragen beinhalteten nicht nur den detaillierten Verlauf des Aufenthalts in der DDR, sondern reichten vom Charakter der angelaufenen beziehungsweise hergestellten Kontakte bis zur thematischen Gestaltung der geführten Gespräche und den Möglichkeiten des weiteren Ausbaus dieser Kontakte. Die Nachweisführung, dass derartige Kontakte in der DDR durch die CIA zur nachrichtendienstlichen Abschöpfung genutzt wurden, war äußerst kompliziert. Das MfS schätzte jedoch ein, dass einige Mitglieder der Gesellschaft, die möglicherweise über nachrichtendienstliche Verbindungen verfügten, es verstanden hatten, sich in der DDR relativ gute Positionen in Form von Kontakten zu Einzelpersonen und staatlichen beziehungsweise gesellschaftlichen Organisationen zu schaffen. Unter den gegebenen Umständen und Bedingungen war es für die Spionageabwehr außerordentlich schwierig, den exakten Nachweis der Spionage – belegt mit unumstößlichen Beweisen – zu einzelnen Personen, die im möglichen Verdacht einer geheimdienstlichen Verbindung standen, zu erbringen, da diese es sehr gut verstanden haben, ihre nachrichtendienstliche Tätigkeit zu legalisieren.[547]

Untersuchungen der Spionageabwehr des MfS hatten ergeben, dass bis Ende der 1970er Jahre nur marginale Kenntnisse hinsichtlich der Nutzung von Ausländern aus Drittstaaten durch den US-Geheimdienst mittels der Methode der Kontakttätigkeit/Abschöpfung existierten. Wie allerdings Einzelbeispiele aufzeigten, wurde diese Methode dennoch praktiziert und gewann weiter an Bedeutung. Dies ergab sich aus Überlegungen der Geheimdienste, dass Amerikaner stark im Blickfeld der Staatssicherheit standen und sich die CIA diesen Bedingungen anpasste. Anhand eines Beispiels soll aufgezeigt werden, wie die CIA Ausländer aus Drittstaaten nutzte. Ein durch die Staatssicherheit inhaftierter Spion mit irakischer Staatsbürgerschaft, der in Westberlin lebte, wurde von der CIA mit dem Ziel, Spionage in der DDR zu betreiben, unter Druck angeworben. Die Agentur wurde von der CIA beauftragt, sich in der DDR als Journalist im Auftrag einer arabischen Zeitung akkredi-

---

547 Vgl.: Ebd., Bl. 12–26.

tieren zu lassen und seinen ständigen Wohnsitz in Ostberlin zu nehmen. Das Ziel dieser Maßnahmen bestand
darin, umfangreiche Informationen aus politischen und
ökonomischen Bereichen der DDR mittels geheimdienstlicher Abschöpfung zu erarbeiten. Seine journalistische Tätigkeit in der DDR schaffte dem Iraker Voraussetzungen, dieser Zielstellung inhaltlich gerecht zu
werden. Er stellte Kontakte zu zahlreichen Journalisten
und Mitarbeitern zentraler staatlicher Dienststellen her,
die ihm hervorragende Abschöpfungsmöglichkeiten
geboten hatten. Der Spion, der über günstige subjektive
geheimdienstliche Voraussetzungen verfügte, erweiterte
den Kreis seiner Verbindungen systematisch und strebte
dabei eine hohe Effektivität und Qualität in seinen Kontakten an. Neben den Möglichkeiten, die sich dem Iraker
beruflich boten, baute er enge persönliche Kontakte auf,
die wesentlich zur Realisierung seiner Ziel- und Aufgabenstellung beigetragen haben. Es gelang ihm unter anderem, indem er intime Kontakte zu Frauen aufnahm,
mit Hilfe dieser engen persönlichen Verbindungen
umfangreiche Informationen aus zentralen staatlichen
Dienststellen, Ministerien und den gesellschaftlichen
Bereichen zu erarbeiten, die für die CIA wertvoll waren.
Der Spion berichtete dem US-Geheimdienst sowohl zu
den Ergebnissen, die aus seiner Abschöpfungstätigkeit
resultierten, als auch detailliert zu den Personen, die
kontaktiert und abgeschöpft wurden. Die HA II konnte
operative Erkenntnisse dahingehend gewinnen, dass
ein Teil dieser Kontaktpersonen bei NSW-Reisen Wer-
bungsversuchen der CIA ausgesetzt waren.
Auch dieses Beispiel zeigt auf, dass die Kontakttätigkeit
und geheimdienstliche Abschöpfung eine Hauptmethode der nachrichtendienstlichen Tätigkeit war und
einen hohen Stellenwert im breitgefächerten System
der Spionage einnahm. Die Methoden der CIA bei der

Arbeit mit Personen aus Drittstaaten im Rahmen der Kontaktpolitik und geheimdienstlichen Abschöpfung unterschieden sich zwar in einigen Nuancen von der Arbeit mit Amerikanern auf diesem Gebiet, beinhalteten aber eine kongruente Zielstellung.

Die CIA betrachtete es nach Erkenntnissen des MfS als eine für ihre Ziele günstige Voraussetzung und erleichternde Bedingung, wenn es Wissenschaftlern aus den USA vor ihrem Einsatz in der DDR gelang, sich bei einflussreichen DDR-Bediensteten in den USA (Botschaft der DDR, DDR-Vertretung bei der UNO) positiv ins Blickfeld zu setzten. Dies geschah vor allem so, dass Repräsentanten der DDR durch solche Wissenschaftler die Möglichkeit eingeräumt worden war, vor US-Studenten und ausgewählten Dozenten von Universitäten der USA Vorträge über die DDR zu halten. Allein durch eine solche Geste entstand oftmals der Ruf einer »DDR-Freundlichkeit«. Ein solch positiver Ruf eilte den jeweiligen Personen voraus und sollte in der DDR für eine wohlwollende Aufnahme garantieren. Daraus konnten sich mannigfaltige und entscheidende Wege für eine mögliche Spionagetätigkeit dieser Personen eröffnen.

Eine weitere Methode, sich einen progressiven und DDR-freundlichen Schein zu geben, bestand nach Erkenntnissen der Staatssicherheit darin, in den USA tätige Persönlichkeiten der DDR aufzusuchen unter dem Vorwand, spezifische Materialien für Forschungszwecke über die DDR zu sammeln. Durch entsprechendes Auftreten und Argumentation verschafften sie sich über diesen Personenkreis für sie günstige Empfehlungen bei den zuständigen Einrichtungen und Institutionen in der DDR sowie Kontakte zu solchen Einzelpersonen in der DDR, die ihrer Zielstellung entsprachen und bei denen sie sich auf ihre guten Verbindungen zu den DDR-Repräsentanten in den USA berufen konnten. Hierzu schätzte die HA II ein, dass Personen, die auf einer derartigen Basis Verbindungen hergestellt hatten, auf lange Zeit über einen kaum zu erschütternden positiven Leumund in der DDR verfügten, der für eine eventuelle geheimdienstliche Tätigkeit große Möglichkeiten eröffnete.

Durch in die DDR einreisende US-Wissenschaftler und Studenten wurden für Forschungsarbeiten und Dissertationen progressive Themen über Teilgebiete der Entwicklung der DDR ausgewählt, bei denen man in den USA der Meinung war, dass die zuständigen Stellen in der DDR ein Interesse daran haben könnten, derartige Themen in den USA verbreitet zu sehen. Damit wurde ein wichtiger psychologischer Moment zur Anwendung gebracht, weil derartige Dinge dazu beitrugen, das Staatsbewusstsein anzusprechen und Selbstbewusstsein erzeugten. Eine solche Einstellung ermöglichte es, dass diesen Amerikanern oftmals ohne nähere Prüfung alle Möglichkeiten eingeräumt wurden, um ergiebige Kontakte zu Einzelpersonen und Institutionen herzustellen, die wiederum dann den Ausgangspunkt für neue und damit schwer zu kontrollierende Verbindungen darstellten. So wurden unter anderem Themen erarbeitet wie »Die Entwicklung des Außenhandels und der Wirtschaft der DDR« oder »Die sozialistische Entwicklung in der DDR«.

Diese Themen waren Voraussetzung für die Aufnahme der Verbindung zu den unterschiedlichsten abschöpfungsträchtigen Personen und Institutionen in der DDR und ermöglichten es den entsprechenden Amerikanern, an verschiedenste Interna in DDR-Archiven zu gelangen. Bemerkenswert erschien es dem MfS, dass der größere Teil der geplanten Arbeiten über die Aufnahme und Abschöpfung von Kontakten sowie die Sammlung von Materialien nicht hinausging und die Arbeit selbst nie geschrieben wurde beziehungsweise keine Veröffentlichung erfolgte. Die Erarbeitung dieser Themen gestattete es den entsprechenden US-Bürgern, sich relativ lange und gut legendiert in der DDR aufzuhalten sowie Verbindungen außerhalb der Thematik zu knüpfen und zu unterhalten.

Die Schaffung einer einflussreichen personellen Basis innerhalb der DDR bei den verschiedensten Institutionen und Einrichtungen in der spezifischen Richtung ihres Einsatzes war eine weitere Methode des Vorgehens im Rahmen der geheimdienstlichen Abschöpfung. Stabile und persönliche Kontakte zu einflussreichen Persönlichkeiten innerhalb dieser Institutionen, deren Grundlage neben den beruflichen Gemeinsamkeiten auf ausgefeilten und auf die betreffenden Zielpersonen zugeschnittenen politischen und menschlichen Verhaltensweisen beruhten, waren Grundlage und Voraussetzung, um in deren beruflichen und zum Teil auch privaten Umgangskreis zu gelangen. Derartige Ausgangsverbindungen stellten ausgezeichnete Referenzen dar, wie die HA II aus der operativen Praxis erkennen konnte. Bei längeren Aufenthalten in der DDR beziehungsweise häufigen Einreisen potentierten sich abschöpfungsträchtige Kontakte und erreichten quantitativ und qualitativ den Stand, der zur Realisierung der Ziel- und Aufgabenstellung erforderlich war. Gleichzeitig wurden damit auch Voraussetzungen geschaffen, weitere Amerikaner in diesen Verbindungskreis einzuführen beziehungsweise DDR-Personen umfassend aufzuklären und der CIA zu tippen beziehungsweise zuzuführen. Derartige Verbindungen bildeten in zunehmenden Maße die Grundlage für Einladungen an DDR-Wissenschaftler für Reisen in die USA sowie für Fachtagungen im westlichen Ausland. Bemerkenswert war dabei, dass derartige Einladungen nicht von Einrichtungen und Institutionen ausgingen und an offizielle Stellen in der DDR gesandt wurden, sondern angestrebt wurde, über diese persönliche Verbindungen Einladungen auszusprechen. Die US-Wissenschaftler garantierten dabei, dass auch bei längerem Verbleib in den USA die Wissenschaftler aus der DDR durch entsprechende Lehrveranstaltungen und Vorträge finanziell abgesichert waren.

An dieser Stelle sollen einige Methoden des Vorgehens bei der Legendierung längerer Aufenthalte in der DDR beziehungsweise bei periodischen Einreisen dargestellt werden. Zur Realisierung der Kontakttätigkeit/geheimdienstlichen Abschöpfung waren unter den gegebenen Umständen langfristige Einreisen notwendig. Wie bereits erläutert, wurde unter dem Vorwand der Anfertigung von Forschungsvorhaben, Dissertationen und Studien sowie der Forschung auf den verschiedensten gesellschaftlichen Gebieten der Einsatz von Agenturen beziehungsweise mit der CIA in Verbindung stehenden Personen (ohne geworbene Agenten zu sein) legendiert. Die Glaubwürdigkeit dieser Legenden wurde vor allem dadurch unterstrichen, da allgemein bekannt war, dass in den USA beispielsweise Wissenschaftler der Universitäten alle sechs Jahre auf Antrag ein Jahr bezahlte Freistellung zu Studienzwecken erhalten konnten und während dieser Zeit an keinen festgelegten Aufenthaltsort gebunden waren. Derartige Praktiken eröffneten der CIA große Möglichkeiten beim Einsatz der für sie tätigen Wissenschaftler. Im Rahmen der OV-Bearbeitung der Spionageabwehr konnte der Nachweis geführt werden, dass bei einer entsprechenden Interessenlage derartige Freistellungen in weit kürzeren Abständen ermöglicht wurden, ohne dass ersichtliche Gründe, wie beispielsweise Forschungsthemen, vorlagen. In solchen Fällen wurde dann bei Einreisen auf bereits aus der Vergangenheit bestehende Legenden und Kontakte aufgebaut. Die Staatssicherheit verfügte über Erkenntnisse dahingehend, dass durch die entsprechenden Personenkreise während ihres langfristigen Aufenthalts in der DDR teilweise angestrebt worden war, stabile Beziehungen zu weiblichen Personen aufzubauen. Nach Rückkehr in die USA erfolgte zum Beispiel der dauerhafte Aufbau einer postalischen Verbindung und ein »echtes Liebensverhältnis« mit positivem Charakter sollte suggeriert werden. Über eine solche Verbindung wurden dann kurzfristige Einreisen zu unterschiedlichsten Zeiten durchgeführt, in deren Verlauf bestehende und interessierende Kontakte erneut angelaufen und vertieft wurden. In der Praxis erkannte die HA II, dass verschiedene Verbindungen auch von weiblichen Personen aus der DDR während der Abwesenheit der Amerikaner aufrechterhalten wurden.

Es gab weiterhin Hinweise dazu, dass von einigen US-Wissenschaftlern, die über ausgezeichnete Kontakte und Verbindungen in die DDR verfügten und bei denen der Verdacht vorlag, eine CIA-Verbindung zu sein, angestrebt wurde, einen unbegrenzten Aufenthalt in der DDR vorzubereiten, indem sie sich über ihre Verbindungen bemühten, eine Anstellung in der Lehr- und Forschungstätigkeit der DDR zu erhalten.

Die Legendierung der amerikanischen Studenten in der Bundesrepublik und Westberlin mit Einsatzrichtung DDR erfolgte ebenfalls über entsprechende Forschungsthemen. Unter dem Vorwand der Durchführung einer wissenschaftlichen Aufgabenstellung schufen sie sich umfangreiche Kontakte zu für die CIA interessanten Abschöpfquellen. OV der Spionageabwehr machten deutlich, dass mit Hilfe der gewählten Legendierung und Abdeckung eine umfangreiche Spionage mittels geheimdienstlicher Abschöpfung im Auftrag der CIA in den verschiedensten gesellschaftlichen Bereichen erfolgte und damit eine hohe Effektivität erzielt werden konnte. Beim Vergleich der Arbeitsweise und des Vorgehens des Geheimdienstes im Rahmen der Legendierung des Einsatzes zeigten sich Parallelen zwischen den Wissenschaftlern und dem Einsatz der angeworbenen Studenten, da die Einsätze auf der gleichen offiziellen Grundlage erfolgten.

Die Aufgaben der Botschaft der USA bezüglich der Vermittlung, Unterstützung und Hilfestellung bei Vorhaben im Rahmen der Kontakttätigkeit von wissenschaftlich tätigen Amerikanern in der DDR wurden in erster Linie von Mitarbeitern der Abteilung Presse, Kultur und Information realisiert. Innerhalb dieser Abteilung nahm der Public Affairs Officer (PAO) eine besondere Stellung ein. Es gab in der HA II operative Erkenntnisse dahingehend, dass mehrere Angehörige dieser Abteilung mit hoher Wahrscheinlichkeit Angehöriger verschiedener US-Geheimdienste waren. Der PAO, wie auch die anderen Mitarbeiter der Abteilung Presse, Kultur und Information, nutzten jeden sich bietende Möglichkeit zur Anbahnung von Kontakten zu für sie interessanten Personen, insbesondere zu DDR-Wissenschaftlern und Kulturschaffenden. Das MfS dokumentierte zahlreiche Versuche, über diesen Personenkreis wissenschaftlich tätige US-Bürger zu vermitteln beziehungsweise Kontakte anzubahnen.
Seitens des MfAA der DDR bestand die Forderung, dass eine Information seitens der Botschaft der USA zu erfolgen hatte, wenn bestimmte Institutionen, Einrichtungen und Einzelpersonen der DDR über den PAO beziehungsweise die Abteilung Presse, Kultur und Information aufgesucht werden sollten. Mit Hilfe sogenannter stiller Kontakte zu Personen des öffentlichen Lebens der DDR wurde seitens des PAO und der genannten Abteilung der US-Botschaft immer wieder der

Versuch unternommen, im Rahmen der umfangreichen Kontakttätigkeit das MfAA zu umgehen und konspirativ zu agieren. In der Praxis der Staatssicherheit bedeutete dies, dass die Kontaktvermittlung von Amerikanern zu DDR-Bürgern häufig inoffiziell erfolgte und das MfAA keine Kenntnis erhielt. Dabei ist bemerkenswert, dass von amerikanischer Seite aus versucht worden war, stets an Personen zu vermitteln, die in der DDR eine exponierte Stellung im gesellschaftlichen Leben einnahmen beziehungsweise zu solchen wissenschaftlich und kulturell tätigen Personen, bei denen es Anzeichen dafür gab, dass sie politisch schwankend waren und zum Westen tendierten. Neben den Aufgaben der Vermittlung strebte der PAO an, dass junge und entwicklungsfähige, eventuell beeinflussbare Schriftsteller und Wissenschaftler, an eine Reihe von US-Universitäten eingeladen werden beziehungsweise am jährlich stattfindenden »International Writing Programm« der Universität Iowa teilnehmen.

Die offizielle Aufgabenstellung des PAO bestand unter anderem auch darin, Kontakte und Verbindungen zu Einrichtungen, Organisationen und Einzelpersonen in der DDR herzustellen und eine den Interessen der USA dienliche Öffentlichkeitsarbeit zu realisieren. Seine Aktivitäten waren nach Erkenntnissen der HA II jedoch weitgehend auf Handlungen ausgerichtet, die zum Teil geheimdienstlichen Charakter trugen und dem Sicherheitsbedürfnis der DDR entgegenstanden. Die Tätigkeit des PAO der US-Botschaft in der DDR war nach Einschätzung der Spionageabwehr eindeutig darauf gerichtet, Kontaktaufnahmen von US-Wissenschaftlern zu Wissenschaftlern und Kulturschaffenden der DDR zu forcieren und einen Kontaktaufbau zu unterstützen. Diese zielgerichtete und auf Schwerpunkte orientierte Kontakttätigkeit trug einen gegen die DDR und ihre Interessen gerichteten Charakter. Neben Zielstellungen eine »innere Aufweichung« zu organisieren und eine innere Opposition zu schaffen, schätzte die Staatssicherheit ein, dass seitens der zuständigen Mitarbeiter in der USA-Botschaft diejenigen Personenkategorien entsprechende Unterstützung erhielten, die im Rahmen ihres Aufenthalts in der DDR eine Kontakttätigkeit betrieben, Spionageinformationen sammelten und in der DDR erschlossene Quellen abschöpften. Dabei betrachtete es die Spionageabwehr als unerheblich, ob die zuständigen Kräfte in der US-Botschaft in jedem Fall wussten, ob die von ihnen protegierten Wissenschaftler Verbindung zur CIA hatten und welcher Art ihre Aufträge waren. Grundsätzlich stellte man in der HA II fest, dass der PAO und die Abteilung Presse, Kultur und Information in der amerikanischen Botschaft folgende Aktivitäten entwickelten:

- Möglichkeiten zu suchen und zu nutzen, die der Realisierung wissenschaftlicher Vorhaben unter Umgehung des MfAA dienlich waren;
- geeignete und von der amerikanischen Seite aus interessante DDR-Wissenschaftler für USA-Reisen zu gewinnen;
- Kontakte zu USA-Reisenden aus der DDR herzustellen und auszubauen und ihnen gute Kontaktmöglichkeiten zu amerikanischen Wissenschaftlern in den USA zu schaffen beziehungsweise diese als Kontaktpersonen für US-Wissenschaftler zu gewinnen.

Weiterhin verfügte die Staatssicherheit über Informationen dahingehend, dass über die Botschaft der USA in der DDR Kontakte von in die USA zurückgekehrten Amerikanern zu DDR-Bürgern aufrecht erhalten wurden. Zum Teil ließ sich dahingehend einschätzen, dass über Botschaftsangehörige derartige Kontakte eine Erweiterung und Vertiefung erfuhren.[548]

---

548 Vgl.: Ebd., Bl. 27–40.

Natürlich reagierte die Spionageabwehr des MfS auf solche Aktivitäten. Die operativen Aufgabenstellungen ergaben sich aus den Zielstellungen der Verhinderung und Bekämpfung der geheimdienstlichen Abschöpfung:

- Gewährleistung der inneren Sicherheit,
- rechtzeitigen Aufklärung aller Pläne, Absichten und Maßnahmen der US-Geheimdienste, Einreisen für nachrichtendienstliche Absichten zu nutzen,
- Nutzung aller Möglichkeiten der Abwehrlinien und der Aufklärung im Operationsgebiet,
- Zurückdrängung der Beeinflussung von DDR-Bürgern und deren Missbrauch zum Zweck der geheimdienstlichen Abschöpfung.

Folgende Aufgabestellungen hatte die Spionageabwehr dabei zu realisieren:

- Organisierung einer differenzierten Kontrolle einreisender Ausländer,
- Gewährleistung von Ordnung und Sicherheit in den Bereichen, wo derartige Ausländer tätig wurden,
- vorbeugende Verhinderung des Abfließens nachrichtendienstlich interessanter Informationen,
- Einflussnahme auf die Auswahl der Kontaktpartner,
- verstärkte inoffizielle Präsenz in den relevanten Personenkreisen,
- präventive Verhinderung des ungerechtfertigten Eindringens in bestimmte Einrichtungen und gesellschaftliche Bereiche,
- Gewährleistung der operativen Kontrolle und Bearbeitung relevanter Personen (bedeutsame Kontakte),
- zielgerichtete Desinformation der CIA,
- Entwicklung von Voraussetzungen zur Werbung operativ relevanter Ausländer,
- Organisierung einer wirkungsvollen Blickfeldarbeit,
- zielstrebige Qualifizierung der Auswertungs- und Informationstätigkeit,

- zielgerichtete Nutzung aller gesellschaftlichen Potenzen, enges und qualifiziertes Zusammenwirken mit
der VP, gesellschaftlichen Kräften und staatlichen
Leitern.

Alle Diensteinheiten der Staatssicherheit, die mit derartigen Personen beziehungsweise Erscheinungen der
geheimdienstlichen Abschöpfung auf diesem Gebiet
konfrontiert wurden, trugen im Rahmen der umfassenden und allseitigen Aufklärungs- und Abwehrarbeit
eine entsprechende Verantwortung, die eine lückenlose
Bekämpfung aller geheimdienstlichen Aktivitäten zum
Ziel hatte. Die umfassende Realisierung dieser Aufgabe
verlangte eine grundsätzliche Klarheit zu den Zielen
der Kontakttätigkeit sowie der geheimdienstlichen Abschöpfung.

Innerhalb der Spionageabwehr war dieser Komplex ein
schwieriges Feld mit vielen Unklarheiten. So schrieben
Mälitz und Oertel 1977: »Gegenwärtig kann eingeschätzt werden, dass es zur Problematik der nachrichtendienstlichen Abschöpfung noch zu wenig gesicherte
Erkenntnisse gibt, viele in diesem Zusammenhang stehende Fragen noch wenig bzw. überhaupt keine Beachtung finden. So besteht z. B. noch nicht überall völlige
Klarheit darüber, welche konkreten Personenkategorien
als mögliche subversiv-tätige Personen im Rahmen der
nachrichtendienstlichen Abschöpfung im Blickfeld der
Abwehrarbeit stehen müssten.«[549]

Für die HA II und die Abteilungen II der BV ergaben
sich daraus Konsequenzen bezüglich einer umfassenden Schulung, Information und Instruierung der
eigenen Mitarbeiter sowie der Leiter und Mitarbeiter
anderer Diensteinheiten und Linien des MfS, die mit
diesen Personenkreisen im Rahmen ihrer spezifischen

---

549 Ebd., Bl. 42 f.

Aufgabenstellung (entsprechend der jeweiligen Linie) konfrontiert wurden. Innerhalb der Spionageabwehr ging man davon aus, dass eine wirkungsvolle Abwehrarbeit erst dann gewährleistet werden konnte, wenn Klarheit darüber bestand, dass es sich bei diesen positiv auftretenden und zum Teil mit Privilegien ausgestatteten Ausländern um Agenturen der CIA handeln konnte, die sich hervorragend getarnt hatten.

Die besondere Spezifik dieser geheimdienstlichen Tätigkeit, die unter anderem darin bestand, im Rahmen des »Legalen« zu bleiben und der Staatssicherheit keine Beweise oder Anhaltspunkte einer staatsfeindlichen Tätigkeit zu liefern, stellte hohe Anforderungen hinsichtlich des Nachweises einer gegen die Interessen der DDR gerichteten Handlung. Grundvoraussetzung war deshalb,

- alles über die betreffende Person zu wissen sowie
- alle relevanten Handlungen zu dokumentieren und beweisfähig zu machen.

Ein wesentlicher Aspekt der Verhinderung beziehungsweise Einschränkung der Möglichkeiten zur Sammlung von Spionagematerial durch einreisende Ausländer bestand darin, umfassend vorbeugend wirksam zu werden und den Handlungsspielraum (Zugang zu Archiven, vielfältige berufliche und persönliche Kontakte zu Wissenschaftlern, Personen aus Organisationen und Einrichtungen beziehungsweise Geheimnisträgern) auf das unbedingt notwendige Maß zu beschränken. Die Staatssicherheit sah es als erforderlich an, durchzusetzen, dass die betreffenden Personen lediglich Zugang zu solchen Informationen und Informationsquellen erhielten, die ihnen im Rahmen ihrer eigentlichen beruflichen Tätigkeit zugestanden werden mussten.

Eine weitere grundlegende Voraussetzung der Gestaltung einer wirkungsvollen Abwehrarbeit bestand darin, neben der abgestimmten Zusammenarbeit der auf dem Gebiet der inneren Abwehr tätigen Linien des MfS ein koordiniertes Vorgehen mit den Diensteinheiten und Linien der äußeren Abwehr durchzusetzen. Der Minister für Staatssicherheit hatte mehrfach in prinzipiellen Dokumenten die Notwendigkeit dieser Zusammenarbeit zur Lösung der Hauptaufgabe des MfS hervorgehoben. Es kam aus Sicht der HA II darauf an, auf der Grundlage dieser Befehle und Orientierungen tätig zu sein und eine Umsetzung in der operativen Arbeit mit hohem Nutzeffekt zu erreichen.

Erkenntnisse über Aktivitäten des US-Geheimdienstes in staatlichen und gesellschaftlichen Bereichen des Operationsgebiets zur Durchsetzung der Kontakttätigkeit/ geheimdienstlichen Abschöpfung in der DDR stellten eine wesentliche Voraussetzung für die Organisation einer effektiven Abwehrarbeit dar. So waren bei Einreisen und Herstellung von Kontakten zu Bürgern der DDR solche Personen unter besondere Kontrolle zu nehmen, bei denen bekannt war, dass sie aus Bereichen und Einrichtungen kamen, die in der perspektivischen Entwicklung eine besondere Bedeutung erlangen konnten.

Zunehmend kam es aus Sicht der HA II darauf an, folgende Kernpunkte zu realisieren:

1. zielgerichteter Einsatz der IM/GMS sowie Ausbau des inoffiziellen Netzes;
2. Organisierung einer wirkungsvollen Zusammenarbeit mit anderen Linien und Diensteinheiten des MfS;
3. Gewährleistung eines einheitlichen und zentralen Erfassungs- und Auswertungssystems;
4. Verstärkte Realisierung einer effektiven Öffentlichkeitsarbeit.

Die Hauptkraft bei der zielgerichteten und wirkungsvollen Bekämpfung der geheimdienstlichen Abschöpfung waren die IM und GMS, weil sie zur Realisierung dieser Aufgabe über die besten und damit entscheidenden Voraussetzungen verfügten. Die IM/GMS waren in der Lage,

- die Entwicklung bestimmter relevanter Kontakte zu verfolgen sowie
- in die Beziehungen der Kontaktpartner einzudringen und damit Ziele, Mittel und Methoden der CIA zu erkennen.

Den IM und GMS war es bei einer aufgabenbezogenen Instruierung möglich, zu Personen der relevanten Kategorien, bedeutsame Ersthinweise zu erarbeiten. Ihr Einsatz hatte generell so zu erfolgen, dass sie in ihrem Wirkungsbereich derartige Probleme erkannten, sich bietende bedeutsame Kontakte annahmen und entscheidende Voraussetzungen dahingehend schufen, im Blickfeld der Zielperson zu bleiben.

Kritisch schätzte man in der HA II ein, dass die Bearbeitung dieser Personenkreise oftmals nicht in dem Maße erfolgt war, wie es notwendig gewesen wäre. Vielfach wurden diese Angriffsrichtung sowie die angewandten Mittel und Methoden des US-Geheimdienstes auf diesem Gebiet unterschätzt oder nicht korrekt erkannt, weil Ausländer überwiegend als positive, der DDR freundschaftlich zugetane Personen, galten. Dadurch sah man keinen Grund, ihnen mit einem gesunden Misstrauen zu begegnen und entsprechende inoffizielle Kontroll- und Überwachungsmaßnahmen einzuleiten. Nach Einschätzung der DDR-Spionageabwehr entwickelte sich diese Methode des nachrichtendienstlichen Vorgehens zu einer Hauptmethode, weshalb die vorhandenen IM/GMS, die über objektive und subjektive Voraussetzungen und Möglichkeiten verfügten, zielgerichtet zum Einsatz zu bringen waren. Angestrebt wurden auch aufgabenbezogene Neuwerbungen von inoffiziellen Kräften. Das betraf vor allem die Bereiche und Personenkreise, die in dieser Thematik als Zielbereich oder Zielperson der CIA erkannt worden waren. Insbesondere ging es hierbei um die Werbung von IM und GMS aus der mittleren beziehungsweise höheren Leitungsebene (inoffizielle Kräfte in Schlüsselpositionen), da es gerade diese Kader waren, die oftmals über günstige Voraussetzungen verfügten, um geheimdienstliche Abschöpfungsmaßnahmen zu erkennen beziehungsweise diese selbst Zielpersonen darstellten. Des Weiteren waren diese Kräfte in der Lage, präventiv Einfluss darauf zu nehmen, wie und in welcher Form den kontaktsuchenden Personen Informationen zugängig gemacht wurden beziehungsweise wie groß deren Handlungsspielraum hinsichtlich der Informationsgewinnung gestaltet wurde.

Ein weiterer wesentlicher Wirkungsbereich solcher IM/GMS wurde darin gesehen, durch Einflussnahme auf Kräfte ihres Tätigkeitsbereichs vorbeugend wirksam zu werden. Diese Aktivitäten bestanden vor allem darin, ihnen ein entsprechendes Misstrauen gegenüber Ausländern zu vermitteln sowie Sorglosigkeit, mangelnder Wachsamkeit und Naivität vorzubeugen.

Vorhandene und neu zu werbende inoffizielle Kräfte sollten vor allem in den Bereichen präsent zu sein, wo für die CIA interessante Personen in Erscheinung traten. In erster Linie handelte es sich dabei um wissenschaftliche Zentren der Forschung und Bildung, Blockparteien und gesellschaftliche Organisationen (Führungsgremien) sowie Bibliotheken und Archive, in denen geheimzuhaltende beziehungsweise der Öffentlichkeit nicht zugängliche Materialaien lagerten. Das Ziel bestand darin, IM/GMS überall dort zu verankern, wo bereits entsprechende Kontakte vorhanden waren und wo der Verdacht einer geheimdienstlichen Abschöpfung nicht ausgeschlossen werden konnte. Besonders wichtig erschien dem MfS, dass inoffizielle Kräfte dort zum Einsatz gelangten, wo vorhandene Kontakte Ausdehnung bis in den privaten Bereich genommen hatten.

Weitere Möglichkeiten einer offensiven inoffiziellen Arbeit bestandenen darin, mit den IM/GMS unter Nutzung der Kontaktbestrebungen der einreisenden Ausländer sowie mit Hilfe von Kombinationen und Legenden eine entsprechende Blickfeldarbeit zu betreiben, um wertvolle Feindverbindungen zu schaffen. Die Umsetzung einer solchen Zielstellung war äußerst kompliziert, da die Hauptmethode dieser geheimdienstlichen Tätigkeit im Bereich der Abschöpfung lag. Erfahrungen der HA II zeigten allerdings, dass es vereinzelte Beispiele dafür gab, dass Bürger der DDR, die anfänglich als Abschöpfungsquellen genutzt wurden, vom Geheimdienst zur Werbung vorgesehen waren beziehungsweise geworben wurden. Für die Blickfeldarbeit auf diesem speziellen Gebiet waren besonders solche inoffiziellen Kräfte geeignet, die über entsprechende berufliche Reisemöglichkeiten in das nichtsozialistische Ausland verfügten.

Die Nachweisführung einer geheimdienstlichen Abschöpfung erwies sich vor allem aus dem Grund als kompliziert, weil Mittel und Methoden, zu denen ein klassischer Spion gezwungen war, weitgehend entfielen. Trotz dieser Schwierigkeiten betrachtete die Staatssicherheit eine erfolgreiche Abwehrarbeit als möglich, da durch die Kenntnis der Personenkreise und ihres Vorgehens eine zielgerichtete Suche und Nachweisführung durch den konzentrierten und kombinierten Einsatz der Mittel und Methoden des MfS, insbesondere der IM als Hauptkraft, möglich war.

Wie bereits erläutert, war es für die Spionageabwehr kompliziert, mit den Potenzen weniger Diensteinheiten wirkungsvoll gegen die Erscheinungsform der geheimdienstlichen Abschöpfung vorzugehen. Daher wurde es als objektives Erfordernis betrachtet, alle Möglichkeiten der Staatssicherheit zu nutzen, um ein koordiniertes und abgestimmtes Vorgehen zu gewährleisten. Dies bedeutete für die federführend verantwortliche Diensteinheit, eine effektive Zusammenarbeit mit den Linien und Diensteinheiten des MfS zu organisieren, die im Rahmen ihrer Tätigkeit Bezugspunkte zu den einreisenden Ausländern hatten. Ein wesentlicher Faktor dieser Zusammenarbeit bestand darin, dass seitens der Diensteinheiten, mit denen kooperiert werden musste, aufgrund eigener Sicherheitsbedürfnisse ein entsprechendes Interesse zur Zusammenarbeit vorhanden sein musste. In erster Linie betraf dies die

- HA VI (Ein-/Ausreise, Fahndung, Speicher),
- HA XVIII (Außenhandel, Zentren der Forschung und Entwicklung, RGW),
- HA XX (Hochschulwesen, gesellschaftliche Organisationen, Blockparteien)

sowie deren Fachabteilungen in den Bezirken und ausgewählten Kreis- und Objektdienststellen. Von besonderer Bedeutung war für die HA II die Zusammenarbeit mit der HV A zur Gewinnung von Informationen aus dem Operationsgebiet.

Für eine effektive Zusammenarbeit mit den genannten Diensteinheiten mussten die entsprechenden Rahmenbedingungen existieren. Nach Vorstellung der HA II waren die Voraussetzungen zu schaffen, dass bei Einreisen von Personen, die im Rahmen der geheimdienstlichen Abschöpfung relevant sein konnten, diese mit Hilfe entsprechender Vorgaben seitens der HA VI selbständig erkannt wurden und eine Information dazu an die Spionageabwehr erfolgte. Die Information sollte an eine entsprechende zentrale Kartei erfolgen und zentral ausgewertet werden. Nach entsprechender Aufbereitung sollte dann der Diensteinheit eine präzise Information zugehen, in deren Verantwortungsbereich der entsprechende Ausländer tätig wurde. Eine weitere Richtung in der Zusammenarbeit mit der HA VI sah die HA II in der gezielten Fahndung nach Personen, zu denen durch realisierte operative Maßnahmen solche vorverdichteten Hinweise vorlagen, die erste Schlussfolgerungen auf eine nachrichtendienstliche Tätigkeit zuließen. Aus den vorliegenden Erkenntnissen war für die HA II ersichtlich, dass eine relativ große Anzahl von Personen aus dem westlichen Ausland im Verantwortungsbereich der HA XX, insbesondere an Hochschulen, tätig wurde. Die HA II sah dahingehend Bedarf, dass bei geplanten und durchgeführten Einreisen eine Überprüfung in einer zentralen Kartei erfolgte und zur Person sowie zu den Zusammenhängen als Grundlage der Speicherung und zentralen Übersicht informiert wurde. Zielstellung dieser Zusammenarbeit sollte sein, die betreffenden Personen im Blickfeld der Staatssicherheit zu halten, ihren Handlungsspielraum hinsichtlich einer Spionagetätigkeit einzuschränken und umfassend präventiv wirksam zu werden. Es sollte erreicht werden, dass die infrage kommenden Personen bei umfangreicher Reisetätigkeit in der DDR durch entsprechende Avisierung bei den territorialen Diensteinheiten und der Nutzung von deren Möglichkeiten nicht unkontrolliert tätig werden konnten. Man erachtete es in der HA II für wesentlich, dass gerade mit der HA XX unter strengster Wahrung der Konspiration ein abgestimmter Einsatz der IM/GMS erfolgte, sowohl abwehr- als auch blickfeldmäßig. Eine wesentliche Frage der Zusammenarbeit mit anderen Diensteinheiten bestand darin, dass Kenntnisse über existierende Speicher und Karteien vorhanden sein mussten und ein kontinuierlicher Informationsfluss gewährleistet war.

Eine erfolgreiche Abwehr gegen Erscheinungsformen der geheimdienstlichen Abschöpfung erforderte seitens der HA II eine Zusammenarbeit mit einer Vielzahl operativer Diensteinheiten. Daraus resultierten hohe Anforderungen an eine möglichst umfassende Informationsgewinnung, Speicherung, Analyse sowie daraus hervorgehende Schlussfolgerungen mit deren Hilfe neue Arbeitsweisen, Mittel und Methoden sowie Personen, Personenkategorien, geheimdienstlich tätige Institutionen, Organisationen usw. erkannt oder entsprechende Hinweise verdichtet werden konnten.

Auf dieser Grundlage gewonnene Erkenntnisse gewährleisteten eine zielgerichtete, umfassende und planmäßige Abwehr und verbesserten entscheidend die Voraussetzungen einer vorbeugenden Tätigkeit. In der HA II sah man zu Ende der 1970er Jahre eine Anzahl von Problemen, die den Prozess der Informationsgewinnung, -speicherung und -verarbeitung betrafen, noch ungelöst oder verbesserungswürdig. Zu dieser Zeit wurden relevante Ausländer von den jeweiligen Linien und Diensteinheiten verschiedenartig erfasst, registriert beziehungsweise in VSH-Karteien eingelegt. Die Praxis offenbarte der HA II auch, dass es häufig vorgekommen war, dass keinerlei Erfassung zu dahingehend relevanten Personen erfolgte.

Derartige uneinheitliche Arbeitsweisen führten zwangsläufig zu beträchtlichen Informationsverlusten und Überschneidungen bei der Aufklärung und Bearbeitung interessierender Personen unter den einreisenden Ausländern. Eine grundsätzliche Problemlösung sah die HA II darin, diese Ausländer in einer zentralen Kartei zu erfassen. Diese Maßnahme garantierte, dass eine ständige Auskunftsbereitschaft vorlag, Informationsverluste weitgehend vermieden würden und sich die Effektivität und Wirksamkeit der operativen Arbeit auf diesem speziellen Gebiet erhöhte. Praktisch ließ sich das aus verschiedenen Gründen nicht verwirklichen. Daher wurde seitens der HA II folgender Lösungsweg angestrebt:

Zur Gewährleistung einer lückenlosen Erfassung sollte durchgesetzt werden, dass alle Ausländer der entsprechenden Kategorie in der Abteilung XII registriert wurden. Neben den Personen die in OPK, OV und KK erfasst waren, sollten alle anderen bei den jeweiligen Linien und Diensteinheiten bekannt werdenden Bürger aus dem NSW der hier behandelten Kategorie in VSH-Karteien und bei der Abteilung XII mittels Form 17 (F 17) erfasst werden. Eine solche aktive Erfassung garantierte, dass Hinweise zusammengeführt und Informationsverluste wesentlich verringert wurden.

Gleichzeitig erweiterten sich dadurch die Möglichkeiten und Voraussetzungen der analytischen Tätigkeit, die Voraussetzung dafür waren, neue Erkenntnisse zu wichtigen Problemen zu gewinnen. Dies betraf die:

- Herausarbeitung relevanter Personen für eine zielgerichtete Aufklärung und Bearbeitung,
- Schaffung von Voraussetzungen zur ständigen Aktualisierung des Vorgehens der CIA,
- Schaffung von Voraussetzungen für eine qualifizierte Zusammenarbeit mit anderen Diensteinheiten,
- Gewährleistung des Überblicks über Ausländer, die aus den hier dargelegtem Gründen in die DDR einreisten.

Neben den aufgeführten MfS-eigenen Mitteln und Methoden zur Bekämpfung der Kontakttätigkeit und geheimdienstlichen Abschöpfung war es aus Sicht der Staatssicherheit auch wichtig, eine wirkungsvolle und offensive Information im Rahmen der Öffentlichkeitsarbeit durchzusetzen. Die bis Ende der 1970er Jahre geleistete Öffentlichkeitsarbeit war aus Sicht der Spionageabwehr verbesserungswürdig. Es kam darauf an, unter Nutzung aller zur Verfügung stehenden Massenmedien ein aktuelles Bild zum Vorgehenden der Geheimdienste zu vermitteln. Den Menschen sollte bewusst gemacht werden, dass der nachrichtendienstliche Gegner zum Teil verfeinerte Mittel und Methoden zur Anwendung brachte, seinen aggressiven Charakter jedoch beibehielt. Zur Durchsetzung der Aufgabenstellung im Rahmen der offensiven Erziehung war aus Sicht des MfS auch ein gut organisiertes Zusammenwirken mit anderen Sicherheitsorganen, staatlichen und wirtschaftsleitenden Organen sowie gesellschaftlichen Einrichtungen zur Zurückdrängung der immensen Möglichkeiten der geheimdienstlichen Abschöpfung von großer Bedeutung. Im Rahmen des Zusammenwirkens sollte erreicht werden:

- beizutragen, operativ interessante beziehungsweise nachrichtendienstlich tätige Personen zu erkennen,
- generell den Handlungsspielraum, den Aktionsradius sowie vorhandene Möglichkeiten für eine geheimdienstliche Tätigkeit einzuengen,
- Einflussnahme auf erkannte beziehungsweise mögliche Zielpersonen der CIA in Verbindung mit einer offensiven vorbeugenden Tätigkeit,
- Konspirierung der Maßnahmen des MfS.

Das Zusammenwirken mit der VP musste so erfolgen, dass beispielsweise ein ständiger Informationsfluss hinsichtlich der interessierenden Personenkreise aus dem Dienstzweig Pass- und Meldewesen erfolgte. Konkrete Absprachen mit dem AG I der Kriminalpolizei und Einbeziehung dessen IKM zur Durchsetzung von Ordnung und Sicherheit in den jeweiligen Bereichen stärkten die Potenzen der Spionageabwehr und beschränkten die Möglichkeiten gegen die DDR tätiger Personen. Diese Form des Zusammenwirkens war vor allem für die territorialen Diensteinheiten (Kreisdienststellen) von Bedeutung.

Das Zusammenwirken mit staatlichen Leitern und Persönlichkeiten des gesellschaftlichen Lebens, die teilweise selbst Zielpersonen der CIA sein konnten, musste so organisiert sein, dass der Handlungsspielraum der einreisenden Ausländer klar und eindeutig abgesteckt war und ein ständiger Informationsfluss zu den Handlungen und Aktivitäten dieser Personenkreise garantiert war. Darüber hinaus musste organisiert werden, dass über die staatlichen Leiter und Persönlichkeiten in ihren Verantwortungsbereichen eine wirkungsvolle Erziehungsarbeit zur Einhaltung von Ordnung und Sicherheit gewährleistet wurde. Es sollte erreicht werden, dass über die Vorbildwirkung dieser Personen hinsichtlich ihres Verhaltens zu den Ausländern Maßstäbe für andere Mitarbeiter gesetzt werden bezüglich ihres Verhaltens im beruflichen sowie im privaten Bereich.

Eine wesentliche Möglichkeit öffentlichkeitswirksam zu werden und auf breiter Basis eine Vielzahl von Personen aus wichtigen staatlichen und gesellschaftlichen Organen zu erreichen, die selbst Zielperson der CIA sein konnten beziehungsweise großen Einfluss auf solche Personengruppen hatten, die im Blickfeld des Geheimdienstes standen, bestand darin, direkten Einfluss über offizielle oder inoffizielle Kontakte von Mitarbeitern der Staatssicherheit zu nehmen. Unter Wahrung von Konspiration und Geheimhaltung konnte diesem Personenkreis ein detailliertes Bild zum Vorgehen der Geheimdienste vermittelt werden. Es war Aufgabe des MfS, eindeutige und prinzipielle Klarheit darüber zu schaffen, dass Ausländer aus dem NSW, gleichgültig welchen politischen Leumund sie hatten und über welche Referenzen sie verfügten, nur das erfahren durften, was den Interessen und dem Sicherheitsbedürfnis der

DDR entsprach. Schwatzhaftigkeit, Vertrauensseligkeit und Prahlsucht stellten Faktoren dar, mit denen die Geheimdienste rechneten und von denen sie sich bei der nachrichtendienstlichen Abschöpfung leiten ließen.

Vermitteltes Wissen und Kenntnisse über grundlegende Probleme der Geheimdiensttätigkeit sowie grundsätzliche Fragen der staatlichen Sicherheit schränkten die Möglichkeiten der Dienste ein und eröffneten dem MfS gleichzeitig weitere Ressourcen für gezielte Abwehr- und Aufklärungsmaßnahmen.[550]

---

550 Vgl.: Ebd., Bl. 43–59.

6. Kapitel

ABWEHRBEREICH VOLKSWIRTSCHAFT

Koordinierung und Federführung der Spionageabwehr

Das MfS war in der Volkswirtschaft fest verwurzelt und seine Tätigkeit stieß bei den Verantwortlichen durchaus auf Akzeptanz. Karl Nendel, ehemaliger stellvertretender Minister im Ministerium für Elektrotechnik und Elektronik und schließlich DDR-Regierungsbeauftragter für Mikroelektronik, schreibt in seiner Autobiografie: »Die Staatssicherheit saß bei vielen Beratungen, die ich leitete, mit am Tisch, doch ich fühlte mich dadurch nicht beobachtet oder gegängelt, sondern eher begleitet.«[551]

Und Hans Reichelt, ehemaliger Stellvertreter des Vorsitzenden des Ministerrats und Minister für Umweltschutz und Wasserwirtschaft sowie Stellvertretender Vorsitzender der Demokratischen Bauernpartei Deutschlands, merkt an: »Die Unterstützung des MfS für die volkswirtschaftliche Tätigkeit meines Ministeriums war von großem Nutzen. Insgesamt für die Volkswirtschaft hatte sie sicher auf vielen Feldern einen unermesslichen Wert.«[552]

---

551 Karl Nendel: *General der Mikroelektronik. Autobiographie*. Berlin 2017, S. 62.

552 Hans Reichelt: »Gemeinsam für die Sicherung der Volkswirt-

Originär war die Linie XVIII (bis 1964 Linie III) für die Sicherung der Volkswirtschaft und damit auch für die Spionageabwehr in diesem Bereich verantwortlich. Unabhängig davon ergaben sich Verantwortlichkeiten und Berührungspunkte für die Linie II. In der HA XVIII ging man davon aus, dass die Abwehr der Wirtschaftsspionage »bei Beachtung der federführenden Rolle der HA II nur durch sinnvolle kooperative Arbeitsteilung und Kräftekonzentration mit anderen zuständigen Diensteinheiten realisierbar«[553] war.

Auf bezirklicher Ebene gab es zum Beispiel ausgehend von der unmittelbaren Verantwortung der Abteilung XVIII der BV Berlin für die Anleitung der Bearbeitung von OV/OPK in den Referaten Volkswirtschaft der KD eine Koordinierungsvereinbarung, dass die Abteilung II als Fachabteilung für die Spionageabwehr über die Abteilung XVIII zu den OV/OPK und operativen Materialien, in denen die Bearbeitung von spionageverdächtigen Personen erfolgte, informiert und vor der Festlegung von Maßnahmen konsultiert wurde. Parallel dazu erhielt die Abteilung II von der AKG die Einleitungs- beziehungsweise Eröffnungsberichte von OPK und OV. Dabei ging es vordringlich um die fachliche Anleitung und die Vermeidung von Doppelgleisigkeit.[554] Weinhold macht in seiner Diplomarbeit deutlich,

schaft und den Schutz der Umwelt«. In: Reinhard Grimmer, Wolfgang Schwanitz: *Unbequeme Zeitzeugen. Erinnerungen von MfS-Angehörigen.* Berlin 2014, S. 27.

553 Wolfgang Suchardt: Diplomarbeit zum Thema: »Probleme der inhaltlichen Gestaltung der Fahndungs- und Vergleichsarbeit in Wahrnehmung der mit der HA XVIII übertragenen Verantwortung im Rahmen komplexer Spionageabwehr«. BStU ZA MfS JHS Nr. 21129, Bl. 4.

554 Vgl.: Günter Bobzin: Abschlussarbeit im postgradualen Studium zum Thema: »Gedanken und Probleme zur Organisierung

warum sich die Einbeziehung der Linie II als notwendig erwiesen hatte. Er führt dazu aus: »Durch den Gegner werden die Angriffe auf die Volkswirtschaft der DDR komplex vorgetragen und dabei bedient er sich in der Vorgehensweise einer breiten Palette von Mitteln und Methoden der Tarnung, Täuschung und Konspiration. Dabei ergeben sich insbesondere für die Linien und Diensteinheiten, welche mit der politisch-operativen Sicherung der Volkswirtschaft beauftragt sind, Probleme für das richtige Erkennen, Bewerten und einschätzen von operativ-bedeutsamen Ausgangsinformationen, Ausgangsmaterialien sowie die Bearbeitung des möglichen Abflusses von wirtschaftlichen Geheimnissen.«[555] Entsprechende Vereinbarungen wie in der BV Berlin gab es auch in anderen Diensteinheiten, wobei die praktische Umsetzung nicht immer reibungslos verlief.

Auf Ebene der HA XVIII wurde es 1985 als notwendig erachtet, die komplexe Spionageabwehr zu qualifizieren. Dazu sollte die konsequente Erfassung/Zusammenführung der operativen Potenzen des MfS, besonders zwischen den Linien realisiert werden. Die komplexe Bekämpfung der Spionage, besonders der Wirtschaftsspionage, war als Einheit von Sachkenntnis zum Sicherungsgegenstand (Voraussetzung für die Bewertung/ Einordnung von Fakten und Problemen) sowie der Kenntnis der Informationsinteressen, Angriffsoperationen und -methoden des Gegners zu betrachten. Dazu zwei wesentliche Gesichtspunkte:

der komplexen Spionageabwehr im Maßstab der BV«. BStU ZA MfS JHS Nr. 20424, Bl. 6.

555 Jürgen Weinhold: Diplomarbeit zum Thema: »Die Nutzung analytischer Erkenntnisse bei der Vorgehensweise des Gegners für die Qualifizierung der Beweisführung in der OV-Bearbeitung von Verbrechen gegen die Volkswirtschaft der DDR«. BStU ZA MfS JHS Nr. 20357, Bl. 5 f.

- Der Geheimnisschutz und die offensive Abwehrarbeit begründeten die Notwendigkeit der Komplexität bei der Gewährleistung der Kenntnisübermittlung an die für die Sicherung festgelegter Bereiche, Prozesse und Objekte verantwortlichen Hauptabteilung.
- Der Charakter zu sichernder Objekte (mit und ohne NSW-Verbindungen) sowie die Angriffsrichtungen der westlichen Geheimdienste stellten einen Differenzierungsgrundsatz für einzuleitende Sicherungsmaßnahmen bei der Lösung der Kernfrage Gewährleistung des Geheimnisschutzes dar. Damit waren Fragen verbunden, dass Erkenntnisse zu Angriffsoperationen der Dienste auf bedeutsame Objekte ohne NSW-Kontakte die Basis notwendig abzustimmender Maßnahmen bildeten.

Die HA XVIII betrachtete die vorbehaltlose Bereitstellung gewonnener Erkenntnisse durch die Diensteinheiten, welche sie erarbeitet hatten und deren gemeinsame Sofortprüfung mit dem Ziel ihrer Einordnung als wesentlich. Die Zuordnung und Bestimmung zwischen den Hauptabteilungen II, III und XVIII erhöhten die Wirksamkeit am nachrichtendienstlichen Gegner.

Dazu sollte die HA II von der HA XVIII vorbehaltlos erhalten:

- alle Erkenntnisse/Ergebnisse zum Verbindungssystem westlicher Geheimdienste (Deckadressen, Telefonnummern, Personenidentifizierungshinweise, Trefforte, Treffzeiten),
- Originalberichte/Ergebnisse zu ausgesuchten IMB mit spezieller Einsatzrichtung,
- Informationen zu Aktivitäten akkreditierter und bevorrechteter Personen in Objekten beziehungsweise unter Personenkreisen der Volkswirtschaft.

Auf dieser Basis sollte die Durchführung gemeinsamer Maßnahmen hinsichtlich Kontrollen zu Treffs von IMB mit Geheimdiensten sowie der Einsatz spezifischer Technik der HA II dabei erfolgen.

Auch auf der Ebene der Hauptabteilungen existierten Koordinierungsvereinbarungen, so zum Beispiel zwischen der HA II/19 (Sicherung der SED-Auslandsbeziehungen) und der HA XVIII/7 (Sicherung der zentralen Organe des Außenhandels) sowie zum Sicherungsbereich »Präzision«. Gemäß eines Ministerbefehls erfolgte 1984 die Übergabe einer Liste aller IMB der HA XVIII an den Leiter der HA II.

Des Weiteren sollte die Zusammenarbeit zwischen beiden Hauptabteilungen durch Konsultationen auf der Ebene der Hauptabteilungsleiter sowie der Leiter der Fachabteilungen optimiert werden.

In dieser Zusammenarbeit sah die HA XVIII aber auch Nachteile. Die Übergabe ausgewählter Hinweise führte in den Fachabteilungen der HA XVIII zu umfangreichen operativen Prüfungshandlungen. Da allerdings die Hinweise oftmals nicht vollständig übergeben wurden und keine gemeinsame Einordnung und Bewertung des Gesamthinweises erfolgte, ging die Mehrzahl der Ergebnisse zu Lasten des Aufwandes der HA XVIII und erbrachte oftmals keinen spürbaren Nutzen. Auch erfolgte keine Resonanz seitens der HA II zu übergebenen Prüfungsergebnissen, auch nicht auf Ebene der Leiter der Hauptabteilungen.

Die HA XVIII hatte gegen eine zentrale Führung der Spionageabwehr durch die HA II generell keine Einwände. Die damit verbundene Spezialisierung als Hauptziel wurde durch die HA XVIII unbedingt als Vorzug bewertet. Man sah eine vertrauensvolle Zusammenarbeit auf der Leiterebene unter Hinzuziehung sachkundiger Mitarbeiter als förderlich an und empfahl die vorbehaltlose Zurverfügungstellung vorhandener Hinweise über Angriffsoperationen westlicher Geheimdienste durch die HA II. Da die HA XVIII auch eine enge Zusammenarbeit mit der HV A pflegte, stellte es sich für die HA XVIII als Nachteil dar, dass die HA II bei der HV A ein Vorgriffsrecht zu operativ bedeutsamen Informationen besaß, die auch dann abgefordert wurden, wenn die vorliegenden Hinweise beziehungsweise Sachverhalte Personen und Probleme betrafen, die exakt auf den Sicherungs- und Verantwortungsbereich der HA XVIII hindeuteten.[556]

Unter anderem aufgrund die hier dargestellten Probleme wurde 1987 wurde die komplexe Spionageabwehr umfassend geregelt und in einer opulenten Dienstanweisung niedergeschrieben.[557] Darin legte Minister Mielke fest, dass die Organisierung einer wirksamen Spionageabwehr im jeweiligen Verantwortungsbereich Aufgabe aller operativen Diensteinheiten der Abwehr war.[558] Dabei hatten die HA II für das MfS insgesamt und die Abteilungen II der BV für die jeweilige Bezirksverwaltung die Federführung wahrzunehmen. Die Federführung umfasste unter anderem die Gewährleistung

- der Einschätzung der Lage, einschließlich Herausarbeitung der Angriffsrichtungen westlicher Geheimdienste,
- einer von gegenseitiger Hilfe und Unterstützung geprägten, auf Abstimmung und Koordinierung operativer Maßnahmen gerichteten sachbezogenen Zusammenarbeit zwischen den Diensteinheiten der Abwehr

---

556 Information eines ehemaligen Angehörigen des Lehrstuhls VII (Volkswirtschaft) der Sektion Politisch-operative Spezialdisziplin der Juristischen Hochschule Potsdam.

557 Vgl.: MfS, Der Minister: Dienstanweisung Nr. 1/87 zur Gewährleistung des komplexen Vorgehens bei der Abwehr geheimdienstlicher Angriffe gegen politische, ökonomische und militärische Bereiche – Spionageabwehr – vom 13. Februar 1987. BStU ZA MfS BdL/Dok Nr. 005266.

558 Vgl.: Ebd., Bl. 8.

sowie zwischen diesen und den Diensteinheiten der Aufklärung, insbesondere bei der Bearbeitung von Dienststellen und Mitarbeitern der Geheimdienste,

- der Anleitung und Unterstützung anderer Diensteinheiten der Abwehr sowie erforderlicher Hilfe bei der Organisierung einer wirksamen Spionageabwehr in deren Verantwortungsbereichen.[559]

Der Leiter der HA II hatte auf der Grundlage der Einschätzung der Lage die Abstimmung grundsätzlicher Fragen der Abwehr geheimdienstlicher Angriffe gegen ökonomische Bereiche, insbesondere gegen die für die materiell-technische Sicherstellung der Landesverteidigung und die Erfüllung der Verpflichtungen der DDR im Rahmen des Warschauer Vertrages bedeutsame Bereiche, mit dem Leiter der HA XVIII entsprechend dessen Zuständigkeit zu gewährleisten.[560]

Die gemäß der Richtlinie 1/76 (»Zur Entwicklung und Bearbeitung Operativer Vorgänge«) und der 2. Durchführungsbestimmung dieser Richtlinie bestätigungsberechtigten Leiter hatten das Anlegten von ZOV, OV oder TV wegen des Verdachts der Begehung von Verbrechen gemäß §§ 97 bis 100 StGB, sofern sie vom Geltungsbereich der Dienstanweisung 1/87 erfasst wurden sowie den geplanten Abschluss dieser Vorgänge beziehungsweise die dem Minister für Staatssicherheit oder dessen auf Linie zuständigen Stellvertreter vorzulegenden Vorschläge mit dem Leiter der HA II abzustimmen. Diese Regelung galt auch für ZOV, OV und TV, die wegen des Verdachts der Begehung anderer Verbrechen angelegt beziehungsweise bearbeitet wurden, wenn Hinweise auf Verbindungen zu Geheimdiensten oder deren Aktivitäten beziehungsweise auf geheimdienstlich gesteuerte

---

559 Vgl.: Ebd., Bl. 17 f.
560 Vgl.: Ebd., Bl. 20.

Aktivitäten anderer feindlicher Stellen oder Kräfte vorlagen beziehungsweise erarbeitet wurden.

Zur Abstimmung des Anlegens von ZOV, OV oder TV waren dem Leiter der HA II der Vorschlag zum Anlegen beziehungsweise der Eröffnungsbericht und die Bearbeitungskonzeption beziehungsweise der erste Operativplan zu übergeben. Sofern die Leiter der operativen Diensteinheiten es für erforderlich hielten, waren Abstimmungen bereits zu einem früheren Zeitpunkt durchzuführen. Der Leiter der HA II war berechtigt,

- dem Minister für Staatssicherheit beziehungsweise seinem zuständigen Stellvertreter Vorschläge zur Nichtbestätigung des Anlegens oder des Abschlusses beziehungsweise der vorgesehenen Abschlussart oder des vorgesehenen Termins des Abschlusses von ZOV, OV und TV zu unterbreiten (das galt auch für solche Vorgänge, deren Anlegen oder Abschluss nicht der Bestätigung des Ministers oder seines zuständigen Stellvertreters bedurften),

- dem Minister für Staatssicherheit beziehungsweise seinem zuständigen Stellvertreter die operative Bearbeitung von spionageverdächtigen Personen aus den Verantwortungsbereichen anderer operativer Diensteinheiten durch diese Diensteinheiten selbst beziehungsweise durch eine Diensteinheit der Linie II vorzuschlagen,

- in Bearbeitungskonzeptionen beziehungsweise Operativplänen vorgesehene Maßnahmen sowie andere bedeutsame operative Einzelmaßnahmen der Spionageabwehr mit den Leitern der zuständigen Diensteinheiten zu beraten und abzustimmen,

- durch die HA II angelegte ZOV, OV und TV zur weiteren Bearbeitung an objektmäßig oder territorial zuständige Diensteinheiten zu übergeben, wenn diese über bessere Bearbeitungsvoraussetzungen verfügten,

- dem Minister für Staatssicherheit beziehungsweise seinem zuständigen Stellvertreter Vorschläge zu unterbreiten, welche laufenden ZOV, OV oder TV in Wahrnehmung der Federführung durch die HA II geführt beziehungsweise kontrolliert werden sollten.

Der Leiter der HA II hatte zu gewährleisten:

- die zielstrebige Bearbeitung der ZOV, OV und TV sowie den dazu erforderlichen konzentrierten Einsatz operativer Kräfte und Mittel auf der Grundlage aktueller Bearbeitungskonzeptionen und Operativpläne in Abstimmung und Zusammenarbeit mit den Leitern der jeweils zuständigen Diensteinheiten,
- die Mitwirkung von Spezialisten der Diensteinheiten der Linie II bei der Bearbeitung von ZOV, OV und TV durch andere Diensteinheiten entsprechend den Erfordernissen und in Abstimmung mit dem Leiter der jeweiligen Diensteinheit,
- die Prüfung und Stellungnahme durch die HA II zu Auftragsersuchen an die Diensteinheiten der Linie 26 (außer Maßnahmen zur Überwachung von Telefonen) sowie spezifischer Maßnahmen der Diensteinheiten der Linie VIII (Beobachtung/Ermittlung/Festnahme) im Prozess der OPK beziehungsweise der Bearbeitung von ZOV, OV und TV (§§ 97 bis 100 StGB) oder in anderen Fällen der Bearbeitung, die begründet auf einen geheimdienstlichen Hintergrund schließen ließen mit dem Ziel, den Diensteinheiten auf der Grundlage der zentralen Erkenntnisse und Erfahrungen zum Vorgehen der Geheimdienste, Anleitung und Unterstützung bei der Realisierung von Aufgaben der Spionageabwehr zu geben,
- die möglichst frühzeitige Konsultation beziehungsweise Einbeziehung der HA IX (Untersuchungsorgan) – entsprechend den Erfordernissen und Möglichkeiten – im Stadium der operativen Bearbeitung von

ZOV, OV und TV mit dem Ziel der Gewährleistung einer hohen Qualität der zielstrebigen tatbestandsbezogenen und beweissicheren operativen Bearbeitung,

- die Unterstützung der Leiter der vorgangsführenden Diensteinheiten beim Abschluss von ZOV, OV und TV, insbesondere durch gemeinsame Festlegung und Realisierung der politisch beziehungsweise operativ zweckmäßigsten Abschlussart (nach erfolgter Abstimmung zwischen dem Leiter der vorgangsführenden Diensteinheit und dem Leiter der HA II waren die Vorschläge zum Vorgangsabschluss, einschließlich des gesamten ihnen zugrundeliegenden Materials, dem Leiter der HA IX zur Einschätzung zu übergeben),
- die Prüfung der Zweckmäßigkeit, der Möglichkeiten und Voraussetzungen, geeignete Vorgangsabschlüsse in Abstimmung mit der HA IX und der ZAIG für eine öffentlichkeitswirksame Offenlegung der Angriffe und Praktiken der Geheimdienste vorzubereiten und zu nutzen.[561]

Eine Koordinierungsfunktion wurde der HA II auch hinsichtlich der zur Spionageabwehr eingesetzten IM, insbesondere der IMB übertragen. Der Leiter der HA II hatte zur Gewährleistung einer einheitlich ausgerichteten wirksamen Arbeit mit IM sowie zur Unterstützung der Diensteinheiten die Erarbeitung konkreter, instruktiver und den jeweils aktuellen Erfordernissen entsprechenden Orientierungen und Hinweisen

- zur zweckmäßigsten Organisation der Arbeit mit IM bei der Sicherung spionagegefährdeter Schwerpunktbereiche und der Bearbeitung operativer Schwerpunkte,
- zu Personenkreisen beziehungsweise Personen, auf die die Suche und Auswahl geeigneter IM-Kandidaten

---

561 Vgl.: Ebd., Bl. 22 ff.

sowie die Gewinnung entsprechender IM zu konzentrieren war,

- zur wirksamen Qualifizierung der vorbeugenden
  schadensabwendenden Arbeit durch gezielten Einsatz
  der IM in Verbindung mit dem Einsatz anderer operativer Kräfte und Mittel

und deren Übermittlung an die anderen operativen
Diensteinheiten zu veranlassen.

Der Leiter der HA II war für die zentrale Führung der
IMB-Arbeit (IM mit Verbindung zu Geheimdiensten)
sowie die Gewährleistung der ständigen zentralen Übersicht über wesentliche Inhalte und operative Ergebnisse
verantwortlich. Die Leiter der zentralen Diensteinheiten
der Abwehr, hier der Leiter der HA XVIII, hatten auf
der Grundlage der IMB-Arbeit ihrer Diensteinheiten
und in Abstimmung mit den Leitern der betreffenden
Bezirksverwaltungen auf der Grundlage der IMB-Arbeit auf Linie – die Leiter der BV darüber hinaus auf
der Grundlage der IMB-Arbeit der KD/OD – dem Leiter der HA II ständig Informationen zum festgelegten
Informationsbedarf zu übermitteln.

Der Leiter der HA II hatte zur Unterstützung der
IMB-Arbeit der anderen Diensteinheiten deren Leiter
über

- aktuelle Erkenntnisse und Orientierungen zur weiteren Vervollkommnung der IMB-Arbeit,
- aus der gesamten IMB-Arbeit resultierende Informationen und Hinweise, die den Verantwortungsbereich
  anderer Diensteinheiten der Abwehr betrafen,
- sich aus Informationen, die ihm von den Leitern anderer Diensteinheiten übergeben wurden, für die Führung bestimmter IMB ihrer Diensteinheit ergebende
  Konsequenzen zu informieren und die sich daraus
  ergebenden Maßnahmen mit ihnen abzustimmen.

Die Leiter der operativen Diensteinheiten, in deren

Verantwortungsbereich IM mit Verbindung zu Geheimdiensten geführt wurden, hatten eine sorgfältige Einschätzung der zur Übergabe an die Geheimdienste vorgesehenen Informationen, einschließlich fiktiver und anderer der Desinformation des Gegners dienender Informationen, zu gewährleisten. Diese Informationen hatten Überprüfungen durch die Dienste standzuhalten. Die maximale Sicherheit der IMB war zu gewährleisten. Die Leiter der Diensteinheiten waren in Abstimmung mit dem Leiter der HA II dafür verantwortlich, dass nur die für das Erreichen der operativen Zielstellung unbedingt notwendigen Informationen an die Geheimdienste preisgegeben wurden.

Sofern durch Diensteinheiten der Linie II oder anderer Linien solche Informationen aus Verantwortungsbereichen anderer Diensteinheiten der Abwehr an die Geheimdienste übergeben werden sollten, war durch den Leiter der HA II dazu die erforderliche Abstimmung mit dem Leiter der zuständigen Diensteinheit vorzunehmen.

Im Zusammenhang mit der Abstimmung der Entwicklung beziehungsweise Gewinnung neuer IM mit Verbindung zu Geheimdiensten waren dem Leiter der HA II Auskunftsberichte zu übergeben, aus denen neben den erforderlichen personellen Angaben und operativen Zusammenhängen auch die Zielstellungen beziehungsweise Perspektiven sowie eventuelle Zeiträume operativer Spiele ersichtlich waren.

Die Aufnahme operativer Spiele unter Einsatz von IMB aus sicherheitspolitisch besonders bedeutsamen Bereichen, wie beispielsweise aus zentralen leitenden Organen, dem Bereich Kommerzielle Koordinierung oder Bereichen der militärischen und anderen speziellen Forschung waren in der Regel auszuschließen. Werbeaktivitäten von Geheimdiensten zu Personen aus solchen Bereichen waren konsequent zu unterbinden. Begründete Ausnahmen waren dem Minister für Staatssicherheit über seine zuständigen Stellvertreter zur Bestätigung vorzuschlagen.[562]

Angriffsrichtungen, Schwerpunkte und Vorgehen westlicher Geheimdienste

Bereits 1966 stellten Willi Pösel und Manfred Naundorf fest:

»Die Angriffe des BND und des amerikanischen Geheimdienstes konzentrieren sich im verstärkten Maße auf die systematische Erkundung und Störung der Schwerpunkte unserer nationalen Wirtschaft, auf aufgetretene Schwierigkeiten in der Planerfüllung sowie in der Versorgung mit Rohstoffen, auf bedeutende Investvorhaben und deren Realisierung. Sie konzentrieren sich aber auch auf die Erkundung der Betriebe unserer nationalen Verteidigungsindustrie. Einen besonderen Schwerpunkt in den Aufträgen des BND an seine Agenten stellen die Versuche zur Erkundung der wirtschaftsleitenden Beschlüsse und Direktiven der zentralen staatlichen Organe, insbesondere der Staatlichen Plankommission und des Volkswirtschaftsrates dar. Sein besonderes Interesse gilt dabei Informationen über die Wirksamkeit des neuen ökonomischen Systems der Planung und Leitung der Volkswirtschaft, über vorhandene Schwierigkeiten bei seiner Durchsetzung, eventuelle Sondermaßnahmen zu ihrer Überwindung, den Stand der Verwirklichung der technischen Revolution u. a. […]

---

562 Vgl.: Ebd., Bl. 24–27.

Auch Versuche des Eindringens in die für die Volkswirtschaft bedeutenden zentralen Forschungs- und Entwicklungsanstalten sollen erwähnt werden. Das gilt auch für die führenden Zweige unserer Volkswirtschaft, insbesondere der chemischen Industrie einschließlich der Erdölverarbeitungsindustrie, die Betriebe der Mess- und Regeltechnik, der zweiten und dritten Verarbeitungsstufe der Metallurgie, darunter vor allem für die Produktion und Lieferung von hochlegierten Stählen. Aus abgeschlossenen Vorgängen ist bekannt, dass die imperialistischen Geheimdienste Informationen über konkrete ökonomische Fragen aus den genannten Bereichen zu erhalten bestrebt sind. Hierzu gehören zum Beispiel Informationen darüber, welche Rohstoffe auf diesen Gebieten von der DDR, von einzelnen Betrieben, in welcher Menge und Qualität benötigt werden; was produziert die DDR selbst, welche Engpässe bestehen an welchen Grundstoffen oder Produktionsmitteln, wie ist die Kontinuität der Lieferungen, welche Produktion wird damit organisiert usw. Eine unerlässliche Voraussetzung für die Lösung der von Partei, Staat und Gesellschaft stehenden ökonomischen Aufgaben ist die Zusammenarbeit der sozialistischen Länder. […]

Wichtige Kettenglieder dieser Zusammenarbeit sind die Koordinierung der Volkswirtschaftspläne, die internationale sozialistische Arbeitsteilung, die Kooperation und Spezialisierung der Produktion, der wissenschaftlich-technische Erfahrungsaustausch. Die Erkundung von Informationen über die Zusammenarbeit der sozialistischen Länder im Rahmen des RGW, über seine speziellen Organe und seine Arbeitsweise nimmt daher in den Plänen und Absichten der imperialistischen Geheimdienste einen breiten Raum ein. So enthielten zum Beispiel sichergestellte schriftliche Aufträge Weisungen zur Berichterstattung über Tagungen, Konferenzen,

Teilnahmeländer, Beschlüsse, Empfehlungen, Schwierigkeiten, evtl. Meinungsverschiedenheiten und deren Ursachen, Maßnahmen zu ihrer Beseitigung, konkrete Kooperationsbeziehungen, Umfang der Produktion an bestimmten Industriegütern und chemischen Halbfabrikaten durch einzelne sozialistische Länder usw. Im gleichen Umfang versuchten die Spionagedienste in den Besitz von Informationen der Außenhandelstätigkeit der Organe der DDR zu kommen. Auch das geschieht nicht zufällig, denn die Entwicklung des Außenhandels ist für die Verwirklichung der ökonomischen Politik der Partei eine Lebensnotwendigkeit. Zielgerichtet wird versucht, detaillierte Nachrichten über die Schwerpunkte der Außenhandelstätigkeit sowie der Außenhandelsbeziehungen der volkseigenen Wirtschaftsorgane mit Industrieunternehmen in Westdeutschland und anderen kapitalistischen Staaten, den ökonomischen Nutzen und das Volumen abgeschlossener Handelsverträge, Rohstoffschwierigkeiten, vor allem in der Chemie, der Metallurgie, der Produktion von Nichteisenmetallen sowie über die Maßnahmen zu ihrer Überwindung zu erhalten. So enthielten zum Beispiel die Aufträge eines festgenommenen, ehemals in einer verantwortlichen Funktion unserer Außenhandelsorgane tätigen Spions Weisungen zur Erkundung aller Embargopartner seiner Dienststelle auf einem volkswirtschaftlich entscheidenden Gebiet der Chemie, der konkreten Vorräte an einem wichtigen ökonomischen Rohstoff, den wir maßgeblich von kapitalistischen Lieferanten beziehen mussten, der Auswirkungen, wenn Lieferungen dieser Embargoware ausblieben, der Liefertermine, Lieferwege usw.

Im vorliegenden Beispiel blieb es nicht bei der Auslieferung dieser ökonomischen Informationen. Der Geheimdienst verwertete diese Informationen unmittelbar, indem er über seine Verbindungswege die Nichtauslie-

ferung der notwendigen chemischen Rohstoffe an die
DDR erwirkte. Der plötzliche Ausfall der Importliefe-
rungen rief zum Teil die vom Gegner gewollten ökonomischen Schwierigkeiten hervor.«[563]

Ein ehemaliger Offizier der HA XVIII erinnert sich an
einen Spionagevorgang gegen einen Angehörigen der
Staatlichen Plankommission. Er schreibt:
»Im Ermittlungsverfahren gegen den Mitarbeiter der
Staatlichen Plankommission (SPK), S. der von 1952
bis 1970 als Agent für die CIA tätig war, gehörte ich zu
den Mitarbeitern der HA XVIII, die mit der Suche und
Sicherung der erforderlichen Beweismittel beauftragt
waren. Dadurch erhielt ich Einblick in dessen umfangreiche Spionagetätigkeit. Nachdem S. 1952 der CIA
zugeführt und angeworben wurde, hatte er bis zum 13.
August 1961 etwa 200 reguläre und etwa 120 außerplanmäßige Treffs mit Mitarbeitern des US-Geheimdienstes.
Nach dem 13. August 1961 wurde der Kontakt über
Blindfunkdienst gehalten, insgesamt hatte er in 401
Sendungen Aufträge und Anweisungen empfangen und
230 nummerierte und chiffrierte Geheimschriftbriefe
mit Spionageinformationen übermittelt. Im Jahre 1956
wurde ihm mitgeteilt, er habe den Status eines Mitarbeiters der CIA erhalten. Für seine spätere Verwendung in
der BRD sei gesorgt. S. erhielt zunächst monatlich 150,
später 400 DM. Gelegentlich gab es auch Sonderprämien
für wichtige Informationen. Hinzu kamen ›Treuegelder‹
für 5, 10 und 15 Jahre Mitarbeit und Weihnachtsgratifi-
kationen. Die ›Honorare‹ wurden auf ein Konto in Westberlin eingezahlt, insgesamt 170. 000 DM, wovon ihm

---

563 Dr. Willi Pösel, Dr. Manfred Naundorf: *Kriminologische Aspekte
des Kampfes gegen Spionageverbrechen.* Staatsverlag der Deutschen Demokratischen Republik, Berlin 1966, S. 43 ff.

22.000 DM zum Verbrauch ausgezahlt wurden. S. lieferte der CIA neben politischen und militärischen Informationen vorwiegend Angaben über die Volkswirtschaft der DDR und bestimmte Personen. In der Zeit von 1952 bis etwa 13. August 1961 bespitzelte er Funktionäre und Mitarbeiter staatlicher Organe und der Wirtschaft. Er lieferte etwa 2.000 Charakteristiken. Davon tippte er 400 aus seiner Sicht für eine Anwerbung geeignete Personen und lieferte zum Teil Fotos von ihnen.«[564]

Die Wirtschaftsspionage gegen die sozialistischen Staaten nahm nach Erkenntnissen der Staatssicherheit im strategischen Vorgehen des Westens einen wichtigen Platz ein, da in der langfristig angelegten antisozialistischen Strategie der Konfrontation die Versuche zur Destabilisierung der Ökonomik sozialistischer Staaten verstärkt werden würden.

Die geheimdienstlich betriebene, organisierte oder initiierte Spionage gegen Bereiche, Prozesse, Objekte und Personen der Volkswirtschaft und die wissenschaftlich-technische Entwicklung zielte in besonderem Maße darauf ab, Ansatzpunkte für gezielte Boykott- und Embargomaßnahmen, für die Inspirierung und Organisierung ökonomischer Störtätigkeit und anderer Aktivitäten zu erkunden. Sie beinhaltete daher nicht nur die Informationsbeschaffung zu rein ökonomischen Sachverhalten. Sie erfasste vielmehr alle Phasen und Vorgänge des gesamten Produktionsprozesses.

Auf einem Treffen der sozialistischen Sicherheitsorgane 1979 in Sofia zu Problemen der Sicherung der Volkswirtschaft wurde – die Erfahrungen aller sozialistischen

---

564 Fritz Hausmann: »Das neue Leben muss anders werden, als dieses Leben, als diese Zeit«. In: Reinhard Grimmer, Wolfgang Schwanitz: *Unbequeme Zeitzeugen*, S. 96 f.

Länder verallgemeinernd – festgestellt, dass die westlichen Geheimdienste ihre Anstrengungen verstärkten, um detaillierte Informationen über Zustand, Pläne, Finanzierung und Perspektiven aller wesentlichen Zweige der Volkswirtschaften, vor allem solcher, die einen Einfluss aus das Verteidigungspotential der Warschauer Vertragsstaaten hatten, zu erlangen. Dies betraf in gleicher Weise die Preispolitik, Devisenprobleme, Kreditpolitik, Ex- und Importstruktur, Staatsreserven, die Energie- und Rohstofflage, die Situation in der Land- und Nahrungsgüterwirtschaft, den Stand der technologischen Entwicklung usw.[565]

Der Vorsitzende des Komitees für Staatssicherheit der UdSSR, Armeegeneral Wiktor Michailowitsch Tschebrikow, äußerte 1986: »Unsere Feinde haben ihr Vorhaben nicht aufgeben, den Sozialismus als Gesellschaftssystem zu liquidieren. Die Geheimdienste der USA und einer Reihe von NATO-Staaten unternehmen hartnäckige Versuche, Aktionen durchzuführen, die auf die Untergrabung der Wirtschaft abzielen. Sie versuchen, politische, militärische, wirtschaftliche und wissenschaftlich-technische Geheimnisse zu erlangen sowie in staatliche Einrichtungen, wichtige Verteidigungsobjekte und wissenschaftliche Einrichtungen einzudringen.«[566] Dieser Ansicht folgte man in der Führung des MfS uneingeschränkt.

Die Wirtschaft wurde als Hauptfeld der Auseinandersetzung zwischen Sozialismus und Kapitalismus betrachtet. Das betraf insbesondere Wissenschaft,

---

565 Vgl.: Lehrbuch: *Die imperialistischen Geheimdienste in der Gegenwart.* Teil I, S. 89 und 91.

566 Rede des Armeegenerals W. M. Tschebrikow auf dem XXVII. Parteitag der KPdSU (aus dem Russischen). In: *Prawda*, 1. März 1986.

Technik und Technologie. Dabei spielte der Mensch als Hauptproduktivkraft die entscheidende Rolle, denn er beeinflusste maßgeblich die Etappen des wissenschaftlich-technischen Fortschritts und damit zusammenhängend das Hervorbringen und die Einführung von Schlüsseltechnologien.

In der DA Nr. 1/82 (»Die politisch-operative Sicherung der Volkswirtschaft«) war festgehalten, dass durch den Einsatz der operativen Kräfte und Mittel die gegen die Volkswirtschaft der DDR gerichteten Pläne, Absichten und Maßnahmen rechtzeitig zu erkennen waren sowie die gegnerischen Kräfte, einschließlich der angewandten Mittel und Methoden, aufzuklären und ihr Wirksamwerden vorbeugend zu verhindern war. Das erforderte für das MfS:

- die Aufklärung von westlichen Geheimdiensten sowie anderen Zentren, Institutionen, Organisationen, Einrichtungen und Kräften, die als Inspiratoren und Organisatoren der Angriffe gegen die Volkswirtschaft in Erscheinung traten;
- die konkrete Feststellung der vom Gegner angewandten Mittel und Methoden;
- die Analyse der erkannten Angriffe hinsichtlich ihrer Zielrichtung auf Personen, Personengruppen, Bereiche und Prozesse in der DDR-Volkswirtschaft;
- die Erarbeitung von Versionen über zu erwartende beziehungsweise zu vermutende Angriffe sowie die Aufklärung bisher nicht erkannter gegnerischer Kräfte.[567]

Die westlichen Geheimdienste betrieben umfangreiche Wirtschaftsspionage gegen die DDR. Dabei ging es ihnen aus Sicht der Staatssicherheit darum,

---

567 Vgl.: MfS: Dienstanweisung Nr. 1/82 zur politisch-operativen Sicherung der Volkswirtschaft der DDR vom 30. März 1982. BStU ZA MfS DSt 102836, Bl. 13 f.

- aus der Analysierung des Standes der volkswirtschaftlichen Entwicklung der Staaten des Warschauer Vertrags solche Angaben zu erhalten, die für die militärisch-strategische Planung der NATO sowie für Entscheidungsfindungen bezüglich des weiteren Vorgehens gegen die DDR und andere sozialistische Staaten auf verschiedenen Gebieten bedeutsam waren,
- ökonomische Schwierigkeiten, Schwachstellen und damit geeignete Ansatzpunkte für die Organisierung und Inspirierung von Sabotage und ökonomischer Störtätigkeit herauszufinden,
- Möglichkeiten zu schaffen, das Ansehen der DDR als Handelspartner zu diskreditieren und damit gleichzeitig die DDR als Konkurrent auf den internationalen Märkten auszuschalten.

Diese Zielstellungen standen im engen Zusammenhang mit der Spionage auf politischem und militärischem Gebiet, wobei die Staatssicherheit zum Teil Bestrebungen erkannte, Agenturen vielseitiger zu nutzen und die Möglichkeiten der Abschöpfung auf allen Gebieten ständig zu erweitern.[568]

Die Spionagetätigkeit der westlichen Geheimdienste konzentrierte sich auch in den 1980er Jahren nach vorliegenden internen Erkenntnissen des MfS – neben den Bestrebungen, die Situation der Volkswirtschaft der DDR möglichst allumfassend einschätzen zu können – vorrangig auf die Außenwirtschaftsbeziehungen der DDR, auf Probleme der ökonomischen Integration sowie auf die Entwicklung der Verteidigungsindustrie und deren Wirkung auf wichtige Bereiche der Volkswirtschaft.

Die Dienste haben allen Fragen der ökonomischen

---

568 Vgl.: MfS, Der Minister: Hinweise zur Spionagetätigkeit imperialistischer Geheimdienste auf dem Gebiet der Ökonomie. Anlage – ohne Datum. BStU ZA MfS HA XVIII Nr. 433, Bl. 3 f.

Integration, insbesondere den Problemen der Spezialisierung und der Kooperation der DDR mit der UdSSR sowie der Zusammenarbeit der Länder im RGW mit anderen Staaten große Beachtung beigemessen. Im Mittelpunkt standen dabei die Zusammenarbeit negativ beeinflussende, störende oder hemmende Faktoren, beispielsweise die Überbetonung nationaler Interessen und wirtschaftliche Disproportionen oder Einflüsse im Zusammenhang mit den veränderten internationalen Bedingungen.

Eine vorrangige Rolle spielten in den 1980er Jahren Informationen zur Lage und zur Entwicklung in Polen und deren Einfluss auf die ökonomische und politische Situation in anderen sozialistischen Staaten sowie deren weitere Zusammenarbeit im RGW.

Auf die Wirtschaftsbeziehungen zwischen der DDR und der UdSSR bezogen bestand ein großer Informationsbedarf zu Problemen des Bezugs von Roh- und Brennstoffen durch die DDR aus der UdSSR. Dies betraf insbesondere Einzelheiten über die Reduzierung von Erdöllieferungen, mögliche Auswirkungen für die ökonomische Entwicklung der DDR sowie Maßnahmen der DDR zur anderweitigen Beschaffung von Energieträgern und der Kreditproblematik.

Einen weiteren Schwerpunkt der ökonomischen Spionage bildeten die Fragen der Wirtschaftsbeziehungen der DDR, insbesondere des Außenhandels mit westlichen Industriestaaten und Entwicklungsländern. Vordringlich wurde versucht in Erfahrung zu bringen, welche konkreten Abkommen und Vereinbarungen auf welchen Gebieten mit welchem Inhalt von Seiten der DDR mit solchen Ländern getroffen wurden beziehungsweise vorgesehen waren und in welchem Maße diese dazu beitragen konnten, die ökonomischen Ziele der DDR, insbesondere auf dem Gebiet von Wissenschaft und

Technik, zu erreichen. Umfassendes Interesse bestand an Informationen über die Kreditpolitik der DDR und die Kreditaufnahme im NSW sowie damit verbundenen Problemen.

Vorrangiges Interesse bestand an Informationen der weiteren Gestaltung der wirtschaftlichen Beziehungen der DDR mit der BRD und Westberlin und allen damit mittelbar und unmittelbar zusammenhängenden Problemen.

Weitere geheimdienstliche Aufgabenstellungen zielten darauf ab, die personellen und institutionellen Verantwortlichkeiten und den Prozess der Entscheidungsfindung in der DDR zu Fragen des Außenhandels mit westlichen Industrieländern unter besonderer Berücksichtigung der Außenhandelsfunktion der Kombinate sowie auf die Export- und Importkapazitäten der DDR und die in Kombinaten/Betrieben in diesem Zusammenhang unternommenen Aktivitäten zu ergründen.

Der Informationsbedarf westlicher Geheimdienste über die DDR-Volkswirtschaft konzentrierte sich vor allem auf die für die weitere Entwicklung bedeutsamen Zweige und Bereiche sowie auf Fragen der Leitung, Organisation und Struktur. Im Mittelpunkt des gegnerischen Interesses standen nach MfS-Erkenntnissen Maßnahmen zur Vervollkommnung der Wirtschaftsstruktur und Erhöhung der Effektivität der Produktion.

Wesentliche Anstrengungen unternahmen die Geheimdienste dahingehend, Probleme im Zusammenhang mit den Kombinaten auszuforschen, wie beispielsweise

- Reproduktions- und Strukturfragen der einzelnen Kombinate,
- die Effektivität der Kombinate, Vor- und Nachteile der Kombinatsbildung,
- die Wahrnehmung von Außenhandelsaufgaben durch die Kombinate.

Weitere nachrichtendienstliche Aktivitäten stellte das MfS im Zusammenhang mit den Maßnahmen der DDR zur Sicherung der Energie- und Rohstoffbasis der Volkswirtschaft fest. Vor allem ging es um die Aufklärung von Schwierigkeiten im Zusammenhang mit den staatlichen Festlegungen zur Einschränkung von Energieträgern und wie trotz gleichbleibender beziehungsweise verringerter Bereitstellung von Rohstoffen und Energieträgern die gestellten ökonomischen Ziele erreicht werden sollten. Genannt seien dazu als Beispiel der Entwicklungsstand bei Kohleveredelungsverfahren, Schwierigkeiten bei der Umstellung von Erdöl auf Kohle, konkrete Maßnahmen zur Einsparung von Treib-, Kraft- und Brennstoffen, die Verlagerung der Transporte von der Straße auf die Schiene sowie die Elektrifizierung von Eisenbahnstrecken.

Im Zusammenhang mit Aktivitäten, den aktuellen Stand der Entwicklung von Wissenschaft und Technik in der DDR aufzuklären, konzentrierte sich das Interesse der Geheimdienste nach Erkenntnissen der Staatssicherheit vor allem auf Entwicklungsrichtungen der Mikroelektronik, der Elektronischen Datenverarbeitung, der Lasertechnik, der Richtfunktechnik und des wissenschaftlichen Gerätebaus, wobei sich spezielle Aktivitäten auf die Feststellung der Importabhängigkeit der DDR auf diesem Gebiet richteten.

Wesentliche Anstrengungen wurden auch dahingehend unternommen, den Einsatz und die Verwendung von Embargowaren – insbesondere in der Verteidigungsindustrie, im Rahmen des RGW und der Zusammenarbeit mit der Sowjetunion – aufzuklären.

Darüber hinaus bildeten auch Umfang und Methoden der Ausbildung von Wissenschaftlern, Einzelheiten über das Wissenschaftspotential der DDR und Angaben über konkrete Aufgabenstellungen sowie Standorte von

Instituten, Forschungseinrichtungen u.Ä., dort eingesetzter Leitungskader sowie anderer Beschäftigter, die
Bedeutung der Nutzung westlicher Technik und Technologien für die DDR im jeweils konkreten Fall sowie
die Rolle westlicher Technik bei der Lösung von Aufgaben in Wissenschaft und Technik, insbesondere bei der
Rationalisierung und Automatisierung der Produktion,
Schwerpunkte der Spionagetätigkeit westlicher Dienste.
Geheimdienstliche Aktivitäten stellte die Staatssicherheit auch zu Problemen der Landwirtschaft und deren Entwicklung fest. Verstärkt zeichneten sich auch
Tendenzen ab, die Lage auf den Gebieten Handel und
Versorgung, Preisgestaltung, weitere Durchführung
sozialpolitischer Maßnahmen und andere in diesem
Zusammenhang auftretende Stimmungen und Reaktionen – bis hin zu bestimmten Arbeitskonflikten und zur
Rolle der Gewerkschaft dabei – ständig und umfassend
in Erfahrung zu bringen.[569]
Besonderes Aufklärungsinteresse aber hatten die westlichen Geheimdienste zu Fragen strategischer Vorhaben
der Volkswirtschaft und der Landesverteidigung. In der
politischen Führung der DDR wurde die Ansicht vertreten, dass es die Erhaltung des militärischen Gleich-
gewichts erforderte, die Effektivität, Ersttrefferwahr-
scheinlichkeit und Feuerkraft der Waffen der Armeen
des Warschauer Vertrages zu erhöhen, um die Waffensysteme der NATO zu neutralisieren. Die Umsetzung der
Politbürobeschlüsse zu »Heide«, »016« sowie zur Entwicklung, Produktion und Anwendung von Schlüsseltechnologien waren seitens des MfS Schwerpunkte der
Abwehrarbeit. Beim Vorhaben »016« handelte es sich
um einen intelligenten Infrarot-Zielsuchkopf für einen
multivalenten Einsatz in der Raketentechnik. Beim stra-

---

569 Vgl.: Ebd., Bl. 4–7.

tegischen Vorhaben »01« ging es um eine neue Generation von Kosmostechnik als Bestandteil von »Heide«
(fortschrittsbestimmende Schlüsseltechnologien).[570]
Es liegt auf der Hand, dass die westlichen Geheimdienste zu solchen strategischen Vorhaben einen ständigen
und weitgehenden Erkenntniszuwachs anstrebten. Die
Hauptangriffe richteten sich auf Forschungs- und Ent-
wicklungsergebnisse für Hoch- und Schlüsseltechnologien sowie moderne Waffensysteme. Eine strategische
Zielstellung der Dienste gegen die DDR bestand darin,
vorrangig durch Schaffung von Agenturen Zugriff zu
Staatsgeheimnissen der Verteidigungsindustrie und
anderer strategischer Bereiche der DDR und über diese
Staatsgeheimnisse der UdSSR zu erlangen. Die Staatssicherheit betrachtete die gegnerischen Angriffe auf
Hoch- und Schlüsseltechnologien als »Bestandteil der
politischen Konzeption des Imperialismus zur Veränderung des militärischen Kräftegleichgewichts«[571]. Man
ging davon aus, dass die Durchsetzung dieser politischen Konzeption zunehmend durch die wissenschaftlich-technische und ökonomische Spionage determi-
niert wurde. Dies spiegelte sich in der detaillierten Auftragsstruktur der Geheimdienste, in Informationen der
HV A und abgeschlossenen Spionagevorgängen wider.
Demnach bestanden detaillierte Informationsinteressen
• des BND zum Stand, zu den Entwicklungstendenzen und Herstellungsverfahren für Materialien der
  Halbleitertechnik auf der Basis von Silizium und
  Galliumarsenid, zur Entwicklung der Laserphysik,

---

570 Vgl.: Artur Wenzel, Rainer Sodeik: Forschungsergebnisse zum
    Thema: »Beitrag zur politisch-operativen Sicherung strategi-
    scher Vorhaben der Volkswirtschaft und Landesverteidigung«.
    BStU ZA MfS JHS Nr. 22052, Bl. 9 u. 11.

571 Ebd., Bl. 16.

zu Systemen zur Feststellung von Unterwasserzielen und zu Entwicklungstendenzen sowie zum Stand der Zusammenarbeit mit der UdSSR auf dem Gebiet der Mikroelektronik und der Grundlagenforschung insgesamt,

- des US-Geheimdienstes CIA und des FBI zu Leitungsstruktur und personellen Verantwortlichkeiten in militärischen Führungszentren, zur Zusammenarbeit mit der UdSSR auf militärischem Gebiet, zur Struktur und Entwicklung des Außenhandels, zur Entwicklung der Lasertechnik, der Optiktechnologie der Mikrolithographie und zur Multispektralkamera MKF 6 hinsichtlich des Auflösungsvermögens, Entwicklungsstandes und Lieferumfanges an die UdSSR,
- des englischen Geheimdienstes zum Entwicklungsstand der Mikroelektronik (angestrebte Übergabe von Bauelementen aus der DDR und der UdSSR), zu Standorten der Mikroelektronik in der DDR, zur Zusammenarbeit mit der UdSSR, zu NSW-Importabhängigkeiten bei technischen Ausrüstungen, Bauelementen und Hilfsstoffen, zu Struktur- und Personalangaben des Ministeriums für Elektrotechnik und Elektronik sowie zu Herstellerbetrieben beziehungsweise Forschungseinrichtungen in der DDR, zur Multispektralkamera MKF 6 hinsichtlich technischer Parameter und Weiterentwicklung sowie zum Einsatz der Optoelektronik.

Nachweislich war zudem das aktive Bemühen der westlichen Geheimdienste hinsichtlich der Erkundung personeller Ansatzpunkte für die Gewinnung von Personen aus diesen sensiblen Bereichen.[572]

Zur Gewinnung von Personen aus sensiblen Bereichen (Sicherheitsorgane, NVA und Volkswirtschaft) realisier-

---

572 Vgl.: Ebd., Bl. 16 f.

te der BND in Ausnahmefällen Anbahnungen auf dem Territorium der DDR und ging dabei ein hohes Risiko ein. Durch den Geheimdienst wurden ab 1984 in mehreren Anbahnungsoperationen massiv vorgetragene Werbeversuche realisiert, in denen Kuriere mit unterschiedlichen unpersönlichen Methoden vom Gebiet der DDR aus Kontakt zur jeweiligen Zielperson herstellten und deren nachrichtendienstliche Ausrüstung sicherstellten. Als methodische Vorgehensweise stellte die Staatssicherheit dabei fest:

- Einwurf von nachrichtendienstlichen Sendungen in Hausbriefkästen der Zielpersonen bei Erstkontaktierung, wenn diese in Ostberlin wohnhaft waren;
- Versand von Anbahnungsbriefen über den Postverkehr vom Territorium Ostberlins aus;
- telefonische Verbindungsaufnahme zu Zielpersonen aus öffentlichen Fernsprechern der DDR-Hauptstadt;
- Anlegen von Freilandablagen für nachrichtendienstliche Hilfsmittel (TBK), insbesondere in Ostberlin sowie in Leipzig während der Messen.

Ein solches Vorgehen erkannte die Spionageabwehr bei der Bearbeitung des OV »Jäger«. Dieser OV wurde durch die HA II und die Abteilung II/BV Leipzig bearbeitet, Ziel der BND-Anbahnungsaktivitäten war ab März 1985 ein mittlerer leitender DDR-Wirtschaftskader. Im OV »Jäger« konnte der Kurier des BND, Hans-Werner M., am 8. September 1985 festgenommen und umfangreiche nachrichtendienstliche Hilfsmittel sichergestellt werden.[573]

Die Intensivierung der Spionagetätigkeit gegen die Volkswirtschaft der DDR widerspiegelte sich auch in

---

573 Mitteilung eines ehemaligen Mitarbeiters der HA II (Archiv des Verfassers).

der zunehmenden Werbetätigkeit der Geheimdienste. Sie orientierten auch außerhalb der strategischen Vorhaben und der Landesverteidigung auf die Gewinnung von Agenturen. Schwerpunktmäßig betraf dies volkswirtschaftliche Führungszentren, Schwerpunktbereiche und Forschungszentren. Personelle Schwerpunkte waren dabei:

- Personen in entscheidungsvorbereitenden und -befugten Ebenen,
- Kader, die an bedeutenden Vorhaben der ökonomischen Integration tätig waren,
- Personen, die an bedeutsamen Vorhaben der Forschung und Entwicklung arbeiteten,
- Geheimnisträger, Auslands- und Reisekader sowie deren Familienangehörige.

Das MfS stellte fest, dass außer den genannten Personenkreisen in den 1980er Jahren verstärkt Kader aus der Betriebsebene in den Mittelpunkt des geheimdienstlichen Interesses rückten. Die Dienste intensivierten Anstrengungen, solche Bürger der DDR und anderer sozialistischer Staaten für ihre Zwecke zu nutzen, die sich kurz- oder langfristig im NSW aufhielten und von denen man sich erhoffte, sie nach ihrem Auslandseinsatz in der DDR weiter verwenden zu können.

DDR-Teilnehmer an kommerziellen Verhandlungen, Fachtagungen und internationalen Kongressen im NSW wurden nach Erkenntnissen der Staatssicherheit ebenfalls massiv durch westliche Geheimdienste kontaktiert, abgeschöpft und häufig mit direkten Werbeangeboten konfrontiert. Gesicherten Informationen des MfS zufolge konzentrierten sich die Dienste immer stärker auf solche Personen,

- die private oder dienstliche Kontakte in das NSW unterhielten und politisch sowie charakterlich für Kontaktversuche zugänglich erschienen,

- die aus dem NSW, besonders als Mitarbeiter von Konzernen, Firmen und Institutionen (Wissenschaftler, Spezialisten, Ökonomen, Außenhändler), in die DDR einreisten und intensive, längerfristige private oder dienstliche Kontakte zu Bürgern der DDR pflegten, was auch ehemalige DDR-Bürger mit entsprechenden Rückverbindungen betraf.

In nichtsozialistischen Staaten wurden dort tätige Diplomaten und Außenhandelsvertreter der DDR aufgeklärt und bei sich bietenden Ansatzpunkten, beispielsweise bei verschwiegenen kriminellen Delikten oder Verratsabsichten, zur Spionage angeworben.

Die Staatssicherheit verfügte darüber hinaus über Erkenntnisse, dass die Geheimdienste bemüht waren, Agenturen nicht nur in solchen Unternehmen zu etablieren, die eine bedeutende ökonomische Zusammenarbeit mit der DDR realisierten, sondern auch in mittleren beziehungsweise Vertreterfirmen.

In der operativen Arbeit ging das MfS davon aus, dass die westlichen Dienste alle Möglichkeiten für eine geheimdienstliche Tätigkeit nutzten, wozu im Operationsgebiet alle ihnen zur Verfügung stehenden Kräfte gegen die DDR-Zielpersonen zur Feststellung von Werbungsmöglichkeiten eingesetzt wurden.

Die Staatssicherheit erkannte in den 1980er Jahren verstärkt die Tendenz, dass für eine Werbung solche nachrichtendienstlich interessanten DDR-Bürger aufgeklärt wurden, die Geheimnisverrat begehen oder die DDR verlassen wollten. Bei Werbung wurde diesen Personen

- eine materielle Unterstützung während ihrer Spionagetätigkeit in der DDR,
- die Ausschleusung in die Bundesrepublik nach einer gewisser Zeit,
- eine gesicherte Perspektive in der BRD oder
- Unterstützung bei einer eventuellen Festnahme in der

DDR bis hin zur Erreichung einer Übersiedlung und Familienzusammenführung in der Bundesrepublik zugesichert.

Eine der bedeutendsten Spionagemethoden der westlichen Geheimdienste bestand auch auf wirtschaftlichem Gebiet in der Abschöpfung. Sie wurde vorwiegend angewandt von

- Agenten, die aus beruflichen, geschäftlichen oder verwandtschaftlichen Gründen in sozialistische Staaten reisen und Verbindungen zu nachrichtendienstlich interessanten Personen, Objekten und Institutionen unterhielten,

- Agenten, die durch ihre berufliche, gesellschaftliche beziehungsweise politische Position oder durch persönliche Beziehungen die Möglichkeit hatten, im NSW zu nachrichtendienstlich interessanten Bürgern aus sozialistischen Staaten Verbindungen aufzunehmen beziehungsweise bereits bestehende Kontakte auszubauen und zur Spionage zu nutzen.

Diese Agenten rekrutierten westliche Dienste besonders unter Medienvertretern, Mitarbeitern von Forschungsinstituten, Fachexperten verschiedener Richtungen, Geschäftsleuten, Mitgliedern von Emigrantenorganisationen und Übersiedlern aus sozialistischen Staaten. Sie waren beauftragt, Informanten zu schaffen und abzuschöpfen, wobei die Dienste besonderen Wert auf Personen legten, die abgeschöpft werden sollten, ohne den geheimdienstlichen Hintergrund zu kennen. Geeignete Informanten wurden mit dem Ziel der Werbung als Agent bearbeitet.

Im Rahmen der Abschöpfungstätigkeit der Geheimdienste und der damit verbundenen zielgerichteten Informationsbeschaffung hatten sich insbesondere die legalen Basen der Dienste in der DDR weiter profiliert. Als Diplomaten abgedeckte Angehörige der Geheimdienste betrieben bei der Durchführung der offiziellen diplomatischen Aufgaben sowie im Rahmen ihrer Kontakttätigkeit eine gezielte Informationsgewinnung auch zu ökonomischen Problemen der DDR. Diese Geheimdienstler waren meist in der politischen Abteilung der jeweiligen Botschaft tätig, während vor allem die Wirtschafts- beziehungsweise Handelsabteilungen die Hauptaufgaben bei der Informationsgewinnung auf ökonomischen Gebiet lösten. Dabei erkannte das MfS Bestrebungen, feste Kontaktpartner zu schaffen.

Die Informationsgewinnung erfolgte gezielt nach konkreten Vorgaben durch Regierungsstellen westlicher Staaten, teilweise nach detaillierten Fragespiegeln. Die gewonnenen Informationen wurden nach verschiedenen Gesichtspunkten analytisch verarbeitet und entsprechend des Inhalts den verschiedenen Institutionen zur Verfügung gestellt. In diesem Zusammenhang wurde auch der systematischen Sammlung und Auswertung aller legal zugänglichen Informationen, vor allem Zeitungen, Zeitschriften und sonstigen Materialien und Sendungen elektronischer Medien sozialistischer Staaten besondere Aufmerksamkeit gewidmet.

Unter den genannten Gesichtspunkten hatten die von Wirtschaftsabteilungen der Botschaften westlicher Staaten organisierten Empfänge eine besondere Bedeutung. Das MfS maß beispielsweise dem im Januar 1982 durchgeführten Empfang der Wirtschaftsabteilung in der Ständigen Vertretung der Bundesrepublik entsprechende Priorität zu. Durch die große Zahl ausgesprochener Einladungen an DDR-Bürger aus verschiedenen ökonomischen Institutionen und Einrichtungen sowie der Einladung zahlreicher Bundesbürger und Westberliner, die in der Mehrzahl entweder Aufgaben in der konkreten Gestaltung der Handelsbeziehungen DDR-BRD realisierten oder sich im Rahmen der DDR-Forschung mit ökonomischen Fragen beschäftigten, ging die Staatssicherheit davon aus, dass die Absicht bestand, die Kontakttätigkeit auf diesem Gebiet zu forcieren und Möglichkeiten zu schaffen,

- vor einem breiten Kreis verantwortlicher Kader der mittleren Ebene aus ausgewählten Bereichen des gesellschaftlichen Lebens der DDR die politischen Ziele und Vorstellungen führender bundesdeutscher Kreise darzulegen und gleichzeitig
- eine gezielte Informationsbeschaffung zu betreiben.

Die Wirtschafts- und Landwirtschaftsabteilung der Botschaft der USA in der DDR war nach Erkenntnissen des MfS beispielsweise wie folgt tätig. Sie

- betrieb eine intensive und gezielte offizielle Kontakttätigkeit zu wirtschaftsleitenden Organen, Kombinaten und Betrieben, Außenhandelseinrichtungen und Institutionen auf dem Gebiet der Technik und der Landwirtschaftswissenschaften,
- war regelmäßig in der Kollektivausstellung von US-Firmen während der Leipziger Messen präsent und betrieb dort eine intensive Informationsgewinnung zu den Außenhandelsbeziehungen zwischen der DDR und amerikanischen Firmen,
- organisierte und betreute Besuche und Gespräche von Wirtschaftsfachleuten der USA in der DDR,
- beantwortete Anfragen vom Handel mit der DDR interessierten US-Firmen,
- organisierte Symposien in der DDR mit dem Ziel der Handelsförderung und der Erweiterung der Kontaktbasis in der DDR,
- wertete alle in der DDR offiziell erhältlichen Publikationen zur Ökonomie aus.

Die Botschaft Großbritanniens in der DDR organisierte und betreute sogenannte Studienreisen von Mitarbeitern der Planungsabteilung beziehungsweise der Forschungsabteilung des britischen Außenministeriums. Bei den Gesprächen in verschiedenen DDR-Institutionen spielten auch ökonomische Fragen eine Rolle. Das Wirken des britischen Geheimdienstes unter dieser Abdeckung konnte durch das MfS nicht ausgeschlossen werden.

Im Rahmen der ökonomischen Spionage gegen die DDR nahmen nach Erkenntnissen der Staatssicherheit auch die akkreditierten ständigen und Reisekorrespondenten eine bedeutsame Stellung ein. Am aktivsten bei der Informationsbeschaffung traten dabei nach MfS-Informationen bundesdeutsche und britische Korrespondenten auf. Ihr Vorgehen bei der Recherche war durch ein abgestimmtes sowie koordiniertes Zusammenwirken mit den diplomatischen Vertretungen gekennzeichnet und ließ in den Informationsschwerpunkten eine zentrale Steuerung erkennen. Die Staatssicherheit erkannte dabei zunehmend die Anwendung konspirativer Mittel und Methoden. Besondere Beachtung bei der Bekämpfung ökonomischer Spionage erfuhren die als Reisekorrespondenten in der DDR tätigen Fachjournalisten, die in der Regel Spezialisten auf den jeweiligen Gebieten waren und dementsprechend tiefgründig Informationen gewinnen konnten, beispielsweise im Rahmen der Leipziger Messen.

Eine entsprechende Rolle bei der Organisierung der ökonomischen Spionage gegen die DDR spielten das Zusammenwirken sowie der Informationsaustausch zwischen den Wirtschaftsabteilungen der Botschaften der führenden westlichen Staaten. Dies erfolgte beispielsweise aufgrund konkreter Ereignisse zwischen den einzelnen Botschaften oder auch periodisch im größeren Kreis, zum Beispiel in regelmäßigen Zusammenkünften der Handelsräte der EG-Botschaften in der DDR.

In den generellen Informationsaustausch zwischen den

westlichen Geheimdiensten waren auch ökonomische Probleme der DDR einbezogen. Neben dem Informationsaustausch gewährten einzelne Partnerdienste Geheimdiensten anderer westlicher Staaten Unterstützung bei der Anbahnung und Werbung von Agenturen.

Im Rahmen der Organisierung der Wirtschaftsspionage gegen die DDR und andere sozialistische Staaten nutzten die Geheimdienste bestimmte Schlüsselpositionen in beziehungsweise informationelle Beziehungen zu Behörden, kommerziellen Einrichtungen, Massenmedien und anderen Organisationen. So nutzte beispielsweise der BND nach MfS-Erkenntnissen zur Realisierung seiner Aufklärungsinteressen

- das System des Befragungswesens im grenzüberschreitenden Verkehr und in Notaufnahmelagern,
- das Bundesministerium für innerdeutsche Beziehungen, besonders das Gesamtdeutsche Institut – Bundesanstalt für gesamtdeutsche Aufgaben,
- Einrichtungen der DDR- und Ostforschung,
- Einrichtungen des Springer-Verlags, insbesondere den Springer-Inlandsdienst.[574]

Heinz Schmidt, ehemaliger Leiter der BV Halle des MfS, schrieb zur Spionage gegen die Volkswirtschaft:

»Die Bürger der DDR, die ihren Staat illegal verließen oder später offiziell nach Westberlin und der BRD übersiedelten, wurden, wie hinreichend bekannt, in den Aufnahmelagern einer intensiven Befragung durch die Geheimdienste der BRD und anderer NATO-Staaten ausgesetzt. Man wollte unter anderem wissen, welche Menschen sie in ihrer alten Heimat kennen, die aus

---

574 Vgl.: MfS, Der Minister: Hinweise zur Spionagetätigkeit imperialistischer Geheimdienste auf dem Gebiet der Ökonomie. Anlage – ohne Datum. BStU ZA MfS HA XVIII Nr. 433, Bl. 7–14.

verschiedensten Gründen gegen die sozialistische Entwicklung eingestellt waren. Das wurde danach oft als Anknüpfungspunkt gewählt, solche Personen für Spionagezwecke zu missbrauchen oder es zu versuchen. Das Ziel dieser Spionagetätigkeit war die Beschaffung von geheim zuhaltenden Informationen, die überwiegend durch die Einstufung als Verschlusssachen geschützt waren. Es handelte sich unter anderem um Planungsunterlagen der Volkseigenen Kombinate und Betriebe, um die Forschungsvorhaben und der Zusammenarbeit mit Partnern besonders im kapitalistischen Ausland.

Weiteres Ziel der Spionage waren Informationen über Schwachstellen in den Betrieben, die zu notendigen Importen führen mussten sowie über Einflussmöglichkeiten auf Importe der DDR durch Firmen und Konzerne der BRD. […]

Aus Informationen der Aufklärungsorgane der DDR, aus Vernehmungen inhaftierter Spione sowie durch inoffizielle Hinweise und Beweise, war insgesamt hinreichend bekannt, dass die in der BRD und West-Berlin etablierten Geheimdienste jede Möglichkeit nutzten, um Spione innerhalb der DDR zu installieren und Informationen zu erlangen, die zum Schaden der DDR ausgenutzt werden konnten. Dabei standen Wirtschaftskader mit Entscheidungsbefugnissen und Kenntnissen über bedeutende Fragen der Entwicklung, der Forschung, der Zusammenarbeit im Rat für Gegenseitige Wirtschaftshilfe, der Bilanzierung und der militärischen Produktion im Mittelpunkt der Angriffe. Es war auch von großem Vorteil für die Geheimdienste, wenn es sich um Personen handelte, die als Verhandlungspartner der DDR mit kapitalistischen Firmen durch die zuständigen Ministerien bestätigt waren. Bei Besuchen in der BRD oder auch in anderen kapitalistischen Staaten wurden Reisekader nicht nur von den zuständigen Konzernvertretern intensiv ›betreut‹, einige entpuppten sich als Agenten von Geheimdiensten, die auch später den Versuch unternahmen, die Anwerbung durchzuführen. Gelang dies, so wurde auch die Aufrechterhaltung der Verbindung mit den neu geworbenen Agenten vereinbart.

Im Rahmen der Operativen Vorgangsbearbeitung wurde in einigen Fällen bewiesen, dass Konzerne und Geheimdienste in enger Zusammenarbeit versuchten, zum Beispiel überholte und technisch veraltete oder nicht erprobte Anlagen, Maschinen und Geräte aus der BRD und anderen kapitalistischen Staaten in die DDR zu exportieren. Die geforderten Parameter wurden falsch deklariert und Außenhandelsbetriebe der DDR getäuscht. Die Volkswirtschaft der DDR sollte als Versuchsfeld dienen und empfindlich gestört werden, das gelang auch in verschiedenen Betrieben.«[575]

Im Rahmen der gegen die DDR gerichteten Spionage konzentrierte sich insbesondere eine Münchener Dienststelle des BND (MfS-Deckname »Pult«) vorrangig auf ökonomische und politische Bereiche. Im Mittelpunkt des Interesses standen vor allem entwicklungsbestimmende Strukturbereiche der Volkswirtschaft der DDR, wie
- die Elektrotechnik/Elektronik,
- die Energiewirtschaft,
- die chemische und metallurgische Industrie,
- der Schwermaschinen-, Anlagen,- Landmaschinen und Fahrzeugbau,
- der Schiffbau,
- der Außenhandel.

---

575 Heinz Schmidt: *Über die Arbeit der Kreisdienststellen des Ministeriums für Staatssicherheit.* Unveröffentlichtes Manuskript. Halle 2005, Kapitel X »Sicherung der Volkswirtschaft«, Bl. 6 f. (Archiv des Verfassers).

Zur Gewinnung entsprechender Informationen nutzte die BND-Dienststelle »Pult« die Möglichkeiten persönlicher Treffs im Operationsgebiet über die Grenzen der Bundesrepublik hinaus und wandte zur Vereinbarung entsprechender Zusammenkünfte die postalische Verbindung an. Einen bedeutsamen Platz nahm dabei die Verwendung von Signalkarten ein. Signalkarten dienten im Verbindungssystem vom Spion zur Dienststelle des Geheimdienstes unter anderem zur Übermittlung folgender Informationen:

- Ankündigung oder Absage von Reisen in das NSA zur persönlichen Treffdurchführung;
- Übermittlung sogenannter Lebenszeichen nach einem bestimmten Rhythmus beziehungsweise nach Aufforderung über die einseitige Funkverbindung;
- Mitteilung über empfangene Funksprüche;
- gleichzeitiger Einwurf einer Signalkarte mit anderen geheimdienstlichen Postsendungen.

Diese Signalkarten wurden durch die Agenturen selbst verfasst, wobei in einzelnen Fällen die Instruierung erfolgte, die Handschrift bewusst zu verstellen. Die festgelegten Signalfunktionen dieser Dienststelle konnte das MfS in einzelne, aber nicht abgrenzbare Kategorien zusammenfassen:

Reiseziele/Reisetermine

- Verwendung unterschiedlicher Schriftsysteme in der Anschriftengestaltung (Kombination beziehungsweise Wechsel von Druck- und Schreibschrift);
- Auswahl eines Vor- und Zunamens als Kartentextunterschrift analog der Kfz-Kennzeichengruppe des Reiseziels
  Beispiele:
  Viele Grüße Claus Ebert, CE = Reiseziel Celle,
  Viele Grüße Gerhard Richter, GR = Reiseziel Griechenland.

- Verwendung einer Kartentextunterschrift, die mit der international üblichen Abkürzung eines Flughafens des Reiseziels identisch war
Beispiel:
Euer Ferdinand, FRA = Frankfurt/Main.
- Bezugnahme auf den Urlaubsort des vermeintlichen Empfängers und des zeitlichen Verweises auf den eigenen Urlaub im Kartentext und damit Signalisierung einer Ausreise in das NSA
Beispiel:
Lieber Horst!
Während ich am Backofen schmachte, beneide ich Dich um Deinen Urlaub in München. Mein Urlaub beginnt am 2.8. und ist am 21.8. bereits wieder Geschichte.
Dein Edwin.
Reiseziel: München
Reisezeit: Zwischen dem BND und der Agentur war festgelegt, dass die tatsächliche Reisezeit im Kartentext verschleiert fixiert wird. Der Reisetermin wurde durch die Addition mit einer bestimmten Anzahl von Tagen/Wochen/Monaten ermittelt.
- Fixierung der Reisedaten im Briefmarkenfeld.

<u>Versendung von Lebenszeichen</u>
- nach Aufforderung durch den Rundspruchdienst des BND
Farbige Ansichtskarte mit belanglosem Text signalisierte positive Lage.
Schwarz-weiße Ansichtskarte wies auf durch den Spion vermutete Sicherheitsprobleme hin.
- Signalisierung nach einer feststehenden Zeit von zwei, drei oder sechs Monaten
  - Ansichtskarte eigener Wahl mit beliebigem Text als generelles Lebenszeichen beziehungsweise
  - farbige Ansichtskarte mit belanglosem Text signalisierte normale Lage,

– schwarz-weiße Ansichtskarte mit Tiermotiv wies
auf Probleme der Agentur hin.

<u>Probleme des Umgangs mit geheimdienstlichen Hilfs-
mitteln (primär Empfang oder Nichtempfang von Sendungen über die einseitige Funkverbindung)</u>

- individuelle Festlegungen zur Gestaltung der Karten-
textunterschriften
Beispiele:
kein Empfang möglich – alles Liebe
GS-Mittel nicht einsetzbar – alles Gute
benötige Schlüsselmaterial – immer Dein.
- Einsatz einer farbigen Ansichtskarte mit belanglosem
Text signalisierte qualitätsgerechten Funkempfang;
- Versand einer schwarz-weißen Ansichtskarte mit
beliebigem Text wies auf technische Probleme beim
Funkempfang hin.

Wichtige Erkenntnisse vermittelten der Spionageabwehr
die Analyseergebnisse zu den durch die BND-Dienststelle »Pult« an ihre Agenturen in der DDR übergebenen Deckadressen.

- In den meisten Fällen erfolgte die Übergabe <u>einer</u>
Deckadresse, die über einen längeren Zeitraum
genutzt wurde. Einzelne Spione erhielten mehrere
Deckanschriften, die im festgelegten Signalisierungs-
rhythmus zur Übermittlung von Lebenszeichen wech-
selseitig angeschrieben wurden.
- Ihrem Charakter nach waren die genutzten Deckadressen im postalischen Verbindungsystem <u>nicht existent,</u> das heißt
Name, Vorname – fiktiv
Postleitzahl, Ort, Straße, Hausnummer – existent.
- In geringerer Anzahl gelangten existente Deckadressen
zum Einsatz, die als Differenzierungsmerkmal einen
<u>fiktiven</u> abgekürzten Zwischenbuchstaben im Namen-

steil der Anschrift enthielten. Mit Wahrscheinlichkeit handelte es sich um geworbene Deckadresseninhaber der BND-Dienststelle »Pult«, die anhand dieses frei erfundenen Zwischenbuchstabens den geheimdienstlichen Charakter der Signalkarten kannten.

Beispiel:

Richard E. Krause, D-5400 Koblenz, Bergstr. 8.

Kennzeichnend war, dass diese Personen keine nachgewiesenen privaten, postalischen oder Reisekontakte in die DDR unterhielten.

Im Ergebnis der Analyse der von den Agenturen der Dienststelle »Pult« genutzten Deckadressen erkannte die HA II folgende Schwerpunkte:

- Leitzone 2, Leitraum 28, Leitgebiet 2800 Bremen;
- Leitzone 3, Leitraum 33, Leitgebiete 3352 Einbeck, 3340 Wolfenbüttel, 3370 Seesen;
- Leitzone 6, Leiträume 63 und 64, Leitgebiete 6320 Alsfeld, 6479 Schotten;
- Leitzone 7, Leitraum 72, Leitgebiet 7250 Leonberg;
- Leitzone 8, Leiträume 80 und 82, Leitgebiete 8058 Erding, 8223 Trostberg;
- Leitzone 5, Leitraum 52, Leitgebiet 5400 Koblenz (existente Deckadresse mit Zwischenbuchstaben.

Bei der Arbeitsweise der BND-Dienststelle »Pult« zur Gestaltung des postalischen Verbindungssystems wurde der HA II insgesamt deutlich, dass einzelne Geheimdienstmitarbeiter beim Einsatz von Signalkarten stets die gleichen Grundmethoden anwandten, die allerdings bei der Steuerung verschiedener Spione modifiziert praktiziert wurden. Eine generelle Verallgemeinerung war deshalb nicht möglich.[576]

---

576 Vgl.: Peter Krajewski, Volkmar Kick: »Spezielle Probleme der Fahndung im postalischen Verbindungssystem imperialisti-

Abwehr- und Sicherungsmaßnahmen des MfS am Beispiel der Hochtechnologien

ZOV »Digital« und »Operation II«[577]

Horst Roigk, Oberst a.D. und ehemaliger Abteilungsleiter in der HA XVIII, charakterisierte die Abwehrarbeit wie folgt: »Im Mittelpunkt der Tätigkeit des ehemaligen MfS zur Sicherung der Volkswirtschaft der DDR stand zu jeder Zeit die Sicherung der Hauptproduktivkraft der Gesellschaft, der im Reproduktionsprozess fungierende Mensch. Man kann es auch anders ausdrücken: Es war die geheimdienstliche Auseinandersetzung mit Menschen, die im Reproduktionsprozess tätig waren oder unmittelbar bzw. mittelbar auf seine planmäßige Gestaltung einwirken konnten.«[578]

Den ZOV »Digital« und »Operation II« lagen operati-

---

scher Geheimdienste unter Berücksichtigung der aktuellen politisch-operativen Lage«, Bl. 20–25.

577 Der ZOV »Operation II« wurde im Februar 1980 angelegt und wurde bis Ende 1989 von der HA XVIII/8 (Sicherung im Bereich Elektrotechnik/Elektronik) geführt. Der ZOV ging aus dem Gesamtkomplex »Operation« der HA XVIII hervor. Darin widmete sich der Teilkomplex »Operation I« BND-Aktivitäten, während sich der Teilkomplex »Operation III« mit Aktivitäten der US-Geheimdienste beschäftigte. Im ZOV »Operation II« arbeitete die HA XVIII/8 gegen den britischen Geheimdienst. Das Ziel bestand in der Aufklärung und Identifizierung des Geheimdienstes und seiner Mitarbeiter und der Agenturen in der DDR. Ausgangspunkt für den ZOV war die Anwerbung von drei IMB der Linie XVIII (»Robert«, »Bach« und »Günter Richter«) durch den Geheimdienst. Zum ZOV »Operation II« vgl.: BStU ZA MfS AOV 16170/91.

578 Zwie-Gespräch Nr. 28/29 (1995), S. 13.

ve Erkenntnisse des MfS zu nachgewiesenen, teilwiese über NSW-Kontrahenten vorgetragene Angriffe westlicher Geheimdienste gegen Vorhaben zur Entwicklung, Produktion und Anwendung der Mikroelektronik und Rechentechnik in der DDR sowie im Rahmen der ökonomischen Integration zugrunde. Dabei konnte nachrichtendienstliche Aktivitäten nachgewiesen werden, die auf die Schaffung von Agenturen westlicher Geheimdienste unter NSW-Reisekadern aus der DDR, die Vorbereitung und Durchführung von Maßnahmen im Rahmen der wirtschaftlichen Störtätigkeit sowie die Realisierung von Spionageangriffen ausgerichtet waren. Die erarbeiteten Erkenntnisse der Staatssicherheit zu den von speziellen Dienststellen westlicher Geheimdienste zentral geplanten, geleiteten und komplex gegen die verschiedensten Bereiche – angefangen von Kombinaten der Elektrotechnik/Elektronik, des Werkzeug- und Verarbeitungsmaschinenbaus und der chemischen Industrie über den Außenhandel, Einrichtungen der Akademie der Wissenschaften, des Hoch- und Fachschulwesens und des Staatsapparates bis hin zur Lebensmittelindustrie – vorgetragenen Angriffe veranlassten das MfS zu einer zentral geleiteten komplexen Abwehrarbeit in der Einheit von Feindbekämpfung, Vorbeugung und Schadensabwendung sowie effektivitätsfördernder und stabilisierender Maßnahmen und dabei insbesondere einer qualifizierten Tätigkeit im und nach dem Operationsgebiet.[579]
Aus den Erfordernissen der komplexen Sicherung der

---

579 Vgl.: Peter Klemm: Diplomarbeit zum Thema: »Anforderungen an ausgewählte operative Grundprozesse, insbesondere an die OV/OPK-, IM- und Dossierarbeit zur politisch-operativen Sicherung von Hochtechnologien (theoretische Verarbeitung von Erkenntnissen/Erfahrungen aus den ZOV ›Digital‹ und ›Operation II‹)«. BStU MfS JHS 21416, Bl. 5 f.

volkswirtschaftlichen Aufgabenstellungen zur Entwicklung, Produktion und Anwendung der Hochtechnologien als integrierter Bestandteil der Sicherung der Volkswirtschaft ergab sich die Notwendigkeit der zentralen Leitung und Koordinierung der Abwehrarbeit nach innen und außen. Auf die Mikroelektronik bezogen erfolgte die komplexe operative Sicherung entsprechend dem vom 1. Stellvertreter des Ministers, Generaloberst Mittig, zur Sicherung des Komplexes »Höchstintegration«[580] bestätigten Maßnahmeplan sowie auf der Grundlage von Festlegungen zwischen den beteiligten Linien und Diensteinheiten der Staatssicherheit. Die Erarbeitung einheitlicher Zielstellungen sowie aufeinander abgestimmter Sicherungskonzeptionen und Maßnahmepläne der einzelnen beteiligten Diensteinheiten waren Voraussetzungen für

- den effektiven, konzentrierten und koordinierten Einsatz der für die Lösung dieser Aufgaben zur Verfügung stehenden Kräfte, Mittel und Methoden,
- die Gewährleistung eines dem Informationsbedarf entsprechenden wechselseitigen Informationsflusses zwischen den Basisdiensteinheiten und der Zentrale (federführende Diensteinheit),
- die Gewährleistung von Konspiration, Wachsamkeit und Geheimhaltung.

Da der Staatssicherheit gesicherte Erkenntnisse zu gegnerischen, geheimdienstlich organisierten, gesteuerten und kontrollierten Angriffen auf diese Bereiche und Prozesse sowie beteiligte Kader vorlagen, ergab sich aus Sicht des MfS zwingend die Notwendigkeit im Rahmen einer offensiven Abwehrarbeit zur Sicherung der Volks-

---

580 Durch das Programm »Höchstintegration« sollte schnellstmöglich der in der DDR entwickelte 256-Kilobit-Speicher in die Serienproduktion gehen. Zum anderen sah das Programm die Pilotfertigung eines 1-MB-Speicherchips bis 1989 vor.

wirtschaft die Aufgaben zur Gewährleistung der komplexen Spionageabwehr, zur Sicherung der Reise- und Auslandskader, zur Gewährleistung des Geheimnisschutzes und zur Kontrolle der aus kommerziellen und wissenschaftlich-technischen Gründen Einreisenden aus dem NSW zu realisieren. Dazu waren folgende operativen Grundprozesse entsprechend der spezifischen Anforderungen vorrangig zu qualifizieren:

- Zusammenarbeit mit IM/GMS,
- Durchführung von OPK und Bearbeitung von OV,
- Dossierarbeit.

Über diese Grundprozesse gewährleistete das MfS einen wirksamen Beitrag zur offensiven abwehrmäßigen Sicherung und Gewährleistung der Realisierung der Vorhaben zu Entwicklung, Produktion und Anwendung der Hochtechnologien. Die Bearbeitung der ZOV »Digital« und »Operation II« hatte aus Sicht des MfS die große Bedeutung einer qualifizierten Zusammenarbeit mit IM/GMS, vorgangsmäßigen Bearbeitung und Arbeit mit Personendossiers zu NSW-Kontrahenten bei der Erfüllung der operativen Ziel- und Aufgabenstellungen zur Sicherung der Entwicklung, Produktion und Anwendung der Mikroelektronik nachgewiesen.[581]

Zusammenarbeit mit IM

Der Zusammenarbeit mit IM/GMS kam in diesem Zusammenhang eine besondere Bedeutung zu. Sie waren aufgrund ihrer Möglichkeiten, durch eigene aktive Handlungen vertrauliche Beziehungen zu für die Staatssicherheit interessanten Personen herzustellen

---

581 Vgl.: Peter Klemm: »Anforderungen an ausgewählte operative Grundprozesse, insbesondere an die OV/OPK-, IM- und Dossierarbeit zur politisch-operativen Sicherung von Hochtechnologien«, Bl. 20 ff.

und nicht nur passiv wahrzunehmen, sondern über eigene Reaktionsmöglichkeiten zielgerichtet auf Personen Einfluss zu nehmen und so angestrebte Verhaltenseisen, Handlungsabläufe und Reaktionen auszulösen und unter Kontrolle zu halten sowie die Voraussetzungen für einen wirkungsvollen Einsatz anderer Kräfte, Mittel und Methoden der Staatssicherheit zu schaffen, auch im Prozess zur Sicherung der Hochtechnologien, die wichtigsten spezifischen Kräfte des MfS. Insbesondere über die qualifizierte Zusammenarbeit mit IM/GMS war es der Staatssicherheit möglich, in die Konspiration westlicher Geheimdienste einzudringen, die Pläne, Absichten und Maßnahmen sowie eingesetzte Kräfte, Mittel und Methoden aufzuklären und damit die Voraussetzungen für eine erfolgreiche Abwehr beziehungsweise vorbeugende Verhinderung der Angriffe und das Wirksamwerden gegnerischer Kräfte zu schaffen. Dazu konnten durch diese Zusammenarbeit die begünstigenden Umstände und Bedingungen für geheimdienstliche Angriffe herausgearbeitet und ihre Beseitigung beziehungsweise Einschränkung herbeigeführt werden. Durch die Zusammenarbeit mit IM/GMS gewährleistete das MfS

- entsprechend der objektiven Bedeutung der Entwicklung, Produktion und Anwendung der Hochtechnologien für die gesamtgesellschaftliche Entwicklung einen wesentlichen Beitrag zur Gewährleistung einer wirkungsvollen und offensiven Abwehrarbeit nach innen,
- den nachgewiesenen, komplex vorgetragenen Angriffen gegen die Aufgabenstellungen zur Entwicklung, Produktion und Anwendung der Hochtechnologien Rechnung tragend, eine offensive Abwehrarbeit nach außen.

Die genannten beiden im Prozess der Sicherung der Hochtechnologien eine Einheit bildende grundlegenden Ziele der Zusammenarbeit mit IM/GMS beinhalteten eine Vielzahl verschiedener Aufgabenstellungen, die der Staatssicherheit erst durch ihre komplexe Realisierung eine Sicherungsarbeit auf dem erforderlichen Niveau ermöglichten. So waren die IM/GMS im Rahmen der Abwehrarbeit nach innen vorrangig zur Durchführung folgender Aufgaben einzusetzen:

- die Kontrolle der Durchsetzung und Einhaltung sowie die Feststellung der Wirksamkeit des staatlichen Sicherheitsregimes,
- die Einschätzung und Aufklärung von Personen im Rahmen von Sicherheitsüberprüfungen,
- die »Wer ist wer?«-Aufklärung im Rahmen der Durchdringung der Schwerpunktbereiche,
- die Aufklärung und Kontrolle von Personen im Wohn- und Freizeitbereich,
- die Feststellung von privaten NSW-Verbindungen,
- die Herausarbeitung von Personen, die ihren Urlaub im sozialistischen Ausland verbrachten beziehungsweise Kurzreisen dorthin durchführten.

Die Zusammenarbeit mit IM/GMS im Rahmen der Abwehrarbeit nach außen war schwerpunktmäßig auf

- die operative Kontrolle des Verhaltens und die Feststellung relevanter Handlungen von Personen im Ausland, insbesondere von DDR-Bürgern während ihrer NSW-Aufenthalte,
- die Feststellung von Abweichungen der Verhaltensnormen durch DDR-Bürger während ihrer Dienstreisen in das NSW,
- die operative Kontrolle von zeitlichen und räumlichen Bewegungsabläufen im Operationsgebiet,
- die Erarbeitung von Hinweisen zu relevanten Verhaltensweisen von Bürgern der DDR im Freizeitbereich während der NSW-Aufenthalte,
- den offensiven Einsatz gegenüber und die Aufklärung von NSW-Kontrahenten,

- die Feststellung von relevanten Handlungen/Vorgehensweisen durch staatliche Stellen, Organe, Einrichtungen, Firmen aus dem Operationsgebiet und deren Vertreter/Mitarbeiter gegenüber Betrieben, Institutionen und Bürgern aus der DDR

auszurichten.

Durch die Realisierung dieser Aufgaben im Rahmen der Zusammenarbeit mit IM/GMS im Prozess der Abwehrarbeit nach innen und nach außen waren Ausgangshinweise zu erarbeiten, die unter anderem im Zusammenhang mit ihrer Einordnung in die Fahndungs- und Vergleichsarbeit zu operativen Ausgangsmaterialien führten, durch deren Qualifizierung zu OPK und OV sowie deren Durchführung beziehungsweise Bearbeitung ein wirkungsvoller sicherheitspolitischer Beitrag zur Sicherung der Entwicklung, Produktion und Anwendung der Hochtechnologien in der Einheit von Spionagebekämpfung, Vorbeugung und Schadensabwendung sowie der Durchführung von effektivitäts- und stabilitätsfördernder Maßnahmen geleistet werden konnte.

Die Bearbeitung der ZOV »Digital« und »Operation II« hatten nach Einschätzung der Staatssicherheit gezeigt, dass durch die im Rahmen der vorgangs- und personenbezogenen Arbeit mit IM im und nach dem Operationsgebiet erarbeiteten bedeutsamen Informationen und der zielgerichtete Einsatz dieser IM im Rahmen der Fahndungs- und Vergleichsarbeit, die zur Lösung der operativen Aufgabenstellungen zur Sicherung der Hochtechnologien zur Verfügung stehenden Kräfte, Mittel und Methoden des MfS komplex, ergebnisorientiert und mit hoher Wirksamkeit zum Einsatz gebracht werden konnten.

Entsprechend der gesamtgesellschaftlichen Bedeutung der Aufgaben zur Entwicklung, Produktion und Anwendung der Hochtechnologien und den durch den

Gegner (insbesondere durch westliche Geheimdienste in Zusammenarbeit mit NSW-Kontrahenten) gegen diese Aufgabenstellung vorgetragenen Maßnahmen kam der vorgangs- und personenbezogenen Arbeit mit IM im und nach dem Operationsgebiet zur Durchführung folgender Zielstellungen besondere Bedeutung zu:

1. Erkennung und Aufklärung der gegnerischen Stellen und Kräfte, die Pläne, Absichten und Maßnahmen gegen die Entwicklung, Produktion und Anwendung der Hochtechnologien in der DDR und im RGW erarbeiteten und umsetzten sowie Aufklärung der dabei angewandten Mittel und Methoden.

2. Schaffung von Voraussetzungen zur qualifizierten Entwicklung und Bearbeitung von OV, insbesondere zum Nachweis von Spionage- und Geheimnisverratsdelikten.

3. Einschränkung, Zurückdrängung und Paralysierung der Tätigkeit gegnerischer Stellen und Kräfte an ihren Ausgangspunkten.

4. Erarbeitung von Informationen zur Gewährleistung des Schutzes, der Sicherheit und Konspiration der eingesetzten operativen Kräfte, Mittel und Methoden des MfS.

5. Beitrag zum Aufbau, zur Realisierung und zur Sicherung von Embargolinien.

Entsprechend dieser Zielstellungen und auf der Grundlage einer langfristigen Konzeption zur zielgerichteten Entwicklung und Nutzung vorhandener IM, insbesondere in den Zielgruppen der Geheimdienste sowie der systematischen Suche, Auswahl und Gewinnung perspektivträchtiger neuer IM für eine vorgangs- und personenbezogene Arbeit im und nach dem Operationsgebiet stellte die Blickfeldarbeit als eine Methode der Führung von IM zur Herstellung stabiler Beziehungen zu hauptamtlichen Mitarbeitern und Agenturen westlicher

Geheimdienste, zu Personen aus Zentren, Institutionen und Organisationen sowie zu Kräften, die Angriffe gegen die DDR realisierten, einen Schwerpunkt in der Zusammenarbeit mit IM dar. Damit war es der Staatssicherheit möglich, in die Konspiration des Gegners einzudringen, die Pläne, Absichten und Maßnahmen sowie Mittel und Methoden seiner Tätigkeit zu erkunden, zu dokumentieren und offensiv zu bekämpfen.

In Umsetzung des Planes zur Durchführung der Blickfeldarbeit konnte durch die entsprechenden Diensteinheiten mittels Qualifizierung der vorhandenen IM-Basis über den Prozess der zielgerichteten aufgabenbezogenen Erziehung und Befähigung der IM auf der Grundlage konkreter, auf den einzelnen IM zugeschnittener Einsatz- und Entwicklungskonzeptionen einen wesentlicher Beitrag zur Gewährleistung einer qualifizierten und ergebnisorientierten Vorgangs- und Dossierarbeit geleistet werden.

Neben der Zusammenarbeit mit den IM zur operativen Durchdringung und Sicherung des Verantwortungsbereichs (IMS) und IM für einen besonderen Einsatz (IME als Ermittler, Beobachter, Experten) kam insbesondere der Zusammenarbeit mit IM mit Feindverbindungen beziehungsweise zur unmittelbaren Bearbeitung im Verdacht der Feindtätigkeit stehender Personen (IMB) sowie IM zur Sicherung der Konspiration und des Verbindungswesens (IMK) große Bedeutung zu.

Unter den Bedingungen der durch den Gegner konzentriert vorgetragenen Angriffe, die Staatssicherheit ging hier von einem Zusammenspiel westlicher Geheimdienste mit Firmen und Konzernen aus, kam einer qualifizierten Zusammenarbeit mit IM in den Zielgruppen des Gegners, einer entsprechenden operativen Nutzung der vorhandenen IM sowie der langfristig orientierten Schaffung perspektivvoller neuer IM unter den

NSW-Betreuern, Reise- und Verhandlungskadern sowie Geheimnisträgern verstärkte Bedeutung zu. Sie hatten als die direkt mit gegnerischen Kräften, teilweise mit den Bedingungen des Operationsgebiets konfrontierten und selbst zu den Zielgruppen der Geheimdienste gehörenden IM, objektiv die Möglichkeit, eine Vielzahl bedeutsamer Informationen im Rahmen der OPK-, OV- und Dossier-Arbeit zu gewinnen. In der Zusammenarbeit mit diesen IM kam den Problemen der Zuverlässigkeit und Ehrlichkeit des IM, seinem Vertrauensverhältnis zum Führungsoffizier, der Gewährleistung von Konspiration, Wachsamkeit und Geheimhaltung sowie ihrer Erziehung und Befähigung besondere Bedeutung zu. Alle direkt an den OPK/OV-Personen sowie den Dossier-Personen zum Einsatz kommenden IM waren vorher hinsichtlich ihrer Zuverlässigkeit und Ehrlichkeit gegenüber der Staatssicherheit so zu überprüfen, dass dahingehend eindeutige Aussagen auf der Grundlage der Ergebnisse mehrerer aufeinander abgestimmter Kontroll- und Überprüfungsmaßnahmen möglich waren. Im Rahmen der Überprüfung und Kontrolle kam dem Einsatz von IM/GMS ebenso wie dem zielgerichteten und abgestimmten Einsatz weiterer operativer und technischer Mittel und Methoden bis hin zur Gesprächsanalyse durch die HA IX sowie der analytischen Auswertung der Überprüfungs- und Kontrollergebnisse gleichermaßen Bedeutung zu.[582]

Ein funktionssicheres, nach außen hin abgedecktes Verbindungssystem, Treffdurchführung in KW/KO, die Möglichkeiten zur außerplanmäßigen Verbindungsaufnahme sowie regelmäßige Wiederholungsüberprüfungen zum Stand der Gewährleistung der Konspiration des Ver-

---

582 Vgl.: Ebd., Bl. 22–28.

bindungssystems, stellten Grundanforderungen dar, denen in der Zusammenarbeit mit IM/GMS zu entsprechen war. Insbesondere bei der Arbeit mit IM im und nach dem Operationsgebiet kam es darauf an, den IM für die Wahrnehmung sicherheitsrelevanter Anzeichen zu sensibilisieren, zeigten doch die im Rahmen der ZOV »Digital« und »Operation II« gesammelten Erfahrungen der Staatssicherheit, dass die westlichen Geheimdienste Versuche unternahmen, die IM unter den NSW-Reisekadern festzustellen, sie während ihres Aufenthalts im Westen, aber auch auf dem Gebiet der DDR oder anderer sozialistischer Staaten aufzuklären, zu überwachen und nach Möglichkeit zu überwerben, um so das IM-Netz und den Mitarbeiterbestand des MfS mit dem Ziel zu erforschen, unter ihnen weitere Agenturen zu schaffen. So konnte der BND aufgrund der Preisgabe von Informationen der im OV »Schakal« von der HA II/1 bearbeiteten Person dem IMB »E. Müller« bei seiner Kontaktierung konkrete Vorhalte zur inoffiziellen Zusammenarbeit mit der Staatssicherheit (Führungsoffizier, genutzte KW, Trefftermine) machen und seine Bereitschaft zur geheimdienstlichen Tätigkeit für den BND erreichen. Vom Schutz, der Sicherheit und Konspiration der IM hing es in erster Linie ab, ob die zu realisierenden Aufgaben erfolgreich gelöst wurden und mit welcher Wirksamkeit weitere operative Kräfte, Mittel und Methoden der Staatssicherheit zum Einsatz gebracht werden konnten.[583]

Entwicklung, Durchführung und Bearbeitung von OPK und OV

Besonderer Bedeutung kam im Rahmen der operativen Arbeit zur Sicherung der Hochtechnologien der zielge-

---

583 Vgl.: Ebd., Bl. 30 f.

richteten, auf die Schwerpunktbereiche ausgerichteten Entwicklung linienspezifischer operativer Ausgangsmaterialien, ihrer Qualifizierung zu OPK und OV sowie deren konzentrierte Bearbeitung zu. Dem MfS ging es dabei um eine schnellstmögliche Klärung der bedeutsamen Anhaltspunkte, die zur Einleitung der OPK und des Verdachts, der zum Anlegen des OV geführt hatte. Im Rahmen der Durchführung der OPK und der Bearbeitung des OV ging es dem MfS um die Gewährleistung eines effektiven, konzentrierten, auf das notwendige begrenzten Einsatzes der Kräfte, Mittel und Methoden, um eine wirkungsvolle sicherheitspolitische Nutzung der rechtlichen Möglichkeiten sowie eine sinnvolle Einbeziehung der operativ nutzbaren sicherheitspolitischen Potenzen der Partner des Zusammenwirkens. Mit der OPK- und OV-Arbeit verfolgte die Staatssicherheit auf dieser Linie folgende Ziele:

- die Pläne, Maßnahmen und Absichten des Gegners und die von ihm zum Einsatz gebrachten Kräfte, Mittel und Methoden aufzuklären und ihr Wirksamwerden durch die Ableitung entsprechender Sicherheitserfordernisse und deren Umsetzung durch operative, rechtliche, ökonomische und andere Maßnahmen vorbeugend zu verhindern;
- die Umstände und Bedingungen aufzudecken sowie ihre Beseitigung beziehungsweise Einschränkung zu veranlassen, die die Verwirklichung der gegnerischen Aktivitäten gegen diese Bereiche, Prozesse und Personen ermöglichten oder begünstigten;
- solche Maßnahmen einzuleiten und durchzuführen, die als eigenständiger, nur mit den spezifischen Mitteln und Methoden der Staatssicherheit zu erbringenden Beitrag eine stabilisierende beziehungsweise effektivitätsfördernde Wirkung auf die Umsetzung der mit der Entwicklung, Produktion und Anwendung

von Hochtechnologien zusammenhängenden volkswirtschaftlichen Aufgaben hatten;

• eine schwerpunktmäßige Sicherung der an der Lösung dieser Aufgaben maßgeblich mitwirkenden Personen zu gewährleisten.

Entsprechend den im Rahmen der Bearbeitung der ZOV »Digital« und »Operation II« erarbeiteten Erkenntnissen des MfS trugen die gegnerischen Einrichtungen und Zentren »ihre Angriffe gegen die Aufgabenstellungen zur Entwicklung, Produktion und Anwendung der Hochtechnologien zentral, koordiniert, komplex und konzentriert vor«[584].

Daraus ergab sich für die Staatssicherheit aufgrund der volkswirtschaftlichen Bedeutung, Komplexität und Dimension dieser Aufgabenstellung bezogen auf die Organisation der operativen Prozesse im Rahmen der Tätigkeit zur Sicherung des Komplexes »Höchstintegration« die Notwendigkeit einer zentral geleiteten und koordinierten komplexen vorgangsmäßigen Abwehrarbeit.

Zur Gewährleistung einer diesem objektiven Erfordernis entsprechenden OPK- und OV-Arbeit aller im Rahmen eines Aufgabenkomplexes an der Sicherung beteiligten territorial und objektmäßig zuständigen Diensteinheiten, betrachtete es das MfS als notwendig, ausgehend von der Festlegung der federführenden Verantwortung der entsprechend dem jeweiligen Aufgabenkomplex aufgrund ihrer Möglichkeiten und ihres Überblick geeignetsten Diensteinheit, eine zentrale Bearbeitungskonzeption zur Gewährleistung einer einheitlich abgestimmten und ausgerichteten OPK- und OV-Arbeit im Rahmen der Tätigkeit zur Sicherung des Aufgabenkomplexes zu erarbeiten. Davon ausgehend

---

584 Ebd., Bl. 36.

- waren die direkten Zusammenarbeitsbeziehungen zwischen der federführenden Diensteinheit und den objektmäßig zuständigen Diensteinheiten festzulegen,
- war die Umsetzung der Aufgaben des zentralen Maßnahmenplans für die objektmäßig und territorial zuständigen Diensteinheiten durch die betreffenden zentralen Diensteinheiten und die Abteilungen XVIII und anderen Fachabteilungen der entsprechenden BV zu gewährleisten.

Nur durch die zentrale Koordinierung und die exakte, verbindliche Fixierung des durch jede einzelne Diensteinheit zu erbringenden eigenständigen Beitrags zur Lösung der sich aus dem Maßnahmenplan ergebenen Aufgabenstellungen, die Herbeiführung der notwendigen direkten Zusammenarbeitsbeziehungen sowie der Herstellung entsprechender Informationsbeziehungen auf der Grundlage eines zentral erarbeiteten, den aktuellen Erkenntnissen und Erfordernissen entsprechenden Informationsbedarfs, war aus der Sicht des MfS eine effektive vorgangsmäßige Arbeit, der konzentrierte Einsatz der gesamten zur Verfügung stehenden operativen Potenzen der beteiligten Diensteinheiten und anderer Linien/Diensteinheiten der Staatssicherheit sowie eine qualifizierte, den Erfordernissen der Konspiration, Geheimhaltung und Wachsamkeit entsprechenden Arbeit im und nach dem Operationsgebiet möglich. Aber auch eine einheitliche Ausrichtung auf die differenzierte Durchsetzung, den objektiven Sicherheitsanforderungen entsprechenden definierten Bedingungen in den jeweiligen Verantwortungsbereichen und eine entsprechende Einflussnahme auf die Partner des Zusammenwirkens zur Wahrung ihrer Verantwortung spielten für die Erarbeitung von operativen Ausgangshinweisen sowie die Entwicklung linienspezifischer Materialien eine wesentliche Bedeutung.

So führte ein operativer Ausgangshinweis über die Feststellung zu Diebstählen von Ausschussschaltkreisen im Verantwortungsbereich der BV Erfurt und die personelle Zuordnung dieses Sachverhaltes zu einem operativen Material, in dessen Ergebnis eine Agentur des BND enttarnt werden konnte. Aus der über das System des staatlichen Sicherheitsregimes erarbeiteten Feststellung zu offensichtlich der allgemeinen Kriminalität zurechenbaren Handlungen konnte so über die OV-Arbeit ein Spionageverbrechen herausgearbeitet und nachgewiesen werden. Der BND ließ sich diese Ausschussschaltkreise durch seinen Spion beschaffen, um

- Schlussfolgerungen zu Vorbildmustern ziehen zu können,
- Erkenntnisse zur Wirksamkeit und zu Lücken der Embargomaßnahmen zu gewinnen,
- Informationen über den Entwicklungsstand in der DDR auf diesem Gebiet (Materialien, Technologien, Leistungsfähigkeit usw.) zu erhalten.

Es hatte sich nach Auffassung der Staatssicherheit gezeigt, dass bereits die Qualität der operativen Einschätzung und Bewertung der erarbeiteten Erst- und Ausgangsinformationen darüber entschied, mit welchem Aufwand, Nutzen und Erfolg die weitere vorgangsmäßige Bearbeitung des Materials erfolgte.

So führte die einseitige personelle Zuordnung und unzureichende Einordnung in andere, beim MfS bereits vorliegende Erkenntnisse bezogen auf eine im Rahmen der Arbeit im und nach dem Operationsgebiet durch einen IMB erarbeitete Information zu konkreten, bei einem westlichen Geheimdienst vorliegenden, Detailkenntnissen zu einem spezifischen Forschungsthema in einem Kombinat zur unvollständigen Erfassung der als Quelle infrage kommenden Personenkreises. Dadurch führte die durch eine nichtstrukturelle Arbeitsgruppe durchgeführte vorgangsmäßige Bearbeitung zu lediglich einem Teil der infrage kommenden Personen. Nachdem sich im Verlauf der Bearbeitung dieses Personenkreises bereits zu über der Hälfte der Personen der Verdacht nicht bestätigt hatte, konnte unabhängig davon durch eine andere Diensteinheit im Zusammenhang mit dem Abschluss eines OV die Agentur eines westlichen Dienstes enttarnt und unschädlich gemacht werden, die nachgewiesenermaßen auch die Quelle der beim Geheimdienst vorhandenen Kenntnisse zum Forschungsthema dieses Kombinates war.

In einem anderen Zusammenhang wurde von der Abteilung XVIII einer BV durch die unzureichende Beachtung zentral vorliegender gesicherter Erkenntnisse zur Arbeitsweise der BND-Sondergruppe München, die durch einen Reisekader-IM erarbeitete Information zu operativ interessanten Verhaltensweisen eines anderen DDR-NSW-Reisekaders im Freizeitbereich während seiner Aufenthalte in der Bundesrepublik als subjektiv gefärbt und einseitig bewertet. Dadurch wurde die weitere Bearbeitung dieser Person auf Ziel und Aufgaben konzentriert, die nicht der realen Sachlage entsprachen. Obwohl kein Erkenntniszuwachs in der Bearbeitung erreicht worden war, konnte eine auf der Grundlage einer objektiven und allumfassenden Bewertung der Ausgangsinformation beruhende Ausrichtung der Bearbeitung erst nach längerer Zeit und durch die Herbeiführung einer zentralen Entscheidung erreicht werden.

Es erklärt sich in diesem Zusammenhang, dass eine qualifizierte Einschätzung der operativen Relevanz der erarbeiteten Information nur im Zusammenhang mit ihrer Einordnung in alle zentral vorliegenden Erkenntnisse zu dem jeweiligen Aufgabenkomplex, den tätigen gegnerischen Stellen sowie den erarbeiteten

Fahndungshinweisen der HA XVIII/14 möglich und
Voraussetzung für die objektive, vom Wunschdenken
freie Feststellung

- des Wahrheitsgehalts,
- der Überprüfbarkeit,
- der Vollständigkeit und
- der Bedeutsamkeit

der erarbeiteten Information war. Nur so war eine begründete Festlegung der weiteren Bearbeitungsrichtung
sowie die Ableitung der notwendigen und zweckmäßigen Kräfte, Mittel und Methoden der Staatssicherheit
zu gewährleisten. Es musste garantiert sein, dass entsprechend der Bearbeitungsrichtung die Aufgaben und
Maßnahmen im Rahmen der Durchführung/Bearbei-
tung der OPK/des OV festgelegt und qualifiziert umgesetzt werden, durch deren vorrangige Lösung der größte
Beitrag zur Klärung der bedeutsamen Anhaltspunkte/
des Verdachts sowie zur effektiven und ergebnisorientierten Durchführung der OPK und Bearbeitung des
OV geleistet wurde. Auf alle Maßnahmen, die keinen
Erkenntniszuwachs entsprechend der Bearbeitungsrichtung einbrachten und nur dem Nachweis operativer
Aktivitäten diensten, war bereits in der Phase der Erarbeitung der Maßnahmenpläne für die Durchführung
von OPK und Bearbeitung OV zu verzichten, da sie eine
Vergeudung der Potenzen darstellten, zu einer Verlän-
gerung der Bearbeitungszeiten führten, das Ausweichen
vor der Realisierung tatsächlich notwendiger Aufgaben
und Maßnahmen (wie beispielsweise die Entwicklung
von IM mit vertraulichen Beziehungen zur OPK-/
OV-Person oder die Vorbereitung und Durchführung
operativer Kombinationen unter Beteiligung eigener
Reisekader-IM im Zusammenhang mit dem NSW-Auf-
enthalt der OPK-/OV-Person) ermöglichte und auch
oftmals unnötigerweise Gefahrenmomente für die

Gewährleistung von Konspiration und Geheimhaltung hervorriefen.

Die Erfahrungen des MfS, die im Rahmen der Bearbeitung der ZOV »Digital« und »Operation II« gesammelt wurden, zeigten, dass bei der Durchführung/Bearbeitung der OPK/OV in den Diensteinheiten, in denen ein derartiges Ausweichverhalten über einen längeren Zeitraum möglich war, nur noch durch einen großen Aufwand, durch die Einbeziehung einer Vielzahl von anderen Diensteinheiten und Linien oder es teilweise auch nicht mehr möglich war, eine eindeutige Klärung der bedeutsamen Anhaltspunkte/des Verdachts herbeizuführen. Dadurch war es der Staatssicherheit nicht durchgängig möglich, einen erfolgreichen Abschluss dieser OPK/OV zu gewährleisten und damit einen wirkungsvollen sicherheitspolitischen Beitrag zu leisten.

Einen Schwerpunkt der Tätigkeit im Prozess der OPK- und OV-Arbeit bildete das Zusammenwirken mit den IM. Sie konnten konkrete Beiträge zur Aufklärung der Persönlichkeit, von Einstellungen, Motiven, Fähig- und Fertigkeiten, Kenntnissen usw., die subjektive Seite betreffende Maßnahmen ebenso erarbeiten, wie durch ihren Einsatz Maßnahmen zur direkten Erarbeitung von Beweisen zur objektiven Seite des möglicherweise verletzten Straftatbestandes, zur inoffiziellen Sicherung von Beweismitteln und zur Schaffung von Voraussetzungen, Umständen und Bedingungen für deren Offizialisierung sowie Beiträge zur Vorbereitung und Durchführung operativer und technischer Maßnahmen realisiert werden konnten.

Aber auch dem Einsatz von Experten-IM und von IM und GMS in Schlüsselpositionen kam in der vorgangsmäßigen Bearbeitung wegen der oft erforderlichen fachlichen Spezial- und Detailkenntnisse sowie der zentralen Anbindung einer Vielzahl der damit zusammenhängenden Probleme, Entscheidungsbefugnisse und Einflussmöglichkeiten entsprechende Bedeutung zu.

Auch wenn es im konkreten Fall nicht immer möglich war, IM mit vertraulichen Beziehungen zu OPK-/OV-Personen zu entwickeln, schenkte das MfS dieser Aufgabenstellung in der Phase der Erarbeitung des operativen Maßnahmeplanes vorrangige Aufmerksamkeit, um nicht schon von vornherein zuzulassen, dass vor damit im Zusammenhang stehenden Problemen, wie dem teilweise zeitlich größeren Aufwand, der Langfristigkeit dieser Aufgabenstellung, der perspektivischen, nach Abschluss des Materials weiterzuführenden Zusammenarbeit mit IM unter anderem ausgewichen wurde und die mit der Entwicklung und dem Einsatz dieser IM zusammenhängenden operativen Potenzen sicherheitspolitisch nicht genutzt wurden. Durch diese IM war es der Staatssicherheit möglich, eine Vielzahl von Aufgabenstellungen zu realisieren und bedeutsame Informationen im Rahmen der OPK/des OV zu gewinnen, selbst aktiv auf die OPK-/OV-Person Einfluss zu nehmen beziehungsweise flexibel auf konkrete, teilweise nicht vorhersehbare Umstände, Bedingungen und Handlungen zu reagieren.

So konnte die Vorbereitung und Durchführung einer technischen Maßnahme in der Wohnung einer OV-Person mit einem geringen Aufwand und bei Gewährleistung der Sicherheit realisiert werden, da der IM aufgrund seiner langjährigen Beziehungen zur Familie der im OV bearbeiteten Person Zugang zu deren Wohnung hatte, zeitweise im Besitz des Wohnungsschlüssels war, sich in den Räumlichkeiten der Wohnung und den Gewohnheiten ihrer Bewohner auskannte sowie über die Planung der Freizeit dieser Personen Detailkenntnisse besaß.

Im Zusammenhang mit der Bearbeitung eines anderen

Materials konnte durch einen IM, der aufgrund eines gemeinsamen Hobbys mit der bearbeiteten Person Kontakte hatte, erarbeitet werden, dass die Zielperson gemeinsam mit seiner Frau häufig an den Wochenenden in die ČSSR reiste. Im Widerspruch hatte die bearbeitete Person im Wohn- und Freizeitbereich seine dahingehende Abwesenheit mit Fahrten nach Dresden begründet.

Im Rahmen der Bearbeitung eines OV wurde der bearbeiteten Person durch einen ihr langjährig bekannten IM unter dem Deckmantel der Verschwiegenheit ein Dokument zeitweilig zugänglich gemacht, an dem die OV-Person fachliches Interesse hatte, das er allerdings aufgrund der Geheimhaltungsstufe sowie des festgelegten Verteilers nicht zur Kenntnis erhalten hätte. Durch das kurzzeitige Überlassen des Dokumentes wurden relevante Handlungen der OV-Person ausgelöst, die durch den Einsatz operativer Technik im Arbeitsbereich und die Präparierung des Materials festgestellt und unter Kontrolle gehalten werden konnten.

Im Rahmen der Bearbeitung der ZOV »Digital« und »Operation II« gelang es der Staatssicherheit nur zum Teil, IM mit direkten, ausbaufähigen beziehungsweise vertraulichen Beziehungen zu den OPK-/OV-Personen zu entwickeln, wodurch insbesondere die Deckung solcher Informationskomplexe, wie

- zur Persönlichkeit und den tatsächlichen politischen Einstellungen,
- zu Regimeverhältnissen, Gewohnheiten und Verbindungen im Wohnbereich,
- zum Freizeitbereich,
- zum Verhalten während der NSW-Aufenthalte,
- nur teilweise möglich war. Dadurch war die Durchführung weiterer operativer und technischer Maß-

nahmen nicht beziehungsweise nur mit erheblichem Aufwand möglich. Die Erarbeitung entsprechender Beweise zur Begründung oder falsifizieren der bedeutsamen Anhaltspunkte beziehungsweise des vorliegenden Verdachts war für das MfS dadurch äußerst kompliziert.

Die Gewährleistung einer, den erreichten Erkenntnissen in der Bearbeitung des OV widerspiegelnden, aktuellen Übersicht zu den entsprechend der Bearbeitungsrichtung sowie der Beweismittelkomplexe zu erarbeitenden Beweismitteln hatte sich als Grundlage für den zielgerichteten und komplexen Einsatz der Kräfte, Mittel und Methoden bewährt. Nur so sah die Staatssicherheit eine komplexe Informationserarbeitung, ausgerichtet auf die Beweismittelkomplexe und eine deliktgruppenspezifische Ausrichtung der Kräfte, Mittel und Methoden als grundlegende Orientierung für die vorgangsmäßige Bearbeitung gewährleistet.

Auch im Zusammenhang mit der Erarbeitung von Beweismitteln kam dem Einsatz von IM und GMS besondere Bedeutung zu. Ihr Einsatz im Komplex mit anderen operativen und technischen Maßnahmen und koordiniert mit dem Einsatz weiterer Kräfte, Mittel und Methoden war vorrangig auf die Aufklärung und beweismäßige Sicherung des Verbindungssystems zwischen der bearbeiteten Person und dem Geheimdienst, dessen Mitarbeiter beziehungsweise Agentur zu konzentrieren. Dazu hatten sich

• die Durchführung operativer Kombinationen zur Kontrolle, Feststellung und Dokumentation des Verhaltens der bearbeiteten Person im Operationsgebiet sowie unmittelbar vor und nach seiner Aus- beziehungsweise Einreise,

• die Durchführung konspirativer Wohnungsdurchsuchungen zur Feststellung größerer Geldbeträge, insbe-

sondere in freikonvertierbaren Währungen, geheimdienstlicher Hilfsmittel und Verbindungshinweisen,
- die konspirative Aufzeichnung der offiziellen
  NSW-Dienstreiseauswertungsgespräche der Sicherheitsbeauftragten mit den Reisekadern und ihre operative Nutzung zur Gesprächsaufklärung sowie Auswertung auch unter Einbeziehung der Möglichkeiten
  der Gesprächsanalyse durch die HA IX/2,
- die Realisierung von operativen und technischen
  Maßnahmen in Zusammenarbeit mit der HA VIII
  und der HA III zur Feststellung von Aktivitäten gegnerischer Stellen bei der Grenzpassage und bei der
  Ankunft der bearbeiteten Person am Zielort,
- die Durchführung konspirativer Gepäckdurchsu-
  chungen insbesondere zur Feststellung von Containern in Zusammenarbeit mit der HA VI, der HA
  VIII und der Zollfahndung,
- die Durchführung operativer Kontrollmaßnahmen
  unter Nutzung präparierter Dokumente während der
  Dienstreisen der bearbeiteten Person innerhalb der
  DDR beziehungsweise in das sozialistische Ausland,
- die Durchführung legendierter Gespräche mit der
  bearbeiteten Person, deren Aufzeichnung und Auswertung durch die HA IX/2
aus Sicht der Staatssicherheit bewährt. Dabei waren die
folgenden im Rahmen der Bearbeitung der ZOV »Digital« und »Operation II« gesicherten Erkenntnisse zu
beachten:
- aufgrund der Durchführung von in erster Linie persönlichen Treffs der westlichen Dienste mit ihren
  Agenturen während der Aufenthalte im Operationsgebiet,
- wegen umfangreicher Beobachtungs- und Kontrollmaßnahmen durch den Geheimdienst im Vorfeld
  sowie zur Absicherung der Treffs,

- angesichts der vorrangigen Nutzung von Zimmern in Hotels, in denen DDR-Reisekader während ihrer Dienstreisen untergebracht waren, zur Treffdurchführung, vor allem in den Abend- und Nachtstunden

war über den IM-Einsatz im Komplex mit weiteren operativen und technischen Maßnahmen die Grundlage für eine möglichst lückenlose und detaillierte Analyse der räumlichen und zeitlichen Bewegungsabläufe der bearbeiteten Person während der Aufenthalte im Operationsgebiet sowie unmittelbar vor und nach der NSW-Dienstreise zu gewährleisten. Auf die Durchführung operativer Beobachtungsmaßnahmen über einen längeren Zeitraum war allerdings aufgrund der zu großen Gefahr der Dekonspiration zu verzichten. Die mit der Durchführung operativer Kombinationen verbundenen Gefahren einer Kompromittierung eingesetzter IM waren genauestens zu prüfen und auszuschließen.

Innerhalb der Staatssicherheit betrachtete man den komplexen Einsatz der operativen und technischen Möglichkeiten der vorgangsführenden Diensteinheit auf der Linie XVIII sowie der HA III, HA VI, HA VIII, HA IX, des OTS, der Abteilung 26 und anderer Linien und Diensteinheiten zur erfolgreichen Vorbereitung und Durchführung der operativen und technischen Maßnahmen als erforderlich. Die Zusammenführung der über diese Maßnahmen gewonnenen Informationen mit Erkenntnissen aus der Fahndungs- und Vergleichsarbeit, insbesondere unter Nutzung der Möglichkeiten der HA III, HA VI und Abteilung M sowie der Zollverwaltung, erschloss weitere Potenzen für eine effektive Bearbeitung der OV. Die gemeinsame Realisierung von Maßnahmen beziehungsweise die Nutzung der Möglichkeiten der Bruderorgane über die Abteilung X für die Bearbeitung einzelner OV hatte sich nach Ansicht des MfS dort bewährt, wo sich aus dem Bearbeitungsstand des OV heraus die entsprechende Notwendigkeit, der voraussichtliche Erfolg beziehungsweise Nutzen und die vorhandenen Möglichkeiten einer solchen Zusammenarbeit ergeben hatten.[585]

Dossierarbeit zur Sicherung von Hochtechnologien

Die Dossierarbeit trug aus Sicht der Staatssicherheit als Bestandteil der Tätigkeit zur Aufklärung und vorbeugenden Verhinderung der gegnerischen Pläne, Absichten und Maßnahmen sowie der Aufklärung der dabei durch den Gegner eingesetzten Kräfte beziehungsweise angewandten Mittel und Methoden zu einer wirkungsvollen und effektiven Feindbekämpfung, zur Vorbeugung und Schadensabwendung sowie zur Durchführung effektivitäts- und stabilitätsfördernder Maßnahmen im Rahmen der Arbeit zur Sicherung der Hochtechnologien bei.

Als permanenter Bestandteil der Grundlagenarbeit zur Sicherung der Volkswirtschaft gewährleistete die Dossierarbeit als Prozess konkreter personenbezogener Tätigkeit einen ständigen Erkenntniszuwachs zu den NSW-Kontrahenten/-Firmen.

Als Element der Zusammenarbeit mit IM/GMS und der operativen Arbeit in den Schwerpunktbereichen wurden im Rahmen der Dossierarbeit systematisch solche bedeutsamen Informationen zu NSW-Kontrahenten/-Firmen erarbeitet und zusammengeführt, die es dem MfS ermöglichten:

- den notwendigen Differenzierungsprozess unter den NSW-Kontrahenten vorzunehmen und die zur Verfügung stehenden Kräfte, Mittel und Methoden konzentriert zur Erarbeitung aussagefähiger Personendossiers zum Einsatz zu bringen,

---

585 Vgl.: Ebd., Bl. 36 – 45.

- Hinweise auf beziehungsweise Ansatzpunkte für eine geheimdienstliche Unterwanderung und Nutzung oder nachrichtendienstlichen Missbrauch der NSW-Kontrahenten und ihrer kommerziellen Beziehungen in die DDR zu erarbeiten und entsprechende Sicherheitserfordernisse abzuleiten,
- NSW-Kontrahenten hinsichtlich objektiver und subjektiver Voraussetzungen, die als Ansatzpunkte für eine operative Nutzbarmachung zielgerichtet ausgebaut werden konnten, aufzuklären.

Unter Beachtung dieser Gesichtspunkte war die Dossierarbeit auf folgende Zielstellungen ausgerichtet:

- Aufklärung der NSW-Firmen, deren Inhaber, Mitarbeiter und Vertreter, die der DDR als NSW-Kontrahenten gegenüberstanden, insbesondere zum Erkennen von Geheimdienstmitarbeitern und Agenturen westlicher Geheimdienste, über die nachrichtendienstliche Angriffe gegen die Volkswirtschaft der DDR, die sozialistische ökonomische Integration, die zweiseitige Zusammenarbeit mit der UdSSR sowie die kommerzielle und wissenschaftlich-technische Zusammenarbeit der DDR mit dem NSW vorgetragen werden konnten;
- die Entwicklung perspektivvoller linienspezifischer Ausgangs- und Nachlaufmaterialien für die OPK- und OV-Arbeit;
- die Schaffung und Erweiterung der inoffiziellen Basis für die Arbeit im und nach dem Operationsgebiet (Suche, Auswahl und Gewinnung von IMB).

Dadurch wurde über die Dossierarbeit ein Beitrag zur

- Aufklärung der Pläne, Absichten und Maßnahmen des Gegners, der durch ihn zur Anwendung gebrachten Kräfte, Mittel und Methoden, einschließlich der Aufdeckung und Bekämpfung bedeutsamer Handlungen gegen die Volkswirtschaft der DDR,

- Gewährleistung einer ständig aktuellen und realen Einschätzung der Lage im Verantwortungsbereich, insbesondere zu den aus kommerziellen und wissenschaftlich-technischen Gründen Einreisenden aus dem NSW,
- Aufklärung der Politik westlicher Staaten sowie von Firmenstrategien,
- Aufklärung des Charakters von Kontakten und Verbindungen der NSW-Kontrahenten in die DDR, insbesondere zu Personen aus den Zielgruppen der Geheimdienste,
- Gewährleistung einer vorbeugenden und schadensabwendenden Arbeit sowie effektivitätsfördernder und stabilisierender Maßnahmen in der Volkswirtschaft durch die Realisierung eines ausschließlich mit den spezifischen Möglichkeiten der Staatssicherheit zu erbringenden Beitrages zur Schaffung und Sicherung von Embargo-Bezugslinien und Beschaffung wissenschaftlich-technischer Ergebnisse

geleistet. In diesem Zusammenhang betrachtete es das MfS als notwendig, auf der Grundlage der Erfassung aller aus kommerziellen und wissenschaftlich-technischen Gründen aus dem NSW Einreisenden durch das staatliche Sicherheitsregime und der Zusammenführung der zu ihnen bereits vorliegenden Informationen im Ergebnis des Differenzierungsprozesses die vorrangig aufzuklärenden NSW-Kontrahenten herauszuarbeiten und sich in der weiteren Tätigkeit auf die Erarbeitung von Personendossiers zu diesen NSW-Kontrahenten zu fokussieren. Die Herausarbeitung erfolgte anhand solcher Kriterien wie

- objektive Möglichkeiten des NSW-Kontrahenten aufgrund seiner Tätigkeit/Verbindungen zur Realisierung solcher Handlungen beziehungsweise zur Gewinnung solcher Informationen, die der DDR zum Nachteil reichen konnten,

- subjektive Voraussetzungen des NSW-Kontrahenten für die Durchführung bedeutsamer Handlungen gegen die DDR,
- Stellung des NSW-Kontrahenten im Rahmen der kommerziellen Beziehungen zwischen dem NSW und der DDR/anderen sozialistischen Staaten,
- Bezugspunkte des NSW-Kontrahenten zu volkswirtschaftlich entscheidenden oder einer Vielzahl volkswirtschaftlicher Aufgabenstellungen, Vorhaben und Prozesse,
- bereits vorliegende Erkenntnisse zum NSW-Kontrahenten,
- entsprechende private, freundschaftliche und familiäre Kontakte und Verbindungen des NSW-Kontrahenten in die DDR,
- leitende wirtschaftliche und politische Funktionen des NSW-Kontrahenten und daraus resultierende Kenntnisse über geheimzuhaltende Informationen,
- aus kommerziellen Gründen in die DDR einreisende NSW-Kontrahenten mit weiteren operativ interessanten Merkmalen

durch die Nutzung aller offiziellen und inoffiziellen Möglichkeiten in der operativen Arbeit der betreffenden Diensteinheit sowie durch Herbeiführung der Zusammenarbeit auf Linie und mit anderen Diensteinheiten des MfS sowie der Organisierung eines entsprechenden Informationsaufkommens im Rahmen der Zusammenwirkens mit ausgewählten staatlichen und gesellschaftlichen Kräften.

So kam der sicherheitspolitischen Nutzung der offiziellen Möglichkeiten staatlicher Leiter sowie des Systems der Sicherheitsbeauftragten und der Reisestellen

- zur Auswertung von NSW-Dienstreisen über die Gesprächsführung mit den NSW-Reisekadern unter Nutzung der Möglichkeiten der Gesprächsaufklärung,

- zur Auswertung der Sofort-, Reise-, Messe- und Vorkommnisberichte sowie die Einflussnahme auf deren inhaltliche Gestaltung und Qualität,
- durch Mitwirkung in Kollektiven zur Vorbereitung beziehungsweise Durchführung von Verhandlungen mit NSW-Kontrahenten,
- zur Einflussnahme auf die sicherheitspolitische Sensibilisierung der Kader

hinsichtlich der Erarbeitung operativ interessanter Informationen im Prozess der Dossierarbeit zu NSW-Kontrahenten/Firmen wesentliche Bedeutung zu. Die über diese Möglichkeiten der Partner des Zusammenwirkens erarbeiteten Informationen konnten durch die Reisekader-IM oftmals nur unvollständig, mit großem Aufwand und mit Gefahren für die Gewährleistung der Sicherheit und Konspiration realisiert werden. Die Bedeutung einer qualifizierten Dossierarbeit zu NSW-Kontrahenten, insbesondere durch einen sinnvoll eingeordneten, langfristig-konzeptionellen und zentral-koordinierten Einsatz der Reisekader-IM und IMB im System des Gesamtinformationsaufkommens zu den NSW-Kontrahenten, wurde auch durch die Ergebnisse des ZOV »Digital« aufgezeigt. So konnte das MfS im Ergebnis der Dossierarbeit und durch andere Maßnahmen solche Mitarbeiter des DEC-Schulungszentrums München und Inhaber beziehungsweise Angestellte von Pensionen, die durch DDR-Reisekader genutzt wurden, herausarbeiten und weiter aufklären, die im Auftrag des BND gezielte Aufgaben der Personen- und Gesprächsaufklärung sowie Kontroll- und Zuführungshandlungen zu den DDR-Reisekadern durchführten. Auf Grundlage dieses Informationsaufkommens waren durch den Einsatz der Kräfte, Mittel und Methoden des MfS gezielte Maßnahmen und operative Kombinationen möglich, die nach Erkenntnissen der Staatssicherheit zur Einstellung der

Aktivitäten der BND-Sondergruppe und zum Rückzug der durch den BND genutzten Bundesbürger führten.

Im Rahmen der Bearbeitung des ZOV »Digital« erkannte die Staatssicherheit auch, dass erst durch ihre Einflussnahme die Partner des Zusammenwirkens eine solche Übersicht zu allen DEC-Technik-Anwendern in der DDR und zu den Betrieben, Einrichtungen und Institutionen der DDR, deren Spezialisten man im DEC-Schulungszentrum München ausbildete, erarbeitet wurde. So war es dem MfS erst im Nachhinein möglich, die gesamte für diese Aufgabe nutzbare inoffizielle Basis koordiniert zum Einsatz zu bringen und das vorhandene Informationsaufkommen zentral zusammenzufassen sowie entsprechende Maßnahmen in die Lösung des Aufgabenkomplexes »Höchstintegration« einfließen zu lassen. In der Folge wurde es möglich, durch den Aufbau einer aus DDR-Spezialisten bestehenden eigenen DEC-Wartungszentrale für alle Anwender von DEC-Technik in der DDR, die bis dahin unausweichlichen Einreisen bundesdeutscher Spezialisten zu Wartungsarbeiten einzuschränken und damit den objektiven Sicherheitserfordernissen in den sicherheitspolitisch sensiblen Bereichen zu entsprechen, Möglichkeiten für die Abschöpfung und Gesprächsaufklärung von DDR-Bürgern zu beseitigen sowie Valuta-Mittel einzusparen.

Gleichzeitig war es im Ergebnis der Dossierarbeit zu den NSW-Kontrahenten möglich, unlautere Geschäftsgebaren zu erkennen und zu dokumentieren sowie die Nutzung dieser Erkenntnisse im Sinne der Schadensabwendung und Stabilisierung volkswirtschaftlicher Prozesse, beispielsweise durch Wiedergutmachungsleistungen oder die Übergabe wissenschaftlich-technischer Informationen, durchzusetzen.

Aber auch das Erkennen von NSW-Kontrahenten, die in der Lage und bereit waren, Embargomaterialien zu liefern beziehungsweise Informationen aus dem wissenschaftlich-technischen Bereich zu übergeben, waren Ergebnisse aus dem Prozess der Dossierarbeit, die gleichzeitig einen eigenständigen, mit den Kräften, Mitteln und Methoden der Staatssicherheit erbrachten Beitrag zur Verwirklichung strategisch bedeutsamer ökonomischer und wissenschaftlich-technischer Vorhaben der DDR darstellten. So konnten gezielte Fahndungsmaßnahmen der Linie M, des Zolls, der HA VI ebenso wie der zweckmäßige Einsatz technischer Mittel sowie die Realisierung von Maßnahmen der konspirativen Beobachtung, Wohnungs-, Arbeitsplatz- und Gepäckdurchsuchung einzeln oder im Komplex – oft im Ergebnis des oder koordiniert mit dem Einsatz von IM/GMS – zur Erarbeitung wesentlicher, bedeutsamer Informationen führen, die exakte Auskunft zu

- Verhaltensweisen,
- Persönlichkeitseigenschaften,
- Schwachstellen,
- Interessen, Neigungen, Gewohnheiten,
- rechtswidrigen Handlungen oder
- Verstößen gegen interne Vorschriften

durch den NSW-Kontrahenten gaben und in deren Ergebnis eine begründete Entscheidung über die Bearbeitung oder Nutzung des NSW-Kontrahenten durch die Staatssicherheit getroffen werden konnte.

So war es dem MfS zum Beispiel durch den langfristigen Ausbau einer anfänglich rein intimen Beziehung eines weiblichen IM zu einem NSW-Kontrahenten möglich, diese zu einer vertraulichen Beziehung zu entwickeln. Die durch den weiblichen IM erarbeiteten und durch weitere, über andere Kräfte, Mittel und Methoden gewonnene Erkenntnisse ergänzten die Informationen der

Staatssicherheit und führten dadurch zu einer umfassenden Einschätzung des NSW-Kontrahenten, zur Feststellung und teilweise Aufklärung seiner Kontaktpartner in der DDR, in anderen sozialistischen Staaten und im Westen, zur Offenlegung der Struktur, Strategie und Marktarbeit sowie weiterer Mitarbeiter der NSW-Firma. Dadurch konnten wesentliche Voraussetzungen für die Kontrolle und weitere Aufklärung des Mannes sowie eine erfolgreiche Ansprache und Nutzung durch die Staatssicherheit geschaffen werden.

Insbesondere aus den hohen Anforderungen zur Gewährleistung von Konspiration und Geheimnisschutz ergab sich im Prozess der Tätigkeit zur Erarbeitung von Personendossiers zu NSW-Kontrahenten die Notwendigkeit einer zentralen Übersicht zu den NSW-Kontrahenten und Koordinierung aller an diesem Personenkreis eingesetzten Kräfte, Mittel und Methoden sowie realisierten Maßnahmen, angewandter operativer Legenden und Kombinationen, eingeschalteten beziehungsweise genutzten Partnern des Zusammenwirkens (mit genauem Wissensanteil), erfolgte Informationsabflüsse über IMB usw.[586]

Die Fahndungs- und Vergleichsarbeit der HA XVIII im Rahmen der Spionageabwehr

Allgemeines

Der Leiter der HA XVIII hatte eine zentral geführte, umfassende und exakte Fahndungs- und Vergleichsarbeit zu

---

586 Vgl.: Ebd., Bl. 46–53.

gewährleisten. Die übergebenen bedeutsamen Informationen wurden einer detaillierten Erfassung, Auswertung und Überprüfung zugeführt und eine auf der Grundlage hoher Konspiration beruhende nachweispflichtige Auskunftstätigkeit gesichert. In die Fahndungs- und Vergleichsarbeit wurden alle durch die HV A, HA II, HA III sowie durch andere Diensteinheiten übergebene Hinweise, Informationen und Erkenntnisse einbezogen und gezielte Überprüfungs- und Bearbeitungsmaßnahmen zu Personen und Sachverhalten eingeleitet.

Erkenntnisse und Ergebnisse zum Wirken gegnerischer Kräfte, über das Abfließen geheimzuhaltender und anderer für die Sicherung der Volkswirtschaft der DDR und der Landesverteidigung bedeutsamer Informationen wurden unter Beachtung des Prinzips sachkundiger Einschätzungen der volkswirtschaftlichen Gesamtzusammenhänge und der objekt- oder prozessbezogenen Verflechtungen den zuständigen Fachabteilungen der HA XVIII beziehungsweise den Leitern der Abteilungen XVIII der BV übergeben.[587]

Als Arbeitsorgan des Leiters der HA XVIII zur zentralen Koordinierung der operativen Arbeit im und nach dem Operationsgebiet trug die Abteilung 14 nicht nur die Verantwortung, Entscheidungsvorschläge zur Bearbeitung spionageverdächtiger Personen sowie zum entsprechenden Einsatz operativer Kräfte, Mittel und Methoden auf der Linie XVIII zu unterbreiten. Sie hatte auch die Aufgabe, in abstimmender und anleitender Funktion sowie durch umfangreiche selbständige Tätigkeit an der Erkennung des nachrichtendienstlichen Gegners mitzuwirken. Damit die HA XVIII ihrer Verantwortung bei

---

587 Vgl.: Gert Grund, Wolfgang Meinel: Forschungsergebnisse zum Thema: »Die personenbezogene Arbeit im und nach dem Operationsgebiet auf der Linie XVIII«. BStU ZA MfS JHS Nr. 20089, Bl. 129.

der Spionageabwehr gerecht werden konnte, sah man es als unbedingt notwendig an, in enger wechselseitiger Zusammenarbeit zwischen der Abteilung 14 und anderen betreffenden Diensteinheiten der Hauptabteilung und der Linie XVIII, alle im Sicherungsbereich zugänglichen Informationen im erwiesenen oder möglichen geheimdienstlichen Zusammenhang zusammenzuführen und auszuwerten. Im Mittelpunkt standen dabei die Ergebnisse der IMB-Arbeit.

Die gewonnenen Erkenntnisse waren nach ihrer analytischen Verarbeitung schlussfolgernd für die Abwehr der Wirtschaftsspionage zu nutzen. Das erfolgte vonseiten der Abteilung 14 durch

- aktuelle Lageeinschätzungen über Angriffsrichtungen, Zielpersonen, Mittel und Methoden westlicher Geheimdienste für die Führungs- und Leitungstätigkeit,
- Rückflussinformationen an zuständige Diensteinheiten,
- Mitwirkung an der Bearbeitung betreffender operativer Materialien, insbesondere OV, durch Beratung und Teilnahme von Spezialisten an den entsprechenden Maßnahmen,
- die zentral geführte Fahndungs- und Vergleichsarbeit.[588]

Notwendigkeit, Ziele und Wesen der Fahndungs- und Vergleichsarbeit zur Bekämpfung der Wirtschaftsspionage

Eine auf die Regimebedingungen optimal eingestellte Fahndungs- und Vergleichsarbeit stellte einen geeig-

---

588 Vgl.: Wolfgang Suchardt: »Probleme der inhaltlichen Gestaltung der Fahndungs- und Vergleichsarbeit in Wahrnehmung der mit der HA XVIII übertragenen Verantwortung im Rahmen komplexer Spionageabwehr«, Bl. 6 f.

neten Prozess dar, um durch systematische und auf Objektivität ausgerichtete Tätigkeit, für den BND und andere Dienste tätige Agenturen unter DDR-Bürgern aufzuklären.

Konnte dieser Prozess jeweils auf der Basis inoffizieller, zumeist indirekter Beweismittel bis zur Identifizierung des gesuchten Spions oder zur maximalen Einengung des Kreises der Verdächtigen, unter dem er sich befand, geführt werden, war eine qualifizierte operative Ausgangslage in der Regel für die Überleitung in das offensive Bearbeitungsstadium eines OV gegeben. In dieser nachfolgenden Phase der operativen Arbeit bestand das Ziel darin, inoffizielle und offizielle Beweismittel zu gegnerischen Agenturen zu schaffen, wie es beispielsweise bei den Spionen »Hydra« und »Greif« gelungen war.

Im OV »Hydra« wurde der Diplomphysiker Stefan Frauendorf aus dem Zentralinstitut für Kernforschung in Rossendorf bearbeitet. Er war IM der Abteilung XVII/BV Dresden. Sein Name wurde dem BND durch den Überläufer Stiller bekannt. Vom dänischen Geheimdienst erhielt der BND den Hinweis, dass F. im Dezember 1979 an einer wissenschaftlichen Konferenz in Kopenhagen teilnehmen wird. Helmut Wagner beschreibt in seinem Buch *Schöne Grüße aus Pullach* die weitere Vorgehensweise wie folgt: »Der DDR-Wissenschaftler wurde in seinem Hotel von zwei Mitarbeitern des BND aufgesucht. Sie richteten einen schönen Gruß von Herrn Stiller aus und legten das von ihnen gefertigte Dokument auf den Tisch. Man werde es den Dänen zur Kenntnis geben, wenn er nicht kooperiere, hieß es. Frauendorf willigte ein und arbeitete fortan als ›Siggi Townsman‹ für den BND. Auch in diesem Fall beging der BND einen kapitalen Fehler: Zur Schadensbegrenzung in Sachen Stiller wurden alle IM und andere Personen, die von Stiller verraten worden sein könnten, vorbeugend von der Linie II gesichert. Frauendorf hatte als Fachmann an Treffen mit Stiller teilgenommen, also gehörte er auch in diesen Kreis. Dr. Frauendorf war Reisekader der DDR, die oft im Ausland unterwegs waren, er nahm an Konferenzen, Symposien und anderen internationalen Tagungen teil. Der BND plante Dr. Frauendorf erst in zweiter Linie gegen das MfS einzusetzen. Das Hauptaugenmerk richtete sich auf die Kernforschung der DDR und des Ostblocks sowie alle Angelegenheiten und Aufgaben in Rossendorf. Als die ersten Hinweise kamen, dass Dr. Frauendorf ein Doppeladler (Doppelagent) sei, wurde der Operativvorgang ›Hydra‹ eingeleitet. Auch Frauendorf wurde das postalische Verbindungssystem des BND zum Verhängnis. Vorgeschriebene Briefe, die an Deckadressen gingen, führten zu seiner Identifizierung. Am 21. November 1983 wurde er festgenommen und am 17. September 1985 zu elf Jahren Freiheitsentzug verurteilt. Dr. Frauendorf profitierte von der Wende in der DDR – er wurde von der Modrow-Regierung nach sieben Jahren Haft freigelassen.«

Im OV »Greif« wurde durch die HA II/6 Peter Z. operativ bearbeitet. Bei Z. handelte es sich um einen IM der HA XVIII, der im Zuge seines Einsatzes an die HV A übergeben worden war. Peter Z. war in der Handelspolitischen Abteilung der DDR in Düsseldorf tätig und war eng an die Ständige Vertretung der DDR in Bonn angebunden. Die Anwerbung durch den BND erfolgte im Dezember 1984, Ausgangspunkt war ein bekannt gewordener Kaufhausdiebstahl. Über den Kaufhausdetektiv und die Polizei wurde Z. dem BND zugeführt. »Greif« führte 1986 seine Ehefrau dem BND zu. Treffs fanden persönlich einzeln, aber auch zusammen im Raum Düsseldorf statt.

Die Fahndungs- und Vergleichsarbeit hatte besonderen Stellenwert, weil damit das für die Erkennung des Gegners unentbehrliche spezifische Wissen über konkrete Vorgehensweisen der Geheimdienste auf ökonomischem Gebiet, vereint mit der Sachkunde zum Sicherungsgegenstand bei gezielter Nutzung der operativen Basis der Hauptabteilung und auf der Linie XVIII, effektiv für die Bekämpfung des geheimdienstlichen Gegners eingesetzt werden konnte. Mit ihr war ein Beitrag zur offensiven Abwehr zu gewährleisten. Dadurch konnte die in IMB-Arbeit zur Gewinnung von Erkenntnissen über geheimdienstliche Pläne, Absichten, Mittel und Methoden unvermeidliche Preisgabe von Informationen aufgewogen werden.

Die Fahndungs- und Vergleichsarbeit nahm innerhalb der Bekämpfung der Wirtschaftsspionage einen bedeutsamen Platz ein. Aufgrund der seinerzeit stetig wachsenden Anforderungen an die Erkennung des Gegners, betrachtete es die Staatssicherheit als notwendig, sie weiter zu qualifizieren. Dies ergab sich nicht zuletzt aus dem ständigen Bemühen des BND, die Mittel und Methoden zur noch besseren Tarnung seiner Spione zu vervollkommnen und aus der Nutzung von erweiterten Kontaktmöglichkeiten im Zuge der Dialogpolitik. Das MfS sah es als erwiesen an, dass der BND im Rahmen seiner Angriffe gegen Sicherungsbereiche der Hauptabteilung und Linie XVIII die agenturische Zusammenarbeit beziehungsweise das persönliche Verbindungssystem, Anbahnungs- und Werbeoperationen fast ausschließlich im NSW realisierte. Um die Gefahr der Enttarnung einer nachrichtendienstlichen Verbindung weitestgehend auszuschließen, wurden im Verbindungssystem solche Hilfsmittel und Methoden zur Anwendung gebracht, die sich mit dem normalen Auftreten von NSW-Reise- und Auslandskadern im Operationsgebiet und von ihnen gewöhnlich mitgeführten Gebrauchsgegenständen sowie kommerziellen Gepflogenheiten problemlos legendieren ließen. Die größtmögliche Sicherung der Spione führte den BND bis zum Verzicht auf bedeutsame Spionageinformationen. Das Bestreben, Aktionen gegen Reise- und Auslandskader der DDR bestmöglich zu konspirieren, um jegliche Möglichkeit der Aufdeckung durch die Staatssicherheit auszuschließen, traf generell auf Operationen in der Bundesrepublik zu, wo sich für den BND die Vorteile seines Handelns auf eigenem Territorium durch direkte und indirekte Einbeziehung von ehemaligen DDR-Bürger noch erweiterten.

Neben der Aufdeckung unbekannter gegnerischer Agenturen wurde mit der Fahndungs- und Vergleichsarbeit ein Beitrag zur vorbeugenden Verhinderung des Wirksamwerdens westlicher Geheimdienste gewährleistet. Ihre Schutzfunktion betraf maßgeblich NSW-Riese- und Auslandskader als eine Hauptzielgruppe der Dienste. So waren mit ihr im Blickfeld der Geheimdienste stehende Reise- und Auslandskader auch vor beabsichtigten Angriffen zu sichern und ein Eindringen in das IM-Netz zu verhindern.

Der präventive Aspekt kam im konkreten in der Einleitung geeigneter Abwehrmaßnahmen zum Ausdruck, wenn Fahndungsmerkmale darauf hindeuteten, dass eine beabsichtigte Kontaktaufnahme seitens des BND gegenüber einem Reisekader noch nicht realisiert worden war beziehungsweise dazu erst belastendes Material zur Druckausübung beschafft werden sollte. In solchen Fällen konnten Leitungsentscheidungen zum Beispiel darin bestehen, die betreffenden Reisekader gründlich auf eine Konfrontation mit dem Geheimdienst vorzubereiten.

Die in die Gesamtaufgabenstellung der HA XVIII/14 inbegriffene, zu koordinierende Fahndungs- und Vergleichsarbeit, wurde inhaltlich und organisatorisch durch die Art und Weise der Aktivitäten westlicher Geheimdienste – hier konkret des BND – auf ökonomische Bereiche, die eingesetzten spezifischen operativen Kräfte und die Charakteristik des Sicherungsgegenstandes der Hauptabteilung und Linie XVIII bestimmt. Sie war des Weiteren abhängig vom Umfang und der Qualität der aus der offensiven Arbeit im und nach dem Operationsgebiet verfügbaren Anhaltspunkte zu unbekannten gegnerischen Agenturen.[589]

Auf die Abwehr der Wirtschaftsspionage und die entsprechende Funktion der HA XVIII/14 zugeschnitten, definiert sie Suchardt folgendermaßen:
»Bei der Fahndungs- und Vergleichsarbeit handelt es sich um einen der Bearbeitung von OV in der Regel vorgelagerten operativen Prozess der Bekämpfung von Spionageverbrechen auf der Grundlage meist inoffiziell erarbeiteter Fahndungsmerkmale, die
- ihren Ursprung in der Tätigkeit imperialistischer Geheimdienste gegen die DDR haben,
- mit reproduzierbaren methodischen Erkenntnissen über geheimdienstliche Vorgehensweisen gegen die Volkswirtschaft konkret belegbar sind,
- unpersonifizierte, zeit- und örtlich dokumentierte Handlungsabläufe zu vollendeten Spionageverbrechen betreffen,
- durch jeweils verschiedene Beschaffenheit und Aussagekraft differenzierte Folgemaßnahmen sachkundiger Diensteinheiten erfordern
und sich letztlich für die Erkennung unbekannter feindlicher Agenturen oder Eingrenzung Verdächtiger unter

---

589 Vgl.: Wolfgang Suchardt: »Probleme der inhaltlichen Gestaltung der Fahndungs- und Vergleichsarbeit in Wahrnehmung der mit der HA XVIII übertragenen Verantwortung im Rahmen komplexer Spionageabwehr«, Bl. 9 ff.

der Voraussetzung eignen, dass notwendige Vergleichsdaten gewonnen werden können.«[590]

Unter den Bedingungen strenger Konspiration erfolgte die Fahndungs- und Vergleichsarbeit bei Koordinierung von zentraler Stelle aus tatbestandsbezogenen, mit der Absicht, inoffizielle Beweise zu schaffen, die eine Identifizierung der handelnden Zielperson des Gegners gestatteten und jede andere begründete Erklärung zweifelsfrei ausschlossen. Im Verlauf schrittweiser Selektion eines zu Beginn mehr oder weniger großen potentiellen Personenkreises wurde gegebenenfalls die Überleitung in einen OV erforderlich, wenn in Abhängigkeit von der Qualität der Fahndungsmerkmale und verfügbarer Vergleichsdaten nur inoffizielle Beweismittel zur höchstmöglichen Eingrenzung Verdächtiger gewonnen werden konnten und damit durch die Fahndungs- und Vergleichsarbeit eine weitere Qualifizierung der inoffiziellen Beweisführung nicht zu erreichen war.

Zu den Wesensmerkmalen der Fahndungs- und Vergleichsarbeit der HA XVIII/14 zählte die tatbestandsbezogene Ausrichtung auf die §§ 97, 98 StGB. Von Beginn an war eine klare Abgrenzung von anderen Straftatbeständen durch die von Anbeginn bekannten Tatsache gegeben, dass es sich entsprechend § 97 StGB als gegnerische Stelle um den BND handelte und sich der zu suchende Spion gem. § 98 StGB in die Geheimdiensttätigkeit integriert hatte. Die Tatbestandsbezogenheit bestimmte in der Folge jede Fahndungsmaßnahme. Unabhängig von der noch nicht möglichen Identifizierung war für die Zielstellung berechtigt davon auszugehen, dass der unbekannte Spion die Zwecksetzung des § 98 StGB erfüllte.

Das für die Bekämpfung der Wirtschaftsspionage in

---

590 Ebd. Bl. 12.

der Hauptabteilung und auf Linie XVIII wirkungsvoll koordiniert einzusetzende Personal wurde elementar durch ein über ökonomische Schwerpunktbereiche dislozziertes IMB-Netz und den mit diesem über viele Jahre gewonnenen Erkenntnissen über Angriffsrichtungen, Pläne, Absichten, Mittel und Methoden, Zielgruppen und -personen westlicher Geheimdienste bestimmt. So konnte ein umfangreicher Wissens- und Erfahrungsschatz zur Spionagetätigkeit des BND gegen die Volkswirtschaft, Wissenschaft und Technik in Verbindung mit politischer Spionage erarbeitet werden.

Die für die rechtzeitige beziehungsweise vorbeugende Organisierung der Spionageabwehr notwendigen Erkenntnisse zu bestehenden und zu erwartenden nachrichtendienstlichen Angriffsrichtungen, Mittel, Methoden und Zielpersonen konnten in Breite und Vielfältigkeit bis zu Ende der 1980er Jahre durch die operative Vorgangsarbeit der gesamten Linie XVIII nicht gewonnen werden. Nur durch die IMB-Arbeit waren zulässige Verallgemeinerungen infolge erkennbarer Tendenzen und aktueller Wertungen zur geheimdienstlichen Strategie und Taktik gegen die Volkswirtschaft möglich. Damit wurde durch periodische Lageeinschätzungen auch ein Beitrag für die Gesamtübersicht der HA II über nachrichtendienstliche Angriffe geleistet.

Für die Arbeit der Diensteinheiten auf der Linie XVIII zur Erkennung des nachrichtendienstlichen Gegners waren durch IMB erworbene spezifische Kenntnisse über die Eigenarten angewandter Mittel und Methoden, in Erscheinung getretener Geheimdienstmitarbeiter sowie im Rahmen nachrichtendienstlicher Informationsgewinnung besonders bedeutsam. Beispielsweise verhalf das Wissen über individuell geprägte, sich wiederholende Verhaltensweisen von agenturführenden Mitarbeitern des BND oder über Besonderheiten mit

Wirtschaftsspionage befasster Mitarbeitergruppen dazu, bei Fahndungsmerkmalen gegebenenfalls Analogien festzustellen. Dies konnte die Fahndung nach gesuchten Spionen bedeutend voranbringen. Zu der für die Fahndungs- und Vergleichsarbeit erforderlichen detaillierten Sachkunde gehörten genaue Erkenntnisse über die Spezifik der Angriffe des BND auf die Zielgruppe Auslandskader/Reisekader. Im Hinblick auf Fahndungssachverhalte in Verbindung mit Geheimdienstaktivitäten gegen diese Zielgruppe war es dadurch möglich, zu berücksichtigende Fahndungsmerkmale sowie für den Vergleich herangezogene Informationen sicher zu interpretieren und korrekt in den Zusammenhang einzuordnen.

Eine entscheidende, die Tätigkeit prägende Grundlage, waren Fahndungsmerkmale. Diese wurden durch die offensive Arbeit der Staatssicherheit im und nach dem Operationsgebiet bekannt. Sie waren durch die spezielle Qualität gekennzeichnet, unmittelbar Tatsachen über die agenturische Tätigkeit des BND widerzuspiegeln. Mit äußerst unterschiedlichem Informationsgehalt und vielfältigen Interpretationsmöglichkeiten stellten sie aus unterschiedlichen Handlungsabläufen oder anderen unbekannten Zusammenhängen heraus, in Erfahrung gebrachte Bruchstücke nachrichtendienstlicher Tätigkeit dar, die für sich allein genommen kaum eine Personenidentifizierung zuließen. In unmittelbarer Beziehung mit vorhandenen konkreten Erkenntnissen über das Vorgehen des BND und gegebenenfalls verbunden mit weiteren kombinierbaren Fahndungsmerkmalen boten sie jedoch objektive Anhaltspunkte für die Fahndung nach unbekannten Spionen.

Die Gewinnung von Fahndungsmerkmalen hing situationsbedingt immer von BND-Aktivitäten und den Möglichkeiten ihrer Erfassung ab. Sie waren in ihrem konkreten Inhalt jeweils individuell. Ihre Entstehung war lediglich begrenzt beeinflussbar. So beispielsweise durch zielgerichtete Instruierung und auftragsgemäßes Handeln von IMB, wenn dadurch erwartete Reaktionen von Geheimdienstmitarbeitern herausgefordert wurden und festgestellt werden konnten. Nach Erfahrungen des MfS ließen sich durch offensives Verhalten von IMB Fahndungsmerkmale – wie zur zeitlichen Bindung, zum Freizeitbereich oder zu möglichen Agenturen von Geheimdienstmitarbeitern – erarbeiten.

Fahndungsmerkmale wiesen stets eine unterschiedliche Beschaffenheit und Aussagekraft auf, die angepasste operative Maßnahmen der Staatssicherheit erforderten und eine schematische Arbeitsweise ausschlossen. Eine Einteilung von Fahndungsmerkmalen nach Gruppen ließ sich wie folgt vornehmen. Sie konnten betreffen:

- Orts- und zeitbezogene Handlungen von BND-Angehörigen gegen unbekannte Zielpersonen,
- angewandte Mittel und Methoden des BND (Container, Geheimschreibmittel, Anbahnungs- und Werbeoperationen, Verbindungssystem, Treffdurchführung, Art und Weise der Spionagevergütung und anderes mehr),
- DDR-Kader, die im Blickfeld des BND standen,
- Angaben zu Geheimdienstmitarbeitern (Personenmerkmale, Verhaltensweisen, Bekleidung, mitgeführte Gegenstände, benutzte Transportmittel u. Ä.),
- beim BND vorhandene Kenntnisse zu Personen und Sachverhalten des Sicherungsbereichs.

Fahndungsmerkmale der einzelnen Gruppen kamen in der Fahndungs- und Vergleichsarbeit kombiniert zur Anwendung. Je mehr Fahndungsmerkmale zu einem konkreten Fahndungssachverhalt zusammengeführt werden konnten, desto größer war die Möglichkeit, den gesuchten Spion zu finden. Fahndungsmerkmale mit

Orts- und Zeitbezug waren dabei grundsätzliche Such-
bedingung.

Für die Wirksamkeit der Fahndungs- und Vergleichsarbeit hatte wesentliche Bedeutung, ob und wie es gelang, für die Erkennung des Gegners im jeweiligen konkreten Fall erforderliche objektive Vergleichsdaten zu
erschließen. Nicht verfügbare oder nur unzureichende
Vergleichsdaten konnten dazu führen, dass die Fahn-
dungsziele nicht erreicht wurden. Die Vergleichsdaten
teilte das MfS in zwei Hauptgruppen ein. Bei der ersten
Hauptgruppe ging es um chronologische und örtliche
Angaben zum Bewegungsablauf jedes einzelnen Reise-
und Auslandskaders eines potentiellen Verdächtigenkreises über jenen Zeitraum, den das entsprechende
Fahndungsmerkmal vorgegeben hatte. Dabei waren
Angaben mit hoher Präzision erforderlich, sollte eine
alle fraglichen Kader umfassende zweifelsfreie Selektion
garantiert sein. So blieb unter Umständen ein ansonsten
auszuschließender Reisekader im Verlauf des Auswahl-
prozesses durchgängig als potentieller Verdächtiger
erfasst, wenn er sich zur Ereigniszeit in der Bundesrepublik aufgehalten hatte aber infolge mangelnder Vergleichsdaten seine Aufenthaltsorte unbekannt waren.

Bei der zweiten Hauptgruppe handelte es sich zum einen um operativ bedeutsame Hinweise zu Handlungen
und Verhaltensweisen von Auslands- und Reisekadern
im Operationsgebiet (Schaffung zeitlicher Freiräume
u. Ä.), die durch den möglichen Zusammenhang mit
Fahndungsmerkmalen und Übereinstimmung zu ge-
sichertem Wissen über nachrichtendienstliche Methoden – wie zu geheimdienstlicher Verbindungsaufnahme
oder Trefforganisierung – besondere Bedeutsamkeit
erlangten. Zum anderen waren hier als Vergleichsdaten
alle, auf den verschiedenen Ebenen der Staatssicherheit
aus der Grundlagenarbeit und operativer Material-

bearbeitung erschlossenen bedeutsamen Informationen einzuordnen, die im konkreten Fahndungssachverhalt erfasste Personen betrafen und mit diesen in Verbindung gebracht werden konnten.

Die zielgerichtete Suche nach unbekannten Agenturen des BND bestimmte den Rahmen und den Ablauf dieser Tätigkeit. Sie erforderte in der Regel bei Erreichen der angestrebten Ergebnisse die Bearbeitung des Verdächtigen in einem OV. Der Übergang konnte fließend und teilweise so schnell erfolgen, dass nach kurzfristigen Vorgangsmaßnahmen der Bearbeitungsstand qualitativ soweit fortgeschritten war, dass die Einleitung eines Ermittlungsverfahrens durch die HA IX erfolgte. Möglich war auch die längerfristige Bearbeitung eines Verdächtigenkreises in OV durch andere Diensteinheiten der Hauptabteilung und Linie XVIII bis zur Herausarbeitung des dringenden Tatverdachts. Die Fahndungs- und Vergleichsarbeit ließ letztendlich auch die Überleitung in ZOV und TV zu. Für das Anlegen von OV gegen »Unbekannt« mussten die zugrundeliegenden Fahndungsmerkmale bereits eine solche Substanz besitzen, dass eine nur geringe Anzahl Verdächtiger von vornherein feststand. Der Prozesscharakter der Fahndungs- und Vergleichsarbeit ergab sich aus den für den Erkenntniszuwachs bis zur Erkennung des Spions über längere Zeit beziehungsweise dauerhaft zu realisierenden umfangreichen Einzelschritten, komplexen Prüfungshandlungen und kongenialen Aktivitäten.[591]

Inhalt der Fahndungs- und Vergleichsarbeit

In der zentral geführten Fahndungs- und Vergleichsarbeit kamen Methoden zur Anwendung, wie sie grund-

---

591 Vgl.: Ebd., Bl. 12–17.

sätzlich für die operative Arbeit des MfS kennzeichnend waren. Gemäß dem Arbeitsgegenstand der HA XVIII/14 vollzog sie sich dort erheblich auf der Basis analytischer Prozesse. Weiterhin wurden insbesondere zur Erschließung von Vergleichsdaten zahlreiche Aktivitäten selbst realisiert oder bei den zuständigen Fachabteilungen der HA XVIII sowie der Abteilungen XVIII/BV ausgelöst. Ein Teil der notwendigen Maßnahmen wurde auf der Basis von Leitungsentscheidungen durch andere zuständige Diensteinheiten in Abstimmung mit der HA XVIII/14 durchgeführt.

Die Fahndungs- und Vergleichsarbeit machte der Staatssicherheit deutlich, wie durch wirkungsvolle, dem jeweiligen Fahndungssachverhalt angemessene und kooperative Zusammenarbeit mit anderen Diensteinheiten, vor allem der HV A, der HA II und der HA III, den Erfordernissen einer komplexen Spionageabwehr entsprochen werden konnte.

Die Fahndungs- und Vergleichsarbeit erfolgte schrittweise auf steigendem Niveau der Verdichtung durch laufende Erschließung sowie analytische Verarbeitung anforderungsgerechter Vergleichsdaten in kritischer Einschätzung und logischer Kombination mit gewonnenen Fahndungsmerkmalen bei Berücksichtigung aller be- und entlastenden Tatsachen. Neben wiederkehrenden Grundschritten des analytischen Vorgehens setzte jedes gewonnene Fahndungsmerkmal neue Überlegungen und differenziert zu handhabende umfangreiche Prüfungshandlungen voraus.

Bei der Einschätzung der jeweiligen Fahndungsmerkmale und ihrer Zuordnung war von Beginn an, über den gesamten Fahndungsprozess hinweg, ein realistisches Herangehen zu gewährleisten. Als Maßstäbe waren gesicherte Erkenntnisse über die Operationsweise des BND im Rahmen der Wirtschaftsspionage anzulegen.

Ausgehend von der Besonderheit der Fahndungsmerkmale, sich eindeutig aus Geheimdienstaktivitäten abzuleiten, mussten zur sachkundigen Bewertung stets analoge Schlussfolgerungen aus Ergebnissen des Einsatzes von IMB sowie spezifischer Mittel und Methoden (Beobachtungen, technische Maßnahmen und anderes) in der Arbeit im und nach dem Operationsgebiet gezogen werden. Für das Auffinden des gesuchten Spions galt es zu klären, zwischen welchen Fahndungsmerkmalen und Vergleichsdaten ein kausaler Zusammenhang bestand. Entscheidend war, dass nur die in einem Ereigniszeitraum erarbeiteten Fahndungsmerkmale der bearbeiteten Fahndungssache zugeordnet und mit der betreffenden Zielperson und ihren Handlungen in objektive Übereinstimmung gebracht werden konnten, die bei der Hinzuziehung von Vergleichsdaten zueinander in einem unwiderlegbaren Verhältnis standen und zweifelsfrei zu keinem anderen Sachverhalt gehörten.

Da die Anzahl von Fahndungsmerkmalen, beispielsweise zu einer oder mehreren zeit- und ortsbezogenen BND-Operationen, in Abhängigkeit von deren Qualität für den Erfolg in einer Fahndungssache große Bedeutung besaß, war die Fahndungs- und Vergleichsarbeit durch die Gewinnung weiterer Fahndungsmerkmale, zum Beispiel zu Kenntnissen, die dem Geheimdienst vorlagen, zu qualifizieren. Gelang es in einem Fahndungsprozess zu bereits vorhandenen zielgerichtet neue Fahndungsmerkmale zu erarbeiten, die einem bereits eingegrenzten Verdächtigenkreis zweifelsfrei zugeordnet werden konnten, konnte dieser weiter eingeengt werden.

Die Fahndungs- und Vergleichsarbeit zur Wirtschaftsspionage wurde aus mehreren Gründen von der HA XVIII/14 zentral geführt. So stand entsprechend des zeitlichen und örtlichen Bezugs jeweiliger Fahndungsmerkmale anfangs oft ein potentieller Kreis von mindestens 20 bis zu 600 Reise- und Auslandskader einer Vielzahl verschiedener Sicherungsbereiche zur weiteren Auswahl. Im Zusammenhang mit den Möglichkeiten privater Besuche in der Bundesrepublik und Westberlin wurden zusätzlich alle für den Sicherungsbereich infrage kommenden Reisenden der DDR in dringenden Familienangelegenheiten erfasst. Berücksichtigt wurden bei den Fahndungssachverhalten ebenfalls ehemalige Kader des Sicherungsbereichs, die zu den Ereigniszeiten die DDR ungesetzlich verlassen hatten.

Die sachkundige Bewertung der Ausgangsinformationen sowie die folgerichtige Durchführung daraus resultierender Fahndungs- und Vergleichsmaßnahmen anhand begründeter Versionen waren nur von zentraler Stelle aus möglich, wo eine Vielzahl von Aktivitäten gegen die Volkswirtschaft der DDR zusammengeführt ein Gesamtbild ergab, dass für den bearbeiteten Fahndungssachverhalt berechtigte analoge Schlüsse zuließ.

Aus der koordinierenden Funktion der HA XVIII/14 resultierte ebenfalls, dass dort spezielle Kenntnisse zum Wirkungsmechanismus und Kräfteeinsatz des BND im Operationsgebiet vorlagen, die für die objektive Einschätzung bei verschiedenen Entwicklungsstufen der Fahndungs- und Vergleichsarbeit unentbehrlich waren.

Ein Prinzip zentral geführter Fahndungs- und Vergleichsarbeit bestand in der sachkundigen Unterstützung der anderen Diensteinheiten in der Hauptabteilung und der Linie XVIII durch die Abteilung 14, damit diese die ihnen übertragene Verantwortung zur Abwehr geheimdienstlicher Angriffe vollumfänglich wahrnehmen konnten. Die Staatssicherheit schätzte ein, dass eine effektive Spionagebekämpfung in der einzelnen Fahndungssache nur im engen Zusammenwirken mit der, für den jeweils betroffenen Sicherungsgegenstand verantwortlichen Diensteinheit der Hauptabteilung und Linie XVIII realisiert werden konnte, da Vergleichsmaßnahmen genaue Sachkenntnis über die konkrete Lage im Sicherungsbereich voraussetzten. Eine für Außenstehende scheinbare Verdachtshandlung konnte sich nach Bewertung sachkundiger objektverantwortlicher Mitarbeiter begründet als pflichtgemäßes Verhalten herausstellen. Dies hatte zur Konsequenz, dass zwischen der HA XVIII/14 und den jeweils verantwortlichen Diensteinheiten einen ausgewogener, den Erfordernissen der Kräftekonzentration und Konspiration angemessener Informationsaustausch gewährleistet sein musste. Daraus ergab sich, dass zur sachkundigen Bewertung die Fachabteilungen und Diensteinheiten der Linie XVIII bedeutsame Informationen zu ihrem jeweiligen Sicherungsbereich zur Kenntnis bekamen, soweit sie der HA XVIII/14 zugänglich geworden waren. Zur engen Zusammenarbeit gehörte auch eine ständige Rückkopplung beider Seiten sowie gegebenenfalls ein abgestimmtes, wenn erforderlich, gemeinsames Vorgehen in der Fahndungs- und Vergleichsarbeit.

Als entscheidende Voraussetzung für eine erfolgreiche Fahndungs- und Vergleichsarbeit wurde die beständige Durchsetzung einer strengen Konspiration angesehen. Der hohe Stellenwert konsequenter Geheimhaltung ergab sich aus dem großen Schutzbedürfnis der besonderen Quellen und angewandten spezifischen Mittel und Methoden der Staatssicherheit sowie der Konfrontation mit einem geschulten Gegner. Dies schloss aus, selbst als ehrlich bekannte IM nach Vergleichshinweisen direkt zu befragen, wenn sie zu einem Personenkreis gehörten, unter dem aufgrund vorliegender Fahndungshinweise eine gegnerische Agentur zu vermuten war und sie damit zum Kreis der Verdächtigen gehörten. Dieses Herangehen ließen die aus der Fahndungs- und Vergleichsarbeit entwickelten OV »Hydra« und »Greif« deutlich werden. Wie später vor Gericht bewiesen, betrieben die betreffenden Personen Spionage für den BND und verrieten die inoffizielle Verbindung zum MfS. Daher hatte auch hier die Anwendung plausibler Legenden ausschlaggebende Bedeutung.

In der Zusammenarbeit mit anderen Diensteinheiten der Hauptabteilung und Linie XVIII war die Geheimhaltung der Fahndungsmerkmale zu garantieren, um die Sicherheit der Quellen nicht zu gefährden. Es wurde nach dem Prinzip verfahren, dass die Mitarbeiter, die zur Prüfung des Fahndungssachverhaltes eingesetzt waren, alle dafür unbedingt erforderlichen Informationen erhielten. Seitens der HA XVIII/14 bestand die Verantwortung, mit den betreffenden Mitarbeitern, ausgehend von der Erläuterung der Bedeutung des zu klärenden Sachverhaltes, konkret die Vorgehensweise bei der zu realisierenden Überprüfung abzustimmen. Absprachen und Materialübergaben durften nur direkt oder mussten auf dem Leitungsweg erfolgen.

Waren inoffizielle Quellenhinweise zugänglich geworden, die aufgrund ihrer Aussagekraft zu einem unpersonifizierten, im Sinne des § 98 StGB einzuordnenden, strafrechtlich relevanten Ereignis als Fahndungsmerkmal galten, setzte der Prozess der Fahndung nach einer unbekannten Agentur ein. Es handelte sich bei ihnen um die objektiven Kriterien, an die es sich in der folgenden Fahndungs- und Vergleichsarbeit zu orientieren galt.

Ihr erste Bewertung durch spezialisierte Kräfte erfolgte im Vergleich mit Erfahrungen und detaillierten Erkenntnissen über die Arbeitsweise des BND bei der Organisierung der Wirtschaftsspionage und unter Abwägung eventueller Zusammenhänge mit bereits vorhandenen Fahndungsmerkmalen. Die durch verschiedene inoffizielle Quellen aus dem Operationsgebiet erarbeiteten Fahndungsmerkmale unterschiedlicher Qualität ließen zu Beginn in der Regel noch keine eindeutige Aussage darüber zu, ob es sich bei der vermuteten Agentur um DDR-Bürger oder Ausländer handelte und welche Zusammenhänge mit anderen Fahndungsmerkmalen oder Geheimdienstaktivitäten bestanden.

Wie es sich bei einigen Fahndungsmerkmalen gezeigt hatte, bezogen sich diese auf Maßnahmen des BND zu IMB oder Kontaktaktivitäten gegen Reisekader-IM, die diese dann der Staatssicherheit offenbarten. Dadurch erübrigte sich nach zweifelsfrei geklärtem Zusammenhang die weitere Bearbeitung betreffender Fahndungsmerkmale, mit denen zugleich die Ehrlichkeit der IM überprüft werden konnte. Beachtet werden musste eine Karenzzeit, in der es Reisekadern objektiv möglich war, eine geheimdienstliche Kontaktaufnahme gegenüber DDR-Organen zu melden.

Spezielle Sachkunde befähigte bereits in der Anfangszeit zu Versionen, die für den weiteren Verlauf wichtig waren. So ließ zum Beispiel die Äußerung eines Mitarbeiters des BND: »Das Ding ist gelaufen«, bei wahrscheinlichem kausalen Zusammenhang mit anderen bekannt gewordenen nachrichtendienstlichen Handlungen die Vermutung zu, dass eine Werbeoperation erfolgreich realisiert worden war. Diese Version des vollendeten Spionageverbrechens gem. § 98 StGB (Anwerbung durch den BND) musste in der Folge mit inoffiziellen Beweismitteln zur Zielperson gestützt oder aber zweifelsfrei ausgeschlossen werden.

Ein Fahndungsprozess, der zur Erkennung gegnerischer Spione führte, stellte sich wie folgt dar:

In einem Ereigniszeitraum wurden Fahndungsmerkmale gewonnen, die bei einer ersten Einschätzung die Version zuließen, dass diese möglicherweise miteinander verkettet waren und Anhaltspunkte zu einer erfolgreichen Werbeoperation des BND zu einem DDR-Kader in der Bundesrepublik darstellen konnten. Ausgehend von der Individualität der Fahndungsmerkmale ging es der Staatssicherheit in der ersten Phase der Fahndungs- und Vergleichsarbeit darum, alle Reise- und Auslandskader ausnahmslos zu erfassen, die sich im Fahndungszeitraum auf dem infrage kommenden Gebiet der Bundesrepublik aufgehalten hatten. Eine zu enge Begrenzung der Handlungsräume durfte wegen der ungenauen Hinweise über die örtlichen Bedingungen sowie zu den Aufenthaltsorten der Reise- und Auslandskader nicht vorgenommen werden. Von Beginn an erwies sich die Zusammenarbeit der HA XVIII mit der HV A als unabdingbar. Als notwendig und in der Folgezeit immer zwingender stellte sich heraus, die Fahndungsmerkmale in ihrem Ursprung und subjektiv nicht verfälscht durch alle beteiligten Kooperationspartner, im weiteren Verlauf betraf das auch die HA II, vom Standpunkt jeweiliger spezifischer Sachkunde aus zu bewerten.

Im gesamten Fahndungsprozess wurde als Erfordernis das durchgängige Prinzip bestätigt, die Fahndungsmerkmale auf ihren objektiven Gehalt beschränkt zu interpretieren beziehungsweise wenn notwendig, im sachlichen Austausch darüber zu verständigen, was die Fahndungsmerkmale objektiv zuließen.

In aufwendiger unabdingbarer Kleinarbeit war eine Fülle von Vergleichsdaten (beispielsweise als Voraussetzung die lückenlose Auflistung aller Auslandsdienstreisen in die Bundesrepublik) zum potentiellen Verdächtigenkreis zusammenzutragen und analytisch zu verarbeiten. In logischer Kombination mit den ursprünglichen Fahndungsmerkmalen gelang es sukzessive nicht infrage kommende Reise- und Auslandskader herauszufiltern und – verbunden mit den Möglichkeiten der HV A –

den Umfang passfähiger Fahndungsmerkmale verschiedener Quellen quantitativ und qualitativ zu erweitern. Im Zuge der Bearbeitung stellte sich bei den Fahndern die Gewissheit ein, dass der gesuchte BND-Spion ein DDR-Kader sein musste. Nach rund neun Monaten war eine Einengung der potentiellen Verdächtigen von circa 200 Reise- und Auslandskadern auf elf von ihnen erreicht worden, wobei unter diesen bereits eine Differenzierung der Verdachtswahrscheinlichkeit gegeben war.

In der nächsten Phase der Fahndungs- und Vergleichsarbeit kam es nun darauf an, eine personenbezogene Feinselektion zu realisieren. Das bedeutete, zu jedem der verbliebenen Personen passgerechte Vergleichsdaten weitgehend vervollständigt zu deren ortsgebundenem Bewegungsablauf, Verbindungskreis, Aufgabenstellung, Anlaufpunkte, Informationsmöglichkeiten, Kenntnisstand, Persönlichkeitseigenschaften, benutzte Transportmittel u.ä. zu beschaffen. Um dahingehende Auskünfte zu erhalten, musste bei diesem Stand eine Einbeziehung der betreffender Fachabteilungen der Linie XVIII erfolgen. In weiterer enger Zusammenarbeit mit der HV A realisierte diese entsprechend ihrer Zuständigkeit im Operationsgebiet weitergehende operative Maßnahmen, in deren Ergebnis gleichfalls detaillierte Vergleichsdaten mit konkreten Personenbezug zu Auslandskadern vorgelegt wurden und bestimmte Aussagen von Fahndungsmerkmalen präzisiert werden konnten. Mit der Zusammenführung der tiefgründigen Vergleichsdaten war es durch weitergehende Analyse und immer höhere Verdichtung rückwirkend möglich, die Fahndungsmerkmale zu vervollkommnen. Sie ließen sich nun noch besser interpretieren, teilweise neu bestimmen und führten näher an das Ziel heran.

Nach jedem Erkenntniszuwachs wurde die Gesamtsituation in Wechselbeziehung zwischen der durch die

Fahndungsmerkmale charakterisierten Ausgangslage und dem verfügbaren Vergleichsmaterial aktuell bewertet. Je konkreter die Vergleichsdaten waren, umso besser eigneten sie sich für die Fahndungs- und Vergleichsarbeit.

Schließlich blieben nach dem Ausschluss- und Bestätigungsprinzip zwei Personen übrig, unter denen sich der gesuchte Spion befinden musste. Bei diesem Stand wurde den Fahndern klar, dass die eindeutige Bestimmung der Agentur und damit eine Qualifizierung der Indizienlage nicht mehr wie bis dato auf überwiegend analytischem Wege erreicht werden konnte. Zur Unterbindung der Tätigkeit des Spions war es jetzt notwendig, diesen im gemeinsamen Vorgehen aller beteiligten Erfahrungsträger (HA II, HA XVIII, HV A) durch offensive operative Maßnahmen und fortgesetzte Fahndungs- und Vergleichsarbeit zu identifizieren. Es mussten noch vorhandene Widersprüche und Zweifel beseitigt werden. Hierin war die Ursache dafür zu suchen, weshalb in der Folge zeitweilig das Schwergewicht der operativen Bearbeitung nicht auf der später als Spion erkannten Person lag.

Folgerichtig kam es in der letzten Phase zur fließenden Überleitung in das Stadium der Vorgangsbearbeitung. Diese erfolgte unter Federführung der HA II.

Mit dem konzentrierten Einsatz des Kräftepotentials der HA II, der HA XVIII und der HV A ging es in dieser Phase darum, zu beiden Personen inoffizielle Informationen und Beweismittel hoher Genauigkeit zu erarbeiten, um Punkt für Punkt dokumentarisch belegte Deckungsgleichheit mit dem Anforderungsbild der Fahndungsmerkmale zu erreichen oder unanfechtbare Nichtübereinstimmung nachzuweisen. Diese Vergleichsdaten hoher Präzision mussten unter den Bedingungen strengster Einhaltung der Konspiration gewonnen werden. Das bedeutete, um diese gewinnen zu können, musste in das unmittelbare Umfeld der bearbeiteten Personen eingedrungen werden, ohne bei diesen auch nur den geringsten Verdacht entstehen zu lassen. Ihre direkte Befragung zu vergleichsrelevanten Umständen schloss sich kategorisch von vornherein aus. In Beratungen zwischen den Kooperationspartnern wurden die jeweiligen Arbeitsschritte gemeinsam abgestimmt. Jede beteiligte Diensteinheit hatte innerhalb der OV-Arbeit einen eigenständigen Beitrag ohne Doppelgleisigkeit zu leisten. Realisiert wurden die Vorgangsbearbeitung kennzeichnende spezifische Mittel und Methoden. Zum komplexen Einsatz kamen operative Kräfte, insbesondere IM sowie technische Mittel und konspirative Durchsuchungsmaßnahmen. Es erfolgten weitere Aufklärungs- und Ermittlungshandlungen.

Für die weitere analytische Durchdringung des Sachverhaltes zur Erkennung der Agentur war weiterhin die Nutzung der bewährten Methode des Weg-Zeit-Diagramms von ausschlaggebender Bedeutung.

Auf der Grundlage der überprüften Fahndungsmerkmale gelang es bis dahin, anhand zweier inoffizieller Indizienketten den gesuchten Spion mit hoher Wahrscheinlichkeit zu identifizieren. Wie letztlich geklärt werden konnte, trafen auf die zweite bearbeitete Person nicht alle Einzelheiten der Fahndungsmerkmale zu. Bis zu diesem Ergebnis waren noch einmal sechs Monate intensiver Tätigkeit erforderlich gewesen. Letztlich wurde in Zusammenarbeit mit der HA IX die Abschlussart des OV beziehungsweise das weitere operative und strafrechtliche Vorgehen festgelegt und realisiert.[592]

---

592 Vgl.: Ebd., Bl. 18–27.

Nutzung der Quellen der Fahndungs- und Vergleichsarbeit

Die Fahndungs- und Vergleichsarbeit der Linie XVIII basierte überwiegend auf

- Erkenntnissen aus der IMB-Arbeit der Hauptabteilung und Linie XVIII einschließlich der dadurch gewonnenen Fahndungsmerkmale,
- in kooperativer Zusammenarbeit mit der HA II, HA III und der HV A durch deren inoffizielle Quellen, spezifische Mittel und Methoden aus dem Operationsgebiet gewonnenen bedeutsamen Einzelinformationen zum Sicherungsbereich,
- dem breiten Potential vorhandener und fortlaufend zu erarbeitender Vergleichsdaten.

In der Zusammenführung dieser Hauptquellen und einer darauf aufbauenden gemeinsamen Bearbeitung konkreter Fahndungssachverhalte drückten sich aus Sicht der Staatssicherheit die Erfordernisse und Vorteile des konzentrierten Kräfteeinsatzes von Diensteinheiten der Abwehr und der Aufklärung in der Bearbeitung des nachrichtendienstlichen Gegners aus. Vorausgesetzt werden musste eine qualifizierte, stets auf den jeweiligen Fahndungsgegenstand bezogene gemeinsame Informations- und analytische Tätigkeit bei konsequenter Gewährleistung des Quellenschutzes. Ausschlaggebende Bedeutung hatte Ausgangs- und Folgehinweise, die das Niveau von Fahndungsmerkmalen aufwiesen, in ihrem ursprünglichen Informationsgehalt gemeinsam zu bewerten. Die Einschätzung durch jeden mitwirkenden Kooperationspartner von der Position der jeweiligen Sachkunde aus, ermöglichte überhaupt erst, reale, den Umständen entsprechende Versionen. Sie veranlasste dazu, nur objektive Anhaltspunkte gelten zu lassen und ungerechtfertigte subjektive Interpretationen im

Meinungsaustausch zu erkennen und aufzugeben. Zum Beispiel kam dadurch der hohe Wert von Informationen der HA III richtig zur Geltung.

Die IMB-Arbeit stellte ein wesentliches Instrument dar, mit dem die Hauptabteilung und Linie XVIII ihre Eigenverantwortung auf dem Gebiet der Spionageabwehr wirkungsvoll nachkommen konnte. Bei Beachtung eines ausgewogenen Verhältnisses zwischen der Wahrung des Geheimnisschutzes und sanktionierter Preisgabe geheimzuhaltender Informationen war das IMB-Potential auf der Linie XVIII für die Gewährleistung der staatlichen Sicherheit durch offensive Bekämpfung der Wirtschaftsspionage aus Sicht des MfS unentbehrlich. Das schlagkräftige IMB-Netz wurde nicht durch einen quantitativ unvertretbaren Umfang, sondern eine begrenzte Anzahl qualifizierter IM gekennzeichnet. Die Staatssicherheit konstatierte dabei einen hohen Nutzeffekt. Das durch IMB erhaltene Wissen über die agenturisch tatsächlich angewandten nachrichtendienstlichen Hilfsmittel des BND und deren konkrete Abdeckung/Legendierung erlaubte bei operativ bearbeiteten Personen zielgerichtete Fahndungsmaßnahmen nach derartigen Gegenständen. Wurden solche aufgefunden, waren bei ihrer Einführung in das Ermittlungsverfahren gem. § 24 (1) 4 StPO strafrechtlich verwendbare Beweismittel personenbezogen gewonnen worden.
IMB waren in der Lage, Fahndungsmerkmale zu erlangen, die aus Äußerungen von agenturführenden Mitarbeitern, deren bestimmte schlüssige Verhaltensmomente, individuelle methodische Vorgehensweisen und aus dem Geheimdienst vorliegenden detaillierten Spionagekenntnissen aus unbekannter Quelle entstanden.
Aussagen eines BND-Angehörigen konnten beispielsweise soweit gehen, dass sie sich auf eine andere von

ihm gesteuerte, namentlich nicht genannte Agentur bezogen. Nicht selten erfolgten unbedachte Hinweise von agenturführenden Kräften des BND zu ihrer anderweitigen zeitlichen Bindung. Die Aufklärung von Geheimdienstmitarbeitern verhalf dem MfS dazu, differenziert den Wahrheitsgehalt einiger IMB-Feststellungen überprüfen zu können und markante Analogiekenntnisse für die Suche nach unbekannten Spionen zu erhalten. Die durch IMB erarbeiteten Fahndungsmerkmale hatten entweder den Charakter von Erstinformationen oder waren Fahndungsmerkmalen aus anderen Quellen eindeutig oder mit Wahrscheinlichkeit zuzuordnen.

So gelang es der Staatssicherheit, im Einzelnen gegen IM oder/und andere Zielpersonen unter Reise- und Auslandskadern gerichtete Werbeoperationen des BND zweifelsfrei mit zuvor durch IMB gewonnenen Fahndungsmerkmalen in Übereinstimmung zu bringen. Dadurch war eine Überprüfung der angegriffenen Zielpersonen durch die HA XVIII gegeben.

Durch ihre detaillierte Sachkenntnis über die Spezifik geheimdienstlicher Verbindungen waren IMB besonders geeignet, zu den sie begleitenden Auslands- und Reisekadern im Operationsgebiet Fahndungsmerkmale unabhängig von ihrer eigenen agenturischen Tätigkeit, sowie Vergleichsdaten zu erarbeiten. Aufgrund umfassender persönlicher Erfahrung mit dem BND konnten sie unübliche Verhaltensweisen mitreisender Kader – wie nicht erklärbare Telefonanrufe – vergleichend besser bewerten als andere IM. Für das Profil der IMB und die Arbeit mit ihnen existierten hohe Maßstäbe. Neben grundsätzlichen Anforderungen, wie Zuverlässigkeit, politisch-moralische Eignung oder Disziplin bei der Umsetzung der Aufgaben und Instruktionen der Staatssicherheit, benötigte der IMB spezifische Fähigkeiten für die offensive Arbeit am gegnerischen Geheimdienst.

In Bezug auf die Bewältigung der Fahndungs- und Vergleichsarbeit mussten die IMB zur Erarbeitung von Fahndungsmerkmalen in der Lage sein, die Agentenführer geschickt zu entsprechenden Reaktionen zu veranlassen, ohne sich der Gefahr der Dekonspiration auszusetzen. Erforderlich waren eine ausgezeichnete Wahrnehmungsfähigkeit und gute Gedächtnisleistungen. Kein einziger Fahndungshinweis sollte verlorengehen und die Berichterstattung gegenüber dem MfS sollte originalgetreu und subjektiv unverfälscht erfolgen.

Das Leistungsvermögen der Diensteinheiten der Hauptabteilung und Linie XVIII zur allseitigen Sicherung der Volkswirtschaft und Wahrnehmung der Verantwortung im Gesamtinteresse der Staatssicherheit ergab sich in bedeutendem Maße aus dem IM-Potential unter Reisekadern. Dieses war für die gesamte breite Grundlagenarbeit sowie für die umfassende Lösung der Aufgabenstellung der Linie XVIII in ihren Hauptbestandteilen verwendbar. Ein objektiver Vorteil dessen vielseitiger Einsetzbarkeit bestand darin, es für die Erfassung und Bekämpfung von Angriffen auf die Volkswirtschaft in den verschiedenen Erscheinungsformen – wie Wirtschaftsspionage, Sabotage, gegnerische Stützpunkttätigkeit, Delikte der schweren Kriminalität und anderes – komplex einbeziehen zu können. Eine effektive Nutzung von Reisekader-IM war dann möglich, wenn ihre Einsatzrichtung nicht losgelöst vom jeweiligen Sicherungsbereich und durch qualifizierte Führung durch zuständige objektverantwortliche Mitarbeiter oder leitende Kader erfolgte.

Als Bestandteil der linienspezifischen Aufgaben wurden insbesondere durch IM unter NSW-Reisekadern wichtige Voraussetzungen und Bedingungen für die Abwehr der Wirtschaftsspionage geschaffen. Aus ihren Reihen entwickelten sich überwiegend durch langfristige Blickfeld- und Grundlagenarbeit die in ökonomischen Schwerpunktbereichen oder -objekten vorhandenen IMB.

Mit Reisekader-IM ohne direkte Geheimdienstverbindung wurde ein quantitativ umfangreicher Teil der Fahndungs- und Vergleichsarbeit durch Feststellung und Gewinnung passgerechter Vergleichsdaten bewältigt. Bei zielgerichteter Instruktion konnten durch sie exakte Angaben über Bewegungsabläufe sowie andere vergleichsrelevante Anhaltspunkte während der Aufenthalte in der Bundesrepublik – sowohl sie als auch ihre Begleiter betreffend – erschlossen werden. Im Ausnahmefall konnten diese IM durch besondere Feststellungen, beispielsweise Beobachtung eines Treffs, selbst Fahndungsmerkmale erarbeiten, wenn ein eindeutiger Bezug zum Geheimdienst gegeben war.

Für die Realisierung von Aufgaben im Operationsgebiet boten sich den Reisekader-IM einerseits einige günstige Bedingungen durch den Handlungsspielraum im Rahmen kommerzieller oder wissenschaftlich-technischer Tätigkeit, so die glaubhafte Legendierung von Prüfungshandlungen. Andererseits musste bei Entscheidungen zum Einsatz dieser IM die Tatsache Beachtung finden, wonach den Reisekadern als einer Hauptzielgruppe westlicher Dienste sowie aufgrund der ihnen von vornherein unterstellten MfS-Zusammenarbeit besondere Aufmerksamkeit entgegengebracht wurde. Es wurde in Rechnung gestellt, dass sie speziellen Kontrollmaßnahmen westlicher Sicherheitsbehörden unterlagen und im Einzelfall ein Eindringen der Dienste in den Reisekaderstamm gelungen sein konnte.[593]

Ein wichtiger IMB der HA XVIII war beispielsweise der

---

593 Vgl.: Ebd., Bl. 28–32.

Außenhändler »Rolf I«, Jahrgang 1930, IM seit 1959. Unter Regie des MfS warb ihn 1971 der BND an. Seinen Verbindungsführer vom BND traf »Rolf I« mehrfach im Jahr und übergab ihm vertrauliche aber nicht geheime Unterlagen. Als Honorar für seine Dienste erhielt »Rolf I« vom BND bis 1987 insgesamt circa 252.000 Mark der DDR, 33.100 DM und 8.670 englische Pfund, danach pro Treffen circa 3.000 bis 4.000 Mark der DDR oder DM. Eine großen Teil des erhaltenen Geldes übergab der IMB der Staatssicherheit.[594] Durch »Rolf I« wurden der HA XVIII zum Beispiel Angriffsrichtungen und Zielpersonen des BND bekannt.

---

594 Vgl.: Dietmar Remy: *Zeiss-Generaldirektor Wolfgang Biermann. Ein sozialistischer Manager im Traditionsunternehmen.* Gera/Jena 2018, S. 329 f.

7. Kapitel

ABWEHRBEREICH VERKEHRSWESEN

Allgemeines

Die Sicherung des Verkehrswesens der DDR sowie die damit einhergehende Spionageabwehr war Aufgabe der Linie XIX (bis 1964 Linie XIII). Das betraf insbesondere die Sicherung des Ministeriums für Verkehrswesen und dessen zentraler Einrichtungen sowie der Verkehrsträger Deutsche Reichsbahn, Schifffahrt, Kraftverkehr und Luftfahrt.

Aufgrund vorliegender Erkenntnisse zur Spionagetätigkeit westlicher Geheimdienste, insbesondere unter Missbrauch der internationalen Verkehrsbeziehungen der DDR zum NSW, betrachtete es die Staatssicherheit als erforderlich, diese Spionageangriffe rechtzeitig aufzudecken und zu verhindern beziehungsweise bereits aktive Spione zu ermitteln und unschädlich zu machen. Zur Durchsetzung dieser Aufgabenstellung kam es insbesondere darauf an, verstärkt IM unter den personellen Zielgruppen der Geheimdienste zu schaffen. Der Einsatz der vorhandenen IM und die Schaffung neuer inoffizieller Kräfte setze voraus, ausgehend von den Hauptrichtungen und personellen Schwerpunkten der Dienste die Herausarbeitung spionagegefährdeter und spionageverdächtiger Personen durchzuführen und zu qualifizieren. Diese Personen waren in den Mittelpunkt der Vorbeugung, Verhinderung und Aufdeckung der Spionagetätigkeit der Geheimdienste zu stellen. Gegenüber diesen Personen war zu gewährleisten, dass bestimmte Kräfte im Operationsgebiet sie nicht abschöpfen konnten, damit kein unkontrollierter Informationsabfluss eintrat.

Zur vorbeugenden Verhinderung der Nutzung von im grenzüberschreitenden Verkehr eingesetzten Reisekadern durch die westlichen Geheimdienste mussten alle Potenzen der Linie XIX zur aktiven Einflussnahme auf die Auswahl, Bestätigung und den Einsatz der Reisekader im grenzüberschreitenden Verkehr genutzt werden. Die Einflussnahme der Diensteinheiten der Linie XIX auf die staatlichen Leiter sollte sich vorrangig auf folgende Grundprobleme erstrecken:

- Unterstützung der staatlichen Leiter zur Qualifizierung der Auswahl, Überprüfung und bei Einsatz von Reisekadern,
- Erhöhung der Qualität von Schulungen der Reisekader im grenzüberschreitenden Verkehr,
- Durchsetzung einer den Erfordernissen entsprechenden einheitlichen Berichterstattung der Reisekader, die umfassende Auswertung und Verwertung der dabei gewonnenen Informationen.

Ein wichtiges Problem der Spionagebekämpfung war die Erhöhung der Qualität der Bearbeitung von OV. Dabei waren insbesondere folgende Schwerpunkte zur weiteren Erhöhung der Wirksamkeit der Vorgangsbearbeitung durchzusetzen:

1. Durch die Leiter war zu sichern, dass die OV die wichtigsten Schwerpunkte in den Diensteinheiten waren. Das Bedeutete für die Bearbeitung der OV, die notwendigen kadermäßigen Voraussetzungen zu schaffen. Dazu war es erforderlich, dass vorgangsführende Mitarbeiter nicht mit einer Vielzahl weiterer Aufgaben betraut wurden, wodurch es zu einer Verzettelung in ihrer Arbeit kommen konnte,

so dass sich der Bearbeitungsprozess verzögerte beziehungsweise gefährdet wurde. Mit zunehmender Bearbeitungsdauer konnten auch Geheimhaltung und Konspiration gefährdet sein. Aus diesem Grund sollten Entscheidungen vom Leiter zur Bildung von Arbeitsgruppen getroffen werden, die einen konzentrierten Einsatz von operativen Kräften und Mitteln in der OV-Bearbeitung ermöglichten.

2. Bei der Aufdeckung spionageverdächtiger Personen und ihrer vorgangsmäßigen Bearbeitung war die Konspiration umfassend zu gewährleisten. Den Geheimdiensten durfte es nicht gelingen, Erkenntnisse über Mittel und Methoden des MfS zu gewinnen. Weiterhin war bei der Schulung und Instruierung der IM, insbesondere bei ihrer Auftragserteilung zu gewährleisten, dass sie keine Detailkenntnisse beziehungsweise Zusammenhänge zur Bearbeitung der verdächtigen Personen erhielten, die bei Offenbarung gegenüber westlichen Diensten eine Gefährdung der operativen Arbeit bedeuteten. Bei der Erarbeitung offizieller Beweise in der Vorgangsbearbeitung waren die IM zu konspirieren. In diesem Zusammenhang war es erforderlich, ihre Erziehung und Befähigung auch bei unmittelbarer Verbindung zum Geheimdienst so auszubauen, dass Dekonspirationen vermieden wurden beziehungsweise die Dienste aus Verhaltensweisen der IM keine indirekten Schlüsse zu Mitteln und Methoden der Vorgangsbearbeitung des MfS ziehen konnten.

3. Die Qualifizierung der Vorgangsbearbeitung verlangte eine enge Zusammenarbeit mit der Linie II sowie der sowjetischen Militärabwehr. Dies ergab sich aus der Tatsache, dass eine Reihe von Agenturen westlicher Dienste zur Militärspionage an Objekten der NVA und der GSSD eingesetzt wurden. Hierzu

waren die Informationsbeziehungen und -flüsse durch die zuständigen Leiter festzulegen und die Konspiration zu gewährleisten.

4. In der Vorgangsbearbeitung im Rahmen des grenzüberschreitenden Verkehrs war es notwendig, Informationen und Beweise im Operationsgebiet zu erarbeiten. Damit die IM dazu in der Lage waren, war es erforderlich, ihnen bestimmte Informationen zur Arbeitsweise der westlichen Geheimdienste, der Art und Weise ihrer Treffdurchführung und ihres Verbindungssystems mitzuteilen, um bedeutsame Verhaltensweisen von Reisekadern zu erkennen. Solche Informationen durften nur an überprüfte und ehrliche IM übermittelt werden.

5. Zur weiteren Erhöhung des Niveaus der einheitlichen Vorgangsbearbeitung war es notwendig, dass die Fachabteilungen der HA XIX ihre Unterstützung gegenüber den Abteilungen XIX der BV unter allen Bedingungen der Lage gewährleisteten und weiter vervollkommneten. Diese Unterstützung umfasste:

- die Anleitung und Hilfe durch Beratung und Festlegung von Maßnahmen,
- die Anleitung und Hilfe bei der Erörterung des WIE der Realisierung von Aufgaben,
- die Konsultation zur richtigen Bewertung der Informationen,
- die unmittelbare Unterstützung vor Ort in der Beweisführung.

Bei der Abwehr geheimdienstlicher Angriffe im grenzüberschreitenden Verkehr hatte sich aus Sicht der Staatssicherheit die Arbeit mit ZOV beim konzentrierten und auf der Linie sowie mit anderen Diensteinheiten abgestimmten Einsatz der Kräfte, Mittel und Methoden bei der Leitung der operativen Prozesse als wirksam erwiesen. In der Praxis entwickelten sich konstruktive

Arbeitsbeziehungen sowie eine wertvolle Unterstützung zu den Bearbeitungs- und Beweisführungsprozessen, besonders beim Abschluss der Teilvorgänge des ZOV. Im Ergebnis der ZOV-Bearbeitung konnten Beweise einer geheimdienstlichen Tätigkeit erarbeitet werden, die als Ausgangspunkte für verallgemeinerungswürdige Erkenntnisse dienten.

Gleichzeitig wurde die Erkenntnis vertieft, dass es durch die weitere Qualifizierung des Einsatzes der inoffiziellen Kräfte sowie anderer Mittel und Methoden der Staatssicherheit möglich war, derartige Spionagehandlungen unter Ausnutzung der Beschäftigten im grenzüberschreitenden Verkehr zu erkennen und präventiv zu verhindern.

Die Agenturen hatten in der Regel den Auftrag, ausgewählte militärische Zielobjekte der NVA und der GSSD aufzuklären und dahingehend die Instruktion, an diesen Objekten entlangzufahren. Obwohl die Erkenntnisse aus abgeschlossenen Vorgängen bewiesen hatten, dass ein Großteil der Spionageinformationen während berufsbedingter Fahrten in der DDR gesammelt wurden, blieb es bei der prinzipiellen Orientierung, dass Spione bei der Realisierung ihrer Aufträge Handlungen an militärischen Objekten begehen mussten. Entgegen der vom BND erhaltenen Instruktionen hatten die Agenturen in ihren persönlichen Unterlagen Notizen aufbewahrt, die auf die Durchführung von Treffs sowie auf die vom BND erhaltenen finanziellen Mittel schließen ließen. Weiterhin hatten einige Spione die Telefonnummern des BND offen oder verschlüsselt notiert. Ein grober Verstoß gegen die Weisungen der angenturführenden BND-Mitarbeiter. Mittels der konspirativen Durchsuchung der persönlichen Unterlagen der Fernfahrer wurden die Möglichkeiten zur Sicherung von Beweisen durch die Staatssicherheit genutzt. Obwohl keiner der inhaftierten

Spione die Zusammenarbeit mit dem BND gegenüber der Ehefrau oder Freunden offenbart hatte, konnten bei einigen Teilvorgängen Informationen darüber erarbeitet werden, wonach die Verdächtigen in Andeutungen darüber sprachen, dass sie »gute Freunde« beziehungsweise »gute Bekannte« in der Bundesrepublik hatten, von denen sie finanzielle Zuwendungen erhielten oder mit denen sie gelegentlich gemeinsame Gaststättenbesuche bei Aufenthalten in Westdeutschland machten.

Derartige Informationen, die durch in die Bearbeitung eingeführte IM, insbesondere aus dem Wohn- und Freizeitbereich, beziehungsweise durch technische Maßnahmen gewonnen werden konnten, waren für den Nachweis des dringenden Verdachts der Spionage außerordentlich wertvoll. Es reichte jedoch nicht aus, ausschließlich technische Maßnahmen einzuleiten, ohne in Verbindung damit offensive Maßnahmen zu realisieren, die den Verdächtigen zur Offenbarung relevanter Informationen veranlassten. So wurden bei inhaftierten Spionen Container sichergestellt, die vom Geheimdienst für nachrichtendienstliche Zwecke unter Anpassung der beruflichen Tätigkeit der Agenturen hergestellt und übergeben worden waren. Nicht selten wurden diese Container im Verkehrsmittel der Verdächtigen aufbewahrt. Sie waren äußerlich als notwendiger Gebrauchsgegenstand getarnt. Objektiv waren solche Container durch geeignete Maßnahmen festzustellen.

Als wirksam erwies sich der Einsatz von zuverlässigen und überprüften IM sowohl auf dem Territorium der DDR als auch in der Bundrepublik, um Verhaltensweisen zu dokumentieren, die das MfS in die Lage versetzten, diese als geheimdienstliche Handlungen beziehungsweise Verdachtshinweise einzuschätzen.[595]

---

595 Vgl.: MfS, Juristische Hochschule, Lehrmaterial: Die poli-

Sicherung des grenzüberschreitenden Güterkraftverkehrs vor Angriffen des BND

Vorgehen des BND gegen DDR-Kraftfahrer im grenzüberschreitenden Verkehr

Grundlage für den BND bei der Suche und Auswahl
von Werbekandidaten waren die Kriterien der objektiven Voraussetzungen und subjektiven Möglichkeiten
der Kraftfahrer. In der Phase der Suche, Auswahl und
Aufklärung von Werbekandidaten erfolgten durch
den BND umfangreiche Observationsmaßnahmen
der Kraftfahrer an den Konzentrierungsräumen beziehungsweise Anlaufpunkten in der Bundesrepublik,
wie Raststätten, Gaststätten sowie Übernachtungs- und
Vergnügungsorten. Durch diese Kontroll- und Überwachungsmaßnahmen des BND wurden Informationen
zum Persönlichkeitsbild der Kraftfahrer, zur Erarbeitung von Ansatzpunkten für eine perspektivische Kontaktierung und erfolgreiche Werbung erarbeitet, das
heißt, diese Maßnahmen dienten der Selektierung der
Personen, um entsprechende Zielpersonen zu ermitteln.
Die Kontaktaufnahme durch den BND erfolgte sowohl
legendiert als auch offen durch Geheimdienstmitarbeiter. Bei der legendierten Kontaktaufnahme traten die
Kräfte des BND beispielsweise als Versicherungsvertreter, Kraftfahrer, Firmenmitarbeiter sogenannter An-
und Verkaufsfirmen, Schiffsmakler oder Steuerberater
in Erscheinung. Dabei erfolgte gleichzeitig die Nutzung

tisch-operative Sicherung des Verkehrswesens der DDR.
BStU-Bibliothek St 739, Bl. 31–36.

865

kompromittierender Hinweise zu Kraftfahrern. Aus der Kenntnis heraus, dass Fahrer des grenzüberschreitenden Verkehrs nur über begrenzte Valutamittel verfügten, wurden Fragen der materiellen Interessiertheit, der bei Kraftfahrern aufgrund des umfangreichen Warenangebotes geweckten Bedürfnisse genutzt. So war die Kontaktphase meist mit Einladungen in Gaststätten, Vergnügungslokalitäten beziehungsweise mit dem Anbieten hochwertiger Konsum- und Gebrauchsgegenständen (oftmals elektrische und technische Erzeugnisse wie Unterhaltungselektronik) zu niedrigen beziehungsweise Vorzugspreisen verbunden.

Wichtig in dieser ersten Phase war der Fakt, dass vom Kontaktpartner Berührungspunkte gesetzt wurden, die einen Fortbestand des Kontakts beziehungsweise der entstandenen Verbindung zum Kraftfahrer ermöglichten. Bereits in dieser Phase erfolgte durch den Kontaktpartner die Übergabe einer Telefonnummer (Decktelefonnummer des BND). In der Regel handelte es sich dabei um einen Anrufbeantworter. Der Fahrer wurde dann bereits in Unkenntnis der vom Geheimdienst verfolgten Zielstellung mit der Bedienung/Handhabung eines Anrufbeantworters vertraut gemacht, um damit die Grundvoraussetzung für die Vereinbarung einer erneuten Zusammenkunft zu schaffen.

Als Stelle der kommenden Zusammenkunft wurde vorab der Ort vereinbart, an dem der Kontakt entstanden war. Nach telefonischer Meldung des Kraftfahrers hatte dieser zu berücksichtigen, dass er dem Kontaktpartner ein entsprechendes Zeitlimit zur Verfügung stellen musste, dass es dem Geheimdienstler ermöglichte, zur vereinbarten Zeit am Treffort zu sein. Die Übergabe der Telefonnummer erfolgte sowohl in schriftlicher als auch in mündlicher Form. Dabei wurde nach Offenbarung des Geheimdienstlers sein BND-Deckname mitgenannt. Gleichfalls wurde bei schriftlicher Übergabe der Telefonnummer zur Verbindungsaufnahme diese in offener oder verschlüsselter Schreibweise (zum Beispiel in Form einer Rechnung) übergeben. Als Trefforte wurden exklusive und damit preisintensive Lokalitäten genutzt, da dadurch ein mögliches Aufsuchen dieser Einrichtungen durch andere DDR-Kraftfahrer weitgehend ausgeschlossen werden konnte. Weiterhin erfolgte ein häufiger Wechsel der Lokalitäten.

Die Kontaktphase und dabei realisierte Zusammenkünfte zwischen dem BND-Mitarbeiter und dem Fahrer wurden von spezifischen Kräften des BND kontrolliert und abgesichert. Bereits in der Kontaktphase wurden den Zielpersonen allgemeine Aufträge, vorrangig Beschaffungsaufträge, erteilt. Diese bestanden beispielsweise darin, Briefpapier, Schreibmittel, Stadtpläne aus der DDR, Ansichtskarten von Städten oder Städtebildbände und Fachzeitschriften mitzubringen. Diese Beschaffungsaufträge wurden nach erfolgter Offenbarung weiter ausgedehnt und präzisiert. Das Ansprechen der Fahrer durch den BND erfolgte vorranging in den Einzugsbereichen von Amüsierlokalitäten sowie Freizeitcentern in den Stadtgebieten. Es wurden aber auch Einkaufsstraßen genutzt, bei denen für die Kraftfahrer von den objektiven Bedingungen her gute Aufenthaltsmöglichkeiten bestanden sowie eine entsprechende Preisgestaltung und Versorgung gewährleistet waren.

Überwiegend erfolgte die Ansprache der Zielpersonen durch den BND in den Freizeiträumen der Fahrer während ihrer Aufenthalte in Lokalitäten, Imbissstuben, Kinos usw. Berücksichtigung fanden dabei insbesondere die Übernachtungsorte der DDR-Kader sowie Konzentrierungsräume, das heißt dort, wo sich die Kraftfahrer länger aufhielten.

Die Kontaktaufnahme beziehungsweise das Ansprechen erfolgte durch Einzelpersonen mit späterer Hinzuziehung einer zweiten Person unter Berücksichtigung der bei der Kontaktaufnahme genutzten Legende. Im Verlauf der Gestaltung eines längeren Kontakts erfolgte zum Teil die Übergabe der Zielperson (Kraftfahrer) an eine andere BND-Kontaktperson, die den Vorgang fortführte. Konkrete Ableitungen über den Zeitpunkt der Offenbarung konnte die Staatssicherheit nicht treffen. Dies war von den Unterschieden im Vorgehen und Auftreten der Kontaktpartner sowie durch das Verhalten und Reagieren der Zielperson auf bereits an sie gestellte Forderungen beziehungsweise der Durchführung von Aufträgen abhängig. In Abhängigkeit des Vertrauensverhältnisses Kontaktperson-Zielperson erfolgte die Offenbarung des geheimdienstlichen Hintergrundes beim ersten beziehungsweise zweiten Kontakt aber gelegentlich auch erst nach mehreren Kontakthandlungen. Ab 1984/85 – nach erfolgreicher Bearbeitung und dem Abschluss von OV – wurde die Kontaktphase durch operative Legendierung verlängert. In der Regel wurden durch den BND Einzelkraftfahrer angesprochen, die auf dem Lkw allein fuhren. Im Verlauf beziehungsweise der Fortsetzung des Kontakts war jedoch auch ein Ansprechen des eingesetzten Zweitfahrers der Zielperson zu verzeichnen. Dies kam unter anderem dadurch zustande, dass die Zielperson in Unkenntnis der verfolgten Zielstellung des Kontakts beziehungsweise der entstandenen Verbindung mit dem Kontaktpartner, den Zweitfahrer zu einer bevorstehenden Zusammenkunft mit dem Kontaktpartner eingeladen hatte, um ihm ebenfalls persönliche Vorteile zu ermöglichen.

Bei der Suche und Auswahl von Zielpersonen konzentrierte sich der BND bezüglich der Nutzung vorhandener militärischer Kenntnisse auf Kraftfahrer, die bereits ihren Wehrdienst abgeleistet hatten und nicht älter als

40 Jahre waren. In der Analyse der enttarnten Spione konnte die Staatssicherheit keine Ableitungen hinsichtlich der Zugehörigkeit zum NSA-Reisekaderstamm tätigen.

Die Formen der Offenbarung als Angehöriger eines Geheimdienstes gegenüber der Zielperson waren von unterschiedlichen Varianten gekennzeichnet. So stellte sich der Kontaktpartner in mündlicher Form als Angehöriger des BND vor beziehungsweise führte eine direkte Legitimierung mit dem BND-Dienstausweis durch. Ebenfalls wurden durch das MfS legendierte Offenbarungen als Angehöriger der Bundeswehr, des Bundesgrenzschutzes oder auch als Journalist (Ostforscher) verzeichnet. Zum anderen war eine genaue Vorstellung zur Tätigkeit des Kontaktpartners nicht notwendig, da die Zielperson aus den Anforderungen des zu erarbeitenden Informationsbedarfs und der an sie gestellten Forderungen erkennen beziehungsweise folgerichtig schlussfolgern konnte, dass es sich bei der Verbindung zum Kontaktpartner um geheimdienstliche Hintergründe handelte.

Aus den vorangestellten Ausführungen über die Vorgehensweise des BND ist zu erkennen, dass in der Kontaktphase die Zielpersonen hinsichtlich ihrer Eignung als Spion getestet und erprobt worden waren. Zum anderen wurden soziale Informationen zur Persönlichkeit der Zielperson erarbeitet beziehungsweise Kompromate geschaffen, die den Erfolg der Werbung als Spion garantieren sollten. Durch den BND wurde die Agentur in mündlicher Form zur Zusammenarbeit verpflichtet, erhielt einen Decknamen sowie die bereits erwähnte BND-Decktelefonnummer, welche zur Verbindungsaufnahme durch den Spion zum BND genutzt wurde. In der Phase der weiteren Zusammenarbeit wurde das Verbindungswesen ausgebaut und angepasst.

Um der geworbenen Agentur die Möglichkeit zu geben, ihrer Informationsübermittlung auch bei der Nichtdurchführung persönlicher Treffs nachzukommen sowie Informationen zur eigenen Person zu signalisieren, wurden zusätzliche Verbindungslinien aufgebaut. Zu diesem Zweck wurden die Spione mit Deckadressen und Briefumschlägen ausgerüstet, um Informationen auf postalischen Weg dem BND zugänglich zu machen. Diese Verbindungslinie sollte jedoch nur dann genutzt werden, wenn ein persönlicher Treff nicht möglich war, beispielsweise bei Einsatz eines nichteingeweihten Zweitfahrers.

Weiterhin wurde das Verbindungssystem durch ein sogenanntes Signalsystem komplettiert. Dieses Signalsystem diente dem Zweck, dem BND darüber Mitteilung zu geben, dass durch den Spion keine Möglichkeit des persönlichen Treffs in der Perspektive aus den verschiedensten Gründen bestand. Dazu wurde der Agentur ein Postkartensignalsystem mit mehreren Varianten vercontainert im Operationsgebiet übergeben. So wurden beispielsweise Ansichtskarten vom Wohnort des Spions mit vorgeschriebenem Text genutzt beziehungsweise durch verschiedenartiges Aufkleben von Briefmarken, deren jeweilige Klebestellung ein bestimmtes Signal oder eine Bedeutung für den BND hatte, verwendet.

Die Briefumschläge dienten auch dazu, wichtige Informationen, welche der Spion zwischen den Treffs erarbeitet hatte, an den BND zu übersenden. Diese Informationen, so die Instruktion an die Agentur, sollten dann während des Aufenthalts in der Bundesrepublik schriftlich fixiert und mittels der erhaltenen Briefumschläge versendet werden.

Aufgrund objektiver Bedingungen und Umstände, wie zeitliche Herauslösung des Spions als NSW-Reisekader oder längere Krankheit erfolgte teilwiese auch die Über-

gabe von Geheimschreibmitteln in Form von Geheim-
schreibbriefen auf der Grundlage des Kontaktverfahrens.
Die Treffanzahl beschränkte sich monatlich auf ein bis
zwei Treffs. Die Treffvereinbarung erfolgte aufgrund der
schwierigen Planbarkeit eines konkreten Trefftermins
durch den Spion telefonisch. Die Treffzeit wurde dabei
verschlüsselt unter Verwendung des Decknamens übermittelt. So wurde beispielsweise individuell vereinbart,
dass es sich bei dem Treffdatum um plus einen Tag und
bei der Treffzeit um plus drei Stunden handelte (zum
Beispiel 15. April 1985, 14 Uhr entspricht 16. April 1985,
17 Uhr).

Die telefonische Vereinbarung zur Durchführung eines
persönlichen Treffs erfolgte entsprechend gegebener
BND-Instruktionen von einem Park-/Rastplatz nach
Passage der Grenzübergangsstelle vom Territorium der
Bundesrepublik aus.

Als Treffpunkte wurden in den einzelnen Städten öffentliche Einrichtungen und Objekte genutzt. So bestand
zum Beispiel ein feststehender Treffpunkt am Fahrkar-
tenschalter des Bahnhofes in der jeweils vereinbarten
Treffstadt. Die Stadt, in welcher der Treff stattfinden
sollte, wurde durch den Spion in Form des Nennens
der entsprechenden Postleitzahl von hinten beginnend
und durch zusätzliche Angabe der Seitenzahl eines bestimmten Autoatlanten vereinbart.

Die Spione wurden vom BND auch mit Erkennungs-
wörtern ausgestattet, so dass der BND mittels Nennung
des Kennwortes durch die Agentur darüber Aufschluss
erhielt, in welcher Stadt der Treff stattfinden sollte.

Als Trefforte wurden ständig wechselnde Gaststätten,
Hotels sowie Pkw auf Parkplätzen genutzt. Die Trefforte
waren dabei abhängig von der Treffdifferenzierung sowie von den einzelnen Wochentagen, an welchen der
Treff stattfinden sollte.

In der Regel wurden die persönlichen Treffs in Pkw durchgeführt, wo auch die Übernahme von Informationen sowie die Übergabe nachrichtendienstlicher Hilfsmittel erfolgte. Bei den dabei genutzten Pkw handelte es sich stets um Miet- beziehungsweise Leihwagen. Nach beziehungsweise vor dem eigentlichen Treff wurden exklusive Restaurantaufenthalte durchgeführt, welche vom Verbindungsführer des BND für Studien und zum persönlichen Kennenlernen des Spions sowie seiner umfassenden Abschöpfung und gleichzeitiger Überprüfung des Spions genutzt wurden. Treffs in Hotels wurden nur dann praktiziert, wenn die Agenturen in der Perspektive durch den Geheimdienst als gegnerische Stützpunkte vorgesehen waren oder bei wichtigen instruktiven Treffs. Vom BND wurden den Spionen folgende Instruktionen zum Handeln und Verhalten für die Auftragsdurchführung gegeben:

Sie sollten die Spionageinformationen im Rahmen ihrer objektiven Möglichkeiten erarbeiten. Dabei wurde auf ein passives Verhalten, das heißt nur durch akustische oder visuelle Wahrnehmungen, orientiert. Ein aktives Vorgehen erfolgte nur in Ausnahmefällen unter Verwendung entsprechender Legenden, beispielsweise durch Vorbeifahren oder Abgehen militärischer Einrichtungen und Objekte im Wohn- und Freizeitbereich der Spione.

Eine Grundsatzinstruktion an die Agenturen bestand darin, dass die Erarbeitung von Informationen prinzipiell bei Durchführung der beruflichen Fahrten in Richtung Bundesrepublik erfolgen sollte. Zur Gewährleistung der Sicherheit der Spione wurden diese durch den BND auf mögliche Konfrontationen mit der Staatssicherheit eingestellt. Dabei sollten sie jegliche Unterstellungen auf einen Kontakt beziehungsweise eine Verbindung zum BND abstreiten und kategorisch von sich weisen. Vom MfS getätigte Vorhalte von Kontakten zu Personen in der Bundesrepublik waren durch die Agenturen mit Beziehungen auf verwandtschaftlicher beziehungsweise bekanntschaftlicher Basis zu legendieren. Bei einem erkannten Interesse der Staatssicherheit am Spion sollte dieser darauf eingehen, um eine mögliche Unterstützung/Zusammenarbeit durch das MfS anzustreben. Im Rahmen der Auftragsrealisierung durch die Agenturen sollten keine schriftlichen Aufzeichnungen über erarbeitete Informationen angefertigt werden. Dieses wurde erst dann gestattet, wenn der Spion mit einem entsprechenden Transportcontainer ausgerüstet worden war. Zu diesem Zweck wurden durch den BND tägliche Gebrauchsgegenstände beziehungsweise fahrzeugtypisches Zubehör als Transportcontainer ausbeziehungsweise umgerüstet. So fanden unter anderem folgende Gegenstände als Container Verwendung:

- Schraubendreher mit Holzgriff,
- Monozellen (Batterien),
- Thermosflaschen,
- Gasflaschen für Campingkocher,
- Bolzen für Anhängerkupplung an der Zugmaschine,
- Luftdruckprüfer,
- Schalthebelknauf,
- Schraubenschlüssel,
- Flaschenöffner,
- Bratpfanne,
- Scheibenwischer.

Durch die Umfunktionierung dieser Gegenstände zum Container wurde der eigentliche Verwendungszweck in keiner Weise eingeschränkt.

Die Kraftfahrer, welche als Spione tätig waren, wurden vom BND dafür finanziell und materiell versorgt. Der BND bezahlte in der Regel den Agenturen für die durch sie erarbeiteten Spionageinformationen in Abhängigkeit von Quantität und Qualität einen Geldbetrag von 100 DM bis zu 1.000 DM. Hinzu kamen noch materielle Gegenstände (persönliche Wünsche der Spione), die vom BND beschafft worden waren. Für diese Gebrauchs- beziehungsweise Konsumgegenstände erhielten die Agenturen fingierte Quittungsbelege, die individuelle Preisreduzierungen enthalten konnten, um die Gegenstände entsprechend ihres realen Wertumfanges ohne Schwierigkeiten durch die Grenz- und Zollkontrolle der DDR-Organe zu bekommen.[596]

Das MfS schätzte ein, dass vor allem der BND massive Angriffe gegen den grenzüberschreitenden Verkehr führte, um Spione unter den Kraftfahrern zu schaffen. In den Jahren 1980 bis 1985 wurden im Rahmen der Bearbeitung von Teilvorgängen des ZOV »Perspektive« der HA XIX und einer erfolgreichen Arbeit mit IM derartige Angriffe erkannt und abgewehrt. Dazu wurden Ermittlungsverfahren gegen geworbene Spione unter den Kraftfahrern eingeleitet und abgeschlossen. Seit 1980 war der BND intensiv bemüht, in den Reisekaderbestand im grenzüberschreitenden Verkehr einzudringen. Daraus ergaben sich für die Staatssicherheit zwei grundsätzliche Zielstellungen für die Abwehrarbeit:

1. die Erkennung, Bearbeitung und Paralysierung vorhandener Agenturen des BND unter den Reisekadern im grenzüberschreitenden Verkehr;

2. die vorbeugende Verhinderung des Missbrauchs von Reisekadern im grenzüberschreitenden Verkehr seitens des BND durch die Aufdeckung aller gegneri-

---

596 Vgl.: Günter Mayer: Diplomarbeit zum Thema: »Die Entwicklung und Bearbeitung Operativer Vorgänge im Rahmen der Bekämpfung von Spionageangriffen gegen im grenzüberschreitenden Güterkraftverkehr eingesetzte Kader«. BStU ZA MfS JHS Nr. 21520, Bl. 14–21.

schen Angriffe und die Einleitung wirksamer Gegenmaßnahmen.[597]

Grundsätzliche Anforderungen an die Gestaltung der
Abwehrarbeit zur Verhinderung und Aufdeckung von
Agenturen des BND unter den im grenzüberschreiten-
den Verkehr tätigen Personen

Bei der Gestaltung der operativen Arbeit zur vorbeugenden Verhinderung des Tätigwerdens und der rechtzeitigen Aufdeckung von Spionen des BND unter den
im GÜV tätigen Personen waren folgende Aspekte zu
beachten:
1. Der BND konzentrierte sich auf solche Personen, bei
   denen Anhaltspunkte wie
   • politische Labilität/politisches Desinteresse,
   • starke materielle und finanzielle Interessiertheit,
   • Verstöße gegen Zoll- und Devisenbestimmungen
     der DDR,
   • Verletzung der Verhaltensnormen für DDR-Reise-
     kader im Ausland
   zu erkennen waren, um sich somit eine Erfolgs-
   chance für eine perspektivische Werbung und langfristige Zusammenarbeit zu sichern.
2. Der BND widmete sich bei der Suche und Auswahl
   neu zu schaffender Agenturen unter dem Personal
   des GÜV solchen Bereichen und Objekten im NSW,
   die häufig beziehungsweise kontinuierlich von einer
   Vielzahl von DDR-Kraftfahrern aufgesucht bezie-

---

597 Vgl.: Günther Weber: Diplomarbeit zum Thema: »Erfahrungen und Erkenntnisse der Zusammenarbeit mit IM aus dem
Schwerpunktbereich grenzüberschreitender Güterkraftverkehr
zur Erarbeitung von operativ bedeutsamen Informationen und
deren weitere Verdichtung bei der Bekämpfung von Spionageangriffen des BND«. BStU ZA MfS JHS Nr. 20267, Bl. 7.

hungsweise angefahren wurden. In der Regel handelte es sich dabei um solche Bereiche und Objekte wie

- Rast- und Gaststätten mit preisgünstigem Speise- und Getränkeangebot,
- Vergnügungslokalitäten der niedrigen Preiskategorien, wo sich DDR-Kraftfahrer zeitlich entsprechend aufhalten konnten,
- Parkplätze mit angrenzenden Versorgungseinrichtungen und Freizeitmöglichkeiten,
- Be- und Entladestellen.

Dies verlangte aus Sicht des MfS einen personen- und sachbezogenen IM-Einsatz zur Realisierung einer qualifizierten Vergleichs- und Verdichtungsarbeit. Der Einsatz der IM war zu konzentrieren auf

- die Herausarbeitung der Personen im grenzüberschreitenden Verkehr, die aufgrund ihrer Handlungs- und Verhaltensweisen während ihrer Aufenthalte in der Bundesrepublik sowie ihrer Persönlichkeitseigenschaften Ansatzpunkte für den BND boten,
- die Aufdeckung und Aufklärung von Einfluss- und Entwicklungsmöglichkeiten gegnerischer Kräfte durch Kontakte, Beziehungen und Verbindungen zu den DDR-Kraftfahren während des Aufenthalts im NSW (Konzentrations- und Anlaufpunkte),
- das Erkennen der Begehungsweisen, Mittel und Methoden der Durchführung von Spionagehandlungen,
- die Herausarbeitung bestehender oder sich entwickelnder begünstigender Bedingungen für das Vorgehen des BND zur Schaffung von Agenturen.

Die Auftragserteilung, Instruierung und Befähigung der IM musste der Vorgehens- und Arbeitsweise des BND Rechnung tragen. Ein IM, der keine Kenntnisse darüber besaß, an welchen Handlungs- und Verhaltensweisen man einen Mitarbeiter oder Spion eines Geheimdienstes erkennen konnte, war nicht in der Lage, bedeutsame Informationen in diese Richtung zu erarbeiten. Dabei musste jedoch beachtet werden, dass Erkenntnisse über Vorgehens- und Arbeitsweise der Geheimdienste einen hohen Abstraktionswert besaßen.

Aufgrund der Enttarnung von Agenturen des BND und des Verfassungsschutzes hatten diese Behörden ihre Vorgehensweisen gegenüber Kraftfahren im GÜV modifiziert. Bei Vorliegen spionagebezogener bedeutsamer Informationen wie

- einer möglichen Anwerbung,
- einer möglichen Kontaktierung,
- nachrichtendienstlichen Verbindungssystemen oder
- nachrichtendienstlicher Informationsbeschaffung

sowie deren Aufklärung und Bearbeitung war eine enge Zusammenarbeit mit der Linie II als federführende Struktureinheit im Rahmen der komplexen Spionageabwehr zu gewährleisten, um neueste Erkenntnisse berücksichtigen zu können.

Von den Struktureinheiten der Linie XIX waren die operative Einflussnahme und das Zusammenwirken mit den staatlichen Leitern und gesellschaftlichem Kräften auf die konsequente Wahrnehmung der ihnen übertragenen Aufgaben auszurichten. Dies betraf insbesondere die Verantwortung bei

- der Gewährleistung von Sicherheit, Ordnung und Disziplin im GÜV,
- der politisch richtigen Auswahl, Bestätigung, Einsatzvorbereitung und Schulung des im GÜV eingesetzten Personals,
- der Erziehung zur Wachsamkeit sowie zum würdigen Vertreten der DDR im Ausland,
- der erforderlichen technischen Sicherheit der zum Einsatz gebrachten Fahrzeuge, Ausrüstung und Beladung gemäß den im NSW jeweils geltenden Bestimmungen.

Nach Zustimmung zum Einsatz der Person im grenzüberschreitenden Verkehr war im Rahmen des Durchdringungsprozesses zur Beantwortung der Frage »Wer ist wer?« eine ständige Kenntnis darüber zu sichern, ob die NSW-Reisekader weiterhin den sicherheitspolitischen Anforderungen gemäß der sich verändernden Lage entsprachen. Zur Sicherung eines kontinuierlichen Informationsaufkommens über

• Hinweise auf Verhaltensänderungen,
• Konfliktsituationen,
• Verbindungsaufnahmen im NSW,
• korruptes Verhalten oder
• kriminelle beziehungsweise spekulative Handlungen

war ein personenbezogener IM-Einsatz zu organisieren. Zur Erarbeitung bedeutsamer Hinweise in Form von Widerspruchsverhalten bei den im grenzüberschreitenden Verkehr eingesetzten Kadern wurde der Einsatz von IM im Wohn- und Freizeitbereich seitens des MfS als unumgänglich betrachtet. Dabei waren die inoffiziellen Potenzen der eigenen sowie anderer Struktureinheiten umfassend auszuschöpfen.

Bei der Feststellung bedeutsamer Hinweise auf Unzuverlässigkeit war durch die Staatssicherheit zu prüfen, ob aus Sicherheitsgründen eine sofortige Herauslösung als NSW-Reisekader erfolgen musste. Dabei wurde jedoch der operative Aspekt einer möglichen Geheimdienstversion geprüft, um nicht von vornherein weiterführende Bearbeitungsmaßnahmen zur Schaffung von Beweisen für eine nachrichtendienstliche Tätigkeit auszuschließen.

Die OV-Bearbeitung war ein entscheidender Bestandteil der Abwehrarbeit der Staatssicherheit zur Gewährleistung der staatlichen Sicherheit der DDR. In der Vorgangsbearbeitung beziehungsweise durch sie vollzog sich die aktive Auseinandersetzung mit gegnerischen Geheimdiensten. Das verlangte aus Sicht des MfS folglich, den Einsatz der operativen Kräfte, Mittel und Methoden zielgerichtet und vordringlich auf die beschleunigte Klärung und Unterbindung der bereits erkannten oder vermuteten Geheimdiensttätigkeit zu konzentrieren. Im Mittelpunkt der Bearbeitung von Spionagevorgängen zur Aufklärung und Bekämpfung der Agenturen westlicher Geheimdienste unter den Kadern des GÜV stand die Frage: Inwieweit hat sich die betreffende Person in eine agenturische Tätigkeit integrieren lassen? Das verlangte die Erarbeitung von Informationen, die

- eine umfassende Aufklärung der Person,
- das Feststellen und die Dokumentation von Verhalten und Handeln zur Erlangung von Spionageinformationen,
- die Feststellung von Hinweisen und Anzeichen auf ein bestehendes Verbindungssystem zu einem Geheimdienst,
- das Feststellen sowie die Dokumentation von Beweisgegenständen der Spionage (nachrichtendienstliche Hilfsmittel)

sicherten. Berücksichtigung musste auch die Tatsache finden, dass Werbungsgespräche unter Legende durch die Geheimdienste erfolgten. Das bedeutet, dass mitunter schon die Preisgabe von Informationen möglich war, bevor die Werbung der Person vollendet war und somit eventuell bereits eine Straftat gemäß §§ 97 und 99 StGB vorlag. Die Anwendung des § 98 StGB setzte dagegen stets eine Integration in die Spionagetätigkeit voraus, das heißt, eine geheimdienstliche agenturische Tätigkeit lag vor,

- wenn die Person ihre Mitwirkung (mündlich/schriftlich) oder durch schlüssiges Verhalten zum Ausdruck gebracht hatte, geheimzuhaltende Informationen zum Nachteil der Interessen der DDR zu erarbeiten,

- wenn die Anwendung konspirativer Mittel und Methoden im Rahmen der Aufrechterhaltung der Verbindung beziehungsweise bei Realisierung von Spionageaufträgen erfolgte,
- durch Verwendung spezieller Details des geheimdienstlichen Informationsbedarfs in den schriftlichen Berichten der Person,
- durch die Ausrüstung mit geheimdienstlichen Hilfsmitteln.

Wesentliche Erscheinungsformen, die eine Integrierung agenturischer Tätigkeit (schlüssiges Verhalten) darstellten, waren:

- die Annahme von Spionageaufträgen,
- die Beachtung von Instruktionen zur Auftragsrealisierung durch die Person,
- die Übertragung eines globalen Informationsbedarfs an die Person, und dieser oblag selbst die Detailerarbeitung,
- die Übergabe finanzieller Mittel an die Person,
- die Annahme von Telefonnummern oder Deckadressen zur Verbindungsaufnahme,
- die Quittierung von Geldausgaben für Telefonate und Postsendungen.

Schlüssiges Verhalten lag dann vor, wenn der Spion Handlungen im Sinne der Integration vollzog, das heißt die Herstellung von Bedingungen der agenturischen Zusammenarbeit.

Ein Werbungsverhältnis dagegen lag vor, wenn eine Person mit einem geworbenen Spion oder wenn die Person selbst mit einem Residenten zusammenarbeitete, jedoch formal Aufträge zu realisieren ablehnte, aber von sich aus Informationen preisgegeben hatte.

Im Rahmen der Bearbeitung von Spionagevorgängen war

ein hoher Anspruch an die Gewährleistung von Konspiration und Geheimhaltung zu stellen. Berücksichtigung bei der Bearbeitung von OV sowie der Erarbeitung/Schaffung von Beweismitteln für eine geheimdienstliche Tätigkeit mussten solche Umstände finden wie,

- dass aus realisierten MfS-Öffentlichkeitsmaßnahmen Schlussfolgerungen auf Kader des grenzüberschreitenden Verkehrs hinsichtlich dort vorhandener Quellen des MfS gezogen wurden,
- dass das MfS für das Bestätigungsverfahren von NSW-Reisekadern verantwortlich war und damit Kader des GÜV im Blickfeld der Staatssicherheit standen,
- dass vorhandene IM und AIM als Doppelagenten paralysiert wurden, die ihren Wohnsitz nicht mehr in der DDR hatten,
- dass eventuell unter den Kraftfahrern im grenzüberschreitenden Verkehr Personen existierten, die Kontakte zu gegnerischen Stellen und Kräften hatten und nicht darüber informierten.

Des Weiteren waren vorliegende Quellenerkenntnisse bereits im Prozess der Erarbeitung des Verdachts (Stadium OPK) beziehungsweise bei sofortigem Anlegen von OV im Rahmen der Bearbeitung durch Koordinierung und Abstimmung mit den Hauptabteilungen XIX, II, III und VI sowie der HV A zu prüfen. Dies betraf gleichzeitig die Zusammenarbeit und Koordinierung von operativen Maßnahmen zum Einsatz spezieller Kräfte und Mittel im Operationsgebiet. Die DA Nr. 1/87 als Grundlage der Arbeit zur komplexen Spionagebekämpfung enthielt konkrete Festlegungen der Abstimmung zum Anlegen, zur Bearbeitung sowie zum Abschluss von OV in Richtung Spionage mit der Linie II.[598]

---

598 Vgl.: Günter Mayer: »Die Entwicklung und Bearbeitung Ope-

Der Spion Peter G.

Bei der Organisierung der Abwehrarbeit ging das MfS von der Erkenntnis aus, dass vor allem der BND Spione unter den Reisekadern im grenzüberschreitenden Verkehr geschaffen hatte, um sie für eine Spionagetätigkeit innerhalb der DDR zu allen Problemen der gesellschaftlichen Entwicklung, insbesondere aber zur Aufklärung des militärischen Potentials der NVA und der GSSD, der Maßnahmen der DDR für den Verteidigungszustand und zum Erkennen von inoffiziellen Kräften der Staatssicherheit zu nutzen.

Im Ergebnis des erfolgreichen Abschlusses des TV »Elbe II« des ZOV »Perspektive«, Reg.-Nr. XV 5561/82 der HA XIX wurde in diesem Zusammenhang folgende Auftragsstruktur des Spions G. bekannt:

- Erkundung von Objekten der NVA und der GSSD sowie Militärverladebahnhöfe der Deutschen Reichsbahn;
- Feststellung der Standorte beziehungsweise Transporte von bedeutsamer Militärtechnik wie Raketen und Panzer;
- Beobachtung von Militärbewegungen, wie Transporte auf dem Schienenweg, Marschkolonnen und einzelne Fahrzeuge auf der Straße, das Überqueren von Wasserhindernissen, Handlungen im Rahmen von Übungen;
- Benennung von Angehörigen der bewaffneten Organe der DDR;
- zielgerichtete Suche nach IM des MfS;

---

rativer Vorgänge im Rahmen der Bekämpfung von Spionageangriffen gegen im grenzüberschreitenden Güterkraftverkehr eingesetzte Kader«, Bl. 24–29.

- Informationen zur Lage und Stimmung in der DDR und in Polen;
- Informationen zu personellen Problemen und Regimeverhältnissen in den Kraftverkehrsbetrieben.

Zur Deckung des aus dieser Auftragsstruktur resultierenden Informationsbedarfs erhielt G. vom BND Zielobjekte in seinem Heimatort sowie an den von ihm häufig befahrenen Strecken innerhalb der DDR vorgegeben.

Bei G. handelte es sich nach Einschätzung des MfS um einen charakterlich labilen und politisch desinteressierten Menschen. Das Hauptmotiv seines Bestrebens für einen Einsatz im grenzüberschreitenden Verkehr bestand darin, andere Länder kennenzulernen und vor allem durch den Besitz von Devisen seine ausgeprägten materiellen Wünsche und Interessen erfüllen zu können. Dieses Motiv war ausschlaggebend dafür, sich zur Spionage anwerben zu lassen.

Der Spion G. wurde während eines berufsbedingten Aufenthalts in Hamburg bei einem Reeperbahnbummel von zwei sich als Journalisten ausgebenden Männern um ein Interview über die Reeperbahn gebeten. Aufgrund der in Aussicht gestellten Bezahlung erklärte er sich dazu bereit. Nachdem er sich mit seinem Vornamen vorgestellt und mitgeteilt hatte, dass er aus der DDR kommt, wurde er von den Männern in ein Gespräch über die DDR verwickelt. Dabei teilte G. auf Befragen mit, dass er als Fernfahrer des Öfteren in die Bundesrepublik, unter anderem nach Hamburg, kommt. Weiterhin gab er bereitwillig Auskunft über:

- seine berufliche Entwicklung,
- seine familiäre Situation,
- die Einsatzbedingungen für Kraftfahrer im grenzüberschreitenden Verkehr im VEB Kraftverkehr Wittenberg,
- die Versorgungslage in der DDR.

Dafür erhielt er 100 DM. Weil ihm Geld geboten wurde, erklärte er sich zu weiteren Unterhaltungen bereit. G. nahm die Telefonnummer eines automatischen Anrufbeantworters entgegen, dessen Funktion ihm praktisch vorgeführt wurde, um bei seinem folgenden Aufenthalt in der Bundesrepublik mit diesen Personen ein Treffen konkret zu vereinbaren. Als er die Entgegennahme des Geldes quittieren sollte, wählte G. von sich aus einen anderen Namen, um seinen Familiennamen nicht preiszugeben zu müssen.

Mit dem Ziel, die Qualität der Berichterstattung zu erhöhen, wurde G. kurz vor seiner Inhaftierung zur schriftlichen Erfassung und Übergabe militärischer Informationen aufgefordert und erhielt vom BND dazu eine speziell zur Beförderung solcher Materialien präparierte Stabtaschenlampe aus DDR-Produktion. Nach den Treffs erfolgten regelmäßig Gaststättenbesuche in ausgewählten Lokalitäten, in denen keine anderen Kraftfahrer aus der DDR verkehrten. Hierbei erfolgte ein entsprechender Alkoholkonsum, so dass der Spion stets im angetrunkenem Zustand zu seinem Lkw zurückkehrte.

Eine vom BND vorgeschlagene TBK-Nutzung in Hamburg zur Hinterlegung schriftlicher Informationen sowie zur Entgegennahme von Geld lehnte G. ab, da er in einem weiteren Weg der Verbindungshaltung seine persönliche Sicherheit gefährdet sah. Zu einer vorgesehenen Ausrüstung und Verwendung von vercontainerten Signalpostkarten zur Mitteilung von Unterbrechungen seiner beruflichen Reisen in die Bundesrepublik kam es nicht.

Generell wurde G. vom BND hinsichtlich der Durchführung seiner Aufträge so instruiert, die vorgegebenen Militärobjekte, militärischen Bewegungen auf der Straße, im Übungsgelände sowie Militärtransporte auf der Schiene visuell beim Vorbeifahren mit dem Lkw zu beobachten und so geheimdienstliche Erkundungen vorzunehmen. Als weitere Möglichkeit wurde ihm vom BND die nachrichtendienstliche Abschöpfung seiner Verwandten und Bekannten vorgeschlagen. Ein besonderer Schwerpunkt bestand in der Feststellung von Stationierungsorten eines neuen sowjetischen Panzertyps, auf dessen Identifizierungsmerkmale er besonders hingewiesen worden war. Dafür wurde der Agentur vom BND eine zusätzliche Vergütung in Aussicht gestellt.

Mit der Übergabe schriftlicher Spionageinformationen wurde G. eine regelmäßige Bezahlung von monatlich 300 DM angekündigt.[599] Peter G. wurde gemäß § 98 StGB im Dezember 1983 zu acht Jahren Freiheitsentzug verurteilt.

Arbeit mit Reisekader-IM im Verantwortungsbereich der BV Halle

Auf der Grundlage der bei der Bearbeitung von OV zu Agenturen des BND sowie in der Arbeit mit Reisekader-IM erlangten Erfahrungen und Erkenntnisse zu Aktivitäten des BND gegen Reisekader im grenzüberschreitenden Verkehr sowie der Analyse der Wirksamkeit in der Abwehrarbeit im Schwerpunktbereich GÜV, wurde im Oktober 1984 in der BV Halle eine neue Sicherungs- und Bearbeitungskonzeption (VVS Hle

---

599 Vgl.: Günther Weber: »Erfahrungen und Erkenntnisse der Zusammenarbeit mit IM aus dem Schwerpunktbereich grenzüberschreitender Güterkraftverkehr zur Erarbeitung von operativ bedeutsamen Informationen und deren weitere Verdichtung bei der Bekämpfung von Spionageangriffen des BND«, Bl. 8–15.

o0013-395/84) erarbeitet und den Diensteinheiten, welche Abwehraufgaben in diesem Schwerpunktbereich zu realisieren hatten, übergeben.

Die geführten Untersuchungen in ausgewählten KD und der Abteilung XIX der BV Halle verfolgten das Ziel, zu überprüfen, wie und mit welchen Ergebnissen die in der Sicherungs- und Bearbeitungskonzeption festgelegten Aufgaben- und Maßnahmenkomplexe, speziell zur Erhöhung der Wirksamkeit in der Arbeit mit Reisekader-IM bei der Erarbeitung und Verdichtung von bedeutsamen Informationen realisiert worden waren.

Trotz des Faktes, dass durch den abgestimmten und koordinierten Einsatz operativer Mittel und Kräfte der Abteilung XIX, der Abteilung II sowie der KD ein weiterer BND-Spion aus dem Schwerpunktbereich GÜV inhaftiert werden konnte, operative Ausgangsmaterialien entwickelt wurden und die Arbeit mit Reisekader-IM weiter qualifiziert wurde, betrachtete man die Untersuchungsergebnisse kritisch. Selbstkritisch wurde angemerkt, dass der Anteil der in der Arbeit mit Reisekader-IM erarbeiteten bedeutsamen Informationen und deren Verdichtung zur Entwicklung von operativen Ausgangsmaterialien für die Vorgangsbearbeitung nicht den vorhandenen Sicherheitserfordernissen entsprach. Vor allem für die KD wurde die Aussage getroffen, dass das Aufkommen an bedeutsamen Informationen insgesamt zu gering war und der Zeitraum zwischen der Erarbeitung der Erstinformation und deren Überprüfung/Verdichtung teilweise Wochen oder gar Monate umfasste.

Bei der Untersuchung der Wirksamkeit der Reisekader-IM wurde die Feststellung getroffen, dass der zahlenmäßige Anteil der IM, welche die objektiven und subjektiven Voraussetzungen besaßen, in die Konspiration des BND einzudringen, gegnerische Angriffsrichtungen, Pläne, Absichten und Maßnahmen sowie nachrichtendienstliche Mittel und Methoden aufzuklären und vom BND geschaffene Agenturen zu erkennen, zu gering war. Ein Teil der Reisekader-IM arbeitete bereits langjährig mit der Staatssicherheit zusammen, wechselte oft den Führungsoffizier und wurde zeitweilig nicht in konspirativen Wohnungen getroffen. Es erfolgte eine diskontinuierliche Zusammenarbeit und der Einsatz erfolgte zeitweilig zur Lösung von Aufgaben, die keine ausreichende Sicherheit dafür boten, dass Konspiration und Geheimhaltung jederzeit gesichert waren. Bei der Mehrzahl dieser IM kam hinzu, dass die Frage »Wer ist wer?« nicht eindeutig geklärt war und im Einzelfall nicht ausgeschlossen werden konnte, dass diese IM vom BND enttarnt, kontaktiert oder angeworben worden waren. Beispielhaft dazu die Entwicklung eines IMB:

Der IMB war damals 45 Jahre alt, verheiratet und hatte zwei Kinder. Seit 1962 war er Mitglied der SED, seinen Wehrdienst hatte er von 1962 bis 1964 an der Grenze geleistet. Von 1966 an war er Kraftfahrer in einem volkseigenen Betrieb.

Nach seiner Aufklärung und Bestätigung erfolgte von 1969 bis 1974 der erste Einsatz im grenzüberschreitenden Verkehr. In der Aufklärung des IM spielte der Fakt seiner Herauslösung aus dem grenzüberschreitenden Verkehr keine Rolle, der Grund dafür wurde nicht ermittelt. Im Mai 1981 erfolgte die Kontaktierung des Kraftfahrers durch das MfS und im Juni 1981 die Werbung auf der Basis der Überzeugung. Das zu diesem Zeitpunkt vorliegende Aufklärungsmaterial beinhaltete eine widersprüchliche Einschätzung der Persönlichkeit, die jedoch nicht beachtet wurde. Die erste Einsatzkonzeption für den IM wurde im März 1982 erarbeitet. Sie entsprach dem Stand der Erkenntnisse zu Aktivitäten des BND und daraus resultierenden Anforderungen an den IM. Ein Nachweis über die Realisierung der darin angedachten Maßnahmen zur Erziehung und Befähigung sowie Überprüfung des IM waren nicht vorhanden. Diese Einsatzkonzeption wurde im März 1983, Februar 1984 und Januar 1985 präzisiert und sollte die Grundlage für die Qualifizierung des IM zum IMB sein. Die Umregistrierung zum IMB erfolgte im März 1983, da es zum damaligen Zeitpunkt die ersten relevanten Kontakte beim berufsbedingten Aufenthalt in der Bundesrepublik gab.

Im Zeitraum ab 1983 wurden die geplanten Maßnahmen der Erziehung und Befähigung dann auch teilweise umgesetzt, jedoch erfolgte keine nachweisbare Überprüfung auf Ehrlichkeit und Zuverlässigkeit.

Die Analyse des Informationsaufkommens und der Trefftätigkeit mit dem IMB hatte ergeben, dass die von ihm erarbeiteten Informationen überwiegend unkonkret und unvollständig waren, nicht überprüft wurden, er ständig neue Informationen und Probleme brachte, ohne dass ein Problem bis zum Ende geklärt wurde, wobei hier die Kontakte des IMB in der Bundesrepublik einen Schwerpunkt bildeten. Diese bedeutsamen Verhaltensweisen wurden vom Führungsoffizier nicht richtig bewertet. Es erfolgte keine entsprechende Reaktion, im Gegenteil, der Führungsoffizier setzte den IMB überwiegend zur Klärung der Frage »Wer ist wer?« ein und bewertete ohne Überprüfung jede seiner Informationen als objektiv und wahrheitsgemäß. Vorliegende Hinweise anderer IM, dass es sich bei dem IMB um einen Menschen handelte, der lediglich auf seinen persönlichen Vorteil bedacht war, arrogant auftrat, einen undurchsichtigen und unehrlichen Eindruck hinterließ, fanden keine Wertung und Beachtung.

Die Untersuchungsergebnisse der BV Halle belegen, dass der überwiegende Teil der vor 1980 geworbenen

IM, bis auf wenige Ausnahmen, kaum operativ auswertbare Informationen erarbeitet hatte und beim Abreißen der Verbindung zum Führungsoffizier diese nur sporadisch wieder aufnahmen. Im Gegensatz dazu schätzte die Staatssicherheit ein, dass mit den Reisekader-IM die besten Arbeitsergebnisse erzielt wurden, die auf der Grundlage von Anforderungsprofilen ausgewählt, aufgeklärt und geworben worden waren und wo die erkannten spezifischen Einsatzbedingungen sowie die zu erwartenden Angriffsrichtungen des BND beachtet wurden.

Bei der Analyse der durch Reisekader-IM innerhalb der BV Halle insgesamt erarbeiteten Informationen wurde deutlich, dass zu viele IM dazu veranlasst worden waren, grundsätzlich

- über den gesamten Ablauf einzelner Fahrteinsätze in das NSW zu berichten, ohne zu differenzieren und ohne zu bewerten, was sehr viel Zeit in Anspruch nahm und die IM »berichtsmüde« machte,
- unvollständig über relevante Vorkommnisse und Feststellungen zu berichten (dies wurde besonders beim Informieren über eigene dienstliche und private Kontakte sowie die Kontakte anderer Reisekader mit Personen aus dem NSW deutlich, wenn beispielsweise vollständige Personen- und Kfz-Beschreibungen erarbeitet beziehungsweise Informationen nach den acht W-Fragen – wann, wer, wo, was, wie, womit, warum, wen – abgefasst werden sollten),
- insgesamt zu passiv an die Realisierung übertragener Aufgabenstellungen entsprechend ihrer Einsatzrichtungen heranzugehen (dies betraf vor allem die gezielte Führung von Abschöpfgesprächen bezüglich Reisekadern oder Kontaktpartnern),
- im Rahmen ihres Einsatzes zur Klärung der Frage »Wer ist wer?« unter den Reisekadern nur allgemei-

ne Informationen zur Person zu erarbeiten, weil die Aufträge ungenügend darauf ausgerichtet waren, solche Informationen zu erarbeiten, die es ermöglichten, personelle Unsicherheitsfaktoren zu erkennen, Anhaltspunkte für die Enttarnung von Agenturen des BND zu erarbeiten beziehungsweise Hinweise für eine mögliche inoffizielle Nutzung zu erhalten.

Die Analysierung des Aufkommens an bedeutsamen Informationen hatte ergeben, dass im Zeitraum 1. Januar bis 30. Juli 1985 insgesamt 372 operativ bedeutsame Informationen erarbeitet worden waren. Davon wurden auf Linie 160 Informationen und durch die Abteilung XIX der BV Halle mit 25 Prozent der Reisekader-IM im GÜV 212 Informationen erarbeitet.

Die Ursachen sah die Staatssicherheit überwiegend darin begründet, dass es den Reisekader-IM an den wesentlichen Voraussetzungen fehlte, bestimmte Ereignisse und Feststellungen richtig zu bewerten sowie ihr Handeln und Verhalten entsprechend motiviert und taktisch richtig auf diese Ereignisse und Feststellungen auszurichten. Bei der Erarbeitung und Präzisierung der Einsatzkonzeptionen der IM wurden die veränderten Lagebedingungen und aktuellen Sicherheitserfordernisse zwar weitgehend berücksichtigt aber in der unmittelbaren Arbeit mit den IM nicht in dem erforderlichen Maße umgesetzt. Hierbei wurde deutlich, dass es bei den einzelnen Führungsoffizieren der IM und Referatsleitern unklare Vorstellungen darüber gab, welches Maß an verallgemeinerungswürdigen Erkenntnissen des MfS zur Spionage des BND unter Wahrung der Konspiration und unter Beachtung der Sicherung vorhandener Möglichkeiten der Überprüfung der durch die Reisekader-IM erarbeiteten Informationen diesen vermittelt und beim IM Handlungsmotive gesetzt werden konnten. Des Weiteren wurde beispielsweise die Bedeutung der Arbeit mit

Personenbeschreibungen im Rahmen der Klärung und Bearbeitung von bedeutsamen Kontakthandlungen gegenüber den Reisekadern im NSW unterschätzt.

In der vorgenannten Problematik lagen auch die die Ausgangspunkte für weitere Mängel in der Arbeit mit den IM. Obwohl das wechselseitige Verbindungssystem IM – Führungsoffizier weitgehend den Anforderungen der Konspiration entsprochen hatte, wurden die Treffabstände mit einzelnen IM ohne Berücksichtigung ihrer konkreten Einsatzrichtung und dem erreichten Stand ihrer Befähigung gestaltet. Treffs wurden in der Regel ausschließlich am Wochenende durchgeführt und dadurch die mögliche Anzahl von vornherein begrenzt. Reserven lagen in der Nutzung der Tage zwischen den Fahrteinsätzen. Es wurden kaum Unterschiede in den Treffabständen der IM sichtbar, die zur Blickfeldarbeit eingesetzt waren, an operativen Materialien arbeiteten oder andere individuelle Einsatzrichtungen hatten. Generell nicht berücksichtigt wurde, dass diese Treffabstände, abhängig von der Lage, ständig präzisiert werden mussten. Unter Beachtung solcher Regimefragen, dass der Reisekader-IM wöchentlich in der Regel zwei Fahrteinsätze in das NSW durchführte, entstanden dabei zwangsläufig Informationsverluste und die Aktualität der erarbeiteten Informationen entsprach nicht den Anforderungen. Die Auftragserteilung und Instruierung der IM erfolgte zwar abgeleitet aus ihren Einsatzrichtungen aber nicht durchgängig personen- und sachbezogen und überwiegend zu passiv.

Wie dargelegt, wurden bei der Treffdurchführung mit Reisekader-IM zu oft unvollständige Informationen erarbeitet. Die Ursache dafür lag darin begründet, dass die Führungsoffiziere diese Informationen beim Treff nicht sofort richtig analysierten, bewerteten und keine Reaktionen zur Vervollständigung der Informationen beziehungsweise deren Verdichtung im neuen Auftrag an die IM erfolgten. Dies wurde vor allem dadurch begünstigt, dass einzelne Führungsoffiziere in den Kreisdienststellen zu oft den Verantwortungsbereich gewechselt hatten, nicht über die erforderlichen Kenntnisse zu den Spionageaktivitäten des BND sowie die nötigen Regimekenntnisse zum Schwerpunktbereich GÜV verfügten und teilweise für die Abwehrarbeit in mehreren Schwerpunktbereichen verantwortlich waren.[600]

Reisekader–IM gegen den BND

Bei der Arbeit mit Reisekader-IM aus dem Schwerpunktbereich GÜV hatte es sich in der Praxis bewährt, den personen- und sachbezogenen Einsatz der IM auf der Grundlage der in den Einsatzkonzeptionen festgelegten individuellen Einsatzrichtungen zu organisieren. Als Orientierung für die individuellen Einsatzrichtungen der Reisekader-IM wurden in der Sicherungs- und Bearbeitungskonzeption für den Schwerpunktbereich GÜV folgende grundsätzliche Einsatzrichtungen der IM festgelegt:

1. Herstellung und Ausbau von bedeutsamen Kontakten und Verbindungen zu Personen im Operationsgebiet. Aufdeckung der Pläne, Absichten und Maßnahmen der Geheimdienste.
2. Klärung der Frage »Wer ist wer?« unter den Reisekadern im grenzüberschreitenden Verkehr.
3. Aufklärung der Regimeverhältnisse an den Grenzkontrollpunkten, Be- und Entladestellen sowie Herausarbeitung von Konzentrationspunkten im Operationsgebiet.

---

600 Vgl.: Ebd., Bl. 20–27.

4. Erarbeitung von Informationen im und nach dem Operationsgebiet gemäß Befehl Nr. 40/68 des Ministers für Staatssicherheit (»operative Maßnahmen zur Ausschaltung des Überraschungsmoments und zum rechtzeitigen Erkennen einer akuten Kriegsgefahr«).
5. Durchführung von Kontrollmaßnahmen zu interessierenden Personen aus dem Bereich GÜV.
6. Realisierung von Teilaufgaben bei der Vorbereitung und Durchführung operativer Maßnahmen im Arbeits-, Wohn- und Freizeitbereich von bearbeiteten Personen.

Als Grundlage für den personen- und sachbezogenen Einsatz der IM entsprechend ihrer individuellen Einsatzrichtung war zur Qualifizierung der Auftragserteilung und Instruierung durch die Führungsoffiziere der Informationsbedarf für die IM bezogen auf die Spionageaktivitäten des BND verallgemeinert sowie der Möglichkeiten der IM, bedeutsame Informationen zu erarbeiten, abzuleiten.

Erfahrungen der Staatssicherheit machten deutlich, dass die konkrete Einsatzrichtung der IM von folgenden wesentlichen Faktoren abhängig gemacht werden musste:

- vom erzielten Ergebnis bei der Klärung der Frage »Wer ist wer?«, insbesondere den beim IM ausgeprägten Persönlichkeitseigenschaften unter Beachtung der Erkenntnisse zu den Aktivitäten des BND;
- von dem beim IM erwiesenen Grad der Zuverlässigkeit/Ehrlichkeit und inneren Bindung an die Staatssicherheit;
- von den in der inoffiziellen Zusammenarbeit ausgeprägten Erfahrungen und Fähigkeiten in der konspirativen Arbeit;
- von seiner beruflichen Stellung oder Funktion im Bereich des Kraftverkehrsbetriebs,
- von Verbindungen und Kontakten zu Personen inner-

halb der DDR, welche ebenfalls zu den Zielpersonen der Geheimdienste gehörten.

Die Ergebnisse der Vorgangsarbeit und Arbeit mit IM zeigten der Staatssicherheit auf, dass der nachrichtendienstliche Gegner an Konzentrationspunkten des Verkehrswesens im Operationsgebiet mit hohem Aufwand an Mitteln und Kräften Überwachungsmaßnahmen zu den DDR-Reisekadern durchführte. Beim Einsatz der Reisekader-IM musste das MfS deshalb stets mit gezielten Überprüfungsmaßnahmen westlicher Dienste rechnen. Daraus resultierte für die Führungsoffiziere zwingend die Notwendigkeit, jede vom IM zu realisierende Aufgabe unter diesem Aspekt zu durchdenken, gut zu legendieren sowie die IM so zu instruieren und ihnen einen so hohen Grad an Sicherheit zu geben, dass ihr Verhalten natürlich wirkte und den Geheimdiensten keinen Anhaltspunkt für gezielte Maßnahmen gegen sie bot.

Die erkannten Aktivitäten des BND gegen DDR-Reisekader und damit im Zusammenhang stehende Aktionen anderer bundesdeutscher Sicherheitsbehörden erforderten aus Sicht des MfS, in den Einsatzkonzeptionen der IM eindeutige Festlegungen zu treffen, wie sie sich im Fall einer legendierten Anbahnung oder offenen Konfrontation mit dem BND beziehungsweise bei exekutiven Maßnahmen der bundesdeutschen Staatsschutzorgane zu verhalten hatten.

Bei Reisekader-IM, bei denen sich sicherheitspolitische Aspekte dahingehend ergeben hatten, dass Verwandte Angehörige der Schutz- und Sicherheitsorgane der DDR oder Spitzengeheimnisträger waren, machte es sich in der Regel erforderlich, von vornherein die Entscheidung zu treffen, dass sie Kontakte zu Personen aus dem NSW über den beruflich notwendigen Kontakt hinaus ablehnten. In anderen Fällen war es für das MfS in Abhängigkeit von den objektiven und subjektiven Voraussetzungen der IM notwendig, differenzierte Entscheidungen zu treffen.

Die Erfahrungen der Staatssicherheit in der Arbeit mit IM bei der Abwehr von Maßnahmen des BND machten deutlich, dass es den operativen Erfordernissen entsprach, geeignete IM zu beauftragen, auf legendierte Kontaktaufnahmen des BND einzugehen, um dadurch offensiv in der Lage zu sein, weitere Informationen über den Hintergrund der Kontaktanbahnung zu erarbeiten. In der Regel bestand zu einem späteren Zeitpunkt stets die Möglichkeit, diesem Kontakt auszuweichen, vom IM abbrechen zu lassen oder notfalls den IM gänzlich zurückzuziehen.

Ein weiterer Aspekt der Qualifizierung der Auftragserteilung und Instruierung war, diese von Anbeginn an so zu gestalten, dass der IM offensiv an die Realisierung der übertragenen Aufgaben heranging. In der Praxis gab es viele Beispiele, wo zuverlässige und überprüfte IM aufgrund umfangreicher objektiver Probleme im grenzüberschreitenden Verkehr nur einmalig oder in großen Abständen die Gelegenheit besaßen, zu interessanten Menschen aus dem NSW oder DDR-Reiskadern bedeutsame Feststellungen zu treffen, die sich ergebenden Möglichkeiten jedoch nur unzureichend ausschöpften. In der Regel handelte es sich hierbei um gezielte und konsequente Maßnahmen der Abschöpfung von Personen entsprechend des Informationsbedarfs sowie um die Nutzung des gesamten Handlungsraumes, welchen der IM bei Wahrung der Erfordernisse von Konspiration und Sicherheit hatte, um weitgehend vollständig Informationen entsprechend der acht W-Fragen, ergänzt durch Personen- und Kfz-Beschreibungen sowie Skizzen zu erarbeiten.

Mit der Festlegung der individuellen Einsatzrichtung

des Reisekader-IM wurde eine entscheidende Voraussetzung für den personen- und sachbezogenen Einsatz geschaffen. Der aus der individuellen Einsatzrichtung abgeleitete Informationsbedarf wurde somit zum Gegenstand des IM-Einsatzes. In der Praxis der Staatssicherheit hatte sich bewährt:

- In der Treffvorbereitung an den vorangegangenen Auftrag anknüpfen, die Auftragserteilung und Instruierung an den einzelnen IM, einschließlich Maßnahmen der Erziehung und Befähigung, so festzulegen, dass die IM in die Lage versetzt wurden, die benötigten bedeutsamen Informationen zu erarbeiten.

- Die Auftragserteilung und Instruierung der IM so zu gestalten, dass diese konkret wussten, welche Informationen das MfS beispielsweise über Handlungs- und Verhaltensweisen der Reisekader im NSW, im Wohn-, Freizeit- und Interessenbereich benötigte, wie sie diese Informationen erarbeiten konnten, dass sie sich mit dem erhaltenen Auftrag identifizierten und objektive Möglichkeiten zu dessen Durchführung hatten.

- Die Berichterstattung des IM zur Auftragsrealisierung unmittelbar mit der Analyse der erarbeiteten Informationen sowie einer ersten operativen und strafrechtlichen Bewertung (gedankliche Arbeit des Führungsoffiziers) zu verbinden, um sofort hinsichtlich der Festlegung von Maßnahmen zur Überprüfung, Vervollständigung und Verdichtung der Information zu reagieren, wenn sie durch den IM realisiert werden konnten. Die Analyse der Auftragsrealisierung durch die IM war gleichzeitig damit zu verbinden, Verletzungen der Konspiration, Abweichungen von der Instruktion und Ursachen für nicht erfüllte Aufträge zu erkennen. Daraus waren sofort beim Treff erste Schlussfolgerungen für die weitere Instruierung, Erziehung und Befähigung der IM abzuleiten und umzusetzen.

- Dieser beim Treff begonnene Prozess der Bewertung erarbeiteter Informationen sowie die Analyse der Auftragsdurchführung war beim Anfertigen der schriftlichen Treffauswertung fortzuführen, die getroffenen Feststellungen und Festlegungen, wenn erforderlich als Leiterentscheidung, zum Beispiel zur Gestaltung des Informationsflusses oder der Speicherung der Informationen aufzubereiten und Maßnahmen der Erziehung und Befähigung, der Überprüfung des IM sowie notwendig gewordene Ergänzungen zum Auftrag des IM festzulegen und zu dokumentieren.

Bei der Dokumentierung der von den IM erarbeiteten Informationen während des Treffs hatte die Staatssicherheit gute Erfahrungen in der Hinsicht gemacht, dass nach einer mündlichen Darlegung der Information durch die IM diese, wenn möglich durch Fragestellungen ergänzt, vervollständigt und anschließend vom IM auf Band gesprochen wurden. Dabei konnte der erforderliche Einfluss auf die Qualität der Information ausgeübt werden. Die anschließend vom Band abgeschriebene Information war dem IM zur Bestätigung der sachlichen Richtigkeit beim nächsten Treff zur Unterschrift vorzulegen.[601]

Bei der Gestaltung des wechselseitigen Verbindungssystems Führungsoffizier-Reisekader-IM war von grundsätzlichen Erfordernissen auszugehen. Diese ergaben sich aus folgenden Faktoren:

- der Notwendigkeit der strikten Wahrung der Konspiration und Geheimhaltung in der Arbeit mit den IM, abgeleitet aus den Erkenntnissen, dass der BND versuchte, mit Hilfe seiner Agenturen die IM des MfS zu enttarnen und den objektiven Gefahren, welche sich durch den Einsatz im Operationsgebiet ergaben;

---

601 Vgl.: Ebd., Bl. 39–45.

- den Anforderungen an die zu erarbeitenden bedeutsamen Informationen hinsichtlich ihrer Aktualität
  sowie der Notwendigkeit der Vermeidung von Informationsverlusten;
- der Notwendigkeit des kontinuierlich zu gestaltenden
  Prozesses der fachlichen und ideologischen Befähigung der IM;
- der konkreten Einsatzrichtung der IM;
- aus Regimefragen im Schwerpunktbereich grenzüberschreitender Verkehr, insbesondere der Gestaltung
  der Fahrteinsätze.

Von diesen Kriterien war abhängig zu machen und bei
jedem IM individuell festzulegen, ob die Treffabstände,
abhängig vom Fahrteinsatz, nur wenige Tage oder bis zu
vier Wochen betragen konnten. In der MfS-Praxis hatte
sich bewährt, abhängig von der Lage und den durch die
IM konkret zu realisierenden Aufgaben, die Treffabstände auf 14 Tage und nicht länger als vier Wochen festzulegen sowie diese den Erfordernissen entsprechend
ständig anzupassen.

Eine grundlegende Voraussetzung für die Aufrechterhaltung der Verbindung zwischen Führungsoffizier
und IM war, dass bei den IM durch die Erziehung und
Instruierung solche Impulse gesetzt und damit Einstellungen beziehungsweise Haltungen erzeugt wurden,
die Verbindung zum Führungsoffizier nicht abreißen
zu lassen beziehungsweise von sich aus aufzunehmen. Diese Einstellungen und Haltungen waren auch
ausschlaggebend dafür, dass die IM von sich aus bereit
waren, Treffs nicht nur an den Wochenenden, sondern
beispielsweise auch sofort nach der Rückkehr von
Fahrteinsätzen durchzuführen. Dabei waren die Anforderungen an die Konspiration zu beachten und die
Treffs abzusichern. Weiterhin konnten solche günstigen
Voraussetzungen genutzt werden, dass

- die IM am planmäßigen Schulungstag im Kraftverkehrsbetrieb nur noch zum Vorladen fuhren, ihre Fahrt nicht mehr antraten und einen Treff realisieren konnten,
- die Uhrzeit der Rückkehr der IM von ihren Fahrten weder dem Kraftverkehrsbetrieb noch den Ehepartnern konkret bekannt waren,
- die IM eine Vielzahl von Überstunden leisteten und somit bei planmäßigen Fahrzeugdurchsichten oder Reparaturen Überstunden abgelten konnten.

Diese Möglichkeiten waren mit den IM vorab gründlich abzusprechen. Für die Planung der Treffs und Verbindungsaufnahmen hatte sich der organisierte ständige Informationsfluss vom Einsatzleiter des Kraftverkehrsbetriebes hinsichtlich der einzelnen Fahrteinsätze der Reisekader zum ODH der verantwortlichen Diensteinheit des MfS bewährt. Dadurch bestand für die Staatssicherheit ein ständiger aktueller Überblick, welche Kraftfahrer wo bis wann im Einsatz waren beziehungsweise aufgrund von Reparaturen und dergleichen nicht eingesetzt wurden.

Die Durchführung der Treffs selbst hatte grundsätzlich in Konspirativen Wohnungen oder Objekten zu erfolgen. Die Trefftermine waren entsprechend des Treffabstandes zu vereinbaren. Bei der Vereinbarung der Treffs hatte es sich bewährt festzulegen, bis wann und wie der IM die Möglichkeit der Wahrnehmung des vereinbarten Treffs zu bestätigen beziehungsweise einen Ausweichtermin vorzuschlagen hatte. Hauptsächlich erfolgten Aufnahme und Aufrechterhaltung der Verbindung auf dem telefonischen Weg. Im Rahmen der Instruktion zur Verbindungsaufnahme wurde dem IM vorgegeben, dass er nur seinen Privatanschluss (ohne Wissen des Ehepartners) beziehungsweise öffentliche Fernsprecher in Kreis-, Bezirks- oder anderen größeren

Städten nutzte. Das Telefonieren von der Transitstrecke, aus Gast- oder Raststätten beziehungsweise von Privatanschlüssen Dritter war untersagt. Die telefonische Verbindungsaufnahme außerhalb der Dienstzeit hatte grundsätzlich über den ODH der Diensteinheit zu erfolgen. Das Nutzen des Wohnungsanschlusses des Führungsoffiziers hatte aus Gründen der Konspiration und Geheimhaltung zu unterbleiben. Eine weitere bewährte Methode war die Nutzung von Signalkarten, um dem IM eine Mitteilung des Führungsoffiziers zukommen zu lassen. In begründeten Einzelfällen konnte auch der Ehepartner des IM in das Verbindungssystem einbezogen werden. Dies setzte voraus, dass der Ehepartner Kenntnis von der inoffiziellen Zusammenarbeit erhielt und differenziert in den Prozess zur Begründung der Notwendigkeit der konspirativen Arbeit der Staatssicherheit mit einbezogen wurde.[602]

Bei der Überprüfung von Reisekader-IM zur Klärung der Frage »Wer ist wer?« war grundsätzlich davon auszugehen, dass die Realisierung der operativen Aufgaben bei der vorbeugenden Verhinderung und Bekämpfung der Spionage des BND nur mit geeigneten IM erfolgen konnte, was bedeutete, dass deren Ehrlichkeit, Zuverlässigkeit und Eignung für die Lösung dieser Aufgaben nachgewiesen sein musste. Diese Feststellung war vor allem deshalb bedeutsam, weil die von den eingesetzten Reisekader-IM erarbeiteten Informationen den Ausgangspunkt für die Einschätzung der Lage im Schwerpunktbereich bildeten und daraus Maßnahmen abgeleitet wurden. Es musste durch den Klärungsprozess »Wer ist wer?« bei den IM gesichert werden, dass das Eindringen westlicher Dienste in das IM-System und damit das Abfließen von Informationen beziehungsweise eine

---

602 Vgl.: Ebd., Bl. 45 – 48.

Desinformation der Staatssicherheit verhindert wurde, eine objektive Aussage zur Ehrlichkeit und Zuverlässigkeit der IM, ihrer Konspiration und Sicherheit sowie ihrer operativen Befähigung getroffen werden konnte. Aus diesem Grund war von vornherein eine einseitige Ausrichtung von Maßnahmen zur Klärung der Frage »Wer ist wer?« bei den IM alleinig auf den Arbeitsbereich, ihren Fahrteinsatz in das NSW, auszuschließen. Genau so wenig erbrachten pauschale Wohngebietsermittlungen und Speicherüberprüfungen die notwendigen Informationen und Hinweise. Die Praxis hatte der Staatssicherheit aufgezeigt, dass nur eine ständige Überprüfung der IM bei Treffs sowie ein gezielter Einsatz operativer Kräfte und Mittel, bei strikter Beachtung der Einheit von Arbeits-, Wohn-, Freizeit- und Interessenbereich der Reisekader-IM es ermöglichte, solche bedeutsamen Informationen und Hinweise zu erarbeiten, die eine objektive Einschätzung der Persönlichkeit des IM gewährleisteten. Im Mittelpunkt der Analyse standen dabei erzielte Arbeitsergebnisse des IM, die Aufklärung der Persönlichkeitseigenschaften, Handlungen und Verhaltensweisen des IM selbst, des Ehepartners, im Haushalt lebender Personen sowie die vorhandenen Kontakte und Verbindungen zur Herausarbeitung ihrer Bedeutsamkeit.

In erster Linie hatte ständig die Überprüfung der IM bei den Treffs zu erfolgen. Dazu musste bei der personen- und sachbezogenen Auftragserteilung/Instruierung der IM sowie ihre Berichterstattung zum realisierten Auftrag eine objektive und kritische Einschätzung der Verhaltensweisen und Handlungen des IM sowie seiner erzielten Arbeitsergebnisse getroffen werden. Eine gründliche Einschätzung hatte der Führungsoffizier zu solchen Verhaltensweisen und Handlungen vorzunehmen, wie unbegründetes Abweichen von der Verhal-

tenslinie, Nichtrealisierung von Aufträgen, Verschweigen oder lediglich teilweise Berichterstattung zu verur-
sachten Vorkommnissen, Fehlverhalten, aufgetretenen
Kontakten, unklare Positionen zu politischen Fragen,
Zurückhalten bedeutsamer Informationen, Tendenzen
des Ausweichens vor der inoffiziellen Zusammenarbeit
usw., welche unbedingt einer zielgerichteten Klärung
bedurften.
Bei der ständigen Überprüfung, ob es bei den Reisekader-IM Ansatzpunkte für Aktivitäten des BND gab,
war entscheidend, ob im Prozess der Suche, Auswahl,
Aufklärung, Überprüfung und Werbung beispielsweise Abweichungen von einer normalen Lebensweise in
Form von übersteigerter materieller und finanzieller
Interessiertheit, Frauenbekanntschaften oder Hang
zum Alkohol bekannt geworden waren, diese zurückgedrängt werden konnten, sich neu herausgebildet hatten und ob der IM bereit war, offen und ehrlich über
diese Dinge mit seinem Führungsoffizier zu sprechen.
In jedem Fall leiteten sich daraus konkrete Maßnahmen
im Zusammenhang mit der Einsatzrichtung des IM
zur weiteren ideologischen Erziehung, der Klärung der
Frage »Wer ist wer?« oder auch sicherheitspolitische
Entscheidungen zum betreffenden Reisekader-IM ab.
Neben konkreten Äußerungen des IM zu politischen
Problemen und Fragestellungen, deren Objektivität
und Wahrheitsgehalt wesentlich vom Vertrauensver-
hältnis Führungsoffizier – IM abhing, war die konkrete
Nachweisführung der inneren Bindung des IM an die
Staatssicherheit stets vom Verhalten in Bewährungssi-
tuationen im Rahmen seiner beruflichen Tätigkeit so-
wie der Auftragsrealisierung als IM und dem Ergebnis
der Überprüfung der operativen Arbeitsergebnisse auf
Anzeichen von Unehrlichkeit abhängig zu machen.
In diesem Zusammenhang war seitens des MfS zu be-

achten, dass alle Anzeichen, die auf Unehrlichkeit der IM hindeuteten, sofortige und konkrete Maßnahmen im Prozess der Frage »Wer ist wer?« erforderten. Beim Ausbleiben oder einer verspäteten Reaktion auf derartige bedeutsame Hinweise bestand eine Gefahr für die Konspiration. Die Überprüfung eines IM anhand der von ihm erarbeiteten Informationen setzte voraus, dass von dem IM generell vollständige Informationen nach den acht W-Fragen abgefordert wurden beziehungsweise eine plausible Erklärung, warum die Information unvollständig war. Wesentlich war dabei die Erarbeitung solcher Anhaltspunkte und Details, die eine operative Überprüfung ermöglichten. Diese konnten zum Beispiel sein:

- exakte Auskunfts-, Aufenthalts- und Abfahrtzeiten, bezogen auf die Passage der GÜSt, die Übernachtung auf Rast- und Parkplätzen, das Aufsuchen von Einkaufszentren usw.;
- Angaben zu Auskunfts-, Aufenthalts- und Abfahrtszeiten sowie Verhaltensweisen und Handlungen anderer Reisekader im grenzüberschreitenden Verkehr, bezogen auf die oben genannten Orte und konkrete Beschreibung des genutzten Lkw sowie dessen polizeiliches Kennzeichen;
- Informationen zu getätigten Einkäufen (welche Ware zu welchem Preis), zu erhaltenen Geschenken von beruflichen Kontaktpartnern;
- Erarbeitung von Personen- und Fahrzeugbeschreibungen sowie Übergabe von erhaltenen Telefonnummern an den Führungsoffizier bei beruflichen und privaten Kontakten.

Um diese Informationen auf Objektivität und Wahrheit überprüfen zu können, war es notwendig, entsprechende Vergleichsinformationen zu erarbeiten. Dazu konnten Speicherüberprüfungen bei der Linie VI, die konspirative Beschaffung und Auswertung von Fahrtenschreiberdiagrammen aus den Lkw, konspirative Wohnungs- und Fahrzeugdurchsuchungen zur Feststellung von Anhaltspunkten für erhaltene Telefonnummern, Geschenke, gekaufte Waren – im Verhältnis zum Spesensatz an Valuta – sowie der Einsatz von IM genutzt werden. Des Weiteren konnten alle spezifischen Mittel und Methoden der Staatssicherheit einschließlich Speicherüberprüfungen in den Speichern des MfS, der DVP und der Zollorgane angewandt werden. Bewährt hatte sich:

- mittels Speicherüberprüfungen bei der HA VI die Zeit der Ein- beziehungsweise Ausreise zu ermitteln;
- die konspirative Beschaffung und Auswertung von Fahrtenschreiberdiagrammen, Leistungsnachweisen und Frachtpapieren zu interessierenden Fahrten, um diese vom zeitlichen Ablauf her rekonstruieren zu können;
- die sachbezogene gezielte Auftragserteilung, Instruierung und Berichterstattung des zu überprüfenden IM mittels eines Treffgesprächs mit dem Einsatz spezifischer Technik der Abteilung 26 und der HA II zu verbinden;
- die gezielte Durchführung von konspirativen Wohnungs- und Fahrzeugdurchsuchungen zur Feststellung von erhaltenen Telefonnummern, Geschenken, hochwertigen Konsumgütern, überdurchschnittlichem Besitz von Valuta sowie anderen bedeutsamen Anhaltspunkten;
- der Einsatz operativer Technik der Abteilung 26 in der Wohnung des IM, bei gleichzeitigem Einsatz in mehreren Räumen.

Auch bei der Erarbeitung von Vergleichsinformationen lag der Schwerpunkt beim Einsatz geeigneter IM. Dabei konnten sowohl IM in Schlüsselpositionen, als Beifahrer eingesetzte IM, sowie IM, die das gleiche Fahrtziel beziehungsweise die gleiche Fahrtroute hatten, genutzt werden, um bedeutsame Informationen zu erarbeiten. Bei allen Maßnahmen war die strikte Wahrung der Konspiration erforderlich, da für die Reisekader-IM jederzeit die Möglichkeit bestand, sich während des berufsbedingten Aufenthalts im NSW abzusetzen beziehungsweise sich auf die Maßnahmen der Staatssicherheit einzustellen.[603]

Auswertung, Bewertung Verdichtung und Speicherung bedeutsamer Informationen

Eine wichtige Aufgabe bei der Organisierung der Abwehrarbeit sah das MfS darin, die operativen Schwerpunkte personifiziert ständig neu zu bestimmen. Zur Realisierung dieser Aufgabe wurden beispielsweise in der Abteilung XIX sowie in den KD der BV Halle über alle Reisekader die vorhandenen Sicherheitsüberprüfungen, gespeicherten Hinweise sowie in den IM-Akten vorhandene Einzelinformationen auf der Grundlage der gewonnen Erkenntnisse über die Angriffe des BND sowie der dabei bekannt gewordenen Mitteln und Methoden neu bewertet und in einer Faktenanalyse zum Reisekader zusammengefasst. Alle Analysen wurden in Verbindung mit den Personenbeschreibungen, der Beschreibung der vom Reisekader gefahrenen Kfz (Kennzeichen, Typ, Farbe) sowie den zu den Reisekadern vorliegenden Auskunftsberichten entsprechend differenziert in der VSH, der Dokumentenkartei und

---

603 Vgl.: Ebd., Bl. 48–53.

der Sichtlochkartei der Abteilung XIX (zu allen Reisekadern im GÜV des Bezirks), der KD sowie in der
ZPDB eingespeichert.

Auf der Grundlage der so realisierten Verdichtung
von bedeutsamen Informationen wurden Leiterent-
scheidungen zu weiterführenden Kontrollprozessen
in OPK, OAM sowie entsprechende Maßnahmen zur
Überprüfung von IM festgelegt und durchgeführt. Damit wurden Voraussetzungen dafür geschaffen, dass es
eine Möglichkeit für die Verdichtung von bedeutsamen
Informationen durch die Recherche nach Vergleichsinformationen, identifizierenden Merkmalen zu Reisekadern und Kfz sowie bedeutsamen Sachverhalten und
Kontakthandlungen gab.

Voraussetzung für eine qualifizierte Einflussnahme der
Abteilung XIX auf die Bewertung, Speicherung und
Verdichtung bedeutsamer Informationen war die Gewährleistung des Informationsflusses. In der BV Halle
sah man in der Gestaltung der Zusammenarbeit mit
der Linie II Reserven. Man ging grundsätzlich davon
aus, dass bei der Linie II spezifische Erkenntnisse zum
BND vorlagen, die Voraussetzung für eine objektive
strafrechtliche und operative Bewertung erarbeiteter
Informationen waren und sich weitere Möglichkeiten
der Überprüfung und Verdichtung ergaben.

Zur Gestaltung des Prozesses der Auswertung, Bewertung, Verdichtung und Speicherung bedeutsamer Informationen hatten die Leiter (Abteilungsleiter/KD-Leiter)
und Referatsleiter die Führungsoffiziere der Reisekader-IM so zu befähigen, dass sie auf der Grundlage der
Erfahrungen und Erkenntnisse zu Aktivitäten des BND
in der Lage waren:

• Die von den IM erarbeiteten Informationen zu analysieren und entsprechende Schlussfolgerungen für
  die Organisierung der Abwehrarbeit im Schwer-

punktbereich GÜV, vor allem für die Bestimmung des Informationsbedarfs, zur Durchdringung des Schwerpunktbereichs, zur Bearbeitung der OV, der Durchführung von OPK, zur Entwicklung von OAM abzuleiten. Dazu waren die gewonnenen Erkenntnisse zu verallgemeinern sowie auf die einzelnen Problemstellungen und Materialien aufgabenbezogen anzuwenden.

- Auf Ehrlichkeit und Zuverlässigkeit überprüfte, geeignete IM mit dem daraus abgeleiteten Informationsbedarf bei gleichzeitiger Vermittlung eines aufgabenbezogenen realen Feindbildes vertraut zu machen und sie zur Überprüfung und Verdichtung bedeutsamer Informationen personen- und sachbezogen zum Einsatz zu bringen.

- Diese Erkenntnisse konsequent bei der Erarbeitung, Bewertung, Überprüfung und Verdichtung bedeutsamer Informationen anzuwenden, um diese Informationen speichergerecht aufzubereiten und den Informationsfluss zum Auswertungsorgan der Diensteinheit und über die AKG der BV zur Abteilung XIX zu organisieren. Bei der speichergerechten Aufbereitung war zu gewährleisten, dass eine personen- oder sachbezogene Zuordnung der Informationen erfolgte und sie den Anforderungen an eine operativ bedeutsame Information (Aktualität, Objektivität, Wahrheitsgehalt, Vollständigkeit) gerecht wurde.

Diese Problematik bildete deshalb einen Schwerpunkt in der Führungs- und Leitungstätigkeit. Dabei hatten die ständige Anleitung und Kontrolle der Führungsoffiziere in ihrer Arbeit mit den IM zur Entwicklung von perspektivvollen Ausgangsmaterialien für die OV-Arbeit, zur ständigen Klärung der Frage »Wer ist wer?« und der Tätigkeit mit den Speichern der konkreten Diensteinheit und der Staatssicherheit insgesamt so zu erfolgen, dass die Aufklärung und Bekämpfung geheimdienstlicher Angriffe Prozesscharakter trug und in hoher Qualität durchgesetzt wurde. Dazu wurden

- die kollektiven Beratungen beim Leiter der Diensteinheit beziehungsweise die Beratungen der Referatsleiter,
- die Fachschulungen in der Diensteinheit,
- die individuellen Absprachen zum konkreten operativen Material beziehungsweise Problem,
- die linienmäßige Anleitung und Unterstützung durch die Abteilung XIX gegenüber den KD bei der IM-, OPK- und OV-Arbeit zur Entwicklung von perspektivvollen Ausgangsmaterialien sowie bei der Bearbeitung erkannter Spione westlicher Geheimdienste, zur Entwicklung und Qualifizierung der IMB-Arbeit

ebenfalls auf der Grundlage der Erkenntnisse und Erfahrungen der dargestellten Aktivitäten westlicher Dienste konsequent genutzt und qualifiziert.[604]

Die Blickfeldarbeit im GÜV zur Schaffung von Verbindungen zu Geheimdiensten

Die Blickfeldarbeit war eine ständige Arbeitsmethode, die konzeptionell und langfristig angelegt war. Zur Realisierung dieser Aufgabenstellung wurden ausgewählte, überprüfte, zuverlässige und erfahrene IM eingesetzt. Sie war eine offensive Methode zielgerichteter Führung ausgewählter und qualifizierter IM durch die operativen Diensteinheiten, um sie in das Blickfeld hauptamtlicher

---

604 Vgl.: Ebd., Bl. 55 – 59.

Mitarbeiter und Agenturen westlicher Dienste, mit der Zielstellung der Werbung als Agent eines Geheimdienstes, zu bringen.

Eine der wesentlichen Aufgabenstellungen der Spionageabwehr der DDR zur Erkundung der Pläne und Absichten des nachrichtendienstlichen Gegners war die zielgerichtete und systematisch organisierte operative Arbeit zum Eindringen in die Konspiration der Geheimdienste. Zur Verwirklichung dieser Aufgabenstellung wurden umfangreiche Möglichkeiten durch die Linie II und andere operative Diensteinheiten genutzt. Eine dieser Möglichkeiten war der Einsatz des Personals im GÜV, um durch die Organisierung einer systematischen Blickfeldarbeit Voraussetzungen für die effektive Bekämpfung der Geheimdienste zu schaffen.[605]

Bei der Bewältigung der Transportaufgaben, die sich für die DDR aus den Handelsbeziehungen mit NSW-Staaten, insbesondere der Bundesrepublik und Westberlin, ergaben, gewann der GÜV stets an Bedeutung und wurde entsprechend ausgebaut. Dies brachte es mit sich, dass sich laufend ein relativ beständiger Stamm von Berufskraftfahrern im Operationsgebiet aufhielt. Diese Möglichkeiten konnten sowohl vom MfS zur Realisierung bestimmter Aufgaben als auch von den Geheimdiensten, insbesondere dem BND, zur Spionage gegen die DDR genutzt werden. Eine der Aufgabenstellungen der Staatssicherheit war die Schaffung perspektivvoller Feindverbindungen, die durch eine systematische Blickfeldarbeit vorbereitet werden mussten. Dadurch sollten folgende Zielstellungen umgesetzt werden:

---

605 Vgl.: Herbert Heckerodt: Diplomarbeit zum Thema: »Die Organisierung der Blickfeldarbeit im Grenzüberschreitenden Verkehr (Güterverkehr) mit dem Ziel der Schaffung von Verbindungen zu imperialistischen Geheimdiensten«. BStU ZA JHS MF GVS 160-35/71, Bl. 5.

1. Über IMB, die Verbindung zu westlichen Geheimdiensten unterhielten, die Pläne und Absichten dieser Dienste zu erkunden, um dadurch in der Lage zu sein, bestimmte Gegenmaßnahmen rechtzeitig und effektiv einleiten zu können.

2. Bestimmte Voraussetzungen und Möglichkeiten zur späteren systematischen Aufklärung, Bearbeitung und möglicherweise Werbung von Angehörigen der Dienste und deren Agenturen im Operationsgebiet zu schaffen.

3. Gegen die DDR oder andere sozialistische Staaten gerichtete Feindtätigkeit zu erkennen und zu verhindern sowie in diesen Ländern tätige Agenturen westlicher Dienste zu erkennen und unschädlich zu machen.

Das Erreichen dieser Zielstellungen ergab sich neben der Möglichkeit des Aufenthalts von DDR-Bürgern im Westen aus der dem MfS bekannten Arbeitsweise der Geheimdienste sowie der dabei verfolgten Pläne und Absichten. Sowohl unter Berücksichtigung der sich mit dem Einsatz von Kraftfahren im Operationsgebiet bietenden Möglichkeiten als auch der dem MfS bekannten Arbeitsweise der Geheimdienste sowie der von ihnen verfolgten Pläne und Absichten erschien der Staatssicherheit das Erreichen dieser Zielstellung real.[606]

Aus der Methodik des Vorgehens der Geheimdienste bei der Suche, Auswahl und Werbung von Agenturen aus dem Personal im GÜV ergaben sich für das MfS durch zielgerichtete operative Maßnahmen Möglichkeiten, IM aus diesem Personenkreis an die Geheimdienste heranzuschleusen.

Bei der Ausnutzung dieser Möglichkeiten gab es bestimmte Gesichtspunkte und Faktoren, die den Prozess

---

606 Vgl.: Ebd., Bl. 8 f.

der Blickfeldarbeit beeinflussten oder ihm bestimmte Grenzen setzten und von den Leitern beziehungsweise Mitarbeitern erkannt und berücksichtigt werden mussten. Solche Gesichtspunkte und Faktoren waren:

- Die westlichen Geheimdienste verfügten über bestimmte Kenntnisse zur Arbeitsweise und den Zielstellungen der Staatssicherheit im GÜV und stellten eine starke Verankerung von IM darin in Rechnung. Da es sich um einen verhältnismäßig kleinen Personenkreis handelte, der sich in kürzeren Abständen regelmäßig in Westdeutschland aufhielt, war es den Diensten möglich, eine systematischen Kontrolle und Bearbeitung zu realisieren.

- Die überwiegende Anzahl der im GÜV eingesetzten Personen hatte ein nicht über dem Durchschnitt liegendes Bildungsniveau. Hinzu kam, dass ein starker Bedarf an Kraftfahrern vorhanden war, so dass nicht immer die gestellten Anforderungen (auch an die Zuverlässigkeit) eingehalten wurden.

- Das Vorhandensein von Fahrtenschreibern sowie eine bestimmte zeitliche Festlegung für die Transporte engten die Bewegungsfreiheit des Personals und somit auch der IM stark ein. Hinzu kam, dass aufgrund der Aufträge der DEUTRANS die Fahrtziele oft erst kurzfristig bekannt wurden und laufend wechselten.

- Es bestanden durch die Verkehrsbetriebe gemäß Verpflichtung zum Verhalten bei Durchführung von Transportaufgaben im GÜV Bestimmungen, wonach Fahrten in die Bundesrepublik und andere NSW-Staaten nur mit einer Zweimannbesatzung durchgeführt werden durften.

- Grenzen bestanden auch in der zu erreichenden Zielstellung einer hergestellten Feindverbindung. So war es IMB aufgrund der dem Geheimdienst im Interesse der Konspiration seiner Agenturen zur Verfügung stehenden Treffzeit und der Trefforte nicht möglich, den Verbindungsführer des Dienstes allseitig aufzuklären und zu bearbeiten. Die Abteilung II der BV Erfurt hatte beispielsweise Erkenntnisse darüber, dass die im Operationsgebiet mit einem IMB durchgeführten Treffs zwischen dem Geheimdienstmitarbeiter und dem IMB in der Regel 15 Minuten nicht überschritten und ausschließlich auf der Straße, im Pkw oder in Gaststätten durchgeführt wurden.

Die Berücksichtigung dieser Faktoren sowie die objektive Beurteilung der Möglichkeiten und Grenzen im Prozess der Blickfeldarbeit führte in erster Linie dazu, dass sich die Mitarbeiter des MfS klare Vorstellungen darüber machen mussten, wie sich auf realistischen Grundlagen, ohne subjektive Vorstellungen, höchstmögliche Ergebnisse bei der Organisierung der Blickfeldarbeit erreichen ließen.

Die Organisierung einer zielgerichteten Blickfeldarbeit zur Herstellung von Verbindungen zu Geheimdiensten war ein größtenteils langwieriger und komplizierter Prozess. Es ging nicht schlechthin darum, einen IM mit dem Dienst in Verbindung zu bringen, sondern solche Anschleusungen mussten so geplant und realisiert werden, dass – für den Geheimdienst unerkannt – die Zielstellung des MfS erreicht werden konnte. Dazu war es erforderlich, dass die Blickfeldarbeit auf den konkreten Bedingungen aufgebaut wurde, die dem GÜV, der Lage im Operationsgebiet sowie der Arbeitsweise der westlichen Geheimdienste immanent war.

Um diese Bedingungen sichtbar zu machen, musste eine wissenschaftliche Analyse erarbeitet werden, die ständig durch neue Erkenntnisse erweitert und vervollständigt wurde. Diese Analyse umfasste folgende drei Hauptkomplexe:

1. Analyse der Struktur, Aufgabenstellung und Be-

stimmungen im Bereich des GÜV, des dort tätigen Personenkreises sowie der darunter vorhandenen IM- und GMS-Systeme;

2. Analyse der Regimeverhältnisse im Operationsgebiet, die für die Organisierung der Blickfeldarbeit bedeutsam waren, Erscheinungsformen der Kontakttätigkeit gegen das Personal der Kraftfahrer im GÜV sowie die dabei angewandten Mittel und Methoden;

3. Angriffsrichtungen, Pläne und Absichten westlicher Geheimdienste bei ihrer Tätigkeit gegen die DDR und andere sozialistische Staaten.

Eine solche Analyse diente nicht nur dem Mitarbeiter zur Organisierung der Blickfeldarbeit, sondern auch als Grundlage für die Anleitung, Kontrolle und Entscheidungsfindung des Leiters.

Weiterhin machte sich die Erarbeitung einer Konzeption erforderlich, nach der die Blickfeldarbeit organisiert werden konnte und die dem Leiter die Möglichkeit gab, die Grundrichtung sowie Wege und Zielstellung zu erkennen und danach seine Kontrolle und Anleitung auszurichten. Komplexe einer solchen Konzeption waren:

- Die Analyse sowie der konkrete Informationsbedarf, der für die Organisierung der Blickfeldarbeit notwendig war.

- Die konkrete Zielstellung der Blickfeldarbeit, das heißt, was sollte durch die Anschleusung eines IM an den Geheimdienst erreicht werden (hierbei waren Aufwand, Nutzen, Gefahrenmomente sowie die dem Dienst möglicherweise zu liefernden Informationen genau abzuwägen und einzuschätzen).

- Welche IM standen für die Blickfeldarbeit zur Verfügung beziehungsweise wo und in welcher Richtung sollte die Suche und Auswahl geeigneter IM-Kandidaten erfolgen?

- Über welche Möglichkeiten und Voraussetzungen entsprechend der Zielstellung mussten die IM verfügen beziehungsweise welche konnten wie geschaffen werden?
- Welche Grundvarianten der Anschleusung waren aufgrund der vorhandenen Erkenntnisse über die Geheimdienste und des Operationsgebiets realistisch und möglich? In welchen Etappen musste dabei vorgegangen werden?

Die Leiter nahmen auf die Erarbeitung in der Regel in orientierender und beratender Funktion Einfluss, damit die Konzeption real und durchführbar gestaltet wurde. Wichtig war es auch, falsche Orientierungen, die sich später bei der Verwirklichung negativ auswirken konnten, von vornherein auszuschließen.

Für die Organisierung einer erfolgreichen Blickfeldarbeit wurden eine Vielzahl von Informationen benötigt, deren Beschaffung ständig, planmäßig und zielstrebig erfolgen musste. Hierbei kam es darauf an, die vorhandenen Quellen zu erkennen und maximal zu nutzen. Da nach den Erfahrungen der Abteilungen II der BV nicht alle Informationen durch die eigene Diensteinheit erarbeitet werden konnten, war es notwendig, in enger Zusammenarbeit mit anderen Diensteinheiten, insbesondere der HA II, sowie den Linien VI, XVIII und XIX die Gewinnung von Informationen sicherzustellen. Die Auswertung und Verarbeitung der Informationen musste kontinuierlich erfolgen, um daraus resultierende Erkenntnisse unmittelbar für die Blickfeldarbeit nutzen zu können.

Die Staatssicherheit benötigte für die Organisierung der Blickfeldarbeit insbesondere folgende Informationen:

1. Informationen über Struktur, Aufgabenstellung, Bestimmungen und Weisungen des Bereichs GÜV in den Kraftverkehrsbetrieben. Diese wurden in erster

Linie dazu benötigt, Möglichkeiten und Grenzen in der Blickfeldarbeit zu erkennen und die Verhaltenslinie für IM entsprechend abzustimmen.

2. <u>Informationen über das Personal im GÜV.</u> Hier wurden insbesondere solche benötigt, die für eine systematische Suche und Auswahl geeigneter IM-Kandidaten notwendig waren und deren Möglichkeiten erkennen ließen, ob eine Nutzung für die Blickfeldarbeit infrage kam. Bei diesem Informationsbedarf handelte es sich um folgende Komplexe:

- Informationen über das Persönlichkeitsbild, besonders Zuverlässigkeit sowie Leistungs- und Verhaltenseigenschaften,
- Informationen über Verbindungen innerhalb der DDR oder in das NSA, die für die Blickfeldarbeit von Interesse waren,
- Informationen über bestimmte Verhaltensweisen im Operationsgebiet, die sich positiv oder auch negativ auf die Organisierung der Blickfeldarbeit auswirken konnten,
- Informationen über Verdachtshinweise hinsichtlich einer staatsfeindlichen Tätigkeit.

3. <u>Informationen über die Regimeverhältnisse im Operationsgebiet.</u> Die Organisierung einer planmäßigen und zielgerichteten Blickfeldarbeit unter Nutzung des grenzüberschreitenden Verkehrs setzte ein bestimmtes Minimum an Kenntnissen über die Regimeverhältnisse im Operationsgebiet voraus. Diese Kenntnisse benötigten die Führungsoffiziere zur Erarbeitung der Verhaltenslinie für die im Westen eingesetzten IM. Darüber hinaus war die Kenntnis der Regimeverhältnisse für die Feststellung von Möglichkeiten für die Blickfeldarbeit sowie für die Erarbeitung wirksamer Anschleusungskombinationen von Bedeutung. Diese durch IM und hauptamt-

liche Mitarbeiter erarbeiteten Informationen waren
laufend zu erfassen, ständig zu ergänzen und zu
verarbeiten. Der Informationsbedarf über Regimeverhältnisse umfasste folgende Komplexe:

- Informationen über die allgemeine politische und
  wirtschaftliche Situation,
- Informationen über den Kontrollablauf und bestimmte Verfahrensfragen an den westdeutschen
  Grenzübergangsstellen,
- Informationen über Bestimmungen, Auslegungen
  und Regelungen im Straßenverkehr,
- Informationen über die Verfahrensweise bei Über-
  nachtungen.

4. <u>Informationen über die Tätigkeit der westlichen
   Geheimdienste gegen das Personal im grenzüberschreitenden Verkehr.</u> Die planmäßige und systematische Beschaffung solcher Informationen und deren
   gründliche Auswertung hatte zum Ziel,

   - die Methodik des Vorgehens der Geheimdienste
     gegen das Personal im GÜV herauszuarbeiten,
     um – davon ableitend – die Möglichkeiten des MfS
     für die Blickfeldarbeit zu erkennen und für den
     Prozess der Anschleusung zu nutzen,
   - sich rechtzeitig auf Veränderungen in der Arbeits-
     weise der Dienste einstellen zu können oder die
     richtige Verhaltenstaktik der IM für den Anschleu-
     sungsprozess zu bestimmen,
   - bei der Suche, Auswahl und Werbung von IMB
     bestimmte, durch die Geheimdienste gestellte An-
     forderungen an seine Agenturen berücksichtigen
     zu können.

Zur Deckung des Informationsbedarfs war es aus Sicht
der Staatssicherheit erforderlich, nicht nur auf die Tätigkeit der Geheimdienste gegen das Personal im GÜV
zu orientieren, sondern auch alle Quellen zu nutzen,

die Informationen über die Dienste schlechthin liefern konnten. Erst aufgrund der allseitigen Kenntnis über die Arbeitsweise der Geheimdienste sowie der von ihnen angewandten Mittel und Methoden war die Staatssicherheit in der Lage, zweckmäßige Schlussfolgerungen zu ziehen sowie Versionen aufzustellen, wie die Dienste den GÜV für ihre Tätigkeit zu nutzen versuchten beziehungsweise diesen bearbeiteten. Zur Tätigkeit der westlichen Geheimdienste wurden im Wesentlichen folgende Informationskomplexe benötigt:

- Informationen über die Pläne und Absichten der Geheimdienste im Allgemeinen sowie im Besonderen gegen das Personal im GÜV, über Arbeitsweisen und dabei angewandte Mittel und Methoden;
- Informationen über Mitarbeiter der Dienste, deren Agenturen und Anlaufstellen, die sich speziell mit dem Personal des GÜV beschäftigten beziehungsweise an bestimmten Schwerpunkten wie Grenzübergangsstellen tätig waren.

5. Informationen über Kontaktmöglichkeiten im Operationsgebiet. Die dem MfS vorliegenden Erkenntnisse und deren Auswertung ließen erkennen, dass es im Westen eine Vielzahl von Kontaktmöglichkeiten gab, die von Geheimdiensten zur Kontaktaufnahme mit DDR-Kraftfahren genutzt werden konnten. Dabei handelte es sich insbesondere um
   - die Grenzübergangsstellen im Operationsgebiet,
   - Rast- und Gaststätten sowie Tankstellen, welche an überwiegend an von DDR-Fahrern befahrenen Verkehrswegen lagen,
   - von Kraftfahren aus der DDR frequentierte Einkaufszentren,
   - westdeutsche Unternehmen, die Abnehmer von Erzeugnissen aus der DDR waren und deshalb ständig von deren Lastzügen angefahren wurden.

Dazu wurden folgende Informationen benötigt:

a) Welche solcher Anlaufstellen existierten wo in der Bundesrepublik?

b) Charakter dieser Anlaufstellen, dort vorherrschende Situation, insbesondere welche Personen sind dort beschäftigt beziehungsweise welche Personengruppen verkehren dort?

Die Suche und Auswahl von Kandidaten die im Rahmen der Blickfeldarbeit an die Geheimdienste angeschleust werden sollten war ein elementarer Prozess. Er stellte die Grundlage für eine erfolgreiche Blickfeldarbeit zur Herstellung einer perspektivischen Verbindung zu einem Geheimdienst dar. Das MfS ging davon aus, dass die für eine solche Aufgabe vorgesehenen IM tatsächlich Kontakt zu einem Geheimdienst bekommen konnten und diesen zur Realisierung der Aufgabenstellung systematisch festigen und ausbauen mussten. Dabei fand Beachtung, dass die Dienste über einen Stamm ausgebildeter und geschulter Mitarbeiter verfügten, die langjährige Erfahrungen in der Geheimdienstarbeit hatten und dadurch bestimmte Zielstellungen und Methoden der Arbeit des MfS kannten. Daraus ergab sich die Schlussfolgerung, dass der Prozess der Suche und Auswahl von IMB durch die operativen Mitarbeiter gewissenhaft, qualifiziert und zielgerichtet realisiert werden musste. Die Suche und Auswahl entsprechender Kandidaten war systematisch und langfristig zu planen und musste auf einer soliden Grundlage beruhen.

Die Staatssicherheit wusste, dass jeder Fehler und jede Oberflächlichkeit in diesem Prozess großen Schaden anrichten konnte. In der Analyse einer von westlichen Geheimdiensten aufgedeckten Anschleusung eines IM der Abteilung II/BV Erfurt erkannte die Staatssicherheit, dass dieser nicht die nötigen subjektiven Voraussetzungen besessen hatte, die notwendig gewesen wären, um bestimmte Überprüfungsmaßnahmen durch den Geheimdienst zu überstehen. Es handelte sich hierbei um solche Voraussetzungen wie

- richtiges Verhalten in Situationen mit Überprüfungscharakter,
- überlegtes, ausgeglichenes und ruhiges Auftreten sowie logisches Denken.

Dem Geheimdienst war es in diesem Fall gelungen, durch geschickte Fragestellungen den IM unsicher zu machen und ihn in Widersprüche zu verwickeln, so dass er schließlich seine Verbindung zur Staatssicherheit preisgegeben hatte.

Eine erfolgreiche perspektivische Blickfeldarbeit setzte das Vorhandensein beziehungsweise die Suche, Auswahl und Gewinnung von IM voraus, die den Anforderungen hinsichtlich einer erfolgreichen Aufnahme sowie dem Ausbau von Verbindungen zum Geheimdienst im Auftrag des MfS entsprachen. Solche allgemeinen Anforderungen an IMB waren unter anderem:

- das Interesse der westlichen Geheimdienste am IM,
- Erfahrungen in der konspirativen Tätigkeit,
- feste Bindungen an das MfS,
- die Bereitschaft, übertragene Aufgaben durchzuführen und speziellen Überprüfungs- und anderen Maßnahmen der Dienste gewachsen zu sein,
- ausgezeichnete Beherrschung der Regeln der Konspiration und ihrer Anwendung.

Ausgehend von diesen Grundforderungen waren folgende Anforderungen an die IM zu stellen, welche unter Nutzung des grenzüberschreitenden Verkehrs zur Anschleusung an Geheimdienste vorgesehen waren beziehungsweise im Prozess der Suche und Auswahl geeigneter IMB-Kandidaten berücksichtigt werden mussten:

1. Zuverlässigkeit und Ehrlichkeit. Die hohen Anforderungen, die an diese Kriterien gestellt wurden, ergaben sich in erster Linie aus der den IMB übertragenen Aufgabestellung und zum anderen durch den häufigen Aufenthalt im Operationsgebiet. Eine Zeitanalyse der Staatssicherheit hatte ergeben, dass sich das Personal im grenzüberschreitenden Verkehr zu circa 80 Prozent dort aufgehalten hatte. Die IMB waren demzufolge direkt und ständig den dortigen Einflüssen ausgesetzt, zum anderen ging das MfS davon aus, dass bei Herstellung einer Feindverbindung der Geheimdienst die Möglichkeit hatte, bei Treffs auf den IMB einzuwirken und eine allumfassende Kontrolle zu organisieren. Die wichtigste Seite der Zuverlässigkeit sah die Staatssicherheit in der politisch-ideologischen Einstellung des IM zur sozialistischen Gesellschaftsordnung, seine Einstellung zum MfS sowie die in der inoffiziellen Zusammenarbeit bewiesene Ehrlichkeit und Zuverlässigkeit. Darüber hinaus beeinflussten solche Faktoren, wie die Bindungen in der DDR, die Gesamtheit seiner Lebensgewohnheiten, die moralischen Eigenschaften und anderes, die Zuverlässigkeit und Ehrlichkeit.

2. Die Eignung und Fähigkeiten. Von der korrekten Erarbeitung und Überprüfung der Faktoren, die zur Einschätzung der Fähigkeiten und Eignung für die Blickfeldarbeit im Bereich GÜV erforderlich waren, hing im entscheidenden Maße die mit der Anschleusung an den Geheimdienst verfolgte Zielstellung ab. Dabei waren folgende Gesichtspunkte zu beachten:

   a) Die Geheimdienste gingen bei der Suche und Auswahl von Kandidaten zur Werbung in erster Linie von den Möglichkeiten des Kandidaten aus, über die dieser zur Realisierung ihrer Pläne und Absichten verfügte. Dieser Gesichtspunkt musste bei der Beurteilung der Eignung des Kandidaten für die Blickfeldarbeit unbedingt berücksichtigt werden, da sonst das Interesse des Geheimdienstes am IMB nicht vorhanden war beziehungsweise keine andere perspektivträchtige Zusammenarbeit zustande kam. Dabei ging die Staatssicherheit davon aus, dass das Personal im grenzüberschreitenden Verkehr objektiv nicht über Möglichkeiten verfügte, den Geheimdiensten als Innenquelle interessante und wertvolle Informationen zu beschaffen. Das lag zum einen in der beruflichen Tätigkeit selbst als auch in der ihnen zur Verfügung stehenden knappen Freizeit begründet. Dies bedeutete jedoch nicht, dass der Geheimdienst aufgrund der aus beruflicher Sicht lediglich geringen Möglichkeiten von Werbungen aus diesem Kreis Abstand genommen hätte, sondern der Dienst testete die Kraftfahrer hinsichtlich anderer Möglichkeiten. Zum einen ging es dabei um Spionage an militärischen Objekten und auf Marschstraßen, die sie in der DDR befuhren sowie um ihre Verbindungen innerhalb der DDR. Die Abteilung II der BV Erfurt hatte herausgearbeitet, dass im Prozess der Kontaktaufnahme eines Geheimdienstes zu einem IMB dieser eingehend nach seinen Verbindungen in der DDR befragt worden war. Dabei wurde festgestellt, dass den Geheimdienstmitarbeiter besonderes die Verbindungen des IMB interessierten, die er zur Gesellschaft für Sport und Technik sowie zum Staatsapparat hatte.

Es war deshalb notwendig, unter Berücksichtigung der Zielstellungen und Angriffsrichtungen der Geheimdienste alle Möglichkeiten der vorgesehenen Kandidaten für eine eventuelle

Spionagetätigkeit im Auftrag der Geheimdienste zu erforschen. Gleichzeitig waren die Voraussetzungen zu prüfen, inwieweit im Prozess der Zusammenarbeit mit dem MfS derartige, für die Geheimdienste günstig erscheinende Spionagemöglichkeiten geschaffen werden konnten. Hierbei ging es um solche Möglichkeiten wie die Existenz beziehungsweise Schaffung solcher Verbindungen in der DDR, die für die Dienste interessant waren (beispielsweise zu Offizieren der NVA und der GSSD, Geheimnisträgern aus dem Staatsapparat beziehungsweise der Wirtschaft) oder ein Wohnsitz an wichtigen militärischen Objekten, Einrichtungen und Knotenpunkten beziehungsweise die Existenz einer guten Verbindung dorthin.

b) Eine hergestellte Verbindung zu einem Geheimdienst musste – ausgehend von den genannten Möglichkeiten – einen Nutzen für die Tätigkeit der Staatssicherheit erbringen, das heißt, durch den Einsatz des IMB musste die vorgegebene Zielstellung erreicht werden. Diese konnte jedoch nur dann erfolgreich realisiert werden, wenn der IMB über bestimmte Qualitäten und Voraussetzungen verfügte, die es ihm gestatteten, die vom MfS gegebene Verhaltenslinie in der Zusammenarbeit mit dem Geheimdienst durchzusetzen, in bestimmten Situationen richtig zu reagieren oder richtige Entscheidungen zu treffen, Überprüfungsmaßnahmen der Dienste zu erkennen und möglichst objektiv zu beurteilen sowie die sich daraus ergebenen Schlussfolgerungen zu ziehen. Hierbei waren besonders solche Qualitäten und Voraussetzungen notwendig, wie das Vorhandensein eines geistigen Niveaus, welches sich in einer

922

bestimmten Auffassungs- und Anpassungsfähigkeit, logischem Denken, Einschätzungs- und
Beurteilungsvermögen zu Personen sowie der
Fähigkeit, Situationen und Erscheinungen zu
erkennen und möglichst objektiv zu beurteilen
sowie die sich daraus ergebenen Schlussfolgerungen zu ziehen, auszeichnete. Des Weiteren musste
der IMB über bestimmte charakterliche und moralische Qualitäten verfügen, wie Mut, Ausdauer,
Standhaftigkeit und Verschwiegenheit.

Bei dem der Staatssicherheit für die Blickfeldarbeit unter Nutzung des grenzüberschreitenden Verkehrs zur
Verfügung stehenden Personenkreis handelte es sich
um Kraftfahrer, die in bildungsmäßiger Hinsicht eine
zehn- oder achtklassige beziehungsweise eine darunter
liegende Schulbildung besaßen. Das bedeutete jedoch
nicht, dass dieser Personenkreis grundsätzlich nicht die
für eine Blickfeldarbeit notwendigen Voraussetzungen
besaß. Die Staatssicherheit ging davon aus, dass Personen mit hoher Schulbildung und über dem Durchschnitt liegendem geistigen Niveau nicht zwangsläufig
die besten Voraussetzungen als IMB mitbrachten. Auch
bei Menschen mit nicht über dem Durchschnitt liegen-
der Schulbildung waren bestimmte Qualitäten vorhanden beziehungsweise hatten sich solche im Verlauf der
Entwicklung herausgebildet, die für einen IMB notwendig waren. Die Erfahrung des MfS zeigte, dass zwar bei
den Kraftfahrern im GÜV die schulische Bildung nicht
besonders hoch war, aber dass ein Teil der Fahrer durch
ihren Beruf und durch bestimmte charakterliche Eigenschaften über Raffinesse, Menschenkenntnis, Schläue
sowie das Vermögen logisch zu denken, verfügten, was
sie in die Lage versetzte, den an die IMB gestellten Anforderungen gerecht zu werden.

Eine perspektivvolle und langfristige Planung der Blickfeldarbeit verlangte nicht nur die Suche und Auswahl geeigneter IMB-Kandidaten aus dem vorhandenen Bestand des GÜV-Personals, sondern in erster Linie die Suche von geeigneten Kandidaten, welche noch nicht im grenzüberschreitenden Verkehr eingesetzt waren, aber aufgrund ihrer beruflichen Tätigkeit und unter Berücksichtigung der bestehenden Weisungen und Bestimmungen der Kraftverkehrsbetriebe in den GÜV-Personalbestand eingeschleust werden konnten.

Eine im Bezirk Erfurt durchgeführte Werbung eines IM und dessen spätere Einschleusung in den GÜV-Kaderbestand mit der Perspektive Anschleusung an einen Geheimdienst zeigte, dass dieser Weg verschiedene Vorteile gegenüber der Werbung einer bereits im grenzüberschreitenden Verkehr tätigen Person besaß:

- Bei der Suche und Auswahl geeigneter IMB-Kandidaten stand ein größerer Kreis von Personen zur Verfügung, im Gegensatz zu dem begrenzten Kreis der im grenzüberschreitenden Verkehr eingesetzten Personale.

- Die Gefahr, dass die Kandidaten bereits Kontakt mit einem Geheimdienst hatten beziehungsweise in nicht bekannte kriminelle oder anderweitige Delikte in der Bundesrepublik verwickelt waren, stellte sich als verhältnismäßig gering dar. Der Grad der Zuverlässigkeit wurde als höher eingeschätzt.

- Für die Ausbildung, Schulung und Überprüfung des Kandidaten standen mehr Zeit und Möglichkeiten zur Verfügung. Dieser Gesichtspunkt – besonders die Zeit betreffend – war wesentlich, da die Zeit der Treffdurchführung mit IM, die im grenzüberschreitenden Verkehr tätig waren, sehr bemessen war und nur relativ geringen Raum für eine gründliche Ausbildung, Schulung und Überprüfung ließ.

Hieraus schlussfolgerte das MfS, dass bei der Organisierung der Blickfeldarbeit, welche ihrem Charakter nach ein langzeitlicher Prozess war, immer mehr die Einschleusung zuverlässiger, überprüfter und in der inoffiziellen Arbeit bewährter IM in den GÜV-Kaderbestand in den Vordergrund gerückt werden sollte.

Die Herstellung einer perspektivvollen Verbindung zu einem Geheimdienst im Rahmen der Blickfeldarbeit setzte die strikte Einhaltung der Regeln der Konspiration in der Zusammenarbeit mit den dafür vorgesehenen IM sowie eine klare Aufgabenstellung und Verhaltenslinie während des Aufenthalts im Operationsgebiet voraus.

Eine im Bezirk Erfurt zu Beginn der 1970er Jahre vorgenommene Überprüfung aller für die Blickfeldarbeit vorgesehenen IM zeigte im Ergebnis Mängel und Schwächen, besonders hinsichtlich der Auftragserteilung und der Verhaltenslinie im Operationsgebiet, so dass im Interesse der Zielstellung der Blickfeldarbeit und der Sicherheit der IM bis auf wenige Ausnahmen von einem weiteren Einsatz in dieser Richtung Abstand genommen werden musste. Konkret traf dies auf 70 Prozent der vorgesehenen IM zu. Dabei wurden insbesondere folgende Schwächen und Mängel erkannt:

- Das Fehlen einer klaren Konzeption für den auf die Blickfeldarbeit gerichteten Einsatz und das Verhalten der IM im Operationsgebiet.
- Die den IM gegebene Verhaltenslinie war zum Teil so ausgerichtet, dass sie die Aufmerksamkeit der westdeutschen Abwehrorgane auf sich zogen und eine abwehrmäßige Bearbeitung im Operationsgebiet nicht ausgeschlossen werden konnte.
- Bei der Realisierung bestimmter Aufgaben im Operationsgebiet wurde aufgrund ihrer guten Voraussetzungen und Zuverlässigkeit stets auf die für die Blickfeldarbeit vorgesehenen IM zurückgegriffen.

Hierdurch erhielten sie einen für die Blickfeldarbeit nicht vertretbaren Einblick in die Aufklärungs- und Abwehrarbeit der Staatssicherheit. Dies konnte sich möglicherweise negativ bei einer späteren Überprüfung durch den Geheimdienst auswirken.

Dadurch stand man innerhalb der Staatssicherheit vor der Frage, wie der Einsatz der für die Blickfeldarbeit vorgesehenen IM im Operationsgebiet erfolgen sollte und welche Verhaltenslinie ihnen vorgegeben werden musste. Grundsätzlich wurde davon ausgegangen, dass der Einsatz und die Verhaltenslinie auf die vom MfS gestellte Zielstellung der Blickfeldarbeit abzustimmen war und diese nicht gefährden durfte. Sie sollten sich fördernd auf die späteren konkreten Maßnahmen der Blickfeldarbeit auswirken. Dabei waren zwei Voraussetzungen zu beachten:

- Die Konspiration in der Zusammenarbeit mit dem MfS musste voll gewährleistet sein.
- Die westlichen Geheimdienste durften keine Ansatzpunkte haben, die den Verdacht aufkommen ließen, dass bereits eine Verbindung zur Staatssicherheit vorhanden sein könnte.

Die Ausarbeitung einer Verhaltenslinie durfte sich jedoch nicht nur auf solche allgemeingültigen Kriterien beschränken, sondern sie musste – ausgehend von der gesamten Persönlichkeit des IM, seinen Kenntnissen, Fähigkeiten und Erfahrungen in der inoffiziellen Arbeit – individuell festgelegt werden, damit die Geheimdienste nicht durch gleichbleibende Verhaltensweisen und Instruktionen die Absicht der Staatssicherheit erkennen konnten.

Im MfS ging man davon aus, dass sich die Psyche des Menschen in seinen Handlungen äußerte. Deshalb war für den Führungsoffizier die Kenntnis der Psyche des IM notwendig, um sein Handeln und seine Verhaltensweise beeinflussen zu können. Ein Verhalten, welches im Widerspruch zur Persönlichkeit des IM stand, konnte Anlass zu gegnerischen Überprüfungen sein. So konnte beispielsweise dem IM keine Verhaltenslinie für das Operationsgebiet gegeben werden, welche im Widerspruch zu den Eigentümlichkeiten seines Verhaltens in der DDR stand. Des Weiteren musste berücksichtigt werden, dass den bundesdeutschen Sicherheitsbehörden bekannt war, dass alle im grenzüberschreitenden Verkehr eingesetzten Personen durch das MfS überprüft und bestätigt worden waren. In ihrer Betrachtungsweise gingen sie davon aus, dass überwiegend politisch zuverlässige Personen zum Einsatz kamen und darüber hinaus eine inoffizielle Anbindung an das MfS gewiss war. Unter Berücksichtigung dieser Erkenntnisse mussten zwei Aspekte der Einstellung und des Verhaltens des IM beachtet werden:

1. Einstellung des IM auf das allgemeine Verhalten im Operationsgebiet. Bei der Einstellung des IM auf diese Verhaltensweise wurden solche Faktoren berücksichtigt wie die Persönlichkeit des IM, der zu Besatzung des Lkw gehörende zweite Fahrer sowie die objektiven Umweltbeziehungen im Operationsgebiet und die möglichen Maßnahmen der Geheimdienste. Die Erfahrungen der Staatssicherheit besagten, dass es stets vorteilhaft war, wenn die IM in jeder Situation grundsätzlich als DDR-Bürger auftraten und sich dementsprechend verhielten. Dabei war zu beachten, dass die IM besonders bei Diskussionen einen nicht fanatisch wirkenden oder negativen Standpunkt vertraten, sondern die positiven Seiten der Entwicklung in der DDR in Verbindung mit noch vorhandenen Mängeln und Schwächen darlegten sowie bestimmte wirtschaftliche Erfolge Westdeutschlands anerkannten. Eine derartige Hal-

tung wurde bei bestehenden IMB-Verbindungen zu Geheimdiensten von dessen Angehörigen positiv für den IMB und damit für das MfS bewertet. Dem IM musste eine solche Verhaltenslinie gegeben werden, die den typischen Verhaltensweisen des im grenzüberschreitenden Verkehrs eingesetzten Personals entsprach. Als typische Verhaltensweisen galten:

- das Übernachten im Lastzug während des Aufenthalts im Operationsgebiet sowie ein über das normale Maß hinausgehende Mitnehmen von Verpflegung zum Zweck der Einsparung von Valutamitteln für die Befriedigung anderweitiger Bedürfnisse,
- die illegale Einfuhr von Gebrauchsgegenständen für den eigenen Bedarf sowie zum Weiterverkauf an Verwandte und Bekannte in der DDR,
- das Aufsuchen von Gast- und Raststätten im Westen, in denen man preiswert und gut essen konnte,
- sich durch Be- und Entladearbeiten der Lastzüge im Operationsgebiet zusätzlich Geld zu verdienen.

2. Einstellung des IM auf das Verhalten bei der Durchführung einer konkreten Maßnahme im Rahmen der Blickfeldarbeit. Da in der Regel die für die Blickfeldarbeit vorgesehenen IM außer der üblichen Informationsabschöpfung für keine weiteren Aufgaben im Operationsgebiet einzusetzen waren, bezog sich die konkrete Verhaltenslinie auf die im Rahmen der Blickfeldarbeit zu realisierende Aufgabenstellung.

Ausgehend von der allgemeinen Verhaltenslinie ergaben sich jedoch bei den aktiven Maßnahmen der Blickfeldarbeit bestimmte Momente, die unbedingte Berücksichtigung finden mussten. Beachtet werden musste, dass bei jeder Maßnahme der Blickfeldarbeit die IM mit den Geheimdiensten offen oder unter Abdeckung konfrontiert wurden. Erfahrungen des MfS besagten, dass der Zeitpunkt, wann und ob der Geheimdienst in Erscheinung trat nie vorher bestimmt werden konnte. Das erforderte von den Führungsoffizieren, dass die IM auf eine mögliche Konfrontation mit den Diensten bereits dann eingestellt werden mussten, wenn sie durch die Leiter für die Blickfeldarbeit bestätigt worden waren und nicht erst, wenn bereits Momente erkannt wurden, die auf eine mögliche Verbindungsaufnahme der Geheimdienste zu den IM hinwiesen. Auch hier zeigte die Erfahrung der Staatssicherheit, dass die Dienste unerwartet und offen den IM gegenüber in Erscheinung traten. In solchen Situationen mussten die IM wissen, wie sie zu reagieren hatten.[607]

Heckerodt betont, dass von sogenannten Standardversionen Abstand genommen werden musste. Er führt an: »Zum Beispiel wird häufig die Verhaltensweise gegeben, bei evtl. Werbung sich erst einmal Bedenkzeit geben zu lassen. Das richtige Reagieren soll in derartigen Situationen von den konkreten Umständen, wodurch die Konfrontation mit dem Geheimdienst oder anderen feindlichen Organisationen zustande kam, abhängen, das heißt also, es können aus der Erkenntnis des Vorgehens der Geheimdienste bei Werbungen heraus bestimmte Versionen für das evtl. Verhalten der inoffiziellen Mitarbeiter aufgestellt und die IM darauf vorbereitet werden, aber in erster Linie muss der inoffizielle Mitarbeiter befähigt werden und demzufolge auch die Voraussetzungen besitzen, in der konkreten Situation die richtige Entscheidung selbst zu treffen.«[608]

Bei der Anschleusung an den Geheimdienst fand Beachtung, dass die Blickfeldarbeit ihrem Charakter nach ein

---

607 Vgl.: Ebd., Bl. 10–37.

608 Ebd., Bl. 37.

offensiver Prozess war. Es wurde dabei nicht darauf gewartet, bis irgendwann und irgendwo ein Geheimdienst Verbindung zu den IM aufnimmt und den Versuch unternahm, sie für eine geheimdienstliche Tätigkeit zu werben. Wichtig war auch, dass die Anschleusungsvarianten und Kombinationen auf die Persönlichkeit des IM unter Beachtung von Ort, Zeit und Bedingungen abgestimmt sein mussten. Des Weiteren durften sie vom Geheimdienst nicht durchschaubar sein und sollten möglichst natürlich erscheinen.

Kritisch merkt Heckerodt 1971 an, dass in der Vergangenheit oftmals die Möglichkeiten für eine Anschleusung zu einseitig betrachtet wurden. Die IM wurden beispielsweise beauftragt, im Operationsgebiet Handlungen durchzuführen, die das Ziel verfolgten, einen Geheimdienst direkt auf sie aufmerksam zu machen. Solche Handlungen wurden meist auf das interessant machen an westlichen Grenzübergangsstellen, Ersuchen um Auskunft bei bestimmten Dienststellen oder die Begehung bestimmter Delikte begrenzt.

Heckerodt äußert, dass solche Möglichkeiten nicht grundsätzlich abzulehnen seien. Allerdings durften sie nicht die Regel werden beziehungsweise primitiv und zusammenhanglos angelegt sein. Es musste immer davon ausgegangen werden, dass der Geheimdienst die Möglichkeit einer Unterschiebung von IM des MfS einkalkulierte und deshalb der Frage, wie der Kontakt zustande kam, große Aufmerksamkeit schenkte. Verschiedene Beispiele von IM machten dies unmissverständlich deutlich. So ließen sich verantwortliche Geheimdienstmitarbeiter bei allen bestehenden Verbindungen nach verhältnismäßig langer Zeit der Zusammenarbeit nochmals detailliert die damalige Situation der Kontaktaufnahme erläutern. In einem Fall wurde dem IM direkt vorgehalten, dass seine damalige Handlungsweise am westlichen Grenzkontrollpunkt im Auftrag der Staatssicherheit erfolgte und er doch die Verbindung zu diesem Organ zugeben könne.

Beachtung finden musste auch, dass der Geheimdienst bei jeder Kontaktaufnahme mit der Möglichkeit rechnete, dass die Person im grenzüberschreitenden Verkehr IM des MfS sein konnten. Allerdings hing der Grad eines bestimmten Misstrauens wesentlich von der Qualität der Anschleusung ab. Unter Berücksichtigung der Erfahrungen und Erkenntnisse erwies es sich für das MfS als vorteilhaft, den jeweiligen IM in das Blickfeld der Geheimdienstes zu rücken und die Initiative zur Kontaktaufnahme dem Dienst zu überlassen. Dabei erwiesen sich folgende Wege als erfolgversprechend:

1. Bereits bestehende Feindverbindungen zu nutzen, um das Augenmerk des jeweiligen Geheimdienstes systematisch und unauffällig auf den für die Anschleusung vorgesehenen IM zu lenken. Hierfür konnten das allgemeine Interesse des Geheimdienstes an Informationen sowie die Erforschung der Möglichkeiten des IMB genutzt werden.

2. Das unauffällige Anschleusen von IMB an westliche Geheimdienstmitarbeiter oder an Personen, die in irgendeiner Form Verbindungen zu den Diensten hatten. Da aus den Erfahrungen der Staatssicherheit heraus das direkte Anschleusen an Geheimdienstmitarbeiter nur selten realisierbar war, sollte der Schwerpunkt auf die Personenkreise gelegt werden, die entweder Agenten der Geheimdienste waren oder die in privaten beziehungsweise beruflichen Beziehungen zu Geheimdienstmitarbeitern standen. Die zielgerichtete und direkte Anschleusung von IMB an Geheimdienstmitarbeiter war aus folgenden Gründen nur in Ausnahmefällen möglich:
   • Die zu einer Anschleusung erforderlichen Anga-

ben über die Personen (Wohnort, konkrete Dienststelle) waren oftmals nicht vorhanden.

- Aufgrund des eingeschränkten Aktionsradius der Kraftfahrer im grenzüberschreitenden Verkehr im Operationsgebiet war es meist nicht möglich, vorhandene Angaben über Mitarbeiter westlicher Geheimdienste zur Anschleusung zu nutzen.
- Bei der Nutzung sich eventuell bietender Möglichkeiten derartiger Anschleusungen war das Misstrauen gegenüber den IMB sowie die Gefahr des Erkennens ihrer Absichten sehr groß.

3. Da der Staatssicherheit wenig Personen bekannt waren, die Beziehungen zu Angehörigen der Geheimdienste unterhielten und für eine Anschleusung von IMB im grenzüberschreitenden Verkehr infrage kamen, war es notwendig, systematisch weitere Möglichkeiten und Ansatzpunkte für eine Anschleusung zu suchen. Hierbei kam es darauf an, durch zielgerichtete Testmaßnahmen zu erforschen, welche Menschen Kontakte und Beziehungen zu den Geheimdiensten unterhielten. Schwerpunktmäßig waren die Testmaßnahmen auf solche Personen oder Stellen im Westen auszurichten, wo aufgrund vorhandener Erfahrungen der Staatssicherheit und logischer Schlussfolgerung Aktivitäten der westlichen Geheimdienste erwartet wurden. Für diese Aufgabenstellung waren nicht in erster Linie die für eine Anschleusung vorgesehenen IMB, sondern das Netz der im GÜV eingesetzten IM im breiten Umfang zu nutzen.

4. Die Anschleusung von IMB an solche operativ interessanten westdeutschen Personen, die sich aus beruflichen oder privaten Gründen in der DDR aufhielten und bei denen es Verdachtshinweise gab, dass sie Beziehungen oder Verbindungen zu

Geheimdiensten unterhielten beziehungsweise aufgrund ihrer Stellung und ihres Persönlichkeitsbilds solche herstellen konnten. Diese Anschleusungen erfolgten mit der Perspektive, den Kontakt im Westen weiter zu entwickeln und zu festigen, um auf dieser Grundlage über diese Menschen Verbindungen zu den Geheimdiensten herzustellen. Für diesen Weg der Anschleusung sollten solche inoffiziellen Kräfte genutzt werden, die für einen Einsatz als IMB im grenzüberschreitenden Verkehr vorgesehen waren. Diese IM boten auch den Vorteil, dass sie für eine Anschleusung an diesen Personenkreis zeitmäßig unbegrenzt und auch überörtlich einsetzbar waren.

Die genannten Möglichkeiten der Anschleusung von IMB an westliche Geheimdienste verlangten eine exakte Einschätzung der jeweiligen konkreten Situation, auf deren Grundlage die zur Realisierung der Anschleusung notwendigen Legenden und Kombinationen zu erarbeiten waren. Damit wurde ein routinemäßiges Vorgehen sowie die Anwendung sogenannter Standardlegenden und Kombinationen weitgehend ausgeschlossen. Unbedingt vermieden werden mussten auch solche Aktionen, durch einen IM möglichst viele Blickfeldmaßnahmen einzuleiten, in der Hoffnung, dass eine dieser Maßnahmen zum Erfolg führen würde. Der Anschleusungsprozess bis zum Erreichen des Ziels, so die Erahrungen des MfS, war oft langwierig und kompliziert. Er erforderte von den beteiligen Kräften der Staatssicherheit Geduld, Ausdauer und Ideenreichtum, damit die Grundrichtung der Anschleusungsvariante nicht durch wenig durchdachte »Notlösungen« gefährdet wurde.[609]

---

609 Vgl.: Ebd., Bl. 38 – 42.

Resümee der Abwehrarbeit im GÜV

Letztlich lässt sich die Frage, was die umfangreichen Maßnahmen des MfS im Schwerpunktbereich Sicherung der Kraftfahrer im grenzüberschreitenden Verkehr gebracht haben, relativ eindeutig beantworten.

Zum Jahresende 1984 beziehungsweise zum Jahresbeginn 1985 ließen die Maßnahmen der Dienststelle »Ring« gegen Lkw-Fahrer aus der DDR nach. Dies hatte seine Ursache vor allem im Handeln der Diensteinheiten der Linien II und XIX sowie ausgewählter KD. Rund 80 Aufklärungshandlungen, Kontaktanbahnungen und Anwerbungen des BND gegen Berufskraftfahrer aus der DDR gelangten der Staatssicherheit zur Kenntnis. Eine große Anzahl Betroffener meldete die Kontakte der Staatssicherheit. Es kam auch zu mehreren Festnahmen. Mit wesentlicher Unterstützung der HA III war es der Spionageabwehr gelungen, die Aktion »Perspektive« des BND zu zerschlagen.[610]

Der Leiter der HA II schätzte 1987 auf einer Dienstkonferenz die Situation wie folgt ein:

»Eine wesentliche Ursache für die sich beim BND abzeichnenden Veränderungen [der BND hatte Mitte der 1980er Jahre gezielte Maßnahmen konzeptioneller, struktureller und personeller Art eingeleitet, um die Agenturarbeit qualitativ zu verbessern, Anm. d. Verf.] ist in den wirksamen operativen Maßnahmen des MfS gegen den BND zu sehen, an denen die Diensteinheiten der Linie II einen wesentlichen Anteil haben. Hervorzuheben sind dabei mehrere gezielte offensive Maßnahmen gegen hauptamtliche Mitarbeiter des BND sowie

---

610 Vgl.: Mitteilung eines ehemaligen Mitarbeiters der HA II (Archiv des Verfassers).

die seit 1985 erfolgten Festnahmen bzw. Entlarvung einer ganzen Reihe von BND-Spionen. Das führte zu einer erheblichen Verunsicherung in der Zentrale und in agentursteuernden Dienststellen des BND.

So konnte in beispielhafter Zusammenarbeit der Diensteinheiten der Linie II und XIX in der Aktion ›Perspektive‹ das Agenturnetz des BND unter DDR-Kraftfahrern im grenzüberschreitenden Verkehr vollständig enttarnt und somit die Arbeitsfähigkeit der BND-Dienststelle ›Ring‹ weitgehend paralysiert werden. Diese Schläge mussten fast zwangsläufig zu internen Überprüfungen im BND führen. In deren Ergebnis erfolgte offenbar die Versetzung mehrerer Agentenführer. Alle noch nicht vom MfS festgenommenen Agenturen unter dem Kreis der DDR-Kraftfahrer im grenzüberschreitenden Verkehr wurden abgeschaltet, darunter natürlich auch unsere IMB.

Es kann eingeschätzt werden, dass der BND damit gezwungen war, seine Arbeitsweise unter dieser Zielgruppe weitgehend zu modifizieren und von der durch uns erkannten Breite und massiven Form seiner diesbezüglichen Angriffe zu selektiven Aktivitäten gegen diesen Personenkreis überzugehen. Es liegen operative Hinweise vor, dass er in ausgewählten Fällen, die ihm als ausgesprochen erfolgversprechend erscheinen, auch weiterhin Werbeoperationen gegen DDR-Kraftfahrer im grenzüberschreitenden Verkehr praktiziert.«[611]

Folgende Vorgänge (Auswahl) bearbeitete das MfS zu Kraftfahrern im grenzüberschreitenden Verkehr:

---

611 Referat des Leiters der Hauptabteilung II auf der Dienstkonferenz am 25. November 1987, Bl. 115 f.

Jahr	bearbeitende DE	Fahrer	Sachverhalt	GD	Sanktion
1983	HA II, HA XIX	Fritz K.	1982 als GÜV-Fahrer kontaktiert, Militärspionage	BND	n. b.
1983	HA II, HA XIX, ZOV »Perspektive«, TV »Elbe II«	Peter G.	1981 in Hamburg als GÜV-Fahrer angeworben	BND	8 Jahre FE
1983	HA II, Abt. XIX/BV Erfurt	Rolf A.	als GÜV-Fahrer angeworben zur Militärspionage	BND	n. b.
1983	HA II, HA XIX	Max F.	als GÜV-Fahrer angeworben	BND	n. b.
1983	HA II, HA XIX	Günther B.	als GÜV-Fahrer angeworben	BND	n. b.
1983	HA II, BV Erfurt	Hans-Jürgen S.	als GÜV-Fahrer angeworben	BND	n. b.
1984	HA II, Abt. XIX/ BV Gera	Gerald B.	1981 in Hamburg als GÜV-Fahrer unter Legende angeworben	BND	8 Jahre FE
1984	HA II, HA XIX, BV Neubrandenburg, ZOV »Perspektive«, TV »Blonder«	Heinz G.	als GÜV-Fahrer angeworben zur Militärspionage	BND	n. b.
1985	HA II, Abt. II/BV Halle, OV »Saale II«	Helmut P.	1982 als GÜV-Fahrer unter Legende geworben, militärische und ökonomische sowie Spionage gegen das MfS	BND	n.b.
1985	HA II, HA XIX, Abt. XIX/BV Cottbus, ZOV »Perspektive«, TV »Roman«	Bernd T.	als GÜV-Fahrer 1982 in Hamburg angeworben zur Militärspionage	BND	n. b.
1985	HA II, Abt. XIX/BV Karl-Marx-Stadt, ZOV »Perspektive«, TV »Buche«	Gerald E.	GÜV-Fahrer 1984 in Bremen geworben	BND	7 Jahre FE
1985	HA II, Abt. XIX/BV Berlin, OV »Kerze«	Jürgen R. (IMB »Klaus Peter«)	GÜV-Fahrer, verrät Angaben zu Objekten und Mitarbeitern des MfS, verschweigt aber seine IM-Tätigkeit	LfV Hessen	inoffizielle Kontrolle, Beendigung GÜV
1986	HA II/4, Abt. XIX/BV Karl-Marx-Stadt, ZOV »Perspektive«, TV »Berg«	Frank R.	GÜV-Fahrer, im September 1981 in Hamburg angeworben	BND	n. b.

Die Sicherung des Militärverkehrs auf der Schiene

Das Verkehrswesen der DDR war in die strategische Konzeption der Landesverteidigung integriert und hatte spezifische Aufgaben durchzuführen, die im engen Zusammenwirken zwischen dem Ministerium für Verkehrswesen und dem Ministerium für Nationale Verteidigung sowie der GSSD vorbereitet wurden. Bei diesen für die Landesverteidigung zu erfüllenden Obliegenheiten handelte es sich neben dem Militärverkehr unter anderem um solche Aufgaben, wie

- weitreichende Maßnahmen des Verkehrswesens zur Sicherung seiner Standfestigkeit im Verteidigungsfall, seiner Verkehrsanlagen und -einrichtungen, der Schienen-, Straßen- und Wasserwege, der Hafenanlagen sowie der Transportkapazitäten,
- Verwaltung bestimmter Technik, Ausrüstungen sowie Produktionskapazitäten für den Verteidigungsfall,
- Sicherung der speziellen Produktion – Verkehrswesen,
- Vorbereitung der Ausbesserungswerke der Eisenbahn für die Reparatur schwerer Technik der Streitkräfte,
- Zivilverteidigungsaufgaben.

Die vom Verkehrswesen zu erfüllenden Aufgaben des Militärverkehrs erforderten eine schwerpunktbezogene operative Abwehrarbeit unter Beachtung technologischer Phasen der Planung, Vorbereitung, Durchführung und Überwachung des Militärverkehrs, insbesondere durch die Eisenbahn. Durch eine zielstrebige Arbeit hatte das MfS insbesondere an den Schwerpunkten des Militärverkehrs

- das rechtzeitige Erkennen der Pläne und Absichten westlicher Geheimdienste, das Aufklären der gegnerischen Kräfte sowie der von ihnen angewandten Mittel und Methoden, einschließlich der vorbeugenden Verhinderung ihres Wirksamwerdens, zu gewährleisten,

- eine wirksame Geheimhaltung, insbesondere bei der Planung und Vorbereitung des Militärverkehrs, mittels der strikten Durchsetzung der Normen des Geheimnisschutzes sowie der anderen dafür verbindlichen Weisungen und Ordnungen des Verkehrswesens durchzusetzen,
- eine störungsfreie, betriebssichere Abwicklung des Militärverkehrs unter allen Lagebedingungen zu gewährleisten.

Die Deutsche Reichsbahn hatte in zunehmendem Maße den Transportbedarf auf dem Gebiet des Militärverkehrs zu realisieren. Diese Militärtransporte erfolgten als Militärzüge oder Militäreinzeltransporte. Die Schwerpunkte des Militärverkehrs stellten konzentrierte Transportbewegungen im Rahmen von Manövern/Übungen in größeren Räumen, Transporte mit speziellem Transportgut (Kennziffertransporte) sowie die zum Truppenaustausch der GSSD eingesetzten Sonderpendel dar.

Der Transportbedarf im Rahmen des Militärverkehrs wurde in Koordinierungsbesprechungen im Ministerium für Verkehrswesen mit der NVA und der GSSD jährlich und monatlich sowie bei besonderen Anlässen in kurzfristig anberaumten Arbeitsbesprechungen geplant. Damit eine zuverlässige betriebs- und verkehrstechnische Planung und Vorbereitung des Militärverkehrs vorgenommen werden konnte, waren dazu Informationen der beteiligten Dienstzweige der Deutschen Reichsbahn auf verschiedenen Leitungsebenen auszutauschen. Das betraf insbesondere Fahrplanbesprechungen, die zur detaillierten Vorbereitung von konzentrierten Transportbewegungen notwendig waren. Diese

Informationen beinhalteten Umfang, Zeitpunkt und Bewegungsrichtungen der Transportbewegungen. Zur Planung, Vorbereitung, Durchführung, Überwachung und Abrechnung des Militärverkehrs wurden von den zentralen Führungsorganen des Verkehrswesens (Kommandozentralen) bedeutsame Aufgaben erfüllt. Die Kommandozentralen der Eisenbahn waren:

- das Ministerium für Verkehrswesen, Bereich spezielle Transporte und Bauaufgaben sowie der Hauptstab für die operative Betriebsleitung der Deutschen Reichsbahn;
- die Reichsbahndirektionen, insbesondere die Hauptabteilung I sowie der Stab für die operative Betriebsleitung;
- die Reichsbahnämter, insbesondere deren Abteilung I sowie der Stab der operativen Betriebsleitung.

Bei der Durchführung der Militärtransporte ergaben sich aufgrund der Lage der militärischen Objekte sowie der Betriebstechnologie der Eisenbahn folgende konstante Schwerpunkte:

- Knotenbahnhöfe,
- Be- und Entladeschwerpunkte,
- Schwerpunktstrecken (besondere Bedeutung hatten die Streckenführungen in der Ost-West-Richtung),
- Grenzbahnhöfe zu Polen und zur ČSSR,
- der Seeweg UdSSR–DDR mit den entsprechenden Häfen.

Ausgehend von den Schwerpunkten der Planung und Vorbereitung sowie der Durchführung des Militärverkehrs in der DDR, wurden entsprechend der dargestellten Artspezifik der Sicherung des Militärverkehrs folgende operativ bedeutsame Personenkreise in den Mittelpunkt der Abwehrarbeit gestellt:

- Angehörige des Verkehrswesens, besonders der Kommandozentralen, die den Militärverkehr planten, vorbereiteten und realisierten;

- Reichsbahnangehörige, die Anschlüsse zu Militärobjekten bedienten;
- Personen, die Anwohner oder Anlieger an Be- und Entladeschwerpunkten sowie Schwerpunktstrecken waren.

Ausgehend von den Schwerpunkten des Militärverkehrs, seiner Planung, Vorbereitung und Durchführung, hatte die Staatssicherheit folgende Aufgaben der Sicherung zu realisieren:

- die Bestimmung, Durchdringung und Bearbeitung der ausgewählten, vorrangig zu sichernden Bereiche sowie die Durchsetzung einer schwerpunktmäßigen Abwehr zur Sicherung des Militärverkehrs auf allen Ebenen, auf der Basis der Lageeinschätzung;
- die wirksame Bekämpfung aller Angriffe westlicher Geheimdienste im Rahmen der Vorgangsbearbeitung sowie die Entwicklung von IMB mit Verbindung zu Geheimdiensten und anderen sachbezogenem Einsatz zur Aufklärung der Pläne, Absichten, Mittel und Methoden der Dienste;
- die zuverlässige operative Sicherung der bedeutsamen Personen, die mit der Planung, Vorbereitung und Durchführung des Militärverkehrs beauftragt waren, sowie die Gewährleistung ihrer Zuverlässigkeit;
- die Durchsetzung einer hohen Ordnung und Sicherheit im Militärverkehr sowie die Aufdeckung und Beseitigung aller den Militärverkehr negativ beeinflussenden Faktoren;
- die Organisierung des Zusammenwirkens mit den verantwortlichen staatlichen Leitern und Organen des Verkehrswesens sowie der Transportpolizei und anderer Sicherheitsorgane zur Nutzung ihrer Potenzen für eine zuverlässige Sicherung des Militärverkehrs;

- die Erfassung und Auswertung aller Informationen bei der Sicherung des Militärverkehrs, insbesondere zur weiteren Präzisierung und Vervollkommnung der Lageeinschätzung über den Militärverkehr.

Zur Durchführung dieser Aufgaben wurde seitens der Linie XIX eine abgestimmte Zusammenarbeit insbesondere mit der Linie II, den anderen in die Sicherung des Militärverkehrs einbezogenen Linien und Diensteinheiten des MfS sowie mit der Verwaltung Sonderabteilung des KfS bei der GSSD zur Beratung und Festlegung der Grundrichtung gemeinsamer Aktivitäten zur Abwehr geheimdienstlicher Angriffe gegen den Militärverkehr realisiert.[612]

Erkenntnisse des MfS zur Spionagetätigkeit gegen den Militärverkehr

Aufgrund bestimmter Besonderheiten bot der Militärverkehr den westlichen Geheimdiensten folgende Möglichkeiten der Erkundung geheimzuhaltender militärischer Informationen:

- Jeder Militärtransport, insbesondere konzentrierte Transportbewegungen, trug für die Streitkräfte Übungscharakter. Daraus konnten die Geheimdienste Transporttechnologien, die Bereitschaft und Fähigkeit der Kommandeure und Stäbe zur Führung der Truppen sowie die Beweglichkeit der Verbände, Truppenteile und Einheiten erkennen.

---

612 Vgl.: MfS, Juristische Hochschule, Lehrmaterial: Die politisch-operative Sicherung des Verkehrswesens der DDR. BStU-Bibliothek St 739, Bl. 55–59.

- Über den Transport von Militärangehörigen, von Militär- und Versorgungsgütern ließen sich Rückschlüsse auf die Dislozierung der Einheiten und Waffengattungen sowie auf ihre militärische Ausbildung und Ausrüstung ziehen.
- Maßnahmen zur konzentrierten Bereitstellung von Triebfahrzeugen-, Platten- und geschlossenen Wagen in großer Anzahl waren Indikatoren für bevorstehende militärische Aktivitäten.
- Militärtechnik auf Militärtransporten war im Gegensatz zu Militärtechnik, die in gesicherten Kasernen oder Stellungen untergebracht war, für jedermann sichtbar.

Die Erkenntnisse des MfS zum geheimdienstlichen Vorgehen gegen den Militärverkehr stützten sich auf Ergebnisse der operativen Vorgangs- und IMB-Arbeit sowie auf Kontrollergebnisse der Beobachtungstätigkeit der MVM und MI. Spionageaktivitäten zum Militärverkehr gingen von den US-Geheimdiensten, vom BND und vom BfV sowie vom englischen und französischen Geheimdienst aus.

Die analytischen Erkenntnisse der Staatssicherheit wiesen darauf hin, dass insbesondere solche Eisenbahner durch die Dienste geworben werden konnten, die aufgrund ihrer beruflichen Qualifikation und Tätigkeit die Möglichkeit hatten, sich einen komplexen Überblick zu allen interessierenden Fragen des Militärverkehrs zu verschaffen. Dies betraf insbesondere Beschäftigte in Kommandozentralen und auf Knotenbahnhöfen. Auffälliges Verhalten beziehungsweise Beobachten von Militärtransporten außerhalb der regulären Dienstzeit hat das MfS bei diesen Personen nicht feststellen können. Ihr Auftreten bei militärischen Bewegungen war legendiert und objektiv begründet.

Die Anwerbung der Agenturen durch die Dienste erfolgte zum größten Teil über die Zuführung durch Verwandte und Bekannte, die entweder bereits als Agenten tätig oder in der Bundesrepublik beziehungsweise Westberlin wohnhaft waren.

Das frühzeitige Interesse der westlichen Geheimdienste am Militärverkehr in der DDR wird darin deutlich, dass die als Agenturen tätigen DDR-Bürger oftmals durch die Dienste direkt beauftragt worden waren, sich bei der Deutschen Reichsbahn zu bewerben, um an Knotenpunkten die militärischen Bewegungen beobachten zu können.

Die westlichen Geheimdienste konzentrierten sich auf die Aufklärung folgender Komplexe:

- Beschaffung von Informationen aus den Kommandozentralen zur Planung und Vorbereitung der Mobilmachung und des Militärverkehrs;
- Umfang, Fahrtrichtung sowie Ladegut von Militärzügen, hierbei besonders mobile Kampftechnik sowie deren Kennzeichnung;
- Bestimmung der für Militärtransporte bedeutsamen Be- und Entladepunkte sowie Rangierbahnhöfe, insbesondere wo Kennziffertransporte betrieblich behandelt wurden (circa alle 150 Kilometer sowie generell auf den Grenzbahnhöfen erfolgte eine technische Kontrolle der Triebfahrzeuge und Waggons, dies erfolgte durch ausgewählte und bestätigte Angehörige der DR);
- Sammlung und Bereitstellung von Fahrzeugen, besonders Spezialwaggons;
- technischer Zustand und Ausbau der für die Transportbewegungen bedeutsamen Verkehrswege, insbesondere Achsdruck und Durchlassfähigkeit;
- Bereitstellung zusätzlicher Transportmittel der Eisenbahn sowie verstärkte militärische Transportbewegungen, die eine erhöhte Bereitschaft beziehungs-

weise Umgruppierung von Truppenteilen/Verbänden und Kampftechnik erkennen ließen;

- Besetzung der im jährlichen periodischen Truppenaustausch eingesetzten Pendelzüge sowie der Urlauberzüge der GSSD;
- Einschätzung von Leitungskadern der Deutschen Reichsbahn, zu Offizieren der NVA und der GSSD;
- Erkundung von Personen unter Eisenbahnern, die für eine Spionagetätigkeit geeignet erschienen.

Im Interesse einer genauen Berichterstattung über die Militärtechnik der Armeen des Warschauer Vertrags wurden die Agenturen durch die Geheimdienste mit einem sogenannten »Ausrüstungserkennungsbuch« ausgestattet. Darin wurden die Kampfmittel anhand von Typenbezeichnungen und äußeren Merkmalen beschrieben. Im Verbindungssystem zwischen den Diensten und ihren Spionen wurden der RSD, TBK sowie postalische Verbindungen kombiniert angewandt.

Die Ergebnisse der Analysen des MfS zu Vorgangsmaterialien wiesen darauf hin, dass nur in wenigen Fällen der Ausgangspunkt der Bearbeitung dieser Agenturen darin bestanden hatte, dass sie auffällig oder unmotiviert zusätzliche Aufzeichnungen tätigten. Die Mehrzahl der Hinweise bestand in der Offenbarung der Geheimdiensttätigkeit gegenüber Dritten, in der Feststellung ihres Verbindungssystems beziehungsweise in Informationen vorhandener IM mit Feindverbindung.

Die Staatssicherheit verfügte über Erkenntnisse aus anderen Bereichen der Gesellschaft, dass die Geheimdienste versuchten, in den »Kommandozentralen« Agenturen zu schaffen. Die MVM verstärkten in den 1980er Jahren zunehmend ihre Aktivitäten zur Beobachtung von Militärtransporten. Durch analytische Tätigkeit auf der Grundlage von Langzeitbeobachtungen erlangten die MVM Kenntnisse zur täglichen Streckenbelegung, insbesondere der Hauptmagistralen des Militärverkehrs. Somit war ihnen bekannt, zu welchen Zeiten entsprechend dem Fahrplan Militärtransportbewegungen auf einer bestimmten Strecke möglich waren.

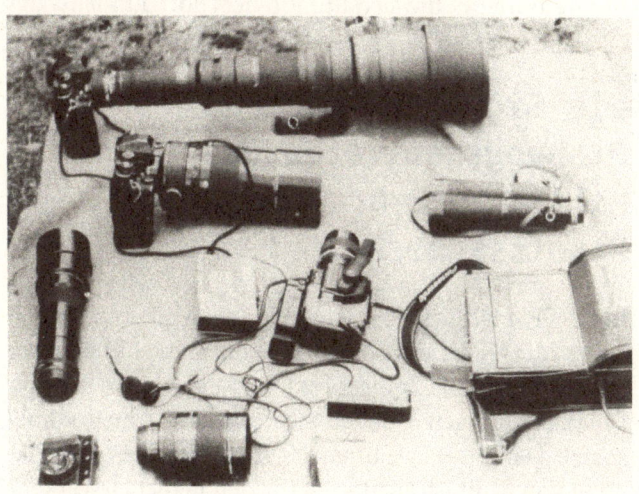

Technische Geräte der westlichen MVM für ihre Spionagetätigkeit

Zwischen 40 und 70 Prozent der in den Dispatcherleitungen der Reichsbahndirektionen und Reichsbahnämter sowie der in den Schwerpunktbahnhöfen unmittelbar oder mittelbar mit der Abwicklung des Militärverkehrs Beschäftigten hatten Kontakte oder Verbindungen verwandtschaftlicher oder bekanntschaftlicher Art in das NSW. Die Ergebnisse geführter OV und OPK zeigten auf, dass Mitarbeiter des Bereichs Spezielle Transporte und Bauaufgaben, der Hauptabteilungen I sowie entsprechend verpflichtete Personen der Oberdispatcherleitung, konspirative Kontakte und Verbindungen zu Verwandten und Bekannten in das NSW unterhielten. Komplexeinsätze operativer Kräfte bei konzentrierten

Transportbewegungen im Zeitraum 1983 bis 1985 erbrachten bedeutsame Hinweise auf verdächtige Verhaltensweisen von Passanten, das heißt von Bürgern der DDR aus anderen Kreisen und Bezirken als auch von Bundesbürgern, die sich unmotiviert dort aufhielten.[613]

Die Sicherung der Planungszentralen des Militärverkehrs durch die Staatssicherheit

In die Planungsphase wurden vom Militärtransportwesen der NVA und der GSSD die Beschäftigten des Bereichs Spezielle Transporte und Bauaufgaben und der Hauptabteilungen I der Reichsbahndirektionen einbezogen. Dabei war zu unterscheiden zwischen der Planung von Militärtransporten für den täglichen Verkehr und konzentrierten Transportbewegungen.

Die konzentrierten Transportbewegungen erforderten die Einleitung von Maßnahmen, deren Vorbereitungshandlungen bis in bestimmte Bereiche der verladenden Wirtschaft hineinreichten. So wurden bei einer konzentrierten Transportbewegung bis zu 5.000 Plattenwagen bereitgestellt. Der in die Vorbereitungsphase einbezogene Personenbereich vergrößerte sich in dem Maße, wie sich die Vorbereitung der Durchführung annäherte. Während der Bedarf an Transportraum für den täglichen Verkehr durch das Militärtransportwesen fünf Tage vorher angemeldet wurde, erfolgte bei einer konzentrierten Transportbewegung die Vorbereitung etwa vier bis sechs Wochen im Voraus.

---

613 Vgl.: Ebd., Bl. 59 – 63.

Ein begrenzter und durch die Staatssicherheit bestätigter Personenkreis des Bereichs Spezielle Transporte
und Bauaufgaben erhielt längere Zeit vor der Durchführung Kenntnis über Umfang, Zeiträume, Handlungsräume und Wagenbedarf. Dieser Personenkreis
bereitete mit ebenfalls vom MfS bestätigten Angehörigen der Hauptabteilungen I der Reichsbahndirektionen, des Hauptstabes für die operative Betriebsleitung
sowie den Stäben für die operative Betriebsleitung der
Reichsbahndirektionen auf Fahrplankonferenzen die
Transporttechnologie vor. Die Fahrplankonferenzen
wurden zur Erarbeitung von Fahrplankonstruktionen
zur Durchführung konzentrierter Transportbewegungen zentral durch das Ministerium für Verkehrswesen
oder dezentral durch die verantwortlichen Reichsbahndirektionen einberufen und durchgeführt. Jährlich fanden zwischen drei und vier Fahrplankonferenzen statt.
An solchen Konferenzen nahmen zwischen 50 und 60
Personen teil. Sie erhielten dabei umfassende Kenntnisse über die bevorstehenden Militärbewegungen und
deren Einzelheiten. Bei den Fahrplankonferenzen wurden den Teilnehmern in einer konzentrierten Form die
Be- und Entladebahnhöfe beziehungsweise -räume, die
Magistralen der konzentrierten Transportbewegung,
die Anzahl der zu fahrenden Züge, der Wagenbedarf,
der Zeitraum der Durchführung, der Terminplan für
die Fertigstellung der Fahrplanunterlagen und die Aufgaben der Deutschen Reichsbahn für die Sicherstellung
der konzentrierten Transportbewegung zur Kenntnis
gegeben. Dieser Kreis erweiterte sich durch die Informierung der Leiter der Dienststellen sowie die damit
verbundenen Maßnahmen für die Volkswirtschaft um
ein Vielfaches.
In der Phase der Abrechnung, die in speziellen Dienststellen der deutschen Reichsbahn vorgenommen wurde,

liefen Zahlen und Angaben zusammen, die Kenntnisse und Rückschlüsse über den Umfang sowie die Bewegungsrichtungen der Transporte vermittelten.

Zusammenfassend ist festzustellen, dass in den Prozess der Planung, Vorbereitung, Durchführung, Überwachung und Abrechnung in zeitlicher sowie von der Kenntniserlangung differenzierter Weise Personen aus den Kommandozentralen und anderen Dienststellen einbezogen wurden. Mittels operativer Durchdringung des Prozesses der Planung, Vorbereitung, Durchführung, Überwachung und Abrechnung, wurden durch das MfS die Personen herausgearbeitet und bestimmt, die in diesen Prozess direkt einbezogen waren oder die aufgrund von Arbeitsbeziehungen Informationen darüber erlangen konnten. Die Verhinderung des Abflusses geheimzuhaltender Informationen aus dem Prozess der Planung, Vorbereitung, Durchführung, Überwachung und Abrechnung des Militärverkehrs beinhaltete für die Staatssicherheit zwei konkrete Aufgabenstellungen:

1. die Sicherung der Bereiche, in denen stabsmäßige Aufgaben zur Realisierung des Militärverkehrs durchgeführt wurden;

2. die Sicherung der in den Prozess der stabsmäßigen Führung und Leitung des Militärverkehrs einbezogenen bedeutsamen Personen.

Die Sicherung der Bereiche, in denen stabsmäßige Aufgaben zur Realisierung des Militärverkehrs durchgeführt wurden, gestaltete sich wie folgt:

Zur Verhinderung von Informationsabflüssen war zu gewährleisten, dass

• unbefugten Personen der Zutritt zu diesen Bereichen verhindert wurde,

• durch staatliche Weisungen und Ordnungen ein solches Regime geschaffen wurde, dass nur ein zur

Realisierung der Aufgabenstellung unabdingbar notwendiger Personenkreis an der stabsmäßigen Arbeit
zur Durchführung des Militärverkehrs teilnahm und
die beteiligten Personen ausschließlich die Informationen erhielten, die sie unmittelbar zur Erfüllung ihrer
Aufgaben benötigten,
* aus der Verfahrensweise der Planung und Vorbereitung des Militärverkehrs außenstehenden Bereichen
der Deutschen Reichsbahn kein vorzeitiger Aufschluss
über geplante Militärtransporte möglich war.

Als problematisch stellte sich dar, dass Verletzungen der
normativen Regelungen zu verzeichnen waren. Es war
daher notwendig, die Informationssicherheit im Prozess
der Planung, Vorbereitung, Durchführung, Überwachung und Abrechnung des Militärverkehrs gemessen
an den bestehenden Dienstanweisungen und Dienstvor-
schriften zu überdenken, zu überprüfen und zu kontrollieren. Ausgehend von dem Personenkreis, der ständig
oder zeitweilig mit diesen Dokumenten arbeitete, war
festzustellen ob sie entsprechend der VS-Nomenklatur
die dafür erforderliche Berechtigung hatten. Die Art
und Weise des Umganges und der Lagerung der Dokumente war dahingehend zu überprüfen, inwieweit der
Schutz vor unbefugter Einsichtnahme oder zeitweiliger
Entnahme gewährleistet war. Weiterhin sollte ermittelt werden, welche nachweisbaren Kontrollsysteme in
Bezug auf den Umgang und die Lagerung der geheimzuhaltenden Dokumente bestanden. Dabei hatte die
Staatssicherheit dahingehend Einfluss auszuüben, dass
die staatlichen Leiter ihrer Verantwortung nachkamen.
Insbesondere erfolgte dies durch den zielgerichteten
Einsatz der IM sowie durch die Gestaltung eines ent-
sprechenden Zusammenwirkens mit den staatlichen
Leitern. Durch die IM war diese Aufgabenstellung im
engen Zusammenhang mit der Sicherung bedeutsamer

Personen durchzuführen. Durch die in diesen Bereichen tätige IM waren Informationen zu bedeutsamen Abweichungen von normativen Festlegungen in zentralen Anordnungen und Verordnungen zu erarbeiten. Damit verbunden war eine Personifizierung der Verursacher solcher Verstöße. Entsprechend der funktionellen Möglichkeiten waren durch die IM geeignete Maßnahmen zur Herstellung der Informationssicherheit zu treffen.

Bewährt hatte sich beispielsweise der überörtliche Einsatz von IM in Schlüsselpositionen aus dem Bereich Spezielle Transporte und Bauaufgaben. Durch den Minister für Verkehrswesen erhielt dieser Bereich unter anderem die Anleitung und Kontrolle der Strukturbereiche, der unterstellten staatlichen und wirtschaftsleitenden Organe, Kombinate, Betriebe, Dienststellen und Einrichtungen zur Durchsetzung der für die Vorbereitung auf den Verteidigungszustand sowie die ökonomische Sicherstellung der Landesverteidigung im Frieden geltenden Bestimmungen über die Sicherheit und Geheimhaltung zur Aufgabe.

Neben der Feststellung von begünstigenden Umständen für die Begehung und Verschleierung von Spionagehandlungen sowie der Verursacher solcher Bedingungen waren derartige IME in der Lage, wirksame Maßnahmen zur Vorbeugung und Schadensverhütung einzuleiten. Gleichzeitig wurde damit eine einheitliche Linie bei der Durchsetzung der zentralen normativen Festlegungen erreicht. Gefahrenquellen für Informationsabflüsse, die sich aus territorialen beziehungsweise technologischen Besonderheiten ergeben hatten, wurden so erkannt.

Eine Grundvoraussetzung für die ständige Gewährleistung der staatlichen Sicherheit in diesen sicherheitspolitisch bedeutsamen Bereichen war der Einsatz von zuverlässigen und überprüften Personen in den Kommandozentralen des Militärverkehrs. Für die Einstellung und Tätigkeit in den Kommandozentralen wurden an die dort Beschäftigten folgende Anforderungen gestellt:

- gefestigte positive Einstellung zum Staat sowie zur gesellschaftlichen Entwicklung in der DDR;
- eine ablehnende Haltung gegenüber feindlichen und anderen negativen Aktivitäten, Einflüssen und Entwicklungen;
- Einsicht und Bereitschaft zur unbedingten Wahrung von Staatsgeheimnissen sowie anderen geheimzuhaltenden Informationen gegenüber unbefugten Personen;
- Wachsamkeit gegenüber allen Versuchen unberechtigter Personen, Kenntnis über Staatsgeheimnisse oder andere geheimzuhaltende Informationen zu erlangen;
- Standhaftigkeit gegenüber Versuchen der Korruption und anderen Methoden negativer Einflussnahme;
- disziplinierter und pflichtbewusster Umgang mit Arbeitsunterlagen, Verschwiegenheit zu anvertrauten Informationen;
- Bereitschaft zum Verzicht beziehungsweise zur Meldung und zum Abbruch privater Verbindungen und Kontakte sowie Verzicht auf private Reisen in das NSW, einschließlich der im Haushalt lebenden Personen.

Dem Einsatz von Personen, die den sicherheitspolitischen Anforderungen nicht gerecht wurden oder bei denen Anhaltspunkte für Verhaltenseigenschaften wie Geltungsbedürfnis, Schwatzhaftigkeit, Prahlsucht, Oberflächlichkeit und leichtfertiges Handeln festgestellt wurden, in einer Kommandozentrale des Militärverkehrs, wurde seitens des MfS nicht zugestimmt.

Insbesondere durch das qualifizierte Zusammenwirken mit den staatlichen Leitern beziehungsweise durch den Einsatz von IM in Schlüsselpositionen war ein entsprechendes Bestätigungsverfahren für Neueinstellungen, für den Einsatz von Geheimnisträgern sowie bei personellen Veränderungen durchzusetzen. Es musste gewährleistet sein, dass im Kaderorgan der jeweiligen Kommandozentrale des Militärverkehrs ein aussagekräftiges Entscheidungsdokument vorhanden war, welches an die zuständige Diensteinheit der Linie XIX des MfS übergeben wurde. Ein solches Entscheidungsdokument sollte enthalten:

- Personalbogen,
- Verwandtenaufstellung,
- Lebenslauf,
- Stellungnahme/Einschätzung zur Person.

Zu allen in Kommandozentralen des Militärverkehrs einzusetzenden Personen waren vom MfS differenziert und auf der Grundlage der staatlichen Sicherheitsüberprüfung operative Sicherheitsüberprüfungen durchzuführen. Diese hatten zu gewährleisten, dass

- ausschließlich zuverlässige Personen, die den sicherheitspolitischen Anforderungen gerecht wurden, in bestätigungspflichtigen Funktionen und Tätigkeiten zum Einsatz kamen,
- Personen erkannt werden konnten, die im Auftrag westlicher Geheimdienste versuchten, in Kommandozentralen des Militärverkehrs einzudringen,
- bestehende Unsicherheitsfaktoren erkannt wurden,
- rechtzeitig bedeutsame Anhaltspunkte über feindliche Handlungen oder Einstellungen erkannt wurden,
- geeignete Personen zum Zweck der inoffiziellen Zusammenarbeit gefunden wurden,
- begünstigende Bedingungen für eine gegnerische Tätigkeit erkannt und durch Veränderungen ihre Wiederholung ausgeschlossen wurde.

Aufbauend auf die Ergebnisse der Erstüberprüfungen waren in zeitlich und inhaltlich differenzierter Weise Wiederholungsüberprüfungen durchzuführen.

Die Sicherung der in den Prozess der stabsmäßigen Führung und Leitung des Militärverkehrs einbezogenen bedeutsamen Personen gestaltete sich folgendermaßen: Diese Aufgabenstellung beinhaltete insbesondere die Entwicklung des Geheimhaltungswillens der Geheimnisträger. Gleichzeitig waren Informationen und Beweise zum Nachweis des Verdachts des Spionage beziehungsweise des Verrats/der unbefugten Offenbarung von geheimzuhaltenden Informationen zu erarbeiten.

Die Entwicklung des Geheimhaltungswillens wurde von der Staatssicherheit als ständiger Prozess betrachtet. Die Kernfragen bestanden dabei darin, keiner unbefugten Person Kenntnisse von den Geheimnissen zu geben, die für den Umgang mit geheimzuhaltenden Informationen geltenden Rechtsvorschriften strikt zu wahren, die geltenden Rechtsvorschriften über Kontakte und Beziehungen zu Bürgern aus dem NSA strikt einzuhalten, gegenüber Verstößen und Unzulänglichkeiten bei der Sicherung der Geheimnisse unduldsam zu sein und den festgelegten Meldepflichten in vollem Umfang und ohne Verzögerung nachzukommen.

Der Einsatz der IM zur Sicherung der bedeutsamen Personen orientierte sich an folgenden zwei Prämissen:

1. Auf das Erkennen von Persönlichkeitseigenschaften und Verhaltensweisen bei diesen Personen, die als Ansatzpunkte für Aktivitäten westlicher Geheimdienste genutzt werden konnten. Dazu war es notwendig, die IM so zu dislozieren, dass sie sowohl im Arbeitsbereich als auch in den Konzentrationspunkten im Wohn- und Freizeitbereich der bedeutsamen Personen operativ wirksam werden konnten. Erfahrungen der Staatssicherheit besagten, dass derartige Konzentrationspunkte insbesondere von Eisenbahnern oft besuchte Gaststätten und Interessengemeinschaften, beispielsweise der Modelleisenbahnver-

band, die Sportvereinigung »Lokomotive« als auch bestimmte Wohngebiete, in denen eine Vielzahl von Eisenbahner wohnte, waren.

2. Auf die Einflussnahme zur Zurückdrängung beziehungsweise Paralysierung derartiger Ansatzpunkte. Dies geschah einerseits durch die Einflussnahme auf die staatlichen und betrieblichen Leiter, dass diese ihre Pflichten zur Arbeit mit den Geheimnisträgern im erforderlichen Maße wahrnahmen, sowie zum anderen durch die gezielte individuelle Einflussnahme des IM auf die bedeutsame Person selbst.[614]

Die Abwehrarbeit der Staatssicherheit zur Sicherung spionagegefährdeter Streckenabschnitte

Ausgehend von den Erkenntnissen zur Spionagetätigkeit der westlichen Dienste gegen den Militärverkehr, konzentrierte das MfS die Abwehrarbeit auf spionagegefährdete Streckenabschnitte. Dies waren:

- Be- und Entladeschwerpunkte des Militärverkehrs, insbesondere unter dem Aspekt der Kennziffertransporte und der Aktion »Sprung« sowie konzentrierten Transportbewegungen;
- Knotenbahnhöfe der Hauptmagistralen des Militärverkehrs, insbesondere diejenigen mit Betriebshalt durch wagentechnische Untersuchungen oder Lokwechsel;
- Streckenabschnitte, die durch ihre Lage eine hohe Frequenz von Militärtransporten, insbesondere bei konzentrierten Transportbewegungen, aufwiesen.

---

614 Vgl.: Ebd., Bl. 63–70.

Diese neuralgischen Streckenabschnitte wurden durch die jeweils zuständigen Diensteinheiten der Linie XIX im Zuge analytischer Arbeit ermittelt. Dies erfolgte in Zusammenarbeit mit den Diensteinheiten der Linie II sowie des KfS der UdSSR bei der GSSD.

Durch die vom Stellvertreter des Ministers, Generalleutnant Mittig, bestätigte Konzeption zur Organisation der operativen Abwehr im Militärverkehr der Eisenbahn vom 1. August 1983 wurde mit deren Anlagen den Abteilungen XIX der BV solche, aus der Analyse des Militärverkehrs resultierenden neuralgischen Streckenabschnitte, einschließlich der Charakterisierung ihrer Bedeutung übergeben.

Bei der Abwehrarbeit fand Beachtung, dass die Spionagehandlungen sowohl von Angehörigen des Verkehrswesens, die an derartigen neuralgischen Strecken beschäftigt waren, als auch durch Außenstehende begangen werden konnten. Für die operative Tätigkeit des MfS ergaben sich daraus folgende Wege für die Sicherung der Militärtransporte:

1. durch schwerpunktmäßige operative Außensicherung der Verlade- und Transportprozesse spionageverdächtige Personen zu erkennen,
2. die Herausarbeitung bedeutsamer Personen unter den Angehörigen der Deutschen Reichsbahn und ihre Sicherung.

Die analoge Außensicherung militärischer Objekte wurde hinreichend beschrieben, deshalb erfolgt dies hier nicht noch einmal, es wird direkt auf Punkt 2 eingegangen.

Durch die Diensteinheiten der Linie XIX wurden mit einem hohen Kraftaufwand Maßnahmen realisiert, um über die operative Durchdringung des Personalbestandes, die Realisierung von OPK sowie die Bearbeitung von OV, Spione unter den Eisenbahnern zu erkennen.

Ausgangspunkte für eingeleitete OPK beziehungsweise OV waren zumeist nicht gemeldete oder konspirierte Verbindungen zu Personen im NSA beziehungsweise auffällige Verhaltensweisen in Bezug auf Militärtransporte.

Aufgrund der Erfahrungen der Staatssicherheit wurde die Qualifizierung der Arbeit mit IM und GMS durchgesetzt. Es ging dabei darum, qualifizierte und zuverlässige IM an Personen heranzuführen, zu denen bedeutsame Ausgangsinformationen infolge ihrer Kontakte und Verbindungen beziehungsweise relevanten Verhaltensweisen vorlagen. Die Arbeit mit IM wurde ausgerichtet auf

- Die Erarbeitung von Informationen und Beweisen zu spionageverdächtigen Handlungen von Personen, zur Entwicklung von Ausgangsmaterialien für die Vorgangsbearbeitung, insbesondere im Rahmen der OPK. Das verlangte eine personenbezogene Arbeit, insbesondere zu den bedeutsamen Personenkreisen, die zugleich Zielgruppen der westlichen Geheimdienste darstellten. Dazu war es erforderlich, zu allen bedeutsamen Personen Sicherheitsüberprüfungen durchzuführen und ihren wirksamen Schutz bei der Planung, Vorbereitung, Durchführung und Überwachung des Militärverkehrs gegenüber allen Aktivitäten der Geheimdienste durchzusetzen.

- Die Durchsetzung eines wirksamen Geheimnisschutzes sowie der für die zuverlässige Planung, Vorbereitung und Durchführung des Militärverkehrs vorhandenen Weisungen. Hierbei waren durch IM Personen festzustellen, die durch ihre Verhaltensweisen erkennen ließen, dass sie sich für militärische Transporte interessierten, vorrangig solche Personen, die ohne berufliche/dienstliche Verpflichtungen Interesse am Militärverkehr zeigten. Bei der Sicherung von Personen, die den Militärverkehr planten, vorbereiteten und durchführten, hatten die IM/GMS alle Abweichungen und Lücken im Geheimnisschutz aufzudecken. Darüber hinaus waren Personen festzustellen, die die am Militärverkehr beteiligten Eisenbahner abzuschöpfen versuchten beziehungsweise militärische Transportbewegungen kontrollierten oder beobachteten.

- Die zuverlässige Sicherung von Gefahrenstellen, die besonders unfall-, brand-, havarie- und störungsgefährdet waren, zur rechtzeitigen Aufdeckung der dort vorhandenen Gefahrenzustände sowie zur Sicherung von verkehrsbedingt gefährdeten Arbeitsplätzen, unter Herausarbeitung der dabei existierenden Gefahrenquellen. Hier bestand die Aufgabe der IM/GMS darin, die Beschäftigten zu ermitteln, die permanente Pflichtverletzungen auf dem Gebiet des Gesundheits-, Arbeits- und Brandschutzes begingen. Des Weiteren waren solche Eisenbahner festzustellen, die die Ordnung, Disziplin und Sicherheit verletzten und die dazu vorliegenden Ursachen und Motive aufzudecken.

Voraussetzung für den Einsatz der IM/GMS war ihrer zweckmäßige Dislokation, die weitere Stabilisierung und Komplettierung der inoffiziellen Basis in den Schwerpunkten und Schwerpunktbereichen des Militärverkehrs.[615]

Die Sicherung des Militärverkehrs dargestellt am Beispiel der Schwerpunktstrecke Halle–Weißenfels

Die Strecke Halle-Weißenfels war für die NVA und die GSSD insofern von Bedeutung, dass sie in Form einer Rochade zwei Ost-West-Militäreisenbahnlinien verband und auf dem Abschnitt Großkorbetha-Weißenfels

---

615 Vgl.: Ebd., Bl. 70–74.

selbst Bestandteil einer Militäreisenbahnlinie war. Die Strecke bot die letzte Möglichkeit, den gefährdeten Saalebrücken an der Strecke Weißenfels – Großheringen auszuweichen. In Zeiten erhöhter Spannungen war die Strecke eine wichtige Magistrale zur Abgabe von Leerwagenzügen aus den Räumen Erfurt und Halle in Richtung der Staatsgrenze Ost. Die Strecke wurde von den Einheiten der NVA und der GSSD zum Transport in die nördlichen beziehungsweise südlichen Bezirke der DDR genutzt. Im Streckenbereich befanden sich wichtige Verladebahnhöfe (Bahnhof Halle-Süd und Bahnhof Merseburg), die vorwiegend durch die GSSD in Anspruch genommen wurden.

Aufgrund der Weiträumigkeit der Strecke waren solche Erscheinungen zu verzeichnen, dass die Strecke von Halle nach Weißenfels durch drei Kreisgebiete führte, für deren Absicherung 1967 ein Mitarbeiter der Abteilung XIX der BV Halle verantwortlich war. Relevant war weiterhin der Fakt, dass sich in den Verantwortungsbereichen der KD zahlreiche Dienststellen der Deutschen Reichsbahn befanden, wodurch oftmals die Beschäftigten der Bahn den Hauptteil der Bewohner eines bestimmten Territoriums ausmachten. Es war der Abteilung XIX der BV Halle unter diesen Umständen zu dieser Zeit nicht möglich, den Militärverkehr wirksam gegen geheimdienstliche Angriffe zu sichern. Eine optimale Absicherung war nur möglich, wenn die KD wirksam in die Absicherung einbezogen wurden. Es machte sich die Schaffung eines operativen Absicherungssystems erforderlich. Ausgehend von der Begriffsbestimmung wurde dieses wie folgt definiert:

»Das Wesen des operativen Systems zur Absicherung des Militärverkehrs besteht darin, auf der Grundlage einer einheitlichen Aufgabenstellung die Zusammenarbeit zwischen den Diensteinheiten des MfS und mit den Dienststellen der Deutschen Volkspolizei ständig, planmäßig und zielstrebig zu koordinieren.«[616]

Die Analyse der konkreten Situation vermittelte dem Leiter der Abteilung XIX der BV Halle exakte Erkenntnisse über die Hauptangriffsrichtungen und Erscheinungsformen gegnerischer Tätigkeit, über die operativen Schwerpunkte sowie die eigenen Kräfte. Sie befähigte Leiter und Mitarbeiter, konkrete Schlussfolgerungen für die Organisierung und Durchführung der Abwehrarbeit zu ziehen. Unter Berücksichtigung der Spezifik der durch das Sicherungssystem zu realisierenden Aufgaben wurde der Erarbeitung der Analyse der Situation folgende Konzeption zugrunde gelegt:

1. Die Einschätzung der Lage und Herausarbeitung der militärstrategischen Bedeutung der Strecke. Es kam darauf an, herauszuarbeiten, von welchen Dienstposten, Wohnhäusern, Betrieben und sonstigen Stellen der Militärverkehr eingesehen werden konnte. Weiterhin musste die Bedeutung der Strecke für die Streitkräfte festgestellt und dokumentiert werden.

2. Welche Hauptangriffsrichtungen, Erscheinungsformen und Schwerpunkte der staatsfeindlichen Tätigkeit wurden durch die Abteilungen II und XIX sowie die KD festgestellt? Die Herausarbeitung dieser Problematik wurde nicht auf den Militärverkehr reduziert, sondern erstreckte sich auf die Verantwor-

---

616 Manfred Gerstung: Diplomarbeit zum Thema: »Die komplexe Absicherung des Militärverkehrs auf Reichsbahngebiet gegen die Spionagetätigkeit der imperialistischen Geheimdienste im Zusammenwirken mit der Abteilung II der Bezirksverwaltung Halle sowie mit den Kreisdienststellen Halle-Saalkreis, Merseburg und Weißenfels, dargestellt an der Schwerpunktstrecke des Militärverkehrs Halle-Weißenfels«. BStU ZA VVS MfS 160-D 499, JHS MF 470, Bl. 9.

tungsbereiche der Abteilung XIX und der KD. Nur durch die Erfassung und Analysierung der bisherigen Tätigkeit des Gegners in ihrer Gesamtheit, war es dem MfS möglich, konkrete Schlussfolgerungen für die Organisierung der Abwehrarbeit zu ziehen.

3. Welche Dienstposten, Dienststellen und Personen waren unmittelbar an der Planung, Vorbereitung und Durchführung des Militärverkehrs beteiligt? Die unmittelbar am Militärverkehr beteiligten Angehörigen der Deutschen Reichsbahn waren unter dem Gesichtspunkt zu überprüfen, ob operativ interessante sowie Personen aus den Zielgruppen der Geheimdienste darunter waren.

4. Wo befanden sich im unmittelbaren Streckenbereich personelle Schwerpunkte? Auch hier bestand die Aufgabe darin, unter den Personen, die an der Strecke wohnten oder tätig waren, solche herauszufinden, welche operativ interessant waren oder zu den Zielgruppen der Geheimdienste gehörten.

5. Wo befanden sich Betriebe, die nicht zur Deutschen Reichsbahn gehörten, aber auf Bahngebiet tätig waren. Bedingt durch den Charakter des schienengebundenen Transportprozesses gab es auf Reichsbahngebiet eine Vielzahl von Betrieben und Einrichtungen, deren Beschäftigte in den meisten Fällen über günstige Voraussetzungen verfügten, die Militärtransporte wahrnehmen und beobachten zu können. Aus der Praxis der Staatssicherheit war bekannt, dass sich gerade in solchen Betrieben und Einrichtungen operativ interessante Personen oder Menschen aus den Zielgruppen der Geheimdienste befanden.

6. Wo gab es Gleisanschlüsse, die in militärische Objekte führten und wie war die Bedienung dieser Anschlüsse geregelt? Bei der Erarbeitung dieser Fragen

war es notwendig, im Zusammenwirken mit der HA I des MfS und der sowjetischen Militärabwehr konkret festzustellen, welche Einsichtmöglichkeiten die zur Bedienung des Anschlusses eingesetzten Eisenbahner in die militärischen Objekte hatten.

7. Wo wohnten beziehungsweise arbeiteten progressive Kräfte, auf die bei der Absicherung des Militärverkehrs zurückgegriffen werden konnte?

8. Wo wohnten beziehungsweise arbeiteten IM des MfS und IKM der Kriminalpolizei, die zur Absicherung des Militärverkehrs eingesetzt werden konnten?

Auf der Grundlage der Analyse zur Situation waren die durch die Teilsysteme und Systemelemente zu lösenden Aufgaben festzulegen. Insbesondere war es erforderlich, konkrete Festlegungen dahingehend zu treffen, welche Abschnitte oder Stellen ständig beziehungsweise zeitweilig durch entsprechende Maßnahmen abzusichern waren. Zu den Stellen, die ständig durch IM abzusichern waren, gehörten in erster Linie die unmittelbar am Militärverkehr beteiligten Dienststellen der Deutschen Reichsbahn, die Zufahrtstraßen zu den Verladebahnhöfen sowie die geographisch günstigen Punkte, die eine Einsichtnahme auf die Schwerpunktstrecke des Militärverkehrs ermöglichten.

Im Zusammenhang mit der Festlegung der Aufgaben der Teilsysteme und Systemelemente war es notwendig, auf den Einsatz der Kräfte einzugehen. Untersuchungen innerhalb der BV Halle hatten ergeben, dass einige KD-Leiter die Absicherung des Militärverkehrs als Aufgabe des Mitarbeiters der Linie II betrachteten. Diesem Mitarbeiter war es allerdings nicht möglich, sowohl die Absicherung der stationären militärischen Objekte als auch die der militärischen Bewegungen sicherzustellen. Der Leiter der Abteilung XIX regte deshalb an, die Mitarbeiter der KD in die Sicherung des Militärverkehrs einzubeziehen, welche über entsprechende inoffizielle Möglichkeiten verfügten.

Ein weiteres Problem bildete der Einsatz der IM und der Kräfte der VP. Der Leiter der Abteilung XIX lehnte einen Einsatz von IM ab, wenn dieser den Charakter einer Streifentätigkeit trug, um verdächtige Personen festzustellen. Die Ablehnung basierte auf der Erfahrung, dass die IM durch eine solche Arbeitsweise einer Dekonspiration ausgesetzt waren, weil sie immer dann innerhalb bestimmter Räume tätig wurden, wenn konzentrierte Truppenbewegungen sattfanden. Dazu rechtfertigten die objektiv zu erreichenden Ergebnisse einen derartigen Aufwand nicht.

Die zur sogenannten Streifentätigkeit eingesetzten IM hätten lediglich allgemeine Informationen erarbeiten können, aus denen zu entnehmen war, dass sich eine Person an der Strecke oder am Verladebahnhof aufgehalten hatte. Die Praxis zeigte, dass sich solche Informationen nur selten für eine weitere Bearbeitung eigneten, da sie zu allgemein waren, um mit ihrer Hilfe Personen zu identifizieren. Dem damaligen Leiter der Abteilung XIX der BV Halle, Hauptmann Gerstung, erschien es zweckmäßig, die Kräfte der Schutzpolizei der VPKÄ und des TPA zur Feststellung solcher Personen an der Strecke einzusetzen. Die Schutzpolizisten verfügten über entsprechende Vollmachten, durch eine Ausweiskontrolle die Personalien von den Personen festzustellen, die sich bei konzentrierten Truppenbewegungen an der Strecke aufhielten. Die Zweckmäßigkeit des Einsatzes der Schutzpolizei wurde unter dem Gesichtspunkt betrachtet, die Einsichtmöglichkeiten an der Strecke einzuengen. Bei diesen Überlegungen wurde davon ausgegangen, dass ein Spion unter allen Umständen solche Stellen meldete, die durch die VP bestreift wurden.

Er wandte sich demgemäß stets solchen Stellen zu, die aufgrund seiner Wahrnehmungen nicht durch die VP abgesichert wurden. Solche für Spione günstige Stellen mussten an den Verladebahnhöfen oder an anderen, für die gedeckte Sicherung geeigneten Punkten, geschaffen werden.

Wie bei den Untersuchungen innerhalb der BV Halle festgestellt wurde, bezogen einige KD die ABV mit ihren Freiwilligen Helfern in die Absicherung des Militärverkehrs ein. Auch dies lehnte der Leiter der Abteilung XIX ab, weil sich daraus nicht vertretbare Gefahren für die operativen Absicherungsmaßnahmen der Staatssicherheit ergeben konnten. Es lag Gerstung bei seiner Analyse fern, die Leistungen der FH der DVP zu schmälern, jedoch gab es unter ihnen Kräfte, die für diese Tätigkeit weder tauglich noch zuverlässig waren. Hinzu kam, dass das MfS keinen Einfluss auf die Suche, Auswahl und Einbeziehung von Bürgern als FH der VP hatte.

Folgende Aspekte berücksichtigte die Staatssicherheit bei der Festlegung der Aufgaben des Einsatzes der Kräfte:

- In der Praxis musste die Forderung verwirklicht werden, dass die IM des MfS zielstrebig an feindlich tätige oder verdächtige Personen anzusetzen waren.
- Die IKM der Kriminalpolizei waren zur Kontrolle interessanter Personen einzusetzen, um perspektivvolles Ausgangsmaterial zu erarbeiten.
- Für die Besetzung der gedeckten Beobachtungsposten an den Verladebahnhöfen sowie an anderen günstigen Stellen waren qualifizierte und zuverlässige IM aus den Reihen der Schutzpolizei einzusetzen.
- Die ABV mit ihren FH waren zur Kontrolle relevanter Personen, insbesondere von Rückkehrern, Zuziehenden und Vorbestraften, einzusetzen sowie in die Identifizierung festgestellter Verdächtiger einzubeziehen.
- Die Kräfte der Schutzpolizei waren zur Feststellung

verdächtiger Personen an der Schwerpunktstrecke des Militärverkehrs zum Einsatz zu bringen.

Da die Absicherung des Militärverkehrs eine ständige Aufgabe darstellte, aber nicht immer konzentrierte Bewegungen stattfanden, war es notwendig, bei der Festlegung der Aufgaben nach folgenden Gesichtspunkten zu unterscheiden:

1. Die ständigen operativen Aufgaben bei der Sicherung des Militärverkehrs:

   Der Hauptinhalt der ständigen Aufgaben zur Sicherung des Militärverkehrs bestand darin, die Personenkreise analytisch zu durchdringen, die als Angehörige der Deutschen Reichsbahn unmittelbar am Militärverkehr beteiligt waren beziehungsweise die unmittelbar an der Strecke wohnten oder beschäftigt waren. Das Ziel der operativen Durchdringung bestand darin, Verdachtsmomente für eine geheimdienstliche Tätigkeit zu erarbeiten. Weiterhin waren Personen operativ zu bearbeiten, die im Zusammenhang mit konzentrierten Truppenbewegungen verdächtig in Erscheinung traten.

2. Die Aufgaben zur Absicherung der konzentrierten Truppenbewegungen:

   In dieser Phase des Militärverkehrs waren die Kräfte und Mittel darauf zu konzentrieren, verdächtige beziehungsweise operativ interessante Personen zielstrebig zu bearbeiten sowie ihre Handlungen während und nach der Durchführung der Transporte festzustellen und zu analysieren. Außerdem waren die Kräfte zur Feststellung solcher Personen einzusetzen, die sich für konzentrierte Truppenbewegungen interessierten.

Für den Auf- und Ausbau des IM-Netzes zog die Staatssicherheit Schlussfolgerungen. Demnach mussten für die Sicherung des Militärverkehrs IM vorhanden sein, die über die Eigenschaften, Fähigkeiten und Möglichkeiten verfügten, folgende Aufgaben zu realisieren:

- operative Bearbeitung geheimdienstlich tätiger oder dahingehend verdächtiger Personen;
- analytische Durchdringung des unmittelbar mit dem Militärverkehr beschäftigten oder direkt an der Strecke wohnhaften Personenkreises;
- Feststellung und Dokumentierung der Personen- und Kfz-Bewegungen an den Verladebahnhöfen;
- Beobachtung verdächtiger beziehungsweise operativ relevanter Personen.

Eine wesentliche Voraussetzung zum Aufbau des Absicherungssystems bildete die konkrete Festlegung der Absicherungszone sowie der Handlungsräume. Ursächlich bedingt durch den Charakter des Transportprozesses, durch die räumliche Ausdehnung der Strecken sowie durch die die Strecken umgebenden örtlichen Verhältnisse bereitete die Bestimmung der Absicherungszone im Vergleich zu immobilen Militärobjekten größere Schwierigkeiten. Aufbauend aus den operativen Erfahrungen legte die Staatssicherheit die Absicherungszone so fest, dass sie die Gebäude, bebaute oder unbebaute Grundstücke, Dienststellen und Dienstposten der Deutschen Reichsbahn, Straßen, Wege sowie sonstige Gelände einbezog, deren Lage es ermöglichte, ohne Verwendung optischer Hilfsmittel, beispielsweise Ferngläser, die konzentrierten Truppenbewegungen einzusehen.

Einer größeren Ausdehnung der Absicherungszone stand man kritisch gegenüber, da sie zur Verzettelung in der Abwehrarbeit führte. Es wären dabei Gebiete und Personen einbezogen worden, deren Kontrolle aufgrund der Weiträumigkeit von Anfang an infrage gestellt werden musste. Eine flächendeckende Arbeit war schier unmöglich.

Die Handlungsräume wurden nach bestimmten Gesichtspunkten festgelegt. Handlungsräume der Staatssicherheit waren solche Gebiete innerhalb der Absicherungszone, in denen das MfS Maßnahmen zur Bearbeitung beziehungsweise Kontrolle operativ interessanter Personen realisierte. Im Interesse einer konspirativen Bearbeitung beziehungsweise Kontrolle dieser Menschen mussten Handlungen anderer Systemelemente in diesen Räumen weitgehend ausgeschlossen werden. Als Handlungsräume der Kommissariate I der K waren die Rräume festzulegen, in denen das AG I der K operativ interessante Personen unter Kontrolle hielt. In gleicher Weise war in Bezug auf die Handlungsräume der ABV mit ihren FH zu verfahren. Die Handlungsräume der Schutzpolizei der VPKÄ und des TPA erstreckten sich auf das an die Strecke angrenzende Gelände.

Um eine optimale Wirksamkeit des Absicherungssystems zu erreichen, waren folgende Informationen erforderlich:

1. Die operativen Planungsinformationen. Ihr Wesen bestand darin, die Teilsysteme und Systemelemente des MfS rechtzeitig im Voraus über die bevorstehenden konzentrierten Truppenbewegungen zu informieren sowie die Leiter der Diensteinheiten vor ihrer Entschlussfassung zur Absicherung der Bewegungen mit Ausgangsinformationen zu versorgen. Sie dienten weiterhin dazu, die Kräfte und Mittel vorzubereiten und qualifizierte Prozesse vorausschauend zu planen. Eine Differenzierung der Planungsinformationen in lang- und kurzfristige Informationen wurde als zweckmäßig erachtet. Langfristige Planungsinformationen waren solche, die Angaben über die mit Eisenbahnmärschen verbundenen Übungen der NVA und der GSSD im jeweiligen Ausbildungsjahr

sowie über geplante zentrale Übungen enthielten. Die rechtzeitige Informierung der Staatssicherheit über bevorstehende konzentrierte Truppenbewegungen war nicht nur für die operativen, sondern auch für die technischen Diensteinheiten bedeutsam. Das Aufspüren latenter Spione erforderte neben der qualifizierten IM-Arbeit den Einsatz der Linien VIII (Beobachtung/Ermittlung) und 26 (technische Überwachung). Da die genannten Diensteinheiten nicht über solche Kapazitäten verfügten, die es erlaubten, für außerplanmäßige Aktionen Reserven bereitzuhalten, ergaben sich insofern Schwierigkeiten, dass es nicht möglich war, den kurzfristigen Anforderungen in jeder Beziehung zu entsprechen. Von nicht zu unterschätzender Bedeutung war die Vororientierung für die äußere Spionageabwehr. Sie erlaubte es, zielstrebig und auf lange Sicht operative Prozesse vorzubereiten und durchzuführen, um Pläne, Absichten, Mittel und Methoden der westlichen Geheimdienste gegen den Militärverkehr rechtzeitig aufzuklären. Unter kurzfristigen operativen Planungsinformationen waren solche zu verstehen, die über den genauen Ablauf der konzentrierten Transportbewegungen Auskunft gaben. Aufgrund der für die Planung, Vorbereitung und Durchführung der Militärbewegungen gültigen Bestimmungen der Deutschen Reichsbahn war es in günstigen Fällen 72 Stunden vor Beginn möglich, vom Büro des Präsidenten die vollständigen Angaben über die konzentrierten Transportbewegungen zu erhalten. Diese Zeitspanne war nicht ausreichend, um eine qualifizierte Planung und Vorbereitung der Absicherungsmaßnahmen zu gewährleisten. Angestrebt wurde deshalb, den Leitern der Diensteinheiten des MfS auf der Grundlage der Transportmeldungen der Streitkräfte eine Vororientierung zu geben, damit sie rechtzeitig ihre Kräfte und Mittel vorbereiten konnten.

2. Die operativen Eingabeinformationen. Diese enthielten die konkreten Aufgaben, die durch die Systemelemente zur Absicherung der Truppenbewegungen zu lösen waren. Es war Aufgabe der Leiter der Diensteinheiten, die Eingabeinformationen ausgehend von der konkreten Situation zu erarbeiten, um dadurch die Grundrichtung der operativen Tätigkeit der Teilsysteme bestimmen zu können. Es war notwendig, diese Informationen ständig auf ihre Aktualität hin zu überprüfen, da sie aufgrund der Veränderlichkeit der Situation ebenfalls Veränderungen unterlagen.

3. Die operativen Rückflussinformationen. Ihrem Wesen nach handelte es sich bei diesen Informationen um Rückmeldungen der Systemelemente. Sie gaben Aufschluss darüber, wie die Informationsempfänger auf die Eingabeinformationen reagierten. Anhand der Qualität der Rückflussinformationen konnte festgestellt werden, wie Systemelemente die ihnen übertragenen Aufgaben erfüllten.

4. Der ständige Informationsbedarf. Die operative Absicherung des Militärverkehrs konnte nicht auf konzentrierte Truppenbewegungen reduziert werden, sondern stellte eine ständige Aufgabe dar. Der Verwirklichung dieser Aufgabe diente die Festlegung des ständigen Informationsbedarfs der Leiter der Diensteinheiten. Auch der ständige Informationsbedarf trug den Charakter operativer Eingabeinformationen und war auf die Aufspürung geheimdienstlicher Tätigkeit ausgerichtet.[617]

Für eine wirkungsvolle Tätigkeit des Absicherungssystems war das Vorhandensein einer Leitung unabding-

---

617 Vgl.: Ebd., Bl. 11–22.

bar. Dies machte sich vor allem daher erforderlich, weil sich das System aus mehreren Teilsystemen zusammensetzte, deren planmäßiges und zielgerichtetes Zusammenwirken organisiert werden musste.

Bereits in der 2. Durchführungsbestimmung zur RL Nr. 1/65 des Ministers für Staatssicherheit wurde unmissverständlich bestimmt, dass die HA XIX und die Abteilungen XIX der BV für die Absicherung des Militärverkehrs und somit auch für die Durchsetzung des Absicherungssystems verantwortlich waren. Ausgehend von dieser grundsätzlichen Bestimmung war es Aufgabe der Leitung der BV Halle, die konkrete Verantwortlichkeit der Abteilung XIX festzulegen, sie mit den erforderlichen Vollmachten auszustatten, damit sie ihrer Verantwortung gerecht werden konnte. Durch die Leitung der BV Halle wurde die Verantwortlichkeit der Abteilung XIX für die Absicherung des Militärverkehrs wie folgt festgelegt:

- Die Abteilung XIX war für die Auswertung und Analysierung aller operativen Hinweise verantwortlich, die von den an der Absicherung beteiligten Diensteinheiten erarbeitet wurden.

- Ausgehend von der Analyse der Situation im Militärverkehr hatte der Leiter der Abteilung XIX für das Plandokument des Leiters der BV die Aufgaben, die zur Absicherung des Militärverkehrs zu realisieren waren, zu erarbeiten.

- Die Abteilung XIX war den KD gegenüber bezüglich der Absicherung des Militärverkehrs anleitungs- und kontrollberechtigt.

Der Prozess der Absicherung des Militärverkehrs machte auch das Vorhandensein einheitlicher Führungsdokumente erforderlich. Dieses Erfordernis wurde durch die Tatsache begründet, dass für die Leitung eines Kollektivs sowie für die Steuerung der Prozesse eine übersichtliche und aussagekräftige Grundlage in Form eines Führungsdokumentes unabdingbar war. Aufgrund der Situation, dass an der Absicherung des Militärverkehrs auf der Strecke Halle-Weißenfels fünf Diensteinheiten des MfS sowie vier Kommissariate I der K und vier Abteilungen der Schutzpolizei beteiligt waren, machte sich ein einheitliches Führungsdokument erforderlich. In der Periode des Aufbaus des Sicherungssystems diente das Führungsdokument dazu, die durch die Analyse der Situation gewonnenen Erkenntnisse in vereinfachter und übersichtlicher Form zu dokumentieren, um so einen Gesamtüberblick über die Lage zu erhalten. Nach dem Aufbau des Absicherungssystems bildete das Führungsdokument als eine durch taktische Zeichen vermittelte Widerspiegelung der Situation die Grundlage für die Planung und Leitung der Absicherung des Militärverkehrs. Um seinen Zweck zu erfüllen, musste es folgende Angaben enthalten:

- in der Vergangenheit erkannte staatsfeindliche Tätigkeit,
- gegenwärtige Hauptangriffsrichtungen und Erscheinungsformen der Spionage,
- ungeklärte Vorkommnisse, die den Verdacht einer staatsfeindlichen Tätigkeit rechtfertigten,
- das Vorhandensein operativ interessanter Bürger oder Personen aus den Zielgruppen der Geheimdienste,
- das Vorhandensein der IM des MfS und der IKM der K sowie der FH der VP,
- günstige Stellen in der Umgebung der Strecke, die sich für eine Beobachtung der Militärtransporte eigneten,
- die Begrenzung der Absicherungszone,
- die Handlungen der Schutzpolizei zur Absicherung der konzentrierten Truppenbewegungen.

Wie bereits erwähnt, wurden Kräfte der VP den Teilsystemen als Systemelemente zugeordnet, obwohl diese nicht der Befehlsgewalt der Staatssicherheit unterstanden. Dieses Problem ließ sich durch Koordinierungsvereinbarungen zwischen den Leitern der Diensteinheiten des MfS und den Leitern der VPKÄ beziehungsweise des TPA regeln. In den Koordinierungsvereinbarungen war festzulegen, dass

- die Kriminalisten der Kommissariate I mit ihren IKM und die ABV mit ihren FH in die Absicherung des Militärverkehrs einbezogen und durch die Staatssicherheit zur Lösung von Teilaufgaben herangezogen werden konnten,
- bei der Gewinnung neuer IKM und FH die Belange des MfS zu berücksichtigen sind,
- die Leiter der Kommissariate I und die Leiter der Abteilungen Schutzpolizei für die Organisation des Zusammenwirkens mit dem MfS verantwortlich und nur dem Leiter der Dienststelle der VP rechenschaftspflichtig waren,
- die für die Staatssicherheit bestimmten Informationen von den Leitern der Kommissariate I sowie von den Leitern der Abteilungen Schutzpolizei unmittelbar an das MfS zu übergeben waren.

Bei der Formierung des Absicherungssystems ging es der Staatssicherheit nicht um ein formales Zusammenfügen, sondern um die enge Verflechtung der Teilsysteme und Systemelemente. Die Formierung des Absicherungssystems wurde auf der Grundlage von Dokumenten vollzogen, die folgenden Inhalt hatten:

- die Einschätzung der Lage sowie der militärstrategischen Bedeutung der Strecke,
- die Aufführung der operativen Schwerpunkte,
- die Verantwortlichkeit, Pflichten und Vollmachten der Leiter der Diensteinheiten,

- die konkrete Abgrenzung der Verantwortungsbereiche,
- grundsätzliche Festlegungen für die Organisierung des Zusammenwirkens.

Diese Dokumente wurden durch die KD-Leiter und die Referatsleiter der Abteilung XIX erarbeitet. Sie bedurften der Zustimmung der Leiter der Abteilungen II und XIX sowie der Bestätigung des zuständigen Stellvertreters Operativ des Leiters der BV.

Die Funktion des Absicherungssystems umfasste die Sicherung des Militärverkehrs gegen Angriffe westlicher Geheimdienste, die Aufspürung und Paralysierung staatsfeindlicher Tätigkeit sowie die für die Realisierung dieser Aufgaben erforderlichen operativen Handlungen. Bei der Realisierung der Funktion waren einige Umstände relevant, die sich aus dem Charakter des Militärverkehrs ergaben, so unter anderem:

- Konzentrierte Truppenbewegungen fanden nicht ständig, sondern nur zu bestimmten Zeiten statt, die sich aus dem Charakter des Militärverkehrs ergaben.
- Selbst dann, wenn auf einer Strecke eine starke Bewegung mit Militärtransporten zu verzeichnen war, mussten an dieser Strecke nicht zwangsläufig Be- und Entladungen stattfinden.

Diese Umstände blieben nicht ohne Auswirkungen auf die Funktion des Systems. Sie führten dazu, dass dieses nicht ständig seine volle Funktion entfaltete. Für einige Elemente gab es deshalb einen Zustand der relativen Ruhe.

Mit der Informierung der Teilsysteme wurde bei konzentrierten Truppenbewegungen der Prozess der Realisierung der Funktion eigeleitet. Für die rechtzeitige Erarbeitung und Weiterleitung der Planungsinformationen war die Abteilung XIX der BV Halle verantwortlich. Dazu war es erforderlich, Verbindungen zur HA XIX, zur HA I/UA 11. MSD, zur sowjetischen Militärabwehr, zum Büro des Präsidenten der Reichsbahndirektion sowie zu den Teilsystemen herzustellen. Der Bedarf an Planungsinformationen musste konkret festgelegt und den Informationsquellen mitgeteilt werden. Der Leiter der Abteilung XIX benötigte folgende Planungsinformationen:

- Daten über die im Ausbildungsjahr geplanten Übungen der NVA und der GSSD, die mit konzentrierten Truppenbewegungen verbunden waren (Informationsquellen HA I/UA 11. MSD sowie sowjetische Militärabwehr);
- Daten über die geplanten zentralen Übungen und Manöver (Informationsquelle HA XIX);
- Daten über die konzentrierten Truppenbewegungen (Informationsquelle Büro des Präsidenten der Reichsbahndirektion).

Diese Informationen mussten terminlich möglichst so rechtzeitig an den Leiter der Abteilung XIX der BV Halle übergeben werden, dass sie den Teilsystemen zu Beginn des jeweiligen Ausbildungsjahres zur Kenntnis gelangen konnten. Im Interesse der Geheimhaltung militärischer Übungen waren diese Informationen aber weder für die IM noch für die Kräfte der VP bestimmt. Die Leiter der Diensteinheiten des MfS (Abteilung II und KD) hatten nach Erhalt der Informationen entsprechende Handlungen durchzuführen. Insbesondere waren für die innere und äußere Spionageabwehr Aufgaben festzulegen, die Bestandteile der Arbeitspläne wurden. Durch die Leiter der Diensteinheiten waren die Mitarbeiter über die bevorstehenden konzentrierten Truppenbewegungen und über die Maßnahmen dazu zu informieren. Zweckmäßig war in diesem Zusammenhang, den Leiter der Abteilung XIX über geplante Maßnahmen durch die anderen Diensteinheiten in Kenntnis zu setzen, damit er anleitend und koordinierend wirksam werden konnte.[618]

Vom Büro des Präsidenten der Reichsbahndirektion musste der Leiter der Abteilung XIX umfangreiche Informationen erhalten. Dies betraf unter anderem folgende Punkte:

- den Zeitpunkt des Beginns der Waggonsammlung und Sammelbahnhöfe,
- die Anzahl der abzustellenden Reservezüge, Wagen und Abstellorte,
- die Anzahl der abzustellenden Lokreserven und Abstellorte,
- die Bahnhöfe, die Reserven für den Zugbegleitdienst bereithielten,
- welche Verantwortliche für Militärtransporte in welchen Bahnhöfen zum Einsatz kamen,
- wo die wagentechnische Untersuchung durchgeführt werden sollte,
- auf welchen Bahnhöfen Wagenmeister zum Einsatz kamen,
- auf welchen Bahnhöfen und Stellwerken Kräfte aus dem Bereich Signal- und Fernmeldewesen zum Einsatz kamen,
- welche Bahnmeistereien Kräfte für die verstärkte Streckenbegehung stellten,
- welche Überwege durch Kräfte aus welchen Bahnmeistereien besetzt wurden,
- welche Kräfte zur Kontrolle der ordnungsgemäßen Durchführung der Maßnahmen eingesetzt wurden.[619]

Die Planung, Vorbereitung und Durchführung der konzentrierten Truppenbewegungen war ein Prozess,

---

618 Vgl.: Ebd., Bl. 22–31.
619 Vgl.: Ebd., Anlage 4.

der sich in einer relativ kurzen Zeitspanne vollzog, so dass es notwendig war, die Informationen vom Büro des Präsidenten der Reichsbahndirektion so frühzeitig wie möglich zu beschaffen. Bewährt hatte sich die in der Abteilung XIX der BV Halle praktizierte Methode, dass die IM im Büro des Präsidenten bereits während der Fahrplankonferenz die Daten erarbeiteten, welche für die Information an die Teilsysteme erforderlich waren. Dabei handelte es sich um eine Vororientierung, die Angaben über die Anzahl der durchfahrenden Militärtransporte sowie über die Be- und Entladungen (Zeit, Ort, Anzahl) enthielt. Unverzüglich nach Eingang dieser Information vom Büro des Präsidenten erarbeitete der Leiter der Abteilung XIX den Plan für die Absicherung der konzentrierten Truppenbewegungen, der durch die Leitung der BV zu bestätigen war. Dieser Plan beinhaltete:

- Lageeinschätzung,
- Leitung des Einsatzes,
- Aufgaben zur Bearbeitung der OV, OPK und OAM,
- Aufgaben zur Verhinderung von Sabotage- und Diversionsverbrechen,
- Aufgaben zur Feststellung der Handlungen der westlichen MVM,
- Aufgaben, die durch die Abteilung II und die KD der BV Halle zu realisieren waren,
- Aufgaben zur Kontrolle der durch die Deutsche Reichsbahn eingeleiteten Maßnahmen,
- Meldesystem,
- materiell-technische Sicherstellung.

Nach der Bestätigung des Planes durch die Leitung der BV war durch den zuständigen Stellvertreter Operativ eine Besprechung durchzuführen, an der die Leiter der Abteilungen II und XIX, die Leiter der KD Halle-Saalekreis, Merseburg und Weißenfels, die Referatsleiter der Abteilung XIX sowie der zuständige Leiter des AG I der

K der Transportpolizei teilzunehmen hatten. In dieser Runde informierte der Leiter der Abteilung XIX über die konzentrierten Truppenbewegungen sowie die zu realisierenden Aufgaben.

Die durch den Leiter der Abteilung XIX vermittelten Aufgaben waren durch die Leiter der anderen Diensteinheiten sowie durch die Referatsleiter der Abteilung XIX unter Berücksichtigung der konkreten Situation in ihren Verantwortungsbereichen zu präzisieren. Sie bildeten die Grundlage für die Informierung der Systemelemente und waren diesen durch folgende Informationskanäle zu übermitteln:

In der Abteilung II und den KD informierten die Leiter dieser Diensteinheiten die Referats- beziehungsweise Arbeitsgruppenleiter, die ihrerseits die unterstellten Mitarbeiter informierten und einwiesen. Durch die Mitarbeiter wurden ausgehend von der Aufgabenstellung der Leiter der Diensteinheiten die Aufträge an die IM erarbeitet. Auf der Grundlage der Alarmierungspläne war Verbindung zu den IM aufzunehmen, um sie über die bevorstehenden konzentrierten Truppenbewegungen in Kenntnis zu setzen und in ihre Aufgaben einzuweisen. Durch die verantwortlichen Referats-/ Arbeitsgruppenleiter der KD waren die Aufgaben an die Kommissariate I sowie an die Leiter Schutzpolizei der VPKÄ zu übergeben, die für die Informierung und Einweisung der ihnen unterstellten Kräfte verantwortlich waren. Auch die IKM der K und FH der VP waren auf der Grundlage der Verbindungspläne zu informieren und einzuweisen. In der Abteilung XIX waren die Referatsleiter für die Präzisierung der Aufgaben und für die Informierung der ihnen unterstellten Mitarbeiter verantwortlich. Der zuständige Leiter des AG I der K der Transportpolizei legte die Aufgaben für seinen Bereich sowie für die ABV des TPA fest, wobei die Aufgaben für die ABV dem Leiter Schutzpolizei zu übergeben waren.

Aufgrund der Verantwortlichkeit der Abteilung XIX ergaben sich hinsichtlich des Informationsrückflusses bestimmte Schlussfolgerungen. Grundsätzlich wurde so verfahren, dass dem Abteilungsleiter alle Informationen übergeben werden mussten, die im Zusammenhang mit der Absicherung der konzentrierten Truppenbewegungen erarbeitet worden waren. Das machte sich erforderlich, damit der Leiter der Abteilung XIX in der Lage war, ständig die konkrete Situation analysieren zu können. Für die Gestaltung der Informationstätigkeit existierten in der Abteilung XIX der BV Halle spezielle Meldeblätter. In einem Meldeblatt wurden Informationen zwischen Diensteinheiten ausgetauscht, um über in Erscheinung getretene Personen zu informieren. In einem anderen Meldeblatt wurden die Leiter der Abteilungen II und XIX über den Stand der Bearbeitung von OV und OPK informiert. Der Informationsrückfluss erfolgte über die bereits erwähnten Informationskanäle in umgekehrter Form. Alle Informationen über Personen, die nicht Angehörige der Deutschen Reichsbahn waren, wurden nach Auswertung in der Abteilung XIX an den Leiter der Abteilung II übergeben, welcher für die Weiterleitung an die zuständige Diensteinheit verantwortlich war, sofern es sich um Hinweise auf eine Spionagetätigkeit handelte.

Die analytische und vergleichende Tätigkeit wurde in den Abteilungen II und XIX der BV Halle bis 1968 über Vergleichskarteien realisiert, in denen solche Personen erfasst waren, die an militärischen Objekten und bei konzentrierten Truppenbewegungen in Erscheinung getreten waren. Da sich dieser Zustand hemmend auf die operative Tätigkeit auswirkte, machten sich Veränderungen erforderlich. Die Beibehaltung dieses Zustandes hätte dazu geführt, dass Personen, die wiederholt an immobilen militärischen Objekten und im Zusammenhang mit der Durchführung von konzentrierten Truppenbewegungen in Erscheinung getreten waren, nicht bearbeitet werden konnten, weil ihre wiederholten Aktivitäten nicht bekannt wurden. Dies konnte durch folgende Maßnahmen geändert werden:

- In der BV war nur noch eine Vergleichskartei zu führen, in der Personen erfasst wurden, die bei konzentrierten Truppenbewegungen oder an stationären militärischen Objekten beziehungsweise an den Militärmarschstraßen operativ relevant in Erscheinung traten.

- Angehörige des Verkehrswesens, die bei konzentrierten Truppenbewegungen relevant in Erscheinung traten, waren ausschließlich in der Vergleichskartei der Abteilung II zu erfassen. Die Abteilung XIX übergab an die Abteilung II eine Kerblochkarteikarte mit Foto.

- Angehörige des Verkehrswesens, die an immobilen militärischen Objekten oder an Militärmarschstraßen durch relevante Handlungen aufgefallen waren, wurden ebenfalls in dieser Kartei erfasst.

- Die Abteilung II erhält von der Abteilung XIX alle Informationen über Nichteisenbahner, die bei konzentrierten Truppenbewegungen relevant in Erscheinung getreten waren. Für die Erfassung in der Vergleichskartei sowie für die Weiterleitung an die zuständige Diensteinheit war die Abteilung II verantwortlich.

- Für die Abteilung II ergab sich aus diesen Festlegungen die Pflicht, die anderen Diensteinheiten unverzüglich zu informieren, wenn Personen aus deren Verantwortungsbereichen erneut relevant in Erscheinung traten.

- Aus der Erfassung in der Vergleichskartei der Abteilung II war durch diese keine von selbst erfolgende

Berechtigung der operativen Bearbeitung solcher Personen abzuleiten, die im Verantwortungsbereich der anderen Diensteinheiten beschäftigt beziehungsweise wohnhaft waren.

Zur Erhöhung der Aussagekraft der Informationen wurden folgende Forderungen erhoben:

- Festgestellte Personen waren zu identifizieren. Von diesen Personen waren in der Kreismeldekartei Passbilder zu beschaffen, die den Informationen beizufügen waren. Bei Kraftfahrzeugen war hinsichtlich ihrer Halter analog zu verfahren. Für die Realisierung dieser Aufgaben war die feststellende Diensteinheit verantwortlich.

- Die Fotografie war bei der Außenabsicherung der Verladebahnhöfe verstärkt anzuwenden. Personen, die sich bei konzentrierten Truppenbewegungen in der Nähe der Verladebahnhöfe aufhielten, waren, soweit möglich, zu fotografieren.

- Von allen Personen, die aufgrund des Verdachts von Spionagehandlungen bearbeitet wurden, waren der Abteilung II mit dem Einleitungsbericht Passbilder zu übergeben. Diese Personen waren ebenfalls in der Vergleichskartei zu erfassen.

Wie bereits erwähnt, war die Absicherung des Militärverkehrs eine ständige Aufgabe der zuständigen Diensteinheiten, deren Hauptaufgabe darin bestand, die Personenkreise analytisch zu durchdringen, welche unmittelbar am Militärverkehr beteiligt oder in der Absicherungszone wohnhaft beziehungsweise beschäftigt waren. Das Ziel dieser analytischen Durchdringung bestand darin, verdächtige Personen aufzuspüren, operativ zu bearbeiten und Verdachtsmomente zu klären.[620]

---

620 Vgl.: Ebd., Bl. 31–36.

Das Sicherungssystem am Verbindungsweg Wasserstraße zwischen der Bundesrepublik und Westberlin

Zur Verhinderung vom Spionagehandlungen im Verantwortungsbereich der BV Magdeburg

Die Binnenwasserstraßen der DDR stellten einen bedeutsamen Verkehrsweg dar. Bereits zu Ende der 1960er Jahre befuhren jährlich im Bezirk Magdeburg circa 1.500 bis 1.600 Schiffe mit 7.000 bis 8.000 Personen die DDR im grenzüberschreitenden Verkehr.

Diese hohe Zahl von Schiffen und Personen sowie die vorhandenen Besonderheiten an den Wasserstraßen veranlassten die Staatssicherheit, ein komplexes Sicherheitssystem einzuführen. Hinsichtlich der Organisierung dieses Sicherheitssystems gab es einige Besonderheiten zu berücksichtigen.

Die Binnenwasserstraßen-Verkehrsordnung der DDR legte das Befahren der Wasserstraßen, insbesondere des Mittellandkanals, mit einer Höchstgeschwindigkeit von 9 Kilometer pro Stunde fest. Dieses verpflichtete zu einem relativ langsamen Fahren und bot viele Möglichkeiten der Beobachtung, des Verständigens mit Personen, die sich an Land aufhielten und ließ ein Nachfahren beziehungsweise Absetzen an das Ufer in kurzer Zeit zu. An das Steilufer des Mittellandkanals war ein dichtes Heranfahren der Schiffe auf circa ein bis drei Meter möglich, was begünstigende Möglichkeiten für gegnerische Kräfte zuließ. Auf fast allen Motorgüterschiffen befand sich ein sogenannter Schwenkbaum, der auf dem Deck des Schiffes befestigt war und eine Länge von vier bis fünf Metern hatte. Mittels dieses Schwenkbaumes war es möglich, Personen und Gegenstände, also auch Spione und Spionagehilfsmittel, ohne dass das Schiff seine Fahrt verlangsamte, an Land zu setzen und auch umgekehrt derartige Gegenstände oder Personen von Land an Bord zu nehmen.

Um den Schiffern eine planmäßige Ruhe zu ermöglichen, waren entlang der Wasserstraße sogenannte Feierabendplätze eingerichtet worden. Hier konnten sie anlegen und übernachten. Insgesamt existierten 14 solcher Feierabendplätze, wovon sich 9 im Bereich des Mittellandkanals befanden. Bundesdeutsche und Westberliner Schiffer konnten folgende Feierabendplätze nutzen:

- am Schiffshebewerk Magdeburg-Rothensee (Kanalkilometer 320),
- bei Bülstringen (Kanalkilometer 294),
- bei Calvörde (Kanalkilometer 287),
- bei Bergfriede (Kanalkilometer 269).

An diesen Plätzen war es den Schiffern möglich, sich unkontrolliert aus diesem Bereich zu entfernen und über die gesetzlich zugelassene Frist von 24 Stunden hinaus auf dem Territorium zu verbleiben. Dadurch begünstigt suchten sie umliegende Ortschaften und Gaststätten auf, traten zu Personen in Kontakt und besuchten Verwandte und Bekannte ihrerseits oder im Auftrag anderer Personen.

Eine Kontrolle dieser Personen stellte sich für das MfS kompliziert dar, da die westdeutsche Binnenflotte einem ständigen Wechsel unterlag, so dass viele junge Menschen in kürzeren oder größeren Zeitabständen die Arbeitsstellen und die Schiffe selbst wechselten. Dadurch war es für die Staatssicherheit erschwert, zielgerichtet Personenkontrollen durchzuführen und es erleichterte den Geheimdiensten, ausgebildete Agenturen und Kuriere zum Einsatz zu bringen.

War einem Schiff die Genehmigung für das Passieren der Wasserstraßen der DDR erteilt worden, so waren nur noch eine Personenlegitimierung und die Eintragung in das Bordbuch des Schiffes erforderlich, um als Mitglied der Crew einreisen zu dürfen. Hinzu kamen bei Westschiffern noch umfangreichere Möglichkeiten, weil ihre Personeneinreise durch das Vorhandensein ganzer Familien an Bord nicht durch konkrete Weisungen seitens der zuständigen staatlichen Stellen der DDR oder ihrer westlichen Vertragsfirmen eingeengt war. Dadurch konnten sich unter den Schiffsbesatzungen Personen befinden, die als Agenten unmittelbar eingesetzt ein großes Betätigungsfeld nutzen konnten, zum Beispiel:

- als Kuriere zur Aufrechterhaltung der Verbindung zwischen Geheimdiensten und Agenturen in der DDR in einem bestimmten Bereich,
- als Tipper, um den Diensten geeignete Personen vorzuschlagen oder diese für sie auszuwählen,
- zur Kontrolle von in der DDR tätigen Spionen,
- als Militärspion zur Kontrolle strategisch bedeutsamer Punkte an den Wasserstraßen (Übersetzstellen, Wasserübungsplätze),
- zur Abschöpfung von Personen aus dem Verwandten- und Bekanntenkreis, wenn diese in bedeutsamen Bereichen in der DDR tätig waren oder dorthin Verbindungen unterhielten.

Alle Motorgüterschiffe und Schleppkähne boten zudem sehr gute Versteckmöglichkeiten. So ging das MfS davon aus, dass es nicht besonders kompliziert war, Personen an Bord zu verstecken, sie mitzunehmen oder auch über die Grenze zu schleusen. Somit konnten Schiffsbesatzungen im Auftrag der Geheimdienste Personen transportieren, die als Instrukteure, Kuriere oder Werber tätig waren und diese auf DDR-Territorium absetzen.

Es gab Beispiele, wo sich weibliche Personen monate-
lang auf solchen Schiffen aufhielten, vor Passieren der
GÜSt ausstiegen und bei Rückkehr des entsprechenden
Schiffes in die DDR wieder aufstiegen, um längere Zeit
an Bord zu bleiben.

Bei den jeweiligen Werftliegezeiten der Motorschiffe
gab es gute Kontakte zwischen den Schiffsbesatzungen
und den Werftarbeitern, insbesondere dem Schiffsführer und den Zimmerleuten und Tischlern. Dadurch
konnten dort bereits kleiner Verstecke eingebaut werden. gleiches galt für zusätzliche Fächer, die nur durch
Kenntnis eines besonderen Mechanismus geöffnet
werden konnten. Größere Verstecke, die vorbereitet
wurden, wie abnehmbare Rückwände von Schränken,
aufnehmbare Fußböden oder doppelte Böden, die zum
Transport persönlicher Schmuggelware gedacht waren,
erleichterten nachrichtendienstliche Handlungen.

Die Schiffsführer der Motorgüterschiffe waren an Bord
als absolute Chefs zu betrachten. Sie legten das Geschehen an Bord, das Verbleiben an den Feierabendplätzen
oder den Zeitpunkt der Be- und Entladung fest. Sie
bestimmten auch die Bordwache und führten Verhandlungen zwischen den Organen des Hafenbetriebes und
der Reederei. Daraus ergab sich, dass der Schiffsführer
grundsätzlich festlegen konnte, wer an Land gehen
durfte und welches Besatzungsmitglied auf dem Schiff
bleiben musste, um die Bordwache zu stellen. Dem
Schiffsführer war es im Fall einer geheimdienstlichen
Tätigkeit möglich, konspirativ persönliche Treffs mit
Geheimdienstmitarbeitern wahrzunehmen, wenn er
die Besatzungsmitglieder entsprechend eingeteilt hatte. Dafür boten sich durch die Verhandlungen mit den
Handelspartnern eine Reihe begründeter Legenden an.
Zeitweilige begünstigende Bedingungen ergaben sich
daraus, dass den Ehefrauen der Schiffsbesatzungen die

Mitfahrt nach entsprechender Genehmigung durch den VEB Deutsche Binnenreederei und nach Zustimmung durch die Sicherheitsorgane befristet gestattet worden war. Das, was bereits den Schiffsführern als besondere Möglichkeit unterstellt wurde, galt mit Abstichen auch für die Ehefrauen. Eine weibliche Person, die beispielsweise zu getarnten Einkäufen oder zur Erledigung anderer Geschäfte von Bord ging, zog in der Öffentlichkeit viel weniger Aufmerksamkeit auf sich, als ein nach außen hin durch die Kleidung erkennbarer Schiffer.

Eine weitere Besonderheit bestand darin, dass ein Schiffsführer während der Fahrt seine Besatzung weitgehend so binden konnte, dass diese ihn nicht plötzlich in seiner Kajüte aufsuchte. In diesem Zeitraum hatte der Schiffsführer Gelegenheit, Notizen und Eintragungen zu machen, Berichte abzufassen, sich bestimmter Geheimschreibmittel zu bedienen und andere geheimdienstliche Tätigkeiten auszuüben.

Bei dem Dargelegten ist zu berücksichtigen, dass diese Besonderheiten größtenteils auf beide Kategorien, also auf die Westschiffer als auch auf die Schiffer des VEB Deutsche Binnenreederei

a) auf dem Territorium der DDR und

b) auf dem Territorium der Bundesrepublik

zutrafen.[621]

Durch das MfS wurde im Ergebnis der Bearbeitung eines OV ein Spion enttarnt, der in seinen Aussagen zum Ausdruck brachte, alle ihm übertragenen Aufgaben, Codes und andere geheimdienstliche Hilfsmittel über einen TBK in Empfang genommen zu haben. Dieser

---

621 Vgl.: Ernst Behrens: Diplomarbeit zum Thema: »Die Gestaltung des Sicherheitssystems an dem Verbindungsweg Wasserstraße zwischen Westdeutschland und Westberlin zur vorbeugenden Verhinderung der Spionage«. BStU ZA JHS MF VVS 160-4/69, Bl. 7–12.

TBK befand sich am Verbindungsweg Wasserstraße in circa 300 Metern Entfernung zu einer Stelle, an der Westschiffer manchmal mehrere Stunden warten mussten, ehe sie durch das Schiffshebewerk Magdeburg-Rothensee zur Elbe geschleust werden konnten. Während dieser Zeit war es ihnen erlaubt, ohne besondere Genehmigung die in der Siedlung des Schiffshebewerkes gelegene HO-Verkaufsstelle aufzusuchen, um sich mit Lebensmitteln und Genusswaren zu versorgen. Die Staatssicherheit ging davon aus, dass aufgrund der besonderen Lage dieser TBK von einem westdeutschen Schiffer belegt wurde, der Kurierdienste im Auftrag des Geheimdienstes durchführte.[622]

Als operativ interessant für das MfS stellte sich heraus, dass umfangreiche Beispiele dafür zu verzeichnen waren, in denen westdeutsche Schiffer Adressen von DDR-Bürgern bei Kontrollen an den Grenzübergangsstellen besaßen. Im Wesentlichen handelte es sich dabei um Adressen von Verwandten und Bekannten, aber auch von jungen weiblichen Personen. Im Bereich BV Magdeburg wurden in der Kerblochkartei der Abteilung XIX circa 400 derartige Adressen oder Personen registriert. Sie wurden dort für eine mögliche operative Nutzung gespeichert.

Personen in Schlüsselpositionen des VEB Deutsche Binnenreederei waren für die Geheimdienste von besonderem Interesse. Diese konnten über die gesamten geschäftlichen Beziehungen und Geschäftspartner Auskunft geben, über Schwerpunktgüter, die zur Verladung anstanden sowie über beabsichtigte Vertragsabschlüsse mit nichtsozialistischen Staaten und den Warenlieferungen in die sozialistischen Staaten. Dieser Personenkreis war deshalb in die engere Wahl einbezogen, weil

---

622 Vgl.: Ebd., Bl. 13.

es ihm im Rahmen des Dispatchersystems gestattet war, täglich mit den Charterstätten in der Bundesrepublik in Verbindung zu treten und mehrmals am Tag die Schiffspositionen sowie das Disponieren von Motorgüterschiffen telefonisch zu organisieren. Somit war diesem Personenkreis objektiv die Möglichkeit gegeben, unter Anwendung von Deckbezeichnungen Verbindungen aufzunehmen. Bei den Gesprächspartnern handelte es sich um Angestellte im Transportkontor E. in Hamburg, der Transitschifffahrt S&K Braunschweig sowie um Personen im Schleppamt Braunschweig.

Weiterhin konnte sich das gegnerische Interesse auf die Besatzungsmitglieder der im grenzüberschreitenden Verkehr eingesetzten Motorgüterschiffe, Schubboote und Schleppkähne erstrecken. Diese konnten durch die Geheimdienste zunächst abgeschöpft oder aber für eine nachrichtendienstliche Tätigkeit geworben werden. Dabei stellten die Schiffsführer den interessantesten Personenkreis dar. Vom MfS waren unbedingt Personen zu berücksichtigen, zu denen Kontakte im unmittelbaren Zusammenhang mit dem Güterumschlag in der DDR und durch verwandtschaftliche Beziehungen vorhanden waren. Dies betraf Angestellte an den Hebewerken, auf den Schleusen sowie in den Be- und Entladehäfen. Diese Kontakte ließen sich erweitern auf die Angestellten der Deutschen Binnenreederei, welche die durch den Güterumschlag anfallenden Frachtpapiere ausfüllten. Relevant waren auch Angestellte der Binnenreederei, die für die Betreuung der Schiffer zuständig waren sowie Personen, welche an den Feierabendplätzen für Westschiffer wohnten oder dorthin Verbindungen unterhielten beziehungsweise die in der Freizeit durch Westschiffer aufgesucht wurden. Kontakte zu Westschiffern hatte auch das Personal der Gaststätten entlang der Wasserstraße sowie Frauen, die in Gaststätten verkehrten oder sich Zugang zum Wirkungsbereich der Westschiffer verschafften. Ähnlich war die Situation der Schiffer vom VEB Deutsche Binnenreederei auf dem Territorium der Bundesrepublik, das heißt, mit gleichen oder ähnlichen Personenkreisen kamen sie dort in Kontakt. Hinzu kamen Personen, die als vertragschließende Seiten bei den Charterverträgen galten. Genutzt werden konnten durch die Geheimdienste auch westliche Zoll- und Grenzschutzorgane, insbesondere zur Herstellung von Kontakten.[623]

Die Organisierung der operativen Arbeit wurde auf der Basis von Befehlen und Weisungen des Ministers für Staatssicherheit und des Leiters der BV Magdeburg organisiert. Dabei spielte das angewandte Sicherheitssystem eine westlich Rolle. Innerhalb der Staatssicherheit setzte sich im Lauf der Zeit immer mehr die Erkenntnis durch, dass die Bearbeitung von Erscheinungen des Gegners durch ein Organ und einzelne IM nicht mehr den wachsenden Anforderungen entsprach. Aus diesem Grund setzte es sich durch, den Systemcharakter und das Systemdenken in der Abwehrarbeit stets weiter zu entwickeln und anzuwenden. Dies galt insbesondere für die Arbeit in das Operationsgebiet.

Das erforderte einen hohen Grad an Konspiration, weil gerade auf den Wasserstraßen die Schiffscrews, die sich aus kleinsten Gruppen zusammensetzten, enge dienstliche und zum Teil private Verbindungen unterhielten. Oft waren im Detail der Wohnort und die Arbeitsweise sowie die Gepflogenheiten eines Besatzungsmitgliedes bekannt, was beispielsweise den Wunsch nach einer gemeinsamen Heimfahrt mit dem Zug oder Auto hervorrief und den Führungsoffizier vor Probleme stellte, damit die Zusammenarbeit mit einem IM nicht dekons-

---

623 Vgl.: Ebd., Bl. 14–17.

piriert wurde. Dies setzte eine ständige Absprache über die Legendierung mit dem IM voraus und bei Notwendigkeit eine sofortige Veränderung derselben, konnten sich doch nach Ansicht der Staatssicherheit unter der Besatzung geschulte Spione befinden, die jede Kleinigkeit im Verhalten des IM oder fremder an Bord erscheinender Personen registrierten und meldeten.

Deshalb gehörte zu einer effektiven operativen Arbeit unter Beachtung der Konspiration das unbedingte Erfordernis einer ausgiebigen Trefftätigkeit in konspirativen Wohnungen. Durch die operativen Mitarbeiter war es auch zweckmäßig, Führungs-IM einzusetzen, um aufgrund der vorhandenen Besonderheiten an der Wasserstraße sich ständig über die Schiffsposition berichten zu lassen und dadurch vorausschauend eine Treffplanung vornehmen zu können.

Wie bei den Kraftfahrern im grenzüberschreitenden Verkehr spielte auch bei den Schiffern die Blickfeldarbeit eine wichtige Rolle. Zur Feststellung von Personen, die geheimdienstlich tätig waren, sollte unbedingt versucht werden, IM in das Blickfeld dieser Agenten zu bringen.

Das Zusammenwirken der Linie XIX im Systemcharakter mit anderen DDR-Organen und Diensteinheiten des MfS trug den Kern in sich, eine breite konspirative Bearbeitung verdächtiger oder geheimdienstlich tätiger Personen zu entwickeln.

Ein elementarer Bestandteil des Systems der Sicherung von Wasserstraßen waren die IM. Sie waren im Verständnis der Staatssicherheit die Elemente des Systems und das Hauptmittel, welches zur Bekämpfung der westlichen Geheimdienste zur Verfügung stand. Deshalb mussten die Leiter und Mitarbeiter ständig bestrebt sein, dass diese an den Schwerpunkten in der erforderlichen Qualität und Quantität vorhanden waren. Aber auch die GMS waren zur Gestaltung eines lückenlosen Sicherheitssystems einzusetzen.[624]

Die Staatssicherheit betrachtete es als erforderlich, bei der Lösung der operativen Aufgaben vordringlich eine offensive Suche nach geheimdienstlich tätigen Personen durchzusetzen und sah darin gleichzeitig einen großen Teil der vorbeugenden Tätigkeit. Die bedeutendste Aufgabe dabei hatte das IM-System der im Rahmen von Koordinierungsvereinbarungen wirkenden Diensteinheiten zu realisieren. Daraus ergab sich die objektive Notwendigkeit:

* die vorhandenen IM mit zielgerichteten Aufträgen zu versehen und diese von der Notwendigkeit der Suche nach Spionen zu überzeugen,
* das IM-System in seiner Qualität und Quantität sowie die Arbeitsergebnisse der inoffiziellen Kräfte auf einen hohen Stand zu bringen.

Deshalb erfolgte die Erweiterung des IM-Systems nach einem Perspektivplan. Die Suche und Auswahl wurde in der Abteilung XIX/BV Magdeburg durch das Analysieren von Kontaktgesprächen sowie zielgerichtete Absprachen vorgenommen und wurde durch das Erfordernis des Eindringens in bestimmte Schwerpunktbereiche bestimmt. Um die Suche nach Agenturen westlicher Geheimdienste effektiver zu gestalten, wurde ein Teilsystem hauptamtlich tätiger IM im besonderen Einsatz (HIME) geschaffen. Diese wirkten von Stützpunkten aus, die sich entlang der Wasserstraßen befanden und waren als Kernstück des Sicherheitssystems anzusehen. Sie arbeiteten unter Anleitung von Gruppenführern in Stärke 1 zu 4 und lösten unter einer zweckmäßigen Legendierung ihre Sicherungsaufgaben. Der Aufgaben- und Tätigkeitsbereich hatte im Wesentlichen folgenden Inhalt:

---

624 Vgl.: Ebd., Bl. 18 ff.

- Einsatz zur vorbeugenden Tätigkeit an diversionsgefährdeten Stellen und insbesondere zur Feststellung von Personen, die möglicherweise Spionageaufgaben realisierten;
- Feststellung von Kontakten zwischen DDR-Bürgern und Westschiffern;
- Verhinderung von Grenzdurchbrüchen und Ausschleusungen von Bürgern der DDR;
- Koordinierungsaufgaben;
- Kaderreserve für das MfS insgesamt beziehungsweise die Abteilung XIX der BV Magdeburg.

Durch einen differenzierten Einsatz der HIME wurden von diesen unverzüglich Ermittlungen zu in Erscheinung getretenen Personen geführt und dadurch bereits ein bestimmter Grad von Vorverdichtung zu operativen Hinweisen realisiert. Dieses Verfahren führte zu einem relativ zügigen und sicheren Erkennen harmloser Erscheinungen. Es ermöglichte somit eine gründliche und zuverlässige Differenzierung, bevor bedeutsame Informationen über den Leiter der Arbeitsgruppe dem verantwortlichen Auswerter der Abteilung zuflossen.

Mit ihrer Tätigkeit trugen die HIME dazu bei, dass zielgerichtete Werbungen unter den DDR-Binnenschiffern und den Westschiffern vorgenommen werden konnten. Mit dem Aufbau dieses Teilsystems wurde gleichzeitig ein Teil des Kaderbedarfs der Abteilung XIX/BV Magdeburg gesichert, denn es wurden nur solche HIME ausgewählt und bestätigt, die den Kaderrichtlinien der Staatssicherheit entsprachen. Nach einer Bewährung, in deren Verlauf die Einsatzbereitschaft, die Zuverlässigkeit und Ehrlichkeit geprüft worden waren, wurden diese HIME in die Abteilung XIX als operative Mitarbeiter übernommen.[625]

---

625 Vgl.: Ebd., Bl. 21 ff.

Die unmittelbare Bearbeitung von verdächtigen oder geheimdienstlich tätigen Personen in Vorgängen stellte einen großen Teil der vorbeugenden Absicherung dar. Von den Besonderheiten auf und an Wasserstraßen ausgehend, war der Teil der Bearbeitung, indem die spionageverdächtige Person unter möglichst lückenloser Kontrolle zu halten war, der komplizierteste. Erfolgte beispielsweise bei Militär- oder Wirtschaftsspionen oftmals die Aufklärung und Kontaktierung im Arbeits- oder Freizeitbereich des Betreffenden in der DDR, so geschah dies bei Schiffern im Verantwortungsbereich der Abteilung XIX/BV Magdeburg im Operationsgebiet. Gelang es nur schwerlich, an einen Spion im Arbeitsbereich einen IM heranzuschleusen, war es noch weitaus komplizierter, ohne Verdacht zu erregen, dies im Bereich der Binnenschifffahrt bei einer Besatzung von drei bis vier Schiffern zu realisieren. Die Crews fuhren oft schon jahrelang zusammen und für Neulinge war es nicht einfach, wirklich integriert zu werden, zumal Spione bei Neuankömmlingen notorisch misstrauisch waren. Bestand bei einer Agentur in der Volkswirtschaft zum Beispiel für die Staatssicherheit die Möglichkeit über das Verbindungswesen an sie heranzurücken, schied dieser neuralgische Punkt in der Schifffahrt weitgehend aus, denn der Spion konnte berufsbedingt relativ regelmäßig zu persönlichen Treffs in den Westen fahren.

Dennoch ergaben sich mittels IM im Bereich der Schifffahrt umfassende Einsatzmöglichkeiten, um zügig und unkompliziert Erscheinungen geheimdienstlicher Tätigkeit festzustellen und aufzuklären. Als Mittel zur Suche nach dem geheimdienstlichen Gegner diente die Auswahl eines bestimmten Personenkreises, der dann unter zielgerichtete operative Kontrolle gestellt wurde. Durch die Erfassung und Speicherung von bedeutsamen Informationen konnte durch das MfS herausgearbeitet werden, dass die Geheimdienste sich besonders für solche Binnenschiffer im grenzüberschreitenden Verkehr interessierten, die durch ihren Intellekt gute Voraussetzungen für eine Geheimdiensttätigkeit boten. Dies traf zum Großteil auf die Schiffsführer sowie die Lotsen zu, die unmittelbar an den Grenzübergangsstellen stationiert waren und solchen westdeutschen Schiffern Hilfe leisteten, die keine konkreten Wasserstraßenkenntnisse besaßen, zumal die Annahme eines Lotsendienstes Pflicht war.

Bei der Analysierung dieses Personenkreises, der 146 Schiffsführer und Lotsen betraf, konnten durch das MfS 19 Personen herausgearbeitet werden, die eine Reihe interessanter Verdachtsmomente auf sich vereinigten. Diese Personen wurden in den Mittelpunkt einer umfassenden Kontrolltätigkeit gestellt. An den Prozess der Überprüfung des eigenen Personals im grenzüberschreitenden Verkehr auf der Wasserstraße schloss sich eine Analysierung der Westschiffer an, die sich wesentlich zeitintensiver darstellte. Das Differenzieren dieser Personenkreise geschah mit großer Umsicht, um die Gefahr einer Einseitigkeit auszuschließen. Stets wurde dabei die Vielfalt der Möglichkeiten berücksichtigt, die den Geheimdiensten durch die Besonderheiten an und auf der Wasserstraße entgegen kamen.

Die operative Arbeit des MfS musste berücksichtigen, dass der nachrichtendienstliche Gegner eine umfangreiche Kuriertätigkeit über die Wasserstraßen zu den Agenturen in der DDR entwickeln konnte. Er hatte die Möglichkeit, Funkgeräte zu überbringen oder auszutauschen, Spione mit Nachrichten, Weisungen sowie Codematerialien zu versorgen, TBK an den Wasserstraßen und in deren Nähe beziehungsweise in anderen Bereichen anzulegen. Außerdem bot sich der Schiffsverkehr dazu an, Spione und Kuriere in das Gebiet der

DDR ein- und auszuschleusen. Das IM-System musste folglich ständig eingesetzt werden, um die Arbeits- und Lebensbedingungen der Schiffer zu studieren.

Es ergaben sich auch Anknüpfungspunkte, um Erscheinungsformen der allgemeinen Kriminalität im täglichen Arbeitsablauf auf den Binnenwasserstraßen festzustellen. So gab es Vorkommnisse, wo aus der Bundesrepublik Gold in die DDR geschmuggelt wurde oder Beispiele, wo Fernsehapparate angekauft und in der DDR wieder verkauft wurden, zum Teil erfolgte ein Absetzen mittels Schwenkbaum an Land. Dies lag teilweise im Verhalten der Binnenschiffer begründet, zu ihrem Verdienst, der im grenzüberschreitenden Verkehr nicht gering war, sich zusätzlich eine erträgliche Einnahmequelle zu verschaffen. Derartige Gegebenheiten konnten Anknüpfungspunkte für eine zielgerichtete Werbung durch die Staatssicherheit sein. Ein bestimmter Prozentsatz der IM-Werbungen der Abteilung XIX/BV Magdeburg entstand durch das Bekanntwerden derartiger Vorkommnisse.[626]

Wesentlich für das Sicherheitssystem war ein effektives und koordiniertes Zusammenwirken der beteiligten Organe des MfS. Die Wirksamkeit des Sicherheitssystems hing wiederum von den anfallenden, umlaufenden und verarbeiteten Informationen ab. Solche Fragen wie

- die exakte Herausarbeitung des rationellsten Weges der Information,
- die Festlegung des Informationsbedarfs,
- die zeitgerechte Übermittlung der Information,
- die konkrete Abfassung der Information nach den 8-W-Fragen (Wann, Wer, Wo, Was, Wie, Womit, Warum, Wen),
- die exakte Abgrenzung von Vermutungen und Tatsachen,

---

626 Vgl.: Ebd., Bl. 25 – 28.

- die Form der Speicherung

mussten klar und unmissverständlich zwischen den beteiligten Organen geklärt sein.

Da das Zusammenwirken eine Reihe von Wechselbeziehungen hervorrief, erhielt die Planung und Koordinierung eine vorrangige Bedeutung. Die Koordinierungsvereinbarungen boten aus Sicht der Staatssicherheit die Voraussetzung dafür, dass die Einbeziehung aller beteiligten Kräfte und Mittel kontinuierlich verlief und zu einer erfolgreichen Absicherung gegen jegliche Form feindlicher Tätigkeit im Allgemeinen und der Spionage im Besonderen an den Wasserstraßen führte. Koordinierungsvereinbarungen existierten beispielsweise zwischen der Abteilung XIX der BV Magdeburg und den Kreisdienststellen Burg, Genthin und Haldensleben. Zur Entwicklung eines komplexen Sicherheitssystems am Mittellandkanal war aus Sicht des MfS die Einbeziehung der Kräfte, Mittel und Möglichkeiten anderer Sicherheits-, Staats- und Kommunalorgane sowie gesellschaftlicher Organisationen notwendig. Eine effektive Zusammenarbeit existierte zwischen der Abteilung XIX/BV Magdeburg und der Wasserschutzpolizei. Die Wasserschutzpolizei, die ihre Kontrollergebnisse und Wahrnehmungen an die Staatssicherheit meldete, hatte bei der Gestaltung operativer Prozesse wichtige Teilaufgaben zu lösen. Ähnlich verhielt es sich hinsichtlich der Einbeziehung der örtlichen ABV und ihrer Freiwilligen Helfer. Mit dem VEB Deutsche Binnenreederei wurden seitens des MfS Vereinbarungen getroffen, durch die eine Kommission alle Schiffer, die für den grenzüberschreitenden Verkehr auf der Wasserstraße vorgesehen waren, gründlich überprüfte und der Staatssicherheit Vorschläge zu deren Bestätigung unterbreitete.[627]

---

627 Vgl.: Ebd., Bl. 29 ff.

Dienstliche Befehle, Weisungen, Richtlinien und Durchführungsbestimmungen des MfS sahen eine regelmäßige Überprüfung und gegebenenfalls Kontrolle des Personenkreises im grenzüberschreitenden Verkehr vor. Deshalb bestand die Aufgabe der Staatssicherheit darin, zu sichern, dass ihr Personen mit feindlicher Einstellung und solche, die für die Geheimdienste aufgrund ihrer spezifischen Eignung interessant erschienen, bereits bekannt waren, ehe sie von den Diensten genutzt werden konnten. Das Bekanntwerden reichte jedoch nicht aus, wenn es nicht gelang, mit MfS-spezifischen Mitteln eine umfassende und ständige Personenkontrolle zu entwickeln. Hierbei konnte der Systemcharakter der operativen Arbeit voll wirksam werden. Aufgrund der Notwendigkeit einer umfassenden Kontrolle war es aus Sicht des MfS erforderlich, außer den Arbeitsbereich der zu kontrollierenden Person, vorrangig auch deren Freizeitbereich mit einzubeziehen. Dabei ging diese Aufgabenstellung oftmals über die eigenen Möglichkeiten der betreffenden Diensteinheit hinaus.

Die Staatssicherheit wusste, dass die im grenzüberschreitenden Verkehr eingesetzten Schiffe und Boote relativ selbständig tätige Einheiten mit Kollektiven von drei bis vier Personen waren. Zur Gewährleistung der gestellten Aufgaben wäre es notwendig gewesen, auf jedem Schiff mindestens einen zuverlässigen überprüften IM einzusetzen. Da diese Situation nicht der Praxis entsprach, kam es dem MfS darauf an, den Einsatz des vorhandenen IM-Systems möglichst zweckmäßig und effektiv zu gestalten. Es wurde als möglich erachtet, durch die Übergabe von Komplexaufträgen Kontrollaufgaben allgemein zu stellen sowie durch individuelle zielgerichtete Beauftragung im Besonderen an Personen unmittelbar zu arbeiten.

Kritisch wurde betrachtet, dass dieser Weg zu Ende der

1960er Jahre noch nicht ausreichend war und zu wenig bedeutsame Informationen erarbeitet wurden. Deshalb sah es die Staatssicherheit als erforderlich an, das Kontrollsystem durch

- die Neuwerbung von IM in hoher Qualität sowie
- die Nutzung und Einbeziehung der Reserven aller Diensteinheiten des MfS und anderer staatlicher Organe

zu erweitern. Um die Suche nach dem geheimdienstlichen Gegner erfolgreicher zu gestalten, musste der Prozess der zielgerichteten Suche und der Kontrolle der operativ interessanten Personen eine Einheit darstellen. Beide Seiten mussten sich gegenseitig ergänzen.

Wurde beispielsweise eine operativ interessante Person durch die analytische Arbeit festgestellt, hatte unverzüglich systematisch deren Kontrolle mit allen operativen und gerechtfertigten technischen Mitteln und Möglichkeiten zu erfolgen. Gleichzeitig sollten drei bis vier zuverlässige IM aus dem Bereich der Schifffahrt zielgerichtete personengebundene Aufträge erhalten. Somit war es dem MfS möglich, schnell und unkompliziert wirksame Kontrollmaßnahmen einzuleiten. Durch dieses Vorgehen war gewährleistet, dass entweder die operative Bearbeitung verdächtiger Personen in Vorgängen erfolgen konnte oder eine gründliche Einschätzung über die Aufklärung der Verdachtsmomente und der Zuverlässigkeit der jeweiligen Person gegeben war. In einigen Fällen war es möglich, die Aufklärungsergebnisse als Ausgangspunkt zielgerichteter IM-Werbungen zu nutzen.[628]

Aber auch außerhalb des Bezirks Magdeburg war das MfS in der Abwehrarbeit gegen Binnenschiffer aktiv.

---

628 Vgl.: Ebd., Bl. 32 ff.

Die HA II/4 realisierte als Abwehrmaßnahme in Zusammenarbeit mit der HA XIX und der Abteilung XIX/ BV Potsdam die Aktion »Verbund«. Bei dieser Aktion wurden Sicherungsmaßnahmen an den Transitwasserstraßen BRD-Westberlin, einschließlich der Grenzübergangsstellen zur Kontrolle der spezifischen Transits mittels Schiff, zur Einschätzung der Spionagemöglichkeiten sowie der Möglichkeiten für die Einleitung operativer Bearbeitungsmaßnahmen durchgeführt. Die Maßnahme diente der Bekämpfung der erkannten Methode zur Nutzung von westdeutschen Binnenschiffern für Spionagezwecke. Es wurden vom MfS Fakten erarbeitet, die eine Nutzung einzelner Personen als Spione auf den Transitwasserstraßen durch den BND bestätigten.[629]

Der BND, konkret die Beschaffungsdienststelle »Ring«, setzte Bundesbürger, die als Binnenschiffer im Transit zwischen der Bundesrepublik und Westberlin eingesetzt waren, zur Spionage gegen die DDR ein. Bevorzugt wurden dabei die Hamburger Reederei Dettmer (Dettmer Tank) sowie die Vereinigte Tanklager und Transportmittel GmbH (VTG) in Hamburg genutzt. Personell wurden diese Unternehmen ausgewählt, weil die im Einsatz befindlichen Tankmotorschiffe regelmäßig im spezifischen Transit zwischen der Bundesrepublik Deutschland und Westberlin verkehrten. Seine Agenturen warb der BND vorwiegend unter den Schiffsführern, da sie aufgrund des an Bord herrschenden Arbeitsregimes dafür optimal geeignet waren. Das MfS konnte allerdings keine gesicherten Informationen dahingehend erarbeiten, dass sich der BND in den genannten Unternehmen Schlüsselstellungen erarbeitet hatte.

Durch die Staatssicherheit konnten 1986 und 1987

---

629 Vgl.: HA II/4: Bilanz 1987 vom 12. Januar 1988. BStU ZA MfS HA II Nr. 24317, Bl. 76 f.

Identifizierungskriterien zu neuen Agenturen erarbeitet werden, die durch die Dienststelle »Ring« eingesetzt worden waren. Durch gemeinsame Maßnahmen der HA II und der HA XIX konnten folgende zwei Spione des BND ermittelt werden:

- Thorsten L., Schiffsführer bei der VTG GmbH, von der HA II im TV »Welle« des ZOV »Offensive« bearbeitet. Dieser Agent hatte nach Erkenntnissen des MfS im Zeitraum von November 1985 bis Februar 1986 Militärspionage auf den Transitwasserstraßen durchgeführt. Danach erfolgte bis Juni 1986 kein Einsatz von »Welle«, im Juli wurden nur wenige Einsätze erkannt, und ab August 1986 wurde er auf den Wasserstraßen der DDR überhaupt nicht mehr festgestellt.

- Jan P., Schiffsführer bei Dettmer Tank, von der HA XIX im TV »Berg« des ZOV »Radar« bearbeitet. Dieser Spion hatte nach Erkenntnissen des MfS von Juli bis November 1986 für den BND gearbeitet. Im August 1986 gab es bei »Berg« Verhaltensweisen (zum Beispiel Verschickung eines Luftpostbriefs von Westberlin in die Bundesrepublik), die auf eine nachrichtendienstliche Informationsübermittlung hindeuteten. Dem MfS lagen Erkenntnisse vor, dass »Berg« zum Jahreswechsel 1986/87 vom BND abgeschaltet worden war.

Auf der Grundlage verlässlicher Informationen des IMB »Pall« der HA XIX wurde dem MfS bekannt, dass

- der Schiffsführer Erich R. (Dettmer Tank), von der HA XIX im TV »Tal« des ZOV »Radar« bearbeitet, im März/April 1986 von einem BND-Angehörigen kontaktiert wurde. Die Ehefrau des R. hatte Kenntnis von der BND-Verbindung. Neben dem Einsatz als Transitspion erhielt »Tal« 1987 den Auftrag, einen in Magdeburg wohnhaften Verwandten, Detlef S. (Taucher im VEB Wasserstraßenbau Berlin, Betriebsteil Magdeburg und von der HA XIX sowie der Abteilung XIX/BV Magdeburg im TV »Helm« des ZOV »Radar« bearbeitet), aufzuklären, abzuschöpfen und auf eine spätere geheimdienstliche Einbeziehung zu testen. Das Bearbeitungsziel des MfS bestand darin, zu prüfen, ob eine offensive Nutzung/Werbung von »Helm« möglich war oder eine umfassende abwehrmäßige Bearbeitung eingeleitet werden musste.

Ebenfalls auf der Grundlage von Ausgangsinformationen des IMB »Pall« wurde der

- Schiffsführer Rudolf W. (Dettmer Tank) von der HA XIX im TV »Eismann« des ZOV »Radar« bearbeitet. Bei »Eismann« wurde festgestellt, dass er wiederholt das Schiff verlassen hatte, um nicht bekannte Telefonate zu führen, obwohl ein Bordtelefon vorhanden war. Die übliche Praxis bestand darin, das Bordtelefon für private und betriebliche Gespräche zu nutzen. Durch das Anlandgehen bestand der Verdacht, dass »Eismann« anderweitige Telefonate verschleiern wollte.

Durch die Sicherheitsorgane der ČSSR wurde dem MfS bekannt, dass ehemalige Angehörige der Hamburger Polizei Ernst E. (MfS-Deckname »Genießer«) Binnenschiffer der ČSSR aufgeklärt hatte. Der Staatssicherheit lagen bis 1987 keine Erkenntnisse vor, ob E. auch zur Aufklärung von DDR-Binnenschiffern zum Einsatz kam. Durch geeignete IM der HA XIX sollte geklärt werden, ob E. in der Aktion »Verbund« ebenfalls geheimdienstlich aktiv war.

Bei der Informationsgewinnung durch Binnenschiffer verfolgte der BND konkrete Ziele. In einem Amtshilfeersuchen des BND an den Grenzzolldienst zur Deckung des Informationsbedarfs hinsichtlich militä-

rischer Erkenntnisse im Bereich der Binnenwasserstraßen BRD-Westberlin und umgekehrt, wurde seitens des
Geheimdienstes um Unterstützung gebeten. Der Informationsbedarf sollte durch die gezielte Abschöpfung
von Binnenschiffern gedeckt werden. Dazu wurden
vom BND Aufklärungsziele vorgegeben. Dabei handelte
es sich um bestimmte Streckenabschnitte der Elbe und
der Havel, die Aufklärung von Antennenanlagen, Ob-
jektbeobachtungen, Flugbetrieb u. Ä.
Die Staatssicherheit ging davon aus, dass Spione analoge
Aufträge zur gezielten Informationsgewinnung erhielten. In Zusammenarbeit zwischen der HA II/4 und der
Abteilung XIX/BV Potsdam wurden an ausgewählten
Stellen Beobachtungen/Dokumentationen zu Verhaltensweisen der erkannten Agenturen und anderer Binnenschiffer durchgeführt.
Aus Offenbarungen von Erich R. (TV »Tal« des ZOV
»Radar«) gegenüber einem IMB wurden der Staatssicherheit folgende Fakten zur Werbung, Agentursteue-
rung und zu Verbindungslinien des BND bekannt:

- Telefonische Kontaktaufnahme zur Zielperson über
  Privat-Telefonanschluss beziehungsweise Bordtelefon
  bei der Anbahnung.
- Einbeziehung der Ehepartner beziehungsweise Le-
  bensgefährtin im Interesse einer stabilen Verbin-
  dungshaltung, eventuell sogar zur Weiterleitung von
  Informationen.
- Schriftliche Übermittlung von Spionageinforma-
  tionen von der BRD aus (vorwiegend Hamburg)
  beziehungsweise auch aus Westberlin an den BND.
  Offensichtlich nutzte die BND-Dienststelle »Ring« ein
  Postschließfach im Zentrum von Bremen.
- Die Agentur erhielt für die Verbindungsaufnahme ein
  Decktelefon der Dienststelle benannt. Anrufe vom
  Bordtelefon auf das Decktelefon waren untersagt.

• In größeren Abständen, bedingt durch die Art der beruflichen Tätigkeit, fanden persönliche Treffs in Gaststätten, unter anderem im Raum Hamburg-Harburg, statt.

Aufgrund von Veränderungen, die sich bei der Dienststelle »Ring« in Bremen vollzogen hatten (personeller Art, höhere Qualität in der Arbeit mit Agenturen), ging das MfS 1987 davon aus, dass auf den Transitwasserstraßen mit großer Wahrscheinlichkeit nur noch eine geringe Anzahl von Spionen zum Einsatz kommen würde. Aufgrund der Kompliziertheit der Beweisführung von geheimdienstlichen Handlungen bei dieser Agentenkategorie bestand die Zielstellung der weiteren Bearbeitung vor allem in der Schaffung von IMB-Verbindungen und dem Eindringen in das unpersönliche Verbindungssystem Agentur–Zentrale sowie in der Entwicklung zusätzlicher IM-Vorgänge.[630]

BND-Kenner Erich Schmidt-Eenboom schreibt zur BND-Spionage auf den Binnenwasserstraßen der DDR: »Als weitere wichtige nachrichtendienstliche Kanäle schätzte der BND auch die Wasserstraßen der DDR ein und führte etwa 30 Binnenschiffer als Agenten, die nach der Benutzung von Transitstrecken ihren Pullacher Betreuern Beobachtungen über Militärmanöver oder Baumaßnahmen mitteilten. Sicherheitshalber meldeten sich die BND-Süßwasserkapitäne bei Ankunft in Westberlin telefonisch bei ihrem Verbindungsführer – regelmäßig abgehört und damit identifiziert von der Funkaufklärung des MfS. Rein quantitativ war das Informationsaufkommen des BND aus den Transitquellen hoch. Die Sicherheitsweisungen für diese Augenaufklä-

---

630 Mitteilung eines ehemaligen Mitarbeiters der HA XIX (Archiv des Verfassers).

rer wurden vielfach verschärft, da die Spionageabwehr der DDR häufig westdeutsche Transitquellen festnahm, die als selbständige Unternehmer anschließend hohe Schadensersatzansprüche in Pullach geltend machten. Die DDR-Militärstaatsanwaltschaft hatte noch im November 1989 sieben Jahre Haft für den 24-jährigen Bundesbürger Peter S. beantragt, der wegen Spionage für den BND in Ostberlin vor Gericht stand. Nach einem Bericht der amtlichen Nachrichtenagentur ADN warf die Anklage dem früheren Steuermann auf einem Binnentankschiff vor, während seiner Fahrten über Elbe und Havel nach Berlin neun Übungsplätze der Nationalen Volksarmee und der sowjetischen Streitkräfte in der DDR für insgesamt 11 000 DM Agentensalär ausgespäht zu haben.«[631]

Ein ehemaliger Mitarbeiter der HA II berichtet zu diesem Vorgang: »Die Anwerbung und Führung dieser Agenten lag ebenfalls bei der BND-Dienststelle in Bremen. Und hier stellte sich heraus: In analoger Weise, wie im Rahmen der Aktion ›Perspektive‹ hatten die Binnenschiffer Telefonnummern von Anrufbeantwortern in Westberlin, Hamburg, Bremen und Stade erhalten, um ihre Meldungen ihren Auftraggebern zu übermitteln und konspirative Treffs zu vereinbaren. Das führte dann zum Beispiel dazu, dass im Juli/August 1989 ein Binnenschiffer der Reederei Dettmer GmbH während einer Transitfahrt im Wirtschaftsverkehr zwischen Westberlin und Hamburg vom Territorium der DDR aus sich bei seinen Auftraggebern beim BND über Schiffstelefon meldete und einen Treff vereinbarte. Wie bereits bei der Aktion ›Perspektive‹ wurde dieses Gespräch durch die HA III aufgezeichnet. Bei einer folgenden Erkundungsfahrt durch die DDR wurde der Binnenschiffer durch

---

631 Erich Schmidt-Eenboom: *Schnüffler ohne Nase*, S. 76.

die Spionageabwehr der DDR festgenommen und einer Befragung unterzogen. Zu einer Bestrafung kam es nicht mehr, der Agent fiel unter die Amnestieregelungen der letzten DDR-Regierung. Es handelte sich um den letzten BND-Agenten, der durch die Spionageabwehr des MfS festgenommen wurde.«[632]

Spionageaktivitäten gegen die Handelsflotte der Deutschen Seereederei und deren Sicherung

Die Deutsche Seereederei war ein Objekt mit hoher volkswirtschaftlicher Bedeutung. Sie war verbindendes Glied zur Außenwelt und repräsentierte die DDR im Ausland.

Vor dem 13. August 1961 war die später folgende Intensität der zielgerichteten Kontaktierung von Besatzungsangehörigen sowie die gezielte Beschaffung von Spionagematerial durch die Staatssicherheit nicht festgestellt worden. Typisch für die Zeit vor der Grenzschließung war das postalische Anschreiben interessierender Seeleute, vorwiegend aus den Mannschaftskreisen der Handelsflotte.

Die Geheimdienste forderten Seeleute auf, nach Westberlin zu kommen. Hierbei wurde das Ziel verfolgt, nach der Anwerbung die Seeleute als Spione im maritimen Bereich einzusetzen, insbesondere zur Aufklärung von Hafenanlagen und Schiffen militärischen Charakters in

---

632 Mitteilung eines ehemaligen Mitarbeiters der HA II (Archiv des Verfassers).

Tr   Berlin, 28. 9. 1954

Sehr geehrter Herr Meier!

Sie wurden uns von einem
Bekannten empfohlen und wir
wären Ihnen dankbar wenn Sie
uns baldigst hier in West-Berlin
unter der Telefon - N° 761005
(möglichst tagsüber) anrufen würden
um eine wichtige Angelegenheit
im gegenseitigen Interesse mit
Ihnen zu besprechen.

Ihre Unkosten ersetzen wir
Ihnen selbstverständlich gern.

Hochachtungsvoll

J. Mierke

PS. Was glauben Sie: fährt der "Vorwärts"
jemals wieder aus?
Ich lese eben, dass in der Bundesrepublik die zweimillionste Neu-
bautonne vom Stapel lief!

Anschreiben eines Geheimdienstes an einen DDR–Seemann

der DDR und im sozialistischen Ausland. Charakteristisch im Verbindungssystem zwischen Spion und Geheimdienst war die Übergabe der Informationen beim
persönlichen Treff in Westberlin. Das war nach dem 13.
August 1961 nicht mehr möglich.[633]

---

633 Vgl.: Manfred Kohrt: Diplomarbeit zum Thema: »Die Arbeitswei-

Nach den Erkenntnissen der Staatssicherheit wurde der Übergang der Geheimdienste zur umfassenden Spionage nach der Grenzschließung deutlich sichtbar. Man erkannte umfangreiche Versuche, um unter den Besatzungsangehörigen der Flotte Agenturen zu schaffen. So konnten in der Abwehrarbeit bestimmte gegnerische Zentren ermittelt und erkannt werden. Dadurch war es dem MfS möglich, auf Angriffsrichtungen und Arbeitsweisen zu schließen.

Die Geheimdienste setzten ihre Agenten im Bereich der Handelsflotte zur Erkundung und Erforschung bedeutsamer Informationen auf politischem, ökonomischem und militärischem Gebiet ein. Die Dienste richteten ihre Aktivitäten auf:

- das politische und ökonomische Geschehen im Verkehrszweig Seeverkehr und Hafenwirtschaft sowie den sich aus dem Charakter der Objekte ergebenden ökonomischen Beziehungen im In- und Ausland, besonders im Rahmen des RGW;
- die Beziehungen der sozialistischen Staaten zu jungen Nationalstaaten und anderen antiimperialistischen Ländern, ihre Hilfeleistung zur politischen, ökonomischen und militärischen Stärkung dieser Staaten;
- die Beziehungen zu den NSW-Staaten, mit denen vertragliche Vereinbarungen über Handelsbeziehungen, die bevorstehende Eröffnung von neuen Schifffahrtslinien, Schiffsneubauten und Schiffsreparaturkapazitäten bestanden;
- das sich in den Häfen und Küstengewässern befindliche militärische Potential der sozialistischen Staaten,

se der imperialistischen Geheimdienste bei der Organisierung der Spionagetätigkeit unter Ausnutzung der Angehörigen des VEB Deutsche Seereederei – Handelsflotte. Wesentliche Aspekte zur Organisierung einer wirkungsvollen inneren Spionageabwehr auf diesem Gebiet«. BStU ZA MfS JHS MF 460, Bl. IV.

insbesondere der militärischen Objekte der NVA und der sowjetischen Streitkräfte in der DDR.

Aus den durch die Geheimdienste an die Agenturen gestellten Aufträgen zeigte sich Interesse an diesen Fragen:

1. Wie ist die Kapazität, die Entwicklung und die Perspektive der Handelsflotte entsprechend dem wissenschaftlich-technischen Höchststand, ihrer Reparaturbasen im In- und Ausland?

2. Welche Güter und zu welchen Bedingungen werden vor allem nach afrikanischen und arabischen Staaten sowie nach Vietnam, Kuba und China transportiert?

3. Welche Personen werden von der Deutschen Seereederei im NSW als Mitglieder von Bauaufsichten, Schiffsankaufkommissionen und Reedereivertreter eingesetzt?

4. Welche Maklereien und andere Interessenvertreter aus dem westlichen Ausland arbeiten für die Deutsche Seereederei?

5. Wie ist die politische Einstellung der Schiffsleitungen? (Hierzu wurde eine umfassende Aufklärung der Personen vorgenommen.)

6. Welche Codesysteme wurden im Bereich der Handelsflotte verwendet?

7. Wie ist die Kapazität und die Perspektiventwicklung der Seehäfen Rostock, Wismar und Stralsund?

8. Welche Neubau- und Reparaturprogramme haben die Warnow-Werft, die Neptun-Werft, die Mathias-Thesen-Werft und die Volkswerft, wie ist ihre weitere Entwicklung?

9. Worin besteht die militärische Sicherung der DDR-Küste? Wie ist die Bewegung der Schiffseinheiten der Volksmarine, der Grenzbrigade Küste und der Baltischen Rotbannerflotte? Wo sind ihre Standorte? (Dies traf auch für die Häfen anderer sozialistischer Staaten zu.)

10. Welche militärischen Güter werden für die sowjetische Armee in den Häfen der DDR umgeschlagen, und welche militärischen Güter werden in Zeiten internationaler Spannungen in welche Staaten, beispielsweise nach Vietnam und Kuba, befördert?
11. Welche Angehörigen der Sicherheitsorgane der DDR und der Sowjetunion sind bekannt, und welche Verbindungen unterhalten sie zu welchen Personen?

Die Erkundung und Erforschung derartiger Fragen klassifizierte das MfS aufgrund ihres Informationsgehalts als bedeutungsvolle Nachrichten und Geheimnisse. Ohne näher auf den konkreten Wert einzugehen, ist zu erkennen, dass derartige Informationen den Geheimdiensten Möglichkeiten schufen, um in die Außenwirtschaftsbeziehungen sowie das militärische und politische Geschehen tiefen Einblick zu erhalten. Und dies betraf nicht nur die DDR, sondern auch andere Staaten des sozialistischen Lagers.

Mit der komplexen Spionage nach dem 13. August 1961 stellte die Staatssicherheit eine veränderte Arbeitsweise bei der Kontaktierung und Werbung von Besatzungsmitgliedern fest. Während zu Zeiten der offenen Grenze vorwiegend Mannschaftsdienstgrade angeworben wurden, konzentrierten sich die Geheimdienste nach der Grenzschließung insbesondere auf leitende Kader, möglichst auf Kapitäne der Handelsflotte.
In einem Fall erarbeitete das MfS, dass der Geheimdienst eine vor dem 13. August 1961 angeworbene Agentur wieder zur Verbindungsaufnahe aufforderte. Diese Person war zum damaligen Zeitpunkt Matrose und hatten sich in der Zwischenzeit zum Kapitän entwickelt.
Erfahrungswerte des MfS brachten hervor, dass die Geheimdienstmitarbeiter ihren Agenten immer wieder die Frage nach ansprechbaren und brauchbaren Personen

aus dem Bereich der Flotte stellten. So wurden Aufträge zur Ermittlung bestimmter Seeleute in Schwerin gestellt. Da der Staatssicherheit nichts Näheres über die konkreten Absichten bekannt wurde, stellte sie die Version auf, dass die militärischen Objekte im Raum Schwerin von Interesse waren. In einem anderen Fall wurde durch den Geheimdienst mit großer Beharrlichkeit versucht, einen Seemann anzuwerben, um vor allem aufgrund seines Wohnsitzes und möglicherweise ausbaufähigen Verbindungen zur NVA tätig zu werden. Das MfS ging davon aus, dass die Geheimdienste mehrere Faktoren bei der Werbung von Spionen berücksichtigten.[634]

Durch Analyse des operativ erarbeiteten Materials erkannte die Staatssicherheit, dass die Geheimdienste bei ihren Versuchen, in den westlichen Häfen Verbindungen zu den Besatzungen der DDR-Handelsflotte herzustellen, verschiedene aber auch sich wiederholende Methoden anwandten.

Einmal bedienten sie sich dabei Personen, die aufgrund ihrer beruflichen Stellung in der Lage waren, Beziehungen zu Seeleuten aus der DDR zu unterhalten. Diese Tipper beziehungsweise Zuführer waren in den westlichen Schifffahrts- und Hafeninstitutionen unter anderem als Makler oder Schiffshändler aber auch als Angehörige des Zolls tätig. Ihre berufliche Position gestattete es ihnen, zu jeder Zeit in den Häfen auf DSR-Schiffe zu kommen und mit den Kapitänen oder anderen Offizieren in Verbindung zu treten. Derartige Beziehungen waren zur Problemlösung der Belange des Schiffes, der Ladung sowie der Besatzung unumgänglich. Diesen Umstand nutzten die Geheimdienste und versuchten auf diese Art und Weise die sie interessierenden Seeleute umfassend aufzuklären beziehungsweise ihre Ansprechbarkeit und

---

634 Vgl.: Ebd., Bl. 1–5.

Brauchbarkeit zu dokumentieren. Kernpunkt dabei war die versuchte Wandlung des dienstlichen Verhältnisses in ein freundschaftliches oder vertrauliches. Das begann mit allgemeinen über das dienstliche hinausgehenden Gesprächen, wobei der Charakter, die Mentalität und die Interessen des entsprechenden Seemanns beachtet wurden. Daran schlossen sich dann in der Folgezeit oft persönliche Einladungen zum Landgang an. Dieser »gemeinsame Ausflug« fand seinen Abschluss dann in der Regel in einer vom Geheimdienst festgelegten Gaststätte, wo der Kontakt dann an einen hauptamtlichem Mitarbeiter des Dienstes übergeben wurde. Unter einer Legende verabschiedete sich dann der bisherige Begleiter und der Geheimdienstler stellte die erste persönliche Verbindung zur getippten Seemann her. Die Mitarbeiter der Geheimdienste waren umfangreich zur Person, über dessen familiäre und betriebliche Verhältnisse informiert.

Eine weitere Variante der Annäherung wurde von den Geheimdiensten in der Form praktiziert, indem sie sich postalisch mit dem auserwählten Seemann in Verbindung setzten und um eine Zusammenkunft ersuchten. Diese schriftliche Mitteilung wurde ebenfalls über Kräfte aus den genannten Tätigkeitsbereichen dem Empfänger an Bord zugeleitet. Kam der entsprechende DSR-Angehörige der Aufforderung nach, wurde sich an einem vereinbarten Ort an Land getroffen und die erste persönliche Verbindungsaufnahme durch den Geheimdienst realisiert.

Für die Staatssicherheit stand fest, dass die Geheimdienste weitere Möglichkeiten nutzen, um die für sie interessanten Personenkreise bereits vor der Werbung umfassend aufzuklären. So lagen dem MfS Erkenntnisse vor, dass sie die Fluchten von DSR-Angehörigen sowie die legalen Geschäftsverbindungen der Reederei in das

NSW mit in ihre Aufklärungsmaßnahmen einbezogen.[635]

Ehemalige DSR-Angehörige, die nach ihrer Flucht in die DDR zurückgekehrt waren, wurden vom MfS vernommen. Dabei machten sie folgende Angaben dazu, welche Informationen sie den bundesdeutschen Befragungsstellen gegeben hatten:

»*Person M. R.*

Frage: Zu welchen Problemen wurden Sie in der Befragungsstelle Düsseldorf befragt?

Antwort: Es waren im Wesentlichen 3 Komplexe, militärische Angaben, Angaben über die Deutsche Seereederei und Informationen allgemeiner Art über das Leben in Magdeburg. [...] Von den Offizieren des MS ›M...‹ nannte ich namentlich den Kapitän R., den I. Offizier Z. und den II. Offizier E. Ich wurde aufgefordert, diese Offiziere zu beurteilen. [...] Ich nannte Liniendienste, die nach Indien, Kuba, nach Afrika und in den Orient bestehen.

Person D. S.

Frage: Welche Angaben verlangten die Mitarbeiter der Befragungsstelle Hamburg von Ihnen über den VEB Deutsche Seereederei?

Antwort: Über den VEB Deutsche Seereederei wollten die Befrager nachfolgende Angaben von mir wissen: [...] Stärke der Flotte sowie der Schiffsbesatzungen; Charakteristiken über Funktionäre der Schiffsbesatzungen sowie spezielle Angaben über Funker der Reederei und Mitarbeiter des MfS auf den Schiffen; die technische Ausrüstung der Schiffe, insbesondere über die Schiffsradaranlagen. [...] Die Liniendienste der Schiffe, die Angaben über die Fracht der Schiffe. [...]

---

635 Vgl.: Ebd., Bl. 6 ff.

Person S. K.

Frage: Warum übermittelten Sie den Geheimdiensten umfangreiche Angaben über die Deutsche Demokratische Republik?

Antwort: [...] Im Wesentlichen machte ich zu 7 Komplexen ausführliche Angaben. [...] Im Einzelnen machte ich Angaben über die Volksmarine der DDR, militärische Objekte im Bezirk Schwerin, die sowjetischen Häfen Riga und Kleipeda. [...]

Person A. R.

Frage: Welche verräterischen Angaben machten Sie bei den von Ihnen genannten Geheimdienststellen?

Antwort: [...] Unter anderem NVA/Volksmarine, Dienststellen Parow, Warnemünde, Peenemünde und Rostock-Gehlsdorf; Stützpunkte der zeitweilig in der DDR stationierten Streitkräfte in Warnemünde/Hohe Düne. [...] Ich gab die Besatzungsstärke mit genauer Charakteristik der Besatzungen und der Angabe, wer Mitglieder der SED ist. Ich gab weiterhin die taktisch-technischen Daten des Schiffes, den Einsatz des Schiffes und welche Häfen mit welcher Ladung angelaufen werden. [...]

Person W. B.

Frage: Was berichteten Sie dem Geheimdienst über den VEB Deutsche Seereederei?

Antwort: [...] Über den Kapitän und den I. Offizier des Schiffes gab ich eine Charakteristik ab. [...] Besonders interessierten sich die Mitarbeiter für das Verfahren bei der Einstellung einer Person in die Flotte sowie das Verbindungssystem zwischen Kapitän und der Reederei und das Kontrollsystem in den Häfen der DDR.«[636]

Mit der persönlichen Verbindungsaufnahme gingen die Geheimdienstmitarbeiter zur persönlichen Werbung

---

636 Ebd., Anlage 4.

über. Die Werbungen erfolgten hierbei zumeist ohne Druck, mit dem Versprechen, für die Sicherheit der angeworbenen Spione zu garantieren. In mehreren Fällen wurde der Staatssicherheit bekannt, dass die Dienste das Angebot machten, die Agentur und deren Familie nach mehrjähriger Geheimdiensttätigkeit sicher aus der DDR nach Westdeutschland auszuschleusen. Die Spione erhielten einen Decknamen, musste größere Geldempfänge quittieren und teilweise Personalunterlagen über sich und Verwandte/Bekannte vervollständigen. Sie wurden darauf aufmerksam gemacht, sich genau an die Orientierungen der Dienste zu halten, sich nicht selbst zu gefährden und die finanziellen Verhältnisse nicht merklich zu verändern. Die Spione wurden darauf hingewiesen, sich Konten im westlichen Ausland anzulegen. Agenturen der US-Dienste mussten sich regelmäßig einer Überprüfung mit dem Lügendetektor unterziehen. Eine Ablehnung hatte das Ende der Zusammenarbeit zur Folge.

Zur Sammlung von Nachrichten wurden von den Geheimdiensten in der Regel Komplexaufträge erteilt. Sie übergaben den Spionen auf Kleinstfolien und DIAs fixierte Aufträge. Die Aufträge hatte der Agent sicher aufzubewahren und sich den Inhalt einzuprägen. Sollten die Unterlagen nicht mehr benötigt werden, waren sie zu vernichten. Die Geheimdienste waren von Beginn an an einem funktionierendem Verbindungssystem interessiert. Sie versuchten, sich den Bedingungen der Seefahrt anzupassen. Diese komplexen Bedingungen wurden im Wesentlichen durch folgende Punkte gekennzeichnet:

- Die geworbene Agentur und ihr Schiff unterlagen durch die starke Fluktuation innerhalb der Reederei einer ständigen Umbesetzung in den einzelnen Schifffahrtsrelationen. Dies hatte zur Folge, dass der Spion mit seinem Schiff nicht mehr beziehungsweise mit einem anderen Schiff den festgelegten Hafen anlief. Da sich die Dienste in erster Linie auf die Reiserouten des Schiffes orientierten, kam es zu Unterbrechungen der Verbindung, wenn der Geheimdienst nicht rechtzeitig durch den Agenten auf die Veränderung aufmerksam gemacht wurde.

- Der kurzfristige Aufenthalt in Häfen ließ nur begrenzte Möglichkeiten des Zusammentreffens zu, welches die Geheimdienstmitarbeiter aber unter allen Umständen zu erreichen versuchten.

- Die Qualität der Nachrichtenübermittlung entsprechend der gestellten Aufträge wurde verringert, da sich dem Spion für lange Zeit – erfahrungsgemäß bis zu einem halben Jahr – keine Möglichkeiten boten, mit dem Geheimdienst zusammenzukommen.

Die Geheimdienste begegneten diesen Bedingungen mit einer umfangreichen Konzeption zur Verbindungsgestaltung und Nachrichtenübermittlung, wobei sie selbst in der Aufrechterhaltung der Verbindung eine relativ große Beweglichkeit erkennen ließen. Nach der Werbung wurden konkrete Losungen, Trefforte und Treffzeiten festgelegt. Die Trefforte befanden sich unter anderem in Häfen der Bundesrepublik, der Niederlande, Belgiens, Großbritanniens, Griechenlands, im Libanon und der Türkei. Die Spione hatten sich nach dem Anlaufen des jeweiligen Hafens zu jeder vollen Stunde der geraden oder ungeraden Zeit, beispielsweise 8 Uhr, 10 Uhr beziehungsweise 9 Uhr, 11 Uhr am vereinbarten Ort einzufinden. Vor Anlaufen des jeweiligen Hafens avisierten sie postalisch oder telegrafisch ihre Ankunft. Wie das folgende Beispiel zeigt, wurden dazu sogar Funkanlagen von Schiffen der DSR verwendet.

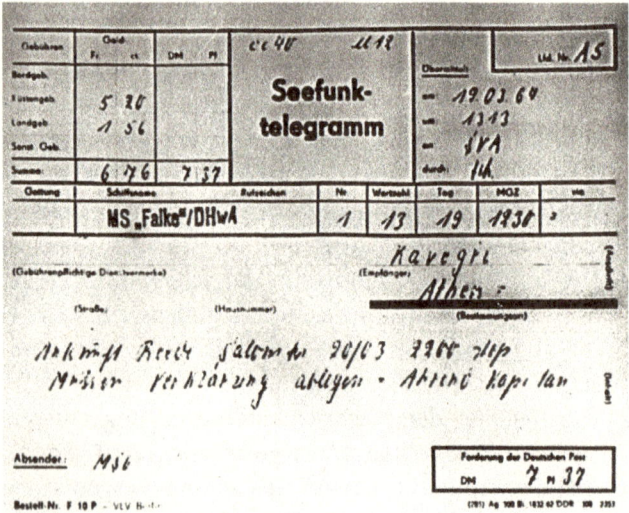

Seefunktelegramm eines Spions hinsichtlich seiner Ankunft in Griechenland

Eine weitere Variante war die, in Häfen des westlichen Auslands, in denen Treffvereinbarungen festgelegt worden waren, den Spion nach Eintreffen eine bestimmte Telefonnummer anrufen zu lassen. Hier meldete sich in der Regel ein Anrufbeantworter, der entweder Treffort und Treffzeit bekanntgab oder darauf hinwies, dass die Agentur ihre Nachricht über eine ihr zeitlich passende Zusammenkunft hinterlassen sollte.

Die Geheimdienste waren zeitweilig gezwungen, ihre Kräfte oder dritte Personen, die aufgrund ihrer Stellung Verbindungen zu Seeleuten der Flotte in den einzelnen ausländischen Häfen herstellen konnten, einzusetzen. Sie sprachen den jeweiligen Spion telefonisch oder persönlich an Bord an, um Treffvereinbarungen zu übermitteln. Die Berichterstattung erfolgte bei persönlichen Treffs in bekannten Hotels oder sicheren Wohnungen und teilweise über technische Hilfsmittel, mit denen die Übermittlung von Nachrichten getarnt durch Geheimschreibmittel auf postalischem Weg oder mittels Code über Funk vorgenommen wurde.[637]

Gegen diese Form der Spionage ergriff die Staatssicherheit entsprechende Maßnahmen. Aus der Analyse der Spionagetätigkeit im Bereich der Handelsflotte zog sie folgende Schlüsse:

- Die westlichen Geheimdienste hatten die große Bedeutung des Seeverkehrszweigs der DDR in seinem Entwicklungsstand und der Perspektive erkannt.
- Sie nutzen die Möglichkeiten, die sich ihnen durch die Schaffung von Spionen in der Flotte zur Erkundung und Erforschung bedeutungsvoller Nachrichten und Geheimnissen zum Nachteil der DDR boten.
- In Verkörperung der politisch-moralischen Einheit traten im Bereich der Flotte verstärkt gesellschaftliche Potenzen dem Wirken der Geheimdienste entgegen. Dies zeigte sich unter anderem im kompromisslosen Ablehnen der Anwerbungsversuche.

Im MfS war man sich darüber im Klaren, dass die Geheimdienste bestehende Sicherheitslücken für ihre Tätigkeit ausnutzten. Eine dieser bestehenden Lücken war der Seeverkehrszweig. Diesen objektiv gegebenen Umstand in Form der offenen Seegrenze nutzten sie, um in ihrem Sinne mit relativer Sicherheit Werbungen in der Handelsflotte vorzunehmen. Verständlicherweise blieb die offene Seegrenze bestehen, da sie mit den zur Sicherung der Landgrenzen üblichen Mitteln und Methoden nicht zu sichern war. Das erforderte aus Sicht der Staatssicherheit umso dringlicher die Besonderheit, dies bei allen zu planenden und einzuleitenden operativen Maß-

---

637 Vgl.: Ebd., Bl. 8–12.

nahmen zu beachten. Weil die offene Seegrenze den Geheimdiensten als begünstigender Faktor zur Seite stand, war dies innerhalb der Staatssicherheit Veranlassung, sachlich und kritisch die eigenen Abwehrmaßnahmen zu überprüfen. Folgende Schwächen zeigten sich dabei gemäß der Analyse Kohrts im Jahr 1967:

- Trotz teilweiser Aufdeckung der Pläne und Absichten der Geheimdienste in der Handelsflotte wurden Spione auch bei Vorhandensein einer hohen Anzahl operativer Materialien, in denen DSR-Angehörige als spionageverdächtig bearbeitet wurden, kaum enttarnt.
- Die Geheimdienste und die verdächtigen Personen wurden nur ungenügend an den Schwerpunkten offensiv bearbeitet und unter Kontrolle gehalten.
- Es bestanden Mängel im verstärkten qualitativen Einsatz der IM an den Schwerpunkten, in der Instruierung und Auftragserteilung hinsichtlich eines gesteuerten notwendigen Informationsbedarfs und seiner ständigen analytischen Verwertung.
- Es entsprach dem Charakter der operativen Arbeit des MfS im Bereich der Handelsflotte, dass verstärkte Kontrollen und Überwachungen der Seeleute im Ausland sowie an ihren DDR-Wohnorten erfolgten, welche eine weitaus bessere Koordinierungsarbeit mit den verantwortlichen Diensteinheiten der Staatssicherheit und den befreundeten Sicherheitsorganen notwendig machte.

Die Organisierung der Abwehrarbeit in der Flotte wurde durch eine Reihe von Faktoren erschwert. So bestand theoretisch die Möglichkeit, dass jeder einzelne Seemann überall im westlichen Ausland durch die Geheimdienste kontaktiert werden konnte, wobei die Fluktuation der IM innerhalb der DSR die zielstrebige Aufspürung und Bekämpfung der Dienste und ihrer Agenturen erschwerte. Operative Materialien, die die

Überprüfung und Bearbeitung verdächtiger Verbindungen durch Seeleute im westlichen Ausland zum Inhalt hatten, stagnierten sofort, wenn die verdächtige Person die Schiffsrelation durch Ummusterung verließ.

Die einzelnen Schiffe waren zwar unterschiedlich, aber in der Regel lange Zeit (bis zu einem halben Jahr) unterwegs. Daraus resultierte, dass die Führungsoffiziere mit den IM über lange Zeit keine persönliche Verbindung aufnehmen konnten. Die IM waren in dieser Zeit auf sich selbst gestellt und mussten beim Auftreten verdächtiger Erscheinungen selbständig reagieren. Die Berichterstattung auf der Basis des erteilten Auftrages wies nach diesem langen Zeitraum oft Lücken auf. Die sich zeigenden Tendenzen waren vorrangig Probleme der Führungs- und Leitungstätigkeit. Die genannten Mängel wirkten sich gegenseitig hemmend auf die Gestaltung einer erfolgreichen operativen Arbeit aus und begründeten nach Auffassung des MfS gleichzeitig die Notwendigkeit, auf der Grundlage aussagekräftiger, wissenschaftlich begründeter Konzeptionen zu arbeiten.

Die Lösung des bestehenden Widerspruchs zwischen der verstärkten Aktivität der Geheimdienste und der zu geringen Aufdeckung und Paralysierung ihrer Agenturen im Bereich der Handelsflotte konnte die Staatssicherheit nur erfolgreich angehen, wenn sie sich neben den Aktivitäten zur Wahrung der Konspiration und Sicherheit die operativen Aufgaben wissenschaftlich begründet stellte. Damit wurde eine unbegründete Breite verbunden mit einem unrationellen Einsatz der Kräfte und Mittel ausgeschlossen. Des Weiteren waren Unzulänglichkeiten in der Durchsetzung solcher Elemente der Planung und Leitung wie Information, Dokumentation und Analyse, deren praktische Umsetzung die Wissenschaftlichkeit in der Arbeit erst zuließen, zu überwinden. Die zufällige Konfrontation mit der Tätigkeit der Geheimdienste in der inoffiziellen Arbeit und die auf dieser Grundlage erreichten Ergebnisse waren aus Sicht des MfS kein Maßstab in der operativen Tätigkeit. Der erforderliche Informationsbedarf, der sich aus den operativen Erfahrungswerten und Erkenntnissen ergab, bestimmte die inoffizielle Arbeit. Dies bezog sich sowohl auf erkannte gegnerische Absichten sowie auf bereits festgestelltes Wirken und die in Ableitung aus der Bedeutung des Objekts zu erwartenden Angriffe der Dienste gegen diesen Bereich. Es mussten folgende Fragen im Mittelpunkt der Planung und Leitung stehen beziehungsweise durch vorliegendes Material und vorhandene Erfahrungswerte geprüft/beantwortet werden:

- Welche spionagegefährdeten Punkte wurden in der operativen Aufgabenstellung festgelegt, stimmten sie mit den vorhandenen Erfahrungswerten und Erkenntnissen überein?

- Welche Personenkreise waren spionageverdächtig beziehungsweise waren gefährdet, und welche verdächtigen Personenkreise wurden aktiv aufgrund des Verdachts der Spionage bearbeitet?

- Welche Ursachen und Begünstigungen wurden erkannt, und welche Maßnahmen wurden zur Eindämmung beziehungsweise Beseitigung eingeleitet?

- Wie wurden die spionageverdächtigen Personen im Arbeits-, Wohn- und Freizeitbereich unter Kontrolle gehalten und überprüft?

- Wie stellte sich die Struktur und die Qualität des Systems der inoffiziellen Sicherung des Verantwortungsbereichs dar? Welche operativen Kräfte und IM waren erforderlich, und mit welchen Mitteln und Methoden sollte die Arbeit zur Paralysierung der Spione geführt werden?

- Wie ist die Instruierung und Auftragserteilung der IM? Wurde durch den zielgerichteten Informationsbedarf sowie der exakten analytischen Verwertung eingegangener Informationen die konkrete Kenntnis der Lage im Verantwortungsbereich sichergestellt? Wie wird die ständige Fluktuation in der Flotte, die sich hemmend auf die Arbeit der Staatssicherheit auswirkte, begrenzt?

Die westlichen Geheimdienste unternahmen aktive Versuche, vorwiegend Kapitäne für die Spionage anzuwerben. Das Alter der kontaktierten Personen lag in der Mehrzahl zwischen 35 und 45 Jahren. Dies war bedeutsam, wenn man betrachtet, dass der Altersdurchschnitt der Mannschaften bei circa 23 Jahren und der leitenden Offiziere bei circa 30 Jahren lag. Von zehn kontaktierten Kapitänen und Offizieren kamen neun aus dem nautischen Sektor. Die Mehrzahl der kontaktierten DSR-Angehörigen war als Geheimnisträger verpflichtet und langjährig in der Reederei tätig. Sie unterhielten umfangreiche postalische und persönliche Beziehungen zu Verwandten und Bekannten in der Bundesrepublik. Auffällig war bei sieben von den zehn genannten Personen deren betriebliche disziplinarische Bestrafung. Acht der zehn DSR-Angehörigen waren Mitglied der SED.

Die Geheimdienste nutzten als Operationsbasen einzelne Hafenstädte bestimmter NATO-Staaten. Dort stellten sie die Verbindungen zu den Seeleuten her und organisierten ihre Spionagetätigkeit gegen die Handelsflotte der DDR.[638]

Für eine erfolgreiche Abwehrarbeit in der Handelsflotte war die Bestimmung spionagegefährdeter Punkte elementar. Die wesentlichen Faktoren, die einen Schwerpunkt bestimmten, ergaben sich aus der politischen und ökonomischen Bedeutung des Objekts, aus den im Objekt tätigen Personenkreisen sowie den Erfahrungs-

---

638 Vgl.: Ebd., Bl. 12–19 u. Anlage 6.

werten des MfS zur Tätigkeit westlicher Geheimdienste. Nicht alle Bereiche, Probleme und Personenkreise waren im jeweiligen Zeitabschnitt für die Entwicklung, die Stabilität und die Sicherheit der DDR von gleicher Bedeutung. Unter dem Aspekt der Spionageabwehr war durch das MfS in den zu sichernden Objekten in erster Linie zu garantieren, dass es den Geheimdiensten nicht gelang, Staatsgeheimnisse und andere bedeutsame Nachrichten zu gewinnen. Dabei musste Beachtung finden, dass es zu keiner formalen Festlegung von Schwerpunkten kam. Neu auftretende Bedingungen hatten ständig verändernden Einfluss auf die getroffenen Maßnahmen. So waren beispielsweise Transporte mit militärischer Ausrüstung in junge Nationalstaaten der sofortigen und hohen Aufmerksamkeit der Dienste ausgesetzt. Im Bereich der Handelsflotte wurden durch die Staatssicherheit folgende Schwerpunktaufgaben in den Mittelpunkt des Interesses gestellt:

- Die leitenden Kader der Flotte, die Kapitäne und Offiziere, waren operativ zu sichern. Hierbei traten die Relationen Westeuropa und Mittelmeer hervor. Dabei war zu berücksichtigen, dass auch Kapitäne und Offiziere zu beachten waren, die zwischenzeitlich durch Umsetzungen auf anderen als den genannten Schwerpunktrelationen fuhren. Zu Ende der 1960er Jahre war die Lage so, dass auf jeden operativen Mitarbeiter, der im Bereich Sicherung der DSR tätig war, circa 600 Seeleute, davon circa 80 Offiziere und 15 Kapitäne, kamen. Davon gehörten circa 50 Prozent dem nautischen Bereich an. Die Mitglieder der Schiffsankaufkommissionen, Bauaufsichten sowie die DSR-Auslandsvertreter im NSW wurden mit in die als Schwerpunkt benannten Personenkreise einbezogen.
- Die Verhinderung von Fluchten durch Angehörige

der Handelsflotte über den Seeweg hatte im Rahmen der Spionageabwehr eine große Bedeutung. Es wurde als erforderlich angesehen, alle notwendigen Maßnahmen zu treffen, um rechtzeitig ein illegales Absteigen zu erkennen und zu verhindern.

- Die Abschöpfung der leitenden Kader der Handelsflotte im NSW wurde nur ungenügend beachtet. Bei Zusammenkünften mit Vertretern, die sich aus den Geschäftsbeziehungen der Reederei im westlichen Ausland ergaben, wurden umfangreiche Angaben über die wirtschaftliche und politische Entwicklung des Seeverkehrszweiges und seine Verbindungen im In- und Ausland gemacht. In der Absicht, die DDR im Ausland repräsentieren zu wollen, wurden sie nach Auffassung der Staatssicherheit zu Nachrichtenübermittlern. Solche operativ durch das MfS erarbeiteten Hinweise waren zu wenig Gegenstand konkreter Untersuchungen und der Beratung mit der Leitung der DSR. Durch wirksame Maßnahmen unter Beachtung der Durchsetzung der disziplinarischen und strafrechtlichen Verantwortlichkeit sollte dieser spionagebegünstigende Faktor beseitigt werden.

- Die ermittelten Zentralen des geheimdienstlichen Gegners waren weiter aufzuklären und es sollten Möglichkeiten geschaffen werden, in diese einzudringen, um die Pläne und Absichten sowie die Angriffsrichtungen und Arbeitsweisen ständig zu erforschen. Mit Beginn der Vorgangsbearbeitung beziehungsweise des IM-Einsatzes musste sich der Leiter der Diensteinheit darüber im Klaren sein, welche Perspektive bestand und welches Ziel erreicht werden sollte. Es war ständig zu prüfen, inwieweit das MfS über die Zentralen der Dienste informiert war und welche Erkenntnisse bereits vorlagen.

Zum Ende der 1960er Jahre stellte die Staatssicherheit kritisch fest:

- In den Schwerpunktrelationen Nord-Ostsee und Mittelmeer war kein ausreichend qualitatives IM-Netz vorhanden.
- Auf einer Anzahl von Schiffen befanden sich keine IM.
- Die Auftragserteilung an die IM zur Überprüfung der als Schwerpunkt benannten Personenkreise entsprach qualitativ nicht den Anforderungen.
- Die ungenügende Qualität der erarbeiteten Informationen durch die IM ließen nur unbefriedigend begründete Schlüsse zur Aufspürung und Enttarnung von gegnerischen Agenturen zu.

Trotz der komplizierten Bedingungen bei der Spionageabwehr in der Handelsflotte war für das MfS die Situation so nicht hinnehmbar. Es musste neue Wege gesucht und gefunden werden. Das Problem bestand aufgrund der Fluktuation in der Flotte darin, ständig zu garantieren, dass auf jedem Schiff, vor allem zu den genannten Schwerpunkten, IM im Einsatz waren. Über den einzelnen IM sowie über die Schaffung von Schlüsselpositionen in der Verwaltung der Reederei sollte dieses Grundproblem gelöst werden. Frühzeitig waren folgende Faktoren zu erkennen und zu berücksichtigen:

- Die Wünsche des IM, verschiedene Linien zu befahren, sowie seine weitere berufliche Qualifizierung. Das Befahren bestimmter Linien sowie die Tätigkeit auf verschiedenen Schiffstypen waren bei Offizieren und Kapitänen vom Besitz eines bestimmten Patents abhängig. Dies erforderte die Absolvierung der Seefahrtsschule Wustrow.
- Die Tropentauglichkeit. Nicht selten wurde bei einer ärztlichen Untersuchung Tropenuntauglichkeit festgestellt. Damit wurde dem betreffenden Seemann der Einsatz über die Äquatorgrenze hinaus untersagt.

- Ein beabsichtigtes Ausscheiden aus der Handelsflotte, um an Land tätig zu sein.
- Die Ummusterung des IM aufgrund betrieblicher Weisung.

Diesen Faktoren sollte rechtzeitig durch IM-Vorlauf und Neuwerbungen begegnet werden. Es war das Ziel zu verfolgen, dass es erst zu einer Umbesetzung kommt, wenn bereits ein anderer IM auf dem jeweiligen Schiff zum Einsatz gelangen konnte. Durch die Besetzung von Schlüsselpositionen in der Verwaltung der Reederei mit IM war zu verhindern, dass besonders auf den Schwerpunktlinien IM überraschend umgemustert wurden.

Um zielgerichteter die verdächtigen Personenkreise zu überprüfen, war die Qualität der Auftragserteilung an die IM, deren Instruierung sowie die analytische Verarbeitung der Informationen zu erhöhen. Dabei standen als Ausgangspunkt folgende Fragen:

- Welche begründeten Hinweise sprachen dafür, dass ein Geheimdienst sich für die entsprechende Person interessierte?
- Wie und unter welchen Umständen konnte eine Verbindungsaufnahme durch den Geheimdienst erfolgen?
- Welche Möglichkeiten zur Spionage hatte die betroffene Person, und wo konnte sie die vom Geheimdienst geforderten Informationen in Erfahrung bringen?
- Welcher Weg der Nachrichtenübermittlung an den Dienst konnte vorliegen? Welche technischen Hilfsmittel konnten vorhanden sein, und wo wurden sie verborgen?
- Wo und unter welchen Umständen konnten Treffs mit dem Geheimdienst erfolgen?
- Welche Fakten sprachen dafür, dass sich die Verhaltensweise der entsprechenden Person im Arbeits-, Wohn- und Freizeitbereich verändert hatte?

Derartige Überlegungen boten dem MfS die Möglichkeit, begründete Versionen als Grundlage der weiteren einzuleitenden Maßnahmen aufzustellen. Damit wurde eine unbegründete Breite in der Spionageabwehr ausgeschlossen und die erkannten Schwerpunkte mit größtmöglichem Kräfteeinsatz, soweit erforderlich, bearbeitet. Die Beantwortung der genannten Fragen ließ auch die Gestaltung der Aufträge für die IM zu.

Um den IM die Möglichkeit zu geben, unter dem Eindruck des jeweiligen Geschehens unverzüglich Aufzeichnungen machen zu können, waren die vorhandenen operativen Hilfsmittel wie Geheimschreibmittel und Container zu nutzen. Eine Benutzung des Postweges zur Berichterstattung an die Staatssicherheit wurde bei IM in der Handelsflotte, die Verbindungen zu Geheimdiensten unterhielten, abgelehnt. Die Gefahr der Dekonspiration wurde hierbei als zu hoch angesehen. Auch wurde es innerhalb des MfS abgelehnt, dass leitende Kader der Handelsflotte, die mit Geheimdiensten im westlichen Ausland konfrontiert wurden, generell als IMB eingesetzt wurden. Es war zu beachten, dass sie als Geheimnisträger und in ihrer beruflichen Stellung bedeutsame Angaben machen mussten und das MfS zur Erarbeitung neuer Kenntnisse über die Geheimdienste unverhältnismäßig hoch als »Lieferant« in Erscheinung treten musste. Auf der anderen Seite galten die Kapitäne als Repräsentanten im Ausland und durften durch ihre Anwerbung seitens der westlichen Geheimdienste keine Gefahr zur politischen Kompromittierung der DDR bilden.[639]

Zur Abwehr der Spionage westlicher Geheimdienste betrachtete die Staatssicherheit die Einbeziehung gesellschaftlicher Kräfte in die operative Arbeit als notwendig. Es wurde bereits erwähnt, dass eine zielgerichtete

---

639 Vgl.: Ebd., Bl. 20–26.

Bearbeitung der Dienste und ihrer Agenturen durch die Fluktuation der IM im Bereich der Handelsflotte gehemmt wurde. Den Einsatz von ein bis zwei IM pro Schiff betrachtete man als ungenügend. Da der Kaderbedarf der Handelsflotte nicht sofort mit deren Vergrößerung anwachsen konnte, waren dem MfS beim Einsatz einer bestimmten Anzahl von IM Grenzen gesetzt. Die operativen Mitarbeiter unterhielten allerdings in der Flotte eine große Anzahl offizieller Kontakte. Diese Kontakte zu zuverlässigen Seeleuten ergaben sich durch das regelmäßige Aufsuchen der Schiffe nach jeder Rückkehr. In Gesprächen wurden die Reisen nach Vorkommnissen bezüglich des Schiffes, der Ladung und der Besatzung analysiert. Die Kontakte zu diesen Kräften sollten seitens der Staatssicherheit auf eine höhere Qualität ausgerichtet werden. Dazu sollten die Kontakte in der Abteilung XII erfasst und nach Abnahme einer Schweigeverpflichtung über die vertraulichen Gespräche mit dem Mitarbeiter des MfS zur zielgerichteten Lösung operativer Probleme eingesetzt werden. Die Gefahr der Dekonspiration war durch das regelmäßige Aufsuchen des Schiffes durch den entsprechenden Mitarbeiter nicht gegeben. Außer der direkten Erarbeitung von Beweismitteln hinsichtlich einer geheimdienstlichen Tätigkeit der verdächtigen Personen, wie die Durchsuchung der entsprechenden Kammern an Bord oder die direkte Beobachtung der verdächtigen Seeleute im Ausland, war die Skala ihrer Nutzung zur Aufklärung von Verhaltensweisen und des Auftretens der DSR-Angehörigen im Ausland breit. Unter Nutzung dieser gesellschaftlichen Kräfte strebte das MfS die Vervielfältigung des Potentials sowie die Erarbeitung zusätzlicher Informationen für die Spionageabwehr an.[640]

---

640 Vgl.: Ebd., Bl. 27 f.

Im Bereich der Spionageabwehr in der Handelsflotte stellte die Koordinierung mit anderen Diensteinheiten des MfS und den befreundeten Sicherheitsorganen einen bedeutenden Faktor dar. Täglich wurden bestehende Probleme durch eine gemeinsame Tätigkeit mit anderen Diensteinheiten gelöst. Dabei reichte es allerdings nicht aus, sich lediglich bei auftretenden Vorkommnissen oder bei vorliegenden operativen Materialien zusammenzusetzen. Die Situation in der Handelsflotte sowie die verstärkten Aktivitäten der Dienste ließen aus der Sicht der Staatssicherheit eine höhere Effektivität in der Spionageabwehr nur zu, wenn der Situation entsprechend neue Maßstäbe in der Zusammenarbeit mit den notwendigen Diensteinheiten gesetzt wurden. Vorrangig wurden unter diesem Gesichtspunkt behandelt:

- die höhere Qualität in der Koordinierung, der operativen Kontrolle und Überprüfung der spionageverdächtigen Seeleute im Arbeits-, Wohn- und Freizeitbereich;
- die Sicherung der Handelsflotte vor dem illegalen Verlassen der DDR durch Besatzungsangehörige.

Aufgrund des umfangreichen Tätigkeitsfelds der Seeleute in den Häfen der DDR, im Ausland sowie an den einzelnen Wohnorten in der DDR ergaben sich eine Reihe von Möglichkeiten zur Kontrolle und Überprüfung dieser Personen.

Erkenntnisse des MfS wiesen auf die Tatsache hin, dass DSR-Angehörige von den Geheimdiensten zur umfassenden Spionage eingesetzt wurden, was weit über das betriebliche Geschehen des Seeverkehrszweiges hinausging. Diesen Aufträgen nachzukommen verlangte von den Spionen, in ihrer Freizeit in den Häfen der DDR, des Auslandes oder an ihrem Wohnort – sofern hier Angriffspunkte der Dienste vorlagen – Spionageinformationen zu sammeln. So ließen unmotiviertes Aufhalten in der Nähe militärischer Objekte, in Werften oder in Hafenabschnitten mit militärischem Güterumschlag begründete Schlüsse zu. Auch war bedeutsam, dass trotz der gegebenen Möglichkeiten des persönlichen Zusammentreffens in ausländischen Häfen mit Geheimdienstangehörigen wichtige Spionagenachrichten – getarnt über den Postweg – übersandt werden konnten. Aus Sicht der Spionageabwehr in der Seereederei machte es sich erforderlich, mit den zuständigen Kreisdienststellen einen entsprechenden Informationsaustausch zu organisieren, um die notwendige Aufmerksamkeit zur Überprüfung der infrage kommenden verdächtigen Personen aus der Handelsflotte zu erreichen. Bei den einzelnen KD – außerhalb der BV Rostock – mussten über die ansässigen Seeleute Übersichten durch Erfassung in der Suchkartei des Auswertungsorgans bestehen.

Den Seeleuten der DSR wurde bei Aufenthalten in den Häfen der sozialistischen Ländern eine gewisse Großzügigkeit zuteil. Das MfS hatte zu verhindern, dass diese durch westliche Geheimdienste ausgenutzt wurde. Durch qualifizierten Informationsaustausch zu den entsprechenden Schwerpunkten wurde befreundeten Sicherheitsorganen die Möglichkeit gegeben, Maßnahmen zur Kontrolle und Überwachung verdächtiger Personen einzuleiten. Dieser Informationsaustausch musste des Weiteren operative Hinweise, die durch Anlaufen dritter Häfen erarbeitet wurden, beinhalten. Dem MfS war bekannt, dass bestimmte Personenkreise und Institutionen in diesen dritten Ländern an sowjetischen Seeleuten und ihren Beziehungen interessiert waren.

Das illegale Verlassen der DDR durch Seeleute der Handelsflotte bildete nach Ansicht der Staatssicherheit ein großes Spionagereservoir für die westlichen Dienste. Wenn in Betracht gezogen wird, dass es sich im Durchschnitt um 100 Personen jährlich handelte, so erlangte dies seitens des MfS erhebliche Bedeutung.

Die Praxis zeigte, dass sich Neueinstellungen oft nach der ersten oder zweiten Reise in das westliche Ausland absetzten. Den Ursachen für dieses Absteigen lagen vor allem folgende Faktoren zugrunde:

- Abwerbungen durch westliche Institutionen und Reedereien,
- Beeinflussung durch Verwandte und Bekannte,
- innerbetriebliche Verärgerung,
- Abenteuerlust,
- Heiratsabsichten im westlichen Ausland.

Erfolgte ein Absteigen außerhalb der bundesrepublikanischen Häfen, so wurden die entsprechenden Seeleute in der Regel über die Botschaften der BRD in den jeweiligen Staaten nach Westdeutschland verbracht und dort über die Aufnahmelager und deren Befragungsstellen eingebürgert. Während des Aufenthalts in den Befragungsstellen durchliefen sie Stationen der westlichen Geheimdienste und machten in der Regel umfangreiche Angaben über militärische, ökonomische und politische Fragen der DDR und – soweit ihnen bekannt – über andere sozialistische Staaten. Eine Reihe von Seeleuten kehrte später wieder in die DDR zurück und nahm gegebenenfalls dafür sogar strafrechtliche Konsequenzen in Kauf.[641]

Jährlich benötigte die DSR eine hohe Anzahl an Neueinstellungen. Von den rund 8.000 Bewerbungen jährlich wurden durch die DSR circa 50 Prozent in eigener Zuständigkeit abgelehnt, die restlichen 50 Prozent wurden dem MdI zur Überprüfung für die Aushändigung eines Seefahrtsbuches mit Sichtvermerk zum Verlassen der Seegrenze übergeben. Entsprechend dienstlicher Weisungen waren die Bewerber auch durch das MfS auf ihre

---

641 Vgl.: Ebd., Bl. 28–31.

Zuverlässigkeit zu überprüfen. MfS-intern wurde diese Maßnahme als Aktion »Leuchtturm« bezeichnet.

Trotz des hohen Aufkommens an Überprüfungen durfte es möglichst zu keinen Oberflächlichkeiten kommen, da sich dies nach Ansicht des MfS auf die staatliche Sicherheit auswirkte. Spätere Überprüfungen von Fluchten hatten ergeben, dass es Mängel bei den Erstüberprüfungen gegeben hatte. Aber nicht nur bei der Überprüfung von Neueinstellungen in die Handelsflotte ergab sich die Verantwortlichkeit verschiedener Diensteinheiten des MfS. Die Staatssicherheit strebte an, dass einzelne Seeleute an ihren Wohnorten wie Auslands- und Reisekader gesichert wurden. Dadurch war es möglich, bei erarbeiteten Hinweisen auf Verdacht des illegalen Verlassens der DDR die Verhinderung rechtzeitig und umfassend einzuleiten. In der Praxis verzeichnete die Staatssicherheit, dass die betreffenden Seeleute ihr Absteigen planten und am Wohnort Anzeichen vorhanden waren. Nur in einzelnen Fällen wurde auf dem Schiff ein Absteigen vorab bemerkt. Dies lag darin begründet, dass sich die Seeleute dahingehend sehr bedeckt hielten, um ihre Absicht nicht zu gefährden.[642]

Der ehemalige Stellvertreter Operativ des Leiters der BV Rostock, Artur Amthor, beschreibt in seinen Erinnerungen die Problematik der Sicherheitsüberprüfungen und des Absteigens von Seeleuten wie folgt:

»Als ich im April 1978 als Stellvertreter Operativ eingesetzt wurde, stellte mich mein Vorgänger darauf ein, dass ich zu jedem ›Absteiger‹ aus der Handels- bzw. Fischereiflotte am nächsten Morgen zu Dienstbeginn einen Anruf des zuständigen Stellvertreter des Ministers zu erwarten hätte. Das trat auch ein. Zur Erläuterung:

---

642 Vgl.: Ebd., Bl. 31 ff.

›Absteiger‹ waren Inhaber von Seefahrtsbüchern mit Sichtvermerk, welche in nichtsozialistischen Häfen illegal die DDR verließen.

Bei genannten morgendlichen Anrufen kam stets der gleiche Vorwurf: ›Euch ist ja schon wieder einer abgestiegen!‹ Dem durfte man nicht widersprechen. Meine Gedanken gingen jedoch dahin, warum wir jedesmal kritisiert wurden. Der Flüchtige war doch kein Mitarbeiter unseres Organs, sondern Besatzungsmitglied bzw. zeitweiliges Besatzungsmitglied der Flotte des VE Kombinates Seeverkehrs- und Hafenwirtschaft – Deutfracht/ Seereederei Rostock oder des VE Fischkombinates Rostock bzw. der Fischereiproduktionsgenossenschaften. Die Stammbetriebe waren für die Durchführung des Bestätigungsverfahrens und den Einsatz ihrer Beschäftigten bzw. zeitweilig Beschäftigter als Reisekader NSW (nichtsozialistisches Wirtschaftsgebiet) verantwortlich. Damit verbunden war die Entscheidung über die Aushändigung des Seefahrtsbuches und Erteilung eines Sichtvermerkes, der zum Überschreiten der Seegrenze der DDR berechtigte.

Die Bestimmungen für das Bestätigungsverfahren waren in der ›Anordnung über das Verfahren der Beantragung, Ausstellung, Nutzung und Rückgabe von Seefahrtsbüchern – Seefahrtsbuchanordnung‹ des Ministers für Verkehrswesen vom 6. Dezember 1985 und der ›Gemeinsamen Anweisung über das Verfahren der Kaderbestätigung sowie der Beantragung von Seefahrtsbüchern‹ des Ministers für Verkehrswesen und des Ministers für Bezirksgeleitete Industrie und Lebensmittelindustrie gleichen Datums festgelegt.

Unsere Aufgabe bestand darin, zu Bewerbern auf ein Seefahrtsbuch Sicherheitsüberprüfungen einzuleiten. Das Ergebnis teilten wir den jeweiligen Kombinaten mit. Sofern es auswertbare Hinweise gab, wurde darauf verwiesen. Die Entscheidung und Verantwortung für die Aushändigung des Seefahrtsbuches mit Sichtvermerk lag letztlich nicht bei uns, sondern bei den Kombinatsdirektoren, die Beratungs- und Kontrollgruppen mit der Vorprüfung beauftragt hatten.

Eine gemeinsame Beratung mit den verantwortlichen Leitern des Kombinates Seeverkehrs- und Hafenwirtschaft, an welcher der Stellvertretende Minister für Verkehrswesen teilnahm, beschäftigte sich speziell mit der Frage, wie das ungesetzliche Verlassen der DDR durch Inhaber des Seefahrtsbuches mit Sichtvermerk unterbunden bzw. eingeschränkt werden könnte. Das kann 1986 gewesen sein.

Ich vertrat dort den Standpunkt, dass wir keine Möglichkeiten sahen, bei Aufenthalten unserer Seeleute im nichtsozialistischen Ausland das ungesetzliche Verlassen der DDR zu verhindern. Diese Verantwortung konnten und wollten wir den Generaldirektoren der Kombinate, ihren Politoffizieren und Kaderorganen nicht abnehmen. Im Ergebnis der Beratung ging an alle Verantwortlichen die Aufforderung, die vorbeugende Einflussnahme durch Ausschaltung von Fehlentscheidungen, beginnend mit dem Bestätigungsverfahren, zu verbessern.

Natürlich versprach ich dem Stellvertretenden Minister unseres Ministeriums jedes Mal, unsere sicherheitspolitischen Maßnahmen in den Flotte zu überprüfen und zu qualifizieren.

Wie schwerwiegend solche Vorkommnisse aus der Sicht unseres Ministeriums bewertet wurden, zeigt sich auch darin, dass ich zu dem Problem der ›Absteiger‹ sogar in einer Zentralen Dienstkonferenz Stellung nehmen musste.

Der Leiter der für das Kombinat Seeverkehrs- und Hafenwirtschaft zuständigen Diensteinheit, der Abteilung

Hafen, war einmal total verunsichert, als am Tage einer Wahlberichtsversammlung unserer Parteiorganisation wieder ein ›Absteiger‹ gemeldet wurde, während unser Minister im Präsidium saß. Dieser Leiter hatte einen guten Diskussionsbeitrag vorbereitet. Ich spielte ihm einen Zettel zu, in dem ich ihm Mut machte mit dem Hinweis, dass ein Absteiger nicht alles Positive, welches die Mitarbeiter der Abteilung leisteten, in den Schatten stellen könnte. So ging noch einmal alles gut.«[643]

Innerhalb der BV Rostock existierte mit der Abteilung Hafen eine spezielle Diensteinheit, die sich mit der Sicherung der Seeverkehrs- und Hafenwirtschaft beschäftigte. Sie gliederte sich wie folgt:
Dem Leiter der Abteilung Hafen, Oberst Heinrich Jahr, waren folgende Strukturelemente unterstellt:
Referat 5
Leiter: Oberstleutnant Gottfried Eidam
Aufgabenstellung: Sicherung der Außenwirtschaftsbeziehungen des Volkseigenen Kombinats Seeverkehr und Hafenwirtschaft
Referat A/I
Leiter: Major Horst Riedel
Aufgabenstellung: Auswertung und Information
Beauftragter des Leiters der Abteilung, Major Rolf Heyl, verantwortlich für die Mobilmachungsarbeit
Offizier für Kaderwerbung, Hauptmann Rainer Schumann.

Dem 1. Stellvertreter des Leiters der Abteilung, Oberstleutnant Arno Schankin, waren folgende Strukturelemente unterstellt:

---

643 Artur Amthor: *Ruhe in Rostock? Vonwegen. Ein Oberst a. D. berichtet.* Berlin 2009, S. 153 ff.

Referat 1
Leiter: Hauptmann Karl-Wolf Böhnke
Aufgabenstellung: Sicherung des Einsatzbereichs Asien/
Amerika der Deutschen Seereederei
Referat 2
Leiter: Major Adolf Jarosch
Aufgabenstellung: Sicherung des Einsatzbereichs Küste/
Spezialschifffahrt der Deutschen Seereederei
Referat 3
Leiter: Hauptmann Reiner Bethkenhagen
Aufgabenstellung: Sicherung des Einsatzbereichs Mit-
telmeer/Afrika der Deutschen Seereederei.

Dem 2. Stellvertreter des Leiters der Abteilung, Major
Karlheinz Thalmann, waren folgende Strukturelemente
unterstellt:
Referat 4
Leiter: Major Hans-Dieter Trieschmann
Aufgabenstellung: Sicherung des VEB Seehafen
Rostock, der Bagger- Bugsier- und Bergungsreederei,
des Seefahrtsamts der DDR, der Bezirksdirektion des
Medizinischen Dienstes des Verkehrswesens sowie aus-
gewählter Transport- und Versorgungsbetriebe
Referat 6
Leiter: Hauptmann Conrad Marlow
Aufgabenstellung: Sicherung der Ingenieurhochschule
für Seefahrt Warnemünde/Wustrow und der Betriebs-
berufsschulen Seehafen und Handelsflotte
Referat 7
Leiter: Oberstleutnant Gerhard Heinz
Aufgabenstellung: Antrags-, Genehmigungs- und Be-
stätigungsverfahren für Inhaber von Seefahrtsbüchern
der DDR gemäß Befehl 20/85 des Ministers für Staatssi-
cherheit (Aktion »Leuchtturm«)

Referat 8
Leiter: Hauptmann Evelyn Benzner
Aufgabenstellung: Einleitung von Sicherheitsüberprü-
fungen und Ermittlungen für Geheimnisträger sowie
Reise- und Auslandskader.[644]

Spionageabwehr im Bereich der bundesdeutschen Schiffsoffiziere am Beispiel der Küstenschifffahrt

Für eine effektive Spionageabwehr im maritimen Bereich war neben der Sicherung der Handelsflotte auch
die Erarbeitung von Informationen in Richtung Spionage zu bundesdeutschen Schiffsoffizieren relevant. Am
Beispiel von Schiffsoffizieren der BRD-Küstenmotor-
schifffahrt bei deren Aufenthalten in DDR-Häfen soll
dies erläutert werden:
Die gesellschaftliche Entwicklung vieler Bereiche im Bezirk Rostock war wesentlich durch die Seeverkehrs- und
Hafenwirtschaft, den Schiffbau und die Arbeit in den
Seehäfen Rostock, Wismar und Stralsund bestimmt.
Den effektiven Schutz dieser Bereiche vor gegnerischen
Spionageangriffen betrachtete das MfS als einen wichtigen Beitrag zur Gewährleistung der staatlichen Sicherheit im Bezirk Rostock. Die verstärkt durchgeführte
personenbezogene Arbeit unter Seeleuten verschiedener
bundesdeutscher Reedereien führte die Staatssicherheit
Mitte der 1980er Jahre zu der Erkenntnis, dass Erscheinungen vorhanden waren, die im Vergleich mit den Er-

---

644 Vgl.: Struktur der Abteilung Hafen der Bezirksverwaltung
Rostock (1989) (Archiv des Verfassers).

kenntnissen zur Arbeitsweise westlicher Geheimdienste auf eine umfassende und komplexe Spionage gegen diese bedeutsamen Bereiche bei gleichzeitiger Forcierung der Militärspionage hinwiesen. Diese Erkenntnis sah das MfS durch folgende Aktivitäten von bundesdeutschen Schiffsoffizieren belegt, die auf die Erkundung und Aufklärung

- der Seestreitkräfte des Warschauer Vertrags und anderer militärischer Objekte, Einrichtungen und Bewegungen der GSSD und der NVA,
- des Kontroll- und Abfertigungsregimes der Passkontrolleinheiten und der Grenzzollämter, einschließlich der dort tätigen Kräfte,
- des ökonomischen Potentials der Häfen, insbesondere der Umschlagkapazitäten der einzelnen Häfen sowie der Möglichkeiten und Tendenzen des Schiffbaus,

ausgerichtet waren.

Diese neue Qualität im Vorgehen der Geheimdienste zeigte sich der Staatssicherheit auch im Ergebnis eingeleiteter Maßnahmen, bei denen bundesdeutsche Reedereien bekannt wurden, die bei der Bekämpfung von Spionageaktivitäten durch die Abteilung II der BV Rostock einen Schwerpunkt darstellten. Die zur Umsetzung der Handelsbeziehungen erforderlichen stabilen kommerziellen Beziehungen mit der DDR und der Einsatz von Schiffsbesatzungen der westdeutschen Schifffahrt waren geeignet, über diese Reedereien geheimdienstliche Aufgaben zu realisieren. Erkenntnisse der Staatssicherheit besagten, dass der BND und andere Dienste diese Möglichkeiten nutzten und Agenturen unter anderem unter den Schiffsoffizieren führten. Daraus ergaben sich für das MfS Konsequenzen für die Organisierung der Abwehrarbeit zur gezielten Suche nach dem Gegner.

Unter dem Begriff der bundesdeutschen Küstenschifffahrt wurden vom MfS Küstenmotorschiffe der BRD bis 1.000 BRT erfasst, die vorwiegend im Nord- und Ostseeraum eingesetzt waren. Die Lage auf dem Gebiet der westdeutschen Küstenmotorschifffahrt und die damit im Zusammenhang stehenden Abwehrmaßnahmen wurden in den 1980er Jahren durch folgende Faktoren bestimmt:

Jährlich lief eine große Zahl bundesdeutscher Küstenmotorschiffe die Seehäfen Rostock, Wismar und Stralsund an. So wurden 1980 insgesamt 246 Schiffe registriert, die 1.630-mal die genannten Seehäfen anliefen.

Im Zeitraum 25. Juli bis 24. Oktober 1985 liefen insgesamt 210 westdeutsche Küstenmotorschiffe die Seehäfen der DDR an, davon

- 102 Schiffe Wismar,
- 79 Schiffe Rostock,
- 29 Schiffe Stralsund.

Dabei traten 47-mal Schiffe in Erscheinung, die bis dahin nicht bekannt waren.

Die für 1980 erarbeitete Analyse des MfS hatte ergeben, dass 795 westdeutsche Schiffsoffiziere festgestellt wurden, die über den Seeweg in die DDR eingereist waren. Insgesamt erfolgten von diesen 795 Schiffsoffizieren 3.424 Einreisen in die DDR-Seehäfen. Für die einzelnen Seehäfen stellte die Staatssicherheit folgende Anzahlen von Einreisen fest:

- Rostock 1.029 Einreisen,
- Wismar 2.104 Einreisen,
- Stralsund 291 Einreisen.

Wie zu erkennen, waren die Schwerpunkte die Seehäfen Wismar und Rostock. Es handelte sich dabei um bedeutsame Größenordnungen und die Staatssicherheit ging davon aus, dass es den Geheimdiensten bei Schaffung entsprechender Voraussetzungen möglich war, Informationen aus den verschiedensten gesellschaftlichen

Bereichen des Bezirks Rostock zu beschaffen. Mitte der 1980er Jahre waren der Abteilung II/BV Rostock 300 bundesdeutsche Küstenmotorschiffe bekannt und circa 900 Schiffsoffiziere waren zur Gewährleistung der Informationszusammenführung gespeichert.

Bei der Werbung von Spionen unter den Besatzungsmitgliedern der westdeutschen Küstenmotorschiffe wurden durch die Geheimdienste nach Erkenntnissen der Staatssicherheit folgende Gesichtspunkte berücksichtigt:
- Die Suche und Auswahl geeigneter Werbekandidaten erfolgte unter den Schiffsoffizieren, die verheiratet und in der Regel bei Reedereien angestellt waren (keine Eigenreeder).
- Sie sollten in den Häfen der DDR, der UdSSR und Polens bei Kontrollhandlungen möglichst nicht auffällig geworden sein.
- Es sollte ein kontinuierliches Anlaufen von Häfen im Nord- und Ostseeraum gegeben sein.

Das Ansprechen und die weiteren Werbungsaktivitäten erfolgten unter anderem auch in den Wohnungen der Zielpersonen unter Einbeziehung der Ehefrauen, um diese für eine Zusammenarbeit im Verbindungssystem zu gewinnen, da auf dem Gebiet der Gewährleistung einer stabilen Verbindung (Spion–Zentrale) arbeitsspezifische Probleme berücksichtigt werden mussten.

Die Auftragserteilung an die Spione erfasste vorrangig:
- die Schiffe der Seestreitkräfte der sozialistischen Staaten,
- den Militärgutumschlag,
- die Hafenanlagen und Neubauten in den Häfen.

Zur Durchführung dieser Aufträge fertigten die Spione schriftliche Aufzeichnungen und bildliche Darstellungen der genannten Objekte an oder trafen entsprechende Wahrnehmungen lediglich visuell beziehungsweise fertigten Skizzen. Die Vermessung von Molen, Brücken, Schiffen und Booten erfolgte durch die Nutzung technischer Hilfsmittel.

Die Geheimdienste orientierten darauf, dass die Realisierung der Aufträge nur von Bord aus in gedeckter Form erfolgen sollte. Bei Landgängen sollten die Spione über

- Stimmung und Reaktion der Bevölkerung, die gegenwärtige Lage sowie
- interessante Wahrnehmungen, wie Neubauten mit besonderem Charakter (Standort, Größe),

berichten. Weiterhin sollten sie Feststellungen zu Besatzungsmitgliedern treffen, die auf eine eventuelle Nutzung durch die Staatssicherheit hinwiesen.

Zur Aufrechterhaltung der persönlichen Verbindung erfolgten persönliche Treffs mit der Agentur nach Anlaufen eines westdeutschen Hafens mit vorheriger Verbindungsaufnahme über ein Decktelefon. Erkenntnisse des MfS besagten, dass die Verbindung unter Nutzung des Postverkehrs und wie erwähnt, auch unter Einbeziehung der Ehefrauen, aufrechterhalten wurde, wenn nach Auslaufen des Schiffes aus einem Hafen in der DDR, der UdSSR oder Polens kein Hafen in der Bundesrepublik angelaufen wurde. Damit sollte die Aktualität der erarbeiteten Informationen gewährleistet werden.

Neben den bislang genannten Interessen der Geheimdienste widerspiegelte die Analyse der durch die PKE in den Seehäfen sowie von IM/GMS erarbeiteten Informationen Aktivitäten zur Erlangung von Erkenntnissen über

- das ökonomische Potential der Seehäfen, insbesondere der Umschlagkapazitäten der Kalikippanlage im Seehafen Wismar,

- die Ladung der Schiffe,
- den Dienstablauf und persönliche Belange der eingesetzten Posten vor dem Schiff, der Passkontrolleure
  sowie der Zollangehörigen,
- das Kontroll- und Abfertigungsregime der PKE und
  der GZÄ.

Weiterhin fand durch das MfS Beachtung, dass westdeutsche Seeleute persönliche Kontakte zu DDR-Bürgern unterhielten. Dabei handelte es sich vorwiegend
um Personen aus dem Bezirk Rostock. Relativ selten
waren Verbindungen, die über einen längeren Zeitraum
aufrechterhalten wurden. Als Erscheinung der 1980er
Jahre waren in Einzelfällen Kontakte zu verzeichnen, in
denen zwischen DDR-Bürgerinnen und BRD-Seeleuten
Heiratsabsichten bestanden und sich daraus Anträge
auf Übersiedlung beziehungsweise Eheschließung entwickelt hatten.

Realisierte operative beziehungsweise strafprozessuale
Maßnahmen von Sicherheitsorganen sozialistischer
Staaten belegten die vorgenannten Aktivitäten durch
westdeutsche Seeleute wie folgt:

- In der Vernehmung eines 1980 in Polen festgenommenen Spions wurde bekannt, dass dieser auftragsgemäß
  in zehn Berichten Angaben über Flagge, taktische
  Nummern der festgestellten Schiffe der Seestreitkräfte sozialistischer Ostseeanliegerstaaten sowie Datum
  und Uhrzeit ihrer Feststellung an den BND machte.
  Diese Agentur wurde 1976 geworben. Es handelte sich
  um einen Kapitän, der geheimdienstlich geschult und
  mit nachrichtendienstlichen Hilfsmitteln zur Aufrechterhaltung der Verbindung ausgerüstet war.
- In einem operativen Material konnten 1985 analoge
  Aktivitäten dokumentiert werden. Es wurden aktuelle
  Aufzeichnungen mit geheimdienstlichen Charakter
  über Standorte, Zeitpunkte, Bewaffnung und tak-

tische Nummern von Schiffen der Volksmarine und der polnischen Seekriegsflotte bei einem Schiffsoffizier festgestellt.

• In einem anderen operativen Material wurde ebenfalls ein Schiffsoffizier bearbeitet. Hier lagen inoffizielle Informationen vor, dass dieser Offizier von Bord des Schiffes aus militärische Objekte fotografierte.

Darauf reagierte die Staatssicherheit. Auf der Grundlage eines bestätigten Maßnahmenplans zur Aufspürung, vorbeugenden Verhinderung und Bekämpfung geheimdienstlicher Aktivitäten durch die Nutzung der BRD-Küstenschifffahrt wurde die operative Arbeit im Wesentlichen als ständiger Prozess komplex organisiert. Dadurch gelang es dem MfS zunehmend besser

• die operative Arbeit schwerpunktmäßig auf diese Zielgruppe auszurichten,
• die IM-Arbeit unter Personen mit Bordgenehmigung für bundesdeutsche Küstenmotorschiffe sowie in den Konzentrationspunkten für westdeutsche Schiffsoffiziere zu intensivieren,
• eine kontinuierliche und wirksame analytische Vergleichs- und Verdichtungsarbeit zu gewährleisten,
• die Qualität der Zusammenarbeit mit anderen operativen Diensteinheiten zu erhöhen.

In der Abteilung II der BV Rostock waren mehrere Referate in die Realisierung der sich ergebenden Aufgaben im Abwehrbereich Seeverkehr einbezogen. Sie hatten

• die Führung von Quellen unter den Angehörigen der westdeutschen Küstenschifffahrt zur Durchführung der Arbeit im und nach dem Operationsgebiet,
• die Bearbeitung von bundesdeutschen Schiffsoffizieren in operativen Materialien sowie die Arbeit mit IM/GMS,

- die analytische Vergleichs- und Verdichtungsarbeit und die Gewährleistung der Einschätzung der Lage zu gewährleisten.[645]

Ausgangspunkt für die Organisierung der Abwehrarbeit war die gezielte Suche nach dem geheimdienstlichen Gegner, die durch eine systematische und qualifizierte Herausarbeitung operativer Ersthinweise im Verantwortungsbereich der Abteilung II/BV Rostock erfolgte. Operative Ersthinweise lagen dann vor, wenn bedeutsame Informationen zu bundesdeutschen Schiffsoffizieren und/oder Sachverhalten für sich oder in Verbindung mit anderen erstmalig auf

- eine geheimdienstliche Informationsbeschaffung,
- eine geheimdienstliche Kontaktierung,
- eine geheimdienstliche Verbindungshaltung oder
- andere, mit einer nachrichtendienstlichen Tätigkeit in Verbindung zu bringende Handlungen, Verhaltensweisen und Umstände

hinwiesen. Ersthinweise in Richtung Spionage waren also bedeutsame Informationen, die eine Überprüfung sowie eine operative und strafrechtliche Einschätzung aus der Sicht der Spionageabwehr zwingend erforderten. Dabei waren nachfolgend aufgeführte Anforderungen zu berücksichtigen:

- Zur Vermeidung von Informationsverlusten und zur Einleitung gezielter Maßnahmen war unter Beachtung der relativ kurzen Liegezeiten der westdeutschen Küstenmotorschiffe eine sofortige Überprüfung und Einschätzung des Ersthinweises in Richtung Spionage

645 Vgl.: Detlef Wallasch: Diplomarbeit zum Thema: »Zur weiteren Qualifizierung der Erarbeitung von operativ-bedeutsamen Informationen in Richtung Spionage im Rahmen der politisch-operativen Abwehrarbeit zu Schiffsoffizieren der BRD-Küstenschifffahrt bei ihren Aufenthalten in den Seehäfen der DDR«. BStU ZA MfS JHS Nr. 20527, Bl. 6–14.

erforderlich. Mit der Realisierung dieser Maßnahme musste Klarheit über den Wahrheitsgehalt der Information sowie deren Vollständigkeit erreicht werden. Dazu ergaben sich Möglichkeiten der Differenzierung der Erstinformation.

- Die Konspiration und Geheimhaltung war von Anfang an bei der Bearbeitung der Information zu gewährleisten.
- Bei der Dokumentierung der Überprüfungsergebnisse war Gründlichkeit unabdingbar. Es wurde dabei davon ausgegangen, dass sich bestimmte Situationen nicht wiederholen ließen beziehungsweise dass über längere Zeiträume Informationsverluste auftreten konnten. Bei Erfordernis waren die Überprüfungsergebnisse so zu dokumentieren, dass sie bei späteren Ermittlungsverfahren auch als gesetzliche Beweismittel genutzt werden konnten.
- Einschätzung der Zuverlässigkeit und Ehrlichkeit der Quelle und inwieweit sie für die weitere Bearbeitung des Sachverhaltes genutzt werden konnte.

Ersthinweise in Richtung Spionage durch Schiffsoffiziere der westdeutschen Küstenmotorschifffahrt ergaben sich aus:

- Informationen von IM der Abteilung II/BV Rostock und anderer Diensteinheiten, die im Rahmen der Sicherung des Verantwortungsbereichs eingesetzt waren;
- Informationen von IM aus dem Operationsgebiet, insbesondere IMB;
- Informationen von staatlichen und gesellschaftlichen Organen, Einrichtungen und Institutionen, insbesondere im Rahmen des operativen Zusammenwirkens mit der Staatssicherheit;
- Informationen von namentlich bekannten oder anonymen Personen;

- der analytischen Vergleichs- und Verdichtungsarbeit der Abteilung II/BV Rostock sowie anderer Diensteinheiten des MfS;
- Informationen anderer sozialistischer Sicherheitsorgane;
- Ergebnissen operativer Fahndungsmaßnahmen, insbesondere der Linien M, III und VI;
- Informationen im Zusammenhang mit der Bearbeitung von OPK und OV.

Für den Einsatz der inoffiziellen Basis ergaben sich aus der Spezifik des Seeverkehrs folgende Bedingungen:

1. Beim Einsatz der IM/GMS im Arbeitsbereich der bundesdeutschen Schiffsoffiziere war durch die Spionageabwehr zu berücksichtigen, dass gemäß der rechtlichen Bestimmungen nur DDR-Bürgern der Zugang zum Schiff gewährt wurde, die über eine entsprechende Genehmigung verfügten (Dauerbordgenehmigung beziehungsweise zeitweilige Bordgenehmigung). Dadurch kam es zwangsläufig zu einer Einschränkung des Personenkreises, der für IM-Werbungen zur Verfügung stand. Des Weiteren musste beachtet werden, dass der Zeitraum der Kontrolle durch IM/GMS eingeschränkt war. Operative Kontrollmöglichkeiten für IM/GMS (DDR) ergaben sich vom Betreten des Schiffes durch den Lotsen bis zum Auslaufen des Schiffes beim Ausstieg des Lotsen, einschließlich der Hafenliegezeit. Während der Liegezeit im Hafen hatten verschiedene Berufskategorien mit Bordgenehmigung die Möglichkeit, dass bundesdeutsche Schiff zu betreten.

2. Der Einsatz von IM/GMS im Freizeitbereich beim Landgang der westdeutschen Schiffsoffiziere in den Hafenstädten der DDR erstreckte sich insbesondere auf die Kontrolle erkannter Konzentrationspunkte von Seeleuten aus der BRD (insbesondere Gaststät-

ten) sowie der bestehenden bedeutsamen Kontakte und Verbindungen. Bei der Sicherung des Freizeitbereichs konnten sowohl die unter 1. genannte Personenkategorie als auch andere DDR- beziehungsweise ausländische Bürger zum Einsatz kommen, die über entsprechende Voraussetzungen verfügten.

3. Aufgrund der vorhandenen objektiven Grenzen der unter 1. und 2. genannten Personenkategorien schätzte die Staatssicherheit ein, dass verstärkt Werbungen unter westdeutschen Seeleuten erfolgen mussten. Sie verfügten über die günstigsten Möglichkeiten der operativen Kontrolle, sofern sie über einen längeren Zeitraum auf dem betreffenden Schiff tätig waren, auf dem der für das MfS interessante bundesdeutsche Schiffsoffizier fuhr.

Die Suche, Auswahl und Werbung geeigneter IM/GMS ergab sich aus der Notwendigkeit der Ergänzung des IM-Bestands aufgrund archivierter IM/GMS sowie aus der Flexibilität, mit der sich der Abwehrbereich darstellte. Dieses Erfordernis ergab sich aus Sicht des MfS gleichzeitig aus der Notwendigkeit der Gewährleistung der Einheit zwischen Arbeits-, Wohn- und Freizeitbereich bei der Organisierung der Abwehrarbeit.

Voraussetzung für eine gezielte Suche und Auswahl geeigneter IM/GMS war die Erarbeitung von aufgabenbezogenen Anforderungsbildern. Gleichzeitig ergaben sich daraus Ziele und Inhalte der Überprüfung von IM-Kandidaten sowie Maßnahmen für deren Erziehung und Befähigung. Die objektiven und subjektiven Anforderungen ließen sich von den durch die zukünftigen IM/GMS konkret zu lösenden Aufgaben ableiten. Verstärkte Aufmerksamkeit war den subjektiven Anforderungen entgegenzubringen. Dabei ging es vor allem um solche Persönlichkeitseigenschaften wie

- Fähigkeiten zur Herstellung und Aufrechterhaltung vertraulicher Beziehungen zu westdeutschen Seeleuten,
- Bereitschaft zur Aufrechterhaltung dieser Verbindungen im Freizeitbereich,
- Bereitschaft zur unbedingten Ehrlichkeit gegenüber dem MfS,

die wesentliche Voraussetzungen für einen personenbezogenen Einsatz der IM/GMS darstellten.

Die Suche und Auswahl geeigneter IM-Kandidaten zur Erarbeitung bedeutsamer Informationen wurde auf folgende Personenkreise ausgerichtet:

- Personen, die im Bereich der Seeverkehrs- und Hafenwirtschaft tätig waren, über Dauerbordgenehmigungen verfügten beziehungsweise aus anderen berufsbedingten Gründen häufig Kontakte zu westdeutschen Seeleuten unterhielten. Dieser Personenkreis hatte auch für die Realisierung der Informationsinteressen der westlichen Geheimdienste aufgrund seiner spezifischen Kenntnisse eine große Bedeutung und wurde für die Organisierung der Abwehrarbeit durch die Staatssicherheit genutzt. Der Schwerpunkt lag dabei auf DDR-Bürgern, die bereit und in der Lage waren, bestehende Kontakte zu BRD-Seeleuten auszubauen und in den Freizeitbereich zu verlegen.
- Personen, die sich häufig in den erkannten Konzentrationspunkten von bundesdeutschen Seeleuten aufhielten beziehungsweise dort tätig waren.
- Personen, die stabile Kontakte zu interessierenden westdeutschen Seeleuten unterhielten, ohne dass sie im Bereich der Seeverkehrs- und Hafenwirtschaft tätig waren. Hierbei wurde der Grundsatz verfolgt, dass alle festgestellten Kontakte von Seeleuten aus der BRD aufgeklärt und bezüglich ihrer Bearbeitungswürdigkeit beziehungsweise einer inoffiziellen Nutzung ge-

prüft werden mussten. Für die Staatssicherheit waren auch Personen von Interesse, die aufgrund ihrer Persönlichkeitseigenschaften Kontakte zu westdeutschen Seeleuten herstellen konnten und diese zu vertraulichen Beziehungen auszubauen vermochten.

- Seeleute aus der Bundesrepublik, die über längere Zeiträume auf Schiffen gemustert waren, auf denen die das MfS interessierenden westdeutschen Schiffsoffiziere fuhren. Diese Seeleute besaßen umfangreiche Möglichkeiten der Kontrolle der bearbeiteten Personen, aber auch Möglichkeiten, über Handlungen von Bundesbürgern zu berichten, die bis dahin noch nicht in das Blickfeld der Staatssicherheit geraten waren.

Insbesondere waren durch die inoffizielle Nutzung von westdeutschen Seeleuten Informationen über die Aktivitäten und Verhaltensweisen der in operativer Bearbeitung befindlichen BRD-Schiffsoffiziere bei

- der Begegnung mit Schiffen und Booten der Seestreitkräfte des Warschauer Vertrags auf offener See,
- Reedeliegezeiten,
- Aufenthalten in den Seehäfen der DDR, der UdSSR und Polens

zu erarbeiten. Weiterhin waren differenzierte operative Maßnahmen im Operationsgebiet möglich. Die Suche und Auswahl dieser Personenkategorie bedingte eine enge Zusammenarbeit zwischen den beteiligten Diensteinheiten des MfS, um alle Möglichkeiten für die gezielte Suche nach Ansatzpunkten für eine Kontaktierung und Werbung zu erschließen und auszuschöpfen.

Zur Verstärkung der inoffiziellen Basis im Operationsgebiet eigneten sich DDR-Bürger, die als Reisekader beziehungsweise als Auslandskader im norddeutschen Raum der Bundesrepublik zum Einsatz kamen. Für die Erarbeitung bedeutsamer Informationen waren insbesondere Auslandskader geeignet, die in den Auslandseinrichtungen der Deutfracht Seereederei Rostock sowie des VEB Deutfracht, Internationale Befrachtung Berlin, in Hamburg über einen längeren Zeitraum tätig waren. Für die operative Tätigkeit in Hamburg eigneten sich auch Quellen, die als Binnenschiffer DDR-Transporte über die Elbe nach Hamburg durchführten.

Eine andere Möglichkeit der Verstärkung der operativen Basis im Operationsgebiet stellten Bürger der DDR dar, die Anträge zur Übersiedlung in die Bundesrepublik gestellt hatten. Im Mittelpunkt der Auswahl standen dabei Personen, bei denen durch das MfS keine Versagungsgründe für die beabsichtigte Übersiedlung vorlagen, die voraussichtlich im norddeutschen Raum der Bundesrepublik ihren Wohnsitz nahmen und dort solche Tätigkeiten aufnehmen konnten, die im Bereich der Seeverkehrswirtschaft lagen. Bei dieser Personenkategorie stellte die Staatssicherheit besonders hohe Anforderungen an deren Aufklärung und Überprüfung.[646]

Durch das MfS bestand das Ziel bei der politischen und fachlichen Erziehung und Befähigung in der Schaffung von Voraussetzungen bei den IM/GMS, damit sie entsprechend ihrer objektiven Möglichkeiten bereit und in der Lage waren, unter den sich ständig verändernden Lagebedingungen auf dem Gebiet der bundesdeutschen Küstenschifffahrt, die Qualitätskriterien der Zusammenarbeit zu erfüllen. Die

- Gewinnung bedeutsamer Informationen,
- Mitwirkung der IM/GMS bei der Herbeiführung von Veränderungen mit hohem gesellschaftlichen, politischen und operativen Nutzen,
- ständige Gewährleistung einer hohen Geheimhaltung und Konspiration

---

646 Vgl.: Ebd., Bl. 17–24.

stellten die Kriterien für die Einschätzung der Wirksamkeit bei der Arbeit mit IM dar. Aus Sicht der Staatssicherheit stellte die ideologische Erziehung der IM sowie die Vermittlung eines realen und aufgabenbezogenen Feindbildes eine wichtige Voraussetzung zur Erarbeitung bedeutsamer Informationen dar. Dabei waren den IM/GMS differenziert Hinweise über Erscheinungsformen der Handlungen und Angriffsrichtungen der westlichen Geheimdienste zu vermitteln, die sich gegen den zu sichernden Bereich richteten. Eine besondere Rolle spielten dabei die Kenntnisse über angewandte Mittel und Methoden bei der Durchführung geheimdienstlicher Aktivitäten sowie anderer möglicher Erscheinungsformen (wie beispielsweise Täterwissen und nachrichtendienstliche Termini), die sich aus der Zusammenarbeit der Agenturen mit den Diensten ergeben konnten, da sich Spionage durch das notwendige Handeln des Spions und des ihn steuernden Geheimdienstes objektivierte und dadurch grundsätzlich erkennbar war. Entsprechend dem gesetzlichen Tatbestand der Spionage ging es insbesondere um erkannte Mittel und Methoden der

- geheimdienstlichen Informationsbeschaffung durch Abschöpfung oder Eigenerkennung,
- geheimdienstlichen Verbindungshaltung durch Nutzung des Postverkehrs, der an Bord befindlichen Nachrichtenübertragungstechnik, durch Deckadressen oder Decktelefon sowie durch persönliche Treffs,
- geheimdienstlichen Aufklärung, Kontaktierung und Nutzung von Agenturen der westlichen Dienste,
- anderer mit einer Spionagetätigkeit in Verbindung zu bringende Handlungen (Täterwissen, instruktionsgemäßes Handeln).

Da die Aufgabe zu realisieren war, vertrauliche Beziehungen zwischen IM/GMS und westdeutschen Schiffsoffizieren herzustellen, um so eine höhere Qualität bei der Bearbeitung bedeutsamer Informationen zu erreichen, sah es die Staatssicherheit als erforderlich an, den IM/GMS Methoden der Gesprächsführung zum partnerorientierten Verhalten zu vermitteln.

Weiterhin ging es um die Herausbildung von Fähigkeiten, die auf eine umfassende Berichterstattung zu bedeutsamen Feststellungen entsprechend dem Informationsbedarf zum Seeverkehr ausgerichtet waren. Dabei kam es insbesondere auf die Vollständigkeit der Informationen und die Beachtung der Sachverhalts-/Umweltbeziehungen an, wie zum Beispiel:

• Was konnte objektiv wahrgenommen werden?
• Wie waren dabei die Sichtverhältnisse?
• Wie verhielten sich andere Personen zum Zeitpunkt der Feststellung?

Als weitere Bestandteile der fachlichen Erziehung und Befähigung der IM/GMS waren Maßnahmen zur Herausbildung von Fähigkeiten zur Einhaltung der Konspiration, Geheimhaltung und Wachsamkeit sowie die Anwendung qualifizierter und entwicklungsfähiger Legenden zu realisieren. Aber auch die Wichtigkeit der Detailtreue und Vollständigkeit bei der Erarbeitung von bedeutsamen Informationen in Richtung Spionage war den IM/GMS nahe zu bringen. Aus Gründen der Erhöhung der Qualität bedeutsamer Informationen sah das MfS den differenzierten Einsatz von überprüften, ehrlichen und geschulten IM/GMS mit operativer Technik in Form von Fototechnik und Tonaufzeichnungsgeräten als zielführend an.

Die Auftragserteilung und Instruierung der IM/GMS war wesentliche Voraussetzung für die Erarbeitung bedeutsamer Informationen. Diese war zielgerichtet und konkret auf das Erkennen von Anzeichen und Merkmalen der Arbeitsweise westlicher Geheimdienste auszurichten. Dabei war

- von den gestellten Einsatzrichtungen der IM zur Entwicklung von operativen Ausgangsmaterialien für OV,
- vom Rahmenkatalog zur Erfassung und Speicherung operativ bedeutsamer Informationen,
- von den Erkenntnissen der HA II sowie der Abteilung II/BV Rostock über die erkannten Mittel und Methoden beim Vorgehen westdeutscher Schiffsoffiziere zur Realisierung von Aufgabenstellungen der Geheimdienste unter Ausnutzung der bundesdeutschen Küstenschifffahrt,
- vom spezifischen Informationsbedarf der Abteilung II/BV Rostock zu BRD-Schiffsoffizieren

auszugehen. Nach den der Staatssicherheit bekannten Informationsinteressen der Geheimdienste bildeten folgende Kriterien die Grundlage bei der Auftragserteilung und Instruierung der IM/GMS für die Erarbeitung bedeutsamer Informationen:

1. <u>Informationen zu einer möglichen geheimdienstlichen Informationsbeschaffung</u>
   - Möglichkeiten zum Sammeln, Gewinnen beziehungsweise Verschaffen von Informationen:
     - durch Abschöpfung im Arbeits- und Wohnbereich (von Personen, die sich an Bord des Schiffes befanden),
     - durch Abschöpfung von Personen im Freizeitbereich der Seeleute (beim Landgang),
     - durch Eigenerkundung beim Landgang und im Hafengelände,
     - durch Möglichkeiten des Betretens bestimmter Bereiche und Objekte.
   - Verhaltensmerkmale, die auf eine Beschaffung von Informationen hindeuteten:
     - Interesse für Personen, die Kenntnisse entsprechend den Informationsinteressen der Geheimdienste hatten,

- Versuche der Abschöpfung dieser Personen,
- zielgerichtete Suche von Kontakten zu solchen Personen,
- Interesse für Informationen, die über das arbeitsmäßig Notwendige hinausgingen,
- vorhandene Kenntnisse widersprachen der Tätigkeit/Funktion,
- Ausnutzung begünstigender Bedingungen und Umstände zur Erlangung von Informationen,
- verstärkte Bemühungen zur Durchführung von Einreisen in die sozialistischen Zielländer,
- Informationen über die Durchführung von Handlungen der Beobachtung (insbesondere Schiffe, Boote und Stützpunkte der Flotten des Warschauer Vertrags),
- Informationen über das Filmen und Fotografieren unter Beachtung bestimmter Instruktionen,
- Mitführung von Foto-, Film- und Aufzeichnungstechnik sowie Sichtgeräten (Tonbänder, Diktiergeräte, Ferngläser, Radar und technische Zusatzausrüstungen),
- Informationen über Handlungen, die auf Bestechung hinwiesen,
- Interesse für das Abfertigungsregime und die Kontrollhandlungen an den GÜSt der Seehäfen,
- Durchführung von Testhandlungen,
- Informationen über bestehende Kontakte in der DDR und im sozialistischen Ausland,
- Informationen über beabsichtigte Landgangserweiterungen,
- Interesse an militärischen Transporten und Bewegungen in den Häfen, inner- und außerhalb der Territorialgewässer der DDR sowie in den Hafenstädten,
- Informationen über Interessen zum ökono-

mischen Potential sowie vorgesehene bauliche
Veränderungen in den Häfen,

- Informationen über Interesse am Schiffbau der
DDR,
- schriftliche Aufzeichnungen unter Verwendung
von Abkürzungen, Kurzzeichen und Symbolen.

2. <u>Informationen zu einem möglichen geheimdienstlichen Verbindungssystem</u>

- Übermittlung von Informationen in die Bundes-
republik über vermutliche beziehungsweise verän-
derte Ankunftszeiten in den westdeutschen Häfen,
- Informationen über geheimdienstliche Hilfsmittel,
wie Container oder Geheimschriftmittel,
- Informationen über persönliche Verbindungen zu
gegnerischen Stellen, Kräften oder Personen,
- Informationen über postalische Verbindungen
(Briefe an die möglicherweise eingebundene Ehe-
frau oder eine Deckadresse),
- Informationen über telefonische Verbindungen
(Telefonnummern),
- Informationen über die Nutzung der an Bord be-
findlichen Funkmittel.

3. <u>Informationen über Persönlichkeitsmerkmale und
Fakten aus der Entwicklung der Person, die durch
Geheimdienste als Ansatzpunkte für die Gewinnung
als Spion genutzt werden konnten</u>

- Persönlichkeitsmerkmale bei Bürgern der DDR,
die für Geheimdienste Ansatzpunkte für eine Kontaktierung und Werbung sein konnten:
  - Ansatzpunkte aus der politischen Einstellung,
  - Ansatzpunkte aus anderen bedeutsamen Einstellungen,
  - bedeutsame Merkmale der Entwicklung,
  - bedeutsame persönlichkeitsbedingte Verhaltensmerkmale,

- bedeutsame Merkmale der Lebensweise (Frei-
  zeitbereich),
- Verschweigen bedeutsamer Sachverhalte im Zu-
  sammenhang mit NSW-Kontakten.
- Informationen über Persönlichkeitsmerkmale von
  Agenturen unter westdeutschen Schiffsoffizieren:
  - Informationen über das Alter der Seeleute
    (Schwerpunkt für das MfS waren westdeutsche
    Seeleute zwischen 25 und 45 Jahren),
  - Informationen über ehemalige länger dienende
    Angehörige der Bundesmarine, des Bundes-
    grenzschutzes, der Wasserschutzpolizei oder des
    Zolls sowie den Besuch der Schulen der Bundes-
    marine unter den Schiffsoffizieren,
  - auf längere Sicht häufige und stabile Reisetätig-
    keit in sozialistische Staaten,
  - Informationen über die Reederei, für die der
    Seemann tätig war,
  - Informationen über Verhaltensweisen gegen-
    über den Angehörigen der PKE und des Zolls.
4. <u>Informationen über bedeutsame Verhaltensmerk-
   male, die auf eine geheimdienstliche Tätigkeit hin-
   wiesen</u>
   - Aufzeichnungen, die im Widerspruch zu den übli-
     chen Verhaltensweisen standen,
   - häufiger/periodischer unkontrollierter Aufenthalt
     in bestimmten Bereichen, insbesondere an Ein-
     sichtstellen,
   - Interesse für Informationen, die über das normal
     übliche im Rahmen der Seefahrt hinausgingen,
   - Hinweise auf relevantes Sicherheitsverhalten,
   - Kenntnisse über bestimmte geheimdienstliche
     Termini und deren Gebrauch,
   - Besitz von Gegenständen, die nachrichtendienst-
     lich bedeutsam sein konnten.

Ausgehend von den für die IM/GMS vorhandenen individuellen Einsatzrichtungen war für die Erarbeitung bedeutsamer Informationen zu gewährleisten, dass die inoffiziellen Kräfte konkrete, abrechenbare personen- und sachbezogene Aufträge sowie die notwendigen Verhaltenslinien erhielten.[647]

Für die zielgerichtete Erarbeitung bedeutsamer Informationen in Richtung Spionage waren verstärkt solche IM zu entwickeln, die als Spezialisten in diesem Bereich der Abwehr nicht nur Informationen erfassten, sondern aktiv im Rahmen der vom MfS gegeben Verhaltens- und Instruktionslinie handelten. Diese IM sollten unter Nutzung der gegebenen Möglichkeiten solche Informationen erarbeiten, die insbesondere den Differenzierungsprozess unter den westdeutschen Schiffsoffizieren weitgehend ermöglichten. Durch die Staatssicherheit sollten diese IM in die Lage versetzt werden, selbständig zweckmäßige Entscheidungen zu treffen und relevante Handlungen durch bundesdeutsche Seeleute als solche zu erkennen.

Der Einsatz der operativen Kräfte, Mittel und Methoden wurde durch die ökonomischen Prozesse in den DDR-Seehäfen, die durch wachsende Verflechtung und zunehmende Komplexität gekennzeichnet waren, mit beeinflusst. Zur Beherrschung der Lage in diesen Bereichen, zur Unterstützung der Staatssicherheit bei der Gewährleistung von Konspiration und Geheimhaltung im Prozess der Abwehrarbeit sowie zur selbständigen Erarbeitung von Informationen prüfte das MfS im differenzierten Maß zu Mitte der 1980er Jahre die Schaffung von IM in Schlüsselpositionen. Zur Realisierung der Einsatzrichtungen von IM in Schlüsselpositionen eigneten sich Personen, die als

---

647 Vgl.: Ebd., Bl. 24–32.

- Agenturleiter der Maklerei,
- Leiter von Einrichtungen von Deutrans in den einzelnen Häfen oder
- Leiter von Intercontrol
- tätig waren. Vorhandene inoffizielle Positionen beziehungsweise offizielle Kontakte territorial/fachlich zuständiger Diensteinheiten zum
- Direktor des Seehafens,
- ökonomischen Direktor,
- entsprechenden Produktionsbereichsleiter,
- Hafenkapitän/Hafenmeister

wurden bei Erfordernis im Sinne der Einsatzrichtung genutzt.

Bei der Erarbeitung bedeutsamer Informationen hatte sich auch der Einsatz der vorhandenen IME-Beobachtergruppe der Abteilung II/BV Rostock bewährt. Bei vorliegenden Informationen wurde dieses Potential verstärkt zur Durchführung von Erwartungsbeobachtungen genutzt. Negativ wirkte sich allerdings aus, dass die IME-Beobachtergruppe der Abteilung II sowie Kräfte der Abteilung VIII auf dem Hafengelände nicht zum Einsatz kommen konnten. Darum orientierte die Rostocker Spionageabwehr auf die Werbung von einzelnen IME, die entsprechende Beobachtungen aufgrund ihrer Tätigkeit im Hafen realisieren konnten beziehungsweise die Möglichkeit hatten, sich legendiert im Hafengebiet aufzuhalten.

Die zielgerichtete Arbeit im und nach dem Operationsgebiet war Bestandteil der Abwehrarbeit und besaß unter den komplizierten Bedingungen der Bearbeitung von westdeutschen Schiffsoffizieren, insbesondere bei der Erarbeitung bedeutsamer Informationen, einen hohen Stellenwert. Voraussetzung für die Organisierung einer erfolgreichen Westarbeit war das Vorhandensein einer entsprechenden inoffiziellen Basis. Dabei war zu berücksichtigen, dass die Suche, Auswahl, Aufklärung und Werbung einen langwierigen Prozess darstellte und hohe Anforderungen an die Konspiration und Geheimhaltung forderte. In den 1980er Jahren existierten in der Abteilung II der BV Rostock folgende Hauptrichtungen für die Realisierung von Werbeoperationen:

1. Die Durchführung von Werbungen unter bundesdeutschen Seeleuten mit dem Ziel der Erarbeitung bedeutsamer Informationen über deren Verhaltensweisen an Bord der westdeutschen Küstenmotorschiffe und nach Einlaufen in Häfen der BRD sowie zu deren Persönlichkeitsaufklärung. Eine Einschränkung des Personenkreises auf Schiffsoffiziere als Werbekandidaten sah das MfS nicht als erforderlich an, da auch andere Besatzungsmitglieder zur Realisierung der Zielstellung bei entsprechenden Voraussetzungen geeignet waren.

2. Die Suche, Auswahl, Aufklärung und Werbung von Personen aus den bedeutsamen Reedereien der Bundesrepublik, die aufgrund kommerzieller Beziehungen beziehungsweise aus anderen Gründen Reisen in sozialistischen Staaten unternahmen mit dem Ziel des Eindringens in diese Reedereien, um dann gezielte Maßnahmen gegen die erkannten gegnerischen Dienststellen durchführen zu können. Die Maßnahmen der Aufklärung, Gewinnung und Verbindungshaltung waren überwiegend durch entsprechende IM-Positionen zu realisieren.

3. Die Durchführung von Werbungen unter Personen, die stabile Kontakte zu den Reedereien unterhielten, die in OV bearbeitet wurden, mit dem vorrangigen Ziel der Aufklärung dieser Reedereien. Dabei konnte es sich um Angehörige des Kombinates Seeverkehr und Hafenwirtschaft, von Außenhandelseinrichtun-

gen der DDR oder auch um Personen handeln, die private Kontakte zu Reedereiangehörigen unterhielten.

4. Zur weiter Erhöhung der Qualität bei der Erarbeitung bedeutsamer Informationen in Richtung Spionage war die Werbung von Personen erforderlich, die als Beobachter/Ermittler im Operationsgebiet eingesetzt werden konnten. Der Einsatz dieser IM war vorrangig auf die Erarbeitung von Informationen und Hinweisen zu geheimdienstlichen Aktivitäten hinsichtlich der Verbindungshaltung (Treffdurchführung, Verbindungsaufnahme vom Spion zum Geheimdienst) ausgerichtet.

Der Gewinnungsprozess von westdeutschen Seeleuten, die auf BRD-Küstenmotorschiffen gemustert waren sowie die Aufrechterhaltung der Verbindung zu diesen, wurde durch objektive Bedingungen beeinflusst, die das MfS ständig berücksichtigen musste. Die Liegezeiten der bundesdeutschen Küstenmotorschiffe in den DDR-Seehäfen waren meist sehr kurz und betrugen oftmals nur wenige Stunden. Aufgrund dieser knappen Liegezeiten war häufig kein Landgang angedacht oder es lohnte sich für die Seeleute nicht, an Land zu gehen. Dies schränkte eine Treffdurchführung erheblich ein. Weiterhin musste die Staatssicherheit beachten, dass das Anlaufen von Seehäfen der DDR durch kommerzielle Interessen der westdeutschen Reedereien bestimmt wurde und durch den einzelnen Seemann nicht beziehungsweise kaum beeinflusst werden konnte. Es war also nicht möglich, dass sich ein IM aus der Besatzung zeitlichen Raum zur Treffdurchführung schaffen konnte.

Aufgrund dieser Bedingungen war es zweckmäßig, DDR-IM zu werben, die im Besitz von Dauerbordgenehmigungen waren oder sich an den Freizeitkonzentrationspunkten von ausländischen Seeleuten aufhielten, um für die Realisierung operativer Maßnahmen zur

Aufklärung sowie bei der Gewinnung von bundesdeutschen Seeleuten eingesetzt werden zu können. Schwerpunkt bei der Aufklärung der westdeutschen Seeleute war das Erkennen und Dokumentieren von Ansatzpunkten für eine mögliche Zusammenarbeit mit der Staatssicherheit.

Für die Kontaktierung von bundesdeutschen Seeleuten und die Realisierung weiterführender Maßnahmen im Rahmen der Aufklärung und Gewinnung waren weiterhin Möglichkeiten, die sich aus Rechtsverletzungen (unter Beachtung der Tatsache, dass bestimmte Reedereien und Kapitäne der Bundesrepublik die strikte Einhaltung der DDR-Gesetze forderten und mit Konsequenzen bei Verstößen reagierten) sowie anderen objektiv nutzbaren Umständen ergaben, in Betracht zu ziehen. In diesem Zusammenhang konnten Verstöße gegen:

- Zoll- und Devisenbestimmungen der DDR,
- Aufenthaltsbestimmungen für ausländische Seeleute (Überschreitung des Landgangsbereichs),
- Bestimmungen zur Gewährleistung von Sicherheit und Ordnung

und solchen Umständen, wie Seefahrtsbuchverluste, Interessen und Neigungen, Liebesbeziehungen usw., für eine Kontaktierung genutzt werden. Weiterhin wusste das MfS, dass sich eine größere Anzahl von Schiffseignern, insbesondere nach dem Kauf der Schiffe, in finanziellen Schwierigkeiten befand und an Frachten aus beziehungsweise nach sozialistischen Ostseeanliegerstaaten Interesse hatte. Dieser Faktor konnte ebenfalls in Verbindung mit den oben genannten Umständen für eine Kontaktanbahnung genutzt werden.

Bestehende Kontakte von BRD-Seeleuten zu DDR-Bürgern waren unter allen Umständen bezüglich der Nutzung als IM für eine Aufklärung und Gewinnung dieser westdeutschen Seeleute aufzuklären und zielgerichtet nach erfolgter Werbung einzusetzen. Ein späterer Einsatz dieser DDR-IM im Verbindungswesen war ebenfalls anzustreben.

Zur Gewährleistung der Kontinuität in der Zusammenarbeit mit IM unter bundesdeutschen Seeleuten war die Gestaltung und Aufrechterhaltung des Verbindungswesens von großer Bedeutung. Die Gewährleistung einer kontinuierlichen Treffdurchführung in der DDR, aber auch im Operationsgebiet, war kompliziert, da diese durch die Hafenliegezeiten der westdeutschen Küstenmotorschiffe bestimmt wurde, auf denen die entsprechenden IM gemustert waren. Sich ergebende Möglichkeiten bei Hafenliegezeiten oder privaten Aufenthalten der IM in der DDR beziehungsweise in anderen sozialistischen Staaten waren für die Realisierung von Treffs umfassend zu nutzen. In diesem Zusammenhang wird die Bedeutung der Verbindung unter Nutzung des Post- und Telefonverkehrs deutlich. Bei Vorhandensein der entsprechenden Voraussetzungen waren insbesondere die DDR-Kontaktpartner der BRD-Seeleute als Deckadresse oder Decktelefon nach erfolgter Überprüfung durch das MfS zu nutzen. Ein direktes Aufsuchen des geworbenen westdeutschen Seemanns durch den Führungsoffizier an Bord des Schiffes oder die Einschaltung von Kräften der PKE sowie anderer staatlicher Stellen war mit einer Gefährdung der Sicherheit des IM verbunden und daher unzweckmäßig. Zweckmäßig war dagegen die Erarbeitung von Merkmalen mit Signalcharakter, die im postalischen oder telefonischen Verbindungssystem genutzt werden konnten.

Den Schwerpunkt bei der Erarbeitung bedeutsamer Informationen bildeten die bereits erkannte Dienststelle eines Geheimdienstes sowie die Aufklärung der Rolle und Bedeutung der im OV bearbeiteten bundesdeutschen Schwerpunktreedereien.

Eine Voraussetzung bei der Erarbeitung von Ersthinweisen in Richtung Spionage war die Gewährleistung von äußerer und innerer Abwehrarbeit. Die Bedeutsamkeit vieler Informationen konnte oft erst bestimmt werden, wenn Informationen über

- bestehende Kontakte oder Verbindungen in der Bundesrepublik,
- Verhaltensweisen der westdeutschen Schiffsoffiziere nach Einlaufen in Häfen der BRD,
- Verhaltensweisen bei Begegnungen mit Schiffen und Booten der Seestreitkräfte der sozialistischen Ostseeflotten,
- Mittel und Methoden der Vorgehensweise der westlichen Geheimdienste

vorlagen, die wiederum Grundlage für die analytische Vergleichs- und Verdichtungsarbeit waren. Wichtig waren auch die Erkenntnisse über die Aufdeckung und Bearbeitung von Doppelagenten. Diese mussten im Prozess der Überprüfung der IM auf Ehrlichkeit und Zuverlässigkeit ständige Beachtung finden.[648]

Für die Organisierung der Abwehrarbeit und damit auch für die Erarbeitung bedeutsamer Informationen im Bereich der westdeutschen Küstenmotorschifffahrt war seitens der Abteilung II/BV Rostock die Zusammenarbeit mit weiteren operativen Diensteinheiten der Staatssicherheit unabdingbar. Dieses Erfordernis ergab sich aus Sicht des MfS objektiv aus

- dem komplexen Charakter der gesellschaftlichen Entwicklung der DDR,
- der Notwendigkeit zur Erreichung einer hohen Wirksamkeit der operativen Arbeit,
- dem komplexen Charakter der gegnerischen Spionageaktivitäten.

---

648 Vgl.: Ebd., Bl. 32–39.

Aufgrund der Bearbeitung der bundesdeutschen Schiffsoffiziere sowie der sich ergebenden angrenzenden Probleme ergab sich seitens der Abteilung II/BV Rostock das Erfordernis der Zusammenarbeit mit folgenden Diensteinheiten:

1. <u>Abteilung VI der BV Rostock</u>

   Durch die Abteilung VI/PKE konnten aufgrund von Kontrollhandlungen, insbesondere bei den Ein- und Ausklarierungen der westdeutschen Küstenmotorschiffe sowie der damit verbundenen offiziellen Kontakte zu den Angehörigen der Besatzung vielfältige Informationen zum Persönlichkeitsbild der BRD-Schiffsoffiziere sowie über deren geplante Aktivitäten erarbeitet werden. Die Möglichkeiten der PKE erweiterten sich durch das enge Zusammenwirken mit den GZÄ bei der Abfertigung der Motorschiffe. Zur Einleitung gezielter operativer Maßnahmen und zur Erarbeitung von Informationen wurden durch die Abteilung II in differenzierter Art und Weise die Möglichkeiten der Abteilung VI bei der Einleitung und Realisierung von Fahndungen zu Personen sowie Sachfahndungen genutzt. Seitens der Abteilung II wurde angestrebt, dass die Mitarbeiter der PKE während der Ein- und Ausklarierungen verstärkt mit konspirativer Technik, insbesondere Tonaufzeichnungs- und Fototechnik arbeiten sollten. Dieses Erfordernis ergab sich aus der Notwendigkeit der gezielten Suche nach geworbenen Spionen unter den westdeutschen Schiffsoffizieren und der damit im Zusammenhang stehenden umfassenden Nutzung der Möglichkeiten der PKE im Abfertigungsprozess zur Erarbeitung von Informationen.

   Vor allen NSW-Schiffen führten Posten vor dem Schiff (Unteroffiziere auf Zeit der Wach- und Sicherungseinheit der BV Rostock, legendiert in Uniform der Grenzbrigade Küste) Wach- und Sicherungsaufgaben zur Gewährleistung der staatlichen Sicherheit in den Seehäfen der DDR durch. Durch diese Kräfte wurden mehrfach relevante Feststellungen über Verhaltensweisen von westdeutschen Schiffsoffizieren getroffen. Die Abteilung II der BV Rostock strebte an, dass zur Erhöhung der Qualität bei der Erarbeitung bedeutsamer Informationen differenziert in jedem Seehafen der DDR eine den Erfordernissen entsprechende Anzahl von Unteroffizieren auf Zeit mit den Kriterien möglicher geheimdienstlicher Aktivitäten und den Erfordernissen zur Vollständigkeit und Aktualität der Informationen vertraut gemacht wurde. In erster Linie sollten dazu Unteroffiziere auf Zeit des MfS eingesetzt werden, bei denen die Staatssicherheit nach ihrem dreijährigen Wehrersatzdienst die Übernahme als Berufssoldat in den operativen Dienst anstrebte. Eine Ausrüstung von überprüften und ehrlichen IM/GMS unter den Angehörigen der Grenzzollämter in den Seehäfen mit konspirativer Fototechnik zur bildlichen Dokumentation von relevanten Feststellungen (beispielsweise schriftliche Aufzeichnungen, Telefonverzeichnisse, Adressen) sah die Spionageabwehr ebenfalls als erforderlich an.

2. <u>Abteilung VIII der BV Rostock</u>

Die Zusammenarbeit zwischen der Abteilung II und der Abteilung VIII erfolgte mit dem Ziel der Beobachtung von bundesdeutschen Schiffsoffizieren zur Erarbeitung von Hinweisen auf relevante Verhaltensweisen bei Aktivitäten in Richtung Eigenerkundung, zur Feststellung von Kontakten und Verbindungen sowie von Informationen zum Persönlichkeitsbild. In Einzelfällen wurden die Möglichkeiten der Abteilung VIII zur Durchführung von Ermittlungen zu festgestellten Verbindungspartnern genutzt.

3. Abteilung Hafen der BV Rostock sowie KD Wismar und Stralsund

Die Zusammenarbeit zwischen der Abteilung II und der Abteilung Hafen beziehungsweise den KD Wismar und Stralsund erfolgte auf der Grundlage konkreter Arbeitsvereinbarungen mit folgenden Zielstellungen:

- ständige Aktualisierung des Informationsbedarfs der Abteilung II,
- Sicherung des aktuellen Informationsbedarfs zur Zusammenführung aller eingehenden Erkenntnisse,
- abgestimmter Einsatz der vorhandenen IM/GMS der KD bei der Bearbeitung von westdeutschen Schiffsoffizieren,
- Nutzung der vorhandenen Möglichkeiten der KD bei der Realisierung von operativen Maßnahmen durch die Abteilung II zu BRD-Schiffsoffizieren,
- Gewährleistung einer ständigen Unterstützung und Anleitung durch die Abteilung II bei der Bearbeitung von operativen Materialien durch die KD,
- aktuelle Einschätzung der Lage.

Das Kombinat Seeverkehr und Hafenwirtschaft unterhielt vielfältige kommerzielle Beziehungen in das westliche Ausland, unter anderem auch in die Bundesrepublik Deutschland. So hatte der VEB Deutfracht eine Vielzahl von internationalen Geschäftsbeziehungen zu Schifffahrtsunternehmen, Maklern und Abladeorganisationen. Dadurch war er in den Zentren der bedeutendsten Schifffahrtsmärkte durch eigene Büros vertreten. Weiterhin wurden durch die Bagger- Bugsier- und Bergungsreederei Aufträge in Westdeutschland realisiert. Gleichzeitig fand Beachtung, dass der VEB Deutfracht/Seereederei Rostock eine Vielzahl unterschiedlicher Liniendienste unterhielt und aus diesem Grund häufig Schiffe der DDR-Handelsflotte in BRD-Häfen lagen. Die sich daraus ergebenden inoffiziellen Möglichkeiten waren für die Durchführung bestimmter operativer Maßnahmen im Operationsgebiet geeignet und konnten entsprechend genutzt werden.

4. Abteilung M der BV Rostock

Die Nutzung der Möglichkeiten der Abteilung M erfolgte durch die Abteilung II in erster Linie mit dem Ziel der Feststellung von geheimdienstlichen Brieflinien.

5. HA II des MfS

Im Rahmen der Durchführung der Abwehrarbeit zu bundesdeutschen Schiffsoffizieren und der angrenzenden Probleme erfolgte eine ständige aufgabenbezogene Zusammenarbeit zwischen der Abteilung II der BV Rostock und verschiedenen Abteilungen der HA II in den Hauptrichtungen

- Vermittlung von Erkenntnissen durch die HA II über angewandte Mittel und Methoden bei der Organisierung der Spionagetätigkeit durch westliche Geheimdienste im Rahmen der Nutzung der Küstenschifffahrt der BRD,
- Informierung der HA II über operative Ergebnisse bei der Bekämpfung der Spionagetätigkeit auf dem Gebiet der bundesdeutschen Küstenschifffahrt

mit dem Ziel der Gewährleistung eines abgestimmten Vorgehens bei der Organisierung der Abwehrarbeit. Der koordinierte und zweckmäßig aufeinander abgestimmte Einsatz der operativen Kräfte, Mittel und Methoden wurde für die Qualifizierung der Erarbeitung bedeutsamer Informationen als notwendig erachtet. Auch der Ausbau der Zusammenarbeit mit der HA II/16 wurde seitens der Rostocker II als bedeutsam angesehen. Dabei ging es insbesondere um die Bereitstellung und den Einsatz operativ-technischer Mittel für die

- Kontrolle der westdeutschen Schiffsoffiziere an Bord der Schiffe zur Feststellung von Gesprächsinhalten und Verhaltensweisen,
- bildliche Darstellung relevanter Einzelerscheinungen, beispielsweise schriftliche Aufzeichnungen,
- tontechnische Speicherung von Gesprächen bundesdeutscher Schiffsoffiziere mit Mitarbeitern der PKE während der Abfertigung der Küstenmotorschiffe,
- Realisierung weiterführender operativer Maßnahmen, beispielsweise in Form der Beobachtung.

6. <u>HA XVIII und HA XIX des MfS</u>

Die Zusammenarbeit der Abteilung II/BV Rostock mit diesen Hauptabteilungen erfolgte mit dem Ziel der Nutzung der inoffiziellen Positionen in einem Außenhandelsbetrieb sowie einem Kombinatsbetrieb, der jeweils enge kommerzielle Beziehungen in das NSW unterhielt, zur Erarbeitung bedeutsamer Informationen zu mehreren westdeutschen Reedereien, die in Feindobjektvorgängen[649] beziehungsweise in OV bearbeitet wurden. Weiterhin wurden Erkenntnisse genutzt, die für die Lageeinschätzung erforderlich waren, wie zum Beispiel Probleme der Entwicklung von Außenhandelsbeziehungen.

7. <u>HA VIII des MfS, Abteilung III der BV Rostock und Sicherheitsorgane der UdSSR und der VR Polen</u>

Die Zusammenarbeit der Abteilung II/BV Rostock mit den genannten Diensteinheiten des MfS und den Bruderorganen der UdSSR und Polens entwickelte

---

649 Beim Feindobjektvorgang handelte es sich um eine Aktenkategorie zu Organisationen und Institutionen (im Operationsgebiet), die vom MfS aufgeklärt und überwacht wurden.

sich aus der Sicht der Staatssicherheit auf der Grundlage dienstlicher Bestimmungen und Absprachen auf Ebene der Leiter zu einem wichtigen Erfordernis bei der Qualifizierung der Erarbeitung bedeutsamer Informationen in Richtung Spionage. Bewährt hatte sich die Durchführung von Erfahrungsaustauschen mit den genannten Diensteinheiten. Dabei wurden ausgehend von den Erkenntnissen über die Spionageaktivitäten auf maritimen Gebiet, neue Erfordernisse der Abwehrarbeit dargelegt und Maßnahmen beraten, wie durch den Einsatz der spezifischen Kräfte, Mittel und Methoden der Staatssicherheit auf diese Aktivitäten reagiert werden musste.

Zur effektiveren Nutzung der Potenzen der operativen Diensteinheiten bei der Erarbeitung bedeutsamer Informationen waren nach Auffassung des MfS folgende Probleme zu beachten:
Bei der Verbesserung der Qualität der Informationen, insbesondere der, die durch IM/GMS der Abteilung Hafen sowie der KD Wismar und Stralsund erarbeitet wurden, war seitens der Abteilung II verstärkt Einfluss auf die Vermittlung eines konkreten aufgabenbezogenen Feindbildes sowie auf die Qualifizierung der Auftragserteilung und Instruierung durch die Führungsoffiziere zu nehmen.
Zur Aufklärung festgestellter Verbindungspartner westdeutscher Schiffsoffiziere und der Angehörigen der bedeutsamen Reedereien sollten verstärkt die Potenzen der territorial oder objektmäßig zuständigen Diensteinheiten genutzt werden. Nach einer erfolgten Werbung von IM/GMS war differenziert zu prüfen, inwieweit die Informationsinteressen der Abteilung II durch den Einsatz von IM/GMS der territorial oder objektmäßig zuständigen Diensteinheit mit gedeckt werden konnten.

In Abstimmung mit der HA I des MfS, Abteilung Volksmarine, war zu prüfen, inwieweit die inoffiziellen Potenzen dieser Diensteinheit für die Erarbeitung bedeutsamer Informationen genutzt werden konnten. Dabei ging es insbesondere um die Feststellung von Verhaltensweisen seitens bundesdeutscher Schiffsoffiziere bei der Begegnung mit Schiffen und Booten der Volksmarine im Nord- und Ostseeraum.

Weiterhin machte es sich aus Sicht der Rostocker Spionageabwehr notwendig, darauf Einfluss zu nehmen, dass alle Informationen und Sachverhalte, die durch die verschiedensten Dienststellen des MfS zum Thema BRD-Küstenschifffahrt erarbeitet worden waren, zentral in der ZPDB gespeichert werden.

Durch eine enge Zusammenarbeit war auch zu gewährleisten, dass die Abteilung II mit ihren Potenzen die KD Wismar und Stralsund verstärkt bei der eigenständigen Bearbeitung operativer Materialien im Rahmen der Anleitung und Hilfe unterstützte.[650]

Die analytische Vergleichs- und Verdichtungsarbeit zu Informationen aus dem Bereich der westdeutschen Küstenschifffahrt wurde vorwiegend im Referat Auswertung und Information der Abteilung II/BV Rostock geleistet. Das Ziel bestand in erster Linie darin, in diesem Prozess bedeutsame Informationen zu bundesdeutschen Schiffsoffizieren und angrenzenden Problemen zu erarbeiten, um perspektivvolle Ausgangsmaterialien für eine zielgerichtete operative Bearbeitung (in OPK/ OV) beziehungsweise operative Nutzung (als IM) zur

---

650 Vgl.: Detlef Wallasch: »Zur weiteren Qualifizierung der Erarbeitung von operativ-bedeutsamen Informationen in Richtung Spionage im Rahmen der politisch-operativen Abwehrarbeit zu Schiffsoffizieren der BRD-Küstenschifffahrt bei ihren Aufenthalten in den Seehäfen der DDR«, Bl. 39–47.

Verfügung zu stellen. Damit trug das Referat A/I der Rostocker Spionageabwehr der Forderung in der RL Nr. 1/76 Rechnung, da alle Informationen die im Rahmen der Durchdringung der Schwerpunktbereiche erarbeitet wurden, auf ihre operative und rechtliche Bedeutsamkeit geprüft und durch eine qualifizierte analytische, insbesondere Vergleichsarbeit, weiter verdichtet wurden.

Wichtige Voraussetzungen für die zielgerichtete Vergleichs- und Verdichtungsarbeit wurden bereits bei der Erarbeitung der Information geschaffen. Dabei ging es insbesondere um

- die Vollständigkeit der Information, deren Aktualität, einschließlich der Dokumentierung von Hinweisen für die Suche und Sicherung von Beweismitteln,
- die Erarbeitung von Ansatzpunkten für den Vergleich sowie der weiteren Verdichtung der Information.

Im Rahmen der analytischen Vergleichs- und Verdichtungsarbeit war jede gewonnene, übermittelte und recherchierte Information einzuschätzen, um deren Bedeutsamkeit bestimmen zu können.

Die Einschätzung von Informationen erfolgte auf der Grundlage folgender Methodik:

1. das gedankliche Erfassen des Inhalts der Information;
2. die Herausarbeitung von Ansatzpunkten für den Vergleich der Information mit bereits vorhandenen Informationen, Erkenntnissen und Erfahrungen, einschließlich der Aufstellung von Fakten;
3. die Erarbeitung von Versionen zum operativ bedeutsamen Inhalt der Information:
   - Vergleich der Information mit sofort zugänglichen Kenntnissen, Erfahrungen, Informationen und Materialien,
   - Hervorheben des Gegenstands der weiteren Einschätzung unter Beachtung der Vergleichsmaterialien,

- Herausarbeiten der Hauptfragen, zu denen Versionen gebildet werden mussten,
- Erarbeitung von begründeten Erklärungsweisen zu diesen Hauptfragen,
- Aufstellung der Versionen;
4. die Prüfung der Wahrheit und Vollständigkeit der Information (Einschätzung, welche Aussagen beziehungsweise Zusammenhänge zwischen diesen mit Gewissheit wahr oder falsch beziehungsweise wahrscheinlich wahr waren);
5. abschließende Einschätzung der Information und Ableitung von Schlussfolgerungen:
   - erforderliche operative Maßnahmen zur weiteren Klärung beziehungsweise Bearbeitung,
   - Erfordernisse der Übermittlung bedeutsamer Informationen,
   - Erfordernisse der Erfassung und Speicherung.

Im Rahmen der Vergleichsarbeit zum Gegenstand bundesdeutsche Küstenschifffahrt waren die vorliegenden Informationen zu einem westdeutschen Seemann
- mit bereits vorhandenen Informationen zu diesem Seemann, Sachverhalten, Bereichen und Objekten und/oder
- mit ähnlichen Informationen zu bereits bekannten bundesdeutschen Schiffsoffizieren, Sachverhalten usw.
zu vergleichen. Zur Gewährleistung der Vergleichsarbeit wurde durch entsprechende Regelungen zum Informationsfluss erreicht, dass alle bei der Abteilung VI/BV Rostock bekannt werdenden Einreisehinweise zu BRD-Schiffsoffizieren unter Beachtung der knappen Liegenzeiten sofort der Abteilung II übermittelt wurden. Weiterhin wurden die Möglichkeiten der Maklereien bei der Erarbeitung von Einreisehinweisen genutzt. Hier erfolgte ständig die Voravisierung von vorgesehe-

nen Schiffseinläufen in die DDR-Seehäfen. Wie bereits erwähnt, kam es bei der Erarbeitung von Informationen darauf an, mögliche Ansatzpunkte für den Vergleich der Informationen zu erarbeiten. Dabei konnte es sich insbesondere um Informationen über

- Mittel und Methoden zur Durchführung der Spionage,
- zu beachtende Tatbestandsmerkmale der Landesverratsverbrechen,
- die Angriffsrichtungen sowie die Informationsinteressen der Geheimdienste,
- operativ interessierende Verbindungen und Kontakte,
- Geheimdienststellen und Kräfte sowie vermutete Pläne, Absichten und Maßnahmen dieser

handeln. Im Ergebnis der Vergleichsarbeit waren weitere Maßnahmen zur Zusammenführung von bereits gespeicherten sowie zur Gewinnung neuer Informationen einzuleiten. In diesem Zusammenhang war auch die Durchführung von Konsultationen mit Spezialisten, wie

- Angehörigen der Volksmarine und der Grenzbrigade Küste,
- Angehörigen der Zollabwehr,
- Funkspezialisten,
- Spezialisten der Deutfracht/Seereederei,
- Lotsen und Makler,

erforderlich, die insbesondere bei der zielgerichteten Suche und Sicherung von Beweisen sowie bei der Einschätzung von Sachverhalten Bedeutung hatten.

Zur Zusammenführung von bereits gespeicherten Informationen waren die Informationsspeicher der eigenen und anderer Diensteinheiten sowie anderer Organe und Einrichtungen zu nutzen. Anbei ein Beispiel für den Prozess der Vergleichs- und Verdichtungsarbeit:

Ausgangsinformation

Der Abteilung II/BV Rostock wurde entsprechend dem

festgelegten Informationsfluss von der Abteilung VI
eine Information über einen westdeutschen Kapitän
eines Küstenmotorschiffes übersandt. Dieser Kapitän
beobachtete mit einem Fernglas den Bereich der Warnow-Werft, die Hafeneinfahrt zum Rostocker Überseehafen und zum Stadthafen sowie das Objekt der 4. Flottille der Volksmarine von der Brücke seines Schiffes aus.

Hinweis für den Vergleich der Information

- BRD-Schiffsoffizier,
- BRD-Küstenmotorschiff,
- Beobachtungshandlungen,
- Angriffsrichtungen: Werft, Hafen, militärisches Ob-
  jekt.

Ergebnis

Die vorliegenden Hinweise stimmten mit den Erkenntnissen über das Vorgehen der Geheimdienste in Bezug
auf

- Personenkategorie,
- Reisemittel,
- Eigenerkundung und
- Informationsinteressen

überein.

Die Nutzung von Möglichkeiten der weiteren Verdichtung dieser Information wurde durch die Einleitung
folgender Maßnahmen dokumentiert:

- Überprüfung in der Abteilung XII (Speicher, Registratur, Archiv)

Ergebnis: Person war nicht erfasst, es erfolgte eine aktive
Erfassung.

- Überprüfung des Kapitäns in den Speichern der KD
  Wismar, Stralsund, Rostock, der Abteilungen Hafen,
  VI, M sowie den Hauptabteilungen II und VI und in
  der AKG beziehungsweise der ZAIG 5

Ergebnis: Person war in diesen Speichern nicht erfasst.

- Nutzung der Möglichkeiten der Abteilung VI

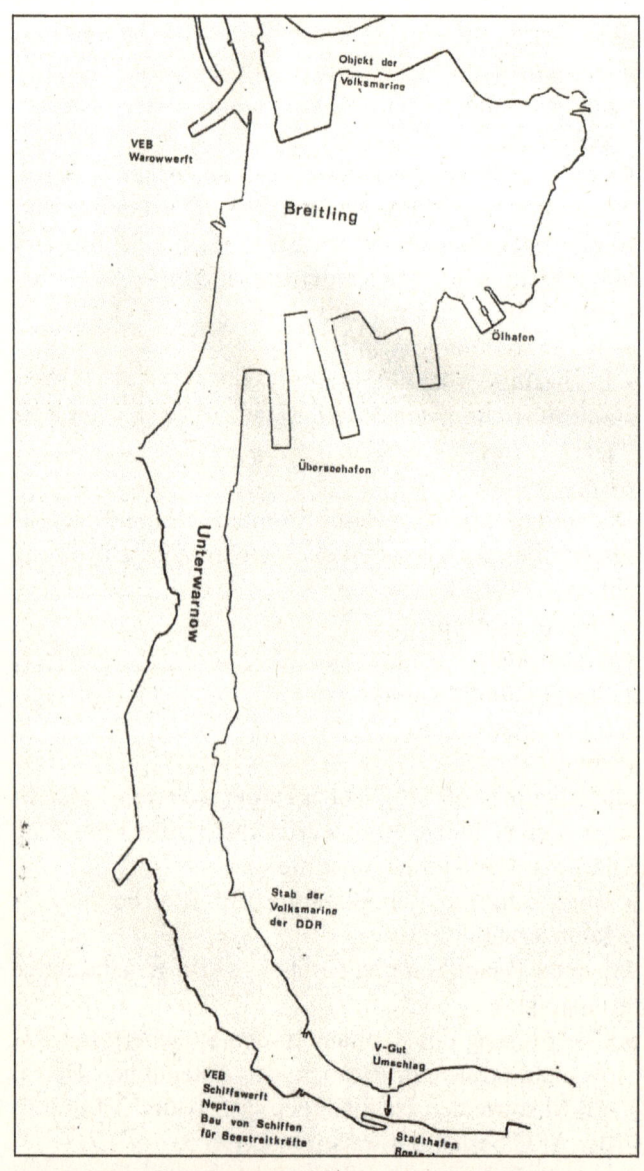

**Darstellung bedeutsamer Objekte, zu denen bei An-
steuerung des Seehafens Rostock Informationen durch
Eigenerkundung erarbeitet werden konnten.**

Ergebnis: Dokumentation des Seefahrtsbuchs und der Anfertigung von Passbildern für die Einleitung weiterer Maßnahmen, Anfertigung einer Landgangsanalyse.

• Durchführung einer Konsultation mit dem Mitarbeiter der PKE, der die Ausgangsinformation erarbeitet hatte

Ergebnis: Anhand eines Passbildes erfolgte die zweifelsfreie Identifizierung. Präzisierung des Sachverhaltes in Bezug auf Handlungsweise, Zeitabläufe, äußere Bedingungen (Sichtverhältnisse), Anfertigung einer Skizze zum Einsichtbereich des westdeutschen Kapitäns.

• Einleitung von Überprüfungsmaßnahmen bei der HA I, Abteilung Volksmarine

Ergebnis: Der Kapitän aus der Bundesrepublik hatte objektiv die Möglichkeit, relevante Feststellungen zum Objekt der 4. Flottille im Sinne der Informationsinteressen der Geheimdienste zu treffen.

Im Ergebnis der analytischen Vergleichs- und Verdichtungsarbeit konnte eine operativ bedeutsame Information erarbeitet werden.[651]

In Sachen maritime Aufklärung war der BND auch in Polen aktiv. Dazu schreiben Müller und Mueller: »Der BND heuerte Seeleute, die Aufnahmen von Hafenanlagen und Schiffsbewegungen machen sollten. Einer von ihnen war der Aushilfskapitän Johannes Wenzel, angestellt von einer Schiffsmaklerfirma in Lübeck. Wenzel wurde Ende 1973 von einem polnischen Militärgericht zu zehn Jahren Gefängnis wegen Spionage verurteilt.«[652] Weiter berichten die beiden Autoren: »Ende Oktober 1973 kümmerte sich Blötz [Vizepräsident des BND,

651 Vgl.: Ebd., Bl. 47–52 u. Anlage 4.

652 Peter F. Müller, Michael Mueller: *Gegen Freund und Feind*, S. 443 f.

Anm. d. Verf.] persönlich um eine engere Abstimmung bei der Marineaufklärung. Das Durchgreifen von ganz oben zahlte sich offenbar aus, denn bis zur nächsten bekannt gewordenen Panne vergingen immerhin fast sieben Jahre. Im April 1980 verurteilte das Militärgericht in Stettin den Bremer Kapitän Ingo Wagener wegen Spionage und versuchtem Menschenhandel. Er hatte nicht nur den Hafen Danzig ausgespäht, sondern wollte im September 1979 auch eine Gruppe von DDR-Bürgern in den Westen bringen.«[653]

Ein kurioses Beispiel des BND beschreibt Markwardt in seinen Erinnerungen: »Wir hatten über eine Brieflinie eine gut und zuverlässig meldende Quelle auf dem Marinesektor aufgebaut. Der Mann hatte Zugang zum Hafen und Werften und berichtete über Schiffsbewegungen der polnischen Kriegsmarine. Da wir diese damals sehr wichtige Quelle mit Geheim-Tinten (G-Tinten), die wegen der Schwierigkeiten der gebotenen Fernschulung nur sehr primitiv sein konnten, nicht gefährden wollten, hatten wir entschieden uns mit harmlosen Code-Worten zu behelfen. Da unser Mann passionierter Angler und Naturfreund war, hatten wir Code-Worte aus dieser seiner Umwelt gewählt, um die einzelnen Schiffs-Typen zu bezeichnen. Diese konnte er unverfänglich in seinen normalen Briefwechsel mit seiner diesseitigen Verwandtschaft einfließen lassen. Das Code-Wort für U-Boot lautete in diesem unverschlüsselten Nachrichtenaustausch ›Biber‹. So konnte unser Freund auch sehr plastisch und völlig unverfänglich berichten, dass die Biber schon wieder ihren Standort gewechselt hätten und er sie in den letzten drei Wochen nicht am gewohnten Ort hätte beobachten können. Es hätten sich aber die Fischbestände an ›Saiblingen‹ er-

---

653 Ebd., S. 444.

freulich vermehrt und sogar ein ›Hecht‹ habe an einem bestimmten Datum angebissen. Sehr erschreckt hat uns aber der fleißige Angler, als er eines Tages offensichtlich sehr erregt schrieb, dass er nunmehr wisse, aus welchem Werk die ›Stahlplatten‹ für die Biber angeliefert würden. Auch dieser Patriot für die deutsche Sprache wollte erst gar nicht einsehen, warum wir um seiner Sicherheit selbst willen glaubten, auf eine weitere Berichterstattung aus seiner reichen Anglerwelt verzichten zu müssen. Nur die Zusage, dass er auch weiterhin nicht auf die gewohnten Pakete mit Nahrungsmitteln wird verzichten müssen und dass sein Konto in der Bundesrepublik in gewohnter Weise weiter wachsen und Zinsen bringen würde, hielt ihn davon ab, uns aus ›dem Bau‹ (Werft) zu berichten, in dem die Platten für die Biber ›zusammengeschweißt‹ wurden.«[654]

---

654 Waldemar Markwardt: *Erlebter BND. Kritisches Plädoyer eines Insiders*. Berlin 1996, S. 151 ff.

8. Kapitel

ABWEHRBEREICH POLITIK UND ZENTRALE STAATSORGANE

Es liegt in der Natur der Sache, dass die westlichen Geheimdienste auch auf politischem Gebiet eine umfassende Aufklärungsarbeit gegen die DDR betrieben haben. Die politische Spionage war vor allem gerichtet auf die Erkundung

- innen- und außenpolitischer Entscheidungen strategischer Natur und konkreter Konzeption, Pläne und Maßnahmen zu ihrer Realisierung. Das betraf insbesondere zentrale Parteibeschlüsse und Maßnahmen zur Gewährleistung einer stabilen, kontinuierlichen Entwicklung der einzelnen sozialistischen Staaten, zur Realisierung umfassender sozialpolitischer Programme mit weitreichender politischer Bedeutung, Konzeptionen und Planungen der Außenpolitik, zur Gestaltung der bilateralen und multilateralen Beziehungen im Rahmen des Warschauer Vertrags und des RGW, zur Zusammenarbeit mit kommunistischen und Arbeiterparteien sowie der nationalen Befreiungsbewegung, Verhandlungskonzeptionen zu anstehenden oder angestrebten bi- oder multilateralen Gesprächen (beispielsweise zu Treffen von Politikern unterschiedlicher Ebenen, im KSZE-Prozess, auf verschiedensten Verhandlungsebenen über Rüstungsbegrenzung und Abrüstung usw.).
- der Lage in den sozialistischen Staaten, insbesondere hinsichtlich der Stabilität, sowie des politischen Klimas in den Klassen und den anderen sozialen und po-

litischen Schichten und Gruppen der sozialistischen
Gesellschaft sowie der Wirkungen gezielter Maßnahmen des Gegners.

Aus der Sicht dieser vorrangigen Informationsinteressen standen die zentralen Parteiführungsorgane, die
zentralen Einrichtungen des Staatsapparates, die zentralen Leitungsorgane der Massenorganisationen und
die anderen Parteien im Mittelpunkt der Spionagetätigkeit.

Dem BND waren beispielsweise im Rahmen seines sogenannten ständigen Aufklärungsschwerpunkts »Partei-
organe, Persönlichkeitsbilder von Parteikadern, interne
Opposition in der SED« folgende detaillierte Beschaf-
fungsaufgaben für die 1980er Jahre gestellt worden:

- Organisatorischer Aufbau, personelle Besetzung,
  Geschäftsverteilung und Arbeitsabläufe des unmittelbaren Mitarbeiterstabs des Generalsekretärs des ZK
  der SED, des Politbüros der Zentralen Parteikontroll-
  kommission sowie der zentralen Revisionskommis-
  sion;
- Werdegang, Lebensdaten, Persönlichkeitsmerkmale,
  Reisen, Familienverhältnisse, Lebensgewohnheiten,
  Gesundheitszustand, Motivation, Charaktereigenschaften, Kontakte führender Parteifunktionäre und
  Mitarbeiter des zentralen Parteiapparats;
- Anzeichen von Fraktions- und Gruppenbildung in
  der Parteispitze, entsprechende Gruppierungen in der
  gesamten Partei, die von der Parteiführung als partei-
  feindlich oder -schädigend gerügt wurden, unter dem
  Einfluss aktueller politischer Ereignisse, sich entwi-
  ckelnde abweichende Meinungen usw.

Besondere Beachtung maßen die Geheimdienste auch
den zentralen staatlichen Organen für Auswärtige An-

gelegenheiten, den Organen des MdI sowie dem MfS zu.[655]

Um die Erarbeitung wertvoller Informationen aus allen Bereichen und unter allen Lagebedingungen, insbesondere auch in Spannungszeiten zu gewährleisten, verstärkten die westlichen Geheimdienste in den 1980er Jahren den Ausbau und die optimale Nutzung aller Potenzen und Möglichkeiten der Spionage gegen die DDR. Die Geheimdienste sollten Spitzenquellen in der DDR schaffen, da ihnen von ihren Auftraggebern die Aufgabe gestellt wurde, Spitzeninformationen zu erarbeiten. So wurde beispielsweise bei der Amtseinführung des BND-Präsidenten Eberhard Blum im Dezember 1982 die Forderung nach mehr Innenquellen in der DDR sowie einer weiteren Konzentration des gesamten geheimdienstlichen Potentials auf die Aufklärung aller bedeutsamen politischen und ökonomischen Entwicklungen und Prozesse in den sozialistischen Staaten erhoben.[656] Politische und ökonomische Fragen standen seit jeher in einem engen Zusammenhang.

Besondere Interessen bestanden seitens der westlichen Dienste an Interna über die Beschlüsse und Festlegungen der SED zur Durchsetzung der ökonomischen Strategie, Spionageinformationen aus politischen Schwerpunktbereichen und vor allem auch zur inneren politischen Stabilität der DDR sowie zum Verhältnis der Bürger zur Partei- und Staatsführung. Das MfS schätzte

---

655 Vgl.: Lehrbuch: *Die imperialistischen Geheimdienste in der Gegenwart.* Teil I, S. 82–85.

656 Vgl.: Matthias Stein, Rene Pütter: Diplomarbeit zum Thema: »Qualifizierung und Beweisführung bei der Bearbeitung Operativer Vorgänge auf dem Gebiet der Bekämpfung der ökonomischen und politischen Spionage durch komplexen Einsatz tschekistischer Kräfte, Mittel und Methoden«. BStU ZA MfS JHS Nr. 21158, Bl. 6.

1988 ein, »dass die Spionageangriffe imperialistischer Geheimdienste, besonders der BRD, auf politische und ökonomische Bereiche an Umfang und Intensität zugenommen haben«.[657]

Die Quelle Mensch hatte dabei eine besondere Bedeutung. Sie stellte ein klassisches Element der Spionage dar und stand im Mittelpunkt der Informationsbeschaffung. Aufgrund der Forderung nach Erhöhung der Qualität und Aktualität von Spionageinformationen waren die Geheimdienste kontinuierlich bemüht, in Spitzenpositionen vorzudringen, um solche Spione aufzubauen, die im Rahmen und unter Ausnutzung ihrer gesellschaftlichen beziehungsweise beruflichen Stellung effektiv wirksam werden konnten. So war für die HA II die Forcierung der Spionagetätigkeit gegen politische und ökonomische Bereiche auch in einer zunehmenden Werbetätigkeit der westlichen Dienste erkennbar, die vor allem auf die Schaffung von Agenturen in staatlichen und gesellschaftlichen Führungszentren sowie Parteien und Massenorganisationen, in internationalen Organisationen und Schwerpunktbereichen der Volkswirtschaft ausgerichtet war. Die Notwendigkeit der Schaffung von Spitzenquellen charakterisierte sich nach Erkenntnissen der Spionageabwehr auch durch ein rigoroses Vorgehen. So kamen in wachsender Zahl Werbungen mittels Druck und Erpressung (Verwendung geeigneter Kompromate) zustande, da bei diesen Personenkategorien kaum eine ideologische Basis für eine Zusammenarbeit mit den Geheimdienst vorhanden war. Im Mittelpunkt dieser Angriffe standen die langfristig im Ausland eingesetzten Kader der DDR sowie Personen, die dienstlich oder privat in den Westen reisen konnten.

Die westlichen Dienste konzentrierten sich bei ihrer

---

657 Ebd.

Aufklärungs- und Werbetätigkeit vor allem auf folgende Zielgruppen:

- Mitarbeiter von Auslandsvertretungen der DDR im nichtsozialistischen Ausland,
- andere Auslands- und Reisekader der DDR im nichtsozialistischen Ausland,
- Wissenschaftler der verschiedensten Bereiche, die im Rahmen der internationalen Zusammenarbeit zeitweilig im westlichen Ausland tätig waren,
- leitende Funktionäre aus staatlichen Einrichtungen, Parteien und Massenorganisationen, internationalen Organisationen und Schwerpunktbereichen der Volkswirtschaft, die selbst über keine Reisemöglichkeiten in das nichtsozialistische Ausland verfügten, aber im Rahmen ihrer dienstlichen Tätigkeit häufig offizielle Kontakte zu Partner aus dem Westen hatten,
- Privatreisende (Reisen in dringenden Familienangelegenheiten und Rentnerreisen) mit entsprechenden Beschaffungsmöglichkeiten.

Bei einem erfolgreichen Verlauf der Werbung wurde zwischen Geheimdienst und Spion ein Verbindungssystem aufgebaut. Dieses Verbindungssystem stellte das schwächste Kettenglied im System der Spionage westlicher Dienste dar. Daher versuchten die Geheimdienste, dieses bestmöglich zu tarnen. Da die Dienste hier angreifbar waren, schenkte die Spionageabwehr in Zusammenarbeit mit der Linie M dem Verbindungssystem in der Bearbeitung die nötige Aufmerksamkeit.[658]

Dazu ein Beispiel anhand des OV »Bussard« der HA II/6:

Am 25. Mai 1981 wurde im Verantwortungsbereich der Abteilung M des MfS Berlin eine Briefsendung an eine Person in D-3418 Uslar (BRD) festgestellt.

---

658 Vgl.: Ebd., Bl. 14 ff.

Ein durchgeführter Schriftvergleich mit der Schrift der auf dem Absender angegebenen Person ergab, dass zwischen beiden Schriften keine Identität vorhanden war. In der Expertise der realisierten technischen Untersuchung konnte geschlussfolgert werden, dass diese Briefsendung nachrichtendienstlich relevant war. Grund dafür waren:

- die Anlage des Brieftextes,
- das Fehlen der Ortsangabe im Datum,
- die Unterschiede zwischen den Kugelschreiberpasten (Brieftext – Datum),
- die Druckspurenfragmente auf der Rückseite sowie
- starke Aufrauhungen.

Sechzehn Wochen später, am 22. September 1981, wurde im Rahmen der Fahndung nach geheimdienstlich verdächtigen Briefsendungen eine Sendung, adressiert an eine Frau in D-3370 Seesen (BRD) durch die Abteilung M festgestellt. Wiederum konnte keine Schriftintensität zwischen der Briefschrift sowie der Schrift des angegebenen Absenders festgestellt werden. Aufgrund bestehender innerer und äußerer Merkmale wurde davon ausgegangen, dass es sich um eine neue Brieflinie zum Vorgang »Bussard« handelte. Bei der durchgeführten konspirativen chemischen Untersuchung wurden unverschlüsselte Textstücke sichtbar gemacht, die mit einem Geheimschriftverfahren auf den Schriftträger aufgetragen worden waren. Inhalt dieses Textes waren Fragmente, wie

»... Mein Freund ... Auslandsreise nicht vorgesehen ... Entwicklung in P...«,

sowie Fragmente einer Adresse in Berlin.

Durch Schriftvergleich der PM 1[659] aller Hausbewohner

---

659 Karteikarte des Pass- und Meldewesens (A5, Antragsformular

der sichtbar gemachten Anschrift mit dem Text konnte der Schrifturheber und Spion identifiziert werden.

In Zusammenarbeit zwischen der HA II und der Abteilung M erfolgte die weitere Bearbeitung des Vorganges unter Anwendung aller spezifischen Mittel und Methoden der Abteilung M. An beide Deckadressen in Uslar und in Seesen konnten jeweils noch zwei Sendungen gesichert werden. Im Rahmen der Beobachtungsmaßnahmen zum Spion wurde am 15. Dezember 1981 festgestellt, dass er gegen 16.20 Uhr am Postamt 102 eine Sendung in den Briefkasten an die Empfängeranschrift L. einwarf. Gegen 17 Uhr warf der Agent eine Sendung an eine Frau B.S. in D-4033 Ratingen 6 (BRD) in den Briefkasten am Ostberliner S-Bahnhof Jannowitzbrücke ein.

Während aus den Sendungen an die bekannten Deckadressen geschlussfolgert werden konnte, dass dieser sich bei diesen um vorgeschriebene Briefe des BND handelte, war der zuletzt festgestellte Brief vom Spion persönlich geschrieben worden. Aus dieser Tatsache ergab sich die Version, dass die Agentur auch für einen amerikanischen Geheimdienst tätig war. Diese Version konnte später bestätigt werden.

Bei dem Spion handelte es sich um den politischen Mitarbeiter eines Botschaftsrates im Ministerium für Auswärtige Angelegenheiten der DDR, Wolfgang Reif. Dieser war zuvor längere Zeit an der Botschaft der DDR in Djakarta/Indonesien tätig. Während seines letzten Auslandseinsatzes hatte er die Stellung des Leiters der Abteilung für politische Fragen inne, war Stellvertreter des Botschafters und über 13 Monate Geschäftsträger. Charakterlich wurde der Spion als ehrgeizig und strebsam eingeschätzt. Allerdings hatte er bereits während

---

zur Ausstellung eines Personalausweises, zugleich Stammkarte).

seines Studiums Probleme mit dem Alkohol. Mehrere Auseinandersetzungen in dieser Problematik führten 1980 zu seiner Rückversetzung in die DDR. Seine materielle Interessiertheit endete bereits 1974 in Djakarta in der Begehung eines kriminellen Deliktes. Aus Angst vor der Entdeckung bot er sich selbst der CIA an. Er wandte sich an den 2. Botschaftssekretär der US-Botschaft in Djakarta mit der Zielstellung, im Bedarfsfall Hilfe beim Überlaufen zu bekommen. Bis zu seiner Anwerbung 1978 erfolgten insgesamt vier Treffs. Er erhielt den Decknamen »William«. Durch ihn erfolgte die Übergabe von Informationen

- zu Fragen der Außenpolitik der sozialistischen Staaten in Südostasien,
- zur Charakteristik von DDR-Bürgern in Indonesien,
- zum Sicherheitssystem der Botschaft

sowie die Übergabe eines Siegelabdrucks der Botschaft. Für seine Tätigkeit wurde Wolfgang Reif nachrichtendienstlich ausgebildet im Anfertigen von Geheimschriftbriefen und Lesen von Mikraten. Ausgerüstet wurde er dabei unter anderem mit einem Mikratlesegerät, einem Schreibblock mit fünf Durchschreibebögen und Deckadressen.

Nach seiner Rückkehr in die DDR erfolgte von Juli 1980 bis Mai 1981 zunächst keine Aktivität mehr.

Bereits im März/April 1980 hatte sich Reif allerdings in einem Gespräch mit dem 1. Sekretär der Botschaft der BRD in Djakarta für die Zusammenarbeit mit dem BND angeboten. Offiziell wurde Wolfgang Reif vom BND unter dem Decknamen »Bernhard« angeworben. Vom BND wurde ihm Geld zum Kauf eines Rundfunkgerätes für den Empfang von Funksprüchen übergeben. Weiterhin erhielt er drei Schreibblöcke mit 195 Blatt Durchschreibpapier, zehn vorgefertigte Briefe (fünf männliche, fünf weibliche Linie), für den Notfall

Telefonnummern, eine Schablone zum Nachtrage des Datums, Codierungstafeln für den Funkempfang sowie Merkblätter mit Verhaltensrichtlinien zur Anfertigung von Geheimschriftbriefen.

Wie bereits erwähnt, zeigte der Spion nach seiner Rückkehr in die DDR wenig Intensität. Da sein Rundfunkgerät defekt war, konnte er keine Funksprüche entgegennehmen. Im November 1980 schrieb er zwei Geheimschriftbriefe, die er jedoch nicht zum Versand brachte und wieder vernichtete. Nach Aufforderung durch den BND schrieb er einen ersten Brief mit persönlichen Daten. Während eines Treffs wurde die Agentur dafür gerügt, dass dieser Brief von schlechter Qualität war. Bis zu seiner Identifizierung und Verhaftung folgten weitere Geheimschriftbriefe, in denen unter anderem zur Lage in Polen berichtet wurde.[660] Wolfgang Reif wurde 1983 zu einer lebenslänglichen Freiheitsstrafe verurteilt, die 1987 auf 15 Jahre herabgesetzt wurde.

Der persönliche Treff war die wichtigste Form der Aufrechterhaltung der Verbindung in der Zusammenarbeit mit Spionen. Die westlichen Geheimdienste legten daher großen Wert auf persönliche Treffs auf dem Territorium nichtsozialistischer Staaten. Dazu wurden die bestehenden dienstlichen und privaten Reisemöglichkeiten beziehungsweise längerfristige Auslandsaufenthalte der Agenturen genutzt. Es handelte sich dabei vor allem um Spione aus solchen Kreisen, wie

- Mitarbeiter der DDR in internationalen Organisationen, Auslandsvertretungen sowie kommerziellen Einrichtungen im NSW,

---

660 Vgl.: Wolfgang Jatzlau: Diplomarbeit zum Thema: »Untersuchung der historischen Entwicklung der Abteilung M in den 70er Jahren«. BStU ZA MfS JHS Nr. 21473, Bl. 18–21.

- Dienstreisekader der DDR,
- DDR-Bürger, die aus privaten oder touristischen Gründen in das Operationsgebiet reisen.

Von der Möglichkeit zur Treffdurchführung im Operationsgebiet hing die Gestaltung der Zusammenarbeit mit dem Agenten ab. Bürger der DDR, die sich längerfristig im NSW aufhielten, wie beispielsweise Mitarbeiter von Auslandsvertretungen und andere Auslandskader verfügten über günstige Möglichkeiten der Treffdurchführung. So war zum Beispiel die von der Spionageabwehr im OV »Greif« bearbeitete Person, Mitarbeiter einer Auslandsvertretung, mit einer Deckadresse und einer Verbindung zu einem Decktelefon ausgerüstet, um die Treffs mit dem Geheimdienst zu vereinbaren. Dabei wurde zum vorgeschlagenen Trefftag eine vereinbarte Zahl addiert, um das konkrete Treffdatum zu verschlüsseln.

Bei Reisen in das nichtsozialistische Ausland waren die Agenten instruiert, die Reiseziele und den für einen Treff möglichen Tag zu avisieren. Dies geschah:
- telefonisch nach der Ankunft im NSW an Decktelefone oder Anrufbeantworter des Geheimdienstes,
- in postalischer Form von der DDR aus an Deckadressen im Operationsgebiet (vereinbarte Hinweise im Motiv oder Klartext von Ansichtskarten), wobei zu beachten war, dass diese Form wenig angewandt wurde, da die Gefahr der Entdeckung bestand und dies somit von den Agenturen nur ungern angewandt wurde. Bestimmte Orte, wie Flughäfen oder Bahnhöfe, wurden als Sichttreffpunkte vereinbart. Von dort aus folgte der Spion dem Geheimdienstler meist zu dessen Pkw. Beide begaben sich nach dem Durchfahren einer oftmals von Observanten besetzten Strecke zum Treffobjekt. Dabei handelte es sich in der Regel um Restaurants, Raststätten, Hotelzimmer oder Fahrzeuge. Nur

zum Teil wurden sichere Wohnungen oder Objekte benutzt. Nicht selten kamen im Zusammenhang mit solchen Treffs Observationsgruppen zum Einsatz, um den Agenten abzusichern und zu überprüfen. Spione, die über derartige Reisemöglichkeiten verfügten, wurden in der Regel nicht oder nur in geringem Umfang mit nachrichtendienstlichen Hilfsmitteln ausgestattet. Eine solche Ausrüstung erfolgte zumeist erst, wenn sich abzeichnete, dass die Reisemöglichkeiten bei bedeutsamen Agenturen nicht mehr gegeben waren. Spione auf politischem Gebiet lehnten eine derartige Ausstattung aus Gründen der persönlichen Sicherheit gegebenenfalls auch gänzlich ab.

Treffs auf dem Territorium der DDR durch Geheimdienstmitarbeiter oder Instrukteure/Kuriere waren im Rahmen der politischen Spionage nicht üblich. Es wurden verstärkt verwandtschaftliche Beziehungen zwischen Ausländern und DDR-Bürgern zur Anwerbung und Aufrechterhaltung der persönlichen Verbindung genutzt. Zu diesem Zweck nutzten die Geheimdienste auch persönliche Beziehungen bis hin zu intimen Verhältnissen zwischen ausländischen Personen und DDR-Bürgern. Als Beispiel dafür dient der OV »Kontakt«. Der Spion des Verfassungsschutzes stellte gezielt ein persönliches Verhältnis zu einer Kontaktperson in der DDR her und nutzte dieses, um die DDR-Bürgerin für eine geheimdienstliche Informationsbeschaffung anzuwerben und die weitere Verbindung zu ihr aufrechtzuerhalten.

Bestanden derartige Möglichkeiten der Verbindungsaufnahme zur Agentur nicht, wurde eine unpersönliche Verbindung aufgebaut. Auf eine einseitige Funkverbindung von der Zentrale zum Spion legten die Geheimdienste auch im Bereich der politischen Spionage wert. Sie kam vorwiegend bei Agenten, die keine Reisemöglichkeiten hatten, zum Einsatz. Dafür wurden die Netze des Rundspruchdienstes genutzt. Dabei kamen vor allem handelsübliche Geräte (Kofferradios beziehungsweise Radiorecorder) aus japanischer beziehungsweise westdeutscher Produktion mit Möglichkeiten zum erweiterten Kurzwellenempfang zum Einsatz. Zu den stabilsten Verbindungen des Spions zum Geheimdienst gehörte die postalische Verbindung. Dabei kamen Geheimschriftbriefe und Ansichtskarten zum Einsatz, die meist mit fingiertem Absender an Deckadressen nach Westdeutschland gesandt wurden.

Die dabei verwendeten Geheimschreibmittel wurden ständig verbessert und weiterentwickelt. Spione des BND benutzten dabei in der Regel vorgeschriebene Briefe. Zu einem postalischen Verbindungssystem des Verfassungsschutzes hatte das MfS in den 1980er Jahren keine Erkenntnisse.

Die Nutzung von TBK im Zusammenhang mit politischer Spionage konnte durch die operative Arbeit der Spionageabwehr ebenfalls nicht nachgewiesen werden. Durch die Zunahme von Reisemöglichkeiten durch DDR-Bürger aus unterschiedlichsten Gründen in die Bundesrepublik und nach Westberlin sind nach Einschätzungen der HA II insbesondere für die westdeutschen Geheimdienste Bedingungen entstanden, die sie veranlassten, modifiziert Mittel und Methoden anzuwenden, die mit denen vor dem 13. August 1961 vergleichbar waren. Dies betraf vor allem wesentliche Bestandteile der agenturischen Tätigkeit, wie beispielsweise den Werbungsprozess oder das Verbindungssystem.

Die Arbeitsweise der westlichen Geheimdienste bei der Organisierung von Spionageangriffen gegen politische aber auch ökonomische Bereiche der DDR unter den sich verändernden Realisierungsbedingungen machte

Selbstverfasste Signalkarte der BND–Dienststelle »Pult« an eine Deckadresse in Wolfenbüttel. Die Dienststelle »Pult« betrieb politische und wirtschaftliche Spionage gegen die DDR.

im MfS die Qualifizierung der Beweisführung bei der Aufdeckung von Spionageaktivitäten erforderlich. Die Beweisführung zum Nachweis der Spionagetätigkeit im politischen Bereich gestaltete sich durch folgende vier Punkte kompliziert:

1. Die konspirative Arbeitsweise der westlichen Geheimdienste und ihrer Agenturen insgesamt.
2. Die sich aus den Realisierungsbedingungen ergebenden neuen Tendenzen im Verbindungssystem Geheimdienst–Spion (verstärkt persönliche Treffs im Operationsgebiet, oft keine geheimdienstlichen Hilfsmittel beim Agenten mehr vorhanden).
3. Die Vieldeutigkeit an Informationen im Sinne der Spionage.
4. Die oftmals nicht eindeutige Zuordnung von Handlungen zur Spionage.[661]

Zur Erfüllung des Auftrags des MfS besaß die Bearbeitung von OV mit Spionageverdacht entscheidende Bedeutung. Die Spionageabwehr betrachtete diese Arbeit als offensive und unmittelbare Arbeit am nachrichtendienstlichen Gegner zur Gewährleistung der staatlichen Sicherheit der DDR. In der Auseinandersetzung mit dem konspirativ arbeitenden Gegner erfolgte die konzentrierte und schwerpunktmäßige vorbeugende Verhinderung, Aufdeckung und Bekämpfung der Spionageangriffe westlicher Dienste. Die ständige qualifizierte Entwicklung und Bearbeitung von OV mit Spionageverdacht war dafür die wesentliche Voraussetzung. Die in der RL Nr. 1/76 festgelegten generellen Zielstellungen der Bearbeitung von OV[662] bildeten auch den Ausgangspunkt der Bearbeitung von OV mit Spionageverdacht. Es kam der Staatssicherheit insbesondere darauf an, »durch eine offensive, konzentrierte und tat-

---

661 Vgl.: Matthias Stein, Rene Pütter: »Qualifizierung und Beweisführung bei der Bearbeitung Operativer Vorgänge auf dem Gebiet der Bekämpfung der ökonomischen und politischen Spionage durch komplexen Einsatz tschekistischer Kräfte, Mittel und Methoden«, Bl. 17–21.
662 Vgl. dazu: Henry Nitschke: *Die Spionageabwehr der DDR*, S. 444.

bestandsbezogene Bearbeitung die erforderlichen Beweise für den Nachweis des dringenden Verdachts eines oder mehrerer Staatsverbrechen beziehungsweise einer Straftat der allgemeinen Kriminalität zu erbringen«[663]. Grundsätzlich ging das MfS davon aus, dass alle Maßnahmen, die es im Rahmen des Beweisprozesses in OV realisierte, im operativen Stadium der Bearbeitung eines Sachverhaltes mit Spionageverdacht durchgesetzt wurden. Dieser Prozess war dem Strafverfahren vorgelagert und somit ergab sich zwingend der objektive Zusammenhang zwischen den aufeinanderfolgenden Abschnitten des auf die umfassende sowie wahrheitsgemäße Aufklärung des Sachverhaltes und auf die Erlangung der Gewissheit gerichteten einheitlichen Beweisführungsprozesse. Diesem Fakt Rechnung tragend, wurden konkrete praktische Konsequenzen in Bezug auf die inhaltlichen Anforderungen der Beweisführung im operativen Stadium konsequent durchgesetzt. Die entscheidende Gemeinsamkeit, die beide Abschnitte des Beweisführungsprozesses verband, bestand nach Auffassung der Staatssicherheit in ihrem Wesen. Sowohl im operativen Stadium als auch im Strafverfahren realisierte das Erkenntnissubjekt folgende untrennbare Bestandteile dieses Prozesses:

- Erkenntnistätigkeit,
- Beweise,

um wahre Erkenntnisse über den aufzuklärenden Sachverhalt zu erarbeiten. Die gesetzlichen und die darauf beruhenden dienstlichen Reglementierungen des Beweisprozesses in den einzelnen Abschnitten des einheitlichen Beweisführungsprozesses unterschieden diese.

---

663 MfS, Der Minister: Richtlinie Nr. 1/76 zur Entwicklung und Bearbeitung Operativer Vorgänge (OV). BStU ASt Potsdam, BVfS Potsdam, AKG, Nr. 2044, Bl. 31.

Das operative Stadium wurde durch die Befehle und Weisungen sowie die darauf beruhenden innerdienstlichen Regelungen (zum Beispiel in Form der RL 1/76), das Strafverfahren durch das Strafverfahrensrecht geleitet. Die unterschiedliche Reglementierungen bewirkten in ihrer inhaltlichen Ausgestaltung eine weitere Differenzierung der aufeinanderfolgenden Beweisführungsprozesse (operatives Stadium und Strafverfahren), was die Nutzung der zu erschließenden Erkenntnisquellen anbelangte. Der Staatssicherheit standen die in dienstlichen Weisungen und Bestimmungen festgelegten inoffiziellen und offiziellen Erkenntnisquellen im Rahmen der operativen Bearbeitung zur Verfügung, währenddessen im Strafverfahren nur die im § 24 StPO festgelegten Beweismittel ihre Existenzberechtigung fanden.

Die Art und Weise der Realisierung der Beweisführung in OV mit Spionageverdacht war vom Schwierigkeitsgrad der konkreten Aufgaben sowie von den jeweiligen objektiven und subjektiven Bedingungen ihrer Bewältigung abhängig. Sie war immer vorgangsabhängig und insofern einmalig und nicht wiederholbar.

Die Forderung nach einem methodisch konkreten Vorgehen bei der Beweisführung verlangte aus der Sichtweise des MfS trotz der genannten Spezifik die Beachtung und Anwendung grundsätzlicher Orientierungen, die nicht nur deren Durchsetzung dienlich waren, sondern bei konsequenter Durchsetzung auch zu deren Qualifizierung beitragen konnten.

Die Ausgangsinformationen, einschließlich die im Verlaufe der Bearbeitung erarbeiteten Informationen, waren umfassend und objektiv einzuschätzen. Dies verlangte vom entsprechenden Mitarbeiter, die genannten Informationen gewissenhaft und unvoreingenommen zu erfassen, die gedankliche Auseinandersetzung mit diesen Materialien, eine zweckmäßige Systematisierung der vorliegenden Informationen vorzunehmen und das In-Beziehung-Setzen der Informationen zu eigenen sachverhaltsbezogenen Kenntnissen und Erfahrungswerten. Es musste garantiert werden, auf der Grundlage der vorherigen Arbeitsschritte, Tatsachen und Fakten sowie durch den Vergleich der Informationen, zu sicheren Feststellungen zu kommen, die stabile Ausgangsgrößen für die gedankliche Rekonstruktion des Sachverhalts bildeten, welche begründete Tendenzaussagen über den Wahrheitswert der Information in Form von Versionen zuließen. Dies beinhaltete im konkreten Fall beispielsweise den Vergleich zu Hinweisen aus dem Operationsgebiet mit den Informationen aus Fahndungsmaßnahmen und das In-Beziehung-Setzen dieser Erkenntnisse mit den aktuellen Erkenntnissen über die Arbeitsweisen westlicher Geheimdienste, wobei unzulässige Verallgemeinerungen nicht zielführend waren. Das Ziel bestand darin, eine strafrechtliche Beurteilung vorzunehmen und die operative Bedeutsamkeit festzulegen, um den Gegenstand der Beweisführung bestimmen zu können. Wunschdenken und Hineininterpretieren von Informationen gefährdete nicht nur die tatbestandsbezogene Bearbeitung, sondern band unnötigerweise Kräfte und Mittel der Spionageabwehr. Der objektive Sachverhalt und die eigene Einschätzung mit Versionen waren klar zu trennen.

Objektive Grundlage der Beweisführung waren auch bei der politischen Spionage die Beweismittel. Sie waren nicht nur Informationsquelle zur Aufklärung des Sachverhaltes; es mussten auch diejenigen Tatsachen erkannt und objektiv gesichert werden, die als Argumente (Beweisgründe) zum Nachweis der Wahrheit geeignet waren, welche die strafrechtliche Verantwortlichkeit des Verdächtigen begründeten und ausfüllten.

Im Operativplan waren ausgehend von der strafrechtlichen und operativen Einschätzung sowie den darauf beruhenden Versionen, die Zielstellungen der Vorgangsbearbeitung sowie die zu ihrer Realisierung erforderlichen Maßnahmen darzustellen. Diese bildeten den Ausgangspunkt für den planmäßigen komplexen Einsatz der Kräfte, Mittel und Methoden der Staatssicherheit, um schnellstmöglich den Verdacht der Begehung eines Spionageverbrechens klären zu können. Die Notwendigkeit des komplexen Einsatzes der Kräfte, Mittel und Methoden des MfS zur Suche und Sicherung von Beweisen ergab sich aus folgenden Aspekten:

- Komplexität der Spionageangriffe,
- Arbeitsweise der westlichen Geheimdienste,
- Informationsbedarf des § 98 StGB,
- Forderung des § 101 StPO nach allumfassender Aufklärung einer Straftat.

Erfahrungen von Diensteinheiten der Spionageabwehr besagten, dass den genannten Aspekten nur Rechnung getragen werden konnte, wenn verschiedene und miteinander abgestimmte Maßnahmen zum Einsatz kamen, um den Verdacht der Spionage begründen zu können.

Durch eine detaillierte Instruierung der Spione, einschließlich der Nutzung der sich aus den Lagebedingungen ergebenden Möglichkeiten einer relativ kontinuierlichen Treffdurchführung im westlichen Ausland (NSW-Reisekader, Auslandskader, Reisen in dringenden Familienangelegenheiten) versuchten die Geheimdienste eine höhere Stufe der Tarnung ihrer Quellen zu erreichen, um diese vor dem Zugriff der Staatssicherheit zu schützen. Die Agenturen wurden dazu angehalten, ihr personelles und sachliches Umfeld genauestens einzuschätzen, um entsprechende Maßnahmen der Spionageabwehr rechtzeitig feststellen zu können. Es gab allerdings auch Beispiele von Bundesbürgern, die Spione vom BND beziehungsweise des BfV waren und hinsichtlich ihrer eigenen Sicherheit überhaupt nicht instruiert wurden. Bei diesen Agenturen handelten die Dienste bei der Ansprache und der Treffdurchführung nach Einschätzung des MfS äußerst leichtfertig.

Erfahrungen der Spionageabwehr machten deutlich, dass die auf dem Gebiet der Politik und der Wirtschaft eingesetzten Spione aufgrund der Bedeutung ihrer beruflichen oder gesellschaftlichen Stellung nur in geringem Umfang nachrichtendienstliche Hilfsmittel annahmen, weil sie in den meisten Fällen

- über günstige Reisemöglichkeiten in das NSW verfügten und die Verbindung zum Geheimdienst über persönliche Treffs realisieren konnten und
- zur Gewährleistung ihrer persönlichen Sicherheit die Übernahme geheimdienstlicher Hilfsmittel ablehnten.

Die berufliche und gesellschaftliche Stellung ermöglichte es diesen Agenturen, im Rahmen ihrer täglichen Arbeit Zugang zu Staatsgeheimnissen oder anderen internen Informationen zu erlangen, ohne bestimmte, auf die Sammlung von Informationen gerichtete Handlungen zu begehen, die vom normalen Verhalten abwichen. Aufzeichnungen, Skizzen o. Ä. wurden in den seltensten Fällen vom Spion auf dem DDR-Territorium gefertigt, sondern insbesondere beim Treff im westlichen Ausland, wo diese durch die mündliche Berichterstattung komplettiert wurden.

Um in die Konspiration des Agenten und seines Handelns in Verbindung mit dem Geheimdienst eindringen zu können, war es für die Staatssicherheit notwendig, offensiv und konspirativ den Einsatz der Kräfte, Mittel und Methoden vorzunehmen. Entsprechend dieses Einsatzes war es in den meisten Fällen der Bearbeitung von OV mit Spionageverdacht lediglich möglich, eine inoffizielle Beweislage zu erarbeiten. Im operativen Stadium des auf die umfassende wahrheitsgemäße Aufklärung des Sachverhaltes gerichteten einheitlichen Beweisführungsprozesses besaßen die inoffiziellen Beweismittel gemäß § 98 StPO ihre volle Gültigkeit. Die Forderung nach der Suche und Sicherung von offiziell verwertbaren Beweismitteln war eng mit dem objektiven Zusammenhang vom operativen und strafprozessualen Stadium des einheitlichen Beweisprozesses verbunden. Für die praktische Ausgestaltung der Forderung nach der Suche und Sicherung offiziell verwertbarer Beweise ergaben sich praktische Konsequenzen, die darin bestanden, dass bereits bei der Beweisführung im operativen Stadium der Bearbeitung von OV mit Spionageverdacht die erst im späteren Strafverfahren rechtsverbindlich wirkenden Vorschriften der StPO zur Beweisführung die erforderliche Beachtung finden mussten.

Für den OV-führenden Offizier war das folgenkritische Denken und Handeln wichtig. Im gesamten Verlauf der Bearbeitung hatte er stets Fragen der Offizialisierung sowie der Ausarbeitung verschiedener Varianten ihrer Verwirklichung die entsprechende Bedeutung beizumessen.

Dazu ein Beispiel: Bei einer konspirativen Wohnungsdurchsuchung wurden hochwertige westliche Konsumgüter sowie höhere Valutabeträge aufgefunden und dokumentiert. Diese lagen wesentlich über den Verdienstmöglichkeiten des NSW-Reisekaders. Auf der Grundlage der Aussagen des Verdächtigen im Strafverfahren (Verwendung von Zahlungsmitteln des Geheimdienstes in Form von zuvor festgestellten westlichen Konsumgütern) konnten diese Konsumgüter als Beweismittel offiziell verwandt werden.

Bei der Sicherung von gegenständlichen Originalbeweismitteln erfolgte seitens der Linie II zuvor in der Regel eine Absprache mit der Linie IX (Untersuchungsorgan), um Fehler bei der Sicherung und Dokumentierung der Beweismittel auszuschließen.

Auf der Grundlage des § 98 StGB und dem darauf beruhenden konkreten Informationsbedarf erfolgte die Suche und Sicherung von Beweismitteln zum Nachweis des Verdachts der Begehung von Spionageverbrechen. Die Suche und Sicherung von geeigneten Beweismitteln war vorwiegend eine praktische Tätigkeit des jeweiligen Mitarbeiters, aber in Bezug auf deren Würdigung eng mit der ergebnisorientierten Tätigkeit des Denkens zur theoretischen Durchdringung ihrer Auswertung verbunden. Ausgangspunkt des sich auf die gesamten Abschnitte der Beweisführung vollziehenden Würdigungsprozesses waren die erarbeiteten Beweismittel. Sie bildeten einerseits die Grundlage zur Beantwortung der Frage nach dem realen Stand der Bearbeitung von OV mit Spionageverdacht und andererseits waren weitere für den Beweis geeignete Argumente zu erschließen, um begründete Aussagen im Hinblick auf den Wahrheitsgehalt der erarbeiteten Informationen treffen zu können. Die Nachweisführung von Spionagetätigkeit war nur über bestimmte Stufen der Erkenntnistätigkeit möglich. Die Würdigung der erarbeiteten Beweismittel ermöglichte es dem Mitarbeiter, begründete Aussagen in Form von

• Wahrscheinlichkeit,
• hoher Wahrscheinlichkeit,
• Gewissheit

über den Stand der Bearbeitung zu treffen. In der Bearbeitung von OV mit Spionageverdacht war Bezug nehmend auf grundsätzliche Aussagen des Strafverfahrensrechts zu beachten, dass kein Beweismittel eine im Voraus zu bestimmende Beweiskraft besaß und somit der Informationsgehalt einer oder mehrerer Informationen bewiesen werden musste. Im Prozess der Würdigung der Beweismittel waren folgende grundsätzliche Möglichkeiten der Gewinnung des Wahrheitswerts durch den OV-führenden Offizier zu realisieren.

1. Vergleich der verschiedenen Informationen miteinander sowie mit Erfahrungen aus der Spionagebekämpfung,
2. Analyse der inneren Struktur der Information,
3. Einordungstätigkeit der erarbeiteten Information in den entsprechenden Sachverhalt.

Diese zu verwirklichenden Denkoperationen mussten logisch zwingend, das heißt durch andere nachvollziehbar und unanfechtbar, sein.[664]

Die IM nahmen innerhalb der Vorgangsbearbeitung den wichtigsten Platz ein. Ihr Einsatz war im Selbstverständnis des MfS in der Regel unverzichtbar. Bei der Bearbeitung spionageverdächtiger Personen ergaben sich jedoch besondere Aspekte für den IM-Einsatz. Ausgehend von den grundsätzlichen Orientierungen der Richtlinien Nr. 1/76 (»zur Entwicklung und Bearbeitung Operativer Vorgänge«) und 1/79 (»für die Arbeit mit Inoffiziellen Mitarbeitern und Gesellschaftlichen Mitarbeitern für Sicherheit«) sowie in Anbetracht der Individualität jedes Spionagevorganges ging das MfS davon aus, dass der Einsatz von IM in OV mit Spionageverdacht stets von der Spezifik des jeweiligen Vorganges abhängig war. Die besondere Problematik wurde darin gesehen, dass bei Vorgängen mit Spionageverdacht eine Einführung von IM nicht immer möglich war und der Spion andererseits sein persönliches Umfeld genauestens auf mögliche inoffizielle Kräfte der Staatssicherheit überprüfte sowie Bezugspersonen testete.

Ende der 1980er Jahre ging die Spionageabwehr davon aus, dass es unter den vorherrschenden Bedingungen

---

664 Vgl.: Matthias Stein, Rene Pütter: »Qualifizierung und Beweisführung bei der Bearbeitung Operativer Vorgänge auf dem Gebiet der Bekämpfung der ökonomischen und politischen Spionage durch komplexen Einsatz tschekistischer Kräfte, Mittel und Methoden«, Bl. 22 – 29.

kaum noch möglich war, durch die eigenen IM (DDR) Erstinformationen und Ausgangshinweise zu erarbeiten. Die Ausgangshinweise stammten meist aus speziellen Fahndungsmaßnahmen der Linien III und M, aus der Tätigkeit anderer Diensteinheiten, zum Beispiel der HV A, sowie von IMB der Abwehr aus dem Operationsgebiet. Da die IM jedoch bestimmte Informationen, die auf eine mögliche Spionagetätigkeit hinwiesen, erarbeiten konnten, sah man es beim MfS als dringend erforderlich an, den IM die entsprechenden Merkmalskomplexe zu vermitteln. Beispielsweise lagen bei den OV »Greif« und »Kontakt« Informationen anderer Diensteinheiten vor, die auf die Begehung von Spionageverbrechen schließen ließen.

Der Einsatz der IM verfolgte das Hauptanliegen, solche bedeutsamen Informationen und Hinweise zu erarbeiten, die eine effektive tatbestandsbezogene Bearbeitung gewährleisteten. Ihr Einsatz war darauf ausgerichtet, Beweggründe für die Spionagetätigkeit des Verdächtigen zu erarbeiten, das heißt Beweise und Informationen in objektiver und subjektiver Hinsicht, um die strafrechtliche Verantwortlichkeit des Verdächtigen begründen zu können. Aufgrund der Spezifik von Spionagevorgängen auf dem Gebiet der politischen Spionage war die Erarbeitung von Tatbestandsmerkmalen in objektiver Hinsicht durch den Einsatz von IM kaum möglich. Möglichkeiten zur Erarbeitung von Informationen zur subjektiven Seite bestanden allerdings. Der Einsatz der IM erfolgte zur:

- Erarbeitung von Informationen zur subjektiven Seite, zu Einstellungen und Motiven des Verdächtigen;
- Erarbeitung von Informationen zum Persönlichkeitsbild des Verdächtigen, seinen materiellen und finanziellen Verhältnissen;
- Feststellung von Kontakten und Verbindungen des Verdächtigen in der DDR und im Ausland;

- Gewinnung von Erkenntnissen über Wohn- und Familienverhältnisse, den Tagesablauf, Bewegungsabläufe usw. des Verdächtigen sowie zu bestimmten Regimeverhältnissen, beispielsweise im Betrieb der entsprechenden Person;
- Einschätzung des Inhalts und der Bedeutung der Informationen, zu denen der Verdächtige Zugang hatte;
- Einschätzung komplizierter Sachverhalte sowie Feststellung begünstigender Bedingungen für Spionagehandlungen.

Der IM-Einsatz erstreckte sich jedoch nicht allein auf die Erarbeitung derartiger Informationen. Oft waren bestimmte operative Maßnahmen ohne die Unterstützung der IM nicht möglich. Die IM konnten:

- zur Vorbereitung und Absicherung von konspirativen Haus- und Arbeitsplatzdurchsuchungen beitragen, zum Beispiel durch Gewinnung von Erkenntnissen zu den Regimeverhältnissen, Beschaffung von Schlüsseln oder Schlüsselabdrücken, Bindung von Personen usw.;
- zur Realisierung konspirativer Ermittlungen und Feststellung von Bewegungsabläufen genutzt werden;
- bei der Durchführung technischer Maßnahmen als Stützpunkt dienen beziehungsweise dazu geeignete Personen benennen;
- zur Durchführung operativer Kombinationen genutzt werden (besonders IM in Schlüsselpositionen).

Bei der Realisierung des OV »Kontakt« wäre es beispielsweise ohne die Unterstützung durch IM nicht möglich gewesen, die erforderlichen Handlungen zur Durchführung der technischen Maßnahme D (optische und elektronische Beobachtung und Dokumentation vorwiegend in Räumen), die letztendlich Gewissheit über die Spionagehandlungen der verdächtigen Person erbrachte, am Arbeitsplatz der Agentur durchzuführen.

Der Einsatz von IM konnte auch durch Feststellung von verdächtigen Verhaltensweisen zur Identifizierung eines Verdächtigen beitragen. Dazu war eine Abstimmung mit Fahndungsmaßnahmen erforderlich. Bestand seitens eines IM Kontakt zu einer verdächtigen Person, konnte dieser in Abhängigkeit von seinen objektiven und subjektiven Möglichkeiten unter strenger Beachtung der Regeln der Konspiration und der Gewährleistung seiner Sicherheit zur weiteren Bearbeitung des OV eingesetzt werden. Dabei wurde in der Regel auch die Dislozierung von IM anderer Diensteinheiten im Umfeld des Verdächtigen geprüft. Im Umfeld der Person vorhandene IM oder GMS anderer Diensteinheiten konnten bei entsprechender Eignung in die Bearbeitung des OV einbezogen werden. Ergab die Dislozierung der IM bis dahin keinen Kontakt zur bearbeiteten Person, war die Möglichkeit zu prüfen, einen IM in die Bearbeitung des OV einzuführen. Ausgehend von der Analyse bekannt gewordener Persönlichkeitseigenschaften des Verdächtigen war eine gewissenhafte Vorbereitung der Herstellung eines Kontakts zu sichern, um den IM so natürlich wie möglich in das Blickfeld der verdächtigen Person zu bringen und eine spätere Herauslösung zu gewährleisten. In der Praxis der Spionageabwehr hatte sich dabei zur konsequenten Durchsetzung der Konspiration bewährt, den IM unter vorher genau festgelegten Legenden zu instruieren, um das Interesse der Staatssicherheit am Verdächtigen nicht erkennbar werden zu lassen beziehungsweise die eigentliche Zielstellung der Bearbeitung zu konspirieren.

Bestand kein Kontakt eines IM zur verdächtigen Person und war die Einführung eines IM aufgrund des Zeitfaktors, des Aufwands, Gründen der Konspiration oder bestimmter Absicherungsmaßnahmen des Verdächtigen nicht möglich, so musste die Möglichkeit geprüft werden, eine Person aus dem Umfeld des Betreffenden als IM zu werben.

Ausgehend von Erkenntnissen zur Arbeitsweise westlicher Geheimdienste und ihrer Agenturen sowie der Erfahrungen der Spionageabwehr, war es jedoch durch den IM-Einsatz nur selten möglich, eine offizielle Beweislage zu schaffen, da zur Sicherheit der IM ein unbedingter Quellenschutz gewährleistet werden musste. Ungeachtet dessen erbrachte der Einsatz von IM wertvolle Ergebnisse zur Überprüfung spionageverdächtiger Personen im Rahmen der genannten Möglichkeiten.[665]

Die erfolgreiche operative Bearbeitung spionageverdächtiger Personen erforderte den aufeinander abgestimmten Einsatz von inoffiziellen Kräften sowie technischer und spezifisch-operativer Mittel und Methoden. Diese Methoden besaßen vor allem im Hinblick auf die Erarbeitung von Beweisen für die Spionagetätigkeit des Verdächtigen einen hohen Stellenwert. Der Einsatz technischer Mittel war innerhalb der Bearbeitung von OV mit Spionageverdacht ein wichtiges Element. Die Erfahrungen der Linie II belegten, dass es oft nur durch den Einsatz von Technik möglich war, Spionagetätigkeit nachzuweisen, da die Möglichkeiten des IM-Einsatzes begrenzt waren. In der Praxis wurden die operativ-technischen Maßnahmen A (Telefonüberwachung) und B (akustische Überwachung in geschlossenen und begrenzt freien Räumen) sowie der Spezifik des Vorgangs entsprechend differenziert die Maßnahme D (optische und elektronische Beobachtung und Dokumentation vorwiegend in Räumen) durchgeführt.

Beispielsweise konnte durch die Realisierung der Maßnahme D bei der Bearbeitung des OV »Kontakt«

---

665 Vgl.: Ebd., Bl. 30 – 34.

Gewissheit über die Spionagetätigkeit der verdächtigen Person erlangt werden. Es wurde festgestellt und dokumentiert, dass der Verdächtige Abschriften von geheimzuhaltenden Dokumenten anfertigte. Da der Einsatz von technischen Maßnahmen oft mit einem erheblichen Aufwand verbunden war, musste im Vorfeld genauestens eingeschätzt werden, ob der Einsatz der jeweiligen Maßnahme sinnvoll war und objektiv die notwendigen Erkenntnisse zum Sachverhalt vermitteln konnte. Technische Maßnahmen durften nicht wahllos eingesetzt werden und waren nicht als letztes Mittel bei Fehlschlägen anderer Maßnahmen anzusehen. Um ihren Einsatz effektiv zu gestalten, mussten bestimmte Handlungen beziehungsweise Reaktionen des Verdächtigen veranlasst werden, die mittels operativer Technik dem MfS bekannt wurden und Rückschlüsse auf die Spionagetätigkeit der OV-Person zuließen.

Im OV »Kontakt« wurde die technische Maßnahme D zu einem Zeitpunkt eingesetzt, bei dem im Arbeitsbereich der verdächtigen Person die für den Verfassungsschutz interessanten Informationen aufliefen. Dadurch konnten die Spionagehandlungen erfolgreich dokumentiert werden.

Der Einsatz der technischen Mittel war ein bedeutsames Element im Komplex der operativen Kräfte, Mittel und Methoden und sollte zur Erhöhung der Effektivität/ Wirksamkeit stets im Zusammenhang mit anderen Maßnahmen erfolgen. Der Einsatz der technischen Maßnahmen konnte durch die Spionageabwehr effektiv gestaltet werden, indem durch inoffiziell erarbeitete Informationen oder Auskünfte anderer Diensteinheiten bekannt wurde, dass zu bestimmten Zeitpunkten nachrichtendienstlich relevante Informationen anfielen oder Begegnungen des Verdächtigen mit Verbindungspersonen aus dem NSW stattfinden würden.

Beim Einsatz der Maßnahme D im OV »Kontakt« war nicht nur bekannt, dass zu einem bestimmten Zeitpunkt die für den Verfassungsschutz interessanten Informationen anfielen, sondern es war durch entsprechende Vergleichsarbeit bezüglich der Auskünfte aus dem Reisedatenspeicher der HA VI möglich, die bevorstehende Einreise der Verbindungsperson aus der Bundesrepublik vorauszusagen. Die Einreise erfolgte in der Regel unmittelbar nach der Erlangung von Informationen an der Arbeitsstelle der Verdächtigen, so dass dieser zum Handeln (Abschrift der Dokumente) gezwungen war. So konnte die Maßnahme D durch die HA II effektiv eingesetzt werden. Die Feststellung objektiver Tatbestandsmerkmale im OV »Kontakt« durch die Maßnahme D stellte eine Ausnahme dar. Nicht immer waren solche Ergebnisse zu erwarten.

Mit dem Einsatz der operativen Technik und den durch diese gewonnenen Informationen war nur eine inoffizielle Beweislage vorhanden, die eine Einschätzung der Handlungen des Verdächtigen zuließ, jedoch strafprozessual nicht verwendet werden konnte. Unter bestimmten Bedingungen war es jedoch möglich, diese inoffiziellen Beweise durch geeignete Maßnahmen beziehungsweise im Rahmen des strafprozessualen Prüfungsstadiums zu offizialisieren.

Bei der Bearbeitung von OV mit Spionageverdacht wurde durch die Staatssicherheit der Einsatz spezifisch-operativer Mittel und Methoden in der Regel als unerlässlich betrachtet. Ein Mittel in der Bearbeitung von Spionage-OV war die konspirative Wohnungs- und Arbeitsplatzdurchsuchung. Dadurch konnten wertvolle inoffizielle Beweise zur Spionagetätigkeit der verdächtigen Person erarbeitet werden, die bei Durchführung einer offiziellen Hausdurchsuchung gemäß § 108 (1) Ziffer 2 StPO im Rahmen eines Ermittlungsverfahrens offiziell verwendet werden konnten. Im Rahmen einer solchen konspirativen Durchsuchung konnten Informationen erarbeitet werden zu:

- den materiellen Verhältnissen des Verdächtigen, die im Zusammenhang zu den Spionagehandlungen stehen konnten, beispielsweise die Ausstattung der Wohnung mit hochwertigen Konsumgütern aus westlicher Produktion;
- den finanziellen Verhältnissen der verdächtigen Person, zum Beispiel das Vorhandensein von Valutazahlungsmitteln, zu denen sie objektiv keinen offiziellen Zugang hatte beziehungsweise die weit über den Rahmen ihrer Möglichkeiten hinausgingen;
- der Möglichkeit zum Empfang des RSD;
- möglicherweise vorhandenen codierten Zahlengruppen im Zusammenhang mit dem Empfang des RSD;
- der eventuellen Ausstattung mit nachrichtendienstlichen Hilfsmitteln, wie Geheimschreibmitteln, vorgeschriebenen Briefen, Containern, Deckadressen oder Decktelefonnummern;
- der Aufbewahrung dienstlicher Unterlagen, die im Zusammenhang mit der Spionagetätigkeit stehen konnten;
- bedeutsamen Informationen, zum Beispiel Eintragungen in Terminkalendern, Telefonverzeichnissen oder Notizbüchern.

Solche Informationen ließen für die Spionageabwehr wichtige Rückschlüsse auf die geheimdienstliche Tätigkeit des Verdächtigen zu.

Die im Rahmen des Ermittlungsverfahrens gegen die im OV »Greif« bearbeiteten Personen durchgeführte Hausdurchsuchung gemäß § 108 (1), Ziff. 2 StPO erbrachte die Feststellung nachrichtendienstlicher Hilfsmittel. Es handelte sich dabei um einen zur Anfertigung von Geheimschrift präparierten Kugelschreiber, ein

Ring-Notizbuch sowie zwei Container (Thermoskanne und Damenhandtasche) zum Transport sowie zur Aufbewahrung von Aufzeichnungen. Des Weiteren wurden Gegenstände festgestellt, die vom Agentenlohn angeschafft worden waren, beispielsweise eine Goldkette und eine Pelzjacke. Im Safe der Wohnung fand das MfS den bundesdeutschen Strafbefehl zu einer Diebstahlshandlung im Westen, so dass Rückschlüsse auf das zur Werbung genutzte Kompromat gezogen werden konnten.

Eine andere in der Spionageabwehr bewährte spezifisch-operative Methode war die konspirative Beobachtung. Sie diente dazu,

- Bewegungsabläufe der verdächtigen Person festzustellen, beispielsweise den Weg von und zur Arbeitsstelle oder zum Grundstück, einschließlich der dabei genutzten Verkehrsmittel, und die damit in Zusammenhang stehenden Regimeverhältnisse aufzuklären,
- Kontakte des Verdächtigen festzustellen und zu dokumentieren, zum Beispiel das Zusammentreffen mit anderen Menschen sowie damit im Zusammenhang stehende Handlungen, die Rückschlüsse auf den Charakter der Beziehung zuließen,
- bedeutsame Handlungen der verdächtigen Person festzustellen und diese zu dokumentieren.

Da Agenturen in politischen und ökonomischen Bereichen in der Regel keine speziellen Handlungen zur Durchführung der Spionage tätigten (im Gegensatz zum Militärspion, der zur Aufklärung das entsprechende Objekt anlaufen/anfahren musste) und die Treffdurchführung vorwiegend im Operationsgebiet erfolgte, musste den Möglichkeiten der Beobachtung im Westen erhöhte Beachtung beigemessen werden. Wenn es im Rahmen der Bearbeitung eines OV mit Spionageverdacht notwendig und möglich war, erfolgte die Prüfung dahingehend, ob derartige Möglichkeiten einer konspirativen Beobachtung im Operationsgebiet bestanden. Damit konnten mögliche Treffs, Handlungen und Bewegungsabläufe im NSW festgestellt und dokumentiert werden. Hierbei wurde besonders vorsichtig vorgegangen, da die Möglichkeit einer Gegenbeobachtung durch die Dienste real war.

Sowohl im Operationsgebiet als auch in der DDR war eine gedeckte Beobachtung von einem Stützpunkt aus zu bevorzugen, um die Gefahr einer Dekonspiration der Maßnahme auszuschließen. Um die Beobachtungsmaßnahmen nicht zu dekonspirieren und möglichst effektiv zu gestalten, mussten sie entsprechend vorbereitet werden. Der vorgangsführende Offizier musste die Ziel- und Aufgabenstellung der Beobachtung bestimmen und seinen Informationsbedarf abstecken. Dies betraf Verbindungen, Anlaufstellen, Handlungen der verdächtigen Person u. Ä. Die vorgangsführende Diensteinheit musste ihrer Verantwortung durch die Übermittlung wichtiger Ausgangsinformationen für die Beobachtungskräfte, wie zum Beispiel

- hatte der Verdächtige ein Kfz, mit welchem Kennzeichen,
- verfügte die verdächtige Person über einen Telefonanschluss,
- hatte der Verdächtige ein Grundstück oder eine Nebenwohnung,

zur Gewährleistung eines effektiven Einsatzes gerecht werden. Weiterhin waren für die Beobachtung Schwerpunkte zu setzen und zur Erhöhung der Effektivität nach Möglichkeit den Observanten ein aktuelles Foto der Zielperson zur Verfügung zu stellen.

Wurde eine postalische Verbindung zum Geheimdienst vermutet, waren Maßnahmen anderer Diensteinheiten, beispielsweise Sonderkastenleerungen durch die Linie M, abgestimmt mit den Beobachtungsmaßnahmen, einzuleiten. Dadurch wurde die Feststellung und Dokumentierung von Handlungen möglich, die unmittelbar auf die Begehung von Spionagehandlungen schließen ließen. Die Beobachtungskräfte mussten deshalb auf Handlungen wie Briefeinwürfe vorbereitet sein.

Die Einleitung von Maßnahmen der Linie M stellte bei der Bearbeitung von OV mit Spionageverdacht ein beständiges Element dar. Sie dienten dazu:

- postalische Verbindungen vom Spion zum Geheimdienst festzustellen (die Linie M stellte vorgeschriebene Briefe und solche mit Geheimschreibmittel fest, wobei beachtet werden musste, dass Spione in politischen Bereichen solche Hilfsmittel meist ablehnten),
- die Persönlichkeit des Verdächtigen aufzuklären,
- Kontakte und Verbindungen der verdächtigen Person festzustellen und zu charakterisieren.

Bei der Spionagebekämpfung spielte vor allem die Schriftenfahndung eine Rolle, die in Zusammenarbeit zwischen der Abteilung M und der HA II/5 realisiert wurde. Das notwendige Vergleichsmaterial sollte dabei nicht älter als zwei bis drei Jahre sein. Bei der Bearbeitung von OV mit Spionageverdacht bestand die Möglichkeit der Realisierung von speziellen Maßnahmen der Abteilung M (zum Beispiel Sonderkastenleerungen), wenn der Einwurf eines Geheimschriftbriefs zu vermuten war. Zur Feststellung von Verbindungen des Verdächtigen waren die Speicher der Abteilung M zu nutzen (M/01 DDR, M/02 Ausland). Bei Notwendigkeit bestanden seitens der Linie M Möglichkeiten zu weiteren Sondermaßnahmen. Durch die Postkontrolle erarbeitete inoffizielle Beweise waren in der Regel nicht offiziell verwendbar. Eine Möglichkeit der Offizialisierung derartiger Beweise bestand in der Beschlagnahme von Postsendungen des Verdächtigen auf der Grundlage des § 115 StPO. Bestimmte Sendungen konnten gemäß §§ 8, 9 der Postordnung von der Beförderung ausgeschlossen werden. Weiterhin bot die Zollgesetzgebung der DDR Möglichkeiten zur Sicherung von Postsendungen. Derartige Maßnahmen zur Offizialisierung und Verwendung von durch die Linie M erarbeiteten Informationen erforderten seitens der vorgangsführenden Diensteinheit eine gründliche Vorbereitung und Beratung mit der zuständigen Abteilung M sowie der Linie IX.

Die Praxis bewies der Spionageabwehr, dass die Zusammenarbeit mit anderen Diensteinheiten für eine erfolgreiche Vorgangsbearbeitung und qualifizierte Beweisführung in der Regel unerlässlich war. Eine qualifizierte Beweisführung und erfolgreiche Vorgangsbearbeitung erforderten den komplexen Einsatz der Kräfte, Mittel und Methoden. Auf der Grundlage der DA Nr. 1/87 des Ministers für Staatssicherheit ergab sich die Verantwortlichkeit und Federführung der HA II beziehungsweise der Linie II insgesamt bei der Spionagebekämpfung. Daraus wiederum erwuchs die objektive Notwendigkeit der Zusammenarbeit mit verschiedenen Diensteinheiten. Aufgrund der Intensität und Komplexität nachrichtendienstlicher Angriffe forderte die DA Nr. 1/87 die Erhöhung der Wirksamkeit aller Diensteinheiten der Abwehr zur Bekämpfung gegnerischer Spionage und deren kameradschaftliche Zusammenarbeit. Oft wurden durch Diensteinheiten außerhalb der Linie II wertvolle Ausgangshinweise in Richtung Spionage erarbeitet.
Zur zügigen Klärung des Spionageverdachts machte sich in Übereinstimmung mit den Forderungen der DA Nr. 1/87 eine Zusammenarbeit mit der zuständigen HA/Linie II erforderlich. Es wurde grundsätzlich davon ausgegangen, dass operative Materialien dort bearbeitet wurden, wo die besten Bearbeitungsmöglichkeiten vorhanden waren. Zusammen mit den beteiligten Diensteinheiten sollte ein Operativplan erarbeitet werden, der

die erforderlichen Maßnahmen festlegte und die Kompetenzen genau absteckte.

Zur Festlegung und Realisierung derartiger abgestimmter Maßnahmen war eine entsprechende Koordinierung über die verantwortlichen Leiter notwendig. Entsprechend der Spezifik des Spionagevorgangs wurden bei Erfordernis zeitweilige Arbeitsgruppen zur gemeinsamen Bearbeitung des OV gebildet, so beispielsweise bei den OV »Greif« und »Hydra« der HA II/6.

Entsprechend der Spezifik und Individualität des jeweiligen Spionagevorgangs war zu prüfen, ob neben den IM des eigenen Netzes, Möglichkeiten zum Einsatz von IM anderer Diensteinheiten im Arbeits-, Wohn- und Freizeitbereich der verdächtigen Person bestanden. Diese konnten zeitweilig durch die zuständige Abteilung der HA II beziehungsweise Abteilung II/BV genutzt werden beziehungsweise die erarbeiteten Informationen wurden an die HA II/Abteilung II/BV nach Absprache weitergeben.

Weitere Möglichkeiten der Zusammenarbeit mit anderen Diensteinheiten der Abwehr zur Bearbeitung von Spionage-OV sowie zur Qualifizierung der Beweisführung bestanden neben der Nutzung der spezifischen Möglichkeiten der Linien 26, M und VIII in der Einleitung von Zielfahndungsmaßnahmen bei der Linie VI. Speicherauskünfte zur Reisetätigkeit von Personen durch die Linie VI, beispielsweise zur Ein- und Ausreise, Aufenthaltsdauer und Aufenthaltsorten konnten im Rahmen eines Ermittlungs- beziehungsweise späteren Strafverfahrens offiziell verwendet werden. Im OV »Kontakt« wurde zum Beispiel die Auskunft der HA VI zur Reisetätigkeit eines Bundesbürgers, der Agentur des BfV war, als offizielles Beweismittel genutzt. Vergleiche der Reisedaten hatten ergeben, dass der Spion des BfV stets zu den Zeitpunkten ausreiste, wenn am Arbeitsplatz seines DDR-Kontaktpartners die für den Verfassungsschutz relevanten Informationen aufliefen.

Ein weiteres wichtiges Element der Qualifizierung der Beweisführung in OV mit Spionageverdacht stellte die Zusammenarbeit mit der Linie Untersuchung, insbesondere der HA IX/1, dar. Das Untersuchungsorgan war so früh wie möglich zu konsultieren und in die Bearbeitung des OV einzubeziehen, um die operative Arbeit auf die wesentlichen Punkte der Beweisführung zu konzentrieren. Ständig war die zuständige Abteilung der IX zu konsultieren, wenn es um die Sicherung und Dokumentierung von Beweismitteln im Original ging sowie zur strafrechtlichen Einschätzung erarbeiteter Informationen im Hinblick auf Inhalt, Beweiskraft, Wertung und offizielle Verwendbarkeit. Fragen, die im Zusammenhang mit der Offizialisierung inoffiziell erarbeiteter oder beschaffter Beweismittel standen, waren stets in Abstimmung mit dem Untersuchungsorgan zu klären. Zu einer qualifizierten Beweisführung trug aus Sicht der Staatssicherheit bei, wenn durch die Nutzung der Erfahrungen der Mitarbeiter des Untersuchungsorgans Möglichkeiten zum qualifizierten Abschluss eines OV mit Spionageverdacht erörtert wurden, zum Beispiel die Durchführung operativer Kombinationen zur Schaffung eines offiziellen Anlasses, zu dem der Verdächtige befragt werden konnte.

Ein anderes nutzbares Potential lag im Zusammenwirken mit anderen Staatsorganen, insbesondere der Deutschen Volkspolizei. Dabei galt es für das MfS, stets prinzipienfest die Erfordernisse der staatlichen Sicherheit sowie von Konspiration, Geheimhaltung und Wachsamkeit zu gewährleisten. Das Verhältnis zu den Partnern des Zusammenwirkens musste im Selbstverständnis der Staatssicherheit von einer Atmosphäre der Kameradschaftlichkeit getragen sein. Zur Qualifizierung der Beweisführung sowie zur Effektivierung der Vorgangsarbeit war es notwendig, die Partner sicherheitspolitisch zu befähigen und deren Potenzen zielgerichtet zu nutzen. Allerdings spielte seitens des MfS hier auch der Abwehrgedanke mit, denn die Partner des Zusammenwirkens, insbesondere die VP, waren ebenfalls Objekte von Spionageaktivitäten westlicher Dienste.

Im operativen Stadium der Bearbeitung von Spionage-OV spielte das Zusammenwirken mit gesellschaftlichen Kräften keine wesentliche Rolle. Sie gewannen allerdings im strafprozessualen Stadium wieder an Bedeutung.

Im Rahmen der politischen Spionage besaß die Zusammenarbeit mit befreundeten Sicherheitsorganen anderer sozialistischer Staaten eine entsprechende Bedeutung. Notwendige Koordinierungsmaßnahmen waren über die Abteilung X des MfS beziehungsweise über die Operativgruppen in den sozialistischen Ländern vorzunehmen. Durch die Realisierung der verschiedensten operativen beziehungsweise technischen Maßnahmen durch die Partner im sozialistischen Ausland konnten vorgangsbestimmende Erkenntnisse gewonnen werden.

Zur erfolgreichen Vorgangsbearbeitung und Qualifizierung der Beweisführung dienten auch andere Mittel und Methoden. Dazu gehörten die Ausarbeitung und Anwendung wirksamer operativer Legenden und Kombinationen. Sie wurden mit dem Ziel der offensiven, beschleunigten und effektiven Bearbeitung von OV angewandt und dienten dazu, die Tarnung des Gegners bei gleichzeitiger Konspiration der eigenen Mittel und Methoden zu durchdringen und Beweise für die Spionagetätigkeit des Verdächtigen zu erarbeiten.

Die Arbeit mit Legenden wurde seitens der Staatssicherheit zur Gewährleistung der Konspiration bei der

Realisierung operativer Maßnahmen als unerlässlich betrachtet. Sie dienten dazu, derartige Maßnahmen beziehungsweise deren Zielstellung für andere Personen nicht offenkundig werden zu lassen, so beispielsweise bei Ermittlungen oder der Schaffung von Stützpunkten. Die Legenden mussten für Unbeteiligte natürlich erscheinen, das heißt, sachlich, zeitlich und personell nachvollziehbar sein. Die Anwendung von Legenden diente zur Erarbeitung wertvoller Informationen zum Verdächtigen und dessen Umfeld.

Die Legenden wurden zur Lösung konkreter Aufgaben angewandt, in der Regel zur Erarbeitung von Informationen zum Verdächtigen und dessen Verhalten. Dabei war die Legende ein wirklichkeitsnaher und glaubhafter Vorwand, der auf bekannten natürlichen sowie überprüfbaren Gegebenheiten beruhte, um die Person, der gegenüber die Legende zur Anwendung kam, über die Zielstellung der Staatssicherheit zu täuschen beziehungsweise diese zur Verhaltensweisen anzuregen, die der Lösung der operativen Aufgaben dienlich waren.

Eine oftmals angewandte Legende bei der Realisierung von Ermittlungen oder der Schaffung von Stützpunkten war das Auftreten von MfS-Mitarbeitern als Angehörige der Kriminalpolizei. Dazu besaßen die entsprechenden Mitarbeiter der Staatssicherheit dienstliche Dokumente der Kriminalpolizei (Dienstbuch und bis zu deren Abschaffung die Dienstmarke der K). Bei der Schaffung eines Stützpunktes in einer Schule fand beispielsweise die Legende Verwendung, dass auf einem vom Schulgebäude aus einsehbaren Parkplatz vermehrt Diebstahlshandlungen begangen wurden, zu deren Bekämpfung ein Beobachtungsstützpunkt notwendig sei. Bei solchen Legenden war jedoch zu beachten, dass vielen Bürgern die Unterschiede in der Arbeitsweise zwischen K und MfS bekannt waren, so dass die Gefahr einer Dekonspiration teilweise gegeben war. Weitere häufig angewandte Legenden waren ständig laufende Maßnahmen der Staatssicherheit in den Aktionen »Grün« (Ermittlungen hinsichtlich Einberufungen zu den Grenztruppen der DDR) oder »Leuchtturm« (Ermittlungen zur Einstellung von Angehörigen des fahrenden Personals von Deutscher Seereederei und Hochseefischerei). Auch unter diesem Vorwand konnten Ermittlungen zum Verdächtigen, dessen Angehörigen oder Verbindungspersonen durchgeführt werden, ohne dass den befragten Auskunftspersonen die wahre Zielstellung der Spionageabwehr offenbart werden musste.

Legenden waren auch Bestandteil notwendiger operativer Kombinationen. Die Kombinationen waren ein Komplex sich gegenseitig ergänzender sowie aufeinander abgestimmter Maßnahmen zur Realisierung einer bestimmten Aufgabe bei der Bearbeitung von OV. Operative Kombinationen dienten der Erarbeitung wertvoller Informationen und Beweise zum Nachweis der Spionagetätigkeit. Im Rahmen der Kombinationen wurden IM eingesetzt, es kamen Legenden zur Anwendung und es konnten verschiedene technische sowie spezifisch-operative Maßnahmen realisiert werden.

Entsprechend der Spezifik und Individualität von OV mit Spionageverdacht war es dem MfS oft nur durch die Anwendung operativer Kombinationen möglich, technische oder spezifisch-operative Maßnahmen zu realisieren, beispielsweise um mehrere Personen wie Nachbarn oder im Haushalt des Verdächtigen lebende Personen für eine bestimmte Zeitdauer zu binden. So wurde zur Durchführung einer konspirativen Hausdurchsuchung bei einer spionageverdächtigen Person aus dem Bezirk Neubrandenburg eine Veranstaltung unter Teilnahme des Verdächtigen organisiert, um diesen für den relevanten Zeitraum zu binden.

Um die Kombination und das mit ihr verfolgte Ziel verwirklichen zu können, musste diese den Verdächtigen zwingend zu einem, dem Ziel der Kombination dienenden Handeln, veranlassen. Das entsprechende Handeln musste dann dokumentiert werden. Um die Wirksamkeit der Anwendung operativer Legenden und Kombinationen zu gewährleisten, waren folgende Grundsätze zu beachten:

- Vor der Erarbeitung und Anwendung von Legenden und Kombinationen waren die Zielperson sowie mit ihr im Zusammenhang stehende Menschen und Sachverhalte aufzuklären und einzuschätzen.
- Die Legende beziehungsweise Kombination musste sich inhaltlich am angestrebten Ziel orientieren.
- Legenden und Kombinationen mussten der Individualität der Person beziehungsweise des Sachverhalts Rechnung tragen und es objektiv ermöglichen, die erforderlichen Informationen und Beweise zu erarbeiten.
- Legenden und Kombinationen durften die Zielstellung des MfS für die Zielperson beziehungsweise andere Personen (zum Beispiel Auskunftspersonen) nicht erkennbar werden lassen und mussten die Konspiration der Kräfte, Mittel und Methoden der Staatssicherheit gewährleisten.[666]

Im Bereich der Bearbeitung von politisch brisanten Spionagevorgängen war insbesondere die HA II/6 tätig. Sie hatte den Auftrag, die zielstrebige Bearbeitung erkannter sowie unbekannter Spione westlicher Geheimdienste zu organisieren und andere Diensteinheiten des MfS bei der Bearbeitung von Spionage-OV entsprechend der Verantwortung und Federführung der

---

666 Vgl.: Ebd., Bl. 34–47.

HA II zu unterstützen. Ihr oblag aber auch die präventive Sicherung hochrangiger Geheimnisträger und im Blickpunkt der Öffentlichkeit stehender DDR-Bürger, die in die Wirkungskreise westlicher Geheimdienste gerieten beziehungsweise durch Verstöße gegen die Partei- und Staatsdisziplin sowie andere negative Verhaltensweisen eine latente Gefahr für die Sicherheit darstellten. Die operative Bearbeitung anonym/pseudonym Beschuldigter aus zentralen Bereichen von Parteien und Massenorganisationen, staatlichen Führungszentren, wirtschaftsleitenden Organen sowie zentraler Wissenschaftseinrichtungen mit dem Ziel der Prüfung der operativen beziehungsweise strafrechtlichen Relevanz der erhobenen Beschuldigungen oblag der HA II/6 ebenfalls.[667]

So führte die HA II/6 beispielsweise den Fahndungsvorgang »Mirza«. Aufgrund zuverlässiger Informationen aus dem Operationsgebiet konnte im Fahndungsvorgang »Mirza« die in leitender Position im Medienbereich der Bundesrepublik tätige Person »Dirigent« mit großer Wahrscheinlichkeit als der gesuchte Agent des BND, dessen geheimdienstliche Tätigkeit sich vornehmlich gegen zentrale Bereiche des Staatsapparates richtete, identifiziert werden. Die operative Bearbeitung erfolgte mit dem Ziel der eindeutigen Nachweisführung der Identität zwischen »Dirigent« und der gesuchten Agentur sowie der Dokumentation der von »Dirigent« ausgehenden Aktivitäten. Folgende Maßnahmen waren angedacht:

• ständiger Vergleich neuer Erkenntnisse der HV A zum Agenten »Mirza« mit bekanntwerdenden Bewegungsabläufen von »Dirigent«,

---

667 Vgl.: HA II/6: Jahresarbeitsplan 1988. BStU ZA MfS HA II Nr. 28494, Bl. 3 f.

- Weiterführung der Zielfahndung zu »Dirigent« bei der HA III,
- Realisierung operativer Kontrollmaßnahmen durch die HA VIII bei Einreisen von »Dirigent« nach Ostberlin,
- Aufrechterhaltung des persönlichen Kontakts zu »Dirigent« seitens der HV A X und Abstimmung mit der HA II/6,
- Realisierung einer operativen Kombination in Abstimmung mit der HV A IX sowie der HV A X,
- Realisierung der technischen Maßnahmen A (Telefonüberwachung) und B (akustische Überwachung in geschlossenen und begrenzt freien Räumen) am Wohnsitz des Kontaktpartners von »Dirigent«, Deckname »Medicus« in Ostberlin.[668]

In den Fahndungsvorgängen »Globus«, »Dozent«, »Onyx« und »Kabine« erfolgte seitens der HA II/6 die Fahndung nach unbekannten Agenturen des BND, deren geheimdienstliche Aktivitäten sich gegen spezielle Bereiche des Außenhandels der DDR, zentrale finanzwirtschaftliche Bereiche und wirtschaftswissenschaftliche Forschungseinrichtungen der DDR und anderer Staaten des RGW richteten. Mit hoher Wahrscheinlichkeit konnten der Bürger Westberlins »Globus« und der DDR-Wissenschaftler »Dozent« als gesuchte Agenturen identifiziert werden.[669]

Auf der Grundlage zuverlässiger Informationen aus dem Operationsgebiet erfolgte durch die HA II/6 im Fahndungsvorgang »Kardinal« die Fahndung nach einer unbekannten Agentur des BND, deren geheimdienstliche Aktivitäten sich gegen Einrichtungen der

---

668 Vgl.: Ebd., Bl. 5 f.

669 Vgl.: HA II/6: Jahresarbeitsplan 1989. BStU ZA MfS HA II Nr. 28494, Bl. 34.

evangelischen Kirche in der DDR richteten. Im Jahr 1988 konnte als Hauptverdächtige eine DDR-Bürgerin ermittelt werden.[670]

Mit dem Ziel der Verdachtsprüfung erfolgte durch die HA II/6 zum Beispiel in den SOV »Schalter«, »Lehrer«, »Qualle«, in den OV »Ernte« und »Block V« sowie in den operativen Materialien »Gino«, »Quarz«, »Pfeffer«, »Onkel«, »Pauker«, »Wanderprediger«, »Block VI«, »Freundin«, »Kollegin«, »Frühling« und »Lüders« die operative Bearbeitung von DDR-Bürgern, Bundesbürgern und Westberlinern, die zum persönlichen Umfeld enttarnter Agenturen des BND gehörten, durch Dritte der Zusammenarbeit mit dem BND beschuldigt beziehungsweise im Ergebnis der Fahndung nach unbekannten Spionen als mögliche Verdächtige beziehungsweise als Zielpersonen des BND bekannt wurden.[671]

Gegen den Verfassungsschutz war die HA II/6 ebenfalls aktiv. Mit dem Ziel der Erarbeitung offizieller Beweise für eine geheimdienstliche Tätigkeit gem. §§ 97, 98 StGB und Vorgangsabschluss durch Einleitung strafprozessualer beziehungsweise anderer geeigneter Maßnahmen wurden in den SOV »Jupiter«, »Konzert« und »Schnalle«/»Hund« Personen aus dem NSW bearbeitet, die als Agenten des BfV erkannt worden waren beziehungsweise als Agenturen eines anderen westlichen Geheimdienstes die Tätigkeit des BfV unterstützten. Sie hatten im Rahmen ihrer beruflichen oder politischen Tätigkeit Kontakte zum Fernsehen der DDR, zur Künstleragentur, zum Bereich kulturelle Westarbeit der SED sowie zur Liga für Völkerfreundschaft unterhalten.

---

670 Vgl.: Ebd., Bl. 35.

671 Vgl.: HA II/6: Jahresarbeitsplan 1988. BStU ZA MfS HA II Nr. 28494, Bl. 8 f.

Mit dem Ziel der Verdachtsprüfung beziehungsweise des rechtzeitigen Erkennens und der präventiven Verhinderung geheimdienstlicher Angriffe wurden in den SOV »Saturn« und »Delegation«, im OV »Journalist«, im operativen Material »Fritz« sowie im Sicherungskomplex »Vögel« erkannte Zielpersonen des BfV Köln bearbeitet, die in verantwortlichen Funktionen im Partei- und Staatsapparat, im Medienbereich, im Bereich Kultur, in wirtschaftsleitenden Organen und Wissenschaftseinrichtungen der DDR tätig waren und in Ausübung ihrer beruflichen Tätigkeit in das NSW reisten. Aber auch gegen das LfV Berlin agierte die HA II/6. Mit dem Ziel der Verdachtsprüfung erfolgte im SOV »Stoppel« sowie in den operativen Materialien »Julia« und »Gans« die Kontrolle von Personen aus dem Operationsgebiet, die in der Vergangenheit im Blickfeld des LfV Berlin gestanden hatten beziehungsweise die zu den Verbindungen eines erkannten Agenten des BfV Köln gehörten.[672]

Neben der HA II/6 war auch die HA II/19 im Bereich der politischen Spionageabwehr tätig. Die HA II/19 enttarnte 1980 die Westdeutschen Alfred B. sowie Horst und Elfriede M. als Agenturen des Verfassungsschutzes. Ihnen wurde Spionage gegen die Parteischule »Franz Mehring« vorgeworfen. An dieser Einrichtung in Berlin-Biesdorf wurden DKP-Genossen aus der Bundesrepublik und Westberlin geschult.
Ebenfalls durch die HA II/19 wurde der OV »Kader« bearbeitet. Dieser richtete sich gegen den Bundesbürger Wilhelm W., Inhaber eines Tabakwarengeschäftes in Wedel und Mitglied der DKP. »Kader« war seit 1967 als V-Mann für die Abteilung III des BfV tätig und agierte

---

672 Vgl.: Ebd., Bl. 11 u. 13.

gegen die DKP. Aufgrund seines Wissens, er war in die Beziehungen der DKP zur SED eingebunden und Mitglied der Schiedskommission der DKP, war er für den Verfassungsschutz eine wertvolle Quelle. W. wurde im Juni 1983 vom MfS festgenommen und am 22. Juni 1984 zu einer lebenslänglichen Freiheitsstrafe verurteilt.

Die HA II/5 bearbeitete den TV »Büttel« des ZOV »Tanne«. Dieser Vorgang richtete sich gegen den Abteilungsleiter des SED-Zentralorgans *Neues Deutschland*, Horst C. Im Zuge des technischen Fortschritts wurde auch der Druckbetrieb des ND von Bleisatz auf Lichtsatz umgestellt. Für diese neue Technik wurde C. über mehrere Monate zur Ausbildung in die Bundesrepublik entsandt, unter anderem nach Erlangen und Eschborn. In diesem Zusammenhang wurde der ND-Abteilungsleiter vom BND angeworben. Entgegen den Sicherheitsinstruktionen hatte er nach Rückkehr in die DDR seine präparierten Briefe auf dem Weg von der Wohnung in der Palisadenstraße zum ND-Gebäude oftmals am Ostbahnhof in den Briefkasten eingeworfen. In diesem Zusammenhang wurden diese von der Abteilung M als geheimdienstlich relevant erkannt und der Spion wurde ermittelt. Bei der Festnahme von Horst C. im April 1983 wurden nachrichtendienstliche Hilfsmittel aufgefunden. In seiner Vernehmung sagte er aus, dass einer der Westmonteure, Helmut L., als Kurier fungiert und ihm vom BND-Verbindungsführer B. einen Kaufhauskatalog übergeben haben soll. Helmut L. wurde bei seiner nächsten Einreise in die DDR im Mai 1983 festgenommen und ein Ermittlungsverfahren eingeleitet. Das Ermittlungsverfahren gegen Helmut L. wurde im November 1983 eingestellt, der Verdacht hatte sich nicht bestätigt. Horst C. wurde im Juli 1985 zu acht Jahren Freiheitsentzug verurteilt. Aus dem Strafvollzug in Bautzen lehnte er einen Austausch in die BRD ab.[673]

Auch im Bereich des Gesundheitswesens war der BND aktiv, Interesse bestand insbesondere an leitenden Mitarbeitern. Im Frühjahr 1987 wurde in Zusammenarbeit HA II/AGK, HA II/6 und Abteilung II/BV Karl-Marx-Stadt nach einer unbekannten Agentur des BND gefahndet, die sich zu diesem Zeitpunkt allerdings schon in die Bundesrepublik abgesetzt hatte. Identifiziert wurde der ehemalige ärztliche Direktor des Kreiskrankenhauses Bad Elster, Dr. Klaus S. (MfS-Deckname »Katze«). Er kehrte von einer Reise in dringenden Familienangelegenheiten nicht in die DDR zurück. Zum damaligen Zeitpunkt konnte durch die Staatssicherheit nicht bewiesen werden, dass S. vor seiner Flucht als Spion tätig war.

Im Mai 1989 wurden in Bad Elster zufällig nachrichtendienstliche Hilfsmittel für den einseitigen Funk im Rundspruchdienst gefunden. Dabei handelte es sich um mehrere Schlüsselrollen, eine Frequenztabelle und einen Empfänger. Die Rekonstruktion der Funksprüche führte zu dem schlüssigen Nachweis, dass

- die Technik S. gehörte,
- S. im Zeitraum Oktober 1985 bis Februar 1987 insgesamt 17 Echtsprüche erhalten hatte,
- eine postalische Geheimschriftlinie zum BND bestand.
- Nach den Ermittlungen der Spionageabwehr wurde der Arzt von einem in der BRD lebenden Schulfreund dem BND aufgrund von Übersiedlungsabsichten zugeführt. Die endgültige Bereitschaft der Informa-

---

673 Mitteilung eines ehemaligen Mitarbeiters der HA IX/1 (Archiv des Verfassers).

tionslieferung an den BND als Gegenleistung für die Übersiedlung und Starthilfe im Westen erfolgte während eines Zusammentreffens mit dem Zuführer Lutz N. (MfS-Deckname »Poseidon«) im August 1985 in Bulgarien. Entweder bei diesem Treff oder im Zeitraum bis Oktober 1985 erhielt S. die geheimdienstliche Technik zur vercontainerten Selbsteinfuhr in die DDR beziehungsweise mittels einer TBK-Aktion. Nachweislich fand auch am 22. Februar 1986 ein konspirativer Treff zwischen »Katze« und »Poseidon« in Ostberlin statt. Folgende Funksprüche belegen diesen Treff:

- »14.01.1986: Brief drei prima. Am 8., 15. oder 22. Februar Treff mit Lutz 14 Uhr vor Eingang P. Museum geplant. Lutz ruft am 2. Febr. an. Er fragt nach Besuch Tante Lilos. Sie antworten mit dem Datum, wann Treff für sie möglich. Günstiger Termin 22. Ende.«
- »11.02.1986: Brief 5 prima. Bei Treff am 22. Febr. vor Museum nur Blickkontakt, Begrüßung im Museum. Bei Anreise auf Beschattung achten, zum Treff nur dann gehen, wenn sauber. Wenn bis 14 Uhr nicht zu schaffen, Ausweichzeiten 15 und 16 Uhr. Ende«
- »11.03.1986: Anerkennung für Treffdurchführung am 22. Februar.«

Die Überprüfungen des MfS hatten ergeben, dass »Poseidon« an diesem Tag nicht mit Klarpersonalien in Ostberlin eingereist war. Der Komplex »Katze« wurde neben den Maßnahmen zur

- Beweisführung der Aktion am 22. Februar 1986 in Ostberlin,
- Klärung des Standes von zu beachtenden Rückverbindungen seit dem Zeitpunkt der Übersiedlung des Spions und deren offensive Nutzung,

- operativen Beachtung/Fahndung zur Erkennung der Innenquellenschaffung gemäß Funkspruch vom 14. Oktober 1986 (»Brauchen laufend Privatadressen von NVA-Berufs- und Zeitsoldaten«)

umfassend analysiert, um entsprechende Schlussfolgerungen zu ziehen und umzusetzen.[674]

Im Rahmen der politischen Spionage muss auch der OV »Kastanie« der HA II/6 Erwähnung finden. Im OV »Kastanie« bearbeitete die Spionageabwehr den damaligen Bundessekretär des Kulturbundes der DDR, Dr. Gerhard Mertink, Jahrgang 1925, wegen des Verdachts der nachrichtendienstlichen Tätigkeit gem. § 98 StGB der DDR. Der Deckname »Kastanie« des OV ergab sich aus der Anschrift Mertinks, der in der Pankower Kastanienallee wohnte. Mertink war bestätigter NSW-Reisekader und Nomenklaturkader des ZK der SED. Seine Westreisen seit 1967 führte er im Auftrag des Sekretariats des ZK der SED durch. Im Jahr 1979 reiste der Kulturfunktionär zweimal in die Bundesrepublik, um dort eine Fotoausstellung der DDR vorzubereiten. Im Oktober 1982 erfolgte durch den IMB »Glas« eine Information an die Abteilung II der BV Berlin über Kontakte beziehungsweise eine erneute versuchte Kontaktaufnahme des Verfassungsschutzes zu Mertink. Das IM-Ehepaar »Glas« hatte operativen Kontakt zum Verfassungsschützer »Tief«.[675] Die Übermittlung sollte mittels vorgefertigtem Text durch den IMB »Glas« erfolgen. Am 8. Dezember 1982 fertigte der IMB »Glas« mit Wissen der Staatssicherheit einen Brief mit dem Übermittlungstext an Mertink.

---

674 Mitteilung eines ehemaligen Mitarbeiters der HA II (Archiv des Verfassers).

675 Vgl. dazu: Henry Nitschke: *Die Spionageabwehr der DDR*, S. 336 f.

Die HA II/6 legte aufgrund der Ausgangssituation am 1. Februar 1983 den OV »Kastanie« an. Bereits am 11. April 1983 wurde Mertink einer Befragung durch die HA IX/1 zugeführt. Dazu hatte der Minister für Staatssicherheit am 5. April 1983 schriftlich sein Einverständnis gegeben. Die Befragung machte sich aus sicherheitspolitischen Erwägungen notwendig, da durch Informationen des IMB »Glas« sowie der Aussage einer 18. März 1983 festgenommenen Agentur des BfV (OV »Havel«) eine konkrete Verstrickung von Mertink erkannt worden war. Außerdem war Mertink am 24. März 1983 in ein bedeutendes kulturpolitisches Gremium berufen worden. Am 12. April 1983 wurde aufgrund der Befragung gegen Mertink ein Ermittlungsverfahren ohne Haft eingeleitet. Zielrichtung war dabei, das Verfahren nach der vollständigen Klärung einzustellen und den Kulturfunktionär aus gesundheitlichen Gründen vorzeitig zu berenten. Auch dazu gab der Minister für Staatssicherheit sein Einverständnis. Im Juli 1983 wurde mit der Umsetzung der Maßnahmen begonnen.

Allerdings war damit der Vorgang nicht beendet. Als sicherheitspolitisches Problem erwies sich Mertinks Schwiegersohn. Er war seit 1971 inoffiziell für das MfS tätig und ab 1975 Angehöriger der Abteilung XV (Aufklärung) der BV Berlin und führte Quellen im Operationsgebiet. Perspektivisch war er für einen NSW-Einsatz vorgesehen. Das MfS schlussfolgerte, dass er in das Blickfeld des Verfassungsschutzes geraten sein könnte. Daher erfolgte zunächst seine operative Kontrolle, die im SOV »Sportler« mündete. Die Bearbeitung von »Sportler« erfolgte durch die Abteilung II und die Abteilung KuSch der BV Berlin.

Am 10. Juni 1983 führten der Referatsleiter Disziplinar und Leiter der Abteilung KuSch/BV Berlin eine Kaderaussprache mit »Sportler« durch. Dabei durften die

Erkenntnisse zum Schwiegervater weder direkt noch indirekt verwandt werden. Ihm wurde eröffnet, dass er im Blickfeld des Gegners stehe und damit der angedachte Auslandseinsatz nicht erfolgen könne. Außerdem müsse er aus der Abteilung XV ausscheiden. Außer mit seiner Frau durfte »Sportler« mit niemandem darüber sprechen. Dies wurde durch eine technische Maßnahme überwacht.

Durch die HA II wurde zuvor mit »Kastanie« gesprochen, um ihm mitzuteilen, dass mit »Sportler« eine Aussprache geführt werden müsse. Dabei wurde »Kastanie« mitgeteilt, dass die Belastungen gegen ihn nicht als Begründung für die Kaderentscheidungen gegen »Sportler« genutzt werden, woran »Kastanie« interessiert war. Letztlich wurde »Kastanie« aufgefordert, »Sportler« nicht zu Eingaben oder Beschwerden zu ermutigen.

»Sportler« blieb bei der Staatssicherheit und übernahm bis zu deren Auflösung eine Aufgabe bei der Abteilung XVIII (Sicherung der Volkswirtschaft) der BV Berlin.[676]

Wie es zur Anwerbung Mertinks kam, beschreibt Wagner wie folgt:

»Im Rahmen des Grundlagenvertrages und nachgeordneter kultureller Verabredungen fand 1977 unterm Fernsehturm am Alex in Berlin die Ausstellung ›Fotografie in Wissenschaft und Technik‹ aus der BRD statt. Ansprech- und Verhandlungspartner auf Seiten der DDR war der 1. Sekretär des Kulturbundes, Dr. Gerhard Mertink. Auf Seiten der StäV waren es Dr. Hans-Otto Bräutigam und der Kulturreferent Winfried Staar.

Wegen des Erfolges wurde die Ausstellung ›Arbeiterfotografie‹ verbredet, die 1979 in Köln stattfinden sollte. So geschah es. Allerdings nahm sie der BND zum Anlass, den DDR-Verantwortlichen Mertink zu werben. [...]

---

676 Vgl.: OV »Kastanie«, Reg.-Nr. 2485/83, Bd. 1–4.

Dr. Mertink wurde seit seinem Eintreffen in Köln observiert, was ihm nicht verborgen blieb. Er nahm zunächst an, dass dies zu seinem Schutze sei. Schließlich wurde er von den beiden Bewachern angesprochen. Sie gaben sich als Mitarbeiter des BND und des BfV zu erkennen. (Wie später in Erfahrung gebracht wurde, handelte es sich um den leitenden Mitarbeiter der Abteilung 3 des BfV [Linksextermismus] Werner Hoch und den stellvertretenden Leiter der BND-Dienststelle in der Kölner Butzweilerstraße, die sich vorrangig mit der Ständigen Vertretung der DDR in Bonn beschäftigte.) Der Kulturfunktionär Mertink war gleichermaßen überrascht und hilflos und folgte verunsichert der Einladung der beiden in ein Restaurant. Man hielt sich nicht lange bei der Vorrede auf. Ihnen sei bekannt, was Mertink in der DDR verschwiegen habe: Er sei Angehöriger der Waffen-SS gewesen. Entweder er arbeite künftig mit ihnen zusammen – oder man werde seine Vergangenheit öffentlich machen. Mertink ließ sich erpressen und gab aus Angst, seinen Ruf und sein Amt in der DDR zu verlieren, dem Drängen nach. Man wollte sich nur gelegentlich bei ihm zu Informationsgesprächen einfinden, hieß es beruhigend.

Vielleicht unterließ er es deshalb, umgehend die DDR-Vertretung in Bonn oder eine bundesdeutsche Behörde darüber zu informieren, dass er von Geheimdienstmitarbeitern genötigt worden sei. Sein Schweigen, das er sich auch mit 5.000 DM honorieren ließ, wurde ihm zum Verhängnis.«[677]

Aber nicht nur sein Schweigen. Vor allem auch, dass das DDR-IM-Ehepaar »Glas« Kontakt zu einem Jugendfreud in der Bundesrepublik unterhielt. Bei ihm handel-

---

677 Helmut Wagner: *Schöne Grüße aus Pullach*, S. 138 f.

te es sich um den Verfassungsschützer Werner Hoch[678], vom MfS unter dem Decknamen »Tief« bearbeitet. Und ausgerechnet dieser beauftragte den IM-Ehepaar »Glas« mit der Herstellung des Kontakts zu Mertink.

Ebenfalls durch die HA II/6 wurde der Vorgang »Massage« bearbeitet. Die Bearbeitung richtete sich gegen den durch das BfV angeworbenen Hans W. Der Diplomat fungierte als 1. Sekretär der Ständigen Vertretung der DDR in der BRD. Gegen Hans W. wurde kein Ermittlungsverfahren eingeleitet.[679]

Das ZK der SED im Visier westlicher Geheimdienste

Es bedarf keiner Erklärung, dass im Rahmen der politischen Spionage das ZK der SED höchste Priorität genoss. Das ZK hatte bei den westlichen Geheimdiensten stets einen besonderen Stellenwert bei der Beschaffung politischer Informationen. Die SED und ihre Zentralen waren keine erklärten Schutzobjekte des MfS. Es wurden beispielsweise keine IM mit dem Ziel der Abwehr in den Bereichen der Partei geworben. Dennoch wurde die Staatssicherheit ihrem Gesamtauftrag gerecht und wehrte geheimdienstliche Angriffe gegen die SED und deren Führungszentren ab.

---

678 Werner Hoch trat der NSDAP im September 1940 bei und meldete sich 1941 als Führeranwärter zur Waffen-SS. Dort diente er bei der Leibstandarte SS »Adolf Hitler«. Von Oktober 1955 an als freier Mitarbeiter bei der BUNAST Kassel beschäftigt, wurde er im Juli 1957 vom BfV in ein festes Angestelltenverhältnis übernommen. Vgl. dazu: Constantin Goschler, Michael Wala: »Keine neue Gestapo«, S. 75.

679 Mitteilung eines ehemaligen Angehörigen der HA II/6 (Archiv des Verfassers).

So erhielt die HA II Mitte der 1980er Jahre von der HV A genaue Informationen aus der Pullacher Zentrale des BND. Konkret stammten diese Informationen aus dem Bereich der Auswertung des BND. Sie waren mit Verschleierung der Quelle bereits auswertungsmäßig aufbereitet worden. Es handelte sich dabei um mehrere Einzelinformationen einer Quelle mit Meinungen und Betrachtungen von Personen sowie bestimmten politischen Ereignissen, Erscheinungen und Entwicklungen in der Ostpolitik. Die inhaltliche Analyse des BND-Materials ließ bei der HA II den Schluss zu, dass diese Informationen mit hoher Wahrscheinlichkeit aus dem ZK der SED stammten. In der Folgezeit übergab die HV A an die HA II weitere Auswertungsberichte dieser Quelle aus der Zentrale des BND. Für die Spionageabwehr waren die weitere Qualifizierung der allseitigen Informationseinschätzung sowie die Eingrenzung der BND-Agentur kompliziert.

Mit dem Eingang von Folgeinformationen konnte als vermutete Informationsquelle des BND der ZK-Bereich Internationale Beziehungen eingegrenzt werden. Darauf legte die HA II den Schwerpunkt der Bearbeitung des OV. Der Charakter der Ausgangsinformationen sowie der Formulierungsstil ließen keinen Schluss zu, ob es sich bei der Quelle um einen Spion im ZK der SED handelte, oder die Informationen das Ergebnis gezielter Abschöpfungsmaßnahmen waren. Beide Bearbeitungsrichtungen wurden von der Spionageabwehr in Erwägung gezogen. Naheliegend war daher die nähere Betrachtung der ausländischen Besucher des Bereichs Internationale Beziehungen im ZK. Hierbei wurde erkannt, dass dem BND ein umfangreiches Potential vorlag. Über einen längeren Zeitraum wurden die Besuchszeiträume eines eingeengten Personenkreises mit dem angenommenen Zeitraum des Informationseingangs beim BND verglichen und analysiert. Die analytische Vergleichsarbeit filterte tatsächlich eine verdächtige Person heraus. Es handelte sich dabei um einen Westberliner, ein SPD-Mitglied mit akademischer Bildung. Beruflich war dieser im unmittelbaren Umfeld des Regierenden Bürgermeisters tätig. Von diesem Zeitpunkt an standen seine Einreisen nach Ostberlin unter Kontrolle der HA II.

Die Zielperson reiste zu Fuß in die Hauptstadt der DDR ein und ging geradezu in das ZK-Gebäude. Der Rückweg nach Westberlin erfolgte ebenso direkt. Auffallend beim Verdächtigen war die korrekte bürgerliche Kleidung, einschließlich Stockschirm. Seine Gesprächspartner waren Mitarbeiter der Abteilung Internationale Beziehungen des ZK der SED. Allerdings waren die Besuche im ZK kein Beweis für eine Spionagetätigkeit. Bestenfalls war die Zuordnung der analytischen Tätigkeit zur Quelle der BND-Zentrale als Indiz zu werten. Aktive Maßnahmen waren bei diesem Bearbeitungsstand und der herrschenden politischen Lage nicht angeraten. Dieser bedeutsame Vorgang war an einer komplizierten Situation angelangt und stagnierte. Der Durchbruch in dieser schwierigen Situation wurde durch die zweifelsfreie Zuordnung durch Informationen der HA III erzielt. Von einer der Staatssicherheit bekannten Telefonnummer des BND war der bereits durch die HA II/6 bearbeitete Verdächtige auf seinem privaten Telefonanschluss in Westberlin angerufen worden. Es handelte sich dabei lediglich um ein kurzes Gespräch, in dem sich der BND-Verbindungsführer erkundigte, wann der Angerufene wieder mal »rüber« fährt. Dieser erwiderte, dass er es demnächst tun wolle. Danach war das Gespräch beendet.

Wenige Tage später reiste die verdächtige Person in die Hauptstadt der DDR ein und besuchte in der bekannten Form die Mitarbeiter der Abteilung Internationale Beziehungen im ZK. In Pullach ging kurz darauf ein neuer

Bericht dieser Quelle mit gewohntem politischen Inhalt ein, wenig später über die HV A auch bei der HA II des MfS. Das Ergebnis der Maßnahmen der HA III erbrachte eine neue Qualität, so dass nun der hinreichende Verdacht der Spionage gegen die DDR gegeben war und einer Festnahme mit Einleitung eines Ermittlungsverfahrens nichts mehr im Wege stand. Allerdings verzögerten sich die weiteren Maßnahmen. Die HV A und die HA II hatten noch keine Entscheidung zum Abschluss des Spionagevorgangs getroffen, da setzten in der DDR umfangreiche politische Veränderungen ein. Der Spion hatte Glück.[680]

In Dokumenten der HA II wird der Vorgang als Fahndungsvorgang »Filler« geführt. Dort heißt es: »Auf der Grundlage zuverlässiger Informationen aus dem Operationsgebiet konnte im Fahndungsvorgang ›Filler‹ mit hoher Wahrscheinlichkeit der Bürger von Berlin (West), ›Parteifreund‹, als Agent des BND identifiziert werden. Seine geheimdienstliche Tätigkeit richtet sich vornehmlich gegen zentrale Bereiche des Partei- und Staatsapparates der DDR. Die politisch-operative Bearbeitung erfolgt mit dem Ziel einer exakten Nachweisführung und Dokumentation der Zusammenarbeit von ›Parteifreund‹ mit dem BND sowie seiner Aktivitäten zur Erlangung politisch bedeutsamer Informationen.«[681]

Weniger Glück dagegen hatte eine Innenquelle des amerikanischen Geheimdienstes im ZK. Im Februar 1966 fiel der Linie M des MfS ein Brief mit merkwürdigen Formulierungen auf. Dieser Brief wurde unverzüglich

680 Mitteilung eines langjährigen Mitarbeiters der HA II (Archiv des Verfassers).

681 HA II/6: Jahresarbeitsplan 1988. BStU ZA MfS HA II Nr. 28494, Bl. 5.

der Technischen Untersuchungsstelle des MfS zur weiteren Bearbeitung übergeben. Die Spezialisten kamen zu folgendem Ergebnis: »Bei dem im oben beschriebenen Briefumschlag beförderten handschriftlichen Schreiben handelt es sich zweifelsfrei um einen Geheimschriftträger. Auf der Vorderseite des untersuchten Blattes befindet sich ein offenbar belangloser Tarntext. Auf der Rückseite konnten durch chemische Behandlung auf dem Kopf des Schreibens mehrere fünfstellige Ziffernfolgen und ein unverschlüsselter Geheimtext weitgehend sichtbar gemacht werden.«[682]

Über die Spezialisten des OTS und der Abteilung M, die anhand bestimmter Merkmale feststellten, dass es sich um eine Verbindung zum amerikanischen Geheimdienst handelte, gelangte der Vorgang an die zuständige HA II. Aufgrund des sichtbar gemachten Geheimtextes stellte sich heraus, dass eine vermutlich technische Kraft Spionage gegen das ZK der SED betrieb. Daher erhielt der OV die Bezeichnung »Handwerker« und wurde dem ZOV »Tanne« beigeordnet.

Erste Ermittlungen ergaben, dass der Spion den Spionagebrief in Berlin-Lichtenberg, also in der Nähe des Ministeriums für Staatssicherheit, in den Postverkehr gebracht hatte.

Als nächstes wurde geprüft, ob zum Agenten bereits Funkkontakt durch den amerikanischen Geheimdienst bestand. Dazu wurde festgelegt, nach der nächsten Sendung auf der Blindfunklinie des amerikanischen Geheimdienstes das gesamte Postaufkommen von Berlin-Lichtenberg zu kontrollieren.[683]

---

682 Reinhard Borgmann, Jochen Staadt: *Deckname Markus. Spionage im ZK. Zwei Top-Agentinnen im Herzen der Macht.* Berlin 1998, S. 12.

683 Vgl.: Ebd., S. 12 ff.

Zum Funkverkehr der CIA mit der ZK-Quelle führen Borgmann und Staadt aus: »Aber bis zum 20. März 1966 tat sich nichts. An diesem Tag, einem Sonntag, registrierte die Operativgruppe Funkabwehr um 12.00, dass für einen Agenten der Linie Kfa-4/5 die üblichen Zahlengruppen gesendet wurden. Durch die Aussagen bereits früher gefasster Agenten des amerikanischen Geheimdienstes CIA wussten die Spezialisten, wie die Nachrichtenübermittlung funktionierte. Immer wenn die Erkennungsmelodie ›Wer soll das bezahlen‹ erklang, wurden chiffrierte Meldungen übermittelt. Ertönte hingegen das Lied ›Kornblumenblau‹ folgten bedeutungslose Zahlenkolonnen, die zur Irreführung der Dechiffrierabteilung des MfS gesendet wurden.«[684]

Am 21. März 1966 entdeckten Fahnder der Abteilung M den gesuchten Spionagebrief. Vergleiche mit bereits vorhandenem Schriftenmaterial ergaben, dass es um die selbe Handschrift wie beim zuerst entdeckten Spionagebrief handelte.

Wieder gelangte der Brief zur Technischen Untersuchungsstelle des MfS, die die mit einem Geheimschreibmittel verfassten Zeilen sichtbar machte.

Der Brief enthielt Informationen über bestimmte Räume des ZK und deren Schlüsselaufbewahrung sowie Details über Personalmaßnahmen im ZK der SED. Wichtiger aber war, dass man der Identifizierung des unbekannten Schreibers wesentlich näher kam. Aus dem Brief konnte entnommen werden, dass es sich bei dem Schreiber um eine Frau handelt, denn sie sollte zum 8. März, dem Internationalen Frauentag, ausgezeichnet werden. Ein weiterer Anhaltspunkt war die dem amerikanischen Geheimdienst mitgeteilte Krankheit einschließlich Krankschreibung.

---

684 Ebd., S. 14.

Die Spionageabwehr kam der Agentin näher, indem man nun abglich, welche weiblichen Angestellten im entsprechenden Zeitraum krank waren und auf die auch das andere Kriterium hinsichtlich des Internationalen Frauentages passte. Man ermittelte die als Monteurin beim ZK der SED angestellte Genossin Gertrud Liebing.[685]

Die Ermittlungen der Spionageabwehr brachten in der Folge umfangreiche Ergebnisse:

»Die Vermutung, dass es sich bei dem im Vorgang ›Handwerker‹ bearbeiteten Agenten um einen Spion des amerikanischen Geheimdienstes handelt, wird weiterhin durch folgende Fakten bekräftigt:

1. Geheimschrift-Mittel. Das Geheimschrift-Mittel des Spions hat gute Qualität und wird mit dem Verfahren Nr. 9 nachgewiesen. Das Nachweisverfahren 9 ist für den amerikanischen Geheimdienst CIA charakteristisch. Es wurde unter anderem angewandt zum Nachweis der Geheimschrift-Mittel des geheimen Mitarbeiters ›Hellmuth‹ und des Beschuldigten ›Artillerist‹ sowie zum Geheimschrift-Nachweis im Untersuchungsvorgang.

2. Deckadressen/Deckabsender. Die Deckadressen des Spions liegen in einem Deckadressen-Konzentrationsgebiet des amerikanischen Geheimdienstes CIA. Für den CIA ist es typisch, dass er Deckabsender benutzt.

3. Geheimtext-Aufbau. Der Aufbau des Geheimtextes gleicht in einigen wesentlichen Punkten entsprechenden Arbeitsrichtlinien des CIA: Kreuze statt Satzzeichen, Selbstlaute für Umlaute, Ziffern in Buchstaben, Geheimtext-Ende.

---

685 Vgl.: Ebd., S. 14–17.

Aus dem operativen Sachverhalt ergeben sich folgende politisch-operative Maßnahmen, die unverzüglich einzuleiten sind:

1. Sofortige Durchführung eines Schriftenvergleiches bei der Abteilung 32 [die Abteilung 32 des OTS erstellte Schrift- und Dokumentenexpertisen, Anm. d. Verf.].
2. Überprüfung aller Verwandten der Liebing anhand der Schriftbilder zum Vergleich mit vorhandenen Materialien des ZOV ›Tanne‹.
3. Rücksprache mit der befreundeten Dienststelle [KfS der UdSSR, Anm. d. Verf.] zur Klärung des Grundes und der Umstände der Verhaftung der Liebing durch die Freunde (Kontakt zum Engländer)?
4. Weitere Aufklärung der persönlichen Verhältnisse und der Verbindungen sowie ihres Gesundheitszustandes.«[686]

Seitens der HA II war vorgesehen, Getrud Liebing konspirativ festzunehmen. Das war allerdings nicht möglich, da sie sich im Volkspolizei-Krankenhaus in der Scharnhorststraße befand. Bei der Aufklärung ihres Gesundheitszustandes ermittelte die Spionageabwehr, dass die Agentin an Bauchspeicheldrüsenkrebs erkrankt ist. Über die HA VII des MfS, zuständig für die Sicherung der Organe des MdI, wurde bekannt, dass die Ärzte im Krankenhaus der VP einschätzten, dass eine Heilung nicht mehr möglich ist und Gertrud Liebing maximal noch zwei Jahre zu leben hatte.[687]

Nach Entlassung aus dem VP-Krankenhaus stand die Agentin »Handwerker« unter operativer Beobachtung. Da ihr Gesundheitszustand als stabil galt, erfolgte am 14. September 1966 die Festnahme und die Einlieferung

---

686 Ebd., S. 30.
687 Vgl.: Ebd., S. 31.

in das Haftkrankenhaus Berlin-Hohenschönhausen. Bei einer Wohnungsdurchsuchung fanden Kräfte des MfS Beweismaterialien, unter anderem präpariertes Papier zur Übermittlung von Spionageinformationen, Tabletten zur Sichtbarmachung von Geheimschriften, Codematerialien und Weisungen zum Empfang von Rundfunksendungen mittels Rundfunkempfänger und eine Handtasche mit Geheimfach.[688]

In den Vernehmungen bestätigte Gertrud Liebing ihre Tätigkeit für den amerikanischen Geheimdienst. Sie lernte 1954 in Westberlin durch eine geflüchtete ehemalige Arbeitskollegin einen Mann kennen, der sich daraufhin häufiger mit ihr verabredete. Im Jahr 1955 entwickelte sich daraus die bewusste Zusammenarbeit mit dem amerikanischen Geheimdienst. Das Motiv der Agentin »Handwerker« war eine ablehnende Haltung zur DDR.[689]

Gertrud Liebing wurde von der CIA unter dem Decknamen »Markus« geführt. Von 1955 bis 1961 traf sich in einen Rhythmus von 14 Tagen in Westberlin mit den Vertretern der CIA. Diese circa 130 Zusammenkünfte fanden in Treffwohnungen des amerikanischen Geheimdienstes statt, unter anderem in Berlin-Dahlem. Der letzte Treff wurde am 2. August 1961 durchgeführt, was danach durch die Grenzschließung nicht mehr möglich war. Mit den Grenzsicherungsmaßnahmen des 13. August 1961 traten auch im Verbindungssystem der Agentin »Handwerker« Veränderungen ein. Anfangs wurde der Versuch unternommen, die Agentur im Morsefunk auszubilden. Die Ausbilder der CIA hielten ihre Quelle »Markus« dahingehend allerdings für ungeeignet. Nun begann man die Agentin im einseitigen

---

688 Vgl.: Ebd., S. 43 f.
689 Vgl.: Ebd., S. 45.

Funkverkehr auszubilden. Dabei lernte sie das Aufnehmen der Zahlengruppen, welche über die Kurzwelle ihres Radios ausgestrahlt wurden und die dazugehörige Entschlüsselung mittels eines Codeblockes. Auch im Verfassen von Geheimschriftbriefen wurde die Spionin unterwiesen. Damit diese versandt werden konnten, erhielt sie zwei Deckadressen, welche sich im Berliner Wedding und in Hannover befanden.

Mit ihrem Radio »Ilmenau 4880«, welches sie in der Pankower Ossietzkystraße gekauft hatte, empfing die Agentin jeden ersten und dritten Sonntag im Monat die Funksendungen der CIA. Dabei suchte sie an diesen Tagen um 12 Uhr auf dem Kurzwellenbereich in der Nähe des 60-Meter-Bandes die Erkennungsmelodie. Für eine gültige Sendung wurde die Erkennungsmelodie »Wer soll das bezahlen« und für eine ungültige Sendung die Erkennungsmelodie »Kornblumenblau« gesendet. Die Spionin schrieb die für sie bestimmten Fünfergruppen mit und entschlüsselte sie danach. Auf diese Art und Weise erhielt »Markus« durch die Funkzentrale der CIA über hundert Funksprüche. Nach jedem Funkspruch fertigte sie einen Geheimschriftbrief an die vorhandenen Deckadressen. So gelangten über hundert dieser Briefe in den Postverkehr.

Innerhalb Ostberlins legte die CIA für ihre Quelle Tote Briefkästen an. Die Lage der TBK wurde über einseitigen Funk mitgeteilt. Sie befanden sich auf dem Friedhof in der Leninallee, in einem Museum am Marx-Engels-Platz und jeweils einer in Lokalen in der Dunckerstraße und der Warschauer Straße. Die TBK dienten zur Ausstattung der Quelle mit Geld und nachrichtendienstlichen Hilfsmitteln wie präpariertes Papier und Codeblöcke.

Die Quelle berichtete außer ZK-Interna auch über Einsätze bei verschiedenen anderen Dienststellen und Ministerien, so unter anderem aus dem Ministerium des Innern, aus Postämtern sowie aus Dienststellen der NVA in Potsdam-Eiche. Hier übermittelte sie Informationen zur Lage der Objekte und fernmeldetechnische Details.

»Markus« nahm 1954 als Delegierte am IV. Parteitag der SED teil und übermittelte der CIA dazu Informationen hinsichtlich der Diskussionsredner und über den Inhalt der Diskussionen.

Umfangreiche Angaben machte die Agentin zum ZK der SED selbst. Hier ging es vor allem um Strukturen und Strukturveränderungen innerhalb des ZK. Entsprechend des vorgegebenen Informationsbedarfs der CIA informierte die Quelle aber auch über die Bewachung des Gebäudes des ZK durch Außen- und Innenposten sowie über die vorhandenen Sicherungsanlagen im Gebäude. Im Jahr 1959 übergab »Markus« der CIA ein Telefonverzeichnis des ZK der SED.[690] Weiterhin konnte das MfS herausarbeiten, dass die Spionin die Möglichkeit hatte, Gespräche auf allen Fernsprechleitungen abzuhören, unter anderem auch auf internen Leitungen, die zum MfS, zum MfNV, an verschiedene Regierungsstellen und zum Staatsrat führten. Diese Leitungen verliefen ausnahmslos über den von der Agentin bedienten und gewarteten Prüfstand. Sie konnte durch ein Anklemmen an ausgewählte Leitungen bei Abwesenheit ihrer Kollegin Gespräche über einen Kopfhörer mithören. Ein ungestörtes Abhören war der Spionin dadurch möglich, weil die Tür zum Schaltraum von außen nur mit einem Spezialschlüssel geöffnet werden konnte. Seit 1960 unterhielt die CIA-Quelle Kontakt zu einem Filmvorführer im ZK der SED. Über diese Verbindung wurden weitere Informationen erlangt. Als Gertrud Liebing 1964 diese Verbindung lösen wollte, wurde sie von

---

690 Vgl.: Ebd., S. 47–58.

der CIA instruiert, dies nicht zu realisieren, weil seine Informationen ebenfalls von Bedeutung waren.[691]

Gertrud Liebing äußerte in einer Vernehmung: »Ich habe wiederholt in meinen Vernehmungen zum Ausdruck gebracht, dass ich meine Tätigkeit für einen westlichen Geheimdienst nie als Spionage betrachtet habe. Ich habe an Mitarbeiter einer derartigen Geheimdienststelle lediglich Informationen übermittelt, die nichts anderes als die Weitergabe der Wahrheit anbetrifft. Mir war natürlich klar – und das sagte ich bereits aus –, dass eine derartige Verbindung und Tätigkeit nach den bestehenden Gesetzen in der DDR untersagt ist. Ich habe mich jedoch nie als ein Spion gefühlt. Dass ich eine derartige Tätigkeit durchgeführt habe, ist letztlich darauf zurückzuführen, weil ich eine ablehnende Haltung zu den gesellschaftlichen Verhältnissen in der DDR hatte, die – wie ich bereits aussagte – durch wiederholte Aufenthalte in Westberlin, durch den Empfang von westlichen Rundfunksendungen und vor allen Dingen durch die ständige Beeinflussung der Geheimdienstmitarbeiter bei den persönlichen Treffen vor dem 13. August 1961 bestärkt wurde.

Mich lockte aber selbstverständlich auch das erhaltene Geld, weil ich mir dadurch ein angenehmeres Leben bereiten konnte. Nachdem ich den ersten beiden Zusammenkünften im Jahre 1955 50 MDN monatlich erhielt, haben mir die Mitarbeiter des Geheimdienstes seit Herbst 1955 monatlich 100 (einhundert) MDN ausgehändigt, deren Empfang ich stets mit meinem Namen quittierte. Insgesamt habe ich schätzungsweise bis zum 13. August 1961 6.000 MDN erhalten. Nach den Grenzsicherungsmaßnahmen erhielt ich über drei Verstecke insgesamt 1.600 MDN. Des Weiteren wurde mir seitens

---

691 Vgl.: Ebd., S. 62.

des Geheimdienstes ein Westkonto eingerichtet, auf das monatlich eine bestimmte Summe eingezahlt wurde. Da mir die Geheimdienstmitarbeiter nie sagten, wie viel Geld monatlich auf dieses Konto einging, bin ich auch nicht in der Lage, den etwaigen Stand dieses Kontos anzugeben. Andere Zuwendungen für meine geleistete Tätigkeit habe ich nicht erhalten.«[692]

Gertrud Liebing wurde am 15. Dezember 1966 wegen fortgesetzter Spionage im schweren Fall zu zwölf Jahren Haft verurteilt. Sieben Wochen später erlag die ZK-Innenquelle der CIA ihrem Krebsleiden.[693]

---

692 Ebd., S. 59 f.

693 Vgl.: Ebd., S. 131 f.

ABKÜRZUNGSVERZEICHNIS

A/I — Auswertung/Information

AA — Auswärtiges Amt der BRD

Abt. 26 — Abteilung 26 (Überwachung von Telefonen und Räumen MfS und BV)

Abt. E — Abteilung E (operative Technik, Analyse, Reproduktion und Produktion von fiktiven Dokumenten)

Abt. F — Abteilung Funkabwehr (Vorgänger der HA III)

Abt. II — Abteilung II (Spionageabwehrabteilung der BV)

Abt. VI — Abteilung VI (Passkontrolle, Sicherung des Tourismus Ebene BV)

Abt. VII — Abteilung VII (Abwehrarbeit VP/Organe des MdI Ebene BV)

Abt. VIII — Abteilung VIII (Beobachtung/Ermittlung/Abwehrarbeit MVM Ebene BV)

Abt. M — Abteilung M (Postkontrolle MfS und BV)

Abt. X — Abteilung X (Internationale Verbindungen)

Abt. XII — Abteilung XII (Archiv, Registratur MfS und BV)

Abt. XVIII — Abteilung XVIII (Sicherung der Volkswirtschaft auf Bezirksebene)

Abt. XIX	Abteilung XIX (Sicherung der Verkehrswesens auf Bezirksebene)
Abt.	Abteilung
ABV	Abschnittsbevollmächtigter
AE	Aufenthaltserlaubnis
AG	Arbeitsgruppe/Aufenthalts-genehmigung
AG BKK	Arbeitsgruppe Bereich Kommerzielle Koordinierung (Sicherung des Bereichs Kommerzielle Koordinierung)
AG I	Arbeitsgebiet I der Kriminalpolizei
AGA	Arbeitsgruppe Ausländer der HA II
AGL	Arbeitsgruppe des Leiters
AGM	Arbeitsgruppe des Ministers
AGM/S	Arbeitsgruppe des Ministers/Sicherheit
AGWA	Arbeitsgemeinschaft für Werbung und Ausstellungsbau
AIG	Auswertungs- und Informationsgruppe (Vorgängerbezeichnung der AKG)
AKG	Auswertungs- und Kontrollgruppe
APA	Auslandspresseagentur
BCD	Bewaffnung Chemischer Dienst
BdL	Büro der Leitung
BDVP	Bezirksbehörde der Deutschen Volkspolizei

BfV	Bundesamt für Verfassungsschutz
BND	Bundesnachrichtendienst
BO	Berufsoffizier
BRD	Bundesrepublik Deutschland
BU	Berufsunteroffizier
BUNAST	Bundesnachrichtenstelle (des BfV)
BV	Bezirksverwaltung des MfS
CIA	*Central Intelligence Agency* (amerikanischer Auslandsgeheimdienst)
CIC	*Counter Intelligence Corps* (Gegenspionage Korps der US-Armee)
ČSSR	Tschechoslowakische Sozialistische Republik
DA	Dienstanweisung
DAV	Deutscher Anglerverband/Dienstleistungsamt für ausländische Vertretungen
DDR	Deutsche Demokratische Republik
DEC	*Digital Equipment Corporation*
DKP	Deutsche Kommunistische Partei
DM	Deutsche Mark
DR	Deutsche Reichsbahn
DSF	Deutsch-Sowjetische Freundschaft
DSR	Deutsche Seereederei
DTSB	Deutscher Turn- und Sportbund

DVP	Deutsche Volkspolizei
F 402	Formblatt 402 der Vorverdichtungs-, Such- und Hinweiskartei
FBI	*Federal Bureau of Investigation* (zentrale Sicherheitsbehörde der Vereinigten Staaten einschließlich Inlandsgeheimdienst)
FDGB	Freier Deutscher Gewerkschaftsbund
FDJ	Freie Deutsche Jugend
FH	Freiweilliger Helfer (der VP)
FIM	Führungs-IM
Fla	Flugabwehr
GAR	Grenzausbildungsregiment
GCHQ	*Government Communications Headquarter* (britischer Dienst zur Telekommunikationsüberwachung)
GKN	Grenzkommando Nord
GM	Geheimer Mitarbeiter
GMS	Gesellschaftlicher Mitarbeiter für Sicherheit
GPA	Gardepanzerarmee
GR	Grenzregiment
GSBT	Gruppe der Sowjetischen Besatzungstruppen in Deutschland
G-Schrift	Geheimschrift

GSSD	Gruppe der Sowjetischen Streitkräfte in Deutschland
GST	Gesellschaft für Sport und Technik
GT	Grenztruppen der DDR
GÜSt	Grenzübergangsstelle
GÜV	Grenzüberschreitender Verkehr
GVS	Geheime Verschlusssache
GZA	Grenzzollamt
HA	Hauptabteilung
HA I	Hauptabteilung I (Militärabwehr)
HA II	Hauptabteilung II (Spionageabwehr)
HA III	Hauptabteilung III (bis 1964 Sicherung der Volkswirtschaft)
HA III	Hauptabteilung III (Funkabwehr/Funkaufklärung)
HA IX	Hauptabteilung IX (Untersuchungsorgan des MfS)
HA IX/1	Hauptabteilung IX, Abteilung 1, Untersuchungsorgan mit Zuständigkeit für Spionagedelikte
HA KuSch	Hauptabteilung Kader und Schulung
HA PS	Hauptabteilung Personenschutz
HA VI	Hauptabteilung VI (Passkontrolle/Sicherung Tourismus)
HA VII	Hauptabteilung VII (Abwehrarbeit VP/Organe des MdI)

HA VIII	Hauptabteilung VIII (Beobachtung/ Ermittlung/Abwehrarbeit MVM)
HA XIX	Hauptabteilung XIX (Sicherung des Verkehrswesens)
HA XX	Hauptabteilung XX (Sicherung des Staatsapparates, der Parteien und Massenorganisationen, Bekämpfung politischer Untergrund)
HFIM	Hauptamtlicher Führungs-IM
HIM	Hauptamtlicher Inoffizieller Mitarbeiter
HIME	Hauptamtlicher Inoffizieller Mitarbeiter im bzw. für einen besonderen Einsatz
HO	Handelsorganisation
HS	Hubschrauberstaffel
HSG	Hauptsachgebiet
HV A	Hauptverwaltung A (Aufklärung/Auslandsnachrichtendienst des MfS)
HV	Hauptverwaltung
IKM	Inoffizieller Kriminalpolizeilicher Mitarbeiter
IM	Inoffizieller Mitarbeiter
IMB	Inoffizieller Mitarbeiter der Abwehr mit Feindverbindung bzw. zur unmittelbaren Bearbeitung im Verdacht der Feindtätigkeit stehender Personen

IME	Inoffizieller Mitarbeiter im bzw. für einen besonderen Einsatz
IMF	Inoffizieller Mitarbeiter der inneren Abwehr mit Feindverbindungen zum Operationsgebiet (Vorgängerbezeichnung des IMB)
IMK	Inoffizieller Mitarbeiter zur Sicherung der Konspiration und des Verbindungswesens
IMK/KO	Inoffizieller Mitarbeiter zur Sicherung der Konspiration und des Verbindungswesens/Konspiratives Objekt
IMK/KW	Inoffizieller Mitarbeiter zur Sicherung der Konspiration und des Verbindungswesens/Konspirative Wohnung
IMS	Inoffizieller Mitarbeiter zur Sicherung eines gesellschaftlichen Bereichs oder Objekts
INR	*Bureau of Intelligence and Research* im State Department (Nachrichtendienst des US-Außenministeriums)
INSCOM	*Intelligence and Security Command* (zentraler Geheimdienst der US-Landstreitkräfte)
IPZ	Internationales Pressezentrum
IREX	*International Research and Exchanges Board*
ITU	Institut für Technische Untersuchungen

IWTE	Institut für Wissenschaftlich-Technische Entwicklungen
K	Kriminalpolizei
Kap.	Kapitel
KD	Kreisdienststelle des MfS
KfS	Komitee für Staatssicherheit (der UdSSR, auch als KGB bezeichnet)
Kfz	Kraftfahrzeug
KGB	*Komitet Gossudarstwennoi Besopasnosti* (sowjetischer In- und Auslandsnachrichtendienst, auch als KfS bezeichnet)
KIK	Kraftfahrzeug Instandsetzungskombinat
KK	Kerblochkartei
KK-Erfassung	Kerblochkartei-Erfassung
KO	Konspiratives Objekt
KOR	Komitee zur Verteidigung der Arbeiter
KP	Kontaktperson
KPN	Konföderation unabhängiges Polen
KTT	Kunststofftechnik Tornow
KuSch	Kader und Schulung
KW	Konspirative Wohnung
LfV	Landesamt für Verfassungsschutz
LVB	Libysches Volksbüro

MB	Militärbezirk
MdI	Ministerium des Innern
MDN	Mark der Deutschen Notenbank
MfAA	Ministerium für Auswärtige Angelegenheiten
MfNV	Ministerium für Nationale Verteidigung
MfS	Ministerium für Staatssicherheit (der DDR)
MHF	Ministerium für Hoch- und Fachschulwesen
MI 5	*Military Intelligence No. 5* (britischer Inlandsgeheimdienst)
MI	Militärinspektion/*Military Intelligence*
MOSSAD	*Mossad Letafkidim Meyouchadim* (Zentralinstitut für Aufklärung und Sonderaufgaben Israel)
mot.	motorisiert
MSD	Motorisierte Schützendivision
MSR	Motorisiertes Schützenregiment
MVM	Militärverbindungsmission
ND	*Neues Deutschland*
Nr.	Nummer
NSA	Nichtsozialistisches Ausland/*National Security Agency*
NSW	Nichtsozialistisches Wirtschaftsgebiet

NVA	Nationale Volksarmee
OAM	Operatives Ausgangsmaterial
ODH	Operativer Diensthabender
OG	Organisation Gehlen
OGW	Operativgruppe Warschau
OibE	Offizier im besonderen Einsatz
OPK	Operative Personenkontrolle
OTS	Operativ-Technischer Sektor
OV	Operativer Vorgang
PAO	Public Affairs Officer
PD	Panzerdivision
PDB	Personendatenbank der DDR (MdI)
PdVP	Präsidium der Volkspolizei Berlin
PFLP-GC	*Popular Front for the Liberation of Palestine* (Volksfront zur Befreiung Palästinas)
PGH	Produktionsgenossenschaft des Handwerks
PKE	Passkontrolleinheit (Diensteinheit der Linie VI des MfS)
POR	Pontonregiment
PS	Personenschutz
PZF	Postzollfahndung
RBD	Reichsbahndirektion
RD	Rückwärtige Dienste

RGW	Rat für Gegenseitige Wirtschaftshilfe
RIAS	Rundfunk im amerikanischen Sektor
RL	Richtlinie
RSD	Rundspruchdienst
RT	Reisen und Touristik
SBZ	Sowjetische Besatzungszone
SED	Sozialistische Einheitspartei Deutschlands
SEW	Sozialistische Einheitspartei Westberlins
SHB	Spezial Hochbau Berlin
SIS	*Secret Intelligence Service* (britischer Auslandsgeheimdienst)
SOV	Sonderoperativvorgang
SS	Schutzstaffel
StäV	Ständige Vertretung (der BRD in der DDR)
StGB	Strafgesetzbuch
TBK	Toter Briefkasten
TPA	Transportpolizeiamt
TÜP	Truppenübungsplatz
UA	Unterabteilung
UdSSR	Union der Sozialistischen Sowjetrepubliken
UMA	Unbekannter Mitarbeiter

UNO	United Nations Organization (Vereinte Nationen)
USIA	United States Informations Agency
UVR	Ungarische Volksrepublik
VBA	Verwaltung der Besonderen Abteilungen
VE	Volkseigen(e)
VEB	Volkseigener Betrieb
VIV	Verwaltung Internationale Verbindungen des MfNV
VKSK	Verband der Kleingärtner, Siedler und Kleintierzüchter
VP	Volkspolizei
VPI	Volkspolizeiinspektion
VPKA	Volkspolizeikreisamt
VPKÄ	Volkspolizeikreisämter
VR	Volksrepublik
VRB	Volksrepublik Bulgarien
VRD	Verwaltung Rückwärtige Dienste
VSH	Vorverdichtungs-, Such- und Hinweiskartei
VTA	Visum (für einen) Tagesaufenthalt
VTG	Vereinigte Tanklager und Transportmittel GmbH
WDK	Wiener Konvention über diplomatische Beziehungen

WKK	Wehrkreiskommando
WKM	Wachkommando Missionsschutz des PdVP
WÜP	Wasserübungsplatz
ZAIG 5/ SOUD	Zentrale Auswertungs- und Informationsgruppe 5/Soglashenije o sisteme objedinennowo utschotja dannych o protiwnike (1979 gebildeter multilateraler Informationsspeicher zur gemeinsamen Erfassung von Informationen über den Gegner)
ZAIG	Zentrale Auswertungs- und Informationsgruppe
ZK	Zentralkomitee
ZMD	Zentraler Medizinischer Dienst
ZOV	Zentraler Operativer Vorgang
ZPDB	Zentrale Personendatenbank